Friedrich Hölderlin
Sämtliche Werke und Briefe

FRIEDRICH HÖLDERLIN

SÄMTLICHE WERKE UND BRIEFE

III

Herausgegeben von Michael Knaupp

Büchergilde Gutenberg

Empedokles bearbeitet von Susanne Zwiener
Aufsätze bearbeitet von Michael Franz

Lizenzausgabe für die Büchergilde Gutenberg,
Frankfurt am Main, Wien,
mit freundlicher Genehmigung des
Carl Hanser Verlages, München, Wien
Alle Rechte vorbehalten
© 1993 Carl Hanser Verlag München Wien
Gesamtherstellung: Friedrich Pustet, Regensburg
Printed in Germany   ISBN 3 7632 4134 5

Inhaltsübersicht

Zu dieser Ausgabe
7

Quellenverzeichnisse
15

Kommentar zu Band I
33

Kommentar zu Band II
367

Dokumente
569

Kommentiertes Namenverzeichnis
677

Zeittafel
831

Auswahlbibliographie
863

Alphabetisches Werkverzeichnis
871

Inhaltsverzeichnis
891

ZU DIESER AUSGABE

Hölderlins Dichtungen sind zu einem Großteil in Entwürfen überliefert. Von seinen Gedichten konnte er nur wenige selbst veröffentlichen; und dies meist in bloß regional verbreiteten Almanachen. Nur zwei Bücher hat er selber zum Druck gegeben: den Roman ›Hyperion oder der Eremit in Griechenland‹ und die Tragödien-Übersetzung ›Die Trauerspiele des Sophokles‹. Hölderlin hob jedoch in den meisten Fällen die Entwürfe zu den veröffentlichten Arbeiten auf. Die vorliegende Ausgabe trägt dem Rechnung, indem sie dem Leser den Zugang zu den Entwürfen ermöglicht. Es werden nicht nur verschiedene Fassungen eines Textes geboten, sondern (in Auswahl) eine Darstellung verschiedener Zwischenstufen innerhalb der Entwürfe.

In den einzelnen Abteilungen sind die Texte chronologisch geordnet. Die Abteilung der Gedichte macht dabei insofern eine Ausnahme, als sie die von Hölderlin selbst zusammengestellten Texte unabhängig von ihrer chronologischen Abfolge auch im Zusammenhang wiedergibt. So stehen z.B. die Jugendgedichte aus dem *Marbacher Quartheft* nicht in der Ordnung der Entstehungsdaten, sondern werden in der von Hölderlin gewählten Reihenfolge belassen. Ebenso werden die Reinschriften und Entwürfe des *Homburger Folioheftes* Seite für Seite dargestellt, und nicht in »Vollendetes«, »Entwürfe«, »Bruchstücke und Pläne« zerteilt oder umgekehrt zu größeren Einheiten synthetisiert.

Die Abteilung des Briefwechsels integriert die Schreiben an Hölderlin in die chronologische Abfolge, wodurch das spannungsreiche Verhältnis zwischen Hölderlins Bemühen, sich einen Freiraum für seine dichterischen Arbeiten zu schaffen, und dem an ihn gestellten Anspruch, eine Kirchenlaufbahn einzuschlagen, besonders hervortritt. Weitere biographische Informationen geben eine Auswahl von Dokumenten und eine Zeittafel.

Die Texte der Werke Hölderlins sind durchgehend neu ediert. Dabei waren in vielen Fällen andere Entscheidungen zu treffen als in bisherigen Ausgaben. Dies gilt vor allem für die Gedichtentwürfe von 1800 bis 1806 und die Entwürfe zum ›Empedokles‹. Aber auch in den Entwürfen zur endgültigen Fassung des ›Hyperion‹ wurden neue Anordnungen notwendig; ein bislang übersehener Textanschluß wurde wieder hergestellt. Schließlich wurden in den Aufsätzen einige problematische Zuordnungen innerhalb der Handschriften geklärt.

Sowohl Hölderlins Orthographie und Interpunktion, als auch die seiner Briefpartner und der Autoren der Dokumente werden bewahrt.

Wie in den beiden jüngeren historisch-kritischen Ausgaben (StA und FHA), werden auch hier Hölderlins orthographische Eigenheiten wiederhergestellt, wo als Textzeuge nur ein Druck oder eine Abschrift zugänglich sind. Maßgabe dabei waren die sicher zu datierenden Handschriften, die den Wandel der Orthographie – besonders in den Jahren 1789–1794 – dokumentieren. Ansonsten wurden in den Texten nur offensichtliche Schreibversehen emendiert. Solche Textbereinigungen sind im allgemeinen nicht ausgewiesen. Ausführlichere Darstellung der handschriftlichen Verhältnisse finden sich nur dort, wo von den beiden historisch-kritischen Editionen abgewichen wird. In solchen Fällen werden dann auch alternative Textkonstitutionen dieser beiden Ausgaben zitiert.

Neben die Lesetexte der Bände I und II tritt eine Auswahl von Darstellungen der Vorstufen und Überarbeitungen. Der Kommentar wurde deshalb in den separaten Band III aufgenommen, damit Parallellektüre des Textes und der Lesarten möglich wird. Der Apparat versteht sich nicht als »Variantenfriedhof«, sondern ist integraler Bestandteil des Kommentars. Hölderlins dichterische Arbeiten blieben stets im Fluß einer fortdauernden Korrektur, Überarbeitung und Umformung. Jede Textkonstitution eines Entwurfs stellt demnach nur einen Schnitt durch diesen Fluß dar; insofern ist die Wiedergabe der Lesarten notwendig zum Verständnis der Texte und erübrigt an vielen Stellen zusätzliche Erläuterungen. Der Erläuterungsteil des Kommentars beschränkt sich daher auf reine Sacherklärungen. Er soll das Material zum Verständnis bereitstellen, nicht jedoch dieses Verständnis vorschreiben.

Zum Lesetext

Grundsätzlich wird die Gestalt der Überlieferung der Dichtungen bewahrt und für die Herstellung des Lesetextes soweit möglich jeweils auf nur einen Textzeugen zurückgegriffen; es werden also keine »Idealfassungen« aus verschiedenen Quellen kompiliert. Hölderlins deutsche Schrift wird durch gerade Buchstaben wiedergegeben. Lateinische (Zier-) Schrift wird durch Kursivsatz kenntlich gemacht. Kursive Schriften bedeuten also keine Hervorhebung; außer in der eben genannten Funktion werden sie in folgenden Fällen verwendet:
– zur typographischen Absetzung von Szenenanweisungen in den Dramentexten,
– bei den Anmerkungen zu den Trauerspielen des Sophokles (in Nachahmung des Erstdrucks),

- in den Briefen und Dokumenten, wo die kleine Kursivschrift Regesten anzeigt,
- in Überschriften die aus dem Anfang eines unbetitelten Textes gebildet sind.

Unterstreichungen im Original werden durch Sperrung kenntlich gemacht. Editorische Hinweise und Ergänzungen stehen in Winkelklammern.

Im Kommentar verwendete Abkürzungen

H	Handschrift. Jeweils mit der Nummer des Handschriften-Katalogs versehen (s. Auswahl-Bibliographie); wenn Umfang und Format nicht angebenen werden, so sind diese dem Verzeichnis der Handschriften (III 17) zu entnehmen.
Bl., Dbl.	Blatt, Doppelblatt. Jeweils mit Formatangabe versehen.
2°, 4°, 8°	Papierformate: folio, quarto, octavo.
HoK	Handschrift ohne Katalognummer (s. Verzeichnis der Handschriften).
(H)	verschollene Handschrift. Jeweils mit der alternativen Textquelle versehen.
h	Abschrift oder Regest von fremder Hand. Jeweils mit der Nummer des Handschriften-Katalogs versehen (dort mit Sigle ›a‹).
D	Druck. Jeweils mit der Nummer des Verzeichnisses der Drucke (III 26) versehen.
v.	Vers
l.	Linie, Zeile
StA	Große Stuttgarter Ausgabe
FHA	Frankfurter Hölderlinausgabe
I 100,10	Band, Seite und Zeile der vorliegenden Ausgabe

Zur Benutzung des Variantenapparats

Die Wiedergabe von Varianten aus den Vorstufen zu den Lesetexten stellt eine Auswahl dar, und zwar unter den Gesichtspunkten des besseren Verständnisses der Texte und des Einblicks in Hölderlins Arbeitsweise. Es muß dabei allerdings auf dreierlei hingewiesen werden:
- die Vorstufen selbst sind aus den Varianten nicht vollständig rekon-

struierbar, da letztere nur unter den oben genannten Aspekten ausgewählt wurden;
– der Bezugspunkt der Varianten ist der Lesetext, jedoch ist dies keine Aussage darüber, daß die Vorstufe im übrigen Wortlaut exakt diesem Text entspricht; dennoch wurde die Auswahl so getroffen, daß die Varianten stets einen Sinnanschluß zum Lesetext haben;
– die Angabe, daß der Lesetext aus einer Variante hervorgegangen ist, bedeutet nicht, daß dies die einzige Variante zu der betreffenden Stelle ist.

Die von Hölderlin stammenden Zeichen werden in der (größeren) Schrift des Lesetextes wiedergegeben, Zusätze und Bemerkungen des Herausgebers in kleiner Schrift. Im Einzelnen werden folgende Differenzierungen getroffen:
– v. 23: Vers 23 lautet in der Vorstufe oder Überarbeitung;
– v. 23 aus: Vers 23 ist aus folgendem Entwurf hervorgegangen;
– v. 23 konstituiert aus: Vers 23 des Lesetextes ist aus einem nicht durchgeformten Entwurf vom Herausgeber hergestellt;
– v. 23 in StA/FHA: alternative Textkonstitution in der Stuttgarter Ausgabe und/oder Frankfurter Ausgabe;
– steht hinter den Versangaben ein *Lemma*, so bezieht sich die folgende Angabe nur auf dieses;
– die Zeichen ⟨a⟩, ⟨b⟩ usw. geben an, daß Textvariante b aus Variante a hervorgegangen ist.

Für jeden Text werden im Apparat sämtliche Fassungen, Vorstufen und Überarbeitungen angegeben, so daß durch Querverweise die Entwicklung eines Textes verfolgt werden kann. Zum Beispiel wird die im Faszikel H11/H38/H55 entworfene Ode ›Muth des Dichters‹ in Band I, S. 240f. als Lesetext wiedergegeben; im Apparat werden zu sieben Versen Varianten verzeichnet. Neu entworfen wurde diese Ode unter dem Titel ›Dichtermuth‹ im *Stuttgarter Foliobuch* (H6); zum Lesetext der ersten Fassung (I 275f.) verzeichnet der Apparat Varianten zu fünf Versen. Unter dem gleichen Titel wurde diese Ode nun unter gleichzeitigem Neuentwurf in das Reinschriftfaszikel H30 eingetragen; der Lesetext dieser zweiten Fassung von ›Dichtermuth‹ (I 284) wird im Apparat durch eine Beschreibung dieses Vorgangs ergänzt. Schließlich wurde in den Manuskripten der ersten und der zweiten Fassung zu einer erneuten Überarbeitung angesetzt; auf diese wird im Apparat zur letzten Fassung der Ode unter dem Titel ›Blödigkeit‹ (I 443f.) verwiesen, die nur im Druck D25 überliefert ist. Der ganze komplexe Vorgang kann mit zusätzlicher Hilfe des *Verzeichnisses der Handschriften* und des *Verzeichnisses der Drucke* durch alle Textstufen nachvollzogen werden.

Zum Kommentar

Im Kommentar zu den einzelnen Texten werden neben den Angaben zu Textzeugen und dem Variantenapparat jeweils Hinweise zur Datierung, zu Quellen und Zeugnissen, sowie Sacherläuterungen gegeben. Letztere entfallen dann, wenn Begriffe im Duden Band 1 (Die deutsche Rechtschreibung, 20. Auflage, Mannheim Leipzig Wien Zürich 1991) hinreichend erklärt werden. Die Sacherläuterungen erhellen unter anderem den historischen und biographischen Hintergrund, verzeichnen die Bedeutung heute ungebräuchlicher Begriffe und Fremdwörter und geben Verweise auf literarische Werke, die zitiert oder auf die angespielt wird, sowie in wichtigen Fällen Querverweise auf andere Abteilungen der Ausgabe. Erläuterungen zu Texten, die in mehreren Fassungen überliefert sind, werden zumeist bei der letzten Fassung gegeben. Alle Namen werden im *Namenverzeichnis* erläutert; zugleich dient dies als Register, über das Parallelstellen ausfindig gemacht werden können.

Für die Hilfe bei der Entstehung dieser Ausgabe danke ich Günter Mieth, der den ersten Anstoß gab, Hans-Gerhard Steimer, der mir ein ungedrucktes Manuskript zu ›Mnemosyne‹ zur Verfügung stellte, Kristian Wachinger vom Verlag, der die Ausgabe mit großem persönlichen Einsatz betreute, Marianne Schütz vom Hölderlin-Archiv, die Handschriftenfotos besorgte und zahlreiche Auskünfte erteilte, Dorothee Althoff, die große Teile des Namenverzeichnisses aufnahm, Hans-Jürgen Malles, der die Textredaktion der frühen Gedichte ausführte und Susanne Zwiener, die neben der Edition des Empedokles-Textes im Variantenapparat der Gedichte Korrektur las. In besonderem Maße danke ich Michael Franz, der neben der Herausgabe der Aufsätze den gesamten Kommentartext genlas und an vielen Stellen bislang unveröffentlichte Forschungsergebnisse beisteuerte.

Frankfurt am Main, im Dezember 1992   Der Herausgeber

QUELLENVERZEICHNISSE

VERZEICHNIS DER HANDSCHRIFTEN

Verzeichnet werden nur Handschriften, in denen mehr als ein Text eingetragen ist. Die Numerierung erfolgt nach dem ›Katalog der Hölderlin-Handschriften‹ (s. Auswahl-Bibliographie). Ist im Kommentar als Textquelle nur die Handschriftennummer (Sigle: H) angegeben, so verweist sie auf dieses Verzeichnis. Die Angabe ›leer‹ bezieht sich nur auf fehlende Eintragungen Hölderlins, andere Beschriftungen werden nicht verzeichnet. Ein * bezeichnet Texte, die nur im Kommentar dargestellt oder erwähnt sind und über das Werkverzeichnis aufgesucht werden können. Im Anschluß befindet sich ein Verzeichnis der nach 1961 neu aufgefundenen Handschriften. Von den Abschriften aus Hölderlins Manuskripten sei hier nur die Sammlung von Regesten, Auszügen und Beschreibungen erwähnt, die Gustav Schlesier angelegt hat; sie ist mit der Sigle h46 gekennzeichnet.

H1 *»Bundesbuch« der Freunde Hölderlin, Magenau und Neuffer* 4° S. 14–18: Lied der Freundschaft. Am Tage der Einweihung eingeschrieben; S. 24–26: Lied der Liebe. Am zwoten Aldermannstage; S. 36–38: An die Stille. Am dritten Aldermannstage.

H2 *Bl. 2°* S. 1: An die Deutschen ⟨2.F.⟩, Stimme des Volks ⟨2. u. 3.F.⟩*; S. 2: An die Deutschen ⟨2.F., v. 1–48⟩, Dichterberuf ⟨2.F.⟩*. Vgl. H6.

H3 *2 Dbl. 4°* S. 1,2: An den Aether ⟨v. 23–54⟩; S. 2–7: Der Wanderer ⟨1.F.⟩; S. 7: Buonaparte; S. 8: Diotima ⟨1.F.⟩*, Empedokles ⟨Entwurf der Ode⟩. (Nach Gustav Schlesier war die Handschrift urspr. als Reinschrift der 15strophigen Fassung des Liedes Diotima ⟨mittlere Fassung⟩, sowie von Der Aether und Der Wanderer angelegt.)

H4 *Bl. 2°* S. 1: Sokrates und Alcibiades*; S. 1,2: Die Schlacht.

H5 *2 ineinandergelegte Dbl., in deren Mitte ein Bl. 2°* S. 1–4: Heimkunft ⟨1.F.⟩; S. 5: Stutgard. ⟨1.F., v. 104–108⟩; S. 5–10: Dem Weingott. (Die Handschrift bestand möglicherweise urspr. aus zwei Lagen von je zwei ineinandergelegten Doppel-

H6 »*Stuttgarter Foliobuch*«. Urspr. *12 Lagen von je 4 ineinandergelegten Dbl., die mit S. 117 begannen; von S. 155–168 und S. 1–86 führt ein von Hölderlin angebrachter zu Anfang etwa 3 cm breiter und 10 cm langer Winkelschnitt, der immer schmaler und kürzer wird.* (1 Bl. fehlt); S. 1: *Aus stillem Haußße* ...; S. 2: leer; S. 3–9: Der Wanderer ⟨2.F.⟩*; S. 7,8: Die Eichbäume*; S. 9: Dem Allbekannten; S. 10: leer; S. 11: Diotima ⟨2.F.⟩; (4 Bl. fehlen, das erste ⟨heute H348⟩ enthält: Brief an Gonzenbach vom 7./8. Januar 1801); S. 12–14: Die Heimath ⟨2.F.⟩*; S. 14–17: Die Liebe*; S. 15,17,18: Lebenslauf ⟨2.F.⟩*; S. 18,19: Ihre Genesung ⟨2.F.⟩; S. 19,20: Der Abschied*; (1 Bl. fehlt); S. 21,22: Stimme des Volks ⟨2.F.⟩* S. 23–25: Stimme des Volks ⟨2.F.⟩; S. 26: leer; S. 27,28: Die Bacchantinnen des Euripides; S. 28–30: *Wie wenn der Landmann* ...; S. 31–34: *Wie wenn am Feiertage* ...; S. 34: Die Rose, Die lezte Stunde, Im Walde; S. 34–37: An die Deutschen ⟨2.F.⟩; S. 38: leer; S. 39,40: Rousseau; (2 Bl. fehlen); S. 41–43: Dichterberuf ⟨1.F., v. 1–28⟩; S. 42: Sapphos Schwanengesang; S. 43: Ermunterung ⟨1.F.⟩*, Chor aus der Antigonä; S. 44: Dichtermuth*; S. 45: An Eduard*; S. 46,47: An Landauer*; S. 91–48: *Wenn der Dichter einmal des Geistes mächtig* ... (S. 91,90,87–76 von Hölderlin mit 1.–5.,7.,8.,9.–14. paginiert); S. 87: Gesang der Horen am Mittag*; S. 88,89: leer; S. 92–99: *Das lyrische, dem Schein nach* ...; S. 92: *Der Ausdruk* ..., Bitte*; S. 95,96: *Die Empfindung spricht* ...; S. 100: Sophokles, *Fürchtet den Dichter nicht* ..., *Immer spielt ihr* ..., Wurzel alles Übels; S. 100: Gesang der Musen am Mittag*; S. 100,101: Dem Allbekannten; S. 102: Zu Sokrates Zeiten; S. 103: Sapphos Schwanengesang*, An meine Schwester, Der Cyprier, Tinian, Der Schiffer; S. 104: Ovids Rükkehr nach Rom, ⟨Schema der Sapphischen Strophe (nicht wiedergegeben)⟩, Frühlingsanfang*, ⟨Metrische Tafel zur Parodos der Antigone (nicht wiedergegeben)⟩; S. 105: *Der tragische Dichter* ... S. 105,106: Täglich Gebet/Chiron*; S. 107: Der Eisgang/Der gefesselte Strom*; S. 108: Dichtermuth; S. 109: Der blinde Sänger*; S. 110,111: An Eduard*; S. 111–114: Das Ahnenbild*; (1 Bl. fehlt); S. 113: Frühlingsanfang; S. 115: Jupiter und Saturn/Natur und Kunst*; S. 116: Poetologische Tafeln; S. 117: leer; S. 118–132: ›Empedokles‹ ⟨3. Entwurf, v. 1–283⟩;

VERZEICHNIS DER HANDSCHRIFTEN 19

S. 133–144: ›Empedokles‹ ⟨3. Entwurf, v. 311–485⟩; S. 145–148: ›Empedokles‹ ⟨3. Entwurf, Personenverzeichnis und v. 486 bis Schluß⟩; S. 147,149,151,153,155,157,159,161,163, 165,167: *Das untergehende Vaterland* ...; S. 150,152,154,156, 158,160,162,164,166, 168: leer; (2 Bl. fehlen). Vgl. H2 und H8.

H8   *Bl. 4°* S. 1: *Wie wenn am Feiertage* ...; S. 2: Rousseau. Vgl. H6.

H9   *Dbl. 2°* S. 1,2: Das Gasthaus; S. 3,4: ⟨Pläne zu Elegien⟩*.

H10   *Dbl. 2°* S. 1: Brief an einen Unbekannten vom Herbst 1800, Heimkunft ⟨1.F.⟩*; S. 2–4: Das Gasthaus*.

H11   *2 ineinandergelegte Dbl. 2°* S. 1,2: Fragment philosophischer Briefe; S. 3: Bundestreue. An Sinklair, An Sinklair; S. 4–6: *Die tragische Ode* ...; S. 7: *Wohl geh' ich täglich* ...; S. 8: Bitte*. (Die ursprüngliche Lage der Handschrift war vermutlich: äußeres Dbl. von H11, H55, H38 ineinandergelegt. Das innere Dbl. von H11 gehörte vermutlich zu H54; s. bei *Die tragische Ode* ...).

H12   *2 ineinandergelegte Dbl. 2°* S. 1,3: Horaz Ode II/6; S. 2,3,5: Der Geburtstag des Menschen; S. 3: An die Parzen*; S. 6: Horaz Ode IV/3, S. 7: Heidelberg v. 25–32 (= v. 33–40 des Entwurfs)*, Stammbucheintrag für D. A. Manskopf*; S. 8: Dem Sonnengott*.

H14   *Dbl. 2°* S. 1–3: Dem Weingott*; S. 3,4: ⟨Pläne zu Elegien⟩*.

H17   *Dbl. 2°* S. 1,2: Deutscher Gesang; S. 3,4: Am Quell der Donau ⟨Prosaentwurf⟩.

H18   *Dbl. 2°* S. 1: Hymne an die Unsterblichkeit/Hymne an die Göttin der Harmonie v. 1–8; S. 1–4: Hymne an die Warheit.

H22   *Dbl. 8°* S. 1–3: Ende einer Gedichtfolge auf Gustav Adolf; S. 3,4: *Ich duld es nimmer* ...

H27   *Bl. 4°* S. 1,2: Chor aus Ödipus auf Kolonos, Guter Rath, Advocatus Diaboli, *Lieben Brüder* ...; S. 2: Entwurf zu ›Die Schlacht‹, Die beschreibende Poësie, Falsche Popularität.

H28   *Dbl. 4°* S. 1,2: ⟨Pläne zu Elegien⟩*; S. 3,4: Der Wanderer ⟨2.F.⟩*.

H30   *Dbl. und 3 ineinandergelegte Dbl. 4°* Reinschriften für die geplante Gedichtausgabe 1801. S. 1,2: Der gefesselte Strom; S. 2–5: Das Ahnenbild; S. 5–7: Der blinde Sänger; S. 8,9: Bitte; S. 9–11: Dichtermuth; S. 11,12: Natur und Kunst oder Saturn und Jupiter; S. 13–15: An Eduard; S. 16: leer.

H32   *Bl. und 9 ineinandergelegte Dbl. 4°* S. 1,2,5,6: Dejanira an Herkules; S. 2,3,9: An Herkules; S. 7–20: Nisus und Euryalus;

S. 9,11: Die Eichbäume*; S. 21–28: leer. *Das Folgende ist in das umgedrehte Faszikel eingetragen:* S. 38: Widmung für Isaak von Sinclair in den ersten Band des Hyperion*; S. 37: leer; S. 36–29: Aus Euripides' Hekuba.

H33 *Dbl. 4°* S. 1–4: Der Archipelagus*; S. 2: ⟨Lateinische Anfangsworte von Horaz, Ode III/21⟩*, Der Gotthardt*, Tinian*; S. 3: *Wohl blik ich, schöne Sonne...*; S. 3,2: *Warum, o schöne Sonne...*

H34 *2 ineinandergelegte Dbl. 4°* S. 1,4: An die Ehre*; S. 2: *Ich hasse mich...*; S. 6,3,4: Einst und Jezt*; S. 4,5,8: Entwurf zu ›Weisheit des Traurers‹; S. 7: leer.

H36 *Dbl. 4°*, Reinschriften. S. 1: ... *Uns würdigte einst...*; S. 2: M.G.; S. 2,3: Die Nacht; S. 4: An M.B., Der Unzufriedne.

H38 *2 Bl., 3 ineinandergelegte Dbl. und 3 Bl. 2°* S. 1–4: Fragment philosophischer Briefe; S. 5,11,10: Der Prinzessin Auguste von Homburg*; S. 6,14: Der Frieden; S. 7: Der Winter (Jezt komm und hülle...)*; S. 9, oben: Sybille, darunter: Der Baum, am rechten Rand: Die Sprache–; S. 9 unten – S. 11: *Löst sich nicht...*; S. 11: Gestalt und Geist, Προς εαυτον; S. 13,15,16: leer; S. 17: Schiller; S. 17,12,5: Gesang des Deutschen*; S. 18, 19: Am Herbsttag*; S. 20,21: Götterrecht, Palinodie; S. 22: Muth des Dichters. Vgl. H11.

H39 *Oktavbuch.* Das Buch bestand ursprünglich aus 16 Quaternionen. Am Anfang fehlen 6 Bl. Das erste erhaltene Blatt wird heute als H447 gezählt: Zweite Olympische Hymne v. 1–28; H39 S. 1–12: Zweite Olympische Hymne v. 29–180; S. 13–15: Dritte Olympische Hymne; S. 16–33: Pythische Ode. III; S. 34–41: Pythische Ode. IV v. 1–76; S. 42: leer; (1 Bl. fehlt); S. 43: leer; S. 44–66: Pythische Ode. IV v. 124–348; S. 67–82: Pythische Ode. I; S. 83–85: Olympische Ode. 14; S. 86–94: Olympische Ode. 8; (3 Bl. fehlen); S. 95–97: Eilfte Olympische Ode; S. 97–103: Zehnte Olympische Ode; (3 Bl. fehlen); S. 105–121: Zweite Pythische Ode; S. 122: Neunte Olympische Ode; S. 122–136: Achte Pythische Ode; S. 137–147: Eilfte Pythische Ode; S. 147–158: Zehnte Pythische Ode; S. 159–164: Zwölfte Pythische Ode; S. 165–174: Fünfte Pythische Ode; (3 Bl. fehlen); S. 175–184: Neunte Pythische Ode; (3 Bl. fehlen). *Das Folgende ist in das umgedrehte Buch eingetragen:* (1 Bl. fehlt); S. 212–200: ›Empedokles‹ ⟨2. Entwurf, v. 1–143⟩; S. 199: leer; (2 Bl. fehlen); S. 198,197: leer; S. 196–185: Leander an Hero.

H42   *Dbl. 8°* S. 1: Der nächtliche Wanderer; S. 1,4: Das Erinnern; S. 2,3: *Adramelechs Grim ...*; S. 3: *Der Empfindsame ...*

H47   *Quartbuch.* Die verwirrende heutige Anordnung dieses mehrere unterschiedliche Handschriften enthaltenden Buches stammt nicht von Hölderlin; der urspr. Zusammenhang läßt sich anhand der Versanschlüsse der ›Empedokles‹-Entwürfe rekonstruieren.

Dbl., Bl., 4 ineinandergelegte Dbl. S. 1–22: ›Empedokles‹ ⟨1. Entwurf, v. 1–312⟩;

Dbl. mit eingelegtem Bl., 3 ineinandergelegte Dbl., 2 ineinandergelegte Dbl. S. 23–28: ›Empedokles‹ ⟨2. Entwurf⟩*; S. 29–48: ›Empedokles‹ ⟨2. Entwurf; v. (135) 144–535⟩;

2 ineinandergelegte Dbl., Bl., Dbl., 2 Bl., 2 Dbl., 5 ineinandergelegte Dbl., Bl., Dbl. mit 2 eingelegten Bl., 2 ineinandergelegte Dbl. mit eingelegten Bl., Dbl. (zweite Hälfte ungezählt und leer), *2 ineinandergelegte Dbl., Bl., Dbl. mit am Rand angeklebtem Bl., 2 ineinandergelegte Dbl. mit eingelegtem Bl. und Dbl., 3 Bl., 2 Dbl.* (vorletzte Seite ungezählt und leer); S. 49–106: ›Empedokles‹ ⟨1. Entwurf, v. 313–1106, 1158⟩; S. 107–159: ›Empedokles‹ ⟨1. Entwurf, v. 1159–1891⟩; S. 132: *Hört' ich die Warnenden izt ...*; S. 146: *Mich freut es ...*; S. 150: *Die Weisen aber ...*;

Dbl. mit eingelegtem Bl. und 2 ineinanderliegenden Dbl. (die letzten 6 Seiten ungezählt und leer) S. 160–167: ›Empedokles‹ ⟨2. Entwurf, v. 592–717⟩;

auf die erste der ungezählten 6 Seiten aufgeklebt sind Beilage 1 und 2 *2 Bl. 8°* : ›Empedokles‹ ⟨1. Entwurf, v. 1107–1157⟩;

auf die dritte der 6 ungezählten Seiten aufgeklebt sind Beilage 3 *Bl.4°* S. 1: ›Empedokles‹ ⟨3. Entwurf, v. 284–310⟩; S. 2: Abschied

und Beilage 4 *Dbl.4°* : S. 1: ⟨Pläne zu Elegien⟩*; S. 2–4: ›Empedokles‹ ⟨2. Entwurf, v. 536–591⟩;

dazu gehört H334 *Dbl.4°* An Isaac von Sinclair adressierter Aktenumschlag: ›Empedokles‹ ⟨2. Entwurf⟩* (S. 4: leer).

H51   *Dbl. 4°* S. 1: Aus einem Entwurf zum Journalplan; S. 2,3: Der Gesichtspunct aus dem wir das Altertum anzusehen haben; S. 3: Notiz zum Plan von Briefen über Homer; S. 4: leer.

H53   *Heft aus 5 Lagen von je 2 ineinandergelegten Dbl. 4°* S. 1–35: (= h6, Abschrift von unbekannter Hand) Geschichte der schönen Künste unter den Griechen; S. 36,37: leer; S. 38,39: *Da ich ein Knabe war ...*; S. 40: leer.

H55	*Dbl. 2°* S. 1,2: Fragment philosophischer Briefe; S. 3: Muth des Dichters; S. 3,4: An. Vgl. H11.
H56d	*Dbl. 4°* S. 1–4: Frankfurter Aphorismen.
H56a	*Dbl. 4°* S. 1–3: Frankfurter Aphorismen; S. 3,4: Achill.
H56b	2 *Dbl. 8°* S. 1–4: *Am meisten aber lieb' ich* ...; S. 6: Brief an Susette Gontard vom April 1799; Die Verjüngung; S. 8,5,6: Achill ⟨Prosaentwurf⟩; S. 7: leer.
H57	6 *ineinandergelegte Dbl. 4°* Schulheft. S. 1–15: Entwürfe zur endgültigen Fassung des ›Hyperion‹. *Das Folgende ist in das umgedrehte Heft eingetragen:* S. 24–22, 19–17: ›Empedokles‹ ⟨Frankfurter Plan⟩; S. 22–19: mathematische Übungen Henry Gontards; S. 16: leer.
H286	*Dbl. 4°* S. 1–4: Über die verschiednen Arten, zu dichten; S. 1 unten: Aus Pindars erster Olympischer Ode.
H287	»*Homburger Quartheft*«. *3 ineinandergelegte Dbl., in deren Mitte 9 Bl.* (davon die Bl. 1/9, 2/8, 4/7 und 5/6 ursprünglich Dbl.), *am Schluß 1 Bl. angefügt.* S. 1–8: Der Wanderer ⟨1.F.⟩*; S. 8: Entwurf zu ›Hyperions Schiksaalslied‹*; S. 9: An Diotima (Schönes Leben ...); S. 9,10: Diotima (Komm und besänftige ...); S. 10,11: An Neuffer; S. 12–17: An den Aether*; S. 18: Gebet für die Unheilbaren; S. 19,20: Die Eichbäume*; S. 21–24: Die Muße; S. 25: leer; S. 28–26: *Die Völker schwiegen, schlummerten* ...; S. 29–31: Entwürfe zur endgültigen Fassung des ›Hyperion‹ (Salamisfragment); S. 32: leer.
H307	»*Homburger Folioheft*«. *22 ineinandergelegte Dbl. und 1 Dbl.* Inhalt: s. I 367–438. Dazu gehören H336 (s. Viel hab ich dein ...) und H339 (s. Die Nymphe).
H310	*Dbl. 2°* S. 1: Der Einzige ⟨2. F., v. 40–45*⟩; S. 1–4: Patmos ⟨3. und 4. F.⟩.
H314	*Dbl. 2°* S. 1–4: Die Wanderung v. 1–102*. Vgl. H315.
H315	2 *Dbl. 2° und Bl. 2°* angeklebt S. 1: Die Wanderung v. 103–117*; S. 1–10: Der Rhein. Vgl H314 und H315a.
H315a	*Bl. 2°* Entwürfe zu ›Der Rhein‹ v. 1–31, v. 105–122. Vgl. H315.
H316	2 *Dbl. 2°* Reinschriften für die geplante Gedichtausgabe 1801, die später z. T. überarbeitet werden. S. 1,2: Die Heimath ⟨2.F.⟩; S. 2,3: Die Liebe; S. 3,4: Lebenslauf ⟨2.F.⟩; S. 4–6: Der Abschied; S. 6,7: Diotima ⟨3.F.⟩; S. 7: An die Parzen*; S. 8: Der gute Glaube*, Rükkehr in die Heimath (v. 1–16)*. ⟨Fortsetzung verloren⟩
H317	2 *Bl. 2°* S. 1,2: An die Hofnung*; S. 2,3: Der Winter (Jezt

VERZEICHNIS DER HANDSCHRIFTEN 23

komm und hülle …)*; S. 3,4: Der gefesselte Strom*; S. 4: Die Dioskuren*. ⟨Fortsetzung verloren⟩

H318 *Dbl. 2°* z. T. überarbeitete Abschriften der Oden aus D18. S. 1: Empedokles; S. 1,2: Heidelberg; S. 2: Die Götter; S. 3,4: Der Nekar.

H323 *Dbl. 2°* S. 1: Andenken*; S. 2–4: Der Ister. Vgl. H324.

H324 *Bl. 2°* (lag ursprünglich in H323) S. 1,2: Der Ister. Vgl. H323.

H332 *Dbl. 2°* S. 1: Von der Fabel der Alten; S. 2: *Carrieres de greves* …; S. 3,4: Aus Pindars erster Pythischer Ode.

H333 *Dbl. 2°* S. 1–4: Am Quell der Donau; S. 3,4: Der Todtengräber.

H339 *Dbl. 2°* S. 1: *Bauen möcht* …; S. 2,3: Der Adler; S. 4: Die Schlange*/Das Zeichen*.

H352 *Bl. 8°* S. 1: Männerjubel v. 41–52; S. 1,2: Mein Vorsaz*.

H355 »Marbacher Quartheft«. *3 ineinandergelegte Dbl., 3 ineinandergelegte Dbl., Bl., Bl. aufgeklebt auf 3 ineinandergelegte Dbl., 2 Bl., 2 Bl., 2 ineinandergelegte Dbl., Bl., 2 Bl., 2 ineinandergelegte Dbl.* (Dem Heft voran stand H451), Reinschriften, z. T. überarbeitet. S. 1–9: Die Unsterblichkeit der Seele; S. 10–12: Der Lorbeer; S. 13,14: Die Ehrsucht; S. 15–17: Die Demuth; S. 18–23: Die Stille; S. 24–28: Schwärmerei; S. 29,30: Der Kampf der Leidenschaft; S. 31,32: An Stella; S. 33,34: An die Nachtigall; S. 35,36: An meine Freundinnen; S. 36,37: Mein Vorsaz; S. 38,39: An meinen B.; S. 40–45: Hero; S. 46,47: Auf einer Haide geschrieben; S. 48–52: Die Tek; S. 52–60: Am Tage der Freundschaftsfeier; S. 61–71 (urspr. am Anfang des Heftes): Die Meinige; S. 72: leer.

H357 *2 ineinandergelegte Dbl. 4°* S. 1–4: *Ich kann dir das wohl sagen* …; S. 5–8: *Wenn aus der Ferne* …

H400 *Dbl. 8°* Druckvorlage für Neuffer, Juni 1798, diese Handschrift gehört zusammen mit H442/H421 zu den Resten einer in h46 beschriebenen Sammelhandschrift mit zwölf epigrammatischen Oden (Reihenfolge: s. I 190–193). S. 1: Ehmals und jezt, Lebenslauf ⟨1.F.⟩; S. 2: Die Kürze; S. 3,4: leer.

H401 *Bl. 4°* und H476 *Bl. 4°* (urspr. Dbl.) S. 1,2: Dem Sonnengott*; S. 2,3: Der Mensch*; S. 4: leer.

H413 *Dbl. 2°* S. 1: Untreue der Weisheit; S. 1,2: Von der Wahrheit; S. 2: Von der Ruhe; S. 2,3: Vom Delphin; S. 3,4: Das Höchste; S. 4: Das Alter; S. 4: Das Unendliche. Vgl. H423.

H423 *Bl. 2°* S. 1: Die Asyle; S. 1,2: Das Belebende. Vgl. H413.

H442	*Bl. 8°* s. H400. S. 1: An die Deutschen ⟨1.F.⟩; S. 2: Die scheinheiligen Dichter (letzte Zeile auf dem *abgeschnittenen Streifen* H421).
H469	*Bl. 4°* S. 1: Abendphantasie*; S. 2: Morgenphantasie*.
H479	*2 Dbl. 4°* Reinschriften als Druckvorlage für Schiller, dem Brief vom 30. Juni 1798 beigefügt. S. 1,2: Dem Sonnengott; S. 2–5: Der Mensch; S. 6: Sokrates und Alcibiades; S. 7: Vanini; S. 8: An unsre großen Dichter.

Handschriften ohne Katalognummer

HoK1	*Bl. 4° (Württembergische Landesbibliothek, Stuttgart cod. poet. et phil. 2° 105)* Entwürfe zur endgültigen Fassung des ›Hyperion‹ (I 584,24–585,15). *Erstdruck:* Le pauvre Holterling Nr. 8, Ffm. 1988, S. 5–12 (dort auch Faksimile)
HoK2	*Exemplar von D 14 (Wissenschaftliche Allgemeinbibliothek (B), Schwerin)* S. 1: Widmung für Prinzessin Auguste von Hessen-Homburg in den zweiten Band des ›Hyperion‹ (Gesang des Deutschen v. 41,42). *Faksimile:* Zentralblatt für Bibliothekswesen, Heft 5 (Mai), Leipzig 1988, S. 199
HoK3	*Album-Bl. 8° (Privatbesitz)* S. 1: Das Gute; S. 2: leer. *Erstdruck:* Wilhelm Hoffmann, Das Hölderlin-Archiv 1965–1966; in: HJb 14, Tübingen 1967, S. 184
HoK4	*Dbl. 2° (Privatbesitz)* S. 1: Aussicht (Der offne Tag ...); S. 2–4: leer. *Faksimile:* Katalog 808 der Haus der Bücher AG, Basel 1983, Tafelteil
HoK5	*Streifen zu H65 (Privatbesitz)* Brief an die Mutter vom Dezember 1785 (s. II 395, 22–29)
HoK6	*Bl. 4° (The Historical Society of Pennsylvania, Philadelphia, Pa)* Brief an die Schwester (s. II 959, 1–11)
HoK7	*Bl. 4° (Marbach, Inv.-Nr. 63468)* Brief an die Schwester (s. II 959, 12–22)
HoK8	*Stammbuch-Bl. 8° (in Besitz der Familie Freiherr von Haniel-Niethammer, Schloß Trunzenberg)* Für Immanuel Niethammer. *Erstdruck:* Dieter Henrich, Über Hölderlins philosophische Anfänge; in: HJb 24, Tübingen 1986, S. 1 (dort auch Faksimile)
HoK9	*Stammbuch-Bl. 8° (Privatbesitz)* Für Johann Philipp Weigelin. *Erstdruck:* Südwest-Presse. Schwäbisches Tagblatt 3. November 1984 (dort auch Faksimile)

HoK10 *Stammbuch-Bl. 8°* *(Privatbesitz)* Für Johann Gottlob Süskind. *Erstdruck:* Volker Schäfer, Neue Stammbuchblätter von Hölderlin und Hegel; in: In Wahrheit und Freiheit. Hg. Friedrich Hertel, Stuttgart 1986, S. 193 (dort auch Faksimile)

HoK11 *Stammbuch-Bl. 8°* *(?)* Für Johann Caspar Camerer. *Erstdruck:* Katalog 642 der Firma J. A. Stargardt, Marburg 1988, S. 62 (Faksimile S. 63)

HoK12 *Bl. 2°* *(Württembergische Landesbibliothek, Stuttgart cod. poet. et phil. fol. 63, VI 3)* Für fünf Besucher (II 973). *Erstdruck:* StA 4.2, S. 808

VERZEICHNIS DER DRUCKE

Das Verzeichnis enthält alle von Hölderlin selbst zum Druck beförderten Werke, darüber hinaus spätere, als Textquellen relevante Drucke. Sofern nicht anders vermerkt, sind die Zeitschriftenveröffentlichungen mit Hölderlins Namen unterschrieben.

D1 *Musenalmanach fürs Jahr 1792 Herausgegeben von Gotthold Friedrich Stäudlin. Stuttgart, auf Kosten des Herausgebers. Gedrukt in der Akademischen Buchdrukerei.* ⟨erschienen September 1791⟩
    S. 1–8:   Hymne an die Muse.
    S. 112–118:   Hymne an die Freiheit. (Wie der Aar ...)
    S. 153–161:   Hymnus an die Göttin der Harmonie.
    S. 163–165:   Meine Genesung an Lyda.

D2 *Poetische Blumenlese fürs Jahr 1793. Herausgegeben von Gotthold Friedrich Stäudlin. Stuttgart, auf Kosten des Herausgebers gedrukt bei den Gebrüdern Mäntler.* ⟨erschienen September 1792⟩
    S. 1–5:   Hymne an die Menschheit.
    S. 22–28:   Hymne an die Schönheit.
    S. 46–50:   Hymne an den Genius der Jugend.
    S. 57–61:   Hymne an die Freundschaft.
    S. 79–85:   Kanton Schweiz.
    S. 98–103:   Hymne an die Freiheit. (Wonne säng' ich ...)
    S. 117–119:   Hymne an die Liebe.

D3 *DIE EINSIEDLERINN AUS DEN ALPEN. EINE MONATSSCHRIFT zur Unterhaltung u. Belehrung für Deutschlands und Helvetiens Töchter.* ⟨Hg.⟩ *von M. A. EHRMANN. IV. Band. 12. Heft. ZÜRICH. bei Orell, Geßner, Füßli & Comp. MDCCXCIII.*
    S. 220:   An eine Rose.

D4a *DIE EINSIEDLERINN AUS DEN ALPEN. Zur Unterhaltung u. Belehrung für Deutschlands und Helvetiens Töchter.* ⟨Hg.⟩ *von M. A. EHRMANN. II. Band. 6. Heft. 1794. ZÜRICH. bei Orell, Geßner, Füßli & Comp.*
    S. 225–227:   Lied der Liebe.

VERZEICHNIS DER DRUCKE 27

D4b *DIE EINSIEDLERINN AUS DEN ALPEN. Zur Unterhaltung u. Belehrung für Deutschlands und Helvetiens Töchter. ⟨Hg.⟩ von M. A. EHRMANN. III. Band. 7. Heft. 1794. ZÜRICH. bei Orell, Geßner, Füßli & Comp.*

S. 35: An Neuffer. Im Merz. 1794. (Noch kehrt ...)

D5a ⟨Neue⟩ *THALIA. herausgegeben von F. SCHILLER. Vierter Theil. Fünftes Stück des Jahrganges 1793.* ⟨Erschienen 1794⟩ *Leipzig, bey Georg Joachim Göschen.*

S. 181–221: Fragment von Hyperion.
S. 222–224: Das Schicksal.

D5b ⟨Neue⟩ *THALIA. herausgegeben von F. SCHILLER. Vierter Theil. Sechstes Stück des Jahrganges 1793.* ⟨Erschienen 1795⟩ *Leipzig, bey Georg Joachim Göschen.*

S. 331–333: Griechenland. An St.
S. 334–336: Dem Genius der Kühnheit.

D6 *Urania Herausgegeben von J. L. Ewald. Dritter Band. Leipzig, bey Voß und Compagnie. 1795. Viertes Stück, April, 1795. Nr. III.*

S. 314–315: Griechenland. An Gotthold Stäudlin.

D7 *Musen-Almanach für das Jahr 1796. Herausgegeben von Schiller. Neustrelitz, bei dem Hofbuchhändler Michaelis.*

S. 152–155: Der Gott der Jugend.

D8 *ALMANACH und Taschenbuch für HÄUSLICHE u. GESELLSCHAFTL. FREUDEN. 1797 von Carl Lang mit Kupfern von D. Chodowicki H. Guttenberg &* ⟨anderen⟩ *FRANKFURT am MAYN bei GUILHAUMANN und HEILBRONN am NEKAR bei dem HERAUSGEBER.*

S. 175: An eine Rose.
S. 185–186: Freundes Wunsch. An Rosine St.–
S. 223: Lebensgenuß. An Neuffer. 1794. ⟨=An Neuffer. (Noch kehrt ...)⟩

D9 *HYPERION oder der Eremit in Griechenland von Friedrich Hölderlin. Erster Band. Tübingen 1797. in der J. G. Cotta'schen Buchhandlung.* ⟨160 Seiten⟩

D10a *Die Horen eine Monatsschrift herausgegeben von Schiller. Zehnter Band. Tübingen in der J. G. Cottaischen Buchhandlung 1797. Sechstes Stück.*

S. 69–74: Der Wanderer. ⟨Erste Fassung; ohne Unterschrift⟩

D10b *Die Horen eine Monatsschrift herausgegeben von Schiller.*

Zwölfter Band. Tübingen in der J. G. Cottaischen Buchhandlung 1797. Zehntes Stück.

S. 101: Die Eichbäume. ⟨Ohne Unterschrift⟩

D11 *Musen-Almanach für das Jahr 1798. Herausgegeben von Schiller. Tübingen, in der Cottaischen Buchhandlung.*

S. 131–136: An den Aether. ⟨Unterschrift: D.⟩

D12 *Musen-Almanach für das Jahr 1799. Herausgegeben von Schiller. Tübingen, in der Cottaischen Buchhandlung.*

S. 47: Sokrates und Alcibiades.
S. 209: An unsre ⟨großen⟩ Dichter.

D13 *Taschenbuch für Frauenzimmer von Bildung, auf das Jahr 1799. herausgegeben von C. L. Neuffer. Mit Kupfern aus Göthe's: Herrmann und Dorothea. Stuttgart, bey J. F. Steinkopf.*

S. 5: Das Unverzeihliche. ⟨Unterschrift: Hillmar.⟩
S. 17: Ehmals und Jetzt.
S. 67: Die Liebenden. ⟨Unterschrift: Hillmar.⟩
S. 68: An die Deutschen ⟨Erste Fassung⟩
S. 89: Ihre Genesung ⟨Erste Fassung; Unterschrift: Hillmar.⟩
S. 112: An die jungen Dichter.
S. 158: Lebenslauf.
S. 161: An ihren Genius ⟨Unterschrift: Hillmar.⟩
S. 163: Die Kürze.
S. 166: An die Parzen.
S. 168: Abbitte. ⟨Unterschrift: Hillmar.⟩
S. 175: Der gute Glaube. ⟨Unterschrift: Hillmar.⟩
S. 274: Diotima ⟨Erste Fassung⟩
S. 304: Die Heimath ⟨Erste Fassung; Unterschrift: Hillmar.⟩

D14 *HYPERION oder der Eremit in Griechenland von Friedrich Hölderlin. Zweiter Band. Tübingen 1799. in der J. G. Cotta'schen Buchhandlung.* ⟨124 Seiten⟩

D15 *Taschenbuch für Frauenzimmer von Bildung auf das Jahr 1800. herausgegeben von C. L. Neuffer. Mit Kupfern von Chodowieki, Küffner u. d'Argent. Stuttgart bei J. F. Steinkopf.*

S. 1–32: Emilie vor ihrem Brauttag.
S. 114–118: Diotima. ⟨Jüngere Fassung⟩
S. 131: Menschenbeifall. ⟨Unterschrift: Hillmar⟩
S. 148–149: Die Launischen.
S. 204–205: Der Tod fürs Vaterland.
S. 205–206: Stimme des Volks. ⟨Erste Fassung⟩

VERZEICHNIS DER DRUCKE 29

   S. 245:   Sonnenuntergang.
   S. 246–247:   Der Zeitgeist. (Zu lang schon waltest …)
   S. 280:   Die scheinheiligen Dichter.

D16 *BRITTISCHER DAMENKALENDER und TASCHEN-BUCH für das Jahr Achtzehnhundert Mit Kupfern. Frankfurt am Main In der Jaegerschen Buchhandlung 1800* ⟨Hg. von J. L. Hadermann⟩
   S. 93:   Des Morgens.
   S. 94:   Abendphantasie.
   S. 95–96:   Der Mayn.

D17 *Für Herz und Geist. Ein Taschenbuch auf das Jahr 1801. Mit Musik, gröstentheils von Zumsteeg. Herausgegeben von H⟨au⟩g. Ludwigsburg, in der Cotta'schen Hof=Buchhandlung.*
   S. 109–110:   Rükkehr in die Heimath.

D18 *AGLAIA. Jahrbuch für Frauenzimmer auf 1801. Herausgegeben von N. P. Stampeel. Mit 7 Kupfern von W. Jury. Frankfurt a. M. bei August Hermann.*
   S. 302:   Die Götter.
   S. 320–322:   Heidelberg.
   S. 331–333:   Der Nekar.
   S. 353:   Empedokles.

D19 *Flora Teutschlands Töchtern geweiht. Eine Quartalschrift von Freunden und Freundinnen des schönen Geschlechts. Neunter Jahrgang. Drittes Vierteljahr. Tübingen, 1801. In der J. G. Cotta'schen Buchhandlung.*
   S. 31–39:   Der Wanderer. ⟨Zweite Fassung⟩

D20 *Musen-ALMANACH für das Jahr 1802. Herausgegeben von Bernhard Vermehren. Leipzig, in der Sommerschen Buchhandlung.*
   S. 33–38:   Menons Klagen um Diotima. ⟨v. 1-56⟩
   S. 163–164:   Elegie. ⟨= Menons Klagen um Diotima, v. 69-82⟩
   S. 209–210:   Unter den Alpen gesungen.

D21 *Flora Teutschlands Töchtern geweiht. Eine Quartalschrift von Freunden und Freundinnen des schönen Geschlechts. Zehnter Jahrgang. Viertes Vierteljahr. Tübingen, 1802. In der J. G. Cotta'schen Buchhandlung.*
   S. 21–27:   Heimkunft. An die Verwandten. ⟨Erste Fassung⟩
   S. 27–32:   Die Wanderung.

QUELLENVERZEICHNISSE

        S. 32–35:   Dichterberuf. ⟨Zweite Fassung⟩
        S. 35–38:   Stimme des Volks. ⟨Dritte Fassung; nur dieses Gedicht ist unterschrieben⟩

D22   *Musen-ALMANACH für das Jahr 1803. Herausgegeben von Bernhard Vermehren. Zweiter Jahrgang. Jena, in der Akademischen Buchhandlung.*
        S. 93–100:   Menons Klagen um Diotima. ⟨v. 57-130⟩

D23a   *DIE TRAUERSPIELE DES SOPHOKLES. ÜBERSETZT VON FRIEDRICH HÖLDERLIN. ERSTER BAND. FRANKFURT AM MAIN, 1804 BEI FRIEDRICH WILMANS.*
        OEDIPUS DER TYRANN. ⟨IV und 108 Seiten⟩

D23b   *DIE TRAUERSPIELE DES SOPHOKLES. ÜBERSETZT VON FRIEDRICH HÖLDERLIN. ZWEITER BAND. FRANKFURT AM MAIN, 1804 BEI FRIEDRICH WILMANS.*
        ANTIGONAE. ⟨104 Seiten⟩

D24   *Vierteljährliche Unterhaltungen. Herausgegeben von L. F. Huber. Drittes Stück. 1804. Tübingen, in der J. G. Cotta'schen Buchhandlung.*
        S. 168–191:   Der Archipelagus.

D25   *Taschenbuch für das Jahr 1805. Der Liebe und Freundschaft gewidmet. Frankfurt am Mayn, bey Friedrich Wilmans.*
    II. ⟨Abteilung:⟩ Gedichte. Von Fr. Hölderlin.
        S. 77–79:   1. Chiron.
        S. 79–80:   2. Thränen.
        S. 80–81:   3. An die Hoffnung.
        S. 81–82:   4. Vulkan.
        S. 82–83:   5. Blödigkeit.
        S. 83–84:   6. Ganymed.
        S. 85:   7. Hälfte des Lebens.
        S. 85–86:   8. Lebensalter.
        S. 86:   9. Der Winkel von Hardt.

D26   *Würtembergisches Taschenbuch auf das Jahr 1806 für Freunde und Freundinnen des Vaterlandes. Mit 5. Kupfern und einer Musikbeilage. Ludwigsburg, bei Friedrich Nast.*
        S. 72–73:   Die Heimath. ⟨Zweite Fassung⟩

D27   *Musenalmanach für das Jahr 1807. Herausgegeben von Leo Freiherrn von Seckendorf. Regensburg, in der Montag und Weißischen Buchhandlung.*

VERZEICHNIS DER DRUCKE 31

    S. 3–12:   Die Herbstfeier. ⟨= Stutgard, zweite Fassung⟩
    S. 55–60:   Die Wanderung. ⟨Ohne die letzte Strophe⟩
    S. 90–91:   Die Nacht. ⟨= erste Strophe von Brod und Wein, zweite Fassung⟩

D28 *Musenalmanach für das Jahr 1808. Herausgegeben von Leo Freiherrn von Seckendorf. Regensburg, in der Montag- und Weißischen Buchhandlung.*
    S. 79–87:   Pathmos. ⟨Erste Fassung⟩
    S. 94–102:   Der Rhein.
    S. 128–130: Andenken.

D1824,1 *TASCHENBUCH von der Donau Auf das Jahr 1824 Herausgegeben von Ludwig Neuffer ULM in der Stettin'schen Buchhandlung.*
    S. 152:   An eine Rose.
    S. 193–195: Lied der Freundschaft.
    S. 227–228: Einer abwesenden Freundin. ⟨= An Neuffer. (Noch kehrt ...)⟩

D1824,2 *Zeitung für die elegante Welt 1824*
    Nr. 146:   Meiner verehrungswürdigen Großmutter.

D1825 *TASCHENBUCH von der Donau Auf das Jahr 1825 Herausgegeben von Ludwig Neuffer ULM in der Stettin'schen Buchhandlung.*
    S. 201–202: Einladung.
    S. 222:   Trost. ⟨= An Neuffer. (Noch kehrt ...)⟩

D1826 *Gedichte von Friedrich Hölderlin.* ⟨Hg. von Ludwig Uhland und Gustav Schwab⟩ *Stuttgart und Tübingen in der J. G. Cotta'schen Buchhandlung 1826.* ⟨226 Seiten⟩

D1829 ⟨Ludwig Neuffer:⟩ *Nachtrag einiger Gedichte von Friedrich Hölderlin. Zeitung für die elegante Welt 1829*
    Nr. 172:   I. Lied der Liebe.
    Nr. 173:   II. Lied der Freundschaft. (Frei wie Götter ...)
    Nr. 174:   III. An die Stille.
    Nr. 175:   IV. Meine Genesung.
    Nr. 175–176: V. Hymne an die Muse.
    Nr. 177:   V. ⟨sic!⟩ Hymne an die Freiheit. (Wie der Aar ...)
    Nr. 178–179: VI. Hymne an die Göttin der Harmonie ⟨= Hymne an die Warheit⟩
    Nr. 187:   VIII. Hymne an die Menschheit.
    Nr. 188–189: IX. Hymne an die Schönheit. ⟨Zweite Fassung⟩

	Nr. 190:	X. Hymne an die Freundschaft.
	Nr. 207:	XI. Hymne an den Genius der Jugend.
	Nr. 208–209:	XII. Hymne an die Freiheit. (Wonne säng' ich ...)
	Nr. 210–211:	XIII. Kanton Schweiz.
	Nr. 245:	XIV. Einladung. Seinem Freunde Neuffer.
	Nr. 245–246:	XV. Diotima. ⟨Mittlere Fassung⟩

D1832 *Zeitung für die elegante Welt 1832 Nr. 220*

Sp. 1753–1756: Hymne an die Unsterblichkeit.

D1846 *Friedrich Hölderlin's sämmtliche Werke herausgegeben von Christoph Theodor Schwab. Zweiter Band. Nachlaß und Biographie. Stuttgart und Tübingen. J. G. Cotta'scher Verlag. 1846.*

⟨Verzeichnet werden nur Textquellen:⟩

S. 5–85:	Briefe
S. 163–164:	Das menschliche Leben.
S. 168–169:	An Thills Grab. ⟨v. 33-36⟩
S. 169–170:	An die Ruhe.
S. 171–173:	Melodie. An Lyda.
S. 204–206:	›Empedokles‹ ⟨2. Entwurf, v. 395-428⟩
S. 324:	Daß der Mensch in der Welt ...
S. 343:	Der Kirchhof.
S. 343–344:	Der Spaziergang.
S. 344–345:	Das fröhliche Leben.
S. 345–346:	Der Herbst. (Die Sagen ...)

KOMMENTAR ZU BAND I

GEDICHTE

In Hölderlins lyrischem Schaffen lassen sich mehrere Perioden unterscheiden. Nach den frühen Versuchen der Schul- und ersten Universitätszeit entstehen seit 1790 die »Tübinger Hymnen«, große mehrstrophige Reimgedichte. Während der Arbeit am Hyperion beginnt Hölderlin – oft durch Übersetzungen vorbereitet – mit verschiedenen Formen zu experimentieren, findet dann aber ab 1796 zu den antiken Versmaßen des Hexameters, des elegischen Distichons und der Odenstrophen.

Zunächst sind die beiden von Hölderlin am häufigsten verwendeten und in ihrem Charakter einander entgegengesetzten Odenformen zu nennen, nämlich die alkäische, der durch das gleichmäßige Auf und Ab von Senkung und Hebung eine weiche, eher gefühlsbetonte Wellenbewegung eigen ist, und die asklepiadeische, die durch das häufige Aneinanderprallen der Hebungen mehr gliedernd und reflexionsbetont ist. Für beide Strophen benutzt Hölderlin gegenüber dem griechischen bzw. lateinischen Original vereinfachte Formen. Die hier wiedergegebenen Schemata gelten für die meisten Oden, jedoch hat Hölderlin sie durchaus frei verwendet (in den Erläuterungen wird das Versmaß jeweils angegeben).

alkäische Ode:

$$\cup-\cup-\cup,-\cup\cup-\cup\cup$$
$$\cup-\cup-\cup,-\cup\cup-\cup\cup$$
$$\cup-\cup-\cup-\cup-\cup$$
$$-\cup\cup-\cup\cup-\cup-\cup$$

asklepiadeische Ode:

$$-\cup-\cup\cup-,-\cup\cup-\cup-$$
$$-\cup-\cup\cup-,-\cup\cup-\cup-$$
$$-\cup-\cup\cup-\breve{\cup}$$
$$-\cup-\cup\cup-\cup-$$

Ein drittes Versmaß, das sapphische, wird nur einmal, in der Ode ›Unter den Alpen gesungen‹ verwendet.

Das elegische Distichon, das Hölderlin neben den Elegien auch für seine Epigramme verwendet, besteht aus einem daktylischen Hexameter und einem Pentameter:

$$-\cup\cup-\cup\cup-\cup\cup-\cup\cup-\cup\cup-\breve{\cup}$$
$$-\cup\cup-\cup\cup-|-\cup\cup-\cup\cup-$$

Der gleichmäßig steigenden Bewegung des einen entspricht die zwiespältige, fallende des anderen. Die Zäsur des Hexameters ist nicht festgelegt. Für die zweisilbigen Senkungen können auch einsilbige stehen, außer im vorletzten Versfuß des Hexameters und in der zweiten Hälfte des Pentameters.

Die intensive Beschäftigung mit der griechischen Chorlyrik des Sophokles und insbesondere Pindars führt nach anfänglichen Versuchen, dabei auch metrisch gleichmäßige Strophen zu verwenden, zu den freirhythmischen Gesängen der Zeit ab 1801. Von Pindar wird dabei die triadische Form (Strophe – Antistrophe – Epode) übernommen und die harte Fügung im »Rhythmus der Vorstellungen« und »Wechsel der Töne«; neben weitausgreifenden Perioden stehen lapidare Einwürfe, oft gar vereinzelte Worte, in Reihungen von Bildern schieben sich philosophische Reflexionen, auf historische und mythologische Anspielungen folgt direkte Rede, in der ein Leser angesprochen oder ein auf das Gedicht bezogener Gedanke geäußert wird, lyrische Passagen wechseln mit erzählenden und gestischen. Dieser Stil wirkt dann auch wieder zurück auf die späten Bearbeitungen der Elegien und Oden.

Die Gedichte nach 1806 sind, da sie einen Bruch in der Kontinuität der Entwicklung Hölderlins darstellen, in eine eigene Abteilung aufgenommen worden.

Für alle Gedichte Hölderlins gilt, daß ihr Kunstcharakter erst beim lauten Lesen offenbar wird.

Früheste Gedichte

... Uns würdigte einst ...
(S. 9)

Text   H36, Reinschrift; s. Verzeichnis der Handschriften

Schlußstrophen eines wahrscheinlich Ende 1784 entstandenen Dankgedichts an die Lehrer in Nürtingen, insbesondere an Köstlin, bei dem Hölderlin zusätzlichen Unterricht außerhalb der Schule erhielt.

M. G.
(S. 10)

Text   H36, Reinschrift (Titel in Zierschrift)
Am Rand neben dem Titel: 1784. *d.* 12 *Nobr.*

Titel: wahrscheinlich Abkürzung für ›Meinem Gotte‹ in Anlehnung an die lateinische Weihinschriftenformel »D. O. M.« (Deo optimo maximo: Gott, dem besten, größten).
13 Abba: (aramäisch) Vater; vgl. Markus 14,36.

Die Nacht
(S. 10)

Text   H36, Reinschrift (Titel in Zierschrift)
Am Rand neben dem Titel: Im November. 85.

An M. B.
(S. 11)

Text   H36, Reinschrift (Titel in Zierschrift)
Am Rand neben dem Titel: Im Nov. 1785.

Titel: vielleicht als »An Meinen ⟨C. L.⟩ Bilfinger« zu lesen.
1 lächle unschuldsvolle Freuden: Der transitive Gebrauch eigentlich intransitiver Verben kam in der Epoche des »Sturm und Drang« auf. Hölderlin greift dies in seinen Jugendgedichten häufiger auf. Es findet sich aber auch umgekehrt ein ungewöhnlicher intransitiver Gebrauch einiger Verben, vgl. z. B. ›Die Unsterblichkeit der Seele‹ v. 40 f.

Der Unzufriedne
(S. 12)

Text H36, Reinschrift (Titel in Zierschrift)
Am Rand neben dem Titel: Im Nov. 85.

Wahrscheinlich nur der Anfang eines längeren Gedichtes.

Motto: (lat.) entstellender Kummer; Horaz, epod. 13 v. 18. Diese Epode ist eine launige Aufforderung, sich bei schlechtem Wetter mit Wein zu trösten und beruft sich am Schluß auf Chiron, der dem Achill auf Troja vordeutend empfiehlt: »Dort alles Übel durch Wein und Gesang erleichtere, die dem entstellenden Kummer süßer Trost sind«.

Der nächtliche Wanderer
(S. 13)

Text H42, Niederschrift (Titel in Zierschrift nachgetragen)

Das wie die drei folgenden 1785 in Denkendorf entstandene Gedicht wurde möglicherweise durch Schillers ›Die Räuber‹ (4,5) angeregt.

Das Erinnern
(S. 13)

Text H42, überarbeitete Niederschrift (Titel in Zierschrift nachgetragen)

Adramelechs Grim ...
(S. 13)

Text H42, hexametrischer Entwurf
v. 1-4 aus:
Jezt erwachte der Grimm, der wütende Stolz Adramelechs
Himmel und Hölle, Erden und Menschen sind verhaßt jezt
– – – – – – – – so dacht' der Verworfne
Lärmen will ich, ja lärmen bei meinen rußigsten Geistern,
Staunen soll der Oberste jezt, verzweifeln soll Satan,
Ha, Adramelech so bist du nicht, – wenn ich die grosen
    Entwürfe,

Der Empfindsame ...
(S. 14)

Text H42, Konzept

Alexanders / Rede an seine Soldaten, bei Issus
(S. 14)

Text H46 *Dbl. 4°* (S. 3,4: leer), Entwurf
Am Rand neben dem Titel: Im December. ⟨1785⟩

Wahrscheinlich liegt dem Gedicht die bei Curtius Rufus (3,10) in indirekter Rede wiedergegebene Ansprache Alexanders zugrunde.

9-11 deren Muth Athen ... bezwang: in der Schlacht bei Chaironeia.
16 die stärkste Stadt: Theben.
50 ihrer Mutter Bau: Gemeint ist der Ackerbau.

Das menschliche Leben
(S. 16)

Text D1846; s. Verzeichnis der Drucke

Der erste Druck gibt, wohl nach der verschollenen Handschrift, als Entstehungszeit an: »Im December 1785«.

Gedicht
⟨an die Herzogin Franzisca⟩
(S. 18)

Text H267 *Dbl. 4°* (S. 1: Widmung, S. 2: leer), Reinschrift
Der vollständige Titel lautet:
Gedicht, / womit bei der höchstbeglükten Ankunft / Ihro herzoglichen Durchlaucht / der Frau Herzoginn von Würtemberg / Franzisca / in dem Kloster Maulbronn, / seine unterthänigste und tiefste Devotion / bezeugen, / und sich Höchstdero Durchlaucht zu höchster / Huld und Gnaden unterthänigst empfelen wollte / Joh. Christian Fridrich Hölderlin.

Die alkäische Odenstrophe ist in diesem Gedicht von Hölderlin leicht abgewandelt worden. Der dritte Vers ist am Schluß jeweils um eine Hebung erweitert und die zweite Doppelsenkung im vierten Vers um einen Versfuß verschoben. Wahrscheinlich überreichte Hölderlin das Huldigungsgedicht der Herzogin, als diese in Begleitung des Herzogs Anfang November 1786 der Klosterschule Maulbronn einen Besuch abstattete. Es ist in einem Faszikel der herzoglichen Bibliothek mit anderen Huldigungsgedichten überliefert, die bei ähnlichen Anlässen vorgetragen wurden.

29 Carl: K̶a̶r̶l̶ Eugen von Württemberg.

Klagen. An Stella
(S. 19)

Text H426 *Bl. 4°*, Reinschrift
Am Rand neben dem Titel: im Sommer. 87.

Das metrische Schema hat Hölderlin wohl selbst entwickelt und nach dem Vorbild Klopstocks über der Ode angegeben.

Marbacher Quartheft
(S. 21–56)

Texte H451 *Bl. 4°* (S. 2 leer): Motto; H355, zum Teil überarbeitete Reinschriften; s. Verzeichnis der Handschriften
Die Datierungen der Gedichte sind nachträglich und außer bei ›Die Meinige‹ von Hölderlins Hand angefügt.

Das Motto entstammt dem Gedicht ›Der Neugeweihte und Sined‹ aus *Ossians und Sineds Lieder, Vierter Band, Wien 1784*. Der Herausgeber Michel Denis vermischte darin Übersetzungen der Ossian-Gesänge mit eigenen Gedichten (Sined: Anagramm zu Denis).

Die Meinige. 1786
(S. 21)

Titel: Hölderlin verwendet in seinen Jugendgedichten noch häufig die starke Flexion auch nach bestimmtem Artikel; lies also: »Die Meinigen«.
17 Meine Mutter: Johanna Christiana Gock.
28 Ewigtreuer Vater: Gemeint ist hier Hölderlins Stiefvater Johann Christoph Gock.
34 Heischerschluchzend: mit rauher Stimme (heiser) schluchzend.
81 Schwester: Heinrike Hölderlin.
113 Carl: Hölderlins Stiefbruder Carl Gock.
133 Abba: vgl. oben die Erläuterung zu ›M. G.‹ v. 13.
153 sie im frommen Silberhaare: Johanna Rosina Heyn.

Die Unsterblichkeit der Seele. 1788
(S. 27)

Eine nicht überlieferte Vorstufe dieser Ode, wahrscheinlich noch unter dem Titel ›Die Seele‹, sandte Hölderlin an Magenau, der sie in seinem Brief vom 10. Juli 1788 (s. II 430f.) kritisch begutachtete. Hölderlin beherzigte die Ratschläge des Freundes nur zum Teil, ehe er die überarbeitete Fassung in das Marbacher Quartheft eintrug. Die Reinschrift der Ode wurde dann nochmals überarbeitet.

Titel aus: Die Größe der Seele. 1788.
v. 9–12 aus:
⟨a⟩ Und jezt – und jezt – so sah ich das Land noch nie –
O weg mit aller Könige Herrlichkeit!
  Da ist so sichtbar Gottes Tempel;
    Gottes geheiligter liebster Tempel – –
⟨b⟩ Und jezt – u. jezt – o Erde! du bist so schön
so froh des Sieges über das Graun der Nacht
  Und doch ist meine Seele froher –
    Denn sie besieget des Todes Stachel.
⟨c⟩ Jezt jauchzt der Morgen, feiert im Perlenschmuk
  Die Siegesfreude über das Graun der Nacht – –
v. 34–36 aus:
O! ewig ist, die diesen Gedanken denkt,
  O! sie ist ewig und empfindt in
    Himmelsentzükungen ihre Größe.
v. 44/45 dazwischen eingeklammert:
Dann jauchz' ich wieder, wo ist dein Stachel, Todt?
Ja ewig, ewig, jauchz ich Erwekter dann,
  Ist meine Seele, und empfind in
    Himmelsentzükungen meine Größe.
v. 64 aus: Blinket dein Schimmer ins Aug der Völker.
v. 65–68 aus:
⟨a⟩ Der Wilde gaft mit heiligen Regungen
Dich, Stralende, mit zitternden Wimpern an,
  Blikt wieder nieder, schauet schüchtern
    Noch einmal auf – und gerührt und ernstvoll
Beugt er die Knie, senkt er zur Erde jezt
Sein Haupt, und schauet schüchterner noch einmal
  Zu dir, o Stralenheldin, auf und
    Nennet dich Gott und erbaut die Tempel.
⟨b⟩ Der Wilde gaft mit heiligen Regungen
Dich, Königin! mit zitternden Wimpern an –
  Und senket ernst sein Haupt zur Erd' u.
    Nennet dich Gott, u. erbaut dir Tempel.
v. 104/105 dazwischen eingeklammert:
Zu Grunde trümmern, – tausende so zum Scherz
Der Wütrich würgen – würgt er sein Wild ja auch –
  Und würgt er schnell, so dankts ihm, Menschen!
    Daß der gewissen Vernichtung Grauen
v. 105 aus: Nicht Jahre lang euch tödten;

v. 115 f. aus:
> Ich glaube meinem Gott und schau' in
> Himmelsentzükungen meine Größe.

v. 116/117 dazwischen eingeklammert:
> Jehovah ist sein Nahme, von Ewigkeit
> Zu Ewigkeit die Herrschaft des Königes.
> Vernichtung trift die Seele nicht, dann
> Ewig ist, ewig des Königs Herrschaft.

Alkäisches Versmaß.

13 Geschlechte: Hölderlin verwendet bei Neutra auch später gerne die ältere Pluralform.

17–20: Diese Verse zeigen besonders deutlich den Einfluß Klopstocks, vgl. dessen Ode ›Zürchersee‹ v. 1–4: »Schön ist, Mutter Natur, deiner Erfindung Pracht, / Auf die Fluren verstreut, schöner ein froh Gesicht, / Das den großen Gedanken / Deiner Schöpfung noch einmal denkt.«

44/45 (Variante) Wo ist dein Stachel, Todt: vgl. 1. Korinther 15,55.

95 Edens goldne Ströme: vgl. 1. Mose 2,10–14.

103–112: Das Pathos dieser Stelle weist auf das Vorbild Schillers, besonders v. 108 f. erinnert an ›Die Räuber‹ 5,2: »Das Erbarmen ist zu den Bären geflohen«.

Der Lorbeer. 1788
(S. 31)

v. 17–20 aus folgender, mit einem dichten Netz von Strichen getilgten Strophe:
> Laßt michs sagen, Spötter! laßt michs sagen –
> Sterben würd' ich, dieser Mann zu sein,
> Martern wolt' ich dulden, so zu klagen,
> Höllenqualen, so zu Gott zu schrein.

1 schnadern: mundartlich für »schnattern«.

1 Gedränge // 3 singe; 22 Verfolgungen // 24 Schmähungen; 30 spottete // 32 Edlere: In Hölderlins mundartlich gefärbter Sprache, die die Endungen stärker betont, sind solche Reime möglich.

Die Ehrsucht. 1788
(S. 32)

Das hier aufgestellte Sündenregister weist auf Schillers Gedicht ›Der Venuswagen‹ (1781 erschienen) zurück, von dem auch das Versmaß übernommen wurde.

Die Demuth. 1788
(S. 33)

2 Dominiksgesicht: »Dominique« war der Bühnenname des zur Zeit Molières lebenden Schauspielers Biancolelli und der Name seiner maskierten harlekinesken Figur; vgl. auch ›An die Ruhe‹ v. 11 (I 76).

6 Kleinod Freiheit: Anspielung auf die althergebrachten Rechte der Landstände Württembergs, die von der absolutistischen Herrscherwillkür des Herzogs Karl Eugen angetastet wurden.

Die Stille. 1788
(S. 34)

Vorstufe H37 2 ineinandergelegte Dbl. 4°, Reinschrift mit Korrekturen
v. 21–24:
  Ferne sah ich seine Kerze flimmern –
  Hörte läuten – doch ich eilte nicht!
  Dachte nicht die Suppe, nicht des Kirchhofs Wimmern,
  Nicht das dreigefüßte Roß* am Hochgericht
Anmerkung am Fuß der Seite:
  * Ein Nürtinger Mährchen.
v. 60/61 dazwischen:
  Wann durchs dichte, einsame Gesträuche
  Kein verdächtger, falscher Fußtritt rauscht,
  In den Weiden an dem waldumkränzten Teiche
  Kein verhaßter loser Lacher uns belauscht –
v. 69–72:
  Und so sparsam mir bei ihm die Worte
  Abgebrochen von der Lippe gehn –
  Und wir kehrend – uns an unsers Klosters Pforte –
  Uns verstehend – heitrer in die Augen sehn – –!

Text Überarbeitete Abschrift der Vorstufe im *Marbacher Quartheft*
v. 30 *Kartoffeln* dazu am Rand: NB. Erdbeer ⟨= Erdbirne⟩
v. 53–72 durch zwei Bleistiftklammern am linken Rand zusammengefaßt, einschließlich der Strophe zwischen v. 60 und 61 (s. Vorstufe), die durch zwei zusätzliche Tintenklammern getilgt wird.

Möglicherweise hat sich Hölderlin Schillers Gedicht ›Die Götter Griechenlands‹, das im März 1788 im Wielandschen *Merkur* erschienen war, zum rhythmischen Vorbild für ›Die Stille‹ genommen.

24 dreigefüßtes Roß: Aberglaube, daß böse Menschen, Ermordete und Selbstmörder nach ihrem Tod als dreibeinige Pferde umgehen; s. auch die Fußnote in den Varianten.
58 mein Mädchen: Louise Nast.
66 mein Herzensfreund: C. L. Bilfinger.

Schwärmerei. 1788
(S. 38)

14 rauschen: Hölderlin verwendet dieses Wort auch später noch im ursprünglichen Sinn von »eilen, rasen«, vgl. z.B. ›Brod und Wein‹ v. 2.
59 Splitterrichter: von Luther in Anlehnung an Matthäus 7,1–5 gebildetes Kompositum.

Der Kampf der Leidenschaft. 1788
(S. 40)

Vielleicht wurde Hölderlin zu diesem Gedicht durch Schillers Gedicht ›Freigeisterei der Leidenschaft‹ angeregt, das 1786 im 2. Heft der *Thalia* erschienen war.

An Stella. 1786
(S. 41)

Dieses und das nächste Gedicht sind früheste Zeugnisse für Hölderlins Verwendung der alkäischen Odenstrophe.

An die Nachtigall. 1786
(S. 42)

In diesem Gedicht wird der für Hölderlins ganzes Leben bestimmende Grundkonflikt zwischen dem Streben nach privatem Glück und dem nach dichterischem Ruhm erstmals angesprochen.

An meine Freundinnen. 1787
(S. 43)

Titel *1787* aus: *1786*

Frühestes Zeugnis für Hölderlins Verwendung der asklepiadeischen Odenstrophe.

Mein Vorsaz. 1787
(S. 43)

Vorstufe überarbeitete Reinschrift im *Marbacher Quartheft*
v. 3 f. aus:
> Was zwingt mir so die Seel' in diese
> Seufzende, finstere Todtenstille?

v. 8 aus: Brüder! ich kan nicht! ich kan nicht! Brüder!
v. 16 *Weltenumeilenden* aus: ⟨a⟩ Sonnenbenachbarten ⟨b⟩ Schönen, erhabnen ⟨c⟩ Weltenumwoogenden

Text H352, Reinschrift im Anschluß an ›Männerjubel‹ (I 57 ff.)

Alkäisches Versmaß.
Wahrscheinlich hatte Hölderlin die Absicht, die beiden Gedichte der wohl erst in Tübingen angelegten Reinschrift H352 in einem Almanach zu publizieren.

10 Hekatombenlohn: ἑκατόμβη »hundert Rinder«, bei den Griechen Bezeichnung für ein großes Opfer an die Götter.
11 Pindars Flug: Anspielung auf Horaz, Carmina IV/2, die in v. 16 der Vorstufe (»Sonnenbenachbarten«) nochmals aufgenommen wurde. Vgl. den Kommentar zu Pindars Siegesgesängen (III 421 f.).

An meinen B. 1786
(S. 44)

v. 3 f. aus:
> Wo das Reh des Gebürges
> Ungestört in der Kühle liegt.

v. 4/5 dazwischen eingeklammert:
> Wo vom moosigten Fels stille Erhabenheit
> Auf die friedliche Flur, wo zu der Väter Zeit
> Helme klangen, und Schilde,
> Ernst und düster herunterblikt.

v. 9 f. aus:
> Dort am schattichten Hain, unter dem ernsten Fels
> Wandelt Lotte im Thal. Seegne die Saite mir

v. 13 f. *nur ... bekannt* aus: bekannt, / Und der sanfteren Lust,

Asklepiadeisches Versmaß.
Titel B.: C. L. Bilfinger.
9 Amalia: Den Namen entlehnte Hölderlin Schillers *Räubern*; den Namen »Lotte« in der ursprünglichen Reinschrift Goethes *Werther*.

Hero. 1788
(S. 45)

v. 10 aus: Wo vom Ufer seine Lanze blinkt,

Vorbild für dieses Gedicht waren bis in einzelne Formulierungen hinein der 18. und 19. Brief aus Ovids Heroiden; vgl. auch Hölderlins Übersetzung aus dem 18. Brief ›Leander an Hero‹, II 182 ff. Hölderlin hatte eine Vorstufe des Gedichts an Magenau geschickt, der sich am 10. Juli 1788 mit kritischen Überlegungen dazu äußerte, s. II 431.

Auf einer Haide geschrieben. 1787
(S. 48)

In der Handhabung des Hexameters ist gegenüber dem ersten Versuch in ›*Adramelechs Grim ...*‹ ein Fortschritt festzustellen. Die stereotypen Wiederholungen, die sich auch im folgenden Gedicht finden, deuten auf Friedrich Leopold Graf zu Stolberg als Vorbild, wie sich überhaupt die Thematik an den Gedichten des Göttinger Hainbunds orientiert.

Die Tek. 1788
(S. 49)

18 waldigte Riesengebirge: die Schwäbische Alb.
48 gekünstelte Affen: Dies zielt auf die aus Frankreich übernommenen gezierten höfischen Sitten.

Am Tage der Freundschaftsfeier. 1788
(S. 52)

Dieses erste freirhythmische Gedicht Hölderlins entstand vermutlich Anfang September 1788 noch in Maulbronn. Dabei konnte sich Hölderlin wohl weniger an Goethes damals zum Großteil noch nicht gedruckten Hymnen orientieren als an Schubarts und Stolbergs hymnischem Stil.

36 Gustav: Gustav Adolf von Schweden.
37 Eugenius: Prinz Eugen von Savoyen.
60 unsers Fürsten Fest: Karl Eugens von Württemberg Geburtstag am 11. Februar, vgl. auch die Briefe an die Mutter vom Februar 1788, II 417f.

1788–1789

Laß sie drohen ...
(S. 57)

Text H204 *Querstreifen 20 x 9 cm,* Entwurf

Eine Reinschrift dieses freirhythmischen Gedichtes ist nicht überliefert, Hölderlin überreichte sie wohl Louise Nast zum Abschied von Maulbronn im September 1788. Vgl. auch ihr Briefgedicht zum gleichen Anlaß, II 434.

Männerjubel. 1788
(S. 57)

Text (H) *Faksimile:* Gustav Könnecke, Bilderatlas zur Geschichte der Deutschen Nationallitteratur, Marburg 1887, S. 254 (v. 1–40) / H352 (v. 41–52). Die heute zum Teil verschollene Reinschrift, die noch das Gedicht ›Mein Vorsaz‹ enthält, war möglicherweise als Druckvorlage bestimmt.

Alkäisches Versmaß.
 1,5,10 Gerechtigkeit ... Freiheit ... Liebe des Vaterlands: Möglicherweise ist diese Dreiheit eine Anspielung auf die drei Töchter der Themis, von denen der Anfang der 13. Olympischen Ode Pindars handelt. Hölderlin notierte die Verse Pindars später im Homburger Folioheft unter der Überschrift ›Ursprung der Loyoté‹, I 430.

Die Bücher der Zeiten
(S. 59)

Text H44a *2 ineinandergelegte Dbl. 4°,* Reinschrift

Nicht sicher zu datieren; der handschriftliche Zusammenhang spricht für die erste Tübinger Zeit, die eigentümliche Interpunktion findet sich sonst nur in der Übersetzung ›Homers Iliade‹ (II 119) und in Briefen an Immanuel Nast aus der zweiten Hälfte 1787 (II 407–416).

129 Strom: der des »Harfenklangs«, vgl. ›Am Quell der Donau‹ v. 30, I 351.

137 im Felsen: Gemeint ist die Auferstehung Jesu aus dem Felsengrab, vgl. Markus 15,46 und 16,3 f.

141 Kommet wieder, Menschenkinder: vgl. Psalm 90,3.

148 Menschheit: im während des 18. Jahrhunderts gebräuchlichen Sinn von »Menschsein«.

153–161: Anklang an das erste Stasimon der ›Antigone‹ des Sophokles, vgl. Hölderlins Übersetzungen II 186 und 331.

Vollendung...
(S. 64)

Text H44b *Bl. 4°* (irrtümlich in H44a eingeheftet; s. das vorige Gedicht), Reinschrift mit Korrekturen

Freirhythmische Vierzeiler verwendet Hölderlin außer in diesem Gedicht nur noch in ›Da ich ein Knabe war...‹, I 167.

21 f.: Vgl. Winckelmanns Ansicht, antike Bildwerke kennzeichne »eine edle Einfalt und eine stille Größe«. Ob Hölderlin 1788 schon unmittelbare Kenntnis der Schrift ›Gedanken über die Nachahmung der griechischen Werke in der Malerei und Bildhauerkunst‹ hatte, ist unbekannt.

⟨Schwabens Mägdelein⟩
(S. 66)

Text H24 *Bl. 2°* (S. 2: leer), Entwurf
v. 8/9 dazwischen gestrichen:
   Nicht minder lob ich alle mir
   Die Schwabenmägdelein
   Und tracht im Herzen für und für
   Mich ihrer Gunst zu freu'n.
v. 13 aus:
   ⟨a⟩ Vom Munde lächelt Eigensinn
   Vom Auge stralet Geist
   ⟨b⟩ Es freuet Ros' und Nelke sich
   ⟨c⟩ Die Blumen wachsen sichtbarlich

v. 41–44 aus:
> Er sage mir von Freuden nicht
> Die Gottes Welt gewährt
> Wer Mädchen keine Kränze flicht
> Ist keiner Freude werth.

Es handelt sich um das in den Briefen an die Mutter und Neuffer vom November/Dezember 1789 erwähnte »Liedchen«, s. II 452 f. Vorbilder waren vermutlich die *Schwabenlieder* von Conz (1782) und Schubart (1788).

⟨Die heilige Bahn⟩
(S. 67)

Text H41 *Dbl. 4°* (S. 3: Federproben, S. 4: ⟨metrisches Schema⟩), Entwurf

Von Hölderlin für diese Ode entwickeltes Versmaß:

∪–∪–∪–∪∪∪
–∪∪–,––∪∪–
–∪∪–,–∪–∪–∪
–∪–∪∪–∪–∪

12 Aristoteles: als Verfasser der ›Poetik‹, die allerdings in ihrem erhaltenen Teil nur vom Epos und der Tragödie handelt.
27: damit bricht der Entwurf ab.

Gustav Adolf. 1789
(S. 68)

Text H427 / H359 (Die Handschriften H427, H359, H416 und ein verlorenes Blatt bildeten zusammen ursprünglich zwei ineinandergelegte Dbl. 8°; s. die beiden folgenden Gedichte.)

Wahrscheinlich handelt es sich bei diesem Gedicht um das im Brief an Neuffer vom Dezember 1789 erwähnte, s. II 454.

44 Verräter: Diese Legende ist heute korrigiert.

62 ff. Lipsia ... Lechus ... Todesthal: Gemeint sind die Siege bei Breitenfeld (in der Nähe von Leipzig) am 17. September 1632, bei Rain am Lech, wo Tilly am 15. April 1632 fiel und bei Lützen (das übrigens nicht in einem Tal liegt), wo am 16. November 1632 Gustav Adolf fiel.

Keppler. 1789
(S. 71)

Text H359 / H416; s. das vorige und das folgende Gedicht

Das Versmaß dieses Gedichts übernahm Hölderlin von Klopstock, der es in den Oden ›Siona‹ (1764), ›Stintenburg‹ (und 1767) und ›Die deutsche Sprache‹ (1783) verwendete und folgendermaßen aufzeichnete:

$$-\cup\cup-\cup\cup-\cup-,$$
$$\cup-\cup\cup-\cup\cup-\cup-,$$
$$\cup\cup-,-\cup\cup-,-\cup-,$$
$$\cup\cup-,-\cup\cup-,-\cup\cup-.$$

Hölderlin wurde zu dieser Ode wahrscheinlich durch ›Das Schreiben über einen Versuch in Grabmälern nebst Proben‹ angeregt, das Johann Jakob Azel im 2. Stück des *Wirtembergischen Repertoriums der Litteratur* 1782 veröffentlichte und in dem das Grabmal Keplers S. 223 mit einer lateinischen Inschrift Schillers folgendermaßen entworfen wird: »Die Urne, mit mathematischen Instrumenten umgeben, stehet auf einem vollkommenen Würfel, wo in einem Basrelief Keppler vorgestellt wird, welchem die in die Sphären deutende Astronomie Flügel giebt. Newton folgt der Fakel nach, die ihm Keppler darhält. Im Vorgrund sizet das Glück, das Kepplern den Rücken kehrt. Auf der entgegengesetzten Seite weinet die Nachwelt, und auf den zwo andern Seiten sind seine Werke mit Lorbeern umwunden. / IOANNES KEPPLERVS / FORTUNA MAIOR / NEVTONI / PER SIDERA / DVCTOR / Der Plaz ist in einer einsamen melancholischen Gegend.« (Übersetzung der Inschrift: Johannes Kepler, größer als das Glück, Newtons Führer durch die Sterne.)

9 Denker: Newton; ebenso v. 13 »Stolz«.

An Thills Grab. 1789
(S. 72)

Text H416 (v. 1–32) und D1846 (v. 33–36); s. die beiden vorigen Gedichte

Alkäisches Versmaß.
1 Leichenreihen: Leichenreigen.
6 Vater: Heinrich Friedrich Hölderlin starb wie Thill 1772.
13 hier im Grab: in Großheppach im Remstal, wo Hölderlin anscheinend 1789 mit Neuffer das Grab Thills besuchte.

⟨Ende einer Gedichtfolge auf Gustav Adolf⟩
(S. 73)

Text H22, Fragment einer Reinschrift mit geringfügigen Änderungen

Freirhythmische und alkäische Strophen abwechselnd.
Wie das folgende Gedicht wahrscheinlich im Zusammenhang mit ›Gustav Adolf‹ entworfen, s. oben.

45–48: später leicht verändert als v. 9–12 in die Ode ›An die Ehre‹ (I 77) übernommen.

Ich duld' es nimmer ...
(S. 75)

Text H22, Niederschrift
v. 6 *Mich reizt der Lorber* aus: Ich will verfolgt sein
v. 28 danach Ansatz zur Fortsetzung: Dann lohnt —

Alkäisches Versmaß.
Zu dieser Ode vgl. Brief an Neuffer vom Dezember 1789, II 453,29.

An die Ruhe. 1789
(S. 76)

Text D1846 (im Druck steht die Jahreszahl unter der Überschrift)

Alkäisches Versmaß.

11 Dominiksgesichter: vgl. oben die Erläuterung zu ›Die Demuth‹ v. 2.
30 des Weisen Grab: Rousseaus Grab auf der Île des Peupliers (Pappel-Insel) im See bei Ermenonville.

An die Ehre
(S. 77)

Text H34, Entwurf

Die chronologische Reihenfolge der Entwürfe in H34 (s. Verzeichnis der Handschriften) ist wahrscheinlich folgende: ›An die Ehre‹, ›Einst und Jezt‹ (erster Entwurf), Entwurf zu ›Weisheit des Trauers‹, spätere Änderungen in ›Einst und Jezt‹ und schließlich ›Ich hasse mich ...‹

v. 6–8 aus:
>   Mein Athem flog in dämmernde Ferne hin
>   Wo du im Schatten deiner Haine
>   Tochter Wallhallas! den Sieger lohnest.

Alkäisches Versmaß.
Thematisch und wohl auch zeitlich in der Nähe des vorigen Gedichts angesiedelt.

6 sie den Lieblingen: die Ehre den Dichtern.
8 die Eich und die Palme: Siegeszeichen des vaterländischen und des religiösen Dichters, vgl. die zweite Strophe von Klopstocks ›Die beiden Musen‹ (1752).
9–12: vgl. ⟨Ende einer Gedichtfolge auf Gustav Adolf⟩ v. 45–48.

Ich hasse mich ...
(S. 78)

Text H34, abbrechender Entwurf quer auf S. 2 des Faszikels

3 Tobias Hündlein: vgl. Tobias 11,9: »Da lief der Hund vorhin, welchen sie mit sich genommen hatten, und wedelte mit dem Schwanze, sprang und stellete sich fröhlich.«

Einst und jezt
(S. 78)

Text H34, Entwurf
v. 30 ff.:
> Zurük zur schwarzen Stätte, wo Menschendruk
> Wo Schurkenblik den deutschen Jüngling
>   Nieder zur mönchischen Schlange drüken.

v. 35 f. aus:
> Und ihr – des frohen Knaben Freunde –
> Weint um den Jüngling – er ist ein Sclave.

Alkäisches Versmaß.
5 Vater: Johann Christoph Gock, vgl. ›Die Meinige‹ v. 28 (I 22).
16 Herbstgewimmel: Treiben zur Zeit der Weinlese.
20 Schwärmer: Feuerwerkskörper, um die Vögel aus den Weinbergen zu vertreiben.

⟨Entwurf zu ›Die Weisheit des Traurers‹⟩
(S. 79)

Text H34, Entwurf

v. 4 *Sterbegloke* aus: lezte Stunde
v. 6 ff. aus:
> Dem Jüngling daß er schau und es predige
> Dem Thoren – was ihm Ruhe schaffet –
>   Eh es ihn lehret der Todtenrichter

v. 17–22 aus:
> Elender! schon – schon schleichet der Tod in dir,
> Es naht Tyrann, der furchtbaren Rache Tag,
>   Er naht mit schröklich leisen Schritten,
>   Daß er dich hin vor den Richter schmettre!

Die Weisheit des Traurers. 1789
(S. 81)

Text H25 *Dbl. 4°*, Niederschrift mit Änderungen
v. 6 ff. aus:

> Dem Jüngling, daß er, wie an Narzissas Grab
> Der Vater, deiner Lehre lausche
> Eh' der Entscheidung Gericht sie predigt.

v. 30 f. aus:

> O Dank, du Gute! weinender heißer Dank!
> Genesen ist Elisas Seele!

Alkäisches Versmaß.

1 Quäler des Unverstands: Unverständige Quäler.

6 Greis: möglicherweise ist hier der römische Diktator Sulla gemeint, dessen vierte Frau Caecilia bei einem Gelage starb. Plutarch berichtet, daß sich bereits einer seiner Vorfahren auf ungesetzliche Weise eine Riesenmenge Silbergefäße (s. v. 16) aneignete.

25 die Jammernde / Am Grabe des Erwälten: Vermutlich eine Anspielung auf Heloïse am Grab Abaelards, vgl. auch die Variante zu v. 30 f.

Dein Morgen, Bruder ...
(S. 83)

Text H23 *Bl. 4°*, Entwurf

Möglicherweise lag die verlorene Reinschrift nach diesem Entwurf bereits einem ebenfalls verlorenen Brief Hölderlins an Neuffer vom Februar oder März 1789 bei (vgl. die Nachschrift zum Brief Neuffers vom 24. März 1789, II 444), allerdings könnte das Gedicht auch als Einladung für den geplanten Besuch Neuffers Ende des Jahres entworfen worden sein (vgl. Brief an Neuffer vom Dezember 1789, II 453). Ebenfalls vermutet wurde, daß das Gedicht dem Ende März 1793 geschriebenen Brief an Neuffer beigelegen haben könnte (vgl. II 494). Vollends unsicher wird die Datierung dadurch, daß Neuffer eine Bearbeitung dieses Gedichts unter dem Titel »Einladung. Seinem Freunde Neuffer. (Frankfurt 1797.)« in D1825 und D1829 veröffentlicht hat. Die Bearbeitung stammt jedoch aller Wahrscheinlichkeit nach von Neuffer selbst, weshalb hier auf eine erneute Wiedergabe verzichtet wird. Zu den oft erheblichen

Eingriffen Neuffers in die von ihm 1824–1832 veröffentlichten Gedichte Hölderlins vgl. insbesondere die Kommentare zu ›Hymne an die Unsterblichkeit‹ und zu ›An Neuffer. Im Merz 1794‹, III 60ff. und 78.

58 KOMMENTAR ZU DEN GEDICHTEN

1790–1793

Burg Tübingen
(S. 84)

Text H397 *Dbl. 4°* (S. 2: Noten, wohl von Hölderlins Hand für den Flötenunterricht), unvollendeter Entwurf

Als Vorbild dieses im Winter 1789/90 entstandenen und die Tübinger Hymnen vorbereitenden Gedichts diente Matthissons ›Elegie in den Ruinen eines alten Bergschlosses geschrieben‹.

Titel: Schloß Hohentübingen wird im 12. Jahrhundert urkundlich als Pfalzgrafenburg erwähnt. Der heutige Bau stammt aus dem 16. Jahrhundert.

43 Bardenehre: Klopstock übertrug die Bezeichnung »Barden« für die Sänger und Dichter der Kelten auf altgermanische Sänger; dem liegt eine Fehldeutung des bei Tacitus in der *Germania* als »barditus« bezeichneten Schlachtgeschreis der Germanen zugrunde.
51 Adeltaten: edle Taten.

Lied der Freundschaft. (Frei wie Götter ...)
(S. 86)

Text H1, Reinschrift

Das 364 Seiten starke »Bundesbuch« der Freunde Magenau, Neuffer und Hölderlin wurde vermutlich am 9. März 1790 eingeweiht, es wird eröffnet von Magenaus ›Bunds-Lied‹, gefolgt von Neuffers ›Rundgesang für Freunde‹ und Hölderlins ›Lied der Freundschaft‹. Zum Dichterbund vgl. den Auszug aus Magenaus ›Skizze meines Lebens‹, III 571 ff.

Spätere Drucke D1824,1 und D1829 (von Neuffer stark redigiert, mit dem Vermerk: 1790)

Zweite Fassung s. I 92

Lied der Liebe. Am zwoten Aldermannstage
(S. 89)

Text H1, Reinschrift

Am 20. April 1790 wurde Magenaus ›An Nonna‹ in das »Bundesbuch« eingetragen, gefolgt von Neuffers ›An Morna‹ und Hölderlins ›Lied der Liebe‹.

Titel: Die Bezeichnung »Aldermannstag« für die Sitzungen des Dichterbundes wurde Klopstocks ›Gelehrtenrepublik‹ entlehnt.
12 Wesenband: vgl. Platons Schöpfungsmythos im ›Timaios‹ 34c–37d.
36 Steigt hinab ins Todtenland: Anspielung auf den Mythos von Orpheus, der in die Unterwelt steigt, um die gestorbene Eurydike wiederzugewinnen.
50 Othem: Odem (Atem).

Drucke D4a und D1829 (möglicherweise von Neuffer leicht veränderte Version ohne den Untertitel, im zweiten Druck mit dem Vermerk: 1789)
v. 3f.:
    Daß von Jubel wiederhallen
    Höh'n und Tiefen der Natur.
v. 8:
    Frei und froh, wie wir, sich weih'n!
v. 11f.:
    Hand in Hand das Lied der Lieder,
    Seelig an der Liebe Band!
v. 16:
    Hold und herrlich überall!
v. 33ff.:
    Liebe wallt durch Ozeane,
    Durch der dürren Wüste Sand
    Blutet an der Schlachten Fahne
v. 42f.:
    Wo der Gott der Götter thront,
    Lohnt die Thrän' am Felsenhügel,
v. 47:
    Biedre Herzen heller schimmern
v. 49f.:
    Laßt die Scheidestunde schlagen,

Laßt des Würgers Flügel wehn!

Spätere Fassung Hymne an die Liebe, I 141

An die Stille. Am dritten Aldermannstage
(S. 90)

Text H1, Reinschrift

Auf die oben bei ›Lied der Liebe‹ genannten Einträge im »Bundesbuch« folgen Magenaus ›Mein Wunsch‹, Neuffers ›An die Einsamkeit‹ (am 1. Juni), Magenaus ›Frage‹, Hölderlins ›An die Stille‹ und Neuffers ›An die Wollust‹. Möglicherweise wurden alle fünf Gedichte am 1. Juni eingetragen; denkbar ist aber auch, daß Hölderlin an diesem Tag nicht anwesend war und der dritte »Aldermannstag« erst im August stattfand. Das Buch ist nur bis S. 48 beschrieben.

Späterer Druck D1829 (von Neuffer redigiert, mit dem Vermerk: 1790)

9–12: vgl. Psalm 139,8: »Führe ich gen Himmel, so bist du da. Bettet' ich mir in die Hölle, siehe, so bist du auch da.«

Lied der Freundschaft. (Wie der Held ...)
(S. 92)

Erste Fassung s. I 86

Text H398 *Dbl. 4°* Reinschrift

Die Reinschrift ist wohl bald nach der ersten Fassung entstanden und für eine nicht zustande gekommene Publikation vorgesehen.

Hymne an die Unsterblichkeit
(S. 95)

Text H18 (v. 1–8), D1832 (v. 9–72) und H26 *Bl. 2°* (v. 73–112). Vollständig ist das Gedicht nur in einer – von Neuffer wahrscheinlich redigierten – Fassung in D1832 überliefert. Die erste Strophe des hier konstituierten Textes ist an den Rand des Anfangs von ›Hymne an die Warheit‹ (s. u.) zur Überarbeitung notiert und ersetzt später deren erste Strophe in der Umarbeitung zum ›Hymnus an die Göttin der Harmonie‹ (I 111); die letzten fünf Strophen sind als überarbeitete vorläufige Reinschrift überliefert.

Im Brief an Neuffer vom 8. November 1790 schreibt Hölderlin: »Hältst Du es der Mühe werth, so will ich den Gesang an die Unsterblichkeit umarbeiten.« Ob Neuffer für seinen Druck eine solche Umarbeitung vorgelegen hat, ist nicht zu ermitteln. Wahrscheinlich dienten ihm als Druckvorlage stattdessen die von Hölderlin bei einem Besuch in Stuttgart am 1. Oktober 1790 zurückgelassenen Entwürfe, die er redigierte. Die nachweisbaren Redaktionen betreffen hauptsächlich die Verse 73–88:

> Wenn die Starken den Despoten wecken,
> Ihn zu mahnen an das Menschenrecht,
> Aus der Lüste Taumel ihn zu schrecken
> Muth zu predigen dem feilen Knecht!
> Wenn in todesvollen Schlachtgewittern,
> Wo der Freiheit Heldenfahne weht,
> Muthig, bis die müden Arme splittern,
> Ruhmumstrahlter Sparter Phalanx steht!
>
> Allgewaltig ist im Gräberthale,
> Herrscherin, dein segensvoller Lohn!
> Aus der Zukunft zauberischer Schale
> Trinkt sich stolzen Muth der Erdensohn.
> Hoffend endet er sein Erdenleben,
> Um an deiner mütterlichen Hand
> Siegestrunken einst empor zu schweben
> In der Geister hohes Vaterland.

17 Gräberland: die Erde im Gegensatz zu den Himmelsregionen.
41–56: Zum Gedanken der Theodizee vgl. den Brief an die Mutter vom 14. Februar 1791, II 468 f.
80 kleine Reihe: Schlachtreihe.
107 des Hochgesangs Gefieder: die Fittige des Gesanges, mit denen er sich sonst in die Höhe schwingt.

Hymne an die Warheit
(S. 98)

Text H18, Entwurf
Über einen Vorentwurf der Verse 25–28, 33–36 und 53–112 lagert sich eine zweite Entwurfsschicht.

v. 33–36 im Vorentwurf:
> Jubel ward die lange Todtenstille
> Bächlein – Sonnen tratten in die Bahn
> So ergossest du der Schönheit Fülle
> So entsprang der Hoheit Ozean.

Im Brief an Neuffer vom 8. November 1790 schreibt Hölderlin: »Leibniz und mein Hymnus auf die Warheit haußen seit einigen Tagen ganz in meinem Capitolium. Jener hat Einfluß auf diesen.« (s. II 461). In der späteren Fassung macht sich dann auch der Einfluß des Philosophen stärker bemerkbar.

Spätere Fassung ›Hymnus an die Göttin der Harmonie‹, I 111

Melodie an Lida
(S. 102)

Text D1846

Möglicherweise war dieses 1790/91 entstandene Gedicht zum Druck in Stäudlins *Musenalmanach für 1792* bestimmt, wurde dann aber gegen ›Meine Genesung‹ ausgetauscht.

MUSENALMANACH FÜRS JAHR 1792

Die Gruppe der folgenden vier Gedichte ist Hölderlins erste Veröffentlichung. In ein der Mutter geschenktes Exemplar des im September 1791 erschienenen Stäudlinschen *Musenalmanaches* (D1) trug er folgende Widmung ein (*Text: H383a Bl. 8°*, herausgetrenntes Vorsatzblatt):

Lassen sie mich, liebste Mutter! das Wenige, das Sie hier von mir finden werden, Ihnen weihen. Es sind Jünglingsversuche. Sie würden, wenn auch die Art von Gedichten unserm Zeitalter angemessener wäre, wenig Glük machen bei unsern Lesern und Leserinnen. Aber vieleicht einmal etwas besseres! Dann werd' ich stolz und dankbar sagen: diß dank' ich meiner Mutter – Ihrer Erziehung, Ihrer fortdaurenden Mutterliebe, Ihrer Freundschaft zu mir.

M. Hölderlin.

Der *Musenalmanach* wurde zweimal rezensiert. Am 26. Dezember 1791 möglicherweise von Conz in *Tübingische gelehrte Anzeigen* 103. Stük, S. 820 (Auszug): »Hölderlins Muse hat viele Kraft – des Gedankens und Ausdruks. Wir empfehlen vornemlich die beyden Hymnen S. 1 und S. 112. Weniger hat uns die an die Harmonie, die von zu unbestimmten Begriffen sichtbar ausgieng, und auch das Liedchen S. 163 gefallen.« und von Schubart in seiner *Chronik*, 2. Halbjahr 1791, S. 621 (Auszug): »Hölderlins Muse ist eine ernste Muse; sie wählt edle Gegenstände; nur fast immer in gereimten zehenfüßigen Jamben ⟨eigentlich: Trochäen⟩, wodurch seine Gedichte sehr eintönig werden.«

Hymne an die Muse
(S. 104)

Text D1

Wenn man davon ausgeht, daß Stäudlin seine Almanache stets früh vorbereitete, ist es wahrscheinlich, daß die Druckvorlagen für dieses und die folgenden drei Gedichte bereits in den ersten drei Monaten des Jahres 1791 abgesandt wurden, vgl. unten den Kommentar zu ›Hymne an die Freiheit‹ (Wonne säng' ich ...), III 72.

5–8: diese Verse sind dem Entwurf ›Hymne an die Warheit‹ entnommen (v. 1–4), I 98.
34 Waare: (schwäbisch) Kinder, Jugendliche.
93 beut: bietet.

Späterer Druck D1829 (mit dem Vermerk: 1790)

Hymne an die Freiheit (Wie der Aar ...)
(S. 108)

Text D1
Neben und über v. 1–30 steht in Hölderlins Handexemplar der Entwurf ›Palingenesie‹, I 166.

9 *Sint:* seit.
69 *Wandelsterne:* Planeten.
71 f.: vgl. dazu Schillers Gedicht ›Die Künstler‹ (1789): »Fern dämmre schon in eurem Spiegel / Das kommende Jahrhundert auf« (v. 468 f.).

Späterer Druck D1829 (mit dem Vermerk: 1790)

Hymnus an die Göttin der Harmonie
(S. 111)

Frühere Fassung ›Hymne an die Warheit‹, I 98

Vorstufe H18, Überarbeitung der früheren Fassung, wobei zunächst die Verse 1–8 der ›Hymne an die Unsterblichkeit‹ (I 95) an den Rand geschrieben werden

Text D1
über dem Titel mit Bleistift: Geist der Natur

Motto: Aus Wilhelm Heinses *Ardinghello*: »Und die Liebe ward gebohren, der süße Genuß aller Naturen für einander, der schönste, älteste und jüngste der Götter, von Uranien der glänzenden Jungfrau, deren Zaubergürtel das Weltall in tobendem Entzücken zusammenhält.«

Späterer Druck D1829 (mit dem Vermerk: 1790)

Meine Genesung / an Lyda
(S. 115)

Text D1

Späterer Druck D1829 (mit dem Vermerk: 1790)

Hymne an den Genius Griechenlands
(S. 117)

Erste Vorstufe H19, freirhythmisches Konzept
    Jubel! Jubel dir in der Höhe
    Du Erstgeborner der hohen Natur
    Da steigst du herab
    Aus Kronos Halle
⟨v. 5–12 = v. 7–14 des Textes⟩
    Du sprachst in der Wiege
    Zur heiligen Freiheit:
    »Du bist meine Schwester!   15
    Zur ernsten kriegerischen Gefar
    »Meine Gespielin du!
    Von Freude glühten
    Von zaubrischer Liebe die Schläfe dir,
    Die goldgelokten Schläfe.   20

    Jahrtausende schwanden dahin.
    Noch säumtest du unter den Göttern
    Und dachtest die Schöpfungen.
    Wie Silbergewölk am Olympos
    So schwebten vorüber dir   25
    Stolz und lieblich deine Kinder
    Das seelige Geschlecht.

Zweite Vorstufe: H19, Umformung in Reimstrophen
    Jubel! aus Kronions Hallen
    Schwebst auf Aganippens Flur
    Du im stralenden Gefieder

Hold und majestätisch nieder
Erstgeborner der Natur
Schönster von den Brüdern allen!

Bei Olympos güldnen Tronen!
Bei der Göttlichen, die dich gebahr
Was auch Hohes ist und war
In der Menschheit weiten Regionen,
Wie erstarkt und siegesreich
Angebetet von der Völker Zungen
Deine Brüder sich emporgeschwungen
Keiner, keiner ist dir gleich.

Text H19, unvollendeter, wieder freirhythmischer Entwurf
v. 27/28 dazwischen gestrichen:
Nun fleugst du herab
Zu himlischen Wundern
Hold und majestätisch herab! –
Schon mildert den tödtenden Blik
Der Heroë.
Schon staunt er die Mädchen am Feste
Trunkener an.
Ihn spornt in Schlachten die Liebe
Ihn zieht zum lokichten Naken
Die zaubrische Liebe zurük.
Mit dem Schwerdte gräbt der Heroë
Das goldne Gelok in den Schild.
Sein Siegeslohn ist Lächeln der Holdin
Und seiner Stimme Donner Gesang.

Dieses erste Bekenntnis Hölderlins zu Griechenland ist wahrscheinlich im Zusammenhang mit dem folgenden Gedicht im Herbst 1791 entstanden.

34 Donnerer: Zeus.
37 Auge der Welt: die Sonne, bzw. der Sonnengott Apollon.
50 die Bien' auf der Blume: vgl. Homer, Ilias 2,87–90; s. auch Hölderlins Übersetzung II 137,26ff.

⟨An Lyda⟩
(S. 119)

Text H 19, Niederschrift

Zum schwierigen Verhältnis zu Elise Lebret vgl. insbesondere den Brief an den Bruder vom 14. März 1798, II 682.

POETISCHE BLUMENLESE FÜRS JAHR 1793

Hölderlin hatte die sieben folgenden Gedichte für die *Blumenlese* (D2), deren Erscheinen Stäudlin mit Datum vom 14. September 1792 in Schubarts *Chronik* (Nr. 76, vom 21. September) anzeigte, wohl schon Anfang des Jahres geliefert, im April 1792 bat er Neuffer, noch eine Korrektur in der ›Hymne an die Freiheit‹ zu berücksichtigen; vgl. II 483.

Die *Blumenlese* wurde zweimal anonym rezensiert; in *Neue Bibliothek der schönen Wissenschaften und der freyen Künste*, Bd. 54, 1795, 1. Stück, S. 148 f. (Auszug): »In den Gedichten von Hölderlin ist Phantasie und Harmonie, aber viel abentheuerliche Stellen und ächter Bombast.« und in *Neue gelehrte Zeitung auf das Jahr 1793*, 35. Stück (Auszug): »Auch diese Sammlung enthält Blumen verschiedener Art. es giebt einige darunter, ⟨...⟩ welche nicht im Schoose der Natur, sondern hinter den Glasfenstern und an dem Ofen des Treibhauses der Kunst entstanden zu seyn scheinen. Unter die letztere Klasse gehören vorzüglich die Gedichte, welche mit dem Namen Hölderlin unterzeichnet sind. Ihr Verfasser mag Anlage und eine heise Phantasie haben; aber seine Zusammensetzungen sind regellos und unnatürlich, und sein poetischer Ausdruck ist so zusammengestückt und mit fremden Worten vollgepfropft, daß man in einem einzigen Gedichte Aar, Elysen (statt Elysium), Dämonen, Regionen, Zeus, Eos, Tithon, Aether, Phöbus, Ares u. s. w. beysammen findet.«

Hymne an die Menschheit
(S. 120)

Vorstufe: H327 Bl. 2°, vorläufige Reinschrift
Am Rand neben dem Anfang das vollständige Rousseauzitat (s. u. die Übersetzung).
v. 8/9 dazwischen:
   O du der königlichen Stunden
   Entschlafnes Heer! heran im Siegspanier!
   Vom öden Schoos der Nächte losgewunden
   Verjünge sich die Zeit, und zeuge mir!
   Sie zeuget mir; die Schöne der Kolossen
   Der herrlichen Heroën Lieb' und Macht
   Des Götterstammes Blüten all entsprossen
   In stiller Heiligkeit des Grabes Nacht.

   Wie sich im ungeheuren Kriege
   Mit der Natur der küne Riese mißt,
   Der Löwe fällt! sie fühlt im wilden Siege,
   Des Helden Seele, daß sie göttlich ist;
   Doch göttlicher entrief dem Rosenstrauche
   Der Muse Zauberspruch den Rosenhain,
   Den Felsen blies mit sanftem Liebeshauche
   Der holde Thrazier Entzüken ein.

   Orion lacht in Liebe nieder
   Es wallt der Erde Sohn am Ocean
   Wie tönt in ihm der Schöpfung Hymne wieder
   Wie staunt er sich im neuen Taumel an
   Der Ahndung heiligstes, der Kräfte Fülle
   Die leisgefühlte Seele der Natur
   Er kleidet sie in brüderliche Hülle
   Denn Göttern gleicht der Götter Sprosse nur.
v. 33–36:
   So wahr der Sonnen keine rastet
   Und Niagara nicht im Sturze weilt
   Und von der Erde Giften unbetastet
   Elysens Blüthe zur Vollendung eilt,

Text D2

Das Gedicht wurde Ende November / Anfang Dezember 1791 vollendet, vgl. den Brief an Neuffer vom 28. November 1791 (II 475).

Motto: Übersetzung des Zitates mit dem im Druck ausgelassenen mittleren Satz: »Die Grenzen des Möglichen sind in moralischen Dingen weniger eng, als wir denken. Es sind unsere Schwächen, unsere Laster, unsere Vorurteile, die sie verengen. Die kleinen Geister glauben nicht an große Männer: niedrige Sklaven ziehen eine spöttische Miene bei dem Wort Freiheit.« (Rousseau, Du contract social; ou principes du droit politique, Amsterdam 1762, S. 132 f. ⟨Der Gesellschaftsvertrag, 3. Buch 12. Kapitel⟩)

8/9 (Variante) Der holde Thrazier: Gemeint ist Orpheus.

9–16: Diese Verse trägt Hölderlin zu einer selbständigen Einheit umgewandelt im September 1792 in Seckendorfs Stammbuch ein, s. II 971.

53 lesbische Gebilde: Lieder der antiken Dichter Alkaios, Arion und Sappho, die von der Insel Lesbos stammen.

Späterer Druck   D1829 (mit dem Vermerk: 1791)

Hymne an die Schönheit
(S. 123)

Vorstufe: H360 *Dbl. 2°,* vorläufige Reinschrift einer siebenstrophigen Fassung
unter dem Titel: Jun. 91.
v. 1–20:
 Hab ich vor der Götter Ohren
 Zauberische Muse, dir
 Lieb und Treue nicht geschworen?
 Sankst du nicht in Lust verloren
 Glühend in die Arme mir? –   5
 Ha! so wall' ich one Zagen
 Durch die Liebe froh und kün,
 Lächelnd zu den Höhen hin
 Wo die lezten Nächte tagen,
 Wo der Sonnen lezte schien.   10

 Waltend über Orionen,
 Wo der Sterne Klang verhallt,

> Lächelt, opfernden Dämonen
> Mit der Liebe Blik zu lonen
> Schönheit in der Urgestalt; 15
> Dort dem hohen Götterglanze
> Der Gebieterin zu nah'n,
> Flammet Lieb' und Stolz mich an,
> Denn mit hellem Siegeskranze
> Lonet sie die küne Bahn. 20

v. 39 f.:
> Wie der Himmel, hell und offen
> Grüßten Wahn und Irre dich.

v. 61–70:
> Glühend an der Purpurwange
> Sanft berürt vom Lokenhaar
> Von der Lippe, süß und bange
> Bebend in dem Liebesdrange
> Vom geschloßnen Augenpaar, –
> In der hohen Meisterzüge
> Wonniglicher Harmonie
> In der Stimme Melodie
> Fand, verrathen ihrem Siege
> Fand die trunkne Seele Sie.

Text D2

Motto: Hölderlin entnahm das abgewandelte Kant-Zitat Jacobis Roman ›Allwill‹, in dem es in der Fassung von 1792 ebenfalls als Motto diente. Vgl. auch Kant, ›Kritik der Urteilskraft‹ §42 (A 167f.).

Späterer Druck D1829 (mit Vermerk: 1791)

Hymne an den Genius der Jugend
(S. 127)

Text D2

Vgl. die spätere Umarbeitung zu ›Der Gott der Jugend‹, I 155.

Späterer Druck D1829 (mit dem Vermerk: 1792)

Hymne an die Freundschaft. An Neuffer und Magenau
(S. 131)

Text D2

Die Hymne entstand wohl Anfang 1792; in einem Brief Magenaus an Hölderlin vom 6. März 1792 heißt es: »Daß Du uns eine Hymne widmen willst, ist bider gedacht ...« (s. II 481).

28f. dich ... die Heldin: die Freundschaft, die Hölderlin hier als Kind des Ares und der Aphrodite darstellt.
73 Seegensrechte: die segnende rechte Hand.

Späterer Druck D1829 (mit dem Vermerk: 1791)

Kanton Schweiz. An meinen lieben Hiller
(S. 134)

Vorstufe a46, Gustav Schlesiers Abschrift des Anfangs einer verlorenen Handschrift, die bis v. 20 ging

Waldstatt Schwyz.
An meinen Freund Hiller.

Hier, im einsamen Schoos der stillen dämmernden Halle
Wo in ermüdender Ruhe der Geist erkrankt, wo die Freude
Ach! so karg mit Labung beträuft die lechzende Seele,
Reichet doch Erinnerung mir den zauberischen Becher

Text D2

Dem Hexameter-Gedicht liegt die Erinnerung an eine Reise in die Schweiz zugrunde, die Hölderlin in der Ostervakanz 1791 gemeinsam mit Hiller und Memminger unternommen hatte.

18 Rheinsturz: Rheinfall bei Schaffhausen.
19 Quelle der Freiheit: Tal des Vierwaldstätter Sees, an dem die Urkantone Schwyz, Uri und Unterwalden liegen, die sich 1291 verbündeten, um ihre Rechte gegen die Habsburger besser behaupten zu können.
27 Haken: der Haggenpaß.

57 erfrischender Ampfer: ungewöhnlicher Plural.

Späterer Druck D1829 (mit dem Vermerk: 1792)

Hymne an die Freiheit. (Wonne säng' ich ...)
(S. 137)

Text D2

Im Brief vom April 1792 (II 483 f.) bittet Hölderlin Neuffer darum, noch eine geringfügige Korrektur in v. 80 zu berücksichtigen, die von Stäudlin auch noch ausgeführt werden konnte.

105–112: Am 29. Februar 1792 hatte Couthon in der Legislative beantragt, die meisten der noch verbliebenen Rechte des französischen Adels entschädigungslos aufzuheben.

Späterer Druck D1829 (mit dem Vermerk: 1792)

Hymne an die Liebe
(S. 141)

Frühere Fassung Lied der Liebe, I 89

Text D2

Vermutlich Anfang 1792 entstanden.

An den Früling
(S. 142)

Text H29 *Bl. 2°*, unvollendeter Entwurf

Dieser Entwurf zu einem hexametrischen Gedicht entstand den orthographischen Besonderheiten nach möglicherweise schon 1793.

13 Fessel: das Eis.
23 vom Siege der Schatten: vom Sieg über die Schatten.
31 Perseus ... Herkules: Gemeint sind die Sternbilder.

⟨An eine Rose⟩
(S. 143)

Text D3

Das Gedicht ist wahrscheinlich im Sommer 1793 entstanden.

Titel: Ob mit dem wohl von Neuffer stammenden Titel seine Braut Rosine Stäudlin gemeint ist, bleibt unsicher.
6 Stürm' entblättern ...: vgl. Lessings ›Emilia Galotti‹ (5,7): »Eine Rose gebrochen, ehe der Sturm sie entblättert.«

Zweiter Druck D8
Späterer Druck D1824,1

An Hiller. 1793
(S. 143)

Text h17 Beilage L, Druckvorlage für D1826 von Schreiberhand

Anlaß für das im Sommer 1793 entstandene Gedicht war die Absicht Hillers, nach dem Ende des Studiums nach Amerika auszuwandern. Am 18. September 1793 trug sich C. F. Kraus mit v. 51–59 in Hillers Stammbuch ein.

58 Philadelphier: Gemeint sind hier die Amerikaner. Philadelphia war von 1790 bis 1800 Hauptstadt der Vereinigten Staaten.

Das Schiksaal
(S. 146)

Text D5a

Ende Oktober 1793 schreibt Hölderlin an Neuffer (II 511), er habe ein Gedicht an »die Gespielin der Heroën / Die eherne Notwendigkeit« angefangen (vgl. v. 63 f.) und am 23. November 1793 berichtet Magenau Neuffer von Hölderlins zwei Tage zuvor erfolgtem Besuch: »Er hat manche Plane, doch keine unausführbare, das freut mich. Ein Hymnus an das Schiksal soll seine nächste Arbeit werden, darinn ihn der Kampf der Menschen Natur mit der Notwendigkeit am meisten beschäftigen wird.« Am 30. Dezember 1793, kurz nach der Ankunft in Waltershausen, teilt Hölderlin Stäudlin und Neuffer mit: »Das Gedicht an das Schiksaal hab' ich beinahe zu Ende gebracht wärend der Reise.« (II 515) Er legt das Gedicht dem Brief an Schiller vom April 1794 bei (vgl. II 526), schreibt aber bald darauf an Neuffer: »Mein Gedicht an das Schiksaal wird warscheinlich diesen Sommer in der Thalia erscheinen. Ich kann es jezt schon nimmer leiden.« (II 527) Die Arbeit am ›Hyperion‹ hat in dieser Zeit unbedingten Vorrang; am 10. Oktober schreibt Hölderlin wieder an Neuffer: »Lyrisches hab' ich seit dem Frülung noch wenig gedichtet. Das Gedicht an das Schiksaal, das ich noch zu Hause anfieng, vorigen Winter beinahe ganz umänderte und um Ostern in einem Briefe an Schiller einschlos, scheint dieser gut aufgenommen zu haben, nach dem, was er mir sagte in der Antwort auf meinen lezten Brief, wo ich ihm das Fragment von Hyperion schikte. Er hat es für den Allmanach bestimmt, wovon er künftig der Herausgeber sein wird, und ich will ihm auf sein Begehren noch einiges dazu schiken.« Das Gedicht erschien dann doch nicht im *Musen-Almanach*, sondern in der *Thalia*. Es leitete später die Gedichtausgabe von 1826 ein und die v. 81–84 ließ Carl Gock 1844 auf dem Grabstein Hölderlins anbringen.

Motto: Die fußfällig verehren das Schicksal, sind weise. – Nach: Aischylos ›Der gefesselte Prometheus‹ v. 936; dort heißt es allerdings statt εἱμαρμένη: Ἀδράστειαν (Notwendigkeit, als Beiname der Nemesis).
4 Des goldnen Alters: Gemeint ist das goldene Zeitalter, das dem Mythos nach zunächst vom silbernen, dann vom eisernen (s. v. 5) abgelöst wurde, vgl. Hesiod, Werke und Tage v. 109 ff. und Ovid, Metamorphosen 1,89–115.

9–16: Anspielung auf die Taten Herakles'.

82 Kerkerwand: Das Bild des Körpers als Kerker der Seele findet sich auch im ›Hyperion‹, s. I 637,24 und die Erläuterung dazu.

Von v. 81–88 bzw. 65–84 sind zwischen 1817 und 1841 vier Nachdrucke erschienen, z. T. unter dem Titel ›Seufzer um Sieg‹ und mit unterschiedlichen Textabweichungen. Zu ihrer Authentizität vgl. Friedrich Strack, Hölderlin fürs Volk, in: Hölderlin-Jahrbuch 26, Tübingen 1989, S. 360–382.

Griechenland. An Gotthold Stäudlin
(S. 148)

Text D6

Ein erster Anklang an die Thematik des Gedichtes findet sich im Brief an Neuffer vom 21./23. Juli 1793, s. II 498 f. Wann die hier wiedergegebene frühe Fassung entstanden ist, läßt sich nicht mit Bestimmtheit sagen. Möglicherweise hat sie dem erwähnten Brief zusammen mit ›Dem Genius der Kühnheit‹ in dem »Paquet an Stäudlin« bereits beigelegen, das dieser dem Verleger Ewald übermittelte. Allerdings schreibt Neuffer erst am 3. Juni 1794 an Hölderlin: »Dein Gedicht an Gotthold hat meinen ungeteilten Beifall.« (II 533)

Mittlere Fassung h82, Abschrift Karl Zillers in einem Brief an Carl Gock vom 18. April 1822 (diplomatische Umschrift in FHA 2,203). Hölderlin hat diese Fassung an den Buchhändler Mäcken in Reutlingen geschickt, der sie jedoch wegen angeblicher Unleserlichkeit nicht in eine geplante Anthologie aufnahm. Sie stimmt weitgehend mit der späteren Fassung überein.

Spätere Fassung D5b
v. 2 *Ilissus:* Cephissus;   v. 10 *Fluten:* Ströme
v. 22 f.:
Deinen Geist, vom Lorbeerzweig umspielt,
Drükte nicht des Lebens stumpfe Schwüle,
v. 32 *süße:* stolze
v. 33–40: fehlen
v. 35: *ein:* das;   v. 36 *des Dankes:* der Freude

v. 49–57:
> Attika, die Heldin, ist gefallen;
> Wo die alten Göttersöhne ruhn,
> Im Ruin der schönen Marmorhallen
> Steht der Kranich einsam trauernd nun;
> Lächelnd kehrt der holde Frühling nieder,
> Doch er findet seine Brüder nie
> In Ilissus heilgem Thale wieder –
> Unter Schutt und Dornen schlummern sie.

> Mich verlangt ins ferne Land hinüber

Diese Fassung wurde in *Neue Bibliothek der schönen Wissenschaften und der freyen Künste*, Bd. 56, 1. Stück. 1795 anläßlich einer Rezension der *Thalia* anonym besprochen (Auszug): »Dieses Gedicht enthält viele griechische Namen, aber auch nicht Einen Zug, der auf griechischen Geist, oder auch nur auf eine vertraute Bekanntschaft mit den hier so hoch gepriesnen Griechen schließen ließe.« (vgl. auch das nächste Gedicht)

Dem Genius der Kühnheit. Eine Hymne
(S. 150)

Text D5b

Den ersten Plan zu diesem Gedicht teilt Hölderlin im September 1792 Neuffer mit (II 492), vielleicht ist das Thema durch Dantons Rede vom 2. September angeregt, die mit den Worten schloß: »Um sie ⟨sc. die Feinde des Vaterlandes⟩ zu schlagen, braucht es Kühnheit, Kühnheit und abermals Kühnheit – und Frankreich ist gerettet.« Am 27. Juni 1793 liest Hölderlin eine erste verschollene Fassung der Hymne Matthisson vor, der mit Neuffer und Stäudlin in Tübingen zu Besuch ist (vgl. III 572). Am 20. Juli bittet Neuffer darum, ihm den Hymnus zuzuschicken (s. II 498), Hölderlin sendet daraufhin über Neuffer ein »Paquet an Stäudlin« (s. II 501). Am 21. November trägt Hölderlin die Hymne dem kranken Magenau »vor dem Bette sizend, ohne Weste und Stiefel« in Vaihingen vor, wie dieser zwei Tage später an Neuffer schreibt (vgl. oben den Kommentar zu ›Das Schiksaal‹). Mitte Juli 1794 fragt Hölderlin bei Neuffer nach, ob Stäudlin die Hymne bereits an Ewald gesandt habe, da er sie an anderer Stelle veröffentlichen möchte (II 539) und Neuffer antwortet am 16. August, daß dies längst geschehen sei (II 544), wahrscheinlich erhielt Hölderlin die Hymne zu neuelicher Überarbeitung bald darauf zurück. Als Schiller um die Jahreswende 1794/95 Hölderlin um einen kleinen Beitrag zur *Thalia* bittet (II 559), gibt ihm Hölderlin dieses und einige andere Gedichte, wie er Hegel am 26. Januar 1795 mitteilt (II 568).

In der anonymen Rezension der *Thalia* (s. voriges Gedicht) heißt es zu diesem Gedicht: »Eine schwerfällige Deklamation, die man bey der ersten Lectüre nicht versteht, und schwerlich geneigt seyn dürfte zum zweytenmale zu lesen.«

7 Rebengott: Dionysos.
16 Löwenhaut: Nachdem Herakles den Nemeischen Löwen bezwungen hatte, trug er dessen Fell als Gewand.

1794–1796

An Neuffer. Im Merz. 1794
(S. 153)

Text H218 *Dbl. 4°*, Brief an Neuffer von Anfang April 1794, s. II 524
Erster Druck D4b (von Neuffer redigiert)
  v. 5 *süßer Augenwaide*: süßen Augenwinken
  v. 12 *freundlich*: treues
Zweiter Druck D8 (von Neuffer leicht redigiert und unter den Titel ›Lebensgenuß‹ gestellt)
Späterer Druck D1825 (von Neuffer stark verändert und unter den Titel ›Trost‹ gestellt)
  v. 1: *süße*: schöne v. 2: *kindischfrölich*: kindlich frohes v. 3: *Thau der Liebe*: Wehmuth Balsam v. 5 *tröstet mich*: labt mich oft
  v. 6 ff.:
    Ein holder Blick, noch lächelt mir die Flur,
    Noch reicht die Freundschaft mir den Kelch der reinsten Freude,
    Noch lieg' ich froh am Busen der Natur.
  v. 9 *Schmerzen*: Thränen v. 10 *Armen*: Pilgern
(Diese Beispiele verfälschender Eingriffe Neuffers werfen ein Licht auf die Unzuverlässigkeit der von ihm abhängigen Textquellen für Hölderlins Gedichte.)

Freundes Wunsch. An Rosine St. –
(S. 153)

Text D8 (der Titel stammt sicher von Neuffer)

In dem Brief, der das vorige Gedicht enthält, kündigt Hölderlin das Lied an »Selma« (Rosine Stäudlin) an, das er dann Mitte April 1794 in einem Brief an Neuffer abschickt, s. II 526. Neuffer dankt am 3. Juni dafür (s. II 533).

Späterer Druck D1824,1 (von Neuffer redigiert und unter den Titel ›Einer abwesenden Freundin‹ gestellt)

Der Gott der Jugend
(S. 155)

Vorstufe H20 *Bl. 2°*, überarbeitete Abschrift ohne Überschrift
1. Ansatz
v. 1, davor:
> Ist dir in goldnen Stunden
> Noch oft, als bebtest du
> Vom Staube losgewunden
> Dem stillen Haine zu
> Wo von der Erd' entflohen
> Manch himmlische Gestalt
> Mit seeligen Heroen
> Im Rosenlichte wallt.
>
> Entfalten dir die Keime
> Der Lieb' im Lenze sich
> Umwallen goldne Träume,
> Wie Morgenwölkchen, dich,
> Fülst du mit trunknem Ahnen
> Der Schönheit tiefsten Sinn,
> Das Lächeln und das Mahnen
> Der hohen Zauberin;

v. 1–5:
> Gehn oft im Dämmerlichte,
> Wenn in der Frülingsnacht
> Für friedliche Gesichte
> Dein liebend Auge wacht
> Vor dir der Freunde Manen

v. 21 f.:
> Manch' liebend Herz veraltet,
> Noch schlägt es heilig dir,

v. 24–32, stattdessen später aufgegebener Text:
> Ihn feiert nah und ferne,
> Auf goldbeblümter Flur,
> Im stillen Raum der Sterne
> Die seelige Natur;
> Noch schwand von ihrem Bilde
> Der Jugend Blüte nicht,
> So wahr ihr Freud' und Milde
> Aus jedem Zuge spricht.

⟨Lücke für vier Verse⟩
    Noch kehrt des Friedens Bogen
    Und heute, wie zuvor,
    Flammt aus den Meereswoogen
    Das Morgenroth empor.
v. 33–40:
    Noch wie in Platons Hallen
    Ist von des Winters Nacht
    Mit ihren Blüten allen
    Zu süßem Spiel erwacht
    Mit allen Seeligkeiten
    Der holden Cypria,
    Die Glorie der Zeiten,
    Die Zeit der Liebe da.
v. 41–48: fehlen
v. 54: Des Frülings Wonne dir

2. Ansatz
⟨v. 3 f. des 1. Ansatzes⟩:
    Vom Sturme weggeschwunden
    Dem Friedenshaine zu,
⟨v. 13–16 des 1. Ansatzes⟩:
    Wird oft, wo sich im Schönen
    Das Heilige verhüllt
    Das ewig rege Sehnen
    Der Freude dir gestillt,
v. 33–40:
    Noch wie um Platons Hallen,
    Wenn durch der Haine Grün,
    Begrüst von Nachtigallen,
    Der Stern der Liebe schien,
    Wenn alle Lüfte schliefen,
    Und sanft bewegt vom Schwan
    Ilissus durch Oliven,
    Und Rosensträuche rann,

Text D7

Am 10. Oktober 1794 schreibt Hölderlin an Neuffer (II 551): »Jezt bin ich an einer Umarbeitung meines Gedichts an den Genius der Jugend.« Diese Umarbeitung führt jedoch zu einer völligen Neugestaltung des früheren Gedichts, vgl. I 127. Erst am 4. September 1795 legt er es einem Brief an Schiller (II 595) bei, der es nach Rücksprache mit Wilhelm von Humboldt im *Musen-Almanach für 1796* veröffentlicht.

Der Almanach wird mehrfach rezensiert, der Beitrag Hölderlins zumeist summarisch abgetan. Ein anonymer Rezensent, vielleicht der selbe, der schon die Gedichte aus Stäudlins *Poetischer Blumenlese* und ›Griechenland. An Stäudlin‹ (III 67 und 76) verächtlich besprochen hat, schreibt in *Neue Bibliothek der schönen Wissenschaften und der freyen Künste*, Band 58, 1796, 1. Stück, S. 311 f. (Auszug): »Was die Geister der Titanen mit den Manen der Freude zu thun haben, und wie gerade die Erscheinung dieser und jener uns zu einer Spende im Blüthenhain auffordern, und von dem Daseyn unserer Jugend überzeugen könne, wird der vielumfassende Titanengeist des H. Hölderlin, nebst so mancher andern uns unbegreiflichen Idee, die er in diesem Gesange zum besten giebt, wahrscheinlich allein zu enträthseln im Stande seyn.«

24–32 (Variante) des Friedens Bogen: vgl. die Erläuterung zu I 499,3.
26 Dichter: Horaz.
36 Stern der Liebe: der Planet Venus; vgl. auch ›Antigonä‹ v. 1196 (II 360).
39 Cephissus: Humboldt schreibt am 28. September 1795 an Schiller: »... das Hölderlinsche ⟨Gedicht⟩ hat ein sehr angenehmes Silbenmaaß. Eine Stelle darin habe ich vorläufig geändert. Es heißt, daß der Cephissus um Platons Hallen, und durch Oliven floß; beides kann er nicht, da er ein Böotischer Fluß war. Ich habe Ilissus gesetzt, doch warte ich vor dem Abdruck erst Ihre Antwort ab, ob Sie etwas dagegen haben.« Humboldt irrt übrigens; es gibt auch einen Fluß gleichen Namens in Attika. Vgl. dazu die Variante zu v. 39, die Variante zu ›Griechenland. An Gotthold Stäudlin‹ v. 2 und das Stichwort ›Cephissus‹ im Namenverzeichnis.

An die Natur
(S. 156)

Text D1846

Das wohl im Frühjahr 1795 entworfene Gedicht sandte Hölderlin zusammen mit ›Der Gott der Jugend‹ an Schiller, der es an Wilhelm von Humboldt weitergab. Humboldt, der bei der Vorbereitung des *Musen-Almanachs für 1796* (D7) half, schrieb am 2. Oktober 1795 an Schiller: »Dasselbemal schickten Sie mir zwei Stücke von Hölderlin: der Gott der Jugend und an die Natur. Das Erstere hatte ich schon früher bekommen, und das Letztere hatten sie durchstrichen. ⟨...⟩ Ich behalte es, bis ich Antwort erhalte, um so mehr zurück, als es mir, ob es gleich gewiß nicht ohne poetisches Verdienst ist, doch im Ganzen matt scheint, und so sehr an die Götter Griechenlands erinnert, eine Erinnerung, die ihm sehr nachteilig ist.« Nach Erscheinen des Musen-Almanachs bemerkt Hölderlin gegenüber Neuffer im März 1796 (II 617), daß Schiller »nicht recht gethan« habe, das Gedicht nicht aufzunehmen.

Die Unerkannte
(S. 158)

Text H31 *Bl. 4°*, Entwurf
  Titel aus: An die Unerkannte.
  v. 17f. aus:
  ⟨a⟩ Die sein Tagewerk dem Bienenfleiße
      Und der Ruh' ihr volles Maas bestimmt.
  ⟨b⟩ Die das Maas der Ruhe, wie dem Fleiße
      Durch den Götterboten unsern Geist bestimt.

Nicht sicher datierbar. Wahrscheinlich wurde das Gedicht noch 1795 entworfen und gehörte vielleicht zu der Sendung an Schiller vom 24. Juli 1796; vgl. II 625,29 und die Erläuterung dazu.

22–24: vgl. Homer, Odyssee 5,291–493.

⟨An Herkules⟩
(S. 160)

Text H32, Entwurf

v. 10–14 aus:
> Wenn ihr funkelnd Auge tagt
> Auf die kühnen Wanderungen
> Zürnend. aus dem Neste jagt,
> Treibst du aus der Kinderwiege,
> Von des Vaters Tisch' und Haus

v. 16 danach gestrichen:
> Höre was ich nun beginne!
> Wie der Pfeil im Köcher, liegt
> Mir ein stolzer Rath im Sinne,
> Der mich tödtet oder siegt,
> Was du, glüklicher geschaffen,
> Als der Göttersohn vollbracht,
> Führ' ich aus mit eignen Waffen,
> Mit des Herzens Lust und Macht.
>
> Bin ich gleich, wie du, in Freude
> Nicht von Jupiter erzeugt,
> Dennoch krönt ein Sinn uns beide,
> Den kein Atlas niederbeugt.

Nicht sicher datierbar, im Zusammenhang mit der Ovid-Übersetzung ›Dejanira an Herkules‹ entstanden, II 169. Vielleicht lag das Gedicht bereits der Sendung an Schiller vom 24. Juli 1796 bei.

1 In der Kindheit Schlaf begraben: vgl. die um die gleiche Zeit entstandene Vergil-Übersetzung ›Nisus und Euryalus‹ v. 15 und 67 (II 171 f.).

10 klimmt: glimmt.

16 (Variante) Pfeil im Köcher: vgl. Hölderlins Übersetzung von Pindars zweiter Olympischer Ode v. 149–152, II 191.

27 Schwimmer: vgl. Sophokles, Trachinerinnen v. 112–121, wo der Chor gegenüber Deianeira Herakles' Schicksal dem Kampf eines Schwimmers mit den Wogen gleichsetzt.

Diotima ⟨Ältere Fassung⟩
(S. 161)

Vorstufe h46, Beschreibung Schlesiers: »Athenäa überschrieben – 8 Verse ⟨= Strophen⟩ a 8 Zeilen. – Anfang: Da ich noch in Kinderträumen, – Im Ganzen noch sehr matt, aber schon einige der späteren Hauptstellen zeigen sich«

Text h83 (v. 1–77), Abschrift Susette Gontards und h46 (v. 97–120), Abschrift Schlesiers nach einer verschollenen, zur mittleren Fassung hin überarbeiteten Reinschrift, die er als 16strophig beschreibt

Die beiden ersten Gestaltungen des Liedes sind wohl Anfang 1796 in Frankfurt entstanden. Zur weiteren Textgeschichte vgl. den Kommentar zur mittleren Fassung, III 90.

30ff.: Anspielung auf die Lehre Platons von der Wiedererinnerung, vgl. z. B. ›Phaidon‹ 74d–76d.

Mittlere Fassung s. I 172
Jüngere Fassung s. I 223

An die klugen Rathgeber
(S. 165)

Text H477 *Dbl. 4°* (S. 4 leer), Reinschrift

Diese erste Fassung des Gedichts lag der Sendung Hölderlins an Schiller vom 24. Juli 1796 bei (vgl. II 625). Auf Hölderlins Bitte um Rücksendung am 20. November reagiert Schiller hinhaltend (vgl. II 636 und 641). Erst danach beginnt er eine nicht zu Ende geführte Redaktion, bei der zunächst mit Rötel mißfallende Stellen unterstrichen bzw. angestrichen und dann mit Tinte verschiedene Eingriffe vorgenommen werden:

v. 1–4:
   Ich sollte nicht mit allen Kräften ringen,
   So lang mein Herz das höchste Schöne liebt,
   Ich soll mein Schwanenlied a'm Grabe singen,
   Wo ihr so gern lebendig uns begrübt?

v. 13–16:
   Was warnt ihr dann, wenn stolz und <u>ungeschändet</u>
   Das Herz von kühner   entbrennt,

Was nimmt ihr ihm, <u>der nur im Kampf vollendet</u>,
Ihr Weichlinge, sein glühend Element?
v. 18: das Wort »Richter« unterstrichen.
v. 21–24 gestrichen.
v. 25–28 seitlich angestrichen:
Und ihr, ihr wollt des Schöpfers Arme lähmen,
Dem Geiste, der mit Götterrecht zerstreut,
Bedeutet ihr, sich knechtisch zu bequemen,
nach eures <u>Pöbels</u>   Dürftigkeit
v. 33–40 gestrichen.
v. 41–44:
Ihr lehrt die neue Kunst, das Herz zu morden,
Zu'm <u>Todesdolch in meuchlerischer</u> Hand
Ist nun der <u>Rath des klugen Manns</u> geworden,
Und mit Vernunft entzweiht sich der Verstand;
v. 45–48 gestrichen.
v. 53–56:
Begräbt sie nur, ihr Todten, eure Todten!
Indeß ihr noch die Leichenfakel schwingt,
Geschiehet schon, wie unser Herz geboten,
Wird schon die neue beßre Welt verjüngt.

Spätere Fassung Der Jüngling an die klugen Rathgeber, I 181

Palingenesie
(S. 166)

Text H265 (d. i. S. 112f. von D1), Konzept mit Bleistift, das die auf der Doppelseite stehenden ersten 30 Verse der ›Hymne an die Freiheit‹ (Wie der Aar...) umrahmt
l. 3 *Gesang*: Ges.
l. 8: möglicherweise auch am Schluß des Konzepts einzuordnen.
l. 9 *Aber* aus: Ja
l. 13 *Buch ist*: unsicher entziffert, stark verwischt.
l. 15 *beut*: unsicher entziffert, stark verwischt.

Wahrscheinlich 1796/97 entstanden, nachdem Carl Gock Hölderlins Bitte im Brief vom November 1796, ihm die »zwei schwäbischen Allmanache« zu senden (II 640), erfüllt hatte.

Titel: Der Begriff der Palingenesie stammt aus der Stoischen Kosmologie, wo er die Wiederherstellung der Welt nach einem Weltbrand bezeichnet, ähnlich dem Begriff ›Apokatastasis‹ (Wiederherstellung). Er wurde aber in der Spätantike mit dem pythagoräischen Begriff der Wiedergeburt (Metempsychose) gleichgesetzt und im Sinn eines Mysteriengeschehens interpretiert. Im Neuen Testament findet sich der Begriff in Matthäus 19,28 und mit Bezug auf die Taufe im Brief des Paulus an Titus 3,5. In Herders ›Tithon und Aurora‹ heißt es: »Der alte Mensch in uns soll sterben, damit eine neue Jugend emporkeime. ›Wie aber soll das zugehen? Kann der Mensch in seiner Mutter Leib zurückgehen und gebohren werden?‹ Auf diesen Zweifel des alten Nikodemus kann keine andre Antwort gegeben werden, als ›Palingenesie!‹ Nicht Revolution, aber eine glückliche Evolution der in uns schlummernden, uns neu-verjüngenden Kräfte.« (Herder, Zerstreute Blätter, ed. Suphan Bd. 16, S. 122) Unmittelbar darauf folgt bei Herder die Stelle, die Hölderlin im Juli 1794 für Neuffer abschrieb; s. II 538,13–22.

5f. auf dem Helme den Adler: vgl. die Entwürfe zur endgültigen Fassung des ›Hyperion‹, I 572,26f.

Da ich ein Knabe war ...
(S. 167)

Text H53

Der nahezu korrekturlose Entwurf steht auf dem letzten Blatt der Abschrift von Hölderlins Magisterspezimen ›Geschichte der schönen Künste unter den Griechen‹, ist aber wesentlich später, wahrscheinlich im Zusammenhang mit den Entwürfen zum ›Hyperion‹, entstanden und bereitet die rhapsodischen Odenentwürfe (vgl. I 185f.) vor.

1797–1798

An Diotima (Schönes Leben ...)
Diotima (Komm und besänftige mir ...)
(S. 168)

Text H287, Entwürfe

Die beiden auseinander hervorgehenden elegischen Entwürfe folgen im *Homburger Quartheft* auf die Vorstufe zu ›Der Wanderer‹ 〈Erste Fassung〉, die folgenden vier Gedichtentwürfe befinden sich im selben Heft, das noch die Vorstufen zu ›Der Aether‹ und die zweite Vorstufe zu ›Die Eichbäume‹ sowie zwei Entwürfe zum ›Hyperion‹ enthält (vgl. Verzeichnis der Handschriften).

An Neuffer
(S. 169)

Text H 287, Entwurf
  v. 1 *der thauende Morgen* aus: ein Reegen vom Himmel

Wahrscheinlich in zeitlicher Nähe zu diesem und den beiden vorigen Gedichten schreibt Hölderlin am 16. Februar 1797 im Zusammenhang mit einem verhaltenen Bekenntnis seiner Liebe zu Susette Gontard an Neuffer: »Es ist auch immer ein Tod für unsre stille Seeligkeit, wenn sie zur Sprache werden muß« (II 650), vgl. dazu v. 7–10.

Gebet für die Unheilbaren
(S. 169)

Text H287, Entwurf

v. 2 aus:
  〈a〉 Denn sonst glauben sie nicht,
  〈b〉 Daß sie sehen, wie ganz unverständig sie sind.

Der die Epigramme vorbereitende Entwurf steht in der Handschrift zwischen Entwürfen zu ›An den Aether‹ und ›Die Eichbäume‹, ist also wahrscheinlich im Frühjahr 1797 entstanden.

Die Muße
(S. 169)

Text H 287, Entwurf
    v. 39 f. *von ... Blatt* aus: von Attikas Schiksaal / Ein unsterbliches Blatt

Wahrscheinlich, wie die vorigen Entwürfe, deren handschriftlicher Duktus sich gleicht, auf das Frühjahr 1797 zu datieren. Vgl. auch den Brief an die Schwester vom April des Jahres (II 653).

5 wie an brennenden Kerzen: Gemeint ist die Kastanienblüte, vgl. im Brief an die Schwester, II 654,26.
13 zum Berge: Gemeint ist wohl der Große Feldberg im Taunus.

Die Völker schwiegen ...
(S. 171)

Text H287, Entwurf

    v. 9 *kochende:* tochensde (vielleicht verschrieben für ›tosende‹)
    v. 12, danach eingeklammert:
        Fünf Sommer leuchtete das große Leben
        Ein unaufhörlich Wetter unter uns.
    v. 20 *wieder* aus: dir (gemeint ist wohl Bonaparte)

Die Datierung dieses von hinten nach vorne ins *Homburger Quartheft* eingetragenen Entwurfs in Blankversen schwankt von Herbst 1796 (FHA) bis Anfang 1799 (Werner Kirchner, Göttingen 1967). Die eingeklammerten Verse beziehen sich auf die Zeit des ersten Koalitionskrieges, der 1792 ausbrach und auf dessen Höhepunkt 1796 die französische Revolutionsarmee unter Bonaparte schließlich bis »zur Tyber« nach Italien vordrang. Die Schlußverse beziehen sich möglicherweise auf den zweiten Aufenthalt Bonapartes in Italien im Frühjahr 1797; vgl. auch die Variante zu v. 20.

... und die ewigen Bahnen ...
(S. 172)

Text h44, von der Hand C. T. Schwabs

Es ist anzunehmen, daß Schwab einen nicht durchgeformten Entwurf Hölderlins als Grundlage für dieses Fragment nahm, das in einem Konvolut mit Abschriften und eigenen Dichtungen Schwabs steht. Wahrscheinlich entstand der Hölderlinsche Grundtext im Zusammenhang mit den elegischen Entwürfen des Jahres 1797, allerdings ist für diese Zeit der Ausdruck »mein Mädchen« (v. 18), der sich ja auf Susette Gontard beziehen müßte, nicht mehr denkbar.

Diotima ⟨Mittlere Fassung⟩
(S. 172)

Ältere Fassung s. I 161
Text H394/H419 *2 Bl. 4°* (v. 1–64), Reinschrift und D 1829 (v. 65–120), von Neuffer redigierter Druck
Varianten in H399 *Bl. 4°*, Reinschrift:
v. 97, davor eingeklammert:

> Schöners, denn in jeder Zone
> Unsers Himmels Licht erzeugt,
> Größers, denn wovor die Krone
> Willig ein Jahrhundert beugt,
> Freude, die kein Aug' ergründet,
> Die in Lethes frommem Hain
> Nur die freie Seele findet,
>   Ist, du Theure! dein und mein.

v. 100 *nun*: nur   v. 106 *lichter*: leichter   v. 109: Nun in heitre Mereswogen,   v. 115 *Woogen*: Wooge   v. 116 *Still frolokkend,*: Stillfrolokkend   v. 119: Wie die Sterne wiederkehren

Zeugnisse

An Schiller, 24. Juli 1796	II 625
An Schiller, 20. November 1796	II 636
Von Schiller, 24. November 1796	II 641
An Neuffer, 16. Februar 1797	II 649
Von Neuffer, 18. April 1797	II 652

An Neuffer, 10. Juli 1797   II 658
An Schiller, 15./20. August 1797   II 665
An Neuffer, zweite Hälfte Juli 1799   II 801

Im Juli 1796 sendet Hölderlin die 16strophige Fassung des Liedes von
Kassel aus an Schiller. Da dieser nicht antwortet und das Gedicht auch
nicht im *Musen-Almanach für 1797* erscheint, erbittet Hölderlin die
Reinschrift im November zurück. Schiller antwortet sofort, behält jedoch wahrscheinlich die Handschrift. Im Februar 1797 sendet Hölderlin
das Gedicht an Neuffer, erbittet aber trotz dessen Vorschlag, es zu
veröffentlichen, eine Kopie zurück und überarbeitet es zur jüngeren
Fassung, die er zunächst wieder an Schiller sendet und – als dieser auch
die verkürzte Version nicht veröffentlicht – zwei Jahre später nochmals
an Neuffer, der sie schließlich in seinem *Taschenbuch auf 1800* druckt.

Die mittlere Fassung ist hier eingeordnet, weil Hölderlin sie in einer
nur fragmentarisch überlieferten Reinschrift (H3) mit den beiden folgenden Gedichten zusammengestellt hat; vgl. die Bemerkung zur späteren
Überarbeitung.

40 der Schatten stummes Reich: der Hades.
99 Eins und Alles: vgl. die Erläuterung zu I 558,15 f.

Spätere Überarbeitung h46, Schlesiers Beschreibung von H3 (s. Verzeichnis der Handschriften), die er noch vollständig gesehen hat und
in der eine auf die jüngere Fassung hin überarbeitete 15strophige
Reinschrift der mittleren Fassung stand
Jüngere Fassung s. I 223

An den Aether
(S. 176)

Erste Vorstufe
1. Ansatz: H287, S. 12
       und überall noch geleitest
   Hoher Gespiele des Gottes in uns, des mächtigen Geistes
   Stolz und Freude der fröhlichen Welt, unsterblicher
       Aether..
2. Ansatz: H287, S. 12–15, Entwurf in 53 Versen ohne Strophenunter-
teilung

v. 1–10:
Der du mich auferzogst und überall noch geleitest
Element der lebendigen Welt, unsterblicher Aether
Sieh! es ruht, wie ein Kind, in deinem Schoose die Erde,
Süßbelebend hauchst du sie an, mit schmeichelnden zarten
Melodieen umsäuselst du sie, mit Stralen der Sonne
Tränkest du sie, mit Reegen und Thau aus goldener Wolke.
Und es gedeiht vor dir ihr tausendfältiges Leben,
Leicht und üppig breiten vor dir, wie die knospenden Rosen
Ihre verschloßnen Kräfte sich aus, und ringen und streben
Unaufhörlich hinauf nach dir in freudigem Wachstum.

v. 11–32 wie v. 12–23/27–26 des Textes, außer v. 13: knospende Strauch   v. 19: Aus der Wiege   v. 27: Und des Aethers   v. 28: blauen Halle   v. 34: flüchtigen Adler   v. 36: Von dem dürftigen Stern in des Aethers

v. 33–53:
Zwar, es umwölben uns hoch und leicht die heiligen alten
Wälder der Erd, und klein ists nicht, in ihnen zu wohnen.
Dennoch wohnen wir arm. Die Helden der Nacht die
    Gestirne
Die zufrieden und frei des Aethers Gärten durchwandeln
Wohnen herrlich allein. Auch gehört uns der
Ozean, aber was ist der Ocean gegen den Aether?
Wandelnde Städte trägt, weither des Ozeans Wooge
Auf dem Rüken und bringt ein Indien uns zum Genusse
Aber der Aether hält die heilgen Gefäße, die Wolken
Wo er die Blize bewahrt, und gießt in Flammen und
    Wassern
Göttlich Leben ins Herz der Welt aus der gährenden Urne.
Reich mit Inseln geschmükt ist das Meer; die Inseln des
    Aethers
Sind die Sonn' und der Mond. O glüklich wer an die goldnen
Küsten das weltumwandelnde Schiff zu treiben
    vermöchte. –
Aber indeß ich hinauf in die dämmernde Ferne mich sehnte
Wo du die fremden Ufer umfängst mit der bläulichen
    Wooge
Kamst du säuselnd herab von des Fruchtbaums blühenden
    Wipfeln
Vater Aether und tränktest mich mit verjüngendem Othem
Und der Othem erwarmt in mir und ward zum Gesange.

Blumendüfte bringt die Erd, und Stralen die Sonne,
Aber die Lerche des Morgens und ich, wir brachten ein Lied dir.

Zweite Vorstufe

H287, S. 16–17 und 15, Neuentwurf einzelner Teile ab v. 37:
Thöricht treiben wir uns umher, wie die irrende Rebe
Wenn ihr der Stab gebricht, woran zum Himmel sie aufwächst,
Breiten wir über dem Boden uns aus, und wandern und suchen
Durch die Zonen der Erd', o Vater die Ruhe vergebens,
Denn es treibt uns die Lust, in des Äthers Gärten zu wandeln.
In die Meersfluth werfen wir uns, in den freieren Ebnen
Uns zu sättigen, und es umspielt die unendliche Wooge
Unsern Kiel, und es schwelgt das Herz an dem kräftigen Gastmahl,
Dennoch genügt ihm nie, denn der tiefere Ocean reizt uns
Wo die leichtere Wooge sich regt, durch den der Planet schifft,
Der die Sonnen der Welt, die ewig blühenden Inseln
Wie die Perle das Gold, umfaßt – o wer an die lichten
Küsten das Welt umwandelnde Schiff zu treiben vermöchte. –
Aber indeß ich hinauf in die dämmernde Ferne mich sehnte
Wo du die fremden Ufer umfängst mit der bläulichen Wooge
Kömst du säuselnd herab von des Fruchtbaums blühenden Wipfeln
Vater Aether und sänftigest selbst das strebende Herz mir
Und ich wandle nun gern auf meinem blumigen Boden.

Text D11 (v. 1–22; emendiert nach h46, Gustav Schlesiers Verzeichnis der Abweichungen des Drucks vom verlorenen ersten Teil der Reinschrift) und H3 (v. 23–52), Reinschrift

Das wohl Anfang 1797 entstandene hexametrische Gedicht wird am 20. Juni 1797 zusammen mit der ersten Fassung von ›Der Wanderer‹ an Schiller gesandt (II 656), der beides am 27. Juni zur Beurteilung an Goethe weiterreicht; vgl. die Korrespondenz, III 593–598. Auf Goethes Ratschlag wird ›An den Aether‹ in den *Musen-Almanach für 1798* aufgenommen, allerdings ohne Nennung des Autors. Schiller hat noch vor dem Druck Nachricht von seinem Entschluß gegeben, denn Hölderlin dankt schon im August dafür, s. II 664. Das überlieferte Reinschriftfragment ist nicht die Druckvorlage gewesen; ob sie zuvor oder später entstanden ist, läßt sich nicht mehr bestimmen.

2 Vater Aether: vgl. ›Brod und Wein‹ v. 65 (I 376/377) und die Behandlung des Themas im ›Hyperion‹ (I 654f.).
35 den seeligen Knaben: Ganymed.
38 zum Himmel: vgl. Johannes 15,5.

Der Wanderer ⟨Erste Fassung⟩
(S. 178)

Vorstufe H287, Entwurf (100 Verse)

v. 1 f. aus:
> Süd und Nord ist in mir. Mich erhizt der Aegyptische
>   Sommer
>   Und der Winter des Pols tödtet das Leben in mir,
> Oft ist mir, als ständ' ich verirrt in Arabiens Wüste,
>   Und aus einsamer Luft reegnete Feuer herab.

v. 2, danach:
> Und ich hört aus der Tiefe herauf das Seufzen der Erde,
>   Und ihr Angesicht barg unter die Wolke sie gern,
> Nicht wie der Liebesgott mit lieblich schmerzlichem Pfeile,
>   Hart, wie ein Zepterschlag, traf sie der brennende Stral.

v. 21 f.:
> Tyger und Affen sandtst du mir nur, da schied ich und
>   schiffte,
>   Bis in des äußersten Nords frostiges Dunkel hinauf.
> Und mir warf in den Weg sich des Eismeers starrendes
>   Chaos,
>   Und, wie Wälder von Erzt thürmten die Gletscher sich
>   auf.

v. 30, danach:
> Sonstwo neidetest du das herrliche Licht des Olymps nicht,
>   Dem der feurige Geist nie um den Abend entschläft,
> Dem kein Herbst in den Staub die Krone der Jugend
>   herabweht,
>   Dem das gewaltige Streben der Winter nicht wehrt.

v. 41 aus:
> Nach Ausonien kehr' ich zurük in die freundliche Heimath

Text H3, Reinschrift

Druck D10a (von Schiller teilweise redigiert)
statt v. 5–12:
> Ach! nicht sprang, mit erfrischendem Grün der schattende Wald
>   hier
>   In die säuselnde Luft üppig und herrlich empor,
> Bäche stürzten hier nicht in melodischem Fall vom Gebirge,
>   Durch das blühende Thal schlingend den silbernen Strom,
> Keiner Heerde vergieng am plätschernden Brunnen der Mittag,
>   Freundlich aus Bäumen hervor blickte kein wirthliches Dach.

v. 18:
> Bat ich, vom lieblichen Glanz heimischer Fluren verwöhnt

v. 25:
> Ach! nicht schlang um die Erde den wärmenden Arm der Olymp
>   hier

v. 41 *Darum*: Aber jetzt

v. 39 f., 81 f.: fehlen

(Diesen Druck schreibt Hölderlin später zur Vorbereitung der zweiten Fassung im *Stuttgarter Foliobuch* unter Wiederherstellung der Lesart »tönende Luft« in v. 6 ab.)

Die wohl Ende 1796 in erstem Entwurf begonnene Elegie wird am 20. Juni 1797 zusammen mit ›An den Aether‹ an Schiller gesandt (s. II 656), der beides am 27. Juni zur Beurteilung an Goethe weiterreicht; vgl. die Korrespondenz, III 593–598. Auf Goethes Ratschlag hin wird ›Der Wanderer‹ in die *Horen* aufgenommen, allerdings ohne Nennung Hölderlins. Schiller hat noch vor dem Druck Nachricht von seinem Entschluß gegeben, denn Hölderlin dankt schon im August dafür, s. II 664.

5 *Ach! hier ... nicht:* Die beiden extremen Weltregionen werden in zwei Gruppen von 20 Versen behandelt, deren fünfter jeweils parallel gebaut ist, vgl. v. 25.

56 *Vesten:* Festungen, Burgen.

Zweite Fassung s. I 305

Die Eichbäume
(S. 180)

Erste Vorstufe H32, Entwurf von elf Versen
  v. 1–2:
>   Von den Dörfern komm ich zu euch, ihr Söhne des Berges
>   Von den Wiesen, da lebt die Natur geduldig und häuslich
  v. 9–11:
>   Untereinander herauf, und des Gärtners Linie scheidet
>   Und gesellet euch nicht in allzufriedlichen Reihen.
>   Eine Welt ist jeder von euch,
Zweite Vorstufe H287, Entwurf von 16 Versen
  v. 11–16:
>   Ist euch heiter und groß die sonnige Stirne gerichtet.
>   Eine Welt ist jeder von euch, wie die Sterne des Himmels
>   Lebt ihr, jeder ein Gott, in freiem Bunde zusammen.
>   Enger vereint ist unten im Thal das gesellige Leben,
>   Vester bestehet es hier und sorgenfreier und stolzer,
>   Denn so will es der ewige Geist,

Text D10b (möglicherweise von Schiller redigiert)

Der erste Entwurf dieses hexametrischen Gedichtes ist wohl schon 1796 mit zwei Übersetzungen aus Ovid und Vergil (vgl. II 169–174) entstanden und wird im Zusammenhang mit den Entwürfen zu ›Der Wanderer‹ und ›Der Aether‹ im *Homburger Quartheft* weitergeführt. Vielleicht lag die Druckvorlage dem Brief an Schiller vom 20. Juni 1797 bei (vgl. II 656). Die spätere Überarbeitung im *Stuttgarter Foliobuch* ist 1800 entstanden.

Spätere Überarbeitung H6, unausgeformter Entwurf auf Basis einer
  Abschrift der Druckfassung
  v. 17 wird sofort geändert:
>   Das von Liebe nicht läßt, wie gerne würd ich zum
>   Eichbaum.
  Anschließend wird unter den Titel gesetzt:
>   als Proëmium zu gebrauchen.
  v. 14–17 werden eingeklammert und ein neuer Schluß in Prosa entworfen:
>   O daß mir nie nicht altere, daß der Freuden daß der Gedanken unter den Menschen, der Lebenszeichen keins mir unwerth werde, daß ich seiner mich schämte, denn alle brauchet das Herz, damit es Unaussprechliches nenne.

Der Jüngling an die klugen Rathgeber
(S. 181)

Frühere Fassung An die klugen Rathgeber, I 165
Text H478 Dbl. 4° (S. 4 leer), Reinschrift

Nachdem Hölderlin am 20. Juni 1797 angefragt hatte, ob er eine Umarbeitung der früheren Fassung nachreichen dürfe (vgl. II 656), erteilt Schiller wohl bald darauf die Erlaubnis und erhält die neue Fassung Ende August (vgl. II 664f.); aber auch in der gemilderten Form wird das Gedicht nicht publiziert.

27 Scherben: Blumentöpfe.
45 Begrabt sie nur ...: vgl. Matthäus 8,22 und besonders Lukas 9,60: »Laß die Toten ihre Toten begraben, gehe du aber hin und verkündige das Reich Gottes.«

An Diotima (Komm und siehe ...)
(S. 183)

Text H437 Dbl. 4° (S. 4 leer), Niederschrift

Formal und thematisch steht das im nur hier verwendeten »archilochischen« Versmaß (Hexameter und halber Pentameter) geschriebene Gedichtfragment den Entwürfen im *Homburger Quartheft* (H287) nahe und ist wohl ebenfalls Anfang 1797 entstanden.

⟨Entwurf zu ›Die Schlacht‹⟩
(S. 184)

Text H27

Mit diesem Entwurf setzt die zweite Phase von Hölderlins Odendichtung ein. Die rhapsodische Form wird jedoch nur einmal zu einem durchgeformten Gedicht verwendet, bei »Hyperions Schiksaalslied« (I 744). Der Entwurf ist nach der auf demselben Blatt überlieferten

Übersetzung eines Chors aus Sophokles' ›Ödipus auf Kolonos‹ (II 179) und vor den folgenden Epigrammen 1796/97 entstanden.

8 Väter: Gemeint sind die »Landesväter«.

Spätere Ausführungen Die Schlacht, I 187 und Der Tod fürs Vaterland, I 225

Guter Rath
(S. 184)

Text H27, Niederschrift

Im November 1796 erschien Schillers ›Musen-Almanach für das Jahr 1797‹, der nicht die Gedichte enthielt, die Hölderlin am 24. Juli 1796 Schiller gesandt hatte. Im selben Heft erschienen die ersten ›Xenien‹ von Goethe und Schiller, deren Form Hölderlin hier und in den folgenden Epigrammen aufgreift, um sie gegen den oft anmaßenden Ton des Vorbilds zu wenden. Vgl. auch die Ratschläge, die Schiller Hölderlin in seinem Brief vom 24. November 1796 erteilt, II 641 f.

Advocatus Diaboli
(S. 184)

Text H27, Entwurf
v. 1 aus:
   Tief ist im Herzen verhaßt mir die Rotte der Herren und
      Pfaffen
nach v. 2 Ansatz zur Fortsetzung:
   Wohl sind Monarchien auch gut,

Lieben Brüder ...
Die beschreibende Poësie
Falsche Popularität
(S. 184, 185)

Texte H27, Entwürfe

Buonaparte
(S. 185)

Text H3, Entwurf

Das mit dem folgenden Entwurf und der Vorstufe zur ersten Fassung der Ode ›Diotima‹ im Anschluß an die Reinschrift von ›Der Wanderer‹ notierte Gedicht ist wohl Mitte 1797 entstanden und greift das Thema von ›Die Völker schwiegen ...‹ wieder auf (s. I 171). Vgl. auch ›Dem Allbekannten‹ (I 272) und den Kommentar zu ›Sybille‹ (III 119).

Empedokles ⟨Entwurf⟩
(S. 185)

Text H3
v. 4 aus: bodenlosen Aetna hinab.

Wahrscheinlich ist auch die spätere alkäische Umformung am Rand dieses Entwurfs schon 1797 entstanden.

Spätere Ausführung s. I 251

Der Geburtstag des Menschen
(S. 186)

Text H12, Entwurf

In der Handschrift zwischen den Übersetzungen zweier Horaz-Oden (II 180f.) und wie diese wahrscheinlich in der ersten Hälfte 1798 entstanden.

Spätere Ausführung Der Mensch, I 194

Die Schlacht
(S. 187)

Erster Entwurf s. I 184
Text H4, Entwurf
v. 7–12 aus:
> Wo kek herauf die Knechte dringen,
> Sicher der Kunst und des Arms! schröklich

> Kömt über sie die Seele der Jünglinge,
>   Denn ha! die Knaben schlagen wie Zauberer
>   Und ihre Vaterlandsgesänge
>   Lähmen die Knie dem Unterdrüker.

v. 18–24 aus:
>   Fürs Vaterland und schon ists geschehn! das wars
>   Was ich zuvor gefühlt als Knabe,
>   Da ich zuerst vom Heroentode

> Mit wollustvollen Schauern das Wort vernahm
> Nun aber geh' ich nieder ins Schattenreich,
>   Hinunter zu den Göttermenschen,
>   Helden und Dichtern,

Spätere Überarbeitung H4
v. 19–22 aufgegeben, neuer Textanschluß: zu euch, / Ihr Theuern ... und Entwurf der letzten zehn Verse der späteren Fassung.

Spätere Fassung Der Tod fürs Vaterland, I 225

Sömmerings Seelenorgan und das Publikum
Sömmerings Seelenorgan und die Deutschen
(S. 188)

Text H450 Bl. 4°, eingeklebt in Sömmerings Handexemplar von *S. Th. Sömmering über das Organ der Seele. Mit Kupfern. Königsberg, 1796. bey Friedrich Nicolovius.* Reinschrift

An die Parzen
(S. 188)

Vorstufe   H12, Entwurf zweier Strophen
v. 1 f.:
   Nur einen Sommer schenket, ihr Furchtbaren!
   Und einen Herbst zu reinem Gesange mir
Text D13   *Spätere Abschrift* H316

Alkäisches Versmaß.

Der Entwurf der Ode ist wohl im Juni 1798 entstanden, die Druckvorlage geht mit den drei folgenden Gedichten im August an Neuffer (II 696), der sie im *Taschenbuch auf 1799* veröffentlicht; s. auch im Verzeichnis der Drucke den Inhalt von D13.

Dieses Taschenbuch wird dreimal rezensiert; anonym (vielleicht von Conz) am 1. Januar 1799 in *Tübingische Gelehrte Anzeigen auf das Jahr 1799*, 1. Stük, S. 3 (Auszug): »Hillmar und Hölderlin führen beyde ganz den gleichen Ton und sind wahrscheinlich Eine Person. Es herrscht in allen diesen Gedichtchen, die von unverkennbarem Dichtergeiste zeugen, etwas, wenn wir uns so ausdrüken dürfen, vielleicht nur weniges befriedigendes Unbefriedigtes.« und von A. W. Schlegel am 2. März in ⟨Jenaische⟩ *Allgemeine Literatur-Zeitung 1799*, Bd. 1 Nr. 71. Diese Rezension schreibt sich Hölderlin ab (III 110) und zitiert aus ihr im Brief an die Mutter von Ende März (II 761). Zur dritten Rezension vgl. den Kommentar zu Neuffers *Taschenbuch auf 1800*, III 111 f.

Die Mutter erhält das Taschenbuch selbst anscheinend erst später, denn Hölderlin beruhigt sie, die sich wohl Sorgen über den Tonfall des Gedichtes gemacht hatte, erst am 8. Juli über das vorliegende Gedicht: »Es sollte nichts weiter heißen, als wie sehr ich wünsche einmal eine ruhige Zeit zu haben, um das zu erfüllen, wozu mich die Natur bestimmt zu haben schien.«

1801 schreibt Hölderlin das Gedicht mit anderen zur Vorbereitung der geplanten Gedichtausgabe bei Cotta aus dem Druck ab, vgl. den Kommentar zu II 909,25.

7 f.: Damit ist, wie A. W. Schlegel in seiner Renzension richtig schloß, gemeint, »daß der Vf. ein Gedicht von größerem Umfange mit sich umherträgt«, nämlich das Trauerspiel ›Empedokles‹. Hölderlin schreibt in seiner Abschrift der Renzension erläuternd an die Mutter, daß er darin »auf die Arbeit anspielt, die ich jezt unter den Händen habe.« (II 761)

Diotima ⟨Erste Fassung⟩
(S. 189)

Vorstufe H3
   Die Helden könt' ich nennen
   Und schweigen von der schönsten der Heldinnen,
Text D13

Alkäisches Versmaß.
Auffällig ist die Wiederholung des Anfangsbuchstabens *D* in den ersten drei Versen beider Strophen. Der vierte Vers beginnt und endet in der ersten Strophe mit einem Wort, das mit *S* beginnt, und in der zweiten mit einem Wort, das mit *G* beginnt. Zusammen mit der lateinischen Dedikationsformel »*D*at, *D*icat, *D*edicat«, die auch auf dem Titelblatt von Hölderlins erstem, vom Vater geerbten Stammbuch verwendet wird und die üblicherweise »D. D. D.« abgekürzt wird, ergibt sich eine versteckte Widmung an Susette Gontard.

Zweite und dritte Fassung s. I 256 und 327

Abbitte
(S. 189)

Text D13, Unterschrift: Hillmar.

Asklepiadeisches Versmaß.
Die Annahme, es handele sich bei den Hillmar-Gedichten um Überarbeitungen älterer Entwürfe, die aus Schellings späterer Angabe, das vorliegende Gedicht sei in Tübingen entstanden (vgl. III 614), abgeleitet werden könnte, hat nur geringe Wahrscheinlichkeit für sich. Schelling benutzte überdies die Ausgabe von 1846, die in v. 4 den verderbten Text »getrennt von mir« aufweist (zu dessen Ursprung vgl. StA 1,562f.).

An Ihren Genius
(S. 189)

Text D13, Unterschrift: Hillmar.

ZWÖLF EPIGRAMMATISCHE ODEN

Die Sammelhandschrift mit den folgenden Gedichten sandte Hölderlin im August 1798 an Neuffer (vgl. II 696), der sie jedoch nicht als Gruppe veröffentlichte (vgl. Verzeichnis der Drucke D13 und 15). Die ursprüngliche Gestalt der Handschrift wurde von Gustav Schlesier in h46 beschrieben, von ihr haben sich nur die Fragmente H400 und H442/H421 erhalten (vgl. Verzeichnis der Handschriften). Die handschriftlich erhaltenen Gedichte sind einzeln unterschrieben; Schlesier gibt zusätzlich an, daß der ansonsten nur im Druck überlieferte Name »Hillmar« auch in der Handschrift verwendet wurde.

Ehmals und jezt
(S. 190)

Text H400   *Druck* D13
Alkäisches Versmaß.

Lebenslauf ⟨Erste Fassung⟩
(S. 190)

Text H400   *Druck* D13
Asklepiadeisches Versmaß.
Zweite Fassung s. I 325

Die Kürze
(S. 190)

Text H400   *Druck* D13
Asklepiadeisches Versmaß.

Die Liebenden
(S. 191)

Text D13, Unterschrift: Hillmar.
Asklepiadeisches Versmaß.
Spätere Fassung Der Abschied, I 325

Menschenbeifall
(S. 191)

Text D15, Unterschrift: Hillmar.
Asklepiadeisches Versmaß.

Die Heimath ⟨Erste Fassung⟩
(S. 191)

Text D13, Unterschrift: Hillmar.
Alkäisches Versmaß.
Zweite Fassung s. I 323

Der gute Glaube
(S. 192)

Text D13
Asklepiadeisches Versmaß.
Spätere Abschrift H316 (1801, für die geplante Gedichtausgabe bei Cotta entstanden; vgl. die Erläuterung zu II 909,25)

Ihre Genesung ⟨Erste Fassung⟩
(S. 192)

Text D13, Unterschrift: Hillmar.
Asklepiadeisches Versmaß.
Zweite Fassung s. I 257

Das Unverzeihliche
(S. 192)

Text D13, Unterschrift: Hillmar.
Asklepiadeisches Versmaß.
Spätere Fassung Die Liebe, I 324

An die jungen Dichter
(S. 193)

Text D13
Asklepiadeisches Versmaß.

An die Deutschen ⟨Erste Fassung⟩
(S. 193)

Text H442   *Druck* D13
Asklepiadeisches Versmaß.
Zweite Fassung s. I 265

Die scheinheiligen Dichter
(S. 193)

Text H442/H421   *Druck* D15

Alkäisches Versmaß.
  3 Donnerer und Meergott: Zeus und Poseidon.

Druckvorlage für Schiller

Am 30. Juni 1798 sendet Hölderlin die Reinschrift H479 an Schiller (vgl. II 690). Schiller nimmt jedoch nur die beiden kürzesten Gedichte in den *Musen-Almanach für 1799* (D12) auf, der im Oktober 1798 erscheint.

Dem Sonnengott
(S. 194)

Vorstufe H12, Entwurf
  v. 2 aus: Von deiner Schöne, freundliches Licht, denn kaum
  v. 10–14:
     Wie Kindern, wandelt uns die Betrübniß bald
       In Schlummer sich und wie die Winde
         Flattern und flüstern im Saitenspiele

     Bis ihm des Meisters Finger den schönern Ton
       Entlokt, so spielen Träume mit uns indeß,
Erste Reinschrift H401
Text H479
Alkäisches Versmaß.
Spätere Fassung Sonnenuntergang, I 226

Der Mensch
(S. 194)

Erste Vorstufe Der Geburtstag des Menschen (I 186)
Zweite Vorstufe H13 Bl. 2°, unbetitelter Entwurf
  v. 1–4:
     Kaum sproßten aus den Wassern, o Erde dir
       Der alten Berge Gipfel und dufteten
         Voll neugeborner Blüthenwälder
           Über den Ozean hin, lustathmend
  v. 40–44:
     Ach! freier athmen Vögel des Walds wenn schon
       Des Menschen Brust sich wilder und weiter dehnt,
         Voll Troz und Angst, und seines Friedens
           Blume, die zärtliche, blüht nicht lange.

Dritte Vorstufe H401/H476, erste überarbeitete Reinschrift
Text H479
Alkäisches Versmaß.

Sokrates und Alcibiades
(S. 196)

Text H479
Druck D12, mit Druckfehlern in v. 6 (»Tugend«) und v. 8 (»Schönen«)
Asklepiadeisches Versmaß.
Vgl. die Lobrede des Alkibiades auf Sokrates in Platons Dialog ›Symposion‹, 215a–222b.

Vanini
(S. 196)

Text H479
Alkäisches Versmaß.

An unsre großen Dichter
(S. 197)

Vorstufe H12, einstrophiger Entwurf
    Der freundlichste von allen Eroberern
  Der ho   Bacchus kam an den Indus einst
       Und hin zum Ganges und besiegt' und
          Wekte mit heiligem Wein die Völker,
Text H479, mit Titelredaktion Schillers
Druck D12, unter dem Titel: ›An unsre Dichter‹
Alkäisches Versmaß.
Spätere Fassung Dichterberuf, I 329

Meiner Verehrungswürdigen Grosmutter ...
(S. 197)

Text
h51, Abschrift von unbekannter Hand nach einer verschollenen Reinschrift (v. 1–20), Variante zu v. 16: »leidender Brust«
h52, Abschrift Justinus Kerners (v. 16: »liebender Brust«)
H259 *Bl. 4°* (S. 1: Brief von Carl Gock, Anfang Dezember 1798), Entwurf v. 21–34
Späterer Druck D1824,2 (wahrscheinlich von Conz veranlaßt)

Der 73.(!) Geburtstag der Großmutter Johanna Rosina Heyn war am 30. Dezember 1798. Die Mutter hatte Hölderlin wohl um Weihnachten gebeten, zu diesem Anlaß ein Gedicht zu verfassen. Hölderlin berichtet dem Bruder am 1. Januar 1799 über den Beginn der Arbeit an der Elegie (vgl. II 728), die jedoch erst Anfang Januar 1799 abgeschlossen und mit dem nächsten Brief an die Mutter nach Nürtingen gesendet wird (vgl. II 733).

7 Mutter: Maria.
8f. Besten der Menschen ...: Jesus Christus.
14 Dieser einzige Mann: vgl. ›Der Einzige‹, I 387.
17 im Nahmen der andern: auf v. 18 zu beziehen, h52 hat hinter »sich« ein Semikolon.

1799

Achill ⟨Prosaentwurf⟩
(S. 198)

Text H56b

l. 4f. aus: Und es rollten vom Heldenauge die Thränen
l. 44: darunter folgt das Konzept ›Die Verjüngung‹ und der Ansatz zu einem Brief an Susette Gontard (vgl. II 758 und den Kommentar dazu)

Achill
(S. 200)

Text H56a, Entwurf

Der elegische Entwurf steht im handschriftlichen Zusammenhang mit den für das geplante Journal geschriebenen Aufsatzfragmenten ›*Mich freut es* ...‹ und ›*Am meisten aber lieb' ich* ...‹ (s. II 64 und im Verzeichnis der Handschriften), die ebenfalls Achill zum Gegenstand haben, und ist Anfang 1799 entstanden.

1 Geliebte: Briseïs. Der mythologische Stoff des Gedichtes ist Homers ›Ilias‹ 1,345–430 entnommen (s. auch Hölderlins Übersetzung in II 128,10–130,20).

5f. blaue / Thetis: Das auf die Farbe des Meeres bezogene Beiwort findet sich nicht bei Homer, sondern bei Horaz, Epode 13,16.

18 die ... meiner ... gedenkt: Susette Gontard, von der Hölderlin seit September 1798 getrennt war.

24: Fortsetzung nicht überliefert; C.T. Schwab hat in D1846 über einige kleinere Eingriffe hinaus den Schluß des Gedichtes nach dem Prosaentwurf versifiziert:

Daß ich lebe und euch, ihr hohen himmlischen Mächte,
   Noch am fliehenden Tag danke mit frommem Gesang,
Danke für voriges Gut, für Freuden vergangener Jugend,
   Und dann nehmet zu euch gütig den Einsamen auf.

... Götter wandelten einst ...
(S. 200)

Text H49 *Bl. 4°*, Entwurf

Der Anfang der Elegie ist verloren.
v. 1–5 aus:
> Götter wandelten einst bei Menschen, die heiligen Musen
> Und der Jüngling Apoll, heilend, versöhnend wie du.
> Und du bist mir genug, als hätte der Himmlischen Eines
> Mich ins Leben gesandt, geh ich, es wandelt dein Bild
> Mir zur Seiten.

v. 11 f. aus:
> Sprächen sie: es schuffen sich einst die Einsamen liebend
> Nur von Göttern gekant ihre geheimere Welt.

v. 14: nachträglich eingefügt.

Wahrscheinlich im März oder April 1799 entstanden.

2 du: Susette Gontard bzw. die poetische Figur ›Diotima‹.
5 Heldin: vgl. die beiden letzten Verse der Ode ›Diotima‹.

Der Entwurf steht über und unter der auszugsweisen Abschrift von A. W. Schlegels Rezension zu D 13 aus der ⟨Jenaischen⟩ *Allgemeinen Literatur-Zeitung* vom 2. März 1799, aus der Hölderlin Ende März in einem Brief an die Mutter zitiert (vgl. II 761 und den Kommentar zu ›An die Parzen‹, III 100):

Nachdem von den Kupfern die Rede gewesen ist, fährt der Rec. fort:
> Den sonstigen Inhalt des Almanachs möchten wir fast nur auf die Beyträge von Hölderlin einschränken. Die des Herausgebers sind endlose Reimereien, einige Erzählungen oder Romanzen, z. B. Palmach, das schlechteste darunter. In dem langen Liede an Emma hat der Vf. den Ton von Bürgers Elegie an Molly anzustimmen gesucht, und in dem Gedicht Das Eine erstrekt sich die sichtbare Nachahmung von Schillers Idealen selbst bis auf einzelne Stellen. Vor den übrigen zeichnen sich die Kleinigkeiten von Hillmar und Siegmar vortheilhaft aus, so wie die innigen elegischen Zeilen von Reinhard (dem französischen Gesandten) an seine Gattin über den Abschied von Deutschland. Die

prosaischen Aufsäze sind ganz unbedeutend. Hölderlins wenige Beiträge aber sind voll Geist und Seele, und wir sezen gern zum Belege ein paar davon hieher.
(Hier führt der Rec. das Gedicht an die Deutschen und das an die Parzen an und fährt nach dem lezteren fort.).
Diese Zeilen lassen schließen, daß der Vf. ein Gedicht von größerem Umfange mit sich umherträgt, wozu wir ihm von Herzen jede äußere Begünstigung wünschen, da die bisherigen Proben seiner Dichteranlagen und selbst das hier ausgesprochene erhebende Gefühl ein schönes Gelingen hoffen lassen.

Hört' ich die Warnenden izt ...
(S. 201)

Text H47, Entwurf

Das in v. 3 Fragment gebliebene Epigramm steht mitten in der Handschrift des ersten Entwurfs zum ›Empedokles‹ zwischen v. 1560 und 1561; vgl. I 825.

5 *Furchtbarn:* vgl. den Entwurf zur Ode ›An die Parzen‹, die ebenfalls auf Hölderlins Arbeit an seinem Trauerspiel Bezug nimmt.

NEUFFERS TASCHENBUCH AUF 1800

Im Brief an Neuffer vom 4. Juni 1799 verspricht Hölderlin dem Freund, dessen in einem verlorenen Brief ausgesprochene Bitte um Beiträge für sein neues Taschenbuch (D15) zu erfüllen, und eröffnet ihm zugleich das Projekt eines Journals, das er beim Verleger des Taschenbuchs, Steinkopf, herausgeben zu können hofft (s. II 764 ff.). Am 13. Juni antwortet Steinkopf positiv auf den Vorschlag, erbittet aber – wohl als Probe – zunächst »eine Erzählung oder Roman über Emilie« (s. II 779). Im vorigen Jahrgang des Taschenbuchs hatte es nämlich in der Erklärung der Kupfer geheißen: »Das Titelkupfer stellt Emiliens Bildniß vor, deren Geschichte im nächsten Jahre erzählt werden soll.« (Abb. in ›Hölderlin. Eine Chronik in Text und Bild‹, hg. von A. Beck, Ffm. 1970, S. 261). Hölderlin kündigt dem Verleger gleich am 18. Juni an, Anfang des nächsten Monats, »die Emilie und einige Gedichte« an Neuffer zu schicken (s. II 779). Der Verleger mahnt dies am 5. Juli an (s. II 784), Hölderlin hatte die Idylle aber schon am 3. Juli an Neuffer übersandt und dazu einen Kommentar über ihren Aufbau und die Druckgestalt beigefügt (s. II 780f.). Neuffer und Steinkopf bestätigen am 9./10. Juli das Eintreffen der Sendung (II 791) und Hölderlin reicht Ende des Monats noch einige Gedichte nach, die dann mit der *Emilie* zusammen erscheinen (s. II 801). Auf Neuffers (nur als Regest überlieferten) Brief vom 9. Juli und die darin enthaltenen »ziemlich leichten Äußerungen ... (bei Gelegenheit der Emilie) ... in Betreff der Poesie« kommt Hölderlin am 4. Dezember 1799 nochmals zurück (s. II 849).

Neben den hier folgenden Gedichten enthielt das Taschenbuch noch zwei weitere aus der Sammlung der zwölf epigrammatischen Oden: ›Menschenbeifall‹ und ›Die scheinheiligen Dichter‹, die Neuffer im Jahr zuvor zurückgestellt hatte. ›Sonnenuntergang‹ ist eine Umarbeitung der am 30. Juni 1798 an Schiller gesandten Ode ›Dem Sonnengott‹, die dieser jedoch nicht in seinen Musenalmanach aufgenommen hatte. Es ist demnach wahrscheinlich, daß dieses Gedicht erst zu einem späteren Zeitpunkt entstanden ist als die übrigen kurzen Oden; auch ›Stimme des Volks‹ lag wohl noch nicht der früheren Sendung bei.

Am 24. August 1799 kündigt der Verleger Steinkopf das *Taschenbuch auf 1800* im Intelligenzblatt der ⟨Jenaischen⟩ *Allgemeinen Literatur-Zeitung* an und weist darin auf »die im vorigen Jahrgang versprochene Geschichte Emiliens ⟨...⟩ in Jamben von dem geistvollen Hölderlin« hin. Ausführlicher geht die in derselben Zeitung am 23. November 1799 eingerückte Anzeige auf die *Emilie* ein: »Ein sehr schätzbares Geschenk machte uns Hölderlin durch eine meisterhafte Probe seines poetischen Geistes ⟨...⟩ Schöne große Empfindungen, Harmonie und Wohlklang der Verse und Wahrheit der Darstellung ist der herrschende Geist dieser Briefe, der jeden Kenner befriedigen wird.«

Das Taschenbuch wurde dreimal anonym rezensiert, am 25. November 1799 in *Oberdeutsche allgemeine Litteraturzeitung*, Jg. 12, 140. St., Sp. 562f. (zusammen mit D13): »⟨...⟩ voll lieblicher, sanfter Empfindung und Natur sind die kleinen Stücke von Hillmar und Hölderlin ⟨...⟩ Emilie vor ihrem Brauttage von Hölderlin ist voll Natur, sanfter Empfindung und gefälliger Weiblichkeit.«, in *Belletristische Zeitung auf das Jahr 1800*, Gotha, S. 6: »An Gedichten hat dieses Taschenbuch keinen Mangel allein Verse wie folgende: / Ich bin im Walde mit dem Vater draus / Gewesen, diesen Abend, auf dem Pfade / Du kennst ihn, vom vorgen Frühling etc. / sind weder Prosa noch Poesie.« und in *Das letzte Taschenbuch auf das 18. Jahrhundert. Die Menschlichkeiten der deutschen Musen-*

almanache auf das Jahr 1800, S. 127: »Einige halbbekannte Namen sind zwar darunter, z. B. Conz, Hölderlin, Buri – aber sie haben sich nicht so ausgezeichnet durch den Ton ihres Gesanges, wie ihre rüstigen Landsleute auf dem nun aufgehobenen württembergischen Landtage – vielleicht befürchteten sie das Aufheben ihres literarischen Privilegiums? – Am schlechtesten haben sich in der gemischten Gesellschaft: Neuffer, Siegmar, Hilmar, Gerning und einige andere Helden, obscuri nominis aufgeführt, die sich nicht gescheut haben – sich öffentlich vor andern in diesem Almanache ⟨...⟩ zu verunreinigen.«

Emilie vor ihrem Brauttag
(S. 203)

Text D 15

44 des Aethers Blumen: die Sterne.
111 der stille Römer: Horaz, aus dessen 16. Epode Hölderlin im Folgenden v. 39–48, 53 und 63 f. frei übersetzt. Horaz fordert in seinem Gedicht die Römer auf, ihre durch die Bürgerkriege im Verfall begriffene Stadt, dem Beispiel der Phokaier folgend, zu verlassen. Nach Herodot 1,164 ff. landeten die Phokaier auf der Suche nach einer neuen Heimat auf Kyrnos, eben der Insel, die heute Korsika heißt.
191 Varusthal: Hölderlin war im Sommer 1796 in Driburg, in dessen Nähe das Tal vermutet wurde, in dem der römische Feldherr Varus im Jahre 9 v. Chr. von dem Cheruskerfürsten Arminius (Hermann) geschlagen worden war. Vgl. auch Hölderlins Brief an den Bruder vom 13. Oktober 1796, II 628.
402 f. es fallen / Die Lieblinge des Himmels früh: vgl. Homer, Ilias 1,352 (in Hölderlins Übersetzung: II 128,17 f.) und Hölderlins Aufsatzfragment ›Mich freut es ...‹, II 64.

Diotima ⟨Jüngere Fassung⟩
(S. 223)

Ältere Fassung s. I 161
Mittlere Fassung s. I 172
Vorstufe s. die spätere Überarbeitung der mittleren Fassung, III 90
Text D 15

Zur Entstehungsgeschichte vgl. den Kommentar zur mittleren Fassung, III 90.

Der Tod fürs Vaterland
(S. 225)

Erster Entwurf und frühere Fassung Entwurf zu Die Schlacht, I 184 und Die Schlacht, I 187
Text D15

Alkäisches Versmaß.
Gegenüber der früheren Fassung und besonders gegenüber der Vorstufe ist dem Gedicht die Spitze genommen, es richtet sich nicht mehr gegen tyrannische Landes-»Väter«, sondern legt den Akzent auf den Heldentod. Ob diese Änderungen jedoch von Neuffer stammen, wie vermutet wurde, ist zweifelhaft.

Sonnenuntergang
(S. 226)

Frühere Fassung Dem Sonnengott, 194
Text D15

Alkäisches Versmaß.
4 Sonnenjüngling: Gemeint ist Apollon, als Sonnengott und Gott der Musik.
7 zu frommen Völkern: Anspielung auf den Mythos der im Norden lebenden Hyperboreer, bei denen Apollon den Winter verbringt, vgl. auch v. 46–56 von Pindars zehnter Pythischen Ode in Hölderlins Übersetzung, II 239.

Stimme des Volks ⟨Erste Fassung⟩
(S. 226)

Text D15
Alkäisches Versmaß.
Zweite Fassung s. I 257 *Dritte Fassung* s. I 331

Die Launischen
(S. 227)

Text D15
Asklepiadeisches Versmaß.

Der Zeitgeist
(S. 228)

Text D15
Alkäisches Versmaß.

Der Main
(S. 229)

Vorstufe H319 *Bl. 4°, Entwurf, zunächst unter dem Titel* ›Der Nekar‹, *die acht Strophen werden nachträglich durchnumeriert*
v. 25–29 *werden erst nach mehreren Ansätzen gefunden:*
⟨a⟩ Zu euch ihr Inseln, wanderte wohl noch einst
    Der heimathlose Sänger denn ach! er muß
        Sein Vaterland
⟨b⟩ Zu euch ihr Inseln, wanderte noch einst vieleicht
    Ein heimathloser Sänger denn ach! es muß
        Ihm statt eines Vaterlands die weite
            Erde, die freie,
⟨c⟩ Zu euch vieleicht ihr Inseln, geräth noch einst
    Ein heimathloser Sänger er muß ja doch
        Hinaus daß ihm
⟨d⟩ Zu euch vieleicht ihr Inseln, geräth noch einst
    Ein heimathloser Sänger denn wandern muß
        Damit ihm statt des Vaterlandes
            Diene die Erde, die freie,
⟨e⟩ Zu euch vieleicht ihr Inseln, geräth noch einst
    Ein heimathloser Sänger denn wandern muß
        Von Fremden er zu Fremden, und die
            Erde, die freie, sie muß – ihr wißt es! –

    Statt Vaterlands ihm dienen, so lang er lebt

Text D16

Alkäisches Versmaß.
Wie die beiden folgenden Gedichte wohl im Juli 1799 entstanden, da mit dem Druck des Hadermann'schen *Damenkalenders für 1800* (D16) anscheinend schon Ende dieses Monats begonnen wurde (vgl. Carl C. T. Litzmann: ›Hölderlins Leben‹, Berlin 1890, S. 344).

Spätere Fassung Der Nekar, I 253

Abendphantasie
(S. 230)

Vorstufe H469, Entwurf, zunächst einsetzend in v. 9
v. 11–15 aus:
> Ist jedes fröhlich; aber mir muß
> Immer und immer das Herz sich sehnen?

> Der Abendhimmel
> O nähmt ihr, goldne Wolken mich auf! es blüht'
> Auch

Text D16

Alkäisches Versmaß.
Diesem und dem folgenden Gedicht sind im Druck Kupferstiche je einer Abend- und Morgenlandschaft beigegeben. Ob der Verleger, ähnlich wie Steinkopf bei der *Emilie*, Hölderlin das Thema gestellt hatte, ist nicht bekannt.

Des Morgens
(S. 231)

Erste Vorstufe H469, Entwurf unter dem Titel ›Morgenphantasie‹, zunächst einsetzend in v. 9
v. 15–20:
> Du möchtest immer eilen, lieber!
> Könnt ich empor, wie die Morgenwinde

Mit dir, mit dir! doch lächelst des Sängers du
Des Übermüth'gen, daß er dir gleichen möcht'
Und wandelst schweigend mir, indeß ich
Sinne nach Nahmen für dich, vorüber!

Neuansatz in v. 1 und Überarbeitung, die in v. 19 abbricht
v. 1,2:

Vom Thaue glänzt der Garten; beweglicher
Eilt schon dahin die Quelle; die Pappel neigt

Zweite Vorstufe H43 *Bl. 4°*, überarbeitete Reinschrift
v. 2: Eilt schon die wache Quelle; die Birke neigt

Dritte Vorstufe H402 *Dbl. 8°* (S. 2–4 leer), fragmentarische Reinschrift
bis v. 16, in v. 2: die Pappel neigt

Text D16

1799–1800

Oden-Entwurfsfaszikel

Die folgenden Oden-Entwürfe bis ›An Sinclair‹ stehen im Faszikel H11/H38/H55 (vgl. Verzeichnis der Handschriften) und sind von Ende 1799 bis Anfang 1800 entstanden. Da sich weder eine relative noch gar eine absolute Chronologie mit erforderlicher Sicherheit herstellen läßt, werden sie mit Ausnahme der nicht als Lesetext konstituierten Vorstufen zu ›Gesang des Deutschen‹, ›Der Prinzessin Auguste von Homburg‹, ›Vulkan‹ und ›Bitte‹ hier im Zusammenhang wiedergegeben.

Der Frieden
(S. 232)

Vorstufe H38, S. 6, Konzept

> Der Frieden.
>
> Helden
>
> von Jahr zu Jahr
>
> Die unerhörte Schlacht
>
> O die du
> Der Menschen jähes Treiben 5
> sein Stamm erzittert.
>
> Und unerbittlich.
> heilige Nemesis
> Strafst du die Todten noch, es schliefen
> Unter Italiens Lorbeergärten 10
>
> so sanft die alten Eroberer
> Noch standen ihre Götter pp.

KOMMENTAR ZU DEN GEDICHTEN

> Doch
>
> aber nicht dort allein
> Schweiz   Rhein   15
>
> Komm endlich goldner Friede pp. –. Didaktischer
>   Ausgang

Text Entwurf über das Konzept hinweg, fortgesetzt auf H38, S. 14
v. 1–3 aus:
> Wie wenn die alten Wasser Deukalions
>
>   In andern Zorn verwandelt wieder

v. 10–16 aus:
> Und nieder auch, es kürzte die Rächerin
>   Der sie gedient, die Arbeit ihnen
>   Lenkte zur Ruhe sie um, die Streiter.

v. 23 erster Ansatz: Und haben sie den Schlaf am Rheine
v. 43: Wo glühend die Kämpfend und die
  (StA konjiziert: Wo glühender die Kämpfenden die)
v. 51 f. aus:
> Ersehnter Friede kom und gieb
> Ein Bleiben im Leben ein Herz uns wieder

Die Reihenfolge der Strophen dieses verwickelten Entwurfs ist nicht sicher zu bestimmen. Der Entwurf der v. 1–24 wird über die l. 1–12 des Konzepts hinweggeschrieben, an l. 16 schließt sich der Entwurf von v. 49–52, auf S. 14 der Handschrift wird der Entwurf mit v. 57–60 fortgesetzt. Etwas tiefer wird zunächst ein Konzept für v. 25–30 gesetzt, dann noch etwas tiefer v. 53–56 entworfen (wobei die Wiederholung des Motivs die Änderung in v. 51 nötig macht), darunter wird als Stichwort schließlich notiert: ›Unschuldiger!‹ Anschließend wird der Entwurf von v. 25–48 über das Konzept hinweggeschrieben, wobei v. 39,40 in v. 52,53 hineingeraten und die restlichen zwischen das Stichwort ›Unschuldiger‹ und den unteren Seitenrand gedrängt werden. StA sieht v. 53–56 als aufgegeben an und ordnet folgendermaßen: v. 1–40, 49–52, 57–60, 41–48. Werner Kirchner (Göttingen 1967, S. 28 f.) und FHA betonen den räumlichen Anschluß auf H38, S. 6 und ordnen daher so: v. 1–24, 49–60, 25–48. In jedem Falle kommt es darauf an, was als ›Didaktischer Ausgang‹ (s. l. 16 des Konzepts) angesehen wird.

Alkäisches Versmaß.

Am 4. September 1799 schreibt Hölderlin an die Mutter: »Ich hoffe den Frieden von Herzen, und halte ihn auch aus den allgemeinsten Gründen für nöthig und heilsam und von unabsehlicher Wichtigkeit. Vieleicht ist er auch so entfernt nicht, als es scheint.« (II 811) Die Ode steht unter dem Eindruck des im gleichen Jahr ausgebrochenen zweiten Koalitionskrieges, in dem die Franzosen nicht mehr als Verteidiger der Republik erschienen, sondern wie die anderen Kriegsparteien einen Herrschaftsanspruch geltend machten (vgl. v. 30) und zugleich mehrere Niederlagen in Italien, Holland und der Schweiz hinnehmen mußten (vgl. die Stichworte in der Vorstufe). Demnach ist das Gedicht im Spätherbst 1799 entstanden.

1 die alten Wasser: s. die Textvariante zu v. 1.
5 gählt: Ein Schreibversehen für »gährt'« ist wohl nicht anzunehmen. Möglicherweise ist das Wort von ›geilen‹ abgeleitet, das wiederum mit ›gären‹ etymologisch zusammenhängt und ›wuchern‹, ›üppig aufkeimen‹ bedeutet.
42 Richter: vgl. ›Am Quell der Donau‹ v. 70ff., I 352.
54 Mit deinen ungeschriebnen Gesezen: vgl. ›Antigonä‹ v. 467–472, II 334f.

Sybille
(S. 234)

Text H38, Konzept. Rechts neben dem Titel: Ode an Buonaparte
l. 9: heilger Gesieg (Verschreibung)

Ob die Notiz neben dem Titel auf das Konzept bezogen ist, läßt sich nicht bestimmen. Vgl. auch ›Buonaparte‹, I 185 und ›Dem Allbekannten‹, I 272.

Der Baum
(S. 234)

Text H38, Konzept

Wohl bei einem Besuch in Nürtingen an Ostern 1800 entstanden.

Die Sprache –
(S. 235)

Text: H38, Prosaentwurf. Stichworte: Ach. genug
l. 10 aus: Manches aber l. 12 aus: sie nicht. Denn es will l. 16
aus: Ich l. 19: liche Sterblichen nicht, (Verschreibung)
Eine mögliche Konjektur für l. 13–16 ist: Doch sangest du für sie in
deiner Jugend nicht, singend du sprachest zur Gottheit,

7ff.: vollständiger Hexameter.

Gestalt und Geist
(S. 235)

Text: H38, Konzept

4–6: Anspielung auf das Empedokles-Motiv. Mit »Seele« ist vermutlich nicht die individuelle, sondern die der Welt gemeint.

Προς εαυτον
(S. 236)

Text: H38, Niederschrift
Wahrscheinlich im Zusammenhang mit dem dritten Entwurf zum
›Empedokles‹ notiert.

Titel: (gr.) »An sich selbst«; vgl. die ›Selbstbetrachtungen‹ (εἰς ἑαυτόν)
des Marc Aurel.

Zur Abbildung
Die Abbildung zeigt H38, S. 9. Zunächst wurden wohl die beiden
Konzepte ›Sybille‹ und ›Der Baum‹ untereinander eingetragen, dann am
rechten Rand der Entwurf ›Die Sprache –‹ notiert und zuletzt der auf der
nächsten und übernächsten Seite fortgesetzte poetologische Entwurf
›*Löst sich nicht* …‹ (s. II 108f.) daruntergesetzt.

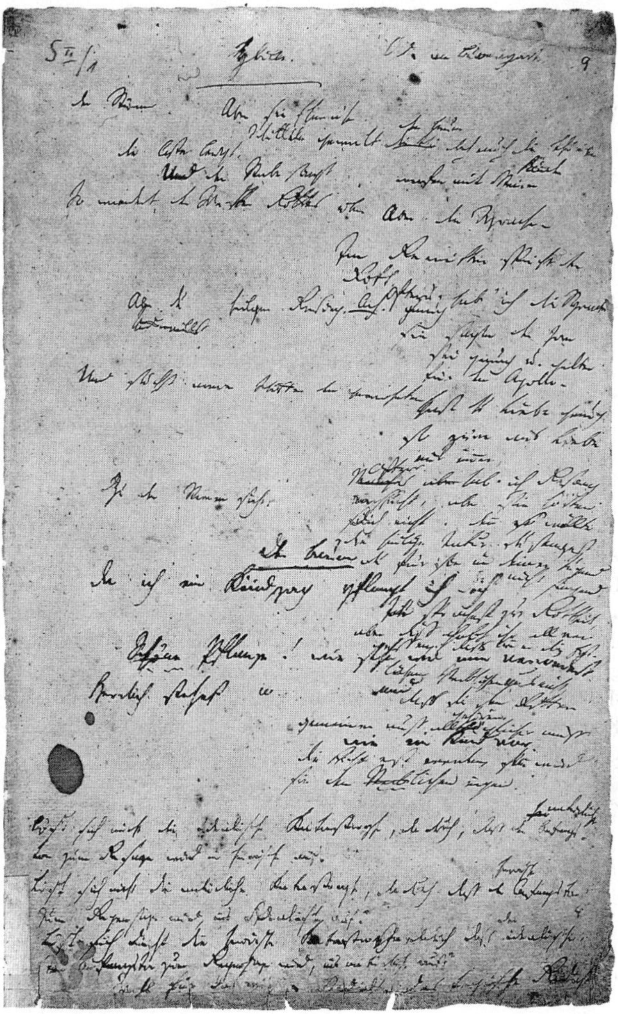

Schiller
(S. 236)

Text H38, nicht weitergeführter Plan. Zwischen Titel und Text Raum für vier Verse

Götterrecht
(S. 236)

Text H38, Entwurf
 Titel aus: Palinodie.
 v. 1 aus: Was blikst milde wieder o Sonnenlicht (über v. 2 eingefügt)
 v. 7 aus: Und laßt mich schlafen
 v. 10 f. aus:
  Da wandtet ihr euch alle von mir,
   Und wollt ihr euch zu

Alkäisches Versmaß.
Bisher wurde davon ausgegangen, die ersten Verse dieses Entwurfs seien aus der aufgegebenen ersten Strophe von ›Mein Eigentum‹ übernommen, da der Entwurf jedoch in v. 2 einsetzt und v. 1 in zwei Ansätzen nachgetragen wird, ist die Chronologie ›Götterrecht‹, ›Mein Eigentum‹, ›Palinodie‹ wahrscheinlicher. Alle drei Entwürfe, wie auch das folgende Konzept ›An‹, beziehen sich auf die Trennung von Susette Gontard im Jahr 1798.

Spätere Bearbeitung Palinodie, I 239

Mein Eigentum
(S. 237)

Vorstufe H38, Entwurf

 Am Herbsttag.

Was dämmert um mich, Erde dein freundlich Grün?
 Was wehst du wieder, Lüftchen, wie einst mich an
  In allen Hainen rauschts

⟨Raum für fünf Verse⟩

So wars am Scheidetage

Es folgt in zwei Ansätzen eine erste Ausformung der späteren v. 21–52 (Varianten s. u. bei Text), dann wird in der ersten Strophe neu angesetzt

> Was dämmert um mich, Erde dein freundlich Grün?
>   Was wehst du wieder, Lüftchen, als seegnetest
>   Du eine Freude mir, wie einst, und
>   Irrst, wie um Glükliche, mir am Busen

Es folgt der Entwurf der v. 5–12, an die jetzt noch der spätere v. 21 anschließt und eine Überarbeitung der folgenden Strophen. In einer letzten Phase wird der Titel geändert, die erste Strophe neu entworfen, sowie die v. 13–20 am linken Rand eingefügt.

Text H38, ausgeformter Entwurf

v. 2 erster Ansatz: Die Traub ist schwer, und durch die

v. 15: Du eine Freude u.

v. 37–48 aus:

> Und daß auch eine Stelle der Ruhe mir
>   Im Leben sei und über das Leben nicht
>   Das Herz hinweg sich sehne,
>
>
> So feßle du mich süßer Gesang! sei du
>   Beglükender! mit sorgender Liebe mir
>   Gepflegt, der Garten, wo ich, wandelnd
>   Unter den Blüthen, den immerjungen
>
> Und immergrünen Schatten im Frieden wohn'
>   Indeß   draußen
>   Und mir die Sonne

Alkäisches Versmaß.

38 bleibende Stätte: vgl. Hebräer 13,14; s. auch »Hyperions Schiksaalslied« v. 10 f., I 745.

Palinodie
(S. 239)

Vorstufe Götterrecht, I 236
Text H38, vorläufige Reinschrift und Entwurf
v. 5 f. aus:
> Was wekt ihr mir den schlummernden Geist?, was regt
> Ihr mir

Alkäisches Versmaß.
Der im Titel ausgesprochene dichterische Widerruf setzt erst in v. 13 ein.

8 ihr schiksaallosen Götter: vgl. »Hyperions Schiksaalslied« v. 7, I 745.

An
(S. 240)

Text H55, Konzept

Muth des Dichters
(S. 240)

Vorstufe H38/H55, in v. 3 ansetzender Entwurf
Text H38/H55, Entwurf auf Basis der Vorstufe
v. 3–5 aus:
> Auf und wandle nur wehrlos
> Fort durchs Leben und sorge nicht!
>
> Was geschiehet es sei alles geseegnet mir,

v. 26–29 aus:
> Augenbliks nicht gewahrt, der in das furchtbare
> Wilde Leben ihn wirft, und
> Der Mänadische Reigen ihn,
>
> Den Verlornen, ergreift,

Asklepiadeisches Versmaß.
29 f.: vgl. die Varianten zu v. 26–29 und zur ersten Fassung von ›Dichtermuth‹ v. 17–20, sowie die Erläuterung dazu.

Spätere Fassungen Dichtermuth ⟨Erste Fassung⟩ I 275, Dichtermuth ⟨Zweite Fassung⟩ I 284 und Blödigkeit I 443

Wohl geh' ich täglich ...
(S. 242)

Vorstufe H11, Konzept
    Jeden Tag geh ich einen andern Pfad
        ⟨Raum für drei Verse⟩
  Aber niemals find
        ⟨Raum für zwei Verse⟩
  Ja ferne bist du, ferne   du
    Die einst
        ⟨Raum für drei Verse⟩
  Und täglich nehm Abschied
Text H11, Entwurf
Die letzte Strophe wird zuerst entworfen, daher stehen aus Platzgründen die v. 14–16 unter v. 20.

Alkäisches Versmaß.
Möglicherweise kurz vor Hölderlins Aufbruch nach Süddeutschland im Frühjahr 1800 entstanden.

1 Wohl geh' ich täglich ...: vgl. den Anfang von ›Menons Klagen um Diotima‹, I 291.
8: nicht ausgeführt.
9 seeliges Angesicht: Susette Gontard.
17 es scheidet und kehrt ...: vgl. den Schluß des ›Hyperion‹, I 760, 31 f.

Bundestreue. An Sinklair
(S. 242)

Text H11, Konzept

Das in der nächsten Textstufe aufgegebene Motiv der l. 3–6 wird später in den ebenfalls Isaac von Sinclair gewidmeten Gesang ›Der Rhein‹ übernommen.

Erweiternder Entwurf An Sinklair, I 243
Spätere Fassungen An Eduard, I 286 und Die Dioskuren, III 161

An Sinklair
(S. 243)

Früherer Entwurf Bundestreue, I 242
Text H11, rhapsodischer und alkäischer Entwurf über l. 8–13 der
Vorstufe
v. 15–20 am linken Rand aus:
Aber Treue hielt er den Seinen bis zulezt.
Spätere Fassungen An Eduard, I 286 und Die Dioskuren, III 161

Wohl blik ich, schöne Sonne ...
(S. 244)

Text H33, Entwurf und Konzept
v. 2 f. *wohin ... als* aus: wie spräch ich auch / Ein größers aus?
wie sollt ich nicht

Alkäisches Vermaß.

Warum, o schöne Sonne ...
(S. 244)

Text H33, Entwurf
v. 7 f.: Diese beiden Verse wurden bislang wegen ihres hexametrischen
Rhythmus zur Vorstufe des ›Archipelagus‹ gerechnet, die auf derselben Handschriftenseite steht (vgl. III 167). Dem Duktus der Handschrift und dem inhaltlichen Bezug nach, gehören sie jedoch zu dem
auf der gegenüberliegenden Seite notierten Entwurf ›*Warum, o schöne
Sonne ...*‹. Dafür spricht auch, daß diese Verse die einzigen des
Entwurfs wären, nicht in die Reinschriftfassungen des ›Archipelagus‹
übernommenen wurden.

Alkäisches Versmaß.

Geh unter, schöne Sonne ...
(S. 245)

Text H7 *Briefblatt* 4°, Entwurf

Alkäisches Versmaß.
Wie die beiden vorigen Entwürfe wohl im Mai 1800 entstanden.

Abschied
(S. 245)

Text H47 (Beilage 3), Entwurf

Asklepiadeisches Versmaß.
Das auf der Rückseite eines reinschriftlichen Auszugs aus dem dritten Entwurf zum ›Empedokles‹ (v. 283–302, 307 ff.) notierte Gedichtfragment ist wohl nicht schon im Sommer oder September 1799 entstanden, als Hölderlin daran dachte, nach Jena zu gehen (vgl. den Brief von Susette Gontard vom 31. Oktober 1799, I 832,7), sondern erst anläßlich des Plans, nach Süddeutschland zurückzukehren, also im Frühsommer 1800.

Gesang des Deutschen
(S. 246)

Erste Vorstufe H38, S. 8, Konzept und Entwurf
1. Ansatz:
    Erloschen sind im sterblichen Auge bald
        Die Hofnung, der Jugend Wünsche die thörigen,
            Doch denk' ich dein
2. Ansatz:
    Verstumt war zum Gesange die Seele mir
            und sann
        was   auf diesem
    Sterne mir heitern noch möcht' und du bists!
3. Ansatz:
    O schweigend Herz der Völker, die rings um dich
        Von deiner Lebenstiefe den Geist und Fleiß
            Empfiengen,

Es folgen Stichworte und Verse zur Fortsetzung, der Entwurf zu den späteren v. 33–36 ist ausgeführt:

> Weh! heilger Wald! entzündbarer! liegst du nun
> Von Gottes Bliz getroffen in Asche da,
> Und flogen dir zum Aether
> Die dich beseelt die Flammen entfesselt auf,

Zweite Vorstufe H38, S. 17 und 12, unbetitelter Entwurf

1. Ansatz:

> O schweigend Herz der Völker, o Vaterland!
> Allduldend gleich ⟨der⟩ heiligen Mutter Erd'
> Allnährend aus der Lebenstiefe
> Lenkend die Geister, doch nahmlos immer!
>
> Wenn wirst den Dank du fodern? du Gütiges!
> Den deinen dann nicht länger ein Räthsel seyn?
> Wenn

2. Ansatz: In zwei Phasen wird der Entwurf nahe an die Fassung der Reinschrift herangeführt

v. 30–36:

> Am stillen – – – grünt, und der dürftge Mann
> Die Heldenasche pflügt, und auf den
> Säulen ein einsamer Kranich trauert.
>
> O heiliger Wald! o Attika! traf der Gott
> Mit seinem sichern Strale, so bald auch dich
> Und flogen sie, die dich belebt, die
> Flammen entfesselt zum Aether über?

Text H457 *Dbl. 4°,* Reinschrift ohne Motto; Motto unter Titel: H244 *Dbl. 4°,* S. 4 unten (S. 1–4 Brief an Emerich, s. II 860)

Alkäisches Versmaß.
Wie das folgende Gedicht wohl im Herbst 1799 entworfen. Die Reinschrift wurde zusammen mit der Widmungsode und dem zweiten Band des ›Hyperion‹, in den Hölderlin v. 41 f. als Widmung eintrug, der Prinzessin Auguste von Hessen-Homburg zu ihrem 23. Geburtstag am 28. November 1799 übersandt. Sie dankt für die Geschenke wohl bald darauf in einem Brief (s. II 847), auf den Hölderlin dreieinhalb Jahre später mit der Widmung der ›Trauerspiele des Sophokles‹ Bezug nimmt (s. II 248). In der Ode lassen sich drei Einheiten von sechs, drei und

nochmals sechs Strophen unterscheiden, die thematisch klar voneinander abgesetzt sind.

Motto: »Kraft, von Einsicht unberührt, stürzt durch eigne Masse zusammen. Gemäßigte Kraft führen die Götter sogar zu Größerem.« Horaz, Ode III/4, v. 65 ff.
7 ungestalte Rebe: wenn Reben nicht an einen Stock gebunden werden, wachsen sie richtungslos den Boden entlang; vgl. ›An den Aether‹ v. 37 f. und die Erläuterung dazu.
12 Blöde: mutlos.
25 f. sie wählten sich den Oelbaum: Anspielung auf den Streit der Athene mit Poseidon um Attika.
29 Platons frommer Garten: Die Akademie, in einem Hain am Kephisos nord-westlich von Athen gelegen. Die Bezeichnung »frommer Garten« geht möglicherweise auf eine allegorische Deutung der Akademie durch Marsilio Ficino in seinem Phaidros-Kommentar ›castum arbustum‹ zurück.
32 Vogel der Nacht: Die Eule, der Vogel der Athene (Minerva) und Wahrzeichen der Stadt Athen.
37 f.: Diesen Versen liegt die Vorstellung zugrunde, daß die Kultur von Süd-Osten nach Nord-Westen wandert, von Asien über Griechenland und Italien nach Mitteleuropa.

Der Prinzessin Auguste von Homburg. Den 28sten Nov. 1799 (S. 248)

Vorstufe H38, unbetitelter Entwurf, der nahe an die Fassung der Widmungshandschrift führt
  v. 16 aus: Länger, und darbet im eignen Glüke,
Text H456 Dbl. 4° (S. 4 leer), Reinschrift

Alkäisches Versmaß.
Zur Entstehung s. den Kommentar zum vorigen Gedicht.

9 beut: bietet.
11 Gewitter: Damit wird wohl auf den im März 1799 ausgebrochenen zweiten Koalitionskrieg angespielt. Zur im weiteren Verlauf ausgesprochenen Hoffnung vgl. auch den Brief an die Mutter vom 4. September des Jahres, II 811,7–11.
26 Augusta: Hölderlin verwendet die lateinische Form des Namens der Prinzessin wohl, um seine Bedeutung hervorzuheben: »die Erhabene«.

Des Wiedersehens Thränen ...
(S. 249)

Text h61, Abschrift Eduard Mörikes. Die Pronomina der dritten Person sind groß geschrieben.

Alkäisches Versmaß.
Eine genaue Datierung dieses Gedichtes ist bislang nicht möglich. StA vermutet Herbst 1800 und setzt es mit Siegfried Schmids Rückkehr aus dem Krieg in Verbindung; über eine Verlobte Schmids, die auf ihn wartete, ist jedoch nichts bekannt. FHA setzt das Gedicht in Beziehung zu Marie Rätzer, der Gesellschafterin Susette Gontards, die im Herbst 1796 ihren zukünftigen Ehemann Ludwig Rüdt von Collenberg aus dem Krieg zurück erhoffte; stilistisch würde es damit jedoch aus dem Umfeld der um diese Zeit entstandenen Gedichte deutlich herausfallen.

10: Das Hypermetrum dieses Verses ist für Hölderlin nicht ungewöhnlich, vgl. z. B. v. 20 des vorigen Gedichtes.
15 Der Liebe Stern: der Planet Venus.

1800

Rükkehr in die Heimath
(S. 250)

Text D17

Alkäisches Versmaß.
Hölderlin kehrte im Juni 1800 nach Nürtingen zurück, um von dort aus nach Stuttgart zu ziehen. Möglicherweise wurde die Ode schon während der Reise konzipiert, der Druck kam erst im folgenden Jahr zustande. In der ⟨Erlanger⟩ Litteratur-Zeitung Bd. 2, Nr. 248 wurde er am 17. 12. 1801 anonym rezensiert, vielleicht vom Herausgeber G. E. A. Mehmel selbst (Auszug): »Unter den lyrischen Geschenken dieser Sammlung zeichnen sich vorzüglich die Rückkehr in die Heimath von Hölderlin, Siegberts Rückkehr von Neuffer ⟨...⟩ vortheilhaft aus.«

2 Strom: Gemeint ist der Neckar.
6 Nach hoffnungslosem Tage: nach dem Scheitern von Hölderlins Journalprojekt.
11 mein Vaterland, du heilig- / Duldendes: Die auffällige Zerreißung dieses Wortes (so auch in der Handschrift), vielleicht der Form der Versbrechung in Heynes Pindar-Ausgabe entlehnt, verstärkt den Ausdruck der Sorge Hölderlins um seine Heimat Württemberg, die seit April 1800 wieder Kriegsschauplatz war. Vgl. auch den Brief an die Mutter vom 23. Mai 1800, II 867f.

Spätere Überarbeitung H316, möglicherweise erst 1803/04 angefertigte Abschrift nach D17 mit Änderungen (nur v. 1–16 überliefert, s. Verzeichnis der Handschriften)
v. 7–10:
    Und du mein Haus, wo Felder mich und
      Heilige Schriften noch auferzogen!

  Wie lang ists her, wie lange! die Alten sind
    Dahin und draußen starben die Völker auch

Empedokles
(S. 251)

Erste Vorstufe Empedokles ⟨Entwurf⟩, I 185
Zweite Vorstufe H3, Umformung des rhapsodischen Entwurfs
v. 3 aus: Und ach! du folgst der Lust, und eilst und

Druck D18
Text H318, Abschrift nach D18 ohne Strophenfugen

Alkäisches Versmaß.
Ob der Entwurf von 1797 schon gleich darauf oder erst 1800 ausgeformt wurde, läßt sich nicht mehr bestimmen. Diese und die drei folgenden Oden sind gemeinsam in der *AGLAIA auf 1801* (D18) erschienen; Hölderlin gab die verlorene Druckvorlage wahrscheinlich bei seinem Aufenthalt in Stuttgart in der zweiten Jahreshälfte 1800 an den Herausgeber Haug. Möglicherweise erst 1803/04 wurden sie aus dem Druck in H318 abgeschrieben.

3 in schauderndem Verlangen: vgl. den ersten Entwurf zum Trauerspiel ›Empedokles‹ v. 1791 f., I 833.
6 Königin: Kleopatra.
8 Kelch: vgl. im ersten Entwurf zum Trauerspiel ›Empedokles‹ v. 1794 und die Erläuterung dazu.

Die Götter
(S. 252)

Druck D18
Text H318, Abschrift nach D18 ohne Strophenfugen

Alkäisches Versmaß.
Zur Überlieferungsgeschichte vgl. den Kommentar zum vorigen Gedicht.

Heidelberg
(S. 252)

Vorstufe H435 *Bl.* 2° und H12, zehnstrophiger Entwurf
  v. 1,2 aus:
    Lange lieb' ich dich schon, möchte dich Mutterstadt
      Nennen, möchte dir gern schenken ein kunstlos Lied
  v. 4/5 dazwischen (als v. 5–12):
    Zwar dein Nekar umschlingt auch das verborgene
      Städtchen, wo mich der Wald freierem Sinn erzog,
        Wo mit Stralen des Maitags
          Mich Apollo zuerst beseelt.

    Doch gereifter und schon stolzer umschmeichelt dir
      Deine Wiesen der Strom, und dem geschäfftigern
        Wellenspiele vertrauen
          Schon die ernsteren Schiffe sich.
  v. 9–13 (als v. 16–21) aus:
    Wie von Göttern gesandt, hielt mich ein Zauber fest
      Da ich müßig und still über die Brüke gieng
        Ein vertriebener Wandrer
          Der vor Menschen und Büchern floh.

    Ach da rauschte der Strom zögernd hinaus ins Land
  v. 21 f. (als v. 29 f.):
    Mit dem Schiksaal vertraut sah das gigantische
      Bergschloß mahnend ins Thal, luftig, bis auf den Grund
  v. 40, danach Stichwort zu einer nicht ausgeführten Fortsetzung:
    Wo

Druck D18
Text H318, Abschrift nach D18 ohne Strophenfugen
  v. 7: Leiche und,
  v. 27: freundliche Bilder. (Verschreibungen)

Asklepiadeisches Versmaß.
Die Ode wurde 1798 entworfen, vielleicht aber erst 1800 ausgeformt, nachdem Hölderlin im Juni auf der Heimreise wohl erneut durch Heidelberg kam. Zur Überlieferungsgeschichte vgl. oben den Kommentar zur Ode ›Empedokles‹.

1 Lange lieb ich dich schon: Hölderlin war erstmals am 3. Juni 1788 in Heidelberg, vgl. das für die Mutter angefertigte Reisetagebuch, II 426.
2 Mutter: Zur Variante »Mutterstadt« in der Vorstufe vgl. ›Antigonä‹ v. 1170 (II 360) und des weiteren die Parallelen zu vorliegendem Gedicht in ›Die Bacchantinnen des Euripides‹ (II 185).
5 Gipfel: Wipfel.
17 dem Flüchtigen: Im Juni 1795 war Hölderlin auf der Reise von Jena nach Nürtingen erneut durch Heidelberg gekommen, wo er Ebel traf, der ihm die Hofmeisterstelle im Hause Gontard vermittelte. Vgl. auch Susette Gontards Brief vom 31. Oktober 1799: »Kehre nicht dahin ⟨sc. Jena⟩ zurück, woher Du mit zerißnen Gefühlen in meine Arme Dich gerettet.« (II 832)
20 ihr lieblich Bild: möglicherweise nicht nur auf »die Gestade« zu beziehen, sondern auf Susette Gontard.
22 Burg: das Heidelberger Schloß, das im Pfälzischen Krieg 1689 von den Franzosen unter General Mélac mit der Stadt zerstört wurde und nach dem Wiederaufbau 1764 vom Blitz getroffen wurde.
26f. grünte lebendiger Epheu: Anspielung auf die Geburtssage des Dionysos; vgl. die Erläuterung zu ›Patmos‹ v. 40, III 277.

Spätere Bearbeitung H318
v. 13–16:
    Aber ferne vom Ort, wo er geboren zog
        die dunkle die Lust, welche den Halbgott treibt,
      Liebend unterzugehen
        Dir den deinen, den Strom hinab
v. 25: Ihr verjüngendes Licht über das grauliche

Der Nekar
(S. 253)

Frühere Fassung   Der Main, I 229
Druck   D18
Text   H318, Abschrift nach D18 ohne Strophenfugen

Alkäisches Versmaß.
Zur Überlieferungsgeschichte vgl. oben den Kommentar zur Ode ›Empedokles‹.

30 Mastyxbaum: immergrüner Strauch aus dem Mittelmeerraum, dessen Harz gekaut wurde, da es die Zähne weißte und den Mund parfümierte; es galt auch als Aphrodisiakum.

32 Zum labyrinthischen Tanze: Gemeint ist der Romaika, vgl. die Erläuterung zu I 539,7.

Aus dem Stuttgarter Foliobuch

Das *Stuttgarter Foliobuch* wird wahrscheinlich im Dezember 1799 mit dem dritten Entwurf zum ›Empedokles‹ eröffnet, s. I 883–903. Nach zwei Szenen geht dieser Entwurf erneut in ein Konzept über, dem sich der Aufsatz ›*Das untergehende Vaterland* ...‹ anschließt. In der Folge entstehen Anfang 1800 wohl in rascher Folge die weiteren poetologischen Entwürfe, s. II 72–110. Die Chronologie der nach Aufgabe des Empedokles-Plans in das Buch eingetragenen Gedichtentwürfe läßt sich nicht mehr genau bestimmen. Die Handschrift wird jedoch zumindest bis zum Winter 1803/04, in dem die »Nachtgesänge« entstehen, benutzt. Zu welchem Zeitpunkt das Buch, das ursprünglich mit S. 117 begann und mit S. 116 endete, von Hölderlin in die heutige Lage gebracht wurde, läßt sich nicht mehr mit Sicherheit sagen (vgl. auch Verzeichnis der Handschriften). Aus diesen Gründen werden die hier folgenden Gedichtentwürfe, aus denen ein Lesetext konstituiert wurde, unabhängig von ihrer ohnehin nur unsicher erschließbaren Chronologie in der Reihenfolge wiedergegeben, in der sie in der heutigen Anordnung des Buches stehen.

Im *Stuttgarter Foliobuch* beginnt der Prozeß der Umformung und Erweiterung der in den Jahren 1798/99 entworfenen Oden. Zur besseren Übersicht der Entwicklung der einzelnen Textstufen von den Kurzoden bis zu den »Nachtgesängen« dient die folgende Tabelle:

1798/99	1800	1800/01	1802	1803
D12, 13, 15; H11, 38, 55	H6	H316, D21, H30	H317	D25
Ihre Genesung (1)	Ihre Genesung (2)			
An die Deutschen (1)	An die Deutschen (2)			
Die Heimath (1)	Die Heimath*	Die Heimath (2)		
Das Unverzeihliche	Die Liebe*	Die Liebe		
Die Liebenden	Der Abschied*	Der Abschied		
Diotima (1)	Diotima (2)	Diotima (3)		
Lebenslauf (1)	Lebenslauf*	Lebenslauf (2)		
An unsre großen Dichter	Dichterberuf (1)	Dichterberuf (2)		
Stimme des Volks (1)	Stimme des Volks (2)	Stimme des Volks (3)		
Bundestreue/An Sinklair	An Eduard*	An Eduard	Die Dioskuren*	
Muth des Dichters	Dichtermuth (1)	Dichtermuth (2)		Blödigkeit
Der Winter*			Der Winter*	Vulkan
Bitte*	Bitte*	Bitte	An die Hofnung*	An die Hoffnung
	Der Eisgang*	Der gefess. Strom	Der gefess. Strom*	Ganymed
	Täglich Gebet*	Der blinde Sänger		Chiron
	Sapphos Schwanengesang			Thränen

* = nur im Kommentar

Aus stillem Hauße senden ...
(S. 255)

Vorstufe H6, unbetiteltes Konzept
⟨Raum für vier Verse⟩
Drum kamst du aus Luisiums
⟨Raum für drei Verse⟩
Zu uns, wenn schon
⟨Raum für drei Verse⟩
O   warst du Priesterin! seit
   In heilgem Haine göttliches Feuer pflegst,
   Doch

Denn
⟨Raum für drei Verse⟩
Und

Text H6, unbetitelter Entwurf auf Basis des Konzepts
v. 21–23 aus:
Und wie auf dunkler Wolke besänftigend
   Der Friedensbogen weilet, ein Zeichen ists
   Der schönern Zeit, ein Angedenken

Alkäisches Versmaß.
Das Gedicht, das das *Stuttgarter Foliobuch* in seiner heutigen Anordnung eröffnet, ist wahrscheinlich an die Prinzessin Amalie von Dessau gerichtet, die Schwester Augustes von Hessen-Homburg, die sich von Mitte März bis zum 20. Mai 1800 in Homburg zu Besuch aufhielt und auf der Rückreise ihre Schwester mitnahm. Hölderlin ist ihr jedoch damals nicht begegnet, so daß anzunehmen ist, die unvollendete Ode sei auf Anregung Sinclairs entstanden.

13 Priesterin: Anspielung auf den Kult der Vesta.
26f. über Italiens / Zerbrochnen Säulen: Vermutlich ist die Ruinenarchitektur des Wörlitzer Parks gemeint, die Hölderlin neben dem Louisium fünf Jahre zuvor bei einem Aufenthalt in Dessau gesehen hatte. Vgl. den Brief an die Schwester vom 20. April 1795, II 581 und die Erläuterung dazu.

Diotima ⟨Zweite Fassung⟩
(S. 256)

Erste Fassung I 189
Text H6, Niederschrift

Alkäisches Versmaß.
Mit dieser Erweiterung der ersten Fassung des Gedichtes beginnt die Umformung einiger der kurzen Oden aus den Jahren 1798/99, die zum Teil später fortgeführt wird (s. oben die tabellarische Übersicht).

Dritte Fassung I 327

Ihre Genesung ⟨Zweite Fassung⟩
(S. 257)

Erste Fassung I/III
Text H6, Niederschrift und Entwurf

Asklepiadeisches Versmaß.
Die Erweiterung der ursprünglich dreistrophigen Ode, wohl anläßlich einer Krankheit Susette Gontards geschrieben, wurde von Hölderlin nicht abgeschlossen. Auch der Neuansatz der späteren Überarbeitung bleibt unvollendet, und die Ode wird nicht in die für Cotta bestimmte Reinschriftensammlung von 1801 aufgenommen (s. oben die tabellarische Übersicht).

Spätere Bearbeitung Nach Notiz poetologischer Zeichen am linken Rand Entwurf einer neuen Strophe im Anschluß an v. 12

```
⌈ – ○ – ⌈
– ○ ⌈ ○ –
○ ⌈ ○ ⌈ ○
– ⌈ ○ –
```

Seine Blume den Tagsgott an,

Neugeborene, sei unter den Hoffenden
  Sei nun freudiges Licht unserer dämmernden
    Kranken Erde willkommen
      Bei den Weinenden, Götterkind!

Stimme des Volks ⟨Zweite Fassung⟩
(S. 257)

Erste Fassung   I 226
Vorstufe   H6, Entwurf in mehreren Ansätzen
  v. 13–36 aus:
  Ins All zurük, die kürzeste Bahn, so fliehn
    Die Ströme fort, der Ruhe, der Tiefe zu
      Reißt wider Willen, von Klippe zu Klippe
      Das göttliche Sehnen hinab,

  Und kaum geboren, raschaufeilend, kehrt
    Die Wolke weinend zum Geburtort wieder

  Aber die Himmlischen, den Sterblichen hold
    Erschweren ihnen die eilende Rükkehr

  Wohl ihm, der bald
Text   H6, Reinschrift mit zwischenzeitlichem Neuentwurf

Alkäisches Versmaß.

Dritte Fassung   I 331

Wie wenn der Landmann ...
(S. 259)

Text   H6, Entwurf in mehreren Ansätzen
  1. Ansatz:
    Sie, sie mein ich
            Aber wie nenn ich sie
    Hier im
        ⟨Raum für 14 Zeilen⟩
          sei das Lied
    Der Erd und ihren Flammen und der Sonne des Himmels
        ⟨es folgen l. 36–72⟩
  l. 41 f. *vor Alters / Unendlichem bekannt* aus: vor Alters ruhen in /
  Unendlichem
  l. 62 f. aus:
    nicht kennt. Aber weh mir! wenn von anderem

Pfeile das Herz mir blutet
l. 67 aus: weh mir! o daß ich dann nicht sage,
2. Ansatz: Niederschrift von l. 1–25, ab l. 21 dem ersten Ansatz ausweichend und mit Einweisungskreuzen an folgendes anschließend
   Und wir sängen
       ⟨Raum für 7 Zeilen⟩
       so fragt euch nicht! doch
   andre werden es hören das Lied, das gleich
   der Pflanze, der Erd' entwachsen ist und ihren
damit ist der Anschluß an den ersten Ansatz zu l. 35 hergestellt, dessen Anfang damit aufgegeben wird. Der zweite Ansatz wird nochmals überarbeitet
   und so wir tönen, so hört ers nicht! doch
   andre werden es hören das Lied, das gleich
   der Pflanze, der Erd' entwachsen ist und ihren
3. Ansatz: l. 26–31 werden in den freigelassenen Raum eingefügt, es kommt kein direkter Anschluß zustande.

Wie wenn am Feiertage ...
(S. 262)

Vorstufe H8, Entwurf der v. 10–27, möglicherweise erst nach der Niederschrift von v. 10 des Textes

Text H6, Reinschrift in Entwurf übergehend

v. 2–4 aus:
   Der Landmann geht, des Abends, wenn,
   Aus heißer Luft die kühlenden Blize fielen
   Den ganzen Tag und fern noch tönet der Donner
v. 10 aus: So steht ihr
v. 12 *Allgegenwärtig* darüber: jezt
v. 37–44 aus:
   Vernehmlich ist   Geist, im Geiste des Lieds,
   Wenn es der Sonn' des Tags   warmer Erd
   Entwächst, und Wettern, die in der Luft, und andern
   Die vorbereiteter in Tiefen der Zeit,
   Hinwandeln
   Zwischen   und unter den Völkern
       Geistes Gedanken sind,
   Still endend in der Seele des Dichters
v. 50 aus: So trafen, wie die Sage spricht,

v. 63–67 aus:
> Dann tödtet nicht   der heilige Stral
> Und eines Gottes Leiden
> Mitleidend, bleibt das ewige Herz doch fest.
> Doch weh mir!

Notiz am Rand neben v. 63–67:
> Die Sphäre die höher ist, als die des Menschen diese ist der Gott

v. 68–73 nach Wiederholung der Stichworte Weh mir! (s. Abbildung III 142 und die Anmerkung dazu)

Der wohl im Sommer 1800 entstandene Prosaentwurf ›Wie wenn der Landmann ...‹ folgt in der Handschrift auf die das Versmaß des Originals genau nachahmende Übersetzung ›Die Bacchantinnen des Euripides‹ (II 185). Der daran anschließende Versentwurf ist Hölderlins einziger Versuch, einen regelmäßig gebauten triadischen Gesang mit metrischen Entsprechungen zu verfassen. Wahrscheinlich sollte der Aufbau folgender sein: Neun Strophen in drei Gruppen zu jeweils drei metrisch unterschiedlichen Strophen von je neun Versen, wobei das Metrum jeder Gruppe in der folgenden wiederkehrt (abc, abc, abc). Hölderlins Verfahren weicht dabei insofern von der Form der Pindarischen Epinikien ab, als bei Pindar innerhalb jeder Triade auf je zwei gleichgebaute Strophen (Strophe und Antistrophe) eine dritte, abweichende (Epode) folgt (aab, aab, ...). Die triadische Form hat Hölderlin später für die meisten seiner Elegien und Gesänge verwendet, ohne jedoch nochmals metrische Entsprechungen anzustreben. Da der Entwurf nicht vollendet ist, läßt sich nur für die erste Strophe jeder Triade (v. 1–9, 28–36, 54–62) ein metrisches Schema mit Sicherheit aufstellen:

$$\cup - \cup - \cup - \cup\cup - \cup -$$
$$\cup - \cup - \cup - \cup\cup -$$
$$\cup - \cup - \cup - \cup\cup - \cup\cup - \cup$$
$$\cup - \cup - \cup - \cup\cup - \cup\cup - \cup$$
$$\cup - \cup - \cup - \cup - \cup -$$
$$\cup - \cup - \cup -$$
$$\cup - \cup - \cup\cup - \cup\cup - \cup$$
$$\cup - \cup - \cup - \cup$$
$$\cup - \cup - \cup - \cup - \cup\cup - \cup$$

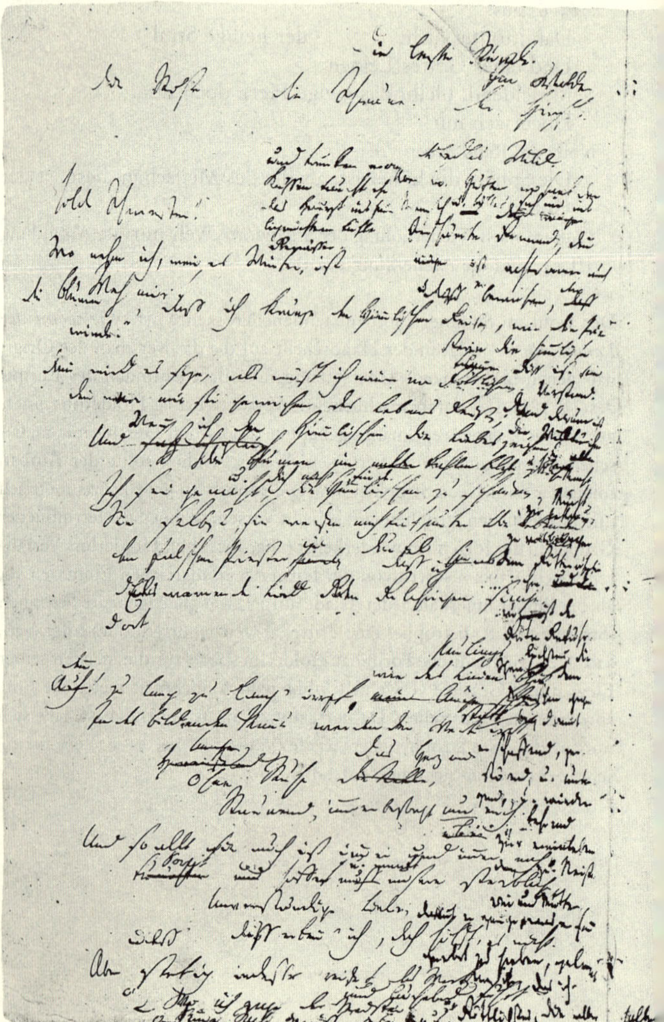

1 Wie wenn: Diese Eröffnungsformulierung und ihre Auflösung in v. 10 findet sich auch in Pindars 7. Olympischen Siegesgesang. Die Vergleichsstruktur geht auf Homer zurück; vgl. z. B. ›Homers Iliade‹, II 146, 34–37.

30 Thaten der Welt: Wahrscheinlich sind die Französische Revolution und ihre kriegerischen Folgen in Europa gemeint.

35 Knechtsgestalt: Das Wort ist dem Brief des Paulus an die Philipper 2,7 entnommen, wo es von Jesus heißt: »und nahm Knechtsgestalt an«. Am Anfang der Tragödie ›Alkestis‹ von Euripides erscheint Apollon und berichtet, daß er zur Strafe für die Tötung der Kyklopen, dem Sterblichen Admetos als Hirte dienen müsse.

50 wie Dichter sagen: Auf den Mythos der Semele wird bei Homer, Hesiod und Pindar angespielt (vgl. Hölderlins Übersetzung der zweiten Olympischen Hymne v. 39–50, II 188) und in ›Die Bacchantinnen des Euripides‹; am ausführlichsten behandeln das Thema Ovids ›Metamorphosen‹ 3,259–315.

67 wenn von: vgl. den Anschluß im Prosaentwurf l. 63–66.

Die Rose
(S. 264)

Text H6, Niederschrift (s. Abbildung III 142)
v. 4 *vom:* vo (StA und FHA lesen: von)

Vgl. den Brief an die Schwester vom 11. Dezember 1800, II 880, 10–17.

Spätere Fassung Hälfte des Lebens, I 445

Zur Abbildung
Die Abbildung zeigt H6, S. 34. Zunächst scheinen die drei Titel
   Die Rose.   Die Schwäne.   Der Hirsch.
auf die noch leere Seite geschrieben worden zu sein, darunter links die Worte holde Schwester und rechts Edles Wild! Als nächstes sind wohl – nach Wiederholung der Stichworte Weh mir! – ›*Wie wenn am Feiertage ...*‹ v. 68–73 und ›An die Deutschen‹ ⟨Zweite Fassung⟩ v. 13–24 der zweiten Vorstufe eingetragen worden; zuletzt die auf die drei Titel Bezug nehmenden Entwürfe ›Die lezte Stunde‹, ›Die Rose‹ und ›Im Walde‹ (s. dort). Aus den Stichworten zu ›*Wie wenn am Feiertage ...*‹ v. 67, sowie den Entwürfen ›Die Rose‹ und ›Die lezte Stunde‹ entsteht später das Gedicht ›Hälfte des Lebens‹.

Die lezte Stunde
(S. 264)

Text H6, Niederschrift (s. Abbildung III 142 und die Anmerkung dazu)
Titel über: Die Schwäne.
Spätere Fassung Hälfte des Lebens, I 445

Im Walde
(S. 265)

Text H6, Niederschrift (s. Abbildung III 142 und die Anmerkung dazu)
Titel über dem ersten Ansatz:
Der Hirsch.

Du edles Wild.

An die Deutschen ⟨Zweite Fassung⟩
(S. 265)

Erste Fassung I 193
Vorstufe H6, unbetiteltes Konzept
Spottet ja nicht

Oder kommt – –

Sind eure Berge
        ⟨Raum für drei Strophen⟩
Kurzsichtig der Menschen Leben

Aber o ihr heiligen prophetischen
        ⟨Raum für drei Verse⟩
Wenn ich, wie eine unzeitige Blüthe
        ⟨Raum für drei Verse⟩
Dir die ahne
        ⟨Raum für drei Verse⟩
So dir

Ohne Freu

Zweite Vorstufe H6, unbetitelter Entwurf der v. 11–32 in zwei Ansätzen

v. 13–15 zunächst:
>   Ach zu lange zu lang wandl' ich
>   Wie ein Unheiliger in des Künstlers
>   werdender Werkstatt

v. 13–24 (s. Abbildung III 142 und die Anmerkung dazu):
>   Denn zu lang zu lang' irrt wie des Neulings Blik
>   In des bildenden Manns werdender Werkstatt irrt,
>   Ohne Ruhe das Herz mir
>   Staunend, immerbesorgt um euch
>
>
>   Und so alt sie auch ist immer und immer noch
>   Sorgt und hoffet unsere sterbliche
>   Unverständige Liebe,
>   Diß erkenn ich, doch hilft es nicht.
>
>
>   Aber stetig indeß reifet das Werk
>   und lächelnd führt
>   Wo ich zage der Meister
>   Seiner Sache gewiß, es aus.

Text H2 und H6, unbetitelter Entwurf

v. 9 aus:
>   Lebt die Muse, wie einst, auf dem Gebirge bald
>   ‒   ⌊   ○   in der Stadt?

Asklepiadeisches Versmaß.
Erweiterung der zweistrophigen Ode von 1798 (s. auch den tabellarischen Überblick III 136). Die Neufassung des Gedichts bleibt unvollendet und geht unter Änderung des Versmaßes in den Entwurf der Ode ›Rousseau‹ über.

1 das alberne: in der älteren Bedeutung von »einfältig, naiv«.

Spätere Bearbeitung H6
>   nach der Umformung der v. 41–56 in ›Rousseau‹ v. 1–16 Neuentwurf,
>   wahrscheinlich an v. 40 anschließend
>   Helle Morgen und ihr Stunden der Nacht! wie oft,
>   O wie   Richterin!
>   Nachwelt! hab ich

> Den Wagen deines Triumphs
> und die Beute gesehn,
> Und die Wilden in goldenen Ketten,
> Und es sangen die Priester des Friedens
> Dem liebenden Volk und seinem
> Genius Wonnegesang! in den Hainen
> Des Frühlings!

Rousseau
(S. 267)

Vorstufe H2, Änderung in ›An die Deutschen‹
v. 45: Und wenn der Geist dir (alkäisches Versmaß!)
Text H8 und H6, Entwurf
v. 17, daneben: Eile **Nein!** (FHA konstituiert: So eile denn zufrieden ...)

Alkäisches Versmaß.
Unvollendeter Entwurf, der aus ›An die Deutschen‹ v. 40 abzweigt und auf der Rückseite des Blattes beginnt (v. 1–16), auf dem bereits die Vorstufe zu ›Wie wenn am Feiertage ...‹ stand.

12 einsame Rede: vgl. den Titel und die fünfte von Rousseaus ›Träumereien eines einsamen Spaziergängers‹.
25 Du hast gelebt: Anspielung auf Horaz, Ode III/29,41 ff., wo es heißt, glücklich dürfe sich nennen, wer sagen kann: »Vixi« (ich habe gelebt); vgl. auch den Brief an Neuffer vom 8. November 1790, II 461,25.
29 verstanden die Sprache der Fremdlinge: vgl. ›Der Rhein‹ v. 139–149, I 346.
31 Winke: vgl. den Satz des Heraklit: »Der Herrscher in Delphi spricht nicht aus und verbirgt nicht, sondern er bedeutet.« (Diels/Kranz B93)

Dichterberuf ⟨Erste Fassung⟩
(S. 269)

Frühere Fassung An unsre großen Dichter, I 197
Vorstufe H6, Entwurf der v. 1–44 und 49–64
v. 9–13 aus:
> Denn nicht was sonst, des Menschen Geschik und Sorg

Und Tugend ist
   Nicht Wissenschaft
       Stadt

   Ein Anders ists,
v. 29–30:
   Wir sollten dennoch schweigen von euch und wenn
   Der Wohllaut

   des Orients Propheten und den Griechensang und die Donner in diesen Tagen gehört, daß wir den Geist

       damit die Knaben auf uns wiesen und die
   Unverständigen uns die Hände füllten mit schnödem Gold?
v. 52 aus: Muthwillig dürftig, ein mürrischverzagt Geschlecht
v. 61–64:
   Doch die mit frechgewöhnten Händen   Gaaben dir
   Das Herz das reine rauben und Seegnendes
       Entweihen wehe dennoch siegt, doch
           Furchtbar in ihnen der Gott; er muß es.
Text v. 1–28: H6 (wie Vorstufe); v. 29–64: H15 *Dbl. 4°* (Umschlag eines Briefes von der Mutter, S. 4: leer)
   v. 61 aus: Doch die mit frechgewöhnter
Zweite Fassung I 329

               Sophokles
       Fürchtet den Dichter nicht ...
          Immer spielt ihr ...
           Wurzel alles Übels
                (S. 271)

Texte H6, Niederschriften
   Über den Epigrammen die Notiz:
   Katastrophe ⟨a⟩ Ikarus ⟨b⟩ Phaeton.

Die vier Epigramme sind wahrscheinlich im Zusammenhang mit den poetologischen Entwürfen Anfang 1800 entstanden und waren nicht schon für das Journal bestimmt.

Fürchtet den Dichter nicht . . .: vgl. 2. Korinther 3,5 f.: »Nicht, daß wir tüchtig sind von uns selber, etwas zu denken, als von uns selber; sondern daß wir tüchtig sind, ist von Gott, welcher auch uns tüchtig gemacht hat, das Amt zu führen des neuen Testaments, nicht des Buchstabens, sondern des Geistes. Denn der Buchstaben tödtet, aber der Geist machet lebendig.«

Wurzel alles Übels: vgl. im zweiten Brief des ›Hyperion‹, I 614,32–615,12.

Dem Allbekannten
(S. 272)

Vorstufe H6, S. 101, Konzept
   Buonaparte.
   Hexameter.

Gerne weilt um die

Aber wie
Sie wandern von Land zu Land,
Und suchen den Sommer
Und wo die Lüfte
Da wohnen sie

Darum sing ich
Den fremden Mann
Diß neide mir
Er selber gönt mirs wohl.

Korsika

Kindheit

Aber wie der Helmbusch folgt der

Lodie Arcole . .

Ha! umsonst nicht hatt geweissagt
Da er über den Alpen stand
Und

(FHA sieht die auf der gegenüberliegenden Seite stehenden Texte
›Katastrophe Phaeton‹ und ›Gesang der Musen am Mittag‹ als Notizen
zu einem »Zeitgedicht« an, die in den vorliegenden Entwurf münden)
Text H6, S. 101–100, Entwurf in das Konzept hinein und Änderung des
Titels zunächst in: ›Dem Allgenannten‹
v. 18 *Hinschauend*: ersatzlos gestrichen.
Späterer Ansatz
H6, S. 9, Titel und v. 1:
> Frei wie die Schwalben, ist die Seele der Dichter,
(vgl. ›Die Wanderung‹ v. 28, I 337)

Zu Sokrates Zeiten
(S. 273)

Text H6, Konzept

Wie die beiden folgenden Konzepte wohl in der ersten Hälfte 1800
entstanden.

13 Dämon: vermutlich das Daimonion des Sokrates.

Sapphos Schwanengesang
(S. 274)

Text H6, S. 103, Konzept (vgl. Abbildung III 151 und die Anmerkung
dazu)
Späteres Konzept H6, S. 42, ohne Titel
> Himmlische Liebe! wenn ich dein vergäße

> Eines wüßt ich
> Ihr

> Hier

> Hier

> Hier

Spätere Ausführung Thränen, I 441

Ovids Rükkehr nach Rom
(S. 274)

Text H6, Stichwortkonzept
 Unter dem Text: sapphisches Strophenschema (vgl. den Kommentar
 zu ›Unter den Alpen gesungen‹, III 172).

Ovids Rükkehr: Tatsächlich konnte Ovid nicht nach Rom zurückkommen, sondern starb im Exil.
id. n. her.: idealisch, naiv, heroisch. Zur Bedeutung dieser Begriffe vgl.
die poetologischen Entwürfe II 101–109.

An meine Schwester
(S. 274)

Text H6, Konzept
 Unter dem Text der nicht zugehörige Titel: **Der Cyprier**
 (vgl. Abbildung III 151 und die Anmerkung dazu)

Im Brief an die Mutter von Ende Juni 1800 schreibt Hölderlin (II 870):
»Tausend Grüße an meine Schwester! Ich habe neulich ein kleines
Gedicht an sie entworfen, das ich ihr nächstens schiken will, wenn es ihr
einen vergnügten Augenblick machen sollte.« Das Konzept ist demnach
wohl am 20. Juni auf der Reise von Nürtingen nach Stuttgart entstanden,
eine Ausführung ist nicht überliefert.

 5 Kahnfahrt: vgl. den Brief an die Schwester von Ende September
1797, II 667,13.

Zur Abbildung
Die Abbildung zeigt H6, S. 103. Zunächst wurde das Konzept ›Sapphos
Schwanengesang‹ eingetragen, dann im mittleren Drittel der Seite das
Konzept ›An meine Schwester‹, später der doppelt unterstrichene Titel
›Der Cyprier‹ und darunter die Notiz zu ›Tinian‹. Zuletzt wurde der
Entwurf ›Sapphos Schwanengesang‹ über die vorherigen Einträge gelagert (s. Lesarten zu ›Thränen‹, III 265 f.).

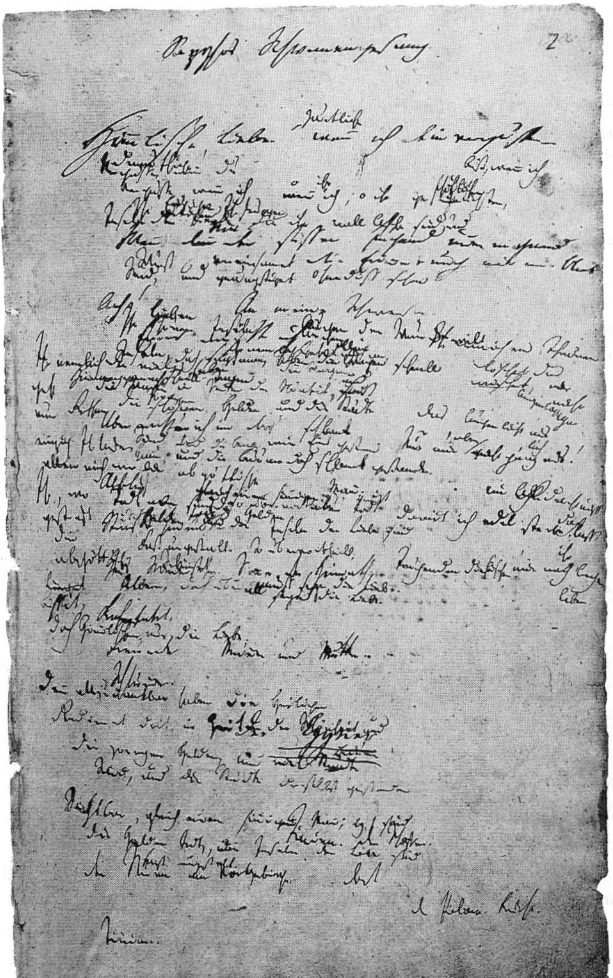

Tinian. Der Schiffer
(S. 275)

Vorstufe H33, Notiz ›Tinian‹
Text H6, Konzept (vgl. Abbildung III 151 und die Anmerkung dazu)
Späterer Entwurf ›Tinian‹, I 471

Dichtermuth ⟨Erste Fassung⟩
(S. 275)

Frühere Fassung Muth des Dichters, I 240
Text H6, S. 108 Entwurf nach Änderungen in v. 28f. der früheren
Fassung (vgl. v. 12f.)
v. 9–12 aus:
    Denn wie drunten im Thal, oder auf steigendem
    Pfad an tosender Kluft, oder in schweigender
        Wolke, droben ein froher
            Alpenwanderer, so sind auch wir
v. 10 *Immertönender* aus: ⟨a⟩ Fernhintönender ⟨b⟩ Fernelokender
    ⟨c⟩ Hochaufwallender ⟨d⟩ Woogenluftiger
v. 17–20 aus:
        Wenn denn einer auch
    Frölich stirbt,
            der Vater
        Orpheus endete sanfter nicht!

Asklepiadeisches Versmaß.
Wahrscheinlich im Herbst 1800 entstanden.

15 f. wie ... Geist: vgl. ›Wenn der Dichter ...‹, II 77,15 f. und den Brief
an Schelling vom Juli 1799, II 793,29.
17–20 (Variante): vgl. die Variante zu ›Muth des Dichters‹ v. 26-29.
Der in den Lesefassungen nicht mehr erkennbare Zusammenhang zwischen den beiden Varianten liegt im Tod des Orpheus, der von Mänaden zerrissen wurde und dessen Kopf zusammen mit seiner Lyra vom Meer an den Strand von Lesbos gespült wurde.

Zweite Fassung s. I 284
Letzte Fassung Blödigkeit, I 443

Frühlingsanfang
(S. 276)

Vorstufe H6, unbetiteltes Konzept
   Goldne Träume

         mocht ich
   Wandern

   Holder Frühling.

         Siegeswagen
   Göttlich Jahr

Text H6, Entwurf
   Titel aus: Frühlingsahndung.
   v. 10 *das Herz uns schmäht* aus:
   ⟨a⟩ das Vaterland ⟨b⟩ des Herzens Recht ⟨c⟩ die Liebe mir

Alkäisches Versmaß mit Verkürzung im dritten Vers um zwei Silben.
Möglicherweise im Herbst 1800 entstanden.

Ermunterung ⟨Erste Fassung⟩
(S. 277)

Vorstufen H350 *Bl. 4°*, unbetitelter Entwurf und H6, Reinschrift v. 1 f.
Text H321 *Bl. 4°*, Reinschrift

Alkäisches Versmaß.
Der Titel der Ode spielt möglicherweise auf den Dankesbrief der Prinzessin Auguste von Hessen-Homburg von Ende 1799 (s. II 847,25) an. Der erste Vers erinnert an den ersten Vers der Ode ›Gesang des Deutschen‹ (I 246), die Hölderlin der Prinzessin zu ihrem 23. Geburtstag zugesandt hatte. Möglicherweise war die Reinschrift als Geburtstagsgeschenk zum 28. November 1800 gedacht.

Ermunterung ⟨Zweite Fassung⟩
(S. 278)

Vorstufe H322 *Bl. 4°*, Überarbeitung einer leicht variierten Reinschrift der ersten Fassung
Text H364 *2 zusammengeklebte Bl. 4°* (S. 3 f.: leer), Reinschrift
  v. 13 *Beim Jova!* aus: O Hoffnung!

Alkäisches Versmaß.
Die neuerliche Umarbeitung der Ode insbesondere die nachträgliche Änderung in v. 13, die eine Ähnlichkeit mit ›Bitte‹ v. 1 (I 283) tilgt, ist wahrscheinlich Ende 1800 entstanden. Die Reinschrift gehört vermutlich zu dem folgenden Faszikel.

1 Echo: wie im Griechischen auf der zweiten Silbe zu betonen, vgl. ›Chiron‹ v. 28 (I 440).

ODEN-REINSCHRIFTFASZIKEL

Diese vermutlich Ende 1800/Anfang 1801 angelegte Sammlung von Reinschriften (H30) nach Entwürfen im *Stuttgarter Foliobuch* und in Handschriften aus seinem Umkreis war wohl zur Veröffentlichung bestimmt, jedoch läßt sich für diese Zeit kein Verlegerangebot nachweisen. Die Zusammenfassung mehrer Odenstrophen zu größeren Einheiten findet sich nur in diesem Faszikel.

Der gefesselte Strom
(S. 279)

Vorstufe H6, Entwurf; zunächst unter dem Titel ›Der Eisgang‹
Text H30

Alkäisches Versmaß.
  Titel: vgl. den ersten Entwurf zum ›Empedokles‹ v. 1752–1756, I 832.
  3 f. des Oceans Sohn, des Titanenfreundes: Okeanos, eigentlich selbst ein Titan, ist in Hesiods ›Theogonie‹ v. 337 ff. der Vater aller Ströme und Gewässer; in Aischylos' ›Der gefesselte Prometheus‹ v. 296 f. versichert Okeanos dem Titanensohn Prometheus, daß er keinen bewährteren Freund haben solle als ihn. Allerdings findet sich schon in ›An die Natur‹ v. 27 die Bezeichnung »Titanensang der Ströme«, I 157.
  14 die Zerbrochenen: die Eisschollen. Verselbständigtes Attribut zu »Fesseln«.

Spätere Fassung Ganymed, I 444

Das Ahnenbild
(S. 280)

Vorstufe H6, Entwurf
  Der Entwurf lagert sich über einen ersten Ansatz, der die Motive der Ode festhält. Nur das erste Motiv wird nicht übernommen:

>   Häuslich Leben
>   immerruhig, wie die Seeligen sind
>   das heilige Bibelbuch.

Text H30

Asklepiadeisches Versmaß.
Möglicherweise dem Stuttgarter Kaufmann Christian Landauer, in dessen Haus Hölderlin in der zweiten Hälfte des Jahres 1800 wohnte, zu seinem 31. Geburtstag am 11. Dezember 1800 überreicht.

Motto: »Auf daß keine Tüchtigkeit verlorengehe«; wahrscheinlich von Hölderlin geprägte Formel.
1 Alter Vater: Landauers Vater Georg Friedrich, der am 21. August 1800 gestorben war und dessen Bild im Titel des Gedichtes gemeint ist.
5 Söhnlein: Landauers Sohn Gustav, geboren 1796.
28/29: dazwischen Strophenfuge.

Der blinde Sänger
(S. 281)

Vorstufen: H14, nur Titel; H6, erster Entwurf und überarbeitete Abschrift eines verschollenen, wahrscheinlich unvollendeten Entwurfs unter dem Titel ›Täglich Gebet‹
  v. 12 Hemmt aus:
    ⟨a⟩ Hemmt ⟨b⟩ Zieht ⟨c⟩ Plagt (StA und FHA lesen: Klagt)
Text H30, Reinschrift mit Änderungen

Alkäisches Versmaß.
Motto: ›Aias‹ v. 706, in Hölderlins späterer Übersetzung: »Gelöst hat den grausamen Kummer von den Augen Ares« (II 389).
17f. Fittige des Himmels: Gemeint sind die Vögel.
29f. Befreier ... Donnerer: Die Epitheta des Zeus werden hier anscheinend dem Sonnengott zugeschrieben.
30f. vom Untergang zum Orient: von Westen nach Osten, also der Weg der Sonne in der Nacht.
40/41: dazwischen Strophenfuge.

Spätere Fassung   Chiron, I 439

Bitte
(S. 283)

Erste Vorstufe H11, Konzept und Entwurf ohne Titel
  O Hofnung, holde, gütiggeschäftige
    Die du das Haus der Trauernden nicht verschmähst,
      Und immerdienend, Edle, von den
        Göttern zu Sterblichen niederkehrest,

> Wo bist du? Himmelsbotin! umsonst, umsonst
> Erwacht zu oft mein Auge des Morgens mir,
> Gesanglos ist, und öde, wie dem
> Knechte, mein Leben, und ach vergebens
>
> Schrekt manches Helden Nahme das Ohr, er rauscht
> Vorbei,
>
> ob ich dich wiederfinde.
>
> Und kommt die Nacht
>
> o komm dann von
> Den Sternen herab.

Dieser Entwurf wird nochmals überarbeitet
v. 5–8:
> Wo bist du? Himmelsbotin! umsonst erwacht
> Mein Auge mir des Morgens nur mich weht kalt
> Die Zukunft an, und ach! gesanglos
> Birgt sich das schaudernde Herz im Busen.

v. 20: Nur mit Unsterblichem dann das Herz mir.

Zweite Vorstufe H6, Abschrift der v. 3–13 der ersten Vorstufe und Neuentwurf
Text H30

Alkäisches Versmaß.
Die erste Vorstufe ist vermutlich schon 1799, die Abschrift und der Neuentwurf im *Stuttgarter Foliobuch* wahrscheinlich erst in der zweiten Hälfte 1800 entstanden (vgl. die tabellarische Übersicht III 136).

Spätere Fassung An die Hoffnung, I 441

Dichtermuth ⟨Zweite Fassung⟩
(S. 284)

Frühere Fassungen Muth des Dichters, I 240 und erste Fassung, I 275
Text H30, Reinschrift der v. 1–16, nach Streichung der v. 9–16 Neuentwurf der v. 9–20 in H6, S. 44 und Fortsetzung der Reinschrift in H30

Asklepiadeisches Versmaß.
16 Ahne: Der Sonnengott Apollo ist zugleich der Gott des Gesangs.
24 Gleichgesinnet: wörtliche Übersetzung von »*Aequam* ⟨...⟩ *mentem*« (gleichmütig), Horaz, Ode II/3,1 f.
24/25: Strophenfuge.

Letzte Fassung   Blödigkeit, I 443

Natur und Kunst oder Saturn und Jupiter
(S. 285)

Erste Vorstufe   H6, Konzept unter dem Titel ›Natur und Kunst‹

                      göttliche Herrscherkünste
  Aber in den Abgrund
         den alten heiligen Vater
    Goldene Zeit

              thöricht, wie aus dem
    schweigenden Gewölke   dein Bliz
  Kommt aus göttlicher Nacht

    Hab ich von Herzen den Geist erst, das
    Leben der Liebe erfahren, und dämmern und
    schwinden in Wonne die Gestalten
      als kehrte die Zeit in ihre Wiege zurük
  herab herab denn von   Throne
        oder willst du bleiben
    Diene dem älteren.

    Dann weiß ich erst von ihm und versteh ihn, dank ihm
      gern
  Dem weisen gewaltigen Meister Kronion
  Der selber ein Sohn der Zeit, gleich mir
  Geseze giebt und alles scheidet und ordnet.

Zweite Vorstufe   H6, Entwurf einer siebenstrophigen Fassung unter dem Titel ›Jupiter und Saturn‹
v. 16/17, dazwischen:
  Denn wie aus dem Gewölke dein Bliz, so kömmt
  Von ihm, was dein ist, siehe! so zeugt von ihm

> Was du mir sagst, und aus den alten
> Freuden ist jegliche Macht erwachsen.

Dritte Vorstufe h17, Abschrift von unbekannter Hand nach einer verschollenen Reinschrift

v. 16/17, dazwischen:
> Denn, wie aus dem Gewölke dein Bliz, so kommt
> Von ihm, was dein ist, siehe! so zeugt von ihm,
> Was du gebeutst, und aus Saturnus
> Frieden ist jegliche Macht erwachsen.

Text H30

Alkäisches Versmaß.

5 sagen die Sänger sich: vgl. Homer, Ilias 14,203 f., Hesiod, Theogonie 490 f., Vergil, Aeneis 8,319 f. und Ovid, Metamorphosen 1,113 f.

8 Da, wo die Wilden vor dir mit Recht sind: In den Tartarus hatte Zeus (Jupiter) die Titanen verbannt, von denen hier gesagt wird, sie seien zu Recht vor ihm dort.

9 der Gott der goldenen Zeit: Nach dem antiken Schema der Weltalter (vgl. Ovid, Metamorphosen 1,89 ff.) herrschte Kronos (Saturn) über das erste, das goldene Zeitalter.

21 ff. Kronion ... ein Sohn / Der Zeit: Zeus (Jupiter), nach seinem Vater Kronos (Saturn) »Kronion« genannt. Kronos wurde bereits in der Spätantike mit Chronos (Personifikation der Zeit) gleichgesetzt.

An Eduard
(S. 286)

Frühere Entwürfe Bundestreue, I 242 und An Sinklair, I 243
Erste Vorstufe H6, S. 110 f., neunstrophiger Entwurf
Titel aus: An ⟨a⟩ Bellarmin. ⟨b⟩ Arminius. ⟨c⟩ Philokles.
v. 17–24: fehlen
v. 29–35 aus:
> Doch weilen wir in friedlicher Halle noch,
> Uns   der Wald in schweigende Schatten
> Und mütterlich noch   Gebirg
> in sicherem Arm gefangen.
>
> Die Weisheit ist dir Wiegengesang; sie dekt
> Ums Aug ein heilig Dunkel doch öfters flamt
> Ein Mal

nach v. 36, später aufgegeben:
> So zieht mit gleicher Pflege der Gott uns auf
> Denn schon gealtert beb' ich mit auf neu,
>   Die Jugend theiltest mit mir,
>   o nimm sie wieder!

Zweite Vorstufe H6, Überarbeitung der ersten Vorstufe, Entwurf der v. 17–24, Aufgabe der Strophe nach v. 36
v. 15–20:
> So ruht, so kühlt die Liebe sich, die
> Droben und drunten nicht gleiches findet.
>
> Wo ist am Tag ihr Zeichen? wo spricht das Herz
> Sich aus, und wo im Leben? wo ist es frei,
>   Was unser Wort nicht nennt, wann wird was
>   Trauert gebannt in die Nacht, sein Wunsch ihm?

Nach diesem Entwurf ist eine verschollene Reinschrift angefertigt, von der eine Abschrift von unbekannter Hand (h17) überliefert ist, in der die v. 14–24 und v. 26f. ›er lebte doch / Treu bis zulezt!‹ als direkte Rede gekennzeichnet sind.
Dritte Vorstufe H6, S. 45, überarbeitete Reinschrift v. 13–40
Text H30

Alkäisches Versmaß.
Die frühesten Entwürfe dieser Ode stammen aus dem Jahr 1799, die Entwürfe im Stuttgarter Foliobuch sind wohl noch 1800 entstanden, die spätere Fassung wahrscheinlich 1802 (vgl. die tabellarische Übersicht, III 136).

1 Freunde: Gemeint ist das Sternbild der Zwillinge (Dioskuren).
3 unterthan: vgl. den Brief an die Mutter vom 12. November 1798, in dem es über das Verhältnis zu Sinclair heißt (II 709): »Es wird auch wirklich wenig Freunde geben, die sich gegenseitig so beherrschen und so unterthan sind.«
26 Achill: Der Dichter vergleicht den Freund und sich nicht nur mit den Dioskuren, sondern auch mit Achill und Patroklos.
28 Todtenrichter: Im griechischen Mythos waren vor allem Minos, Rhadamanthys und Aiakos die Totenrichter; vgl. Platon, Gorgias 523a–524a.

Spätere Fassung H317, überarbeitete fragmentarische Reinschrift

Die Dioskuren.

Ihr edeln Brüder droben, unsterbliches
 Gestirn, euch frag ich Helden woher es ist,
  Daß ich so unterthan ihm bin und
   So der Gewaltige sein mich nennet?

Denn wenig, aber Eines hab ich daheim, das ich
 Da niemand mag soll tauschen, ein gutes Glük
  Ein lichtes, reines, zum Gedächtniß
   Lebender Tage zurükgeblieben.

So aber er es will, diß Eine doch
 Wohin ers wollte, wagt' ich mein Saitenspiel
  Samt dem Gesange folgt ich, selbst ins
   Dunkel der Tapferen ihm hinunter.

Mit Wolken, säng ich, tränkt das Gewitter dich
 Du spöttischer Boden, aber mit Blut der Mensch
  So schweigt, so heiligt, der sein Gleiches
   Droben und drunten umsonst erfragte.

Pläne zu Elegien

Auf insgesamt vier Handschriften verteilt finden sich Titel und Konzepte, die mit Ausnahme von ›Der blinde Sänger‹ wahrscheinlich Pläne zu Elegien darstellen, deren Datierung und Zuordnung jedoch nicht eindeutig ist; vgl. die Vorstufen von ›Das Gasthaus‹, ›Stutgard‹ und ›Der Weingott‹, III 175 ff.

H14, S. 3, über dem Entwurf zu ›Der Weingott‹ v. 55–82 (l. 1–5: früher als der Entwurf, l. 6 ff.: später eingefügt):

     Menons Klagen um Diotima
     Seitenstük zum Wanderer
     Der blinde Sänger.
     Empedokles auf dem
       Ätna.
Aber was Der Gang aufs Land. Komm, daß
wollt ich dir sagen? An Landauer ich dir etwas
Kom   Oceaniden.   vertraue

H14, S. 4:
Jezt
Nun aber

H47, Beilage 4 S. 1 (bisher wegen des Stichworts »Schwester« dem dritten Entwurf zum ›Empedokles‹ zugeordnet):
Bin ich nicht ferne von dir
    ⟨Raum für vier Verse⟩
         doch bin ich zufrieden,
Da ich ein Knabe war
    die Schwester
    ⟨Raum für vier Verse⟩
Doch endlich,
  da irrst wo bist du
Wo bist du?

H9, S. 3:

          Tasso an Leonoren
          Abschied von ihr.
          An Siegfried Schmidt
          Willkom nach dem Kriege
          Kleists Tod.

                    sie sinds, sie haben die Masken
Abgeworfen

H9, S. 4:
  Kommen will ich

H28, S. 1:
                friedlich die Arme des Nekars
  Die Insel

    indessen oben

                und der volle Saal.

  Da, da

H28, S. 2:
⟨a⟩   weder höret noch sehen
                jezt, jezt, jezt, ruft
⟨b⟩   Ein Strom
        daß nicht zu Wasser die Freude
Werde, kommt,
            daß es helle werde,
    ihr himmlischen Gratien
      und der Nahmenstag der hohen,
Der himmlischen ⟨a⟩ Freudengötter ⟨b⟩ Kinder sei dieser!

Einen vergänglichen Tag ...
(S. 287)

Text h25, Abschrift von unbekannter Hand

Christoph Friedrich, Christian Landauers Bruder, war am 6. Juni 1800 – kurz vor Hölderlins Ankunft in Stuttgart – mit 29 Jahren gestorben; ihrer beider Vater Georg Friedrich starb am 21. August des gleichen Jahres. C. T. Schwab schreibt in ›Hölderlin's Leben‹ (D1846 2,306): »Bei Landauer fühlte er sich wohl und bezeugte ihm seinen Freundesdank 〈...〉 auch durch ein auf ein kleines Denkmal eingeschriebenes Epitaph, unter dem Titel: ›Die Entschlafenen‹ 〈...〉« Gustav Schlesier berichtet über ein 1845 geführtes Gespräch mit Landauers Sohn Gustav (h46): »Er sagte mir sogleich von einem kürzeren Gedicht von H. das er für seinen Vater gemacht u. das sich auf einem Basrelief eingegraben finde.« Beide Zeugnisse beziehen sich wohl auf das vorliegende Epigramm, das wahrscheinlich noch 1800 entstand.

Elegie
(S. 287)

Erste Vorstufe H16 *Dbl. 4°* (S. 1–3 leer), nach einer ersten Notiz: Kom! (vgl. v. 103) Entwurf von v. 97–116
v. 105 f.:
> Und wie Wolken entflohn die Todesgeister, sie haben
> Andres noch, doch wir suchen zu Göttern die Bahn.

Zweite Vorstufe H404 *Bl. 4°* (S. 2 leer), Reinschrift bis v. 5, darunter Entwurf von v. 37–40
v. 37 aus:
> Denn ihr Götter! es kam, wie der frische Morgen, der Mittag
v. 39 f. aus:
> Mit den Söhnen der Erd und all, die Zeiten des Aethers
> Lebten im schönen Verein

Text H291 2 *Dbl. 4°*, Reinschrift, unterschrieben: Hölderlin.
Spätere Fassung Menons Klagen um Diotima (Kommentar s. dort)

1800–1801

Menons Klagen um Diotima
(S. 291)

Frühere Fassung Elegie, s. I 287
Vorstufen H14, nur Titel (s. bei Pläne zu Elegien III 162); H291, z. T. unvollständige Überarbeitung zwischen den Versen der Reinschrift der ›Elegie‹

v. 17 *schaurige Nacht*: nichtige Trug
v. 59 f. (unvollständiger Entwurf in mehreren Ansätzen):
 ⟨a⟩ Drum nimmt Besseres auch der Schmerz vom Mund und
  ein Fluch lähmt
  Mir die Sehnen und wirft, wo ich beginne d
 ⟨b⟩ Wild, ihr Götter! erschallts es lachen die andern und mir
  nimmt
  Von der Lippe der Schmerz das frömmere Wort, und
  der Fluch
 ⟨c⟩ Götterlos, diß ists,   darum lähmet ein
v. 91 *Erde*: Wüste
v. 123 f.:
 Bleibt so lange mit uns, bis daß auf geflügelter Bahn wir
 Dort wo die Genien all niederzukehren bereit
v. 129: Wo die Gesänge wahr und Augen und Worte klar sind,

Text D20, D22

Eine genaue Datierung der beiden Fassungen des Gedichtes war bislang nicht möglich. Vielleicht ist die nur mit dem Gattungsnamen überschriebene Fassung bereits 1799 entstanden, wahrscheinlich aber erst Anfang 1800. Am 28. November 1800 fragt J. B. Vermehren bei Hölderlin an, ob er ihm einen Beitrag für seinen künftig erscheinenden Musenalmanach überlassen könne (s. II 878f.). Ob Hölderlin darauf reagiert, ist nicht bekannt, Vermehren erinnert ihn jedoch am 27. Februar 1801 daran, daß der *Musen-ALMANACH für 1802* im April gedruckt werden solle (s. II 896). Hölderlin, der sich mittlerweile in Hauptwil aufhält, sendet von dort die endgültige, strophisch gegliederte Fassung ›Menons Klagen um Diotima‹ und die Ode ›Unter den Alpen gesungen‹, wahrscheinlich auch eine Fassung des ›Archipelagus‹. Vermehren dankt am 4. Mai 1801 für die Sendung (s. II 900f.), druckt aber die Elegie auf entstellende Weise zerrissen in zwei Jahrgängen des Almanachs ab (s. Verzeichnis der Drucke: D20 und D22). Die beiden Musenalmanache Vermehrens wurden mehrfach besprochen, auf Hölderlins Arbeiten gehen jedoch nur zwei anonyme Rezensenten ein: in *Süddeutschlands pragmatische Annalen der Litteratur und Kultur,* Jg. 1, Bd. 2, Salzburg 1803, Sp. 455: »Auch Hölderlin, der Verfasser des Hyperion, hat in elegischen Fragmenten geistvolle Beyträge geliefert, die aber des Fragmentarischen wegen oft an Unverständlichkeit gränzen. Seine Gedichte haben eine eigenthümliche Nuance von Kraft.« und in der ⟨Erlanger⟩ *Litteratur-Zeitung,* Jg. 1802, Bd. 7, Sp. 399: »Mehrere Elegien und eine Ode unter den Alpen gesungen von Hoelderlin. Der ernsten Tiefe und des Leids Gewölke schweben auf dieses Dichters Stirne. Ueber dem Ringen nur immer das Höchste zu geben, jedem Gegenstande die tiefste Bedeutung abzugewinnen, entbehren oft die Geschöpfe seiner Muse das freundlich gestaltete Leben. Selbst seine heftige Sehnsucht nach einem hochgedachten goldenen Zeitalter berührt mehr den Verstand, als daß sie die Empfindung anspräche, oder lieblich und ergötzend die Phantasie bewegte.«

(Die Verszählung von ›Elegie‹ wird in Klammern angezeigt.)

5 das getroffene Wild: zum Vergleich des Liebenden mit einem getroffenen Wild vgl. Vergil, Aeneis 4,65–73.

(45) 47 Nord: Ein Nordwind, der Boreas, trennt auch Leander und Hero; vgl. Hölderlins Übersetzung, II 183.

(48) 50 Gott: vgl. ›Die Liebenden‹ v. 4, I 191.

(53) 55 wie die Schatten: Schatten heißen die Seelen der Toten in der Unterwelt des griechischen Mythos.

71 Götterlosen: z. B. Tantalus, der, von den Göttern zu Tisch geladen, dennoch gegen sie frevelte und es mit den sprichwörtlich gewordenen Qualen büßen mußte. Zu dieser Stelle war vielleicht das »Lied der Parcen« (s. auch ›Elegie‹ v. 67) aus Goethes ›Iphigenie auf Tauris‹ Vorbild: »Auf Klippen und Wolken / Sind Stühle bereitet / Um goldene Tische. // Erhebet ein Zwist sich: / So stürzen die Gäste / Geschmäht und geschändet / In nächtliche Tiefen, / Und harren vergebens, / Im Finstern gebunden, / Gerechtes Gerichtes.« (v. 1735–1744)

(92) 102 Athenerin: Gemeint ist Diotima; vgl. die frühste Fassung des Liedes ›Diotima‹, dessen Titel noch ›Athenäa‹ lautete.

114 von silbernen Bergen Apollons: Gemeint ist der Doppelgipfel des Parnassos.

Der Archipelagus
(S. 295)

Erste Vorstufe H33, Entwurf einzelner Segmente
v. 16–32:
> Wohnet Paros, und noch von immer seeligen Hügeln
> Quillt der Cyprier Trank, und von Kalauria tönen
> Silberne Bäche, wie einst, hinab zur Wooge des Vaters.
> Alle leben sie noch, die schönen Inseln, wie vormals
> Blühend von Jahr zu Jahr, und wenn sie schlafen so wachst
> du
> Wenn der unterirrdische Tod, die gährende Flamme
> Eine der holden ergriff, und die Sterbende dir in den Schoos
> sank,
> Alter Vater! du dauertest aus, denn über den dunkeln
> Tiefen ist manches schon dir auf und untergegangen.
> Deine Gespielen, auch sie, die immerblühenden Sterne

Neuansatz in v. 25 und Fortsetzung in Prosa:
> die Himmlischen auch, die höheren Kräfte die stille waltend
> den heiteren Tag und süßen Schlummer und Leben und
> Hofnung bringen über das Haupt der ahndenden Men-
> schen, aus ewiger Fülle der Freuden, sie, die hohen dichteri-
> schen Gespielen, wohnen, wie einst mit dir und oft wenn am
> dämmernden Abend von Asiens dunkeln Bergen herein, das
> Mondlicht kömmt, und mit ihm die Sterne, die Brüder alle
> sich in deiner Wooge begegnen, leuchtest auch du vom
> himmlischen

v. 35–37:
> Wenn die allverklärende dann die Sonne des Tages
> Sie, des Orients Kind, die wunderthätige da ist
> Und die Sterblichen sich im Zauberlichte vergessen

v. 41–42:
> Denn die Glorie, die ein göttlich Zeichen der Liebe
> Von der Holden gereicht, die schattige Loke vergüldet

v. 98–124, z. T. in Prosa:
> von den Bergen die fliehenden Greise, nach den Wohnun-
> gen jammernd zurük und freundlichen Tempeln, aber es
> wekt die Stimme der Söhne die Asche nicht mehr und
> frolokkend zieht mit der Beute der Perse vorüber.
> und schmählich dienete des Archipelagus Wooge
> Weitumher vom Persischen Ruder gebändigt.

o Tag an Salamis Ufern!
An Salamis Ufern stehn die Athenischen Jungfraun und die
Mutter mit dem geretteten Söhnlein, und harren des Ausgangs, und die Stimme des Meergotts tönt weissagend herauf! indessen wankt, ein langsam richtend Gewitter über den blutigen Wassern die Schlacht! und schon steht hoch der Mittag über den glühenden Häuptern und näher donnert es auf! es fallen in die Seiten sich die geflügelten Schiffe, daß ihre Maste taumeln, und der vestgezimmerte Boden unter den Füßen der Kämpfer bebt.

Streichung des Schlusses und Neuansatz nach *über*:
dem Haupte den Kämpfern

v. 241–246:
Wehe! wie im Orkus, lebt ohne Götter das Menschengeschlecht, an die eigene Kunst, an eigenes Wissen allein, und die eigenen Triebe geschmiedet, und in der tosenden Werkstatt, höret jeder nur sich, und Tag und Nacht arbeiten die Geister. Aber umsonst, und unfruchtbar, wie die Furien, ist die Sorge und Mühe der Armen. Denn

v. 278–80:
Blühet indessen, ihr Myrthen Ioniens!
Und schlummert sanft unter
Ihr Kinder des Glüks!

Zweite Vorstufe H448 *Bl. 4°* (S. 2 leer), Niederschrift von v. 278–287
Dritte Vorstufe H288–290 *2 ineinandergelegte Dbl., 2 Dbl. 4°*, in v. 41 f. und v. 102 unvollständige Reinschrift

v. 104–128:
Aber o Tag an Salamis Ufern! an Salamis Ufern
Stehen, harrend des Ends, die Athenerinnen, die Jungfraun,
Stehn die Mütter und halten im Arm das gerettete Söhnlein,
Harrend des Ends, doch schallt zu ihnen die Stimme des
    Meergotts
Heilweissagend herauf; denn sieh! vorm Auge den Armen
Wankt seit Tagesbeginn, wie langsamwandelnd Gewitter,
Über schäumenden Wassern die Schlacht, und es glühet der
    Mittag,
Unbemerket im Zorn, schon über dem Haupte den
    Kämpfern.
Und izt, ihr Lenker des Kampfs, ihr Helden des Volkes,
Blikt mit hellerem Aug', ihr Heroenenkel, ihr Edeln,
Denkt des beschiedenen Glüks, izt zähmet den hohen

Todverachtenden Genius nicht, o Attikas Kinder!
Denn wie aus rauchendem Blut das Ungeheuer des
    Waldthals
Noch zulezt verwandelt sich hebt, der edleren Kraft gleich,
Und den Helden erschrökt, so erwacht im Glanze der
    Waffen,
Bei der Herrscher Gebot, furchtbargesammelt den Wilden,
Mitten im Untergang, die ermattete Seele noch einmal,
Und entbrandter beginnts; wie Paare ringender Männer,
Fassen die Schiffe sich an, daß ins Gewässer die Maste
Taumeln und fürchterlich da und dort der krachende Boden
Unter den Streitern bricht, hinab der geschmetterte Kiel
    sinkt
Und vom Liede der Schlacht in schwindelnden Träume
    gesungen
Rollt der König den Blik, irrlächelnd über den Ausgang
Droht er und fleht und frohlokt, und sendet, wie Blize, die
    Boten,
Aber er sendet umsonst, es kehret keiner ihm wieder.

Druck D24. Der Text des Druckes entspricht mit geringen Varianten dem noch unüberarbeiteten der folgenden Reinschrift. Das zeitliche Verhältnis zwischen beiden ist nicht zu bestimmen.

Text H391 4 Dbl., Bl. 4° angeklebt (S. 18 leer), überarbeitete Reinschrift

in die Strophenfugen nach v. 9, 24, 53, 85, 178, 199, 277 ist mit Tinte jeweils eingetragen und wieder gestrichen: Archipelagus, nach v. 61: Immer Archipelagus

mit Blei sind zusätzliche Strophenfugen bezeichnet nach v. 35 (versehentlich einen Vers zu tief), 42, 71, 103, 112, 124, 145, 155, 164, 252. Im gleichen Zug werden erste Änderungen vorgenommen

v. 104–107 aus:

Aber o Tag an Salamis Ufern! an Salamis Ufern
Stehn und harren des Ends die Athenerinnen, die Jungfraun,
Stehn die Mütter, wiegend im Arm das gerettete Söhnlein,
Doch den Harrenden schallt aus Tiefen die Stimme des
    Meergotts

Die ersten Entwürfe dieses hexametrischen Hymnus entstanden wohl im Frühjahr 1800 in einer Handschrift, die bereits andere aufgegebene Entwürfe enthielt (s. Verzeichnis der Handschriften: H33). Hölderlin sendet anscheinend eine Fassung des Gedichts an Vermehren, aber erst im April 1801 und mit der Bitte versehen, sie an Ludwig Tieck zur Veröffentlichung in dessen poetischem Journal weiterzuleiten (vgl. den Brief Vermehrens vom 4. Mai 1801, II 900 f.). Von Tiecks Journal ist jedoch nur ein Jahrgang (1800) erschienen, und so ist die Druckvorlage wohl zurückgegangen. Hölderlin gibt sie dann nach einer Anfrage L. F. Hubers vom 6. August 1801 (s. II 909) an diesen weiter, der das Gedicht jedoch erst Ende 1804 veröffentlicht. Die Druckvorlage ist wohl kaum mit der überlieferten Reinschrift identisch, aber auch wahrscheinlich keine Abschrift des Druckes. Sonst müßte angenommen werden, die späteren Überarbeitungen seien erst 1804/05 entstanden, wofür weder duktische, noch stilistische Anhaltspunkte gegeben sind. Der Druck wurde nicht rezensiert, jedoch erwähnt ihn Conz in einer späteren Besprechung; vgl. die Vorbemerkung zu den »Nachtgesängen«, III 264.

21 das untre Gewitter: Gemeint ist die vulkanische Tätigkeit in der Ägäis; z. B. ist die Insel Santorin (antik: Thera) um 1520 v. Chr. bei einem Vulkanausbruch zum großen Teil versunken, und innerhalb des zum Meer hin an zwei Stellen offenen Kraters entstanden neue Inseln, von denen einige wieder verschwunden sind.

33 die Weise der Brüder: Anspielung auf die pythagoreische Vorstellung, daß die Sphären, auf denen die Sterne befestigt sind, bei ihren Umdrehungen Klänge erzeugen.

68 Göttergestalten: der Giebelschmuck des Ur-Parthenon, unter Peisistratos ausgeführt.

80 Herkules Säulen: die Meerenge von Gibraltar.

82 Jüngling: Gemeint ist wohl Themistokles.

95 König: Xerxes I.

111 Schlacht: die Seeschlacht bei Salamis 480 v. Chr.

131 Ufer: Nach Herodot 8,90 hatte Xerxes seinen Kommandostand auf dem Bergmassiv Aigaleos (heute: Skaramanga), von wo aus er die Meerstraße von Salamis überblicken konnte.

134 Geschmeid': geschmiedete Rüstung, hier metonymisch für Kriegsgerät, vgl. I 529,11.

136 Strome: der Ilissus.

167 die Fürsten des Forsts ...: Gemeint sind wohl die Ersten (»Fürsten«), die den Wald rodeten und Schiffe bauten; vgl. ›Das Belebende‹, II 385.

180 Blühet die Stadt izt auf: zur Zeit des Perikles.

192 Der Prytanen Gemach: das Prytaneion, Amtsgebäude der Stadtvorsteher.

199 Vorgebirge: Kap Sunion.

230 Mann: Ödipus, der nach Theben kommt, der hier durch den Seher Teiresias bezeichneten Stadt.

286 Schlachtthal: Anspielung auf die Schlacht bei den Thermopylen 480 v. Chr.; vgl. auch die Erläuterung zu ›Friedensfeier‹ v. 120, III 208.

Spätere Überarbeitung H391 (s. o. bei *Text*). Am unteren Seitenrand nach v. 233 einsetzend und zwischen den Zeilen fortgeführt wird, bis v. 244 ein neuer Text (*Also sagt ich* bis *Aber gewaltiger kommt*) eingetragen, dann wird über v. 257 einsetzend zwischen den Zeilen bis v. 268 der Neuentwurf fortgesetzt (*ich weiß ja* bis *blühet indeß*). Der Neuentwurf ist metrisch nicht durchgeformt, hat keinen direkten Anschluß im Basistext und soll wahrscheinlich v. 231–277 ersetzen.

    Also sagt ich: es hatt' in Lüften des Abends
    Eine Wehmuth seelig und süß den Sinn mir ergriffen
    Ich traumete fort die Nacht hindurch da wekte der
                Hahnschrei
    Plözlich mich auf, und die Loken ergriff, von Sternen
        gesendet
    Wunderbar ein kühlender Hauch, die Donner des Höchsten
    Hatten zuvor im Ohre getönt, fernher noch
              denn noch glüht der Sommer izt nicht,
    Aber hört, das Wort ist gewiß, und griffe der Tod
                    haltet mit Zweifeln
    Mirs, ihr Alten nicht auf, damit   die Gewalt nicht
    Hoch her stürz' und zertretend auf Trümmer falle der
        Seegen.
    Droben sind der Trümmer genug, im Griechenland und die
        hohe
    Roma liegt, sie machten zu sehr zu Menschen die Götter,
    Aber gewaltiger kommt, ich weiß ja wo
        und den Ort

    Aber weil so nahe sie sind die gegenwärtigen Götter
    Muß ich seyn, als wären sie fern, und dunkel in Wolken
    Muß ihr Nahme mir seyn, nur ehe der Morgen
    Aufglänzt, ehe das Leben im Mittag glühet
    Nenn' ich stille sie mir, damit der Dichter das seine
    Habe, und weissagend redet meine Seele von euch
        wenn aber hinab, das himmlische Licht geht
    Denk' ich des Vergangenen gern, und sage – blühet indeß

(FHA konstituiert: Einfügung des neuen Textes bis *Götter* zwischen v. 230 und 231, Ersetzung des Anfangs von v. 232 durch *Aber gewaltiger kommt* und Ersetzung von v. 267–278 *blühet indeß* durch *Aber weil so nahe* bis *blühet indeß*)

Unter den Alpen gesungen
(S. 304)

Erste Vorstufe H320 *Bl. 2°*, Entwurf bis v. 23 unter dem Titel ›Am Fuße der Alpen‹, anschließend Reinschrift bis v. 21 auf der Rückseite des Blattes und Fortsetzung des Entwurfs auf der Vorderseite, abschließend Fortsetzung der Reinschrift, die wieder in Entwurf übergeht

v. 2–6 aus:
    Götter liebste, vertrauteste! so oft du
    Fröhlichblikend ihnen zu Füßen sizest
        Aelteres lernest,

    Immerzufriedner Weisheit voll! denn manches
    Wissen kennet der Sterbliche, doch er staunt, dem
v. 18 aus: Manches Freunde! gewährt die Zeit und mehr noch
v. 27 f. zunächst:
    Lang ich darf ihr Himmlischen all euch
        Singen und ehren!
v. 28 aus: ⟨a⟩ Lernen und lehren! ⟨b⟩ Deuten und ehren!

Text D20

Hölderlin hatte sich im *Stuttgarter Foliobuch* unter dem Konzept ›Ovids Rükkehr nach Rom‹ (I 274) das Schema der sapphischen Strophe notiert, wahrscheinlich für die Ode ›Sapphos Schwanengesang‹. Für das vorliegende Gedicht wandelt er das klassische Schema, bei dem der Daktylus zwischen zwei trochäischen Dipodien steht ($-\cup-\cup-\cup\cup-\cup-\cup$), folgendermaßen ab:

$$-\cup\cup-\cup-\cup-\cup-\cup$$
$$-\cup-\cup\cup-\cup-\cup-\cup$$
$$-\cup-\cup-\cup-\cup\cup-\cup$$
$$-\cup\cup-\cup$$

Der Daktylus wandert also und der letzte Vers (Adonius) klingt wie ein Echo des Schlusses des vorigen.

Zu dem Eindruck, den die Alpen auf Hölderlin machten, vgl. die Briefe an die Schwester und an Landauer von Ende Februar 1801, II 892 und 894. Die Ode ist Anfang 1801 in Hauptwil entstanden und wurde im April an Vermehren gesandt, vgl. den Kommentar zu ›Menons Klagen um Diotima‹, III 165 f.

1 Unschuld: vgl. im Brief an den Bruder von Ende März 1801 (II 899): »Hier in dieser Unschuld des Lebens, hier unter den silbernen Alpen, soll es mir auch endlich leichter von der Brust gehen.«

7f. wie rein ist / Reine, dir alles: vgl. den Brief des Paulus an Titus 1,15.

23 Daß wohl: Dieser Vers beginnt abweichend mit einem Jambus (∪–) anstelle des Trochäus (–∪).

Der Wanderer ⟨Zweite Fassung⟩
(S. 305)

Erste Fassung s. I 178

Vorstufe H6, Neuentwurf zwischen den Versen einer Abschrift des Druckes D10a (Horen-Fassung), nach v. 82 in Konzept übergehend und H28, Entwurf von v. 83–108

v. 34 *entbundene Welt:* entkeimende Welt

v. 79 *Muth erfreut':* Muth entflammt

v. 83–108 (Konzept):

Wo, wo ist er du schweigst, du zauderst Hüter des Haußes
   Alter! und sie die lieben Freunde, wo wohnen sie
Daß ich Geschenke bring,   die Gaabe,

Aber ich weiß es schon, es
   Und die Freunde sie
Anders geworden indeß, sie alle, sie haben, die Theuren
   Mich verlassen   verließ.
Kommen werde ich,   und die alten Nahmen der Lieben
   Nennen
Keins antwortet,
      ich dünk' ihnen gestorben, sie mir,

Aber o Vaterlandssonne
     ⟨Raum für vier Verse⟩
         und ewig walten
Himmlische Götter euch selbst   verließ ich

> Euch hab ich   nie nie, euch selber belaidigt,
> Denn
> Euch hab   erfahren
> Euch bring   zurük.

> Reiche den Becher mir bis oben gefüllt von den Bergen des
>   Rheines
>   Hohle den Wein, hohle den goldenen mir
> Daß ich trinke zuerst den ewiglebenden, dann aber,
>   das Angedenken
>   Sei mir auch daß ich der Mühn und aller Leiden vergesse.
>   Heut und morgen und schnell einer der Eurigen sei.

Text D19

Am 6. August 1801 bietet L. F. Huber Hölderlin den Verlag einer Gedichtausgabe bei Cotta an, bittet ihn aber zugleich, »irgend ein Lieblingsgedicht« als Probe vorab zu übersenden (s. II 909). Wahrscheinlich sandte Hölderlin zunächst die vorliegende Elegie, die er wohl schon im Sommer 1801 aus der ersten Fassung umbearbeitet hatte.

Daß mit derselben Sendung bereits ›Der Archipelagus‹, ›Heimkunft‹, ›Die Wanderung‹, die zweite Fassung von ›Dichterberuf‹ und die dritte Fassung von ›Stimme des Volks‹ an Huber gingen, der sie später veröffentlichte, ist eher unwahrscheinlich. Da Hölderlin im zweiten Halbjahr 1801 wahrscheinlich zumindest zweimal in Stuttgart war, ist aber anzunehmen, daß er mit Huber in persönlichen Kontakt trat. In der Folge legte er mehrere Reinschriften für das Projekt an, das dann doch nicht zustande kam. Wahrscheinlich gab Hölderlin erst vor seiner Abreise nach Bordeaux die weiteren Proben an Huber. Allerdings ist auch denkbar, daß dies erst 1802, nach der Rückkunft aus Bordeaux geschah; s. auch die Anmerkung zum Druck von ›Heimkunft‹, III 178.

Der formale Aufbau der zweiten Fassung von ›Der Wanderer‹ ist Vorbild für die späteren Elegien: Strophen zu je drei mal drei Distichen (Hölderlin markiert beim Entwurf im *Stuttgarter Foliobuch* jedes dritte Distichon mit einem Querstrich am Rand) werden zu zwei Triaden gefaßt, so daß sich die Zweiteilung des Distichons in der Anzahl der Triaden wiederfindet und die Dreizahl der Strophen in ihrer Binnenstruktur. Die Beachtung solcher Zahlenverhältnisse bereitet den Bau der späteren Gesänge vor.

14 Kameel: Der Legende nach, die sich unter anderem in *Zedlers Universal-Lexicon*, 5. Band, Halle und Leipzig 1733, Sp. 371 findet, beruht die Fähigkeit der Kamele, mehrere Tage ohne Wasser auszukommen, auf einem besonderen Magen, in dem sie Wasser speichern und so in der Wüste Verdurstende vor dem Tod retten können.

17 auch hier sind Götter: Aristoteles überliefert folgende Anekdote über Heraklit: er habe gesagt, als Fremde ihn dabei überraschten, wie er sich an einem Backofen wärmte und er ihr Zögern bemerkte, sie mögen getrost hereintreten, denn auch dort seien Götter (Diels/Kranz A9). Eine lateinische Fassung des Zitats diente übrigens Lessing zum Motto seines *Nathan*.

18 es mißt gern mit der Spanne der Mensch: vgl. Jesaja 40,12: »Wer misset die Wasser mit der Faust und fasset den Himmel mit der Spannen?«

62 gebeut: gebietet.

98 Vater des Vaterlands: nach dem Vorbild des römischen Ehrennamens »pater patriae« gebildet, der Staatsgündern, Rettern aus Kriegsnot und gütigen Herrschern verliehen wurde.

Das Gasthaus. An Landauer
(S. 308)

Vorstufen: H10, unbetitelter Entwurf, der sich über die inneren Seiten des Doppelblattes zieht. Zunächst werden die v. 1–34 entworfen, danach zwei Strophenanfänge notiert
  Aber schön ist wahrlich der Ort.
  Hat mit anderem ja
Darüber hinweg werden v. 23–34 ins Reine geschrieben und nochmals überarbeitet. Auf der letzten Seite des Doppelblattes stehen v. 44–54 und das Epigramm ›Singen wollt ich...‹ als Randnotiz.

Text v. 1–43: H9, Reinschrift, ab v. 37 in Entwurf übergehend; H10, Entwurf v. 44–54 und Epigramm (s. *Vorstufen*). Das Gedicht wurde seit der Ausgabe von Hellingrath unter dem Titel ›Der Gang aufs Land‹ ediert; dieser Titel findet sich jedoch nur in H14. Der Titel der Reinschrift H9 ist abgerissen, die Unterlängen der Buchstaben lassen aber die Deutung ›Das Gasthaus‹ zu, vgl. v. 44. StA gibt als Lesetext nur v. 1–40 wieder. FHA integriert zwischen v. 43 und 44 Teile aus H28, S. 1f. und die Konzeptzeilen aus H9, S. 3f. in den Lesetext; das Epigramm wird unter den editorischen Titel ›Last der Freude‹ gestellt. Vgl. dazu auch die Pläne zu Elegien, III 162f.

⟨Epigramm⟩ v. 2 konstituiert aus:
Denn machet mein Glük   nimmer die Rede mir.

Wahrscheinlich ist die unvollendete Elegie im Frühjahr 1801 nach der Rückkehr aus Hauptwil in Landauers Haus anläßlich eines Besuches in Stuttgart entstanden. Daß solche Besuche von Nürtingen aus stattfanden, darauf weist Landauers Brief vom 22. Oktober 1801 (II 910).

6 in der bleiernen Zeit: Hölderlin ergänzt hier die Vorstellung von der Deszendenz der Zeitalter vom goldenen über das silberne zum eisernen um eine noch tiefere Stufe.
53 verbeut: verbietet.

Stutgard. An Siegfried Schmidt ⟨Erste Fassung⟩
(S. 310)

Vorstufen Von dieser Elegie sind keine Entwürfe überliefert, nur in H9, S. 3 findet sich ein Plan zu einem Widmungsgedicht an Schmid, in Umkehr des ersten Wortes wird auf S. 4 wohl der zentrale Gedanke (s. v. 38) notiert; ebenso kann das Konzept in H28, S. 1. (s. v. 40) gedeutet werden; vgl. dazu die Pläne zu Elegien, III 163.
Text H443 *2 ineinandergelegte Dbl. 4°* (S. 7f. leer), Reinschrift. In H5 sind v. 104–108 nochmals als Reinschrift überliefert, der Anfang ist verloren.

›Stutgard‹ eröffnet wahrscheinlich die fragmentarisch überlieferte Reinschrift H5, die die drei großen Elegien enthält, die später auch wieder – in umgekehrter Reihenfolge – zusammen am Anfang des *Homburger Folioheftes* eingetragen werden. Diese Reinschrift ist möglicherweise im Zusammenhang mit der bei Cotta geplanten Gedichtausgabe Ende 1801 angelegt worden. Das vorliegende Gedicht bezieht sich wahrscheinlich auf die Entlassung Siegfried Schmids aus der Armee am 15. April 1800 und ist im Herbst 1800 entstanden. Erläuterungen s. bei der zweiten Fassung, III 216f.

Zweite Fassung s. I 384

Der Weingott. An Heinze
(S. 314)

Vorstufe H14, Entwurf
v. 16 aus: Angestaunet von uns
v. 31–36:
   Darum rief ich dich her, denn deine Todten, du edler
      Alter! wie lange schon ruhn sie in göttlicher Nacht,
   Jene
v. 43–46:
   Oder ists noch immer die Zeit und die Stunde der Zeit nicht?
      Wer kanns wissen und wo fehlt das Gemessene nicht?
   Vor der Zeit! ist Beruf der heiligen Sänger und also
      Dienen und wandeln sie großem Geschike voran.
v. 56: Würdig dessen und sonst heiliger Nahmen reich!
nach v. 64 Übergang in Konzept der Verse 71, 73–76, 79, 81f.;
eventuell noch zugehörig: H14, S. 4; vgl. die Pläne zu Elegien, III 162.
Text H5, Reinschrift

Die Vorstufe der umfangreichsten Elegie Hölderlins ist wohl schon Mitte 1800 begonnen, die Reinschrift aber wahrscheinlich erst in der zweiten Hälfte 1801 angelegt worden. Erläuterungen s. bei ›Brod und Wein‹ ⟨Zweite Fassung⟩, III 214ff.

150 Orkus, Elysium ists: im Sinne von »Was Orkus war, ist Elysium«.

Spätere Fassungen Brod und Wein, I 372/373

Heimkunft. An die Verwandten ⟨Erste Fassung⟩
(S. 319)

Vorstufe H10, Entwurf der v. 105–108
Text H5, Reinschrift
   In der Reinschrift werden später einige Änderungen vorgenommen
   v. 2: Freudiges dichtend, sie dekt drinnen das gähnende Thal.
   v. 90: Kommt, Erhaltenden ihr! Engel des Jahres! und ihr,
   v. 91 *Götter:* Engel; v. 94 *Götter:* Frohen; v. 96 *gebührt:* gehört

Druck D21

Der erste Entwurf entstand bald nach der Rückkunft von Hauptwil im April 1801, die in dieser letzten Elegie Hölderlins beschrieben wird. Die Reinschrift wird wohl im zweiten Halbjahr 1801 angelegt worden sein. Die späteren Änderungen in der Reinschrift deuten aber darauf, daß L. F. Huber die Druckvorlage, die diese Änderungen berücksichtigt, erst 1802 nach Hölderlins Rückkunft aus Bordeaux erhalten hat; s. auch den Kommentar zu ›Der Wanderer‹ ⟨Zweite Fassung⟩, III 174. Die vier Gedichte, die in der *Flora* (D21) erschienen, wurden nur einmal anonym rezensiert in *Geist der Journale im Gebiete der schönen Wissenschaften und Künste*, 7. Stück, 1802, S. 1617f.: »⟨...⟩ die darauf folgenden Gedichte sind – ziemlich prosaisch, und unsere Leser verlieren wenig, wenn wir sie übergehen.«

93 Adle! verjünge: Konjunktiv.

Weitere Erläuterungen im Kommentar zur zweiten Fassung, III 211.

Zweite Fassung s. I 368

Die Heimath ⟨Zweite Fassung⟩
(S. 323)

Erste Fassung s. I 191
Erste Vorstufe H6, siebenstrophiger Entwurf ohne Titel auf Grundlage einer Abschrift der ersten Fassung
nach v. 16, später aufgegeben:
     einfältiger Tage Bild
  Des Lebens erste Freude den irren Mann
   Und einer Mutter treugebliebne
    die blutende Brust ge
Zweite Vorstufe sechsstrophige, vorläufige Reinschrift ohne Titel
v. 23f.:
  Drum bleib' mirs nur, bis mit der theuern
   Haabe das friedliche Land mich aufnimmt.

Text H316, Reinschrift

Alkäisches Versmaß.
Dieses und die folgenden vier Gedichte entstammen einer Reinschrift (H316), die wahrscheinlich im Zusammenhang mit der geplanten Gedichtausgabe bei Cotta (vgl. Brief von Huber vom 6. August 1801, II 909) angelegt wurde und – neben kürzeren Oden aus dem Jahr 1798 – die wohl

im Sommer 1800 im *Stuttgarter Foliobuch* zu erweiterten Fassungen umgestalteten Oden enthält.

Späterer Druck   D26

Der Druck im *Württembergischen Taschenbuch auf 1806* ist wohl ohne Zutun Hölderlins zustande gekommen; wahrscheinlich hatte Hölderlin Conz oder Haug, die auch zu diesem Taschenbuch beitrugen, in früheren Jahren eine Abschrift des Gedichtes überlassen, und einer von ihnen gab es zum Druck. Von den drei Rezensionen, die das Taschenbuch erfuhr, geht nur eine auf Hölderlin ein, am 29. November 1805 in *Der Freimüthige oder Ernst und Scherz*, hg. von A. v. Kotzebue und G. Merkel, 3. Jg., Nr. 238: »Von Hölderlin lesen wir sechs gefühlvolle Strophen: ›die Heimath‹.«

Die Liebe
(S. 324)

Frühere Fassung   Das Unverzeihliche, I 192
Vorstufe   H6, Entwurf und vorläufige Reinschrift
v. 25–28 aus:
> Dich, dich rottet mir doch
>   und wenn
> Zehenmal dich zerträte
>   sprossest du wieder auf.

Text   H316, Reinschrift mit Ansätzen einer Überarbeitung
v. 9 f. nicht durchgeformte Änderung:
> Kalt und traurig   ist das Jahr
>   Aber wie

v. 12 *Und* aus Oft   v. 13. *Und* aus Wenn

Asklepiadeisches Versmaß.
Zur Einordnung vgl. oben bei ›Die Heimath‹.

Lebenslauf ⟨Zweite Fassung⟩
(S. 325)

Erste Fassung   s. I 190
Erste Vorstufe   H6, fünfstrophiger Entwurf

Lebenslauf.

Hohem nahte sein Geist, aber aus Liebe mußt
   Er hernieder und bald hatte der Abgrund ihn.
      So durchflog er des Lebens
         und kehrte woher er kam.

Aufwärts oder hinab! wehet in lezter Nacht
   Wo die stumme Natur werdende Tage sinnt,
      Weht ein lebender Othem
         Nicht im untersten Orkus auch?

Diß erfuhr ich, denn oft wenn die Begegnungen
   Meiner Lieben mich einst, deine Gesänge mich
      In den Lüften des Maitags
         Rührten liebendes Bild

Wenn der Pfeile des Schiksaals
   Einer brennend mich traff sah ich oft den Gott so nah

Nicht wie Meister auf Erden führen des ebnen Pfads
   Erziehen   daß für alles danken lerne der
      Daß er lerne die Freiheit
         Aufzubrechen, wohin er will.

Zweite Vorstufe H6, Überarbeitung der ersten Vorstufe und danach vierstrophige Reinschrift
v. 7 f.:
      Weht ein lebender Othem
         Nicht im untersten Orkus auch?

Text H316, überarbeitete Reinschrift
v. 7 f. aus:
      Weht im nüchternen Orkus
         Nicht ein liebender Othem auch?

Asklepiadeisches Versmaß.
Zur Einordnung vgl. oben bei ›Die Heimath‹.

4 Unser Bogen: vgl. das Motiv der exzentrischen Bahn in den Vorstufen zum ›Hyperion‹, I 489,12 und 558,11.

5 Aufwärts oder hinab: Anspielung auf Heraklit: »der Weg hinauf hinab ein und derselbe« (Diels/Kranz B60).
13 Alles prüfe der Mensch: vgl. 1. Thessalonicher 5,21: »Prüfet aber alles und das Gute behaltet«.

Der Abschied
(S. 325)

Frühere Fassung Die Liebenden, I 191
Erste Vorstufe H6, Entwurf ab v. 5, noch ohne v. 21–24
v. 25–36:
    Hingehn will ich, vieleicht seh ich in langer Zeit
        Diotima! dich einst, friedlich und fremde gehn
            Wie Elysiums Schatten
                Dann im alternden Haine wir –

Und uns führet der Pfad unter Gesprächen fort
    Bald mit heilger Kraft fesselt die Träumenden
        Hier die Stelle des Abschieds
            Und es dämmert das Herz in uns

Sinnend seh ich dich an, Stimmen und süßen Sang
    Wie aus voriger Zeit hör ich und Saitenspiel
        Und es schimmert noch Einmal
            Uns im Auge die Jugend.

Zweite Vorstufe H6, vorläufige Reinschrift ohne Verseinzüge
Text H316, überarbeitete Reinschrift ohne Verseinzüge
v. 9 *Weltsinn sich* aus: Menschen Sinn
v. 11 *listet* aus: fodert
v. 13 f. *Seit ... Furcht* aus:
    Seit der gewurzelte / Allentzweiende Haß
v. 26 *hier*: ersatzlos gestrichen.
v. 35 f. aus:
    Und befreiet, in Lüfte
    Fliegt in Flammen der Geist uns auf.

Asklepiadeisches Versmaß.
Zur Einordnung vgl. oben bei ›Die Heimath‹.

26 hier: Zu dieser wieder gestrichenen Änderung gegenüber der Vorstufe vgl. ›Menons Klagen um Diotima‹ v. 127, I 295.
30 die Vergessenen: die, die vergessen haben.

Diotima ⟨Dritte Fassung⟩
(S. 327)

Erste Fassung s. I 189
Zweite Fassung s. I 256
Vorstufe H6, Überarbeitung der zweiten Fassung
v. 10–12:
   An Lust und That den himmlischen Mächten gleich
      Von ihr noch von der Muttersonne
         Zeugten, die Freien, die Göttermenschen
v. 14–17: fehlen; v. 18–24: wie zweite Fassung v. 14–20.

Text H316, Reinschrift

Alkäisches Versmaß.
Zur Einordnung vgl. oben bei ›Die Heimath‹.

4 die Deinen: Gemeint sind die Griechen des Altertums.
13 nimmer: (mundartlich) nicht mehr.
15 von den vor'gen Sternen: »von den Sternen, die die Namen der Helden der Vorzeit tragen«.
21 Hügel: Grabhügel.

Spätere Überarbeitung H316, unausgeformte Korrekturen in der Reinschrift
v. 5–20 (Textkonstitution nach FHA):
   Die Freigebornen, die des Alpheus sich
      Noch jezt, und jenes Lands und Olympias
         Und des Gesanges sich und ihres
            Immerumfangenden Himmels freuen,

   Des Ursprungs noch in tönender Brust gedenk;
      Die Dankbarn, ausgegangen von jenen, die
         Bis in den Tartarus hinab die Freude
            Brachten, den Freien, den Göttermenschen,

Den zärtlichgroßen Seelen, die nimmer sind;
Denn die beweint, so lange das Trauerjahr
 Schon dauert, von den vor'gen Sternen
  Täglich gemahnet, das Herz noch immer

Und diese Todtenklage, sie ruht nicht aus.
 Die Zeit doch heilt. Die Himmlischen sind jezt stark,
  Sind schnell. Tönt denn zu freuen nicht schon
   Leben, das freudige Recht hernieder?

⟨An Landauer⟩
(S. 328)

Vorstufe H6, unbetitelter Entwurf
nach v. 12 Ansatz zu einer weiteren Strophe:
 O schüzet ihn!

Das Fest verhallt der Schiffer hebet Morgen
Die alte Fahrt auf Woogen wieder an.
v. 24 aus: Auf ⟨a⟩ schmalem ⟨b⟩ vestem Pfade seinen Gang.

Text h46, Abschrift Gustav Schlesiers unter dem Titel ›Zum Geburtstag seines Freundes Christian Landauer‹ nach einer verschollenen Reinschrift

Nach dem Bericht Schlesiers über seine Gespräche mit dem Sohn Christian Landauers ist dieses Gedicht anläßlich eines Geburtstages entstanden, den Landauer am 11. Dezember mit jeweils so vielen Gästen zu feiern pflegte, als er Jahre zählte, und bei welcher Gelegenheit die Reimstrophen wahrscheinlich zu einer bekannten Melodie von den Festteilnehmern gesungen wurden. Der Schluß des Gedichtes bezieht sich auf Hölderlins Abschied; es ist allerdings nicht sicher, ob der Gang nach Hauptwil 1800 oder der nach Bordeaux 1801 gemeint ist. Da Hölderlin jedoch eher die Ode ›Das Ahnenbild‹ zu dem früheren Termin überreichte, ist der zweite für das vorliegende Gedicht wahrscheinlicher.

15 Schatten: Gemeint sind Vater und Bruder Landauers, beide 1800 verstorben; vgl. die Ode ›Das Ahnenbild‹, I 280 und den Kommentar dazu.

1801–1802

Dichterberuf ⟨Zweite Fassung⟩
(S. 329)

Frühere Fassungen An unsre großen Dichter, I 197; Dichterberuf ⟨Erste Fassung⟩, I 269
Vorstufe H2, Vollendung der v. 41–44
Text D21

Alkäisches Versmaß.
Die Ode wurde, wie die folgende, 1801 für die geplante Gedichtausgabe bei Cotta überarbeitet und als Probe an L. F. Huber gegeben, der sie zusammen mit ›Heimkunft‹ ⟨Erste Fassung⟩ und ›Die Wanderung‹ veröffentlichte; s. auch den Kommentar zu ›Der Wanderer‹ ⟨Zweite Fassung⟩, III 174.

5 des Tages Engel: Damit ist wohl weniger der Dichter gemeint, wie ein Vergleich mit der Kurzode nahelegt, als der Genius der Dichtkunst, der »Meister«, der v. 43 Attribute des Apollon trägt.
11 f. sich / Wehret: (mundartlich) arbeiten, sich anstrengen.
19 f. als du die / Loken ergriffen: vgl. Hesekiel 8,1 ff.
34–44: Die ganze Passage ist eine rhetorische Frage.
34 f. des Orients Propheten: Gemeint sind die Propheten des Alten Testaments.
36 Donner: Gemeint ist die Französische Revolution und die auf sie folgenden Kriege.
37 den Albernen: im Sinn von »den Einfältigen, Arglosen«.
49 den Aker baut: vgl. ›Wie wenn am Feiertage ...‹ v. 34 f. (I 263) und die Erläuterung dazu.
57 Ihn: den Himmel.

Stimme des Volks ⟨Dritte Fassung⟩
(S. 331)

Erste und zweite Fassung I 226 und 257
Vorstufe H6/H2, Änderungen in der zweiten Fassung; H403 *Bl. 4°*,
Neuentwurf ab v. 41
Text D21

Alkäisches Versmaß.
Zur Einordnung vgl. oben bei ›Dichterberuf‹ ⟨Zweite Fassung⟩.

1 Du seiest Gottes Stimme: nach dem Sprichwort »Vox populi, vox dei« (Volkes Stimme ist Gottes Stimme), das auf Hesiods ›Werke und Tage‹ v. 763 f. zurückgeht.

15 f. von / Klippe zu Klippe: vgl. »Hyperions Schiksaalslied« v. 16 f., I 745.

19 Todeslust: Vgl. den Brief an den Bruder vom 2. Juni 1796, II 621,18–22 und ›Der Einzige‹ ⟨Schluß einer zweiten Fassung⟩ v. 1, I 458.

25 die lange Kunst: Anspielung auf das Sprichwort »vita brevis, ars longa« (das Leben ist kurz, die Kunst ist lang), das auf den ersten Satz aus Hippokrates' ›Aphorismen‹ 1,1 zurückgeht.

39 f. Geopfert ... / Erndte: vgl. 5. Mose 18,4: »das Erstling deines Korns, deines Mosts und deines Öles, und das Erstling von der Schur deines Schafes.«

45 nicht in der offnen Schlacht: Parenthese.

50 ausgegangen: ausgebrochen; vgl. den Brief an die Schwester vom 3. Dezember 1791, II 477,5.

65 Rohr: Schilfrohr.

71 f.: vgl. Pindars Zweite Olympische Ode in Hölderlins Übersetzung v. 152 ff., II 191.

Der Mutter Erde
(S. 334)

Text H328 *Dbl. 2°*, Niederschrift mit Korrekturen
Titel aus:
> Der Mutter Erde.
> von Ottmar und Hom und Tello.

v. 4–6 aus:
> Von Anfang. Freudigernster
> Neigt über die Harfe der Meister
> Das Haupt und die Töne so viele derer sind

v. 15–18 aus:
> Und unaussprechlich wär und einsam
> In seinem Dunkel umsonst, der doch
> Der Zeichen genug und Wetterflammen
> Und Fluthen in seiner Macht
> Wie Gedanken hat, der heilige Vater

Möglicherweise im Zusammenhang mit diesem Gesang steht der folgende, vereinzelt überlieferte Prosaentwurf: H338 *Bl. 2°* (S. 2: leer)

> O Mutter Erde! du allversöhnende, allesduldende! hüllst du nicht so   und erzählest
>
> und wie um jenen Erstgebornen
> daß ich
> Gemildert ist seine Macht, verhüllt in den Stralen
>   und die Erde birgt vor ihm die Kinder ihres Schooses
> ⟨in⟩ den Mantel, aber wir erfahren ihn doch.
> und kommende Tage verkünde, da
> Viel Zeiten sind vorübergegangen und oft hat einen von dir ein Herz im Busen gefühlt. Geahndet haben die Alten, die frommen Patriarchen da sie wachten bis jezt und im Verborgenen haben, sich selbst geheim, in tiefverschloßner Halle dir auch verschwiegene Männer gedienet, die Helden aber, die haben dich geliebet, am meisten, und dich die Liebe genannt oder sie ⟨haben⟩ dunklere Nahmen dir, Erde gegeben, denn es schämet, sein Liebstes zu nennen, sich von Anfang der Mensch, doch wenn er, Größerem sich genaht und der Hohe hat es geseegnet, dann nennt ⟨er⟩, was ihm eigen ist, beim eigenen Nahmen.
> und siehe mir ist, als hört' ich den großen Vater sagen, dir sei von nun die Ehre vertraut, und Gesänge sollst du empfangen

in seinem Nahmen, und sollst indeß er fern ist und alte
Ewigkeit verborgener und verborgener wird, statt seiner
seyn der sterblichen Menschen, wie du Kinder gebahrest
und erzog⟨st⟩ für ihn, so will er wenn die erkannt ist, wieder
senden sie und neigen zu die Seele der Menschen.

Wann dieser Entwurf entstanden ist, ist nicht mehr genau zu bestimmen; vermutlich im Jahr 1801. Mit ihm beginnt die Phase der frei- oder eigenrhythmischen Gesänge Hölderlins. Zwei Elemente bereiten dieses Summum von Hölderlins lyrischem Schaffen vor: die thematische Wendung zum »Vaterländischen«, die sich in den Elegien ›Stuttgart‹ (s. v. 48 f.) und ›Heimkunft‹ (s. v. 79) ankündigt, und die Auseinandersetzung mit der Gestalt der griechischen Chorlyrik, die 1800 im Entwurf ›Wie wenn am Feiertage...‹ einsetzt. Die Versgestalt der Hymnen entfernt sich jedoch vom griechischen Vorbild, insofern zwar die triadische Form aufgegriffen, nicht jedoch die metrische Responsion der Strophen angestrebt wird.

Das vorliegende Gedicht ist als Wechselgesang der drei Brüder angelegt, die jeweils drei Strophen zu 10 Versen vortragen. Vielleicht war der Prosaentwurf für eine Fortsetzung eines gemeinsamen Schlußgesangs bestimmt.

1 Statt offner Gemeine sing' ich Gesang: Bereits im ersten Vers wird das Programmatische und zugleich Problematische von Hölderlins großen Hymnen ausgesprochen. Der Wechselgesang der Brüder, die vereinzelt (»einsam«, v. 32) singen, verweist auf einen zukünftigen Gesang der Gemeinde, der hiermit allererst gestiftet werden soll.

14 der Chor des Volks: vgl. die Lehre von den drei Chören in Platons ›Nomoi‹ 664b–671a. Mit diesem Werk Platons hat sich Hölderlin anscheinend zur Vorbereitung des Gesangs beschäftigt; s. die folgenden Anmerkungen.

29 Gesez: Im Griechischen hat das Wort νόμος den Doppelsinn von Gesetz und musikalischer Weise, vgl. Platon, Nomoi 700b.

48 Wie ein Gott: Danach fehlt möglicherweise ein Wort.

50 an jedem Tage sich nicht: vgl. Platon, Nomoi 828a, wo im Gegenteil gerade vorgeschlagen wird, 365 Feste jährlich zu geben.

60 Begraben dem Feind: versteckt vor dem Zugriff des Feindes.

Die Wanderung
(S. 336)

Vorstufe H314/H315, Reinschrift mit Überarbeitungen
v. 7 f. aus:
   Und Alpengebirg auch überschattet
   Uraltes dich; denn nah dem Heerde des Haußes
v. 29–32 aus:
   Auch hat in jüngeren Tagen
   Sonst Eines mir erzählt
   Es seien vor alter Zeit
   Die Unsrigen einst ein sinnig Geschlecht,
v. 34–36:
   Dort mit der Sonne Kindern
   Am Sommertage, da diese
   Sich Schatten suchten zusammen
v. 38–41 aus:
   Und nicht umsonst ward diß
   Das gastfreundliche genannt

   Denn als ihr Staunen vorüber war
v. 75 f. *rauschten ... Wälder*:
   rauschten damals / Die heiligen Wälder
v. 90 aus:
   Ihr Meereswoogen, und Idas Wolken und Tempes Fels,
v. 108 f.:
   Dann werden wir sagen, mein ⟨a⟩ Freund ⟨b⟩ Storr,
   Wie kommt ihr Charitinnen, zu Wilden?

Text D21

Die Reinschrift H314/H315, die ursprünglich ein Konvolut ausmachte, enthält nach ›Die Wanderung‹ noch den Gesang ›Der Rhein‹. Beide sind wohl auch zusammen im Jahr 1801 entworfen worden. Dem Druck von ›Die Wanderung‹ Ende 1802 in Hubers *Flora* (vgl. auch den Kommentar zu ›Der Wanderer‹, III 174) lag eine heute verschollene Reinschrift zugrunde. Sinclair bezieht sich vermutlich auf diesen Druck, als er am 7. November 1802 in einem Brief an Hölderlin (II 920) ein »Gedicht von Pindarischem Schwung« preist und darin »die goldenen Pfeile der Liebe« (v. 104) hervorhebt.

Der Aufbau des Gesangs ist streng triadisch: drei Gruppen von drei Strophen mit folgender Verszahl:

12 12 15 / 12 12 15 /12 12 15.

4 Von hundert Bächen durchflossen: vgl. Heinse ›Ardinghello‹ (Reclam-Ausgabe, Stuttgart 1975, S. 85): »... aus dem fruchtbaren großen Thale der Lombardey, von hundert Flüssen durchströmt ...«.

7 der Schweiz: Der spätere Nachtrag in der Handschrift zeigt, daß Hölderlin ursprünglich die Grenzen des alten Herzogtums Schwaben aus der Stauferzeit (12.–13. Jh.) im Sinne hatte, zu dem auch die Quellgebiete des Rheins gehörten (v. 94).

15 leichtanregend: (mundartlich) leichtberührend.

20 Städte: s. unten die spätere Überarbeitung.

21 der See: Gemeint ist der Bodensee.

28: vgl. die Variante zu ›Dem Allbekannten‹ v. 1, III 149.

30–37: Der Ursprung der Sage, von der Hölderlin sagt, jemand habe sie ihm in seiner Jugend erzählt, ist nicht bekannt.

35 Sich Schatten suchten: vgl. ›Der Ister‹ v. 30, I 476.

36 Mit Kindern der Sonn': Möglicherweise sind die Kolcher gemeint, die nach Herodot 2,104 aus Ägypten stammen und sich im Osten des Schwarzen Meeres ansiedelten.

39 Das gastfreundliche: Nach der Besiedlung seiner westlichen und südlichen Küste nannten die Griechen das Schwarze Meer πόντος εὔξεινος.

52 Vertauschten sie Waffen: vgl. ›Fragment von Hyperion‹ I 495,8 und die Erläuterung dazu.

68 ihr Schönsten: die Griechen.

79 Land des Homer: Ionien, s. v. 86.

82 Pfirsiche: Die Frucht stammt aus Asien, die Römer nannten sie daher »persicum malum« (persischer Apfel), wovon das deutsche Wort abgeleitet ist.

89 Thetis: Zu dieser Verwechslung mit Thetys vgl. ›Aus Ovids Phaëton‹ v. 54, II 167.

95 ans Herz ihr stürzen: Gemeint ist der Rheinlauf von Chur bis zum Bodensee, der in Richtung Schwaben führt.

96 niemand weiß: vgl. ›Der Ister‹ v. 72 und ›Heimath‹ v. 1, I 395.

108 (Variante): Hölderlin erwägt, diesen Gesang Wilhelm Ludwig Storr zu widmen, dem Oberamtmann in Nürtingen, der am 28. September 1802 seinen Paß nach Regensburg unterschreibt, s. III 609.

Späterer Druck D27
v. 34–36:
>   Dort mit der Sonne Kindern
>   Am strengsten Tage, staunendes Geistes, da diese
>   Sich Schatten suchten, zusammen

v. 42–44:
>   Die Unseren sich neugierig unter
>   Den Ölbaum. Doch als nun sich ihre Gewande
>   Berührt, und keiner vernehmen konnte

Trotz der auffälligen Koinzidenz zwischen H314, die wie dieser Druck mit v. 102 endet, war die Handschrift nicht unmittelbare Druckvorlage. Möglicherweise spielt Conzens Bemerkung in seiner Rezension vom 1. April 1807 in ⟨Hallische⟩ *Allgemeine Literatur-Zeitung* Bd. 1, Nr. 78, Sp. 622 ff. auf das Fehlen der letzten Strophe an: »Von Hölderlin finden sich aus seiner früheren Periode einige glückliche poetische Erzeugnisse, unter denen Rec. die Wanderung mit reinem Interesse gelesen hat, das nur durch eine Rücksicht getrübt wurde, die er hier nicht weiter andeuten will.« (Zu weiteren Rezensionen des Seckendorfschen *Musenalmanachs für 1807* vgl. den Kommentar zu ›Stutgard‹ ⟨Zweite Fassung⟩, III 218 f.)

Spätere Überarbeitung H314, weitere Änderungen in der überarbeiteten Reinschrift
v. 18–22:
>   Dir angeboren die Treue der Schweiz noch. Schwer verläßt
>   Was nahe wohnet solch ehrlichem, den Ort.
>   Und deine Kinder, die Städte, Heidenheim, Nekars Ulm
>   Am weithindämmernden See,
>   An Nekars Weiden, Thills Dorf und am Rhein

v. 58–60:
>   Wuchs schöner, staatsklüger auch
>   Denn Alles, was vor und nach
>   Von Menschen sich nannt' und Wilden, ein Geschlecht auf.
>   Wo

v. 65–67:
>   Ionias, an den Grotten der See
>   Des Tenedos gegenüber der   die
>   Umschlossen sind von ferne irrenden Bergen,

rechts neben v. 66: der Muskatellertraube
(nicht weiter ausgeführt, vgl. ›Mnemosyne‹ v. 38, I 438)

v. 77: Die Leiern und Cymbeln zusamt

v. 89f. *Thetis, / Ihr Wälder*: Thetis, euch / Ihr Meereswoogen

⟨Entwürfe zu Der Rhein⟩
(S. 340)

Text H315a (v. 1–31 und v. 105–122; die Verszählung wurde wegen der besseren Vergleichbarkeit mit dem Text der vollendeten Hymne gewählt)
Über dem Text:
   Das Gesez dieses Gesanges ist, daß die zwei ersten Parthien der Form ⟨nach⟩ durch Progreß u. Regreß entgegengesezt, aber dem Stoff nach gleich, die 2 folgenden der Form nach gleich dem Stoff nach entgegengesezt sind die lezte aber mit durchgängiger Metapher alles ausgleicht.
v. 5 aus: Das göttlich gebaut,
v. 16–25 aus:
   Jezt aber hört ich, drin im Gebirg,
   Tief unter den silbernen Gipfeln
   Und unter gla
   Wo die Wälder schauernd hinab,
   Und die Felsen unverwandt
   Die Häupter beugen, dort
   Im kalten Abgrund, jammern
   Den jungen Strom,
v. 25–31 aus:
   Ihn jammern, es hörten ihn, in der Tiefe
   Gefangen war er
   Denn
         das Rasen des Halbgotts

Text der letzten Strophe H351 *Dbl. 2°* S. 4, im Anschluß an eine unvollständige Reinschrift (s. u. bei ›Der Rhein‹, Vorstufe). Der gesamte Text ist unterstrichen.
v. 1 f. aus:
   Und du sprichst bei dir selbst
   In ewigheiterer Seele,
v. 9–14 aus:
   Du aber, kundig der See,
   Wie vestes Landes, du schauest die Erde
   Und schauest Licht an, ungleich scheinet das Paar,

        Denkst du, doch göttlich beide, so
        Ist dir, vom Aether
        Gesandt, vom ruhigen Aether
        Ein Genius um die Stirne.

Das Gesez dieses Gesanges ...: vgl. die Erläuterung zu ›Der Mutter Erde‹ v. 29.
5 Mein Vater: Gemeint ist Heinse, dem die Hymne zunächst gewidmet war.

Der Rhein. An Isaak von Sinklair
(S. 342)

Vorstufe H351 *Dbl. 2°* (S. 1,2: v. 46–95; S. 3,4: v. 180–211, s. o. bei Entwürfe zu ›Der Rhein‹), unvollständige Reinschrift
  v. 69 *Zahne:* Schlunde
  v. 73 f. *wie ... spalten* aus:
    er muß, wie der Bliz / Die Erde spalten
  v. 198 f. aus:
    Wohl ihnen, die es immer behalten.
    Denn gleich den Göttern

Text H315, überarbeitete Reinschrift
  Widmung: An Vater Heinze. (vgl. aber v. 212 und Druck)
  über und unter der Widmung ohne Tinte eingerizt:
    Dalberg / Hanau
  v. 44 f. aus:
    Der Fehl, daß sie nicht wissen, von wannen
    Noch auch wohin, in die Seele gegeben.
  v. 105–114 aus:
    Denn irrlos gehn, geradeblikend die
    Vom Anfang an zum vorbestimmten End'
    Und immer siegerisch und immerhin ist gleich
    Dir That und der Wille bei diesen.
    Drum fühlen es die Seeligen selbst nicht,
    Doch ihre Freude ist
    Die Sag und die Rede der Menschen.
    Unruhig geboren, sänftigen die
    Fernahnend das Herz am Glüke der Hohen;
    Diß lieben die Götter; jedoch ihr Gericht

v. 139 *Rousseau*: später eingefügt
v. 163 *Am Bielersee*: später eingefügt
v. 174–179 aus:
Das stundenlange, der Herrscher
An goldnen Seilen gelenkt hat,
Auch ruht und vor der Schülerin jezt
Der Bildner, vor der Braut
Der herrliche Pygmalion,
Der Tagsgott vor der Erde sich neiget.
v. 212–215 aus:
In Stahl, mein Heinze! ein Gott erscheinen oder
In Wolken, du kennst ihn,
Und nimmer ist dir verborgen
Das Lächeln des Herrschers

Diese Hymne wurde im Anschluß an ›Die Wanderung‹ ins reine geschrieben und ist wohl auch mit jenem Gedicht 1801 in Hauptwil konzipiert worden. Die Überarbeitung und Umwidmung wird jedoch erst nach der Nachricht von Heinses Tod am 22. Juni 1803, von dem Hölderlin noch am 14. April 1804 (vgl. III 555 f.) nichts wußte, durchgeführt worden sein. Der Aufbau der Hymne ist wiederum triadisch – fünf Gruppen zu drei Strophen –, jedoch schwankt die Verszahl der einzelnen Strophen:
15 16 14 / 15 15 14 / 15 16 14 / 15 16 14 / 15 15 12.
Zum inneren Aufbau vgl. oben Hölderlins Bemerkung zu den Entwürfen (Das Gesez dieses Gesanges...), deren Formulierung auf den Aufsatz ›Wenn der Dichter einmal des Geistes mächtig...‹ zurückverweist, s. dort vor allem II 81,31–82,25.

5 göttlichgebaute: vgl. Hölderlins Pindar-Übersetzungen ›Dritte Olympische Ode‹ v. 12 (II 193) und ›Neunte Pythische Ode‹ v. 17 (II 235), wo dieses Wort für griechisch »$\vartheta\varepsilon\acute{o}\delta\mu\eta\tau o\varsigma$« verwendet wird.
24 Jüngling: der »junge« Rhein, vgl. v. 88, wo der Unterlauf des Rheins »Vater« genannt wird.
35 Tessin: aus metrischen Gründen und in mundartlicher Weise jeweils auf der ersten Silbe zu betonen.
37 Nach Asia: Der Vorderrhein fließt in östliche Richtung bis Chur, wo er nach Norden biegt; vgl. v. 78 f.
40 Die Blindesten: Prädikatsnomen zu »Göttersöhne«.
41–45: vgl. Matthäus 8,20 und Lukas 9,58: »Die Füchse haben Gruben

und die Vögel unter dem Himmel haben Nester; aber des Menschen Sohn
hat nicht, da er sein Haupt hin lege.«

50f. das meiste nemlich / Vermag die Geburt: vgl. Pindar, 9. Olympische Ode v. 100: »Das von Natur aus ist das Stärkste überall«.

70 Zerreißt er die Schlangen: Anspielung auf Herakles, der schon in der Wiege die beiden von Hera geschickten Schlangen zerriß.

76–80: vgl. das aufgegebene Motiv im ersten Versentwurf zur ›Friedensfeier‹ v. 28–31, I 356.

96–98: vgl. das in der Ode ›An Eduard‹ aufgegebene Motiv in dem Konzept ›Bundestreue‹ v. 3–6, I 242f.

99–102: Die mehrfache Verschränkung der Satzteile kann so aufgelöst werden: »Erst nachdem Liebesbande zu Stricken gemacht worden sind, haben die Trotzigen (die Menschen), weil sie dann des eigenen Rechts und des himmlischen Feuers (zu) gewiß sind, eben dieses Recht und das Feuer verspottet und die sterblichen Pfade verachtet ...«.

115–118: Anspielung auf die Rache Heras an Herakles, den sie mit Wahnsinn schlägt, so daß der sein Haus für das seines Feindes hält und es zerstört, sowie seine Frau Megara und die gemeinsamen Kinder tötet; vgl. Euripides ›Herakles‹, insbesondere v. 932–1015.

155ff.: Anspielung auf Atlas.

206 Ein Weiser: Gemeint ist Sokrates; vgl. Platon, Symposion 223b–d.

Späterer Druck   D28, nach einer verlorenen, Sinclair überreichten Vorlage; vgl. die Anmerkung zum Druck von ›Patmos‹, III 278
   v. 177–179:
      Der Bildner, Gutes mehr
      Denn Böses findend,
      Zur heutigen Erde der Tag sich neiget. –
   v. 213 *kennest*: kennest jugendlich

Deutscher Gesang
(S. 348)

Text   H17, Entwurf. Die einzelnen Schichten sind nicht klar zu trennen, v. 7–14 wahrscheinlich später als das Übrige entworfen.
   Titel und v. 1–3: unterstrichen
   v. 1–5 aus:
      Wenn der Morgen allbegeisternd heraufgeht
      Und der Vogel den Gesang beginnt,
      Und Stralen der Strom wirft, und schneller hinab

Die düstre Bahn geht über den Fels,
Weil ihn das himmlische Licht erwärmet,
v. 9 aus: Und die Stadt und die Werkstatt
v. 13 aus: Und hält sich still in der Halle
unter den Vers wird geschrieben: sinnt in einsamer; dazwischen und
darunter gefügt wird: Dann wandelt einsam / Der deutsche
Dichter; der zweite Vers wird wieder gestrichen, dahinter – möglicherweise schon früher geschrieben – steht: schweigt. So daß auch
gelesen werden kann: Der deutsche Dichter schweigt.
v. 15 aus: dann schöpft, in kühler Abendstunde
v. 18f. aus: Und beginnt, fernhin lauschend in die Stille,
v. 28f. aus:
Weissagend weilen über den Bergen
Unseres Vaterlands, ehe sie weiter-
v. 34–38 aus:
Wenn dich, der du bis heute,
Nahmlos geblieben o göttlichster!
Dich, Schuzgeist
Im
Am unteren Rand:
Je mehr Äußerung, desto stiller
Je stiller, desto mehr Äußerung.

Vor dem folgenden Entwurf in die gleiche Handschrift eingetragen.

18 des heiligen nüchternen Wassers: vgl. ›Die lezte Stunde‹, I 264 und
›Hälfte des Lebens‹ v. 7, I 445.

Am Quell der Donau ⟨Prosaentwurf⟩
(S. 350)

Vorstufe H17, Konzept
Am Quell der Donau.

Mutter Asia!

⟨a⟩ Dich grüß ich, nicht aus eigener Lust allein,

Denn daß ein Gruß dir würde, berief zu Gesange mich
⟨b⟩ Dich Asia nenn ich, nicht aus eigener Kraft allein,

Denn daß ein Dank beizeiten dir Mutter Asia würde, berief
   zu Gesange mich
Der Genius derer, von denen, wie von heiligem Berge,

und fernhin, eh es alles geschiehet
Verkünd' ich dirs.
⟨Raum für drei Verse⟩
Und siehe

so
⟨Raum für zwei Verse⟩
Doch endlich, endlich mit der Donau Woogen, wenn
   (Die Antwort, Mutter Asia)

Text H17, Entwurf, der sich in mehreren, nicht mehr genau trennbaren
   Schichten über das Konzept lagert
   am linken Rand, neben l. 19–23 ohne Textanschluß:
      Denn Romas Donner kommen vereint wie Geschosse Reegen
      Das Wort aus Osten und Nacht war über den Augen der
      Besten, indeß ein anders Geschlecht
   l. 37–40 aus:
      die Starken die Gewaltigen zuerst es vermochten, des Geistes gewiß allein allein zu reden zu Gott
   l. 41 f. aus:
      wie des Meers Fluth wenn es an seine Gestade   auswärts
      die Gewässer
   unter dem Text, wahrscheinlich früher als dieser geschrieben:
      Und mit der Donau Woogen
      In Wolken des Gesangs tront,   herrschet über die
      Völker, über die Fürsten ein Gott, doch keiner wird nennen.
      Denn wie zu Frühlingsanfang

Am Quell der Donau
(S. 351)

Text H333, Reinschrift, mit Bleikorrekturen
   Titel und v. 1–24: fehlen.
   v. 38 *O Asia:* möglicherweise gestrichen.

v. 70–72 aus:
> Beim Kampfspiel, wo sonst unsichtbar der Heros
> Geheim bei Dichtern saß, die Ringer schaut und lächelnd
> Pries, der gepriesene, die müßigernsten Kinder.

v. 89–91: ersatzlos gestrichen

v. 105–112 aus:
> Oftmals, wenn einen dann die heilige Wolk umschwebt,
> Da staunen wir und wissens nicht zu deuten.
> Ihr aber würzt mit Nectar uns den Othem
> Und dann frohloken wir oft oder es befällt uns
> Ein Sinnen, wen ihr aber zu sehr liebt
> Er ruht nicht, bis er euer einer geworden.
> Darum, ihr Gütigen umgebet mich leicht,
> Damit ich bleiben möge, denn noch ist manches zu singen,

Wahrscheinlich noch 1801 entworfen. Die Verse 1–25 sind dem Inhalt nach durch die Zeilen 1–7 des Prosaentwurfs zu ergänzen. Die nachträglich Karl Philipp Conz (vgl. v. 105) gewidmete Hymne ist triadisch gebaut, drei Gruppen zu drei Strophen mit folgender Verszahl:
⟨12 12⟩ 15 / 12 12 16 / 12 12 14.

35 Der Chor der Gemeinde: vgl. ›Der Mutter Erde‹ v. 1 und 14 (I 334) und die Erläuterungen dazu.

35–42: Dieser Passage liegt die Vorstellung der Kulturwanderung von (Süd-)Osten nach Nord(-Westen) zugrunde.

39 Kapitol: Jupitertempel in Rom, im weiteren Sinn der Hügel, an dessen südlichem Hang er neben der Stadtburg stand.

46–51: vgl. ›Antigonä‹ v. 349 ff., II 331 und die frühere Übersetzung desselben Standliedes, II 186.

70–72: Anspielung auf Pindars ›Dritte Olympische Ode‹ v. 21, II 193. Die Variante zum Text spielt auf dieselbe Ode v. 34 (neuer Zählung) an, wo es heißt: »Auch jezt kommt er ⟨sc. Herakles⟩ zu diesem Fest«.

83 Taglang auf Bergen gewurzelt: vgl. 2. Mose 24,15–18: »Da nun Mose auf den Berg kam, bedeckte eine Wolke den Berg; und die Herrlichkeit des HERRN wohnete auf dem Berge Sinai und decket ihn mit Wolken sechs Tage und rief Mose am siebenten Tage aus der Wolken. Und das Ansehen der Herrlichkeit des HERRN war wie ein verzehrend Feuer auf der Spitze des Bergs vor den Kindern Israel. Und Mose ging mitten in die Wolken und stieg auf den Berg und blieb auf dem Berge vierzig Tage und vierzig Nacht.« S. auch 2. Mose 34,28.

Spätere Überarbeitung H333
v. 25–40:
> Denn, wie wenn einsmals, von silberscheinender Orgel
> Das Vorspiel
> Aufgehet aus den unerschöpflichen Röhren,
> Morgens und brausend her von Halle zu Halle,
> Allmächtig der erfrischende Strom rinnt,
> Kalt aber unten
> Im schaurigen Hause, die Schatten sind
> Nun aber entbrannt, nun glühend ihr
> Der Sonne des Fests, antwortet
> Der Gedanke der Gemeinde; so kam
> Das Wort aus Osten zu uns
> Und an Parnassos Fels
> Und nahend am Kithäron hör' ich
> O Asia, das Echo von dir und es bricht sich
> Am Kapitol und jählings herab von den Alpen

Kommt vor der Zeit die Furchtbare
v. 62 f.:
> Noch ehe Gestirn naht. Denn schwer ist göttliches Gut. Die
>   Eltern aber, denn es
> Hat eine Zeit her sich zum Neuen der Vater gewendet,

damit bricht die Überarbeitung ab.

Der Todtengräber
(S. 354)

Text H333. Der hier wiedergegebene Entwurf besteht aus möglicherweise nicht zusammengehörigem Material, das sich auf den Seiten 3 und 4 der Handschrift befindet. Unter v. 91 von ›Am Quell der Donau‹ steht rechts der Titel in dunkler Tinte, links v. 18–25 und aus Platzmangel rechts wieder v. 26 f. Links am Rand, neben v. 92–117 von ›Am Quell der Donau‹, stehen auf der nächsten Seite mit dunkler Tinte geschrieben die Verse 1, 5, 8, 9 und 11–17, dazwischen mit blasser Tinte die hier eingezogen wiedergegebenen Verse 2–4, 6, 7, 10.

Der Entwurf ist nach dem 14. März 1803, dem Todesdatum Klopstocks entstanden; er wurde wegen des handschriftlichen Zusammenhangs jedoch an dieser Stelle eingeordnet. Vgl. auch Hölderlins Notiz zu dem ausgeschriebenen Preis für ein Gedicht auf den verewigten Klopstock, III 440.

14f.: Anspielung auf die Entrückung des Propheten Elia, vgl. 2. Könige 2,11f.: »Und da sie miteinander gingen und er redete, siehe, da kam ein feuriger Wagen mit feurigen Rossen und scheidete sie beide von einander und Elia fuhr also im Wetter gen Himmel. Elisa aber sahe es und schrie: Mein Vater, mein Vater, Wagen Israel und seine Reiter. Und sahe ihn nicht mehr.«

16 sieben Weise: Die kanonischen Sieben Weisen des antiken Griechenlands, die im 7. und 6. Jh. v. Chr. lebten, waren: Thales, Pittakos, Bias, Solon, Kleobulos, Periandros und Chilon.

24 Röhren des Lebens: vgl. ›An den Aether‹ v. 9, I 176.

FRIEDENSFEIER

Alle überlieferten Entwürfe zur ›Friedensfeier‹ befinden sich in einer Handschrift: H335 2 Dbl. 2°; bei den Textstufen werden nur die Seitenzahlen dieser Handschrift angegeben (die Bibliotheksnumerierung der Blätter, die in einer Mappe mit nicht zugehörigen Texten liegen, lautet wie folgt: S. 1/2 = 11, S. 3/4 = 12, S. 5/6 = 9; S. 7/8 = 10). Die Edition dieser Entwürfe weicht von der in der Großen Stuttgarter Ausgabe an einigen Stellen ab; da Friedrich Beißner bei der Drucklegung des zweiten Bandes die später entdeckte Reinschrift noch nicht bekannt war, mußte er zu anderen Entscheidungen kommen. Solche Abweichungen werden hier deshalb entgegen dem sonst geübten Verfahren nicht verzeichnet.

⟨Prosaentwurf⟩
(S. 355)

Text S. 8, Niederschrift
 Über dem Text:
  Darum sei gegenwärtig Jüngling,

  Da du selber gesagt, in Tempel
 l. 5 aus: wo die Wanderer zum Hauße, und all
 l. 11 *übrigen allen* aus: der Menschen
 l. 13 aus: die du die liebtest
 l. 14 *werden* aus: sollten
 l. 20 aus: am Tag seyn

13 f. in Wahrheit ... anbeten: vgl. Johannes 4,23 f.

⟨Erster Versentwurf⟩
(S. 356)

Text S. 1–4, vorläufige Reinschrift, nach einem verschollenen Entwurf
v. 7 aus: Dich, himmlischer Bote
v. 51 *schonender*: schönender
v. 67 *sein*: seyn (danach möglicherweise Strophenfuge)

Spätere Überarbeitung S. 3, Neuentwurf ab v. 59 bis v. 70
1. Ansatz
    Das Mühn erst und das Irrsaal,
    Bis eigen geworden ist
    Und sein sie nennen darf der Mensch
    Die menschlich göttliche Gaabe.
    So gewann erst empfangend,
    Ein räthselhaft Geschenk,
    Und ringend als er die Gefahren die trunkenübermüthigen des
    Siegs erstanden
2. Ansatz
    Das Mühn erst und das Irrsaal,
    Bis Eigentum geworden ist und verdient
    Und sein sie darf der Mensch dann auch
    Die menschlich göttliche nennen.
    So gewann empfangend
    Ein räthselhaft Geschenk, und ringend dann als er das Gefährliche des Siegs, das trunkenübermüthige mit göttlichem Verstand überwunden der Mensch, gewann er die Flamme und die Wooge des Meeres und den Boden der Erd und ihren Wald und das heiße Gebirg, und den finstern Teich, gewann
        das unscheinbare aber das nächste gewann er zulezt,
            die liebste,

⟨Zweiter Versentwurf⟩
(S. 359)

Vorstufe S. 5 f., Entwurf von v. 24–41 (v. 19–23 wurden wahrscheinlich
auf einem jetzt verlorenen Blatt entworfen)
   Geweihete Gebirge,
   Und die lieben Freunde, das treue Gewölk
   Umschatteten dich auch, damit der reine kühne
   Durch Wildniß mild der Stral von oben kam zu Menschen.
   Ach! dunkler aber überschattete, mitten im Wort dich
   Furchtbar entscheidend ein tödtlich Verhängniß. So ist
           schnell
   Vergänglich alles Himmlische; aber umsonst nicht.
   Denn schonend rührt des Maases allzeit kundig
   Nur einen Augenblick die Wohnungen
   Ein Gott an unversehn, geheim ist er keiner weiß es wenn.
   Und kommen darf
   Das Wilde zu dem Ort zu üben blindbetastend
   Am heiligen den sicheren Wahn.
   Kein Dank folgt auf dem Fuße göttlicher Gaabe.
   Denn schwer ist solche zu fassen
   Und wäre der sie giebt
   Nicht sparsam
   Längst hätte
Diese Vorstufe ist aus zahlreichen Umformungen entstanden, die im
folgenden nochmals genetisch dargestellt werden:
1. Ansatz
   Geweihete Gebirge,
   Und die lieben Freunde, das treue Gewölk,
   Umhüllten dich, daß wie durch heilge Wildniß,
   Der reine Stral gemildert schien den Menschen,
   Von dorther sei
   Mir gegenwärtig Jüngling

   Jezt erst, denn ehe noch
   Du ausgeredet, rief es herab, und schnell
   Verhüllt war jenes Freudige, das du reichtest
2. Ansatz
   Geweihete Gebirge,
   Und die lieben Freunde, das treue Gewölk
   ⟨a⟩ Umschatteten dich auch, daß wie durch heilige Wildniß

⟨b⟩ Umschatteten dich auch, daß milde durch die Wildniß
   Der ⟨a⟩ reine ⟨b⟩ weise kühne kam, von oben der Stral zu
      Menschen.
⟨c⟩ Umschatteten dich auch, damit der eine kühne
   Durch Wildniß mild der Stral von oben käme zu
      Menschen.
   Ach! dunkler aber überschattete, mitten im Wort dich
   Furchtbar gebietend ein tödtlich Verhängniß. So
      ist schnell
   Vergänglich alles Himmlische; aber umsonst nicht.

⟨a⟩ Denn schonend rührt die Wohnungen der Menschen,
   Nur einen Augenblik, ein Gott an, ungesehn,
   Geheim, und keiner weiß es wenn.
⟨b⟩ Denn schonend rührt des Maases allzeit kundig
   Nur einen Augenblik ein Gott die Wohnungen
   Der Menschen an geheim, und keiner weiß es wenn.
⟨a⟩ Und drüber hin darf alles Freche fahren,
   Und heiß und kalt und
⟨b⟩ Und drüber hin darf alles Freche gehn,
⟨c⟩ Betasten darf das Heilige
⟨d⟩ Betasten das Heilige muß
   Das Wild
⟨e⟩ Betasten das Heilige mag
   Unzählig Wildes
⟨f⟩ Und ferne von den Enden kommt zum heilgen
⟨g⟩ Und kommen darf zum heilgen Ort das Wilde
   Und übet blindbetastend
⟨a⟩ Sinnlos den frischen Wahn und trift daran   sein
      Schiksaal,
⟨b⟩ Sinnlos den frischen Wahn, damit es find' ein
      Schiksaal.
   Kein Dank folgt auf dem Fuße göttlicher Gaabe.
   Denn schwer ist solche zu fassen
   Und wäre der sie giebt
⟨a⟩ Nicht alles Maases kundig,
⟨b⟩ Nicht seines Maases kundig,

Text   S. 1, 2, 6, 7
   v. 1–13 = v. 1–13 des ersten Versentwurfs (v. 14–33 des ersten Versent-
      wurfs werden eingeklammert)

v. 14–18 = v. 34–38 des ersten Versentwurfs
v. 19–42 Abschrift und Neuentwurf auf Basis der Vorstufe
v. 43–75 überarbeitete Niederschrift
v. 35–42 aus:
> Und kommen darf zum heiligen Ort das Wilde
> ⟨a⟩ Von Enden fern, und blindbetastend übt
>   Am Göttlichen den Wahn und fin
> ⟨b⟩ Von Enden fern, und blindbetastend übt den Wahn
>   Am Göttlichen und trift daran ein Schiksaal. Aber
>   Kein Dank folgt auf dem Fuße göttlicher Gaabe
>   Denn schwer ist solche zu fassen
>   Und wäre der es giebt, nicht sparsam
>   Längst wäre vom Seegen des Heerds
>   Uns Dach und Boden entzündet.

v. 46 aus: Denn menschlicher Weise, nimmermehr

v. 50–57 aus:
1. Ansatz
> Vom Alllebendigen, aber ist
> ⟨a⟩ Der Nächste der
>   Und Gesänge von ihm
> ⟨b⟩ Der Nächste der, und die Freuden von ihm.

2. Ansatz
> Dem Alllebendigen aber von dem
> Viel Freuden sind und Gesänge,
> Ist einer ein Sohn
> Am Herzen kennen wir ihn,
> Jezt da wir kennen den Vater,
> ⟨a⟩   ⟨Raum für vier Verse⟩
>   Ist räthselhaft der Ruhigmächtige nimmer.
> ⟨b⟩ Und Feiertage zu halten
>   ⟨a⟩ Der Herr der Zeit
>   ⟨b⟩ Der Geist der Welt
>   Sich zu den Menschen geneigt hat.

v. 58–61 aus:
> Zur Herrschaft war der immer zu groß
> Doch mag ein Gott, gleich den Sterblichen
> Erwählen ein Tagewerk und theilen das Schiksaal

v. 66 *an*, danach aufgegeben:
> Und alle ⟨a⟩ der Menschen ⟨b⟩ die wandeln in

v. 67–74: zunächst zwischen den Zeilen, dann am Rand, schließlich auf der gegenüberliegenden Seite entworfen.

v. 75: zunächst unter v. 58 notiert, später am Fuß der Seite unter den aufgegebenen Teil von v. 66 eingefügt.

Vergleichstabelle zu den Textstufen der ›Friedensfeier‹. P. = Prosaentwurf, 1. = erster Versentwurf, 2. = zweiter Versentwurf, F. = Friedensfeier, [ ] = Überarbeitung des ersten Versentwurfs.

P.	1.	2.	F.
			1–12
	1–8	1–8	13–20
19–20	9–13	9–13	21–24
	14–33		
	34–45	14–25	35–46
(10)	46–54	26–33	47–54
		34–37	55–58
	57–62	37–42	58–63
	[59–72]	43–52	64–73
	54–56	53–54	74–75
		55–57	76–78
10,16–18	63–67		
	68–82		
		58–64	79–84
			85–86
	83–85	64–66	87–88
		67–69	89–90
		70–71	
		72–74	91–93
	86–94		94–102
			103–104
1–11	95	75	106–112
12–15	96		113
			114–156

Friedensfeier
(S. 361)

Text H405 2 *Dbl., Bl. 2°* (S. 10: leer), Reinschrift
v. 93 *wir*: fehlt.   v. 95 *daß*: das

Das erste Konzept zu diesem Gesang wird kurz nach Ankunft der Nachricht vom Friedensschluß zwischen Österreich und Frankreich zu Lunéville am 9. Februar 1801 in Hauptwil entstanden sein; vgl. die bald darauf geschriebenen Briefe an die Schwester und an Landauer, II 891–895. Die Durchformung des Gesangs hat Hölderlin jedoch möglicherweise bis 1803 beschäftigt, jedenfalls deutet darauf das Angebot, das Hölderlin am 8. Dezember 1803 an Wilmans macht (II 926): »Einzelne lyrische größere Gedichte 3 oder 4 Bogen, so daß jedes besonders gedrukt wird weil der Inhalt unmittelbar das Vaterland angehn soll oder die Zeit, will ich Ihnen auch noch diesen Winter zu schiken.« Ob Hölderlin diesen Plan verwirklicht hat, ist nicht bekannt; keiner der großen Gesänge ist bei Wilmans erschienen.

Die Reinschrift der ›Friedensfeier‹, die erst 1954 in London entdeckt wurde, gibt ein Bild davon, wie sich Hölderlin einen solchen gesonderten Druck vorgestellt haben mag. Auf der Titelseite steht: Friedensfeier. / von / Friedrich Hölderlin. Auf der Rückseite folgt das Vorwort, dessen zweiter Absatz vermutlich erst anläßlich des im Brief an Wilmans ausgesprochenen Plans mit dunklerer Tinte ergänzend hinzugefügt worden ist. Auf der dritten Seite beginnt das Gedicht.

Der Gesang ist triadisch gegliedert, die vier Gruppen zu je drei Strophen sind in der Handschrift durch größere Strophenfugen voneinander abgesetzt; die Verszahl der Strophen ist folgende:

12 12 15 / 12 12 15 / 12 12 15 / 12 12 15.

Titel: Auffällig ist das Fehlen des Artikels. Das deutet darauf hin, daß der Gesang selbst die Feier des Friedens ist. D. h. er ist Andenken daran, welche Zukunft der weltliche Frieden eröffnet, und nicht die Beschreibung der Feier. Zum Gebrauch des Wortes »Feier« in Bezug auf das Wort »Fest« vgl. ›An die Deutschen‹ ⟨Zweite Fassung⟩ v. 9 f., I 265.

anstößig (Vorwort l. 2): Vgl. Hölderlins Anmerkung im ›Hyperion‹, in der er der Hoffnung Ausdruck gibt, man möge sich an einer Äußerung Hyperions nicht »scandalisiren«, also keinen Anstoß an ihr nehmen; s. I 617 und die Erläuterung dazu.

4 Saal: An ähnlichen Stellen verwendet Hölderlin sonst einen Vergleich (s. ›Brod und Wein‹ v. 57, I 374/375).

15 den Fürsten des Fests: Bald nachdem die verloren geglaubte Reinschrift wieder aufgefunden war, erhob sich ein Streit um die Frage, wer mit dem (in v. 112 nochmals genannten) »Fürst des Festes« gemeint sei; dieser Streit ist bis heute nicht beendet. Es seien hier nur einige der Deutungen erwähnt: Napoleon Bonaparte, der Vatergott, Christus, Saturn, der Gott des Friedens und die »gestaltgewordene Bereitschaft der Menschen zu neuer schöpferischer Gottesbegegnung«. Das Problem der Identifizierung dieser Gestalt läßt sich jedoch sowenig lösen, wie es bei der Gestalt des Knaben möglich ist, die Vergil in seiner vierten Ekloge als Träger der Hoffnung auf ein neues Zeitalter einführte. Die aus einem ähnlichen Anlaß, nämlich dem 40 v. Chr. zwischen Antonius und Octavian (dem späteren Kaiser Augustus) geschlossenen Pakt von Brundisium, entstandene Ekloge wurde in der Antike als prophetische Schau auf das Zeitalter des Augustus verstanden, im Mittelalter und später noch aber auf Christus bezogen. In der Bemühung, eine solche Gestalt mit Hilfe historischer, mythischer oder philosophischer Auslegung eindeutig zu bestimmen, wird allerdings nur die Bemühung des Dichters, divergierende Elemente in einer solchen Gestalt zu fassen, unterlaufen und erneut in den Streit zersetzt, der in dieser Gestalt aufgehoben werden sollte. So geht die von Hölderlin gewählte Bezeichnung sicher auf das Wort des Propheten Jesaja zurück: »uns ist ein Kind geboren, ein Sohn ist uns gegeben, und die Herrschaft ist auf seiner Schulter; und er heißt Wunderbar, Rat, Kraft, Held, Ewig-Vater, Friedefürst« (Jesaja 9,5). Diese Ankündigung des Messias wird im Christentum auf Jesus Christus bezogen. Es wäre aber verfehlt, nun vorschnell Hölderlins »Fürsten« mit Christus zu identifizieren, zumal die Gestalt Jesu ja erst zum Fest geladen wird (vgl. v. 40).

20 Beugt: wohl transitiv zu verstehen.

21 Ein Weiser: vgl. ›Der Rhein‹ v. 206, I 348 und die Erläuterung dazu.

27 Erstaunet: vgl. ›Brod und Wein‹ v. 17, I 372/373 und die Erläuterung dazu.

43 Stadt: Sichar. Vor dieser Stadt, »nahe bei dem Feld, das Jakob seinem Sohn Josef gab«, spricht Jesus mit einer Samariterin (aus der Sicht der Juden eine Ausländerin) an einem Brunnen; als sie sagt: »Ich weiß, daß der Messias kommt, der da Christus heißt«, antwortet er: »Ich bins, der mit dir redet.« Seine Jünger kommen dazu und wundern sich, daß er mit einer Frau spricht. Vgl. Johannes 4,4–42.

46 Gewölk: vgl. Hebräer 12,1 νέφος μαρτύρως (eine Wolke von Zeugen). Luther übersetzt: »Haufen«.

81 Tagewerk: vgl. v. 14.

94 Zeitbild: Das »Bild«, das »der stille Gott der Zeit« vollendete, ist der Frieden, der als »Zeichen« für das »Bündniß« steht.

104 ungesehn im Wetter: vgl. Hiob 37.

112 zum Fürsten des Festes: Auch bei dieser Nennung des »Fürsten« bleibt eine Zweideutigkeit bestehen: ob der »Jüngling« zu ihm *be*rufen oder nur *ge*rufen wird, ist nicht zu entscheiden.

120 das rauchende Thal: Hölderlin versetzt die Austragungsorte von Schlachten zumeist in ein Tal, vgl. ›Gustav Adolf‹ v. 26, I 69 oder ›Der Tod fürs Vaterland‹ v. 2, I 225.

136 die goldne Frucht: vgl. ›Die Unerkannte‹ v. 42, I 160.

148 Satyren: Als lüstern und trunksüchtig dargestellte Dämonen aus dem Gefolge des Dionysos. Satyrspiele folgten bei den Dionysien in Athen auf die den Göttern geweihten Tragödien-Trilogien.

Homburger Folioheft

Eine genaue Datierung der Reinschriften und Entwürfe des *Homburger Folioheftes* ist nicht möglich und kann sich nur auf einen einzigen sicheren *terminus ante quem* stützen, nämlich die Übergabe der Widmungshandschrift von ›Patmos‹ an den Landgrafen von Homburg durch Sinclair im Januar 1803. Alle Datierungen, die StA zu den Texten gibt, liegen zwischen Herbst 1801 (›Der Einzige‹) und Herbst 1805 (›Dem Fürsten‹). FHA dagegen setzt die Anlage des Heftes in den Oktober 1802 und vermutet, daß die letzten Einträge (S. *75* und *89/88*) bis zum Juni 1807 reichen. Es ist denkbar, daß Hölderlin das Heft im Herbst 1802 nach seiner Rückkunft aus Regensburg in Nürtingen angelegt hat, zunächst mit dem Eintrag der drei großen Elegien, dem die Abschrift dreier Entwürfe zu Gesängen folgt, die außerhalb des Heftes entstanden sind. Im Dezember wurde dann die Ausarbeitung von ›Patmos‹ begonnen. Über die Entstehungszeit der übrigen Entwürfe können nur vage Vermutungen angestellt werden. 1803 wird Hölderlin noch intensiv an der Sophokles-Übersetzung gearbeitet haben, und im folgenden Winter beschäftigte ihn die »Durchsicht einiger Nachtgesänge«, zu der neben der Gruppe von neun Gedichten, die in Wilmans' *Taschenbuch für 1805* (D25) erschienen, vielleicht auch die Überarbeitungen der Elegien-Reinschriften im *Homburger Folioheft* gehörten. Anfang 1804 wird Hölderlin die Veröffentlichung einzelner Gesänge bei Wilmans vorbereitet haben, die dann jedoch nicht mehr zustande kam. Ob er das *Homburger Folioheft* im Sommer 1804 mit nach Homburg genommen hat, und ob es ihm gar 1807 in Tübingen noch zugänglich war, läßt sich nicht mit Bestimmtheit sagen.

1856 wurde das Heft zusammen mit anderen Papieren von Fritz Breunlin, der es von seiner Mutter, der Schwester Hölderlins, geerbt hatte, dem Homburger Stadtbibliothekar Johann Georg Hamel überlassen. Seit dieser Zeit ist es im Besitz der Stadt Bad Homburg.

In der Edition der Entwürfe des Heftes können zwei extreme Wege beschritten werden: Entweder werden die vollendeten Gedichte von den unvollendeten Entwürfen getrennt und von diesen nochmals Pläne und Bruchstücke abgeteilt, wie es StA und ihr folgende Ausgaben unternehmen, oder das ganze Heft wird als eine Einheit angesehen, zu der noch verstreut überlieferte Entwürfe hinzugezählt werden, wie es Dietrich Uffhausen in seiner Edition versucht hat (›Bevestigter Gesang‹, Stuttgart 1989). Die vorliegende Ausgabe folgt keinem dieser Extreme. Weder werden die Entwurfszusammenhänge zerrissen, noch werden spekulativ größere Einheiten konstruiert, sondern es wird die Stellung der Texte im Heft dokumentiert, und neben der Wiedergabe von Varianten werden mögliche Zusammenhänge der Texte untereinander erläutert. Für eine intensivere Beschäftigung mit der Handschrift ist die Faksimile-Edition der FHA zu empfehlen. Die Nummer der Handschrift (H307) wird im folgenden nicht bei jedem Text wiederholt, stattdessen werden jeweils die Seitenzahlen des Heftes – wie schon am Rand des Lesetextes – kursiv angegeben.

Heimkunft. An die Verwandten ⟨Zweite Fassung⟩ (S. 368)

Erste Fassung s. I 319

Vorstufen H5, Änderungen in v. 43 und 72 f. der ersten Fassung zur Vorbereitung der neuen Reinschrift in H307

Text S. *1–4*, überarbeitete Reinschrift

v. 69 *rothen Ufer* aus: kalte Erde (FHA Bd. 6 liest: falbe Erde)

v. 79: Über dem Vers der Reinschrift (vgl. erste Fassung) steht
  Blutlos. ⟨a⟩ Deutsche ⟨b⟩ Aber der Schaz, das Deutsche, der
FHA konstituiert:
  Blutlos. Aber der Schaz, der unter des heiligen Friedens

v. 97: neben v. 104–106 steht am Rand nochmals
  wie kann ich saagen

v. 100 f. aus zwei Ansätzen:

1. Ansatz:
  Erfindungen auch sind, aber durcheinander ein Haus
    spricht
    ⟨a⟩ Heimlich ⟨b⟩ Hehlings, ⟨c⟩ Zärtlich ⟨d⟩ Feinlich wie
      sichs giebet eigenen Sinn

2. Ansatz:
  Aber Erfindungen gehn als wenn unbesonnen ein Haus
    spricht
  Arm ist der Geist Deutscher. Ein ⟨a⟩ höherer
    ⟨b⟩ zärtlicher Sinn.

FHA konstituiert:
  Aber Erfindungen gehn, als wenn Einfälle das Haus hat
    Hehlings. Arm ist der Geist Deutscher. Geheimerer Sinn

Die späten Überarbeitungen der Elegienreinschriften sind vielleicht im Zuge der »Durchsicht einiger Nachtgesänge« im Winter 1803/04 entstanden; vgl. den Brief an Wilmans vom Dezember 1803, II 927.

Titel: Die Verwandten sind Hölderlins Mutter Johanna Christiana Gock, die Schwester Henrike Breunlin und der Stiefbruder Carl Gock.
11 Gewittervogel: der Adler; vgl. ›Antigonä‹ v. 1080 und die Erläuterung dazu, sowie ›Rousseau‹ v. 38 ff., I 269.
20 Rosen: Gemeint ist der rosige Schein der Dämmerung.
27 Wohlgediegenes: ›gediegen‹ ist altes Partizip Perfekt zu ›gedeihen‹.
43 Landesleute: vgl. ›Stutgard‹ ⟨Zweite Fassung⟩ v. 69, I 386.
43 der See: der Bodensee.
61 Reizend: im Sinne von »verlockend«; vgl. ›Heidelberg‹ v. 12, I 252.
62 das göttliche Wild: der Rhein; zu dieser Bezeichnung vgl. ›Das Belebende‹, II 384,8 ff.
66 wie der Tag wandelt: von Osten nach Westen.
73 Stadt, der Mutter: Nürtingen.
79f. des heiligen Friedens / Bogen: Der Regenbogen als Zeichen für den nach der Sintflut geschlossenen Bund Gottes mit der Erde und ihren Bewohnern; vgl. 1. Mose 9,13. Das bei Hölderlin häufig verwendete Bild hat bei Entwurf dieser Elegie sicher Bezug auf die sich an den Frieden von Lunéville knüpfenden großen Erwartungen; vgl. auch ›Friedensfeier‹ (I 361).
90f. Engel: Dieses Wort verwendet Hölderlin für das früher häufig gebrauchte »Genius«; vgl. in beiden Fassungen von ›Stutgard‹ v. 91, I 313 und 387.
105 Das bereitet: Imperativ, auf »Saitenspiel« bezogen.

Brod und Wein. An Heinze ⟨Erste Fassung⟩
(S. 372)

Frühere Fassung   Der Weingott, I 314
Vorstufe   H5, Änderungen zur Vorbereitung der neuen Reinschrift
zunächst mit Bleistift in der früheren Fassung v. 31f, v. 38–42, v. 54: schauen zum Lichte wir auf, v. 87f., v. 124, v. 148: Vaterlosen hinab

v. 152–154:
> Glaube, wer es geprüft! aber so vieles erscheint,
> Keines wirket bei uns bis der ätherische Vater
>   Unter Donnern dann

es folgt ein zweiter Zug von Änderungen mit Tinte, zunächst im Titel:
Brod und Wein.
dann in v. 54, v. 65–72, v. 79, v. 89, v. 149, v. 150:
Orkus, Hesperien ists,   v. 155 f.

Text S. *5–10*, Reinschrift mit nachträglichen Änderungen
v. 54 aus:
Dort ist das Sehnen, o dort schauen zufrieden wir auf.
v. 147 f. aus dem Text der Reinschrift H5 ohne die Änderung in v. 148
v. 147 *erkrankte* aus: Veste der
v. 155 aus:
Aber indessen kommt als Fakelschwinger des Höchsten

Erläuterungen s. bei der zweiten Fassung.

Brod und Wein. An Heinze ⟨Zweite Fassung⟩
(S. 373)

Text S. *5–10*, Überarbeitung in der Reinschrift der ersten Fassung. Diese Überarbeitung ist nicht überall durchgeformt, die Verse sind zum Teil unregelmäßig gebaut, es wurde jedoch nicht versucht, dies durch editorische Eingriffe auszugleichen

v. 40 aus: Zeichen des Himmels   v. 41 aus: Neues geschiehet.
v. 54 *der*: fehlt   v. 67 aus: Ist vergänglich   v. 69 aus: Aber Seher   v. 88 aus: Helle der   v. 89 aus: Und verstehen die Erd, und   vor v. 108 (nicht gestrichen): In Ephesus

v. 109–124: Die Überarbeitung der siebten Strophe ist äußerst verschlungen. Hölderlin bemerkt oder vermutet vor der Umarbeitung, daß die Strophe ein Distichon zu wenig hat und zählt mit eingetunkter Feder die Hexameter zunächst der sechsten und dann der siebten Strophe, dabei erhält der Pentameter v. 114 auch einen Punkt, so daß beidesmal neun Punkte vor den Strophen der Reinschrift stehen. FHA gründet darauf ihre Textkonstitution einer erweiterten siebten Strophe (zur Diskussion dieses Sachverhaltes vgl. StA 2, S. 604 und FHA 6, S. 255 f.), die Punkte stehen aber mit einer Ausnahme nicht vor den Neuentwürfen. Diese Ausnahme ist der zehnte Punkt, der versehentlich vor der Strophennummer ›7.‹ steht, in deren Höhe dann auch ›Narben gleichbar.‹ eingetragen wird. Die Textkonstitution geht also von acht Distichen in dieser Strophe aus.

v. 111 aus:
　　⟨a⟩ Leidenschaft ⟨b⟩ Trunkenheit ists eigener Art
v. 111 *Versuchung*: Versuch.
v. 112 aus: Eine Kunst,
v. 118 aus:
　　⟨a⟩ Aber　　　grün in den (über v. 115 der Reinschrift)
　　⟨b⟩ Aber　　auf weißer Haide Blümlein (über v. 118 der Reinschrift)
v. 119f. aus:
　　⟨a⟩ ... aber des Ursprungs / Denkt man schwer
　　⟨b⟩ ... aber des Todes denkt Einer / Kaum dort ⟨a⟩ der Geheimnisse ⟨b⟩ der Palmen
v. 121 aus: ... lebende für sich in reiner Regel
v. 122 aus: ... das ihr Feindliches kennt
v. 115–120, FHA konstituiert (als v. 115–122):
　　Nimmer von ihnen ist grün und die süßen Pfade der Heimath
　　　Regeln; Gebäuden gleich stehen die Bäum und Gebüsch
　　Nimmer, und goldnes Obst, und eingerichtet die Wälder,
　　　Nur zu Zeiten erträgt eigenen Schatten der Mensch.
　　Aber Herzen an Kraft, wie auf weißer Haide Blümlein,
　　　Da es dürr ist; das Grün aber ernähret das Roß
　　Und den Wolf, in der Wildniß, aber des Todes denkt Einer
　　　Kaum, und der Jugend Haus fassen die Seher nicht mehr.
v. 135 (Textkonstitution nach FHA): es werden verschiedene, einander ersetzende Versanfänge erwogen
　　⟨a⟩ Eine Wüste,
　　⟨b⟩ Daß entschläft der Verstand
　　⟨c⟩ Daß sich krümmt der Verstand
　　⟨d⟩ Auseinander beinah,
ebenso verschiedene Versschlüsse
　　⟨a⟩　　　　　daß nimmer das Forschen / Aufgeht,
　　⟨b⟩　　　　　und Untheilbares zu deuten
ohne daß eine Durchformung erreicht würde.
v. 141 aus: ... des Weinsgeist
v. 153 *Ihn zehret die Heimath* aus: Das Lebenslicht
v. 156 aus:
　　Den Entschlafnen. Und fast wäre der Seher gebrannt.

Zur Einordnung s. oben bei ›Heimkunft‹. Auf dem Brief, den Wilmans mit den Freiexemplaren der Sophokles-Übersetzung am 14. April 1804 sandte, notierte sich Hölderlin zwölf Namen, darunter auch den Heinses mit dem zusätzlichen Vermerk »an Heinze« (s. III 555). Möglicherweise war es eine Reinschrift der vorliegenden Fassung von ›Brod und Wein‹, die er dem verehrten Freund beilegen wollte, von dessen Tod am 22. Juni 1803 er anscheinend noch keine Nachricht hatte. Vgl. auch den ursprünglich ebenfalls Heinse gewidmeten Gesang ›Der Rhein‹.

(Stichworte der ersten Fassung in Klammern)

17 die Erstaunende: Transitiv gebraucht im Sinne von »die Staunen machende«; vgl. auch die Ode ›Chiron‹ v. 4 (I 439), in deren erstem Vers das Licht »Nachdenkliches« genannt wird, im Sinne von »Nachdenken machende«. Diese Deutung erfährt allerdings eine Einschränkung dadurch, daß bei Hölderlin besonders nach 1800 häufig Formulierungen auftreten, in denen eine Vertauschung von grammatischem Subjekt und Objekt möglich ist, bzw. nicht eindeutig zu klären ist, welches Wort das Subjekt des Satzes ist. Dieser schwebende Zustand zwischen dem gemeinten Sinn und einem mitschwingenden Nebensinn ist von Hölderlin vermutlich intendiert.

23 dich: Heinse ist angesprochen.

41 Witterungen: Hier spielt die Ableitung des Wortes vom Verb »wittern« herein; vgl. ›Vom Delphin‹, II 381,4.

46 Wahnsinn: Vgl. Platon, Phaidros 244b–245a, wo es unter anderem heißt (Übersetzung von Schleiermacher): »Die dritte Eingeistung und Wahnsinnigkeit von den Musen ergreift eine zarte und heilig geschonte Seele aufregend und befeuernd, und in festlichen Gesängen und anderen Werken der Dichtkunst tausend Taten der Urväter ausschmückend bildet sie die Nachkommen.«

54 (der kommende) Gott: Dionysos. Sein in der ersten Fassung angesprochenes Kommen wird hier als Epitheton verwendet und bezieht sich nicht nur auf die im Verseingang erwähnte Herkunft aus Theben, vgl. ›Die Bacchantinnen des Euripides‹ v. 1, II 185.

60 mit Nectar gefüllt: vgl. Pindar, 7. Olympische Ode v. 7f.: »und ich, den ausgegossenen Nektar, der Musen Gabe, den kampfpreistragenden Männern sendend, die süße Frucht des Geistes«.

60 schreitend in Winkeln Gesang: Vermutlich ist die Aufführungspraxis griechischer Chorlyrik gemeint, bei der die Vortragenden in ihrem Tanzschritt nach jeder Strophe eine Wendung vollzogen. »Wendung, Umkehr« ist die Bedeutung von gr. στροφή und lat. *versus*.

(61 die fernhintreffenden Sprüche): »Fernhintreffend« ist ein besonders bei Homer verwendetes Epitheton Apollons, der der Herr des delphischen Orakels ist.

(69 heiter): Vgl. ›Der Weingott‹, wo es an dieser Stelle noch »Aether« heißt. Die Ersetzung bezieht sich möglicherweise auf eine Stelle in Heinses ›Hildegard von Hohenthal‹: »das blaue Heiter der Luft« (Wilhelm Heinse, Sämtliche Werke Bd. 5, Leipzig 1903, S. 39).

96 in Tuscischen Ordnungen: Die älteste und einfachste Säulenordnung ist die aus Etrurien stammende »toskanische« Ordnung, ihre Säulen haben kein Profil und keinen Schmuck.

107 er: Jesus Christus.

108f. ein Aergerniß... Ephesus: vgl. Apostelgeschichte 19,23–35.

130 des Tags Ende: vgl. Johannes 9,4: »Ich muß wirken die Werk des, der mich gesandt hat, so lange es Tag ist; es kommt die Nacht, da niemands wirken kann.«

132 Gaaben: Brot und Wein, die Elemente des christlichen Abendmahls. Im Ausdruck »der himmlische Chor« ist eine bei Hölderlin häufig anzutreffende synkretistische Identifizierung der antiken und der christlichen Religion zu bemerken, insofern sind in Bezug auf die Gaben auch Demeter und Dionysos gemeint und nicht nur Jesus Christus.

138 vom donnernden Gott: Gemeint ist Zeus, der Vater des Dionysos.

149 Was der Alten Gesang ... geweissagt: Hier knüpft Hölderlin an die Weissagung des Proteus an Menelaos an; vgl. Homer, Odyssee 4,561–568: »Nicht ist es dir beschieden, erhabener Fürst Menelaos, / Im rosseweidenden Argos den Tod und das Schicksal zu dulden; / Nein, fernab zur Elysischen Flur, zu den Grenzen der Erde, / Senden die Götter dich einst, die unsterblichen; wo Rhadamanthys / Wohnet, der blonde, und leichtestes Leben den Menschen beschert ist, / Nie ist da Schnee, nie Winter und Sturm noch strömender Regen, / Sondern es läßt aufsteigen des Wests leicht atmenden Anhauch / Immer Okeanos dort, daß er Kühlung bringe den Menschen« (Übersetzung nach E. Rohde, ›Psyche‹ 1,69). Die Vorstellung von den »Elysischen Gefilden« wird schon in Hesiods ›Werken und Tagen‹ v. 170 mit den »Inseln der Seligen« verbunden und in Pindars Zweiter Olympischer Hymne v. 126–136 aufgegriffen (s. II 190f.). Hölderlin deutet die antike Jenseitsvorstellung um, indem er die »Okeaniden« (vgl. auch das Stichwort »Okeaniden« im Namenverzeichnis), also die von milden okeanischen Lüften umwehten Inseln der Seligen, gleichsetzt mit den »Hesperiden«, die pars pro toto für Hesperien stehen: das von den Alten geweissagte »künftige Leben« findet in Hesperien statt (s. den folgenden Vers und seine frühere Fassung in ›Der Weingott‹, I 319).

154 Kolonien: »Pflanzniederlassungen«; vgl. v. 54.

(*159 Titan*): Gemeint ist wahrscheinlich Typhon, vgl. die Übersetzung von Pindars Erster Pythischer Ode v. 24–34, II 201 f.

Späterer Druck D27, nur die erste Strophe unter dem Titel ›Die Nacht‹

Vermutlich hatte Hölderlin, nachdem seine Pläne, bei Wilmans noch weiteres zu veröffentlichen, nicht gediehen waren, im Laufe des Jahres 1804 die später in D27 erschienenen Gedichte an Seckendorf gesandt, der ihn um Aufsätze gebeten hatte (vgl. Brief Seckendorfs an Kerner vom 7. Februar 1807, III 645). Zur Rezension dieses Druckes s. unten den Kommentar zur veränderten Fassung von ›Stutgard‹.

Stutgard. An Siegfried Schmidt ⟨Zweite Fassung⟩
(S. 384)

Erste Fassung s. I 310

Text S. *11–15*, überarbeitete Reinschrift der ersten Fassung

v. 55 *ernstunmündigen*: StA liest »ernsten mündigen«.

v. 90: FHA nimmt wegen der Interpunktion an, daß ›ein gemütliches Volk,‹ irrtümlich zwei Verse zu tief notiert wurde und greift auf den Grundtext »der besonnene Mensch –« zurück, jedoch ist die Lesart durch den auf einer verlorenen Reinschrift basierenden späteren Druck autorisiert.

Zur Einordnung s. oben bei ›Heimkunft‹. Auch Schmids Name ist auf dem Brief, den Wilmans mit den Freiexemplaren der Sophokles-Übersetzung am 14. April 1804 sandte, von Hölderlin mit dem zusätzlichen Vermerk »an Schmidt« versehen (s. III 555). Vermutlich wollte er ihm eine Reinschrift dieser Fassung der Elegie beilegen.

13–18: Hier wird der Zug des Dionysos, der den Thyrsos-Stab mit sich führt und aus jauchzenden Mänaden besteht, mit heimischen Verhältnissen in eins gesetzt. Hölderlin kannte aus seiner Heimat den Brauch, daß nach der Weinlese die schönsten Trauben zu einer großen Traube gebunden und vor dem Festzug her getragen wurden. Dionysos wird oft auf einem mit Panthern (bzw. Tigern) bespannten Wagen dargestellt. Vgl. auch die erste Fassung von ›Brod und Wein‹ v. 65 und 124 (I 376 und 380).

18 träget: Darin klingt noch die mittelhochdeutsche Bedeutung des Wortes an: langsam gehen.

31 der gemeinsame Gott: vgl. ›Der Einzige‹ ⟨Dritte Fassung⟩ v. 94: »Gemeingeist Bacchus«.

32 schmelzet, wie Perlen der Wein: vgl. die Ode ›Empedokles‹, I 251.

33 f. wie die Bienen, / Rund um den Eichbaum: vgl. ›Wenn nemlich der Rebe Saft …‹, I 417.

39–46: Hölderlins Geburtsort Lauffen lag bis zur Vergrößerung Württembergs 1803 an der Nordgrenze des Landes und ist auf beide Ufer des Neckars verteilt; der »Fels« trägt die »Burg« (v. 52), die damals die Oberamtsbehörde beherbergte, wo Hölderlins Vater 1772 an einem Schlaganfall starb.

48 f. Leiden der Liebe geheilt. / Andres erwacht!: Die schroffe Wendung, sonst den Gesängen eigentümlich, spiegelt sich wieder im Brief an Wilmans vom Dezember 1803 (II 927): »Übrigens sind Liebeslieder immer müder Flug ⟨…⟩ ein anders ist das hohe und reine Frohloken vaterländischer Gesänge.«

51 So arm ist des Volks Mund: Sinclair veröffentlichte in Seckendorfs ›Musenalmanach für das Jahr 1808‹ (D28) eine Hymne ›An mein Vaterland‹, in der es heißt: »Es sagte wol einer jüngst: / Arm sei des Volkes Mund, / Weil es seine Helden vergässe. / Doch er sagte es im guten Mute, / Denn man gedenket der Stralen nicht, / Die in leuchtender Nacht / Einsamer Hoheit wirkend gehn, / Der vom Himmel, der leuchtenden Stralen.«

69 Landesleuten: vgl. ›Heimkunft‹ ⟨Zweite Fassung⟩ v. 43, I 369.

77 hält den Rebenstab: Stuttgart war zu Hölderlins Zeiten noch von Weinbergen umgeben.

79 dem Gast und dem Sohn: Siegfried Schmid, der aus Friedberg kam, und Hölderlin.

91 Engel des Vaterlands: vgl. die Widmung für Prinzessin Auguste von Hessen-Homburg in ›Die Trauerspiele des Sophokles‹, II 248.

95 für den und alle die Andern: Schmid und andere Freunde Hölderlins.

106 die größere Lust sparen dem Enkel wir auf: vgl. ›Stutgard‹ v. 79 f.

Veränderte Fassung D 27
  Titel: Die Herbstfeier.   v. 8: zufriedener Schaar Kinder
  v. 11: an in lieblicher Anmuth,   v. 17: mit Hirschen und
  Rehen, so   v. 22: Neben dem Wein' uns noch Beeren   v. 50:
  auch, treuester Christof,   v. 53: und Entschiedenes fürst-
  lich   v. 54: Und in   wir aus.   v. 55: ernst ankündenden
  Schicksals   v. 55 f.: Welches sie Vorbild hieß schwächerem
  Enkelgeschlecht! / Aber geschaut, und dahin!   v. 62 und bei
  Nacht   v. 66: Frischungen, aber zugleich brennende Sonnen
  mit ihm.   v. 67: das Haupt die Gewalt mit   v. 70: Keiner im
  Oberland denen die   v. 76: Sie, die gepriesene   v. 78: Hoch in
  den seeligen Duft purpurner Wolken empor.   v. 80: den
  Sänger mir auf!   v. 82: Fröhliche du! und des Lieds kindlich
  Geschwäze, der Mühn   v. 84: Gerne denkst du der Zeit, wo es
  noch wurde vergönnt.

Der Druck hat zur Grundlage eine nochmals geänderte, heute verschollene Reinschrift, die von Seckendorf redigiert wurde; vgl. seinen Brief an J. Kerner vom 7. Februar 1807 (III 645).

Der Seckendorfsche *Musenalmanach für 1807*, der noch eine veränderte Fassung von ›Die Wanderung‹ (ohne die letzte Strophe) und ›Die Nacht‹ (= erste Strophe von ›Brod und Wein‹ ⟨Zweite Fassung⟩) enthielt, und der folgende *Musenalmanach für 1808* wurden mehrfach, meist pauschal besprochen. Hölderlin hat keine dieser Rezensionen mehr zu Gesicht bekommen. Auswahl: Am 30. Januar 1807 anonym in *Neue Leipziger Literaturzeitung*, Bd. 1, 13. Stück: »⟨...⟩ weil wir die meisten der hier sich findenden Gedichte für nicht viel mehr als unreife Versuche von Leuten ansehen können, welchen die ersten Elemente der grossen Kunst, die sie treiben wollen, noch nicht bekannt zu seyn scheinen, wenn sie sie nicht, durch falsche Beyspiele geleitet, wieder vergessen haben. Das letztere dünkt uns der Fall zu seyn, bey Hölderlin, einem Manne, der durch seine früheren Versuche wirklich zu nicht gemeinen Hoffnungen berechtigte; in den hier mitgetheilten aber so viel Verworrenheit, gesuchtes Dunkel, Kostbarkeit und zugleich Nachlässigkeit in dem technischen Theile der Poesie zeigt, daß man durchaus keine Freude bey dem Lesen derselben finden kann.« von Friedrich Weißer in *Bibliothek der redenden und bildenden Künste 1806*, Bd. 2., 1. Stück: »Herr Hölderlin, der immer aufs neue, und immer vergeblich sich martert, in seinen Gesängen das Unaussprechliche zu verkünden, eröffnet die Sammlung mit einem Gedicht: Die Herbstfeyer, das beginnt: / Wieder ein Glück ist erlebt!... / Man sieht Herr Hölderlin sinkt zuweilen von seiner Höhe ein wenig herab. Wenigstens hat an den Ausruf: Wieder ein Glück ist erlebt! und an die Stelle: Offen steht jetzt wieder ein Saal, und gesund ist der Garten die Prosa mehr Anspruch, als die Poesie. Das Thal, das hoch von Gewächsen rauschet, ist Unsinn, und wo man das Reich des Gesangs, wohin sich alle gebundene Fittige wagen, zu suchen hat, mag der Himmel und Herr Hölderlin wissen. So viel von diesem Poeten.« und am 1. April 1807 Amadeus Wendt in *Jenaische Allgemeine Literatur-Zeitung*, Bd. 1, Nr. 78, Sp. 622–624: »Zuletzt erwähnen wir der wirklich eigenen Elegien von Hölderlin, in welchen ein Nachklang aus Latium und Hellas tönt. Ton, Form und Ausdruck nähert sich jenem alten Style. Der Dichter, dessen poetisches und vorzüglich elegisches Talent schon durch Hyperion beurkundet worden ist, lebt ganz in jener fremden Welt und Sprache der alten Dichtung; daher auch sein Ausdruck oft zu dunkel wird, und es scheint als ob die zarte Bildung seiner Phantasie, und die Freyheit der Empfindung sich an der Schwere des Wortes brächen. An Klarheit der Darstellung fehlt es besonders in der Elegie: die Herbstfeyer S. 10 und 11 und in einigen Stellen der zweyten Elegie: die Wanderung. Die Sonderbarkeit des Ausdrucks ist zuweilen auffallend, wie z. B. das scharfe Geschlecht, die gefährliche Dürre geneset u.s.w. Die letzte Elegie die Nacht enthält eine sehr lebendige Schilderung.« (Zu einer weiteren Rezension des Almanachs vgl. den Kommentar zu ›Die Wanderung‹, III 190.)

Der Einzige ⟨Erste Fassung⟩
(S. 387)

Text S. *15–19*, vorläufige Reinschrift mit Korrekturen
  v. 10 aus: Herablies Zevs und Söhne zeugt in heiliger Weis
  v. 26f. aus: Und gesagt hab' ichs, / Von Gottes Bild,
  v. 68 *nemlich*: über nicht gestrichen mir
  v. 79f. aus: Ihn sahen, wunderten sich, / Weil
  v. 84 *bis er* aus: bis er auf

Die Entsprechungen der drei Strophentriaden sind noch nicht durchgeformt: 12 12 11 / 12 12 6.. / 1.. 11 12. StA ordnet gegen den handschriftlichen Befund v. 78 der vorletzten Strophe zu.

1–53: s. die Erläuterungen zur dritten Fassung, III 285.
71 mit nächstem: Es ist wohl tatsächlich schon der nächste Gesang im *Homburger Folioheft*, nämlich ›Patmos‹ gemeint.
76 Meister: Christus.
79f. Und viele ... fürchteten sich: Im Lukas-Evangelium wird im Anschluß an die Berichte von den Wundern Christi häufig von der Furcht der dabei Anwesenden gesprochen, vgl. Lukas 4,36, 5,26 und 7,16.
84 sehr betrübt: vgl. Mathhäus 26,38 und Markus 14,34.
87 Helden: Dionysos und Herakles.

Spätere Überarbeitung S. *18*, Ergänzungen und Änderungen im Anschluß an v. 65 bis v. 74, noch vor den Vorstufen der zweiten und dritten Fassung:

Und weiß nicht alles. Immer stehet irgend
Eins zwischen Menschen und ihm.
Und treppenweise steiget
Der Himmlische nieder.

⟨a⟩ Es hänget aber an Einem
   Die Liebe. Ohnediß ist
   Gewaltig immer und berauscht
   Von Gesichten, daß zu bleiben in unschuldiger
   Wahrheit   ein Leiden ist. So aber
   Lebt die. Aus und ein geht Himmlisches. Anders rüstet
   Daß man
⟨b⟩ Es hänget aber an Einem
   Die Liebe. Ohnediß ist

Gewaltig immer und versuchet
Zu sterben eine Wüste voll
Von Gesichten, daß zu bleiben in unschuldiger
Wahrheit ein Leiden ist. So aber
Lebt die. Aus und ein geht Himmlisches.
Ein anders rüstet sich anders. Nemlich es fängt an alt
Zu werden ein Auge, das geschauet den Himmel thronend
    und die Nacht
Vom Griechenlande. Jener aber bleibet. Dißmal
Ist aber vom eigenen Herzen
Zu sehr gegangen der Gesang,
Gut machen will ich den Fehl
Wenn ich noch andere singe.
Nie treffen, wie sie wünschen, Männer das Maas.
Ein Gott weiß aber

Die Handschrift dient später wieder zur Vorbereitung der zweiten und dritten Fassung des Gesanges; zu den Lesarten s. dort, III 280 und 283 f.

›Der Einzige‹ ist in keiner der drei überlieferten Fassungen vollständig. Bei der ersten Fassung bleiben Lücken in der sechsten und siebten Strophe, bei der zweiten Fassung ist der Anfang verloren und bei der dritten Fassung der Schluß. Es wurde hier darauf verzichtet, eine vollständige Fassung zu rekonstruieren, da dies in jedem Fall erforderte, der Überlieferung Gewalt anzutun. Auch wurde darauf verzichtet, ein regelmäßiges Strophenschema zu erfüllen. Stattdessen wurde das Material so vollständig, wie es im Rahmen der vorliegenden Ausgabe möglich war, dokumentiert. Es sei aber an dieser Stelle auf die Rekonstruktionsversuche von Friedrich Beißner in der Stuttgarter Ausgabe, Michael Franz in »Das System und seine Entropie« (Diss. Masch. Saarbrücken 1982), D. E. Sattler (Darmstadt und Neuwied 1981, S. 273 ff.) und Jochen Schmidt (Darmstadt 1990, S. 106–184) hingewiesen.

Zweite und dritte Fassung   s. I 458 und 467

⟨Patmos. Entwurf der ersten Fassung⟩
(S. 390)

Da der Text des vollendeten Entwurfs (S. *19–28*) sehr nahe an den der ersten Fassung reicht, wurde darauf verzichtet, einen zusätzlichen Lesetext zu konstituieren. Zu den Varianten s. die zweite Vorstufe zu ›Patmos. Dem Landgrafen von Homburg‹ ⟨Erste Fassung⟩, III 273–276.

Die Titanen
(S. 390)

Text S. *28–32*, überarbeitete, vorläufige Reinschrift
  Titel: in einem Zug direkt unter den letzten Vers des zweiten Entwurfs zu ›Patmos‹ geschrieben, später am Kopf der Seite wiederholt.
  v. 1–5: später mit dunkler Tinte nachgetragen
  v. 18 f. mit dunkler Tinte aus:
    In treuen Schriften überblieben
    Und manches in Sagen der Zeit.

Seines jedem und ein Ende ...
Text S. *30*, Niederschrift, neben v. 51–56 von ›Die Titanen‹.
  1 Seines jedem: Übersetzung des lateinischen *suum cuique*, vgl. auch ›Ein anderes freilich ists ...‹ v. 5, I 410.
  4 des Gemeingeists: vgl. ›Der Einzige‹ ⟨Dritte Fassung⟩ v. 93, I 469 und die Erläuterung zu II 884,4.

Zu Rossen, ewige Lust ...
Text S. *30*, Entwurf, neben v. 54–57 von ›Die Titanen‹, in das Vorige hineingeschrieben.
  v. 3 *die Schneegans* aus: Adler

: Die Instincte der Menschen ...
Text S. *30*, Notiz, neben v. 59 f. von ›Die Titanen‹.
Vgl. ›Vom Delphin‹, II 381,4 ff.

v. 47–54 aus:
> Zu halten. Keiner erträgt das Leben allein.
>
> Denn, wenn entzündet ist
> Der geschäfftige Tag
> Und rein das Licht und trunken
> Die Himmlischen sind
> Vom Wahren, daß ein jedes
> Ist, wie es ist,

v. 62 f., wieder aufgegebene Änderung:
> Auf Erden und es ⟨sind⟩ umsonst
> Nicht Die Augen an den Boden geheftet.

v. 64 *Ihn*: StA liest »Ihr«
v. 80 aus: Wenn aber an den Schei⟨tel⟩

1 Nicht: Vermutlich im Sinne von »weder«. FHA schlägt vor, den Text an »Viel hab' ich dein ...« v. 162 (I 413) anzuschließen.
41 f. Mich aber umsummet / Die Bien: Vgl. die klassische Legende vom bienenumschwärmten Knaben Vergil in der Vergil-Vita Focas: »Weiter – ist wahr nur die Kunde, doch hat sie als wahr sich erwiesen – / deckte ein Schwarm von Bienen, der plötzlich die Flur überflog, mit / Waben des Liegenden Mund, daß er ströme von süßem Gesange. / Dieses bewunderte einst nur noch beim heiligen Plato / rühmend die Vorzeit und pries es als Zeichen sprachlicher Urkraft.« (Vergil, Aeneis und die Vergil-Viten. Lat.-dt. hg. und übers. von Johannes Götte, München 1958, S. 589) Vgl. auch ›Wenn nemlich der Rebe Saft ...‹ v. 8 und die Erläuterung dazu.
47 keiner trägt das Leben allein: vgl. ›Brod und Wein‹ ⟨Erste Fassung⟩ v. 66, I 376.
75 Abgrund: vgl. ›Die Nymphe‹ v. 15, I 434.

Bei Thebe und Tiresias ... ⟨1⟩
Text S. *31*, Niederschrift

Sonst nemlich, Vater Zevs ...

Text S.36, Entwurf
v. 7–11 aus:
> Die Jägerin
>
> Indeß das Meer seufzt, wenn sie kommt,

v. 15 *Es würde*: vielleicht vor v. 16 gefügt
v. 18–21 möglicherweise durch v. 23–26 ersetzt.
v. 23 ff. aus:
> Denn alles fassen muß
> Der Mensch, dem Leiden nach, indem
> Er höret

Heimath
(S. 395)

Vorstufe S.38f., unbetitelter Entwurf
1. Ansatz:
> Indessen
> Hier, wo
2. Ansatz:
> Und niemand weiß
> ⟨Raum von anderthalb Seiten⟩
> Indessen laß mich wandeln
> Hier, wo
>
> Und stark die Linden duften neben
> Den Eichen, des Mittags, wenn im Kornfeld
> Das Wachstum rauscht, an geradem Halm,

Bei Thebe und Tiresias ... ⟨2⟩
Text S.36, Niederschrift, bei Eintrag der v. 14–17 von ›Sonst nemlich, Vater Zevs ...‹ gestrichen

Ähnlich dem Manne, der Menschen frisset ...
Text S.38, Niederschrift

Den Naken aber
          und unter hohem
Gewölbe, wenn ich sinn
Und   der Glokenschlag
             So gehet es ⟨a⟩ hin ⟨b⟩ wohl.
Und an

          und an dem Abhang wachsen

3. Ansatz: Überarbeitung des Entwurfs.

Text S. *38 f.*, Titel und Abschrift von v. 6, 8–17 der Vorstufe am rechten Rand, anschließend Einfügung von v. 3–5 und v. 7

Und der Himmel wird wie eines Mahlers Haus ...

Text S. *40*, mit tintenloser Feder eingeritzt

Denn nirgend bleibt er ...

Text S. *41*, Niederschrift

Ihr sichergebaueten Alpen ...

Text S. *43 f.*, Entwurf
   v. 2–7: später am rechten Rand, nicht sicher einzuordnen.
   v. 8: später eingefügt
   v. 10 *seufzt*: seuft (StA liest »saußt«; FHA liest »saust«)
   v. 29–37: am rechten Rand, nicht sicher einzuordnen.
   v. 38: später eingefügt
   v. 41 aus: Der Spizberg ausbeugt,

1 Ihr: vgl. v. 22 und ›Dem Fürsten‹ v. 7, I 403. Das Wort ist an allen drei Stellen größer geschrieben als das Übrige, im dritten Fall allerdings mit anderer Tinte.
2 Tempel...: vgl. ›Dem Fürsten‹ v. 9 f.

11 f. Loke / Der Tanne: vgl. ›An Diotima‹ (Komm und siehe ...) v. 2 f., I 183.
18 Pappelweide: (mundartlich) Silberweide oder Schwarzpappel.
19 Seidenbaum: (mundartlich) Der weiße Maulbeerbaum, dessen Blätter der Seidenraupe als Nahrung dienen.

Einst hab ich die Muse gefragt ...

Vorstufe S. 45, Konzept
  Einst hab ich die Muse gefragt, und sie
  Antwortete mir
  Am Ende wirst du es finden.

  Verbotene Frucht, wie der Lorbeer ist
  Das Vaterland. Sie aber kost'
  Ein jeder zuletzt,
            ⟨Raum für zwei Verse⟩
  Im   wenn
  Und der Fürst

  Gefäße
v. 1 aus: Oft
Text S. 45 f., Entwurf auf Basis des Konzepts
  v. 9–17: am rechten Rand.
  v. 18–22 aus:
      und Feuer und Rauchdampf blüht
      Ein heimlicher Ort,
      Doch ungemischt dabei
      Aus guter Brust, die Stimme quillet des Fürsten.

  6 Verbotene Frucht: vgl. den dritten Entwurf zum ›Empedokles‹ v. 468, I 900.
  6 ff.: vgl. ›Geschichte der schönen Künste ...‹, II 14,20 ff. Die Stelle in Hölderlins Magisterspezimen basiert auf der Vita Hesiodi, die wiederum v. 22–35 der ›Theogonie‹ ausschmückt.
  18 Feuer und Rauchdampf: vgl. ›Lebensalter‹ v. 8 f., I 446 und die Erläuterung dazu.

Wenn aber die Himmlischen ...

Text S. 47–51, Niederschrift, in Entwurf übergehend
  v. 39 f. aus:
   Den Raum nicht, und fast die unbeholfene Wildniß.
   Weitgährend, ein glänzend Gewölk
  v. 41 f. *die ... scheinen:* früher als v. 31–48.
  v. 45–56: am rechten Rand neben v. 57–65, v. 45–48 waren zuvor auf
  S. 48 entworfen worden.
  v. 66 f. aus:
  ⟨a⟩ Die
  ⟨b⟩ Sie, die gelbem
  ⟨c⟩ Und deken den Abgrund zu
       Dem Vater, die gelbem Feuer gleich
  v. 80–82 aus:
   An unzugänglichen Treppen, wenn vom Gipfel
   Der Berge fernhinziehen
   Bei Nacht, und die Töchter des Himmels hin

Möglicherweise zum vorigen Entwurf gehörig; vgl. die motivische Ähnlichkeit zwischen v. 18 f. und der Variante zu ›Einst hab ich die Muse gefragt...‹ v. 18–22.

57 *andre:* die »Prophetischen«, s. v. 69.
66 *Abgrund:* vgl. ›Die Nymphe‹ v. 15, I 434.

Wie Vögel langsam ziehn ...

Text S. 53, Entwurf
  v. 5–8 aus:
  ⟨a⟩ Es um ihn schweiget, hoch in der Luft,
       Schroff aber hinab
  ⟨b⟩ Es um ihn schweiget, hoch
       In den Lüften, lustig aber hinab
       Das Land ihm liegt, und mit ihm sind
       Das erstemal die Jungen.

Die Entscheidung
(S. 402)

Text S. 55, Titel

Dem Fürsten
(S. 403)

Vorstufe S. 57f., Konzept (vgl. die Abbildung der beiden Seiten)

Dem Fürsten.

Laß in der Wahrheit immerdar
Mich bleiben

Niemals im Unglük

         aber zu singen
        ⟨Raum für zwei Verse⟩
Ihr Wohnungen des Himmels

         wo sie den Tempel gebaut
Und Dreifuß und Altar
aber
     herab von den Gipfeln
     ⟨Raum für drei Verse⟩
     zu singen den Helden

Deutsche Jugend – Zorn der alten Staaten –

Zu den Abbildungen

Die Seiten 57 und 58 enthalten das Konzept ›Dem Fürsten ...‹, das in drei Phasen ergänzt wird. An diesen relativ übersichtlichen Seiten zeigt sich die Schwierigkeit, verschiedene Textteile einander eindeutig zuzuordnen, die bei vielen Entwürfen im *Homburger Folioheft* anzutreffen ist. Es kann, da bis auf ein Wort nichts gestrichen wurde, nicht mit Sicherheit bestimmt werden, was als aufgegeben anzusehen ist, was Ergänzung darstellt, und was nicht zum eigentlichen Entwurf gehört.

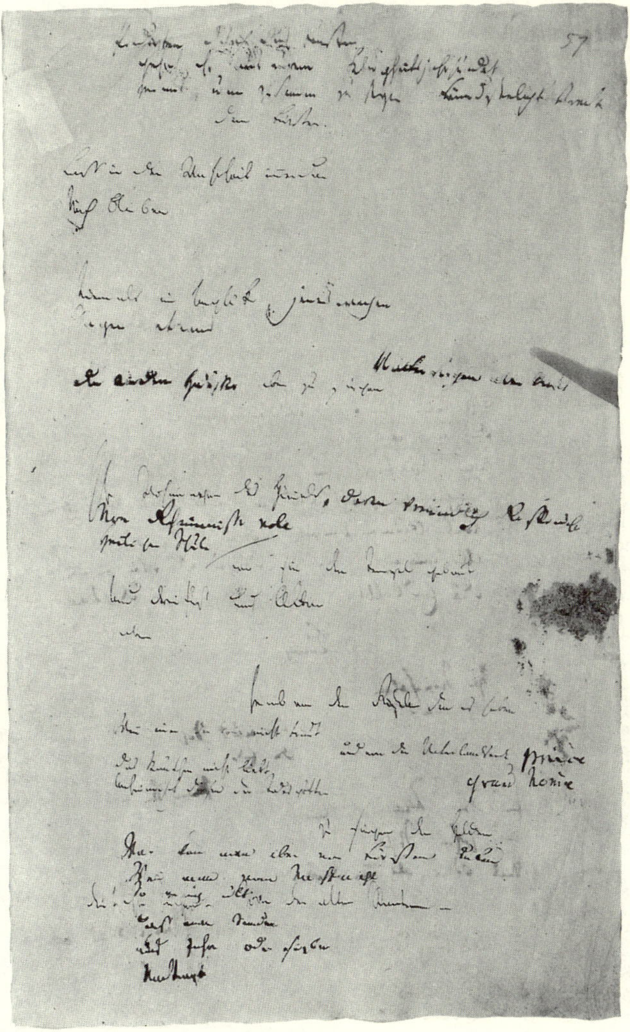

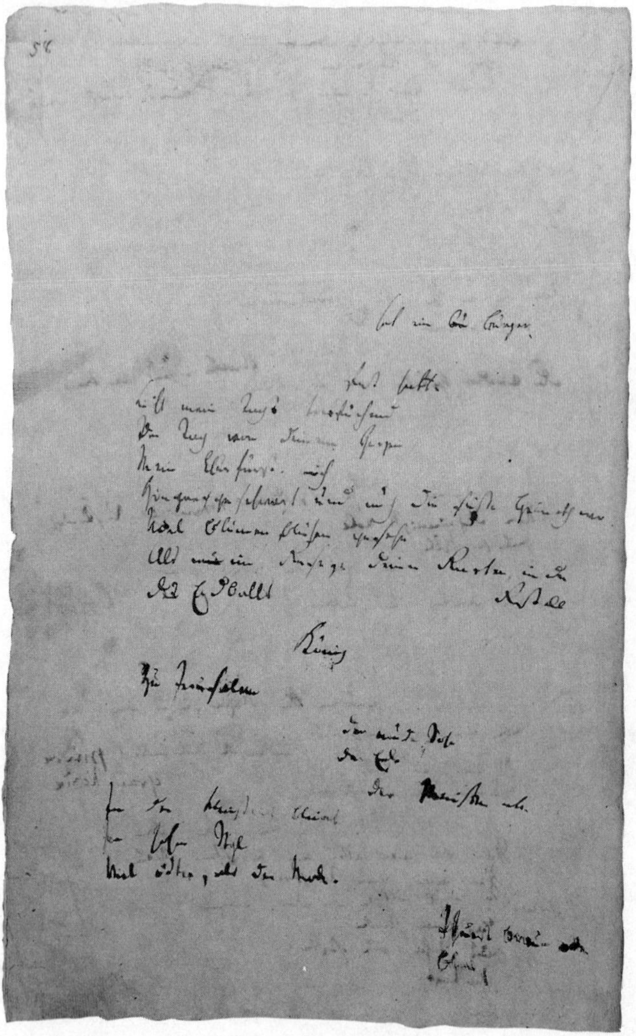

hat ein Bürger

Text S. 57f., Erweiterungen des Konzepts in drei Phasen
Erste Phase: v. 12–16
Zweite Phase: Predigten durch das Fenster... (s. u.), v. 3 f., v. 7–9,
prince / grand homme (s. u.), v. 18–32
(v. 31 *im* aus: wie)
Dritte Phase: v. 33–42 und v. 5 f.
Die zweite und die dritte Phase gehen wahrscheinlich ineinander über
(vgl. die Abbildung der beiden Seiten)

7–10: vgl. ›Ihr sichergebaueten Alpen...‹ v. 1 f., I 396.
19 Nachtmahl: Gemeint ist das christliche Abendmahl, dessen Sinn in
der Vergebung der Sünden liegt.
24 hat ein Bürger: vgl. ›Von der Ruhe‹, II 380.
28 mein Churfürst: Gemeint ist Friedrich von Württemberg.
29 Hinweggeschwazt: vgl. ›Das Nächste Beste‹, v. 4, I 420.
33 f. König / Zu Jerusalem: vgl. Matthäus 5,34–37. Möglicherweise ist
auch darauf angespielt, daß sich Kreuzfahrer zu Königen in Jerusalem
erklärt hatten.
37 Meister: StA vermutet, es sei damit Heinse gemeint und mit
»Weinstadt« Aschaffenburg, wo Heinse seit 1795 bis zu seinem Tode
1803 gelebt hatte.

Germanien
(S. 404)

Vorstufe H312 Dbl. 2°, unvollständige Reinschrift (v. 1–97) mit nachträglich eingefügter Strophennumerierung
Text S. 59–63, Reinschrift mit Änderungen
v. 46–47 aus:
  Dem Vater, nicht wie sonst, geübter im Fluge
  Der Alte, jauchzend überschwingt er
  Zulezt die Alpen und sieht die vielgearteten Länder.

Predigten durch das Fenster...
Text S. 57, Notiz, s. bei ›Dem Fürsten‹, zweite Entwurfsphase

prince / grand homme
Text S. 57, Notiz, neben v. 15 f. von ›Dem Fürsten‹ (s. o.)

v. 70 f. aus:
> Und heimlich, da du träumtest, ließ ich
> Am Mittag scheidend dir ein Freundeszeichen,

v. 71 *Seufzen:* Seuften (StA liest »Sänften«)

Die möglicherweise schon 1801 entstandene Hymne wurde wohl 1803 zur Überarbeitung ins *Homburger Folioheft* übertragen. Ihr Aufbau ist nicht triadisch, die sieben Strophen zu je 16 Versen entsprechen jedoch dem im poetologischen Entwurf ›Löst sich nicht...‹ für das lyrische Gedicht aufgestellten Schema (vgl. II 108).

2 in dem alten Lande: Gemeint ist Griechenland.

31 Göttermenschen: vgl. ›Diotima‹ ⟨Dritte Fassung⟩ v. 12, I 327.

33 Vorspiel rauherer Zeit: vgl. ›Brod und Wein‹, v. 115–118, I 378/379.

36 prophetische Berge: z. B. der Sinai und der Parnassos, an dem Delphi liegt; vgl. ›Am Quell der Donau‹ v. 83–86, I 353 und die Erläuterung dazu.

39 f. Vom Aether aber fällt / Das treue Bild: Anspielung auf das Palladium bzw. das Standbild der Artemis von Ephesos, die dem Mythos nach beide vom Himmel gefallen sind.

41 im innersten Haine: Anspielung auf das Orakel zu Dodona.

42–48: Der Adler fliegt den Weg der Kulturwanderung von Süd-Osten nach Nord-Westen. Vgl. auch die Umkehrung in ›Der Adler‹ v. 1–12, I 470.

45 f. frohe Beute sucht / Dem Vater: Anspielung auf die Entführung des Ganymed durch den Adler des Zeus.

49 Die Priesterin: Germania, vgl. v. 110.

52 ein Sturm: Gemeint sind die ersten beiden Koalitionskriege.

61 Der Jugendliche: vgl. Psalm 103,5: »Der deinen Mund fröhlich macht und du wieder jung wirst wie ein Adler.«

71 Seufzen der Creatur: vgl. Römer 8,22 und 26: »Denn wir wissen, daß alle Creatur sehnet sich mit uns und ängstet sich noch immer dar« und »Denn wir wissen nicht, was wir beten sollen, wie sichs gebührt; sondern der Geist selbst vertritt uns aufs Beste mit unaussprechlichem Seufzen.« S. auch ›Fragment von Hyperion‹, I 491: »wohl dem, der sie überstanden hat, diese Feuerprobe des Herzens, der es verstehen gelernt hat, das Seufzen der Kreatur, das Gefühl des verlornen Paradieses.«

72 Die Blume des Mundes: die Sprache.

76 Die Mutter ist von allem: die Erde.

76 Abgrund: vgl. ›Die Nymphe‹ v. 15, I 434.

88 f. Und so zu reden ... von Göttern: Es ist weise, so – nämlich mit der geziemenden Scham – von Göttern zu reden.

93 Eins mals ein Wahres: (mundartlich) »Dereinst ein Wahres«. Vgl. auch ›Mnemosyne‹ ⟨Entwurf⟩ v. 15 ff., I 436.
103 Mitte der Zeit: Die Gegenwart.
112 Den Königen und den Völkern: Gebildet nach der alten Rechtsformel *populi regesque*; vgl. Livius 21,43,11.

Viel hab' ich dein ...

Text S. 63–66 (v. 1–72) und H336 *Dbl. 2°* ⟨= S. 66a–d⟩ (v. 73–162), Niederschrift mit späteren Überarbeitungen
v. 3–8 Text der Niederschrift:
    Gelitten, Madonna,
    Denn, seit ich hörte von ihm
    In süßer Jugend
v. 14–23 Text der Niederschrift:
    Dich feiern und ich fürcht es nicht
    Daß mir der Sinn vergeh
    In deiner seeligen Macht
    Und wachen soll
    Der heiligen Lampe gleich, die war
    Bewahret von
    Gehorchenden Dienern, die Freude
    Des Tempels, seit
v. 14–23 aus:
    Dich feiern und nicht soll einer
    Der Rede Schönheit mir
    Die heimatliche, vorwerfen,
    ⟨a⟩ Dem Fremden, nemlich unzugänglich bist du,
        geheim,
        ⟨Im⟩ Gewölbe des uralten Waldes oder des Felsens
    ⟨b⟩ Dieweil ich allein
        Zum Felde gehe, wo wild
        Die Lilie wächst, furchtlos,

Joseph ...
Text S. 64, Notiz, später als ›Viel hab' ich dein ...‹

     Zum unzugänglichen,
⟨a⟩ Dem Hinterhalte
     Der Himmlischen,
⟨b⟩ Uralten Gewölbe Gewölbe
v. 21 f.: Uralte Walde / Des Gewölbes,
v. 41–45 Text der Niederschrift:
     Ein Geringer oder ein König
     Gleichmuth ist aber gegeben
     Den Liebsten Gottes. So dann starben jene.
     Die Beiden,   so auch sahst
     Du göttlichtrauernd in der starken Seele sie sterben.
     Und wohnst deswegen

     Und
nach v. 66 eingeritzt: Himmel
v. 107 f. *ihn, / Heut aber*: StA konjiziert »ihn / Heut, aber«
v. 142–153 Text der Niederschrift:
     Das Glük gekommen, daß ich hätte
     Das Einsame
     Im Eigentum
     Denn weil du gabst
     Den Sterblichen
     Versuchend Göttergestalt,
     Warum ein Wort? und es hätte die Schwermuth
     Mir von den Lippen

Zu theuerst
Text S. 65 vor v. 37 von ›Viel hab' ich dein...‹, früher als dieser
geschrieben. Im gleichen Duktus und mit gleicher Tinte ist S. 66 ›Ein
anderes freilich ists...‹ und S. 69 ›das Saitenspiel...‹ geschrieben,
I 410 und 417.
Zu theuerst: »vor allem, sogar«, vgl. ›Antigonä‹, v. 509, II 336.

Ein anderes freilich ists ...
Text S. 66, bei Niederschrift von ›Viel hab' ich dein...‹ gestrichen
5 *Ein jeder das Seine:* vgl. ›Seines jedem...‹, I 392.

> Den Gesang genommen. Zwar
> Vor Alters deuteten Himmlische
> Die Dichter, von selbst,
> Sie hatten die Kraft
> Der Götter hinweggenommen,

v. 155 Unglük: ersatzlos gestrichen

Dieser Entwurf wurde bisher unter dem Titel »An die Madonna« ediert.

18f.: vgl. Matthäus 6,28: »Und warum sorget ihr für die Kleidung? Schauet die Lilien auf dem Felde, wie sie wachsen, sie arbeiten nicht, auch spinnen sie nicht.«

30 Der göttliche Knabe: Jesus.

31 Freundin: Elisabeth, die Mutter Johannes des Täufers, vgl. Lukas 1,36.

32–35: Gemeint ist Zacharias, der nach der Verkündigung durch den Erzengel Gabriel, daß ihm ein Sohn geboren werde, verstummt und erst wieder zu sprechen und zu weissagen beginnt, als er dessen Namen, Johannes, auf ein Täfelchen schreibt; vgl. Lukas 1,5–80.

40 Drachenzähne: vgl. ›Patmos‹ ⟨Vierte Fassung⟩ v. 97, I 466 und die Erläuterung dazu.

82 Nichts ists, das Böse: vgl. ›Patmos‹ ⟨Erste Fassung⟩ v. 88, I 449.

117: vgl. den Brief an den Bruder vom 10. Juni 1796, II 623,33 ff.

132 Neidisches: vgl. ›Heidnisches ...‹ v. 11 ff., I 424.

145 die Schatten: die Toten.

150 Lebenslicht: vgl. ›Die Bedeutung der Tragödien‹, II 114 und die Erläuterung dazu.

Schlechthin, oft aber ...

Text H336 S. 4 ⟨= S. 66d⟩

v. 1–6 aus:

> Diesesmal, oft aber
> Geschiehet um die Schläfe, nicht ist
> Es zu verstehen, wenn aber einer andermal
> Selbst

2 Schläfe: vgl. ›Mnemosyne‹ v. 40, I 438 und die Erläuterung dazu.

3f. eines ... heraus geht: vgl. ›Der Einzige‹ ⟨Zweite Fassung⟩ v. 7, I 458.

Süß ists ...

Vorstufe Konzept
S. 67: wie Text
S. 68 (vgl. v. 10): Und mitzufühlen das / Und
S. 69f.: wie Text (v. 37 *giergen*: StA liest »giengen«)
S. 71: Wir singen aber

---

und wie der Rathsherr / Saktuch
Text S. 67, Notiz

Immer, Liebes gehet ...
Text S. 67, Notiz

Streifen blauer Lilien ...
Text S. 67, Notiz

Eine beständige Vision ...
Text S. 67, neben der Lücke zwischen v. 8,9 von ›Süß ists...‹
  2 Himmelsleiter: vgl. 1. Mose 28,12: »Und ihm ⟨sc. Jakob⟩ träumet; und siehe, eine Leiter stund auf Erden, die rühret mit der Spitzen an den Himmel, und siehe, die Engel Gottes stiegen dran auf und nieder.«

und verlorne Liebe / Der Turniere
Text S. 68, dem Schriftbild nach wahrscheinlich im Zusammenhang mit ›Wie Meeresküsten...‹ notiert, zunächst nur die erste Zeile weiter oben; beide Ansätze sind vom Entwurf ›Süß ists...‹ v. 26–29 überlagert

Rosse, scheu und feucht
Text S. 68, neben v. 29 von ›Süß ists ...‹

Wie Meeresküsten ...
Text S. 68, Entwurf
  1 wenn zu baun ...: vgl. ›Wenn aber die Himmlischen ...‹ v. 1 f., I 399.
  7 Weingott: Dionysos.
  8 Lieblingin: Aphrodite.

Narcyssen Ranunklen ...
Text S. 69, Niederschrift

Text S. 67–70, Entwurf
  v. 10–27 aus:
  1. Ansatz in v. 15:
              wohlunterhalten
      Ein Feuerstahl schlägt Funken, aus geschliffnem Gestein
      Aus hartem wohl
              Gegen das Meer tönt

---

das Saitenspiel ...
Text S. 69, wahrscheinlich vor den übrigen Einträgen auf dieser Seite geschrieben, vgl. oben bei ›Zu theuerst ...‹.

Wenn nemlich der Rebe Saft ...
Text S. 69, wahrscheinlich im Zusamenhang mit ›Wie Meeresküsten ...‹ geschrieben
  v. 1–4 aus:
      Wenn nemlich der Rebe Saft,
              suchet er Schatten
      Und unter dem Laube
  v. 10 *wie eines Ammenkinds*: später angefügt
  v. 10–14 aus:
      Des Frühlings trunken, der Geist
      Der Sonne treibet, irren sie
      Wenn aber   kehren sie
      Mit Gesumm',
  8 Bienen: Vgl. Vergils Lob der Bienen im vierten Abschnitt der ›Georgica‹. Horaz vergleicht sich in Ode IV/2,27–32 einer Biene, die mit Mühe Honig sammelt, s. auch die Erläuterung zu ›Hälfte des Lebens‹ v. 4, III 268.
  8–16: vgl. ›Stuttgart‹ v. 33f., I 385.
  14ff. vielahnend / darob / die Eiche rauscht: Anspielung auf das Orakel von Dodona.

Pest Hungersnoth
Text S. 70, Notiz
Vgl. im Namenverzeichnis ›Friedrich mit der gebißnen Wange‹.

Der Knall der Jagd. Die Aegypterin aber, offnen Busens
Sizet im Wald, am Feuer. Recht Gewissen bedeutend
Rauscht in Schottland oder an dem See
Lombardas dann ein Bach vorüber. Knaben spielen
Reinen Lebens gewohnt so um Gestalten
Der Meister, oder der Leichen, oder es rauschet um der
      Thürme Kronen
Sanfter Schwalben Geschrei.

2. Ansatz in v. 15:
⟨a⟩   Gericht des Glaubens
⟨b⟩   und die Nacht
     Wie
⟨c⟩   und die Nacht, wie Feuerstahl des
          lebenswarmen Heerds
⟨d⟩   Auch dem Feuerstahl des lebenswarmen Heerds gleich

3. Ansatz: Entwurf von v. 10ff. und Anschluß an v. 15
    Versammelt. Goldne Wüste. Oder gleich dem Feuerstahl
       des lebenswarmen

v. 22 *Seen* möglicherweise auch: Streif
v. 44 *Gesang* aus: Os

---

und das Horn / Des Wächters / Bei Nacht
Text S. 70, Notiz, möglicherweise im Zusammenhang mit ›Viel Unbefangenheit ...‹
Vgl. ›Hier sind wir ...‹ v. 28, I 433.

Viel Unbefangenheit ...
Text S. 70, in der Lücke zwischen v. 41 und 43 von ›Süß ists...‹

Da soll er alles / Hinausführen ...
Text S. 70, über »und Bündnisse« einsetzend
Der Text lehnt sich an eine Reinigungsanweisung aus dem Leviticus an, »nämlich so ein Priester der gesalbet ist, sündigen würde, daß er das Volk ärgert, der soll für seine Sünde, die er getan hat, einen jungen Farren bringen, der ohn' Wandel sei, dem HERRN zum Sündopfer«, was aber vom Opfer übrig sei, »das soll er alles hinausführen außer dem Lager, an eine reine Stätte, da man Asche hinschüttet und solls verbrennen auf dem Holz mit Feuer.« Vgl. 3. Mose 4,3 und 12.

StA fragmentiert diesen Entwurf, dessen Zusammenhang durch den Duktus der Handschrift des Konzepts zu erkennen ist, in die Teile »Süß ists ...«, »Und mitzufühlen ...« (darin »und verlorne Liebe ...« und »Rosse, scheu ...«), »Wie aber jezt? ... Todesgötter« (darin »das Saitenspiel ...« und »wir aber singen ...«).

1 Süß ists: vgl. ›Tinian‹ v. 1., I 471 und ›Griechenland‹ ⟨Dritter Entwurf⟩ v. 46, I 480.
26 der Thürme Kronen: vgl. ›Antigonä‹ v. 126, II 323.
37 giergen: vgl. ›Die Nymphe‹ v. 15, I 434.

Wie bei Nacht ...

Text S. 71, Notiz

dem dunklen Blatte ...

Text S. 72, Konzept
16 Himmelsleiter: vgl. ›Eine beständige Vision‹, I 414 und die Erläuterung dazu (III 236).

Jaunerloch ...
Text S. 70, Notiz
aus: Jar
darunter nochmals ansetzend:
⟨a⟩ Jar ⟨b⟩ Jaunerloch gebi
Jauner ist die ältere Form von »Gauner«, das von »Joner« (für Ionier, Grieche) abgeleitet ist.

Wir singen aber
Text S. 71, s. Vorstufe zu ›Süß ists ...‹

spizbübisch schnakisch / Lächeln ...
Text S. 71, Notiz

Das Nächste Beste
(S. 420)

Text S. 73 f.

Erste Entwurfsstufe (vgl. v. 8–32), mit schmaler Feder:
    Viel thuet die gute Stunde.
    Drum wie die Staaren
    Mit Freudengeschrei
    Wenn im Olivenland
    In liebenswürdiger Fremde
⟨a⟩ Auf feuchten Wiesen
    Die Sonne sticht,
    Im Thal
⟨b⟩ Und die feuchte Wiese
⟨c⟩ Die Sonne sticht,
    Und das Herz der Erde thuet
    Sich auf

        und wo
Gastfreundlich die Schwellen sind,
An blüthenbekränzter Straß',
Sie spüren nemlich die Heimath,
Wenn

Auf feuchter Wiese der Charente,
    ⟨Raum für drei Verse⟩
Und ihnen machet waker
Scharfwehend die Augen der Nordost, fliegen sie auf,

Zweite Entwurfsstufe, mit blasser Tinte und breiter Feder:

        Das Nächste Beste.

⟨a⟩   und freigelassen

Zwei Bretter ...
Text S. 74, wahrscheinlich später als ›Das Nächste Beste‹.
  2 apoll envers terre: (frz.) Apollon gegenüber der Erde.

ist Geschwäz,
Bis diese Stunde.
Das, was ich will.
Des Feindes Gott.
⟨b⟩ offen die Fenster des Himmels
Und freigelassen der Nachtgeist
Der ⟨a⟩ ungehaltene ⟨b⟩ himmelstürmende, der hat unser
      Land
Beschwäzet, mit Sprachen viel, ⟨a⟩ undichtrischen
            ⟨b⟩ unendlichen ⟨c⟩ unfriedlichen ⟨d⟩ unbündigen
            ⟨e⟩ unbändigen, und
Den Schutt gewälzet
Bis diese Stunde.
Doch kommt das, was ich will,
Wenn

Das letzte Wort steht rechts neben dem ersten Vers der ersten Entwurfsstufe. Fortsetzung auf der nächsten Seite:

   der Katten Land
Und des Wirtemberges
Kornebene,
         ⟨Raum für drei Verse⟩
Und wo berühmt wird

      ihr ewigen Besänftigungen

         wo dich, und der Winkel,

   und wo die Knaben gespielt
         ⟨Raum für zwei Verse⟩
Viel sind in Deutschland

Wohnsize sind da freundlicher Geister, die
Zusammengehören, so die Keuschen
Unterscheidet ein gleiches Gesez.
         ⟨Raum für fünf Verse⟩
Wenn

anschließend werden am rechten unteren Rand der Seite v. 67–71 notiert

v. 67–69 aus:
   wenn aber Tagewerk
   Die Menschen

Der ewige Vater
v. 70 f. aus:
Ein Wohlgefallen aber

Der ewige Vater.
Dritte Entwurfsstufe, wieder mit dunkler Tinte:
Texterweiterung v. 10–32
v. 10 *Gärten sind,*: Gärten, sing
Entwurf v. 33–66
v. 47–56 aus:
    Sich schelten fast, so sag ich. Die Burg ist, wo
    Von Wien an, seitwärts
            Eine Stadt
    Und Hirten auf der bairischen Ebne.

              und rauschen, über spizem Winkel
neben v. 48 am Rand: Theresienstraß'
v. 57 *das* aus: was
v. 58 *Anhang ... Geist*: in eine Textlücke geschrieben, Zuordnung unsicher
v. 62 ff. aus:
   ⟨a⟩ Gehn mags also. Fast, unrein hatt
       Die Rosse bis über den Gurt
       Sehn lassen und das Eingeweid
       Die Erde.
   ⟨b⟩ Gehn mags nun. Fast, unrein. Bei Ilion aber auch
       schien
   ⟨c⟩ Gehn mags nun. Fast, unrein. Bei Ilion aber auch
       War auch
der zweite Vers dieser Variante steht am linken Rand, seine Zuordnung und Lesung (hier nach Zinkernagel) ist unsicher. In StA fehlt er ganz, FHA liest »Der Rosse Leib / War der Geist«.

1 die Fenster des Himmels: vgl. die Beschreibung des Beginns der Sintflut 1. Mose 7,11: »In dem sechshundertsten Jahr des Alters Noahs, am siebzehnten Tag des zweiten Monats, das ist der Tag, da aufbrachen alle Brunnen der großen Tiefe und taten sich auf die Fenster des Himmels und kam ein Regen auf Erden vierzig Tag und vierzig Nächte.« Vgl. auch Jesaja 24,18 und Maleachi 3,10.

31 f. waker ... die Augen: vgl. 1. Samuel 14: »Sehet wie wacker sind meine Augen worden, daß ich ein wenig dieses Honigs gekostet habe.«

32 Nordost: vgl. ›Andenken‹ v. 1, I 473.
49 Gebirg: Gemeint sind der Bayrische Wald und der Böhmer Wald.
65 f. alle / Drei: Das Licht der Adler bei Ilion, der Himmel der Gesänge in der Mitte und daneben die zornigen Greise am Ufer der Entscheidung.

und kehr' in Hahnenschrei ...

Text S. 75, Entwurf in mehreren Ansätzen (die Lesarten geben den Text unemendiert wieder; vgl. auch die Abbildung III 245):
1. Ansatz, in v. 4 mit feiner Feder und brüchiger Tinte:
   Vom Abgrund nemlich haben
   Wir angefangen
      ⟨Raum für zwölf Verse⟩
      damit sie schauen sollte
      ⟨Raum für sieben Verse⟩
      es haben diese
   Dankbarkeit mir die Gasgognischen Lande
   Gegeben.
(zu *Abgrund* vgl. ›Die Nymphe‹ v. 15, I 434)
2. Ansatz, Ergänzung des ersten Ansatzes ab v. 5 mit Blei:
   Vom Abgrund nemlich haben
   Wir angefangen und gegangen
   Dem Leuen gleich,
   Der luget
   In dem Brand
   Der Wüste
(*luget*: StA liest »lieget«. Vgl. ›Aus Lucans Pharsalia‹ v. 206 f., II 154: »Dem Leuen in Lybias heißen / Wüsten vergleichbar.«)
3. Ansatz, unter dem zweiten Ansatz wieder mit Tinte (vgl. ›Heidnisches / Jo Bacche...‹ v. 39):
   Der Schöpfer.
      ⟨Raum für zwei Verse⟩

Die *apriorität* des Individuellen
Text S. 75, nachträglich über dem Text eingetragen
Vgl. ›*Das untergehende Vaterland*...‹, II 77,4 f. und den Brief an den Bruder vom März 1801, II 897,30 f.

244 KOMMENTAR ZUM HOMBURGER FOLIOHEFT · S. 75

        Nicht umsonst
    Ist der Menschen betrüblich. Aber
⟨Am Rand:⟩
Und Spiegel die Zimme⟨r⟩
Meinen Fürsten

        Stern
      nationell
4. Ansatz, mit schräg geschnittener Feder: Germania.
5. Ansatz ab v. 18:
    Frankfurt aber, nach der Gestalt, die
    Abdruk ist der Natur, zu reden
    Des Menschen nemlich, ist der Nabel
    Dieser Erde. Diese Zeit auch
    Ist Zeit, und deutschen Schmelzes.
    Ein wilder Hügel aber stehet über dem Abhang
    Meiner Gärten. Kirschenbäume. Scharfer Othem aber
        wehet
    Um die Löcher des Felses. Allda bin ich
    Alles miteinander. Wunderbar
    Aber über Quellen beuget schlank
    Ein Nußbaum und sich Beere, wie Korall
    Hängen an dem Strauche über Röhren von Holz,
    Ursprünglich aus Korn, nun aber zu gestehen, bevestigter
        Gesang von Blumen

Zu den Abbildungen
Die Seiten 75 und 76 des *Homburger Foliohefts* sind die mit Abstand am schwersten zu deutenden Handschriften, die Hölderlin hinterlassen hat. Daher werden die Texte hier genetisch dargestellt. Da die Zuordnungen sowohl in räumlicher als auch chronologischer Hinsicht äußerst unsicher sind, kann ein solcher Versuch nur ein mögliches Bild der Situation entwerfen. Dasselbe gilt für den daraus konstituierten Text, der gewiß zu »Zweifel und Ärgerniß« Anlaß gibt. Die Abbildungen können nicht zur Verifizierung der hier gebotenen hypothetischen Lesarten herangezogen werden, sondern sollen dem Leser bloß dabei helfen, einen Überblick über die räumlichen Verhältnisse der beiden Seiten zu gewinnen.

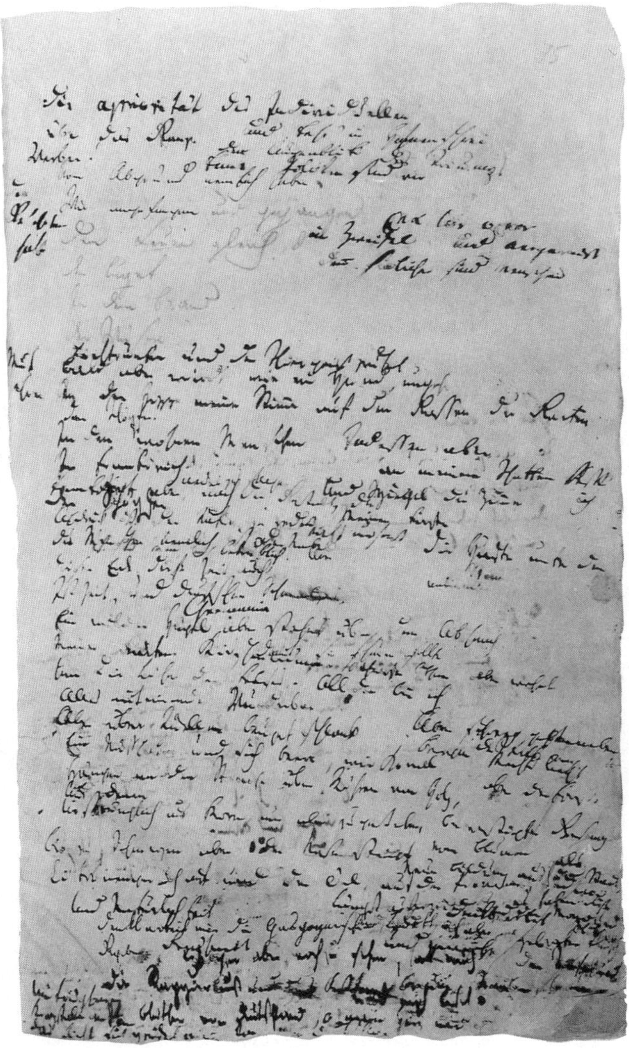

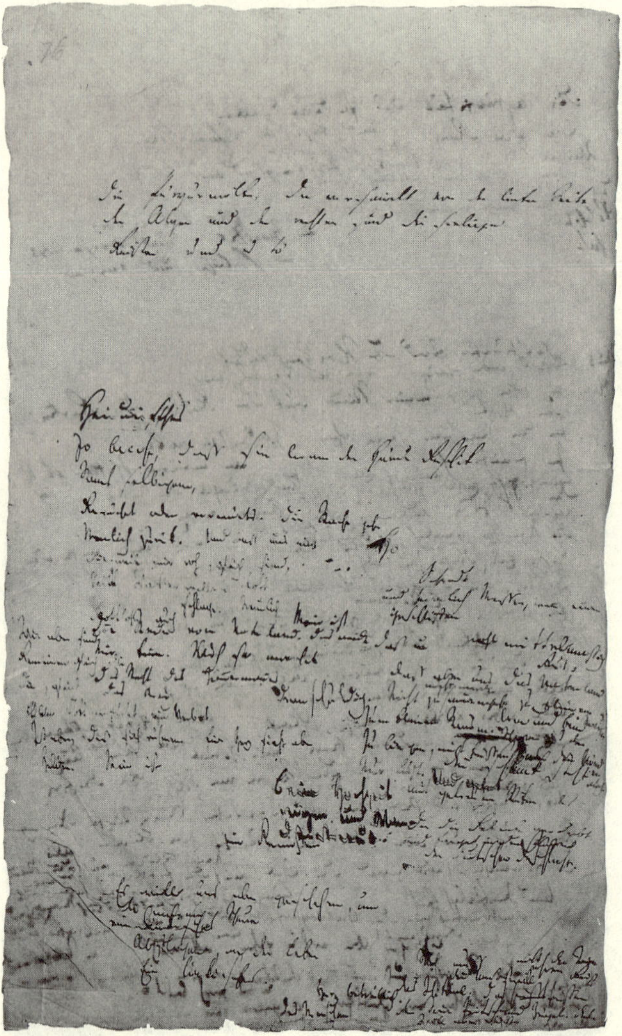

⟨Am rechten Rand zu v. 36:⟩
  Rechts liegt aber der Forst.
⟨Darüber und Anschluß im Text v. 35 f.:⟩
  Aber schwer geht neben
  Bergen der Frohe weg
  Aus denen
⟨Fortsetzung mit v. 38:⟩
  Bis zu Schmerzen aber der Nase steigt
  Citronengeruch auf und dem Öl der Provence, und wo
      Dankbarkeit
  Und Natürlichkeit
  Gezähmet   und genähret gebraten Fleisch der
      Tafelrund
          und des Festtags braune Trauben, darum
⟨Fortsetzung darüber:⟩
  Längst auferziehen und der Mond und Schiksaal
  Und Gott, ich aber
⟨Neuansatz in v. 37:⟩
      als
  Neue Bildung aus der Stadt
6. Ansatz, in den ersten Ansatz hinein ab v. 1:
  und kehr' in Hahnenschrei
  Den Augenblik des Triumps
  Werber!   keine Polaken sind wir
  Der Gelehrten halb
  Μα τον ορκον
  in Zweifel und aergerniß
      Denn sinnlicher sind Menschen
  Bald aber wird, wie ein Hund, ungehn
  In der Hizze meine Stimme auf den Gassen der Garten
  In den wohnen Menschen
  In Frankreich
  Der Schöpfer
⟨Ergänzung v. 11 f.:⟩
  Lichttrunken und der Thiergeist ruhet
  Mit ihnen
⟨Am unteren Rand in v. 42:⟩
  Erzogen aber, noch zu sehen, hat mich
  Die Rappierlust
          und mich leset o
  Ihr Blüthen von Deutschland, o mein Herz wird

Untrügbarer Krystall an dem
Das Licht sich prüfet
Vor   Deutschland
7. Ansatz am rechten Rand v. 16 f.:
Indessen aber an meinen Schatten faßt' ich
Die Hüfte unter dem
(*faßt'*: StA liest »stesst'«, FHA liest »Richt'«)

7 *Μα τον ορκον:* (ma ton horkon, gr.) »Beim Eid«. Vgl. auch den Stammbucheintrag für Magenau, II 971 und den Kommentar dazu.
20 f. der Nabel / Dieser Erde: vgl. ›Ganymed‹ v. 20, I 445 und die Erläuterung dazu.
43 Rappierlust: vgl. den Brief an die Schwester von Mitte Dezember 1790, II 466,15.
45 Blüthen: vgl. ›Stutgard‹ v. 49, I 312 und 385.

Heidnisches / Jo Bacche ...

Text S. 76, Entwurf in mehreren Ansätzen (vgl. die Abbildung III 246)
 1. Ansatz, wahrscheinlich im Anschluß an den sechsten Ansatz zu ›und kehr' in Hahnenschrei ...‹: v. 2 f., Raum für sieben Verse, dann am rechten Rand
    Arm und Bein
    denn schlank steht
    mit getreuem Rüken
    der Deutschen Geschlecht.
 anschließend am linken Rand v. 30–33 und wieder am rechten unteren Rand v. 34–37 aus:
    Wohl muß   ehren
    Das Schiksaal, das will heißen
 2. Ansatz: v. 38, dann v. 4 f.
    Gerächet oder vorwärts. Die Rache gehe
    Nemlich zurük.

Die Purpurwolke ...

Text S. 76, Bruchstück einer Reinschrift, vor dem Übrigen geschrieben

nach einem Raum für sechs Verse in der Mitte: dran schuldig.
etwas tiefer: ein Gewissen
3. Ansatz: v. 11 *Mein ist* bis v. 15 *Das Kreuz.*
4. Ansatz: v. 1 und v. 24–25.
5. Ansatz, Erweiterung nach v. 5 *zurük* (vgl. 2. Ansatz) und Anschluß an v. 11 *Mein ist* (vgl. 3. Ansatz)
v. 7.f. aus:
   Mit Wasserwellen Gott schlage. Nemlich
   Gottlosen auch
6. Ansatz, am rechten Rand: v. 16 und Ergänzung nach v. 26 *Rüken* bis v. 28 (vgl. 1. Ansatz).
7. Ansatz: v. 17–22
v. 19f. aus:
   Daß aber uns das Vaterland
   Nicht zusammengehe zu kleinem Raum

2 Jo Bacche: ἰὼ Βάκχε, der kultische Anruf des Dionysos.
2 der Hände Geschik: vgl. ›Blödigkeit‹ v. 24, I 444 und die Erläuterung zu II 851,9.
12f. Das neide / Mir keiner: vgl. ›Dem Allbekannten‹ v. 5, I 272 und ›Viel hab' ich dein …‹ v. 132, I 412.
14 das Recht des Zimmermanns: Der Zimmermann versieht den von ihm bearbeiteten Balken mit einer Marke.
19f. Daß … Raum: ›Patmos‹ ⟨Zweite Fassung⟩ v. 119f., I 457.
32 Leber: Bei den Griechen wurde die Leber als Sitz der Begierden und Empfindungen angesehen.

Kolomb
(S. 425)

Vorstufe S. 77–82, Konzept v. 1–3, 13–16, 24–34, 51, 75–82

Kolomb.

Wünscht' ich der Helden einer zu seyn
Und dürfte frei   es bekennen
So wär' es ein Seeheld.
⟨Raum für fünf Verse⟩
                    und es ist noth,
Den Himmel zu fragen.
⟨Raum für zwei Verse⟩
Wenn du sie aber nennest
Anson und Gama
⟨Raum für sechs Verse⟩
Gewaltig ist die Zahl
Gewaltiger aber sind sie selbst
Und machen stumm

                      die Männer.

Dennoch
⟨Raum für zwei Verse⟩
Und hin nach Genua will ich
Zu erfragen Kolombos Haus
Wo er
⟨Raum für zwei Verse⟩
In süßer Jugend gewohnet.
⟨Raum von einer Seite⟩
Ein Murren war es, ungedultig

So Mahomed, Rinald ...

Text S. 77, nach der Vorstufe zu ›Kolomb‹ neben dem Titel beginnend am rechten Rand notiert

1 So: Hölderlin plante wohl – ähnlich wie auf Columbus – Gesänge auf die genannten Männer.

* *Höret das Horn:* vgl. ›Hier sind wir ...‹ v. 28, I 433.

⟨Raum für sieben Verse⟩
Doch da hinaus, damit
Vom Plaze
Wir kommen, also rief
Gewaltig richtend
Die Gesellen die Stimme des Meergotts,
Die reine, daran
Heroen erkennen, ob sie recht
Gerathen oder nicht.
Fortsetzung des Konzepts mit v. 88–110.

Text S. 77–82, der oben wiedergegebene Text wird von verschiedenen Ergänzungen überlagert, deren chronologische Reihenfolge und Zuordnung zum Text nicht sicher zu bestimmen ist; einiges ist wohl als Plan zur Ausführung zu werten, anderes als Glossierung des Textes.
1. Ansatz am Rand neben dem Konzept zu v. 15–25:
Flibustiers Entdekungsreisen als Versuche, den hesperischen *orbis*, im Gegensaze gegen den *orbis* der Alten zu bestimmen.
2. Ansatz: v. 41–46, 48–49.
3. Ansatz: Erweiterung bzw. Entwurf von v. 2–12, 16–23, 30–40, 47, 50, 52–61 und mit anderer Tinte v. 62–74.
4. Ansatz: v. 83–87

18 Megaras Felsenhöhlen: wahrscheinlich versehentlich für »Magnesias Felsenhöhlen«.
21 Tempelherren: Gemeint sind die Kreuzfahrer, vgl. ›Patmos‹ ⟨Vierte Fassung⟩ v. 61 f., I 465.

---

ils crient rapport ...
Text S. 79, Notiz
Der Sinn und die Herkunft dieser und der beiden folgenden französischen Notizen sind bislang nicht zu bestimmen; auf Deutsch lautet der Text in etwa: »sie schreien Rapport, und schließt Haus / du bist ein weißt nichts«.

entiere personne ...
Text S. 79, Notiz
In etwa: »ganze Person zufrieden mit ihrer (seiner) / Seele Schwierigkeiten Kenntnis / Rapport ziehe«.

252 KOMMENTAR ZUM HOMBURGER FOLIOHEFT · S. 77–84

51–82: Die Passage vergleicht den Widerstand der Schiffsleute des Columbus bei seinem aussichtslos scheinenden Unternehmen, Indien zu erreichen, mit dem Murren des Volkes Israel, das von Moses durch die Wüste in das gelobte Land geführt wird; vgl. 2. Mose 16,2 f.

62 Manna und Himmelsbrod: Gott läßt auf das Murren des Volkes Israel hin in der Wüste Brot regnen. »Und da es die Kinder Israel sahen, sprachen sie untereinander, das ist Manna ⟨eine Gabe⟩, denn sie wußten nicht was es war«, vgl. 2. Mose 16,15.

71 Erdkreis, griechisch, kindlich: Die Stelle bezieht sich wahrscheinlich zurück auf v. 48 f. und meint wahrscheinlich das kreisförmige Weltbild des Hekataios (ca. 560–490 v. Chr.), auf dem z. T. noch im Mittelalter die Weltkarten basierten. Vgl. auch den im Umfeld dieses Entwurfs mehrfach auftretenden Begriff *orbis.*

---

moments tirees ...
Text S. *81,* Notiz
Wahrscheinlich im Zuge des vierten Ansatzes von ›Kolomb‹ geschrieben, die Zeilen sind ineinandergeschoben und zum Teil übereinander weg geschrieben

   lui
     moments tirees hautes sommeils Der Schiffer
a les   Kolombus aber beiseit   Hypostasirung des vorigen
      Leidenschaft in Streitruhe des Christentum
   Und seufzeten miteinander, um die Stunde   *orbis*
pleures
    Nach der Hizze des Tags

l. 4: StA liest »Naivete der Wissenscha / Leidenschaft zum Christentum«; FHA liest »Staitvute der Wissenscha /Leidenschaft zum Christentum«

1 f. moments ...: In etwa: »Augenblicke gezogene hohe Schlummer / er hat die beweint«.

3 orbis: (lat.) Kreis, Scheibe, Weltkreis; vgl. ›Kolomb‹ v. 71 und oben beim ersten Ansatz zu ›Kolomb‹.

Ursprung der Loyoté
(S. 430)

Text S. *82*, möglicherweise Ansatz zu ›Die Asyle‹, vgl. II 383,24f.

Loyoté: eigentlich loyauté, (frz.) Rechtschaffenheit.
1–5 Εὐνομία ...: »Wohlgesetzlichkeit, die Schwestern auch, Grund-/ stütze der Städte, untrügliches Recht und gleichartiger Friede, Haushälterinnen / des Reichtums den Männern, goldene / Kinder der wohlratenden Themis.« Pindar, 13. Olympische Ode v. 6ff. (neuer Zählung).

Luther
(S. 430)

Text S. *83*, Titel; ob die Texte auf S. *84* und *87* zugehörig sind, ist nicht zu sicher zu bestimmen.

Vgl. ›So Mahomed ...‹ l. 13, I 426.

meinest du / Es solle gehen ...

Text S. *84*, Niederschrift
1 zum Dämon: Wahrscheinlich ist der Dämon angesprochen.
5f. das Vaterländische ... Versäumet: vgl. den Brief an Wilmans vom 28. September 1803, II 925,8–13.
14 ehrlich Meister: vgl. ›Hier sind wir ...‹ v. 10, I 432.
15 ff.: Der Lauffener Ortsüberlieferung nach stammten zwei Inschriften in kreisrunden Fensterscheiben aus Hölderlins 1919 abgerissenem Geburtshaus aus der Kindheit und Jugend des Dichters. In die eine der heute verschollenen Scheiben waren Verse von Hölty eingeritzt, in die andere folgender mit »C« (für Christian?) unterschriebene Text, der möglicherweise Ostern 1788 entstand:
   wo? wo seyd ihr? seyd ihr ganz verschwunden,
   Euch, euch sucht mein Thränenvoller Blik
   Süße, unaussprechlich süße Stunden
   Kehrt, o kehret doch zu mir zurük – –

18 Kloster: Hölderlins Geburtshaus gehörte zu einem Klostergut, er besuchte die Klosterschulen in Denkendorf und Maulbronn, und das Tübinger Stift nennt Hölderlin in Briefen ebenfalls »Kloster«.

Denn gute Dinge sind drei ...

Text S. *87*, überarbeitetes Konzept
v. 6–9 aus:
> Zusammen, die uns gönnet Gott. Das Lebenslicht
> Das geseellige
> Bis an unser End

3 Die Bilder dir stürmen: Anspielung auf den Bildersturm, die Zerstörung sakraler Kunstwerke, die besonders im 16. Jh. durch schwärmerische Sekten am Rande der reformatorischen Bewegung stattfand.

---

orbis ecclesiæ
Text S. *87*, neben ›Denn gute Dinge sind drei...‹ v. 5
  orbis ecclesiæ: (lat.) Kreis der Kirche (vgl. die päpstliche Formel »urbi et orbi«, die Anspruch auf die Katholizität des Weltkreises erhebt).

Hier sind wir   in der Einsamkeit ...

Text S. 88 f., in umgekehrter Richtung eingetragen, zunächst v. 1–10, dann mit anderer Tinte v. 11–49.
v. 2f: nachträglich eingefügt
v. 17 f. aus:
   Ach! kennet ihr nicht mehr
   Den Meister des Forsts, den Him
v. 18 *traun*: StA liest »Fraun«

8 Julius: Gemeint ist C. Iulius Caesar; er führte 46 v. Chr. den sogenannten Julianischen Kalender ein, der 1582 durch den von Gregor XIII. eingeführten Gregorianischen Kalender abgelöst wurde.

9 dort drüben, in Westphalen: Wahrscheinlich Anspielung auf Hölderlins Aufenthalt in Driburg.

10 mein ehrlich Meister: vgl. ›meinest du / Es solle gehen ...‹ v. 14, I 431.

18 f.: vgl. Matthäus 3,1–4: »Zu der Zeit kam Johannes der Täufer und prediget in der Wüste des jüdischen Landes ⟨...⟩ seine Speise aber war Heuschrecken und wilder Honig.« und 3,10: »Es ist schon die Axt den Bäumen an die Wurzel gelegt ...«

26 Eiderdünnen: Eiderdaunen.

27 Accent: vgl. ›Vom Delphin‹, II 381,10.

28 Des Wächters Horn: vgl. ›und das Horn ...‹, I 418; ›So Mahomed ...‹, I 425 und ›Der Einzige‹ ⟨Zweite Fassung⟩ v. 26, I 459.

29 Der Kranich hält die Gestalt aufrecht: vgl. die Entwürfe zur endgültigen Fassung des ›Hyperion‹, I 574: »und wie der majestätische Kranich, wenn er den Flug beginnt, richtete die Gestalt des Mädchens sich auf.«

---

der Vatikan,
Text S. 89, wahrscheinlich vor dem Übrigen auf dieser Seite geschrieben.

und alle Schlüssel ...
Text S. 89, mit der gleichen Tinte wie ›Hier sind wir ...‹ v. 11–49, als Erweiterung von v. 7 zu lesen, im gleichen Zuge werden die Kommas in v. 6 und nach »Irrsaal« gesetzt.
l. 4 *reißend*: bisher als »wissend« gelesen
1 Schlüssel: vgl. Matthäus 16,19.

32 Eule: der Vogel der Athene. Vgl. aber auch Psalm 102,7 und Jesaja 13,22.
40ff. Apollon ⟨...⟩ sagt / Ade: vgl. ›Sonnenuntergang‹, I 226.
44 Vollendruhe: vgl. ›Hyperion‹, I 728,25.
44 Rippe: Das französiche Wort »côte« bedeutet sowohl »Rippe« als auch »Küste«.
47 Säulenordnung: vgl. ›Brod und Wein‹ v. 96, I 378/379 und die Erläuterung dazu.

Auf falbem Laube ruhet ...

Text S. 90, Niederschrift in der linken Kolumne der Seite

1–4: vgl. ›Wenn nämlich der Rebe Saft ...‹ v. 1–7, I 417.

Die Nymphe
(S. 434)

Vorstufe H 339, Entwurf
Vor dem ersten Ansatz stand bereits folgender Text auf der Seite:

Die Schlange.

und an der
Den Besten ziehen die Vögel

Auf der Mitte der Seite wird zunächst notiert:
Am Feigenbaum
Ist mir Achilles gestorben
Darüber hinweg wird der erste Entwurf geführt:

Cäcilia.
Text S. 90, Titel, in der Mitte der rechten Kolumne der Seite, später vom Entwurf der Strophe »Reif sind ...« überlagert; s. unten bei ›Mnemosyne‹.

Das Zeichen.

Viel Männer möchten
Daseyn, wahrer Sache, lang ist
Die Zeit, es ereignet sich aber
Das Wahre.

Wann aber liebes? Sonnenschein
Am Boden sehen wir, und trokenen Staub
Und tiefe Schatten der Wälder, und es steiget
Von Dächern der Rauch, an alter Krone
Der Thürme und die Lerche girret
Verloren in der Luft, und es waiden unter dem Tag,
Wohlangeführt die Schafe des Himmels,
Und Schnee, wie Majenblumen
Das Edelmüthige,
Es seie, bedeutend,
Glänzt auf der grünen Wiese
Der Alpen, da gieng
Vom Kreuze sprechend, das
Gesezt wird unterweges einmal
Gestorbnen ein Wandersmann mit
Dem andern aber was ist diß?

Am Feigenbaum ist mein
Achilles mir gestorben
In die Überschrift hinein und über das vorige wird der Anfang der ersten Strophe entworfen und die zweite überarbeitet.

Text S. 91 f. Abschrift des Entwurfs unter Einfügung von v. 3 f. ›Blumen ... Gott‹. Die dritte Strophe wurde wahrscheinlich an anderer Stelle entworfen

v. 3 *nah*: StA liest »noch«

v. 28–32 aus:
   Es seie, bedeutend, glänzet auf
   Der grünen Wiese
   Der Alpen, hälftig, da gieng
   Vom Kreuze redend, das
   Gesezt ist unterwegs einmal

v. 39. aus: An den Grotten, nahe

4 *Ob nah ist der Gott:* vgl. ›Patmos‹ ⟨Erste Fassung⟩ v. 1 f., I 447.
5 *Brauttag:* vgl. ›Der Rhein‹ v. 180, I 347.
8 *gierig:* vgl. ›Süß ists ...‹ v. 37, I 417.
13 *wahrer Sache:* wörtliche Übersetzung von lat. *re vera* (»in der Tat«).
15 *Abgrund:* vgl. ›Die Titanen‹ v. 75, I 393; ›Wenn aber die Himmlischen ...‹ v. 66, I 401; ›Germanien‹ v. 76, I 406 und den ersten Ansatz zu ›und kehr' in Hahnenschrei ...‹, III 243.

Mnemosyne ⟨Entwurf⟩
(S. 436)

Vorstufe S. *91 f.* Unterstreichungen in zur Änderung vorgesehenen Versen der ersten Strophe von ›Die Nymphe‹, Markierung der v. 4–10 und Überarbeitung am Rand ab v. 4

Ob nah ist der Gott. Wenn nemlich
Es hoch über Menschen
Ein Streit ist an dem Himmel und gewaltig
Die Monde gehn, so redet
Das Meer auch und die Ströme müssen
Den Weg sich suchen. Zweifellos
Ist aber Einer. Der
Kann täglich es ändern. Kaum bedarf er
Gesez, wie nemlich es bei Menschen bleiben soll. Es
  möchten aber
Viel Männer seyn wahrer Sache. Denn nicht vermögen
Die Himmlischen alles. Nemlich es reichen
Die Sterblichen eh' an den Abgrund. Also wendet es sich
Mit diesen. Lang ist die Zeit
Es ereignet sich aber
Das Wahre.

v. 7 *redet aus:* ⟨a⟩ erkrankt ⟨b⟩ zürnet   v. 10 *aus:* Den P⟨fad⟩
Text S. *91 f.* neuer Anfang zwischen den Zeilen der ersten Strophe eingetragen und Fortführung der Überarbeitung. Der Entwurf bleibt jedoch unvollendet.
v. 5 *Schritt:* StA liest »Schikl«
v. 8 f. *aus:* Lebendiges, denn wo eines kehret zu sich / Selbst
v. 8: ersatzlos gestrichen

v. 11 aus: Und es tönet das Blatt.
v. 13 *Firnen*: FHA liest »Birnen«

Der Lesetext (I 436 f.) gibt den Stand des Entwurfs wieder, der die völlige Neufassung der ersten Strophe notwendig macht. Mit v. 10 ist bereits der Gedanke von v. 16 f. ausgesprochen, dennoch hat Hölderlin die Überarbeitung ansatzweise fortgesetzt, um einen Anschluß an v. 18 zu finden.

1 Ein Zeichen sind wir: vgl. ›Friedensfeier‹, v. 92 f., I 364 und ⟨Prosaentwurf⟩ v. 1, I 355.
5 f. gewaltigen Schritt / Gestirne gehn: vgl. ›Patmos‹ v. 29, I 447.

StA konstituiert die erste Strophe mithilfe des Basistextes und der Vorstufe. Diese berühmt gewordenen Verse sind aber, wie Hans Gerhard Steimer in einem leider bisher unveröffentlichten Aufsatz schlüssig nachgewiesen hat, kein Text Hölderlins, »sondern eine durch nichts autorisierte Kontamination einander ersetzender Entwurfsschichten«:

Ein Zeichen sind wir, deutungslos
Schmerzlos sind wir und haben fast
Die Sprache in der Fremde verloren.
Wenn nemlich über Menschen
Ein Streit ist an dem Himmel und gewaltig
Die Monde gehn, so redet
Das Meer auch und Ströme müssen
Den Pfad sich suchen. Zweifellos
Ist aber Einer. Der
Kann täglich es ändern. Kaum bedarf er
Gesez. Und es tönet das Blatt und Eichbäume wehn dann neben
Den Firnen. Denn nicht vermögen
Die Himmlischen alles. Nemlich es reichen
Die Sterblichen eh' an den Abgrund. Also wendet es sich, das Echo
Mit diesen. Lang ist
Die Zeit, es ereignet sich aber
Das Wahre.

Mnemosyne
(S. 437)

Vorstufe S. 90 oben rechts Entwurf einer neuen Strophe
Und freundlich
   und vieles
wie auf den Schultern eine
Last von Scheitern, ist
Zu behalten. Aber bös sind
Die Pfade. Nemlich
Wie Rosse, gehn unrecht die gefangenen
Element' und alten
Geseze der Erd. Und immer
Ins Ungebundene gehet
Eine Sehnsucht. Vieles aber
Ist zu behalten. Und
Noth die Treue. Vorwärts aber und rükwärts wollen wir
Nicht sehn. Uns wiegen lassen, wie
Auf schwankem, auf der See.

v. 7: *gehn unrecht* aus: durchgehn
v. 13 f. *Vorwärts ... sehn*: nachträglich eingefügt

Anschließend werden die 15 Verse dieses Neuentwurfs und die jeweils 17 Verse der zweiten und dritten Strophe mit eingetunkter Feder durchgezählt. Gezählt werden allerdings die Verse von ›Die Nymphe‹, dies aber wiederum mit zwei Ausnahmen, nämlich bei den beiden vor der Kolumne notierten Fassungen von v. 29 und v. 46 der Zwischenstufe. Danach wird der Anfang der neuentworfenen Strophe erweitert

Reif sind in Feuer getaucht, gekochet
Die Frücht und auf der Erde geprüfet
Und freundlich die Wohnungen
Und Pforten des Himmels
Und ein Gesez, daß alles hineingeht
Schlangen gleich ist
Prophetisch, träumend auf
Den Hügeln des Himmels und vieles

v. 1: *in Feuer getaucht* aus: genähret

Text S. 90 ff., Reinschrift des Neuentwurfs auf S. 90 unten rechts und Überarbeitung der zweiten und dritten Strophe. Der Anschluß der neuen ersten Strophe steht S. 91 rechts neben dem nicht gestrichenen Anfang der zweiten Strophe und ist daher nur mit Vorbehalten zu konstituieren. Allerdings böte der ursprüngliche Anfang der zweiten Strophe (»Wie aber liebes?«) keinen Anschluß an den neuen Text und die Strophe würde einen Vers zuwenig haben, denn der neue v. 28 ersetzt zwei Verse des alten Textes. Der neue v. 29 wird rechts von seinen früheren Fassungen notiert.

v. 15, darüber: wiegend (möglicherweise Ansatz zu einer weiteren Bearbeitung)

v. 22–24 aus:
⟨a⟩ Der Thürme, friedsam; es gefallen nemlich
  Die ⟨a⟩ Lebens ⟨b⟩ Tages ⟨c⟩ Jahreszeichen, hat ein
       Himmlisches
  Die Sinne betäubt
⟨b⟩ Der Thürme, friedsam; es gefallen nemlich hat
  Entgegenredend getroffen
  Ein Himmlisches die Seele; die ⟨a⟩ Lebens
       ⟨b⟩ Tageszeichen.
⟨c⟩ Der Thürme, friedsam; es gefallen nemlich, hat
  Entgegenredend die Seele getroffen
  Ein Himmlisches, helltönend
⟨d⟩ Der Thürme, friedsam; es gefallen nemlich,
  Hat gegenredend die Seele genommen
  Ein Himmlisches, helltönend
⟨e⟩ Der Thürme, friedsam; ⟨a⟩ wohl ⟨b⟩ gut sind nemlich
  Hat Fernher gegenredend die Seele
  Ein Himmlisches betroffen, die Tageszeichen.

v. 45 *Am Kithäron* aus: Ein weniges aber

v. 46 f. *Der auch als...* aus: Die da er / Den Mantel ablegt'

v. 49 *einer*: FHA liest »man«

Wahrscheinlich 1803/04 entstanden.

1 gekochet: im Griechischen, Lateinischen und Hebräischen oft gleichbedeutend mit »gereift« verwendet.

7 von Scheitern: (mundartlich) von Scheiten.

16 f. Uns wiegen ... der See: vgl. ›Heimkunft‹ v. 43, I 321 und 369.

18 f. Wohl ist mir die Gestalt / Der Erd: vgl. die Neufassung des Schlusses der dritten Fassung von ›Der Einzige‹ v. 96 f. »Wohl thut / Die Erde.« (III 286)

22 f. Krone / der Thürme: vgl. ›Antigonä‹ v. 126, II 323.

35 Feigenbaum: Achilleus stirbt am skaiischen Tor Trojas; jedoch wird in der ›Ilias‹ erwähnt, daß Achilleus den Hektor vorbei an einem schon zuvor zweimal erwähnten Feigenbaum zu den Quellen zweier

Bäche verfolgt, aus denen der Skamandros entsteht (22,145–148). Vgl. auch ›Die Bacchantinnen des Euripides‹ v. 10f., II 185 und die Erläuterung dazu.

38 Grotten: vgl. ›Ajax. p. 12‹ v. 19, II 386.

40 An Schläfen Sausen: Gemeint ist der Wahnsinn, mit dem Athene den Aias schlägt.

44 des Königes Harnisch: Patroklos fällt in der ausgeliehenen Rüstung des Achilleus.

46 f. als / Ablegte den Mantel Gott: vgl. ›Griechenland‹ ⟨Dritter Entwurf⟩ v. 27, I 479

47 f. löste / Die Loken: Gemeint ist das Ablösen einer Haarlocke durch einen Todesdämon, vgl. Euripides, Alkestis v. 74 ff. und Vergil, Aeneis 4,702 ff.

50 f. dem / Gleich fehlet die Trauer: im Sinne von »den gleichen Fehler begeht der Trauernde«.

NACHTGESÄNGE

Wahrscheinlich auf eine Anfrage des Verlegers hin verspricht Hölderlin in seinem Brief vom 8. Dezember 1803 Friedrich Wilmans bei Übersendung des Manuskripts der Sophokles-Übersetzung (II 926): »Kleine Gedichte in einen Allmanach will ich Ihnen unmittelbar nach Absendung dieses Manuscripts aus meinen Papieren aussuchen. Ich habe einiges, was Ihnen vieleicht gefallen wird.« Wilmans sendet am 19. Dezember bereits eine Satzprobe der *Trauerspiele* und erinnert anscheinend in einem nicht überlieferten Brief an das gegebene Versprechen. Hölderlin antwortet wohl Ende Dezember (II 927): »Ich bin eben an der Durchsicht einiger Nachtgesänge für Ihren Allmanach. Ich wollte aber sogleich antworten, damit kein Sehnen in unsere Beziehung kommt.« Am 28. Januar 1804 dankt Wilmans für den Empfang der Gedichte und veröffentlicht die folgenden neun in seinem ›Taschenbuch für das Jahr 1805‹ (D25).

Zur Genese der Oden, die zum Teil bis ins Jahr 1799 zurückreicht, vgl. die tabellarische Übersicht III 136.

Das Taschenbuch wurde fünfmal rezensiert, allerdings nur viermal mit Bezug auf Hölderlin: Anonym in *Neue Bibliothek der schönen Wissenschaften und der freyen Künste*, Bd. 70, 1804, 1. Stück, S. 336: »Für den seltenen Sterblichen, der die neun Gedichte von Hölderlin zu verstehen sich mit Recht rühmen kann, sollte ein stattlicher Preis ausgesetzt werden, und wir würden selbst den Verfasser nicht von einer Mitbewerbung ausschließen. Nichts erregt mehr Unwillen, als Nonsens mit Prätension gepaart.« Von Friedrich Laun in *Jenaische Allgemeine Literatur-Zeitung*, Bd. 2, 1805, Nr. 104, Sp. 223: »Den dunkeln und höchst sonderbaren Gedichten von Hölderlin wäre ein Commentarius perpetuus der Göttinger Schule ⟨fortlaufender Kommentar nach Art der von Heyne besorgten Editionen antiker Autoren⟩ sehr zu wünschen, bey welchem sie sich, da Commentare dieser Art nicht tief einzugehen brauchen, recht wohl befinden würden.« Am 7. September 1804 von Garlieb Merkel in *Der Freimüthige und Ernst und Scherz*, Nr. 179: »Unter den Gedichten sind ⟨...⟩ neun versificierte Radottagen ⟨Faseleien⟩ von Hölderlin höchst lächerlich.« Am 3. Januar 1805 wahrscheinlich von Conz in *Tübingische Gelehrte Anzeigen*, 1. Stück, S. 6 f.: »Die Gedichte von Hölderlin füllen eine eigene Rubrique ⟨...⟩ von den übrigen getrennt. Nicht ohne Grund! denn sie sind Wesen eigener Art und erwecken ganz vermischte Gefühle. Es scheinen abgerissene Laute eines gestörten einst schönen Bundes zwischen Geist und Herz. Daher auch die Sprache schwerfällig, dunkel, oft ganz unverständlich und der Rhythmus eben so rauh. Wie viel besser ist das erst vor kurzem im III. Heft der Huber'schen Unterhaltungen von Hölderlin gedrukte, wenn schon auch zu viel Spannung einer ans Kränkelnde streifenden Sehnsucht verrathende Gedicht der Archipelagus, das aber aus einer früheren Periode des Verf. datirt.«

Chiron
(S. 439)

Frühere Fassung Der blinde Sänger, I 281
Vorstufe H6, Überarbeitung von ›Täglich Gebet‹, vgl. III 156
Text D25

Alkäisches Versmaß.

1 Nachdenkliches: verselbständigtes Attribut zu »Licht«, im Sinne von »nachdenken machendes«.

4 die erstaunende Nacht: vgl. ›Brod und Wein‹ v. 17, I 372/373 und die Erläuterung dazu.

5 f. lauscht' / Ein waiches Wild: Dies kann entweder so verstanden werden, daß Chiron das Wild ist (φήρ wird Chiron bei Pindar genannt, s. dritte Pythische Ode v. 8, II 212) oder so, daß das Verb transitiv gebraucht wird (im Sinne von »belauschte«) und dann also die v. 8 genannten Vögel als Wild bezeichnet werden.

8 Vögel: Auch der blinde Seher Teiresias lauscht auf die Vögel als Künder der Zukunft, vgl. ›Antigonä‹ v. 1035–1061, II 355 f.

9 Füllen: der junge Kentaur Chiron.

13 f. Krokus und Thymian / Und Korn: Die Pflanzen stehen für die Jahreszeiten Frühling, Sommer, Herbst.

16 das Nennbare: vgl. ›Antigonä‹ v. 4 (II 319), wo Hölderlin dieses Wort, das ohne Entsprechung im griechischen Text ist, zur Betonung der Frage »Weist du etwas?« verwendet.

18 Der Halbgott: Herakles.

22 Gift: Herakles hatte dem Chiron mit einem Pfeil, der in das Blut der Lernäischen Hydra getaucht war, versehentlich eine unheilbare Wunde beigebracht; da Chiron unsterblich ist, kann ihn auch der Tod nicht erlösen.

25 den Wagen des Donnerers: »Donnerer« ist ein Beiname des Zeus (Jupiter tonans), der auch als »Befreier« (v. 30) angesprochen wird; er wird hier jedoch zugleich mit dem Gott gleichgesetzt, der den Sonnenwagen lenkt.

30 tödtend: Chirons Hoffnung ist, von seiner Unsterblichkeit befreit zu werden.

35 zweigestalt: Gemeint ist wohl ein Tag, der sowohl »lieblich« als »bös'« ist, und nicht die Gestalt des Kentauren, der halb Mensch, halb Pferd ist.

39 Einheimisch: vgl. ›Antigonä‹ v. 584, II 339.

42 Augenlicht: Objekt zu »trinkt«.

45 Örtlich, Irrstern: Gemeint ist die Sonne, vgl. Platon, Politeia 516b, wo es heißt: »Zuletzt aber ... wird er auch die Sonne ... selbst an sich, an ihrer eigenen Stelle anzusehen ... imstande sein«. Zum Ausdruck »Irrstern« (Planet) für die Sonne vgl. Platon, Nomoi 821b. Auffällig ist der gegenrhythmische Akzent (Örtlìch, Irrstèrn), der es erfordert, den Vers mit vier schwebenden Betonungen zu beginnen, wodurch das Statische hervorgehoben wird.

47 unstädtisch: Übersetzung von gr. ἄπολις, im Sinne von »ordnungslos«; vgl. ›Antigonä‹ v. 386, II 332. Zum Verhalten der Kentauren vgl. auch ›Das Belebende‹, II 384.

48 Wolken des Wilds: vgl. ›Friedensfeier‹ v. 46 (I 363) »die lieben Freunde, das treue Gewölk« und die Erläuterung dazu. Daß Chiron an dieser Stelle die Kentauren als seine Vorfahren nennt, obwohl seine Abstammung sonst von Kronos und Philyra hergeleitet wird, bezieht sich auf den Ursprung der Kentauren aus einer Verbindung von Ixion mit einer Wolke.

50 Knabe: Angesprochen ist einer der Schüler des Chiron.

50 die Wahrsagung: Hermes prophezeit dem Prometheus, daß seine Qual ein Ende hat, wenn ein Gott bereit ist, für ihn die Unsterblichkeit aufzugeben, vgl. Aischylos, Prometheus 1026–1029. Apollodoros (2,119) erzählt, Herakles habe Prometheus befreit und Chirons Wunsch zu sterben dem Zeus übermittelt.

52 Herakles Rükkehr: Chiron erwartet Herakles mit der Nachricht zurück, daß Zeus in den Tausch einwilligt.

Thränen
(S. 441)

Früheres Konzept Sapphos Schwanengesang, I 274

Vorstufe H6, S. 103, Entwurf unter dem Titel ›Sapphos Schwanengesang‹ auf Grundlage des Konzepts (vgl. die Abbildung III 151 und die Anmerkung dazu)

v. 9–12 aus:
> Denn vieles haben
> Die Wagen schnell in Zeiten der Schönheit, und
> Die schönen Helden und Städte
> Sind und die Berge wie Eins gestand

Text D25

Alkäisches Versmaß.

Ursprünglich hatte Hölderlin für diese Ode möglicherweise das sapphische Versmaß vorgesehen, das er auf der Rückseite des ersten Konzepts notierte (s. dazu den Kommentar zu ›Ovids Rükkehr nach Rom‹ und zu ›Unter den Alpen gesungen‹ III 150 und 172.)

9 *die Heiligen:* die Griechen, vgl. ›Griechenland. An Gotthold Stäudlin‹ v. 60, I 150.
11 *Die zorn'gen Helden:* vgl. den Anfang der ›Ilias‹; s. Hölderlins Übersetzung, II 119.

An die Hoffnung
(S. 441)

Erste Fassung Bitte, I 283
Vorstufe H317, Reinschrift
Text D25

Alkäisches Versmaß.

Vulkan
(S. 442)

Erste Vorstufe H38, Konzept und Entwurf unter dem Titel ›Der Winter‹

v. 1–4:
> Jezt komm mit deinem Zauber und hülle mir
> Den zarten Sinn der Frauen o Phantasus!
> In goldne Wolken ein und schüze mir die
> Freundliche Ruhe der Immerguten.

v. 18–20:
> Sein wild Gewölk ausschüttet, daß weit umher,

> Die See rollt, und Geschrei des Landmanns
> Fern und der flüchtenden Heerde

v. 27 f.:
> Sie alle feindlich würden, die uns
> Nähren, die gütigen Kräfte, doch bleibt die Liebe.

Zweite Vorstufe: H317, Reinschrift unter dem Titel ›Der Winter‹.
Text D25

Alkäisches Versmaß.
Der erste Entwurf dieser Ode ist noch 1799 in Homburg entstanden, die Reinschrift wurde wohl 1802 angelegt.

1 Feuergeist: Diese Bezeichnung des Vulcanus (gr. Hephaistos) entspricht der Übertragung griechischer Götternamen in deutsche Begriffe, die schon in der Sophokles-Übersetzung zur Anwendung kommt, vgl. die Erläuterung zu ›Ödipus der Tyrann‹ v. 29, III 437.
9ff.: vgl. Homer, Odyssee 14, 475 ff.

Blödigkeit
(S. 443)

Frühere Fassungen Muth des Dichters, I 240; Dichtermuth ⟨Erste Fassung⟩, I 275 und ⟨Zweite Fassung⟩, I 284
Vorstufe H6, S. 108, Überarbeitung in v. 1–8 der ersten Fassung; H6, S. 44, Ansatz zur Änderung in v. 11 f. des Neuentwurfs zur zweiten Fassung
> Und der Fürsten Verwandtschaft
>   Wie nach Arten,

Text D25

Asklepiadeisches Versmaß.
Titel: dem älteren Spachgebrauch nach »Mutlosigkeit, Zaghaftigkeit«.
4 sorge nicht: vgl. Matthäus 6,25 ff.
9 Menschen, ein einsam Wild: zu ergänzen ist »sind«.
12 nach Arten: Der Gesang und der Chor der Fürsten, jeder auf seine Weise.
24 schikliche Hände: vgl. die Erläuterung zu II 851,9.

Ganymed
(S. 444)

Frühere Fassung Der gefesselte Strom, I 279
Vorstufe H3 17, überarbeitete Reinschrift von v. 1–21 auf Grundlage
der Vorstufe zu ›Der gefesselte Strom‹
v. 3 f. aus:
> Denkst nicht der Lust, hinauf   Träumen
>   Droben gehohlt   zu Nuzen?
Text D25

Alkäisches Versmaß.
19 Stromgeist: vgl. ›Das Belebende‹, II 384 f.
20 Nabel der Erde: Der Mittelpunkt, vgl. die Übersetzungen der achten Pythischen Ode v. 85, wo »Mittelpuncte« für urspr. »Nabel« gesetzt wird, sowie P4,131 und P11,17. Im griechischen Text steht dort jeweils ὀμφαλός, womit Delphi gemeint ist. Vgl. auch im *Homburger Foliobeft* S. 75 (I 423): »Frankfurt aber ⟨...⟩ ist der Nabel Dieser Erde« und ›Griechenland‹ ⟨Dritter Entwurf⟩ v. 16 f., I 479.

Hälfte des Lebens
(S. 445)

Vorstufen Die Rose und Die lezte Stunde, I 264 (s. dazu auch die Abbildung III 142 und die Anmerkung dazu)
Text D25

Das Gedicht ist aus dem zufälligen Nebeneinander mehrerer Entwürfe bei der Durchsicht des *Stuttgarter Foliobuches* entstanden (s. Vorstufen). Zum Begriff der »Hälfte des Lebens« vgl. die Briefe an den Bruder vom 11. Februar 1796, II 612,14 f. und vom Dezember 1800, II 884,8 ff.

4 Schwäne: vgl. Horaz Ode IV/2,25, wo Pindar als *Dircaeus cycnus* (dirkäischer Schwan) apostrophiert wird.
5 ff.: Über die Vereinigung von Trunkenheit und Nüchternheit als Bedingung der Poesie vgl. Pseudo-Longinus, ›Vom Erhabenen‹, Kap. 16. Vgl. dazu auch den dritten der ›Frankfurter Aphorismen‹, II 58 und ›Deutscher Gesang‹ v. 15–20, I 349.
13 f. im Winde / Klirren die Fahnen: vgl. Goethe, ›Wanderers

Nachtlied (Ein Gleiches)‹ v. 6 »Die Vögelein schweigen im Walde«, zuerst erschienen am 20. Mai 1803 in *Der Freimüthige*, hg. von Kotzebue.

14 Fahnen: wahrscheinlich sind Wetterfahnen gemeint; vgl. ›In lieblicher Bläue ...‹, I 908,5.

Lebensalter
(S. 446)

Text D25

2 Palmyra: Ehemals prächtige orientalische Stadt und Oase in der syrischen Steppe, die 273 n. Chr. von den Römern zerstört wurde und deren Ruinen 1691 entdeckt worden waren, darunter die Reste einer Säulenstraße.

5 Kronen: Gemeint sind die Säulenkapitelle und die Dächer.

6f. die Gränze / Der Othmenden: im Sinne von »das menschliche Maß«.

9f. Rauchdampf und ⟨...⟩ Feuer: vgl. Joel 3,3: »Und ich will Wunderzeichen geben oben im Himmel und auf Erden: Blut, Feuer und Rauchdampf.«

10 jezt aber siz' ich: vgl. ›Deutscher Gesang‹ v. 15 ff., I 349 und ›Chiron‹ v. 19, I 439.

10f. deren ... eigen: Vermutlich Textverderbnis im Druck. StA schlägt die Lesarten »darin« für *deren* oder »zur Ruh'« für *Ruh'* vor.

Der Winkel von Hahrdt
(S. 446)

Text D25

v. 5 *unmündig*: StA setzt dahinter einen Punkt.

An einem waldigen Abhang bei Hardt, das zwischen Nürtingen und Denkendorf liegt, befindet sich ein aus großen Sandsteinplatten gebildeter (Schlupf-)Winkel, worunter der vom Schwäbischen Bund seines Landes beraubte Herzog Ulrich von Württemberg (1487–1550) im Jahre 1519 der Sage nach Zuflucht vor seinen Verfolgern fand. In eine der Platten ist ein Fußtritt als »Spur« eingelassen. Hölderlin hat sich in seiner Jugend dort anscheinend öfter aufgehalten; vgl. den Brief an den Bruder vom 13. Oktober 1796, II 628,30 ff. Der »Winkel von Hahrdt« muß nach C. T. Schwabs Bericht (D1846, S. 267) schon Gegenstand eines der frühesten Gedichte Hölderlins gewesen sein.

Patmos. Dem Landgrafen von Homburg ⟨Erste Fassung⟩
(S. 447)

Erste Vorstufe H₃11 *Dbl. 2°*, unbetitelter Entwurf zu v. 121–226
Unendlich hier oder dorthin
Zerstreuet die Liebenden Gott
Denn schon das Angesicht
    zu lassen,

Und fernhin über die Berge zu gehn,
        ⟨Raum für zwei Verse⟩
Wenn aber stirbt,
        ⟨Raum für vier Verse⟩
Und wenn sie die
Zusammenlebten im Gedächtniß,

Und nicht den Staub nur, oder
Und die Tempel
    wenn die Ehre
Des Halbgotts und der Seinen
Verweht, und selber sein Angesicht
Der Himmlische wendet, daß nirgend ein
Unsterbliches mehr
    was ist diß?

Es ist, der Wurf
wenn er faßt mit der Schaufel den Waizen
und   ans Ende der Tenne
Die Spreu fällt, ihm zu Füßen,
Denn göttliches Wort auch gleichet dem unsern.
Zwar so lange

Wenn aber einmal sich Unheiliges und die Edeln un
        nachahmet ein Knecht, dann kom-
men, im Zorne sichtbar die Götter, denn gütig sind sie, ihr
Verhaßtestes aber ist, so lange sie herrschen, das Falsche.
Denn es gilt dann Menschliches unter Menschen nicht mehr,
und unverständlich wird und gesezlos vor Augen der Sterb-

lichen ihr eigenes Leben, denn sie walteten nicht mehr, es
waltet über dem Fernhinzielenden und mit der allversöh-
nenden Erde der alldurchdringende unerschöpfliche Gott,
⟨die⟩ halten treu endlos. So schreitet fort der Götter Schiksaal wundervoll und voll des Todes und Lebens dann weichen und es wandelt ihr Werk von selbst, und eilend geht es
zu Ende. Nicht alles, was geheiliget war, das ihre Hand
ergriffen und   da sie ruhig in ihren Thaten erkannt, wieder die Himmlischen beim rechten Nahmen genannt sind, siehe!

Dann ist die Zeit des Gesangs
Sie kommen aber zusammen zum
Gesange wie jezt,
Ve
⟨Raum für sechs Verse⟩
Und wenn die Himmlischen izt,
Wie ich es meine, mich lieben
Wie viel mehr dich?
Denn Eines weiß ich von dir,
Daß nemlich
⟨Raum für acht Verse⟩
Zu lang zu lang schon ist
Die Ehre der Himmlischen unsichtbar
Denn fast die Finger müssen
Uns führen, und schmählich
Entreißt das Herz eine Gewalt.
Denn Opfer will der Himmlischen jedes
Wenn aber eines versäumt ward,
Nie hat es Gutes gebracht.
Wir haben gedienet der Mutter Erd
Und haben jüngst dem Tagesgotte gedient,
⟨a⟩ Unwissend, so wars
Doch jener haben wir
Und diesem
⟨b⟩ Unwissend, der Vater liebt
Der über allen waltet
⟨c⟩ Der Vater aber liebt
⟨a⟩ Am meisten, bejahenden Dank.
⟨b⟩ Am meisten, daß gepfleget werde
Der veste Buchstab und Bestehendes wohl

Gedeutet. Dem folgt deutscher Gesang.
in den Prosaentwurf hinein wird später, während der Arbeit an der zweiten Vorstufe, der Entwurf zu v. 112–115 eingetragen:
⟨a⟩ Zu rechter Zeit. Es erlosch aber
   Die Freude der Augen mit ihm.
⟨b⟩ Zu rechter Zeit,
   Denn wiederkommen sollt' es. Nicht wär es gut
   Gewesen später und schroffabbrechend ein
      sterblich   Werk

Zweite Vorstufe H307 S. *19–28*, Entwurf. Parallel zu der Arbeit an diesem Entwurf scheint Hölderlin auf anderen, nicht überlieferten Papieren Zwischenentwürfe angefertigt zu haben, die dann zur weiteren Überarbeitung ins reine übertragen wurden.

v. 3 *Gefahr*: die Gefahr
v. 5 *Im Finstern* aus: In Klüften
v. 26–45 aus:

1. Ansatz:
   Und geblendet sucht'
   Ich eines, das ich kennete,
   Denn ungewohnt war ich
   Der breiten Gassen, wo herab
   Vom Tmolus fährt
   Der goldgeschmükte Pactol

⟨a⟩ Und der Horizont
   Ein silbern Geländer
⟨b⟩ Und hochgehoben, ein silbern Geländer
   Die feierlichen,
   Die göttlichgebauten Palläste.

2. Ansatz:
   Geheimnißvoll,
   Mit breiten Gipfeln, duftend
   Und reich
           ⟨Raum für vier Verse⟩
⟨a⟩ Wuchs schnell
⟨b⟩ Stieg schnellwachsend Asia auf.

3. Ansatz:
   Geheimnißvoll,
⟨a⟩ Im goldnen Rauche kam
   Schnellaufgewachsen
   Mit Schritten der Sonne

    Mit tausend Gipfeln blühte
⟨b⟩ Im goldnen Rauche blühte
    Schnellaufgewachsen
    Mit Schritten der Sonne
    Mit tausend Gipfeln duftend

    Mir Asia auf, und geblendet sucht'
    Ich eines, das ich kennete, denn ungewohnt
    War ich der breiten Gassen, wo herab
    Vom Tmolus fährt
    Der goldgeschmükte Pactol,
⟨a⟩ Und Messogis steht, und immergrün
    Vom Lorbeer ist, hoch aber
    Im Lichte blühet
    Der silberne Schnee,
⟨b⟩ Und Messogis steht, und immergrün
    Der Garten wächst
⟨c⟩ Und Messogis steht, und immerneu
    Im Garten der Epheu ein stilles Feuer
⟨d⟩ Und Messogis steht, und voll der Boden
⟨e⟩ Und Taurus stehet und Messogis
    Und voll von Blumen
    Der Garten, ein stilles Feuer
    Hoch aber im Lichte blühet
    Der silberne Schnee,
    Und der Zeug' unsterblichen Lebens
    Uralt an unzugangbaren Wänden
    Der Epheu wächst und getragen
    Von lebenden Säulen, Cedern und Lorbeern

v. 57f. aus: Denn nicht wie Cypros, oder
v. 64 *klagend* aus: trauernd
v. 68–82 aus:
    Der Fremden, hört sie es gern
    Das Wort und ihre Kinder
    Die felsbewohnenden Lüfte
    Und die Felsen hören ihn
    Und liebend tönt es wieder
    Von den Klagen des Manns. So pflegte
    Sie einst des gottgeliebten,
    Des Sehers.

In seeliger Jugend
War er gegangen mit
Dem Sohne des Höchsten

Denn es liebte
Der Herrliche

Und sahe noch zulezt
Das Angesicht
Da sie
Am Gastmal
v. 111–120 aus:
Den Zepter, womit
Er hatte geherrscht, von Asia her,
Seit unerforschlichen Zeiten. Es erlosch
Die Freude der Augen mit ihm.
Denn Freude war es
Von nun an,
Zu wohnen in liebender Nacht und
Zu schaun Abgründe der Weisheit. Zwar
Es leuchten auch im Dunkel blühende Bilder.
An Bergen
v. 126–128 aus:
Allein, wenn zwiefach
Erkannt war
Und gegenwärtig der Geist,
v. 138f. aus:
Die Schönheit hieng, daß an der Schönheit
Ergözend sich die Himmlischen gedeutet
Auf ihn, und wenn nicht fassen können
Einander mehr, die zusammenlebten
Im Gedächtniß, und nicht den Sand nur oder
Die Weiden es hinwegnimmt und die Tempel
Entwurzelt, wenn die Ehre
v. 154 aus:
Und wirft ihn an das Ende schwingend über die Tenne.
v. 154 *Klaren* aus: Äußersten
v. 157 *Übel* aus: Schaden
v. 164 *Reichtum*, darüber (wieder gestrichen): Beute
v. 168–170:
⟨a⟩ Und traurig redend, unterweges, wenn ich wehrlos wäre

                Mich überfiele, daß ich staunt'
                Und den Freiesten nachahmen möchte ein Knecht, –
          ⟨b⟩ Und traurig redend unterweges, da
                Ich träumte mich überfiele, daß ich staunt' und von
                    dem Gotte
                Das Bild nachahmen möchte der Knecht, –
v. 171: Im Zorne sichtbar sah ich einmal kommen
v. 182 aus: Dann ist, wie jezt die Zeit des Gesangs.
v. 188–196:
    ⟨a⟩ Zu schauen das Licht. Nicht gerne wollen
          Wenn ich es ihnen erzähle, sie
          Mir blühen. Es träfe zu scharf.
          Sonst halten sie Pfeile.
          Wenn aber, züchtigblikend
          Von schwellenden Augenbrauen nur
          Stillleuchtende Kraft fällt, mögen sie
          Am goldnen Rauche sich üben.
    ⟨b⟩ Zu schauen das Licht. Nicht
          Am scharfen Strale wollen
          Sie gerne mir blühen. Wiewohl den Muth hält
          Der goldene Zaum. Wenn in heiliger Schrift
          Als wie von schwellenden Augenbrauen nur
          Stillleuchtende Kraft trinkt, mögen
          Der Gnade sich freuend sie
          Am stillen Blike sich üben.
v. 205 *Christus* aus: Jesus

Dritte Vorstufe H308 *Bl. 2°* (S. 2: leer), nach Überspringen von v. 22 abbrechende erste Reinschrift und H309 *3 ineinandergelegte Dbl. 2°* (S. 11 f.: leer), zweite Reinschrift mit kleinen Korrekturen, die später zur zweiten Fassung überarbeitet wird.

Text H415 *3 ineinandergelegte Dbl. 2°* (S. 11 f.: leer), dritte Reinschrift

Hölderlin besuchte im September und Oktober 1802 seinen Freund Isaac von Sinclair in Regensburg, der sich dort mit Friedrich V., dem Landgrafen von Hessen-Homburg, anläßlich des Reichtages aufhielt. Friedrich hatte Anfang des Jahres an den von ihm bewunderten Klopstock geschrieben: »Die heutigen Philosophen, Aufklärer, Aufräumer verwässern die Schrift und die Theologie unter dem Vorwand der Sprachkenntnis«, und ihn gebeten »noch in irgendeinem Gedichte, einer Ode, die

Ihren sämmtlichen Werken die letzte Krone aufsetzte, diese neuen Ausleger, sei es auch nur bloß durch Ihr Zeugnis, zu beschämen und ihre exegetischen Träume zu Boden zu werfen.« Der damals bereits 78jährige Klopstock hatte zwar am 2. April geantwortet, jedoch ein älteres Gedicht gesandt und geschrieben: »Ich habe von der Religion so laut und soviel gesagt, daß es mir schwer fallen würde, noch etwas hinzu zu setzen.« Es ist immerhin denkbar, daß der Landgraf daraufhin seine Bitte an Hölderlin richtete, als er mit ihm in Regensburg zusammentraf. Vermutlich begann Hölderlin noch vor seiner Rückreise nach Nürtingen mit dem Entwurf, den er dann ins *Homburger Folioheft* übertrug und dort weiter ausarbeitete.

Am 20. Dezember berichtet Hölderlins Mutter aus Nürtingen an Sinclair von der mühsamen Arbeit an dem Gedicht (s. III 610). Wahrscheinlich am 13. Januar 1803 schickt Hölderlin die Widmungs-Reinschrift (H415) an Sinclair in Homburg, der sie wohl am 30. Januar dem Landgrafen zu dessen 55. Geburtstag überreicht. Am 6. Februar übermittelt Sinclair in einem Brief an Hölderlin den Dank des Landgrafen, vgl. II 923. Der Aufbau des Gesanges ist (mit einer Ausnahme) streng triadisch:

15 15 15 / 15 15 15 / 15 15 15 / 16 15 15 / 15 15 15

7 Die Söhne der Alpen: Hier sind die Bewohner der Alpen gemeint; s. die vierte Fassung.

40 Zeug: Der Efeu bezeugt als immergrüne Pflanze die Unsterblichkeit; im Mythos von Semele erstickt er den Brand der vom Blitz Getroffenen, wodurch das Dionysoskind gerettet werden kann.

49 schattenlose Straßen: Gemeint sind Schiffahrtswege.

70f. und sich spaltet / Des Feldes Fläche: vgl. ›Fragment von Hyperion‹, I 497,12.

75 Des Sehers: Johannes, der Verfasser der ›Offenbarung‹, der hier mit einem der Jünger Jesu gleichgesetzt wird.

81 beim Geheimnisse des Weinstoks: vgl. Johannes 15,5, wo Jesus zu den Jüngern sagt: »Ich bin der Weinstock, ihr seid die Reben.«

82 zu der Stunde des Gastmahls: Gemeint ist das Abendmahl, vgl. Matthäus 26,20ff., Markus 14,17ff., Lukas 22,14ff., Johannes 13,21ff.

88 Vieles wäre / Zu sagen davon: vgl. ›Der Ister‹ v. 45f., I 476.

98f. ihnen gieng / Zur Seite der Schatte des Lieben: Der auferstandene Jesus, der zwei der Jünger auf ihrem Weg nach Emmaus begleitet, vgl. Lukas 14, 15f.

100f. sandt' er ihnen / Den Geist: vgl. Apostelgeschichte 2,1–4: »Und als der Tag der Pfingsten erfüllt war, waren sie alle einmütig bei einander. Und es geschah schnelle ein Brausen vom Himmel, als eines gewaltigen Windes und erfüllet das ganze Haus, da sie saßen ... Und wurden alle voll des heiligen Geists.«

120 Bilder: vgl. ›Heidelberg‹ v. 26 und die Variante dazu, I 253/ III 133; vgl. auch ›Die Aussicht‹ v. 4, I 938.

129 die Loken ergriff es: vgl. Dichterberuf ⟨Zweite Fassung⟩ v. 20f., I 329 und die Erläuterung dazu.

137f. An dem am meisten / Die Schönheit hieng: vgl. Psalm 45,3 die auf Christus gedeutete Weissagung: »Du bist der Schönste unter den Menschenkindern«.

152 Es ist der Wurf des Säemanns: vgl. Matthäus 3,12, wo Johannes der Täufer über den, der nach ihm kommt (Jesus), sagt: »er hat seine Worfschaufel in der Hand; er wird seine Tenne fegen und den Weizen in seinen Scheuern sammeln, aber die Spreu wird er verbrennen mit ewigem Feuer.« Vgl. auch Matthäus 13,3.

172 nicht, daß ich seyn sollt etwas: nämlich ein Prophet.

199 dich: Angesprochen ist der Landgraf von Homburg. Hölderlin stellt die Ansprache an den Widmungsträger immer an den Schluß der Gedichte.

Druck D28

Am 13. August 1807 schreibt Seckendorf an Kerner, Sinclair habe ihm »neulich ein paar ältere Gedichte von Hölderlin« gesandt (s. III 646). Wahrscheinlich handelte es sich dabei um die in seinem *Musenalmanach für 1808* veröffentlichten, nämlich den vorliegenden Gesang, sowie ›Der Rhein‹ und ›Andenken‹.

Patmos. Dem Landgrafen von Homburg ⟨Zweite Fassung⟩ (S. 453)

Text H309, überarbeitete Reinschrift der ersten Fassung (s. o.)
  v. 83, darüber unausgeführter Ansatz: Die große Seele aber
  v. 127 aus: Verwaltet, genug
  v. 130 *Zornhügel* aus: Todeshügel
  v. 147, rechts daneben: der Sünde zeihet
  v. 154 zunächst (wieder aufgegeben): Und wirft umbiegend
  v. 155 aus: ⟨a⟩ Viel Staub fället, Spreu ⟨b⟩ Staub undenklich
  mit der Änderung in v. 167 bricht die Überarbeitung ab.

Spätere Neufassung ab v. 61   H309, Entwurf rechts neben und unter v. 61-70

    O Insel des Lichts!
Denn wenn erloschen ist der Ruhm die Augenlust und
    gehalten nicht mehr
Von Menschen, schattenlos die Pfade zweifeln und die
    Bäume,
Wenn Feste zusammenkommen
Und Reiche, das Jugendland der Augen sind vergangen
    athletischer,   65
Im Ruin,   wenn einer
Für irrdisches prophetisches Wort erklärt und Unschuld
    angeborne
Zerrissen ist. Von Gott aus nemlich kommt gediegen
Und gehet Gewissen, Offenbarung, die Hand des Herrn
Reich winkt aus richtendem Himmel, dann und eine
    Zeit ist   70
Untheilbar Gesez, und Amt, und die Hände
Zu erheben, das, und das Niederfallen
Böser Gedanken, los, zu ordnen. Grausam nemlich hasset
Allwissende Stirnen Gott. Rein aber bestand
Auf ungebundnem Boden Johannes.   75

StA stellt v. 66 f. *wenn ... erklärt* hinter v. 75 und integriert den Entwurf in die Lücke der dritten Fassung. Zu einer weiteren Textkonstitution vgl. D. E. Sattler, 144 fliegende Briefe, Darmstadt und Neuwied 1981, S. 252-255.

2 Gott: Subjekt des ersten und Objekt des zweiten Satzes fallen hier in ein Wort.

65 f. athletischer / Im Ruin: vgl. den Brief an Böhlendorff vom November 1802, II 921,11.

119f. Manchem ward / Sein Vaterland ein kleiner Raum: vgl. *Homburger Folioheft* S. 76, I 424: »Daß aber uns das Vaterland nicht werde zum kleinen Raum.«

130 der Zornhügel: Golgatha, wo Jesus gekreuzigt wurde.

Dritte und vierte Fassung   s. I 460 und 463

Der Einzige ⟨Schluß einer zweiten Fassung⟩
(S. 458)

Erste Fassung s. I 387
Vorstufe H307, S. *15–17*, Überarbeitung der ersten Fassung
Änderung in v. 6 der ersten Fassung:
  Gefangenschaft gebükt, in flammender Luft
Erweiterung von v. 28 ff. der ersten Fassung auf fünf Verse:
  ⟨a⟩ Den Menschen, denn fast in der Jugend das
          Himmlische zählbar
  ⟨b⟩ Den Menschen, denn sehr dem Raum gleich ist
          Das Himmlische gegenwärtig, zählbar, aber dennoch
  ⟨c⟩ Den Menschen, denn sehr dem Raum gleich ist
          Das Himmlische reichlich, in
          Der Jugend zählbar, aber dennoch
          O du der Sterne Leben und all
          Ihr tapfern Söhne des Lebens
Neuentwurf (ab v. 54 der ersten Fassung):
v. 1–8 wie Text
v. 3 aus: Zu weit nie gehen und hüten das Maas daß einer
v. 7 aus: Zu weit ein Anderes geht, da
v. 9, 22, 24–26, 39:
  Das sicher wie

        der Tag
  Von dieser Zeit, stillschaffend

  Geschik, die Sonne Christi, geheilet von dem,
              und Geschichte
  Der Helden
  Und Kriegsgetön unterhält. Die Fahne des Kreuz⟨es⟩
  Und Pilgrime gehn

  gerettet,

Text H474 *Bl. 2°*, vorläufige Reinschrift des Schlusses; der Text schließt, wie aus der Vorstufe ersichtlich, an v. 53 der ersten Fassung an (s. I 389). Eine Integration der Vorstufe in den Text wird aber dadurch verwehrt, daß Hölderlin für die zweite Fassung einen regelmäßigen Strophenbau von zwölf Versen angestrebt hat, die dritte

Strophe der Vorstufe aber 13 Verse hat und die fünfte Strophe sogar 15 Verse bekäme. Man müßte also, um zu einer vollständigen Fassung zu gelangen, mehrere Verse editorisch ändern, wie es z. B. StA unternimmt. Überdies hätten v. 32 *euch* und v. 45 *ihr Himmlischen* der ersten Fassung durch die Erweiterung in v. 28 ff. der ersten Fassung keinen eindeutigen Bezug mehr.

Der intendierte Aufbau des Gesanges bestand, dem überlieferten Bruchstück nach, wahrscheinlich aus zwei Triaden von Strophen zu je 12 Versen (.....9 / 12 12 12). Auf dem Brief, den Wilmans mit den Freiexemplaren der Sophokles-Übersetzung am 14. April 1804 sandte, notierte sich Hölderlin zwölf Namen, darunter den Sinclairs mit dem zusätzlichen Vermerk »Der Einzige« (s. III 556). Vermutlich war es eine Reinschrift dieser Fassung, die er dem Freund beilegen wollte; anscheinend bekam dieser aber stattdessen den ursprünglich Heinse gewidmeten Gesang ›Der Rhein‹.

1 Todeslust: vgl. ›Stimme des Volks‹ ⟨Erste Fassung⟩ v. 21, I 258 und ⟨Zweite Fassung⟩ v. 19, I 332.
1 Fallstrick: Möglicherweise Anspielung auf die Selbstbefreiung des Dionysos aus den Fesseln, die ihm Pentheus angelegt hat, vgl. Euripides, Bakchen v. 616–641. Vgl. aber auch Lukas 21,35: »Denn wie ein Fallstrick wird er ⟨der Tag der Rache⟩ kommen über alle, die auf Erden wohnen.«
25 Gärten der Büßenden: Das mittelalterliche Klosterwesen.
28 des Barden oder Afrikaners: Möglicherweise Anspielung auf Ossian (oder Klopstock) und Augustinus, der aus Afrika stammte.
26f. des Wächters / Gesang: vgl. *Homburger Folioheft* S. 70 und 77 »das Horn des Wächters bei Nacht« und S. 88 »Des Wächters Horn tönt aber über den Garden« (I 418, 425 und 433).
35 Vater der Erde: vgl. ›Antigonä‹ v. 626 (I 341), wo dieser Begriff für Zeus verwendet wird.

Fragment der zweiten Fassung H310, Rest einer Reinschrift (nur v. 40–45), an die die dritte Fassung von ›Patmos‹ anschließt.

Dritte Fassung s. I 467

Patmos. Dem Landgrafen von Homburg ⟨Dritte Fassung⟩
(S. 460)

Erste und zweite Fassung s. I 447 und 453

Text H310, Rest einer Reinschrift. Zwischen der zweiten und dritten Seite des Doppelblattes ist eine Textlücke unbestimmten Umfangs. Hält man v. 68 ff. und 83 ff. neben ihre Entsprechungen in der ersten und zweiten Fassung (v. 76 ff. und 91 ff.), so scheint die Lücke nur wenige Verse auszumachen, es ist aber zu vermuten, daß mindestens ein Blatt fehlt, also – wenn jede Strophe 15 Verse hatte – 38 Verse oder mehr, zumal die in der Handschrift der zweiten Fassung entworfene Strophe ›O Insel des Lichts!‹ wahrscheinlich hier v. 61–75 der zweiten Fassung ersetzen sollte. Über den Umfang der Fortsetzung fehlt jeder Hinweis.

Patmos. Dem Landgrafen von Homburg ⟨Vierte Fassung⟩
(S. 463)

Text H310, Überarbeitung der dritten Fassung (s. o.)
v. 42 aus:
  ⟨a⟩ Schwaigte er das Seufzen des Lichts, das durstigem Wild
  ⟨b⟩ Von Wasser heilt der, gefährlich zu denken
v. 57 *Aber nicht* aus: oder Pelops. Das ist aber nicht
v. 66 f. *Leiden färbt / Die* aus: Leiden / Biegt
v. 83 aus: Des ungeachtet mußten sie trauern
v. 92 *schadend* aus: verderblich

Der Aufbau der nur fragmentarisch überlieferten dritten und vierten Fassung scheint streng triadisch gewesen zu sein, das Schema der erhaltenen Teile ist wie folgt:

15 15 7 .. / ... 15 / 15 15 15 / ...

Wann die nach verlorenen Entwürfen angelegte Reinschrift und ihre Überarbeitung ausgeführt wurden, ist nicht mit Sicherheit zu bestimmen; möglicherweise gehören diese Fassungen zu den Vorarbeiten des Plans, den Hölderlin am 8. Dezember 1803 Wilmans eröffnete, einzelne größere Gedichte besonders zu drucken, s. II 926.

38 ff. Vom Jordan ... von Cana: vgl. Matthäus 4,12–25 und Johannes 4,43–54.

41 Eine Weile bleib ich: vgl. Johannes 13,33.

42 Seufzen des Lichts: im Sinne von »Seufzen nach Licht«.

44 der getödteten Kindlein: Gemeint ist der Kindermord zu Bethlehem, vgl. Matthäus 2,16ff.

45 f. des Täuffers / Sein Haupt: Zur Enthauptung Johannes des Täufers vgl. Matthäus 14,8-11 und Markus 6,25-28. In der Krypta der Denkendorfer Klosterkirche steht noch heute ein frühgotisches Schnitzwerk, das die Schüssel mit dem Kopf des Täufers darstellt.

55 Insel: Kos im Ägäischen Meer, wohin sich Achills Vater nach einem Schiffbruch rettete. Vgl. auch ›Geschichte der schönen Künste...‹, II 21,21–30.

61 die Fahrt der Edelleute: Gemeint sind die Kreuzzüge, vgl. *Homburger Folioheft* S. *77*. ›So Mahomed...‹ und ›Kolomb‹ v. 21 f., I 425 f.

63 Heinrich: Heinrich IV., der 1077 den sprichwörtlich gewordenen Gang nach Canossa unternahm, um von Papst Gregor VII. die Lösung des Kirchenbanns zu erbitten.

76 f. Aber sein Licht war / Tod: vgl. die Erläuterung zu ›Antigonä‹ v. 926, III 439.

79 f. die Gestalt / Des Verläugnenden: vgl. Philipper 2,6 f.: »Welcher, ob er wohl in göttlicher Gestalt war, hielt ers nicht für einen Raub, Gotte gleich sein; sondern äußert sich selbst und nahm Knechtsgestalt an.«

86 und dauert über die Hälfte: Nämlich länger als das Leben Jesu, der nur etwas älter als 30 Jahre wurde. Vgl. auch ›Hälfte des Lebens‹ (I 445) und den Kommentar dazu.

97 Drachenzähne: Anspielung auf den Mythos von Kadmos.

Der Einzige ⟨Dritte Fassung⟩
(S. 467)

Erste und zweite Fassung s. I 387 und 458

Vorstufe H307, S. *15–18*, zweite Überarbeitung der ersten Fassung

v. 1–65 wie Text, außer v. 6 *sprechend:* sehend

v. 20 *auf dem:* dem

v. 37 *bewahret:* verberget

Neuentwurf ab v. 66

1. Ansatz (vgl. v. 66–94):
    Derselbe; nemlich er hat ja
    Auch Eines gehabt, das ihn hinweggerissen.
            Jeder nemlich hat ein
    Schiksaal. Das ist. Immer strebet die Welt

> Hinweg von dieser Erde daß sich die
> Entblößet. Aber es bleibet eine Spur
> Doch eines Wortes; die ein Mann erhaschet. Der Ort war aber
> Die Wüste. So sind jene sich gleich. Aber der Streit ist,
> Deßhalb, weil es scheint   die Zeichen an
> Sich haben.   Gemeingeist. Bacchus.
>   Christus aber ist
> Das Ende. Wohl ist der noch anderer Natur.

2. Ansatz (vgl. v. 66–89):

> Derselbe; nemlich Christus hat ja auch allein
> Gestanden unter sichtbarem Himmel und Gestirn, sichtbar
> Freiwaltendem, über das Eingesezte
> Mit Erlaubniß von Gott.
> Und groß über dem Haupt
> Des Manns. Eng aber ist es um ihn. Ein jeder
> Von jenen hatt' ein Schiksaal. Das ist. Immer strebet die Welt
> Hinweg von dieser Erde daß sich die
> Entblößet. Aber es bleibet eine Spur
> Doch eines Worts; die ein Mann erhaschet. Der Ort war aber
> Die Wüste. So sind jene sich gleich. Erfreulich. Herrlich grünet
> Ein Kleeblatt. Schade nemlich wär es, dürfte von solchen
> Nicht sagen unser einer, daß es Heroën sind. Viel ist die
>   Ansicht. Himmlische sind
> Und Lebende beieinander, die ganze Zeit, ein großer Mann
> Im Himmel auch, begehrt zu einem auf Erden. Immerdar
> Gilt diß, daß alltag ganz ist die Welt. Oft aber scheint
> Ein Großes nicht zusammenzutaugen
> Zu Großem. Allzeit aber stehen
>
> Jene drei sind aber
> Das, daß sie unter der Sonne
> Wie Jäger der Jagd sind
> Ein Akersmann, der von der
> Sein Haupt entblößet oder Bettler
> Nicht so sind andere Helden.

Text H313 *Dbl. 2°*, Reinschrift
  v. 24, darüber (vor Eintrag der Reinschrift):
   Von Gott aus gehet mein Werk.
   (vgl. den Brief an den Bruder vom März 1801, II 898,3: *A Deo principium*, und die Erläuterung dazu)
  v. 96: Ein Anschluß ist nicht überliefert, vgl. aber v. 68 der ersten Fassung (I 389), bzw. dessen Entsprechung in der ersten Überarbeitung (»Dißmal ...«, III 221) und v. 13 *Dißmal* des Schlusses der zweiten Fassung; jedoch kann aus diesen möglichen Anschlüssen keine vollständige Fassung rekonstruiert werden.

Vermutlich ist diese Fassung des Gesangs 1804 entstanden. Der geplante triadische Aufbau ist deutlich zu erkennen
  12 12 13 / 12 12 13 / 12 10 .....

(Die Ziffern in Klammern beziehen sich auf die erste Fassung.)
  (33) 35 den lezten eures Geschlechts: Christus als letzter der antiken Götter, vgl. auch ›Brod und Wein‹ v. 129, I 380/381.
  (36) 38 Mein Meister und Herr: vgl. Johannes 13,13.
  (45) 47 eifertet: Vgl. 2. Mose 20,2–5: »Ich bin der HERR, dein Gott ... Du sollst keine anderen Götter neben mir haben, ... denn ich, der HERR, dein Gott, bin ein eifernder Gott, der da heimsucht der Väter Missetat an den Kindern bis an das dritte und vierte Glied, die mich hassen.«
  (62) 64 Die weltlichen Männer: Dionysos und Herakles, im Gegensatz zum geistlichen Mann Christus.
  (64) 66 Derselbe: Derselbe, der auch Dionysos und Herakles zeugte, die ebenfalls von menschlichen Müttern abstammen.
  68 das Eingesezte: vgl. Hölderlins Sophokles-Übersetzung ›Ajax p. 21‹ v. 6, II 388 und in den ›Anmerkungen zur Antigonä‹, II 373,2.
  93 Gemeingeist: vgl. die Erläuterung zu II 884,4.

Spätere Neufassung H337 *Bl. 2°*, Niederschrift (ab v. 75)
   Die Wüste. So sind jene sich gleich. Voll Freuden,
     reichlich. Herrlich grünet   75
   Ein Kleeblatt. Ungestalt wär, um des Geistes willen, dieses,
     dürfte von solchen
   Nicht sagen, gelehrt im Wissen einer schlechten Gebets, daß
     sie
   Wie Feldherrn mir, Heroën sind. Deß dürfen die
     Sterblichen wegen dem, weil

>   Ohne Halt verstandlos Gott ist. Aber wie auf Wagen
>   Demüthige   mit Gewalt   80
>   Des Tages oder
>   Mit Stimmen erscheinet Gott als
>   Natur von außen. Mittelbar
>   In heiligen Schriften. Himmlische sind
>   Und Menschen auf Erden beieinander die ganze Zeit. Ein
>   großer Mann und ähnlich eine große Seele
>   Wenn gleich im Himmel
>
>   Begehrt zu einem auf Erden. Immerdar
>   Bleibt diß, daß immergekettet alltag ganz ist
>   Die Welt. Oft aber scheint
>   Ein Großer nicht zusammenzutaugen   90
>   Zu Großem. Alle Tage stehn die aber, als an einem
>   Abgrund einer
>   Neben dem andern. Jene drei sind aber
>   Das, daß sie unter der Sonne
>   Wie Jäger der Jagd sind oder
>   Ein Akersmann, der athmend von der Arbeit   95
>   Sein Haupt entblößet oder Bettler. Schön
>   Und lieblich ist es zu vergleichen. Wohl thut
>   Die Erde. Zu kühlen. Immer aber

v. 77 *schlechten* aus: langen

78 *Deß dürfen*: im Sinne von »Dessen bedürfen«.

Bauen möcht ...
(S. 470)

Text   H339, Konzept

Dieser und der folgende Entwurf sind auf einem Doppelblatt mit dem ersten Entwurf zu ›Die Nymphe‹ überliefert und vermutlich 1804 entstanden.

Der Adler
(S. 470)

Vorstufe H33, Notiz ›Der Gotthard‹
Text H339, Entwurf
Titel nachträglich vorgefügt
v. 1–8 aus:
> Gewandert ist mein Vater auf dem Gotthard,
> Da wo die Flüsse, hinab,
> Wohl nach Hetruria seitwärts,
> Auch des geraden Weges
> Über den Schnee,
> Dem Olympus zu und Hämos
> Und wo der Athos finster blikt,
> Den Höhlen in Lemnos zu.

2 Flüsse: Die Reuß, der Rhein, der Tessin, die Rhône und die Aare entspringen auf dem St. Gotthard.
4 des geraden Weges: ohne den Umweg über Italien.
10ff. Aus Wäldern ... gekommen: Zur umgekehrten Bewegung vgl. ›Germanien‹ v. 42–48, I 405f. und die Erläuterung dazu.
16 goldnes Haupt: Gemeint ist wohl das Haupt des (Gold-)Adlers, des Urahnen.
19 Schiff und die Thiere: Wahrscheinlich Anspielung auf die Arche Noah.
25 Der Fels ...: Das Folgende ist wohl nicht mehr vom Adler, sondern vom Reh gesprochen.

Tinian
(S. 471)

Früheres Konzept Tinian. Der Schiffer, s. I 275
Text H368 *Bl. 2°*, Entwurf
v. 11f. *wiederkehrend ... ausruhend:* ersatzlos gestrichen
v. 12 *Palmtagsstauden* aus: Palmenstauden
v. 22–28 erster Ansatz über v. 29–37:
> Und lustzuwandeln, zeitlos

denn es haben
⟨a⟩ Die Himmlischen uns diese Zierde geordnet;
  Nicht daß ich darum
  Und ⟨a⟩ das Kampfspiel ⟨b⟩ die Rennbahn,
⟨b⟩ Wie Kampfspiel   oder
⟨a⟩   dem Circus gleich als Muttermaal,
⟨b⟩ Dem Thierskampf gleich als Muttermaal
  Weß Geistes Kind
  Die Abendländischen seien, die Himmlischen
     uns diese Zierde geordnet;
danach unter v. 37 Neuansatz mit v. 22–27 (v. 28 editorisch ergänzt).

3 an der Wölfin Euter: Anspielung auf Romulus und Remus, die von einer Wölfin gesäugt wurden.

13 Palmtagsstauden: blühende Weidenzweige, die am Palmsonntag in der (griechischen und katholischen) Kirche aufgestellt werden.

15 Sommervögel: (schweizerisch) Schmetterlinge.

Andenken
(S. 473)

Vorstufe H323, Entwurf der letzten Strophe
v. 49 f. aus:
  Nach Indien sind
  Die Freunde gezogen
v. 51–59:
  ⟨a⟩ Fernhin, wo sich endiget
    Meerbreit der Strom,
  ⟨b⟩ Fern, wo an der luftigen Spiz'
    Des Rebenlandes herab
    Die Dordogne kommt,
  ⟨a⟩ Zusammen mit der prächtgen
    Garonne meerbreit
    Sich endiget der Strom.
    Wohl nehmet und giebt
    Gedächtniß die See.
    Und die Lieb heftet
    Die Augen mit ⟨Fleiß⟩
  ⟨b⟩ Und zusammen mit der prächtgen
    Garonne meerbreit

Ausgehet der Strom. Es nehmet aber und giebt
Gedächtniß die See.
Und die Lieb auch heftet fleißige Augen.
⟨a⟩ Ein Bleibendes aber stiften die Dichter.
⟨b⟩ Was bleibet aber stiften die Dichter.

Text D28. Der Druck ist an einigen Stellen verderbt: 12 *Eichen*: Eicheln 30 *Nicht*: Licht 37 *Bellarmin*: Bellamin 46 *Mast*: Most 51 *luftigen*: lustigen (möglicherweise muß es auch v. 19 »seidnem« und v. 38 »den Gefährten« heißen)

Vermutlich 1804 zusammen mit dem folgenden Gesang entworfen. Die vollendete Fassung kam zusammen mit ›Patmos‹ und ›Der Rhein‹ wohl über Sinclair an Seckendorf, der sie in seinem *Musenalmanach für 1808* druckte, s. auch die Anmerkung zum Druck von ›Patmos‹, III 278. Der Aufbau der fünf Strophen ist nicht ganz regelmäßig:

12 12 12 12 11.

StA behauptet, der erste Entwurf der letzten Strophe habe 12 Verse; tatsächlich würde die Strophe dann aber nur bis »Die Augen mit« gehen. Es liegt also nicht unbedingt ein Versehen Hölderlins vor, wenn das regelmäßige Strophenschema nicht erfüllt ist. Die Annahme eines solchen Versehens führte aber dazu, daß Dietrich Uffhausen in seiner Edition v. 56 des Entwurfs mit der Begründung bricht, der zweite Teil stünde nur aus Platzgründen neben dem ersten Teil: »Ausgehet der Strom. / Es nehmet aber und giebt« (Bevestigter Gesang, hg. von D. Uffhausen, Stuttgart 1989, S. 262).

1 Nordost: vgl. ›Das Nächste Beste‹ v. 32, I 420.

5 Geh aber nun: Angesprochen ist der Nordostwind.

13 Noch denket das mir wohl: (mundartlich) »Ich kann mich noch gut daran erinnern«.

26 Des dunkeln Lichtes voll: vgl. dazu ›An Landauer‹ v. 15 und 21, I 328, sowie ›Der Wanderer‹ ⟨Zweite Fassung⟩ v. 103 f., I 308.

30–36: vgl. »Die Titanen« v. 5–13, I 390.

31 f. von sterblichen Gedanken: vgl. ›Hyperion‹, I 614,21 und die Variante zu v. 428 des zweiten Entwurfs zum ›Empedokles‹, III 347.

37 Bellarmin: Vielleicht ist mit dem Namen des Empfängers der ›Hyperion‹-Briefe hier auf Sinclair angespielt, vgl. die Variante zum Titel der an ihn gerichteten Ode ›An Eduard‹, III 159.

44 geflügelten: Gemeint ist wohl »mit Segeln versehen«, vgl. ›Antigonä‹ v. 354, II 331 und den Schluß der Variante zu ›Der Archipelagus‹ v. 98–124, III 168.

KOMMENTAR ZU DEN GEDICHTEN

51 an der luftigen Spiz': Wahrscheinlich ist die Landspitze »Bec d'Ambès« gemeint, an der die Garonne und die Dordogne zur Gironde zusammenfließen.

⟨Der Ister⟩
(S. 475)

Vorstufe H323, S. 2
1. Ansatz (vgl. v. 41 f.):
    rükwärts zu gehen scheinet der Strom.
2. Ansatz (vgl. v. 15–27):
    Hier aber bin ich an dem Ister
                aber rükwärts
    Scheint er zu gehen. Und
    Ich mein', er komme von Osten.
3. Ansatz:
    Hier aber wollen wir bauen
    Denn Ströme machen urbar
    Das Land. Wenn nemlich Kräuter
    An den Ufern, und es gehen
    Zu trinken an denselben die Thiere,
    So gehn auch Menschen daran.
    Man nennet aber diesen den Ister.
    Schön   und es wundert
    Mich nicht, daß ehmals
   über *wollen*: will
4. Ansatz: Niederschrift von v. 15–25, anschließend Vorfügung von v. 1, 2, 4–6
    Jezt komme, Feuer!
    Begierig sind wir
    Und wenn die Prüfung ist
    An die Brutfedern gegangen
    Mag einer spüren das Waldgeschrei.
   anschließend wird der Entwurf am linken Rand ergänzt und fortgeführt bis v. 14

Text unbetitelter Entwurf aus zwei Entwurfsstufen konstituiert
1. Entwurfsstufe: H324, S. 1 f., Reinschrift ab v. 1, von v. 29 an in Entwurf übergehend

⟨a⟩ Ferntönend am Olympus drunten
Da der, sich Schatten zu suchen,
Vom heißen Lande kam,
Denn voll des Geistes waren sie
Daselbst, es bedarf aber
Der Kühlung auch,
Damit zu Todten
Nicht übergehe der brennende Busen, darum
Kam jener   lieber
An die Wasserquellen, zum Ister
Er scheinet aber rükwärts zu gehen und
Ich mein' er müsse kommen von Osten.

⟨b⟩ Fernglänzend am Olympus drunten
Da der, sich Schatten zu suchen,
Vom heißen Lande kam,
Denn voll des Muthes waren
Daselbst sie, es bedarf aber der Geister wegen
Der Kühlung auch, darum zog jener lieber
Daß ungebunden
Nicht übergehe der brennende Busen,
An die Wasserquellen, hieher
Zum Ister, aber rükwärts scheint der fast
Zu gehen und ich mein,
Er müsse kommen von Osten.

Viel wäre
Zu sagen davon. Und warum kommt er
Mit dem Berge gerad? Der andre
Der Rhein ist seitwärts
Hinweggegangen. Umsonst

anschließend werden rechts neben den letzten Versen v. 35–44 mit der Texterweiterung neu entworfen.

2. Entwurfsstufe: H323, S. 3f., Abschrift der ersten Entwurfsstufe ab
  v. 24, von v. 40 an wieder in Entwurf übergehend
  v. 11 *Schwingen* aus: Schweigen (Verschreibung)
  v. 40–72 aus:
  An harzigen Bäumen des Isters,
  Der scheinet aber fast
  Rükwärts zu gehen und
  Ich mein, er müsse kommen von Osten.

> Vieles wäre
> Zu sagen davon. Und warum kommt er
> Mit dem Berge gerad? Der andre
> Der Rhein ist seitwärts
> Hinweggegangen. Umsonst nicht gehn
> Im Trokenen die Ströme. Sie sollen nemlich
> Zur Sprache seyn. Ein Zeichen braucht es
> Unwissend, daß es Sonn' und Mond
> Im Gemüth trag', untrennbar
> Und fortgeh Tag und Nacht, und warm
> Sich fühlen die Himmlischen aneinander.
> Darum sind jene auch
> Die Freude des Höchsten. Denn käm er sonst
> Und wie Hertha grün,
> Die Kinder des Himmels. Aber allzugedultig
> Scheint der mir, nicht
> Freier, und fast zu äffen. Nemlich wenn
>
> Angehen soll der Tag
> In der Jugend, wo er anfängt
> Zu wachsen, und ein anderer schon
> Hochtreibet die Pracht, und
> In dem Zaum knirscht, und
> Das Schüttern weithin hören lachende Lüfte,
> Ist er betrübt,
> Es brauchet aber Stiche der Fels
> Und Furchen die Erd'.
> Zu eben wär es, ohne Weile;
> Was aber jener thuet der Strom
> Weis niemand.

neben den Textänderungen wird die zweite Strophenfuge durch eine Klammer verlagert, um eine gleichmäßige Verszahl zu erreichen; der Entwurf wird anscheinend nicht fortgesetzt.

v. 64–67, StA konstituiert:

> Hoch schon die Pracht, und Füllen gleich
> In den Zaum knirscht er, und weithin hören
> Das Treiben die Lüfte,
> Ist der zufrieden;

Vermutlich ist dieser Gesang 1804 entstanden. Der Aufbau der überlieferten Strophen ist:

20 20 20 12.

Titel: Ἴστρος ist der griechische Name der Donau.
10 Das Schikliche: vgl. die Erläuterung zu II 851,9.
26 Von Felsen das Dach: Die steilen Felsen im Donautal der Schwäbischen Alb überragen die aufsteigenden Säulenreihen der Baumstämme.
26–40: vgl. Pindars dritte Olympische Ode v. 19–32 in Hölderlins Übersetzung, II 193.
45 f. Vieles wäre / Zu sagen davon: vgl. ›Patmos‹ ⟨Erste Fassung⟩ v. 88 f., I 449.
48 seitwärts: vom Bodensee in westlicher Richtung bis Basel und von da nach Norden.
63 ein anderer: der Rhein.
67 der: der Ister. Im Oberlauf fließt die Donau (im Gegensatz zum Rhein) sehr ruhig dahin.
68 Stiche: vgl. ›Das Belebende‹, II 384; der Name des dort als Stromgeist bezeichneten Kentauren wird schon früh etymologisch von κεντεῖν (stechen) her gedeutet.
69 Furchen: vgl. ›Stutgard‹ v. 63 f., I 312.
70 Weile: Aufenthalt.

Griechenland
(S. 477–480)

⟨Erster Entwurf⟩

Text H 325a Bl. 4°. Nach der Überschrift wird zunächst rechts von der Mitte des Blattes untereinander notiert:
  Wege des Wanderers!
  Schatten der Bäume.
   ⟨Raum für drei Verse⟩
  Reegen, wie Pfeilreegen
  Schritte der Sonne,

Die drei Entürfe zu dem unvollendet gebliebenen Gesang sind vermutlich 1804/05 entstanden. Die erste Notiz enthält mehrere Reminiszenzen an frühere Gedichte Hölderlins; vgl. ›Rükkehr in die Heimath‹ v. 22,

I 251; ›Der Ister‹ v. 30–40, I 476; Variante zu ›Am Quell der Donau‹ ⟨Prosaentwurf⟩ l. 19 f., I 350; ›Patmos‹ v. 29, I 447.

17 f. Lorbeern / Rauschen um Virgilius: vgl. Matthissons Gedicht ›Die Natur‹ v. 26: »Beim Lorbeerbaum der Maros Grab umrauscht!«

25–30: Am 18. Mai 1797 heiratete der württembergische Erbprinz Friedrich Wilhelm Karl in London die englische Prinzessin Charlotte Auguste Mathilde und feierte anschließend die Vermählung in Windsor.

⟨Zweiter Entwurf⟩

Text H325 *Dbl. 2°* (S. 3,4: leer). Der mit dunkler Tinte geschriebene, noch überschriftlose Entwurf setzt im oberen Drittel der ersten Seite ein und wird korrekturlos in einem Zuge bis zum Ende geführt, nur v. 17 steht über dem aufgegebenen Vers:
  Und deket die Lüfte mit Kunst.

⟨Dritter Entwurf⟩

Text H325 (s. o.)
Der am Kopf der ersten Seite mit der Überschrift einsetzende Entwurf überlagert, mit hellerer Tinte und breiter Feder geschrieben, den dort stehenden Text.

v. 2–4 aus:
  Denn an der Augen Schule
  Tönt wie Sirenengesang
  Der Wolken sichere Stimmung gut

v. 9–23: Der Entwurf überwuchert den Grundtext in immer neuen Ansätzen, die zum Teil unsicher zu entziffern sind und deren Zuordnung nicht immer zu bestimmen ist.

v. 12 *Recht*: StA liest »Werk«.

v. 14 aus:
  Und Zärtlichkeit und den Himmel breiten lauter Hülle nachher Gesangeswolken

v. 15 *Sterbende … singen*: StA liest »Strebende nemlich müssen siegen«.

v. 26 aus: Alltag aber wunderbar zu lieb den Menschen

v. 35–45 werden am oberen Rand der zweiten Seite entworfen und dann darunter niedergeschrieben; Vorstufe:

Und gelber die Sonnen und die Monde
Zu Zeiten aber   thun auch
Die Kräfte der Seele sich zusammen
Daß lieber auf Erden
Die Seele wohnet, und irgend ein Geist
Gemeinschaftlicher sich zu Menschen gesellet.

v. 37 f. *alte / Tafel der Erde* aus: *alte Bildung / Der Erde*

16 f. *der Erde / Nabel:* vgl. ›Ganymed‹ v. 20, I 445 und die Erläuterung dazu.

Tende Strömfeld Simonetta ...
(S. 480)

Text   H 392 Bl. 4°, Notiz

Der Lexikonauszug befindet sich auf einer Wäscherechnung für den »Hern Bübeletücarius« Hölderlin, die wahrscheinlich aus der zweiten Homburger Zeit, Sommer 1804 bis September 1806 stammt. Hölderlin, der am Homburger Hof nominell eine Stelle als Bibliothekar hatte, konnte sicher, wenn er auch keinen eigentlichen Dienst verrichtete, die Bücher des Landgrafen benutzen. So war es ihm wohl auch möglich, zur Vorbereitung seiner dichterischen Arbeiten das Lexikon zu benutzen, nach dem dieser Auszug mit hoher Wahrscheinlichkeit angefertigt wurde, nämlich das Historisch- und Geographische Allgemeine Lexicon des Jacob Christoff Iselin, das 1726 und und erweitert 1729–44 in Basel erschien.

Carrieres de greve ...
(S. 481)

Text   H 332, Notiz

Mit abgenutzter, brüchiger Feder geschrieben und daher nur unsicher zu entziffern. Zur Datierung vgl. den Kommentar zu ›Aus Pindars erster Pythischer Ode‹, III 443 f.

1 carriere de greve: (frz.) Verlauf des Ufers.

VERSCHOLLENE GEDICHTE

C. T. Schwab erwähnt im Lebensabriß seiner Hölderlin-Ausgabe (D1846) zwei verschollene Gedichte:

Der Winkel von Hahrdt

»als eines seiner ersten Gedichte«, sowie ein vermutlich als

⟨Hochzeitsgedicht für Heinrike Nast⟩

anzusehendes »verlorenes Gedicht, welches, das erste von seiner Hand, gedruckt wurde«.

Karl Ziller erwähnt in einem wahrscheinlich an Carl Gock gerichteten Brief vom 28. Juni 1822 ein ihm vorliegendes Bruchstück

Vomers Landgut

in dem er »ganz den der Idylle eigentümlichen Ton und die glücklichste Nachahmung des Griechischen Epos« fand.

HYPERION

Die Ausarbeitung seines Romanes beschäftigte Hölderlin von den ersten Versuchen in Tübingen 1792 bis zur Absendung der Druckvorlage für den zweiten Band aus Homburg Ende 1798 – mit Unterbrechungen – über sechs Jahre lang. Die Quellen Hölderlins, die Zeugnisse zur Entstehung und die Dokumente über ›Hyperion‹ werden im folgenden aufgelistet. Die Datierungen werden im Kommentar zu den einzelnen Fassungen gegeben.

Quellen
Als Quellen der Beschreibung des zeitgenössischen Griechenland und insbesondere der dortigen Ereignisse im Jahre 1770 dienten Hölderlin vor allem zwei Werke:
  Richard Chandler, Travels in Asia Minor, and Greece or An Account of a tour, made at the Expence of the Society of Dilettanti, Oxford 1775/ 1776, und zwar in der anonymen deutschen Übersetzung *Reisen in Klein Asien, unternommen auf Kosten der Gesellschaft der Dilettanti und beschrieben von Richard Chandler, Leipzig, bey Weidmanns Erben und Reich. 1776* und *Reisen in Griechenland ... 1777* (reprographischer Nachdruck des letzteren: Mit einem Vorwort von Ludwig Pigenot, Hildesheim–New York 1976);
  Marie Gabriel Florente Auguste Choiseul-Gouffier, Voyage pittoresque de la Grèce, Paris 1782 (1. Band), und zwar in der deutschen Übersetzung von Heinrich August Ottokar Reichard: *Reise des Grafen Choiseul-Gouffier durch Griechenland. Aus dem Französischen übersetzt. Mit Kupfern und Karten. Erster Band, erster Heft. Gotha, bey Karl Wilhelm Ettinger. 1780* und ... *Mit Kupfern. Erster Band, zweyter Heft. ... 1782*. Die Übersetzung streicht durch Übertreibungen, ohne historische Begründung, gegenüber dem Original das beschämende Verhalten der Griechen während des russisch-türkischen Krieges heraus (zum historischen Hintergrund s. im Namensregister unter ›Rußland‹ und die dortigen Verweise).
  Zumindest Kenntnis hatte Hölderlin wahrscheinlich auch noch von einem dritten Werk:
  The Antiquities of Athens. Measured an delinated by James Stuart and Nicolas Revett, London I 1762, II 1787/9, III 1794, IV 1816 (reprogra-

phischer Nachdruck: New York 1968), das mit seinen präzisen Illustrationen Vorbild für die Beschreibung Athens gewesen sein könnte.

Zeugnisse

Im folgenden sind die Briefstellen aufgeführt, die auf die Entstehung und Rezeption des ›Hyperion‹ Bezug haben.

An Neuffer, zweite Hälfte April 1792	II 483
Von Magenau, 3. Juni 1792	II 485
Magenau an Neuffer, November 1792	III 577
An Neuffer, Mai 1793	II 496
An den Bruder, Anfang Juli 1793	II 496
An Neuffer, 21./23. Juli 1793	II 499f.
Von Stäudlin, 4. September 1793	II 507
An Neuffer, Anfang April 1794	II 523
An Neuffer, Mitte April 1794	II 527
An den Bruder, 21. Mai 1794	II 532
Von Neuffer, 3. Juni 1794	II 533
An Neuffer, 10./14. Juli 1794	II 539
Ch. v. Kalb an Schiller, August oder September 1794	III 581
Ch. v. Kalb an Ch. Schiller, Anfang September 1794	III 581
An Neuffer, 10. Oktober 1794	II 550
An Neuffer, November 1794	II 553
Ch. v. Stein an Ch. Schiller, 7. November 1794	III 582
An die Mutter, 16. Januar 1795	II 562
An Hegel, 26. Januar 1795	II 568
Von Neuffer, 26. Januar 1795	II 570
An die Mutter, 22. Februar 1795	II 572
Schiller an Cotta, 9. März 1795	III 587
An die Mutter, 12. März 1795	II 575
Cotta an Schiller, 20. März 1795	III 588
An den Bruder, 13. April 1795	II 579
An Neuffer, 28. April 1795	II 583f.
An die Mutter, 22. Mai 1795	II 588
An den Bruder, 11. Februar 1796	II 613
An Cotta, 15. Mai 1796	II 618
An den Bruder, 2. Juni 1796	II 622
An den Bruder, 21. November 1796	II 640
Magenau an Neuffer, 24. November 1796	III 589
An Neuffer, 16. Februar 1797	II 650

An die Schwester, April 1797   II 654
An Schiller, 20. Juni 1797   II 656
An Neuffer, 10. Juli 1797   II 658
An den Bruder, August 1797   II 661
Heinse an Sömmerring, 24. Oktober 1797   III 598 f.
Heinse an Sömmerring, Ende Oktober 1797   III 599
An den Bruder, 2. November 1797   II 669 f.
Von Siegfried Schmid, Spätherbst 1797   II 672
An den Bruder, 4. Juli 1798   II 695
Von Susette Gontard, September/Oktober 1798   II 702
An die Mutter, 10. Oktober 1798   II 706
Von Susette Gontard, Februar 1799   II 746
Von Susette Gontard, März–April 1799   II 754
Böhlendorff an Fellenberg, 10. Mai 1799   III 599
Böhlendorff an Rudolf Steck, 12. Mai 1799   III 600
Von Steinkopf, 18. September 1799   II 822
Von Susette Gontard, September/Oktober 1799   II 826
Von Casimir Ulrich Böhlendorff, 24. Oktober 1799   II 829
An Susette Gontard, Oktober/November 1799   II 833
Von Susette Gontard, November 1799   II 836 f.
Von Emerich, 4. März 1800   II 859
Von Conz, 4. Oktober 1800   II 875
Von Süskind, 22. Januar 1801   II 888
Von Charlotte von Kalb, 15. Mai 1801   II 903
Prinzessin Auguste von Homburg an ihre Schwester
    Marianne von Preußen, Dezember 1816   III 602

Dokumente

In Cottas Honorarbuch wird am 1. August 1795 ein Konto für Hölderlin mit dem Vermerk eröffnet, daß 11 Gulden als Abschlag auf das für den kompletten ›Hyperion‹ vereinbarte Honorar von 100 Gulden übersandt wurden. Am 17. April 1797 folgt der Eintrag, daß 10 Exemplare auf Velinpapier wie vereinbart gratis an Hölderlin gingen. Am 25. Juni werden 8 Gulden für Bücher abgezogen (wahrscheinlich für einen Teil der von Hölderlin bei Cotta subskribierten Plutarchausgabe) und am 30. September 1797 das übrige Honorar von 81 Gulden nach Frankfurt überwiesen.

In Cottas Rechnungsbuch ist 1797 an Kosten bei Buchdrucker Hopfer in Tübingen für ›Hyperion‹ vermerkt: 10 Bogen ⟨160 S.⟩ à 4 Gulden 30 Kreuzer = 45 Gulden. 1799 sind es für den zweiten Band bei einer

Auflage von 350 Exemplaren auf Druckpapier und 10 Exemplaren auf Velinpapier: 7¼ Bogen ⟨124 S.⟩ à 4 Gulden 30 Kreuzer = 34.52½ Gulden.

Cotta zeigte das Erscheinen des ersten Bandes im April 1797 in *Europäische Annalen*, hg. von E. L. Posselt, Bd. 4, Tübingen 1797 folgendermaßen an: »Hyperion oder der Eremit in Griechenland, von Hölderlin, 1s Bändchen. 8. 10 gr. 45 kr.« ⟨erstes Bändchen oktav, 10 Groschen oder 45 Kreuzer⟩. Im 11. Band dieser Zeitschrift und in Cottas *Taschenbuch auf das Jahr 1798 für Natur- und Gartenfreunde* mit dem Zusatz: »Der Verfasser dieses Romans schlug einen eigenen Weg ein, in welchem der junge Mann von Genie und Talent(en) nicht wird miskennt werden können.« Der zweite Band wird 1799 im 10. Stück der *Europäischen Annalen* und im *Taschenbuch auf das Jahr 1800 für Natur- und Gartenfreunde* angezeigt: »Hyperion oder der Eremit in Griechenland, von Hölderlin, 2r Theil. 8. 45 kr. Man wird in diesem Roman das seltene Talent des Verfassers erkennen, der auf eigenem Weg seinen genialischen Gang verfolgt.«

Im November 1799 verfügt die Königlich-Kaiserliche Bücherzensur in Wien für den zweiten Band: »Verkauf nur *erga schedam*« (gegen amtliche Bescheinigung).

Beide Bände des ›Hyperion‹ wurden nur je zweimal rezensiert. Von K. F. Manso in *Neue allgemeine deutsche Bibliothek*, 1798 in Bd. 40, 1. St.: Der Rezensent kann »für jetzt nichts weiter finden, als ein buntes Gewebe von Empfindungen, Gedanken, Phantasien und Träumen, die bald mehr bald weniger wahr, bald mehr bald weniger verständlich, bald mehr bald weniger glücklich ausgedrückt sind ⟨...⟩« und der zweite Band 1801 in Bd. 62, 2. St.: »Rec. findet keine Ursache, sich sein ehemaliges Urtheil gereuen zu lassen ⟨...⟩ Hyperion redet noch immer eine erhabene bilderreiche, überirdische Sprache, die hohe, wunderbare, nie gehörte Dinge zu verkündigen scheint; aber im Grunde wenig verkündiget.« Der erste Band wird noch von einem anonymen Rezensenten mit dem Kürzel Zl. B. (Zeerleder, Bern oder F. W. Jung; FHA vermutet: Conz, Ludwigsburg) in *Oberdeutsche, allgemeine Litteraturzeitung* Salzburg 25. Oktober 1799 besprochen: »⟨...⟩ Es ist kein Buch für das gemeine Lesepublikum. Der Verfasser spielt nicht mit seinen Lesern, er nimmt alle ihre intellectuellen und moralischen Kräfte in Anspruch. Und wem Ossian nicht gefällt, der wird noch ungerührt und unbelehrt dieses Buch gleich nach dem ersten Briefe bey Seite legen. ⟨...⟩« und der zweite Band noch von Conz am 12. Januar 1801 in *Tübingische gelehrte Anzeigen*: »Später, als wir wollten zeigen wir eine Schrift an, die dem Geiste und dem Herzen ihres Verfassers zum Ruhme gereicht. Das Ganze ist, nach unserer Ansicht, mehr ein Poëm, als ein Roman: ein lyrisches Gedicht von grösserer Ausdehnung könnte man es nennen. Es wird keine Hauptbegebenheit darinn entwikelt, und sollte wohl auch, nach der Absicht des Verf., nicht darinn entwikelt werden. Die Individualität *Eines* Charakters, seine Gesinnungen und Ansichten der Natur und Sittenwelt so vollständig und anschaulich als möglich darzustellen, scheint mehr der Plan des Dichters gewesen zu seyn: die wenigen Nebenfiguren und das wenige, was von Begebenheit vorkommt, sollten wohl dazu da seyn, um dieses Hervorgehen innerer Handlung zu motiviren. 〈...〉«

Ich schlummerte, mein Kallias ...
(S. 485)

Text

H453 *Bl. 2°* (S. 2: leer), unbetitelte Niederschrift mit Korrekturen
485 oben, vor Niederschrift des Textes, als fingiertes Datum:
 d. 18. M. / d. 24. M.
486 zwischen Z. 10 und 11:
 Votre lettre vous dément par son style enjoué; et vous n'auriez pas tant d'esprit si vous étiez moins tranquille.
 (»Ihr Brief verrät Sie durch seinen munteren Stil; und Sie hätten nicht so viel Geist, wenn Sie weniger sorglos wären.« J. J. Rousseau, La Nouvelle Héloïse 1,9)

Der bislang unter dem Titel ›An Kallias‹ edierte Brief ist, wie Maria Cornelissen (Jahrbuch der Deutschen Schillergesellschaft Bd. 10, Stuttgart 1966, S. 237–249) gezeigt hat, möglicherweise das früheste überlieferte Fragment des ›Hyperion‹. Anfang April 1792 lernt Hölderlin während eines Aufenthaltes in Stuttgart, wahrscheinlich bei Neuffers Mutter, die selbst Griechin ist, den griechischen Kaufmann Wergo kennen und zu gleicher Zeit, wohl aus dem Freundeskreis Neuffers, eine Ungenannte, zu der ihn eine heftige Zuneigung erfaßt. Auf beide nimmt der nach einem Besuch Wergos in Tübingen geschriebene Brief an Neuffer aus der zweiten Aprilhälfte 1792 Bezug. Gespräche über die politische Situation Griechenlands zu dieser Zeit und die hoffnungslose Liebe zu der »holden Gestalt« mögen den ersten Keim zum Roman gelegt haben. Am 3. Juni reagiert Magenau in einem Brief an Hölderlin auf dessen Entschluß, »Romanist« zu werden, und teilt Neuffer im November des gleichen Jahres in einem Brief den Titel mit: »Hyperion«.

Es ist denkbar, daß das vorliegende, nur einseitig beschriebene Blatt nicht Bruchstück eines größeren Ganzen ist, sondern die allererste Niederschrift darstellt. Auffällig ist, daß hier schon zahlreiche Motive der späteren Fassungen des Romans erscheinen; neben der zwischenzeitlich aufgegebenen Briefform sind dies unter anderem die Bezüge auf Platon, das Aufschlagen einer »Stelle« in den Schriften der Alten (hier: Homer, Ilias 10,462–579) und die Scham vor den Helden der Antike, sowie die Beziehung der Hauptfigur zu einem »holden Geschöpf«; zudem ist die inversive, gegen den bloß chronologischen Bericht gewendete Form bereits angedeutet.

Ich sollte das Vergangne schlummern lassen ...
(S. 487)

Text

h79, Abschrift Marie Rätzers, am Beginn der letzten Seite abbrechend
487,10 *hör' ich zuweilen*: fehlt
487,14 *Gewißheit*: fehlt
487,30 *Ruin*: vielleicht ist auch ›Stein‹ zu lesen
488,14 *nichts*: fehlt

Der Text des 1956 von Adolf Beck im Nachlaß Marie Rätzers, der Gesellschafterin Susette Gontards, aufgefundenen Bruchstücks, das bislang unter dem Titel ›Waltershäuser Paralipomenon‹ ediert wurde, ist das einzige Zeugnis des mit Sicherheit wesentlich umfangreicheren Materials, das zwischen 1792 und 1794 zum ›Hyperion‹ entstanden sein und von dem Hölderlin zumindest Teile noch in Frankfurt aufbewahrt haben muß. Das Motiv des Schlummers, das auch am Beginn des Tübinger Entwurfs steht, leitet später wieder im ›Fragment von Hyperion‹ den dritten Brief ein, zu dessen Anfang das Vorliegende eine Vorstufe darstellt.

Fragment von Hyperion
(S. 489)

Text D5
505,37 *Myrthen*: möglicherweise Druckfehler für ›Mythen‹
507,34 *Kranke*: im Druck ›Knabe‹

Das im Sommer 1794 geschriebene Fragment (vgl. Brief an Neuffer vom 10. Oktober 1794) kommt durch nachdrückliche Empfehlung Charlottes von Kalb an Schiller im vorletzten Stück des verspätet erscheinenden Jahrgangs 1793 seiner Zeitschrift ›Thalia‹ zusammen mit dem schon früher entstandenen Gedicht ›Das Schiksaal‹ zum Druck. Zwar ist das ›Fragment von Hyperion‹ nur ein Ausschnitt aus den Motiven des geplanten Romans, jedoch ist die Erzählform der in sich gekehrten Chronologie, die die endgültige Fassung auszeichnet, hier bereits vollständig durchgebildet, der Text also durchaus als eine eigenständige Komposition anzusehen.

489,12 exzentrische Bahn: Welche Vorstellung Hölderlin hiermit verknüpfte, ist nicht mit Sicherheit zu sagen, es scheint aber eher eine aus einem gedachten Mittelpunkt herausführende Bahn gemeint zu sein (etwa eine Spirale), als eine hyperbolische Kurve.

489,22: Das Zitat entstammt einem anonymen lateinischen Epitaph für den Gründer des Jesuitenordens, das in der Sammlung *Imago primi saeculi Societatis Iesu, Antverpiae 1640,* S. 280–282 zuerst veröffentlicht wurde. Aus welcher Quelle Hölderlin den Satz kannte, ist noch nicht ermittelt. »Nicht eingeschränkt werden vom Größten, jedoch umschlossen werden vom Kleinsten« (so die Übersetzung des Zitats) sei göttlich, heißt es in diesem Epitaph, dessen Anfang lautet: »Dessen Geist nicht vom unermeßlichen Umfang eines Erdkreises beschränkt werden konnte, dessen Körper wird von diesem niederen und schmalen Grabhügel umschlossen.«

490,5 Wolken: Anspielung auf den Mythos von Ixion.

491,32 Ich fürchtete mich...: Eine ähnliche Begründung gibt der greise Hyperion in ›Hyperions Jugend‹ (531,12) für sein bisheriges Schweigen.

492,12 Sonderbare: Besondere (s. auch 494,13: sonderbarer Mann).

492,19 Chierwein: Wein von der Insel Chios.

492,28 Priesterin der Liebe: Anspielung auf Diotima, die Lehrerin des Sokrates in Platons ›Symposion‹.

495,3 Phalanx: Schlachthaufen oder -reihe (im Gegensatz zu Einzelkämpfern), meist hintereinander gestaffelt; seit dem 7. Jahrhundert v. Chr. bei den Griechen verwendete Schlachtordnung.

495,8 wo man die Waffen tauschte: als Zeichen des gegenseitigen Vertrauens, vgl. Homer, Ilias 6,230 ff.

495,12 »ihr Griechen...«: vgl. Platon, Timaios 22b.

499,3 Bogen des Friedens: Regenbogen, vgl. 1 Moses 9,13.

499,29 wie ein Schwerd, durch die Seele: vgl. Lukas 2,35.

503,23 *Nänie:* nach lat. *naenia* (Trauerlied).
504,2 *Wem sonst, als dir?*: später von Hölderlin als Widmung für Susette Gontard in den zweiten Band des ›Hyperion‹ verwendet. Zum Haaropfer vgl. Homer, Ilias 23,134–153.
505,27 *seyn:* Konjunktiv Präsens.
507,26 *Pagus:* Fluchtburg, hier der Hügel, auf dem die Burg steht.
508,23 *Hahnenschrei:* vgl. Shakespeare, Hamlet 1,1.

⟨Prosaentwurf zur metrischen Fassung⟩
(S. 511)

Text
H58a *Dbl. 2°* (jeweils in der linken Spalte der Seiten)
511,5 *Der reine freie Geist* ... aus:
    Ich nahm das Leben für nichts wußte von nichts, als von dem Kampfe den das Göttliche im Menschen mit der physischen Notwendigkeit kämpfe. Ich nahm sie für eine ewige Feindin
511,8 *Freiheit* aus: Göttlichkeit
512,19 danach eingeklammert:
    Daß wir das Göttliche dem Thierischen, das Heilige dem Gemeinen, die Vernunft den Sinnen entgegensezen, ist notwendig, und eine voreilige Vereinigung der beiden Gegenteile rächte sich so gewis als die falsche Schonung, womit man, ohne sich gegenseitig zu erklären, die Zwiste beilegt. Man lächelt sich ins Angesicht, glaubt es wohl herzlich zu meinen, und ingeheim wächst der Unfrieden, bis Eines das andere unterdrükt hat, oder, die Feindschaft bitterer ausbricht.
513,9–14 aus:
    Und ist die Natur dann immer formlos? Traten nie Erscheinungen vor deine Sinne ...
    (Der ganze Absatz war zunächst als Frage an Hyperion formuliert)
513,34 *Göttliche* aus: Unendliche

⟨Metrische Fassung⟩
(S. 515)

Text
v. 1–81: H58a *Dbl. 2°* (jeweils in der rechten Spalte der Seiten, s. oben beim Prosaentwurf)
v. 82–248: H35 *3 Bl. 4°*
  v. 6, danach eingeklammert:
    Oft fodert' ich vom Schiksaal, zürnend
    Die fesselfreie ⟨a⟩ Reinigkeit ⟨b⟩ Geistigkeit zurük
  v. 155 ff. Vorentwurf:
    Dem Höchsten und dem Besten ringt unendlich
    Die Liebe nach, und über ihrer Wange
    Wo tiefe Narben ihr das Schiksaal schlug,
    Tront doch ein hohes Auge, denn ihr Vater
    Der Überfluß, ist göttlichen Geschlechts.
    Doch pflükt sie auch die Beere von den Dornen,
    Und sammelt Ähren auf dem Stoppelfelde,
    Wenn ihr ein freundlich Wesen einen Trank
    Am schwülen Tage reicht, verschmäht sie nicht
    Den irrdnen Krug, denn ihre Mutter ist
    Die Dürftigkeit. – Groß und unbezwinglich sei
    Des Menschen Geist in seinen Forderungen,
    Er beuge nie sich der Naturgewalt,
    Doch acht' er auch der Hülfe, wenn sie schon
    Vom Sinnenlande kömmt, verkenne nicht
    Was edel ist im sterblichen Gewande
    Stimmt hie und da nach ihrer eignen Weise
    In seine Töne die Natur, so schäm'
    Er sich der freundlichen Gespielin nicht
  v. 244 aus:
    Auf einem kindischen Vergleich

Die metrische Fassung ist um die Jahreswende 1794/95 in Jena entstanden. Der Prosaentwurf wurde wahrscheinlich nur bis zum Punkt eines Anschlusses an bereits bestehende Materialien geführt. Das Projekt einer Versifizierung des Romans wird bald wieder zugunsten der Prosaform in ›Hyperions Jugend‹ aufgegeben worden sein, bei der nur der Anfang noch Anklänge an die fünffüßigen Jamben dieses Versuchs aufweist. Diese Versform wird erst nach Vollendung des ›Hyperion‹ in der Idylle ›Emilie vor ihrem Brauttag‹ (I 203 ff.) wieder aufgegriffen.

518,120–126 (Prosaentwurf: 513,25–29): Zum Mythos von Poros (Überfluß) und Penia (Armut), die am Geburtstag der Aphrodite den Eros zeugen, vgl. Platon, Symposion 203a–204b.
522,245 Als einst ich las: vgl. Homer, Ilias 1,348ff.

Hyperions Jugend. Erster Theil
(S. 523)

Text

523,1–531,15: H342 *2 Lagen von je 2 ineinandergelegten Dbl. 4°*
531,17–542,5: H268/H269 *2 Lagen von je 2 ineinandergelegten Dbl. 4°*
542,7–544,36: H64/H409 *2 Bl. 4°* (ursprünglich Dbl.)
545,1–556,8: H270/H271 *2 Lagen von je 2 ineinandergelegten Dbl. 4°*
Reinschrift. Apostrophierungen wie i'm, bei'm, die urspr. in der Handschrift verwendet wurden, sind zumeist von Hölderlin wieder getilgt worden, daher durchgängig nicht in den Text übernommen.

523,2 darunter:
    herausgegeben von / Friedrich Hölderlin.
545,5 danach gestrichen:
    meine Besorgniß, meine Bestürzung wuchs mit jedem Blike nach ihr; und ich konnte doch nicht fragen, nicht trösten und helfen.

›Hyperions Jugend‹ entstand Anfang 1795 in Jena und wurde wahrscheinlich im April bei der Abreise von dort abgebrochen, noch bevor Hölderlin mit dem zweiten Teil beginnen konnte. Am 26. Januar 1795 schreibt Hölderlin an Hegel: »Meine productive Tätigkeit ist izt beinahe ganz auf die Umbildung der Materialien von meinem Romane gerichtet. Das Fragment in der Thalia ist eine dieser rohen Massen. Ich denke bis Ostern damit fertig zu seyn.« Die Umbildung besteht im schon bei der metrischen Fassung erkennbaren Verlassen der Briefform zugunsten einer in Kapitel eingeteilten Erzählung, vor allem aber im Wechsel von der Inversion der Erzählweise zum chronologischen Bericht des greisen Hyperion, der in die Rahmenerzählung eines jungen Besuchers eingebettet wird. Durch Schillers Vermittlung nimmt Cotta, wahrscheinlich während seines Aufenthalts in Jena am 27. April 1795, den Roman für 100 Gulden Honorar in Verlag; ›Hyperions Jugend‹, obwohl als Druckvorlage angelegt, wird er jedoch nicht zu Gesicht bekommen haben.

526,13 Dem Höchsten – 25: s. metrische Fassung v. 162ff., vor allem aber den aufgegebenen Vorentwurf zu v. 155ff., dessen Inhalt hier wieder aufgenommen wird.

529,11 Geschmeide: geschmiedete Rüstung.

529,13 den düstern Helm ...: vgl. Homer, Ilias 6,466–474.

530,30 Mutterpfennig: von den Eltern beim Abschied mitgegebener Glückspfennig, der dem Aberglauben nach die Kraft hat, andere Münzen hervorzubringen.

530,31 Scheidemünze: Münze von geringem, dem Metallwert verschiedenen Wert.

531,16: Der verlorene Text wird den Bericht über eine Reise mit Hyperions Lehrer (dem ›Adamas‹ der endgültigen Fassung) dargestellt haben, der auch die auf die Lücke folgenden Sätze spricht – wahrscheinlich während des Aufenthalts auf Delos.

532,1 der arme Perser: Xerxes I.

532,14 Wenn ich sterbe ...: Mit diesem Satz wird die Struktur der in Kapitel eingeteilten Erzählung gegenüber der des Briefromans deutlich, nämlich das Weiterreichen einer Erfahrungslehre durch die Generationen. Zunächst vom Lehrer des Hyperion (Diotimas Vater) auf diesen, dann vom greisen Hyperion auf den jungen Besucher, der sie wiederum dem Leser mitteilt.

539,7 Ronnecatanz: Der aus zahlreichen Wendungen bestehende neugriechische Volkstanz Romaika, der an das Labyrinth auf Kreta erinnern soll. ›Ronneca‹ ist ein Druckfehler der deutschen Übersetzung des Buches von Choiseul, wo die Schreibweise ›Roméca‹ gebraucht wird.

541,35 Smyrna: wahrscheinlich versehentlich für ›Tina‹. Hölderlin übernahm die Stelle aus dem ›Fragment von Hyperion‹ (494,11–17), wo die Handlung noch in Smyrna spielt.

542,12 Cohorte: Zehnter Teil einer (römischen) Legion. Hier ist die schiefe Schlachtordnung gemeint, die der thebanische Heerführer Epameinondas 371 v. Chr. in der Schlacht bei Leuktra erfolgreich gegen ein überlegenes Spartanerheer einführte.

543,8 Münzen: Die Beschreibung der Münzen entnahm Hölderlin dem Buch von Choiseul; die erste stammt aus Ios (Nio), die zweite aus Delos.

543,35 unter dem Fenster: auf die Fensterbank gelehnt.

546,16 Erde: hier folgt, wie häufig bei Hölderlin, eine Reihung der vier Elemente Erde, Feuer (Sonne), Luft (Aether) und Wasser.

548,35 Tropfe: ältere Nominativform, von Hölderlin häufiger verwendet, s. auch 552,1 (Schatte) und 555,6 (Boge).

550,12 schwaigte: (mundartlich) zum Schweigen bringen.

⟨Vorletzte Fassung⟩
(S. 557)

Text

557,2–559,5: H445 *Dbl. 4°*, Reinschrift
559,6–560,19: h50 Abschrift Carl Gocks
560,21–569,25: H58b/H272 *2 Lagen von je 2 ineinandergelegten Dbl. 4°*, Reinschrift
569,27–571,29: H48 *Dbl. 4°*, überarbeitete Reinschrift
 570,28 danach eingeklammert:
  Daß mir noch Einmal werden sollte, wie damals! o jezt, jezt war mir so! –
  Es ist vorüber. Ich bin nun wieder ein Kind der Zeit. Ich weiß es und sage mit Weinen: es giebt eine Vergangenheit!
 571,8 danach eingeklammert:
  Lieber! Theurer! Theurer! ich möchte dir's gerne gönnen, möchte so gerne dir mittheilen, was in mir ist, aber ich fühle, mir sind die Hände gebunden. Ich trage den Himmel in mir; aber er ist verschlossen für die andern.

Mit der vorletzten Fassung des ›Hyperion‹ kehrt Hölderlin zur Briefform zurück, und damit wahrscheinlich auch zu der ursprünglichen Erzählweise, deren Begründung er in den ›Frankfurter Aphorismen‹ (s. II 57,27–58,3) gibt. Der überlieferte Teil dieser Fassung ist in der zweiten Jahreshälfte 1795 nach der Rückkehr aus Jena in Nürtingen entstanden, worauf vor allem der Beitrag von Carl Gock hinweist, der bei der Herstellung der als Druckvorlage gedachten Reinschrift geholfen hat. Wahrscheinlich wurde sie noch von Nürtingen aus Ende des Jahres an Cotta gesandt. Der Umfang dieser Fassung läßt sich anhand der Lagenbezifferung berechnen. Der Rest der von Carl Gock angefertigten Reinschrift trägt die Nummer 14, die beiden folgenden Lagen die Nummern 16 und 17. Geht man davon aus, daß die meisten Lagen aus zwei Doppelblättern bestanden, so ergeben sich etwa 140 Quartseiten bis zur Einleitung der Diotima-Handlung, so daß allein der erste Band weit über 200 Seiten Umfang bekommen hätte. Cotta reagiert darauf mit der Bitte um Kürzung, der Hölderlin nachzukommen verspricht (s. Brief an Cotta vom 15. Mai 1796).

558,10 Aber es muß ja Aergerniß kommen: vgl. Matthäus 18,7.
558,15 f. Εν και Παν: (hen kai pan, gr.) »Eines und Alles«. In spinozistischen Kreisen beliebte Formel, die vielleicht auf ein Fragment des Xenophanes zurückgeht (Diels/Kranz A 31). Vgl. auch den Kommentar

zum Stammbucheintrag für Hegel vom 12. Februar 1791 (III 564), den Aufsatz ›Zu Jacobis Briefen über die Lehre des Spinoza‹ (II 39,29) und die Elegie ›Brod und Wein‹ v. 84 (I 376/377); vgl. ›Diotima‹ ⟨Mittlere Fassung⟩ v. 99.

558,29 bestimmte Linie: vgl. ›Hermokrates an Cephalus (II 51). Die Argumentation folgt hier genau derjenigen im Brief an Schiller vom 4. September 1795 (II 595 f.); dort bedient sich der Vergleich – statt zweier geometrischer Linien (eindimensional) – zweier Flächen (zweidimensional).

561,7 Stelle: vgl. Sophokles, Ajas v. 412–427 (s. Hölderlins spätere Übersetzung II 386 f. v. 19–34).

562,23 f. Wer hat, dem wird gegeben: vgl. Matthäus 13,12.

563,3 Plane: alter Plural zu ›Plan‹.

566,32 Tüke: Plural der alten Form ›Tuck‹.

569,13 f. Die Fabel sagt ...: z. B. der Mythos von Semele.

⟨Entwürfe zur endgültigen Fassung⟩
(S. 572)

Text

572,3–574,34: H275 *Dbl. 4°*

575,2–582,13: H276/H410/H274/H273 *4 Dbl. 4°*

583,2–592,13: H460/H393 *Bl.* (von Sammlern zerteilt), H361 *Bl.* (ursprünglich Dbl. mit dem vorigen), HoK1/H424/H346/H411 *4 Bl.* (urspr. 2 Dbl.), H279 *2 ineinandergelegte Dbl.*, H412 *Dbl. 4°*

592,15–593,23 *hilft:* H280 *Dbl. 4°*

593,23 *Da legen*–28: H283, S. 3 oben (s. bei 602,16 ff.)

593,30–595,10 *zeigen:* H281 *Dbl. 4°*

595,10 *muste* – *11:* H279 S. 1 oben (s. o. bei 583,2 ff.)

595,12–601,12: H57

601,14–602,11 *Am:* H282 *Bl.* (das Stichwort ›Am‹ markiert den Anschluß an den Text 598,9–13)

602,16–604,21: H277/H283 *2 ineinandergelegte Dbl. 4°* (auf H283, S. 3 oben, der Text von 593,23–28; H277, S. 3,4: leer)

604,23–605,12: H284 *Bl. 4°* (urspr. mit H282 umschließendes Dbl. von H277/H283)

605,14–606,31: H287

607,2–608,7: H285 *Dbl. 4°* (S. 4: leer)

608,8–608,35: H278 *Bl. 4°*

Die Texte der Entwürfe zur endgültigen Fassung und ihre Anordnung weichen an einigen Stellen von den bisherigen Editionen ab. Das betrifft einmal das ›Salamis-Fragment‹, das StA noch dem ersten Band zuschlägt, zum andern die Einfügung des neuaufgefundenen Blattes (HoK1), sowie den 595,10 angefügten Satzteil, der bisher nicht zugeordnet werden konnte. FHA gibt bei den Entwürfen zum ersten Band nicht den Text der letzten Redaktion, so daß einige eingeklammerte Abschnitte dort noch in den Lesetext aufgenommen sind.

572,5 danach eingeklammert:

Und wer von uns beiden, fuhr ich fort, sich zur Zufriedenheit bekehrt und träg und feig in seinen Winkel kriecht, und da verkrüppelt, den fliehe, wie eine Pest, sein Weib, und mit Füßen tret' ihn sein Sohn und wenn er stirbt, erscheine, wie ein Rachegeist, der Geist des bessern Freundes ihm, und mahn ihn, daß er heulend seinen Meineid noch bekennt, und so vergeht.

Wer von uns beiden, wiederhohlte Alabanda, sich zur Zufriedenheit bekehrte, und träg und feig in seinen Winkel kriecht und da verkrüppelt, den fliehe, wie eine Pest, sein Weib und mit Füßen tret' ihn sein Sohn, und wenn er stirbt, erscheine wie ein Rachegeist, der Geist des bessern Freundes ihm, und mahn ihn, daß er heulend seinen Meineid noch bekennt, und so vergeht! –

574,13 *Diotima's Auge*–19 aus:

Diotima's Auge öffnete sich weit, und unmerklich wie eine ⟨a⟩ Rose aufgeht ⟨b⟩ Knospe sich aufschließt, schloß das ganze liebe Gesicht sich auf und bot die Loken der Luft entgegen, und lauter Sprache und Seele ward die Stille, worinn mein Herz das alles hatte geahndet und die ganze Gestalt dehnte sich aufwärts, und stand wie ein ⟨a⟩ Schwan ⟨b⟩ Kranich da, wenn er den Flug beginnt und mir schien, als hübe das eine Füßchen sich und berührte nur mit der Zehe den Boden.

574,33 nach *Und dann* gestrichen:

nach dem ersten brennenden Schlage der heilige Schreken, als hätt' ich eine Sünde begangen

576,17–579,2: die beiden Briefe sind in umgekehrter Reihenfolge entworfen worden, zwischen ihnen steht am Rand: Oder pp., sie sollten also möglicherweise zu einem Brief zusammengefaßt werden; später werden sie durch Ziffern am Rand umgestellt.

577,7 nach *Leben* gestrichen:

ohne drann zu denken, für das andre ist, wo alles, Vater und Mutter, und Geschwister alle, groß und klein, wie für jedes

unter ihnen, und jedes unter ihnen wie für alles da ist, ohne
daß man drüber sinnt und predigt.
577,34 danach eingeklammert:
   Es steigt und fällt in unsrer Brust, es überhebt sich und
ermattet unser Geist, und unaufhaltsam wie der Pfeil vom
Bogen, jauchzen unsre Freudentöne in die Luft, verhallen,
und wir sizen stumm und traurig, wie zuvor, und suchen
reuig das vergeudete Leben; wir sind verschwenderisch mit
allen guten Gaaben, und darum immer arm.
   Sie aber lebt' in ewiger Fülle; hielt Haus mit sich, wie die
Natur, gab viel mit Wenigem, und hatt an Wenigem genug.
580,5 danach eingeklammert:
   Dann kommt sie wohl von ungefähr des Weges, beugt
sich über mich und forscht nach Leben, und ich erwärme
von dem süßen Othem, der wie einst mich anweht, lebe und
erkenne und werd' erkannt –
580,12–17 aus:
   Ist sie nicht mein?
   Todtenrichter, ist sie nicht mein? Die reinen Quellen fodr
ich auf zu Zeugen, die unschuldigen Bäume, die uns be-
lauschten, und das Tagslicht und den heiligen Aether, wohin
zu tausendmalen mein Herz sich wandte, wenn ich zu
unaussprechlich glüklich war an ihrer Seite! Ist sie nicht
mein? vereint mit mir in allen Tönen des Lebens? –
(Der Brief wird zunächst im Präsens weitergeführt und später erst
ins Imperfekt transponiert.)
580,31 f. *Und doch ... Staub gelegt* aus:
   Was so die Natur zusammengab, gehört sich ewig an, ihr
ungereimten Kläger!
581,15 nach *und fand* getilgt:
   wenn sie oft mit allerlei Rath und freundlichen Ermahnun-
gen versucht, ein ordentlich und fröhlich Wesen noch aus
mir zu machen, wenn sie die düstern Loken und das alternde
Gewand und die zernagten Finger verwies,
581,21 nach *behorcht'* getilgt:
   und kundig weissagt, ob die fröhliche Wooge bald mir
wiederkehren würde, wenn sie sorgsam trübe Stunden ahndete,
581,26 *ach! da du* – 28 *zähltest* aus:
   und ach! da sie im Walde mich sah, im Dunkel eines
Eingangs im grünen Gewölbe der Zweige, wo es Nacht

wird für ein sterblich Auge, da das Unschuldige an den
Fingern die Treppen zählte
(Der Rest des Briefes wird zunächst in der dritten Person fortgeführt und erst später in die zweite Person transponiert.)
582,1: fehlt
582,13 darunter gestrichen:
Ich weiß nicht, rief endlich einer, warum mir immer ist, als
müßten die Menschen auch antike Köpfe haben, von denen
man mir sagt, sie seien im Ernste Freunde.
583,3–8 aus:
Ich hatte mich geirrt. Es kostete Kampf.
   Gleich ihr Erblassen, da sie Alabandas Brief las, gieng
mir durch die Seele.
   Aber dann begann sie gelassen und ernst, fieng an zu
fragen, ob es denn recht sei, das Heil auf gewaltsamem
Wege zu suchen, ob es klug sei, ob die langsameilende
Natur auch so verfahre, so gleich das Schwerd gebrauche?
ob nicht die Nemesis des Menschen warte, der zum Aeu-
ßersten so schnell sei, ob Recht und Klugheit die Gewalt
nicht hemme, bis zum lezten Augenblike, wo nichts anders
mehr zu thun sei? In diesem Tone sprach sie,
584,32 *Und* ... aus:
Sie war heftiger und gehaltner, wie sonst.
585,5 aus: sie hatte eine neue Freiheit.
585,5 danach zunächst:
Ich habe zuweilen gehört: das Schiksaal mach' uns alle
gleich, die Großen und die Kleinen. Doch weiß ich es
anders.
585,6 *sichtbare Gewalt* aus: geheime Herrschaft
586,9 *alle meiner und Diotimas gefreut* aus:
alle voll zarten stillen Anteils meiner Bräutigamstage gefreut
587,32 *nein!* Beginn einer neuen Lage, der Text beginnt unter dem
gestrichenen Satzende von 595,10f. *muste die Augen* ...
588,36 aus:
Ich wollte mich halten, aber es war als hätte meine Seele die
Bande des Lebens zerrissen, und wollte mir entfliehn
590,17 *Diotima*: Bellarmin (Verschreibung)
591,28 *Diotima* aus: Bellarmin
593,6 *Kopie war? – Aber höre* zwischen den beiden Sätzen hieß es in
einem Vorentwurf:

wie bist du so herabgekommen? wir sind, wie der Hund des Ulyß, verachtet, von Schlechten hinausgeworfen, aufs Stroh, und liegen und kränkeln und hoffen bessere Tage wie jener die Rükkehr des Herrn –

(zu Argos, dem Hund des Odysseus, vgl. Homer, Odyssee 17, 291–327)

593,16 *danach gestrichen:*

Meine Seele woogte in unaufhaltsamer Bewegung, und wechselte zwischen Triumph und Grimm – vor allem, rief ich ehe wir fragen, was werden soll, über das alte Wesen den Fluch! Sei du Zeuge, Alabanda! von nun an hab ich gebrochen

595,11 *nach* weiß *gestrichen:* weil keine Diotima (s. o. bei 587,32)

598,7 *hundert andre:* hun- / dre (Verschreibung)

598,7f. *Jahrhundert aus:* Europa

598,22f. *vorzurüken ... Schach aus:* schrittchenweise zu gehn

599,10 *Hyperion – 14 gethan aus:*

Hyperion an ⟨a⟩ Alaban ⟨b⟩ Diotima.

Es ist geschehn, Diotima! die Wolfsnatur hat sich gütlich gethan.

599,22f. *aus:*

Frage bei mir nicht mehr nach Schönem und Wahrem, nach meinen Perlen frage nicht mehr ich habe sie vor die Schweine geworfen, ich bin mir selbst verächtlich, ich möchte den Spott

602,11–15: Wiederanschluß an den schon bestehenden Entwurf 598,9–13 durch das Stichwort ›Am‹.

602,16: fehlt.

602,26 *danach gestrichen:*

Ihr Männer begreift das freilich nicht,

603,12: fehlt.

604,23: fehlt.

604,24ff. *Vorentwurf:*

Ich habe lange gewartet, lange nach einem herzlichen Abschiedsworte gedürstet. Aber du schweigst. Auch das ist gut, ist freundlich, edle Diotima.

Ich schreibe am Vorabend einer Schlacht. Das mag mich entschuldigen, daß ich schreibe. Die Unterschiede des sterblichen Lebens sind weggefallen, und nur die großen, ewigen Beziehungen der Geister und der Kräfte bleiben.

KOMMENTAR: HYPERION

Ich trete fast vertrauter vor dich als ich sonst gewohnt war.
Ich betrachte diese Schlacht, als ein Bad, um den Staub mir abzuwaschen.

605,10 *danach aufgegeben:*
Ich saß den Mittag über auf dem Verdeke meines Schiffes. Ich wärmte mich am Sonnenlichte, ich sog die gütigen Stralen in mich, ich lag, wie ein Kind an den Brüsten der Mutter – ich nahm noch alles mit, ich sah zum Meergrund hinab, ich streifte mit den Lüftchen über die wallende Fläche, und liebliche Wolken, die wie Loken um die Erde sich kräuseln, begleitet' ich bis an den Hor

605,14–606,29: Dieser Brief an Bellarmin ist wahrscheinlich älter als die übrigen Entwürfe, er wird in die endgültige Fassung nicht aufgenommen, in der Hyperion bis zum Schluß des Buches in Salamis bleibt.

605,32 *aus:*
Es kömmt mich schwer an, diese Insel zu verlassen. Ich möcht' ihr einen Nahmen geben. Insel der Ruhe möcht' ich sie nennen.

607,22 *nach* gebracht *zunächst:*
Schon da du Alabanda kennen lerntest, warst du krank, hoher Leidender! Da wir uns fanden

607,26 *nach* immer *zunächst:*
O hätte doch ein guter Gott dein Auge vor der flachen Wüste bewahrt!

608,26 *nach* tiefer *zunächst:*
Mit Schreken ergriff es mich, ich hatte das Unmögliche gewollt. Konnt' ich dich schadlos halten für das Element, worinn die Seele der alten Künstler und Helden erwuchs? Konnt' ich die goldenen Tage von Attika um dich versammeln? konnt' ich eine Welt dir ersezen, Hyperion? Ach glüklich sind sie alle, die nicht verstehen. Wer dich versteht, muß werden, wie du, muß deine Größe theilen und deine Verzweiflung.

608,31 *danach aufgegeben:*
konnt' ich sagen, sei ein Meer und nimm alle Bäche des Lebens! sei ein Gott, und schau und

Die Entwürfe zur endgültigen Fassung des ›Hyperion‹ sind aus dem Plan hervorgegangen, den Text gegenüber der vorletzten Fassung zu kürzen, der Vorsatz, »das Ganze in Einen Band zusammmenzudrängen«, wie Hölderlin am 15. Mai 1796 an Cotta schreibt, wird jedoch nicht durchgeführt. Noch im November des gleichen Jahres hofft Hölderlin, daß der ›Hyperion‹ bis Ostern 1797 ganz erscheinen werde (s. Brief an den Bruder vom 21. November 1796). Die hier vorliegenden Entwürfe entstammen aller Wahrscheinlichkeit nach einem längeren Zeitraum. Hölderlin wird Anfang 1796 noch an der vorletzten Fassung gearbeitet haben. Die Unterbrechung der Arbeit durch die Flucht vor dem Krieg und die aufkeimende Liebe zu Susette Gontard, die lebendiges Vorbild für die Romanfigur der Diotima wird, führten zu einer neuerlichen Umgestaltung des Romans. Die Entwürfe zum ersten Band werden in der zweiten Jahreshälfte 1796 in Frankfurt entstanden sein. Die Konzeption des Ganzen stand bei Abschluß des ersten Bandes zwar schon fest, die Ausführung scheint Hölderlin aber doch größere Schwierigkeiten bereitet zu haben als zunächst vermutet, und hat wohl den Großteil des Jahres 1798 beansprucht; vgl. die Zitate im Brief an den Bruder vom 4. Juli 1798. Die überlieferten Entwürfe zum zweiten Band zeigen sehr deutlich Hölderlins Arbeitsweise: auf Basis der ausgearbeiteten Konzeption werden einzelne Teile wie Bausteine in ältere Entwürfe eingepaßt. So besonders zu beobachten bei den ›Misistra-Briefen‹ (s. 597,27–601,12 und 601,14–604,20).

572,22 natürlich: von Natur aus.
594,30–595,35: zwei Entwürfe zu I 714,7–34
596,19 breiten mälig sich: hellen sich allmählich auf.
598,18 schmählen: schelten oder zanken.
606,28f.: vgl. Sophokles, Ajas v. 597f. (s. auch II 387 v. 1f.).

Konkordanz zur endgültigen Fassung

572	634f.	584	701	594	713f.
573	635f.	585	701f.	595	713
574	659f.	586	702f.	596–	(715–
575	660f.	587	703f.	601	721)
576	661f.	588	704f.	601	717
577	662f.	589	705f.	602	717f.
578	663f.	590	706f.	603	719
579	664f.	591	707f.	604	720
580	665f.	592	708f.	604	723f.
581	666f.	592	710	605	724
582	667	593	710f.	605f.	(...)
583	700f.	593	713	607f.	(730ff.)

Hyperion
oder der Eremit in Griechenland
(S. 609)

Text
D9, D14 (die Seitenzählung der Erstausgabe ist jeweils am Außenrand angegeben).

Exemplar Susette Gontards: H372 (D9 und D14 zusammengebunden)
Widmung in den ersten Band:

»Der Einfluß edler Naturen ist dem Künstler so nothwendig, wie das Tagslicht der Pflanze, und so wie das Tagslicht in der Pflanze sich wiederfindet, nicht wie es selbst ist, sondern nur im bunten irrdischen Spiele der Farben, so finden edle Naturen nicht sich selbst, aber zerstreute Spuren ihrer Vortrefflichkeit in den mannigfaltigen Gestalten und Spielen des Künstlers.«

Der Verfasser.

Widmung in den zweiten Band:

Wem sonst
als
Dir.

Unterstreichungen:
655,29 *wenn* – 33   657,8–10 (außer ›Bellarmin‹)   661,24–26
663,19 *Ich stand* – 24 *sah*   663,27–30   669,29–32 *trägst* (außer
›süßes Leben!‹)   677,13–15 (nur Anstreichung am Rand)   704,8
Du bewahrst – 10   704,32–33 *himmlisch* (außer ›rief ich‹)
704,35–36 *waren, wie du* (außer ›fuhr Diotima fort‹)   705,1 – 6
gut   712,7f. (außer ›o Alabanda‹)   717,11 *O du* – 12   724,4 *O*
das–6   725,19–20 *wir uns*   734,32 *ich bin* – 36 (außer ›dafür‹)
736,29 *Unser ... mir*   754,12 *o Diotima!*   754,13f. *ihr*
Bäume – 15 *aus mir*   758,10 *alte feste* – 12 *durchduldet*
760,19–20 *nicht*

Exemplar Isaacs von Sinclair (verschollen)
  Widmung in den ersten Band: h87 (Abschrift der Prinzessin Auguste
  von Hessen-Homburg) und H32 (Entwurf Hölderlins)

  Meist haben sich Dichter zu Anfang, oder zu Ende einer
  Weltperiode gebildet. Mit Gesang steigen die Völker aus
  dem Himmel ihrer Kindheit ins thätige Leben, ins Land der
  Kultur. Mit Gesang kehren sie von da zurük ins ursprüngli-
  che Leben. Die Kunst ist der Übergang aus der Natur zur
  Bildung, und aus der Bildung zu Natur.
  Der Verfasser.

Exemplar Franz-Wilhelm Jungs: H383 (D9)
  Widmung:
  Klopstok.
  Die Dichter, die nur spielen,
  Die wissen nicht, wer sie und wer die Leser sind,
  Der rechte Leser ist kein Kind,
  Er will sein männlich Herz viel lieber fühlen,
  Als spielen.

Exemplar der Prinzessin Auguste von Hessen-Homburg: HoK2 (D14)
  Widmung in den zweiten Band: ⟨Gesang des Deutschen v. 41 f.⟩

  Den deutschen Frauen danket! sie haben uns
    Der Götterbilder freundlichen Geist bewahrt.

Exemplar aus dem Besitz der Familie Ernst Zimmers: H356 (D9 und D14
zusammengebunden)
  Wahrscheinlich war dies Hölderlins Handexemplar. Der Bogen E des
  ersten Bandes (S. 65–80) ist darin unbedruckt und der Text – wohl
  kaum von Hölderlin selbst – in einer akuraten lateinischen Zierschrift
  eingetragen.

Eigenhändige Korrekturen in den Exemplaren Susette Gontards (G),
Jungs (J) und der Zimmers (Z):
  618,6 *wie eines Freundes warme Hand,* (G,J): ⟨fehlt⟩   618,9 *sein*
  (G,J): seine   618,30 *Sieger* (J): Ringer   619,27 *Wie eine* (G): Wie
  vor einer   619,31 *Wesens in mir* (J): Wesens   620,37 *Ziegenheerde,*

(G,Z): Ziegenheerde; 627,33 *Jugend* (G,J): Tugend 628,13 *Potentaten* (G): Potentatentaten 631,35 *der rauhen* (G): der inneren rauhen 661,12f. *glüklichen Leben* (G): Glüklichen leben 662,27 *ewige* (G,J): ewige ewige 668,27 *Tod?* (G): Tod. 671,10 *Arethusa* (G): Arethusia 672,34f. *unerkennbare* (G): unverkennbare 681,6 *dahinaus sah* (G,J): dahinausasah 685,22 *nah an* (G): nach 693,19 *Gebot* (G): Gebott 703,33 *Prometheus* (G): Promotheus 708,3 *wieder* (G): minder 711,19 *Nemea* (G): Nemera 713,18 *Jugendtraume* (G): Tugendtraume 722,22 *Leiden recht der* (G): Leiden der 729,11 *mich* (G): mir 733,12 *thust* (G): thutst 736,4 *fragen* (G): frragen 737,33 *sich selber* (G): selber 754,29 *harmonielos* (G): harmonienlos

Die Druckvorlage für den ersten Band wird wohl Anfang 1797 an Cotta gegangen sein, am 17. April vermerkt dieser den Ausgang der Freiexemplare für Hölderlin. Die Auflage betrug insgesamt nur 360 Exemplare, wie aus den Unterlagen Cottas hervorgeht. Auch der zweite Band, dessen Druckvorlage wahrscheinlich im November 1798, als Hölderlin mit den Arbeiten am ›Empedokles‹ begann, an Cotta ging und erst ein ganzes Jahr später erschien, hatte die gleiche Auflage, von der sogar noch 1821, als eine Neuauflage verhandelt wurde, Exemplare beim Verlag liegengeblieben waren. Das anscheinend anfänglich schon nicht sehr große Interesse der Leser an der »Beurtheilung des Plans«, die erst mit dem zweiten Band möglich ist, mußte durch die starke Verzögerung von zweieinhalb Jahren nochmals sinken. Tatsächlich zeigt sich erst im vollendeten Roman dessen kunstvoller formaler Aufbau. Die 60 Briefe des Romans sind je zur Hälfte auf die beiden Bände verteilt. Die Erzählung setzt im ersten Band mit der Rückkunft aus Deutschland ein und endet im zweiten mit dem Aufbruch von dort. Diese scheinbar kreisförmige Anlage gibt dem Roman trotz des offenen Schlusses (»Nächstens mehr.«) etwas Abgeschlossenes, und die Spekulationen über eine mögliche Fortsetzung, die sich an dieses Ende knüpften, sind zurückzuweisen. Bei näherer Betrachtung entpuppt sich diese Kreisform allerdings als Verschlingung zweier Erzählebenen, deren Übergang ineinander den Schluß des Romans an den Anfang anschließt. Die Chronologie der Erzählung ist gleichsam schneckenförmig aufgerollt, also eine Inversion zweier unterschiedlicher Perioden. Anhand der historischen Daten der Kriegshandlungen in Griechenland und Hölderlins Angaben zum Wechsel der Jahreszeiten läßt sich diese Chronologie auch wieder linear darstellen:

Vor 1768: Kindheit Hyperions in Tina, Begegnung mit Adamas. *Frühjahr 1768:* Aufbruch nach Smyrna. *Ende des Sommers 1768:* erste

Begegnung mit Alabanda. *Herbst 1768:* Zerwürfnis mit Alabanda, Rückkehr nach Tina. *April 1769:* Reise nach Kalaurea. *Mai 1769:* Begegnung mit Diotima. *Herbst 1769:* Reise nach Athen, Rückkehr nach Kalaurea. *Winter 1769/70:* Aufbruch nach dem Peloponnes, Wiederbegegnung mit Alabanda. *Frühjahr 1770:* Belagerung von Koron. *Frühsommer 1770:* Stürmung der Feste Misistra. *Juli 1770:* Abschiedsbrief an Diotima, Schlacht bei Tschesme. *Ende des Sommers 1770:* Diotimas Tod auf Kalaurea, Hyperions Genesung auf Paros. *Herbst 1770:* Abschied von Alabanda, Nachricht von Diotimas Tod, Antwortbrief an Notara. *Winter 1770/71:* Aufbruch nach Deutschland über Sizilien, Begegnung mit Bellarmin. *Frühjahr 1771:* Rückkehr von Deutschland nach Korinth, erster Brief an Bellarmin. *Spätsommer 1771:* Ankunft auf Salamis. *Winter 1771/72:* 26. Brief des ersten Bandes bis sechster Brief des zweiten Bandes. *1772:* die weiteren Briefe an Bellarmin.

610: (lat.) »Nicht eingeschränkt werden vom Größten, umschlossen werden vom Kleinsten, ist göttlich.« Vgl. die Erläuterung zu 489,22.

611,4 fabula docet: (lat.) »die Fabel lehrt«, d.h. die Moral der Geschichte.

613,9 Jahrtausend: im Sinne von »vor langer Zeit«, Korinth stand im 8. Jahrhundert n. Chr. unter slawischer Herrschaft.

614,13 Pfenning: mundartliche Form.

614,21 sterbliche Gedanken: vgl. ›Andenken‹ v. 31 f. und zweiter Entwurf zum ›Empedokles‹, Variante zu v. 428.

617, 32–36: Das Ärgernis besteht wohl weniger darin, daß Hyperion vom Kinderglauben des Apostolischen Bekenntnisses abgefallen ist, auf das Zeile 30 anspielt (Ich glaube an Gott den Vater allmächtigen Schöpfer Himmels und der Erden ...), was erst in den folgenden Äußerungen deutlich wird, als darin, daß der Welt unterstellt wird, sie spüre kein Bedürfnis nach einem Geist außerhalb ihrer. Deshalb hält es Hölderlin trotz seiner einleitenden rhetorischen Negation für nötig, daran zu erinnern, daß es sich dabei um Erscheinungen im Gemüt einer Romanfigur handelt. Ein ähnlicher Gebrauch des Wortes ›dürftig‹ findet sich auch in v. 122 der ersten Fassung von ›Brod und Wein‹: »... und wozu Dichter in dürftiger Zeit.«

620,26 Lorbeerrosen: in der Übersetzung des Buches von Chandler für Oleander.

621,2 Lacerte: Eidechse.

621,25 Titan: hier der Titan Hyperion.

622,20 Irrstern: alte Übersetzung für ›Planet‹ (von πλανήτης, umherirrend), da die Bahnen der Planeten von der Erde aus gesehen sehr unregelmäßig erscheinen; ›über des Irrsterns Gränzen hinaus‹ zu stürmen, meint also die begrenzte, weil geschlossene Bahn des Planeten Erde zu verlassen und in den Raum jenseits des Sonnensystems zu streben, vgl. aber ›Chiron‹ v. 45.

623,21 Titan: hier Typhon, eigentlich ein Gigant, von Zeus am Ätna getötet, vgl. Hesiod, Theogonie 820–868

625,30 Iliade: die Ilias; vor der schriftlichen Fixierung wurden die Gesänge des Homer durch Vorträger (Rhapsoden) überliefert.

626,3 Flügel: vgl. die zweite Strophe von ›Patmos‹.

626,8 Ladanstrauch: Ladanum ist ein wohlriechendes Harz.

628,19 Jahrhundert: Übersetzung von lat. ›saeculum‹, im Sinne von »jetzige Welt«.

628,21 mein Geschlecht: im Sinne von »die Menschheit«.

628,37 dich: Diotima.

631,5 giengen uns vorüber: älterer transitiver Sprachgebrauch.

631,12 Khan: (türk.) Herberge, oft mit einem Innenhof versehen, in dem sich ein Brunnen befindet.

633,3 Altern und Verjüngen: der Mythos von den gegenläufigen Zeitaltern des Zeus und des Kronos; in denen des Kronos werden die Menschen alt geboren und werden immer jünger, vgl. Platon, Politikos 268e–274e.

636,26 vorig Gespräch: s. 633,7–634,34.

637,24 Kerker: der Körper als Gefängnis der Seele, s. auch 748,17. Vgl. Platon, Phaidon 62b.

637,31 das in die Seele gieng, wie ein Schwerd: vgl. Lukas 2,35.

639,1 als: im Sinne von ›als daß‹.

640,24 läßt ihnen gar gut: »gefällt ihnen«, der intransitive Gebrauch des Verbs war bis ins 19. Jahrhundert üblich.

641,18 Akropolis: (gr.) Oberstadt, Burg.

643,28 Plane: Pläne, diese Pluralform ist im 18. Jahrhundert die einzige.

645,30 kolossalische Phantome: riesenhafte Trugbilder.

645,2 gemalte Traube: Nach einer Anekdote soll der Maler Zeuxis (Ende des 5. Jahrhunderts v. Chr.) eine Traube so naturalistisch gemalt haben, daß ein Vogel danach schnappte, vgl. Plinius, Naturgeschichte 35,66.

646,14 Ehle: (mundartl.) Elle.

647,26 Zukunft: hier im wörtlichen Sinne von »auf jemanden zukommen«.

649,21 Heerling: nachgewachsene Traube, die nicht mehr zum Reifen kommt, vgl. Luthers Übersetzung von Jesaja 5,2.

650,20 Titan: Hyperion spricht sich damit ironisch selbst an.

652,7 Mastix: immergrünes Strauchgewächs aus dem Mittelmeerraum.

652,13 f. Streit und Einklang mit verborgener Ordnung: Anspielung auf Gedanken Heraklits, vgl. Diels/Kranz B 8, 51 und 54.

653,7 Jupiters Adler: s. Pindars ›Pythische Ode‹ I. v. 1–12 in Hölderlins Übersetzung.

655,28 Palladium: dem Mythos nach von Zeus aus dem Himmel fallengelassenes kleines Standbild der (Pallas) Athene, das zunächst der Stadt Troja Schutz bedeutete, vgl. Vergil, Aeneis 2,162–194.

659,2 Hälfte des Sonnengottes: möglicherweise Anspielung auf den von Aristophanes vorgetragenen Mythos über die Liebenden, die in der Vorzeit einen gemeinsamen Körper hatten, der nunmehr getrennt, wieder zusammenstrebe, vgl. Platon, Symposion 189c–193d. Allerdings bezieht sich dieser Mythos ausdrücklich auf die Menschen und nicht auf die Götter.

661,26 Beere: alte Pluralform.

663,15 Hefe: Bei der Weinherstellung stirbt die Hefe durch den steigenden Alkoholgehalt während des von ihr ausgelösten Gährungsprozesses und sinkt zum Boden des Fasses.

664,5 f.: Die Zwillinge Romulus und Remus, mythische Gründer Roms, wurden nach ihrer Geburt ausgesetzt und von einer Wölfin aufgezogen, heute noch ist die Wölfin im Stadtwappen Roms.

665,21 Schwestern des Schiksaals: die Parzen.

675,2 Sirius: (Hundstern) der hellste Fixstern am Himmel im Sternbild des großen Hundes, nach ihm sind die Hundstage benannt, für Hölderlin wohl Symbol des Sommers.

675,3 Arctur: sehr heller Fixstern im Sternbild des Bootes, für Hölderlin wohl Symbol des Winters, vgl. ›Oedipus der Tyrann‹ v. 1158.

684,13 Gothen: hier allgemein die Völker des Nordens.

685,10 Irisbogen: Regenbogen.

685,22 f. εν διαφερον εαυτῳ: (hen diapheron heauto, gr.) »das Eine in sich selber unterscheidende«; Hölderlins Übersetzung gibt jedoch den richtigen Wortlaut (διαφερομενον) wieder. Vgl. Platon, Symposion 187a und Diels/Kranz B 51.

689,29 das alte Thor: das sogenannte Hadrianstor. Unter dem römischen Kaiser Hadrian, 76–138 n. Chr., aufgestellt, um die nach ihm benannte Hadriansstadt von der des Theseus zu trennen.

690,12 zwei brittische Gelehrte: wahrscheinlich eine Hommage an James Stuart und Nicolas Revett, Herausgeber eines Bildwerkes über das antike Athen; vgl. auch den Aufsatz von Jochen Briegleb in: Praestant interna. Festschrift für Ulrich Hausmann. Hg. Bettina von Freytag gen. Löringhoff, Tübingen 1982, S. 418–425 und Tafel 88,1.

696,1f. μη φυναι ...: »Nicht geboren zu sein übertrifft alles, wenn aber schon erschienen, schnellstens dorthin zu gehen, woher einer auch immer gekommen sein mag, ist das zweitbeste.« Sophokles, Ödipus auf Kolonos v. 1224–1227. Dies soll auch die Antwort des Silen an den sagenhaften König Midas gewesen sein, der ihn im Garten der 6oblättrigen Rosen gefangen hatte, um ihn nach dem Höchsten des Lebens zu fragen; vgl Cicero, Gespräche in Tusculum 1,144 und Herodot 8,138.

698,10 Pforte: Mit dem Begriff ›Hohe Pforte‹ wird die Regierung des Osmanischen Reiches bezeichnet, unter dessen Herrschaft Griechenland seit dem 15. Jahrhundert stand. Die Stadttore und insbesondere das Tor des Fürstenpalastes waren schon in den altorientalischen Reichen Ort der Versammlung und Gerichtsbarkeit.

711,11 Posse: komisches Bildwerk, bei Hölderlin auch maskulin, s. I 593,18.

713,26 Nerve: im Sinne von »gespannter Kraft«, im 18. Jahrhundert noch feminin.

722,19 es – 22 fühlen: Eine Vorstufe dieser Stelle wird leicht abgewandelt im Brief an den Bruder vom 4. Juli 1798 zitiert (s. II 695).

728,26 Zeitigung: zur Reife bringen.

740,16 sonderbar: besonders.

741,37 Inseln des Lichts: Sterne, vgl. ›Patmos‹ (s. III 279).

743,15–18 Händen: Eine Vorstufe dieser Stelle wird leicht abgewandelt im Brief an den Bruder vom 4. Juli 1798 zitiert (s. II 695).

744,24 Taube: Anspielung auf die von Noah vor Ende der Sintflut ausgesendete erste Taube, die noch keine trockene Stelle fand, »da ihr Fuß ruhen konnt«, vgl. 1 Moses 8,8 f.

744,28–745,18 ›Hyperions Schiksaalslied‹: Vorstufe in H287

⟨a⟩ Sorgenfreie
    Habt ihr
⟨b⟩ Mühelose
    Wandelt ewig freigegeben
    Frei in stiller Selbstgewalt
    Unter euch ein

748,22 große Römerin: Porcia.

751,9 Feigenwurzel: mundartlich verderbt für ›Veilchenwurzel‹. Die wegen ihres Geruchs so benannte Wurzel der Schwertlilie gibt man zahnenden Kindern zu kauen.

752,10 Unbegrabnen: bei der Begegnung des Odysseus mit den Toten, tritt ihm zuerst Elpinor entgegen, den er unbegraben bei Kirke zurückgelassen hatte, vgl. Homer, Odyssee 11,51-54.

752,19 schöne Gottheit: Aphrodite

753,8 der große Sicilianer: Empedokles.

753,12 Spötter: wahrscheinlich Horaz, in dessen ›ars poetica‹ es v. 464-466 heißt: »Da als unsterblicher Gott Empedokles gelten wollte, sprang der kalte in den glühenden Ätna«.

754,20 So kam ich unter die Deutschen: zur folgenden ›Scheltrede‹ vgl. Brief an Ebel vom 10. Januar 1797.

754,34-755,1: Vgl. Rousseau: »Wir haben Physiker, Geometer, Chemiker, Astronomen, Poeten, Musiker, Maler: wir haben keine Staatsbürger mehr.« (Rousseau: Abhandlung über die Wissenschaft und Künste, zweite Hälfte des Zweiten Teils)

756,32 Landläufer: Landstreicher, vgl. Homer, Odyssee 20,377 und 400.

760,21 wer reißt den: wer zerreißt den.

760,33 So dacht' ich. Nächstens mehr: vgl. auch I 651,5. Die Schlußformel verleitete dazu, eine Fortsetzung zu vermuten, vgl. Brief von Emerich vom 4. März 1800 (II 859).

Späte Hyperion-Fragmente: s. Dichtungen nach 1806, I 910ff.

Zur zweiten Auflage des ›Hyperion‹ und Hölderlins später Beschäftigung mit seinem Roman vgl. die Dokumente III 652f., 657, 660f., 667f.

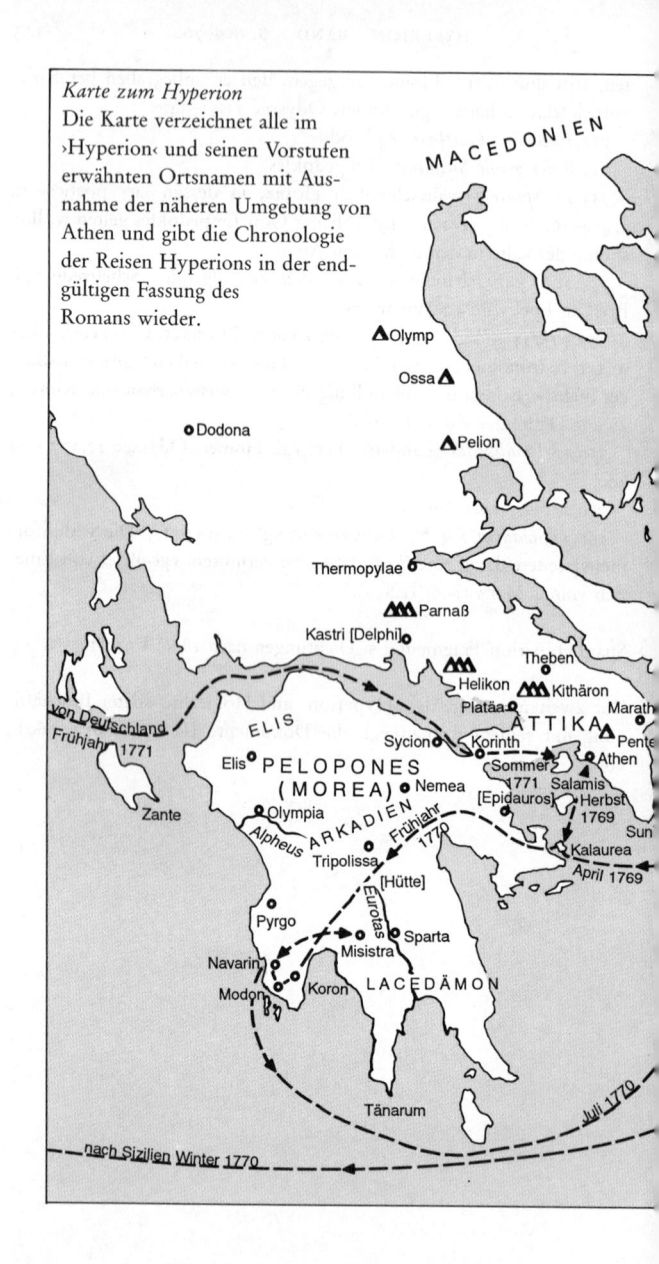

Karte zum Hyperion
Die Karte verzeichnet alle im
›Hyperion‹ und seinen Vorstufen
erwähnten Ortsnamen mit Ausnahme der näheren Umgebung von
Athen und gibt die Chronologie
der Reisen Hyperions in der endgültigen Fassung des
Romans wieder.

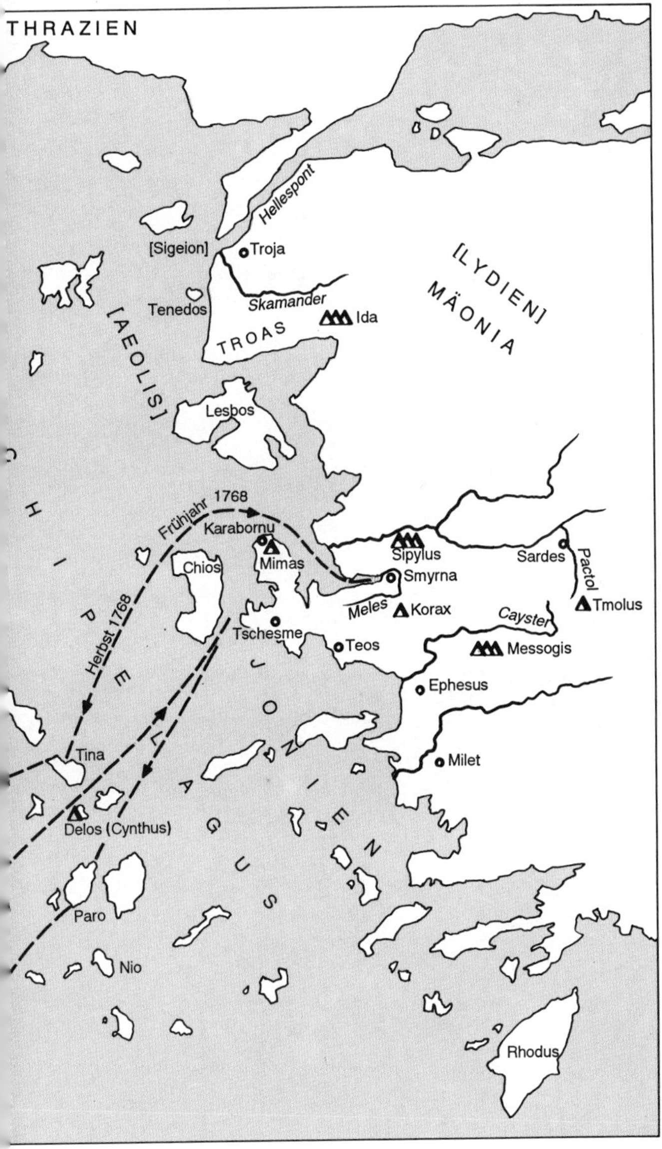

THRAZIEN
Hellespont
[Sigeion]
Troja
Tenedos
Skamander
Ida
TROAS
[LYDIEN]
MÄONIA
[AEOLIS]
Lesbos
Frühjahr 1768
Karabornu
Mimas
Chios
Herbst 1768
Sipylus
Sardes
Pactol
Smyrna
Meles
Korax
Cayster
Tmolus
Tschesme
Teos
Messogis
Ephesus
Milet
ARCHIPELAGUS
JONIEN
Tina
Delos (Cynthus)
Paro
Nio
Rhodus

EMPEDOKLES

Bereits lange vor Abschluß der Arbeiten am ›Hyperion‹ schreibt Hölderlin an Neuffer: »Ich freue mich übrigens doch auf den Tag, wo ich mit dem Ganzen im Reinen sein werde, weil ich dann unverzüglich einen andern Plan, der mir beinahe noch mer am Herzen liegt, den Tod des Sokrates, nach den Idealen der griechischen Dramen zu bearbeiten versuchen werde.« (Brief vom 10. Oktober 1794, II 550) Pläne oder gar Entwürfe dieses Dramas sind nicht überliefert. Erst im Sommer 1797 wird der ›Frankfurter Plan‹ zum ›Empedokles‹ verfaßt. Danach sollte es aber noch mehr als ein Jahr dauern, bis Hölderlin den ›Hyperion‹, an dessen Schluß bereits auf den »großen Sizilianer« angespielt wird, abschließen und an den ersten Entwurf des Trauerspiels gehen konnte. Bis Anfang 1800 beide Projekte aufgegeben werden, arbeitet er an den drei Entwürfen zum ›Empedokles‹ parallel zu dem Versuch, ein Journal herauszugeben.

Quellen
Als Hauptquelle für das Material zu seinem Trauerspiel diente Hölderlin das folgende Werk:
Λαερτίου Διογένους φιλοσόφων βίων καὶ δογμάτων συναγωγῆς (Diogenes Laertius, Leben und Meinungen berühmter Philosophen), in dessen achtem Buch das zweite Kapitel (8, 51–77) dem Empedokles gewidmet ist. Hölderlin benutzte wahrscheinlich die griechisch-lateinische Ausgabe von Stephanus (1570). Die spärlichen und einander oft widersprechenden Nachrichten, die er von Leben und Lehre des Empedokles aus dem Diogenes Laertius erhalten konnte, hat Hölderlin sehr frei verwendet. So ist z. B. die historisch unmögliche Begegnung mit Plato eine Zutat Hölderlins. Auch von einem Aufenthalt in Ägypten, auf den der dritte Entwurf anspielt, findet sich bei Diogenes nichts. Von der Lehre des Empedokles konnte er bei Diogenes nicht mehr erfahren, als den Übergang der vier Elemente Feuer, Wasser, Erde und Luft ineinander durch die Kraft der Liebe (φιλότης) und des Streits (νεῖκος).

Das macht wahrscheinlich, daß Hölderlin noch andere Quellen nutzte. Als solche konnten ihm, neben verstreuten Angaben bei den Schriftstellern des Altertums (z. B. Horaz, ars poetica 463–465 oder Lukrez, de rerum natura 712–829) G. C. Hambergers *Zuverlässige Nach-*

richten... (vgl. III 371) dienen, insbesondere über Empedokles' Verhältnis zu Ägypten. Man darf auch annehmen, daß er sowohl die Fragmenten-Sammlung *Poesis philosophica, vel reliquia poeσεως philosophiae Empedoclis, Parmenidis, Xenophanis* etc. von Henricus Stephanus (Paris 1573), als auch das berühmte *Systema intellectuale* von R. Cudworth kannte, das oft als Quellensammlung für die vorplatonische Philosophie genutzt wurde und in einer Übersetzung von J. L. Mosheim (2. Auflage, Leyden 1773) vorlag. Sehr wahrscheinlich ist auch, daß Hölderlin – wie schon beim Hyperion – Reisebeschreibungen über Sizilien verwendet hat.

Zeugnisse

Im folgenden sind die Briefstellen aufgeführt, die auf die Arbeit an den Entwürfen zum ›Empedokles‹ Bezug haben (s. auch die Zeugnisse zu den Journal-Aufsätzen).

An Neuffer, 10. Oktober 1794	II 550
An den Bruder, August 1797	II 661
Von dem Bruder, 1. Januar 1798	II 676
An den Bruder, Februar 1798	II 680f.
An Neuffer, 12. November 1798	II 710ff.
An die Mutter, 28. November 1798	II 713f.
An den Bruder, 28. November 1798	II 716
An die Mutter, 11. Dezember 1798	II 719
An Sinclair, 24. Dezember 1798	II 722
An den Bruder, 1. Januar 1799	II 725f.
An die Mutter, Januar 1799	II 737
Von Sinclair, 8. Februar 1799	II 740
An die Mutter, März–April 1799	II 759ff.
An Neuffer, 4. Juni 1799	II 764
An den Bruder, 4. Juni 1799	II 771f.
An Steinkopf, 18. Juni 1799	II 778
An Neuffer, 3. Juli 1799	II 781f.
An Neuffer, zweite Hälfte Juli 1799	II 801
An die Mutter, 4. September 1799	II 809
An Schiller, erste Hälfte September 1799	II 819
An Susette Gontard, zweite Hälfte September 1799	II 825
Von Böhlendorff, 24. Oktober 1799	II 829

Dokumente

Hölderlin hat aus seinen Dramenentwürfen nichts selbst veröffentlicht. Ob es neben dem ›Empedokles‹ noch einen Entwurf zu einer Tragödie ›Agis‹ gegeben hat, läßt sich nicht mehr ermitteln. Sinclair fragt Hölderlin nach letzterer im Brief vom 8. Februar 1799, es kann sich dabei aber ebenso um eine Chiffre für den ›Empedokles‹ gehandelt haben. Die Bemerkung im Brief von Elsässer an Hölderlin vom 26. Juni 1801 (II 908) bezieht sich wohl auf die Agis-Biographie des Plutarch. Allerdings schreibt Conz am 9. April 1821 an Kerner, der an den Bemühungen um eine Sammlung von Hölderlins Handschriften zur Vorbereitung einer Gedichtausgabe beteiligt ist, daß er aus Papieren, die er von Mutter und Schwester Hölderlins erhalten hatte, eine Auswahl an Mahlmann, den Herausgeber der *Zeitung für die elegante Welt*, gesandt habe, wovon jedoch damals (im Jahre 1809) nichts veröffentlicht wurde und fährt fort: »was ich von Msc. noch hatte oder mit Mühe zurükerhielt (ein Fragment einer Tragödie Agis erhielt ich gar nicht mehr – Schade dafür!) sendete ich plözlich, auf eine ungelegene Weise kompromittirt, der Familie nach ihren Wünschen zurük.« Die weitere Suche nach diesem Fragment blieb erfolglos. Auch die Suche nach den Empedokles-Entwürfen gestaltete sich schwierig; Leutnant Diest, der Initiator der genannten Sammlung schreibt am 4. März 1822 an Gock, der ebenfalls keine Entwürfe besaß: »Wegen Empedokles habe ich mit Profess: Haegel einem alten vieljährigen Freunde H: gesprochen, und er sagte mir, daß H: zwar mehrere Jahre lang oft mit ihm über den Plan dieses Trauerspiels gesprochen, daß er aber durchaus nichts Schriftliches darüber besitze und auch nicht aufzufinden wisse.« 1826 erscheint dennoch in der Uhland/Schwabschen Ausgabe der Gedichte Hölderlins auch ein Fragment von ›Empedokles‹, zusammengestellt aus der Reinschrift des zweiten Entwurfs, dem Zitat aus dem Brief an den Bruder vom 4. Juni 1799 und dem Entwurf aus dem *Stuttgarter Foliobuch* (H6, S. 118ff.). Achim von Arnim schreibt zu diesem Fragment in ›Ausflüge mit Hölderlin‹ (*Berliner Conversations-Blatt für Poesie, Literatur und Kritik*, 12.–16. Februar 1828) nach einer Inhaltsangabe und einigen Zitaten: »Wir sehen, daß alles angedeutet ist, aber doch gehörte ein großes Talent, das sich nicht mit Prämien heraufbeschwören läßt, zur Vollendung des Werkes, welch ein Glück, wenn es sich fände.«

KOMMENTAR: EMPEDOKLES

Editorische Notiz

Die Texte der drei Entwürfe zum ›Empedokles‹ sind mit Ausnahme der Reinschrift der ersten 145 Verse des zweiten Entwurfs nur in zumeist von Korrekturen und Änderungen überwucherten Handschriften überliefert. Aus diesen nicht immer mit Bestimmtheit zu deutenden, zum Teil auch unausgeformten Textquellen muß daher mit Hilfe editorischer Eingriffe ein Lesetext erst hergestellt werden. Der Text der vorliegenden Ausgabe weicht an vielen Stellen von dem der beiden neueren historisch-kritischen Ausgaben ab. Um dem Leser einen Überblick über die alternativen Lesarten dieser Ausgaben zu ermöglichen, werden Varianten, die dort in den Text der Dramenentwürfe integriert wurden, im Apparat verzeichnet und mit der Sigle StA bzw. FHA, sowie der entsprechenden Versnummer *dieser* beiden Ausgaben versehen. Wo Textübereinstimmung mit einer der beiden genannten Ausgaben vorliegt, wird die Textkonstitution nicht begründet; nur in solchen Fällen, wo ein neuer Text konstituiert werden mußte, wird die handschriftliche Situation genauer beschrieben (s. die Varianten zum ersten Entwurf v. 19, 116–119, 339, 499, 540, 744–746, 1717–1719, 1884–1888 und 1891, sowie zum dritten Entwurf v. 138–144).

Szenenkonkordanz der drei Entwürfe

1.: I/1 I/2 I/3 I/4 I/5–8 II1,2 II/3 II/4 II/5 II/6 II/7 II/8
2.:   I/1 I/2 I/3   II/7 II/8
3.:   I/2   I/2 I/1

⟨Frankfurter Plan⟩
(S. 763)

Text H57

763,25–764,4: später eingefügt. Die Numerierung der folgenden Auftritte wird von Hölderlin nicht geändert.

765,9–11: urspr. fünfter Auftritt des ersten Aktes; am Rand:
Fünfter Auftritt des ersten Acts besser erster Auftritt des zweiten Acts. (Auch hier wurde die Numerierung editorisch der Änderung angepaßt.)

Noch während der Arbeit am zweiten Band des ›Hyperion‹ greift Hölderlin sein Vorhaben, ein Trauerspiel zu schreiben, wieder auf. Im August 1797 schreibt er an den Bruder: »Ich habe den ganz detaillirten Plan zu einem Trauerspiele gemacht, dessen Stoff mich hinreißt.« Dabei handelt es sich aller Wahrscheinlichkeit nach um den vorliegenden Text, der nicht mehr den »Tod des Sokrates« zum Gegenstand hat, wie Hölderlin am 10. Oktober 1794 an Neuffer geschrieben hatte, sondern eine noch nicht literarisch bearbeitete Figur: Empedokles. Sowohl der große Handlungsbogen, als auch die episodenhaften Szenen, wie die mit Empedokles' Familie, werden mit dem ersten Entwurf aufgegeben.

763,15 Gesez der Succession: Gesetz des bloßen Nacheinander anstelle der umfassenden Sicht, die Empedokles anstrebt.

764,2 Proselytenmacherei: aufdringliche Werbung für einen Glauben oder eine Anschauung.

⟨Erster Entwurf⟩
(S. 767)

Text H47, ohne Titel

Personenverzeichnis – Erster Act: fehlt; editorisch ergänzt. Eine Zählung der Auftritte findet sich in der Handschrift nur für den zweiten und dritten Auftritt des zweiten Aktes.

I/1 *Panthea. Delia.*: fehlt. Über der ersten Rede, aufgegeben: Zwei Priesterinnen der Vesta.

vor v. 5 *Delia*: bis v. 161 ›Rhea‹, dort durch drei Striche (für einen dreisilbigen Namen) ersetzt. Der Name Delia wird erst ab der neunten Szene verwendet.

v. 19 *Das all mag wahr seyn!*: Durch zwei Linien hinter v. 16 gestellt; so in StA und FHA. Möglicherweise ist v. 17–19 *Tag* dadurch aufgegeben.

v. 39 *Das ahnte mir*: danach aufgegebene Ansätze zur Fortsetzung der Rede
 ⟨a⟩ und lange must ich weinen
 ⟨b⟩ – o nein! o nein! er stirbt nicht!
 ⟨c⟩ ach! nein! er kann nicht sterben
 ⟨d⟩ o nein! ihr guten Götter.

v. 62 aus:
 O Panthea! du nimmst die Sinne dir und mir!

KOMMENTAR: EMPEDOKLES

v. 112–115 aus: (in StA als v. 114–117)
> Sophokles! dem von allen Sterblichen
> Zuerst der Jungfraun herrlichste Natur
> Erschien und sich zu reinem Angedenken
> In seine Seele gab –

v. 116 *sinnet:* danach unausgeformter Neuansatz
> welche von den Jungfraun
> Der Stadt die zärtlichernste Heroide sei
> Die seiner Seele vorgeschwebt, die er
> Antigonä genannt

Alternative Textkonstitutionen in StA als v. 122–124:
> Und frägt und sinnt, welche von den Jungfraun
> Der Stadt die zärtlichernste Heroide sei,
> Die er Antigone genannt; und helle wirds

und in FHA als v. 118–121:
> Und frägt und sinnt, welche von den Jungfrauen
> Der Stadt die zärtlichernste Heroide sei,
> Die seiner Seele vorgeschwebt, die er
> Antigonä genannt; doch helle wirds

v. 134 aus:
> Und will der Waffenträger mit dem Helden
> Durch Eine Schiksaalsflamme gehn, so muß
> Der eine, wie der andere, dazu
> Berufen seyn, – was diesem Manne widerfährt,

v. 148 aus:
> Vieleicht heraus, um diese Stunde geht
> Der ewigjugendliche gern im Haine,
> Wenn einen Augenblik der frische Tag
> Ihm gleicht – hättest dann im Weggehn ihn

v. 151 f. aus:
> Als könnten es die Götter nicht ertragen,
> Wenn unsre Hofnung schneller ist wie sie,

vor v. 164 *Kritias:* in der Handschrift lautet die Sprecherangabe bis vor v. 195 ›Archon‹.

v. 165 *Delia:* Reh. (Verschreibung für ›Rhea‹) durch drei Striche, die einen dreisilbigen Namen andeuten, getilgt.

v. 309–312 aus:
> Ich habe mich erkannt; ich will es! will es weit
> Wie euer Himmel ist mir machen, Luft
> Will ich mir schaffen, ha! und tagen solls!
> Hinweg! der stille Garten taugt dir nicht!

Bei meinem Stolz! ich werde nicht den Staub
Der Pfade küssen, wo ich einst
In einem schönen Traume gieng – das wars?
Gutmütiger? Und Abschied muß ich nehmen,
Von euch, ihr jugendlichen Tage muß
Ich Abschied nehmen ohne Wiederkehr?
Ich war geliebt, geliebt von allen Göttern –

v. 312 *danach aufgegeben:* (in StA als v. 323–332)

Ich erfuhr euch, ich kant euch, ich wirkte mit euch wie ihr
Die Seele mir bewegt, so kannt ich euch
So lebtet ihr in mir – o nein! es war
Kein Traum, an diesem Herzen fühlt' ich dich
Du stiller Aether! wenn der Sterblichen Irrsaal
Mir an die Seele gieng und heilend du
Die liebeswunde Brust umathmetest
Du Allversöhner! und dieses Auge sah
Dein göttlich Wirken, allentfaltend Licht!
Und euch, ihr andern Ewigmächtigen –

v. 327 *danach gestrichen:*

                    o Götter!
Hätt ich nur meinen Nahmen nie genannt
Und wär ich lieber, wie ein Kind geblieben.

v. 339 *izt:* ersatzlos gestrichen (Alternative Textkonstitution in StA
    v. 360: »da ich von ferne« und in FHA v. 343: »da ich von ferne izt«)

v. 448 *danach aufgegeben:* (in StA als v. 471–474)

Jungfräuliche, die dem rohen Sinn entflieht!
Verachtet hab' ich dich und mich allein
Zum Herrn gesezt, ein übermüthiger
Barbar! an eurer Einfalt hielt ich euch,

v. 449–451 *aus:* (in StA als v. 477–481)

Und weil ihr immergleich mir wiederkehrtet
Ihr Guten, ehrt' ich eure Seele nicht!
Ich kannt' es ja, ich hatt' es ausgelernt,
Das Leben der Natur, wie sollt' es mir
Noch heilig seyn, wie einst! Die Götter waren

v. 455 *aus:*

Geboren! Heiliges zu schmähn, verstehst
Du das? Nun geh und tröste nimmer. –
Was ists? was siehest du?

v. 485 f. *Noch ... aus:*

                    Du strebst umsonst

Dem Urtheil zu entfliehen, das der Priester dir,
Verkünden muß, und was du bist und thust,
Gehört vor ihn und vor des Volkes Auge.

v. 496 danach aufgegeben: (in StA als v. 527–529)
   Das unbestechbar innigliebend hieng
   An Sonn und Aether und den Boten allen
   Der großen ferngeahndeten Natur.

v. 499 danach aufgegeben: (in FHA als v. 500 und in StA als v. 533)
   Und daß ichs treiben sollte, so wie ihr,

v. 513 aus:
   Ihn selber fragen, wer er sei? Denn zweifelnd
   Ist euer Sinn, ob er den Göttern gleich
   Zu achten wäre oder gleich den Sterblichen?
   Und als er lange nicht vor euch erschien,
   Da sagtet ihr,

v. 540 konstituiert aus:
   Ihr dürft es? sinnlosgrausam macht ihr euch
                   und ihr seid so sinnenlos grob
   Kent ihr ihn nicht mehr? p.p.

Alternative Textkonstitution in StA v. 574: »und ihr seid so sinnengrob,« und FHA v. 539 f.: »Kennt ihr ihn nicht mehr? / Seid ihr so grob und sinnenlos«

vor v. 619 2.: fehlt

v. 627,628: Unausgeformter Entwurf zwischen den Versen:
   Italias   an den Ufern

FHA konstituiert folgenden Text als v. 627 f.:
   Im Griechenlande drüben, an den Ufern
   Italias, da grünen Hügel auch, und Schatten gönnt

v. 637 f. aus:
   Und auch die Grabesflamme werd ich wohl
   Dir einst bereiten, daß zu deinen Göttern,
   Du Frommer! ihre Fittige dich tragen.

vor v. 684 *2. Agrigentiner* aus: Kritias.

vor v. 686 *Kritias*: Archon.

v. 695 ff. aus:
   Heilloser! weh! du wankest und es kreucht
   Dein Pöbel hinter dich

v. 712 aus: (in StA als v. 750–762)
   Sterbt langsamen Tods, und euch geleitet
   Des Priesters Rabengesang! und weil sich Wölfe
   Versammeln, da wo Leichname sind, so finde sich

Dann einer auch für euch; der sättige
Von eurem Blute sich, der reinige
Sicilien von euch; es stehe dürr
Das Land, wo sonst die Purpurtraube gern
Dem bessern Volke wuchs und goldne Frucht
Im dunkeln Hain, und edles Korn, und fragen
Wird einst der Fremde, wenn er auf den Schutt
Von euern Tempeln tritt, ob da die Stadt
Gestanden? gehet nun! Ihr findet mich
In einer Stunde nimmer. –

Die Gegenrede des Empedokles wird durch eine spätere Notiz am Rand (s. Fußnote im Text) verworfen. Im selben Zuge werden alle auf den Fluch und Empedokles' Emotionalität bezüglichen Verse aufgegeben (siehe Varianten zu v. 313, 802, 1186, 1200, 1205, 1285).

v. 738–740 aus:

    Kritias.
Ich will dich gerne hören; sag es nur
    Empedokles.
O Vater, ehre deine Panthea!
Und denke, was du hast,

v. 744 *Denkest du* – 746 *bestehen* aus:

    ⟨Kritias⟩

            Denk' an dich
Und sorge nicht für anders!
    ⟨Empedokles⟩

            Kennest du
O Mann Sie nicht Und ist dirs unbewußt, wie viel
Es besser ist, daß eine Stadt voll Thoren
Versinkt, denn Ein Vortrefliches.
    Krit.

           Was kann
Ihr fehlen?

Alternative Textkonstitutionen in StA als v. 793–798:

Es dir um deiner Tochter willen.
    Kritias.

           Denk' an dich
Und sorge nicht für anders!
    Empedokles.

           Kennest du
Sie nicht? Und ist dirs unbewußt, wie viel
Es besser ist, daß eine Stadt voll Thoren

>   Versinkt, denn Ein Vortrefliches?
>   Kritias.
>   Was kann
> Ihr fehlen?
>   Empedokles.
>   Kennest du sie nicht?
> und in FHA als v. 744–750:
> >   Es dir um deiner Tochter willen.
> >   Kritias.
> >   Denk' an dich
> >   O Mann und sorge nicht für anders!
> >   Empedokles.
> >   Kennest du
> >   Sie nicht? Und ist dirs unbewußt, wie viel
> >   Es besser ist, daß eine Stadt voll Thoren
> >   Versinkt, denn Ein Vortrefliches?
> >   Kritias.
> >   Denkst du,
> >   Weil du nicht im Lande, so könne Gutes
> >   Nicht darin bestehen?
> >   Empedokles.
> >   Kennest du sie nicht?

v. 755 aus: (in StA als v. 807–809)
>   Barbaren an das Herz zu nehmen, glaub'
>   Es mir! Es reden wahr die Scheidenden
>   Und wundere des Raths dich nicht!

v. 802–804 aus: (in StA als v. 860–870)
>   Wie oft, wie oft hat dichs gemahnt! Da wär'
>   Es schön gewesen. Aber nun ists noth!
>   O stille! gute Götter! immer eilt
>   Den Sterblichen das ungedultge Wort
>   Voraus und läßt die Stunde des Gelingens
>   Nicht unbetastet reifen. Manches ist
>   Vorbei; und leichter wird es schon. Es hängt
>   An allem vest der alte Thor! und da
>   Er einst gedankenlos, ein stiller Knab'
>   Auf seiner grünen Erde spielte, war
>   Er freier denn er ist; o scheiden! – selbst

I/8 *Empedokles*: fehlt

v. 807: Die metrischen Zeichen stehen für den Namen des Sklaven.

v. 875 aus: (in StA als v. 941–946)

Wohin denn! o ihr Pfade der Sterblichen? viel
Sind euer, wo ist der meine der kürzeste? wo?
Der schnellste denn zu zögern ist Schmach.
Ha! meine Götter! im Stadium lenkt ich den Wagen
Einst unbekümmert auf rauchendem Rad; so will
Ich bald zu euch zurük, ist gleich die Eile gefährlich.
v. 876: beginnt ohne Versanschluß auf der Zeilenmitte.
v. 879 danach gestrichen:
  Und ist er fort, so findet sich noch wohl
  Der Seinen einer, der uns sagen kann
  Wie ers ertragen, was ihm wiederfuhr
  Und wie er noch gewesen, da er schied.
v. 881: Für ›Delia‹ später versuchsweise ›Korion‹, aufgegeben.
v. 885–887 aus:
            Delia.
O Panthea!
(Delia gehet hinein.)
            Panthea.
            Mir bangt vor ihm? wie konnt
Ich sonst mich stillen? sonst! da halfst du noch
Allheilender Gesang! Doch nun ists nicht
Die Zeit –
vor v. 906 *Delia* aus: *Panthea.*
v. 914 f. aus: (in StA als v. 987–992)
  Ist Einer doch! Ich lebte gern mit ihm
  In meinem Sinn, und wußte seine Stunden.
  Vertraulicher gesellte dann zu ihm
  Sich mein Gedank, und theilte mit dem Lieben
  Das kindliche Geschäfft - ach! grausam haben sie's
v. 935 danach aufgegeben: (in StA als v. 1017–1027)
            Ihr Blumen
Des Himmels! schöne Sterne, werdet ihr
Denn auch verblühn? und wird es Nacht alsdenn
In deiner Seele werden, Vater Aether!
Wenn deine Jünglinge, die Glänzenden
Erloschen sind vor dir? Ich weiß es nun, es muß,
Was göttlich ist, hinab. Zur Seherin
Bin ich geworden über seinem Fall,
Und wo mir noch ein schöner Genius
Begegnet, nenn' er Mensch sich oder Gott
Ich weiß die Stunde, die ihm nicht gefällt –

vor v. 961 *Delia* aus: Panthea.
vor v. 962 *Panthea* aus: Delia.
vor v. 977 *Delia*: fehlt
vor v. 977 *Panthea*: fehlt
II/1 *Gegend am Aetna* aus: Abhang des Aetna.
vor v. 1002 *Empedokles* aus: Pausanias.
II/2 *Die Vorigen*: fehlt
v. 1075 ff. *Wie* ... aus: Freilich, wenn wir erst / Zu Schiffe wären.
v. 1103 f. unterstrichen, am Rand wird notiert:
 (weitere Ausführung der Freude, die ihm sein unglüklicher
 Entschluß giebt.)
vor v. 1107 *Pausanias*: fehlt
v. 1107 ff. aus:
               Pausanias.
 Du redest freundlich aber gränzenlos
 Ist, was du mir nicht nennest.
               Empedokles.
                            Ahndest du?
 O nenn es auch nicht! aber leise wirst
 Du mich verstehn. Nicht jedes ist für jeden
 Du weist es wohl, doch zweifelt und erschrikt
 An keinem, was des Freundes ist, der Freund
 dazu an den Rändern:
 hier muß er die (in der Zeit) unversöhnlichste Empfindlich-
 keit über das geschehene äußern. Die dann auch an dieser
 Stelle um so natürlicher zum Vorschein kömt, weil er damit
 in seinem schwer erkauften Frieden überrascht wird.
v. 1135 danach aufgegeben: (in StA als v. 1221–1225)
 Hinweg! es sind die Schmerzen nicht, die lächelnd
 Die fromm genährt an traurigfroher Brust
 Wie Kinder liegen – Natterbisse sinds
 Und nicht der erste bin ich, dem die Götter
 Solch giftge Rächer auf das Herz gesandt
v. 1155–1160 aus:
 ⟨a⟩   Ists wirklich? und du freuest
 Der kräftgen Erd' und alles Lebens dich
 Wie sonst, und wähnest dich nicht mehr alleine,
 Und ungeliebt von denen, die du liebtest
 Den Göttern der Natur und wenig ists
 Vor deinem Sinn, was Menschen dir gethan?
 Dann seegn' ich dich, du klarer Quell, an dem

⟨b⟩ Ists möglich? geheilt
Ist dir der schwarze Sinn, und wähnest dich
Nicht mehr allein, und friedlich kehrt dein Herz
Wie sonst, ans Herz der heilgen Erde wieder
Und freundlich ahnend sieht dein Genius
Du lieber! und es geht der Menschen Thun
Vorüber wie die Wasserwooge dir,

v. 1165 f. alternative Textkonstitution in StA als v. 1255 f.:
Ist heiter doch der Geist und seiner Götter.
          Empedokles.
O Kind! – Pausanias hast du diß vergessen

v. 1186 danach aufgegeben: (in StA als v. 1276–1287)
Und würdigere Kräfte gab es nicht
Zum Streite gegen mich? o schröklich ists
Zu hadern mit Verächtlichen, und noch?
In dieser heilgen Stunde noch, wo schon
Zum Tone sich der allverzeihenden
Natur sich vorbereitend meine Seele stimmt!
Da fällt die Rotte mich noch einmal an,
Und mischt ihr wütend sinnenlos Geschrei
In meinen Schwanensang. Heran! es sei!
Ich will es euch verlaiden! schont' ich doch
Von je zu viel des schlechten Volks und nahm
An Kindesstatt der falschen Bettler gnug.

vor v. 1191 *Hermokrates* aus: Empedokles.

v. 1200 danach aufgegeben: (in StA als v. 1302–1308)
O thut die Augen auf, und seht, wie klein
Ihr seid, daß euch das Weh die närrische
Verruchte Zunge lähme; könnt ihr nicht
Erröthen? o ihr Armen! schaamlos läßt
Den schlechten Mann mitleidig die Natur,
Daß ihn der Größre nicht zu Tode schröke.
Wie könnt er sonst vor Größerem bestehn?

v. 1205 aus: (in StA als v. 1313–1322)
Wahrhaftig! großes Glük verkündet mir
Der fromme Friedensbote; Tag für Tag
Den schauerlichen Tanz mit anzusehn,
Wo ihr euch jagt und äfft, wo ruhelos
Und irr und bang, wie unbegrabne Schatten
Ihr umeinander rennt, ein ärmliches
Gemeng in eurer Noth, ihr Gottverlaßnen,

KOMMENTAR: EMPEDOKLES

> Und eure lächerlichen Bettlerkünste,
> Die nah zu haben, ist der Ehre werth.
> Ha! wüßt' ich bessers nicht, ich lebte lieber

v. 1237 danach aufgegeben: (in StA als v. 1355)
> Was wundert sich der allerfahrne Mann?

vor v. 1243 *Pausanias* aus: 1. Bürger.

v. 1245 *Silbenzeichen*: darüber gestrichen Gottverlaßnen.

v. 1267 aus: (in StA als v. 1385 f.)
> Den du erwählt. Ich kanns nicht hindern, sengt
> Es gleich das Blut in meinen Adern weg.

v. 1285 danach aufgegeben: (in StA als v. 1406–1409)
> Und jeder hatt' in seinem Hause Freude
> Und alles war genug. Was ludst du denn
> Den Fluch auf uns, den unvergeßlichen,
> Den er gesprochen, ach! er mußte wohl,

v. 1321–1324 aus:
> So groß geworden. Sieh uns wie wir sind
> Wie ein zerrüttet Haus; es achten uns
> Die Völker nicht, und bange sind wir selbst
> Wie es mit uns am Ende brechen mög'.

v. 1395 danach aufgegeben: (in StA als v. 1520 f.)
> Daheim in sich zu bleiben strebet nur
> Der Pflanze Leben und das frohe Thier.

v. 1421 ff. aus:
> Der Welt ergreift, wo keines einsam ist,
> Und ohne Liebe keins, wo um den Preis
> Der Schönen, muthgen Brüderhelden gleich
> In heitrem Zwist und wechselndem Gewinn
> Die ewgen schöpferischen Mächte ringen,
> Und euch wird, als kehrtet ihr
> Mit allen, die da sind, zu ihr zurük,
> Nach der geheim das Sterbliche sich sehnt,
> Zur alten Einen Wonne,

v. 1446–1498: Unausgeformter Entwurf, die Lücken im Text sind nicht geschlossen. FHA konstituiert Textanschlüsse in v. 1449/ 1451 und v. 1465/1466: »Die Schlafenden; und mit den Adlern trinkt«, sieht v. 1472–1474 als aufgegeben an und stellt v. 1478 »Dann glänzt mit mir des Lebens Stern hinab!«, v. 1489 und 1493 als Schluß der Rede hintereinander (vgl. FHA v. 1439–1469).

vor v. 1494 *Kritias*: Archon.

v. 1541 danach aufgegeben: (in StA als v. 1670–1672)

Es sammeln in der Tiefe sich Natur
Die Quellen deiner Höhn und deine Freuden
Sie kamen all' in meiner Brust zu ruhn
vor v. 1570 *1. Bürger* aus: Archon.
vor v. 1582 *Kritias*: Archon.
v. 1616 aus: (in StA als v. 1747f.)
   So lang ihr Othem habt; ich nicht. Es muß
   Bei Zeiten weg, durch wen der Geist geredet.
v. 1618 aus: (in StA als v. 1750f.)
   Sich göttlich oft durch Menschen, so erkennt
   Das vielversuchende Geschlecht sie wieder.
v. 1640 aus: (in StA als v. 1773f.)
   Den Licht und Erde liebten, dem der Geist
   Der Geist der Welt den eignen Geist erwekte.
v. 1641: danach bleibt eine dreiviertel Seite leer.
vor v. 1644 *Empedokles*: fehlt
v. 1655 danach aufgegeben: (in StA als v. 1790)
   Und o, Vergessenheit! Versöhnerin! –
v. 1658 danach aufgegeben: (in StA als v. 1794)
   Den Göttern der Natur ein Fest zu bringen
v. 1670 danach aufgegeben: (in StA als v. 1807)
   Und ihr gedenket meiner!
              Kritias.
                    Heiliger!
vor v. 1671 *Kritias*: Archon.
v. 1680 danach aufgegeben: (in StA als v. 1818f.)
   Ach! können wir denn sagen, daß du da
   Gewesen?
vor v. 1681 *Pausanias*: fehlt
v. 1710 dazu Randnotiz: Zu unvorbereitet!
v. 1717–1719: Konstituiert aus z.T. gestrichenem Text. StA fügt hier
   einen Rednerwechsel ein und gibt die Verse dem Pausanias (als
   v. 1856–1858). FHA konstituiert: »Mich gehen ließest,   Einmal schenkt« (als v. 1692).
v. 1739 danach aufgegeben: (in StA als v. 1879)
   Und du? was hülf es dir?
v. 1759 danach aufgegeben: (in StA als v. 1900f.)
   Frägst du, wohin? die Wonnen einer Welt
   Muß er durchwandern, und er endet nicht.
v. 1768 nach *Es nicht* aufgegeben: (in FHA als v. 1739–1742)
   Wie anders ists zu wachen wähnt' ich

Zu leben sonst und Schlummer war es nur.
Und groß an Kraft und Freude wähnte sich
Der Knabe. Fahre wohl! du Spiel! Hab' ich gelebt?
v. 1768 *Ha* – 1790 zunächst:
O Siegeswonne! –
  ⟨Raum für vier Verse⟩
o schlage Herz!
Und rege deine Wellen, freudig ist
Der Genius und leuchtet über dir,
Gleich Iris Bogen über rollenden
Gewässern, wenn die Woog in Silberwolken
Auffliegt, und sich das Licht im Dufte spiegelt.
Wie ist mir? staunen muß ich noch, als fieng
Ich erst zu leben an, denn all' ists anders
Und nun bin ich, bin und darum wars,
Daß in der schönen Ruhe dich so oft,
Du Müßiger, ein Sehnen überfiel?
O darum ward ein wirksam Leben mir
Versagt, daß ich in Einer heilgen That
Des Überwinders Freuden alle fände?
Sterben? nur ein Schritt ins Dunkel ists
  ⟨Raum für fünf Verse⟩
O Schrökendes!   du nährest nur
Das schaudernde Verlangen, du hüllest mich
In Nacht,
dazu am Rand:
Irisbogen Der Stoff ist richtig, aber linkisch geordnet!
v. 1779–1786 aus: (in StA als v. 1921–1927)
Und jezt erst bin ich, bin – und darum wars,
Daß in der frommen Ruhe dich so oft,
Du Müßiger, ein Sehnen überfiel?
O darum ward das Leben dir so leicht
Daß du des Überwinders Freuden all
In Einer vollen That am Ende fändest?
Ich komme. Sterben? nur ins Dunkel ists
v. 1799–1801: in FHA wird eine bogenförmige Linie, die das Wort ›du‹ in v. 1801 berührt und bis zum ersten Buchstaben des Wortes ›ZOONEN‹ (holländisch: Söhne) im Wasserzeichen des Papiers führt, als Korrektur gedeutet und folgender Text als v. 1774–1776 konstituiert:
O Zeichen über stürzenden Gewässern,
Wenn die Woog in Silberwolken auffliegt,

Irisbogen, so ist meine Freude,
II/7 *Panthea. Delia.*: fehlt
vor v. 1802 *Panthea*.: fehlt
v. 1802 über dem Beginn des Auftritts (in StA als v. 1949-1954 und als
Beginn der Rede der Panthea vor v. 1802 gestellt; s. unten bei v. 1891):
    nein! Mich wundert nicht,
  Daß er sich fort zu seinen Göttern sehnt.
  Was gaben ihm die Sterblichen? hat ihm
  Sein thöricht Volk genährt den hohen Sinn,
  Ihr unbedeutend Leben, hat ihm diß
  Das Herz verwöhnt
v. 1808 *Sieh* – 1819 aus:
        Delia.
                    Du nennst
  Ihn glüklich? glüklicher und besser dünkt mirs doch,
  Bei Menschen gern zu wohnen und zu wirken.
  Er mag es mir vergeben,
        Panthea.
  O Delia! das ist nur unser Stolz,
  Daß wir es nicht begreifen! freilich wohl
  Ein mächtig Zeugniß für der Menschen Thun
  Und Treiben wärs gewesen, wenn der Stolze
dazu am Rand: Zu hart entgegengesezt!
v. 1819 danach aufgegeben: (in StA als v. 1973-1976)
  O Worte! freilich schaudert mir, wie dir
  Das Herz, du gutes Kind! und gerne möcht'
  Ichs anders, doch ich schäme dessen mich.
  Thut Er es doch! ists so nicht heilig?
vor v. 1823 *Pausanias*: fehlt
v. 1828 aus: Und da ich wieder kam fand
v. 1873-1877 aus:
  Es mirs gedenken, und das Herz
  Das kindischscheu der Welt sich aufgethan,
  Ist kaum erwärmt, und frohvertraut geworden,
  So stößt ein kaltes Schiksaal es zurük,
v. 1883-1887 alternative Textkonstitution in FHA als v. 1850-1853:
  Verdamme nicht, o bei den Seeligen!
  Den Herrlichen, dem seine Ehre so
  Zum Unglük ward, der sterben muß, weil er
  Zu schön gelebt. Was kann der Göttersohn dafür?
v. 1886 danach aufgegeben: (in StA als v. 2044-2046)

Weil ihn zu sehr die Götter alle liebten.
Denn wird ein anderer, denn er, geschmäht
So ists zu tilgen, aber er, wenn ihm

v. 1891 danach auf der letzten Seite der Handschrift notiertes Segment ohne eindeutige Zuordnung (in StA als v. 1943–1949 an den Beginn des Auftritts gestellt, s. oben bei v. 1802; in FHA als v. 1858–1864 und Schluß des letzten Auftritts):

Delia.
Sie sagten mir: es denken anders Götter
Denn Sterbliche. Was Ernst den Einen dünk',
Es dünke Scherz den andern. Götterernst
Sei Geist und Tugend, aber Spiel vor ihnen sei
Die lange Zeit der vielgeschäfftgen Menschen.
Ach! mehr wie Götter, denn, wie Sterbliche,
Scheint euer Freund zu denken.

dazu über dem Text:
(weil Empedokles die Zeitlichkeit so gering achtet)

Im August 1798 schickt Hölderlin die Ode ›An die Parzen‹ (I 188) an Neuffer. Darin bittet er die Schicksalsgöttinnen: »Nur Einen Sommer gönnt, ihr Gewaltigen! / Und einen Herbst zu reifem Gesange mir«. Wie er später der Mutter verrät (II 761), spielt er damit auf die geplante Arbeit an seinem Trauerspiel an. Wahrscheinlich aber erst nach Abschluß des Manuskripts zum zweiten Band des ›Hyperion‹ Ende 1798 beginnt Hölderlin damit. Möglicherweise griff er dabei zunächst nicht auf den existierenden Plan zurück, sondern versuchte sich am Stoff des Spartanerkönigs Agis. Jedenfalls berichtet er Sinclair, der sich zu dieser Zeit noch in Rastatt aufhält, erst am 24. Dezember 1798 von seinem derzeitigen Studium des Diogenes Laertius, und dieser vermutet noch am 8. Februar 1799, daß Hölderlin am ›Agis‹ arbeite. Falls es tatsächlich Entwürfe hierzu gab und es sich dabei nicht nur um eine unter den Freunden ausgemachte Chiffre für den ›Empedokles‹ gehandelt hat, so haben sie sich nicht erhalten. Spätestens im Januar 1799 wird der erste Entwurf zum ›Empedokles‹ in fünffüßigen Jamben begonnen. Der Fortgang der Arbeit gerät jedoch häufig ins Stocken; Hölderlin klagt gegenüber der Mutter im März 1799, daß über »bloßem Nachdenken« mitunter »Tage hinweg« gingen. Bald darauf wird der erste Entwurf aufgegeben worden sein. Zwar ist er nur zwei Akte weit gediehen, jedoch haben sie einen Umfang von 1891 Versen, und die Handlung wird dabei so weit geführt, daß eigentlich nur der Schluß des Dramas zu fehlen scheint. Zur Vorbereitung der weiteren Arbeit studiert Hölderlin wahrscheinlich die Anlage der Charaktere in einigen Stücken Shakespeares; vgl. die Erläuterung zu II 712,18.

S. 768,5 Archon: politischer Führungsbeamter der Stadt, hier im Sinne von Herrscher.

9f. ihn auf einem Kämpferwagen: dies war eigentlich der gleichnamige Großvater des Empedokles, der 496 v. Chr. bei den Olympischen Spielen siegte.

117 Heroide: hier im Sinn von »Heldentochter« oder »Heldin«.

202 nicht ... der Erste: Anspielung auf Tantalus.

215 Übermüthigen: an wen Hölderlin hier dachte, ist nicht deutlich, der Zug des Dionysos und seiner Anhänger ging zwar bis nach Indien, die Narthex, die jene bei sich trugen, ist jedoch kein Schilfrohr und die Behauptung, die Götter seien durch ihr Wort entstanden, trifft auf sie auch nicht zu.

275 Erde: Korrespondiert v. 282f. »Quelle«, »Licht«, »Aether«. Teilweise metaphorische Anspielung auf die Lehre des Empedokles, wonach die vier Grundelemente Erde, Wasser, Feuer und Luft durch die Macht der Liebe zusammengeführt und durch die des Streits getrennt werden, vgl. auch v. 597–603 und v. 629–638.

501 Der Heiliges wie ein Gewerbe treibt: vgl. den um dieselbe Zeit geschriebenen Brief an die Mutter vom Januar 1799.

563 Rachegötter: Erinnyen oder Furien.

787 Adler: Anspielung auf den Mythos von Ganymed.

876: kein direkter Textanschluß.

S. 805 Χάρις ...: »Charis, die ja alles berei- / tet das Milde den Sterblichen, / trägt Ehre herzu, / und daß Unglaubliches glaubhaft sei, / ersinnt sie vielfach. / Aber zukünftige Tage / sind weiseste Zeugen.« Pindar, erste Olympische Hymne, v. 48–54 (in der Zählung der Heyne 'schen Ausgabe; vgl. III 421).

1434 richt'gen Ordnungen: vgl. ›Brod und Wein‹ v. 96 (I 378/379).

1485 sie sinds: vgl. ⟨Pläne zu Elegien⟩ III 163.

1753f. gleich dem Strome ...: vgl. ›Der gefesselte Strom‹, I 279.

1794 Schrekensbecher: der Krater des Ätna. Das griechische Wort κρατήρ bezeichnete ursprünglich ein Mischgefäß für Wein und Wasser, s. dritter Entwurf v. 9: »Feuerkelch« und in der Ode ›Empedokles‹ v. 8: »gärender Kelch«, I 251.

⟨Zweiter Entwurf⟩
Der Tod des Empedokles
(S. 839)

Vorstufe

H47 (v. 1–102, 128–143, 395–428) / H334 (v. 103–127), ohne Titel.
vor I/1: *Panthea. Delia.* (nicht ausgeführt)
v. 99 ff. zunächst:
    Auf der Agora war? Er hatte
    Den Nord, der ihre Felder tödtete,
    Mit kluger Kunst von ihnen abgewendet,
    (Nach Diogenes Laertius hatte Empedokles bei einem heftigen Wind
    Eselshäute ausspannen lassen, um die Felder zu schützen.)
v. 105 ff. zunächst:
    Umeinander unmerklich, als gehörten sie sich nicht,
    Sie sind, wie Fremdlinge – sich unvernehmlich,
    Wenn Eine Sprache sie nicht regt und knüpft
    Und bindet. Der die Fremdverschloßnen
    Erkennt und ihnen Sprache giebt, daß die Kraft
v. 125–134:
    Denn die Unbekannten gesellte mein Wort
    Und meinem Geiste schlossen
    Die Fremdverschlossenen sich auf –
    Der die Lebenden den Lebenden verkündiget
    Und inniger die Wesen bindet
    Mir dünkt es selber größer denn das Leben ist.
v. 138: Die so sich Eines mit der Welt gefühlt.
v. 143 (in der Reinschrift zu einem Vers verkürzt):
    Die Brust und ungeheure Wünsche gähren
    In ihnen auf. Auch er! so still er scheint,

Text

v. 1–143: H39, Reinschrift
v. 144–394: H47, Entwurf
v. 395–428: D1826 (Brief an den Bruder vom 4. Juni 1799)
v. 429–717: H47, Entwurf
    v. 144f.: Die Reinschrift bricht mit folgenden Versen ab
        So glüht ihm doch, seit ihm das arme Volk
        Den hohen Geist
    v. 148 aus:
        Er doch! Und hätt er eine Weile sich

Mit ungemeßner Eigenmacht

v. 160f. aus:
Die Nemesis zu ehren, lehrte mich
Mein Leben und mein Sinn. Das braucht
Der Priester nicht, der ihr Vertrauter ist.

v. 270 aus: (in StA als v. 270f.)
Geschiehet recht, warum bemengt er sich
Mit ihnen,

nach v. 286: Mit Licht u. p.p. Damit wird auf den Anschluß im ersten Entwurf (s. dort v. 283–306) verwiesen, auf dessen Basis die Verse 287–315 entworfen werden.

vor v. 363 *Empedokles*: fehlt. Die Lücke zwischen Auftrittsüberschrift und Redebeginn läßt vermuten, daß der Auftritt mit einer Rede des Pausanias eingeleitet werden sollte.

v. 365–368 aus: (in StA als v. 367)
Es gehet rükwärts, lieber! nicht zur Ruh,
Zu süßem Schlafe nicht,

v. 418 ff. aus:
Und ihrer Liebe Blumen gab sie mir
Mit ihren Zweigen
Umschlang sie mir das Haupt –
    Pausanias.
So wandeltest in schöner Jugend du.
Ja! schön in dein

v. 428 aus:
Im hohen Blau die sterblichen Gedanken
Gereiniget sich auf

v. 462 aus: (in StA als v. 465)
O laß den Unmuth, lieber!

v. 477 aus: (in StA als v. 482)
Laß ihn, ich kenne dich, an deinen Thaten

v. 524 aus: (in StA als v. 529f.)
Was ist es denn? o mache mir dein Leiden
Zum Räthsel länger nicht! mich peinigets!

v. 528–532: alternative Textkonstitution in StA als v. 534–540:
   denn hoher Bedeutung voll
Voll schweigender Kraft umfängt
Den ahnenden, daß er bilde die Welt
Die große Natur,
Daß ihren Geist hervor er rufe, strebt
Tief wurzelnd

Das gewaltige Sehnen ihm auf.
v. 535: Fortsetzung nicht überliefert.
II/7 *Panthea*. *Delia*: fehlt
vor v. 536 *Panthea*: fehlt
vor v. 583 *Pausanias*: fehlt
v. 583–590: Die handschriftliche Situation ist nicht eindeutig, möglicherweise sind diese Verse aufgegeben, so daß v. 591 an v. 582 anschließt. So in FHA, allerdings wird dort die erste Rede des Pausanias vor v. 581 gestellt (vgl. FHA v. B 46–52).
v. 620 aus: (in StA als v. 630–633)

> Nur tiefer das Herz ihm wieder. Es ist
> Nicht eitel Überredung, glaub es mir
> Wenn er des Lebens sich
> Bemächtiget.

v. 669 davor gestrichen, wahrscheinlich als ursprünglicher Anschluß an v. 651:

> Pausanias.
> So gönn es ihnen, finden sie auch
> Sich leichter heraus denn andre.

Im Frühjahr 1799 wird vermutlich der zweite Entwurf, der einerseits den Stoff in »stolzer Verläugnung alles Accidentellen« weiter strafft, andererseits die Blankverse des ersten Entwurfs in kleinere jambische Einheiten bricht, begonnen. Am 4. Juni erwähnt Hölderlin in einem Brief an Neuffer erstmals den neuen Titel seiner Arbeit (›Der Tod des Empedokles‹) und teilt ihm mit, er sei mit dem Trauerspiel »bis auf den lezten Act fertig«. Diese Behauptung ist wohl weniger so zu deuten, als sei von diesem Entwurf ein Großteil verloren gegangen, als daß Hölderlin das Material des ersten Entwurfs auf vier Akte zu verteilen gedachte. In dem zitierten Brief reagiert Hölderlin aber auch auf die Bitte des Freundes um Beiträge für dessen *Taschenbuch* (D15) und beginnt bald darauf mit der Arbeit an ›Emilie vor ihrem Brauttag‹, die er bereits am 3. Juli übersendet. Ebenfalls am 4. (nach anderer Lesart am 14.) Juni 1799 kopiert Hölderlin die Verse 395–428 aus dem zweiten Entwurf in einem Brief an den Bruder. Am 18. Juni verspricht er dem Buchhändler Friedrich Steinkopf, der sein Journal ›Iduna‹ verlegen soll, in einem Brief: »Ich werde indessen alle Zeit und alle Kraft dahin verwenden, besonders auch um dem Trauerspiele die gehörige Feile und Gefälligkeit zu geben, der es, um der Eigenheit seines Stoffes willen, weniger als andere, entbehren kann.« Wahrscheinlich als Probe für den Verleger wird wohl um diese Zeit die nach 145 Versen abbrechende Reinschrift angelegt. Damit bleibt allerdings die Arbeit am ›Empedokles‹ zunächst unterbrochen und es setzen Überlegungen zur tragischen Form überhaupt ein, die Hölderlin Neuffer bei Übersendung der ›Emilie‹ am 3. Juli erstmals mitteilt. In diesem Zuge beschäftigt sich Hölderlin intensiv mit dem Aufbau der frühen Dramen Schillers; vgl. den Brief an Schiller aus der ersten Hälfte September 1799, II 819f.

35 ff. vom Himmel ... Sterblichen: Anspielung auf den Mythos von Prometheus.
691 Heroen: z. B. Herakles.

Die tragische Ode ...
(S. 865)

Text
H11 *2 Bl. 2°* und H54 *2 ineinandergelegte Dbl. 2°* (dazwischen ein Blatt verloren), Niederschrift.
878,6 und 879,14 am Rand: Wellenlinie
878,8 und 879,15–24 am Rand: gerade Linie
878,11 *Greis* aus: Weise
878,11f. und 880,1 am Rand: gezackte Linie.
878,13 davor: Weis
880,4: fehlt

Die Vorbereitung des schließlich scheiternden Journalprojekts hat Hölderlin im Juli und August 1799 in Anspruch genommen (vgl. Brief an Susette Gontard in der zweiten Septemberhälfte), so daß die Reflexionen über das Trauerspiel wohl frühestens im Oktober wieder einsetzen. Die allgemeinen Überlegungen des Aufsatzes ›*Die tragische Ode ...*‹ gehen in einen spezifizierten ›Grund zum Empedokles‹ über, an den ein neuer Plan mit veränderter Dramaturgie anschließt.

866,24 nefas: (lat.) Frevel, Sünde. Der Begriff wird in den »Anmerkungen zum Oedipus« wieder aufgenommen, vgl. II 311.
868,18 aorgisch: hier »ungebunden, elementar«, vgl. ›Das lyrische dem Schein nach ...‹, II 103.
879,14–881,9 »heroisch idealisch naiv«: vgl. Hölderlins Überlegungen zum Wechsel der Töne im Gedicht, II 101–109.

⟨Dritter Entwurf⟩
(S. 883)

Text

H6/H47 Beilage 3, ohne Titel
vor v. 1 *Erster Act*: fehlt
v. 44 danach eingeklammerter Entwurf am Rand (in StA als v. 45–47):
    Vergessenheit – o wie ein glüklich Seegel
    Bin ich vom Ufer los,
        des Lebens Welle mich von selbst
vor v. 60 *Pausanias*: fehlt
v. 60 ff. zunächst: (erster Vers in StA als v. 67)
    Du scheinest freudig auferwacht, mein Wanderer,
    In dieser neuen Heimath, die uns grünt.
    Ich sehe wieder dich und bin es wieder
    Und wie ein lächelnd Räthsel löset mir
    Die Sorge, so mich tödtete, sich auf.
v. 61 danach gestrichener Entwurf im Text und am Rand: (StA gibt
v. 60 f. und das folgende als v. 68–72 dem Empedokles)
    Die Wildniß ist mir hold, auch dir gefällt,
    Die edle Burg,
        unser Aetna.
v. 69 danach am linken Rand: (in FHA v. 70 als Rede des Empedokles)
    Hier oben ist ein neues Vaterland.
v. 118 danach aufgegeben: (in StA als v. 130)
    Ein Heiligtum ist mir mit dir die Grotte.
v. 137 danach aufgegeben: (in StA als v. 150–160; in FHA als
v. 144–153, ohne den dritten Vers des Pausanias)
        Empedokles.
    Geh! folge mir, und schweig und schone mich
    Und rege du nicht auch das Herz mir auf –
    Habt ihr zum Dolche die Erinnerung
    Nicht mir gemacht? – nun wundern sie sich noch
    Und treten vor das Auge mir und fragen.
    Nein! du bist ohne Schuld – nur kann ich Sohn!
    Was mir zu nahe kömmt, nicht wohl ertragen.
        Pausanias.
    Und mich, mich stößest du von dir? o denk an dich,
    Sei, der du bist, und siehe mich, und gieb,
    Was ich nun weniger entbehren kann
    Ein gutes Wort aus reicher Brust mir wieder!

v. 136–144: Die Verse werden am Rand des obigen Entwurfs notiert und der Anschluß durch Einfügung von v. 143 ›Verstehest ...‹ über der bereits entworfenen Rede des Empedokles hergestellt. Der Text v. 136–144 wird in FHA als v. 137–154 folgendermaßen geordnet (kleinere Textabweichungen werden nicht verzeichnet): v. 138–143 ›... sonst?‹, v. 136,137, die beiden nach v. 137 aufgegebenen Reden, v. 144.

v. 181 f. aus:
Du glühst, wie Morgenroth und wunderbar
Beherrschet mich dein Wort, doch täuschest du
Mein Zauberer mich nicht, als wär es Wohllaut.

v. 255 ff. aus:
Unschuldiger ist diß! so strebt im Wald
Das Eine hier und dort hinaus das andre.
Und unbekannt einander bleiben sich
So lang sie stehn, die nachbarlichen Stämme.

v. 260 danach aufgegeben: (in StA als v. 284 f.)
So wachsen ja des Waldes Eichen auch
Und keines kennt, so alt sie sind, das andre.

I/3 *Manes.*: bis vor v. 460 ›Der Greis‹.

v. 313 f.: am Rand unausgeformter Neuentwurf (Textkonstitution: FHA v. 320–322)
    Der Wunderbaren, die
Wo sie der Stachel schmerzt, sich Träume spinnen
Zum Troste viel, vom Stamm der Armen einer

v. 386 danach gestrichen:
Den Jüngling hab ich weggesandt, damit
Es stille sei, nun kömmt der halbe Seher
Der durch die Länder schleicht, und forscht, wo er
Der Alleswissende, mit finstrem Wort
Der Menschen Herz aus eignem Sinne schröke.
Mich schrökst du nicht!
Was frägst du, wer ich bin?
   immer schont ich diß Geschlecht,
Sieh!

v. 414/415: Unausgeformter Entwurf zwischen den Versen:
Zerrann   an der Flamme
FHA konstituiert folgenden Text (als v. 422 f.):
Und an der Flamme menschliches Gesez
Zerrann, faßt mich die Deutung schaudernd an,

v. 425 danach aufgegeben: (in StA als v. 447)

Und riefen die lebendgen Götter an.

v. 434 nach *an*: Lücke von einer Zeile.

v. 486–496: Die Verse werden ohne Sprecherangabe entworfen, auf der gegenüberliegenden Seite wird über dem Konzept zum zweiten Akt das Wort ›Chor‹ gesetzt und daneben das Stichwort ›Zukunft‹.

Etwa im Dezember 1799 beginnt Hölderlin in Ausführung des Plans, der den Entwurf ›*Die tragische Ode* ...‹ beschließt, unter Hinzufügung eines nach griechischem Vorbild angelegten Chors, mit dem dritten Entwurf zum ›Empedokles‹, der das später umgestellte *Stuttgarter Foliobuch* (H6) eröffnet. Jedoch geht dieser, wieder zum – diesmal strenger gefaßten – Blankvers zurückkehrende Entwurf nach drei Szenen erneut in einen Plan über, aus dessen letzten Zeilen schließlich der poetologische Entwurf ›*Das untergehende Vaterland* ...‹ hervorgeht. Dieser weitere theoretische Versuch und der zweite große poetologische Entwurf ›*Wenn der Dichter einmal des Geistes mächtig* ...‹ entfernen Hölderlin jedoch zusehends von seinen Bemühungen um das Trauerspiel, das vollenden zu wollen er wohl Anfang 1800 endgültig aufgegeben hat.

24 Fittige des Himmels: Vögel.

32 Todtenrichter: Minos oder Radamanthys.

326 f. unter Kindern ...: Hölderlin legt Manes die an Solon gerichteten Worte eines greisen ägyptischen Priesters in den Mund.

357/444 Herr der Zeit: es ist hier wohl nicht an eine direkte Identifizierung mit Jupiter gedacht, wie auch der »Einzige« (v. 371) im Gegensatz dazu nicht mit Saturn gleichzusetzen ist. Dennoch bildet der Mythos von den sich abwechselnden Zeitaltern des Kronos (Saturn) und des Zeus (Jupiter) den Hintergrund der hier ausgebreiteten Vorstellung, s. ›Hyperion‹, I 633.

903,13 seines Landes Untergang: anschließend wird auf der vorhergehenden Seite einsetzend neben dem Konzept zum zweiten Akt der Entwurf ›*Das untergehende Vaterland* ...‹ begonnen.

DICHTUNGEN NACH 1806

Im September 1806 wird Hölderlin, als geisteskrank angesehen, in das Authenriethsche Klinikum in Tübingen eingeliefert, aber schon im Sommer des folgenden Jahres als unheilbar wieder entlassen und bei der Familie des Tischlers Ernst Zimmer in Pflege gegeben. Dort verbringt Hölderlin die ihm verbleibenden 36 Jahre seines Lebens. Die Dichtungen aus den Anfängen dieser Zeit, noch aus eigenem Antrieb verfaßt, erscheinen wie ein Nachhall seiner früheren Arbeiten, der langsam verklingt, bis in den letzten Jahren vor seinem Tod 1843 – meist auf Wunsch von Besuchern, die ihn seit 1820 häufiger aufsuchen – schlicht gebaute Reimstrophen entstehen. Bei allen handschriftlich überlieferten Texten aus der Zeit nach 1806 handelt es sich um nahezu korrekturlose Niederschriften.

Was ist der Menschen Leben ...
(S. 907)

Text
H436 *Dbl. 8°* S. 4 (S. 1–3: Brief von Susette Gontard, 5. März 1800)

Dieses und das folgende Gedicht sind wahrscheinlich 1807 entstanden. Der Duktus der Schrift ist noch nicht der raumgreifende, gelöste der späteren Jahre, und die Form erinnert – trotz des distanzierten Tones – noch an die der ›Gesänge‹. StA datiert ohne Angabe von Gründen auf »spätestens 1802«.

Was ist Gott ...
(S. 907)

Text
H417 *Drittel eines Bl. 2°* (S. 2: ›An Zimmern‹)

In lieblicher Bläue ...
(S. 908)

Text

Erstdruck in *Phaeton von F. W. Waiblinger. Stuttgart. Verlag von Friedrich Franckh. 1823. Zweiter Theil. S. 153–156*

Wahrscheinlich 1807/08 entstanden. Am Schluß seines unter dem Eindruck der Begegnungen mit Hölderlin stehenden Romans über den wahnsinnig gewordenen Bildhauer ›Phaëton‹ leitet Waiblinger das Zitat des vorliegenden Textes folgendermaßen ein: »Alles, was er bekommen konnte von Papier, überschrieb er in dieser Zeit. Hier sind einige Blätter aus seinen Papieren, die zugleich einen tiefen Blick in den schrecklichen Zustand seines verwirrten Gemüthes geben. Im Original sind sie abgetheilt, wie Verse, nach Pindarischer Weise.« Daß Waiblinger hierbei auf ihm zugängliche Papiere Hölderlins zurückgegriffen hat, ist schon aus stilistischen Gründen evident. Inwieweit er jedoch in das ihm Vorliegende gestalterisch eingegriffen hat, läßt sich nicht mehr bestimmen.

Ich kann dir das wohl sagen ...
Hyperion an Diotima. Diotima an Hyperion
Wenn aus der Ferne ...
(S. 910f.)

Text

H357 2 ineinandergelegte Dbl. 4° S. 1–4 /H390 Bl. 4° (S. 2: leer) / H357 S. 5–8

910,33 *Ithaka* danach gestrichen: gegen Cypern herein,
911, vor v. 1 gestrichen: Auf einem Pfa
912, v. 12f. aus:
    Immer verschlossener Mensch mit finstrem Auge

Wie flossen damals Stunden dahin,
913, v. 45 f. aus:
Der mit Geständniß oder den Küssen auch
    Anhub, die wir uns gaben.
913, v. 51: damit bricht das Gedicht ab.

Wahrscheinlich 1808 entstanden. Waiblinger gibt an, daß Hölderlin anfangs viel geschrieben habe: »Es waren Briefe in Prosa, oder in pindarischen freyen Versmaßen, an die theure Diotima gerichtet, häufiger noch Oden in Alcäen.« (vgl. III 656) Der Umfang der Papiere, die als Fortsetzung des ›Hyperion‹ angesehen werden mögen, war demnach wesentlich größer als die hier wiedergegebenen Fragmente. Waiblinger zitiert daraus noch folgenden Satz:

> Nun versteh' ich den Menschen erst, da ich ferne von ihm und in der Einsamkeit lebe!

(Wilhelm Waiblinger. Friedrich Hölderlins Leben, Dichtung und Wahnsinn, in: Zeitgenossen. Biographisches Magazin für die Geschichte unserer Zeit, 3. Reihe, Bd. 3, Nr. XXIV, Leipzig 1831, S. 183)

Wenn aus dem Himmel ...
(S. 913)

Text

h64, Abschrift Mörikes, der die alkäische Ode, wie auch die späten ›Hyperion‹-Fragmente, zu denen es wohl gehört, auf die Zeit um 1824 datiert.

Freundschaft, Liebe, Kirch ...
(S. 914)

Text

h94, Abschrift Mörikes. Wie die folgenden acht Gedichte wohl um 1810 entstanden.

Der Frühling. (Wenn auf Gefilden ...)
(S. 915)

Text

h19, Abschrift von C. T. Schwab. Nach D1846 »viel früher« als ›Höhere Menschheit‹ entstanden, ansonsten nicht genauer datierbar.

Alkäisches Versmaß.

An Zimmern
(S. 915)

Text

h77, (= H417) Abschrift Zimmers auf der Rückseite des Blattes, auf dem ›Was ist Gott ...‹ steht. StA konjiziert v. 3 *Haben* zu »Halm«.

Alkäisches Versmaß, mit zwei zusätzlichen Silben im dritten Vers.

KOMMENTAR: DICHTUNGEN NACH 1806

Der Spaziergang
Das fröhliche Leben
(S. 915 f.)

Text
D1846

Auf den Tod eines Kindes
Der Ruhm
Auf die Geburt eines Kindes
Das Angenehme dieser Welt ...
(S. 917–919)

Text
h67, Abschrift August Mayers in einem Brief an seinen Bruder Karl Mayer vom 7. Januar 1811. Die ersten drei Texte sind Auszüge aus größeren Gedichten.

Mayer schreibt zu den Gedichten unter anderem: »Der arme Hölderlin will auch einen Almanach herausgeben u. schreibt dafür täglich eine Menge Papier voll. Er gab mir heute einen ganzen Fascicel zum Durchlesen, woraus ich Dir noch einiges aufschreiben will.«
  In den Jahren 1808–1810 wurden den Zimmers drei Kinder geboren, die bei der Geburt starben.

Der Kirchhof
(S. 919)

Text
D1846.

Dieses Gedicht gehört, wie die drei folgenden, wohl in den Umkreis des von Hölderlin geplanten Almanachs.

Das Gute
(S. 920)

Text
HoK3

Dieses und das folgende Gedicht sind unterschrieben: Hölderlin.

Der Mensch. (Wer Gutes ehrt ...)
(S. 920)

Text

H454 *Bl. 8°* (auf den Innendeckel eines Exemplars von D1826 aufgeklebt)

Die Zufriedenheit
(S. 920)

Text

H353/H354 2 *Bl. 4° (urspr. Dbl.)*
v. 16 aus: Antwort' ich diß, das Leben ists und Sinnen.
v. 34f. die Endreime aus: führet und entzüket
v. 38 *dem Leben* aus: der Vorsicht
v. 39 *Antliz sich* aus: Angesicht

Die Linien des Lebens ...
(S. 922)

Text

h16, Abschrift Ernst Zimmers in einem Brief an Hölderlins Mutter vom 19. April 1812 (III 649)

Zimmer schreibt einleitend zu dem Gedicht: »Sein dichterischer Geist zeigt sich noch immer thätig, so sah Er bey mir eine Zeichnung von einem Tempel Er sagte mir ich solte einen von Holz machen, ich versetzte darauf daß ich um Brod arbeiten müßte, ich sey nicht so glücklich so in Philosofischer ruhe zu leben wie Er, gleich versetzte Er, Ach ich bin doch ein armer Mensch, und in der nehmlichen Minute schrieb Er mir folgenden Vers mit Bleistift auf ein Brett.«

Der Frühling. (Wie seelig ists, zu sehn ...)
(S. 922)

Text

H264 *Bl. 4°*. Aus dem Besitz von Ludwig Faber, der von 1825–1828 in Tübingen studiert hat.

Nicht alle Tage nennt ...
(S. 922)

Text

h96, Abschrift Ernst Zimmers in einem Brief an einen Ungenannten vom 22. Dezember 1835

Alkäisches Versmaß.
Zimmer schreibt einleitend dazu: »Daß Höld: zuweilen seinen Zustand fühlt ist keinem Zweifel unterworfen Er machte vor ein paar Jahre folgenden vers auf Ihn selbst.«

Dem gnädigsten Herrn von Le Bret
Aussicht. (Wenn Menschen fröhlich sind ...)
(S. 923)

Text

h66, Abschrift von Johannes Mährlen. Wahrscheinlich 1830 entstanden, als Lebret im Hause der Zimmers wohnte.

Der Herbst. (Die Sagen, die der Erde sich ...)
(S. 924)

Text

D1846. Im Erstdruck unter dem Titel mit der Datumsangabe »16. September 1837« versehen.

Der Sommer. (Das Erndtefeld erscheint ...)
(S. 924)

Text

(H) *Bl. 4°*, von unbekannter Hand datiert: »Decbr. 1837.« Das seit 1945 verschollene Blatt ist in FHA 9, 125 f. als H 490 faksimiliert.

Der Winter. (Wenn blaicher Schnee ...)
(S. 925)

Text

H475 *Bl. 4°* Wahrscheinlich in der ersten Hälfte 1841 entstanden.

Höheres Leben
(S. 926)

Text

H362 *Bl. 4°*. Von C. T. Schwab datiert: »d. 20. Jan. 1841«.

Dieses Gedicht ist das erste mit »Scardanelli« unterschriebene; zur Entstehung vgl. Schwabs Tagebucheintrag vom 21. Januar 1841, III 669.

Höhere Menschheit
(S. 926)

Text

H449 *Bl. 4°* (S. 2: leer). Von C. T. Schwab datiert: »d. 21. Jan. 1841«.

Überzeugung
(S. 926)

Text

H382,1 *Bl. 8°* zwischen Vorsatzblatt und Titelblatt in C. T. Schwabs Exemplar von D1826 (S. 2: leer)

In dem selben Exemplar befindet sich eine Widmung für C. T. Schwab (H382,2 *Bl. 8°* zwischen Druckfehlerverzeichnis und Nachstoßblatt; S. 2: leer):

> Es ist eine Behauptung der Menschen, daß Vortrefflichkeit des innern Menschen eine interessante Behauptung wäre. Es ist der Überzeugung gemäß, daß Geistigkeit menschlicher Innerheit der Einrichtung der Welt tauglich wäre.
> Scartanelli.

Zur Entstehung dieser Texte vgl. Schwabs Tagebucheintrag vom 25. Februar 1841, III 671.

Der Frühling. (Der Mensch vergißt die Sorgen ...)
Der Sommer. (Wenn dann vorbei ...)
(S. 927)

Text

h23, Abschrift von unbekannter Hand. Nach D1846 im Jahr 1841 entstanden.

Des Geistes Werden ...
(S. 928)

Text

h69, Abschrift von unbekannter Hand, datiert: »d. 18. Juli 1841«.

Der Herbst. (Das Glänzen der Natur ...)
(S. 928)

Text

H406 *Bl. 2°*. Von C. T. Schwab in einer Abschrift auf den 15. November 1841 datiert.

Winter. (Wenn sich das Laub auf Ebnen ...)
(S. 929)

Text

H459 *Bl. 2°* (S. 2: leer). Das Blatt befand sich im Besitz von Louise Keller, die wahrscheinlich im Frühjahr 1842 eine Zeichnung von Hölderlin anfertigte, bei welcher Gelegenheit sie es wohl erhalten hat. Das von Hölderlin gesetzte Datum ist vielleicht nicht fingiert.

Der Winter. (Das Feld ist kahl ...)
(S. 929)

Text

H363 *Bl. 2°* (S. 2: leer), von C. T. Schwab datiert: »Hölderlin im Jan. 1842«.

Der Sommer. (Noch ist die Zeit des Jahrs ...)
(S. 930)

Text

h55, Abschrift von C. T. Schwab, datiert: »Hölderlin d. 9. März 1842«.

Der Frühling. (Wenn neu das Licht der Erde ...)
(S. 930)

Text

h56, Abschrift von C. T. Schwab ohne Datumsvermerk, vielleicht weil das von Hölderlin gesetzte nicht fingiert war.

Aussicht. (Der offne Tag ist Menschen ...)
(S. 931)

Text

H0K4, wahrscheinlich von Hackländer mit dem Vermerk versehen: »den 12. April 1842 von Hölderlin, dem Unglücklichen, geschrieben«.

v. 4 *sanft den* aus: sanff des
Die Strophenfuge ist nicht sicher zu erkennen. Das Gedicht wurde bislang nach dem Erstdruck in *Friedrich Hackländer, Erinnerungen an Hölderlin* (in: Kölnische Zeitung Nr. 174, 23. 6. 1843) ediert; die Korrekturen in StA 8,3 nach der neu aufgefundenen Handschrift sind nicht vollständig.

Der Sommer. (Im Thale rinnt der Bach ...)
(S. 931)

Text

H472 *Bl. 2°* (S. 2: leer), von Ferdinand Schimpf datiert: »13. Juli 1842«.

Der Sommer. (Die Tage gehn vorbei ...)
(S. 932)

Text

H374 *Bl. 2°* (S. 2: leer), von C. T. Schwab datiert: »Von dem geisteskranken Dichter Hölderlin geb. 29. März 1769 geschrieben im Juli 1842«.

Der Mensch. (Wenn aus sich lebt der Mensch ...)
(S. 932)

Text

h73, Abschrift Heinrich Czolbes. Das Datum ist anscheinend nicht fingiert.

Der Winter. (Wenn ungesehn und nun vorüber ...)
(S. 933)

Text

H407 *Bl. 2°* (S. 2: leer), von unbekannter Hand datiert: »d 7ten Nov: 1842«.

Der Winter. (Wenn sich das Jahr geändert ...)
(S. 933)

Text

H381 *Bl. 2°* (S. 2: leer).

Nicht näher datierbar, möglicherweise jedoch bei einem Besuch Friedrich Theodor Vischers Anfang 1843 geschrieben, der damit endete, daß Hölderlin den Besucher förmlich zur Tür hinauswarf, wie Gustav Schlesier am 12. Juni über eine Unterredung mit C. T. Schwab notiert. Die Handschrift weist zwei Besonderheiten auf: das übergroße Blatt führt dazu, daß Hölderlin, gegen seine sonstige Gewohnheit in diesen Jahren, die Verse in den ersten vier Zeilen nicht brechen kann, durch die größer werdende Schrift gelingt dies erst in der zweiten Strophe; Tintenabdrücke weisen darauf hin, daß das Blatt unmittelbar nach der Beschriftung zusammengefaltet wurde; vgl. auch den Kommentar zum Stammbucheintrag für fünf Besucher, III 173 f.

Der Winter. (Wenn sich der Tag des Jahrs ...)
(S. 934)

Text

H369 *Bl. 2°* (S. 2: leer), aus dem Besitz Ludwig Uhlands, der Hölderlin einen Tag nach Vischer (s. voriges Gedicht) Anfang 1843 besuchte.

Der Zeitgeist. (Die Menschen finden sich ...)
(S. 934)

Text

(H) Erstdruck: *Johann Georg Fischer, Hölderlin's letzte Verse. Schwäbische Kronik 1881, Nr. 159*

In genanntem Aufsatz schreibt Fischer einleitend: »Mein letzter Besuch geschah im April 43. Weil ich im Mai Tübingen verließ, bat ich ihn um ein paar Zeilen zum Andenken. ›Wie Ew. Heiligkeit befehlen‹, sagte er, ›soll ich Strophen über Griechenland, über den Frühling, über den Zeitgeist?‹ Ich bat um ›den Zeitgeist‹. Nun trat er, und mit einem Auge voll jugendlichen Feuers, an seinen Stehpult, nahm einen Foliobogen und eine mit ganzer Fahne versehene Feder heraus und schrieb, mit den Fingern der linken Hand die Verse auf dem Pult skandirend, und nach Vollendung jeder Zeile mit Kopfnicken ein zufriedenes ›Hm‹ ausdrückkend, folgende Verse« (es folgt der Text).

In einem am 30. Januar 1843 geschriebenen Brief an seine Braut hatte Fischer jedoch berichtet, Hölderlin habe ihm und einem Freunde am »letzten Freitag« je ein Gedicht über den Zeitgeist und über Griechenland gemacht. Demnach sind dieses und das folgende Gedicht am 27. Januar 1843 entstanden.

Griechenland. (Wie Menschen sind ...)
(S. 935)

Text

h2, Abschrift von unbekannter Hand, datiert: »30. Jan. 1843«, vgl. jedoch den Kommentar zum vorigen Gedicht.

Der Frühling. (Es kommt der neue Tag ...)
(S. 935)

Text

h3, Abschrift Fritz Breunlins. Nicht näher datierbar.

Der Frühling. (Der Tag erwacht, und prächtig ...)
(S. 936)

Text

H444 *Bl. 2°* (S. 2: leer), von unbekannter Hand: »Hölderlins Handschrift. Wenige Monate vor seinem Tode geschrieben.«

Der Frühling. (Wenn aus der Tiefe kommt ...)
(S. 936)

Text

H376 *Bl. 2°* (S. 2: leer), von unbekannter Hand ist unter anderem vermerkt: »an s. 74ten Geburtstag«.

Da der 29. März 1769 zeitweilig als Hölderlins Geburtsdatum galt – s. oben die Erläuterung zu ›Der Sommer. *Die Tage gehn vorbei* ...‹ –, ist das Gedicht also am 29. März 1843 geschrieben.

Der Frühling. (Die Sonne glänzt, es blühen ...)
(S. 937)

Text

H367 *Bl. 2°* (S. 2: leer), wahrscheinlich aus dem Nachlaß von Hermann Cless, der als Student bis 1843 bei den Zimmers wohnte.

Freundschafft
(S. 937)

Text

H467 *Bl. 2°* (S. 2: leer), von unbekannter Hand: »am 27ten Mai 1843«.

Der Frühling. (Die Sonne kehrt zu neuen Freuden ...)
(S. 938)

Text

H408 *Bl. 2°* (S. 2: leer), von Fritz Breunlin ist vermerkt: »1843 / In seinen lezten Tagen geschrieben«.

Die Aussicht
(S. 938)

Text

H340 *Bl. 2°* (S. 2: leer), von Fritz Breunlin ist vermerkt: »In Tübingen von Hölderlin in seinen lezten Lebenstagen geschrieben.«

VERSCHOLLENE TEXTE

Von einigen der Gedichte aus der späten Zeit sind nur die Titel bzw. ein Halbsatz überliefert. Sie sind hier nach der Chronologie der Textquellen geordnet.

Angaben Gustav Schlesiers in h46:

Der Herbst.
(Distichen)

Höhe des Menschen.
(gereimte Verse)

Bleibender Werth.
(Gedicht in alkäischen Versen)

Das Leben.
(Gedicht in vierzeiligen greimten Versen)

Tagebuch Wilhelm Waiblingers, s. III 661:

Der Frühling.
(fünfzeiliges Reimgedicht, entstanden am 9. Juni 1823)

Gottlob Kemmlers Nachruf auf Hölderlin im *Morgenblatt für gebildete Leser. Jg. 37 Nr. 151, am 26. Juni 1843:*

wie Wolken um die Zeiten ⟨... legt sich der Abend⟩

Randbemerkung Carl Gocks zur Druckvorlage von C.T. Schwabs *Hölderlin's Leben*:

Der Frühling.

Der Strom.

(beide aus dem letzten Lebensjahr)

C.T. Schwab erwähnt im Lebensabriß seiner Hölderlin-Ausgabe (D1846) ohne Angabe von Zusammenhängen folgenden Satz:

> Daß der Mensch in der Welt eine höhere Geltenheit hat, ist durch Behauptenheiten der Moralität anerkennbar und aus vielem sichtbar.

KOMMENTAR ZU BAND II

AUFSÄTZE

Die Texte, die unter dieser Überschrift zusammengefaßt werden, sind nur ein kleiner Teil dessen, was Hölderlin auf dem Gebiet der philosophischen und poetologisch-ästhetischen Theorie geschrieben haben muß. Alle Anzeichen sprechen dafür, daß Hölderlin selbst seine studentischen Arbeiten zur Philosophie und Philologie und dazu einen Großteil seiner späteren theoretischen Arbeiten vernichtet hat. Nicht einmal die Vorarbeiten zu seinen Magisterspecimina hat Hölderlin für des Aufhebens wert befunden (s. u.). Der Vergleich mit dem, was in den Nachlässen seiner Stiftsfreunde Hegel und Schelling an »Jugendschriften« aus dem Stift oder der Zeit unmittelbar danach vorhanden war und zum Teil noch ist, macht wahrscheinlich, daß auch Hölderlin wesentlich mehr geschrieben hat, als erhalten ist. Einige theoretische Texte befanden sich noch in dem Manuskriptbestand, den Conz 1809, der von Gock beauftragte Theologiestudent Ziller 1822, und kurz vor Hölderlins Tod Mörike einsehen konnten, so z. B. »ein prosaischer Aufsatz über die verschiedenen Richtungen der Poesie«, den Conz in einem Brief vom 8. September 1809 an den Verleger Mahlmann erwähnt (StA 7.2, S. 399), »Bruchstüke nachgeschriebener Collegien«, die Ziller vorfand (StA 7.2, S. 557), und »dramaturgische Aufsätze«, die Mörike im Nürtinger »Nachlaß zu Lebzeiten« gesehen hat (StA 7.3, S. 323). Einiges davon mag freilich identisch sein mit noch erhaltenen Manuskripten.

Angesichts dieser Überlieferungslücken auf dem Gebiet theoretischer Manuskripte ist Vorsicht angeraten beim Versuch der Rekonstruktion einer philosophisch-poetologischen Theorie Hölderlins. Gewöhnlich wird dabei auch herangezogen, was sich an theoretischen Äußerungen Hölderlins in seinen Briefen erhalten hat. Hier ist jedoch größte Zurückhaltung geboten, denn gerade in philosophischen Angelegenheiten richtet sich das, was Hölderlin seinem jeweiligen Briefpartner mitteilt, nach der philosophischen Vorbildung, dem theoretischen Standort des Adressaten und dem persönlichen Verhältnis, in dem er zu Hölderlin steht. So betont Hölderlin beispielsweise in den pädagogisch-ermahnend gemeinten Briefen an seinen Bruder stets die moralphilosophischen Forderungen Kants, die für Hölderlins eigene philosophische Bemühungen weit weniger ausschlaggebend waren. In den Briefen an Niethammer und Schiller spricht er die gemeinsame Sprache des Jenaer Zirkels, die sich aber seinem eigenen philosophischen Programm nicht immer angemessen anpassen läßt.

Und schließlich ist das ambivalente Verhältnis zu berücksichtigen, das Hölderlin zur Philosophie hatte. So schreibt er am 24. Februar 1796 an Niethammer (II 614): »Die Philosophie ist eine Tyrannin, und ich dulde ihren Zwang mehr, als daß ich mich ihm freiwillig unterwerfe.« Zu einem anderen Urteil kommt er im Brief an Neuffer vom 12. November 1798 (II 711), in dem er die Philosophie ein »Hospital« nennt, »wohin sich jeder auf meine Art verunglückte Poet mit Ehren flüchten kann«. Dennoch hat er sich noch bis zur Abreise nach Bordeaux beteiligt gefühlt an dem stürmischen Aufbruch der zeitgenössischen Philosophie, der von Kant, Jacobi und Fichte ausging. Diesen Aufbruch ins Neue wollte Hölderlin jedoch von Anfang an auch als Renaissance der klassischen griechischen Philosophie, vor allem Platons, verstanden wissen.

Aus der Schul- und Universitätszeit

Hölderlins Ausbildung ist die eines württembergischen Theologen gewesen. Hierbei kam ihm freilich zugute, daß unter dem Ephorat Christian Friedrich Schnurrers (1777–1806) das theologische Stift eine Renaissance humanistischer Studien erlebte, die sich vor allem auf die alten Sprachen und Literaturen erstreckten, deren »Geist« ein neues Zeitalter heraufführen sollte.

Prooemium ... in caput primum Epistolae ad Ebraeos (S. 9)

Text
H59 *Dbl.2° auf 4° gefaltet, nur die beiden ersten Blätter sind aufgeschnitten* (S. 4–8: leer), *Reinschrift*

Über die Umstände dieser vermutlich ersten religiösen Ansprache Hölderlins berichtet er im Brief an die Mutter kurz vor Weihnachten 1785 aus Denkendorf (II 394). Schon in den Klosterschulen wurden die Zöglinge dazu angehalten, sich auf ihre spätere Predigttätigkeit vorzubereiten.

9,1–3: (lat.) Vorrede, zu halten am Sonntag, den 27. Dezember 1785, dem Johannistag, über das erste Kapitel des Briefes an die Hebräer.

9,19–21 den Sohn, ... der die ganze Welt ... erschuf: Bemerkenswert ist hier die orthodox-dogmatische Auffassung der Trinitätslehre.

10,18 zu der wirklichen Zeit: (schwäbisch) »zur gegenwärtigen Zeit«.

Geschichte der schönen Künste unter den Griechen
(S. 11)

Text
h62, Abschrift Neuffers, wahrscheinlich unmittelbar nach Abschluß der Arbeit im Sommer 1790 angefertigt. Zu einer zweiten Abschrift, die auf Neuffers Abschrift basiert, vgl. H53.

Zum Magisterexamen, das in Tübingen nach zwei Jahren philosophischen Studiums abgelegt werden mußte, hatten die Kandidaten neben der Verteidigung einer – zumeist von einem der Professoren geschriebenen – Dissertation auch Muster (Specimina) eigener Arbeiten vorzulegen. Hölderlin reichte die vom Umfang her das Übliche überschreitende ›Geschichte der schönen Künste ...‹ und die ›Parallele zwischen Salomons Sprüchwörtern und Hesiods Werken und Tagen‹ ein. Das kunstgeschichtliche Specimen stützt sich hauptsächlich auf das folgende Werk:

Johann Joachim Winckelmann, Geschichte der Kunst des Alterthums, Dresden 1764.

In Fragen der antiken Chronologie, die in der zweiten Hälfte des 18. Jahrhunderts eine erstmals wissenschaftlich vergleichende Bearbeitung genoß, stützt sich Hölderlin jedoch nicht nur auf die von ihm zitierten Werke:

Fasti Attici ⟨...⟩ Auctore Eduardo Corsino, Tomus Tertius, Florentiae Anno 1751;

Georg Christoph Hamberger, Zuverlässige Nachrichten von den vornehmsten Schriftstellern vom Anfange der Welt bis 1500, Erster Theil, Lemgo 1756;

Les Vies Des Poetes Grecs, En Abregé Par Mr. Le Fèvre, Avec les Remarques De Mr. Adr. Reland, Troisième Edition, plus complete que les précédentes, A Basle ⟨...⟩ 1756.

Neben der Winckelmannschen Kunstgeschichte hat Hölderlin auch *J.G. Sulzer, Allgemeine Theorie der schönen Künste ⟨...⟩, Leipzig 1771 und 1774* benutzt (so in den Angaben zu Pindar und Sophokles), und der Einfluß Herders ist ebenso wie im zweiten Specimen spürbar.

11,2 und 11,6 schönen Künste: Die Eindeutschung des französischen Begriffs ›beaux arts‹ wurde durch die Schriften Sulzers üblich; die Schönen Künste begreifen neben den Bildenden Künsten auch Musik und Dichtung in sich. Hölderlins Themenstellung geht also über Winckelmanns Kunstgeschichte hinaus.

11,30 Orientalismus: Die Orientalistik war um die Mitte des 18. Jahrhunderts zu einer rasch anwachsenden Wissenschaft geworden, vor allem durch den Göttinger J. D. Michaelis (1717–1791), bei dem auch Schnurrer studiert hatte; sie war zumeist in der Philosophischen Fakultät angesiedelt und umfaßte neben der Bearbeitung der hebräischen und aramäischen Bücher des Alten Testaments auch Studien zur chaldäischen und syrischen Literatur und die Arabistik; als prototypische Kultur des »Orientalismus« wurde jedoch häufig, z. B. auch bei Winckelmann, das Ägypten der Pharaonen angesehen.

12,1f. Die Phantasie, die sich überhaupt zuerst entwikelt: Die gleiche Feststellung wird auch im zweiten Specimen getroffen, s. II 35; der Gedanke findet sich schon in der Schrift des Stiftsrepetenten C. G. Bardili (Epochen der vorzüglichsten Philosophischen Begriffe..., Halle 1788, S. 29), wo es von der historischen Entwicklung der philosophischen Begrifflichkeit in der ersten Epoche – der »Dichtungsepoche« – heißt: »Zuerst wirkt Phantasie, alsdann der Verstand ⟨...⟩ Er erfand erst spät die Regeln der Kunst, welche die Einbildungskraft schon längst in der größten Vollkommenheit ausgeübt hatte ...«

12,16 Mythen: Durch den Göttinger Altphilologen Christian Gottlieb Heyne (1729–1812) wurde eine neue Hermeneutik der antiken Mythen begründet, die vor allem auch durch Heynes Schüler J. G. Eichhorn (1752–1827) in der Theologie Verbreitung fand; danach sind Mythen nicht – wie bis dahin meistens angenommen – Schöpfungen der Dichter, also fiktive Fabeln und Lügenmärchen, sondern sie entstammen einer primitiven (mündlichen) Volkstradition und sind, bei adäquater Interpretation, wahrheitsfähig. Wenn Hölderlin die Mythen an den Beginn der geistigen Entwicklung der »Alten Welt« stellt und sie vor der Entstehung von Dichtung ansetzt, schließt er sich – wie Schelling in seiner Magisterdissertation von 1792 – der historischen Hermeneutik der »mythischen Schule« (Heyne, Eichhorn) an.

12,18 Urgeschichte: Unter dieser Bezeichnung verstand man im 18. Jahrhundert gewöhnlich das Zeitalter von den ersten Menschen (Adam und Eva) bis zur Sintflut (Noah). ›Urgeschichte‹ lautete auch der

Titel des 1779 erschienenen und epochemachenden Werkes von J. G. Eichhorn, in dem erstmalig die Schöpfungsgeschichte der Bibel (1. Mose 1–3) als Mythos interpretiert worden war.

13,13–20 Die Seelenkräfte ...: Die hier zugrundeliegende Einteilung der schöpferischen Seelenvermögen in »Empfänglichkeit« (= Sinnlichkeit), »Phantasie« (= Einbildungskraft) und »Scharfsinn« (= Verstand) entspricht der von dem Tübinger Philosophieprofessor J. F. Flatt in seiner Psychologievorlesung (vgl. unten die Erläuterung zu 34,31) gegebenen Unterteilung des »Erkenntnisvermögens«, das neben dem »Empfindungsvermögen« und dem »Begehrungsvermögen« (s. II 35) das Ganze der »Seelenkräfte« ausmacht. Flatt fügt der Unterteilung des »Erkenntnisvermögens« ausdrücklich die Bemerkung hinzu, daß diese Einteilung nicht der Kantischen entspricht, in der die Einbildungskraft oder Phantasie kein isolierbares Vermögen darstellt. Als Gewährsleute gibt Flatt Platner, Tetens und Abel an.

13,36 Jahr d. W.: Die jüdische Zeitrechnung beginnt am 7. Oktober 3761 v. Chr. Woher Hölderlin seine Daten nach der Zählung »Jahr der Welt...« bezog, ist noch nicht geklärt.

14,7–9 sed proximus illi: aber nächst jenem / bringt Hesiodus in Erinnerung die Götter und die den Gott Gebärenden, / und das Chaos, das die Erde hervorgebracht hat.

14,15f.: Hesiod aber stiftete den Musen am Helikon diesen (Dreifuß), / nachdem er im Hymnus den göttlichen Homer besiegt hatte zu Chalkis.

14,19 erga kai hemerai: Werke und Tage.

15,30 Jamben: ursprünglich volkstümliche Spottgesänge, später Name des aus diesen abgeleiteten Versmaßes.

15,34 Libr. 35. c. 34.: Diese Stellenangabe ist im Manuskript irrtümlich auf die zuvor (15,25) angeführte Stelle aus Plutarchs ›Romulus‹ bezogen.

16,19 Dithyramben: chorlyrische Gesänge, aus denen sich die Tragödienform entwickelte.

16,26 Rhapsodien: die von Rezitatoren (den Rhapsoden) vorgetragenen einzelnen Gesänge Homerischer Dichtung.

17,25 Epopee: epische Dichtung.

18,26 Anthologisten: Herausgeber von Sammlungen (»Blütenlesen«) lyrischer Dichtung.

19,26 Rhapsoden: vgl. die Erläuterung zu II 16,26.

20,23 Hermessäulen: nach dem griechischen Gott der Wege und der Übermittlung benannte Grenzsteine (»Hermen«).

20,24 *****: Die Anmerkungszeichen finden sich im Manuskript irrtümlich nach dem folgenden Satz.

20,25f. Panathenäen: jährlich wiederkehrendes Fest in Athen zur Feier der Göttin Athene.

21,5 systematischidealisch: erstes Auftreten eines der für Hölderlins theoretischen Stil charakteristischen Doppeladjektive. Da das »Idealische« für Hölderlin Produkt der »Phantasie« ist (vgl. 21,13–14 und 26,19–20), braucht es noch nicht eo ipso »systematisch« zu sein; erst durch die »Fesseln« (26,18) des ordnenden Verstandes wird es »systematischidealisch«. Vgl. auch die spätere dreigliedrige Unterteilung im Brief an Schelling vom Juli 1799 (II 792,21).

21,23 Karniol: Carneol, ein gelblich-roter, quarzartiger Stein.

21,23 f. Stoßisches Musäum: die Gemmen-Sammlung des Barons Philipp von Stosch in Florenz, deren ausführliche Beschreibung von Winckelmann 1760 veröffentlicht worden war. Die Abbildung des Peleus befindet sich auch in der ›Geschichte der Kunst des Alterthums‹, und zwar am Ende des ersten Stücks des vierten Kapitels des ersten Teils. Hölderlins Stellenangabe ist entsprechend zu korrigieren.

23,6 Regina: Hölderlin reproduziert hier einen Druckfehler aus Winckelmanns Werk. Richtig muß es »Aegina« heißen.

24,6 Kothurn: der von Schauspielern getragene Schuh mit erhöhter Sohle.

25,30 Mimischen Tänzen: nachahmende Tänze, meist (aber nicht hier) burlesken Inhalts.

26,3 Dezenne: Jahrzehnte.

26,4 Epoke: Epoche.

26,24 Dekorum: Zierde.

Versuch einer Parallele zwischen Salomons Sprüchwörtern und Hesiods Werken und Tagen
(S. 28)

Text
h93, Abschrift von unbekannter Schreiberhand

28,1–4:
> Seiner Hochwürden / Herrn Professor Schnurrer / widmet / diesen Versuch / einer Parallele zwischen Salomons Sprüchwörtern / und Hesiods Werken und Tagen / Johann Christian Friederich Hölderlin. / von Nürtingen. / d. 17. Septbr. 1790.

(Eines der Specimina, sofern es fachlich in sein Gebiet gehörte, dem Ephorus zu widmen, war durchaus üblich und kam in praktisch jedem Magisterjahrgang mehrfach vor. In Schnurrers Nachlaß fanden sich an die 300 ihm gewidmete Specimina aus der Zeit von 1777 bis 1806. Die vorliegende Handschrift wurde um 1920 in der Stiftsbibliothek aufgefunden; vielleicht handelt es sich um das Schnurrer überreichte Widmungsexemplar.)

Der Grundsatz der hermeneutischen Gleichbehandlung der Bibel und profaner Literatur wurde in der protestantischen Theologie schon um 1700 formuliert. In der zweiten Hälfte des 18. Jahrhunderts stieg das Interesse an etwaigen »Parallelen« zwischen biblischen und profanen Texten noch weiter, angeregt vor allem auch durch die populärwissenschaftlich-theologischen Arbeiten Herders (z. B. ›Älteste Urkunde des Menschengeschlechts‹ von 1774, ›Briefe das Studium der Theologie betreffend‹ von 1780 und ›Vom Geist der ebräischen Poesie‹ von 1782/83). Schnurrer, befreundet mit dem nach Michaelis führenden Orientalisten und theologischen Exegeten J. G. Eichhorn, förderte als Professor der orientalischen Sprachen diese Forschungsrichtung. Hölderlin hat im Sommer-Semester 1790 Schnurrers Vorlesung über die ›Proverbia‹ (Sprüche Salomos) gehört und wohl im Anschluß daran sein zweites Specimen geschrieben.

Für den Text von Hesiods ›Werken und Tagen‹ hat Hölderlin die Ausgabe von C. F. Loesner (Leipzig 1778) benutzt, der die Annotationen von Josef Scaliger, Daniel Heinsius, Franciscus Guiete und Johannes Clericus beigegeben waren. Die Hebräische Bibel hat Hölderlin wahrscheinlich in der Edition von Benjamin Kennicott (1776/1780) vorgelegen.

Die hier verwendeten Übersetzungen der hebräischen Zitate aus den ›Sprüchen Salomos‹ stammen aus: *Die Bibel das ist die ganze Heilige Schrift des Alten und Neuen Testaments nach der teutschen Uebersetzung D. Martin Luthers, Tübingen 1787.*

28,10 aus Griechenland: in der Handschrift des Schreibers irrtümlich »mit Griechenland«.

28,27: »Des HErrn Furcht ist Anfang zu lernen: die Ruchlosen verachten Weisheit und Zucht«.

28,29: »Mein Kind«.

28,34: »Mein Kind, wenn dich die bösen Buben locken, so folge nicht«.

29,15: s. o. bei 28,27.

30,23 die Mythe von den Zeitaltern: die bei Hesiod zum ersten Mal belegte Sage von den einander ablösenden Weltzeitaltern (der goldenen, silbernen und ehernen Zeit); vgl. auch die literarisch einflußreiche Version in: Ovid, Metamorphosen 1,89 ff., auf die Hölderlin Bezug nimmt (s. II 36,1).

30,28 des   Hesiods: Textlücke in der Abschrift, in die ein Wort einzufügen wäre, das der Schreiber in Hölderlins Manuskriptvorlage vermutlich nicht entziffern konnte.

30,37f. κατα ἀκυρολεξιαν: nach Art der uneigentlichen (d. h. übertragenen) Rede.

31,1 πημ'...: ein Leiden den Menschen den erfindungsreichen (eigentlich v. 82; der Irrtum geht auf die Loesnersche Hesiod-Ausgabe zurück).

31,7 Partikul δε: Diese griechische Konjunktion hat normalerweise entgegensetzenden, häufig aber auch bloß reihenden Sinn.

31,10 Parallelismus: Stilfigur orientalischer Rede, die einen Sachverhalt durch zwei gleichgeordnete Aussagen beschreibt; sind die beiden Teilaussagen gegensätzlicher Art, spricht man vom »antithetischen« Parallelismus, s. auch weiter unten bei II 35,31 ff.

31,12: Ein Werk aber ist keineswegs Schande, Untätigkeit dagegen ist auch Schande.

31,14: Scham fürwahr gesellt sich zum Heillosen, Stärke dagegen zum Heil.

31,16: Ein Leiden ist ein schlimmer Nachbar, sosehr auch ein guter eine große Hilfe ist.

31,22f.: Aber auch Jungfrau ist Dike, von Zeus entsprossen, / Erlaucht und ehrwürdig auch den Göttern, die den Olymp besitzen.

31,26–29: »Der HErr hat mich gehabt im Anfang seiner Wege: ehe er was machte, war ich da. Ich bin eingesetzt von Ewigkeit, von Anfang vor der Erden. Da die Tiefen noch nicht waren, da war ich schon bereitet: da die Brunnen noch nicht mit Wasser quollen«.

31,32: »Mein Kind«.

32,11–13: Arbeite, Perses, göttlicher Sproß, damit dich der Hunger / Hasse, die wohlbekränzte Demeter aber dich liebe / Die ehrwürdige, voll Nahrung fülle sie deine Scheune.

32,15: »Wer seinen Acker bauet, der wird Brods die Fülle haben«.

32,18–20: Wenn du aber arbeitest, wird dich schnell beneiden der Untätige / Den Reichen. Dem Reichtum folgt aber Vortrefflichkeit und Ehre, / Wie ein Gott wirst du sein.

32,22: »Fleissige Hand wird herrschen«.

32,27–32: Den freundlichen lade zum Mahl, den Feind aber lasse / Den aber sollst du am meisten laden, der irgend in deiner Nähe wohnt /

Wenn denn aber auch eine andersartige Sache im Dorf geschieht / So kommen die Nachbarn ohne Verzug, während die Vettern sich erst gürten. / Ein Leiden ist ein schlimmer Nachbar, sosehr ein guter eine große Hilfe ist / Teilhaftig wurde fürwahr der Ehre wer auch teilhaftig wurde eines edlen Nachbarn.

32,34: »Die Seele, die da reichlich segnet, wird fett«.

33,4–6: Wer aber auch mit Zeugen willentlich meineidig schwörend / Lügt, und das Recht beugt, unheilbar ist der verblendet / Und sein Geschlecht hernach bleibt unansehnlicher zurück.

33,8–13: Wenn nämlich einer auch mit Händen gewalttätig großen Reichtum sich verschafft, / Oder wer mit der Zunge sich etwas erbeutet (solches auch vielfach / Geschieht, wenn etwa denn der Gewinn den Verstand betrügt / Der Menschen, und die Scham von der Schamlosigkeit vertrieben wird) / Leicht auch ihn lassen verblassen die Götter, und es mindert sich der Hausstand / Diesem Menschen, und kurze Zeit nur begleitet ihn der Reichtum.

33,17: »Unrecht Gut hilft nicht«.

33,19: »er stürzet aber der Gottlosen Schinderey«; *cupiditatem vastam:* ausschweifende Gier.

33,25f.: Nicht soll verwirren dir den Sinn ein Weib mit geschmücktem Hinterteil, / Schmeichlerisch plaudernd und deine Hütte beschleichend.

33,28: »die glatte Worte gibt«.

34,4 Erhabenheit: Die Worte aus 1. Mose 1,3 gelten schon in der neuplatonisch-kaiserzeitlichen Schrift des Pseudo-Longinus ›Über das Erhabene‹ als Paradigma des erhabenen Stils.

34,26 Fehmgerichte: altdeutsche geheime Schöffengerichtsbarkeit, vor allem im Westfälischen vom 12. bis 16. Jahrhundert bezeugt, von der neuzeitlichen Reichsgerichtsbarkeit (Reichskammergericht seit 1495) nach und nach zurückgedrängt wegen der Umstandslosigkeit der Urteilsfindung und der »Geschwindigkeit derer Executionen«, wie es im Artikel »Vehm-Recht« in J. H. Zedlers ›Universal-Lexicon aller Wissenschaften und Künste‹ (Halle-Leipzig 1732 ff.) heißt.

34,31 Erfahrungsseelenlehre: Hölderlin hörte – nach Ausweis seines Magisterzeugnisses – im Wintersemester 1789/90 die Vorlesung von J. F. Flatt über empirische Psychologie. Eine Nachschrift dieser Vorlesung (»Psychologische Vorlesungen, im Winter 1790 gehalten«) von der Hand von Hölderlins Kompromotionalen A. F. Klüpfel hat sich in der Universitätsbibliothek Tübingen erhalten.

35,12f. Empfindungsvermögen: Dieser Ausdruck bezeichnet in der zeitgenössischen Psychologie und Ästhetik das, was Kant das »Gefühl der Lust und Unlust« nennt.

35,16 Totalvorstellung: Hölderlin unterteilt – mit Flatt und der zeitgenössischen empirischen Psychologie – die Seelenkräfte in Erkenntnis-, Empfindungs- und Begehrungsvermögen; das Erkenntisvermögen wird vom Empfindungsvermögen dadurch unterschieden, daß das erstere Total- *und* Partialvorstellungen bewirkt, also klare *und* deutliche Begriffe erzeugt, während das Empfindungsvermögen *nur* Totalvorstellungen, also bloß *klare* Begriffe liefert.

35,20 Schönheit und Erhabenheit: Seit Edmund Burkes ›Philosophical Enquiry into the Origin of our Ideas of the Sublime and Beautiful‹ von 1757, die von Moses Mendelssohn 1758 in Deutschland bekannt gemacht und von Kant 1763 in seinen ›Beobachtungen über das Gefühl des Schönen und Erhabenen‹ aufgegriffen wurde, gelten Schönheit und Erhabenheit als die paradigmatischen Gegenstände der Ästhetik.

35,27–29 Die Phantasie ist bei unkultivirten Völkern ...: s. die gleiche Aussage im ersten Specimen (II 12).

36,20f. Agur den Ithiel und Uchal: Herder übersetzt a.a.O. den Vers ›Sprüche Salomos‹ 30,1: »Worte Agurs, des Sohnes Jakeh, / Machtreden sprach der Mann zu Ithiel, / Zu Ithiel und Uchal.« In modernen Übersetzungen werden die Worte ›Ithiel‹ und ›Uchal‹ als Verbformen gedeutet.

36,23f. quia praeceptum ...: weil die Lehre sowohl die Person des Lehrers als auch die des Schülers erfordert.

37,28 Rhapsodien: vgl. oben die Erläuterung zu 16,26.

38,30f. des großen dogmatischen Philosophen Wolfs Fall: eine erste Anspielung auf Kants ›Kritik der reinen Vernunft‹, in der Christian Wolff der »größte unter allen dogmatischen Philosophen« genannt wird (Vorrede zur 2. Aufl., B XXXVI); der Sache nach findet sich diese Kritik an Wolff schon in Kants ›Einzig möglichem Beweisgrund zu einer Demonstration des Daseins Gottes‹ von 1763.

Zu Jakobis Briefen
über die Lehre des Spinoza
(S. 39)

Text
H60 2 ineinandergeheftete Dbl. 4°, Reinschrift

Das Manuskript stammt aus dem Corpus Hölderlinscher Papiere, die nach Fertigstellung der Ausgabe von 1846 in den Besitz C. T. Schwabs übergingen. Schwab hat die Blätter mit anderen frühen nicht-poetischen

Fragmenten zusammengestellt und in einer Reihenfolge (H60 ›Zu Jakobis Briefen ...‹, H61 ›Hermokrates an Cephalus‹, H62 ›Über den Begriff der Straffe‹, H63 ›Es giebt einen Naturzustand ...‹) angeordnet, welche die Datierungsbemühungen der Editoren des 20. Jahrhunderts lange Zeit beeinflußt hat.

Diese Arbeit gehört in den Zusammenhang der Studien, von denen Hölderlin im Brief an die Mutter vom 14. Februar 1791 (II 468 f.), auf das gerade vergangene Jahr 1790 zurückblickend, berichtet. Sie galten den »Beweisen der Vernunft für das Dasein Gottes und von seinen Eigenschaften, die wir aus der Natur erkennen sollen«. Dabei seien ihm »Schriften über und von Spinoza, einem großen edeln Manne aus dem vorigen Jarhundert, und doch Gottesläugner nach strengen Begriffen, in die Hände« gefallen. Das Ergebnis seiner Lektüre faßt er in Worten zusammen, die dem Tenor von Jacobis Buch ›Ueber die Lehre des Spinoza ...‹ bis in einzelne Formulierungen entsprechen: »Ich fand, daß man, wenn man genau prüft, mit der Vernunft, der kalten vom Herzen verlassenen Vernunft auf seine Ideen kommen muß, wenn man nämlich alles erklären will. Aber da blieb mir der Glaube meines Herzens, dem so unwidersprechlich das Verlangen nach Ewigem, nach Gott gegeben ist, übrig.«

Die Beschäftigung mit den Gottesbeweisen und der »natürlichen Theologie« muß schon mit der Examinierung der Kandidaten im November 1789 anläßlich der Visitation des Herzogs im Stift begonnen haben, denn eines der Prüfungsthemen lautete »de existentia Dei«. Mit Jacobis Spinoza-Buch wurde Hölderlin dann vermutlich im Sommer 1790 bekannt, jedenfalls vor der Magisterprüfung vom September 1790. Denn nach einer sicher bezeugten Angabe von Hegels Biograph Karl Rosenkranz hat Hölderlin das Jacobische Spinoza-Buch in einem Lesekreis zusammen mit seinen Kompromotionalen Renz, Fink und Hegel gelesen; diese Lektüre muß aber vor dem Magisterexamen im September 1790 stattgefunden haben, da Renz zum Magisterium schon ein Specimen vorlegen konnte, das die Lektüre von Jacobis Werk voraussetzt, wenn es die Frage behandelt: »Δος μοι που στησαι! Ist wohl diese Forderung der Vernunft in der Philosophie oder des Archimedes in der Statik schwerer zu erfüllen?« (Jacobi hatte den berühmten Ausspruch des Archimedes »Gib mir einen Punkt, wo ich stehen kann, und ich bewege die Erde« zum Motto seines Buches gewählt.) Demnach wäre die Ausarbeitung des Exzerpts für den Sommer 1790 anzunehmen. Zugrunde lag jedoch die erste Auflage des Buchs, deren Seitenzahlen am Rand jeweils angegeben sind:

Friedrich Heinrich Jacobi, Ueber die Lehre des Spinoza in Briefen an den Herrn Moses Mendelssohn, Breslau 1785.

Hölderlin hat sich später, vermutlich aber noch in Tübingen, die zweite, um acht gewichtige Beilagen vermehrte Auflage (Breslau 1789) dieses Buchs gekauft. Diese Ausgabe ist in seinem Nürtinger Nachlaß aufgeführt und hat sich als einziges der dort registrierten Bücher erhalten. Das heute in Marbach aufbewahrte Exemplar enthält auf S. 245 eine einzige Randbemerkung, die von Hölderlin stammen dürfte. Zu Jacobis Behauptung, daß »Dichter und Philosophen, wenn sie selbst von dem Geiste ihrer Zeit durchdrungen sind, diesen Geist mächtig unterstützen« könnten, heißt es: wie diß?

Jacobis Spinoza-Buch gehört neben Kants Kritiken zu den einflußreichsten philosophischen Werken des ausgehenden 18. Jahrhunderts in Deutschland. Am ausführlichsten dokumentiert ist das Buch und die Debatte, die es auslöste, in: *Die Hauptschriften zum Pantheismusstreit zwischen Jacobi und Mendelssohn, herausgegeben und mit einer historisch-kritischen Einleitung versehen von Heinrich Scholz, Berlin 1916* (Neudrucke seltener philosophischer Werke. Hrsg. von der Kantgesellschaft. Bd. VI).

39,29 Εν και Παν: (hen kai pan, gr.) »Eins und Alles«. Die griechische Formel stammt nicht von Spinoza und wird bei ihm auch nirgends erwähnt. Die Verbindung der Formel, die in der antiken Doxographie Xenophanes und Parmenides zugeschrieben wird, mit der Philosophie Spinozas ist vermutlich Lessings Werk. Die Formel findet sich auch in der vorletzten Fassung des ›Hyperion‹, s. I 558.

40,6 ex nihilo nihil fit: aus nichts wird nichts. In der Philosophie- und Dogmengeschichtsschreibung des 17. und 18. Jahrhunderts (Cudworth, Mosheim) wird diese Auffassung dem Empedokles zugeschrieben, gleichzeitig aber für die Grundthese der antiken Naturphilosophie gehalten, die der christlichen Lehre der creatio ex nihilo (Schöpfung aus Nichts) zuwiderlaufe.

40,12 Ensoph: (hebr.) unaufhörliches. Aus der Kabbala stammender Ausdruck für das Unendliche.

40,28 f. indeterminabilis, nicht series infinita: unbestimmbar, nicht unendliche Reihe. Der Einschub in Klammern geht über den Jacobischen Text weit hinaus, indem er mathematische Terminologie zur Klärung des Unendlichkeitsbegriffs heranzieht.

42,1 extramundanen Gottheit: außerweltliche Gottheit. Die christliche Dogmatik legt Wert auf die Feststellung, daß Gott nicht Bestandteil der Welt, sondern außerhalb der Welt als ihr Schöpfer und Regent zu denken sei.

42,4 vinculis: Verbindungen.

42,18 harmonia praestabilita: vorherbestimmte Harmonie. Von Leibniz geprägter Terminus für seine philosophische Hauptlehre.

42,25 Ep. LXII. Op. Posth.: Brief 62 (nach der Reihenfolge) der Opera Posthuma Spinozas, die 1677 von seinen Freunden Jarig Jelles und Lodewijk Meyer herausgegeben worden waren.

42,34 f. Appetitum, einen Conatum immanentem (conscientia sui praeditum): Begehren, ein innewohnendes Bestreben (versehen mit Bewußtsein seiner selbst).

43,1 und Begierde: In der Handschrift steht »und der Begierde«, nach einem Druckfehler der ersten Auflage von Jacobis Buch, der freilich schon in der Errata-Liste berichtigt worden war und in der zweiten Auflage getilgt wurde.

⟨Predigtentwurf⟩
(S. 43)

Text
H468 Dbl.4°

Die Stiftler hatten nach dem Magisterium die Pflicht, reihum während der gemeinsamen Mahlzeiten im Speisesaal Predigt-Proben abzulegen. Der vorliegende Entwurf – mehr scheint es nicht zu sein, wenn man die viel umfangreicher ausgearbeiteten Predigten Hegels aus der Stiftszeit zum Vergleich heranzieht – hält sich durchweg im Rahmen der zeitgenössischen orthodoxen Dogmatik, wie insbesondere an der positiven Würdigung der »Wunder« abzulesen ist. Die gliedernde Disposition des Gedankengangs zu Anfang des Textes folgt dem anscheinend vorgeschriebenen Formular solcher Übungspredigten, wie aus dem Vergleich mit Hegels Predigten hervorgeht; vgl. *Hegel, Gesammelte Werke, Bd. 1, Frühe Schriften I, Hamburg 1989.*

Die Predigt hatte vermutlich Johannes 1,14 als zugrundeliegenden Text und dürfte Anfang 1791 gehalten worden sein.

44,23 Was aber ...: Vor diesem Satz wäre ein ›ad b)‹ einzufügen, das der in II 44,6 projektierten Gliederung entspräche.

45,15 Eben so ...: Vor diesem Satz wäre wieder ein ›ad b)‹ einzufügen, das der Disposition in II 45,1 entspräche.

45,18 f. Harmonie der seelenlosen Natur: Bemerkenswert ist hier der aus protestantischer Dogmatik stammende, negativ besetzte Naturbegriff, der lange Zeit von dem idealisierenden Naturbegriff der ›Empfindsamkeit‹ verdrängt wird, aber auch spät noch einmal auftaucht, vgl. die Rede vom »ewig menschenfeindlichen Naturgang« in den ›Anmerkungen zur Antigonä‹ (II 373 f.).

Frühschriften

Das beharrliche Studium insbesondere der Kantischen Philosophie, das Hölderlin in seinem theologischen Abschlußexamen vom 6. Dezember 1793 bescheinigt wird, hat sich wohl erst im letzten Studienjahr auch auf die ›Kritik der Urteilskraft‹ erstreckt. Diese dritte der Kantischen Kritiken war für Hölderlin nicht allein deshalb von besonderem Interesse, weil sie Kants Ästhetik enthielt, sondern vor allem auch, weil in ihr der systematisch-philosophische Ansatz Kants zu einem die Spannung zwischen theoretischer und praktischer Kritik ausgleichenden Abschluß gelangt war.

Nach dem Weggang von Tübingen hat sich Hölderlin zunächst verstärkt den »kantischästhetischen Beschäftigungen« gewidmet, wie er im Juli 1794 aus Waltershausen an Neuffer berichtet (II 539). Zur gleichen Zeit beginnt die Rezeption von Schillers ästhetischer Theorie, die dieser erstmalig in dem Ende 1793 erschienenen Aufsatz ›Über Anmuth und Würde‹ vorgelegt hatte. In der zweiten Hälfte des Jahres 1794 lernt Hölderlin dann die eben erscheinende Fichtesche ›Wissenschaftslehre‹ kennen. Fichte und Schiller, die in Jena seine Hauptgesprächspartner werden, bleiben in den nächsten Jahren die theoretischen Bezugspunkte, an denen sich Hölderlins eigene theoretisch-ästhetische Bemühungen in Aneignung und Kritik orientieren.

Es giebt einen Naturzustand ...
(S. 46)

Text
H63 *Bl.2°*, Entwurf

Das Blatt, nach Orthographie und Papiersorte zu schließen, in Waltershausen beschrieben, stellt nur einen ersten Ansatz eines Gedankengangs vor und verdankt seine Überlieferung vielleicht dem Zufall.

46,18f. *die Analogie dessen*: Der Text ist an dieser Stelle der Handschrift nicht ganz zu Ende korrigiert, die ursprüngliche Formulierung lautete: .
> Es giebt eine Seite des empirischen Begehrungsvermögens, die von allem, was Natur heißt, am nächsten ⟨a⟩ an die Heiligkeit ⟨b⟩ ans Sittengesez zu gränzen scheint, wenn je

In diesem Text knüpft Hölderlin an die empirische Psychologie seiner Zeit und ihren Gedanken einer »pragmatischen Geschichte der Seelenvermögen« (Platner) an, wie er es auch schon in den Magisterspecimina getan hatte. Zugleich versucht er, in die Debatte zwischen Schiller und Kant um das Verhältnis von Natur und Freiheit auf eine Weise einzugreifen, die den Kantischen Anti-Naturalismus (»Die Moralität kann ... niemals der Natur anvertraut werden«) mit der Unmittelbarkeit moralischer Empfindungen versöhnen soll.

46,22f. Moralität des Instinkts: Nach Kantischen Begriffen wäre das ein hölzernes Eisen, denn, wie Hölderlin II 47,10f. feststellt, was »durch blose Natur hervorgebracht werden« kann, ist »Legalität«, nicht Moralität (vgl. aber Jacobis Rede von einem »Instinct der Vernunft« im Spinoza-Buch, 2. Aufl. S. 429).

47,7 niemals der Natur anvertraut: Dieser moralphilosophische Anti-Naturalismus speist sich sowohl aus der Theorie vom »radikalen Bösen in der menschlichen Natur« in Kants ›Die Religion innerhalb der Grenzen der bloßen Vernunft‹ als auch aus der lutherisch-orthodoxen Erbsündenlehre.

Über den Begriff der Straffe
(S. 47)

Text
H62 *Dbl.2°* (S. 3,4: leer), Entwurf
47,16–18: später dem übrigen Text vorgefügt.

Das Thema dieses unvollständig überlieferten, vermutlich aber auch nicht zu Ende geführten Fragments ist die Begründbarkeit des Rechts, also die Frage nach den Prinzipien einer möglichen Rechtsphilosophie. Hier treffen sich alte Interessen Hölderlins an der Jurisprudenz (vgl. Brief an Neuffer vom Dezember 1789, II 454) mit der durch Fichtes

›Beitrag zur Berichtigung der Urteile des Publikums über die Französische Revolution‹ 1793 neu eröffneten Debatte um die Möglichkeit einer Ableitung des Rechts aus dem Sittengesetz, d. h. einer moralischen Begründung des Rechts. Hölderlins Text ist wohl im Januar 1795 in Jena geschrieben.

47,19 Feinde der Principien: Prinzipien sind, dem damals üblichen Sprachgebrauch gemäß, Sätze von unbedingter Geltung, Grundsätze also, die, wie die Axiome der Mathematik, ihrerseits nicht mehr begründet werden können, aber die Deduktion anderer Sätze ermöglichen. Prinzipien als Ausgangspunkt weiterer Ableitungen werden von skeptizistischen und empiristischen Positionen aus abgelehnt. Hölderlin hebt an der Fichteschen Philosophie hervor, daß sie die »Prinzipien ⟨des⟩ Wissens, und mit ihnen die des Rechts aufzusuchen und zu bestimmen« beansprucht (Brief an Neuffer vom November 1794, s. II 553).

48,24f. Erkentnisgrunde und Realgrunde: In der ›Kritik der praktischen Vernunft‹ hatte Kant ein »Paradoxon der Methode« seiner Moralphilosophie eingestehen müssen, nämlich, »daß der Begriff des Guten und Bösen nicht vor dem moralischen Gesetz, ⟨...⟩ sondern nur ⟨...⟩ nach demselben und durch dasselbe bestimmt werden müsse« (K.p.V. A 110). Diese Verkehrung der Reihenfolge zwischen dem Prinzip (dem Guten) und dem von ihm Abgeleiteten (dem Gesetz) führt in jenen »Cirkel«, von dem auch Hölderlins Text zu Beginn (II 47,20) spricht und den Kant in einer Anmerkung seiner Vorrede (K.p.V. A 5) durch die Unterscheidung zwischen »ratio cognoscendi« (Erkenntnisgrund) und »ratio essendi« (Realgrund) auflösen will. Hölderlin scheint, wie II 49,4 ff. zeigt, diesem Ausweg nicht folgen zu wollen.

⟨Seyn, Urtheil, Modalität⟩
(S. 49)

Text
H438 *Bl. 13,7 x 22,8 cm*, Entwurf
  Das Blatt war ursprünglich wohl das Vorsatzblatt eines Buches. Ob es schon von Hölderlin herausgetrennt wurde, oder erst von dem Autographensammler, der sich im Jahr 1870 die Echtheit durch C. T. Schwab attestieren ließ, ist nicht feststellbar. Der Text wurde erst um 1960 bekannt und 1961 in StA unter dem Titel ›Urtheil und Seyn‹ erstmals veröffentlicht.

In diesem Text, der nach den orthographischen Eigentümlichkeiten zwischen Mitte April und Ende Mai 1795 in Jena geschrieben wurde, hat Hölderlin seine philosophischen Grundprinzipien in definitionsartiger Kürze zusammengefaßt. Er gliedert sich, nach der ursprünglichen Raumaufteilung der Handschrift (vgl. dazu 50,12–15), in drei Abschnitte, die dem schon in der Vorrede zum ›Fragment von Hyperion‹ zugrundeliegenden Prinzipienschema »Einheit–Entzweiung–Wiedervereinigung« entsprechen könnten.

49,22f. intellectuale Anschauung: eine geistige Schau, die höchste Erkenntnisform in der neuplatonischen Lehre vom Geist (nous); von Kant als dem menschlichen Verstand unmöglich aus der Erkenntnistheorie ausgeschlossen, von Reinhold innerhalb einer allgemeinen Theorie des Vorstellungsvermögens behandelt, von Fichte als höchster Akt des (absoluten) Ichs für die Begründung der ›Wissenschaftslehre‹ in Anspruch genommen, von Schelling schließlich als konstitutiver Akt des Ichs aufgefaßt. Für Hölderlin ist sie die das theoretische oder praktische Bewußtsein übersteigende Anschauung, »daß Alles Eins ist«; vgl. Brief an Schiller vom 4. September 1795 (II 595) und die übrigen Belegstellen im Brief an Niethammer vom 24. Februar 1796 (II 615), sowie in den Aufsätzen ›Wenn der Dichter einmal des Geistes mächtig ...‹ (II 83 und 95) und ›Das lyrische dem Schein nach idealische Gedicht ...‹ (II 104–107). Alle diese Stellen zeigen im übrigen, daß Hölderlin (wie seine Zeitgenossen) keinen Bedeutungsunterschied kennzeichnen will, wenn er bisweilen »intellectuelle«, bisweilen »intellectuale Anschauung« schreibt.

49,24 mit der Identität verwechselt: Sowohl Fichte als auch Schelling leiten den Satz der Identität (A = A) aus dem Selbstbewußtsein ab. Aber es ist wohl in erster Linie Schelling, der das Selbstbewußtsein als ein absolutes Sein auffaßt und daher die Identität als das absolute Sein des Ichs verstehen will, vgl. ›Vom Ich‹ (1795) § VII; Hölderlins Gegenargument beruht auf der Fundamentalthese von Kants ›Kritik der reinen Vernunft‹, daß auch das Selbstbewußtsein, insofern es Bewußtsein ist, Objektbewußtsein voraussetzt.

50,8 Ur=Theilung: Das etymologisierende Wortspiel wurde offenbar auch von Fichte in seinen Jenaer Vorlesungen gebraucht. Es ist nachweisbar für die Vorlesung über Logik und Metaphysik auf der Grundlage von Ernst Platners ›Philosophischen Aphorismen‹, die Fichte im Wintersemester 1794/95 abends von 6 bis 7 Uhr hielt (vgl. Fichte AA 2,4,182), und die Hölderlin höchst wahrscheinlich gehört hat (vgl. seine Bemerkung, er gehe »nur Abends in Fichtes Kollegium« im Brief an Neuffer vom 19. Januar 1795, II 565).

50,12 »Ich bin Ich« ... – *15*: nachträglich eingefügt. Zuvor markierten eine Lücke und ein Einzug den neuen Absatz.

50,20-26: Die hier vorgenommene Zuordnung der Modalbegriffe »Möglichkeit«, »Wirklichkeit« und »Notwendigkeit« zu den Erkenntnisvermögen »Verstand«, »Vernunft« und »Warnemung und Anschauung« ähnelt einer Anmerkung in der ›Kritik der reinen Vernunft‹, in der Kant die Modalbegriffe als »Funktionen« des Verstands (Möglichkeit), der empirischen Urteilskraft (Wirklichkeit) und der Vernunft (Notwendigkeit) erläutert (K.r.V. B 100 Anmerkung, vgl. auch B 266 und 286).

Hermokrates an Cephalus
(S. 50)

Text
H61 *Bl*.2° (S. 2: leer), Entwurf

51,1 Jupiter Olympius aus:
    Jupiter des Phidias
51 nach *11* f. *scientifischen Quietismus* zunächst:
    der, in jedem Falle, er mochte sich bei einer bestimmten Gränze begnügen, oder sie verläugnen, wo sie doch war, aber nicht seyn sollte, sehr unrichtig und so gefährlich wäre, als der Quietismus der alten Heiligen, die natürlicher weise nichts thun konnten und nichts denken, weil sie alles gethan und gedacht hatten, was möglich war, die auch ihren glaubigen Schülern schlechterdings nicht erlauben durften, mehr zu thun und zu denken, als sie, denn sie waren ja die Vollkommenen, und außerhalb des Vollkommenen liegt nur das Böse und Falsche.

Der Text nimmt offenbar Bezug auf das von Hölderlins philosophischem Mentor Niethammer im Vorbericht zu seinem ›Philosophischen Journal einer Gesellschaft von Gelehrten‹ dargelegte Resümee des Diskussionsstands um die Fichtesche Wissenschaftslehre, das im März 1795 erschienen war. Hölderlins Hermokrates bezweifelt mit Niethammer, daß die Aufstellung erster Fundamente, Grundsätze oder Prinzipien der Wissenschaft schon zu einem gelungenen Ergebnis, zur Darstellung des »Ideals des Wissens«, geführt habe.

50,27: Die beiden Namen sind der Rahmenerzählung des Platonischen Dialogs ›Timaios‹ entnommen. Darüber hinaus enthält der sprechende Name ›Cephalus‹ (= Kopf) möglicherweise eine Anspielung auf den in Schillers Kreis geläufigen Spitznamen Niethammers, »das Köpfchen«.

51,11f. scientivischen Quietismus: Quietismus (tatenloses Pflegen der Ruhe) in bezug auf die Vollendung der Wissenschaft. Aus der Textvariante (s. o.) geht hervor, daß Hölderlin bei der Bezeichnung Quietismus nicht an den zuerst unter diesem Namen in Frankreich bekannt gewordenen ›quiétisme‹ des Miguel de Molinos (1628–1697) dachte, sondern an die Hesychiasten unter den griechischen Athos-Mönchen, die »alten Heiligen« des 14. Jahrhunderts.

51,19 Hyperbel mit ihrer Asymptote: Das Bild der sich einem Grenzwert nähernden Kegelschnittkurve hat schon Herder in seiner Kritik an Hemsterhuis (›Liebe und Selbstheit‹, in: Ges. Werke, ed. Suphan, Bd. 15, S. 326) in ähnlicher Metaphorik gebraucht; vgl. auch die Vorrede zur vorletzten Fassung des ›Hyperion‹, I 558.

⟨Fragment philosophischer Briefe⟩
(S. 51)

Text
H11/H55/H38, Entwurf
Die Ausgabe von Hellingrath und StA, die richtig sahen, daß in H38 zwischen S. 2 und S. 3 kein lückenloser Textübergang besteht, haben fälschlich H11 dazwischen eingefügt; FHA konnte die ursprüngliche Abfolge der drei Handschriften rekonstruieren, nimmt aber stattdessen einen lückenlosen Textübergang zwischen H38 S. 2 und S. 3 an und bietet in Bd. 14 und Suppl. I zwei alternative Textkonstitutionen, die beide einen zwar grammatisch möglichen, jedoch sinnlosen Text herstellen.

54,21 f. aber nicht nur blos gedacht: Textkonstitution aus:
  als nur nichts blos gedacht (Die Emendation orientiert sich an 55,8–9, wo der Gedanke noch einmal zusammengefaßt wird.)

55,22 Verhältnisse stattfinden: Danach wird zuerst der eingeklammerte Vermerk (Weitere Ausführung) notiert. Dann wird, nachdem die Seite schon vollgeschrieben ist, die folgende Ergänzung von »In wie ferne hatten sie ...« bis zum Absatzende am linken Rand beginnend und den unteren Rand der Seite füllend notiert.

55,26f. die einzelne Form und Art bestimmter Grundbeziehungen:

Diese Neuentzifferung ist dem bei Redaktionsschluß noch nicht erschienenen Supplementband I der FHA zu danken.

55,32f. *unendlichere Zusammenhang, selbst*: Mit diesen Worten endet H38 S. 2; der Satz wird auf S. 3 nicht fortgesetzt.

56,1 *d. h. solche sind*: Mit diesen Worten beginnt H38 S. 3 oben. Sie setzen voraus, daß zuvor auf einem verlorenen Blatt dazwischen die Rede von verschiedenen Arten von »Verhältnissen« war, in denen Menschen zu einander stehen können, was dann summierend im ersten Satz der »Winke zur Fortsezung« wieder aufgenommen wird.

Am unteren Rand von S. 3, unter einem offenbar vor dem Beginn der »Winke zur Fortsezung« gezogenen Strich, steht der Rest einer Anmerkung, deren Anfang, wie auch der Text, auf den sie sich bezieht, auf dem verlorengegangenen Blatt gestanden haben muß

und wie er diß deutlicher oder dunkler in einem Bilde auffaßt, dessen Karakter den Karakter eigentümlichen Lebens ausdrükt, den jeder in seiner Art unendlich leben kann und lebt.

Diese Worte scheinen sich, ähnlich wie schon die Formulierung in 51,22f. (s. u.), auf einen ungenannten Autor zu beziehen.

Mit einiger Wahrscheinlichkeit sind die vorliegenden Bruchstücke die Überbleibsel eines Aufsatzes, dessen Plan Hölderlin im Brief an Niethammer vom 24. Februar 1796 (II 614f.) so entwirft: »In den philosophischen Briefen will ich das Prinzip finden, das mir die Trennungen, in denen wir denken und existiren, erklärt, das aber auch vermögend ist, den Widerstreit verschwinden zu machen, den Widerstreit zwischen dem Subject und dem Object, zwischen unserem Selbst und der Welt, ja auch zwischen Vernunft und Offenbarung,– theoretisch, in intellectualer Anschauung, ohne daß unsre praktische Vernunft zu Hilfe kommen müßte. Wir bedürfen dafür ästhetischen Sinn, und ich werde meine philosophischen Briefe ›Neue Briefe über die ästhetische Erziehung des Menschen‹ nennen. Auch werde ich darin von der Philosophie auf Poesie und Religion kommen.« Niethammer, der Herausgeber des auf der Seite Kants und Reinholds stehenden ›Philosophischen Journals ...‹, hatte Hölderlin schon im März 1795 um Beiträge gebeten (vgl. Brief an den Bruder vom 13. April 1795, II 579). Der verlorengegangene Anfang des erhaltenen Fragments hat wohl den prinzipiellen Erwägungen gegolten, von denen in der Ankündigung an Niethammer die Rede war. Jedenfalls bricht der Text bald nach der Formulierung der in den ›Winken zur Fortsezung‹ erwogenen These, daß »alle Religion ihrem Wesen nach poetisch« sei, ab und erreicht damit in etwa den im Niethammer-Brief nur lapidar formulierten Endpunkt des ins Auge gefaßten Plans. Die Datierung des Fragments sollte sich daher nicht allzu weit vom Datum des Niethammer-Briefs entfernen; vermutlich wurde der Text im Februar oder März 1796 in Frankfurt geschrieben.

51,22 f. muß er meinen: Hölderlin bezieht sich hier möglicherweise auf einen von ihm interpretierten, jedoch nicht näher zu bestimmenden Autor.

52,31 harmonischen Ganzen: Ein harmonisches Ganzes ist aus Gegensätzen zusammengefügt, die einander nicht ausschließen; so nach der pythagoreischen Auffassung von Harmonie, die Hölderlin mindestens durch die diesbezüglichen Veröffentlichungen des Stiftsrepetenten Bardili bekannt war.

54,24 Geseze: vgl. ›Antigonä‹ v. 471 f., II 335.

56,21 Mythisch: vgl. oben die Erläuterung zu 12,16.

⟨Frankfurter Aphorismen⟩
(S. 57)

Text
H56, Reinschrift.

Diese Aphorismen sind von Hölderlin auf einem Papier niedergeschrieben worden, das er vor allem während des Jahres 1799 benutzt hat. Da es sich um eine Reinschrift handelt, ist es wahrscheinlich, daß die einzelnen Aphorismen zuvor an anderer Stelle ausgearbeitet worden waren. Anhaltspunkte für eine jeweils frühere Entstehung der Einzeltexte sind einigen Anspielungen und Zitationen zu entnehmen (s. u. bei den Erläuterungen). Vielleicht gehört die Textsammlung zu den Materialien, die Hölderlin für seinen Journal-Plan zusammenstellen wollte. Wegen der wahrscheinlich früheren Entstehungszeit der einzelnen Aphorismen wird der Text hier in die Frankfurter Zeit eingeordnet.

57,28 Inversionen der Periode: ›Periode‹ wird in der klassischen Rhetorik der griechischen und lateinischen Sprache der regelgeleitete Bau von Haupt- und Nebensätzen genannt, der sich an anderen Prinzipien orientiert als denen von logischer Durchsichtigkeit und Konsequenz, so daß Umstellungen (»Inversionen«) auch gegen den logischen Sinn des Satzgefüges möglich sind.

58,7 Gränze deiner Begeisterung: vgl. den Brief Schillers an Hölderlin vom 24. November 1796, der auch als Anhaltspunkt einer Datierung dieses Aphorismus verstanden werden kann: »Fliehen Sie wo möglich die philosophischen Stoffe, sie sind die undankbarsten, und in fruchtlosem Ringen mit denselben verzehrt sich oft die beßte Kraft, bleiben Sie der Sinnenwelt näher, so werden Sie weniger in Gefahr seyn, die Nüchternheit in der Begeisterung zu verlieren, oder in einen gekünstelten Ausdruck zu verirren.« (II 641)

59,18 das Licht ...: Das Bild stammt aus Spinozas ›Ethik‹, wo es das Wesen der Wahrheit verdeutlicht: »Wahrlich, so wie das Licht sich selbst und die Finsternis offenbart, so ist die Wahrheit die Norm ihrer selbst und des Falschen.« (Teil II, Lehrsatz 43, Anmerkung) Das Zitat findet sich auch in Jacobis Spinoza-Buch (1785, S. 29) und in Schellings ›Vom Ich‹ (1795, S. XVII–XVIII und 60 Anmerkung). Den lateinischen Wortlaut hatte Schelling schon Ende des Jahres 1794 seinem Freund Pfister als Widmung in ein Exemplar seiner Abhandlung ›Über die Möglichkeit einer Form der Philosophie‹ geschrieben.

60,2 »alles wesentliche und bezeichnende«: Das Zitat entstammt der Definition des Klassischen in Wilhelm Heinses ›Ardinghello‹: »Das Klassische überall ist das gedrängt Volle, wenn einer alles Wesentliche und Bezeichnende von einem Gegenstande herausfühlt und nachahmt; und in diesem Verstande kann man gewiß schon aus einer Hand oder irgendeinem Teil am menschlichen Körper bei einem Künstler den großen Mann erkennen, wie aus der Klaue den Löwen.« (Reclam-Ausgabe, Stuttgart 1975, S. 176)

60,30 Es kommt alles ...: vgl. die ähnlichen Überlegungen im Stammbuchblatt für Daniel Andreas Manskopf vom Juni 1798 (II 972).

Die Weisen aber ...
(S. 61)

Text
H47, Entwurf

Dieses Notat findet sich in dem später für den ersten Entwurf zum ›Empedokles‹ verwendeten Handschriftenkonvolut und ist offenbar vor dem Beginn dieses Entwurfs geschrieben.

Journal-Aufsätze

Nach der Trennung vom Hause Gontard und der Übersiedlung nach Homburg entwirft Hölderlin im Frühjahr 1799 den Plan einer »poetischen Monatschrift«, die seinen Lebensunterhalt sichern soll. Nachdem er die »Hauptmaterialien für den ersten Jahrgang« »gröstentheils schon fertig« vorliegen hat, teilt er Neuffer den Plan Anfang Juni 1799 mit und bittet ihn, den Stuttgarter Verleger Steinkopf dafür zu gewinnen. Zum Titel des geplanten Journals teilt C. T. Schwab in seiner Biographie das folgende mit: »Er schwankte in der Wahl eines schicklichen Titels ⟨...⟩, der Name ›Hebe‹ war schon vergeben, er dachte daran, sie ›Symposium‹ zu nennen; wie beim Plato die Liebe ein Kind des poros und der penia heißt, so sollte Kunst und Poesie als ein Kind des Reichthums und der Armut, als hervorgegangen aus der Fülle der Idee und aus der Dürftigkeit des wirklichen Lebens gefaßt und dadurch der originelle Titel gerechtfertigt werden; Hölderlin verließ jedoch diesen Gedanken wieder und entschied sich für den Namen: ›Iduna‹.« (D1846 Bd. 2, 299)

Zeugnisse

Im folgenden sind die Briefstellen aufgeführt, die sich auf den Journal-Plan beziehen.

An Neuffer, 4. Juni 1799	II 764 ff.
Von Steinkopf, 13. Juni 1799	II 773 f.
An die Mutter, 18. Juni 1799	II 776
An Steinkopf, 18. Juni 1799	II 777 f.
An Neuffer, 3. Juli 1799	II 780
Von Steinkopf, 5. Juli 1799	II 784
An Schiller, 5. Juli 1799	II 785 f.
An die Mutter, 8. Juli 1799	II 790
Von Neuffer und Steinkopf, 9. Juli 1799	II 791
Conz an Neuffer, Anfang Juli 1799	III 600
An Schelling, Juli 1799	II 792 ff.
An Goethe, Juli 1799	II 796
Jung an Ebel, 15. Juli 1799	III 600 f.
An die Schwester, Juli 1799	II 798
Von Conz, 19. Juli 1799	II 801
An Neuffer, zweite Hälfte Juli 1799	II 801 f.
Von Schelling, 12. August 1799	II 803

An Steinkopf, 23. August 1799   II 803 f.
Von Schiller, 24. August 1799   II 804 f.
An die Mutter, 3. September 1799   II 808
Von Susette Gontard, August–September 1799   II 815
Von Steinkopf, 18. September 1799   II 822
An Susette Gontard, zweite Hälfte September 1799   II 824 f.
An Jung, Anfang Oktober 1799   II 827
An die Mutter, 8. Oktober 1799   II 827 f.
Von Böhlendorff, 24. Oktober 1799   II 829
Von Ebel, November 1799   II 837
An die Schwester, 16. November 1799   II 844
An Ebel, November 1799   II 845
An die Mutter, 29. Januar 1800   II 852

⟨Aus einem Entwurf zum Journalplan⟩
(S. 62)

Text
H 51

Der Text befindet sich oben auf der Seite vor dem Beginn des Aufsatzes ›Der Gesichtspunct …‹. Offenbar handelt es sich um den Schluß eines Entwurfs jener für die Öffentlichkeit bestimmten »Ankündigung« des Journals, die Hölderlin dem Verleger Steinkopf im Brief vom 23. August 1799 in Aussicht stellt.

62,1 als Naturproduct seine Ehre widerfahren.: Eben diese Wendung findet sich wörtlich auch im Brief Hölderlins an Steinkopf vom 18. Juni 1799, so daß der Beginn des Satzes aus diesem Brief rekonstruiert werden könnte.

Der Gesichtspunct aus dem wir das Altertum anzusehen haben
(S. 62)

Text
H 51, Entwurf

62,16 Positivem: Im Zeitalter der Aufklärung unterschied man zwischen »Positivem« (d. h. durch Menschen Gesetztem) und »Natürlichem«, so z. B. zwischen positivem Recht und Naturrecht oder zwischen positiver Religion und natürlicher Religion. Hölderlins Freund Hegel hat sich während seines Frankfurter Aufenthalts (1797–1800) mit der Überarbeitung eines Manuskripts über die »Positivität der christlichen Religion« beschäftigt.

⟨Notiz zum Plan von Briefen über Homer⟩
(S. 64)

Text
H51, Entwurf

Im Brief an Neuffer vom 4. Juni 1799 unterscheidet Hölderlin bei der Aufzählung der geplanten Aufsätze solche, die »karakteristische Züge aus dem Leben alter und neuer Dichter« enthalten sollen und solche, die der »Darstellung des Eigentümlichschönen ihrer Werke« gelten. Homer bzw. sein Werk wird in beiden Abteilungen genannt. Susette Gontard erkundigt sich danach noch am 18. August 1799 in einem Brief an Hölderlin: »(Ich werde doch Deine Bemerkungen über Homer auch noch sehen? –)«

Mich freut es ...
(S. 64)

Text
H47, Entwurf

Die Skizze steht in dem für den ersten Entwurf zum ›Empedokles‹ angelegten Quartkonvolut und ist sicherlich früher als dieser niedergeschrieben.

64,14 »so für kurze Zeit geboren«: Homer, Ilias 1,352; s. auch Hölderlins frühere Übersetzung der Stelle (II 128,17).

Am meisten aber lieb' ich ...
(S. 64)

Text
H56, Entwurf

65,2 *enfant gaté:* (frz.) Schoßkind.

Ein Wort über die Iliade
(S. 66)

Text
H52 *Bl.4°*, Entwurf

Im Brief an Neuffer vom 4. Juni 1799 kündigt Hölderlin u. a. einen Aufsatz »über die Iliade, besonders den Karakter Achills« an.

66,11 *harmonisches Ganze:* vgl. oben die Erläuterung zu 52,31.

Über die verschiednen Arten, zu dichten
(S. 67)

Text
H286 und H50 *Dbl.4°*, Entwurf

Zwischen den beiden Doppelblättern lag mindestens ein weiteres Doppelblatt. Der untere Teil der ersten Seite des Textes enthält einen, sicher früher geschriebenen, Entwurf einer Übersetzung von Pindars Erster Olympischen Ode, v. 1–6 (s. II 185), der vielleicht zu den Vorarbeiten für den Aufsatz gehörte.

67,31 *einer der sieben Weisen:* Thales von Milet, nach dem Bericht des Aristoteles (Metaphysik 1,3). Über »Thales und Solon«, die berühmtesten unter den sieben Weisen, vgl. schon den Brief an den Bruder vom Neujahrstag 1799 und den Plan zu einem Aufsatz für Neuffers ›Taschenbuch für Frauenzimmer von Bildung, auf das Jahr 1800‹, den Hölderlin im Brief an Neuffer vom 4. Juni 1799 erwähnt. Der Verleger Steinkopf

läßt Hölderlin am 13. Juni 1799 wissen, der »Aufsatz über Solon dürfte mehr für das Journal passen«; vgl. ›Der Todtengräber‹ v. 16, I 354.
67,32 alles sei aus Wasser entstanden: vgl. die zu der Behauptung des Thales passende Übersetzung der oben erwähnten Pindar-Ode.
68,16 Rede des Phönix: vgl. Homer, Ilias 9,485–498.

Poetologische Entwürfe

Die Aufsätze in der folgenden Gruppe stehen (bis auf ›*Löst sich nicht ...*‹) im *Stuttgarter Foliobuch* und sind vermutlich erst einige Wochen nach der Aufgabe des Plans, das Journal allein zu bestreiten (vgl. die Briefe an die Mutter vom 8. Oktober 1799 und vom 29. Januar 1800), geschrieben worden, ohne den Wunsch nach rascher Veröffentlichung. Sie versuchen, das absehbare Scheitern der konkreten Pläne zu ›Empedokles‹ und zum Journal durch die vertiefende Ausarbeitung poetischer Prinzipien und einer Kombinatorik poetischer Elemente (»Töne«) wettzumachen. Der in den beiden Briefen an die Mutter erwähnte Plan, in Stuttgart »einer kleinen Anzahl erwachsener junger Leute Privatvorlesungen zu halten«, könnte vielleicht den Hintergrund für den gegenüber den Journal-Aufsätzen veränderten Tonfall und Zuschnitt der poetologischen Aufsätze abgeben.

Die relative Chronologie dieser vielleicht ohnehin im Abstand von nur wenigen Tagen geschriebenen Entwürfe ist nicht sicher auszumachen. Verhältnismäßig zuverlässig läßt sich sagen, daß die Bruchstücke ›*Die Empfindung spricht...*‹ und ›*Der Ausdruk das karakteristische...*‹ vor dem Beginn von ›*Das lyrische dem Schein nach idealische Gedicht...*‹ geschrieben (und abgebrochen) wurden, da der letztgenannte, längere Text den kürzeren Bruchstücken bei der Niederschrift ausweicht. Für die Bestimmung des chronologischen Verhältnisses zwischen dieser Textgruppe und dem Aufsatz ›*Wenn der Dichter...*‹ stehen jedoch keine entsprechenden Indizien zur Verfügung. Es ist also auch möglich, daß ›*Wenn der Dichter...*‹ erst nach der anderen Textgruppe begonnen wurde.

Das untergehende Vaterland ...
(S. 72)

Text
H6, Entwurf
Der Text beginnt auf S. 147 des *Stuttgarter Foliobuchs*, auf der zuvor der Plan zur Fortsetzung des dritten Entwurfs zum ›Empedokles‹ entworfen worden war, und wird in der jeweils rechten Kolumne der nächsten 10 recto-Seiten fortgeführt.

72,10f. *welches immer ist ... angesehen werden muß*: Textkonstitution aus einer nicht ganz durchgeformten Korrektur. Die beiden Relativsätze sind nachträglich eingefügt, zunächst zwischen den Zeilen
welche immer i s t und auß dessen
(FHA liest: ... und muß deren)
dann am unteren Rand der Seite
Seyn alles angesehen werden muß
StA nimmt nur »welches immer ist« in den Text auf.
FHA konstituiert:
Denn die Welten aller Welten, welche immer i s t und seyn muß, deren Seyn als das Alles in Allen angesehen werden muß, stellt ...
(Der Sache nach geht es hier um die Sicht, »daß alles Eins ist«, also um die »intellectuale Anschauung«, vgl. die Erläuterung zu II 49,22f.)

73,22 *an sich ... reales Nichts scheint*: Textkonstitution aus einer nicht ganz durchgeformten Korrektur. Nachträglich eingefügt
an sich, ein Bestehendes s c h e i n t reales Nichts
Die Emendation der Textstelle orientiert sich an II 75,31–33, wo der Gedanke rekapituliert wird.

75,28 *sinnlicher Idealismus:* Der Terminus »Idealismus« kann hier nicht, wie sonst üblich, eine erkenntnistheoretische Position bezeichnen, da sich dann ein Widerspruch zu dem Attribut »sinnlicher« ergeben würde; »sinnlicher Idealismus« meint daher, wie der Zusatz »ein Epikuräismus« verdeutlicht, ein Streben nach einem Ideal von Sinnlichkeit.

75,30f. *Prudens futuri temporis exitum pp.:* Horaz, Oden III/29, v. 29ff.: *prudens futuri temporis exitum / caliginosa nocte premit deus, / ridetque si mortalis ultra / fas trepidat.* »Wohlweislich birgt die Gottheit der Zukunft Lauf / im Dunkel finstrer Nacht, und sie lächelt nur, / wenn übers Maß der Erdensohn sich / ängstigt.« (Übersetzung Manfred Simon, Horaz, Werke in einem Band, Bibliothek der Antike, Berlin und Weimar 1983.)

77,4f. Herrschaft ... des einzelnen über das Ganze: vgl. die Notiz im *Homburger Folioheft* (I 422): »Die *apriorität* des Individuellen über das Ganze«.

Wenn der Dichter einmal des Geistes mächtig ...
(S. 77)

Text
H6, Entwurf
Der Aufsatz ist in nicht ganz regelmäßiger Seitenfolge in rückwärtiger Schreibrichtung in das *Stuttgarter Foliobuch* eingetragen und S. 91–74 von Hölderlin mit den Ziffern 1.–14. paginiert (vgl. Verzeichnis der Handschriften). Auf S. 87 über der »3.« steht, später geschrieben als der Aufsatztext:
  Gesang der Horen am Mittag.
auf S. 92 noch der Ansatz:
  Ges oder Gest
und auf S. 100 schließlich:
  ⟨a⟩ Gesang der Horen am Mi
  ⟨b⟩ Gesang der Musen am Mittag.
(Die so korrigierte Notiz – eventuell für einen Gedichttitel – läßt erkennen, daß das Thema der Dichterberufung oder Dichterweihe intendiert ist, zu dem seit Hesiod das Erscheinen der Musen und ihr Gesang gehört. In der Antike war es freilich umstritten, ob die Musen Hesiod am Mittag oder um Mitternacht erschienen waren. Jedenfalls ist ihr Erscheinen zur Dichterweihe das mythische Äquivalent zu dem theoretisch abgehandelten Zustand, »wenn der Dichter einmal des Geistes mächtig ist«.)

78,28 daß der – 79,2 immerforttönenden aus:
  daß der Verlust von materieller Identität (des geahndeten Totaleindruks) ersezt wird durch den immerforttönenden
nachträglich wird über der Zeile eingefügt und durch eine einweisende Linie mit der Schlußklammer hinter ›Totaleindruks‹ verbunden
  vom leidenschaftlichen, die Unterbrechung fliehenden Fortschritt

und die öffnende Klammer vor ›des‹ durch ein hinzugefügtes Komma getilgt.

(Da der Sinn des Kontextes es nicht erlaubt, die Worte ›des Totaleindruks‹ als Genitivattribut von ›materieller Identität‹ aufzufassen, muß das Eingeklammerte parallel zu ›materieller Identität‹ als Genitiv*objekt* auf ›Verlust‹ bezogen werden. Dann droht aber ein logischer Widerspruch zwischen den semantischen Implikationen des Wortes ›Verlust‹ und denen des Wortes ›geahndeter‹ (Totaleindruk). Um diesen zu vermeiden, fügt Hölderlin über der Zeile den Einschub ein, der den ›geahndeten Totaleindruk‹ durch einen dynamischen ›Fortschritt‹, welcher eben durch ›Unterbrechung‹ an Schwung verliert, qualifiziert und mit der Wiederaufnahme durch ›vom‹ die syntaktische Parallelität zur vorangegangenen Konstruktion: »Verlust von materieller Identität« verdeutlicht.)

81,16 ff. *indem ... Erfüllung* Textkonstitution aus:
  indem wenn auch recht, gewählt, ist seine nächste u. erster Fortschritt, in Rüksicht auf ihn Gegensaz und Sporn ist in Rüksicht auf das Dichterische Erfüllung

89,16 *Widerspruche.*: Auf der Seite unten, mit einem Textrest bis auf die vorhergegangene Rückseite, findet sich auch noch der erste Entwurf zu der vorgesehenen Anmerkung
  Es ist sich als material Entgegengeseztes hiemit für ein drittes aber nicht für sich selbst formal Vereinendes (als Erkanntes), als Entgegensezendes hiemit für ein drittes formal Vereinigtes, als Erkennendes schlechterdings nicht begreiflich in seinem realen Widerstreit; als Entgegengeseztes, formal Vereinendes, als Entgegensezendes, formal Vereinigtes in der Erkenntniß, im material Vereinigten und Entgegengesezten entgegengesezt, also
  ⟨bricht ab⟩

77,15 f. *die gemeinschaftliche Seele, die allem gemein und jedem eigen ist:* vgl. Brief an Schelling vom Juli 1799: »die Seele im organischen Bau, die allen Gliedern gemein und jedem eigen ist« (II 793).

80,2 *Metapher:* vgl. die drei Definitionen am Anfang von *Das lyrische dem Schein nach idealische Gedicht ...* (II 102). Offenbar knüpft Hölderlin an die alltäglich-wörtliche Grundbedeutung des griechischen Wortes ›metaphora‹ an: Über-tragung, Transport.

81,27 *Hyperbolischen:* wohl im wörtlichen, in der Rhetoriklehre gebräuchlichen Sinn von »Übertreibenden«.

81,27 f. *ihrem Karakter:* Lücke im Manuskript.

83,12 f. intellectuelle Anschauung: vgl. die Erläuterung zu II 49,22 f.

86,4 fühlbar: Das Wort ist vierfach, der daß-Satz, in dem es steht, nur doppelt unterstrichen.

89,17 Indem nemlich ...: Diese lange Anmerkung unterbricht den Fortgang der Handschrift im Text und wird auf den (rückwärts in Schreibrichtung) folgenden Seiten jeweils unter einem Strich notiert. Sie antizipiert den Gedankengang im Text.

95,2 intellectuale Anschauung: vgl. die Erläuterung zu II 49,22 f.

99,5 nichts positivem: vgl. die Erläuterung zu II 62,16.

99,15 modus exprimendi: Ausdrucksweise.

Die Empfindung spricht ...
(S. 101)

Text
H6, Entwurf

101,2 f. Die Empfindung ...: Die Trias von Empfindung, Leidenschaft und Phantasie entspricht den prinzipiell verschiedenen drei Arten von »Stoff«, die Hölderlin in ›Wenn der Dichter ...‹ abgeleitet hat, vgl. II 80,4–9.

101,3 energisch: Dem hier »energisch« genannten Sprechen, bzw. dem »energischen Style«, wie es II 107,13 heißt, entspricht in der Reihe der »Töne« der »heroische«, s. II 102,25 und die ›Poetologischen Tafeln‹ II 109.

102,11 Styl des Lieds Diotima: Ob hier eine der drei erhaltenen Fassungen (*Lange todt ..., Leuchtest du ..., Komm und besänftige ...*) gemeint ist, oder noch eine andere, verlorengegangene, ist bislang ungeklärt.

Der Ausdruk, das karakteristische ...
(S. 102)

Text
H6, Entwurf

Das lyrische dem Schein nach idealische Gedicht ...
(S. 102)

Text
H6, Entwurf

102,23 Metapher: vgl. die Einführung dieses Begriffs in ›Wenn der Dichter ...‹ und die Erläuterung zu II 80,2.

103,16f. Pindarischen Hymne, an den Fechter Diagoras: die siebte Olympische Ode (= Hymne) Pindars. Eine Übersetzung Hölderlins ist nicht überliefert.

103,29 aorgischere: s. auch ›Die tragische Ode ...‹, I 868 ff. Bedeutung und Herleitung dieses Wortes ist bis heute nicht befriedigend geklärt (vgl. den Aufsatz von Hans Schwerte in Germ.-Roman. Monatsschrift 1953). In Schellings gleichzeitigen naturphilosophischen Schriften und bei Jean Paul (›Vorschule der Aesthetik‹ §70) findet sich das Wort »anorgisch«.

104,5 μηνιν αειδε θεα: (menin aeide thea, gr.) »Den Zorn singe Göttin«, die berühmten Anfangsworte der Ilias.

104,22 intellectuale Anschauung: vgl. die Erläuterung zu II 49,22f.

107,13 energischen Style: vgl. die Erläuterung zu II 101,3.

Löst sich nicht ...
(S. 108)

Text
H38, Entwurf

Dieser Text versucht eine ähnliche gattungspoetisch gegründete Kombinatorik der »Töne« zu skizzieren wie ›Das lyrische dem Schein nach idealische Gedicht ...‹. Offenbar wurden, wie auch an anderen Indizien ablesbar ist, eine Zeitlang die beiden Manuskriptkonvolute H6 und H11/H55/H38 nebeneinander benutzt.

108,2 Katastrophe: Auch dieses (griechische) Wort gebraucht Hölderlin, wie das Wort Metapher, in seinem ursprünglichen, d.h. nicht übertragenen Sinn: Herab-wendung, Ausgang.

⟨Poetologische Tafeln⟩
(S. 109)

Text
H6

Es handelt sich hierbei um einen Versuch, die kombinatorischen Möglichkeiten der drei Tonarten (naiv = n; heroisch = h; idealisch = i) zu einer Charakterisierung der drei poetischen Gattungen (lyrisch, episch, tragisch) zu gebrauchen.

Der tragische Dichter ...
(S. 110)

Text
H6, Entwurf

Zur Literaturkritik

⟨Rezension zu Siegfried Schmids Heroine⟩
(S. 111)

Text
h86, Abschrift Sinclairs

Die Rezension kam auf Bitten von Siegfried Schmid zustande (vgl. Brief von Schmid vom 22. Februar 1801, II 891). Schmid wollte sich um eine Professur für Beredsamkeit und Poesie in Gießen bewerben und hat die Hölderlinsche Rezension seinen Unterlagen beigefügt. Sie wird tatsächlich in den Universitäts-Akten erwähnt: »Ganz neuerlich hat derselbe Candidat ein größeres Drama in Jamben unter dem Titel, die Heroine, herausgegeben, von welchem der bekannte Dichter Hölderlin eine sehr vortheilhafte Beurtheilung, die einer von uns im Manuskript gelesen, für die Jenaische Allgemeine Literatur-Zeitung geliefert hat.« Ob die Rezension tatsächlich für die genannte Zeitung gedacht war, läßt sich bezweifeln, da diese sich 1799 im »Atheismus-Streit« um Fichte zu dessen

Nachteil verhalten hatte, deshalb zu diesem Zeitpunkt schon von Fichtes Freunden und Anhängern boykottiert wurde, und sowohl Schelling als auch Friedrich Schlegel dabei waren, ein alternatives Publikationsorgan aufzubauen.

Die Bedeutung der Tragödien ...
(S. 114)

Text
H331 Bl. 2° (S. 2: leer), Entwurf

Der Text gehört vermutlich zu den Vorarbeiten für die nicht mehr zustandegekommene »Einleitung zu den Tragödien des Sophokles«, von der Hölderlin im Brief an Wilmans vom 8. Dezember 1803 spricht (II 925).

114,21 Lebenslicht: Der Begriff wird auch im Brief an Böhlendorff von Ende 1802 (II 921) verwendet, sowie in einer Variante zu ›Brod und Wein‹ ⟨Zweite Fassung⟩ v. 153 (III 213) und in ›Viel hab' ich dein ...‹ v. 150 (II 413). Er findet sich im übrigen schon bei Herder (unter Anspielung auf Lukas 11,34) in seinen ›Briefen das Studium der Theologie betreffend‹ und wird daraus in Jacobis Spinoza-Buch (2. Aufl., S. 251) zitiert.

Von der Fabel der Alten
(S. 115)

Text
H332, Konzept

Diese Gedankendisposition ist vermutlich zur gleichen Zeit entstanden wie die anderen Texte auf dem Doppelblatt, d. h. in Homburg nach 1804, vermutlich im Sommer 1805, da für diesen Zeitpunkt eine erneute Beschäftigung mit Pindar belegt ist (vgl. III 443 f.). Einzig der isolierte Eintrag Lyrisch tragisch episch, oben auf der Seite über dem Titel, könnte – vielleicht sogar einige Jahre – früher geschrieben sein als der Rest des Textbestands auf dem Doppelblatt.

115,1: Auffällig ist die Wiederaufnahme des Ausdrucks »Fabel«, der durch den Heyneschen Begriff des »Mythos« (vgl. die Erläuterung zu II 12,16) abgelöst worden war.

ÜBERSETZUNGEN

Hölderlins dichterisches Werk wird von einer großen Zahl Übersetzungen begleitet. Mit Ausnahme der ›Trauerspiele des Sophokles‹ und der Übersetzung der Phaëton-Episode aus Ovids ›Metamorphosen‹ waren sie nicht zur Veröffentlichung bestimmt, sondern dienten der Aneignung der unterschiedlichen »poetischen Verfahrungsweisen« der alten Dichter. Hölderlin hat nur gebundene Sprache aus der Antike übersetzt, vor allem die »griechische Vortreflichkeit« war ihm über eine lange Zeit Vorbild. Gerade aber das genau hinhörende Übersetzungsverfahren bei ›Pindars Siegesgesängen‹ führte ihn über die Griechen hinaus zum »freien Gebrauch des Eigenen«, wie er es in einem Brief an Böhlendorff vom 4. Dezember 1801 (II 913) fordert. In der Übertragung der Sophokleischen Tragödien schließlich hofft er, die griechische Kunst »lebendiger, als gewöhnlich dem Publikum darzustellen« und »ihren Kunstfehler, wo er vorkommt« zu verbessern (Brief an Wilmans vom 28. September 1803, II 925). Hölderlins Entwicklung als Übersetzer geht also vom Lernenden zum Korrigierenden.

Abweichungen von den Übersetzungsvorlagen sind in vorliegender Ausgabe im allgemeinen nicht verzeichnet, da Hölderlin keine philologische Präzision anstrebte, sondern oft geradezu willentlich verändernd in die Texte eingriff. In vielen Fällen ist nicht ohne weiteres zu entscheiden, ob es sich bei einer Abweichung um einen Fehler oder um Absicht handelt. Als ein Beispiel für dieses Problem mag die Übersetzung von φῦλον in v. 19 von ›Ödipus der Tyrann‹ stehen. Hölderlin setzt dafür »Gezweig«. Die Grundbedeutung des Wortes ist »Familie, Stamm«; an dieser Stelle wird es aber allgemeiner im Sinne von »Volk« verwendet. StA gibt dazu an, daß es sich um eine Verwechslung mit φύλλον handelt. Dieses Wort bedeutet jedoch »Blatt, Laub« und nicht »Gezweig«. Es ist durchaus denkbar, daß Hölderlin keine Verwechslung unterlaufen ist, sondern daß er sich mit dieser Übersetzung auf den Eingangsvers zurückbezieht, in dem Ödipus das Volk der Thebaner als »Kadmos' Kinder« bezeichnet, als das »Gezweig« seines Stammvaters Kadmos. Da die ausführliche Kommentierung solcher mehrdeutiger Stellen den Rahmen dieser Ausgabe sprengen würde, beschränkt sich der Kommentar auf eindeutige Fälle. Im übrigen ist zum intensiveren Studium der Übersetzungen Hölderlins zu empfehlen, durchgängig den Originaltext zu vergleichen. Neben der Benutzung moderner Übersetzungen sind dafür die Bände 15–17 der FHA geeignet, die die Texte der Vorlagen zusammen mit einer Interlinearübersetzung wiedergeben.

Homers Iliade
(S. 119)

Text

H40 *Quartheft*, vorläufige Reinschrift (S. 1, 2, 86–89: leer); S. 90:
Agamemnons Rede an seine Achäer, als er am nemlichen Tag die Trojaner noch angreiffen wolte. *L. II. 380.*
Es folgt eine Abschrift des griechischen Textes von Ilias 2, 382–389 und 391–393 (vgl. in Hölderlins Übersetzung 145,2 *Jeder bereite* bis 145,8 *an der Lanze* und 145,9 *Und werd ich* bis 145,12).

142,28 *hätten* danach zwei Verse (289f.) nicht übersetzt: »denn wie kleine Kinder oder verwitwete Weiber / jammern sie einander etwas vor, um die Rückkehr nach Hause«.

Quellen

Im Nachlaßverzeichnis von Hölderlins Büchern sind zwei Homer-Ausgaben aufgeführt, die zweibändige *Homeri Opera, graece et latine, Basilea MDCCLXXIX* (Basel 1779) und *Homeri Ilias graece et latine. Havniae et Lipsiae* (Kopenhagen und Leipzig) *1786*. Ob eine dieser Ausgaben als Textgrundlage der vorliegenden Übersetzung diente, ist zweifelhaft, vgl. oben die Anmerkung zu 142,28.

Konkordanz zur Verszählung der Ilias

»Erster Gesang«

119	1– 30	125	219–255	131	448–482
120	30– 67	126	256–295	132	482–523
121	68–104	127	295–334	133	523–561
122	104–142	128	335–373	134	561–600
123	142–179	129	373–411	135	600–611
124	179–218	130	411–448		

»Zweite Rhapsodie«

135	1– 23	140	182–223	145	381–420
136	23– 61	141	223–260	146	420–459
137	61–100	142	260–301	147	459–493
138	100–143	143	301–339		
139	143–182	144	339–381		

Die Übersetzung stammt aus der Maulbronner Zeit, wie am Duktus der Handschrift abzulesen ist und an der häufigen Verwendung mundartlicher Formen, wie *schätticht* für ›schattig‹, *dann* für ›denn‹ und *plözlich* für ›sofort‹. Vielleicht bezieht sich die Bemerkung im Brief an Immanuel Nast vom 6. September 1788 (II 433) auf den vorliegenden Text: »warum mirs wirklich so wohl ist! – weil ich vorgestern etwas vollendet hab', davon mir so manches Duzend Tage lang der Kopf glühte –«.

Hölderlins Prosaübersetzung enthält zahlreiche Hexameter, die aber nicht immer die Versgrenzen des Originals wiedergeben:
120,14 f. *Also ... herunter* (2) *121,16 123,31 124,2* f. *Wann ... also* *124,34 Ihr ... Achilles 124,36* f. *Wer ... ersten 125,27 So ... Erde 125,35 126,4* f. *Dann ... seid 127,21* f. *Da ... Achilles* (2) *128,29* f. *rede ... Achilles* (2) *129,23 129,25* f. *als ... Himmelsbewohner 129,28 129,31* f. *sezte ... erfreuend 129,34* f. *ob ... verstärken 129,36 viele ... vertreiben 130,3 130,12* ff. *Aber ... gewinnen* (3) *131,4* f. *du ... herrschest* (2) *131,10 Also ... Apollo 131,15* f. *auf ... ein 131,22* f. *und ... Gierde 131,33* f. *günstigen ... Phoebus 132,5* ff. *Aber weilend ... die unsterbliche Götter* (7) *133,22 133,36 134,9* f. *Aber ... sprechen 135,19* f. *Gehe ... Griechen 135,29 136,4 138,11* f. *Ilium ... ziehn 139,35* f *halte ... zurüke 140,13* f. *Jupiter ... ihn 142,14* f. *Diß ... hat 142,32* f. *von ... Meere 143,3* f. *als ... Griechen 143,35* f. *Wo ... Eide 144,12* f. *Blizen ... Schiksaals 145,35* f. *hingestrekt ... zerraufen 146,11* ff. *und das ... gestillet* (2)

120,9 Chryses: Bei Homer ist hier die Stadt Chryse gemeint, aus der Chryses stammt; das gleiche Versehen findet sich in 121,33, 129,17, 130,21 und 131,4.

120,35 Hekatombe: (gr.) großes Opfer (von 100 Stieren).

125,11 (da ... sterben.): Zusatz Hölderlins.

126,9 Aegäer: eigentlich ›Aegeïde‹ (Sohn des Aegeus).

126,35 stammelnd vor Zorn: eigentlich ›ins Wort fallend‹; Hölderlin schrieb zunächst: »furchtlosen Blikes«.

127,11 Menoetiades: ›dem Menoetiaden‹, gemeint ist Patroklos.

128,14ff.: vgl. den elegischen Entwurf ›Achill‹ (I 200), dem diese Szene mit Achills Mutter Thetis zugrunde liegt.

133,4 Winken: vgl. ›Rousseau‹ v. 31 (I 268).

144,21 Kurie: hier: Adelsgeschlecht.

⟨Aus Lucans Pharsalia⟩
(S. 148)

Text

H45 5 Lagen von je 2 Dbl. 4°, Reinschrift; die Fortsetzung ist nicht überliefert. Die Hexameter sind in der Handschrift durchweg gebrochen, jedoch ohne Bezug zum Versmaß.

Quellen

Im Nachlaßverzeichnis von Hölderlins Büchern sind zwei Lucan-Ausgaben im Quart-Format aufgeführt, die Angaben sind jedoch nicht eindeutig. In Frage kommen *M. Annaei Lucani Cordubendis Pharsalia. Sive Belli Civilis Decem* ⟨...⟩ *Lugduni Batavorum* (Leyden) *1728* und *M. Annaei Lucani Pharsalia, cum commentario Petri Burmanni. Leidae* (Leyden) *1740.* Die erste der beiden weist alle aus Hölderlins Übersetzung erschließbaren Lesarten auf.

Der Handschrift und den orthographischen Eigentümlichkeiten nach ist die vorliegende Übersetzung in Tübingen entstanden. Wie weit sie gediehen ist, läßt sich wegen des Verlustes der Fortsetzung nicht bestimmen. Am 15. November 1790 schreibt Magenau in einer Epistel an Neuffer: »Nur hie u da erschallt der Ochsenstall von Holzens Centaurähnlichem Poeten Schritt, wenn allen fals aufs Wörtchen :Fluchtal: der schwere Reim ihm noch gebricht.« Dieses – außer hier in v. 38 – sonst bei Hölderlin nirgends vorkommende Wort mag, trotz der reimlosen Verse der ›Pharsalia‹-Übersetzung, einen Anhaltspunkt für das Entstehungsdatum Ende 1790 geben. Hölderlins Freund und Förderer Carl Philipp Conz arbeitete zu Beginn der neunziger Jahre an einer Lucan-Übersetzung, die er bei einem Besuch in Weimar 1793 Schiller vorlegte. Möglicherweise hatte dieses Projekt von Conz einen Einfluß auf Hölderlins Plan.

8-66: Elogium an Nero; er ist auch der in v. 41 und v. 60 angesprochene ›Cäsar‹.

10 Siehe!: Dieser in Hölderlins Übersetzung 33mal wiederkehrende Imperativ hat keine Entsprechung im lateinischen Text (außer in v. 263).

15 Titan: der Titan Hyperion.

25 Quater: Quader, ebenso in v. 385.

28 Dikig: Dickicht.

29 Latium: für lat. ›Hesperia‹, auch in v. 224 müßte nach dem Wort »Gestade« ›Hesperiens‹ stehen.

39 die Punischen Geister: die Manen der im Kampf gegen Rom gefallenen Karthager.

42 Pelusium: im lateinischen Text ›Perusina‹, das heutige Perugina. Pelusium ist eine ägyptische Stadt.

43 Sclavengefecht: Sextus Pompeius, ein Sohn des Gnaeus Pompeius, führte einen Krieg gegen das zweite Triumvirat von Sizilien, in dem er auch zahlreiche Sklaven verpflichtete, und wurde 39 v. Chr. in der Nähe des Ätna geschlagen.

57 die Axe: die Erdachse, vgl. unten bei v. 413.

59 Cäsar: an dieser Stelle ist Nero gemeint.

86 von dreien zugleich beherrscht: vom ersten Triumvirat, das Cäsar, Crassus und Pompeius 60 v. Chr. bildeten.

96 Bruderblut: das Blut des Remus.

98 Asyl: Rom. Romulus soll ein Asyl für Vertriebene und Landflüchtige gebaut haben, um die Bevölkerung Roms zu vergrößern.

122 Magnus: Beiname des Pompeius.

142: Danach ist, vielleicht bei der Abschrift vom Entwurf, ein Vers ausgelassen: »zwar wankt er beim ersten Ostwind, als wolle er fallen, obwohl...«.

155: Danach ist ein Vers und ein Wort des übernächsten Verses ausgelassen: »in seine Tempel schlägt er und nichts hindert sein Heraustreten«.

173 jach: jäh, schnell, mit Ungestüm.

177 Tribun und Consul: die Vertreter der Plebejer und der Patrizier, als Symbol der beiden Teile des römischen Volkes.

178 Fascenkram: Krämerei um die Fascen (Rutenbündel), Symbol für die höchsten Staatsämter in Rom, die Gegenstand kostspieliger Wahlkämpfe wurden.

204 Er, er: Pompeius.

225 das verbott'ne Gefild: Als Statthalter von Gallien durfte Cäsar sein Heer nicht nach Italien führen.

238 heischern: heisern.

252 Eoos: Genetiv von Eos.

256 Lybias Mars: Gemeint ist Hannibal.

264 Risch: kräftig, beweglich (von »rasch«).
276 Rostrum: Rednertribüne auf dem Forum Romanum.
283 Faren: Fährnisse
284 Lustren: (lat.: lustrum) Jahrfünft.
290 Eidam: Pompeius war Cäsars Schwiegersohn.
294 Elischer Renner: olympischer Renner; Olympia liegt in Elis.
316 der Mann: Hölderlin setzt dies für den Namen des Pompeius, ebenso in v. 331.

317 im Waagen einherzieh'n: Pompeius mußte den Triumphzug für den Sieg über den Numiderkönig Hiarbas 79 v. Chr. erzwingen, da er für ein Amt, das ihn dazu berechtigt hätte, mit sechsundzwanzig Jahren noch zu jung war.

320 Hunger: Pompeius wurde während einer Getreideknappheit 57 v. Chr. mit Sondervollmachten zur Normalisierung der Versorgung ausgestattet. Seine Gegner behaupteten, er habe die Hungersnot manipuliert, um seine eigene Stellung zu festigen.

326 heimische Waffen: Bürgerkrieg.

339: Eigentlich müßte es heißen: »dem Pompeius die letzte Provinz übergeben werden, Cäsar?« Wieder ist der Name des Pompeius ausgelassen.

357 Pile: (lat.: pilus) Manipel der erfahrensten Soldaten, nach ›pilum‹ (römischer Wurfspieß).
365 Weil: temporal zu verstehen: während.
371: Gemeint ist Cäsars Feldzug nach Britannien.
385 Widder: (›aries‹) römischer Rammbock.
399 versucht: Im lateinischen Text steht ›pugnaces‹ (kriegerisch).
405 Heerschaar: Die Lucan-Ausgabe von 1728 gibt im Apparat ›milite‹ für ›limite‹ (»Verlauf« – nämlich des Flusses Varus).
413 Axe: Achse, gemeint ist der Nordpol.
414 Thetis: Im lateinischen Text steht ›Tethyos‹ (Genetiv von Tethys), ebenso in v. 551.
430 die furchtbare Trozer: die furchtbaren Trotzenden.
438: Danach fünf, in der Lucan-Ausgabe von 1728 als unecht gekennzeichnete Verse nicht übersetzt.
470 Turmen: (lat.: turma) 30 Mann starke Reiterei, der Begriff wird aber auch für eine Kriegsschar überhaupt verwendet.
484 Kurie: Hier ist der Versammlungsort des römischen Senats gemeint.
485 Väter: Gemeint sind die Senatoren, die den Konsuln auftrugen, mit einem Heer gegen Cäsar zu ziehen.
520 befahren: erfahren.

524 Pol: Gemeint ist der Himmel.
532 Latialische Haupt: Gemeint ist Rom.
547 Latinen: Fest zu Ehren des Jupiter als des Schutzgottes Latiums.
553 heimische Götter: Äneaden und Laren.

Reliquie von Alzäus
(S. 165)

Text
H366 *Bl. 8°*, Entwurf (S. 2: leer)

Das Skolion entstammt den ›Deipnosophistai‹ (695ab) des Athenaios, einer aus 15 Büchern bestehenden Sammlung von Gesprächen, Reden und Liedern, die ein Gastmahl begleiten. Der Verfasser dieses Tischliedes ist zweifellos nicht Alkaios, der, als Hipparchos ermordet wurde, bereits längere Zeit tot war; sein Name wird aber kurz zuvor im Text bei Athenäus erwähnt. Als mögliche Textquelle für Hölderlins Übersetzung kommt die Ausgabe von Casaubon, Heidelberg 1611, in Frage, die in der Tübinger Stiftsbibliothek vorhanden war, den Text allerdings nicht in abgesetzten Versen wiedergibt. Vielleicht ist das der Grund dafür, daß Hölderlin die im Original vierversigen Strophen mit jeweils fünf Versen versieht (vgl. aber ›Horaz, Ode II/6‹, II 180f.). Die Übersetzung dürfte 1792/93 im Zusammenhang mit den ersten Arbeiten am ›Hyperion‹ entstanden sein. Dafür spricht ein mit den Worten ›Unsere Tradition ...‹ beginnendes Notizblatt Hegels aus der ersten Jahreshälfte 1793, das die Formulierung Hölderlins aufgreift: »Es ist kein Harmodius, kein Aristigiton, die ewiger Ruhm begleitete, da sie den Tyrannen schlugen, und gleiche Rechte und Geseze gaben ihren Bürgern, die in dem Munde unsers Volks, in seinen Gesängen lebten« (Hegel, Gesammelte Werke Bd. 1, Hamburg 1989).

⟨Aus Ovids Phaëton⟩
(S. 166)

Text
H326 *Dbl. 4°*, Reinschrift mit Überarbeitungen
v. 4f. aus:

»Wie führten dich zu mir des Herzens Triebe,
Beginnt der Gott, »du Sprosse meiner Liebe?

v. 16 f. aus:
»Du bist ja werth, ein offen Herz zu finden,
»Ja, du bist mein! Clymenens Sag' ist wahr!

v. 27–29 aus:
»Durch diese Bitt'; o könnt ich sie versagen –
So spricht er und erschüttert zürnt sein Haupt –
»O wär, ein Wort zu brechen, mir erlaubt!

v. 50 f. aus:
»Dann schau' ich mitten auf des Himmels Bogen
»Mit Schaudern oft um's Land den Ocean
»In tiefer fürchterlicher Ferne woogen;

v. 56–61 aus:
»Wenn reißend mich des Himmels Wirbel faßt,
»Worinn die rollenden Gestirne wallen;
»Doch wo die Welt in ew'ger Gluth und Hast
»Sich treibt, da lass' ich nie den Zügel fallen,
»Und halte, troz dem Strome, mein Gespann
»Mit seinem Kampf', in wandelloser Bahn.

v. 79–83 aus:
»Das Flammen schnaubt und vom Gebisse schäumt,
»Das wäre dir zu bändigen gegeben?
»Kaum wird von mir der Rosse Muth bezäumt,
»Wenn glühend sie dem Zügel wiederstreben
»Und zürnend sich der Rosse Naken bäumt –

Am 28. April 1795 schreibt Hölderlin aus Jena an Neuffer (II 583):
»Schiller hat mich veranlaßt, Ovids Phaëton in Stanzen für seinen Allmanach zu übersezen, und ich bin noch von keiner Arbeit mit solcher Heiterkeit weggegangen, als bei dieser. Man ist nicht so in Leidenschaft, wie bei einem eigenen Producte und doch beschäftiget die Musik der Versification den Menschen ganz, der andern Reize, die so eine Arbeit hat, nicht zu gedenken.« Als er die (nicht überlieferte) Reinschrift am 23. Juli an Schiller absendet, schreibt er jedoch dazu (II 591): »Bei dem, was ich beilege, betrübte es mich oft, daß das erste, was ich auf Ihren unmittelbaren Antrieb vornahm, nicht besser werden sollte.« Und schließlich heißt es im März 1796 in einem Brief an Neuffer über den im Januar erschienenen *Musen-Almanach* (D7): »Daß Schiller den Phaëton nicht aufnahm, daran hat er nicht Unrecht gethan, und er hätte noch besser gethan, wenn er mich gar nie mit dem albernen Probleme geplagt hätte ...« (II 617).

Das überlieferte Handschriftenfragment enthält nur die Übersetzung der v. 31–99 des zweiten Buches von Ovids ›Metamorphosen‹, Hölderlin hat aber wahrscheinlich die ganze Phaëton-Episode (met. 1,750–2,339) übersetzt. Seine Stanzen – für die Hexameter des Originals – sind klassisch gebaut, das Reimschema *ababab cc* wird genau und der Wechsel von stumpfen und klingenden Reimen mit nur einer Ausnahme beachtet. Die Strophenform erweist sich jedoch dem antiken Stoff wenig angemessen.

54 Thetis: Im lateinischen Text steht ›Tethys‹, vgl. ›Aus Lucans Pharsalia‹ v. 414 und 551.
69 Thiere: die Sternbilder des Tierkreises.
71 Von Hämons Bogen: eigentlich »vom hämonischen Bogen«.

⟨Ovid⟩ Dejanira an Herkules
(S. 169)

Text
H 32, Entwurf
Der Text steht, wie die beiden folgenden, in einem unsystematisch angelegten Quartfaszikel, das auch noch weitere Entwürfe enthält (vgl. Verzeichnis der Handschriften), die auf die Zeit in Frankfurt vor April 1797 deuten. Wann das Faszikel erstmals angelegt wurde, läßt sich nicht genauer bestimmen.

Ovids ›Heroiden‹ sind eine Sammlung von Vers-Episteln, in denen meist Frauen des Mythos dem fernen Geliebten ihr Leid klagen. Hölderlin hatte sich schon in seinem Gedicht ›Hero‹ (s. I 45–48) von diesem Werk anregen lassen und später noch eine Prosaübersetzung von ›Leander an Hero‹ (s. II 182–184) angefertigt. Die vorliegende unvollständige Übersetzung aus dem neunten Buch (Hölderlin gibt nur die v. 3–6 und 11–48 wieder) ist wie das Original in Distichen gehalten und diente Hölderlin vielleicht zur Wiederaneignung des dann für ›Der Wanderer‹ verwendeten Versmaßes. Da einerseits in Hölderlins Nachlaß keine Ovid-Ausgabe verzeichnet ist und andererseits die Textausgaben sich nur unwesentlich voneinander unterscheiden, ist als Vorlage keine bestimmte Ausgabe auszumachen.

8 Meergott: Im lateinischen Text steht ›Nereus‹.

10 des Sonnengotts Wohnungen beede: Osten und Westen.

11 Olymp: Im lateinischen Text steht ›coelum‹ (Himmel); diesen trug Herkules, während Atlas für ihn die Äpfel der Hesperiden stahl.

22 Schwähr: Der Sonnengott wird hier als Herkules' Schwager bezeichnet.

33 Fibern der Thier': Wie aus den Träumen, so will Dejanira aus den Eingeweiden der Tiere die Zukunft deuten.

37 Mutter: Gemeint ist Alkmene, die Mutter des Herkules.

⟨Virgil⟩ Nisus und Euryalus
(S. 170)

Text

H32, Entwurf

Die Übersetzung steht im gleichen Faszikel wie ›Dejanira an Herkules‹, im Anschluß an den Entwurf ›An Herkules‹, und wurde anscheinend mehrfach unterbrochen, vielleicht um an dem darauf folgenden Entwurf ›Die Eichbäume‹ zu arbeiten. In Hölderlins Nachlaß ist eine Ausgabe *Virgilii Maronis Opera cum Annotationibus Minellii* verzeichnet, die ab 1703 in mehreren Auflagen erschien. Da, wie bei den Ovid-Ausgaben, die Varianten unerheblich sind, ist eine nähere Bestimmung der Vorlage nicht möglich.

Auch diese Episode aus Vergils ›Aeneis‹ (9,176–318) übersetzte Hölderlin wahrscheinlich als Übung – diesmal im hexametrischen Versmaß. Neuffer, der schon seit 1790 an Übersetzungen Vergils arbeitete, hatte eine Übersetzung der gleichen Episode bereits 1794 veröffentlicht.

⟨Aus Euripides' Hekuba⟩
(S. 175)

Text

H32, Entwurf

Der Text der Übersetzung ist von der anderen Seite in das umgedrehte Faszikel eingetragen, das bereits die beiden vorigen Übersetzungen enthielt, wahrscheinlich aber früher als die auf dem Deckblatt entworfene Widmung für den im April 1797 erschienenen ersten Band des

›Hyperion‹. In Hölderlins Nachlaß ist eine zweibändige, nicht näher bestimmte Euripides-Ausgabe verzeichnet; signifikante Varianten enthält Hölderlins Übersetzung nicht.

Hölderlin hatte in Tübingen eine Vorlesung über Euripides bei dem Repetenten Conz gehört, in seinem Magisterspezimen wird der dritte der großen griechischen Tragiker aber nur kurz erwähnt (vgl. II 26). Die hier vorliegende Übersetzung ist der erste Versuch Hölderlins, sich mit einem dramatischen Stoff auseinanderzusetzen. Die jambischen Trimeter des Originals überträgt er weitgehend in Blankverse, also das Versmaß, das er später für den ersten und dritten Entwurf zum ›Empedokles‹ und die ›Trauerspiele des Sophokles‹ verwenden wird. Übersetzt sind die v. 736–867 der ›Hekabe‹ (so der griechische Titel).

5 der: Gemeint ist der tote Polydoros.
44 diese: Gemeint ist eine Dienerin.
55 giebst du ihr ein gleiches Loos nicht: eigentlich »wenn du nicht Tyche selbst meinst«.
64 er that es mit Bedacht: eigentlich »er hatte Fürsorge übernommen«.
97 die Venus hingeboten: im Sinne von »die Liebe dran zu geben«.

⟨Chor aus Sophokles' Ödipus auf Kolonos⟩
(S. 179)

Text
H27, Entwurf
  Wahrscheinlich 1796/97 entstanden, vor dem auf demselben Blatt überlieferten ›Entwurf zu Die Schlacht‹ und den Epigrammen ›Guter Rath‹ etc. (s. I 184f.). Die Übersetzungsvorlage wird wohl schon die *Juntina 1555* gewesen sein, die die Chöre monostrophisch wiedergibt (s. unten bei ›Die Trauerspiele des Sophokles‹).

Auch diese Übersetzung kann, wie die drei vorhergehenden, als Aneignung von Versformen angesehen werden. Hölderlin verhält sich, anders als in den späteren Übersetzungen – vor allem der Pindarischen Siegesgesänge, in denen angestrebt wird, die Wortstellung des Originals zu wahren – hier noch sehr frei gegenüber seiner Vorlage. In vorliegendem Text liegt zusammen mit dem Entwurf ›Palingenesie‹ (I 166) der erste Keim zu Hölderlins großen Gesängen.

Aus dem ›Ödipus auf Kolonos‹ stammt das Motto zum zweiten Band des ›Hyperion‹, in dessen letztem Brief auch auf die Handlung der Tragödie angespielt wird (s. I 754). Hölderlin übersetzt nur die erste Strophe und Antistrophe des ersten Stasimons (v. 668–693).

15 göttliche Nährerinnen: die Nymphen, die Dionysos aufzogen.
19 große Göttinnen: Demeter und Persephone.
22 Noch: im Sinne von »und nicht«, vgl. ›Die Titanen‹ v. 2 (I 390).
29 goldene: eigentlich »mit goldenen Zügeln«.

⟨Horaz, Ode II/6⟩
(S. 180)

Text
H12, Entwurf

Die Übersetzung der beiden Oden des Horaz steht in einem Faszikel mit Odenentwürfen (vgl. Verzeichnis der Handschriften), das Mitte 1798 angelegt wurde. Die Beigabe von Anmerkungen deutet darauf hin, daß Hölderlin eine Veröffentlichung im Sinne hatte, eine Reinschrift existiert jedoch nicht. Die Anmerkungen lassen aber zugleich die benutzte Übersetzungsvorlage bestimmen. Es handelt sich um die von Ludovicus Desprez mit Erläuterungen versehene Ausgabe der Werke des Horaz »in usum Serenissimi Delphini«, Paris 1691 (eine um die anstößigen Stellen verminderte Ausgabe für den französischen Kronprinzen), die auch sämtliche Lesarten der Hölderlinschen Übersetzung aufweist.

S. 180, Anm. ****** *Campanien:* Kalabrien (Verschreibung, wohl durch die vierte Anmerkung bedingt)

v. 24 Textkonstitution aus einem nicht durchgeformten Entwurf:
⟨a⟩ Jener Ort ladet mit
⟨b⟩ Jener Städte ladet wie mich, jener seelige
⟨c⟩ Jener Plaze (Rest des Verses gestrichen)

Hölderlin beachtet nicht das (sapphische) Versmaß des Originals, die ersten drei Strophen haben bei ihm sogar fünf statt vier Verse. Der Zweck dieser Übersetzung liegt daher wohl eher in einer Untersuchung des Aufbaus Horazischer Oden wie auch die spätere schematische Darstellung der Ode II/21, die Hölderlin etwa 1800 in H33 angefertigt hat:

B. II.
O Nata.
C. II.
Quodcunque.
A. II.
Non ille.
B I.
Tu lene.
C I.
Tu spem.
A I.
Te Liber.

(Liest man die Strophen in der angegebenen Reihenfolge, so ergibt sich aus der ursprünglich fallenden Bewegung des Gedichtes eine steigende.)

Die Beschäftigung mit Horaz zeigt sich bei Hölderlin auch noch an anderen Stellen, neben dem frühen Motto zu ›Der Unzufriedne‹ (I 12) vor allem in der Zeit von 1797–1800; vgl. die Anspielung im ›Hyperion‹ (I 753), das Zitat in ›Emilie vor ihrem Brauttag‹ (I 206f.), das Motto zu ›Gesang des Deutschen‹ (I 246) und den Hinweis in ›Wenn der Dichter...‹ (II 75). Wie Hölderlin Neuffer am 4. Juni 1799 mitteilt (II 765), plante er auch, in sein Journal Aufsätze über Horaz aufzunehmen.

⟨Horaz, Ode IV/3⟩
(S. 181)

Text
H12, Entwurf

Zur Entstehung s. oben bei ›Horaz, Ode II/6‹. Das (vierte) asklepiadeische Versmaß des Originals wird nicht beachtet.

6f. Delische Blätter: Lorbeer, dem auf Delos geborenen Apollon heilig.

12 Aeolisches Lied: Sappho und Alkaios von der äolischen Insel Lesbos waren Vorbilder des Horaz.

24 ich athme: Das ›spiro‹ des Originals meint das inspirierte Singen.

Leander an Hero. Aus dem Ovid
(S. 182)

Text
H39, Reinschrift
Der Text folgt in der Handschrift auf die Reinschrift des zweiten Entwurfs zum ›Empedokles‹, ist also wahrscheinlich in Homburg nach Juli 1799 eingetragen worden. In einem Brief vom 9. und 10. Juli 1799 äußern Neuffer und Steinkopf den Wunsch nach einem Beitrag für das geplante Taschenbuch (D15), »etwa im Geschmack von Voß' Louise oder Göthe's Hermann« (II 791), und Hölderlin stellt in einem Brief aus der zweiten Julihälfte Neuffer »noch eine Erzählung« (II 801) in Aussicht. Möglicherweise ist der vorliegende Text aber auch für das Journal bestimmt gewesen, ein Druck kam jedenfalls nicht zustande.

Die Übersetzung aus Ovids ›Heroiden‹ (18. Brief, v. 1–116) ist zwar in Prosa verfaßt, an einigen Stellen bewahrt sie jedoch das elegische Versmaß des Originals. Hölderlin hatte diesen und den folgenden Brief bereits dem frühen Gedicht ›Hero‹ (s. I 45–48) zugrunde gelegt, vgl. auch die Übersetzung von ›Dejanira an Herkules‹.

182,29 heisch: heiser, rauh.
183,8 Atheniensisches Mädchen: Oreithyia.
183,25 Göttin: Danach v. 62 nicht übersetzt: »und es mögen die Latmischen Felsen in deinem Sinn aufsteigen«.
184,22 Wort aus: Danach v. 99 f. nicht übersetzt »und dennoch bewirkte sie nicht, obwohl sie zurückhielt die Gehende / daß dein Fuß nicht benetzt werde vom vordersten Wasser«.
184,37 den kalten Thurm und lief ans Gestade: eigentlich »den Turm und lief ans kalte Gestade«.

⟨Aus Pindars erster Olympischen Ode⟩
(S. 185)

Text
H286, Entwurf
Diese Übersetzung des Beginns der Ersten Olympischen Ode Pindars ist unter dem Anfang des Aufsatzes ›Über die verschiednen Arten, zu dichten‹ notiert, s. II 67. Die Worte »Wasser« und »Feuer« sind durch

eine wieder getilgte Unterstreichung hervorgehoben. Hölderlin nimmt diese Ode später nicht in seine Übersetzungen von ›Pindars Siegesgesänge‹ auf, er zitiert jedoch in der Fuge zwischen erstem und zweitem Akt des ersten Entwurfs zum ›Empedokles‹ daraus v. 48–54 (alter Zählung), s. I 805.

Die Übersetzung scheint vor allem wegen des Bezugs auf die drei Elemente *Wasser*, *Feuer* und *Aether* angefertigt worden zu sein, die den drei Dichtungsarten symbolisch zugeordnet werden können; vgl. die Erläuterung zu II 67,32 und das Zitat aus dem ›Empedokles‹ im Brief an den Bruder vom 4. Juni 1799, II 772. Hölderlins Übersetzung weicht – vielleicht wegen des genannten Zusammenhangs – an einigen Stellen stark vom Original ab:

> Das Beste ist das Wasser, und das Gold,
> Wie brennendes Feuer in der Nacht
> Strahlt es hervor aus großmännlichem Reichtum:
> Wenn aber Kampfspiele zu künden
> Dich verlangt, mein Herz,
> So␣spähe nicht mehr neben der Sonne
> Nach einem anderen, wärmeren,
> Am Tage leuchtenden Gestirn
> Im leeren Äther,

(Deutsch von Wolfgang Schadewaldt, in: Pindars Olympische Oden, Frankfurt 1972)

Die Bacchantinnen des Euripides
(S. 185)

Text
H6, Entwurf

Der Text steht im *Stuttgarter Foliobuch* nach einer leer gelassenen Seite zwischen der zweiten Fassung von ›Stimme des Volkes‹ und dem unmittelbar anschließenden Entwurf ›*Wie wenn der Landmann . . .*‹, ist also im Mai/Juni 1800 entstanden, entweder noch in Homburg oder schon in Stuttgart. Zur Übersetzungsvorlage vgl. oben bei ›Aus Euripides' Hekuba‹.

Mit der Übersetzung der Eingangsverse der ›Bakchai‹ beginnt Hölderlins Studium des Kunstcharakters griechischer Texte. Die Wortfolge wird genauer beachtet und darüberhinaus das Versmaß des Originals weitgehend nachgebildet; in den meist sechsfüßigen Jamben sind nicht nur die Trimeterfugen beachtet, sondern es werden häufig auch die für Euripides typischen zweisilbigen Senkungen übernommen.

2 Dionysos: Nach lateinischer Regel auf der dritten, langen Silbe zu betonen.

5 Wald: eigentlich »Quellen«. Daß eine Verwechslung von νάματα mit νέμος (Waldwiese) vorliegt, wie StA vermutet, ist eher unwahrscheinlich; vgl. ›Der Weingott‹ v. 53 (I 315), ›Antigonä‹ v. 1178 (II 360) und die Textvariante zu ›Heidelberg‹ v. 27 (III 133).

10f. Ich ... Feigenbaum: eigentlich »Ich lobe aber Kadmos, der unzugänglich (= heilig) diesen Boden / gemacht hat der Tochter Weiheort«. Möglicherweise liegt eine Verwechslung von σηκός mit συκῆ (Feigenbaum) vor, vgl. auch ›Mnemosyne‹ v. 35 und ›Andenken‹ v. 16 (I 438 und 473)

⟨Sophokles⟩ Chor aus der Antigonä
(S. 186)

Text
H6, Entwurf
 Der Text steht im *Stuttgarter Foliobuch* zwischen den Entwürfen zu ›Ermunterung‹ und ›Dichtermuth‹, dürfte also etwa im Frühherbst 1800 entstanden sein.

Übersetzt werden wie schon bei der früheren Übersetzung aus ›Ödipus auf Kolonos‹ nur die erste Strophe und Antistrophe des ersten Stasimons (v. 331–353 nach heutiger Zählung), allerdings unter genauer Beachtung des Originalmetrums. Wie ein Vergleich mit der späteren Übersetzung dieser Verse (›Antigonä‹ v. 349–370) zeigt, muß Hölderlin zu dieser Zeit eine Sophokles-Ausgabe benutzt haben, die im Gegensatz zur *Juntina 1555* die Strophen und Antistrophen der Chöre abteilt. Darauf weist auch die weiter hinten im *Stuttgarter Foliobuch* (S. 104) angefertigte – hier nicht wiedergegebene – metrische Tafel zur Parodos der Antigone, die möglicherweise im Zusammenhang mit dem Plan aufgestellt wurde, im dritten Entwurf zum ›Empedokles‹ Chorpassagen einzuführen.

Pindars Siegesgesänge

Texte
H39/H447, vorläufige Reinschriften
   Die Texte der großen Übertragung von Pindars Epinikien stehen in einem Oktavbuch, das zuvor die Reinschrift des zweiten Entwurfs zum ›Empedokles‹ und die Ovid-Übersetzung ›Leander an Hero‹ aufgenommen hatte. Letztere ist im Sommer 1799 angefertigt worden. Für den Eintrag der Pindar-Übertragung wird das Buch umgedreht und von der anderen Seite her beschrieben. Die Versuche, diese Arbeit zu datieren, schwanken zwischen der ersten Jahreshälfte 1800 (Zuntz) und Ende 1803 (Hellingrath). Möglicherweise steht die Anlage der vorläufigen Reinschrift im Zusammenhang mit den nicht überlieferten »Papieren«, die Hölderlin im Brief vom 2. Juni 1801 Schiller vorzulegen versprach, um sich als Dozent für griechische Literatur zu empfehlen (s. II 903 ff.).
   Als Übersetzungsvorlage diente Hölderlin die Pindar-Ausgabe Christian Gottlob Heynes von 1798 (*PINDARI CARMINA CUM LECTIONIS VARIETATE ET ADNOTATIONIBUS ITERUM CURAVIT CHR. GOTTL. HEYNE. VOLUMEN I. GOTTINGAE ⟨...⟩ MDCCXCVIII*). Diese Ausgabe unternimmt eine von den heutigen Ausgaben stark unterschiedene Rekonstruktion der Versgestalt der Pindarischen Epinikien und hat daher im Durchschnitt doppelt so viele Verse wie moderne Editionen. Hölderlin ahmt zum Teil die Brechung der längeren Verse nach, jedoch nicht konsequent; zudem ist die handschriftliche Situation nicht immer eindeutig. In vorliegender Ausgabe wurde daher – abweichend von früheren – die handschriftliche Gestalt möglichst genau wiedergegeben. Mit einem kleinen Einzug versehene Verse, mit einem getrennten Wort beginnende Verse und Verse mit kleingeschriebenem Anfang zeigen an, daß Hölderlin die Versbrechung der Heyneschen Vorlage übernimmt; bei Versen, die mit d/D beginnen – was in Hölderlins Handschrift nicht zu unterscheiden ist –, mußte dies jedoch vom Herausgeber ergänzt werden. (Große Einzüge stammen nicht von Hölderlin, sondern sind vom Satzspiegel der vorliegenden Ausgabe bestimmt.)
   Die Übertragungen sind nicht in der Reihenfolge der Numerierung in das Oktavbuch eingetragen (vgl. Verzeichnis der Handschriften), der einfacheren Auffindbarkeit wegen wird diese Reihenfolge hier wieder hergestellt.

»Ich möchte beinahe sagen, sein Hymnus sei das *Summum* der Dichtkunst«, schreibt Hölderlin in seinem Magisterspezimen ›Geschichte der schönen Künste unter den Griechen‹ über Pindar und fährt fort: »Das Epos und Drama haben grösern Umfang, aber eben das macht Pindars Hymnen so unerreichbar, eben das fodert von dem Leser, in dessen Seele seine Gewalt sich offenbaren soll, soviel Kräfte und Anstrengung, daß er in dieser gedrängten Kürze die Darstellung des Epos und die Leidenschaft des Trauerspiels vereinigt hat.« (II 24) Hölderlins Streben richtete sich schon früh darauf, dieses Höchste zu erreichen, wie er 1787 in der Ode ›Mein Vorsaz‹ bekennt (s. I 43 f.). Wenn auch seine Kenntnis Pindars zu diesem Zeitpunkt noch gering gewesen sein mag, die Warnung des Horaz kannte er mit Sicherheit:

> *Pindarum quisquis studet aemulari,*
> *Iulle, ceratis ope Daedalea*
> *Nititur pinnis vitreo daturus*
>   *Nomina ponto.*

(Carmina IV/2,1–4: »Wer immer sich bemüht Pindar nachzueifern Jullus, und kraft dädalischer wachsüberzogener Flügel versucht sich aufzuschwingen wird dem gleißenden Meer einen Namen geben.« D. h.: Jeder der sich bemüht, Pindar nachzueifern, wird – wie Ikarus – allenfalls dem Meer, in das er stürzt, einen Namen machen.)

Dieser Gefahr war sich Hölderlin bewußt, als er an die Übertragung der Olympischen und Pythischen Epinikien ging, deren »Kunstkarakter« ihnen abzulauschen eher sein Ziel war, als sie für ein Publikum zu übersetzen. Deshalb kann man anhand dieser Übertragungen weniger Pindar studieren als Hölderlins Bemühung, die Beschränkungen der bislang geübten Dichtungsformen zu überwinden und den Weg zu seiner eigenen Sprache, der Sprache der Gesänge, vorzubereiten. Diese Bemühung basiert allerdings auch auf einem Verständnis Pindars, das durch die genannte Horaz-Ode befördert werden konnte, die nämlich davon spricht (v. 5–12), daß Pindars Gedichte ohne Maß und Regel seien, so daß Hölderlin das Versmaß, das zu seiner Zeit allerdings ohnehin noch nicht genügend erforscht war, außer acht ließ und sich ganz auf das Studium des »Rhythmus der Vorstellungen« und der kühnen Inversionen in der Wortfolge konzentrierte.

So sind Hölderlins Übertragungen durch die strenge Nachahmung der Wortfolge eine Art Interlinearversion der Originale, die ohne Rückbezug auf das Griechische und ohne Voraussicht auf das, was Hölderlin aus ihnen für seine eigene »Sangart« gewann, weithin unverständlich bleiben müßten. Dennoch ist es die beste Vorbereitung auf Hölderlins reife Lyrik, diese Bemühungen lesend nachzuvollziehen.

Zweite Olympische Hymne
(S. 187)

v. 25 *den Ausgang* aus: die Mündung
v. 32 *Chronos* aus: Die Zei
v. 65 *Fügung* aus: ists ⟨a⟩ Geschik ⟨b⟩ das Schiksaal ⟨c⟩ der Wille
v. 97 nach *Gefunden*: (erkunstet)
v. 115 *Meeresgewässer* aus: pontische
v. 123 nach *Welche* zunächst: es wagen
v. 135 *die Hände*: fehlt.

Hymne: wie das bei den weiteren Übertragungen verwendete »Ode« ohne Entsprechung im griechischen Text. In Heynes Ausgabe steht jeweils εἶδος (Gestalt, Art), im Sinne von »Nummer«. Das vorliegende Epinikion ist Theron dem Agrigentiner für seinen Sieg im Wagenrennen gewidmet.

1–3: Schon die ersten Verse verraten zwei Eigentümlichkeiten des Pindarischen Stils. Thema aller Epinikien ist die Preisung eines Siegers in den griechischen Kampfspielen, der unter die Obhut eines Gottes und eines Helden gestellt wird. Eine zweite Eigentümlichkeit liegt in der Behandlung des »lyrischen Ich« bei Pindar. Die Perspektive und der »Sprecher« werden ständig gewechselt. Diese Verse sind natürlich zunächst Pindars Gesang, aber, da der Gesang von einem Chor aufgeführt wird, so ist es auch dieser, der von sich singt und schließlich werden die angesprochenen Hymnen mit einbezogen. Darüberhinaus fügt Pindar oft wörtliche Reden aus den von ihm zitierten Mythen ein.

8 Tyron ... Tetraoria: eigentlich »Theron«, der Sieger, dem diese und die folgende Hymne für einen Sieg mit dem Viergespann (Tetraoria) gewidmet sind.

57 Versuche: Hölderlin liest πεῖρα statt πεῖρας (Grenze).

84 Agesidamus: eigentlich »Ainesidamos' Sohn«, vgl. O 3, v. 15 f.

91 f. der Thetrippen / Der zwölfgelauften: der Viergespanne, die zwölf Runden liefen.

116 jene: Hölderlin liest κείναν statt κεινὰν (leeren). Eigentlich lautet der Sinn der Stelle »um den bloßen Unterhalt; aber«.

Dritte Olympische Ode
(S. 192)

4 Thyron: Wieder ist Theron gemeint.
9 Dorisch: Tonart; die Pindarischen Epinikien wurden vom Chor gesungen, nicht gesprochen.

Olympische Ode. 8
(S. 193)

v. 72 *Ungebürtigem* aus: Geringem

Dem Knaben Alkimedon für seinen Sieg im Ringkampf gewidmet.

13 Kronenopfer: eigentlich »Kranzdarbringung«; der Sieger legte seinen Kranz im Hain vor Pisa nieder.
28 Erhalter: Hölderlin liest Σωτῆρα statt Σώτειρα (Retterin).
35 beträufte: Hölderlin liest ὑπέσταξε statt ὑπέστασε (hat unterlegt).
36 dämonische: im griechischen Text δαιμονίαν (göttliche).
50 bissen an: Hölderlin liest (ἔ)καπτον statt κάπετον (fielen herab).
64 Der den Dreizak aber beweget: Poseidon.
72 Aus Ungebürtigem: Hölderlin liest ἀγεννείων (von unadligen) statt ἀγενείων (bartlosen).
74 denn doch: Hölderlin liest ὅμως statt ὁμῶς (ebenso).
91 Krankheit: Hölderlin liest νόσος statt νόστος (Heimkunft).
93 f. der Zorn / Um den Preis: Hölderlin liest μῆνις / γέραος statt μένος / γήραος (Lebenskraft des Greisenalters); der Sinn der Stelle ist eigentlich »und dem Vater des Vaters hauchte er Lebenskraft ein / des Greisenalters Gegengewicht«.

Neunte Olympische Ode
(S. 197)

Die begonnene Übertragung bricht sofort wieder ab. Direkt darunter beginnt die Übertragung der achten Pythischen Ode.

Zehnte Olympische Ode
(S. 197)

19 der Schwäne: Κυκνεία (die Kyknische), von Hölderlin nicht als Eigenname erkannt.
47 Sieg: Hölderlin liest νίκη statt νεῖκος (Streit).

Eilfte Olympische Ode
(S. 199)

9 waiden: im Sinne von »nähren«.
12 Fechtspiel: eigentlich »Boxkampf«.

Olympische Ode. 14
(S. 199)

Dem Knaben Asopichos aus Orchomenos für seinen Sieg im Wettlauf gewidmet.

12 Länder: Hölderlin liest χώρας statt χόρους (Tänze).
24 lydisch: Tonart; vgl. die Erläuterung zu O3,9.

Pythische Ode. I
(S. 201)

Vgl. auch die spätere Übersetzung der Verse 23–26, 30–33, 36f., 49–51, 55f., 61–66 und 71–79 (s. II 389f.).

Dem Hieron aus Aitnai für seinen Sieg im Wagenrennen gewidmet.

25 singenden: Hölderlin liest ἀειδόντων statt ἀΐοντα (hörenden).
44 Pontus: (lat.) »Meer«.
87 würd er ⟨...⟩ vergessen: Hölderlin liest ἀμνημονεῖεν statt ἀμνάσειεν (möge sie ⟨ihn⟩ erinnern).
127 Städten: Hölderlin liest ἄστεσι statt ἀστοῖς (Städtern), s. auch v. 157.
153 Versuche: Hölderlin liest πεῖρα statt πεῖρας (Seil-Ende), vgl. O2,57.

156: Der nicht übersetzte Vers müßte lauten »und quält die schnellen Hoffnungen«.
157 Städte: s. oben bei v. 127.
178 neidet: Hölderlin liest φϑονεῖ statt φϑίνει (schwindet).
182 Noch: und nicht.

Zweite Pythische Ode
(S. 206)

85 Pylos: eigentlich »Pelions«.
112 altert: Hölderlin leitet παλαμονεῖ (ringt) von πάλαι (vor alters) ab.
114 Hange: στόλον (Fahrt); Hölderlins Wörterbuch von Vollbeding gibt »ein Anhang; das Hervorragende, Ausgehänge« an.
127 Kastoreion: spartanisches Kastorlied.
128 Aeolisch: Tonart; vgl. die Erläuterung zu O3,9.
130 Phorminx: lautenähnliches Saiteninstrument.
157 Gesez: Hölderlin liest νόμος statt νομός (Weide, Bezirk).

Pythische Ode. III
(S. 212)

v. 11 *der Schmerzlosigkeit:* fehlt
v. 61 aus: Quellen kam die Jungfrau heran
v. 79 f. aus:
    Und ihn nach Magnes bringend
    Kam er zum Kentauren, zu lehren
v. 101 *Händen:* fehlt

Wie P2 dem Hieron gewidmet, diesmal für einen Sieg mit dem Rennpferd.

30 Hymenäen: dem Hochzeitsgott Hymenaios gewidmete Lieder.
50 weitesten: Hölderlin liest εὐρυτάτῳ statt εὐϑυτάτῳ (rechtschaffensten).
61 Quellen: Hölderlin liest κρήναις statt κρημνοῖσιν (Hängen).
149 mit Schönem genähret von außen: eigentlich »das Schöne hervorkehrend«; Verwechslung von ϑρέψαντες (nährend) mit τρέψαντες (kehrend).

161 Athmen: ἄϊον (belauscht hätten); Hölderlins Wörterbuch von Vollbeding gibt u. a. »ich gebe Dampf von mir« an.

166 sah ich: eigentlich »sahen sie«.

Pythische Ode. IV
(S. 218)

v. 124 darüber: Zehnte Strophe.
v. 183 aus: tauren mich die Mädchen genähret die heilgen
v. 188 *alten* aus: Erbtums
v. 258 *Moiren* aus: Schiksaalsgöttinnen

Dem Arkesilaos aus Kyrene für einen Sieg im Wagenrennen gewidmet.

5 Luf: Fahrtwind.

9 Priester: eigentlich »Priesterin«.

13 gewinnen sollte: Hölderlin liest κτήσεται statt κτίσσειν (gründen würde).

22 Lichter: Hölderlin liest φώτων statt φωτῶν (Helden).

49 So   der: Die Lücke wurde wohl für das nur mit »So« übersetzte Wort τουτάκι (auf einmal) gelassen.

67 verschlossen: Hölderlin liest κατακλεισθεῖσαν statt κατακλυσθεῖσαν (herabgespült).

71 zugleich: Hölderlin liest ἅμα statt θαμά (oft).

75 wird getroffen: Hölderlin liest κίχεται statt κέχυται (wurde verschüttet).

125 ungezähmt: Hölderlin liest ἀδάμαστος statt ἀδάμαντος (Stahl).

163 das möglich geliebteste: eigentlich »nur die ihm möglichen (d. h. erlaubten) Liebesfreuden«.

166 Maulen: Maultiere.

180–189: vgl. die spätere Übersetzung in ›Untreue der Weisheit‹ (II 379).

234 siebten: eigentlich »sechsten«.

291 ändern: Hölderlin liest μεταλλακτόν statt μετάλλατον (erfahren).

296 hinfort zu gehn: Hölderlin liest προιέναι statt προήσειν (zu überlassen).

321 Schiffenden: Hölderlin liest νάοντες statt ναιετάοντες (Wohnenden).

Fünfte Pythische Ode
(S. 227)

v. 62–64 wieder aufgegebene Variante:
Auch mit besten Worten
Große Mühe
Zum Angedenken
anschließend wird die Anmerkung zu v. 63 notiert.

Es handelt sich um denselben Sieg wie bei der Pythischen Ode IV.

28 Komos: Gesang zu einem gleichnamigen Festzug.
37 Prophasis: Vorwand, Ausrede.
45 gestellt. Er verschloß: Hölderlin liest θέμενος. κατέκλεισε statt τέμενος. κατεκλάσε (Bereich. Er zerstörte).
65 Maulen: Hölderlin liest ἡμιόνοις statt ἀνιόχοις (Lenkern).
91 bespricht: Hölderlin liest ἀμφεῖπεν statt ἀμφέπει (betreibt).
94 beherrscht hat: Hölderlin liest ἤνασσεν statt ἔνασσεν (ansiedelte).
101 Lichter: vgl. P 4, 22.

Achte Pythische Ode
(S. 230)

v. 85 *Mittelpunkte aus:* Nabel

26 Den fremdewerthen: Ξενάρκειον (Xenarkis), von Hölderlin nicht als Eigenname erkannt, s. auch v. 102 »das freundlichhelfende«.
29 Dorisch: Tonart; vgl. die Erläuterung zu O3,9.
119 denn doch: vgl. O 8, 74.
125 belehrt: Hölderlin liest δεδιδαγμένοι statt δεδαϊγμένοι (zerrissen).

Neunte Pythische Ode
(S. 234)

Titel: fehlt
v. 3 *ausrufen* aus: besingen
v. 91 *Garten:* fehlt

Dem Telesikrates aus Kyrene für einen Sieg im Waffenlauf gewidmet.

1 Pythionike: Sieger bei den Pythischen Spielen.
70 der Heiligtümer der liebsten: eigentlich »zu heiligen Liebesfreuden«, vgl. P 4, 163.
92 Oberstädtische: eigentlich: Städtebeherrscherin.
93 erwekt hast: Hölderlin liest ἐγείραις statt ἀγείραις (versammelt hast).
97 Nymphe: Gemeint ist Kyrene.

Zehnte Pythische Ode
(S. 238)

Doppelrenner: Seit der 15. Olympiade wurde die Rennstrecke hin und zurück gelaufen.
9 epikomisch: zum Festzug gehörend.
12 Amphiktyonen: »Umwohnenden«; die Mitglieder der Kultgemeinschaft von Delphi.
51 Hekatombe: Opfer von hundert Rindern, meist im übertragenen Sinne für »große Opfergabe«.
81 Prora: Bug.
82 enkomisch: lobend.

Eilfte Pythische Ode
(S. 241)

Titel: Neunte Pythische Ode. (Versehen)

13 Heroiden: Heldentöchter, Heldinnen.
82 fremden: Hölderlin liest ξέναισι statt ξυναῖσι (gemeinsam geschickte).

Zwölfte Pythische Ode
(S. 244)

6 Pflanzstadt: Hölderlin bringt κολώναν (Anhöhe) mit lat. *colonia* in Verbindung.
43 f.: »durchdringend dünnes / Erz und Schilfrohre«, Hölderlin nimmt das letzte Wort (δονάκων) für einen Eigennamen.
52 morgen: eigentlich »heute«.
56 niemals: Hölderlin liest οὔποτε statt οὔπω (noch nicht).

Die Trauerspiele des Sophokles

Daß Hölderlin zehn Jahre an seiner Übertragung der beiden Tragödien des Sophokles gefeilt habe, wie die Anzeige zum Erscheinen der beiden Bände (s. u. bei *Dokumente*) behauptet, dürfte übertrieben sein und – wenn sie auf eine Angabe Hölderlins zurückgehen sollte – die gesamte Zeit seiner Beschäftigung mit Sophokles meinen. Frühestens nach Abbruch der Arbeit am ›Empedokles‹ Anfang 1800 kann Hölderlin den Plan gefaßt haben, durch eine Übersetzung einen Beitrag zum Theater zu liefern. Wahrscheinlich aber ging er erst 1802 in Bordeaux daran, einen solchen Plan auch auszuführen. Bereits im November 1802 schreibt Fritz Horn an Sinclair: »Hölderlin hat mir sein Manuskript der Übersetzung des Sophokles übersandt, um den Verlag zu bewirken. Unger hat ihn abgelehnt; er sey zu überhäuft.« Über den Bemühungen um einen Verleger sollten jedoch weitere anderthalb Jahre verstreichen, ehe es zur Drucklegung der beiden Tragödien-Übersetzungen bei Wilmans in Frankfurt kam. In dieser Zeit wurden die Manuskripte wohl noch mehrfach überarbeitet. Weder von diesen sicherlich sehr umfangreichen Vorarbeiten noch von der Druckvorlage hat sich irgend etwas erhalten, auch nicht die in den Briefen mehrfach erwähnte »Einleitung«.

Die Widmung an Prinzessin Auguste von Hessen-Homburg bezieht sich auf deren Schreiben von Ende 1799 (II 847), also auf die Zeit, zu der vielleicht der Plan dieser Übersetzung gefaßt wurde. Die Widmung markiert aber zugleich die Stellung dieser Arbeit im Werk Hölderlins, nämlich als ein Lehrstück für das, was er als sein Eigenes zu »singen« beabsichtigt.

Hölderlins Hoffnung, seine Übersetzung ans Weimarische Theater zu bringen, zerschlug sich recht bald; sowohl die Kritik, als auch die einflußreicheren früheren Freunde hatten kein Verständnis für ihre Eigentümlichkeiten. Erst 1905 wurde sie in der Hölderlin-Ausgabe von Wilhelm Böhm wieder gedruckt. Ihre Wirkung konnte sie, wie ein Großteil von Hölderlins Werk, erst im 20. Jahrhundert entfalten.

Quellen

Als Übersetzungsvorlage diente Hölderlin *Sophoclis Tragoediae Septem, cum Interpretationibus vetustis et valde utilibus, Francoforti M.DLV* (Juntina 1555). Diese Ausgabe ist im Nachlaßverzeichnis Hölderlins als einzige Sophokles-Ausgabe angegeben. Es handelt sich um eine zwar mit

Scholien versehene, aber im Vergleich zu den frühesten Drucken der Sophokleischen Tragödien minderwertige Ausgabe voller Druckfehler und von unschönem Satzbild. Hölderlin konnte sie wahrscheinlich billig erstehen. Es kann aber dies nicht die einzige Ausgabe sein, die Hölderlin benutzt hat, da in der *Juntina* die Chöre nicht strophisch gegliedert sind. Erst im Laufe des 18. Jahrhunderts begann man, den Wechsel von Strophe, Antistrophe und Epode wissenschaftlich zu untersuchen und zu rekonstruieren. Hölderlin muß eine solche spätere Ausgabe zumindest bei der Übertragung des ›Ödipus‹ eingesehen haben. Mit großer Wahrscheinlichkeit war es die zweibändige Ausgabe *Sophoclis Tragoediae Septem, Cum Interpretatione Latina* 〈...〉 *Editionem Curavit Joannes Capperonnier* 〈...〉, *Notas* 〈...〉 *adjecit, Joannes-Franciscus Vauvilliers* 〈...〉 *Parisiis M.DCC.LXXXI* (Paris 1781), die auch im ›Ödipus‹ als einzige Ausgabe dieselbe Akteinteilung aufweist, die Hölderlin vorgenommen hat. Als unmittelbare Übersetzungsvorlage kommt sie jedoch nicht in Frage, so daß die Vermutung nahe liegt, er habe nur zeitweise, z. B. in Bordeaux, Gelegenheit gehabt, diese Ausgabe zu benutzen.

Zeugnisse

Horn an Sinclair, November 1802	III 609
Von Sinclair, 7. November 1802	II 920
Von Sinclair, Dezember 1802	II 922
Von Sinclair, 6. Februar 1803	II 923
Von Wilmans, 3. Juni 1803	II 924
Schelling an Hegel, 11. Juli 1803	III 619
Hölderlins Mutter an Sinclair, August 1803	III 621f.
An Wilmans, 28. September 1803	II 924f.
An Wilmans, 8. Dezember 1803	II 925f.
An Wilmans, Ende Dezember 1803	II 926f.
Von Wilmans, 28. Januar 1804	II 927
An Seckendorf, 12. März 1804	II 928
Hölderlins Mutter an Wilmans, 28. März 1804	III 624f.
An Wilmans, 2. April 1804	II 929
Von Wilmans, 14. April 1804	II 930f.
An Prinzessin Auguste von Hessen-Homburg, April 1804	II 931
Von Wilmans, 27. Mai 1804	II 931
Schelling an Hegel, 14. Juli 1804	III 631

Dokumente

Anzeige im *Intelligenzblatt der Jenaischen Allgemeinen Literatur-Zeitung*, Nr. 78 (Juli 1804) und – fast gleichlautend – im *Intelligenzblatt der Allgemeinen Literatur-Zeitung*, Nr. 112 (Halle, 14. Juli 1804) sowie in *Kaiserlich Priveligirter Reichsanzeiger*, Nr. 211 (8. August 1804): »Bey Friedr. Wilmans in Frankfurt a. M. ist erschienen und in allen Buchhandl. Deutschl. zu haben: Die Trauerspiele des Sophokles aus dem Griechischen übersetzt von Fr. Hölderlin. Der Verfasser dieser classischen Uebersetzung, welchen das Publicum schon aus seinem Hyperion zu seinem Ruhme kennt, hat 10 Jahre an derselben gefeilet, so daß sie als etwas Vollendetes in ihrer Art angesehen und mit Recht empfohlen werden kann. Der Philolog, welcher sie mit dem Originale vergleicht, wird überall Treue, Präcision und den Genius der deutschen Sprache beobachtet finden. Der Gebildete wird, auch ohne die Kenntniß der Ursprache, beym Lesen dieses Werkes den reinsten Genuß für Geist und Herz empfinden. Man kann also mit Recht hoffen, daß diese Uebersetzung in der Classe der Gebildeten sehr viel Leser finden wird. Der 1te Band enthält den Oedipus Tyrannus und der 2te die Antigonä. Der Verfasser hat einem jeden Stücke sehr lehrreiche Anmerkungen beygefügt, welche, zur Erklärung des Charakters der Tragödien, interessante Vorstellungen enthalten. Auf das Aeußere hat der Verleger alle Sorgfalt verwendet. Kostet 1 Rthlr.« ⟨Reichsthaler⟩.

Die zeitgenössische Kritik war vernichtend und von Unverständnis bestimmt. Wohl sehr bald nach Erscheinen der beiden Bände mit Hölderlins Sophokles-Übersetzungen schreibt Heinrich Voß der Jüngere an B. R. Abeken: »Was sagst Du zu Hölderlins Sophokles? Ist der Mensch rasend oder stellt er sich nur so, und ist sein Sophokles eine versteckte Satire auf schlechte Uebersetzer? Ich habe neulich abends als ich mit Schiller bei Goethe saß, beide recht damit regaliert. Lies doch den IV. Chor der Antigone – Du hättest Schiller sehen sollen, wie er lachte; oder Antigone Vers 20: ›Was ist's. Du scheinst ein rothes Wort zu färben.‹ Diese Stelle habe ich Goethe als einen Beitrag zu seiner Optik empfohlen, zu welcher ich ihm aus meiner antiquarischen Lektüre alles was ich finde, mitteile.«

In einer sehr ausführlichen, von zahlreichen Beispielen begleiteten Rezension über vier Sophokles-Übersetzungen schreibt Voß dann am 24. Oktober 1804 in der *Jenaischen Allgemeinen Literatur-Zeitung* Nr. 255 nach einleitenden Worten zu dem, was er von Hölderlin eigentlich erwartet hatte (Auszüge): »Unsere vorgefaßte günstige Meinung hat sich bey der näheren Bekanntschaft mit den Eigenthümlichkeiten dieser

Übersetzung nicht bewährt; und wir wären gern über die Umstände, unter denen ein so originelles Werk hat entstehen können, belehrt gewesen. Wir erhalten aber darüber nicht die geringste Weisung, und es bleibt dem Leser überlassen, zu diviniren, ob mit Hr. H. seit kurzem eine Metamorphose vorgegangen sey, oder ob er durch eine verschleyerte Satyre auf den verderbten Geschmack des Publicums habe wirken wollen. 〈...〉 Eine so regellose Form der Unschiklichkeit anzuklagen ist wohl unnötig, da sie sich selbst hinlänglich zum Rächer wird. Wenn wir dagegen auf den guten Willen des Hn. H. sehen, der edlen Sprache des Sophokles durch den gewählten Ausdruck einer ebenfalls edlen Sprache zu genügen, so können wir ihm, bis so weit unser Lob nicht versagen. Von seinem dichterischen Talente war hier viel zu erwarten; nur bedauern wir, daß einem so geistreichen Manne als Übersetzer so vieles mangelte, ohne welches selbst die vollkommenste Anlage nichts hervorbringen kann, und die eifrigste Bemühung fruchtlos wird. Wenn sich bey einem Übersetzer nicht Kenntniß beider Sprachen, ergiebige Fülle, Gewandtheit, und richtiges Gefühl für das Eine nothwendige des Ausdrucks wechselseitig unterstützen, so wandelt er allzeit auf unsicherem Wege. Nun fanden wir auf jeder Seite so regellose Kühnheiten, so seltsame Bezeichnungen und einen so schwankenden Ausdruck, daß wir an dem Geschmacke des Hn. H. bald irre wurden, und auf die Foderung der Klarheit endlich ganz Verzicht thun mußten. 〈...〉 Wir können in dieser Darstellung nicht fortfahren, ohne zuvor auf zwey Dinge – Hn. H's Kenntniß des Griechischen, und seine Ansicht des Sophokles – einen Blick geworfen zu haben. Wir geben ihm das Zeugniß, daß er nicht mit fremden Augen sein Original angeblickt habe, sondern mit eigenen. Kein einziges Hülfsmittel hat er benutzt, aus keiner früheren Übersetzung geborgt; keinen Commentar, noch die Arbeit eines früheren Denkers, keine lateinische Version, kein Lexicon; keine Grammatik hat er vor Augen gehabt. Es findet sich keine Spur, daß er die Brunkische Ausgabe auch nur gekannt habe. Was er gutes hat, ist sein unentziehbares Eigenthum. Dagegen haben seine Vorgänger für die an ihnen bewiesene Geringschätzung den Trost, daß sie keine seiner zahlreichen Verirrungen verantworten dürfen. 〈...〉 So viel ist, glauben wir, hinlänglich, vorliegende Übersetzung zu charakterisiren. Rec. war freylich schon lange überzeugt, daß man dort oben, wenn man einmal da ist, Dinge zu sehen beköm̄t, die man unten nicht sieht; allein der Weg hinauf schien ihm immer so geheimnißvoll und gefährlich, wie der Weg in die Hexenküche, den selbst Schakspeare nicht anzugeben weiß, oder zu den Hyperboreern, zu denen man laut Pindar weder zu Fuße noch zu Schiffe kommen kann. Wie Hr. H. hinaufgekommen ist, begreifen wir so recht nicht. Ist er etwa nur von Ohngefähr hinaufgefallen, so bitten wir ihn dringend, daß er ganz behutsam wieder zu uns übrigen herabsteige. Ist er aber mit Bedacht oben, und fühlt er sich heimisch auf jener Höhe, dann freylich bescheiden wir uns; und wollen nur ernstlich gewarnt haben, daß ihm ja keiner nachstrebe, gleich dem Ikaros Vitreo daturus nomina ponto.« ⟨...wird er dem gleißenden Meer einen Namen geben. – Horaz, Ode IV/2,3 f.⟩

J. Gurlitt schreibt im Herbst 1804 in *Neue allgemeine deutsche Bibliothek*, Bd. 93 (Auszüge): »Herrn Hölderlins Uebersetzung der beyden Sophokleischen Drama's Oedipus der König und Antigone ⟨...⟩ ist in jeder Hinsicht unter die schlechten zu zählen. ⟨...⟩ So fänden sich schon in den ersten 57 Versen, beynahe an 30 Fehler. In den Chören ist diese Uebersetzung noch weit fehlerhafter, unverständlicher und schleppender. Aber die höchste Höhe des neuern ästhetischen Unsinns erreichen die Anmerkungen zu beyden Trauerspielen. Da ist keine einzige unter ihnen, welche die Sprache des gesunden Menschenverstandes spräche.«

G. Merkel schreibt am 4. Januar 1805 in *Der Freimüthige* nach einleitenden Sätzen zu seiner Forderung, die jetzige Zeit möge sich frei von Pedanterie die großen Werke der Vorzeit aneignen (Auszüge): »Die vorliegende Uebersetzung des Sophokles ist leider kein Schritt dem Ziele entgegen, sondern eine der possierlichsten Ausgeburten des Pedantismus. Ihren philologischen Werth zu würdigen, das sey gelehrten Blättern überlassen: hier nur so viel darüber, als hinreicht, das unterrichtete, aber nicht philologische Publikum vor derselben zu warnen, wenn es etwa in Versuchung käme, den großen Griechischen Dichter aus dieser Verdeutschung kennen lernen zu wollen.« Und nach einem vollständigen Zitat der Dedikation fährt er fort: »Was erwarten die Leser von einem Manne, der in solchen undeutschen, steifen Phrasen die Unhöflichkeit begeht, eine gütig gegen ihn gesinnte Prinzessin zu erinnern, daß er schon vor Jahren unhöflich gegen sie war, der sich selbst so trocken hin einen Dichter nennt und verspricht, wenn es die Zeit giebt, einmal u.s.w.? Ohne Zweifel, daß sein Singen eine heischeres widerliches Krähen seyn werde, und so ist's auch. ⟨...⟩ Hätte Sophokles zu seinen Atheniensern so steif, so schleppend und so ungriechisch gesprochen, als diese Uebersetzung undeutsch ist, seine Zuhörer wären aus dem Theater davon gelaufen; Herr Hölderlin darf also auch keinen Anspruch machen, Deutsche Leser zu bekommen. ⟨...⟩ Noch lächerlicher und pedantischer als die Dedikation und die Uebersetzung, sind die Anmerkungen. ⟨...⟩ Und ein Mann, dem bei den Sophokleischen Meisterwerken dergleichen einfällt, kann es wagen, sie übersetzen zu wollen? Ein Mann, der von allem poetischen Sinn so leer ist, kann es wagen, sich selbst einen Dichter zu nennen? Welcher hülfreiche Herkules Musagetes rettet die zarten Griechischen Musen aus den plumpen Fäusten unserer Deutschen Schulmeister!«

Während der Bemühungen um eine Sammlung von Hölderlin-Handschriften zur Vorbereitung der Gedichtausgabe von 1826 berichtet am 4. März 1822 Leutnant Diest an Gock über eine Unterredung mit Hegel, in deren Verlauf dieser über die Sophokles-Übersetzung meinte, »daß es nicht gerathen sey, sie nochmals abdrucken zu lassen, indem sie schon häufige Spuren einer innern Geisteszerrüttung an sich trüge«.

Oedipus der Tyrann
(S. 249)

Text

D23a; dazu das von Hölderlin angefertigte Verzeichnis der »Drukfehler im Ödipus«: H349/H388 *urspr. Dbl. 4°*

Die Liste der Druckfehler, die Hölderlin für den Verleger zusammenstellte, enthält auch Textänderungen. Sie wurde im Druck nicht mehr berücksichtigt, stattdessen nur auf S. 104 des zweiten Bandes unter dem Titel »Verbesserungen« die Korrekturen in v. 68 und v. 243 mitgeteilt. Vgl. auch die Briefe von Hölderlin und Wilmans vom April 1804 sowie Hölderlins späte Bemerkung gegenüber J. G. Fischer (III 672). Die Korrekturen betreffen die folgenden Stellen:

v. 10 *Weise*: Weiser   v. 25 *in Bechern*: im Koth   v. 28 *des*: das   v. 36 *das*: daß   v. 68 *Menökeus, Kreon*: Nenökeus, Kraon   v. 80 *glänzend er*: glänzender   v. 134 *ihr*: ihn   v. 150 *für eins*: für uns   v. 225 *wohl*: weil (μακρὰν: weit)   v. 227 *euch*: auch   v. 229 *gekannt, durch*: gekannt. Durch   v. 243 *laden*: leiden   v. 255 *ist*: er ist   v. 288 *meisten*: wenigsten   v. 448 *verderbt*: veredelt   v. 548 *dumm*: drum   v. 568 *Weit*: Weil   v. 583 *troffen*: treffen   v. 584 *meiner*: deiner   v. 612 *findst*: findest   v. 633 *Säh'*: Such'   v. 665 *nun*: nur   v. 684 *neuen*: neuern   v. 714 *Mühn*: Ruhe   v. 782 *der*: die   v. 819 *Orakelfrage*: Orakelsprache   v. 889 *gestaltet*: hochwandelnd (ὑψίποδες: hochschreitend)   v. 1006 *wem*: wenn   v. 1031 *Nie leb' ich*: Nun komm ich   v. 1052 *Berges*: Arges   v. 1058 *vernäht*: genäht   v. 1130 *spielt*: spielte   v. 1135 *Wie dieser hier*: Gleich   v. 1161 *Sag ich nicht oder sag ich wirklich-*

wahres: Sag' oder sag' ich nicht von dem Wahren v. 1171 *das*: dies v. 1190 *Oh! Oh*: O ende v. 1214 *Lebende*: Lebenden v. 1254 *noch*: nah v. 1258 *Gleich*: Bald v. 1264 *ist*: is v. 1475 *Ihr*: Ihn

Lesarten

S. 250,8 LAJOS: im Druck ›POLYBOS‹. Sowohl in der *Juntina*, als auch in der Ausgabe Paris 1781 steht dieser durch viele der alten Ausgaben weitergetragene und auch von Hölderlin übernommene Fehler.

v. 19 *Gezweig*: vgl. oben S. 405.

v. 51 Danach zwei Verse nicht übersetzt: »Einem Vogelzeichen gleich hast damals das Glück / Du uns bereitet. Der Gleiche sei auch jetzt.« Die Verse stehen am Fuß von S. 70v der Juntina und wurden von Hölderlin wohl übersehen.

v. 138 *jenen*: im Druck ›jene‹.

v. 194: In der Juntina 1555 nicht gebrochen, in der versio latina der Ausgabe Paris 1781 wird der Vers durch einen Doppelpunkt geteilt.

v. 260 *Sache*: im Druck ›Rache‹.

v. 277 *uns*: Lesart der *Juntina* ἡμῖν statt ὑμῖν (euch).

v. 279 *euch*: StA emendiert zu ›uns‹.

v. 315 Danach ein Vers nicht übersetzt: »Auch nicht wenn du einen anderen Weg der Weissagung hast.« Die folgenden Verse beginnen auch im griechischen Text mit demselben Wort.

v. 325 *biß*: StA emendiert zu ›bist‹.

v. 330 f.: Heutige Ausgaben ordnen diese Verse dem Ödipus zu.

v. 337 *Du folgtest*: Hölderlin liest πίθοιο statt πύθοιο (du erführest).

v. 380 *Vor*: StA emdendiert zu ›Von‹ (πρός).

v. 641 *Die Frau*: Die Lesart κυρίαν statt καιρίαν (zu rechter Zeit) ist unbekannter Herkunft.

v. 684 *neuen*: StA emendiert zu ›euern‹ (τὰ πρὸς σφῷϊν: die von euch), vgl. auch oben bei ›Drukfehler im Ödipus‹.

v. 689 *Feig*: Hölderlin liest δείλος statt δῆλος (offenbar).

v. 722 *sagen sie*: Hölderlin liest φασὶ statt φησὶ (sagt er).

v. 748 *Sorge*: im Druck ›Sage‹, vgl. ›Antigonä‹ v. 244.

v. 822 *und*: StA emendiert zu ›nur‹.

v. 863 *jenes*: Hölderlin liest ταῦτ' statt ταύτ' (dasselbe).

v. 905 und 918: danach im Druck jeweils keine Strophenfuge.

v. 1013: Die *Juntina* ordnet diesen Vers der Iokaste zu.

v. 1031 *pflanzten*: im Druck ›pflegten‹.

v. 1072 *kennet*: im Druck ›nennet‹; StA emendiert stattdessen *ihr* zu ›er‹ und im folgenden Vers *er* zu ›ihr‹.

v. 1172 *gedankenlos, der hier ist:* StA emendiert zu ›gedankenlos, ist‹.
v. 1203 *Er wohnte:* Hölderlin liest κατοικίσας statt κατοικτίσας (erbarmend).
v. 1226 *Todten:* StA emendiert zu ›Toden‹.
v. 1286 *seiner:* im Druck ›seine‹.
v. 1328 *Feind:* im Druck ›Kind‹.
v. 1333 *Geleitete:* Hölderlin liest ὁπηδήσας statt ὁ πηδήσας (der stürmte).
v. 1354 *noch:* im Druck ›nah‹.
v. 1400 *täglich:* Hölderlin liest ἐφήμερος statt ἐφίμερος (ersehnt).
v. 1449 *Nicht, als ...:* so im Druck, als betonte Negation zu lesen (Keineswegs als ...).

Die Übersetzung ist in Jamben gehalten, jedoch durchaus unregelmäßig. Basis ist der Blankvers, es kommen aber ebenso vier- und sechshebige Verse vor und an vielen Stellen ganz unregelmäßige Verse. Die Chorlieder sind in strengen, die Originale jedoch nicht nachahmenden Versen gehalten. Am Schluß finden sich wie im Original Trochäen.

3 bittenden Gezweigen: Zweige, die sich Schutzflehende an die Arme banden.
5 Päan: Bittgesang an den gleichnamigen Heilgott.
25 Bechern: Fruchthülsen.
28 Gott der Pest: Apollon.
29 Hölle: Übertragung von ›Hades‹. Hölderlin überträgt, besonders in der ›Antigonä‹, mythologische Namen häufig in einen deutschen Ausdruck, entweder durch wörtliche Übersetzung oder durch Bildung einer Metapher. Zur Begründung dieses Verfahrens s. die ›Anmerkungen zur Antigonä‹, II 372.
35 Sängerin: die Sphinx.
272 der vormals regiert: Übertragung von ›Agenor‹.
479 Parzen: Hölderlin verwendet diesen Namen als Übertragung von ›Keren‹.
1104 Glük: Übertragung von ›Tyche‹.

Anmerkungen zum Oedipus

309,5 μηχανη: (mechané, gr.) Maschine, Kunstgriff. Hölderlin verwendet diesen Begriff im Sinne der im folgenden Absatz erwähnten »Verfahrungsart«.

309,16 moyen: (frz.) Mittel; im Sinne von »Darstellungsmittel«. Der Begriff entstammt wahrscheinlich einer bislang nicht ermittelten zeitgenössischen Poetik.

310,5 Transport: zur Verwendung dieses Begriffs vgl. die Erläuterung zu II 80,2.

310,11 Summum: (lat.) das Höchste, hier ›Höhepunkt‹.

311,6 nefas: (lat.) Frevel, vgl. ›Die tragische Ode ...‹, II 866.

315,13 Eins wird: vgl. den Brief an einen Unbekannten, II 850f.

315,14f. Τῆς φύσεως ...: Der Natur Schreiber war, das Schreibrohr eintauchend das wohlgesinnte. – Hier auf den tragischen Dichter angewendetes, leicht variiertes Zitat aus der Suda, dem umfangreichsten byzantinischen Lexikon (10. Jh.), wo es heißt, »daß Aristoteles der Natur Schreiber war, das Schreibrohr eintauchend in Sinn«.

Antigonae
(S. 317)

Text   D23b

Lesarten

S. 318,6 EIN WÄCHTER: Im Personenverzeichnis der *Juntina 1555* steht Φύλαξ ἄγγελος (Wächter Bote), im Text wird jedoch nur das Kürzel *Αγ* verwendet, so daß Hölderlin dementsprechend die Auftritte des Wächters v. 231–348 und v. 400–457 mit der Sprecherangabe »DER BOTE« versieht.

v. 19 *dich:* fehlt im Druck.

v. 21 *rothes* ⟨...⟩ *zu färben:* Das Wörterbuch von Vollbeding gibt καλχαίνω (unruhig sein) mit »ich färbe mit Purpurfarbe« wieder.

v. 73 *dirs:* im Druck ›dieß‹.

v. 130 *Dem:* im Druck ›Den‹.

v. 183 *Meinung:* im Druck ›Meinungen‹.

v. 203 *heiliget:* im Druck ›fertiget‹.

v. 244 *Sagen:* im Druck ›Sorgen‹, vgl. ›Ödipus der Tyrann‹ v. 748.

v. 291f.: Diese Verse ordnet die *Juntina 1555* noch dem Boten zu.

v. 336 *furchtbarer:* Die Lesart δεινὸν statt δῆλον (offenbar) ist unbekannter Herkunft.

v. 341 *dies:* im Druck ›dieß‹, gemeint ist ›die's‹.

v. 379 *unbeholfener:* im Druck ›unbehaltener‹.

v. 530 *dir:* im Druck ›die‹.

v. 583 *diesen Weibern:* im Druck ›diesem Weibe‹.

v. 586 *König, sondern außer*: StA emendiert zu ›König, außer‹.

v. 595 *lästig*: im Druck ›lustig‹.

v. 608 *Dem*: im Druck ›Denn‹.

v. 626 *Vater*: im Druck ›Unter‹.

v. 684 *bei*: Hölderlin liest διὰ statt δία (den Zeus).

v. 882: Heutige Ausgaben ordnen diesen Vers noch der Antigone zu.

v. 1332 danach ein Vers nicht übersetzt: »Weh mir, die niedergetretene umstürzend, die Freude«.

v. 1335–1340: Für den Boten gibt die *Juntina 1555* nur an diesen beiden Stellen das Kürzel Οἰ für Οἰκέτης, was Hölderlin im Personenverzeichnis mit ›Hausgenoß‹ übersetzt hatte. Heutige Ausgaben setzen an dieser und den folgenden Stellen (bei Hölderlin v. 1335–1372) Ἐξάγγελος (zweiter Bote).

v. 1369 *der*: im Druck ›des‹.

v. 1357–1361: In der *Juntina 1555* steht neben v. 1357–1359 untereinander Χο / ἢ / Αγ (Chor oder Bote), Hölderlin liest ἢ als Κϱ und ordnet daher v. 1358 dem Kreon zu. Heutige Ausgaben ordnen die Verse dem zweiten Boten zu.

v. 1375 *ich*: Hier hat Hölderlin zwei Halbverse nur durch ein Wort wiedergegeben: »O Unglücklicher. / Ich spreche wahr.«

v. 1385 f. und 1388 f.: Heutige Ausgaben ordnen diese Verse dem Chor zu.

2 der Erde Vater: Übertragung von ›Zeus‹; in 319: *der Erde Herr*; 507 und 1081: *Gott*; 626, 1164: *Vater der Erde*; 987: *Vater der Zeit*, s. oben die Erläuterung zu ›Ödipus der Tyrann‹ v. 29.

144 Schlachtgeist: Übertragung von ›Ares‹, ebenso in 990 und 1009.

153 Sieg: Übertragung von ›Nike‹.

325 Hölle: Übertragung von ›Hades‹, ebenso in 597 und 603; in 377: *der Todten künftigen Ort*; 540, 1297: *Todtenwelt*; 680: *Höllengott*; 806, 839, 1115: *Todesgott*; 851: *die Welt der Todten*; 947: *Ort der Todten*; 1118: *Jenseits*.

385 Gewissen: Übertragung von ›Dike‹; in 403: *Fall*; 468: *das Recht*.

471 f.: vgl. ›Fragment philosophischer Briefe‹, II 54,24 f.

472 Himmel: Olympos; in 787: *Himmel meiner Väter*.

625 Wüthen: Übertragung von Erinyen; in 1118: *die Spötter und die Richterinnen*.

773 Uranfang: für (gr.) ›arché‹ (Anfang, Herrschaft, Gebiet).

811 Geist der Liebe: Übertragung für ›Eros‹; in 812: *Friedensgeist*.

829 die göttliche Schönheit: Übertragung von ›Aphrodite‹.

926 zornigmitleidig ⟨...⟩ *ein Licht*: Übertragung von ›Persephone‹;

Plutarch leitet in ›De facie in orbe Lunae‹ die zweite Hälfte ihres Namens von gr. ›phos‹ (Licht) ab.

1077 Electrum: Mischmetall aus Gold und Silber.

1080 der Donnervogel: Übertragung für οἱ Ζηνὸς αἰετοί (die Adler des Zeus).

1167 Undurchdringliches: Übertragung von ›Deo‹ (= Demeter).

1169 Freudengott: Übertragung von ›Bakchos‹ (= Dionysos).

1202 dem jauchzenden Herrn: Übertragung von Iakchos (= Dionysos).

Anmerkungen zur Antigonä

372, 5f. dem Aorgischen: vgl. die Erläuterung zu II 103,29.

374,10 δύσμορον: (dysmoron, gr.) unglücklich; Hölderlin interpretiert das griechische Wort anscheinend substantivisch als ›Mißgeschick‹ im Sinne von »ein Geschick vermissen lassend«.

375,24 προφάνηθι θεός: (prophanethi theos, gr.) Erscheine, Gott! Vgl. ›Antigonä‹ v. 1199.

⟨Aus Sophokles' Ödipus auf Kolonos⟩
(S. 377)

Text
H329 *Bl. 2°*, Entwurf

Über dem Text, früher als dieser geschrieben, steht folgende, nicht zugehörige Notiz:

> Zu Altona hat ein Unbekannter 40 Luidors für ein Gedicht auf den verewigten Klopstok deponirt. Die Universität Göttingen und die Herren Wieland und Herder sollen den ausgesezten Preis zuerkennen.

(Bisher ist nicht bekannt, woher Hölderlin diese Nachricht hatte. Klopstock ist am 14. März und Herder am 18. Dezember 1803 gestorben, vgl. auch ›Der Todtengräber‹, I 358.)

Der Text der Übersetzung ist wahrscheinlich in der zweiten Jahreshälfte 1803 entstanden. Hölderlin beabsichtigte wohl, wenn nicht alle Tragödien des Sophokles, so doch zumindest die drei aus dem Thebanischen Sagenkreis zu übersetzen. Die Übersetzungsvorlage war wohl die *Juntina 1555*, vgl. oben bei ›Die Trauerspiele des Sophokles‹ (*Quellen*).

Die wenigen Verse, die Hölderlin als Probe ausgewählt hat, stammen aus der Eingangsszene des Alterswerkes von Sophokles, in dem er seinen

Heimatort Kolonos zur Stätte der Entrückung des nach langer Wanderung endlich zur Ruhe gekommenen Ödipus gemacht hat.

15 scheint: im Sinne von »erscheint«.
17 Lorbeer ... Ölbaum ... Weinstok: jeweils dem Apollon, der Athene und dem Dionysos geweiht.
18 dichtfliegend: eigentlich »dichtgefiedert«.
19 beugt: eigentlich »beuge« (Ödipus ist aufgefordert, sich zu setzen).

PINDAR-FRAGMENTE
(S. 379)

Texte
H413/H423, Reinschriften

Wie schon bei der Übersetzung von ›Pindars Siegesgesänge‹ ist die Datierung der vorliegenden Texte sehr umstritten und reicht von 1800 (Böhm) bis 1805 (Hellingrath und FHA). Möglicherweise bezieht sich die nicht näher spezifizierte Bemerkung im Brief an Wilmans vom 2. April 1804 hierauf: »Ich freue mich, Ihnen nächstens etwas zu schiken, worauf ich jezt einen eigentlichen Werth seze.« (II 930) Allerdings kann sich dieses »etwas« auch auf die schon im Dezember des Vorjahrs angesprochenen »vaterländischen Gesänge« beziehen (vgl. II 927).

Als Übersetzungsvorlage diente Hölderlin die *Stephaniana 1560* (*PINDARI Olympia, Pythia, Nemea, Isthmia* ⟨...⟩ *Omnia Graece et Latine* ⟨...⟩ *Anno M.D.LX Excudebat Henr. Stephanus*) und deren Ergänzungsband, in dem die Fragmente stehen *CARMINUM POEtarum novem, lyricae poeseως principium, fragmenta.*

Zu jedem Fragment werden hier die Seitenzahl der Stephaniana angegeben und die modernen Zählungen der textkritischen Ausgabe von Snell sowie der zweisprachigen Ausgabe der Tusculum-Bücherei (Steph., Snell, Tusc.).

Der Titel ›Pindar-Fragmente‹ verdeckt, wie auch der von FHA gewählte »Pindar-Kommentare«, daß es sich hierbei um Texte sui generis handelt. Hölderlin hat diesen neun Stücken keinen Gesamttitel gegeben, und sie sind genaugenommen keine Kommentare zu Fragmenten Pindars, sondern eine Gattung ohne literarische Vorbilder oder Nachfolger, die einzig Hölderlin zu eigen ist. Die Übersetzungen sind durchaus frei und mehr auf Hölderlins darauffolgende Überlegungen bezogen, als umgekehrt.

379,3–8 (Untreue der Weisheit): Steph. 356, Snell 43, Tusc. 30.

379,3 pontisches Wild: Meerestier; gemeint ist der Polyp, der seine Hautfarbe der Umgebung anpaßt.

379,17–25: Zitat aus der Vierten Pythischen Ode, vgl. die frühere Übersetzung v. 180–189 (II 222).

379,23 schmuziges: Die versio latina der Stephaniana gibt *sordidum* (schmutzig) für das Textkorruptel ἐντράπελον an.

380,2–4 (Von der Wahrheit): Steph. 360, Snell 205, Tusc. 171.

380,12–18 (Von der Ruhe): Steph. 360, Snell 109, Tusc. 36.

380,15 Ruhe: vgl. Fünfte Pythische Ode v. 1.

381,2 f. (Vom Delphin): Steph. 358, Snell 140b, Tusc. 117.

381,15–19 (Das Höchste): Steph. 350, Snell 169, Tusc. 143.

382,11–17 (Das Alter): Steph. 350, Snell 214, Tusc. 179.

382,24–30 (Das Unendliche): Steph. 350, Snell 213, Tusc. 178.

383,10–21 (Die Asyle): Steph. 374, Snell 30, Tusc. 13.

383,12//14 Die Himmlischen // Die Zeiten: Übertragung für μοῖραι (Moiren), vgl. die Erläuterung zu ›Oedipus der Tyrann‹, v. 29.

383,24 f. Spuren der alten Zucht: vgl. ›Ursprung der Loyoté‹ (I 430).

384,2–8 (Das Belebende): Steph. 364, Snell 166, Tusc. 141.

385,2 Fürsten des Forsts: vgl. ›Der Archipelagus‹ v. 167, I 300.

⟨Aus Sophokles Ajax⟩
(S. 386)

Texte

H 330 *urspr. Dbl. 2°, Entwurf*

Hölderlin hat auch die Auszüge dieser Tragödie des Sophokles aus der *Juntina 1555* übersetzt, wie die angegebenen Seitenzahlen deutlich zeigen. Jedoch stehen diese Texte nicht mehr im Zusammenhang mit der geplanten Übersetzung aller sieben überlieferten Stücke des antiken Autors, sondern sollten vielleicht ähnlich wie die Pindarfragmente mit Erläuterungen versehen werden, um den Leser auf Hölderlins eigene Sangart vorzubereiten. Dem Duktus der Handschrift nach sind sie in Homburg 1805 geschrieben worden.

Der ›Aias‹ des Sophokles hat schon früh und anhaltend Hölderlins Interesse auf sich gezogen, wie die durchgängigen Verweise auf diese Tragödie in verschiedenen Fassungen des ›Hyperion‹ zeigen (vgl. I 498, 561, 606, 652) und zwei der hier übersetzten Stellen wurden bereits in dessen Vorstufen zitiert: Ajax p. 12. v. 33 f. und Ajax p. 18. v. 1–3.

Ajax. p.12

Übersetzt sind die Verse 394–427.
8 Göttin: Athene.
10 in dem: im Sinne von »jetzt«.
19–26: vgl. ›Mnemosyne‹ v. 37–39 (s. I 438).

Ajax. p.18

Übersetzt sind die Verse 596–645. Aufffällig sind die Strophenfugen dieses Chorlieds der Schiffsleute aus Salamis (mit v. 25 beginnt in der Handschrift eine neue Seite), die, anders als in der ›Antigonä‹, richtig gesetzt sind, wofür es in der *Juntina 1555* kein Vorbild gibt.
11 flüchtende: eigentlich »widerwärtige«.
18 Kriegsgeist: Übertragung von ›Ares‹; vgl. die Erläuterung zu ›Ödipus der Tyrann‹ v. 29.
36 Hölle: Übertragung von ›Hades‹.

Ajax. p.21

Übersetzt sind die Verse 693–718. Bei diesem Chorlied fehlen die Strophenfugen wieder.
6 König! versammelnder: Pan, der hier als »Chorführer« der Götter angesprochen wird.
14: Dieser Vers wurde als Motto zu ›Der blinde Sänger‹ verwendet (s. I 281).
16–18: eigentlich »Nun Zeus, erscheint das weiße Licht den schönen Tag hervorbringend den schnellen Schiffen, da Ajax ...«.

⟨Aus Pindars erster Pythischer Ode⟩
(S. 389)

Text
H332, Entwurf

Zur Datierung des Doppelblattes, auf dem noch ›Von der Fabel der Alten‹ und ›*Carrieres de greve* ...‹ steht (s. II 115 und I 481), gibt vielleicht die Äußerung Gernings, der am 11. Juli 1805 an Knebel schreibt, einen Hinweis: »Hölderlin, der immer halb verrückt ist, zackert auch am Pindar.« Als Übersetzungsvorlage diente wahrscheinlich auch hier die *Stephaniana 1560*.

v. 27 aus: Der Musen über

Zur stilistischen Entwicklung Hölderlins vgl. die frühere Übersetzung desselben Epinikions, II 201 ff. (die Verszählung weicht dort wegen der anderen Textvorlage ab, vgl. die Konkordanz III 425).

25 ff.: In der *Stephaniana* lautet der Text: ὅσσα δὲ μὴ πεφίληκε / Ζεὺς, ἀτύζονται βοὰν / Πιερίδων ἀίοντα (Welche aber nicht geliebt hat / Zeus, erschrecken, die Stimme / der Pieriden hörend).

BRIEFWECHSEL

Der Briefwechsel Hölderlins ist nur sehr unvollständig überliefert. Den 315 erhaltenen Briefen Hölderlins stehen nur 107 an ihn gerichtete gegenüber, den 74 Briefen an die Mutter gar nur ein von ihr an Hölderlin gerichteter. Insofern ist streng genommen nicht von einem Briefwechsel zu sprechen. Dennoch hat die chronologische Anordnung des gesamten Korpus ihre Berechtigung in der dadurch gewonnenen größeren Übersichtlichkeit des biographischen Zusammenhangs.

Textgestaltung und Datierung der Briefe folgen bis auf geringfügige Abweichungen der von Adolf Beck in den Bänden 6 und 7.1 sowie in den Nachträgen der großen Stuttgarter Ausgabe vorgenommenen; die dortige Numerierung wird im Kommentar in eckigen Klammern wiedergegeben. Da Lesarten in den Briefen zum Verständnis eine nur untergeordnete Rolle spielen, werden sie mit wenigen Ausnahmen nicht dargestellt.

Bei dem »überschikten«, für das Hölderlin in Briefen an die Mutter regelmäßig dankt, handelt es sich meist um Geldsendungen. Eine Umrechnung der in den Briefen genannten Beträge in heutige ist nicht möglich, da kein absolutes Maß der Werte vorhanden ist. Eine ungefähre Vorstellung kann aber die Rechnung im Brief an die Mutter vom Juni 1788 (II 422f.) geben. Auch die Umrechnung der verschiedenen seinerzeit gebräuchlichen Münzeinheiten ineinander ist nur annäherungsweise möglich. Die gebräuchlichste Währung ist der Gulden (Florin, Abk. fl. oder f.), der in 60 Kreuzer (Abk. cr. oder x.) aufgeteilt ist; der Wert eines Karolin ist 11 Gulden. Der Wert anderer verwendeter Währungseinheiten ist im Verhältnis zum Gulden ungefähr wie folgt: ein alter Louisdor (Fünftalerstück) = 9 Gulden; ein neuer Louisdor = 11 Gulden; ein Reichstaler (24 Groschen) = 1,5–1,8 Gulden; ein Dukaten = 2,7 Gulden.

Bis 1793 verwendet Hölderlin noch einige alte Wortformen und Suevismen; die häufiger wiederkehrenden seien hier zusammengefaßt erläutert: *beinahe* für *bald*; *etlich* für *einige*; *fast* für *sehr*, *immerhin* für *fortwährend*; *plözlich* für *sofort*; *wilt* für *willst*; *wirklich* für *gegenwärtig*.

KOMMENTAR: BRIEFWECHSEL

Denkendorf
1785

AN KÖSTLIN wahrscheinlich im November 1785 geschrieben [1]

(H) *Erstdruck: Hermann Fischer, Ein Jugendbrief Hölderlins. Vierteljahresschrift für Litteraturgeschichte 4. Bd. (1891) S. 597–599*

393,16f. der rechte Christ: Hölderlin wurde im pietistischen Geist erzogen; in vorliegendem Brief zeigt sich dies vor allem durch die Gewissensprüfung und Selbstanalyse sowie durch die Entgegensetzung des christlichen und natürlichen Menschen.

394,4 klug, ohne falsch: vgl. Matthäus 10,16.

AN DIE MUTTER vor Weihnachten 1785 [2]

H65/HoK5 urspr. Dbl. 4° (S. 4: leer)

394,25 Mamma: Johanna Christiana Gock. Die Anrede verwendet Hölderlin bis 1793. Von den Briefen der Mutter an Hölderlin ist nur ein einziger überliefert, s. II 931f.

394,29 Laxier: Entspannungsmittel.

394,29 Rede: Die Predigt mit dem Titel ›*Prooemium habendum* ...‹ hat sich erhalten, s. II 9f.

394,31 Cessationen: freie Zeit zu Privatstudien.

395,1f. HE. Helffer: Nathanael Köstlin.

395,6 Geschwisterige: Heinrike Hölderlin und Carl Gock.

395,11f. Grosmamma: Johanna Rosina Heyn.

395,28f. brittisches Museum: wohl die von Johann Joachim Eschenburg herausgegebene Zeitschrift ›Brittisches Museum für die Deutschen‹, deren vierter Teil 1779 erschienen war.

Maulbronn
1787

AN NAST   Anfang Januar 1787 [3]

H245 Dbl. 4°

396,10 Kap: Nast scheint wegen seiner untergeordneten Stellung mit dem Gedanken gespielt zu haben, sich für das Regiment anwerben zu lassen, das Herzog Karl Eugen von Württemberg zu dieser Zeit aufstellte, um es an die Niederländisch-Ostindische Compagnie zur Durchsetzung ihrer Kolonialinteressen in Südafrika zu verkaufen.

396,23 Musik über Brutus und Cäsar: wahrscheinlich die von Rudolph Zumsteeg komponierte, in Mannheim gedruckte Vertonung des von Karl Moor in Schillers ›Die Räuber‹ (5,5) zur Laute vorgetragenen Zwiegesangs.

396,25 Academiciens: Schüler der Stuttgarter Karlsschule; hier ist wohl Hiemer gemeint.

396,29 Amalia ... Carl: Amalias Gesang in den ›Räubern‹ (3,1).

AN NAST   Januar 1787 [4]

H246 Dbl. 4° (S. 4: Adresse)

398,5 Frau Baas Famulussin: die Frau des Kloster-Famulus Chr. R. Nast (vgl. II 413,26), eine Verwandte.

AN NAST   Ende Januar, Anfang Februar 1787 [5]

H247 Dbl. 8° (S. 4: leer)

399,3 jemand anders: wahrscheinlich Louise Nast. Über das Verhältnis zu ihr bewahrte Hölderlin ein Jahr lang Stillschweigen.

399,12 schon als Bube: Gemeint sind die zahlreichen Todesfälle in der Verwandtschaft, insbesondere der Tod des Vaters und des Stiefvaters.

AN NAST 18. Februar 1787 [6]

H248 2 Bl. 4° (*urspr. Dbl.*; S. 4: Adresse)

400,10: Die Initiale kann – zumal in Verbindung mit dem falschen Possessivpronomen – auch als »L« (für Louise) gelesen werden.

400,15 B–r.: Abkürzung, die sowohl für Bilfinger als auch für Nasts Freundin in Maulbronn, Heinrike Friederike Brecht (vgl. 401,13), stehen kann.

400,17 Amadis: Nast hatte Hölderlin anscheinend eine Ausgabe von Wielands ›Der Neue Amadis‹ (1771) geliehen.

400,27 Messiassänger: Klopstock.

400,28 Ahasveros: ›Der ewige Jude‹.

400,30 Louise: Gemeint ist die Luise aus ›Kabale und Liebe‹, die ihrem Ferdinand um eines ewigen Beisammenseins willen für dieses Leben entsagt (1. Akt 3. Szene).

401,2 vor: zuvor.

AN NAST Anfang März 1787 [19]

H255 *Dbl.* 4° (S. 4: Adresse)

401,20 Chronik: Damit ist wohl nicht Schubarts ›Deutsche Chronik‹ gemeint, sondern bloß das Bemerkenswerte der fröhlichen Stimmung.

401,25 Examen solenne: jährlich wiederkehrendes feierliches Examen.

AN NAST Mitte März 1787 [12]

H250 *Dbl.* 4° (S. 4: Adresse)

402,14 Akademikus: Hiemer, als Student der Karlsschule (Akademie).

402,16 Deprecationen: (lat.) Abbitten.

402,21 HE. Vikarius: Christian Ludwig Nast.

402,23 Pantalon: von Pantaleon Hebestreit 1690 verbessertes Hackbrett, Vorläufer des Hammerklaviers.

AN NAST 26. März 1787 [7]

H249 *Dbl.* 4° (S. 4: Adresse)

AN NAST   Mitte April 1787 [8]

H256 *Dbl. 4°* (S. 4: Adresse)

AN DIE MUTTER   zweite Hälfte April 1787 [9]

H66 *Bl. 4°*

405,3 f. HE. Pf. von Tiefenbach: Wilhelm Friedrich Moser.
405,4 einer von den Camerern: wohl Gottlieb Friedrich Camerer.
405,10 anhalten: um Urlaub anhalten.
405,11 vorige: die Schüler der vorigen Jahrgänge.
405,11 Prälat: Johann Christoph Weinland.
405,12 Rede: Die Rede ist nicht erhalten.
405,15 Rollen: vgl. die Frisur auf dem Portrait von 1786; s. Zeittafel.
405,16 Carl: Hölderlins Stiefbruder Karl Gock; das »l.« steht für »lieb«.

AN DIE MUTTER   Mai oder Juni 1787 [10]

H67 *Dbl. 4°* (S. 4: Adresse mit Siegelrest ⟨Halbmond mit 2 Sternen⟩

406,2 Friz: Hölderlin.
406,13 Dorment: Gebäudeteil, in dem die Schlafsäle untergebracht sind.
406,15–19: Parodie auf Schubarts ›Kaplied‹ (1787), dessen erste Strophe lautet: »Auf, auf, ihr Brüder, und seyd stark! / Der Abschiedstag ist da. / Schwer liegt er auf der Seele, schwer! / Wir sollen über Land und Meer / Ins heiße Afrika.«; vgl. auch oben die Erläuterung zu 396,10.
406,31 Rike: Hölderlins Schwester Heinrike Hölderlin.
406,34 Chor: kurze Andacht, die vormittags und nachmittags von den Zöglingen gehalten wurde.

AN NAST   wohl im Sommer 1787 geschrieben [11]

H252 *Dbl. 4°* (S. 4: Adresse mit Siegelrest ⟨Wappenschild mit aufrechtem Löwen⟩)

407,8 Gemählde: wohl der im Nachsatz des Briefes erwähnte Apoll.

AN NAST   Ende Oktober 1787 [13]

H251 *Dbl. 4°*

409,2 Scheiden aus dem Vaterlande: vgl. oben die Erläuterung zu 396,10.

AN NAST   November 1787 [14]

H253 *Dbl. 4°*

411,7 H–: Hiemer.

AN NAST   November 1787 [15, a 2]

H254 3 *Dbl. 4°* und h46

412,31 Rezensentendreifuß: Anspielung auf den Sitz der Pythia.
413,1 Trenk: wahrscheinlich Franz von Trenck.
413,25 Vetter: Christian Reinhard Nast, vgl. oben die Erläuterung zu 398,5.

VON LOUISE NAST   13. Dezember 1787 [a 3]

Handschrift. Die Herkunft des Gedichts ist nicht bekannt.

AN DIE GESCHWISTER   Ende Dezember 1787 [16]

H455 *Bl. 4°*

1788

AN DIE MUTTER   vor dem 11. Februar 1788 [17]

h9, Abschrift C. T. Schwabs

417,18 Herzog: Karl Eugen von Württemberg, der am 11. Februar seinen 59. Geburtstag feierte.

AN DIE MUTTER   17. oder 18. Februar 1788 [18]

H68 *Dbl. 4°* (S. 4: Adresse)

418,6 Festin: kleines Fest.
419,13 f. Unterland: Gemeint sind Markgröningen und Löchgau.

AN DIE MUTTER   um den 11. März 1788 [20]

H69 *Dbl. 4°* (S. 2,3: leer; S. 4: Adresse mit Siegelrest ⟨Halbmond mit 2 Sternen auf Wappenschild⟩)

419,27 Dienstag: der 18. März.

AN NAST   nach dem 18. April 1788 [21]

D1846

420,18 Tante: Friederike Juliane Volmar.
421,11 Freundin: Heinrike Brecht.

AN LOUISE NAST   nach dem 18. April 1788 [22]

H203 *Dbl. 4°* (S. 4: leer)

421,31 Paquet: Von einer Sendung an Schubart ist sonst nichts bekannt.

AN DIE MUTTER 4.–6. Juni 1788 [23]

H347 *Bl. 4°*; Reisetagebuch: H70 *2 ineinandergelegte Dbl. 2° auf 4° gefaltet, nur die erste Hälfte des so entstandenen Quaternios ist aufgeschnitten, in die Mitte sind 2 kleinere Dbl. 4° eingeheftet* (S. 17–26: leer)

422,31 Peruqieu: Perückenmacher.
425,16 Rike: Friederike Volmar.
425,28 Cariol: einachsiger Kutschwagen, Einspänner.
425,33 Wasserwerke: Wasserspiele.
426,2 f. Hohenheim: Schloß, für die Herzogin Franziska (»von Hohenheim«) gebaut.
426,3 Solitude: ein am Berg in wilder Umgebung gelegenes Schloß bei Stuttgart; diente später als Gefängnis.
428,2 Theodor: Karl Theodor von der Pfalz.

VON MAGENAU 10. Juli 1788 [a 4]

Handschrift. Briefe von Hölderlin an Magenau sind nicht überliefert.

430,24 Seele: s. Kommentar zu ›Die Unsterblichkeit der Seele‹, III 41 f.
431,18 HE. aus Berlin: vor allem Friedrich Nicolai.
431,25 Hero: s. Kommentar zu ›Hero‹, III 47.
431,33 Lied des Schweden: ein verlorenes Gedicht Hölderlins.
432,19 experire et vide: (lat.) prüfe und sieh.
432,27 W. Fr.: Wahrer Freund.

AN NAST wahrscheinlich am 6. September 1788 geschrieben [24]

H257 *Dbl. 4°* (S. 4: Adresse)

433,22 etwas: möglicherweise die Übersetzung ›Homers Iliade‹, s. II 119.

VON LOUISE NAST September 1788 [a 5]

Handschrift

Die Herkunft dieser zum Abschied aus Maulbronn geschriebenen Verse ist unbekannt. Vgl. auch Hölderlins Abschiedsgedicht ›Laß sie drohen ...‹, I 57.

Tübingen
1789

VON LOUISE NAST   um Neujahr 1789 [a 6]

Handschrift

434,16 Brief: zur Datierung des Briefes s. unten II 439 f.
435,11 L–: Leonberg.

AN LOUISE NAST   Mitte Januar 1789 [25]

H205 *Dbl. 4°* (S. 4: leer)

VON LOUISE NAST   19. Januar 1789 [a 7]

Handschrift

438,17 treues –: wahrscheinlich als »treues Weib« zu lesen, in ähnlichem Sinne die vorherigen Auslassungsstriche.

AN LOUISE NAST   vielleicht Ende Januar 1789 geschrieben [30, a 1]

H206 *Dbl. 4°* (S. 4: leer)

Die Datierung dieses Briefes ist unsicher. Adolf Beck (StA 6) legt ihn ins folgende Jahr, also in eine Zeit, da die Beziehung schon abgebrochen war. In StA 7.2, 585 wird diese Datierung korrigiert. Problematisch bleiben die Eingangssätze des Briefes, die nicht recht zu dem vorhergehenden passen, und die Erwähnung des Schattenrisses, da in Louise Nasts Brief vom 19. Januar ebenfalls ein Schattenriß erwähnt wird. Da eine Umstellung der vorangegangenen Briefe nicht möglich ist, könnte er auch als der zweite Brief aus Tübingen angesehen werden, der auf eine verlorene Antwort auf einen ersten, ebenfalls verlorenen Brief reagiert, und wäre also Ende 1788 geschrieben. Dann allerdings bleibt die Frage offen, warum Louise erst im übernächsten Brief auf den Schattenriß Bezug nimmt.

VON NEUFFER   21.–24. MÄRZ 1789 [a 8]

Handschrift. Der Anfang ist verloren.

440,27 Messiade: Klopstocks ›Messias‹.
441,15 lectoris ordinari: (lat.) ordentlicher Vorleser.
441,23 Eugen ... nachgedruckt: Davon ist nichts bekannt.

VON LOUISE NAST
                      vielleicht im März oder April 1789 geschrieben [a 10]

Handschrift. Nicht sicher zu datieren.

444,20 B: Bilfinger.
444,21 Mene: Wilhelmine Nast.
445,16 meines M–: meines Mannes.

AN LOUISE NAST vielleicht im März oder April 1789 geschrieben [31]

H207 *Dbl. 4°* (S. 4: leer)

Auch dieser Brief ist nicht sicher zu datieren; zwischen diesem und dem vorigen liegen wahrscheinlich noch zwei verlorene Briefe. Was Hölderlin dazu bestimmte, die Beziehung aufzulösen, ist nicht bekannt.

VON NAST   17. April 1789 [a 9]

Handschrift

Anscheinend der erste Brief nach dem Aufenthalt Hölderlins und Louises in Leonberg im Herbst 1788. Nast weiß offensichtlich noch nichts von der Auflösung der Beziehung. Mit diesem Brief ist wohl auch die Korrespondenz zwischen den beiden Freunden abgebrochen.

447,34 L.: Louise Nast.
448,7 Silhouetten: wohl von Louise und Wilhelmine Nast.
448,17 Christian: nicht bekannt.
448,26 B.: Heinrike Brecht.
449,13 Linde u. Karl: nicht bekannt.
449,16 in bona caritate: (lat.) in guter Liebe.

AN DIE MUTTER   nach dem 19. April 1789 [26]

H71 *Bl. 8°*

449,33 liebste: Danach fehlt die Anrede.
450,5 ganz ... Schiksaal: Auch hiernach scheinen jeweils Worte zu fehlen, z. B. »heiter« und »zufrieden«.
450,25 Majentag: ein traditionelles Jugendfest in Nürtingen.

AN DIE MUTTER   wahrscheinlich im Frühjahr 1789 geschrieben [32]

H75 *Dbl. 4°* (S. 4: Adresse)

451,7 Conto, z. E.: Rechnungen, zum Exempel.
451,27 Lokation: Rangfolge in der Promotion. Hölderlin war durch den Zugang der beiden vom Stuttgarter Gymnasium hinzugekommenen Studenten vom sechsten auf den achten Platz geraten. Durch den Abgang von Chr. Fr. Autenrieth und E. F. Hesler, die beide vor ihm rangierten, wurde Hölderlin beim Abschlußexamen wieder sechster.
451,31 Person: Louise Nast.
452,16 bedaure ich: wofür, ist nicht zu ermitteln.

AN DIE MUTTER   vor dem 25. November 1789 [27]

H72 *Dbl. 4°* (S. 3,4: leer) Bruchstück

452,19 Erlaubniß: Der Anfang des Briefes ist verloren. Hölderlin hatte um einen Tag Urlaub (den 25. November) gebeten, wohl um der Mutter die Gründe darzulegen, warum er das Studium der Theologie zugunsten eines Jurastudiums aufgeben wolle. Er blieb dann aber vier Wochen.
453,10 Liedchen: ›Schwabens Mägdelein‹, s. I 66.

AN NEUFFER   Dezember 1789 [28]

H211 *Dbl. 4°*

453,29 Ausgießungen meiner Laune: wahrscheinlich das Gedicht ›Ich duld es nimmer ...‹ und die folgenden, s. I 75–83.
453,31 Liedchen: ›Schwabens Mägdelein‹, s. I 66.
454,1 f. Hymne auf Kolomb: verschollen; das Gedicht auf Shakespeare wurde wohl nicht ausgeführt.
454,4 Buch: nicht von Bürger, sondern Christiane Benedikte Eugenie

Nauberts ›Geschichte der Gräfin Thekla von Thurn, oder Scenen aus dem dreyssigjährigen Kriege‹ (Sammlung der merkwürdigsten altdeutschen Geschichten Bd. 1 und 2, Frankfurt und Leipzig 1789).
454,11 Hymne auf seinen Tod: s. I 68.
454,12 Vorgänger: Vorbild; gemeint ist Stäudlin.
454,22 M.: Magister.
454,22 Ritterstube: eine der heizbaren Winterstuben im Stift.

VON MAGENAU Dezember 1789 [a 11]

Handschrift

455,3 Holz: Spitzname Hölderlins.
455,8 datum: (lat.) gegeben.
455,12ff. M–genau ... Neuffer: anscheinend eine Reihe von nicht mehr nachvollziehbaren Scherzen.
455,13f. Vive la Mariage: Es lebe die Ehe; allerdings ist das Wort im Französischen maskulin. »T.« bedeutet vielleicht »Testatur«, im Sinne von »bezeugt durch«. Neuffers Name ist auch von Magenau geschrieben.

1790

AN DIE MUTTER Januar 1790 [29]

H73 *Bl. 4°*

455,24 f. Allfanzereien: Gaunereien, Betrügereien.
456,15 Jfr. F.: nicht bekannt.

AN DIE MUTTER nach dem 15. Juni 1790 [33]

H76 *Dbl. 4°* (S. 3: leer; S. 4: Adresse)

457,8 Candidatengeschäfte: Vorbereitung auf das Magisterexamen.

AN DIE MUTTER Mitte August 1790 [34]

H77 *Dbl. 4°* (S. 4: leer)

457,28 Fike: Tasche.
457,30 ein Carolin: 11 Gulden.
458,2 Theses: Jeder der Professoren der philosophischen Fakultät stellte aus seinem Fachgebiet 30–40 Thesen auf, die von der Gesamtheit der Kandidaten jeweils einen Vormittag lang zu disputieren waren. Dieses Verfahren wurde schon damals als veraltet angesehen.

AN DIE MUTTER zweite Hälfte August 1790 [34a]

H414 *Bl. 4°*

459,9 f. auch ... mir: Nach den beiden Worten ist wahrscheinlich zu ergänzen »momentan nicht« und »einstweilen wenigstens«.
459,27 f. Stammblättchen ... Schattenriß: Carl Gock hatte anscheinend darum gebeten, auch von Hölderlins Freunden Stammbuchblätter zu erhalten; das seine hatte er bereits am 1. August verfaßt. Der Schattenriß ist überliefert; s. Zeittafel.
460,1 praktische Logik: wahrscheinlich entweder Johann Melchior Gottlob Besekes *Versuch einer praktischen Logik, oder Anweisung den gesunden Menschenverstand zu gebrauchen, Leipzig 1786* oder Peter Villaumes *Practische Logik für junge Leute die nicht studieren wollen, Berlin und Liban 1787.*

VON NEUFFER 24. Oktober 1790 [a 12]

Handschrift

460,18 L. St.: Lotte Stäudlin.
460,22 sekirt: belästigt. Die genannte ›Nannette‹ ist nicht bekannt.

AN NEUFFER 8. November 1790 [35]

H208 *Dbl. 4°* (S. 4: Adresse)

461,5 f.: Ich sehe das Bessere und anerkenne es / dem Schlechteren folge ich (Ovid, Metamorphosen 7, 20 f.).
461,8 Ihr: Elise Lebret.
461,18 »mein beßres Selbst willig«: Anspielung auf Bürgers ›Elegie‹ v. 15 f. »Und mein beßres Selbst ist willig; / Aber seine Kraft ist schwach«.
461,21 Hymnus auf die Warheit: s. I 98.
461,22 Capitolium: scherzhaft für Kopf.
461,23 f. Gesang an die Unsterblichkeit: s. I 95.
461,24 Maro: Vergil; Neuffer bemühte sich sein Leben lang um eine Übertragung der ›Aeneis‹ im Versmaß des Originals, erschienen 1816 und in überarbeiteter Fassung 1830; vgl. auch den Kommentar zu ›Nisus und Euryalus‹, III 414.
461,25 Vixi: (lat.) ich habe gelebt.
461,29 Gedicht: »Denkmal des Danks und der Verehrung dem Herrn Prorektor und Professor Abel, bei seiner Versezung von Stuttgart nach Tübingen im October 1790, geweiht von seinen ehemaligen Zuhörern: ... Reuß«. Das Gedicht wurde von Reinhard Breymayer kommentiert in ›Blätter für württembergische Kirchengeschichte‹ 78. 1978 wiederabgedruckt.
461,33 Allmanach: Gemeint ist der *Musenalmanach fürs Jahr 1792* (D1; vgl. Verzeichnis der Drucke). Es stand also zu dieser Zeit noch nicht fest, daß Hölderlin daran teilnehmen würde. Weitere Beiträger waren neben Stäudlin: Neuffer, Magenau, Haug, Conz, Wilhelmine Maisch und Karl Reinhardt.
462,1 f. der Durchlauchtige: Herzog Karl Eugen war am 8. November im Stift, um der Wahl des Prorektors beizuwohnen.

AN DIE SCHWESTER
             wahrscheinlich am 16. November 1790 geschrieben [36]

H174 *Dbl. 4°* (S. 4: leer)

462,18f. Mein Repetent: C. F. Weber.
462,25 Carl: Der 14jährige Gock hatte anscheinend aus privatem Anlaß eine Rede gehalten.

AN DIE SCHWESTER
             entweder am 23. oder 30. November 1790 geschrieben [37]

H175 *Dbl. 4°* (S. 4: leer)

464,17 Kammerer: wahrscheinlich C. C. Camerer.

AN DIE SCHWESTER   7. Dezember 1790 [38]

H176 *Dbl. 4°* (S. 3,4: leer)

464,30 Kanzler: J. F. Lebret.
465,1 Aufsaz: nicht überliefert.

AN DIE SCHWESTER   Mitte Dezember 1790 [39]

H177 *Dbl. 4°* (S. 4: leer)

465,17 Klein: nicht bekannt.
466,15 Rappiere: lange Fechtdegen; vgl. I 423.

1791

AN DIE MUTTER

wahrscheinlich am 7. Februar 1791 geschrieben [40]

H78 Dbl. 4° (S. 4: leer)

467,6 Approbation: Billigung.

467,16 Oekonomus: In täglichem Wechsel mußte einer der Studenten in Küche und Speisesaal die Aufsicht führen.

AN DIE MUTTER

wahrscheinlich am 14. Februar 1791 geschrieben [41]

D1846

468,6 Predigt: Nach bestandenem Magisterium hatten die Tübinger Theologiestudenten die Möglichkeit, zuweilen in Vertretung örtlicher Pfarrer Gottesdienste abzuhalten; auf eine solche Gelegenheit – und nicht auf eine im Stift während der Mahlzeiten vorgetragene Predigt (vgl. die Erläuterung zu ›Predigtentwurf‹, III 381) – muß sich diese Nachricht beziehen. Die hier erwähnte Predigt hat sich nicht erhalten. Zu einer ersten Predigt ist ein Konzept überliefert (s. II 43), eine dritte ist ebenfalls verloren.

468,21 Weltweisheit: Philosophie. Derjenige Teil der Philosophie, der sich mit den Gottesbeweisen (de existentia Dei) und den auf natürlichem Weg erkennbaren »Eigenschaften« Gottes (de essentia Dei) beschäftigt, heißt »rationale« oder »natürliche« Theologie.

468,21 und 27 Beweise der Vernunft ...: Die Gottesbeweise der scholastischen und neuzeitlichen Tradition (ontologischer, kosmologischer und physiko-theologischer Beweis) waren in Kants ›Kritik der reinen Vernunft‹ (B 611–670) allesamt widerlegt worden.

468,31 Schriften über und von Spinoza: vor allem wohl das Spinozabuch Jacobis (s. II 39 und die Erläuterungen dazu). Aber auch die seltene Ausgabe von Spinozas *Opera posthuma* konnte Hölderlin in Tübingen einsehen, wie Schellings Zitate daraus in seinen frühen Tübinger Schriften beweisen.

469,3 Labyrinthe: ein Lieblingsausdruck für theologisch-philosophische Probleme in Leibniz' *Theodizee*, die vermutlich zu den Werken gehörte, die Hölderlin Ende 1790 kennenlernte; vgl. Brief an Neuffer vom 8. November, II 461.

469,4 Er zeigt durch Wunder: Dies ist ein Grundmotiv der Dogmatik Gottlob Christian Storrs, bei dem Hölderlin Vorlesungen gehört hat. Es findet sich auch schon im ›Predigtentwurf‹ (II 43) und unterscheidet Hölderlin von seinen Stiftsfreunden Hegel und Schelling, die mit dem zeitgenössischen Rationalismus die Annahme von Wundern historisch-kritisch ablehnen.

469,9 seit einem Jare: Die Beschäftigung mit dem Lehrstück ›De existentia Dei‹ ist allerdings schon für Ende 1789 belegt; anläßlich der Visitation des Herzogs (vgl. II 462) wurde dieser Stoff in einer Examinierung durch Conz geprüft.

469,13 Oncle: J. F. L. Majer, am 22. Februar 1791 vom Diakon zum Pfarrer in Löchgau befördert.

AN DIE SCHWESTER   Ende März 1791 [42]

H178 *Dbl. 4°* (S. 4: Adresse)

469,32 HE. Helfer: wohl eine Reisebekanntschaft.
470,11 der gute Doktor: wahrscheinlich C. C. Camerer.

AN DIE SCHWESTER   Ende März 1791 [43]

H179 *Dbl. 4°* (S. 3: leer, S. 4: Adresse)

471,17 Träumer: vgl. die Josephsgeschichte, 1. Mose 37,19.

AN DIE MUTTER   Anfang April 1791 [44]

H79 *Dbl. 4°* (S. 4: leer)

Der Brief betrifft die Vorbereitungen zur Reise, die Hölderlin um Ostern (24. April) in die Schweiz unternommen hat. Vgl. auch das Gedicht ›Kanton Schweiz‹, I 134.

472,5 Jfr. Gokin: nicht näher zu bestimmende Verwandte von Hölderlins Stiefvater.
472,6 HE. Geheimrath: J. C. Schwab.

AN DIE MUTTER   Mitte Juni 1791 geschrieben [45]

H80 *Dbl. 4°* (S. 4: leer)

473,3 Baasen: wohl die Töchter von Pfarrer Majer.
473,4 farender Ritter: Anspielung auf Wielands ›Amadis‹.
473,10 Kind: Louise Nast, die einen Heiratsantrag vom stellvertretenden Klosterverwalter Jäger bekommen hatte, s. I 478.
473,29 Weingeld: Der Gegenwert des für die Mahlzeiten bestimmten Weins wurde auf Wunsch zurückerstattet.
473,33 Stipendium: wohl aus einer Familienstiftung.

AN DIE MUTTER   im November 1791 geschrieben [46]

H74 *Dbl. 4°* (S. 3: leer; S. 4: Adresse)

AN NEUFFER   28. November 1791 [47]

H209 *Dbl. 4°*

475,16f. lucida intervalla: (lat.) lichte Momente.
475,25 Herzensmädchen: Elise Lebret.
475,28f. Lieb und Freundschaft ...: vgl. Stammbucheintrag für Hegel vom 12. Februar 1791, II 969.
475,30 Hymnus an die Menschheit: s. I 120.
475,33 Jean Jacque: Rousseau.
476,17 Saltus dithyrambicus: unvermittelter Sprung, wie er dem Dithyrambus eigen ist.
476,18 schwäbischer Allmanach: D1.

AN DIE SCHWESTER
                 zwischen dem 5. und 10. Dezember 1791 geschrieben [48]

H180 *Dbl. 4°*

477,5 gieng Feuer aus: Der Brand im Stift brach am 3. Dezember aus.
477,10 Thürmer: Beobachter auf einem Turm.
477,12 Franzosen: Das Stift nahm jedes Jahr einige Studenten aus der Grafschaft Mömpelgard (Montbéliard) auf, einer französischen Exclave, die von 1407 bis 1801 zu Württemberg gehörte. Durch ihre guten Verbindungen nach Frankreich waren diese »Mömpelgarder« während

der Revolution die besten Informanten über die aktuellen Ereignisse dort.

477,30 Prokurator: der wirtschaftliche Leiter des Stifts.
478,13 Jfr. Kühnin: nicht bekannt.

1792

AN DIE SCHWESTER

Ende Februar oder Anfang März 1792 geschrieben [49]

H181 *Dbl. 4°*

479,16 Statuten: Seit November 1789 wurden neue Statuten für das Stift vorbereitet, die aber erst 1793 veröffentlicht wurden. Es handelte sich um eine vom Herzog Karl Eugen veranlaßte Disziplinierungsmaßnahme, die von den Studenten und einigen der Lehrkräfte kritisch verfolgt wurde.

479,30 Wilhelm: Friedrich Wilhelm Karl von Württemberg.

VON MAGENAU 6. März 1792 [a 13]

Handschrift

481,33 Hymne: ›Hymne an die Freundschaft‹, s. I 131.
482,16 Brand: Gemeint sind die neuen Statuten des Stifts.
482,18 parturiunt pp.: Anspielung auf Horaz, ars poetica v. 139 »es kreißen die Berge, geboren wird eine lächerliche Maus«.
482,20 Impavidum ferium ruinae: zweiter Teil des bekannten Horazzitates »selbst wenn zerbrochen einstürzte der Erdkreis, / den Furchtlosen träfen die Trümmer« (Ode II/3, 7f.).

AN NEUFFER zweite Hälfte April 1792 [50]

H210 *Dbl. 4°*

483,5 holde Gestalt: eine Unbekannte, die Hölderlin wohl bei einem Besuch in Stuttgart kennenlernte und die wahrscheinlich Vorbild für das »holde Geschöpf« des ersten ›Hyperion‹-Enwurfs wurde, s. I 485.
483,30 Hymnus an die Freiheit: v. 77–80, s. I 139.
484,1 Doktor: Stäudlin.

VON MAGENAU 3. Juni 1792 [a 14]

Handschrift

485,3 Maienkäfer: vgl. Goethes ›Werther‹, Brief vom 4. Mai 1771.
485,37 Romanist: Romandichter; erstes Zeugnis von Hölderlins ›Hyperion‹-Plan.
486,5 f.: 1793 in Augsburg anonym erschienen.
486,9 Gnome von Sachsenheim: »Klopferle«, ein freundlicher Hausgeist aus der schwäbischen Volksage.

AN DIE SCHWESTER am 19. oder 20. Juni 1792 geschrieben [51]

H182 *Dbl. 4°* (S. 4: Adresse)

488,24 ff.: Im Februar 1792 hatten Österreich und Preußen die erste Koalition gegen Frankreich geschlossen, der 1793 auch England beitrat. Am 20. April erklärte Frankreich Österreich den Krieg. Am 20. September fiel die erste Entscheidung, bei der Kanonade von Valmy zogen sich die Preußen zurück, am 6. November wurden die Österreicher bei Jemappes (Belgien) geschlagen.
489,9 zur Vorgängerin: zum Vorbild.

AN DIE SCHWESTER
 Ende August oder Anfang September 1792 geschrieben [52]

H183 *Dbl. 4°* (S. 3: leer, S. 4: Adresse)

489,25 Manne: Breunlin, mit dem sich Henrike Ende August 1792 verlobte.

AN DIE MUTTER um den 10. September 1792 [53]

H81 *Bl. 4°*

491,7 Oncle: Pfarrer Majer.
491,8 Schwager: Breunlin.
491,13 Silberdruk: edler Buchdruck mit silbernen Lettern; hier ironisch gemeint.
491,16 beschreiben: kommen lassen.
491,27 einzechte: mundartlich für »einzelne«.

AN NEUFFER nach dem 14. September 1792 geschrieben [54]

H212/H389 urspr. *Dbl. 4°* (S. 4: leer)

491,31 Brief: höchstwahrscheinlich an die »holde Gestalt«, vgl. oben die Erläuterung zu 483,5 und s. im weiteren Verlauf des Briefes II 492,21 ff.

492,2 der sagte: vgl. Nahum 3,12.

492,35 Hymnus an die Kühnheit: ›Dem Genius der Kühnheit‹, s. I 150.

AN DIE MUTTER
            in der zweiten Hälfte November 1792 geschrieben [55]

H173 *Dbl. 4°*

493,23 wegen dem Kriege: Am 21. Oktober hatten die Franzosen unter Custine Mainz erobert und man erwartete den Einmarsch französischer Truppen in Süddeutschland. Am 19. November erließ der Konvent ein in alle europäischen Sprachen übersetztes Dekret, in dem es hieß, daß Frankreich allen Völkern, die frei sein wollten, Brüderschaft und Unterstützung anbiete.

493,33 süß ... opfern: freie Übersetzung von Horaz, Ode III/2,13 »dulce et decorum est pro patria mori«.

494,1 Sieg bei Mons: Gemeint ist der Sieg bei Jemappes am 6. November, vgl. oben die Erläuterung zu 488,24 ff.

1793

AN NEUFFER   um den 31. März 1793 geschrieben [56]

h12, Abschrift C. T. Schwabs

AN NEUFFER   Mai 1793 [57]

H213 *Dbl. 4°* (S. 4: Adresse)

495,29 auf besserem Wege: Gemeint ist die Freundschaft mit Rosine Städlin.
495,32 Herzenskönigin: Elise Lebret.
496,3 Si magna ...: eigentlich »Si parva licet componere magnis« (Wenn Kleines erlaubt ist zusammenzustellen mit Großem) Vergil, Georgica 4,176.
496,10f. Fragment meines Romans: Bis auf ›*Ich schlummerte, mein Kallias* ...‹ (I 485) ist von den Tübinger Arbeiten am ›Hyperion‹ nichts erhalten.

AN DEN BRUDER   Anfang Juli 1793 geschrieben [58]

h46, Auszug und Regest Gustav Schlesiers

496,17 den 14ten Julius: Jahrestag des Sturms auf die Bastille. Nach einer nicht gesicherten Überlieferung wurde dieser Tag, der 1793 auf einen Sonntag fiel, von Studenten des Stifts – darunter Hölderlin, Hegel und Schelling – auf einer Tübinger Wiese mit der Errichtung eines Freiheitsbaumes gefeiert.
496,19 Es hängt an einer Haarspize ...: Im Februar 1793 griffen Spanier und Engländer in den ersten Koalitionskrieg ein, im März kam es zu konterrevolutionären Aufständen in der Vendée, im April eroberten die Preußen Mainz zurück und in Paris brach eine Hungersnot aus. Als die Führer der Gironde die Provinz gegen die Hauptstadt mobilisierten, wurden im Juni während eines Aufstands der Pariser Stadtsektionen 29 von ihnen verhaftet.

AN DEN BRUDER Mitte Juli 1793 geschrieben [59]

h46, Regest Gustav Schlesiers

VON NEUFFER 20. Juli 1793 [a 15]

Handschrift

Am 27. Juni war Neuffer zusammen mit Stäudlin und Matthisson in Tübingen, bei welcher Gelegenheit Hölderlin seinen Hymnus ›Dem Genius der Kühnheit‹ vorlas.

497,36 Hymnus an die Kühnheit: ›Dem Genius der Kühnheit‹, s. I 150.
498,20 Eine: Lotte Stäudlin.

AN NEUFFER zwischen dem 21. und 23. Juli 1793 geschrieben [60]

H214 2 *Dbl. 4°* (S. 8: leer)

499,9 Platanenhain am Ilissus: Vermischung des Platanenhains der Akademie Platons mit den Platanen am Ilissus, an dem das Gespräch des Sokrates mit Phaidros im gleichnamigen Dialog Platons stattfindet.
499,11–15: Gemeint ist der Dialog ›Timaios‹, der den Mythos von Atlantis behandelt und die Erschaffung der Welt. Zur Formulierung vgl. II 553,9.
499,16–21: Gemeint ist der Dialog ›Symposion‹.
499,36 Person: Lotte Stäudlin.
500,3 Fragment eines Fragments: nicht überliefert.
500,23 terra incognita: s. II 497,22.
501,2 Lied: nicht bekannt.
501,3 Hymnus: ›Die Hofnung‹, erschien 1795 in Ewalds *Urania.*
501,8 Hymnus: ›Dem Genius der Kühnheit‹; der gleichen Sendung lag vielleicht auch ›Griechenland. An Stäudlin‹ bei, s. I 148 und 150.

AN DEN BRUDER Ende Juli 1793 geschrieben [61]

h46, Auszug und Regest Schlesiers

AN DEN BRUDER   Mitte August 1793 geschrieben [62]

h46, Regest und Auszug Schlesiers

VON NEUFFER   20. August 1793 [a 16]

Handschrift

503,25 Elise: Elise Lebret.
503,32 Ausland: außerhalb Württembergs.
503,34 Arbeiten: Nur im ›Göttinger Musen-Almanach‹, nach Bürgers Tod von Karl Reinhardt herausgegeben, erschienen 1794 drei Gedichte von Neuffer.

AN DIE MUTTER   im August 1793 geschrieben [63]

H82 *Dbl. 4°*

504,24f.: Gemeint ist das von der Mutter verwaltete väterliche Erbe Hölderlins.
505,8 HE. Keller: C. B. Majer, herzoglicher Gutsverwalter (Keller).

AN DIE MUTTER   August/September 1793 [64]

H83 *Dbl. 4°* (S. 4: leer)

506,3 HE. Oncle: Pfarrer Majer.
506,4 Umstände: Am 17. September war Heinrike, das erste Kind der Breunlins, zur Welt gekommen.
506,20 Konsistorium: Die Absolventen des Stifts standen unter Aufsicht und Sorge der landesfürstlichen Kirchenverwaltung (Konsistorium), die die Stipendien vergab. Über alle Aufenthalte außerhalb Württembergs und sonstige Gründe für Verzögerungen beim Antritt eines kirchlichen Amtes mußte Rechenschaft abgelegt werden. Vgl. Hölderlins Bemerkung im Brief an Ebel vom 9. November 1795, II 598.
506,34 Bettzieche: mundartlich »Bettzeug«.

VON STÄUDLIN 4. September 1793 [a 17]

h46, Auszug und Regest Schlesiers

507,3 Gedicht: nicht erhalten.

AN DEN BRUDER in der ersten Hälfte September 1793 geschrieben [65]

D1846

507,18 Bekanntschaft: wahrscheinlich Matthisson.
508,36 Die Unterredung ...: Schiller, Don Carlos 3,10.

AN DIE MUTTER Mitte September 1793 geschrieben [66]

H84 *Dbl. 4°* (S. 3,4: leer)

AN NEUFFER Anfang Oktober 1793 geschrieben [67]

H215 *Dbl. 4°* (S. 4: Adresse)

510,17 Allmanach: vgl. oben die Erläuterung zu 503,34.

AN NEUFFER um den 20. Oktober 1793 geschrieben [68]

H216 *Bl. 4°*

511,17 Gedicht: ›Das Schiksaal‹, I 146.
511,24 Hofmeisterstelle: vgl. III 577f.

AN DIE MUTTER 26. Dezember 1793 [69]

H85 *Dbl. 4°* (S. 4: Adresse)

Waltershausen

AN STÄUDLIN UND NEUFFER 30. Dezember 1793 [70]

H217 *Dbl. 4°*

513,27 HE. Ludwig: L. A. Schubart.

513,30 Journal: das von Stäudlin geplante.

514,15 fränkischpreußische Lande: Die Fürstentümer Ansbach und Bayreuth waren nach Abdankung des Markgrafen 1791 unter preußische Herrschaft gekommen.

514,17 altes Recht: aus dem Vertrage von 1427 zwischen Nürnberg und Friedrich I. von Brandenburg.

514,19 zu deutsch ediert: Am 19. Dezember hatte es unter Führung der Rotschmiede auf dem Obstmarkt Proteste gegen die Teuerung in Nürnberg gegeben. Hölderlin vergleicht dies mit den ultimativen Forderungen, die eine Abordnung aus dem Pariser Vorort St. Antoine am 1. Mai dem Konvent in Paris vorgelegt hatte.

514,26 Freundin: Wilhelmine Marianne Kirms.

514,28ff.: Charlotte von Kalb hielt sich wegen einer Niederkunft in Jena auf und hatte ihrem Mann nichts von der Ankunft Hölderlins mitgeteilt; ein Brief nach Nürtingen mit der Bitte um Verschiebung seiner Abreise hatte Hölderlin nicht mehr erreicht.

515,1 Gedicht: vgl. oben die Erläuterung zu 511,17.

515,4 Pfarrer: J. F. Nenninger. Der Name des Verwalters ist nicht bekannt.

1794

AN DIE MUTTER 3. Januar 1794 [71]

H86 *Dbl. 4°*

516,11 HE. Hofrath: C. F. Bilfinger.

AN DIE SCHWESTER 16. Januar 1794 [72, a 18]

H184 *Dbl. 4°*

517,35 Pfarrer: Nenninger. Hölderlin nennt ihn als Heimatforscher »Diplomatiker« (Urkundenkenner).

518,15 neuste Schrift von Kant: vielleicht ›Die Religion innerhalb der Grenzen der bloßen Vernunft‹ (1793); möglicherweise aber auch die im September 1793 in der *Berlinischen Monatsschrift* erschienene Abhandlung ›Über den Gemeinspruch: Das mag in der Theorie richtig sein, taugt aber nicht für die Praxis‹.

518,28 bis Ostern Friede: Diese Hoffnung erfüllte sich nicht.

AN DIE MUTTER 23. Januar 1794 [73]

H87 *Dbl. 8°* (S. 4: Adresse)

519,23 sollizitiren: um etwas nachsuchen.

AN DIE GROSSMUTTER 25. Februar 1794 [74]

H199 *Dbl. 4°* (S. 4: Adresse)

AN NEUFFER Anfang April 1794 geschrieben [75]

H218 *Dbl. 2°*

522,5 etwas lieberes: Rosine Stäudlin.
523,5 treu: vgl. oben die Erläuterung zu II 461,24.
523,25 f. Gedicht für Deine Selma: ›Freundes Wunsch‹, s. I 153.
524,17 f. Ich begreif ihn nicht: Magenau hatte in eine vakante Pfarrei eingeheiratet.

AN SCHILLER Ende März oder Anfang April 1794 geschrieben [76]

H375 *Dbl. 2°*

526,14 Blatt: mit dem Gedicht ›Das Schiksaal‹, s. I 146.

AN NEUFFER Mitte April 1794 [77]

H219 *Bl. 4°*

526,29 Liedchen: vgl. oben die Erläuterung zu 523,25 f.

526,31 hohes Lied: Bürger feiert am Schluß seines Gedichtes ›Das hohe Lied von der Einzigen‹ das Gedicht selbst als seinen schönsten Sohn »Ah, nun bist du mir geboren, / Schön, ein geistiger Adon!«

AN DIE MUTTER April 1794 [78]

D1846

528,36 Herzog: Georg zu Sachsen-Meiningen.
529,10 ein Prophet: vgl. Markus 6,4.
529,31 als Freiwilliger: In Württemberg, wie überhaupt in Süddeutschland, wurde auf Veranlassung des Herzogs Ludwig Eugen der Versuch einer Volksbewaffnung gegen die Franzosen eingeleitet. Der Widerwille der Bevölkerung und die latente Gefahr für die eigene Herrschaft ließen ihn das Projekt jedoch aufgeben.
529,36f. nach Markgröningen: als Schreiber zu Oberamtmann Blum; Gock trat die Stelle erst 1797 an.

AN DIE MUTTER 20. April 1794 [79]

H88 *Dbl. 2°* (S. 4: Adresse)

AN DEN BRUDER 21. Mai 1794 [80]

D1846

532,24 etwas: ›Hyperion‹.
532,26f.: vgl. D5a und 6; in der ›Flora‹ erschien jedoch zu diesem Zeitpunkt noch nichts von Hölderlin.

VON NEUFFER 3. Juni 1794 [a 19]

h46, Auszug und Regest Schlesiers

533,11f. Gedicht an Gotthold: vgl. oben die Erläuterung zu 501,8.
533,14f. das Ihrige: vgl. oben die Erläuterung zu 523,25 f.

AN DEN SCHWAGER BREUNLIN 8. Juni 1794 [81]

H200 *Dbl. 2°* (S. 4: Adresse)

534,23 Herders Briefe: In Herders *Briefen zur Beförderung der Humanität* ist nichts von Hölderlin enthalten.
534,37 Töchterchen: Edda von Kalb.

AN DIE MUTTER 1. Juli 1794 [82]

H89 *Dbl. 4°*

536,19 die L.: Elise Lebret.

AN NEUFFER um den 10.–14. Juli 1794 geschrieben [83]

H220 *Dbl. 4°*

538,13 Herders Tithon und Aurora: in den ›Zerstreuten Blättern‹ (4. Sammlung, Gotha 1792, S. 343–388) erschienen. Hölderlin läßt vor dem Wort »nennen« die Ergänzung »also Tod« aus.
538,25 Katilina: Neuffer arbeitete auch an einer Übersetzung der Werke des römischen Historikers Sallustius Crispus, *Bellum Catilinarium* und *Bellum Iugurthinum*, die allerdings erst 1819 erschien.

AN HEGEL 10. Juli 1794 [84]

H428 *Dbl. 4°*

540,9 Reich Gottes: vgl. Stammbucheintrag für Süskind vom 24. September 1793 (II 971) und Hegels Brief an Schelling vom Januar 1795 (III 584).
541,21 ästhetischer Theil der kritischen Philosophie: Gemeint ist Kants ›Kritik der Urteilskraft‹. In Hölderlins Nachlaß befand sich ein Nachdruck der ersten Auflage (A) Frankfurt und Leipzig 1792.

541,36 beiligendes Blatt: nicht bestimmbar.

AN DIE MUTTER   30. Juli 1794 [85]

H90 *Bl. 2°*

542,33 Krieg: Die Franzosen hatten im Juli 1794 in Belgien über die Österreicher gesiegt.
543,13 Briefe: von Elise Lebret.

VON NEUFFER   16. August 1794 [a 20]

h46, Auszug und Regest Schlesiers

AN DEN BRUDER   21. August 1794 [86]

D1846

544,10 Vertrag: vgl. II 508,21–31.
545,24 Spruch: vgl. Matthäus 7,6.
545,28 Brief: s. III 479f.
546,6 H., B., G.: nicht genau bestimmbar, vielleicht sind mit den beiden ersten Initialen Hiemer und Bilfinger gemeint.

AN NEUFFER   25. August 1794 [87]

H221 *Dbl. 4°* (S. 4: Adresse)

AN NEUFFER   10. Oktober 1794 [88]

H222 *Dbl. 2°*

548,17 Kalbisches Gut: Dankenfeld, westlich von Bamberg.
550,20f. Tod des Sokrates: Der Plan wurde wahrscheinlich nicht weiter verfolgt; vgl. dazu auch den Kommentar zum ›Empedokles‹, III 327–331.
550,28 Almanach: Schiller veröffentlichte ›Das Schiksaal‹ nicht im erst für 1796 erscheinenden *Musen-Almanach* (D7), sondern noch in der ›Neuen Thalia‹ (D5a).
550,31–33: In den genannten Zeitschriften erschien nichts von Höl-

derlin. ›Die Akademie der schönen Redekünste‹ war eine von Bürger 1790 begonnene Zeitschrift.

550,37 Aufsaz: nicht überliefert.

551,1 Phädrus: Phaidros, vgl. die Erläuterung zu II 499,9.

551,11 Umarbeitung meines Gedichts: unter dem neuen Titel ›Der Gott der Jugend‹ (s. I 155); dieses Gedicht erschien dann statt ›Das Schiksaal‹ in Schillers *Musen-Almanach*, s. o. die Erläuterung zu 550,28.

551,27 Gotthold: Stäudlin.

Jena

AN NEUFFER   November 1794 [89]

H223 *Dbl. 2°*

552,14 Handeln: Hier, wie in dem gesamten Absatz, macht sich der Einfluß von Fichtes Vorlesungen über die Bestimmung des Gelehrten bemerkbar, sowie deren Aufnahme im Kreis um Fichte, besonders dem Bund der freien Männer; vgl. aber Hyperions ersten Brief, I 614.

552,34 Stelle: in Band 1, Leipzig 1794, S. III f.

554,5 Klubb der Professoren: wöchentliches Treffen vorwiegend jüngerer Professoren in Jena, an dem auch Goethe zuweilen teilnahm.

554,17 im Vogtischen Garten: heute Zwätzengasse 9.

AN DIE MUTTER   17. November 1794 [90]

h46, Abschrift Schlesiers

554,20 Lektionen: bei Fichte.

AN DIE MUTTER   26. Dezember 1794 [91]

H91 *Dbl. 4°* und H92b *Bl. 4°*

557,10 resignirt: im Sinne von »entlassen«.
557,18 souteniren: behaupten.
558,32 Freundin in T.: Elise Lebret in Tübingen.
559,8 Brief: wahrscheinlich an Elise Lebret.

VON SCHILLER
          um die Jahreswende 1794/95 oder früher geschrieben [a 21]

Handschrift

559,11 Arbeit: wahrscheinlich ›Dem Genius der Kühnheit‹, tatsächlich in D5b erschienen.

1795

AN DIE MUTTER 16. Januar 1795 [92]

H93 *Dbl., Bl. 4°*

560,32 Laster: allem Anschein nach Masturbation.
562,2 Arbeit: ›Hyperion‹.
562,11 Hauslehrer: im Unterschied zum Hofmeister, der auch im Hause lebte.
562,13 f. Sie will Ihnen nächstens schreiben: vgl. III 585 ff.
563,12 f. neben dem Fichtischen Hauße: Vermutlich wohnte Hölderlin in der Unterlauengasse 17.

AN NEUFFER 19. Januar 1795 [93]

H224 *Dbl., Bl. 4°*

565,1 f. Ständchen ... Gespräch: vgl. ›Wilhelm Meisters Lehrjahre‹ erstes Buch, 17. Kapitel bzw. zweites Buch, 2. Kapitel.
565,16 f. Koll. bei Fichte: vgl. die Erläuterung zu II 50,8.
566,1 f. in der neusten Thalia: Neuffers Übertragung aus Vergils ›Aeneis‹ (7,1–285) erschien im letzten Stück des Jahrgangs 1793 der *Neuen Thalia* (D5b).
566,2 Horen: Das erste Heft erschien Ende Januar 1795.
566,8 Nisus und Euryalus: im ersten Heft 1794 erschienen; vgl. auch Hölderlins spätere Übersetzung, II 170.
566,9 Voß: Er arbeitete seit 1790 an einer Übersetzung der ›Aeneis‹.
566,22 Tübinger Geschichte: Gemeint ist die Geschichte um Elise Lebret.
566,34 Freundin: Wilhelmine Kirms.

AN HEGEL 26. Januar 1795 [94]

H429 *Dbl. 4°*

Hölderlin muß Hegel seit dem letzten Brief vom 10. Juli 1794 mindestens noch einmal geschrieben haben, vgl. III 584.

568,7 Fragment: Das ›Fragment von Hyperion‹; die »Umbildung der Materialien« nahm wesentlich mehr Zeit in Anspruch als »bis Ostern«.

568,9 Genius der Kühnheit: vgl. oben die Erläuterung zu 559,11.

568,27 spekulative Blätter: Der Begriff »spekulativ« wird in der philosophischen Terminologie dieser Zeit dem Gebiet der theoretischen (im Gegensatz zur praktischen) Philosophie beigemessen; in einem engeren, durchaus emphatischen Sinn bezeichnet er den nicht-empirischen Teil oder auch Ansatz einer theoretischen Philosophie – sei es der Erkenntnis oder der Natur. Fichtes erste systematische Ausarbeitung seiner Wissenschaftslehre erschien bogenweise vom 14. Juni 1794 an; zu Michaelis (Herbstmesse) 1794 lagen die beiden ersten der drei Teile des Werks vor; sie umfaßten die »Grundsätze der gesammten Wissenschaftslehre« und die »Grundlage des theoretischen Wissens«. Hölderlin hat die einzelnen Lieferungen schon in Waltershausen kennengelernt, vermutlich durch Charlotte von Kalb.

568,30 Dogmatismus: Nach Kant (K. r. V. B xxx) besteht der »Dogmatismus der Metaphysik« in dem »Vorurteil, in ihr ohne Kritik der reinen Vernunft auszukommen«, d. h. ohne Begrenzung der Erkenntnisansprüche auf die Bedingungen der Möglichkeit von Erfahrung. »Dogmatismus« maßt sich die Erkenntnis der Dinge an, wie sie an sich sind.

568,33 Factum des Bewußtseins: Hier bedient sich Hölderlin der Terminologie Reinholds, der in seiner zu Beginn der neunziger Jahre einflußreichen Elementarphilosophie, die das Gebäude der kantischen Kritiken systematisch rekonstruieren wollte, seinen »absolutersten Grundsatz«, den sogenannten »Satz des Bewußtseins«, der Subjekt und Objekt einer Vorstellung sowie ihre Vereinigung in einem Bewußtsein unterscheiden sollte, aus dem «Factum des Bewußtseins« hergeleitet hatte.

568,35 trascendent: die Bedingungen der Möglichkeit von Erfahrung übersteigend (transcendens).

568,36 Ich: Darüber befindet sich ein Anmerkungskreuz, möglicherweise von fremder Hand.

568,37 (= Spinozas Substanz): Nach Spinozas Definition in der *Ethik* ist Substanz »das, was in sich ist und durch sich erkannt wird« (Teil I Definition 3). Sie kann also nicht Objekt einer fremden Erkenntnis sein; insofern muß sie, wie Fichtes absolutes Ich, alle Realität und alle Erkenntnis der Realität in sich enthalten.

569,2 Bewußtsein ohne Object: Diese Argumentation deutet Hölderlin schon in ›Zu Jakobis Briefen …‹ an; vgl. II 40,14.

569,8 ist (für mich) Nichts: Der Logik der Sache nach müßte es hier heißen »(für sich)«, wie Wolfgang Binder (vgl. StA 6.2,724) bemerkt hat. Allerdings ist dieser Schreibfehler Hölderlins auch als unwillkürliche Wertung des Fichteschen Gedankens zu lesen.

569,9–15. Strebens p.p.: wahrscheinlich von fremder Hand umrahmt, mit dem unteren, vielleicht von Hegel abgerissenen Viertel des Blattes sind etwa fünf Zeilen des Textes verloren gegangen.

569,13 Seine Auseinandersezung: In der Handschrift ist am Beginn der neuen Seite nur »dersezung« zu lesen, der Anfang wurde editorisch von Adolf Beck in StA ergänzt.

569,14f. Idee des Strebens: vgl. den Brief an den Bruder vom 13. April 1795, in dem dies genauer ausgeführt wird, II 578.

569,19 Kants Teleologie: vgl. ›Kritik der Urteilskraft‹ §§ 66 ff.

569,19 Mechanismus: der nicht auf ein Ziel (Telos) gerichtete Wirkzusammenhang.

569,23 Antinomien: Kant kennt mehrere Arten des »Widerstreits der Gesetze der reinen Vernunft«, die er in der K. r. V. (B 432–595) nacheinander auflösend behandelt; vgl. auch K. d. U. §§ 69–78.

569,28 conductor: metaphorisch »elektrischer Leiter«.

569,31 sollst: Danach ist am Ende der folgenden Zeile noch zu lesen »unendlichen«; mit dem unteren abgerissenen Rand des Blattes sind etwa fünf Zeilen des Textes verloren gegangen, s. oben die Erläuterung zu 569,9–15.

VON NEUFFER   26. Januar 1795 [a 22]

h46, Auszug und Regest Schlesiers

VON NEUFFER   5. Februar 1795 [a 23]

h46, Auszug und Regest Schlesiers

570,11 nach Tübingen vorgeschlagen: Schiller, der 1794 während eines Besuches in seiner Heimat auch in Tübingen war, hatte im Februar 1795 ein Angebot auf einen Lehrstuhl erhalten, jedoch abgesagt.

VON DEM BRUDER   6. Februar 1795 [a 24]

h46, Auszug und Regest Schlesiers

| AN DIE MUTTER | 22. Februar 1795 [95] |

D1846 (571,2–573,21); H92a *Bl. 8°* (573,22–574,11); h46, Regest Schlesiers (574,12)

571,17 mitunter: »unter anderem«. Warum die damaligen Zeitumstände (Eroberung Hollands durch die Franzosen) eine Rechtfertigung für Hölderlins Veränderung seiner Lage abgeben sollten, ist nicht ersichtlich.

572,2 Arbeit: Um diese Zeit wird Hölderlin an ›Hyperions Jugend‹ gearbeitet haben; erst 1797 enthielten die ›Horen‹ Beiträge Hölderlins.

572,12 Freund ... Verleger: beide unbekannt.

572,24 Hofnungen: wahrscheinlich auf eine Dozentur.

574,12 Brief: nicht überliefert.

| VON DER SCHWESTER | 1. März 1795 [a 25] |

Mitteilung Fritz Breunlins an C. T. Schwab vom 17. Juni 1870 mit zwei weiteren Briefauszügen, vgl. II 587 und 696.

574,16 Porträt: das 1792 zur Hochzeit der Schwester überreichte Pastellbild von Karl Hiemer; vgl. Zeittafel.

| AN DIE MUTTER | 12. März 1795 [96] |

D1846

575,10 an Cotta: vgl. Schiller an Cotta, III 587.
575,11 Werkchen: ›Hyperions Jugend‹.
575,35 Vokation: vgl. oben die Erläuterung zu 570,11.

| AN DEN BRUDER | 13. April 1795 [97] |

D1846

576,32 Grundsaz: Kants kategorischer Imperativ: »Handle stets so, daß die Maxime deines Willens jederzeit zugleich als Prinzip einer allgemeinen Gesetzgebung gelten könne.« (K. p. V. §7)

577,24 Gebrauch seiner Kräfte: vgl. den Appell Hölderlins an die Mutter: »Gönnen Sir mir den ungestörten Gebrauch meiner Kräfte«, II 562,29 f.

577,31 unendliche Fortdauer: Unsterblichkeit der Seele. Vgl. den ähnlichen Sprachgebrauch in Schellings *Vom Ich*: »Zu diesem Endzweck ⟨sc. des endlichen Ichs⟩ findet nur unendliche Annäherung statt – daher unendliche Fortdauer des Ichs, Unsterblichkeit« (AA 1.2, S. 128); s. auch den Brief an Schiller vom 4. September 1795, II 596.

577,32 f. Gesezes: vielleicht Verschreibung (bzw. Verlesung) für ›Geistes‹.

578,16–579,1: vielleicht aus einer Vorlesungsnachschrift kopiert. Der dritte Teil der *Grundlage der gesammten Wissenschaftslehre* erschien erst Ostern 1795 im Druck. Vgl. auch den Niederschlag dieser Anschauung in der metrischen Fassung des ›Hyperion‹ und am Beginn von ›Hyperions Jugend‹.

579,8 philosophischen Journale: Das zunächst nur von Niethammer herausgegebene ›Philosophische Journal einer Gesellschaft Teutscher Gelehrten‹ erschien seit März 1795. Es vertrat einen sich an Reinhold und zunehmend auch an Fichte anlehnenden Kantianismus. Mit Beginn des Jahres 1797 wurde Fichte zum Mitherausgeber. Eine Mitarbeit Hölderlins kam nicht zustande.

579,10 Mein Werkchen: Bemerkenswert ist diese herabsetzende Apostrophierung des ›Hyperion‹-Romans; vielleicht hängt sie zusammen mit dem II 579,19–23 erwähnten, dann jedoch wohl Ende Mai verworfenen Plan, in Jena eine Lehrtätigkeit anzustreben. Vgl. auch II 575,11, 584,2 und 588,29.

579,20 hier examiniren: Offenbar zu diesem Zweck immatrikulierte sich Hölderlin am 15. Mai in Jena.

AN DIE SCHWESTER 20. April 1795 [98]

H185 *Dbl. 4°* (S. 4: leer)

580,26 Fürst: Leopold Friedrich Franz von Anhalt-Dessau.

580,27 Waisen- u. Erziehungshaus: von August Hermann Francke (1663–1727) gegründet und im pietistischen Geiste geführt.

580,33 Pädagogen: Gemeint ist wohl die von Johann Bernhard Basedow (1723–1790) ersonnene Methode der Philanthropisten.

581,28 Gärten: Der Gartentheoretiker Grohmann (Taschenbuch für Gartenfreunde, Leipzig 1796, S. 52) bezeichnet den Wörlitzer Park als »Muster, ... die Natur in ihrem höchsten Schönen und Zweckmäßigen ... zu malen«, das Louisium dagegen als Muster deutscher Gartenkunst, »die eine Landschaft in ihrem Bezug auf das Interessirende des Herzens und der Gefühle zu erziehen« suche.

582,19f.: Die fehlenden Worte sind abgerissen. Bei der Adresse handelt es sich wohl um das Haus des Bäckers Schilling, Steinweg 21 in Jena. Das Gartenhaus, das wohl am Hausberg jenseits der Saale lag, ist nicht mehr zu bestimmen, vgl. aber Sinclair an Jung, III 588f.

AN NEUFFER 28. April 1795 [99]

H225 Dbl. 4°

583,26 Freude: Heyne hatte Neuffer, nachdem er dessen ›Aeneis‹-Übertragungen gesehen hatte, empfohlen, sich ganz der klassischen Literatur zu widmen und eine akademische Laufbahn einzuschlagen.

583,30 Ovids Phaëton: vgl. II 166.

583,37 bezahlt: Cotta, der tags zuvor in Jena war, hatte dieses Honorar für den ›Hyperion‹ festgesetzt, der erste Abschlag von 11 Gulden wurde Hölderlin jedoch erst im August ausbezahlt.

584,1 Jüdeln: Feilschen.

584,2 Scandalisire Dich ja nicht: »nimm keinen Anstoß«; Hölderlin war anscheinend mit der Form von ›Hyperions Jugend‹ nicht mehr einverstanden, vgl. auch die Bemerkung im Brief an die Mutter vom 22. Mai, II 588.

584,9 Röschen: Hölderlin wußte nicht, daß Rosine Stäudlin drei Tage zuvor gestorben war.

AN NEUFFER 8. Mai 1795 [100]

H226 Dbl. 8°

585,6ff. das edle unersezliche Wesen ... ist Tod: Rosine Stäudlin war am 25. April nach langem Leiden an der Schwindsucht gestorben. Die Verschreibung »Tod« für ›todt‹ mag ein Zeichen für die Erschütterung Hölderlins sein, der sich ja im vorigen Brief noch selbst ein solches »Wesen« gewünscht hatte.

VON DER SCHWESTER 9. Mai 1795 [a 26]

vgl. den Brief vom 1. März 1795

AN DIE MUTTER 22. Mai 1795 [101]

H94 *Dbl. 4°* (S. 4: leer)

588,9f. Hofmeisterstelle: Dazu ist nicht Näheres bekannt.
588,29 unbedeutendes Manuscript: vgl. oben die Erläuterung zu 584,2.
589,11 Freund: wahrscheinlich Sinclair.

Nürtingen

AN SCHILLER 23. Juli 1795 [102]

H380 *Dbl. 4°* (S. 4: leer)

590,36 ein paar Gedichte: am 4. September 1795.
591,1 was ich beilege: wahrscheinlich die Übersetzung der Phaëton-Passage aus Ovids ›Metamorphosen‹, vgl. II 166 und 583.

AN EBEL 2. September 1795 [103]

H484 *2 Dbl. 8°* (S. 8: leer)

591,22f. den seltnen Menschen: vorwegnehmend auf die Familie Gontard bezogen.

592,1 in meinem vorigen Verhältnisse: die Hofmeisterstelle im Hause Kalb. Vgl. zu dem folgenden Erziehungsprogramm, das aus den Erfahrungen in Waltershausen gewonnen ist, die Vorstellungen, die Hölderlin zuvor im Brief an Schiller aus dem April 1794 äußerte (II 524ff.).

593,2f. la premiere ...: »die erste und wichtigste Erziehung ist, ein Kind zu befähigen, erzogen zu werden.« (La Nouvelle Héloïse 5,3).

595,7 einen jungen Gelehrten: Hegel. Die »andere Familie« ist sicher noch nicht die des Kaufmanns Gogel.

595,14f. Fr./M.: Freund / Magister.

AN SCHILLER 4. September 1795 [104]

H473 *Dbl. 4°* (S. 4: leer)

595,20 Beitrag: wahrscheinlich die Gedichte ›Der Gott der Jugend‹ und ›An die Natur‹, s. I 155 und 156. Das letztere nahm Schiller auf das Urteil Wilhelm von Humboldts hin nicht in seinen *Musen-Almanach* (D7) auf. Vgl. auch Hölderlins Brief an Neuffer im März 1796, II 617.

595,24 res nullius: (lat.) herrenlose Sache; Terminus des römischen Rechts.

595,32 intellectuale Anschauung: vgl. die Erläuterung zu II 49,22 f.

596,1 Annäherung: vgl. oben die Erläuterung zu 577,31 und das ähnliche Bild in der vorletzten Fassung des ›Hyperion‹, I 558,29.

596,11 f. »am Eise wärmen«: Zitat aus Goethes ›Wilhelm Meisters Lehrjahre‹ (Zweites Buch, 11. Kapitel).

AN NEUFFER Oktober 1795 [105]

H227 *Dbl. 4°* (S. 4: Adresse)

596,32 Verhältniß: möglicherweise eine Erzieherstelle im Hause des mit Neuffer befreundeten Professors Ströhlin, s. die Empfehlung am Schluß des Briefes.

597,15 Anerbieten: vielleicht auf eine Repetentenstelle im Tübinger Stift, vgl. unten die Erläuterung zu 600,14. Das »bisarre Verhältniß« ist das zu Elise Lebret.

597,25 Schillers Gedicht: wahrscheinlich ›Das Reich der Schatten‹ (später: ›Das Ideal und das Leben‹), das Schiller als erstes eigenes im Septemberheft der Horen abdrucken ließ.

597,32 spekulatives pro und contra: Gemeint sind wohl die Gedanken zur »Vereinigung des Subjects und des Objects«, die auch im vorigen Brief an Schiller und nochmals in einem Brief an Niethammer (s. II 614 f.) zur Sprache kommen.

AN EBEL   9. November 1795 [106]

H485 *Dbl. 8°*

598,18 Konsistorium: vgl. oben die Erläuterung zu 506,20.

599,27 unsichtbare: im Gegensatz zur institutionalisierten Kirche die ideelle Gemeinde der Gläubigen. Für die Tübinger Freunde war dieser Begriff gemeinsamer Bezugspunkt; so schreibt Ende Januar 1795 Hegel an Schelling: »Vernunft und Freiheit bleiben unsre Losung, und unser Vereinigungspunkt die unsichtbare Kirche.« Vgl. auch die Losung »Reich Gottes!« in Hölderlins Brief an Hegel vom 10. Juli 1794, II 540.

599,30 Zukunft des Herrn: Gemeint ist die Stelle im ersten Brief des Paulus an die Thessalonicher 4,15: »wir, die wir leben und überbleiben in der Zukunft des Herrn, werden denen nicht ⟨zu⟩ vorkommen, die da schlafen«, vgl. dazu auch die Rede Hyperions an Alabanda, I 637.

AN HEGEL   25. November 1795 [107]

H429 *Dbl. 4°* (S. 4: leer)

600,5 hingehalten: Anscheinend hatte Ebel Hölderlin einen hinhaltenden Brief geschrieben, der auch eine Stelle für Hegel betraf, vgl. oben die Erläuterung zu 595,7.

600,14 Prätension: Anspruch auf eine Repetentenstelle hatten die Besten aus einer ehemaligen Promotion; anscheinend hatte Hegel in einem verlorenen Brief Hölderlin den Vortritt bei einer freigewordenen Stelle angeboten, der jedoch wegen der »Tübinger Thorheiten« um Elise Lebret vielleicht bereits früher ein solches »Anerbieten« abgelehnt hatte, vgl. oben die Erläuterung zu 597,15.

600,19f. Todtenerweker ... Todtengräber: Die Tübinger Schule des Supranaturalismus versuchte mit Hilfe des kantischen Kritizismus die orthodoxe Dogmatik zu stützen.

600,35 Paraphrase: zu Hegels Vorhaben vgl. II 569,17.

601,8 Fichte ist wieder in Jena: Fichte hatte durch seinen Kampf gegen das studentische Ordenswesen nach anfänglichen Erfolgen den Haß der Studenten auf sich gezogen, der schließlich im Sommer 1795 zu Ausschreitungen führte. Fichte hatte sich daraufhin auf Wielands Gut Oßmannstedt zurückgezogen; vgl. Dokumente, III 588 Anm.

AN NEUFFER   Anfang Dezember 1795 geschrieben [108]

H228 *Dbl. 8°*

601,17 Hafen: Topf.
601,25 Herren: das Konsistorium.
602,2f. impatiens limae: (lat.) ohne Geduld zur Feile.
602,15 Kasimir: Kaschmirstoff.
602,16 HE. Stähle: unbekannt.
602,21 Elegie: vermutlich nicht ausgeführt.

AN EBEL   7. Dezember 1795 [109]

H486 *Dbl. 8°* (beiliegend Umschlag mit Adresse und Siegel ⟨Familienwappen der Hölderlins⟩)

602,30 Freunde: die Gontards.
602,33 mit nächster Woche: Tatsächlich reiste Hölderlin erst Ende Dezember nach Frankfurt.

AN NEUFFER   nach dem 7. Dezember 1795 geschrieben [110]

H229 *Bl. 8°*

604,13 Curé: Pelzrock. Die Mutter stattete Hölderlin laut ihrer Ausgabenliste mit Kleidung für insgesamt 125 Gulden aus.

AN NIETHAMMER   22. Dezember 1795 [111]

H422 *Dbl. 8°*

Nach einem Aufenthalt in Stuttgart verbrachte Hölderlin die Feiertage bei der mit ihm verwandten Familie Majer in Löchgau.

605,31 Schelling: Hölderlin hatte Schelling zuvor schon im Juli oder August in Tübingen besucht. C. T. Schwab schreibt darüber: »Das Wiedersehen der beiden Freunde gewann an Interesse durch die Erfahrungen, welche Hölderlin in Jena gesammelt hatte und, als Schelling darüber klagte, daß es ihm unmöglich sey, auf dem Gebiete der Philosophie durchzudringen zur Klarheit, tröstete ihn Hölderlin mit der Versicherung, daß er eben so weit sey, als Fichte.«
605,31 abtrünnig: Offenbar hat Schelling die im November in Niet-

hammers Journal erschienenen ersten vier seiner ›Philosophischen Briefe über Dogmatismus und Kriticismus‹ auch Hölderlin bei einem Treffen Mitte Dezember bekannt gemacht. Vom Inhalt des Gesprächs darüber sagt Hölderlin etwas mehr im Brief an Niethammer vom 24. Februar 1796 (II 615,8–16). Es ist vermutet worden, daß Hölderlin mit seinen »ersten Überzeugungen« auf die Schrift *Vom Ich* Bezug nehme, die im Titel (›Vom Ich als Princip der Philosophie oder über das Unbedingte im menschlichen Wissen‹) das Absolute dem Wissen – also der theoretischen Vernunft – zugänglich sein lassen wollte. Von diesen »ersten Überzeugungen« sei Schelling nun in Hölderlins Augen »abtrünnig geworden«, da die *Philosophischen Briefe* einen Primat der praktischen Vernunft – also einen Absolutheitsanspruch für das Handeln – vertreten.

Frankfurt

AN DIE MUTTER 30. Dezember 1795 [112]

H95 *Dbl. 8°*

607,11 Schiksaal meines Karls: Carl Gock fand erst 1797 eine befriedigende Anstellung.

607,29 Stadt Mainz: einfaches Gasthaus, das entweder in der ⟨Alten⟩ Mainzer Gasse oder der Buchgasse gelegen war.

AN PFARRER MAJER 31. Dezember 1795 [113]

H202 *Dbl. 8°*

608,10 Freund: Ludwig Majer, der Sohn des Pfarrers, der unterwegs nach Jena war.

608,26 Professionist: Handwerker.

608,34 meine Leute: die Gontards.

609,4 ehemaliger: Fritz von Kalb.

609,9 Mütter: Gemeint sind wohl die Frau des Onkels und Hölderlins Großmutter Heyn, die zuweilen auch in Löchgau wohnte.

1796

AN DEN BRUDER 11. Januar 1796 [114]

D1846

609,31 interessante Menschen: wahrscheinlich Jung und Leutwein.
610,8 Schwester: in D1846 steht »Mutter«.

AN NEUFFER 15. Januar 1796 [115]

H230 *Dbl. 8°*

AN DEN BRUDER 11. Februar 1796 [116]

D1846

612,19 Deus nobis ...: (lat.) Ein Gott hat uns diese Muße gemacht. Vergil, erste Ekloge v. 6.
612,29 Geschäftsmann: im 18. Jahrhundert vorwiegend in der Bedeutung von »politischer Geschäftsvertreter« (Diplomat). Sinclairs Plan wurde durch den Unfalltod seines Stiefvaters im März 1796 vereitelt.
613,7f. philosophische Briefe: s. ›Fragment philosophischer Briefe‹, II 51. Hölderlin hatte seinem Bruder schon am 13. April 1795 (vgl. II 579) von seinem Plan Mitteilung gemacht.
613,11 Roman: Gemeint ist die vorletzte Fassung des ›Hyperion‹, an deren Reinschrift Carl Gock mitgearbeitet und die Hölderlin an Cotta geschickt hatte.
613,12 nichts ... geschikt: Von Schiller erwartete Hölderlin den *Musen-Almanach für das Jahr 1796* (D7), in dem er Beiträge von sich zu finden hoffte; vgl. oben die Erläuterung zu 591,1 und 595,20.

AN NIETHAMMER 24. Februar 1796 [117]

h84, Abschrift von J. L. Döderlein, München

614,26 philosophischer Mentor: philosophischer Ratgeber. Hölderlin ist vermutlich schon im Wintersemester 1789/90 von Niethammer, der nach seinem Abschlußexamen noch ein halbes Jahr im Stift hospitierte, mit der Philosophie Reinholds bekannt gemacht worden.

614,31 In den philosophischen Briefen: Von Hölderlins Bemühungen, sein Jenaer Versprechen einzulösen, hat sich einzig das ›Fragment philosophischer Briefe‹ erhalten, vgl. II 51.

615,2f. theoretisch, in intellectualer Anschauung: Auffällig ist die scheinbar gegensätzliche Verwendung des Wortes »theoretisch« im Vergleich mit dem Brief an Schiller vom 4. September, II 595. Vgl. auch die Erläuterung zu II 49,22f.

615,5f. »Neue Briefe...«: mit Bezug auf Schillers im Jahr zuvor in den Horen erschienenen Aufsatz ›Über die ästhetische Erziehung des Menschen‹.

615,9 Journal: Schelling hatte in Niethammers Zeitschrift 1795/Anfang 1796 ›Philosophische Briefe über Dogmatismus und Kriticismus‹ veröffentlicht, vgl. auch oben die Erläuterung zu 605,31.

615,13 neuen Überzeugungen: vgl. II 605,32.

AN NEUFFER März 1796 [118]

H231 2 Bl. 4° *(urspr. Dbl.)*

616,17 das liebliche Geschöpf: nicht bekannt.

617,1 Phaëton: die von Schiller angeregte Ovid-Übersetzung (II 166), vgl. auch II 583 und 591.

617,4 Gedicht an die Natur: vgl. die Erläuterung zu II 595,20. Schiller hatte allerdings das Gedicht zwischenzeitlich für das 10. Stück der Horen disponiert, wo es aber dann doch nicht erschien.

AN DEN BRUDER März 1796 [119]

h46, Auszug und Regest Schlesiers

617,26 cacumina rerum: (lat.) die Gipfel der Dinge, also »das Höchste«.

618,6 Vetter Bräunlin: vielleicht Christian Breunlin.

AN COTTA 15. Mai 1796 [120]

h46, Abschrift Schlesiers

618,10 Hyperion: vgl. die Entstehungsgeschichte des ›Hyperion‹, III 308.
618,34 Plutarch: Hölderlin hatte auf die Huttensche Plutarch-Ausgabe bei Cotta subskribiert. Zur Abrechnung vgl. die Auszüge aus Cottas Rechnungsbuch, III 299f.

AN DEN BRUDER 2. Juni 1796 [121]

D1846 (619,8–621,37); h46, Abschrift Schlesiers (622,1–3)

619,11 »Lust und Liebe ...«: ›Iphigenie auf Tauris‹ v. 665 f.; vgl. auch Stammbucheintrag für Hegel vom 12. Februar 1791, II 969.
619,26f. Vernunft ... Verstand: zum Gebrauch dieser Begriffe vgl. Kant ›Kritik der Urteilskraft‹ §76.
621,26 Freund H.: nicht bekannt.
621,29 Naturrecht: Der erste Teil der ›Grundlage des Naturrechts nach Prinzipien der Wissenschaftslehre‹ befand sich noch in Hölderlins Nachlaß.
622,3 Druk meines Buchs: Wie der vorige Brief zeigt, hatte Hölderlin die Absicht, den ›Hyperion‹ neu zu fassen.

AN DEN BRUDER Juni/Juli 1796 [122]

D1846

Das Datum dieses und des folgenden Briefes ist wahrscheinlich von Hölderlin in der Aufregung der Vorbereitungen zur Flucht aus Frankfurt falsch gesetzt worden. Am 10. Juni befand sich die »Kaiserliche Armee« (623,25) noch auf dem Vormarsch, jedoch am 7. Juli auf dem Rückzug von Wetzlar; erst am 24. Juni überschritt die französische Armee bei Straßburg den Rhein nach »Würtemberg« (623,31); in Frankfurt, das am 14. Juli kapitulierte, befürchtete man erst seit Anfang Juli den Einmarsch der Franzosen, und Hölderlin schreibt dem Bruder am 6. August, er lebe seit »drei Wochen und drei Tagen« in Kassel, und weiter, daß er ihm am Tage der »Abreise« geschrieben habe, er ginge nach Hamburg, vgl. II 627,14–18. Will man also nicht annehmen, daß Hölderlin, der Susette Gontard und ihre Kinder mit Marie Rätzer und der Mutter Jakob Gontards begleitete, nahezu einen Monat von Frankfurt nach Kassel unterwegs war, so ist davon auszugehen, daß die Nachschrift zu beiden Briefen erst am 10. Juli verfaßt wurde.

AN NEUFFER   Juni/Juli 1796 [123]

H232 *Dbl. 4°* (S. 4: Adresse)

Zur Datierung s. die einführende Bemerkung zum vorigen Brief.

624,18 Wesen: Susette Gontard.

625,5 Daß ich jezt lieber dichte, als je: Die Begegnung mit Susette Gontard hatte maßgeblichen Einfluß auf die lyrischen Arbeiten Hölderlins und die Umgestaltung des ›Hyperion‹.

AN SCHILLER   24. Juli 1796 [124]

H341 *Bl. 4°*

625,29 Beitrag: vielleicht ›Die Unerkannte‹, ›An Herkules‹, ›Diotima‹ ⟨Mittlere Fassung⟩ und ›An die klugen Rathgeber‹, s. I 158–166. Die Gedichte kamen jedoch zu spät für den *Musen-Almanach für das Jahr 1797*.

AN DEN BRUDER   6. August 1796 [125]

D1846

626,23 große Begebenheiten: Nach der Einnahme Frankfurts waren die französischen Truppen im Laufe des Juli bis nach Bamberg und im Süden nach der Einnahme Stuttgarts bis nach Ulm vorgerückt, weshalb Württemberg am 7. August einen Separatfrieden mit Frankreich schloß.

627,28f. Der König von Preußen war bei dem hiesigen Landgrafen: Am 3. August besuchte Friedrich Wilhelm II. den Landgrafen Wilhelm IX. von Hessen-Kassel auf der Rückreise von Bad Pyrmont.

627,32f. Augarten und der weiße Stein: heute Karlsaue und Wilhelmshöhe.

627,36 Gemäldegallerie ... Museum: Die von Wilhelm VIII. zusammengetragene Sammlung von etwa 800 Gemälden flämischer, holländischer und französischer Malerei war eine der bedeutendsten ihrer Zeit; das Museum Fridericianum besaß neben zahlreichen Kopien und Abgüssen auch eine Sammlung wertvoller Originale antiker Plastik. Wil-

helm Heinse wird dort als Kenner der bildenden Kunst der kleinen
Gesellschaft als Cicerone gedient haben.

AN DEN BRUDER   13. Oktober 1796 [126]

D1846

628,32 Hermannsschlacht: Drama von Klopstock. In Hölderlins
Nachlaß befand sich ein Nachdruck Reutlingen 1777.
629,14 Dich weniger leiden: im Sinne von »weniger auf Notbehelf
angewiesen sein«.
629,17 Geschäfftsmann: Diplomat.
629,29 Kasimir: Kaschmirstoff.
629,32 politischer Jammer: wahrscheinlich darüber, daß Hölderlin
einerseits Anhänger der französischen Republik war, sich andererseits
um seine Verwandten sorgte, die vom Krieg bedroht waren; vielleicht
aber auch schon darüber, daß die Franzosen zusehends als Eroberer
auftraten statt als Verteidiger der Republik.

AN HEGEL   24. Oktober 1796 [127]

H431 *Dbl. 4°*

630,11–14: Der Brief ist nicht überliefert. Anscheinend hatte Hölderlin auch nicht Hegels Gedicht ›Eleusis. An Hölderlin. August. 1796‹
erhalten.
631,25 Repetent: Hegel hatte wohl ernsthaft erwogen, Repetent in
Tübingen zu werden; vgl. auch oben die Erläuterung zu 600,14.

VON HEGEL   November 1796 [a 27]

Abschrift C. T. Schwabs für Karl Rosenkranz, Hegels Biographen

AN HEGEL   20. November 1796 [128]

H432 *Dbl. 4°*

635,33 Bernerbiet: (schweizerisch) »Berner Gebiet«.

AN SCHILLER 20. November 1796 [129]

D1846

636,6 blöde: »mutlos«. Hölderlin hatte auf seine Briefe vom 23. Juli und 4. September 1795 sowie auf den Brief vom 24. Juli 1796 von Schiller keine Antwort erhalten.

636,11 Verse: vgl. oben die Erläuterung zu 625,29.

AN DIE MUTTER am 20. November 1796 geschrieben [130]

H96 *Dbl. 4°*

637,15 Präceptoratstelle: Erzieherstelle, vermutlich an der Nürtinger Lateinschule.

AN DEN BRUDER
 am 21. November 1796 oder kurz darauf geschrieben [131]

D1846

640,24 Naturrecht: vgl. oben die Erläuterung zu 621,29.

640,27 Hyperion: Hölderlin hatte zu dieser Zeit wohl die Entwürfe zur endgültigen Fassung des ersten Bandes, möglicherweise auch schon die Reinschrift abgeschlossen.

640,29 f. die zwei schwäbischen Allmanache: D1 und D2. Hölderlin bearbeitete entgegen seiner Absicht die darin enthaltenen Tübinger Hymnen jedoch nicht, sondern notierte nur in den ersten Almanach den Entwurf ›Palingenesie‹ (s. I 166).

VON SCHILLER 24. November 1796 [a 28]

h46, Abschrift Schlesiers

641,7 Gedichte: vgl. oben die Erläuterung zu 625,29.

1797

AN EBEL   10. Januar 1797 [132]

H487 *Dbl. 4°* (beiliegend Umschlag mit Adresse und Siegel ⟨nemeischer
   Herakles, mit dem Löwen kämpfend⟩)

Der Brief ist Antwort auf einen verlorenen Brief Ebels, der Ende
Oktober 1796 eingetroffen sein muß und über den Susette Gontard am
27. Oktober an ihren Mann berichtet hatte: »Der Docktor Ebel hat dem
Hoelderlin einen sehr kläglichen Brief von Paris geschrieben ⟨...⟩ er ist
äußerst unzufrieden und in allen seinen Erwartungen betrogen worden.«

644,1–22: mit anderer Feder geschrieben, wahrscheinlich nach der
Unterbrechung durch Hegels Ankunft.

644,10 das gute Mädchen: Margarete Gontard.

AN DEN BRUDER   10. Januar 1797 [133]

D1846

644,29 B.: Johann Friedrich Blum.

AN DIE MUTTER   30. Januar 1797 [134]

H97 *Dbl. 4°*

646,2 97: Hölderlin schreibt »96«.

646,10 Anerbieten: Es handelte sich um eine nicht näher zu bestimmende Pfarrstelle, in die Hölderlin hätte einheiraten sollen.

AN DEN BRUDER   4. Februar 1797 [135]

h46, Auszug und Regest Schlesiers

648,10 schönen Plane: s. den vorigen Brief.

AN NEUFFER 16. Februar 1797 [136]

H233 *Dbl. 4°*

649,14 Wesen: Susette Gontard. Die Beschreibung in vorliegendem Brief zeigt, wie sehr sie Vorbild für die Diotima der endgültigen Fassung des ›Hyperion‹ war.
649,32 Gedicht: ›Diotima‹ ⟨Jüngere Fassung⟩, I 223.
650,1–6: vgl. Brief an den Bruder vom 13. Oktober 1796, II 628.
650,7f.: vgl. die ähnliche Formel im Brief an den Bruder vom 21. November 1796, II 640,27f. und die Erläuterung dazu.
650,14 Lied: ›Sonnenuntergang im Walde‹, im *Musen-Almanach für das Jahr 1797* erschienen.
650,35f. »*Wen die Götter lieben* ...«: möglicherweise ein Selbstzitat aus den Entwürfen zum ›Hyperion‹; vgl. aber auch Goethes 1780 von Friedrich Leopold Stolberg im *Deutschen Museum* veröffentlichtes Gedicht: »Alles geben die Götter, die unendlichen, / Ihren Lieblingen ganz, / Alle Freuden, die unendlichen, / Alle Schmerzen, die unendlichen, ganz.«

AN DIE SCHWESTER 17. Februar 1797 [137]

H186 *Dbl. 4°* (S. 4: Adresse)

651,18 Negligee: hier im Sinne von »Sorglosigkeit, Offenheit«.
651,21 Freundin: Katharina Sibylla Fehleisen.
652,8 Pfarrstelle: vgl. II 646 und 648.

VON NEUFFER 18. April 1797 [a 29]

h46, Auszug und Regest Schlesiers

652,24 Bruder: Carl Gock war bis zum 20. April in Frankfurt zu Besuch.
652,25 und 33 Gedicht / Lied: die mit Hölderlins letztem Brief übersandte Reimhymne ›Diotima‹ ⟨Jüngere Fassung⟩.

AN DIE SCHWESTER April 1797 [138]

H187 *Dbl., Bl. 4°*

653,12 Gebirge: der Taunus.

654,14 Friedensnachricht: Bonaparte entschied den ersten Koalitionskrieg durch seinen Siegeszug in Oberitalien, der ihn bis ins österreichische Stammland führte. Die beiden Armeen unter General Moreau und General Hoche waren gleichzeitig über den Rhein vorgestoßen, so daß Österreich am 18. April in Leoben (Steiermark) zu einem Präliminarfrieden gezwungen werden konnte. Die Nachricht davon traf am 22. April in Frankfurt ein; dennoch marschierten die Franzosen zunächst auf die Bockenheimer Warte zu, bis man ihnen mit der Friedensnachricht entgegentrat. Zwei Tage darauf trafen sich General Hoche und General Wernek in Bornheim.

654,23 Landhaus: der Adlerflychtsche Hof im Norden Frankfurts (ungefähr am heutigen Adlerflychtplatz).

654,32 Hyperion: Der erste Band war im April 1797 erschienen.

AN SCHILLER 20. Juni 1797 [139]

H345 *Dbl. 4°*

656,19f. des Büchleins angenommen: in Jena, wo Schiller den Verlag vermittelt hatte, vgl. Schiller an Cotta, III 587.

656,25 Urtheil: Ein Urteil Schillers über den Hyperion ist nicht überliefert, vielleicht stand es in dem verlorenen Brief an Hölderlin vom 28. Juli 1797.

656,29 Gedichte, die ich beilege: ›An den Aether‹, ›Der Wanderer‹ ⟨Erste Fassung⟩, vielleicht auch ›Die Eichbäume‹, s. I 176–181. Das erste Gedicht nahm Schiller in den *Musen-Almanach für das Jahr 1798* (D11) auf, die beiden anderen in die *Horen* (D10a,b); vgl. auch den Briefwechsel zwischen Schiller und Goethe über die ersten beiden Gedichte Ende Juni 1797, III 593ff.

656,36f. Gedichte, die voriges Jahr zu spät kamen: vgl. die Erläuterung zu II 625,29.

AN NEUFFER   10. Juli 1797 [140]

H234 Dbl. 4°

657,23 mag: vermag.

658,1 Ich bin zerrissen: Hier kündigt sich bereits der Konflikt an, den Hölderlin im Gontardschen Hause erfährt; vgl. die genauere Beschreibung im Brief an die Mutter vom November 1797, II 672 ff. Das Datum dieses und des folgenden Briefes ist das der Hochzeit Marie Rätzers, an der Hölderlin möglicherweise nicht teilnehmen durfte; vgl. den Brief an die Mutter vom November 1797, II 674.

658,11 bist du nicht vernichtet . . .: Damit sagt Hölderlin einerseits etwas über seine Einschätzung von Neuffers Dichtertum (vgl. dazu die Bemerkung im Brief an die Mutter vom Januar 1798, II 737), andererseits aber auch über die Gefährdung, die seine »Amtsgeschäffte« – nämlich die des Hofmeisters – für ihn persönlich darstellen.

658,22 Urtheil: Ein schriftliches Urteil Neuffers ist nicht überliefert.

658,25 Langischer Allmanach: vgl. Neuffers Brief vom 18. April 1797, II 652. Neuffer läßt in den Almanach (s. Verzeichnis der Drucke, D8) drei ältere Gedichte einrücken, von denen zwei bereits früher gedruckt waren.

AN DIE MUTTER   10. Juli 1797 [141]

H98 Dbl. 4°

660,23 f. Oncle . . . Vetter: Pfarrer Majer war anscheinend mit der Entwicklung seines Sohnes in Jena nicht zufrieden.

660,30 Bekannte: nicht bestimmt.

AN DEN BRUDER   August 1797 [142]

h46, Abschrift Schlesiers

661,31 Plan zu einem Trauerspiele: der Frankfurter Plan zum ›Empedokles‹, s. I 763.

661,33 Der Wanderer: Die erste Fassung dieses Gedichts (I 178) erschien in den *Horen* (D10a). In Schillers *Musen-Almanach* (D11) erschien nur ›Der Aether‹.

AN DIE MUTTER   August 1797 [143]

H99 *Dbl. 8°*

AN SCHILLER   zwischen dem 15. und 20. August 1797 [144]

H358 *Dbl. 4°*

Der Brief traf am 24. August bei Schiller ein und ist die Antwort auf einen verlorenen Brief Schillers vom 28. Juli 1797, vgl. auch Schillers Brief an Goethe vom selben Tag (III 596).

664,18 neue Übersezung: ›The Minister‹. Translated by M. G. Lewis, London (J. Bell) 1797.

664,34–37: vgl. oben die Erläuterung zu 661,33.

665,1–7: Hölderlin hatte schon im Titel ›Der Jüngling an die klugen Rathgeber‹ (I 181) das von Schiller bemängelte Gedicht gemildert, dennoch nahm es Schiller nicht zur Publikation auf. Die gekürzte Version des Liedes ›Diotima‹ ⟨Mittlere Fassung⟩ (I 172) ist nicht überliefert.

AN DEN BRUDER   um den 20. September 1797 [145]

h46, Regest und Abschrift Schlesiers

665,23 Kinder: die Kinder der Familie Gontard, bei der Carl Gock während seines Aufenthaltes in Frankfurt zu Gast war.

AN DIE SCHWESTER   Ende September 1797 [146]

H188 *Dbl. 8°*

667,13 Kahnfahrt: vgl. das Konzept ›An meine Schwester‹ (I 275), in dem sich ebenfalls das Stichwort »Albluft« findet, das auf den beschriebenen Ausflug deutet.

VON SCHMID   19. Oktober 1797 [a 30]

h46, Regest und Auszug Schlesiers

667,24 Geistesrevolution: wahrscheinlich Schmids Absicht, Philosophie und Poesie zu verbinden, die er Goethe nach dessen Bericht an Schiller vom 9. August 1797 in Frankfurt genannt hatte; vgl. III 596.

AN DEN BRUDER   2. November 1797 [147]

D1846

669,24 Gedicht an den Aether: vgl. oben die Erläuterung zu 661,33.

669,35 einiges, das mir sehr am Herzen liege: Vermutlich wollte Hölderlin Conz bitten, eine Rezension zu schreiben. Aller Wahrscheinlichkeit nach erfüllte Conz diesen Wunsch 1801; vgl. III 300f.

670,3–7 Die Dichter ...: Klopstocks Epigramm ›Ganz gute Bemerkung‹ (aus der *Deutschen Gelehrtenrepublik*, von der sich ein Exemplar im Nachlaß Hölderlins befand) ist wohl aus dem Gedächtnis zitiert; v. 2 beginnt eigentlich »Verstehen nicht ...« und v. 4 »Er mag ...«. Mit einer weiteren Abweichung hatte Hölderlin dieses Epigramm schon als Widmung für Franz Wilhelm Jung in den ersten Band des ›Hyperion‹ eingetragen, vgl. III 317.

670,9 über Hyperion geäußert: vgl. die Briefe Heinses an Sömmering, III 598 f.

VON SCHMID   Anfang November 1797 [a 31]

Handschrift

670,19 seine: A. W. Schlegels. Schmid schreibt über Schillers *Musen-Almanach für das Jahr 1798* (D11). Der verlorene Anfang des Briefes behandelte wohl Goethes und Schillers Balladen sowie Hölderlins Gedicht ›An den Aether‹.

670,24 K.: Heinrich Keller.

670,26 Mantissa: (lat.) belanglose Zugabe.

671,11 Dextrae Deus adsit: (lat.) Der Rechten stehe Gott bei.

AN DIE MUTTER   vermutlich 2. November 1797 [148]

H100 *4 Dbl. 4°* (S. 2,4,6: leer)

674,24 Besuche, Feste ...: Gemeint sind ein mehrwöchiger Besuch von Susette Gontards Bruder und seiner Frau sowie die Hochzeit Marie Rätzers.

675,3 Nez: vgl. II 684.

AN DEN BRUDER   wohl Dezember 1797 [149]

H197 *Bl. 4°* (S. 2: leer)

Es handelt sich um einen Nachtrag zu einem verlorenen Brief.

1798

VON DEM BRUDER   1. Januar 1798 [a 32]
h46, Regest und Auszug Schlesiers

676,23 Drama: Hölderlin hatte im August 1797 gegenüber dem Bruder den »Plan zu einem Trauerspiele« erwähnt (vgl. II 661), begann aber mit der Arbeit daran erst Ende 1798.

AN DIE MUTTER   wohl Anfang Januar 1798 [150]
H101 *Dbl. 4°*

677,24 Kind: Fritz Breunlin war am 22. Dezember 1797 geboren worden.

AN DEN SCHWAGER BREUNLIN   10. Januar 1798 [151]
H201 *Dbl. 4°* (S. 4: leer)

678,26 daß wir und der Vater Eins sind: vgl. Johannes 10,30.

AN DEN BRUDER   12. Februar 1798 [152]
D1846

682,3 Landtagsschriften: nicht genau bestimmt. In Hölderlins Nachlaß befand sich jedoch die entweder von Gutscher oder von Baz verfaßte Schrift ›Das Petitionsrecht der wirtembergischen Landstände‹ von 1797. Seit langer Zeit war 1796 in Württemberg wieder ein Landtag einberufen worden, der am 10. März 1797 eröffnet wurde. Dies hatte eine Flut von reformerischen Flugschriften zur Folge; unter anderen entwarf auch Hegel 1798 seine Fragment gebliebene Schrift ›Daß die Magistrate von den Bürgern gewählt werden müssen‹. Die Protokolle der Sitzungen des Landtags wurden von Hegels und Hölderlins Freund E. F. Hesler herausgegeben; vielleicht sind dies die genannten Landtagsschriften.

682,7 Briefe: Elise Lebret hatte anscheinend über Carl Gock ihre Briefe an Hölderlin zurückgefordert.

682,31 Mainz: Im ›Frankfurter Journal‹ vom 19. Januar 1798 wurde eine Erklärung des französischen Regierungskommissärs Rudler veröffentlicht, die besagte, daß in Mainz eine republikanische Verwaltung eingesetzt werden solle.

AN DIE MUTTER   10. März 1798 [153]

H102 *Dbl. 4°*

683,15 Zögling: Henry Gontard.

683,17 Unruhen: Seit Januar gab es in der Schweiz Volksaufstände, die zunächst zum Eingreifen Frankreichs führten und im April zur Ausrufung der weiterhin von Frankreich abhängigen »Helvetischen Republik«.

AN NEUFFER   März 1798 [154]

H235 *Bl. 4°*

AN DIE MUTTER   7. April 1798 [155]

H104 *Dbl. 4°*

686,8 Unruhn: Unter dem Einfluß der Schweizer Ereignisse (vgl. oben die Erläuterung zu 683,17) kam es auch in Württemberg zu Unruhen, gefördert von einzelnen Führern der Landstände, die auch in Rastatt vertreten waren.

AN DIE SCHWESTER
                      wahrscheinlich Mitte April 1798 geschrieben [156]

H189 *Dbl. 4°*

AN DIE MUTTER   wahrscheinlich Mitte April 1798 geschrieben [157]

H103 *Dbl. 8°*

AN NEUFFER   Juni 1798 [158]

H236 Dbl. 8°

689,22 *Beitrag zu Deinem Allmanach:* wahrscheinlich die zwölf epigrammatischen Oden (s. I 190–193), die zum Teil in Neuffers *Taschenbuch auf 1799* (D13) erschienen, zum Teil erst im folgenden Jahrgang (D15); vgl. unten die Erläuterung zu 696,19.
689,27 *Brief:* nicht überliefert.
690,2 *von andern um Gedichte angegangen:* Davon ist nichts weiter bekannt.

AN SCHILLER   30. Juni 1798 [159]

H344 Dbl. 4° (S. 4: Adresse)

690,15 *einige Gedichte:* Hölderlin übersendet die Reinschrift H479. Da die Sendung zu spät eintrifft, nimmt Schiller davon in seinen *Musen-Almanach für das Jahr 1799* (D12) nur die beiden kürzesten Gedichte ›Sokrates und Alcibiades‹ und ›An unsre großen Dichter‹ (I 196 f.) auf, das eine mit sinnentstellenden Druckfehlern, das andere mit verstümmeltem Titel. Da Hölderlins Brief unbeantwortet bleibt und er also auch keine Erklärung erhält, warum drei der Gedichte nicht aufgenommen wurden, mußte er sich erneut zurückgestoßen fühlen.

AN DIE MUTTER   4. Juli 1798 [160]

H105 Dbl. 8°

692,11 f. *Oberamtmann:* J. F. Blum.

AN DIE SCHWESTER   4. Juli 1798 [161]

H190 Dbl. 4°

694,5 *Braut:* scherzhafte Bezeichnung für Henrike Sibylle Christiane Breunlin; vgl. den Schluß des vorigen Briefes an die Schwester, II 688.

AN DEN BRUDER 4. Juli 1798 [162]

D1846 (695,20: h46)

695,5–15: Hölderlin zitiert aus einem nicht überlieferten Teil der Entwürfe zur endgültigen Fassung des ›Hyperion‹. Im Druck lauten die Sätze etwas anders, vgl. I 743,15–18 und 722,19–22.

695,20 Kinder: die Kinder der Gontards.

AN NEUFFER August 1798 [163]

H237 *Dbl. 8°*

695,24 Kleinigkeiten: vgl. oben die Erläuterung zu 689,22.

696,9 ϑεῖον: (gr.) »Göttliches, Gottheit«; vgl. Platon, Phaidros 242 c und Politeia 382 e.

696,19 Gedichtchen: wahrscheinlich ›An die Parzen‹, ›Diotima‹ ⟨Erste Fassung⟩, ›Abbitte‹ und ›An ihren Genius‹ (I 188f.), die Neuffer in das *Taschenbuch auf 1799* (D13) aufnahm.

VON DER SCHWESTER 13. August 1798 [a 33]

vgl. den Brief vom 1. März 1795

VON SCHMID Spätsommer 1798 [a 34]

Handschrift

697,3 Musenallm.: Musen-Almanach für das Jahr 1799 (D12).

AN DIE MUTTER 1. September 1798 [164]

H106 *Dbl. 4°*

698,11 Ausland: außerhalb Württembergs.

Homburg

VON SCHMID 23. September 1798 [a 35]

h46, Abschrift Gustav Schlesiers

VON HENRY GONTARD 27. September 1798 [a 36]

h19, Abschrift C. T. Schwabs

699,19 daß Du fort bist: Wann genau Hölderlin das Haus Gontard verlassen hat, um nach Homburg zu gehen, läßt sich nicht bestimmen, ebensowenig ist der unmittelbare Anlaß bekannt. Wahrscheinlich hatten die »beinahe täglichen Kränkungen« (s. II 707) durch eine Äußerung Jakob Gontards ein Ausmaß erreicht, das Hölderlin nicht mehr zu ertragen bereit war.

VON SUSETTE GONTARD vielleicht noch Ende September 1798 begonnen und im Oktober fortgesetzt [a 37]

Handschrift. Alle 17 erhaltenen Briefe Susette Gontards stammen aus dem Nachlaß Carl Gocks und befinden sich in Heidelberg im Besitz der Familie des Landgerichtsdirektors Dr. Arnold, eines Nachkommen von Hölderlins Stiefbruder.

Nach einer Mitteilung Fritz Breunlins, des Neffen Hölderlins, wußte die Familie »von der Hölderlin'schen Liebschaft in Frankfurt nichts; erst als die Mutter den ihm von Frankreich nachgeschickten Koffer öffnete, fand sie in einem geheimen Behälter desselben diese Briefschaften«. Nach 1802 verwahrte Hölderlin die Briefe anscheinend an einem sicheren Ort, jedenfalls teilt Wilhelm Waiblinger in seinem Aufsatz ›Friedrich Hölderlins Leben, Dichtung und Wahnsinn‹ (1827) mit: »Noch zu Zeiten seines Wahnsinns, wohl nach mehr als zwanzig Jahren, wurden Briefe bey ihm aufgefunden, die ihm seine geliebte Diotima geschrieben, und die er bis jetzt verborgen gehalten.« Wann sie ihm abgenommen wurden, ist nicht überliefert; noch vor seinem Tode befanden sie sich aber bei seiner Schwester; vgl. Mörike an Hartlaub (III 673 f.). Vor dem Tod der Schwester müssen sie in Carl Gocks Hände gelangt sein.

700,34 wie eine Wand sanft aufhält: Homburg liegt ziemlich genau in der Mitte zwischen Frankfurt und dem Feldberg.

701,31/33 H..: Henry Gontard.

701,35 F..: Frankfurt.

702,4 H..: Hegel.

703,11 S..: Sinclair.

702,16 Hipperion: Ob Susette Gontard zu dieser Zeit schon den zweiten Band des ›Hyperion‹ erwartete, oder ob sie auch vom ersten Band kein Exemplar hatte, ist nicht bekannt; die auffällige Schreibweise legt nahe, daß sie kein schriftliches Zeugnis des Namens vor sich hatte; darüber hinaus mag dies ein Hinweis sein, daß Hölderlin möglicherweise den Titel seines Romans neugriechisch aussprach und auf der dritten, langen Silbe betonte ('Υπεϱίων).

704,13 Wilhelmine ... M: Wilhelmine Schott und Amalie Gontard.

AN DIE MUTTER   10. Oktober 1798 [165]

H292 3 *Dbl. 4°*

705,32 Sinklairs Familie: Sinclair lebte mit seiner Mutter, Auguste Wilhelmine von Proeck.

706,1 Buch: zur Wirkung des ›Hyperion‹ vgl. Auguste von Hessen-Homburg an Marianne von Preußen, III 601 ff.

706,3 Familie des Landgrafen: Am Homburger Hof befanden sich zu dieser Zeit nur die Landgräfin Caroline, ihre Tochter Auguste und drei jüngere Kinder; der Landgraf war wegen der ständigen Einquartierungen französischer Offiziere im Schloß nach Frankfurt umgezogen.

707,30 Herrn: Hölderlin schreibt zunächst nur »Gontar⟨d⟩«.

AN DIE MUTTER   12. November 1798 [166]

H464 *Dbl. 8°*

708,25 jezt reist er: Sinclair blieb bis Mitte Februar 1799 in Rastatt, Hölderlin folgte ihm erst am 21. November 1798 und blieb etwa eine Woche.

709,12 Oberamtmann: J. F. Blum.

709,25 unterthan: vgl. ›Hyperion‹, I 667 und ›An Eduard‹ v. 3, I 286.

710,5–10: Weder der Besuch bei der Mutter noch das Treffen mit Carl Gock kamen zustande.

AN NEUFFER 12. November 1798 [167]

H238 2 Dbl. 4°

710,8 Trauerspiel: vgl. den Kommentar zum ›Empedokles‹, III 344.
710,13 Allmanach: ›Taschenbuch für Frauenzimmer von Bildung auf das Jahr 1799‹ (D13), vgl. auch II 689 und 696.
711,28–712,17: vgl. Stammbuchblatt für D. A. Manskopf, II 972.
712,18 Karakter des Brutus: Hölderlin scheint sich zur Vorbereitung der Arbeit an seinem Trauerspiel sehr intensiv mit Shakespeare (hier mit seinem ›Julius Caesar‹) beschäftigt zu haben und plante später, die Ergebnisse dieser Studien für Aufsätze in seinem Journal zu verwenden; vgl. den Brief an Neuffer vom 4. Juni 1799, II 765.
712,24 Leimen: Lehm.

VON SINCLAIR November 1798 [a 54]

h46, Regest Schlesiers

AN DIE MUTTER 28. November 1798 [168]

H377 Dbl. 4°

713,20f. Geschäfftsmann: vgl. die Erläuterung zu II 612,29.
713,27 und 714,9 Arbeit: Gemeint ist die Arbeit Hölderlins an seinem Trauerspiel. Wie weit sie zu diesem Zeitpunkt fortgeschritten war, läßt sich nur vermuten; vgl. den Kommentar zum ›Empedokles‹, III 344.

AN DEN BRUDER 28. November 1798 [169]

D1846

717,7 R.: nicht bestimmbar.

VON DEM BRUDER Anfang Dezember 1798 geschrieben [a 55]

Bruchstück einer Handschrift

717,21–23: Wer sich so äußerte, ist unbekannt.

AN DIE MUTTER 11. Dezember 1798 [170]

H293 2 Dbl. 4°

718,22 Verwandten: die Familie des Pfarrers Blöst.
718,27 Hofmeisterstelle: die im (dem Brief des Bruders beigelegten) Schreiben der Mutter angebotene Stelle bei Gemming in Heilbronn.
720,2f.: Hier schimmert das Empedokles-Motiv durch.
720,6f. was da war und ist und seyn wird: vgl. Offenbarung 1,4.

AN SINCLAIR 24. Dezember 1798 [171]

D1846, Bruchstück

722,14 darf: im Sinne von »braucht«.
722,32: Die Lektüre des Diogenes Laertius diente dem Quellenstudium zum ›Empedokles‹.
723,8 objectlos: vgl. die gleiche Argumentation im Brief an Hegel vom 26. Januar 1795, II 569,1.
723,13 positive Offenbarung: Offenbarung einer positiven Religion; vgl. die Erläuterung zu II 62,16.

AN DEN BRUDER 31. Dezember 1798 und 1. Januar 1799 [172]

D1846, Bruchstück

725,7 Aufsatz: »Teutsches Dichterkorps oder Chor«, erschienen in der Augburger ›Allgemeinen Zeitung‹, Mittwoch, 19. Dezember 1798.
725,19 glebae addicti: (lat.) »an die Scholle gebunden«, leibeigen.
725,24 Maler: Auf wen Hölderlin hier angespielt, ist bislang nicht ermittelt.
726,8-13: Die erfundene Geschichte von der Freundschaft und gemeinsamen Wanderung des Thales und des Solon entnahm Hölderlin der Darstellung des Diogenes Laertius (1,22-44). Hölderlin plante dann Mitte des Jahres einen Aufsatz über Thales und Solon, vgl. II 766 und 774.
726,25 Kant ist der Moses unserer Nation: vgl. Schillers Vergleich in ›Anmut und Würde‹, der Hölderlin bekannt war: »Er ⟨sc. Kant⟩ war der Drako seiner Zeit, weil sie ihm eines Solons noch nicht wert und empfänglich schien.« Zum Folgenden vgl. 2. Mose, vor allem Kapitel 16 und 32.
728,13 Gedicht: ›Meiner Verehrungswürdigen Grosmutter zu Ihrem 72sten Geburtstag‹, s. I 197.

729,23f. Gedichtchen: wahrscheinlich die im *Taschenbuch auf 1799* (D13) erschienenen epigrammatischen Oden.

729,27f. homo sum ...: Ich bin ein Mensch, nichts Menschliches ist mir fremd. – Terenz, ›Heautontimorumenos‹ (Der Selbstpeiniger) 1,1,25.

VON SUSETTE GONTARD   1798/99 geschrieben [a 38]

Handschrift, s. o. III 506

Eine genauere Datierung, auch des folgenden Briefes, war bislang nicht möglich.

VON SUSETTE GONTARD   1798/99 geschrieben [a 39]

Handschrift, s. o. III 506

1799

AN DIE MUTTER Januar 1799 [173]

D1846

733,19f. Harte Behauptungen: nicht ermittelt.
735,30 wer nicht glaubet ...: vgl. Markus 16,16.
737,27 Buch: Hölderlin arbeitete zu dieser Zeit am ersten Entwurf zum ›Empedokles‹.
738,36 Hausleute: Hölderlins Hauswirt, Glaser Wagner.
739,18 Blatt: ›Meiner Verehrungswürdigen Grosmutter zu Ihrem 72sten Geburtstag‹, s. I 197.

VON SUSETTE GONTARD im Januar 1799 geschrieben [a 40]

Handschrift, s. o. III 506

739,28 Besuch: Marie Freifrau Rüdt von Collenberg geb. Rätzer und ihr Mann.
740,2 Bruder: Henry Borkenstein.
740,21 H..: Hegel.

VON SINCLAIR 8. Februar 1799 [a 56]

h46, Regest und Auszug Schlesiers

740,26 Agis: Wahrscheinlich eine Chiffre für den ›Empedokles‹; einen denkbaren Plan zu einem Drama über den Spartanerkönig muß Hölderlin zu dieser Zeit jedenfalls bereits aufgegeben haben, denn er arbeitete schon am ersten Entwurf zum ›Empedokles‹; vgl. auch III 329 und 344.

VON SUSETTE GONTARD im Februar 1799 geschrieben [a 41]

Handschrift, s. o. III 506

742,26 Revolutionen: der Ausbruch des zweiten Koalitionskrieges.
743,29 Bruder: Henry Borkenstein; s. II 740.
744,4 anderthalb Jahre: Hölderlin blieb tatsächlich für diese Zeit in Homburg.
746,3 Recepte: Möglicherweise bat Susette Gontard Hölderlin um eine Art Briefsteller.

AN DIE MUTTER Anfang März 1799 geschrieben [175]

H296 *Bl. 8°*, Bruchstück

746,27 *Veränderungen:* Einige Vertreter der Landstände strebten die Errichtung einer Republik in Württemberg an; sie hofften, das Vorhaben bei Ausbruch des zweiten Koalitionskrieges mit Unterstützung der Franzosen zum Erfolg führen zu können. Hölderlin mag davon durch Sinclair erfahren haben, der sich in Rastatt mit Baz besprochen hatte. Welche Verbindungen Hölderlin selbst zu revolutionären Kreisen in seinem Vaterland hatte, läßt sich nicht bestimmen; er hoffte jedoch, wie die Versicherungen am Ende des Brieffragments zeigen, im Falle der Realisierung der genannten Pläne direkten Einfluß geltend machen zu können.

AN DIE SCHWESTER Ende Februar und um den 25. März 1799 geschrieben [174]

H294 *Dbl. 4°*

Am 25. März gab es durch einen Sieg Erzherzog Karls von Österreich bei Stockach eine Wende im zweiten Koalitionskrieg.

748,24 *Friz:* der Sohn der Schwester, Hölderlins Patenkind.

VON SCHMID 29. März 1799 [a 57]

h46, Auszug und Regest Schlesiers

750,1 *Drama:* nichts Näheres bekannt.
750,6 *Cotta:* Der Verlag kam nicht zustande.
750,7 *Berlin:* s. II 773.
750,19 *Sinclair:* Als Regierungsrat hatte er Beziehungen zum württembergischen Erbprinzen Friedrich, der zu dieser Zeit Brigadekommandeur war.
750,27 *Bildniß:* nicht überliefert.

1799 · BAND II, S. 746–758

VON SUSETTE GONTARD   12. März – 4. April 1799 [a 42]

Bruchstück einer Handschrift, s. o. III 506

752,13 f. Französischen Roman: nicht ermittelt.
752,19 Landschafft: eine von Susette Gontard angefertigte Zeichnung.
752,31 Mutter: Susanne Borkenstein.
753,2 Kupferstiche: nicht bekannt.
755,8 Festtage: Ostern war am 24. März.
755,15 Garten: Der sog. Lersnersche Garten war einer der »Gärten an der Windmühle« (heute das Gebiet zwischen Gutleutstraße und Untermainkai); er gehörte der Schwiegermutter Susette Gontards.
755,36: Danach fehlt ein Bogen des Briefes.
757,10 Willhelmine: die Haushälterin Wilhelmine Schott.
757,20 H...: Homburg. Der vorgeschlagene Brieftausch sollte am Adlerflychtschen Hof stattfinden, vgl. die Erläuterung zu II 654,23.

AN SUSETTE GONTARD   im April 1799 geschrieben [176]

H 56b, Anfang eines Konzepts
Über den Zeilen steht ein nicht weitergeführter Gedichtanfang:

Die Verjüngung.

Das Sonnenlicht wekt vergangne Freuden mir auf,

VON SUSETTE GONTARD   am 9. April 1799 geschrieben [a 43]

Handschrift, s. o. III 506

Flüchtiger Nachtrag mit Bleistift zu einem im übrigen verlorenen Brief, der auf dem Adlerflychtschen Hof geschrieben wurde.

758,22 heraus: Zum Adlerflychtschen Hof.
758,22 f. Weidenhoff: Gasthaus auf der Zeil nahe der Hauptwache, in dem Hölderlin übernachtete, wenn er nach Frankfurt kam.
758,24 Pappeln Allee: die Straße »Nach der Oede« (heute Oeder Weg); sie führte am Adlerflychtschen Hof vorbei.

AN DIE MUTTER

um den 25. März und am 18. April 1799 geschrieben [177]

H297 3 Dbl. 8°

759,32 Buch: Gemeint ist der ›Empedokles‹.
760,6 Arzt: Dr. Müller. Zur Krankheit s. auch den Brief an die Schwester vom Juli 1799, II 799.
760,32 Freund: nicht genauer bestimmt, vielleicht Hegel.
761,9–26: Hölderlin hatte die Rezension A. W. Schlegels, die am 2. März 1799 in der Jenaischen Allgemeinen Literatur-Zeitung erschienen war, zuvor bereits auszugsweise abgeschrieben, s. III 110. Sie ist eine der wenigen, die sich anerkennend über Hölderlins Arbeit äußern.
761,9 Allmanach: Neuffers *Taschenbuch auf 1799* (D13).
761,11 endlose Reimereien: z. B. ›An Emma‹, das nicht weniger als 44 achtzeilige Reimstrophen umfaßte.
761,12 Hillmar und Siegmar: Pseudonyme für Hölderlin und Neuffer; vgl. den Kommentar zu den zwölf epigrammatischen Oden und das Verzeichnis der Drucke.
761,13 elegische Zeilen: ›Meiner Christine. Am 22. Februar 1798‹, anläßlich seiner Versetzung von Hamburg nach Florenz geschrieben.
761,19 f. in einem davon: Neben ›An die Deutschen‹ (I 193) gab Schlegel ›An die Parzen‹ (I 188) wieder, in dem Hölderlin auf die Arbeit am ›Empedokles‹ anspielt. Vielleicht legte Hölderlin dem Brief ein Exemplar des Almanachs bei; vgl. I 789,14.

VON SCHMID   13. und 22. Mai 1799 [a 58]

Handschrift

763,14 Vermächtniß: Schmids Gedichte, die Hölderlin dann am 23. August 1799 Steinkopf zum Verlag anbot, s. II 804,25.
763,34 Positionen der Armeen: Zwischen Bodensee und Basel, das im Zentrum des linken Flügels der Franzosen lag, stand die Armee des Erzherzog Karl.

AN NEUFFER 4. Juni 1799 [178]

H239 *Dbl., Bl. 4°*

764,12 Beiträge: Für sein *Taschenbuch auf 1800* (D15) hatte Neuffer wohl in einem verlorenen Brief um Beiträge Hölderlins gebeten; einen Prosabeitrag hat Hölderlin dazu allerdings nicht geliefert.

764,18 poëtische Monatsschrift: Hölderlin hoffte wohl, nachdem Schillers ›Horen‹ eingestellt wurden, daß ein solches Projekt erfolgversprechend sei und ihn von anderen Einkünften unabhängig machen könne. Der Versuch scheiterte jedoch nach einem halben Jahr. Vgl. auch den Kommentar zu II 62–71 (Journal-Aufsätze).

764,29 Tod des Empedokles: Den genannten Titel trägt nur der zweite Entwurf, vgl. I 839.

764,30f. Gedichte, lyrische und elegische: Gemeint sind Oden und Elegien; zu letzteren vgl. auch ›Pläne zu Elegien‹, III 162 f.

765,7 Karaktere: insbesondere zum Charakter des Brutus vgl. oben die Erläuterung zu 712,18.

AN DEN BRUDER 4. Juni 1799 [179]

D1846

Nach einem Brief von Gock an Kerner vom 6. Februar 1822 möglicherweise auch auf den 14. Juni zu datieren.

768,31 im Walde: vgl. den Entwurf ›Im Walde‹, I 265.

771,32–772,29: Zitat aus dem zweiten Entwurf v. 395–428 (I 853 f.).

VON SCHMID 12. Juni 1799 [a 59]

h46, Regest und Auszug Schlesiers

773,7 nicht ganz wie einen gewöhnlichen Kadetten: wegen seiner akademischen Bildung und seines fortgeschrittenen Alters.

VON STEINKOPF 13. Juni 1799 [a 60]

h46, Regest und Auszug Schlesiers

774,10 *Almanach:* Gemeint ist Neuffers *Taschenbuch auf 1800* (D15).
774,12 *Emilie:* Aus diesem Wunsch geht ›Emilie vor ihrem Brauttag‹ hervor, I 203.

AN DIE MUTTER 18. Juni 1799 [180]

H298 *Dbl., Bl. 4°*

776,25 *100 fl:* s. den vorigen Brief an die Mutter, II 760.

AN STEINKOPF 18. Juni 1799 [181]

h46, Regest und Auszug Schlesiers

777,27 *dasselbe neuerdings versucht:* Gemeint ist ›Athenäum‹, die Zeitschrift der Brüder Schlegel; die ersten beiden Stücke waren im Mai und Juli 1798, das dritte im März 1799 erschienen. Auch das überlieferte Stück aus dem Entwurf zum Journalplan (II 62) kann als Abgrenzung gegen den Stil der Romantiker-Zeitschrift verstanden werden.

778,19 *Titel:* Zu anderen erwogenen Titeln vgl. den Kommentar zu den Journal-Aufsätzen, III 391.

778,20 *den Namen:* Hölderlin meint wahrscheinlich nicht den soeben vorgeschlagenen.

778,35 *3 Bogen liefern à 1 Carolin:* Hölderlin traut sich hier eine große Leistung zu und das zu einem außerordentlich bescheidenen Honorar. Steinkopf bot seinerseits Schiller am 27. Juli 4 Karolin für den Bogen.

779,2 *Gedichte:* ›Die Launischen‹, ›Der Tod fürs Vaterland‹, ›Stimme des Volks‹, ›Sonnenuntergang‹ und ›Der Zeitgeist‹, die in Neuffers *Taschenbuch auf 1800* (D15) zusammen mit der ›Emilie‹ und zwei weiteren Gedichten, die Neuffer schon in Händen hatte, erschienen. Bei den Produkten des »jungen Dichters« handelt es sich entweder um das »Vermächtniß« Siegfried Schmids (vgl. II 763) oder um die von Hölderlin zum Teil bearbeiteten Gedichte Emerichs (vgl. II 802).

AN SUSETTE GONTARD Ende Juni 1799 oder in der
zweiten Hälfte August geschrieben [182]

h46, unvollendeter Entwurf in der Abschrift Schlesiers

Die Susette Gontard tatsächlich übergebenen Briefe Hölderlins sind
allesamt verloren. Der hier vorliegende Entwurf wurde, wie auch die
übrigen drei erhaltenen, wahrscheinlich nicht ins Reine übertragen.

779,33 Franzosen ... geschlagen: Frankreich verlor seinen Einfluß in
Italien nach den Schlachten von Cassano (27. April), an der Trebbia
(17.–19. Juni) und bei Novi (15. August 1799). Dies führte schließlich am
9. November (18. Brumaire) zum Staatsstreich General Bonapartes.

AN NEUFFER 3. Juli 1799 [183]

H240 2 Dbl. 4°

780,16 das Versprochene: Hölderlin legt nur die ›Emilie‹ bei und
Gedichte von Böhlendorff. Vgl. auch im Brief weiter unten und die
Erläuterung zu 779,2.
780,20 Kommentar: Vielleicht plante Hölderlin, auch einen Kommentar zu Ossian zu schreiben.
781,11–783,22: Diese anhand der Arbeit am ›Empedokles‹ gewonnenen Anschauungen schlagen sich dann in ›Die tragische Ode ...‹ nieder,
I 865.
783,7 die erste bewegende Kraft: Anspielung auf den aristotelischen
Begriff des ›ersten Bewegenden‹, von dem alle Bewegung ausgeht; vgl.
Aristoteles, Metaphysik 1073a,27. Hölderlin schreibt sogar zunächst
»der erste Beweger«. Von Neuffers Lustspiel ist nichts näher bekannt.

VON STEINKOPF 5. Juli 1799 [a 61]

h46, Regest und Auszug Schlesiers

AN SCHILLER 5. Juli 1799 [184]

H434 *Dbl. 4°* (S. 4: leer)

Der Brief ging erst am 17. Juli bei Schiller ein; möglicherweise hatte ihn
Böhlendorff, der Mitte Juli nach Jena reiste, mitgenommen.

785,33 höheren: Das Wort fehlt in der Handschrift.

786,10 Verleger: Steinkopf wandte sich am 27. persönlich an Schiller, blieb aber ohne Antwort.

VON SUSETTE GONTARD   1.–6. Juli 1799 [a 44]

Bruchstück einer Handschrift, s. o. III 506

Geschrieben auf dem Aflerflychtschen Hof.

786,18 2ten Donnerstag: 8. August 1799.
787,34 Tasso: Goethes ›Torquato Tasso‹.
788,4 die S ...: M. E. Sömmerring.

AN DIE MUTTER   8. Juli 1799 [185]

D1846

789,14 Gedichtchen: ›An die Parzen‹ (I 188).
789,21 wo Gott reegnen läßt ...: vgl. Matthäus 5,45.
790,4 das Geld: vgl. oben die Erläuterung zu 776,25.

VON NEUFFER UND STEINKOPF   9. und 10. Juli 1799 [a 62]

h46, Auszug und Regest Schlesiers

791,3 mit Schiller: während Schillers Aufenthalt in Württemberg 1793/94. Vgl. auch Schillers Vorrede zu seiner Übersetzung des zweiten Buches der ›Aeneis‹ in Stanzen von 1780.

791,13 leichte Erzählung; 791,25 Aufsatz: Möglicherweise versuchte Hölderlin diesem neuerlichen Wunsch mit der Übersetzung ›Leander an Hero‹ (II 182) zu entsprechen.

AN SCHELLING   im Juli 1799 geschrieben [186]

D1846

Wahrscheinlich ist der vorliegende Text nur der Entwurf zu dem tatsächlich abgesandten Brief, denn in Schellings Antwort vom 12. August geht dieser auf die Hölderlin von Steinkopf aufgedrungene und an Schelling anscheinend weitergegebene Bitte ein, sich an Schlegel und Sophie Mereau zu wenden (II 803).

791,31 Ruhm: durch Schellings Aufsätze in Niethammers Journal und seine Schriften ›Ideen zu einer Philosophie der Natur‹ (1797) und ›Von der Weltseele‹ (1798) begründet.

792,35 humanistisch: Hölderlin vertraut sich mit dem Gebrauch dieses Begriffs den Ratschlägen Steinkopfs an. Vgl. II 765,25 und 773,25 sowie Schellings Reaktion auf dieses Wort, II 803.

793,32 aorgisch: vgl. die Erläuterungen zu II 103,29 und ›Die tragische Ode ...‹, I 868 ff.

AN GOETHE   im Juli 1799 geschrieben [187]

h46, unvollendeter Entwurf in z. T. diplomatischer Abschrift und Regest Schlesiers

796,6 *Leztere* danach gestrichen:
> zum Theil in Anwendung auf verschiedene Meisterstüke der Alten und Neuern, insofern ihr Werk ein idealisches, systematisches, karakteristisches Ganze ist, das aus lebendiger Seele des Dichters

Da Hölderlin nach dem Entwurf keine Reinschrift anfertigte, ist nicht gänzlich gesichert, ob dieser Brief tatsächlich an Goethe gerichtet ist, möglicherweise sind Herder oder Humboldt gemeint. Allerdings ist die Stelle II 796,12–15 als Anspielung auf Goethes Kunstauffassung zu verstehen, die dieser kurz zuvor in zwei Aufsätzen der ›Propyläen‹ dargelegt hatte: ›Über Wahrheit und Wahrscheinlichkeit der Kunstwerke‹ und ›Diderots Versuch über die Malerei‹.

AN DIE SCHWESTER   im Juli 1799 geschrieben [188]

H295 2 Dbl. 4°

798,8 Geschäfft: Gemeint ist das Journal und die damit verbundene Arbeit am ›Empedokles‹

798,10 Auskunft: Ausweg. Hölderlin befürchtet, solange er keine feste Anstellung hat, bei einem Aufenthalt in Württemberg vom Kosistorium dazu verpflichtet zu werden, ein Vikariat anzunehmen.

799,17 Maladie: zu Hölderlins Krankheit vgl. auch den Brief an die Mutter um den 25. März 1799, II 760.

800,11 Freund: wahrscheinlich Sinclair; vgl. auch ›Der Rhein‹ v. 212, I 348.

VON CONZ 19. Juli 1799 [a 63]

h46, Regest und Auszug Schlesiers

AN NEUFFER in der zweiten Hälfte Juli geschrieben [189]

H241 *Dbl. 4°*

801,17 Gedichte: vgl. oben die Erläuterung zu 779,2.

801,27 Erzählung: vgl. oben die Erläuterung zu 791,13.

802,5 Epopee: ›Ein Tag auf dem Lande‹, erst 1801 anonym erschienen.

802,18 Freund: Strick van Linschoten.

802,21 in Eines von Emerichs Gedichten: vermutlich ›Das Schicksal‹, das Neuffer in seinem *Taschenbuch auf 1800* veröffentlichte; wiederabgedruckt in StA 2, 993–998.

VON SCHELLING 12. August 1799 [a 64]

h46, Auszug und Regest Schlesiers

803,3 in Frfrt.: Schelling hielt sich auf einer Reise nach Leipzig Anfang April 1796 in Frankfurt auf.

803,5 Vorlesungen: Im Sommersemester las Schelling über das System des transzendentalen Idealismus.

AN STEINKOPF 23. August 1799 [190]

h46, Auszug und Regest Schlesiers

804,11 Ihren Entschluß: Da Steinkopf nicht sofort antwortete, schrieb Hölderlin einen zweiten (verlorenen) Brief, der sich mit einem (ebenfalls verlorenen) Brief Steinkopfs kreuzte.

804,25 Dichter: Siegfried Schmid, der Hölderlin gebeten hatte, für sein »Vermächtniß« einen Verleger zu finden; vgl. die Erläuterung zu II 763,14. Steinkopf lehnte ab, s. II 852.

VON SCHILLER 24. August 1799 [a 65]

h46, Abschrift Schlesiers

805,17 f. nicht zu wagen: Am 5. Juli hatte Schiller auf ein Schreiben Cottas geantwortet, in dem dieser über den kläglichen Absatz von Goethes Zeitschrift ›Propyläen‹ berichtet: »so höchst erbärmlich hätte ich mir die Deutschen doch nicht vorgestellt, daß eine Schrift, worinn ein Kunstgenie von erstem Rang die Resultate seines lebenslänglichen Studiums ausspricht, nicht einmal den gemeinen Absatz finden sollte« (Nationalausgabe Bd. 30, S. 66). Am selben Tag hatte er ähnlich an Goethe selbst geschrieben; seine Warnung an Hölderlin ist also nicht als Geringschätzung des Unternehmens zu verstehen.

AN DIE MUTTER 27. August 1799 [191]

H299 *Dbl. 4°* (S. 4: Adresse)

805,32 der vierte: Anmerkung der Mutter »ich erhielt aber nur 2 hiervon«.
806,8 Geld: s. die vorigen Briefe an die Mutter, II 760, 776 und 790. Nach ihrer Ausgabenliste hatte die Mutter bereits am 19. August 133 Gulden abgesandt, die am 4. September eintrafen.

AN DIE MUTTER 3. September 1799 [192]

H300 *Dbl. 4°*

807,20 Hausherr: Glaser Wagner.
808,20 bedaure: Die Krankheit Breunlins führte nach kurzer Besserung am 2. März 1800 zum Tode, s. auch den nächsten Brief.
808,27 Lage: im Operationsgebiet der österreichischen Armee.

AN DIE MUTTER 4. September 1799 [193]

H301 *Dbl. 4°*

809,9 Werk: Gemeint ist der ›Empedokles‹.
810,36 Krieg: Der Krieg verschonte Blaubeuren und Nürtingen, nicht aber Löchgau; vgl. den Brief an die Mutter vom 16. November 1799, II 840.
811,7 Frieden: Frieden gab es erst – und das auch nur vorübergehend – nach den Verhandlungen von Lunéville am 9. Februar 1801.

KOMMENTAR: BRIEFWECHSEL

VON SUSETTE GONTARD   8. August – 5. September 1799 [a 45]

Handschrift, s. o. III 506

Geschrieben auf dem Adlerflychtschen Hof.

813,14f. im Hause: im »Weißen Hirsch« in der Stadt, gemäß Susettes erstem Brief, vgl. II 703.
813,16 hier im Hause: im Adlerflychtschen Hof.
814,35 Journal: die seit Juni 1799 geplante Monatsschrift Hölderlins.
815,8 kleine Reise: Statt wie geplant am 12. (vgl. II 788) fand sie erst vom 19. bis 29. Juli statt.
815,14f. Schwägerinn: Eugenie Elisabeth Borkenstein.
815,31 Bemerkungen über Homer: vgl. II 64–71.
815,33 f. Gedichte: Es hat sich nur ein Bruchstück der Abschrift des Liedes ›Diotima‹ ⟨Ältere Fassung⟩ von Susette Gontards Hand erhalten. Welche Gedichte sie sonst von Hölderlin besaß, ist nicht bekannt.
816,5 Freund: nicht bekannt.
816,14 Landguth: Oßmannstedt bei Weimar. Dort war Sophie von La Roche mit ihrer Enkelin Sophie Brentano seit Mitte Juli zu Besuch.
816,18 merkwürdigen: wörtlich zu verstehen im Sinne von »im Gedächtnis zu bewahrenden«.

AN SCHILLER   in der ersten Hälfte September 1799 geschrieben [194]

H258 *Dbl. 4°*, unvollendeter Entwurf
819,4 *und ich darf ... daß* aus:
  ⟨a⟩ Ich hätte es auch sicher nicht gewagt,
  ⟨b⟩ und ich kann
819,5 *Gewinn* danach: (und Hülfe)
819,9 *Ich ... Ihren* aus:
  Ich habe seit langer Zeit darinn gefehlt, daß ich immerhin verdienen
819,12 *wenn ich gerechteren* aus:
  wenn ich ⟨a⟩ mich weniger ⟨b⟩ einen bestimmte ⟨c⟩ die Aufmerksamkeit, deren sie mich würdigten,
819,15 *Belehrung* nach gestrichen: unmitte
819,21 *und suche* aus:
  und so viel ich durch Neigung u. Nachdenken entschieden seyn kann über den Ton und die Art des Dichtens
819,22 *in ... auszubilden* aus:
  in demjenigen Tone und in der Dichtart auszubilden

819,22 *ohne kapricios zu seyn* aus:
   nicht so wohl meinem Eigensinne
819,30 *habe* danach gestrichen: deßwegen
819,33 f. *daß ich nicht ohne Beschämung*: Textkonstitution aus zwei aufgegebenen Ansätzen
   ⟨a⟩ daß ich nie vor Ihnen gerade
   ⟨b⟩ ohne Beschämung Ihnen
820,2 *Gedichts* aus: Stüks
820,27 *wenigstens so lange* aus: eine ziemliche Zeit
820,33—36: nach einer Lücke von drei Zeilen als Anschluß an einen verlorenen Teil des Entwurfs am Fuß der Seite notiert.

Wie weit der abgesandte Brief mit dem Entwurf übereinstimmt, läßt sich nicht ermitteln. Der Brief ging am 20. September 1799 bei Schiller ein, blieb aber unbeantwortet. Was er über das Vorliegende hinaus enthielt, geht aus einer Mitteilung Hölderlins an seine Mutter vom 8. Oktober 1799 hervor, vgl. II 828,15—20.

819,19 *vor einiger Zeit:* wohl in dem verlorenen Brief vom Sommer 1797, vgl. Brief an Schiller vom August 1797, II 663.
820,1 f. *Scene an der Donau:* ›Die Räuber‹, 3. Akt 2. Szene. Hölderlin kannte die frühen Dramen Schillers bereits seit seiner Schulzeit in Maulbronn.
820,33 *die:* Gemeint sind die übrigen Autoren, die sich Hölderlin als Beiträger zu seinem Journal erhoffte.

VON SCHMID   10. September 1799 [a 66]

h46, Auszug und Regest Schlesiers

VON STEINKOPF   18. September 1799 [a 67]

h46, Regest und Auszug Schlesiers

822,4 *Briefe:* nicht überliefert.
822,19 *Matador:* nichts Näheres bekannt.
822,24 *Inconvenienz:* Ungelegenheit.

VON MUHRBECK   September 1799 [a 68]

(H) *Erstdruck* (als ein Brief mit dem folgenden): ›*Friedrich Hölderlins Leben*‹, hg. Carl C. T. Litzmann, Berlin *1890, S. 525 f.*

823,18 principes ...: ›Die Grundsätze der Kunstphilosophie‹; Vorlesung, die Schelling im Wintersemester 1799/1800 hielt.

823,19 ästetische Collegia: A. W. Schlegel las im Wintersemester über griechische und römische Literaturgeschichte.

823,22 Bestimmtheit: Lieblingsbegriff Muhrbecks.

VON MUHRBECK   im September 1799 geschrieben [a 69]

(H) s. o. beim vorigen Brief

824,2 Vorlesung: Schelling las im Sommersemester 1799 ›Das System des transzendentalen Idealismus‹, in dessen Buchform (1800, S. 439 ff.) die von Muhrbeck referierten Ausführungen stehen. Vgl. auch die Erläuterung zu II 803,5.

AN SUSETTE GONTARD
    kurz vor dem 12. September 1799 geschrieben (dementsprechend
        muß die Einordnung im Textband korrigiert werden) [195]

h46, unvollendeter Entwurf in der Abschrift Schlesiers

825,27 geradezu: vgl. den Brief von Steinkopf vom 18. September, II 822,30.

825,33 Ort: Hölderlin hat Jena oder Stuttgart im Sinn. Im tatsächlich übergebenen (nicht überlieferten) Brief, der wohl erst in der zweiten Hälfte September geschrieben wurde, muß er dies ausgesprochen haben, vgl. Susette Gontards Reaktion, II 832,7.

VON SUSETTE GONTARD
              im September oder Oktober 1799 geschrieben [a 46]

Handschrift, s. o. III 506.

826,27 Hipperion: vgl. den Brief an Susette Gontard vom Oktober/November 1799, II 833.

826,30 Rewolutionen: In Hamburg gingen aufgrund übermütiger Spekulationen etwa 40 Firmen bankrott.

AN JUNG   Anfang Oktober 1799 geschrieben [196]

h46, Regest und Auszug Schlesiers

827,15 Journalverleger: Steinkopf.
827,17 Brief von Schiller: Hölderlins Erwartung erfüllte sich nicht, Schiller ließ nichts mehr von sich hören.
827,18 Sachsen zu: Gemeint ist Jena, wo Hölderlin hoffte, Vorlesungen halten zu können.

AN DIE MUTTER   8. Oktober 1799 [197]

H302 *Dbl. 4°*

828,25 Privatvorlesungen: Zu diesem Plan vgl. den Brief an die Mutter vom 29. Januar 1800, II 852.
828,31 eigener Plan: Gäste und eine Reise.
828,36 Geld: Die Mutter schickt am 10. Oktober, wohl vor Ankunft des Briefes, nochmals 100 Gulden, und zwar über Neuffer; vgl. Brief an Neuffer vom 4. Dezember 1799, II 850.

VON BÖHLENDORFF   24. Oktober 1799 [a 70]

h46, Regest und Auszug Schlesiers

829,24 Schwarzburg: Schloß über der Schwarza bei Rudolstadt, Treffpunkt der Gesellschaft der freien Männer.
829,31 Goethe: Der Plan eines Epos über Achill gedieh nur einen Gesang weit. Der Plan zu einem Gedicht über die Natur der Dinge wurde nicht ausgeführt. Mit Schelling sprach Goethe im September und Oktober während eines Aufenthaltes in Jena.
830,1 Vorlesungen: vgl. die Erläuterung zu II 823,19.
830,6 Ital. Briefe: Böhlendorff wanderte 1797 (anfangs mit einigen Freunden aus der Gesellschaft der freien Männer) durch Oberitalien, seine Reisebriefe sind in Wilmans' *Taschenbuch auf 1803* erschienen.

KOMMENTAR: BRIEFWECHSEL

VON SUSETTE GONTARD   31. Oktober 1799 [a 47]

Handschrift, s. o. III 506

832,7 dahin: nach Jena (und Weimar), wie in Hölderlins verlorenem
Brief wohl deutlicher als in dem erhaltenen Entwurf ausgeführt wurde;
vgl. oben die Erläuterung zu 825,33. Zu Susette Gontards Abneigung
gegen Jena vgl. unten die Erläuterung zu 839,37f.
832,37 drüben in's hauß: bei Jakob Gontards Onkel.

AN SUSETTE GONTARD
                    im Oktober oder November 1799 geschrieben [198]

h46, unvollendeter Entwurf in der Abschrift Schlesiers

Möglicherweise vor dem 31. Oktober als Begleitbrief zum soeben erschienenen zweiten Band des ›Hyperion‹ konzipiert, den Hölderlin anscheinend bei seinem Aufenthalt in Frankfurt dabei hatte (vgl. II 836,23);
wahrscheinlich aber erst danach geschrieben, denn er nimmt Bezug auf die
von Susette in ihrem vorigen Brief erwähnte Krankheit (II 833,25). Auf die
Rückseite der verlorenen Handschrift schrieb Hölderlin:

  Reines Herzens zu seyn
  Das ist das Höchste,
  Was Weise ersannen,
  Weisere thaten.

Es handelt sich um ein freies Zitat aus Klopstocks Ode ›Für den König‹
v. 33–35 (Reines Herzens, Das seyn: es ist das letzte, / Steilste Höhe von
dem, was Weis' ersannen, / Weisre thaten.), die ihrerseits auf Matthäus 5,8
Bezug nimmt.

833,7 unsern: vgl. die beiden Widmungen, die Hölderlin für Susette
Gontard in ihr Exemplar eintrug. Die von Hölderlin stammenden Unterstreichungen in beiden Exemplaren können ebenfalls als Brief gelesen
werden (vgl. III 316).

  wenn hinfort mich das Schiksaal ergreift und von einem
  Abgrund in den andern mich wirft, und alle Kräfte ertränkt in
  mir und alle Gedanken so soll diß Einzige doch mich selbst
  überleben in mir, und leuchten in mir und herrschen, in
  ewiger, unzerstörbarer Klarheit!
    Ich war einst glüklich   Bin ich es nicht noch⟨?⟩   Wär' ich
  es nicht, wenn auch der heilige Moment wo ich zum erstenmale sie sah   der lezte wäre gewesen.

Was ist alles künstliche Wissen in der Welt, was ist die ganze stolze Mündigkeit der menschlichen Gedanken gegen die ungesuchten Töne dieses Geistes, der nicht wußte, was er wußte, was er war?

Ich stand vor ihr, und hört' und sah den Frieden des Himmels, und mitten im seufzenden Chaos erschien mir Urania.

Wie oft hab' ich meine Klagen vor diesem Bilde gestillt! wie oft hat sich das übermüthige Leben und der strebende Geist besänftigt, wenn ich, in seelige Betrachtungen versunken, ihr in's Herz sah

Sie war mein Lethe, diese Seele, mein heiliger Lethe woraus ich die Vergessenheit des Daseyns trank, daß ich vor ihr stand, wie ein Unsterblicher und freudig mich schalt und wie nach schweren Träumen lächeln mußte über alle Ketten, die mich gedrükt.

O laß dir deine Rose nicht blaichen seelige Götterjugend Laß in den Kümmernissen der Erde deine Schöne nicht altern. Das ist ja meine Freude   daß du in dir den sorgenfreien Himmel trägst.

der Mensch ist ein Gewand, das oft ein Gott sich umwirft, ein Kelch, in den der Himmel seinen Nektar gießt, um seinen Kindern vom Besten zu kosten zu geben.

Du bewahrst die heilige Flamme, du bewahrst im Stillen das Schöne, daß ich es wiederfinde bei dir.

Längst, o Natur! ist unser Leben Eines mit dir und himmlisch ⟨i⟩n deinen Hainen wandelten wir und waren, wie du, an deinen Quellen saßen wir und waren, wie du

Da wir uns ferne waren, da, wie Harfengelispel, unser kommend Entzüken uns erst tönte, da wir uns fanden, da kein Schlaf mehr war und alle Töne in uns erwachten zu des Lebens vollen Akkorden, göttliche Natur! da waren wir immer, wie du, und nun auch da wir scheiden und die Freude stirbt, sind wir, wie du, voll Leidens und doch gut

O Diotima! edle⟨s⟩, ruhiggroße⟨s⟩ Wesen wie muß ich vollenden, wenn ich nicht fliehn will vor meinem Glüke, vor ⟨dir⟩?

O du mit deiner Elysiumsstille, könnten wir das schaffen, was du bist!

O das ist ja meine lezte Freude, daß wir unzertrennlich

sind, wenn auch kein Laut von dir zu mir, kein Schatte
unserer holden Jugendtage mehr zurükkehrt!

Es ist unmöglich und mein innerstes Leben empört sich
wenn ich denken will als verlören wir uns.

ich bin dir jezt in deinem Eigensten um so ähnlicher
geworden ich hab' es endlich achten gelernt was gut und
innig ist auf Erden.

Unser Leben, unsers ist noch unverlezt in mir.

o Diotima! ihr Bäume wo sie sich erheitert ihr Frühlinge, wo sie gelebt die Holde mit den Blumen, scheidet, scheidet nicht aus mir!

⟨das⟩ alte feste Schiksaalswort daß eine neue Seeligkeit
dem Herzen aufgeht wenn es aushält und die Mitternacht
des Grams durchduldet

Auch wir, auch wir sind nicht geschieden, Diotima und
die Thränen um dich verstehen es nicht.

VON SUSETTE GONTARD 2.–7. November 1799 [a 48]

Handschrift, s. o. III 506

835,2 die S ...: Margaretha Elisabeth Sömmering.
835,3 Z ...: Ludwig Zeerleder.
835,18 B ...: wahrscheinlich ein Brevillier, Verwandter Gontards.
836,23 Buch: wahrscheinlich der zweite Band des ›Hyperion‹.

VON EBEL November 1799 [a 71]

h46, Regest und Auszug Schlesiers

838,3f. im Schmutze: Ebel war tief enttäuscht von den Zuständen in Paris.

838,5 in den Sälen: In Paris wurden die von Bonaparte in Italien geraubten antiken Kunstschätze ausgestellt.

VON SUSETTE GONTARD
        um den 10. November 1799 geschrieben [a 49]

Handschrift, s. o. III 506

839,37f. Wohnung: Es handelt sich um die Wohnung Charlottes von Kalb, in der Hölderlin sich Anfang Januar 1795 kurz vor der Trennung vom Hause Kalb aufgehalten hatte und die von Sophie von La Roche bewohnt wurde, als Susette Gontard Ende Juli 1799 Weimar besuchte (vgl. II 816). Auf welche Person sich Susettes Eifersuchtsgefühle beziehen könnten, ist nicht bekannt.

AN DIE MUTTER   16. November 1799 [199]

H303 *2 Dbl. 4°* (S. 8: leer)

840,19 Reise: nach Blaubeuren.
840,28 Treffen: Schon seit September war das nordwestliche Württemberg Schauplatz zahlreicher militärischer Begegnungen. Am 3. November kam es zu einem Gefecht bei Löchgau, bei dem auch der Ort selbst in Mitleidenschaft gezogen wurde.

AN DIE SCHWESTER   16. November 1799 [200]

H304 *Dbl. 4°*

844,26–34: vgl. den Brief an die Mutter vom 8. Oktober 1799, II 827f.
845,2 Neffen: Christian und Fritz Breunlin.
845,9 Sorge: vgl. die Erläuterung zu II 808,20.

AN EBEL   im November 1799 geschrieben [201]

h46, unvollständiger Entwurf in der Abschrift Schlesiers

Möglicherweise wurde der Brief nicht abgesandt.

846,21 Hauße: Gemeint ist das Haus Gontard.

VON PRINZESSIN AUGUSTE
nach dem 28. November 1799 geschrieben [a 73]

Handschrift

847,22 Lied: Gemeint ist die Ode ›Der Prinzessin Auguste von Homburg‹ (I 248 f.), die Hölderlin zu ihrem 23. Geburtstag am 28. November 1799 wahrscheinlich zusammen mit ›Gesang des Deutschen‹ (I 246 ff.) und einem Exemplar des zweiten Bandes von ›Hyperion‹ überreicht hatte, vgl. III 317.

AN NEUFFER 4. Dezember 1799 [202]

H242 *Dbl. 4°*

848,5 Gedicht: erschienen im *Taschenbuch auf 1800* (D15), das elf weitere Gedichte Neuffers enthielt (s. weiter unten im Brief) und das Hölderlin wohl kurz zuvor zusammen mit einem (verlorenen) Begleitschreiben erhalten hatte.

848,25 Hausinformator: Hauslehrer.

849,22 gezürnt: Vgl. Neuffers Reaktion vom 9. Juli auf Hölderlins im Brief an Neuffer vom 3. Juli 1799 dargelegte Kunstauffassung.

849,36 Brief: nicht überliefert.

850,6 100 fl: vgl. die Erläuterung zu II 828,36.

VON SCHMID 19. Dezember 1799 [a 72]

h46, Regest und Auszug Schlesiers

AN EINEN UNBEKANNTEN
möglicherweise 1799/1800 geschrieben [203]

D1846, unvollständiger Entwurf

Ebensowenig wie das Datum ist der Adressat des Briefes zu bestimmen. Es wurde Christian Gottfried Schütz, der Herausgeber der Jenaischen Allgemeinen Literatur-Zeitung erwogen, auf die zwar zutrifft, daß sie ihre Mitarbeiter durch persönliche Einladung gewann und ihnen feste Regeln für die Rezensionen vorgab, jedoch hatte sie sich 1799 im »Atheismus-Streit« um Fichte zu dessen Nachteil verhalten, weshalb sie von dessen Freunden und Anhängern boykottiert wurde; vgl. den Kommentar zur ›Rezension zu Siegfried Schmids Heroine‹, III 401 f.

851,9 Schiklichkeit: Hölderlin greift hier den Begriff des »Schicklichen« auf, wie er in der ästhetischen Theorie des 18. Jahrhunderts, z. B. bei Sulzer, als Übersetzung des griechischen πρέπον (Aristoteles, Rhetorik 1408a) bzw. des lateinischen *decorum* (Cicero, de oratore 21,70) eingeführt wird und die Angemessenheit einer Rede gegenüber ihrem Gegenstand und den Zuhörern meint. Der Begriff spielte in einem anderen Sinne auch in der theologischen Hermeneutik, z. B. bei Eichhorn, eine Rolle, wo er als Kriterium dafür diente, ob ein biblischer Bericht wörtlich-historisch oder übertragen-philosophisch aufzufassen sei und somit die Angemessenheit der Verbindung zweier Vorstellungen meinte, z. B. der von Gott und der von einer ihm zugeschriebenen Handlung.

851,10–36: vgl. die ›Anmerkungen‹ zu Hölderlins Sophokles-Übertragungen, II 309–316 und 369–376.

851,26 per contrarium: (lat.) durch das Gegenteil.

851,29 gereinigtes Gemüth: Anspielung auf die Theorie der karthartischen Wirkung der Tragödie, vgl. Aristoteles, Poetik 1449b.

851,30–36: vgl. hierzu Hölderlins spätere im Brief an Böhlendorff vom 4. Dezember 1801 (II 912,31 ff.) dargelegte Ansicht.

851,31 ihren: möglicherweise als »Ihren« zu lesen.

1800

VON STEINKOPF   12. Januar 1800 [a 74]

h46, Regest und Auszug Schlesiers

852,3 Briefe: nicht überliefert.

852,4 Ms.: Bei den Manuskripten handelt es sich um Schmids »Vermächtniß« (vgl. die Erläuterungen zu II 763,14 und 804,25) und Jungs Ossian-Übersetzung.

AN DIE MUTTER   29. Januar 1800 [204]

h46, Auszug und Regest Schlesiers (852,11–21 *wird*) und D1846 (852,21 – – – *Es*–855,23)

852,15 ausgewirkt: Welche Möglichkeiten Steinkopf hatte, auf das Stuttgarter Konsistorium zu wirken, ist nicht bekannt.

852,17 Journal: Dies ist die letzte Erwähnung des im Juni 1799 gefaßten Plans, eine »poëtische Monatschrift« herauszugeben.

852,28 gegenwärtig: im Druck (D1846) heißt es »gewärtig«.

854,12 Arbeiten: Hölderlin hoffte, vor Ostern mit dem dritten Entwurf zum ›Empedokles‹ fertig zu werden, der dann aber unvollendet liegen blieb.

854,16 Freund: wahrscheinlich Jacob Zwilling.

855,1 Oncle: Johann Heinrich Gontard.

855,12 Buchhändler: nicht bekannt.

VON SUSETTE GONTARD   30. Januar – 5. Februar 1800 [a 50]

Handschrift, s. o. III 506

855,30 Vaterstadt: Zu diesem Zeitpunkt war Hölderlin noch nicht in Nürtingen gewesen.

855,32 Landesleute: darunter sicher auch Landauer.

856,13 f. das letzte mal: während ihrer Reise im Juli 1799.

858,25 Z ...: Zeerleder.

858,28 Gedichte: Es ist nicht bekannt, um welche Gedichte es sich handelt; vielleicht hatte Hölderlin Susette Gontard ein Exemplar von Neuffers *Taschenbuch auf 1800* (D15) übermitteln können.

VON EMERICH   4. März 1800 [a 75]

h46, Regest Schlesiers

859,8: Das Datum folgt der republikanischen Zeitrechnung.
859,10 Urtheil über die Deutschen: vgl. I 754–757.
859,10f. wie Böhlendorff: Zusatz Gustav Schlesiers, der noch andere, heute verlorene Briefe an Hölderlin gesehen hat.

VON SUSETTE GONTARD
                              wohl am 5. März 1800 geschrieben [a 51]

Bruchstück einer Handschrift, s. o. III 506. Auf die Rückseite schrieb Hölderlin später den Entwurf ›*Was ist der Menschen Leben* ...‹, I 907.

859,13 Er: nicht zu ermitteln.
860,4 Garten: der Adlerflychtsche Hof.
860,11 Landauer: vgl. die Erläuterung zu II 896,22.

AN EMERICH   im März 1800 geschrieben [206]

H244 *Dbl. 4°* (S. 1–4: Text; S. 4 umgekehrt: Überschrift und Motto zu ›Gesang des Deutschen‹)

861,8 Gedichte: wohl 1799 erschienen.
861,23f. größere Laufbahn: wahrscheinlich eine politische.
861,25 poëtische Dreieinigkeit: vgl. Heinse an Sömmerring, III 599.

VON DEM BRUDER   8. März 1800 [a 76]

h46, Regest Schlesiers

862,10f. Fordert ihn auf ... zu kommen: Hölderlin kam, wenn überhaupt, erst im April.

VON SUSETTE GONTARD   15. März 1800 [a 52]

Handschrift, s. o. III 506

862,14 Schwiegermutter: Susanna Maria Gontard.

AN DIE SCHWESTER 19. März 1800 [205]

H305 *Dbl. 4°*

862,21 Gatten: Breunlin war am 2. März gestorben.

VON SUSETTE GONTARD am 7. Mai 1800 geschrieben [a 53]

Handschrift, s. o. III 506

Dieser letzte Brief Susette Gontards an Hölderlin ist vom Adlerflycht-schen Hof aus geschrieben.

864,27 morgen kommen: Die Liebenden sahen sich am folgenden Tag zum letzten Mal.
865,22 Garten: vgl. die Erläuterung zu II 755,15.
865,33 Z ...: Zeerleder.
866,28 gestärkt: danach kaum lesbar »in unsern Seelen« oder »für unser Schicksal«.
866,29 Segen: danach kaum lesbar »des Himmels« oder »der Liebe«.

AN DIE MUTTER 23. Mai 1800 [207]

H306 *Dbl. 4°*

867,6 Nachrichten: Am 25. April hatten die Franzosen unter General Moreau erneut den Rhein überschritten und waren am 16. Mai bis Ulm gelangt. Die wirtschaftliche Lage im Land war in der Folge drückend, besonders wegen der hohen an die Franzosen zu leistenden Abgaben nach dem Waffenstillstand von Parsdorf (15. Juli).
867,15 Logis: bei Landauer.
867,20 Meubles: Wahrscheinlich fielen aus dem nach dem Tode Breunlins aufgelösten Haushalt der Schwester Möbel an, die Hölderlins Mutter nach Stuttgart schicken wollte; s. auch den Brief an die Mutter und die Geschwister vom 6. Januar 1801, II 885. Der in der Fußnote erwähnte Bücherkasten war möglicherweise noch 1822 in Hölderlins Besitz, vgl. Waiblingers Tagebücher, III 655.
867,23 Ausland: außerhalb Württembergs.
868,7–13: Weder über die Person des Kaufmanns noch über sein Geschenk ist Näheres bekannt. In Hölderlins Nachlaß befand sich kein Buch von solch hohem Wert.

Stuttgart

AN DIE MUTTER Ende Juni oder Anfang Juli 1800 geschrieben [208]

H107 *Dbl. 4°*

869,13 Logis: Hölderlin war – wohl auf eigenen Wunsch – zahlender Pensionsgast in Landauers Wohn- und Geschäftshaus, das gegenüber der Stuttgarter Hauptwache am Großen Graben (heute: Königsstraße, Ecke Gymnasiumstraße) stand.

870,11 Gedicht: vgl. das Konzept ›An meine Schwester‹, I 274.

870,14 Friede: Nach dem Sieg Bonapartes in Italien bei Marengo am 14. Juni 1800, der zu einer Konvention zwischen Frankreich und Österreich führte, bestand Aussicht auf Frieden; sie führte aber Mitte Juli nur zu einem Waffenstillstand.

AN DIE MUTTER um den 20. Juli 1800 geschrieben [209]

H108 *Dbl. 8°*

871,22 Verleger: Steinkopf.

AN DIE MUTTER im Juli 1800 geschrieben [210]

h46, Abschrift und Regest Schlesiers

872,8f. Besuch: nichts Näheres bekannt.

AN DEN HERZOG VON WÜRTTEMBERG September 1800 [211]

h46, Entwurf in Regest Schlesiers

Dem Gesuch wurde am 10. Oktober 1800 vom Konsitorium unbefristet stattgegeben. Als Erzieher wirkte Hölderlin bei Landauer allenfalls sporadisch, sein Freund hätte sonst wohl kaum Geld für das Logis angenommen.

AN EINEN UNBEKANNTEN   im Herbst 1800 geschrieben [212]

H10

Auf der sonst leeren Vorderseite des Doppelblattes steht direkt unter dem Briefansatz der Entwurf der Schlußverse von ›Heimkunft‹, die übrigen Seiten nahmen den Entwurf ›Das Gasthaus‹ auf.

873,9 Freund: vielleicht Seckendorf oder Huber.

AN DEN BRUDER   im Herbst 1800 geschrieben [213]

H198 *Bl. 4°* (S. 2: leer), unvollendeter Entwurf

AN DIE SCHWESTER
   im September oder Oktober 1800 geschrieben [214]

H191 *Dbl. 8°*

874,33 aus der Noth geholfen: Die Mutter hatte Carl Gock bei seinem Weggang aus Markgröningen 232 Gulden gegeben.

VON CONZ   4. Oktober 1800 [a 77]

h46, Regest Schlesiers

875,11 2. Theil: Der zweite Band des ›Hyperion‹ war schon im Jahr zuvor erschienen. Von Conz stammt wahrscheinlich die Rezension in *Tübingische gelehrte Anzeigen* vom 12. Januar 1801, vgl. III 300f.

AN DIE SCHWESTER
   wohl in der ersten Hälfte Oktober geschrieben [215]

H109 *2 Bl. 8°*

875,20 Informationen: Unterrichtsstellen.
875,22f. Aus der Schweiz: vgl. den am 14. Dezember 1800 geschriebenen Brief von Conz, II 881.
876,3 ich habe gelebt: vgl. Horaz, Ode III/29,43.

AN DIE SCHWESTER   Mitte Oktober 1800 geschrieben [216]

H192 *Dbl. 8°* (S. 4: Adresse)

876,25 Offizier: Der Unbekannte hatte vielleicht den am 8. Oktober bekannt gewordenen Dienstantritt des neuen österreichischen Außenministers Graf Ludwig Cobenzl, zugleich Bevollmächtigter für die Friedensverhandlungen in Lunéville, der Österreich bereits in Leoben (vgl. die Erläuterung zu II 654,14) und Campo Formio vertreten hatte, als Garantie für den Frieden angesehen.

876,28 Müttern: Die Schwester lebte seit dem Tod ihres Mannes im Haus der Mutter zusammen mit der Großmutter.

AN DIE SCHWESTER   Ende Oktober 1800 geschrieben [217]

H193 *Dbl. 8°* (S. 4: Adresse)

877,14 Freundin: nicht bekannt.

VON VERMEHREN   28. November 1800 [a 78]

Handschrift

878,8 Almanach: Beide Almanache hatten mit der Ausgabe auf 1800 ihr Erscheinen eingestellt.

878,9 f. neun Schwestern: die Musen.

879,2 Beiträge: Ob Hölderlin auf diesen Wunsch reagierte, ist nicht bekannt; erst im Frühjahr 1801 sandte er die Elegie ›Menons Klagen um Diotima‹ (I 291–295) und die sapphische Ode ›Unter den Alpen gesungen‹ (I 304 f.) an Vermehren.

AN DIE SCHWESTER
            kurz vor dem 6. Dezember 1800 geschrieben [218]

h46, Regest Schlesiers

879,14 Sohn: Emanuel von Gonzenbach, der im Auftrag seiner Eltern einen Hofmeister für seine jüngeren Schwestern suchte.

879,16 30 Louis ... Salarium: 30 Louis d'Or Gehalt.

AN DIE SCHWESTER 11. Dezember 1800 [219]

D1846

879,20 Gast: Möglicherweise hatte sich Emanuel von Gonzenbach der Mutter in Nürtingen vorgestellt; allerdings nennt Hölderlin ihn im Brief an die Mutter vom 24. Januar 1801 (II 889) nicht namentlich.

881,6 Geburtstag: Der 31.; Landauer lud zu seinen Geburtstagen jeweils soviel Gäste, wie er Jahre zählte. Möglicherweise sind die Reimstrophen ›An Landauer‹ (I 328) zu diesem Anlaß verfaßt worden, wahrscheinlicher aber die Ode ›Das Ahnenbild‹ (I 280).

VON CONZ 14. Dezember 1800 [a 79]

h46, Regest Schlesiers

Der Brief erreichte Hölderlin zu spät; er hatte sich bereits entschlossen, nach Hauptwil zur Familie Gonzenbach zu gehen. Karl Reinhard hatte Conz am 9. Dezember überdies mitgeteilt, daß die Stelle bei dem reichen Kaufmann Johann Caspar Zellweger (1768–1855) mit mindestens 600 Gulden ausgeschrieben sei.

AN DIE SCHWESTER vor Weihnachten 1800 geschrieben [220]

H194 *Dbl. 8°*

VON GONZENBACH 18. Dezember 1800 [a 80]

h46, Regest Schlesiers

Der wahrscheinliche Ton des verlorenen Briefes mag hier durch ein Zitat aus einem Brief an einen der Vorgänger Hölderlins vertreten sein, den Gonzenbach 1783 schrieb: »Außer mündlicher Abrede braucht es hoffentlich unter uns nichts; denn binden uns Freundschaft und Liebe nicht, was sollen uns dann jene Fesseln, die nur vor Leute geschmiedet sind, bei denen ja nicht ja, und nein nicht nein ist.«

AN DIE MUTTER um den 21. Dezember 1800 geschrieben [221]

h46, Regest Schlesiers

1801

AN DEN BRUDER um den Jahreswechsel 1800/01 geschrieben [222]
D1846

883,29 Friede: Am 25. Dezember erklärte sich Österreich beim Waffenstillstand zu Steyr zu Friedensverhandlungen bereit, die am 2. Januar 1801 in Lunéville eröffnet wurden.

884,4 Gemeingeist: In Hölderlins Dichtung erscheint dieses Wort zweimal, s. ›*Seines jedem...*‹ v. 4 (I 392) und ›Der Einzige‹ ⟨3. Fassung⟩ v. 93 (I 469); vgl. in diesem Zusammenhang auch ›*Wie wenn am Feiertage* ...‹ v. 43 und ›Der Archipelagus‹ v. 240. Die deutsche Übersetzung von *sensus communis* bzw. *public spirit* war Ende des 18. Jahrhunderts in Deutschland noch relativ jung. Das Wort, das bei Jacobi, Herder, Schubart, Schiller und anderen meist politisch-soziale Bedeutung hat und auf das Selbstverständnis des Einzelnen als Teil einer Gemeinschaft zielt, bekommt bei Hölderlin eine religiöse Dimension und wird darüberhinaus als der Geist verstanden, der »allen gemein« ist. In diesem Sinne ist gegen den Druck möglicherweise zu konjizieren: »Gemeingeist über alles in allen«; vgl. dazu ›*Das untergehende Vaterland...*‹, II 72,10.

AN DIE MUTTER UND DIE GESCHWISTER
wahrscheinlich am 6. Januar 1801 geschrieben [223]
D1846

Hölderlin war, nachdem er Weihnachten in Nürtingen verbracht hatte, etwa am 5. Januar wieder nach Stuttgart zurückgekehrt; von dort brach er am 10. oder 11. Januar, von den Freunden bis Tübingen begleitet, nach Hauptwil auf.

AN GONZENBACH
zwischen dem 7. und 9. Januar 1801 geschrieben [224]

H348 *Bl. 2°*, Entwurf auf einem dem *Stuttgarter Foliobuch* (H6) zwischen S. 10 und 11 entnommenen Blatt

886,10f. für eitel nehmen: als Schmeichelei ansehen.

KOMMENTAR: BRIEFWECHSEL

AN DIE SCHWESTER   am 8. oder 9. Januar 1801 geschrieben [225]
D1846

AN DIE MUTTER UND DIE GESCHWISTER
                                            14. Januar 1801 [226]
h46, Regest Schlesiers

887,34 Hochsträß: Höhenstraße von Winterlingen nach Sigmaringen.
888,2 überschiffen: wahrscheinlich von Überlingen nach Dingelsdorf.

VON SCHMID   15. Januar 1801 [a 81]
h46, Regest und Auszug Schlesiers

888,7 Drama: ›Die Heroine‹, über die Hölderlin auf Schmids Wunsch tatsächlich eine Rezension schrieb, vgl. II 111–114. Zum »früheren« vgl. Schmids Brief vom 12. Juni 1799, II 773.

VON SÜSKIND   22. Januar 1801 [a 82]
h46, Auszug und Regest Schlesiers

Schlesier gibt als Abkürzung der Vornamen F. G. (Friedrich Gottlieb) an; wahrscheinlich handelt es sich um eine Verlesung für »J. G.« (Johann Gottlob, den jüngeren Bruder des Erstgenannten), in dessen Stammbuch Hölderlin sich zum Abschied aus dem Tübinger Stift eintrug, s. II 971.

888,21 Recension: vgl. die Auszüge daraus, III 300f.

Hauptwil

AN DIE MUTTER   24. Januar 1801 [227]

H110 *Dbl. 4°*

890,2 Schuld: 33 Gulden, die die Mutter Hölderlin für Reisekosten mitgegeben hatte. Vgl. auch II 893,4f.

VON SCHMID   3. Februar 1801 [a 83]

Handschrift

891,1 Gedicht: Das Drama ›Die Heroine‹.
891,2 Professorwesen: Seit Sommer 1800 bewarb sich Schmid von einem Professor protegiert auf den Lehrstuhl für Eloquenz und Poesie in Gießen. Von seinem Drama und der Rezension versprach er sich dabei Vorteile; es wurde dennoch nichts daraus.

VON SCHMID   22. Februar 1801 [a 84]

h46, Regest und Auszug Schlesiers

891,13–16: Der Säntis und die Churfirsten, südlich von Hauptwil. Schmid hatte die Gegend im Spätsommer 1799 kennengelernt.

AN DIE SCHWESTER   23. Februar 1801 [228]

H 195 *Dbl. 4°*

891,30 Friede: Am 9. Februar wurde zwischen Frankreich und Österreich der Friede von Lunéville geschlossen. Das langersehnte Ereignis wurde für Hölderlin zum Anlaß des großen Gesangs ›Friedensfeier‹. Daß die Nachricht mit zwei Wochen Verspätung in Hauptwil eintraf, ist unwahrscheinlich. Der ab II 893,9 *so gut* mit neuer Feder geschriebene Brief blieb wohl einige Zeit liegen und wurde nachträglich mit dem Datum versehen.

AN LANDAUER   in der zweiten Hälfte Februar 1801 geschrieben [229]

H439 2 *Dbl. 8°*

Der erste Teil des Briefes ist vor der Friedensnachricht geschrieben, wie aus 895,5 ff. hervorgeht.

893,29 den übrigen Freunden: darunter sicher Neuffer, dem Hölderlin aber nicht mehr schreibt, sowie Süskind und Elsässer.

894,19 Sage: Hier denkt Hölderlin sicher an die antike Kosmogonie, vgl. Hesiod, Theogonie 116–130.

895,11 Staat: vgl. hierzu die an Alabanda gerichtete Rede im ›Hyperion‹, I 636f.

VON VERMEHREN   27. Februar 1801 [a 85]

h46, Regest Schlesiers

AN LANDAUER   in der zweiten Hälfte März 1801 geschrieben [230]

H243 *Bl. 8°*

896,22 so denk an mich: Landauer, der wohl Ostern zur Messe nach Frankfurt fuhr, war in Hölderlins Verhältnis zu Susette Gontard eingeweiht und hatte zudem durch seine Bekanntschaft mit dem Hause die Möglichkeit, ein Lebenszeichen zu übermitteln; vgl. dazu 860,11.

AN DEN BRUDER   in der zweiten Hälfte März 1801 geschrieben [231]

D1846

897,29 Liebe des Bruders: Genitiv des Objekts »Liebe zum Bruder«.

897,30 Streit: vgl. ›Das untergehende Vaterland ...‹ (II 77) und die Notiz im *Homburger Foliohe*ft S. 75: »Die *apriorität* des Individuellen über das Ganze« (I 422).

898,3 A Deo principium: (lat.) Von Gott ist der Anfang; wahrscheinlich Abwandlung von »Ab Iove principium« (Vergil, Ekloge 3,60); vgl. den vereinzelt überlieferten Vers »Von Gott aus gehet mein Werk«, III 285.

899,16 Sache: Gemeint ist wohl das Verhältnis der Brüder; vgl. zum Folgenden auch ›Andenken‹ v. 32 ff. »Doch gut / Ist ein Gespräch und zu sagen / Des Herzens Meinung«.

Nürtingen

VON GONZENBACH 11. April 1801 [a 86]

Handschrift

S. auch das von Gonzenbach ausgestellte Zeugnis, III 604f.; zu den möglichen Problemen im Hause Gonzenbach vgl. die Bemerkung im Brief an Schiller vom 2. Juni 1801, II 904,4–8.

VON VERMEHREN 4. Mai 1801 [a 87]

h46, Regest und Auszug Schlesiers; der Brief ist noch nach Hauptwil adressiert.

900,30 Gedichte: Neben den weiter unten genannten zumindest noch ›Unter den Alpen gesungen‹, I 304.

900,31 Elegien: Gemeint ist ›Menons Klagen um Diotima‹, das in entstellender Weise zerrissen in den beiden Musen-Almanachen Vermehrens (vgl. im Verzeichnis der Drucke bei D20 und D22) erschien.

VON SCHMID 8. Mai 1801 [a 88]

Handschrift

902,3 Deinen lezten lieben Brief: Demnach muß Hölderlin dem Freund mehrere Briefe aus Hauptwil geschrieben haben, die jedoch alle verloren sind.

902,14 Professorswesen: vgl. die Erläuterung zu II 891,2.

902,16 seine einsinnige Kunstmetaphysik: vgl. den ähnlichen Seitenhieb auf Sinclair in Schmids Brief vom November 1797, II 672.

VON CHARLOTTE VON KALB 14. Mai 1801 [a 89]

Handschrift

902,27f. Wisbad ... Mheim: Wiesbaden, Mannheim.
902,29 in Franken: d.h. in Waltershausen.
903,12f. Remy ... Clausius: nicht identifiziert.

AN SCHILLER 2. Juni 1801 [232]

H480 *2 ineinandergelegte Dbl. 4°* (S. 8: Adresse)

Der Brief ist nach Jena adressiert, obwohl Hölderlin hätte wissen können, daß Schiller nach Weimar gezogen war (vgl. II 840). Nachdem bereits der letzte Brief vom September 1799 unbeantwortet blieb, gibt Schiller auch auf den vorliegenden, am 16. Juni bei ihm eingegangenen, keine Antwort.

903,24 *Papiere:* nicht genau zu bestimmen; möglicherweise handelte es sich um die Übertragungen von Pindars Epinikien (II 187–246), die wohl als Grundlage für die Vorlesungen gedacht waren, die Hölderlin in Jena über die »große Bestimtheit« der griechischen Schriftsteller zu halten plante.

904,16 *Auskunft:* im Sinne von »Ausweg«.

904,20 *genöthiget:* durch das Konsistorium.

AN NIETHAMMER 23. Juni 1801 [233]

h84, Abschrift von J. L. Döderlein, München, eines Nachkommen von Niethammer

Der Brief ist anscheinend nach vergeblichem Warten auf eine Antwort Schillers auf den Brief vom 2. Juni geschrieben worden. Auch er blieb ohne Antwort.

VON ELSÄSSER 26. Juni 1801 [a 90]

h46, Abschrift Schlesiers

908,16 *Agis:* Wahrscheinlich ist ein Exemplar der Biographie von Plutarch gemeint.

VON SCHMID 6. Juli 1801 [a 91]

h46, unvollständige Abschrift Schlesiers

908,25 *Redakteur:* C. G. Schütz.

VON SCHMID 31. Juli 1801 [a 92]

h46, unvollständige Abschrift Schlesiers

909,16 meinen letzten Brief: In dem verlorenen Brief sandte Schmid wohl die Rezension zurück, die Hölderlin zu dessen Drama ›Die Heroine‹ angefertigt und auf sein Schreiben vom 6. Juli hin an ihn geschickt hatte.

VON HUBER 6. August 1801 [a 93]

h46, Regest Schlesiers

909,25 Verlag seiner Gedichte: Cotta notierte in seinem Honorarbuch unterhalb der Einträge zu ›Hyperion‹ (vgl. III 299) am 13. August 1801: »Honorar für seine Gedichte 1 Alter Louisdor pro Bogen, und 1 dito nach Absaz von 500 Exemplaren«; darunter wird vermerkt: »8 Seiten Flora 1801. 3. Theil ProbeGedichte« (vgl. D19), und darunter: »16 3/4 Seiten Flora 1802. 4. Theil dito« (vgl. D21); ein Honorar wurde auch für die Probegedichte nicht gezahlt. In Cottas Druckauftragsbuch wird wohl Ende des Jahres 1801 vermerkt: »Hölderlins Gedichte / 1000 Auflage Schenkungs Exemplare 10 von 500 / Flora Papier / Michaelis 1802 / honorar 9 Gulden nach Absaz von 500 Gulden dito« ⟨alle Abkürzungen in den Zitaten sind aufgelöst⟩. Hölderlin stellte auf die Ankündigung Hubers hin Reinschriften seiner ungedruckten Gedichte zusammen oder legte solche neu an. Möglicherweise gehörten dazu das *Marbacher Quartheft* und wahrscheinlich die zum Teil fragmentarisch überlieferten Handschriften H5 sowie H314–317. Der Plan der Gedichtausgabe wurde jedoch nicht verwirklicht.

909,29 irgend ein Lieblingsgedicht: Hölderlin sandte neben den in den beiden Heften der ›Flora‹ (D19 und D21) statt wie vorgesehen im ›Taschenbuch für Damen‹ erschienenen Gedichten möglicherweise noch das große hexametrische Gedicht ›Der Archipelagus‹ an Huber, der es aber erst 1804 (vgl. D24) veröffentlichte.

VON LANDAUER 22. Oktober 1801 [a 94]

Handschrift

910,7 von Predigen dispensirt: vgl. aber den Brief an Böhlendorff vom 4. Dezember 1801, II 913,34 und Schelling an Hegel, 11. Juli 1803, III 619.

910,13 Predigt: nichts Näheres bekannt.

AN MUTTER UND GESCHWISTER
  im Oktober oder November 1801 geschrieben [234]
D1846

Wahrscheinlich hielt sich Hölderlin kurze Zeit in Stuttgart auf, um Angelegenheiten seiner künftigen Beschäftigung in Bordeaux zu regeln.

AN DEN BRUDER 4. Dezember 1801 [235]
D1846

911,16 ff. zum einen ...: möglicherweise Anspielung auf ein bislang nicht identifiziertes Lied.

AN BÖHLENDORFF 4. Dezember 1801 [236]
h89, Abschrift Sinclairs

Ein verlorener Brief Hölderlins an Böhlendorff aus der Schweiz ist sicher bezeugt. Der Freund wird ihm daraufhin sein Drama ›Fernando‹ geschickt haben.

913,9 Drama: Fernando, ein um künstlerische Vollendung ringender deutscher Maler aus protestantischen Verhältnissen, verliebt sich in eine spanische Katholikin, was ihn in Konflikte bringt, die ihm Freiheit und Leben gefährden. Das Drama Böhlendorffs ist in der Tat »epischer« behandelt, jedoch keine Tragödie; Hölderlin hatte es anscheinend noch nicht zu Ende gelesen, als er den Brief schrieb.

913,11 f. Behälter ... Flammen: Gemeint sind die unterschiedlichen Begräbnisbräuche bei »uns« und im antiken Griechenland.

913,17 Furcht und Mitleiden: Anspielung auf den sogenannten Tragödiensatz des Aristoteles: »Die Tragödie ist die Nachahmung einer edlen und abgeschlossenen Handlung von einer bestimmten Größe in gewählter Rede, derart, daß jede Form der Rede in gesonderten Teilen erscheint und gehandelt und nicht berichtet wird und daß mit Hilfe von Mitleid und Furcht eine Reinigung von eben diesen Affekten bewerkstelligt wird.« ›Poetik‹ 1449b 24–28 (Übersetzung von Olof Gigon, Zürich und München 1950).

913,18 der lezte Gedanke: vgl. den ersten Entwurf zum ›Empedokles‹ v. 1760 und 1769 (I 832 f.).

914,3 f. »der ... schüttelt«: Frei zitiert nach Goethes ›Grenzen der Menschheit‹ v. 1–6 »Wenn der uralte / Heilige Vater / Mit gelassener Hand / Aus rollenden Wolken / Segnende Blitze / Über die Erde sät«.

AN DIE MUTTER 9. Janaur 1802 [237]

H111 *Dbl. 4°*

915,6 wegen meines Reisepasses: Der Aufenthalt dauerte vom 15. bis zum 30. Dezember. Vgl. auch den Eintrag ins Lyoner Paßkontrollbuch, III 605.

915,33 in Nürtingen: auf seiner neuen Stelle.

Bordeaux
1802

AN DIE MUTTER 28. Janaur 1802 [238]

D1846

916,18 gewandert: Es ist durchaus wahrscheinlich, daß Hölderlin einen Großteil der 600 Kilometer langen Strecke von Lyon nach Bordeaux entlang der damaligen Poststraße (heute Route Nationale 89) zu Fuß gegangen ist.

917,8 Konsul: Daniel Christoph Meyer.

AN DIE MUTTER 16. April 1802 [239]

h19, Abschrift C. T. Schwabs und D1846

917,12 Verlust: Johanna Rosina Heyn war am 14. Februar 1802 gestorben.

Nürtingen

VON SINCLAIR 30. Juni 1802 [a 95]

h19, Auszüge C. T. Schwabs und h46 Abschrift Schlesiers

Sinclair glaubt den Freund noch in Bordeaux; nach einem (verlorenen) Abschiedsbrief vom 11. Dezember 1801 hatte Hölderlin nicht mehr an Sinclair geschrieben. Die Gründe, aus denen Hölderlin seinen Aufenthalt in Bordeaux, für den ihm sein Brotherr nach einer Mitteilung Carl Gocks »das schönste Zeugnis« ausstellte, so schroff abbrach, liegen im Dunkeln.

918,25 Gegenstand Deiner Liebe: Susette Gontard. Die sich hartnäckig haltende Legende, Hölderlin sei aus Bordeaux zurückgekehrt, weil er von der Krankheit der Geliebten erfahren habe, und sei womöglich noch an ihr Krankenlager geeilt, stimmt nicht mit den überlieferten Daten überein. Carl Gock schreibt zwar im Entwurf zu seinem Lebensabriß (erstmals gedruckt in FHA 9,404–412): »Aber wahrscheinlich erhielt er Mitte des Monaths Juni von dem Gegenstand seiner Verehrung und seiner Dichtungen, den er seit seiner Trennung von Frankfurt nicht mehr gesehen, aber wie ein heilig Geheimniß tief in seinem Herzen bewahrt hatte, ein Schreiben worin sie ihm von einer schweren Krankheit Nachricht gab, und mit einer Vorahnung ihres nahen Todes noch auf ewig von ihm Abschied nahm.« Das ist jedoch eine durch nichts gestützte Vermutung, die Gock auch wieder aus seinem Entwurf streicht. Wahrscheinlicher ist, daß Hölderlin erst nach seiner Rückkehr durch vorliegenden Brief vom Tode Susettes erfahren hat. Ihre Krankheit brach nach Sinclairs Bericht am 12. Juni aus. Hölderlin hatte aber bereits am 10. Mai einen Paß in Bordeaux beantragt und war dann über Paris am 7. Juni nach Straßburg gekommen; vgl. die Paßeinträge, III 606. Er kommt etwa Mitte Juni in Stuttgart an, wo er einem Bericht Waiblingers zufolge Matthisson aufsucht »leichenbleich, abgemagert, von hohlem wildem Auge, langem Haar und Bart, und gekleidet wie ein Bettler ... und mit dumpfer geisterhafter Stimme murmelt: Hölderlin« und wieder verschwindet. Kurz darauf ist er in Nürtingen, Anfang Juli aber wieder in Stuttgart, von wo Landauer am 3. des Monats Carl Gock mitteilt, Hölderlins »Zustand werde allmählig ruhiger« (III 607). Erst danach kann Sinclairs Brief bei Landauer eingetroffen sein. Hölderlin war aber wohl zu diesem Zeitpunkt endgültig zur Mutter heimgekehrt (vgl. Brief von Sinclair vom 20. Juli 1802, II 920). Wäre er tatsächlich zwischenzeitlich in Frankfurt gewesen, so hätte er dort sowohl Sinclair als auch Ebel, der sich ja am Krankenbett Susettes aufhielt, angetroffen und Sinclairs Brief wäre nicht geschrieben worden.

919,23 f. als ein treues Paar seine Bahn gehen: Anspielung auf die Dioskuren; Hölderlins Gedicht ›Die Dioskuren‹ (III 161) handelt von seinem Verhältnis zu Sinclair.

VON SINCLAIR 20. Juli 1802 [a 96]

h46, Abschrift Schlesiers

Der Brief war einem am selben Tag geschriebenen an Hölderlins Mutter beigelegt, in dem Sinclair mitteilt, er habe bereits drei Wochen zuvor an Hölderlin geschrieben, aber keine Antwort erhalten. Hölderlins Antwort vom 2. August 1802 auf den vorliegenden Brief ist verloren; vgl. III 641 Anm.

VON SINCLAIR 7. November 1802 [a 97]

h46, Regest und Auszug Schlesiers

Hölderlins Antwort vom 22. November ist verloren.

920,14 Gedicht: Nicht sicher bestimmbar, möglicherweise hatte aber Hölderlin dem Freund das vierte Stück der ›Flora‹ 1802 (D21) geschickt, in dem ›Die Wanderung‹ enthalten ist; allerdings heißt es dort in v. 104 nicht »goldene Pfeile der Liebe«, sondern »liebende Pfeile«.

920,16 Regensburg: Sinclair hatte Hölderlin Ende September nach Regensburg mit zum Reichstag genommen, wo dieser auch den Landgrafen von Homburg näher kennenlernen konnte. Vgl. den Kommentar zu ›Patmos‹, III 276 f.

920,17 Unsere Sache: Der Landgraf wollte in Regensburg Gebietserweiterungen bewirken.

920,19 Winter: Sinclair beabsichtigte, Hölderlin bereits im Frühjahr 1803 nach Homburg zu holen; vgl. den Brief der Mutter an Sinclair vom 20. Dezember 1802, III 610.

920,23 nächstens schreiben: Hölderlin hatte Horn das Manuskript seiner Sophokles-Übersetzung nach Regensburg geschickt. Dieser bemühte sich vergeblich um einen Verlag; vgl. Horn an Sinclair im November 1802, III 609.

AN BÖHLENDORFF im November 1802 geschrieben [240]

h19, Abschrift C. T. Schwabs und D1846

Der Brief fand sich unter Hölderlins Papieren, ist also wahrscheinlich Entwurf des Briefes, für den Böhlendorff am 2. Dezember dankt.

920,29 f. Angst des patriotischen Zweifels und des Hungers: Gemeint ist die zwiespältige Haltung der französischen Landbevölkerung während der Revolution und die wiederholten Hungersnöte dieser Zeit.

921,3 f. wie man Helden nachspricht: vgl. über Patroklos' Tod: Homer, Ilias 16,786 und über das Schicksal des Ödipus: Sophokles, Ödipus Tyrannos v. 1329 f. (in Hölderlins Übersetzung v. 1361 ff., II 302).

921,9 Virtuosität: Der eigentümliche Gebrauch dieses Wortes findet sich auch in den ›Anmerkungen zur Antigonä‹ (s. II 371 f.), am ehesten wohl zu verstehen als »meisterliche Entfaltung der eigenen Möglichkeiten«.

921,11 Das Athletische: Auch dieser Begriff erscheint wieder in den ›Anmerkungen zur Antigonä‹ (s. II 374), wohl im ursprünglichen Sinne des »Wettkämpferischen« zu verstehen; vgl. auch die Strophe für ›Patmos‹ (*O Insel des Lichts* ...), in der es heißt »athletischer / Im Ruin«, III 279.

921,17 Popularität: Hier wohl im Sinne von »Volkseigenschaft« gebraucht. Am Schluß des Satzes fehlt möglicherweise das Wort »Nüchternheit«, vgl. den Brief an Böhlendorff vom 4. Dezember 1801, II 912.

921,23 Antiquen: Wahrscheinlich verlief Hölderlins Rückweg von Bordeaux durch die Vendée nach Paris, wo er die von Bonaparte in Italien geraubten antiken Kunstschätze ausgestellt sehen konnte.

921,29f. Erschütterungen und Rührungen: Gemeint sind die Erfahrungen in Frankreich und der Tod Susette Gontards.

922,4f. daß ich behalten möge: wohl im Sinne von »ich hoffe, daß ich im Gedächtnis behalten kann«; vielleicht liegt aber auch eine Textverderbnis vor.

922,7 commentiren: hier weniger im Sinne von »auslegen« als »(in ihrem Charakter) nachahmen und fortsetzen«.

VON BÖHLENDORFF 2. Dezember 1802 [a 98]

h46, Regest Schlesiers

Der Brief wurde von Sinclair zusammen mit dem folgenden an Hölderlin gesandt.

922,21 Taschenbuch: ›Poetisches Taschenbuch‹, Berlin 1803, bei Frölich erschienen. Von Hölderlin enthält es nichts.

VON SINCLAIR Anfang Dezember 1802 geschrieben [a 99]

h46, Auszug und Regest Schlesiers

922,25 Vermögens-Angelegenheiten: Der Schwager Charlottes von Kalb hatte sich auf Kosten des Familienvermögens auf waghalsige Spekulationen eingelassen; sie führten schließlich zum Ruin. Die hier ausgesprochene Hoffnung trog also.

922,26 Sophocles: Gemeint sind ›Die Trauerspiele des Sophokles‹, II 247-376.

922,28 schreiben: nicht überliefert.

1803

VON SINCLAIR 6. Februar 1803 [a 100]

h46, Regest und Auszug Schlesiers

923,3 Brief: verloren, wahrscheinlich von Mitte Januar 1803.
923,4 Gedicht: ›Patmos‹ ⟨Erste Fassung⟩ (I 447–453), dem Landgrafen von Hessen-Homburg am 30. Januar 1803 zu seinem 55. Geburtstag überreicht.
923,11 f. hinschicken: wohl nicht geschehen.
923,19 Stelle: ›Patmos‹ v. 78–107.
923,20 Verschiedenheit der Meinung: nicht bestimmbar.

VON LANDAUER 8. Februar 1803 [a 101]

Handschrift

924,3 Brief: nicht überliefert.
924,13 Monument: ein Grabmal für den Gotischen Turm im Erbprinzengarten zu Karlsruhe.

VON WILMANS 3. Juni 1803 [a 102]

h46, Regest Schlesiers

924,20 Prof. Voigt: Nikolaus Vogt.
924,20 f. Verlag ... übernommen: anscheinend durch Vermittlung Sinclairs, vgl. den Brief der Mutter an Sinclair vom August 1803, III 621.
924,21 Einleitung: Sinclair hatte Wilmans wohl bereits mitgeteilt, Hölderlin plane zu der Übersetzung eine Einleitung. Obwohl der Verleger anscheinend abwehrend reagiert hatte, kommt Hölderlin in der Folge beharrlich darauf zurück. Ob sie tatsächlich verfaßt wurde, ist nicht auszumachen.

AN WILMANS 28. September 1803 [241]

H387 *Dbl. 4°*

924,29 Schelling: Am 30. Mai 1803 war Schelling mit Karoline von Schlegel nach Murrhardt gekommen, wo sich die beiden am 26. Juni 1803 von seinem Vater trauen ließen. In dieser Zeit traf Hölderlin dort ein und hatte den Freund wohl gebeten, sich seiner Sophokles-Übersetzung anzunehmen. Ob Schelling sich darum bemühte, ist nicht auszumachen, aber durchaus zu bezweifeln, vgl. III 619f.

925,4 Jubilatemesse: Frühjahrsmesse in Leipzig. Tatsächlich erschienen beide Bände 1804 zu diesem Termin.

AN WILMANS 8. Dezember 1803 [242]

H343 *Dbl. 4°* (S. 4: leer)

Wilmans hatte einem Vermerk zufolge, den er auf der Rückseite des Briefes anbrachte, am 19. November die Übersendung des Manuskriptes angemahnt.

926,3 Gedichte: Auf die Bitte Wilmans' hin macht sich Hölderlin noch im gleichen Monat an die »Durchsicht einiger Nachtgesänge«.

926,6 An Schelling: nicht überliefert.

AN WILMANS Ende Dezember 1803 geschrieben [243]

H365 *Dbl. 8°*

Umgehende Antwort auf einen Brief des Verlegers vom 19. Dezember, dem bereits eine Satzprobe beilag.

926,28 Lettern: vgl. unten die Erläuterung zu 929,16.

927,1 Nachtgesänge: Die Gedichte erschienen dann in Wilmans' ›Taschenbuch für das Jahr 1805‹ (D25).

927,10 Messiade ... Oden: Gemeint sind Werke Klopstocks, vgl. auch die Notiz ›In Altona ...‹ (III 440) und den Entwurf ›Der Todtengräber‹ (I 354).

927,12 Gedichte: Hölderlin trug sich mit der Absicht, bei Wilmans seine »vaterländischen Gesänge« zu veröffentlichen, darunter sicher ›Friedensfeier‹.

927,20 Ansichten: vgl. unten die Erläuterung zu 928,6.

1804

VON WILMANS 28. Januar 1804 [a 103]

h46, Regest Schlesiers

927,29 Gedichte: die »Nachtgesänge«.

927,31 größern Gedichte: vgl. oben die Erläuterung zu 927,12. Welche Gesänge Hölderlin an Wilmans geschickt hat, läßt sich nicht mehr bestimmen. Der Plan, sie nach der Messe zu veröffentlichen, wurde nicht ausgeführt.

AN SECKENDORF 12. März 1804 [244]

H462 *Dbl. 4°*

928,4 neulich: nicht genauer zu bestimmen.

928,6 Ankündigung: Wilmans hatte diesen »Prospectus« bereits in seinem Brief vom 19. Dezember 1802 beigelegt. Er warb für die Subskription eines aus drei Heften bestehenden Werkes: ›Mahlerische Ansichten des Rheins von Mainz bis Düsseldorf. Mit 32 nach der Natur von Schütz aufgenommenen und von Günther gestochenen Kupfern, und einer Karte. Frankfurt am Mayn, bei Friedrich Wilmans. 1806‹. Den Text des ersten Heftes verfaßte Nikolaus Vogt, mit dem Hölderlin bekannt war. Dem Prospekt war eine Probe beigegeben, die die Gegend am Mäuseturm bei Bingen darstellte (in der Ausgabe von 1806 auf S. 62); hierauf beziehen sich Hölderlins folgende Bemerkungen.

928,8 Fürst: Kurfürst Friedrich von Württemberg.

928,16 Winkel ... Quadrat: Hölderlin meint wohl die Fluchtlinien innerhalb und den Rahmen außerhalb des Bildes.

928,18 Antiquen: vgl. oben die Erläuterung zu 921,23.

928,25 Fabel: der Mythos, vgl. ›Von der Fabel der Alten‹ (II 115).

928,29 Schiksaale: Diese Studien gingen besonders in die Entwürfe des *Homburger Foliohefts* ein.

929,7 Feinde des Vaterlands: Gemeint sind wohl der Kurfürst und die Hofpartei Württembergs, die sich gegen die Einberufung der Landstände im März 1804 stellten.

AN WILMANS 2. April 1804 [245]

H452 *Dbl. 4°* (S. 4: leer)

929,15 Drukfehler: vgl. ›Drukfehler im Ödipus‹, III 435 f. und Hölderlins späte Bemerkung über den »Buchhändler«, III 672.

929,16 Der rohe Druk: Wilmans hatte Hölderlin am 19. Dezember 1803 Andrucke des Satzes geschickt, die mit stärker aufgetragener Farbe gedruckt wurden (vgl. II 926,28). Die verwendete klassizistische Schrift war eine Walbaum-Antiqua mit relativ zierlichen, geraden Serifen; »das Veste« der Schriftfüße, das ihnen im »gefeilten« Druck mangelt, war im »rohen« ausgeprägter und nötigte nicht dazu, das Buch senkrecht zur Blickrichtung zu halten, um es gut lesen zu können.

930,1f. besonderes Exemplar: Der Prinzessin war die Übersetzung gewidmet; Hölderlin wollte ihr ein auf Velin-Papier gedrucktes Exemplar zukommen lassen.

930,4 gegen die exzentrische Begeisterung: Hölderlin meint dies wohl im Sinne von »auf das Orientalische hin«, vgl. den Brief an Wilmans vom 28. September 1803, I 925,11. Es kann jedoch auch gemeint sein »gegen (contra) den Enthusiasmus, der über die Sphäre des Lebens hinaustreibt«.

930,7 was dem Dichter verboten ist: vgl. dazu die Verse im *Homburger Folioheft:* »Verbotene Frucht, wie der Lorbeer, aber ist / Am meisten das Vaterland« (I 398).

930,9 etwas: Vielleicht sind hiermit die ›Pindar-Fragmente‹ (II 379–385) gemeint, falls Wilmans bereits im Januar eine Sendung mit größeren Gesängen erhalten haben sollte.

VON WILMANS 14. April 1804 [a 104]

Handschrift

930,20/21 zwischen die Zeilen schreibt Hölderlin:
  doch am meisten dem Pöbel exponirt.
930,25–931,8 am linken Rand notiert Hölderlin untereinander folgende Namen:
  HE. von / Sekendorff. / HE. Haug. / HE. Hegel. / HE. von Göthe. / HE. Bahn- / maier. / an Schmidt. / HE. Schmidt. / in Erlang. / an Heinze. / HE. Heinze / in Aschaffen- / burg. / HE. Hartmann / HE. Matthison. / HE. Schelling. / HE. Lepique / in Heidelberg.
und unter den Brieftext noch:

Der Einzige. / HE. von Sinklair

Ob es sich bei diesen Namen um die Empfänger der Freiexemplare handelt, ist nicht sicher zu bestimmen. Auffällig ist, daß der Name der Prinzessin Auguste von Hessen-Homburg fehlt, der die Übersetzung gewidmet ist und an die der Entwurf eines Begleitschreibens überliefert ist (s. folgenden Brief). Die Zusätze bei Schmid, Heinse und Sinclair betreffen möglicherweise die Gedichte ›Stutgard‹, ›Brod und Wein‹ und ›Der Einzige‹, die Hölderlin vielleicht jeweils beizulegen gedachte. Es war ihm offenbar nicht bekannt, daß Heinse am 22. Juni 1803 gestorben war.

931,3 Liste: Ob Hölderlin auch eine Druckfehlerliste für die ›Antigonä‹ anlegte, ist nicht bekannt; Wilmans veröffentlichte aber auch die zum ›Ödipus‹ nicht.

AN PRINZESSIN AUGUSTE

im April oder Mai 1804 geschrieben [246]

h46, Entwurf in Auszug und Regest Schlesiers

Wahrscheinlich wurde der Brief nicht ins reine geschrieben und abgesandt, die Prinzessin hätte ihn sicher aufbewahrt.

VON WILMANS 27. Mai 1804 [a 105]

h46, Regest Schlesiers

Vgl. auch den Brief der Mutter an Wilmans vom 28. März 1804, III 624.

Homburg
1805

VON DER MUTTER 29. Oktober 1805 [a 106]

Handschrift

Einziger erhaltener Brief der Mutter an Hölderlin, der seit Juni 1804 wieder in Homburg lebte, wohin ihn Sinclair auf die Sinekure eines Hofbibliothekars geholt hatte.

931,27 die L. Deinige: die lieben Deinigen; vgl. ›Die Meinige‹, I 21.

932,6 Frau von Bröck: Auguste Wilhelmine von Proeck, Sinclairs Mutter.

932,7 Hausherrn: Hölderlin wohnte zu Anfang seines zweiten Homburger Aufenthaltes bei dem Uhrmacher Calame in der Dorotheenstraße 34 nahe dem Haus der Sinclairs. Nachdem ihm dort – wohl wegen seines Zustandes und Gebarens (vgl. III 642f.) – 1805 während Sinclairs Haft gekündigt wurde, zog er zu dem Sattlermeister Lattner in der Haingasse 8. Möglicherweise war Hölderlins letzte Wohnung in Homburg die der Mutter Sinclairs gehörende Proecken-Mühle.

932,23 Kriegsnoth: 1805 brach der dritte Koalitionskrieg aus, die Franzosen zogen durch Süddeutschland und besetzten Wien.

KOMMENTAR: BRIEFWECHSEL

Tübingen
1806–1828

Die Briefe der Jahre nach 1806 lassen sich mit wenigen Ausnahmen nicht genauer datieren, es ist aber wahrscheinlich, daß sie alle vor dem Tod der Mutter geschrieben wurden. Ihre formelhafte Starre läßt vermuten, daß sie nur auf Aufforderung geschrieben wurden. Zu den Lebensumständen und Äußerungen Hölderlins nach 1806 vgl. die Dokumente, III 647–675.

AN DIE MUTTER [247, 248, 249, 250–304, 305, 306, 307]

H112, H113, H373, H114–168, H170, H171, H172 meist *Einzelblätter in Quarto* und von Hölderlin nur einseitig beschrieben; H 112–171 ist von 1. bis 60. durchnumeriert, z. T. von der Mutter; der erste Brief an die Schwester trägt die Nummer 58; H373 ist der Brief Zimmers vom 2. März 1813 (s. III 650), an den Hölderlin eine Nachschrift anfügt.

AN DIE SCHWESTER [308–311, 311a, 311b]

H169 *Dbl. 4°*; H386 *Bl. 4°* (S. 2: leer); H196 *Bl. 4°* (S. 2: leer); H384 *Bl. 4°* (S. 2: leer); HoK6

AN DEN BRUDER 1822 oder 1823 geschrieben [312]

D1846

C. T. Schwab leitet den Brief folgendermaßen ein: »Die Nachricht vom griechischen Freiheitskampf regte ihn für einige Zeit auf und er hörte mit Begeisterung zu, als man ihm erzählte, daß die Griechen Herrn der Morea seyen. Bei einem solchen Aufleben, da sein Geist sich wieder zu öffnen schien für die Interessen, die ihn sonst bewegt hatten, glaubte man sich zu weiteren Hoffnungen berechtigt, allein man fand sich bald getäuscht, nach der augenblicklichen Anspannung kehrte die vorige Apathie und Verwirrung wieder zurück. Er hatte sich zu jener Zeit auch nach seinem Bruder erkundigt und war erfreut, von dessen Wohlergehen zu hören. Er schrieb ihm folgenden Brief, dessen letzte Worte auch Waiblinger anführt.« Vgl. auch Schlesiers Bericht, III 653.

VON DEM BRUDER   25. Juli 1826 [a 107]

Handschrift

960,10 Gedichte: Die von Gustav Schwab und Ludwig Uhland 1826 herausgegebene Ausgabe der Gedichte Hölderlins (D1826).
960,31 Honorar: vgl. den Vertrag zwischen Cotta und Gock, III 652f.
960,32 Hyperion: Die zweite Auflage erschien 1822.

561

STAMMBUCHEINTRÄGE

Von Hölderlins Einträgen in Stammbücher sind einige erst in den letzten Jahren wieder aufgetaucht. Sie werden hier vollständig und chronologisch geordnet wiedergegeben.

Hölderlin besaß selbst zwei Stammbücher, das erste hatte er von seinem Vater geerbt; es enthält von Kompromotionalen, Freunden und Verwandten 42 Einträge aus den Jahren 1785/86, die hier nicht wiedergegeben werden; das zweite Stammbuch ist bis auf ein Blatt verloren (s. unten bei ›Für Hiller‹).

Bei den Handschriften handelt es sich zumeist um einseitig beschriebene Blättchen in Querlage.

FÜR RÜMELIN   Maulbronn, 18. Dezember 1786

H461 *Bl. 8°*

965,3–5: frei zitierte Rede Amalias aus Schillers Räubern 4. Akt 2. Szene: »Wir interessiren uns nur darum, wir gewinnen nur darum, daß wir wieder mit Schmerzen verlieren.«

FÜR BLUM   Markgröningen, 18. März 1788

H379 *Bl. 8°*

Zu Beginn eines Besuches bei Hölderlins todkranker Tante Volmar entstanden; vgl. auch die Briefe an die Mutter und Immanuel Nast um diese Zeit, II 418 ff.

965,10–13: Vielleicht stammen diese Verse von Hölderlin, er verwendet sie auch im Stammbucheintrag für Hiller, II 966. Die Unterstreichungen sind möglicherweise als Anspielung auf das Verhältnis *H*ölderlins zu *L*ouise Nast zu lesen.

KOMMENTAR: STAMMBUCHEINTRÄGE

FÜR HILLER Maulbronn, September 1788

H441 *Bl. 8°*

966,3–6: Die selben Verse, die Hölderlin schon ins Stammbuch Blums eintrug, werden hier leicht abgewandelt zum Abschied von Maulbronn verwendet. Darunter befindet sich ein Schattenriß, s. Zeittafel.

Wahrscheinlich das einzige Relikt aus Hölderlins verlorenem (zweiten) Stammbuch ist ein von C. T. Schwab unter anderen Hölderliniana gefundenes Stammbuchblatt Hillers:

> Was ist wahre Freundschafft? Gewies ein schäzbares Guth hinieden. Wie aber die Todesfakel des Freundes verlöscht, so schwindet sein Bild mit dem Rauch in immerwährende Vergessenheit hin.
>
> Kloster Maulbronn.   Zum Andenken an
> den 1. *Julius* 1788.   Deinen
>   aufrichtigen Freund
>   Hiller

(Auf der Rückseite des Blattes befindet sich eine wahrscheinlich von Hiller angefertigte Zeichnung. Darauf wird eine Silhouette vom Rauch einer erlöschenden Fackel umnebelt, die zusammen mit einem Totenschädel auf einem Altar liegt.)

FÜR EINEN UNBEKANNTEN Tübingen, 1789 ?

H425 *Bl. 8°*

966,10–16: leicht abgewandeltes Zitat aus Klopstocks Ode ›Die Zukunft‹ (1764) v. 30–36. Bei Klopstock heißt es v. 33 »fürchterlich uns, und«, v. 35 »Führt, aus« und v. 36 »In der«.

FÜR OEFFINGER Tübingen, 15. Februar 1789

(H) *Faksimile in R. H. Riethmüller: Hölderlin und Hegel im Tübinger Stift, Marbach 1907/08, S. 31*

966,23 f. Audaces fortuna juvat: (lat.) Den Kühnen hilft das Glück. – Zwischen Datum und Unterschrift befindet sich ein Schattenriß Hölderlins.

FÜR RÜMELIN   Nürtingen, 20. April 1789

H420 *Bl. 8°*

967,2–9: Zitat aus Klopstocks Ode ›Der Zürchersee‹ (1750) v. 49–52, 61–64. Bei Klopstock heißt es v. 61 »süßer ist(s) noch«.

FÜR EINEN UNBEKANNTEN   Stuttgart, 5. Oktober 1789

H378 *Bl. 8°*

Zinkernagel gibt in seiner Hölderlin-Ausgabe Bd. 5, S. 283 den Namen »Christian Friedrich Speidel« an, in Hölderlins Freundeskreis ist der Name nicht bezeugt.

967,14–17: Die Verse stammen möglicherweise von Hölderlin.

FÜR CLEMENS CAMERER   Tübingen, März 1790

H458 *Bl. 8°*

968,2–9: vgl. oben die Erläuterung zu 967,2–9.
968,12 C.: Candidatus.

FÜR NIETHAMMER   Tübingen, 20. März 1790

HoK8

968,14–17: Zitat aus der Ode ›An Bodmer‹ (1750) v. 23–26. Hölderlin hat die erste Zeile so verändert, daß ein selbständiger Text entstand, bei Klopstock heißt es »Oft erfüllet er auch«.

FÜR CARL GOCK   Tübingen, 1. August 1790

H463 *Bl. 8°*

969,2 f.: Zitat aus Johann Martin Miller ›Siegwart. Eine Klostergeschichte.‹ Zweyter Theil. Neue verbesserte Ausgabe. Frankfurt und Leipzig 1778, S. 148. Die dritte von sechs Strophen eines Abschiedsgedichtes für Siegwarts Freund Kronhelm lautet: »Leb wohl, du Theurer! Ach ich kann / Dir keinen Segen geben. / Geh! Leb als Christ, und duld' als Mann, / Und blick ins beßre Leben!«

KOMMENTAR: STAMMBUCHEINTRÄGE

FÜR RUEFF   Tübingen, 5. September 1790

H263 *Bl. 8°*

969,13 K. 11 v. 17: Hölderlin gibt versehentlich den 7. Vers des
11. Kapitels an.

FÜR HEGEL   Tübingen, 12. Februar 1791

H470 *Bl. 8°*

969,19 f.: Zitat aus ›Iphigenie auf Tauris‹ v. 665 f. »Und Lust und Liebe
sind die Fittige / Zu großen Thaten«; vgl. die Verwendung des Goethewortes in Briefen an Neuffer (II 475,28 f.) und den Bruder (II 619,11).

969,23 ⟨links⟩: Unter dem Datum steht von Hegels Hand »S⟨ymbolum⟩ *Ἐν καὶ παν*«, vgl. die Erläuterung zu I 558,15 f.

969,25 M.: Magister.

FÜR WEIGELIN   Tübingen, Mai 1791

HoK9

970,2–13: Adaption von G. A. Bürgers Gedicht ›Aufgegebene Liebeserklärung an Sophien nach vorgeschriebenen Endreimen am 21. Nov. 1784‹.

970,2: Nur diese Zeile ist von Hölderlin geschrieben, die folgenden einschließlich der Unterschrift stammen von Neuffers Hand.

970,14 Holz: Spitzname Hölderlins im Stift. Vgl. den Brief Magenaus an Hölderlin vom Dezember 1789, II 455.

FÜR HEINRIKE HÖLDERLIN   Nürtingen, Februar 1792

H371 *Bl. 8°*

970,16 ff.: Vielleicht stammen die drei Zeilen von Hölderlin.

FÜR SECKENDORF Tübingen, September 1792

H385 *Bl. 8°*

Da Hölderlin seinen Eintrag mit dem benachbarten von G. F. Fallot, einem Kompromotionalen aus Mömpelgard, der sich am 12. September eintrug, durch die Worte »Ewig − − verbunden!« zusammenschließt, ist anzunehmen, daß vorliegendes Stück am selben Tag geschrieben wurde.

971,2–9: leicht abgewandeltes Zitat der zweiten Strophe von ›Hymne an die Menschheit‹, s. I 120.

FÜR SÜSKIND Tübingen, 24. September 1793

HoK10

971,15: (gr.) Dein Reich komme (Matthäus 6,10). – Vgl. den Brief an Hegel vom 10. Juli 1794 (II 540) und Hegels Brief an Schelling vom Januar 1795 (III 584).

971,18f. ⟨*links*⟩ *Erhalt uns...Freiheit:* Zitat aus der letzten Strophe des Chorals ›Nun laßt uns Gott dem Herrn Dank sagen und ihn ehr'n‹ von Ludwig Helmbold (1532–1598): »Erhalt uns in der Wahrheit, / gib ewigliche Freiheit, / zu preisen deinen Namen, / durch Jesum Christum. Amen.«

971,17–21 ⟨*rechts*⟩*:* Die gegenüber den sonst meist konventionell gehaltenen Widmungsformeln auffällige Bitte deutet auf ein besonders inniges Verhältnis der beiden Freunde, das durch das Vaterunser-Zitat dem zu Hegel und Schelling gleichgestellt wird. Süskind (nicht sein älterer Bruder, wie Adolf Beck StA 7.1, 156 annimmt) trug sich am 13. März 1794 in Hillers Stammbuch (vgl. II 966) zusammen mit Schelling auf zwei einander gegenüberliegenden Seiten mit Zitaten aus Klopstocks Ode ›Zürchersee‹ ein, der Hölderlin bereits für seinen Eintrag ins Stammbuch Rümelins (vgl. II 967) ein Zitat entnahm.

FÜR MAGENAU Vaihingen, 22. November 1793

(H)

Von Magenau dreimal zitiert: Brief an Neuffer vom 23. November 1793; *Skizze meines Lebens* 1794; undatierter Brief an Neuffer. Der Text folgt dem zweiten Zitat, dem auch das Datum beigefügt ist, im ersten Zitat fehlt die zweite Zeile, im dritten lautet diese »bestehe der Bund zwischen mir u dir!«

971,24: (gr.) Bei den in Marathon Gefallenen. – Der Schwur stammt aus der berühmten 330 v. Chr. gehaltenen Rede des Demosthenes »Über den Kranz« (Demosth. 18,208); dort erinnert Demosthenes daran, wie er seinerzeit die Athener – »bei denjenigen der Vorfahren, die zu Marathon sich zuvorderst in Gefahr begeben haben« – beschworen habe, sich gegen die makedonische Herrschaft zu erheben. Die Formel des Demosthenes wird bei Quintilian (Institutio oratoria 12,10,24) wiedergegeben als »der berühmte Schwur bei den Vaterlandsverteidigern, die bei Marathon und Salamis gefallen sind«; auf diese Formulierung greift Hölderlin beim Zitat aus dem Gedächtnis zurück: *pesontas* (die Gefallenen) entspricht nicht dem ursprünglichen Wortlaut, sondern dem lateinischen *caesos* (die ... gefallen sind).

FÜR JOHANN CAMERER   Jena, März 1795

HoK11

Auf der gegenüberliegenden Seite hatte sich zuvor Sinclair am 19. März eingetragen, wahrscheinlich ist dies auch das Datum von Hölderlins Eintrag.

972,3–8: »Die Natur verwirrt die Phyrrhonisten. / Die Vernunft verwirrt die Dogmatiker. / Uns ist eine Unfähigkeit zu beweisen gegeben, unüberwindlich allem Dogmatismus; uns ist eine Vorstellung von Wahrheit gegeben, unüberwindlich allem Pyrrhonismus.« Wahrscheinlich zitiert nach Friedrich Heinrich Jacobi ›Ueber die Lehre des Spinoza ...‹ (2. Auflage, Breslau 1789) S. 237 und – der erste Teil – schon auf S. 98, vgl. auch III 379. Jacobi hatte dieses Zitat als Motto seinem 1787 erschienen Buch *David Hume über den Glauben oder Idealismus und Realismus* vorangestellt, es ist aus zwei Stellen der Pascalschen *Pensées* (Brunschvig 395/434 bzw. Strowski 336/332) kombiniert.

972,3 Pyrrhoniens: Skeptiker, Anhänger des griechischen Philosophen Pyrrhon.

972,4 Dogmatistes: Hier sind die Vertreter der rationalen Theologie gemeint, die das Dasein Gottes aus der Vernunft zu beweisen trachteten, vgl. die Erläuterungen zu II 468,21 und 568,30.

972,12 ⟨links⟩ Philos: (gr.) Freund.

FÜR MANSKOPF   Frankfurt, Juni 1798

Vorstufe: H12, Entwurf von 972,15–25
972,16 *allen* aus: den Unzähligen
972,18 *wenn*–19 *schämten* aus:
   wenn sie glaubten ihrer Tugend, ihres Geistes
972,20 *wird* aus: ist
972,24 *wird der ächtvortrefliche* aus: soll der edlere

Text: H266 *Bl. 8°*

972,15–22: vgl. den letzten der ›Frankfurter Aphorismen‹, II 60f. und den Brief an Neuffer vom 12. November 1798, II 711f.

FÜR WAIBLINGER   Tübingen, 1823

H433 *Bl. 8°*

Vermutlich für Waiblinger in dessen gemieteten Gartenhaus im Sommer 1823 geschrieben, vgl. III 660. Waiblinger teilt in seinem Aufsatz *Friedrich Hölderlin's Leben, Dichtung und Wahnsinn* (1831) mit: »Ich gab ihm auch Papier zum Schreiben. Alsdann setzte er sich an den Schreibtisch und machte einige Verse, auch gereimte. Sie waren jedoch nicht ohne Sinn, besonders die leztern, übrigens metrisch richtig. Er erhob sich sodann und überreichte sie mir mit großen Complimenten. Einmal schrieb er darunter: ›Dero unterthänigster Hölderlin‹.«

FÜR FÜNF BESUCHER   Tübingen 1826

HoK12

Das Blatt stammt aus dem Nachlaß von David Friedrich Strauß, der es auch datiert hat. Eine Abschrift von der Hand Friedrich Theodor Vischers befindet sich in der UB Tübingen (Md. 787a/262e). Wahrscheinlich waren beide unter den fünf Besuchern. Zu ihrer Charakterisierung vgl. Nietzsche ›Unzeitgemäße Betrachtungen‹, Erstes Stück, gegen Ende des 2. Kapitels; s. auch die Erläuterung zu ›Der Winter‹ (Wenn sich das Jahr ...), III 362. Vielleicht stammen die fingierten Namen mit ihrem Anklang an »Sadduzäer« und »Pharisäer« von Hölderlin, vgl. D. E. Sattler ›144 fliegende Briefe‹ (Neuwied und Darmstadt 1981) S. 118ff.

973,13/15/17/19/21: (lat.)
»Alle Menschen sind vorzugsweise gut.
Menschen sind ihnen ⟨= einander⟩ vorzugsweise nicht feind.
Wie Menschen sind, so ist ihnen ⟨einander⟩ Teilnahme.
Menschen sind ebenso, wie jene vorzugweise unter sich sind.
Menschen sind vorzugsweise ebenso, wie jene unter sich gut sind.«

FÜR KÜNZEL   Tübingen, 7. April 1837

(H) *Faksimile in Emil Michelmann: Carl Künzel, Stuttgart 1938, Tafel XI*

974,9f. ⟨*links*⟩*:* Das Datum ist möglicherweise nicht fingiert.

FÜR EINEN UNBEKANNTEN   Tübingen, 19. Mai 1837

(H) *Faksimile in: Katalog zur Versteigerung CXII der Firma Karl Ernst Henrici, Berlin 1926, S. 51.* Von fremder Hand datiert.

FÜR EINEN UNBEKANNTEN   Tübingen, 1840

H471 *Dbl. 4°* (S. 3 von Lotte Zimmers Hand: »Hier das Blatt von Hölderlin mit seiner Handschrift Sie werden lachen auch ob der unterschrift u ob dem Datum da Er 1729 schreibt u schrieb dieses doch 1840. ich möchte wissen wer der Buarotti war. vor den Er sich hier unterschrieben? / heben Sie das Blatt auch auf wegen der Handschrift? nicht wahr. / Sie grüßend Lotte«, S. 4: leer)

DOKUMENTE

Bei den hier ausgewählten Dokumenten handelt es sich zumeist um Auszüge. Wenn nicht anders angegeben, ist die Textquelle eine Handschrift. Der Kolumnentitel gibt jeweils den Zeitraum in Hölderlins Leben an.

RUDOLF MAGENAU: ÜBER NEUFFER UND HÖLDERLIN   1793

Gleich bei dem Anfange meiner Tübinger Laufbahn hatte ich mich mit nur ser wenigen Freunden eingelassen. Unter diesen nenne ich deinen Nahmen, edler Neuffer! unsern Bund wird kein Tod zu zertrümmern vermögen. Neuffer opferte auf gleichem Altare mit mir den Mußen, unsre Studien waren die nemlichen, unsre Gesinnungen waren es noch mehr. Wir liebten uns als Brüder, u. nie wüßte ich, daß wir uns entzweiht hätten. Später lernnte ich Hölderlin kennen, u. eben so vest als um Pylades u. Orestes wand sich das Band brüderlicher Freundschaft um uns. Wir drey lebten zusammen in friedlicher Stille. Kein Tag vergieng, an dem wir uns nicht gesprochen, kein Abend, an dem wir uns nicht gesehen hätten. In gleicher Laufbahn rangen wir nach dem Ziele, dem Dank der Mußen. Meine besten Lieder fallen in diese Zeit. Einer war der Ramler des andern. Wir tadelten, und keiner sträubte sich, ganze Seiten wegzustreichen, wenn es die andern geboten, oder anriethen. O daß ich sie zurükezaubern könnte die seeligen Tage! aber auch die Erinnerung hebt die Seele zu frohen Empfindungen.

Tübingen ist nicht empfänglich für die Gesänge der Dichtkunnst. Unsre Kunst war nicht selten zum Gespötte, und nur ein ser edler Eiffer arbeitet sich die Wespen-Schwärme der Thorheit hindurch. Wie oft gelobten wir ihnen Züchtigung! Um so weit vorzuringen, als möglich, errichteten wir, Ich, Neuffer u. Hölderlin eine Anstalt, die biß ans Ende unsres Aufenthaltes zu Tüb. fortwährte. Wir versammelten uns nehmlich wöchentlich einmal, des Donnerstages bei einem Becher Weins oder Bier, und da mußte jeder ein Gedicht sr. Muße vorlesen, das er den Tag zuvor jedem der Gesellschaft schriftlich übergeben hatte. Frei zu urtheilen war jedem erlaubt, ja es war *erste* Pflicht. Zu diesem Ende

---

Rudolf Magenau über Neuffer und Hölderlin: aus ›Skizze meines Lebens, ein Lesebuch für mein künftiges Leben ⟨...⟩ angefangen im Jahr 1793, zu Vaihingen a. d. Enz‹.

Anfange meiner Tübinger Laufbahn: Herbst 1786; Hölderlin trat erst 1788 ins Stift ein.

war ein *eigenes* Buch bereit, in welches die Gedichte, wenn sie gesichtet waren, eingeschrieben wurden. Mit jeder Woche wurde von uns dreien einer zum *Aldermanne* gewählt. Dieser durfte den zwei andern, sich selber nicht vergessend, ein *Them* zu einer ästhetischen Abhandlung anweisen, u. vorschlagen, welche alsdenn bei der nächsten Sizzung abgelesen werden mußte, zb. über Sprache, Purismus derselben, Schönheit, Würde, Popularität, u. s. w. Die Abhandlungen wurden alsdenn als Akten-Stükke aufbewahrt. So suchten wir unsern Geschmak zu verfeinern, u. ihm eine gute Richtung zu geben. Nicht selten laßen wir auch ganze Werke gemeinschaftlich, und beurtheilten sie. Noch befinden sich viele solcher schriftlichen Rezensionen in Hölderlins Händen, das obengenannte Buch aber besizt *Neuffer*.

Wie seelig entflogen diese Tage in *eurem* Bruderbunde, *edle unvergeßliche Freunde!* wenn wir des Abends so traul. uns nidersezten auf einem küligen Mooshügel im Wankheimer Thälgen, rings umtanzt von dem liederreichen Volke des Wäldchens, oder hinschwärmten in süßer wehmütiger Stimmung in Thills Thälchen, am Uffer des Murmelbächleins, an dem er, der frühverstorbene Jüngling, seine Lieder dichtete, oder auf der Spizze des hohen Spizberges den sanften Mond begrüßten mit Gesang, oder hinab uns stürzten im Mondscheine in die spiegelhelle Fluten des Nekkars, o wer mißt die Freude, wie sie uns beglükte! *Eine Seele in 3. Leibern* waren wir!

⟨...⟩

– Mathison, wol der liebenswürdigste von unsern Dichtern knüpfte zwischen sich u. H. ein enges Band. H. hatte ihm zu Tübingen im Beisein Neuffers u. Stäudlins eine Hymne an die Kühnheit, die viele glükliche Züge hat, vorgelesen, Mathison entglühte von sympatetischem Feuer, warf sich in H. Arme, u. der Bund der Frdschaft ward geschloßen. H. wird gewis viel Gutes leisten. Seine verworrene Anlage bei sn. Ausarbeitungen verwischt sich nach u. nach, u. nun fängt er an deutlich u. verständlich zu werden. Wie kämpften ich u. Neuffer gegen seine *Capricen!* Er studiert den Stoff zu sn. Gedichten erst mühsam

---

Buch: das sogenannte »Bundesbuch« (H1, s. Verzeichnis der Handschriften).
Aldermanne: (engl.) Ratsherr, Vorsitzender; der Begriff wurde aus Klopstocks ›Gelehrtenrepublik‹ entlehnt.
Rezensionen: nicht überliefert.

durch, denn erst legt er die Feder an. Seine Phantasie ist nicht Feuerlos, nur etwas zu wild. Er zittert, wenn ihn ein Gedanke anzieht. Im Griechischen u. in der Philosofie hat er schöne Kenntnisse gesammelt. Wer ihn sah, liebte ihn, u. wer ihn kennen lernte, der blieb sein Freund. Ungünstige Liebe, *amor cappricio* hat ihm Tübingen manchesmal verbittert, doch war er nicht taub gegen die Warnungen u. Bestrafungen seiner Freunde. Ein Gesellschäftchen guter Freunde beim mäßigen Rheinweine war elektrisch heilsam für seine Seele, u. diße Zusammenkünftchen liebte er über alles. Neuffer mit Klopstoks Oden in der Hand, u. feuerroth im Angesichte machte den *Anagnosten*, und bald hieß es, wenn wir uns zu einem solchen Mahle einluden, »wir wollen heute viel von grosen Männern sprechen«.

Eines solcher Gesellschäftchen verlegten wir an dem heitersten Tage in den Garten des Lamm Wirthes. Ein niedliches Gartenhäußgen nahm uns da auf, und an Rheinwein gebrach es nicht. Wir sangen alle Lieder der Freude nach der Reihe durch. Auf die Bole Punsch hatten wir Schillers Lied an die Freude aufgespart. Ich gieng sie zu hohlen. Neuffer war eingeschlaffen, da ich zurükkahm, und Hölderlin stand in einer Ecke u. rauchte. Dampfend stand die Bole auf dem Tische. U. nun sollte das Lied beginnen, aber H. begehrte, daß wir erst an der kastalischen Quelle uns von allen unsern Sünden reinigen sollten. Nächst dem Garten flos der sogenannte Philosofen Brunnen, das war H. kastalischer Quell; Wir giengen hin durch den Garten, u. wuschen das Gesicht u. die Hände; Feierlich trat Neuffer einher, diß Lied von Schiller, sagte Hölderlin, darf kein Unreiner singen! Nun sangen wir; bei der Strofe »dieses Glas dem guten Geist« traten helle klare Thränen in H. Auge, voll Glut hob er den Becher zum Fenster hinaus gen Himmel, und brüllte »dises Glas dem gut. G.« ins Freie, daß das ganze Nekkar Thal widerschol. Wie waren wir so seelig! O akademische Frdschaft, wo ist der Greis, der sich an dem Rükblike auf deine Wonnen nicht noch immer stärkt?

---

amor cappricio: (lat.) launenhafte Liebe. Gemeint ist das Verhältnis zu Elise Lebret.
Anagnosten: Vorleser.
Garten: am Österberg.

EINLADUNG ZUM MAGISTERIUM IN TÜBINGEN September 1790

VIII. Herr Joh. Christ. Friedrich Hölderlin,
aus Lauffen, geb. den 29. März 1770,
Vater: Heinrich Friedrich Hölderlin, Klosterhofmeister in Lauffen
Mutter: Eleonora Maria, geb. Heym.

Er hatte zum Lehrer in Nürtingen Herrn Mag. Kraz, der jetzt Pfarrer ist in Ober-Ensingen, erfreute sich auch privaten Unterrichts bei Herrn Mag. Koestlin, dem Diakon in Nürtingen.

Durch die Klosterschulen wurde er hierher gebracht und absolvierte den Philosophischen Studiengang ordnungsgemäß. Neben dem Üblichen hörte er Herrn Prof. Roesler in der Geschichte; Herrn Prof. Flatt, der Cicero de natura Deorum und empirische Psychologie erklärte; den Herrn Repetenten Bardili, der über den Gebrauch der profanen Schriftsteller in der Theologie handelte; und auch den Herrn Rep. Conz, der über die Tragödien des Euripides las.

Eine Diss. verteidigte er unter dem Vorsitz von Herrn Prof. Boek. Er legte als Specimina vor:
1) Parallele zwischen Salomons...
2) Geschichte der schoenen Künste...

KARL ROSENKRANZ ÜBER HEGEL, HÖLDERLIN UND SCHELLING
1844

Von den Commilitonen, mit welchen Hegel auf dem Stift in wissenschaftlich freundchaftlichem Verkehr stand, müssen zwei besonders hervorgehoben werden, Hölderlin und Schelling. ⟨...⟩
In Hölderlin fand Hegel die Liebe zum Griechenthum bis zum

Einladung zum Magisterium: Übersetzung des im Original lateinischen Textes.
VIII: Hölderlin war der achte seiner Promotion. Die Angaben zu seinem Geburtstag und dem Namen seiner Mutter sind falsch.
Klosterschulen: in Denkendorf und Maulbronn.
Specimina: vgl. II 11–39.
Karl Rosenkranz...: aus G. W. F. Hegel's Leben. Berlin 1844, S. 40f.

1788–1793

Extrem concentriert. Die Einseitigkeit Hölderlin's entzweite ihn mit Deutschland und der Gegenwart unheilbar. Eben das Element, aus welchem er **dichtend** den höchsten Zauber hervorlockte, ward für ihn im **Leben** das vernichtende. Er war, gleichaltrig mit Hegel, 1770 zu Neislingen in Schwaben geboren und sollte in Tübingen Theologie studiren. Den Roman Hyperion soll er schon auf dem Stift begonnen haben. Hegel schloß mit ihm eine innige Freundschaft. Am 12. Febr. 1791 schrieb Hölderlin in Hegel's Stammbuch Göthes's Worte: »Lust und Liebe sind die Fittige zu großen Thaten«; und als Symbolum: »Ἓν καὶ πᾶν« – Hölderlin verließ nach beendigten Studien Tübingen, um nach Jena zu gehen, wo er Fichte's begeisterter Zuhörer ward und Hegel durch seine brieflichen Berichte mitbegeisterte. ⟨...⟩

Mit Hölderlin, Fink, Renz und anderen Freunden las und durchsprach Hegel, sicheren Nachrichten zufolge, Platon (noch sind einige seiner damaligen Uebersetzungsversuche aus Platon vorhanden), Kant, Jacobi's Woldemar und Allwill, die Briefe über Spinoza und Hippel's Lebensläufe in aufsteigender Linie. ⟨...⟩

In den Hegel'schen Kreis trat im Herbst 1790 Schelling. Sein Vater war damals Prälat und Rector zu Bebenhausen, später zu Maulbronn. ⟨...⟩ Er brachte den Sohn selbst nach Tübingen in's Stift und bezeichnete ihn bei dieser Gelegenheit als ein *praecox ingenium*. Man nennt in Schwaben diejenigen, welche gemeinschaftlich von einem niederen Seminar zu einem höheren entlassen oder überhaupt, auch im Stift, von einer Altersclasse in eine andere versetzt werden, eine Promotion und die Einzelnen, welche daran Theil nehmen, Compromotionalen. Der erste einer solchen Promotion übt auf seine Mitglieder und dadurch auch auf Andere einen großen Einfluß aus. Obschon daher Schelling noch nicht fünfzehn Jahr bei seinem Eintritt in's Stift zählte, so eröffnete ihm doch seine Stellung als Erster bei der Promotion jenen politischen Clubb, von welchem früher erzählt ward. Seine Kenntniß des Hebräischen war es vorzüglich, auf

---

Neislingen: aus Waiblingers Hölderlin-Biographie übernommener Fehler.
Stammbuch: vgl. II 969; das Symbolon stammt von Hegels Hand.
praecox ingenium: (lat.) frühreif.
politischer Clubb: ein den französischen Jakobinerclubs nachempfundener Geheimzirkel revolutionär gesinnter Studenten.

welcher außerdem seine Geltung im Stift beruhete. Hegel war um fünf Jahre älter, als Schelling und schon Magister der Philosophie, als derselbe erst nach Tübingen kam; sie standen somit zunächst weit genug von einander. In jenem Clubb erst begegneten sie sich und die politische Sympathie führte sie allmälig auch zu einem freundschaftlichen und wissenschaftlichen Umgang. Daß die Philosophie als solche damals eine directe Verbindung unter ihnen begründet hätte, scheint nicht der Fall gewesen zu sein.

MAGENAU AN NEUFFER Vaihingen an der Enz, wohl November 1792

Lieber Bruder!
Ich weis nicht, wie mir bei Deinem Briefe ward, da ich mich wol nicht vergessen, aber doch vieleicht ein bisgen mit Kälte behandelt, durch Dein langes Schweigen von dir glaubte, laß es doch künftig so lange nicht wieder anstehn, ich bin so empfindlich geworden gegen gute Freunde, daß ich leicht kalt werden dürfte, ich bitte Dich drum. Nun bist Du glüklich, guter! u. ich bin betrogen, zurükgestoßen von einem Herzen, für das ich willig geblutet hätte. O Theurer weke nicht mehr das Bild der falschen Schlange, laß mich sie vergessen. Lezthin, 4. Tage vor Ausgang der Tüb. Vacanz war Holz bei mir. Er kam Abends 6. Uhr, morgens drauf geleitete ich ihn eine Streke Weges nach Löchgau. Es war mir wol, daß ich nur auch wieder mal einen sah, von euch, die ich so brünstig liebe. Wir weinten ein rührendes *Duett* im stillen Walde, u. die sparsam fallenden grosen Tropfen schlugen auf den dürren Blättern der Bäume einen wehmütigen Takt. Ich gieng mit ihm bis nach Bissingen, dort tranken wir zur Ehre der h. Freiheit ein Glas Landwein, u. schwuren uns Arm in Arm kühne, ewige trozende Liebe. Wir sprachen viel fast meist von Dir u. Margot, von der ich nun ganz frei bin. Er kam *ut Deus ex machina*. Den ganzen Mittag vor sr. Ankunft hatte ich durchgeweint, tadle mich nicht lieber! denn ich hörte, Margot läge

---

glüklich ... betrogen: Neuffer war mit Rosine Städlin befreundet, Magenau von Caroline von Olnhausen (»Margot«) verlassen worden.

Holz: Hölderlins Spitzname.

ut Deus ex machina: Wie ein Gott aus der (Theater-)Maschine; vgl. Platon, Kratylos 425 d.

gefärl. krank, oft sezt ich die Feder an, ihr neue Liebe zu schwören,
u. allemal hielt mich ein hoher *Genius* ab von der Ausführung.
Seither weis ich keine Sylbe von ihr, me. Seele zieht mich keines
Frevels. Süßer Trost, den ich nicht um Perus Gold vertauschte!
Holz schreibt wirkl. an einem 2ten *Donamar*, an *Hyperion*, der
mir vieles zu versprechen scheint. Er ist ein freiheitsliebender
Held, u. ächter Grieche, voll kräftiger Principien, die ich vor mein
Leben gerne höre. Holz sprach warm von Dir, aber sein *Phlegma*
hemmt die warmen Äusserungen, die aber doch wie Embryonen
in sr. Seele liegen. Wir schieden endl. beide traurig.

STÄUDLIN AN SCHILLER   Stuttgart, 20. September 1793

Unter meinen Mitarbeitern an dieser Blumenlese ist einer, für
welchen ich eine sehr angelegentliche Bitte an Sie zu bringen habe.
Es ist Hölderlin, der gewiß nicht wenig versprechende Hymnen-
dichter. Er tritt mit diesem Herbste aus dem Kloster und wünscht
nichts so sehr, als über die enge Sphäre seines Vaterlandes und
eines Pfarrvikariats in demselben hinauszutreten. Da er nun zu
Erreichung dieses Endzweks nicht eigene Mittel genug hat; so will
er sie auf dem Wege einer Hofmeisterstelle suchen. Von seinem
Freunde M. Hegel hörte er, daß *Sie* gegenwärtig eine solche Stelle
in der Gegend von Jena zu vergeben hätten. Da nun Hegel ohnehin
bereits als Hofmeister nach Bern engagirt ist und nunmehr allen
andern Absichten auf immer entsagt hat; so bittet *Sie* Hölderlin
mit mir recht dringend um ihr gütiges und vielwirkendes Vorwort
bei jener Hofmeisterstelle. Für die Reinheit seines Herzens und
seiner Sitten, und für die Gründlichkeit seiner Kenntnisse bürge
ich. Seinen Talenten brauche ich das Wort nicht zu sprechen, da
seine Werke genug davon zeugen. Wollen *Sie* sich für ihn gütigst
verwenden und ihn selbst sprechen; so wird er schleunigst
erscheinen. Nur bitte ich auf alle Fälle um einige Zeilen Antwort,
damit ich die Sehnsucht, womit der gute Hölderlin einer Bestimmung seines Schiksals entgegen sieht, bald stillen kann.

Donamar: Roman von Friedrich Bouterwek.
Blumenlese: D1, s. Verzeichnis der Drucke.
Kloster: das Tübinger Stift.

SCHILLER AN CHARLOTTE VON KALB

Ludwigsburg, 1. Oktober 1793

Ich bin während dieser Zeit in der bewußten Sache nicht ganz unthätig gewesen, und wünsche nur, daß ich sagen könnte, mit besserm Erfolg als das vorige mal. Einen jungen Mann habe ich ausgefunden, der eben jetzt seine theologischen Studien in Tübingen vollendet hat, und dessen Kenntnissen in Sprachen und den zum Hofmeister erforderlichen Fächern alle die ich darüber befragt habe, ein gutes Zeugniß ertheilen. Er versteht und spricht auch das Französische und ist (ich weiß nicht, ob ich dies zu seiner Empfehlung oder zu seinem Nachtheile anführe) nicht ohne poetisches Talent, wovon Sie in dem Schwäbischen Musenalmanach vom Jahr 1794 Proben finden werden. Er heißt Hölderlin und ist Magister der Philosophie. Ich habe ihn persönlich kennen lernen und glaube, daß Ihnen sein Aeußeres sehr wohl gefallen wird. Auch zeigt er vielen Anstand und Artigkeit. Seinen Sitten giebt man ein gutes Zeugniß; doch völlig gesetzt scheint er noch nicht, und viele Gründlichkeit erwarte ich weder von seinem Wissen noch von seinem Betragen. Ich könnte ihm vielleicht hierin Unrecht thun, weil ich dieses Urtheil bloß auf die Bekanntschaft einer halben Stunde und eigentlich bloß auf seinen Anblick und Vortrag gründe; ich will ihn aber lieber härter als nachsichtiger beurtheilen, daß, wenn Ihre Erwartung ja getäuscht werden sollte, dieß zu seinem Vortheil geschehe.

Mit den Bedingungen, die Sie ihm anbieten werden, ist er vollkommen zufrieden, und die liberale Behandlung ⟨Fortsetzung verloren⟩

Sache: Charlotte von Kalb hatte Schiller gebeten, einen Hofmeister für ihren Sohn Fritz ausfindig zu machen.

Musenalmanach: Schiller meint Stäudlins *Blumenlese für 1793* (D2).

Bekanntschaft: am 1. Oktober 1793 in Ludwigsburg.

ABGANGSZEUGNIS VON TÜBINGEN Dezember 1793

6. M. Joh. Christ. Frid. Hoelderin ⟨...⟩

Feste Gesundheit, etwas über mittlerer Statur, angenehme Rede, gefällige Gesten, gute geistige Anlagen, verfeinertes Urteil, getreues Gedächtnis, leicht lesbare Schrift, gute Sitten, anzuerkennender Fleiß, reichliche Kräfte.

Die theol. Studien hat er mit vielem Erfolg behandelt, eine richtig ausgearbeitete Predigt hat er mit Anstand vorgetragen.

Die Philologie, insbesondere die griechische, und die Philosophie, insbesondere die Kantische, sowie die schöne Literatur hat er beharrlich gepflegt.

CHARLOTTE VON KALB AN HÖLDERLINS MUTTER

Wohlgebohrne Frau
  geehrte Frau Kammerräthin.
Gewiß bin ich rechtsehr von der Versicherung Ihrer Güte für mich; und den edlen Gesinnungen Ihres empfindenden Herzens gerührt, welche *Sie* mir in Ihren Schreiben zu erkennen geben! – Sie sagen mir mancherley Leiden haben auf die Stärke und heiterkeit Ihres Gemüths gewürkt – ich glaube es wohl; welch ein Mensch ist so glüchlich daß er diese Klagen, nicht aus Erfahrung mitempfinden könnte, aber anhaltenter Kumer benimt endlich den Wesen die Fähigkeit das Dasein fröhlich zu geniesen. – *Sie* besitzen aber durch das Bewußtsein der guten Vorzüglichen Karaktere und Ausbildung Ihrer Kinder ein sehr sicheres Glück – ich beurtheile die andern nach unsern theuren Freund *Holderlin* – der mir durch seine außerortentlichen Bemühungen um meinen Sohn – mir auch das Glück bereitet mich wohl einst eine glükliche Mutter nennen zu können. mein Mann und alle die Ihn kennen schätzen ihn sehr. Möchten wir ihn überzeugen können wie Dankbar wir sind – und daß wir alles gerne thun was seine Zufriedenheit befördern kann.

6.: Beim Weggang von Tübingen war Hölderlin wieder zum sechsten seiner Promotion aufgerückt, da zwei Kompromotionalen (Autenrieth und Hesler) das Stift vorzeitig verlassen hatten.

Predigt: über Römer 5,10; die am 6. Dezember 1793 gehaltene Predigt ist nicht überliefert.

Wir haben schon einige mahl von einer kleinen Reise die er in einigen Jahren mit seinen Zogling nach seinen Vaterlande unternehmen will gesprochen. Wäre mein guter Fritz so glüklich seine Jugend Jahre unter der aufsicht eines so Vortreflichen Lehrers hinbringen zu können: Wie beruhiget wäre ich dann über die bestmöglichste Bildung meines Kindes!

Mit Vorzüglicher Hochachtung habe ich die Ehre mich zu nennen Ew Wohlgebohrn ergebene Drin
Charlotte v. Kalb geb. Marschalck.
Waltershausen d. 20ten August. ⟨1794⟩

CHARLOTTE VON KALB AN SCHILLER Waltershausen, August oder September 1794

Eine lange zeit in welcher Sie wahrscheinlich wieder einen Brief von mir erwarteten – ward ich durch mancherley – besonders aber durch die Kränklichen Umstande meines Fritzens abgehalten *Ihnen* zu schreiben. Der Kleine Leidet durch Gichtschmerzen, die vor einiger Zeit sehr heftig waren – jetzo zwar minder aber doch oft wiederholen. Dieses Ubel würkt leider auch auf die aeuserung, und den Gebrauch seiner Geistes-Kräfte, und es vermehrt also auch die Plagen seines Lehrers – den wir alle und auch das Kind sehr achten u Lieben – in seinen Unterricht kann er zwar jetzo nur die *Materialien* samlen – die ihn einst helfen sollen die Bildung dieses Kindes zu befördern. aber ich freue mich zu bemerken. das Fritz nicht mit unnüzen Wissen – und Klingwerk angepfropft – noch mit unlautern Grundsätzen – gegen die Wahrheit und Schiksahl oft umsonst kämpfen – und die meist erst des Menschen Muth und Glük verschlungen haben – ehe der betrogene dieser *Tiranney* entgült. entsagt! – u da Fritz nun nicht mehr um ein mit seiner Natur Hederogenen Wesen Leben muß so entwikelt – und genießt er auch mehr sein eigenes Gemüth – Es wird immer besser werden – wenn Resignation u Beharlichkeit aufmerksamkeit und Thätigkeit – so wohl den Lehrer als den Schüler stets mehr beleben – Das einzige Wesen welches manchmahl unzufrieden – mit *Hdlin* – ist – ist er selbst! – u was ich oben sagte ist mehr sein als mein Urtheil über ihn. ich

---

Wesen: gemeint ist der vorige Hofmeister Münch.

kenne – durch mich – ich hörte oft die Klagen über den Verlust oder nicht besiz des selbstständigen Glüks oder innern seyns – der reinen unbefangnen aufnahme und Einwürkung – der Gegenstände auser uns so wenig getrübt durch Affekte, als Vorurtheile. Der Reine hohe Besiz eines solchen Daseins gehört nur den Unsterblichen wer wägt nicht mit sich ab – was er sein möchte – könnte u ist – und dieser Rükblick. dis in sich Schaun – ist würklich ein Ubel eine Krankheit die der beßeren Ms. Art anklebt – aber ich möchte mit Herder sagen der es mir so oft versicherte – es ist die übelste. dies ärmste sein welches ich in Betrachtungen über mich selbst hinbringe ...
H. scheint mir eine unwiederstehl. Neigung u auch *Talent* zu selbst *Componirten* Arbeiten zu haben – ich wünsche ihn eine gute richtung und eine gepflegte Reife seiner Geistes *Protucte* – er arbeitet gegenwärtig an einen Roman von dem ich noch wenig las – Konnte er dieses ehe er es zum Druck befordert Ihrer Meynung übergeben?

CHARLOTTE VON KALB AN CHARLOTTE SCHILLER
Waltershausen, Anfang September 1794

ich kann Schillern nicht genug für die Empfehlung des guten *Hölderlins* danken – wenn je Fritz ein Hofnungsvoller Knabe wird – so ist er es einzig durch ihn! Er ist einsichtsvoll und unablässig thätig in seinen Beruf. – Ersuchen Sie Schiller daß er diesen jungen Mann bald auf seinen Brief antworte, – und mit einiger vorliebe das Bruchstück in die Hand nehme, welches er ihm zusendet. Sein Urteil über diesen Versuch – seines Bildenden Geistes sey gerecht aber auch gütig. er zürne nicht – nicht zweifel; sondern Antheil an H. besorgnisse, verleideten mich, zu dieser Aeuserung.

Ms.: Menschen.
Roman: Hölderlin arbeitete zu dieser Zeit noch am ›Fragment von Hyperion‹, s. auch das nächste Dokument.

CHARLOTTE VON KALB AN SCHILLER
Waltershausen, 25. Oktober 1794

dies betäubt ihn oft sehr – so daß er unfähiger ist etwas zu lernen – eine aufheiternde Bewegung würkt immer am besten – mich dünkt *Hölderlin* nimt zu wenig rüksicht – auf den Korper – Und denn den Muth die Hofnung. das Vertrauen an ihn selbst, dies nicht in ihn zu erstiken. ist äuserst nötig. Ich kann mich irren, u irre gerne. – – Der Unterricht dieses Knaben ist eine schwere Aufgabe – Er hat wircklich wenig Geistes kräfte; er werde nur brauchbar gelehrt soll er ja nicht werden! –

Holderlin ist sehr empfindlich; lassen Sie sich also nicht merken daß ich etwas über diesen Gegenstand *Ihnen* schrieb, – ich vermuthe *H*. ist – etwas überspannt – u so sind auch vielleicht seine Foderungen an das Kind. – Aber was darf ich von Uberspannung sagen – ich die so oft über gänzliche *Disharmonie* meines Wesens zu klagen habe.

Schreiben Sie mir bald – nur ein Wort was Sie von meinen Fritz hoffen können. – *Hölderlin* wird mir sagen wie Sie sich befinden.

CHARLOTTE VON STEIN AN CHARLOTTE SCHILLER
Weimar, 7. November 1794

Da Ihnen die gelehrte Welt bekannter ist als mir, so schreiben Sie mir doch, wer der Hölderlin ist; die Fragmente haben mich sehr interessiert, es ist etwas Wertherisches drin, und recht kindisch muß ich sagen, daß mir die griechischen Namen so wohl gefallen haben.

CHARLOTTE VON KALB AN SCHILLER
Waltershausen, 9. Dezember 1794

Es war so gleich bei Fritzens Abreise der Wille ms Mannes sogleich nach Weihnachten nach *Jena* zu kommen, und über Fritz u seinen Lehrer mit Ihnen zu sprechen. – und entweder *Hölderlin* länger mit Fritz in *J*. zu lassen – oder einen anderen Lehrer zu wählen. –

Viele Nachrichten melden mir aber die äuserst harte Behandlung welche mein Fritz von seinen Lehrer erdulten muß. –

(Lassen Sie *Hölderlin* ich beschwöre Sie, nicht das mindeste merken daß ich davon unterrichtet bin. –). seine Empfindlichkeit ist gränzen los – und mann meynt würklich das eine Verworrenheit des Verstandes diesen Betragen zu grunde liegt; ich glaube daß so wohl dies – so wie alle Nachrichten – die mann mir gegeben hat sehr übertrieben ist. – Nochmahls bitte ich Sie daß er nichts erfahre, auch andere wünschen, daß er ja keinen Verdacht gegen Sie hege – neml. die es mir geschrieben haben.

Sie können wohl glauben daß ich keine Ruhige stunde mehr habe und nichts Sehnsuchts voller wünsche als meinen Fritz wieder bey mir zu haben. ich werde also in wenigen Tagen von hier abreisen – und sobald ich nach Erfurth komme schicke ich Ihnen einen *Expressen* – melde Ihnen das ich krank wäre u nicht weiter reisen – könnte. – und bitte Sie inständigst – mit *Holderlin* u Fritz mich sogleich zu besuchen. gewiß Sie versagen mir diese flehendliche bitte nicht!! – soll ich mehr sagen —- Komen Sie ja dort wollen wir Ruhig alles bereden. und dies volenden. – *Holderlin* soll seine Papiere mitnehmen oder sorgfältig verschliesen. – damit mann in der Abwesenheit nicht störe –. doch sagen Sie ihn das nur ohne wichtigkeit darauf zu legen. ...

ich glaube auf diese weise ist das beste Mittel wie ich meinen Fritz bald wieder bey mir haben kann. – ich erspare mir die Reise u den Aufenthalt in *Jena*. – wo ich Sie doch nicht oft sehen kann – höre die unangenehme Geschichte nicht immer wiederholen. – Und diese Trennung kann auch auf diese weise für *Höldlin* auf die ruhigste *Delikateste* weise geschehn. – –

SCHELLING AN HEGEL   Tübingen, 6. Januar 1795

Du erinnerst Dich also doch noch Deiner alten Freunde? Beinahe glaubte ich mich und uns alle von Dir vergessen. Überhaupt scheinen unsre alte Bekannte uns nimmer zu kennen. Renz ist in unserer Nähe; wir sehen und hören nichts von ihm, und – Hölderlin – ich vergeb es seiner Laune, daß er unsrer noch nie gedacht hat. Hier meine Hand, alter Freund! Wir wollen uns nimmer fremd werden! Ich glaube sogar, wir könnten uns indeß neu geworden sein: desto besser zum neuen Anfang!

HEGEL AN SCHELLING Bern, wohl im Januar 1795

Hölderlin schreibt mir zuweilen aus Jena, ich werde ihm wegen Deiner Vorwürfe machen; er hört Fichte'n und spricht mit Begeisterung von ihm als einem Titanen, der für die Menschheit kämpfe und dessen Wirkungskrais gewis nicht innerhalb der Wände des Auditoriums bleiben werde. Daraus, daß er Dir nicht schreibt, darfst Du nicht auf Kälte in der Freundschaft schließen, denn diese hat bei ihm gewis nicht abgenommen, und sein Interesse für weltbürgerliche Ideen nimmt, wie mirs scheint, immer zu. Das Reich Gottes komme und unsere Hände seyen nicht müßig im Schoose!

CHARLOTTE VON KALB AN SCHILLER Weimar, 14. Januar 1795

Wahrscheinlich war *Hölderlin* schon bey Ihnen – wo nicht – so melde ich Ihnen hiermit daß er sein Geschäft als Lehrer und Erzieh. bey meinen Sohn aufgegeben hat. – *Hdl*. Ahndete daß ich wahrschienlich mich hier *etabliren* würde – u daß er in seinen Verhältnissen mit der *Societät* wenig aufheiterung Zerstreuung – und nach seinen Neigungen und Bedürfnissen des Geistes nicht diese Cultur erhalten könnte; Sie u Fichte ziehen ihn an! –
Für Fritz war um seine unart *phisisch* zu verhindern noch gar nichts gethan – den die Mittel können nur mit der Zeit würken – übrigens war auch der Unterricht nicht so manchfaltig – und Bewegung und Zerstreuung – oder aufsuchung und Vermehrung anderer Vorstellungen um diese zu verdrängen: – Ich that was in meinen Kräften war. – Aber es half nichts – Mismuth langeweile – beynahe *Antipatien* des Lehrers und des Kindes machten dieses – täglich bösartiger – und wiedriger – ich bemerkte mit tiefen Schmerz die Leiden des guten *H.*, und sagte ihn ich wolte nicht länger ihn in dieser Laage fesseln; nach dem Schmerzte es mich sehr. das wir uns trennen musten – und nur nach langer übersicht der gzen Laage, konnte ich erst wieder ruhig werden. –

Reich Gottes: vgl. Hölderlins Brief an Hegel vom 10. Juli 1794, II 540 und Hölderlins Stammbucheintrag für Süskind, II 971.
Societät: die höfische Gesellschaft in Weimar.
unart: wahrscheinlich Masturbation, vgl. Hölderlins Brief an die Mutter vom 16. Januar 1795, II 560.

H. halt dies Jahr für verlohren. – u ich halte es für uns alle 3. von groser Wichtigkeit! – ich weiß nun mehr in wie fern *Privat* erziehungen anwendbar sind – Fritz hat wenigstens gelernt – zu Lernen. – ich glaube heller über ihn zu sehn. – – unsicherer und kleiner sind meine Erwartungen – aber dennoch will ich den Muth nicht sinken lassen. – Wir müssen hier. – wie wahrscheinlich bey jeder Kultur guten Boden zutragen und dann erst Säen und Pflanzen wollen. wenn ich Sie sehe erlauben Sie mir Ihnen über dies alles mehr zu sagen! –

Ich wünsche Herzlich daß *Holderlins* jetziger Aufenthalt für seine Zufriedenheit innere Bildung und behagen seiner äusern laage von den besten folgen sein möge. – Ihre Güte für ihn kann sehr viel thun. – Suchen Sie ihn auch leichte Arbeiten zu verschaffen, die auf eine schleunige art seinen Unterhalt erleichtern, und ihn von Sorgen befreien. – die wohl seine Praktische *Philosophie* vermehren würden, aber nicht die Ruhe seines Lebens. – Und ruhe selbstgenügsamkeit – u stätigkeit werde doch endlich den Rastlosen! Er ist ein Rad welches schnell Läuft!! – Er wünschte in *Jena* zu bleiben – Wenn er es klug anfängt so zweifle ich nicht daß es ihn gelingen kann. –

CHARLOTTE VON KALB AN HÖLDERLINS MUTTER

Liebe Frau Kammerräthin
Ihr Herr Sohn hat sein Geschäft als Erzieher bey meinen Sohn aufgegeben. Diese Nachricht wird Sie gewiß nur auf einen Augenblick, vielleicht beunruhigen – was ich Ihnen ferner sagen werde hingegen *Sie* erheitern – und die theilnahme des Mütterlichen Herzens *Sie* glüken. – ich bin hier in *Weimar* mit meinen Sohn, wo ich diesen bald werde das Öffenliche *Gimnasium* besuchen lassen. – *Dirigirt* von einen Herder – Wer wolte nicht eine Anstalt benutzen – welche von einen so hellen Verstande gebildet wurde und schon so glückliche würkung auf die Bildung der Jugend hatte; auch sind alle andern Lehrer zwekmäsig, und Vorzüglich! – übrigens verlasse ich meine Kinder nicht, und es ist mir ein süßes Geschäft ihnen meine Zeit und Sorge zu witmen. –

Mein Fritz hat nicht die seltenen Geistes und Gemüths anlagen – daß er es Verdient hätte wenn – ein junger Mann, so ausgezeignet durch Kenntnisse und Geistes Kräfte –, IHn die schönste Zeit seines Lebens – und die besten stunden jedes Tags; –

wodurch seine Freiheit beschränkt, und die Kultur seines Geistes Verzögert worden wäre; – gewitmet hatte.

Wo der Stadt schon gute Formen hat soll mann diese Benützen – und wenn diese und die Eltern besser werden, so werden endlich auch die *Privat* Erziehungen gänzlich aufhören. *Hölderlin* muß sich so bilden das er einst zum Vorteil des algemeinen guten und schönen mitwürken kann! – Es wäre der ärgste Raub gewesen wenn ich ihn in dieser Laage – das Kind an Ihn, u. Ihn ans Kind hatte länger fesseln wollen. – Nochmahls ich bin nicht vor *Privat* erziehungen (in Weimar). aber ich möchte auch nicht das *H*. je durch Umstände in den fall versezt würde wieder eine Erziehung zu übernehmen. Sein Geist kann sich zu dieser kleinlichen Mühe nicht herablassen. – Oder vielmehr sein Gemüth wird zu sehr davon *afficirt*. – es giebt sonderbare Erscheinungen an der Menschlichen Natur warum nicht auch an der Natur der Kinder! – ich möchte selbst kein fremdes Kind erziehen. Meine nehme ich wie sie sind u Hoffe von der Liebe, der Zeit, und Mühe das beste!! –

Nun zum eigentlichen Zwek dieses Briefes. – Ihr Sohn hat in dieser Gegend *Jena* u. *Weimar* unter den wichtigsten Männern Gönner und Freunde gefunden. – Er ist jetzo in *Jena* – Auf der Universität in Deutschland die so wohl durch Aufklärung – als durch die *Energie* der *idéen* die dort vorzüglich in Schwunge sind sich auszeignet. – Es ist vielleicht kein Ort in der Welt wo er jetzo so alle *resultate* der Wissenschaften vereiniget findet. – und auf die eigene Cultur seines Geistes Fruchtbar kann würcken lassen. – Freuen sie sich einen Sohn zu haben der diese Vorzüge zu würtigen – und zu benutzen in Stande ist! – Er kann auch wohl dort gelegenheiten finden um sich als *Activer* Bürger vorzubereiten. und nach seiner Neygung einen Stand zu wählen. *Jena* und eine Stelle bey der *Universität* wäre das Ziel seiner jetzigen wünsche. und ich glaube es wird nicht so schwer für ihn sein. – Erleichtern *Sie* ihm also, so viel in Ihren Kräften steht seinen jetzigen Aufenthalt, und diese wichtige *Epoque* seines Lebens! – Er hat wenig bedürfnisse – er wird selbst durch Litterarische Arbeiten dafür einiges thun können; – Aber entfernen Sie alle kleinliche Sorgen von ihn – das keine unnüze bekümmernis – seine Zeit trübe, u seine Bildung verzögere! – Das Pfund welches Sie ihn jetzo von seinen Eigenthum geben wird tausendfältig wuchern. – Und ich weiß gewiß das Mütterliche Herz wird es ohne zagen thun! –

ich wünsche Ihnen alle erdenkliche Zufriedenheit und Verharre mit Verehrung

Ihr ergebene Drin
Charlotte Kalb. geb Marschalk.
von Ostheim. –

Weimar. den *17ten* Jener: ⟨1795⟩

SCHELLING AN HEGEL Tübingen, 4. Februar 1795

Nein, Freund, wir sind uns nicht fremd geworden, wir finden uns auf den alten Wegen zusammen; und haben diese auch eine Wendung genommen, die wir vielleicht beide nicht vermutheten, so ist es bei uns beiden dieselbe. Wir wollen beide weiter – wir wollen beide verhindern, das nicht das Große, was unser Zeitalter hervorgebracht hat, sich wieder mit dem verlegenen Sauerteig vergangener Zeiten zusammenfinde – es soll rein, wie es aus dem Geist seines Urhebers ging, unter uns bleiben, und ist es möglich, nicht mit Verunstaltungen und Herabstimmungen zur alten hergebrachten Form, sondern in seiner ganzen Vollendung, in seiner erhabensten Gestalt, und mit der lauten Verkündigung kommen, daß es der ganzen bisherigen Verfassung der Welt und der Wissenschaften den Streit auf Sieg oder Untergang anbiete, von uns zur Nachwelt gehen.

SCHILLER AN COTTA Jena, 9. März 1795

Hölderlin hat einen kleinen Roman, Hyperion, davon in dem vorletzten Stück der Thalia was eingerückt ist, unter der Feder. Der erste Theil der etwa 12 Bogen betragen wird, wird in einigen Monaten fertig. Es wäre mir gar lieb, wenn Sie ihn in den Verlag nehmen wollten. Er hat recht viel genialisches, und ich hoffe auch noch einigen Einfluß darauf zu haben. Ich rechne überhaupt auf Hölderlin für die Horen in Zukunft, denn er ist sehr fleißig und an Talent fehlt es ihm gar nicht, einmal in der litterarischen Welt etwas rechtes zu werden.

COTTA AN SCHILLER　　　　　　　　　　Tübingen, 20. März 1795

Da Sie »Hölderlin's Hyperion« empfelen, so wollen wir ihn verlegen – wollen Sie ihm diß schreiben? oder sollen wir es thun?

SINCLAIR AN JUNG　　　　　　　　　　Jena, 26. März 1795

Die Ordensgeschichten wovon ihnen B. vielleicht etwas gesagt hat, haben eine üble Wendung für das Ganze, und für den Augenblick auch für mich genommen. Sie haben mir die gröste Anzahl meiner Bekanntschaften geraubt, die zwar nicht zu meinen reineren Freuden, doch aber zu den Annehmlichkeiten meines Aufenthalts gehörten. – Für diese Legion von Bekannten, die ich verlohr, habe ich aber die Zeit einen Herzensfreund *instar omnium* erhalten, den *M.* Hölderlin. Es ist Jung und Leutwein in einer Person: seine Bildung beschämet mich, und giebt mir zur Nachahmung einen mächtigen Reiz; mit diesem strahlenden, liebenswürdigen Vorbild werde ich künftigen Sommer auf einem einsamen Gartenhaus zubringen. Von meiner Einsamkeit und diesem Freund verspreche ich mir viel. Ich habe seinetwegen an

---

Ordensgeschichten: Gemeint ist die Auseinandersetzung um die studentischen (Geheim-)Orden in Jena, deren Auflösung die Weimarer Regierung, auch aufgrund entsprechender Voten von Fichte und anderen Jenaer Professoren, ultimativ bis zum 14. Januar 1795 gefordert hatte. Sinclair, der sich vergeblich um Anschluß an die von Fichte als Alternative zu den studentischen Orden geförderte ›Gesellschaft der Freien Männer‹ bemüht hatte, trat am 15. Januar 1795 in den (nun illegalen) Orden der ›Harmonisten‹ (»schwarze Brüder«) ein. Fichte verließ nach studentischen Angriffen auf sein Haus im April 1795 vorübergehend Jena, vgl. die Erläuterung zu II 601,8. Wegen seiner Beteiligung an den Studententumulten vom 27. Mai und 19. Juli wurde Sinclair und seinem Ordensbruder Georg Friedrich Bauer im November von einer Regierungskommission das *consilium abeundi* (Androhung des Ausschlusses aus der Universität) erteilt, wogegen er sich, da er schon seit August Jena verlassen hatte, in einem Brief vom November 1795 unter Berufung auf das Zeugnis Fichtes mit der Angabe verteidigte, er habe sich nur um Beruhigung der Tumultuierenden bemüht.
B.: möglicherweise der in der vorigen Anmerkung erwähnte G. F. Bauer.
instar omnium: (lat.) der alle andern aufwiegt. Vgl. Cicero, Brutus 51,191.
Gartenhaus: vgl. Hölderlins Brief an seine Schwester vom 20. April 1795, II 582 und den an Neuffer vom 28. April 1795, II 583.

die Hofmeisterstelle bei den Prinzen gedacht, ich möchte um
alles ihn wenigstens in unserer Nähe einst haben.

HEGEL AN SCHELLING   Bern, 16. April 1795

Hölderlin schreibt mir oft von Jena, er ist ganz begeistert von
Fichte, dem er große Absichten zutraut. Wie wohl muß es Kant
thun, die Früchte seiner Arbeit schon in so würdigen Nachfol-
gern zu erblicken – die Erndte wird einst herrlich sein!

MAGENAU AN NEUFFER   Niederstotzingen, 24. November 1796

Holderlin habe ich voriges Jahr bei meinen Eltern gesprochen,
gesehen wollt' ich sagen, denn er konnte nicht mehr sprechen, er
war abgestorben allem Mitgefühl mit seines Gleichen, ein lebender Todter!
   Er sprach vieles fantastisches Zeug von einer Reise nach Rom,
wo gewöhnlich die guten Deutschen sich die Seele verkälten.
Daß er itzt in seiner alten guten Liebe gegen seine Mitmenschen
recidiv worden ist, freut mich herzlich, ich wußte keine Sylbe,
daß er in Frankfurt lebt, schreibe mir doch bald den Namen
seines Principals. Ist sein mühsam gearbeiteter *Hyperion* noch
nicht erschienen?
   Gotthold, der in Lahr lebte und auch noch dichtete, hat sich
jüngst im Rhein ertränkt.

SCHELLING AN HEGEL   Tübingen, 21. Juli 1795

Hölderlin ist, wie ich höre, zurückgekommen. Hier haben wir
noch nichts von ihm gesehen. Renz ist Vikar in Maulbronn, nun,
soviel ich weiß, in besserer, vergnügterer Lage. Er hat nun
angefangen bisweilen zu schreiben.

   Prinzen: Vielleicht sind die drei jüngsten Söhne des Homburger Landgrafen gemeint.
   bei meinen Eltern: in Markgröningen.
   Gotthold: Stäudlin; er starb zwischen dem 11. und 14. September 1796.

HEGEL AN SCHELLING   Tschugg bei Erlach, 30. August 1795

Hölderlin höre ich, sei in Tübingen gewesen; gewiß habt Ihr
angenehme Stunden mit einander zugebracht; wie sehr wünschte
ich, der dritte Mann dazu gewesen zu seyn!

SCHELLING AN HEGEL   Stuttgart, Januar 1796

Viele Grüße von Süskind, der hier als Hofmeister – siedet! Auch
von Pfister, *item* Hofmeister allhier. Grüße Mögling, der den
Winter recht epikureisch – auf seinem Dörfchen verleben wird.
Daß Hölderlin in Frankfurt ist, wirst du wissen.

CARL JÜGEL ÜBER SUSETTE GONTARD   1857

Susettens Schmerz über den Verlust der geliebten Mutter war
gränzenlos. Die Sorge um sie und um ihre Kinder hatte das treue
Herz der jungen Frau bis daher vollkommen ausgefüllt, in dem
sie nun bald eine um so größere Leere empfand, da ihr geschäftseifriger Gatte den Verlust der Mutter in so vielen Beziehungen
nicht zu ersetzen vermochte. Rath und Beistand der Letzteren im
Hauswesen wurde nun durch eine Haushälterin ersetzt und die
Erziehung der Kinder sollte einem Hauslehrer vertraut werden,
womit Herr Jacob Friedrich das Seinige gethan zu haben vermeinte. –

Es währte lange, bis die Wahl eines passenden Hauslehrers für
die vier Kinder zur Entscheidung kam. Endlich fiel sie, durch
Empfehlung eines Freundes der Familie, auf – Friedrich Hölderlin aus Neidlingen im Württembergischen, dessen damals eben

---

Carl Jügel über Susette Gontard: Aus: Das Puppenhaus, ein Erbstück in der
Gontard'schen Familie. Bruchstücke aus den Erinnerungen und Familien-
Papieren eines Siebzigers, zusammengestellt von Carl Jügel, Frankfurt a. M.
1857, S. 385 f. Der Bericht ist aus verschiedenen Quellen zusammengestellt,
seine Authentizität ist stark zu bezweifeln.

Mutter: Susanne Borkenstein.

Jacob Friedrich: Susettes Ehemann.

Neidlingen: auf Waiblingers Hölderlin-Biographie zurückgehender Fehler; dort wird als Geburtsort Neislingen angegeben.

aufblühendes Dichtertalent bereits anfing, Aufsehen zu erregen, und der, mit allen erforderlichen Fähigkeiten ausgerüstet, alsbald hier anlangte, um die ihm vertraute Stelle anzutreten.

Wirklich entsprach er auch den gehegten Erwartungen auf das Vollkommenste. Er gefiel Allen und erfüllte selbst die gespanntesten Anforderungen. Sein Aeußeres war höchst einnehmend und hatte sonderbarer Weise eine große Aehnlichkeit mit Susettens Bruder, was ihm um so leichter deren Vertrauen gewann. Auch die Kinder des Hauses, obgleich noch sehr jung, hingen bald mit großer Liebe an ihm, und Herr Jakob Friedrich fand sich durch seine Gegenwart um Vieles erleichtert, da er sich der Sorge für die Kinder enthoben sah, bei deren Erwähnung er stets zu sagen pflegte: »den Börsencours verstehe ich aufs Haar, aber wie die Kinder geleitet werden sollen oder was sie lernen müssen, das ist nicht meine Sache; dafür muß die Mutter sorgen,« und das that sie auch redlich. Hölderlin stand ihr dabei treu zur Seite, und Beide unterhielten sich oft über die besten dabei einzuschlagenden Wege, wobei die belesene Frau Susette Gelegenheit hatte, die gründliche Gelehrsamkeit und den biederen Charakter des »lieben Schwaben«, wie Schiller den jungen Dichter zu nennen pflegte, näher kennen und schätzen zu lernen.

Aber auch der neuen Haushälterin, einem hübschen, einer guten Familie angehörenden Mädchen, waren Hölderlins Vorzüge nicht unbemerkt geblieben. Sie mochte im Stillen den Plan entworfen haben, sich durch ihn möglicher Weise zur künftigen Frau Professorin erheben zu lassen, und richtete ihr Benehmen danach ein, diesem Ziele näher zu rücken. Davon ahnte jedoch der gleich einem zweiten Fridolin nur seiner Herrin ergebene junge Mann nichts, dessen ganzes Streben allein dahin ging, durch treue Pflichterfüllung das Vertrauen zu verdienen, mit dem Frau Susette dem Erzieher ihrer Kinder um so bereitwilliger entgegen kam, da ihr selbst ein gebildeter, lehrreicher Umgang dringendes Bedürfniß war.

Beide hatten keine Ahnung davon, daß dieser harmlose geistige Verkehr zur Quelle eines verhängnißvollen Geschicks für

---

Bruder: Henry Borkenstein.
Haushälterin: Wilhelmine Schott.
Fridolin: vgl. Schillers ›Gang nach dem Eisenhammer‹ v. 3.
Geschicks: Gemeint sind die Ereignisse im September 1798.

sie werden sollte; und dennoch war dem so. Herr Jacob Friedrich wußte es und hatte kein Arg dabei, daß Hölderlin seiner Frau Bücher brachte und ihr öfters das Beste der neuesten Erscheinungen vorlas. Er war gewohnt, jeden Abend seine Partie zu machen, und war zufrieden, seine Frau bis zu seiner Heimkehr angenehm unterhalten zu wissen. Nicht so die Haushälterin, die, ohne Aussichten für sich selbst, das stille Glück zu mißgönnen begann, dessen sich Hölderlin im Umgange mit seiner Herrin zu erfreuen hatte. Sie wußte es so einzurichten, daß sie dem Herrn Jakob Friedrich selbst die Thüre öffnen mußte, wenn er am Abend heimkehrte, und wenn er dann die stereotype Frage:»ist meine Frau zu Hause?« an sie richtete, so wußte sie ihrer sich häufig wiederholenden Antwort: »Herr Hölderlin liest ihr vor«, nach und nach eine Betonung zu geben, die endlich in einem Momente übler Geschäftslaune wie ein zündender Funke wirkte.

Mit dem nicht sowohl Eifersucht, als vielmehr beleidigten Stolz verrathenden Ausrufe: »sitzt denn der Mensch beständig bei meiner Frau!« stürzte er in's Zimmer und auf Hölderlin zu. Ein jäher Zorn übermannte den jungen, sich schuldlos wissenden Dichter, und es würde zur ärgerlichsten Scene gekommen sein, hätte nicht ein Blick auf die erschrockene Herrin ihm seine ganze Fassung wieder gegeben. Rasch verließ er das Zimmer, packte seinen Koffer und kehrte noch in derselben Nacht einem Hause und damit Verhältnissen den Rücken, die ihn um so höher beglückt hatten, je reiner er sich derselben bewußt sein konnte.

Inzwischen wurde nun auch eben dieses Bewußtsein bei Frau Susette in einer Weise wach, die sich in dem ganzen Uebergewichte gekränkter Weiblichkeit geltend machte. Indignirt von dem Vorfalle, bestand sie darauf, Hölderlin zurückzurufen oder sofort nach Hamburg zu ihrem Bruder zurückkehren zu wollen, an welchem letzteren Vorsatze sie nur durch einen, in Folge der Aufregung sich zugezogenen Fieberanfall gehindert wurde. Jetzt erkannte Herr Jacob Friedrich seine Uebereilung, und er würde jedes von ihm geforderte Opfer gebracht haben, sie wieder gut zu machen, wenn nicht sein Onkel Heinrich einen das Gontard'sche Hochgefühl weniger beugenden Weg erdacht hätte, um die Ausgleichung des gestörten Verhältnisses der Zeit zu überlassen. Er schickte den sich schuldbewußten Neveu in Geschäften nach

---

Neveu: (frz.) Neffe.

Wien, wohl wissend, daß ein Mutterherz, mit der ihm allein überlassenen Sorge für die Kinder, am schnellsten vergessen lernt.

SCHILLER AN GOETHE   Jena, 27. Juni 1797

Ich lege hier 2 Gedichte bey, die gestern für den Almanach eingeschickt worden sind. Sehen Sie sie doch an, und sagen mir in ein paar Worten, wie Ihnen die Arbeit vorkommt, und was Sie sich von dem Verfasser versprechen. Ueber Produkte in dieser Manier habe ich kein reines Urtheil, und ich wünschte gerade in diesem Fall recht klar zu sehen, weil mein Rath und Wink auf den Verfasser Einfluß haben wird.

GOETHE AN SCHILLER   Weimar, 28. Juni 1797

Denen beyden mir überschickten Gedichten, die hier zurück kommen, bin ich nicht ganz ungünstig und sie werden im Publico gewiß Freunde finden. Freylich ist die Afrikanische Wüste und der Nordpol weder durch sinnliches noch durch inneres Anschauen gemahlt, vielmehr sind sie beyde durch Negationen dargestellt, da sie denn nicht, wie die Absicht doch ist, mit dem hinteren deutsch-lieblichen Bilde genugsam contrastiren. So sieht auch das andere Gedicht mehr naturhistorisch als poetisch aus, und erinnert einen an die Gemählde wo sich die Thiere alle um Adam im Paradiese versammeln. Beyde Gedichte drücken ein sanftes, in Genügsamkeit sich auflösendes Streben aus. Der Dichter hat einen heitern Blick über die Natur, mit der er doch nur durch Überlieferung bekannt zu seyn scheint. Einige lebhafte Bilder überraschen, ob ich gleich den quellenden Wald,

---

2 *Gedichte:* ›An den Aether‹ und ›Der Wanderer‹ ⟨Erste Fassung⟩, I 176–180. Hölderlin hatte Schiller die Gedichte am 20. Juli geschickt, vgl. II 656,29.

Afrikanische Wüste: s. ›Der Wanderer‹ v. 1–20.

Nordpol: s. ›Der Wanderer‹ v. 21–40.

hinteren deutsch-lieblichen Bilde: s. ›Der Wanderer‹ v. 41–90.

den quellenden Wald: s. ›Der Wanderer‹ v. 5; Goethe faßt in diesen Worten die im angegebenen Vers ausgesprochene Vorstellung zusammen; es ist nicht

als negirendes Bild gegen die Wüste, nicht gern stehen sehe. In einzelnen Ausdrücken wie im Versmaß wäre noch hie und da einiges zu thun.

Ehe man mehreres von dem Verfasser gesehen hätte, daß man wüßte ob er noch andere *Moyens* und Talent in andern Versarten hat, wüßte ich nicht was ihm zu rathen wäre. Ich möchte sagen in beyden Gedichten sind gute Ingredienzien zu einem Dichter, die aber allein keinen Dichter machen. Vielleicht thäte er am besten, wenn er einmal ein ganz einfaches Idyllisches Factum wählte und es darstellte, so könnte man eher sehen wie es ihm mit der Menschenmahlerey gelänge, worauf doch am Ende alles ankommt. Ich sollte denken, der Äther würde nicht übel im Almanach und der Wanderer gelegentlich ganz gut in den Horen stehen.

SCHILLER AN GOETHE   Jena, 30. Juni 1797

Es freut mich, daß Sie meinem Freunde und Schutzbefohlenen nicht ganz ungünstig sind. Das Tadelnswürdige an seiner Arbeit ist mir sehr lebhaft aufgefallen, aber ich wußte nicht recht, ob das Gute auch Stich halten würde, das ich darinn zu bemerken glaubte. Aufrichtig, ich fand in diesen Gedichten viel von meiner eigenen sonstigen Gestalt, und es ist nicht das erstemal, daß mich der Verfasser an mich mahnte. Er hat eine heftige Subjectivität, und verbindet damit einen gewissen *philosophischen* Geist und Tiefsinn. Sein Zustand ist gefährlich, da solchen Naturen so gar schwer beyzukommen ist. Indessen finde ich in diesen neuern Stücken doch den Anfang einer gewissen Verbesserung, wenn ich sie gegen seine vormaligen Arbeiten halte; denn kurz, es ist

---

anzunehmen, daß er eine Lesart der Druckvorlage zitiert, wie Beißner (StA 1,514f.) in Erwägung zieht.

Moyens: (frz.) Mittel (zur Darstellung). Vgl. ›Anmerkungen zum Oedipus‹, II 309.

Ich sollte denken ...: Schiller nahm Goethes Rat an; ob Schiller seinerseits – und wenn ja, in welcher Form – die Ratschläge Goethes an Hölderlin weiterleitete, ist nicht bekannt. Schillers Antwort vom 28. Juli auf Hölderlins Brief vom 20. Juni ist nicht überliefert, vgl. aber Hölderlins Reaktion darauf im Brief an Schiller vom August 1797, II 663.

Hölderlin, den Sie vor etlich Jahren bei mir gesehen haben. Ich würde ihn nicht aufgeben, wenn ich nur eine Möglichkeit wüßte, ihn aus seiner eignen Gesellschaft zu bringen, und einem wohlthätigen und fortdauernden Einfluß von außen zu öfnen. Er lebt jetzt als Hofmeister in einem Kaufmannshause zu Frankfurth, und ist also in Sachen des Geschmacks und der Poesie bloß auf sich selber eingeschränkt und wird in dieser Lage immer mehr in sich selbst hineingetrieben.

GOETHE AN SCHILLER   Weimar, 1. Juli 1797

Ich will Ihnen nur auch gestehen daß mir etwas von Ihrer Art und Weise aus den Gedichten entgegensprach, eine ähnliche Richtung ist wohl nicht zu verkennen, allein sie haben weder die Fülle, noch die Stärke, noch die Tiefe Ihrer Arbeiten. Indessen recommandirt diese Gedichte, wie ich schon gesagt habe, eine gewisse Lieblichkeit, Innigkeit und Mäßigkeit und der Verfasser verdient wohl, besonders da Sie frühere Verhältnisse zu ihm haben, daß Sie das mögliche thun um ihn zu lenken und zu leiten.

SCHILLER AN GOETHE   Jena, 24. Juli 1797

Dafür hat sich aber auch in diesen Tagen ein neuer *Poet* gemeldet, der einmal etwas besseres verspricht. Er sitzt zu Friedberg bey Francfurt, heißt *Schmidt* und wie ich aus seinem ganzen *Habitus* schließe, muß er recht in der wilden Einsamkeit und vielleicht in einer niedern *Condition* leben. Aus einigen Proben die ich beilege werden Sie sehen, daß an dem Menschen etwas ist, und daß aus einer rauhen harten Sprache ächte tiefe Empfindung und ein gewisser Schwung des Geistes herausblickt. Wenn dieser Halbwilde seine Sprache und den Vers recht in der Gewalt haben

---

bei mir gesehen: vgl. Hölderlins Beschreibung dieser Begegnung im Brief an Neuffer vom November 1795, II 553f.
Schmidt: Siegfried Schmid.
Proben: Schiller veröffentlichte im *Musen-Almanach auf 1798* vier Gedichte von Siegfried Schmid: ›Sängers Einsamkeit‹, ›Frühlingsspaziergang‹, ›Götterhilfe‹, ›Täuschung‹; wahrscheinlich sind dies auch die »Proben« gewesen.

und sich eine äußre Anmuth zu einem innern Gehalte verschafft haben wird, so hoffe ich für die künftigen Almanache eine *Acquisition* an ihm zu machen. Wenn er Ihnen auch gefällt, so wäre die Frage, ob Sie ihm nicht ⟨...⟩ in Frankfurt etwas ans Herz legen könnten.

SCHILLER AN GOETHE   Jena, 28. Juli 1797

Ich habe meinem neuen *Friedberger Poeten Schmidt* und auch *Hölderlin* von Ihrer nahen Ankunft in *Francfurt* Nachricht gegeben, es kommt nun darauf an, ob die Leutchen sich Muth fassen werden, vor Sie zu kommen. Es wäre mir sehr lieb und auch Ihnen würden diese poetischen Gestalten in dem prosaischen Frankfurt vielleicht nicht unwillkommen seyn.

GOETHE AN SCHILLER   Frankfurt, 9. August 1797

Schmidt von Friedberg ist bey mir gewesen, es war keine unangenehme aber auch keine wohlthätige Erscheinung. Im ganzen ein hübscher junger Mensch, ein kleiner Kopf auf mäßigen Schultern, treffliche Schenkel und Füße, knapp, reinlich, anständig nach hiesiger Art gekleidet. Die Gesichtszüge klein und eng beysammen, kleine, schwarze Augen, schwarze Haare nahe am Kopf sansculottisch abgeschnitten. Aber um die Stirne schmiedete ihm ein ehernes Band der Vater der Götter ⟨...⟩ Er ist der Sohn eines wohlhabenden Kaufmanns, der ihn zum Prediger bestimmte. Dadurch ist der Mensch ganz aus seinem Wege gerückt worden. Ich glaube, daß er, zu einem beschränkten Handel und Lebenswandel angeführt, recht gut gewesen wäre, da er Energie und eine gewisse Innigkeit zu haben scheint; unter einer Nationalgarde sähe ich ihn am allerliebsten ⟨...⟩ ich fürchte, es ist nicht viel Freude an ihm zu erleben. Voraus also gesetzt, daß es kein gedrückter Mensch ist, ⟨...⟩ so ist es ein böses Zeichen, daß sich keine Spur von Streben, Liberalität, Liebe, Zutrauen an ihm offenbart. Er

---

Aber um die Stirne ...: freies Zitat aus Goethes ›Iphigenie auf Tauris‹ v. 330f.

stellte sich mir in dem philisterhaften Egoismus eines Exstudenten dar ⟨...⟩

Ich nahm zur Base meiner Behandlung, daß Sie ihn an mich schicken, und setzte also in diesen Sinne vieles voraus, aber es hat doch auch gar nichts allgemeines noch besonderes angeklungen, auch nichts über Reinhold und Fichte, die er doch beide gehört hat. Überhaupt konnte ich nichts bedeutendes aus ihm herauslocken als daß er, seit einem Jahre, gewisse besondere Ansichten der Welt gewonnen habe, wodurch er sich zur Poesie geneigt fühle (das dann ganz gut seyn möchte), daß er aber auch überzeugt sey, nur in einer gewissen Verbindung der Philosophie und Poesie bestehe die wahre Bildung ⟨...⟩ Der zurückgezogenen Art nach erinnerte er mich an Hölderlin, ob er gleich größer und besser gebildet ist; sobald ich diesen gesehen habe, werde ich mit einer nähern Parallele aufwarten.

SCHILLER AN GOETHE Jena, 17. August 1797

Mit meinem *Protegé*, Herrn *Schmidt*, habe ich freilich wenig Ehre aufgehoben, wie ich sehe, aber ich will solange das Beste hoffen, biß ich nicht mehr kann. Ich bin einmal in dem verzweifelten Fall, daß mir daran liegen muß, ob andere Leute etwas taugen, und ob etwas aus ihnen werden kann; daher werde ich diese *Hölderlin* und *Schmidt* so spät als möglich aufgeben.

H. *Schmidt*, so wie er jetzt ist, ist freilich nur die entgegengesetzte *Carricatur* von der Frankfurter empirischen Welt, und so wie diese nicht Zeit hat, in sich hinein zu gehen, so kann dieser und seines gleichen gar nicht aus sich selbst heraus gehen. Hier möchte ich sagen, sehen wir Empfindung genug aber keinen Gegenstand dazu, dort den nackten leeren Gegenstand ohne Empfindung. Und so sind überall nur die Materialien zum Menschen da, wie der Poet ihn braucht, aber sie sind zerstreut und haben sich nicht ergriffen.

Ich möchte wissen, ob diese *Schmidt*, diese *Richter*, diese Hölderlins absolut und unter allen Umständen so *subjectivisch*,

---

beide gehört: vgl. Schmids ›Philosophische Definitionen‹. Erstdruck: Le pauvre Holterling, Nr. 6, Frankfurt 1983, S. 58–67.

Richter: Jean Paul, der eigentlich Johann Paul Friedrich Richter hieß.

so überspannt, so einseitig geblieben wären, ob es an etwas *primitivem* liegt, oder ob nur der Mangel einer aesthetischen Nahrung und Einwirkung von außen und die *Oppostion* der empirischen Welt in der sie leben gegen ihren *idealischen* Hang diese unglückliche Wirkung hervorgebracht hat. Ich bin sehr geneigt das letztere zu glauben, und wenn gleich ein mächtiges und glückliches Naturell über alles siegt, so däucht mir doch, daß manches brave Talent auf diese Art verloren geht.

GOETHE AN SCHILLER Frankfurt, 23. August 1797

Gestern ist auch Hölterlein bey mir gewesen, er sieht etwas gedrückt und kränklich aus, aber er ist wirklich liebenswürdig und mit Bescheidenheit, ja mit Ängstlichkeit offen. Er ging auf verschiedene Materien, auf eine Weise ein, die Ihre Schule verrieth, manche Hauptideen hatte er sich recht gut zu eigen gemacht, so daß er manches auch wieder leicht aufnehmen konnte. Ich habe ihm besonders gerathen kleine Gedichte zu machen und sich zu jedem einen menschlich interessanten Gegenstand zu wählen. Er schien noch einige Neigung zu den mittlern Zeiten zu haben in der ich ihn nicht bestärken konnte.

SCHILLER AN GOETHE Jena, 8. September 1797

Es war mir sehr angenehm, daß Hölderlin sich Ihnen noch *praesentiert* hat; er schrieb mir nichts davon, daß ers thun wollte und muß sich also auf einmal ein Herz gefaßt haben.

HEINSE AN SÖMMERRING Aschaffenburg, 24. Oktober 1797

Hyperions Briefe sind voll lebendiger Empfindung und tiefem Gefühl. Er ist ein Apostel der Natur. Es sind Stellen darin, als

---

kleine Gedichte: Hölderlin verfaßte in der Folge tatsächlich »kleine Gedichte«, vgl. die epigrammatischen Oden, I 188–197.

mittlern Zeiten: Eine Neigung zum Mittelalter ist für Hölderlin zu dieser Zeit sonst nicht bezeugt, möglicherweise meint Goethe hier aber auch die Antike als »mittlere Zeit« zwischen Urgeschichte und christlicher Epoche.

von Seite 86 an, so warm und eindringend, daß sie selbst den alten Kant ergreifen und von seinem bloßen Schein aller Dinge bekehren sollten. Meinen Segen dem jungen Helden auf seiner Laufbahn.

HEINSE AN SÖMMERRING   Aschaffenburg, wohl Ende Oktober 1797

Was den Hyperion betrifft, so darf man bei einem angehenden Schriftsteller nicht strenge sein. Zarter Sinn und Gefühl für Schönheit der Natur ist darin unverkennbar und lebhafte Darstellung derselben. An Komposition poetischer Wahrscheinlichkeitscharaktere ist er bis jetzt freilich noch ein so ziemlich ungelecktes Bärlein. Kurz, wir werden mündlich in unserem Urteil nicht sehr voneinander abweichen.

BÖHLENDORFF AN FELLENBERG   Homburg, 10. Mai 1799

Ich habe hier einen Freund, der Republikaner mit Leib und Leben ist – auch einen andern Freund, der es im Geist und in der Wahrheit ist – die gewiß, wenn es Zeit ist, aus ihrem Dunkel hervorbrechen werden; der lezte ist *Dr. Hölderlin*, der Verfasser des Hypperion, einer Schrift die Epoche zu machen, im tiefsten Sinne verdient. Ich sende sie Steck, der sie Ihnen gewiß mittheilen wird – und bitte um Ihre Gedanken darüber. Ihr Verfasser kennt Sie von Tübingen her, schäzt und verehrt Sie, und verdient Ihre Freundschaft.

---

zarter Sinn: vgl. Hölderlins Brief an Emerich vom März 1800, II 861,26.
einen Freund: Sinclair.
kennt Sie: vgl. Hölderlins Brief an die Schwester vom November 1790, II 463.

BÖHLENDORFF AN STECK   Homburg, 12. Mai 1799

Hier hast Du Hölderlins Hyperion. Dort findest Du, was unsere
Geister mit einander sprachen – und was sie wohl noch lange
sprechen werden – Es ist ein Pfand der Freundschaft, wie ich
noch keins gefunden habe, und weil es das liebste ist, was ich seit
unserer Trennung in der Welt des Unlebendigen und doch
Beseelten aufgefunden habe, so sende ich es Dir – Du sprichst mir
bald davon – und ich sage Dir zur größeren Freude, der Verfasser
ist so edel als sein Buch.

CONZ AN NEUFFER   Ludwigsburg, wohl Anfang Juli 1799

Wenn Sie Hölderlin, der mir neulich von seinem Ihnen bekannten Institute geschrieben und mich dazu eingeladen hat, eher
schreiben sollten, als ich, von mehreren Geschäften, die ich vor
meiner Abreise möchte vollenden, gegenwärtig gedrängt, vielleicht zu thun im Stande bin, so danken Sie ihm in m. Nahmen
einstweilen herzlich für s. freundschaftlichen Brief mit der Versicherung, daß ich ihm, so bald es mir möglich ist, schreiben, und
einen prosaischen Beitrag (aus dem Fache der Aesthetik) senden
werde.

JUNG AN EBEL   Mainz, 15. Juli 1799

Sie erhalten hier, Lieber, einen Brief von unserm treflichen
Hölderlin. Unterstüzen Sie ihn doch mittelbar und hauptsächlich unmittelbar mit Beiträgen zu seinem mit dem Anfange des
neunzehnten Jahrhunderts herauszugebenden Journale. Meinen
Ossian will er nach und nach einrükken; zu mehrem kan ich mich

---

Hyperion: Nur der erste Band ist hier gemeint, der zweite erschien Ende
1799.

unsere Geister: In einem Brief an Hegel vom 5. Februar 1817 gedenkt
Sinclair des »Bunds unserer Geister«, wohl mit Bezug auf die Zeit von 1797/
98, in der Hölderlin, Sinclair, Hegel, Böhlendorff, Muhrbeck und Zwilling in
Verbindung standen.

Institute: Gemeint ist Hölderlins Zeitschriftenprojekt.

freundschaftlichen Brief: nicht überliefert.

nicht wol verbinden: denn bei der Natur meines Geschäfts und meiner davon abhangenden Lebensweise werde ich, fürcht' ich, mit jedem Tage prosaischer.

MARIANNE VON PREUSSEN AN AUGUSTE VON HOMBURG
Berlin, 20. Dezember 1816

Wage ich zu viel, wenn ich nun noch um etwas bitte, nachdem du mir so viel gegeben hast liebe Schwester, und du das einmal ausgesprochen hast, so darf ich vielleicht? wo nicht, so antworte nicht darauf. Wie hattest du Hölderlin geliebt? –

AUGUSTE VON HOMBURG AN MARIANNE VON PREUSSEN
Ende Dezember 1816

Ich übergehe die Zeit, wo ich stufen-Weise bis zum 20sten Jahr zu Empfindungen erwachte – welche Hochmuth, Stolz – und ein Ideal von Bedeutsamkeit wozu ich glaubte gelangen zu müßen – doch irre machten, wenn auch nicht ausrotteten. –

Was aber eine ganze Umwälzung in mir hervorbrachte – und der erste Schritt war – o ein bedeutender Schritt! ins innere Leben – bewürkte Klinkhardt, der für meine damalige ganze Stimmung und Lage, wie ein Retter, wie der Heiland selbst! mir erschien. – Alles Weltliche wurde mir nun öde – nur das was vor Gott gilt, etwas und Alles. – Mit Verwunderung muste ich zuweilen an mich selbst denken – denn ich erkannte mich nicht mehr – ich war gerade umgewand – und ganz ohne mein Zuthun. – (auf immer, sehe ich jezt.)

Es war keine Leidenschaft – sie würde es denke ich geworden sein, denn ich wäre wohl schnell in dieser Gegenwart gereift. – Andere würden vielleicht sagen: entartet? – ich fühle es aber zu deutlich um es zu verkennen daß sie in mir eine Reife des irdischen Menschen verrieth; – denn nur durch sie sind mir meine Beziehungen zum Menschen und zu Gott, die ich immer nur empfunden – anschaulich geworden. – Freudig und unaufhaltsam eile ich nun zu meinem Erlöser, der allein zu den Quellen ewiger Liebe führen kann. –

Es war keine Leidenschaft sagte ich – in der kurzen Zeit nach dieser Bekanntschaft wo wir damals mit meiner Mutter von Rudolstadt abreisten – blieb es: Erweckung zu einem höheren Sein. –

Nach meiner Zurückunft habe ich andachtsvoll jeden Tag an die Versprechungen, die ich Ihm zu meiner Vervollkomnung gemacht hatte, mich gemahnt, und meine Entschlüße vor Gott erneuert. – ich war zum Erstenmal los von der Welt. – Nur mit Andacht konnte ich an ihn denken, sein Andenken begleitet mich aber bei allem thun und denken. –

Was ich da erkannt hatte, auf eine himmlisch ernste Weise – das fand ich ins Leben getragen, versinnlicht, und so die Gefühlsfolge des vorerwähnten Eindrucks, im *Hyperion*, der mir in die Hände fiel. –

Daß ich damals nichts von dem Allen wuste, brauche ich dir wohl nicht zu sagen. – Jezt erst ist mir alles so klar. –

Den ganzen Tag las ich, und dachte mich in diese Gedanken hinein – es war mir wie aus dem Herzen gesprochen. So las ich es wohl zwanzig Mal durch – Was fernen Bezug darauf hatte, wurde mir heilig – so bekam ich die Begeisterung für Griechenland, die mir so lange anklebte – und seine Geschichte in den Kopf, weil ich um alle Beziehungen zu faßen (oder vielmehr auszudehnen) nachschlug und nachfragte, und denn diesen Zusammenhang wieder erfaßen wollte. – Und die Karte die ich zu Hülfe genommen hatte, um nur diesen Gedankenkreis in allem und jedem festzuhalten, könnte ich jezt noch hinzeichnen, so lernte ich sie auswendig – geschweige das Buch selbst – immer hatte ich im Gedächtniß und im Munde für mich – irgend eine Stelle, ich gieng damit zu Bette und stand damit auf; und bekam so die Gewohnheit, mitten unter allen Menschen ganz allein zu sein; – zu sprechen und zu lachen, und im Herzen ganz wo

---

Mutter: Caroline von Hessen-Homburg, mit der Auguste 1796 ihre älteren Schwestern Caroline und Louise besuchte, die mit den Prinzen von Schwarzburg-Rudolstadt verheiratet waren.

Hyperion: Wahrscheinlich erhielt Auguste den ersten Band von Sinclair, aus dessen Exemplar sie die Widmung abschrieb (vgl. III 317). Bislang wurde angenommen, Hölderlin habe der Prinzessin diese Widmung in ein ihr geschenktes Exemplar eingetragen; ihr Ausdruck »in die Hände fiel« und der Vermerk zu der Abschrift der Widmung »auf der Decke des Hyperion gefunden« deuten jedoch darauf hin, daß sie den ersten Band nicht von Hölderlin persönlich erhielt.

anders mich zu fühlen, ohne je sagen zu können daß ich zerstreut gewesen wäre. – O eine böse Gewohnheit, die vom Menschen so entfernt, und recht schwer ist abzulegen. –

Was war aber natürlicher, als daß der dieses geschrieben für mich, auch ohne ihn gesehen zu haben, eins mit dem Inhalte wurde. – Er wohnte bald darauf einige Jahre hier. – Ich höhrte von seinem Freunde, wenn ich wollte von ihm reden. (Dieser selbst hatte keine Ahndung meines Interreße).

Gesprochen habe ich ihn in diesen paar Jahren drei oder vier Mal, eigentlich gar nicht – gesehen vielleicht sechs Mal. Aber die Einbildungskraft hatte freies Spiel – und was sie leisten kann, das hat sie treulich geleistet! – Daß ich nicht übergeschnapt bin, bei dieser Überspannung, ist allein eine Gnade von Gott. –

Noch einmal erfaßt die Erinnerung diesen weiten, ernsten, geschloßenen *Cyclus*. – Anders hat sich jeder darin verlohren. –

Klinkhardt sah ich einmal wieder 1800 – der heilige Schein war für meine Augen – denn er blieb gewiß derselbe – verschwunden! – Die Vergänglichkeit so empfunden – entzaubert die ganze Reihe der Dinge, die nichts anders aufzuweisen hat. –

Nun ruhet er 13 Jahre schon in der Erde. –

Hölderlin – ist ein Narr geworden. – Er hatte wohl die Tiefe seines Gefühls zu sehr durch Träume *isolirt*. – Diese Würkung wenigstens hatten seine Gedichte auf mich – und ich war nicht weit von demselben Erfolg. – Dieser Zustand bewahret ihn, glaube ich vor größere Irthümer – es ist eine Art von Fegefeuer schon in diesem Leben. Für mich war er eine *idealische Person* – die ich in seiner Gestalt feßthielt – ein Wesen meiner Phantasie, denn aus der Würklichkeit war nichts erwachsen – ich sahe und höhrte ihn ja nicht. –

Dies belebte Bild nährte das Verlangen nach Liebe in mir – ohne welchem man doch glaube ich nicht Mensch werden kann. – und bewahrte mich wohl zugleich durch Gottes Barmherzigkeit vor Mißgriffe in der Würklichkeit – die meine Seele vernichtet hätten. –

Denke, wenn ich hierbei mir so erinnere was ich mir in ihm vorspiegelte – so finde ich gerade das, was mich so unerwartet, so

---

von seinem Freunde: Sinclair.

mächtig jezt ergrif. Ich lüge – und träume nicht – auch fällt es mir in dem Augenblick als ich es da schreibe zum Erstenmal ein. – das ist doch recht sonderbar.

MARIANNE VON PREUSSEN AN AUGUSTE VON HOMBURG
2.–4. März 1817

wie du einst den Hyperion lasest, werde ich diese Schrift nun lesen. Von Klinkhardt, den ich mir besinne u ich gern hatte, besinne ich mich gehört zu haben daß er dir nicht gleichgültig war – ich glaube es von den Schwestern gehört zu haben, die mich damals nicht beachteten, sie meinten ich höre nicht zu bey ihren Gesprächen. ich hatte es aber einmal im Sinn dadurch bekommen. Aber alles das stellte ich mir so ganz anders vor, vorzüglich deine Gesinnungen gegen Hölderlin, was ich schon selbst bemerkte in der Zeit, ich sehe noch den Hyperion hellgrün eingebunden auf deinem schattigen Fenster liegen, Hölderlin gefiel mir sehr wohl u oft ging ich ihm zu gefallen zur Amann, u meinte du sähest ihn bey dir u bey Fr. v Proeck – das war also alles nur Phantasie – Ideal! Wie man sich doch irrt – S. Amelie sprach mir mal darüber glaubend du hättest eine große heftige Leidenschaft für ihn empfunden, ich würde auch denken du täuschtest dich nur jezt darüber, wenn du nicht so unendlich klar u deutlich über dich zu urtheilen vermögtest, wie sonst kein Mensch. Der Schmerz als er wahnsinnig wurde, muß doch sehr groß für dich gewesen sein! –

ZEUGNIS GONZENBACHS

Auf Verlangen von Herrn *Magister Hölderlin* bezeuge ich hiemit, daß dieser Herr als Lehrer meiner Kinder, sich meine ganze Hochachtung erworben, und bedaure nur, daß die unvorgese-

---

was mich ... jezt ergrif: Gemeint ist die zu diesem Briefwechsel Anlaß gebende Neigung zu Adolf von Ruchow (1788–1869), Adjudant des Prinzen Wilhelm von Preußen, der mit diesem und seiner Frau Marianne im Sommer 1816 zu Besuch in Homburg war.

Amann: Augustes Kammerfräulein.

S. Amelie: die Schwester Amalie von Anhalt-Dessau.

hene Wendung der Umstände uns so frühe wieder trennt. – Ich verliere an Ihme einen schäzbaren Freund, und wünsche daß die glücklichste Zukunfft und ununterbrochene Zufriedenheit stets sein Loos seyn mögen. –

AltSchlos-Hauptweil d. 13ᵗᵉⁿ April 1801. – *A. v. Gonzenbach*

EINTRAG IM PASSKONTROLLBUCH LYON

Am
Hoelderlin (Joh. Christ. Friedr.) geboren *in Lauffen,* Beruf *Schriftsteller* im Besitz eines Passes aus *Straßburg,* Département   , auf dem Weg nach *Bordeaux,* Département   , Abreise in *4* Tagen, wohnhaft *hotel du Commerce, rue St. Dominique,* No.   Alter *32* Jahre, Größe ein Meter *766* Millimeter, Haare und Augenbrauen *dunkelblond* Augen *braun* Nase *mittel* Mund *klein* Kinn *rund* Stirn *bedeckt* ⟨von Haaren?⟩ Gesicht *oval*
unterschrieben *Johann Christian Friedrich Hölderlin*

Eintrag im Paßkontrollbuch: Übersetzung des französischen Originals. – Der Paß Hölderlins ist verloren, er enthielt die Anweisung, nicht über Paris, sondern über Lyon zu reisen; wohl mit der Auflage, sich an verschiedenen Orten polizeilich zu melden. Der Vordruck wird in gerader Schrift wiedergegeben, die Einträge in kursiver; von Hölderlin stammen die Einträge des Namens, Geburtsortes, Berufes, der Aufenthaltsdauer und der Unterkunft, sowie die Unterschrift.
Am: Das Datum fehlt; Hölderlin war am 9. Januar 1802 in Lyon, vgl. den Brief an die Mutter vom selben Tag, II 915.
Schriftsteller: »homme de lettre«, vgl. die Berufsangabe im nächsten Dokument.
Straßburg: dort wurde Hölderlin vom 15. bis 30. Dezember aufgehalten.
in 4 Tagen: Am 11. Januar traf Napoleon Bonaparte in Lyon ein, um vor der Gesetzgebenden Versammlung der Cisalpinischen Republik zu sprechen, die seit dem 5. Januar in der Nähe von Hölderlins Hotel tagte.
rue St. Dominique: Dort arbeitete Rousseau 1740/41 als Hofmeister; heute rue Emile-Zola.
Johann Christian Friedrich Hölderlin: in deutschen Buchstaben.

PASS FÜR DIE RÜCKREISE VON BORDEAUX

Bordeaux, den *zwanzigsten* des Monats *Floreal*
im Jahre *zehn* der einen, unteilbaren
Französischen Republik.

Beschreibung.
Alter *zweiunddreißig*
(Deutscher)
Größe ein Meter 75 cm
Haare *dunkelblond* Augenbrauen *dito* Gesicht *oval* Stirn
hoch Augen *braun* Nase *lang* Mund *mittel* Kinn *rund*
Unterschrift des Inhabers
Hoelderlin.

Der Polizei-Generalkommissar von Bordeaux fordert die zivilen und militärischen Behörden der Republik auf, dem Bürger *Christian Friedrich Hoelderlin* Beruf *Lehrer* geboren in *Nürtingen, (Deutschland)* wohnhaft *Bord. sur Remi No. 2* die Durchreise und das freie Reisen von Bordeaux nach *Straßburg*, Département *bas Rhin*, zu gestatten und ihm Hilfe und Beistand bei jeder Gelegenheit zu gewähren, gemäß den erforderlichen Formalitäten.

⟨Sichtvermerk:⟩
Nach Durchsicht, die Bürgermeisterei Straßburg, ... zur Überquerung der Brücke von Kehl *den 18. Prairial X.*

Paß für die Rückreise: Übersetzung des französischen Originals.
zwanzigster Floreal zehn: Datum nach dem französischen Revolutionskalender: der 10. Mai 1802.
Hoelderlin: in lateinischen Buchstaben.
Nach Durchsicht: zum Teil unleserlicher Stempel.
18. Prairial X.: 7. Juni 1802.

LANDAUER AN HÖLDERLINS BRUDER Stuttgart, 3. Juli 1802

H.'s Zustand werde allmählig ruhiger, u. er sei lebhaft überzeugt, daß er sich schnell vollends bessern werde.
Er, Pf. Neuffer u. Prof. Ströhlin, der sich lebhaft für H. interessire, beschäftigen sich jetzt mit der Ausführung eines Planes, der die Billigung der Seinigen zu haben scheine – ihn zu dem Pfarrer in Bothnang, einem trefflichen Mann, zu bringen.
Gelinge das nicht, so blieben noch mehrere Auswege. Vor der Hand handle es sich, vor künftiger Einmischung des Consistorii sicher zu sein. Ist man das, so wolle er alsdann H. den Vorschlag machen.

LANDAUER AN HÖLDERLINS MUTTER

Stuttgard. am 31.ᵗ July. 1802.

Theuerste Freundin!
Ich kann es Ihnen wahrlich nicht genug aussprechen, wie sehr mich der Zustand unseres H. zu Boden drükt. Gedult und Ausdauren so viel als möglich ist allein, was ich Ihnen wünschen kann; ich habe übrigens immer noch die Hofnung, daß es sich mit ihm bessern soll. Da Sie durchaus wissen wollen, was ich an H. guthabe, so folgt hiebey seine Rechn. an der ich bereits die gesammte 2 Landsch. Quittungen abgeschrieben habe. Ich bitte Sie aber, so sehr ich Sie immer bitten kann, doch ja unter keinen Umständen und nie ihm zu sagen, daß Sie mich bezahlt haben. Wenn Er mir Geld senden sollte, so werde ich es annehmen, und Ihnen immer wieder zustellen. Vielleicht finden Sie auch eine

---

Landauer an Hölderlins Bruder: Regest Gustav Schlesiers (h46).
Zustand: Hölderlin war nach seiner Rückkunft von Frankreich zunächst nach Stuttgart, dann nach Nürtingen und wieder nach Stuttgart gegangen; vgl. die Erläuterung zu II 918,25. Der Grund für seine Unruhe ist nicht bekannt, der Brief Sinclairs mit der Nachricht von Susette Gontards Tod hatte ihn zu diesem Zeitpunkt wahrscheinlich noch nicht erreicht.
Pfarrer: F. L. Lächelin. Der Plan, Hölderlin zu ihm zu bringen, wurde nicht verwirklicht.
2 Landsch. Quittungen: Zinsanweisungen aus Obligationen der württembergischen Landschaft, in denen die Mutter Hölderlins ererbtes Vermögen angelegt hatte. Landauer zog den Betrag von 100 Gulden von der Rechnung für Kleidung und Reiseauslagen über 244 Gulden und 22 Kreuzer ab.

Gelegenheit, Ihm einiges Geld anzubieten, das er – auf eine ihm gefällige Art angeboten – annimmt. Sie dürfen Sich durchaus nicht mit der Berichtigung dieses Postens *geniren*, denn ich wünschte sogar, daß Sie mir erlauben möchten, daß H. noch mein Schuldner bliebe. – Hier auch die Rechn. für Ihren jüngern H. Sohn, dem ich mich auf's freundl.ste empfehle. – Ich werde wegen H: Lage noch heute mit seinen Freunden sprechen, und wenn es noch trauriger mit ihm werden sollte, so haben Sie die Freundschafft meinem Weib davon Nachricht zu geben, die alsdann unsern Freunden solche mittheilen wird, und wenn eine Änderung nötig werden sollte, so werden Sie diese mit ihrem Freundes Rath unterstüzen. Ich reiße morgen frühe ab und bin in 10. à 12. Tägen wieder zurük. –

Meinen dringenden Geschäfften schreiben Sie mein Gesudel und meine Eile zu –

Genehmigen Sie die Versicherung meiner ewigen Anhänglichkeit an Ihr mir so schäzbares Hauß –

G. C. Landauer

REISEPASS NACH REGENSBURG

Von Herzoglich Wirtembergischen *Oberamts Nürtingen* wegen werden hiemit alle Civil- und Militair-Obrigkeiten ersucht, den Vorzeiger dieses *Herrn Magister Hölderlin* gebürtig von *Lauffen* wohnhaft zu   von Statur *6 F.* hoch *braunen* Haaren *hoher* Stirne *braunen* Augbraunen *braunen* Augen *gerader* Nase *röthlichen* Wangen *mittelmäsigem* Mund *schmalen* Lippen *angelaufenen* Zähnen *braunem* Bart *rundem* Kinn *länglichtem* Angesicht *breiten* Schultern *und ohne* Gebrechen *32. Jahre* alt, der Vorhabens ist, den *29.ten Septbr: 1802.* von *Nürtingen* ab, durch *Blaubeuren – Ulm* nach *Regenspurg* zu reisen, innerhalb einer Zeit von *4. Wochen* als für welche Zeit allein dieser Paß für gültig zu erkennen ist, ungehindert hin und her reisen zu lassen und gleiche Rechts-Gefälligkeit von hier zu erwarten.

H. Sohn: Gemeint ist Carl Gock.
Reisepass nach Regensburg: von Carl Gock ausgefüllter Vordruck.
braunem Bart: nur an dieser Stelle erwähnt.

Urkundlich des vorgedruckten *Oberamtlichen* Siegels und
Unterschrift. Gegeben *Nürtingen* den *28. Septbr. 1802.*

Unterschrift des Reisenden   *Herzogl. Würtembergischer*
    M. Hölderlin   *Hofrath, Ober Amtmann*
    zu Nürtingen.
    Storr

HORN AN SINCLAIR   Regensburg, wohl im November 1802

Hölderlin hat mir sein Manuskript der Übersetzung des *Sophocles* übersandt, um den Vertrag zu bewirken. *Unger* hat ihn abgelehnt; er sey zu überhäuft.

HÖLDERLINS MUTTER AN SINCLAIR

    Nürtingen, d. 20. December ⟨1802⟩
Hochwohlgeborner Herr!
Wie werde ich vermögend seyn, mich wegen meiner anscheinenden Undankbarkeit, oder gleichgültigkeit gegen Sie entschuldigen zu können. und ebenso wenig sind meine Worte und Feder hinreichend den gehorsamsten, u. verbindlichsten Dank auszudrücken vor die mehr als brüderliche Gewogenheit, u. Beweisse Edler Freundschaft die Sie verehrungswürdigster Freund meines l. Sohns, ihm schon seit mehreren Jahren, besonders aber in dem lezt verflossenen Jahr gegeben haben.

Da ich keinen Ausdruck finde dem Großmüthigen Herrn Landgrafen, u. Euer Hochwohlgeboren vor die große Wohlthaten, meinen innigen Dank zu bezeugen, so dörfen Sie versichert

---

Storr: vgl. die Textvariante zu v. 108 von ›Die Wanderung‹, III 188.

Übersetzung: Gemeint sind die Übersetzungen ›Ödipus der Tyrann‹ und ›Antigonä‹, die Hölderlin in den letzten Tagen des Oktober nach Regensburg schickte. Horn hatte er beim Reichstag in Regensburg kennengelernt, als er sich dort mit Sinclair aufhielt. Hölderlin war spätestens am 28. Oktober wieder nach Nürtingen gereist, Sinclair am 29. Oktober nach Homburg zurückgekehrt. Am 7. November teilt Sinclair Hölderlin mit, daß Horn ihm schreiben werde, vgl. II 920.

Wohltaten: nicht genau zu bestimmen; wahrscheinlich hatte der Landgraf Hölderlin in Regensburg als seinen Gast behandelt.

seyn, daß es Ihnen auf meine heiße Wünsche vor Ihr Wohl gewiß in der Ewigkeit wird vergolten werden. was Sie Beide Edle Wohltäter an meinem bedauernswürdigsten Sohn thun, u. schon gethan haben. u. doppelt Edel ist Ihre großmüthige Menschenfreundliche Handlung da es von uns so ganz unverdient ist, u. wir auch nie im Stande seyn werden, Ihnen verehrungswürdigster Gönner, nur im kleinen einen Freundschaftsdienst zu erweissen.

schon seit der glücklichen Ankunft meines l. Sohns aus Regenspurg nahm ich mir jeden Bottentag vor Euer Hochwohlgeboren zu schreiben, u. Sie gehorsamst zu bitten, daß sie die Gewogenheit vor mich haben möchten dem H. Landgrafen meinen untertanigsten Dank zu bezeugen, u. auch Euer Hochwohlgeboren habe ich viel, sehr viel zu danken. mein l. Sohn schikte aber sein kurzes Schreiben an Sie so schnell ab, u. weil er sagte er schreibe in 8 Tagen wieder, u. wollte in einem gedicht dem H. Landgrafen seine unterthänigste Danksagung beylegen so glaubte ich imer dieses schreiben abwarten zu können, diesen Vorsatz wiederholte er auch täglich, u. zu seiner entschuldigung muß ich laider sagen, daß seine Gemüths Stimung eben laider noch nicht gut, u. da er dieses selbst fühlt, wolte er eine Besernheit abwarten, Auf die Reise nach Regenspurg welche er der gnade des H. Landgrafen, u. Euer Hochwohlgeboren zu verdanken hatte, befand er sich einige Zeit in einer ruhigen Fassung, u. ich hatte die beste Hoffnung, daß Sie das Edle Werkzeug zu seiner Genesung seyen. aber laider scheint sich eben diese Beserung zu verzögern.

Da er sich durch Arbeiten öfters sehr anstrengt, u. wenig sich Bewegung macht, auch auf das dringende Freundschaft einladen seiner Freunde mit niemand keinen Umgang hat, so ist laider wenig hoffnung, wan uns der l. Gott nicht wieder mit seiner gnädigen Hülfe erfreut. wie empfindlich dieses vor mich ist können Euer Wohlgeboren denken.

Ich berge nicht, daß ich sehr viele sorge habe, wan die traurige umstände bey meinen l. Sohn sich nicht beserten, weil er so groses Verlangen bezeugt, auf das komende Frühjahr von der

---

Ankunft: vor dem 28. Oktober 1802.

kurzes Schreiben: Der verlorene Brief stammte nach der Prozeßakte Sinclairs vom 22. November 1802.

gedicht: ›Patmos. Dem Landgrafen von Homburg‹, I 447.

komende Frühjahr: Sinclair holte Hölderlin jedoch erst im Juni 1804 nach Homburg.

gnädigsten Erlaubniß, u. freundschaftlichste Einladung zu provitieren, u. einen Besuch bey Ihnen zu machen, welches doch unter solchen traurigen Umständen nicht möglich wäre, er würde u. müßte Euer Wohlgeboren lästig werden. welches mir unendlich laid wäre, Ihre Großmuth, u. Freundschaft soll nicht mißbraucht werden. solte es aber wieder beser werden, welches der l. Gott geben wollte, u. es fände sich in Homburg eine solche Edle Familie die sich seiner in allen Fällen annehme, u. gut mit ihm meinte, u. ihn vor Kost u. Logiegeld ganz besorgte, so wolte ich mit Vergnügen beytragen, weil ich an seiner Rettung, u. Genesung gewis nichts ermangeln lasse, was in meinen Kräften steht. Der hiesige H. Doctor Planck u. seine übrige Freunde sagen daß er bey uns benglichen Frauenzimer, so schonend wir ihn auch behandeln, sich nicht leicht besern werde, da wir nicht imstande sind ihn zu unterhalten, u. zu zerstreuen, so sey er zu viel sich selbst überlassen, auch nimt er weder von meiner l. Tochter die sonst sehr viel bey ihm sich weiß beliebt zu machen. noch von mir etwas an, das ihm dienlich wäre.

Verzeihen Sie verehrungswürdigster Freund, daß ich Sie mit diesen trauerzeilen beschwert habe, da ich aber von Ihrer Großmüthigen u. Edlen theilnahme überzeugt bin, so glaubte ich Ihnen auch nachrichten von dem Befinden Ihres mitleidenswürdigen Freundes schuldig zu seyn, weil ich nicht weiß, ob, wie, u. was er Ihnen von sich schreibt. Meine Schuldigkeit wäre es dem großmüthigen Herrn Landgrafen vor die große Gnade, u. Unterstüzung meines unglücklich l. Sohns meinen untherthänigen Dank zu bezeugen, ich finde mich aber hierzu zu unvermögend, haben Sie die Gewogenheit zu der unendlich vielen Freundschaft die Sie vor uns haben auch noch diesse, es bey gelegenheit vor mich zu thun.

u. dan muß ich auch noch diese Bitte an Euer Hochwohlgeboren beyfügen daß Sie von diesem schreiben weder schriftlich noch mündlich gegen meinen l. Sohn etwas berühren.

so weit schrieb ich vor einigen Wochen, u. glaubte das schreiben meines l. Sohns abwarten zu können, aber das gedicht an H. Landgrafen zu welchem er sich imer nicht um es zu enden, gut genug gestimt glaubt. es ist ihm auch laid daß sein Schreiben sich

---

Frauenzimer: Im Hause der Mutter lebte auch Hölderlins verwitwete Schwester.

so lang verzögert, ich bitte also gehorsamst das Euer Hochwohlgeboren ihm verzeihen da es nicht aus Mangel an Hochachtung so lange unterbleibt ich hoffe aber längstens in 8 tagen werde es geschehen. Euer Hochwohlgeboren empfehle ich mich nebst meinem l. Sohn in die Fortdauer Ihrer Gewogenheit u. habe die Ehre in der vollkomensten Hochachtung zu verharren Ihre
unterthanig gehorsamste Dienerin
J. C. Gockin.

SCHELLING AN GUSTAV SCHWAB   Berlin, 11. Februar 1847

Euer Hochwohlgeborn
haben mich durch Übersendung der neuen Ausgabe von Hölderlins Werken höchlich verbunden; auch Ihrem Herrn Sohn bitte ich deßhalb meinen verbindlichen Dank zu bezeugen, wiewohl es ein wehmüthiges Vergnügen war, mich in die Persönlichkeit des längst (noch vor seinem Tode) entschwundnen Freundes zurückzudenken. Meine Erinnerung hat zu dem einen Endpunkt meinen Eintritt in die Nürtinger Schule, wo Hölderlin gegen die andern, den so viel jüngeren zu mißhandeln geneigten Schüler, mein Schutz wurde, zum andern Hölderlins Erscheinung in Kl. Murrhard, wohin er im Frühling 1803 – ich glaubte bis jetzt von Tübingen aber wahrscheinlich von Nürtingen aus – wenige Tage nachdem ich daselbst auf Besuch bei meinen Eltern angekommen war, ohne Begleitung, zu Fuß, queerfeldein wie durch Instinct geführt, gelangt war, um mich zu sehen. Es war ein trauriges Wiedersehn, denn ich überzeugte mich bald daß dieses zart besaitete Instrument auf immer zerstört sey. Wenn ich einen Gedanken anschlug, der ihn ehmals ansprach, war die erste Antwort immer richtig und angemessen, aber mit dem nächsten Wort war der Faden verloren. Aber ich habe an ihm erfahren, wie groß die Macht angeborner, ursprünglicher Anmuth ist. Während 36 Stunden, die er bei uns im Ganzen verweilte, hat er nichts unschickliches, nichts

Ausgabe: Gemeint ist D1846; vgl. Verzeichnis der Drucke.
Sohn: Christoph Theodor Schwab.
Eintritt: 1783 in die Lateinschule.
Erscheinung: Anläßlich Schellings Hochzeit mit Caroline Schlegel.
unschickliches: vgl. ›Untreue der Weisheit‹, II 379.

seinem früheren, edlen und anstandsvollen Wesen widersprechendes weder gethan noch geredet. Es war ein schmerzlicher Abschied auf der Landstraße – ich glaube vor Sulzbach. Seitdem habe ich ihn nicht wieder gesehen.

SCHELLING IM GESPRÄCH MIT MELCHIOR MEYR
17. Februar und 9. April 1847

»Sie beschäftigen sich jetzt mit Höld. Nachlass?«. Ich: ja; ich wünschte sehr, zu wissen, was s. Freunde über ihn geurtheilt, ob man ihm anfühlte, dass er so enden könnte. Sch.: »das nicht: nachher freilich hat man sich erinnert, dass etwas in ihm lag, was Besorgnis erregen konnte. Ich war s. Mitschüler in Nürtingen, kam fünf Jahre jünger in die Klasse; er der erste, nahm sich meiner an, lehrte mich die lat. Worte, die ich auswendig wusste, richtig schreiben, vertheidigte mich gegen die anderen. Seine Mutter hielt ihn zu zärtlich; einsam, er wurde immer wie ein Juwel betrachtet. In Tübingen traf ich ihn wieder, voller Schönheit u. Anmuth, aber mit sr. Poesie konnt' ich mich nicht recht befreunden, da sollte nichts gelten, als die Griechen, mit dem Volksleben knüpfte er nicht an (etwas wie »unter uns«): Schiller hat einen schlimmen Einfluss auf ihn gehabt. Ich: aber Höld. war's ernst mit den Griechen. Schell.: gewiss! Sch.: nach s. Zurückkunft v. Bordeaux hatt' ich ihn noch gesehen; er kam von Nürtingen zu meinen Eltern, in sehr kurzer Zeit, war querfeldein gegangen; trotz seines Irrsinns war er aber ganz ruhig, man bestellte nachts einen Wächter, aber es war nicht nöthig. er war ganz liebenswürdig, an ihn hab' ich gedacht, als ich in der Rede über das Verhältnis der bildenden Kunst etc. über die Anmuth schrieb. Über den Hyperion: kann ihm nicht viel abgewinnen.

»Sie haben mir die Aufsätze über Hölderlin zugeschickt, ich habe sie nicht recht lesen können, es war mir eine schmerzliche Erinnerung an die Zeit in Tübingen, wo ich 3 Jahre mit ihm war,

Schelling im Gespräch mit Melchior Meyr: aus Meyrs Tagebüchern, in: Schelling im Spiegel seiner Zeitgenossen, Ergänzungsband. Melchior Meyr über Schelling. Hg. von Xavier Tilliette, Turin 1981, S. 437 und 439.

Rede: ›Über das Verhältniß der bildenden Künste zu der Natur‹, gehalten am 12. Oktober 1807 in der Akademie der Wissenschaften zu München.

wo er mir seine Poesien zeigte und ich sah, wie er sich umsonst abmühte« sonst ein vortrefflicher Mensch, er sang sehr schön; wir hatten damals wahre attische Gelage, aber das Dichten ging ihm nicht leicht, er brauchte sehr lang (Fr. v. Schell.: »das ist schon ein Zeichen, dass er kein wahres Talent hatte«!), feilte immer«. Als er von Jena zurückkam, sagte er mir, Schiller habe zu ihm geäussert, Goethe mache seine Sache, wie ein Kartoffelacker Kartoffeln bringt; Sch. hat einen schlimmen Eindruck auf ihn geübt; auffallend ist der gänzliche Mangel an Popularität; dazu glaubte er zu hoch zu stehen«. ich: doch einzelne sehr schöne Gedichte, 12 etwa. Sch.: ja, aber man muss in der Stimmung für sie sein, wenn sie Eindruck machen sollen; ein Gedicht hat er mir in Tübingen vorgelesen, das er an seine Geliebte in Maulbronn gedichtet, das ist schön; ich weiss nicht, ob Sie's auch ausgezeichnet haben. Er lässt das Buch suchen, liest's pathetisch vor, »Abbitte«. ich: das hab' ich auch hervorgehoben!

SINCLAIR AN HÖLDERLINS MUTTER

Homburg d. 17ten Junii. 1803

Hochgeehrteste Frau KammerRäthinn!

Ihr geehrtestes Schreiben vom 6ten d., welches ich gestern erhielt, hat mich sehr betrübt. Doch kann ich es nicht denken, daß eine eigentliche Gemüths Verwirrung und Abnahme der Geistes Kräfte bei meinem theuren und lieben Freunde Statt habe. Es sind hoffe ich nur *Symptome* die niemand beurtheilen kann, als wer die vielen und grosen Ursachen kennt, die ihn auf den Punkt, wo er ist, gebracht haben. Zu *Regensburg* war ich auch beinahe

---

Fr. v. Schell.: Pauline Schelling.

Geliebte: Gemeint ist Louise Nast. Das Gedicht ›Abbitte‹ stammt jedoch aus der Frankfurter Zeit und ist an Susette Gontard gerichtet.

Schreiben: nicht überliefert; Hölderlin war um den 6. Juni 1803 bei Schelling in Murrhardt.

eigentliche Gemüths Verwirrung: In seinem Brief an Hölderlins Mutter vom 6. August 1804 begründet Sinclair dies genauer, vgl. III 633.

Ursachen: Sinclair denkt wohl an die heute nicht mehr genau rekonstruierbaren Erlebnisse, die Hölderlin in Frankreich hatte und an den Tod Susette Gontards.

der einzige, der ihn nicht für das hielt, wofür ihn die dasigen Ärzte ausgeben: und ich kann mit Wahrheit behaupten, daß ich nie grösere Geistes u. SeelenKraft als damahls bei ihm gesehen. Ich glaube aber in der That, daß es ihm äusserst schmerzlich sein muß, so beurtheilt u. dafür gehalten zu werden; denn, wie wohl ich überzeugt bin, daß seine verehrungswürdigen Angehörigen alle Schonung und *Delicatesse* die nur denkbar ist, in den Beweisen ihrer Liebe gegen ihn zeigen werden, so ist er doch ein viel zu fein fühlendes Wesen, als daß er nicht auch das geheimste Urtheil das man über ihn fällt, im Innern des Herzens lesen sollte: und um wie bekümmerter muß dieses ihn nicht machen. Ich glaube daher, daß nichts für ihn besseres sein könnte, als bei jemand zu sein, der ihn und sein Schicksal ganz kennt, und vor dem er nichts verborgnes hat. Gäbe es einen andern solchen Freund, als mich, so wollte ich es nicht sein, der ihn aufnähme, weil es eine grose Verantwortlichkeit ist, die Gefahr eines solchen Kleinods als Ihr Sohn ist auf sich genommen zu haben. Er hat aber keinen, der ihn so kennt und auf den er eben, weil er ihn so kennt, ein solch Zutrauen sezzt als mich, wiewohl er viele hat, die ihn von Herzen lieben und verehren. – Es war daher zu *Regensburg* unsre festgenommene Abrede, daß er das Frühjahr zu mir kommen sollte, und es ist noch meine feste Entschliessung. Daß er dabei veränderlich sein mag, ist mir leicht begreiflich, da es in seiner Lage schwer ist sich zu bestimmen; ich habe es auch daraus entnommen, daß er mir zu Anfang des Frühlings schrieb, daß er noch einige Zeit dort zu bleiben brauche. Ich hatte mir daher vorgenommen, zu ihm zu kommen, und ihn abzuhohlen, woran aber bisher ein ununterbrochener Zusammenhang meines Dienstes mich verhindert hat, und auch die Ursache gewesen ist, daß ich es von einer Zeit zur andern verschob Ihnen, verehrungswürdigste Frau, auf Ihren Brief den Sie mir diesen Winter schrieben und welcher ausser dem izzigen der einzige ist, welchen ich von Ihnen erhalten, zu antworten, weil ich Ihnen gern etwas ganz bestimmtes schreiben wollte. Auch izt noch sehe ich auf ein paar

---

die dasigen Ärzte: Gemeint sind wohl die Ärzte in Nürtingen, die Hölderlins Mutter hinzuzog und von deren Urteil sie Sinclair anscheinend berichtet hatte.

schrieb: nicht überliefert.

Brief: vom 20. Dezember 1802, der zweite der Mutter an Sinclair; den ersten, nach Regensburg gesandten, hatte dieser nicht erhalten.

Wochen Hinderniß meinen Plan auszuführen: und da noch unvorhergesehene Umstände dazwischen kommen könnten, so wünschte ich von Ihnen zu erfahren, ob seine Umstände es nicht erlauben, daß er die Reise allein mache. Im Fall daß es angeht, würde ich ihm davon schreiben: auch ihm vielleicht eine Strecke entgegenkommen.

Daß ihr lieber Sohn hier bequem und wohl versorgt wohnen solle, darauf können Sie Sich verlassen. Was das übrige betrifft, so ist zwischen uns die Verabredung getroffen, daß er 200 fl. jährlich von meiner Besoldung annimmt, solang es meine Umstände erlauben: und dies ist izt der Fall. Ich glaube aber, daß er es nicht gerne sehen wird, vielleicht, daß ich es Ihnen schreibe. Ich thue es aber blos in der Absicht, Sie zu beruhigen. Überdies können sich bald Umstände ereignen, die seine Lage erleichtern werden, ohne daß er meiner Beihülfe nöthig haben wird: die ich ihm aber kein Bedenken getragen habe zu widmen, weil es eine FreundschaftsPflicht u. nur eine Erwiederung dessen ist, was ich ihm zu verdanken habe. Da dieses alles genau mit unsern Verhältnissen zusammenhängt, die Ihnen unbekannt sind, so verbinden Sie mich, wenn Sie Sich alles Urtheils hierüber enthalten: und daher so wie gegen Ihn, also auch gegen mich, und gegen niemand nicht Sich dessen äussern.

Ich habe das Zutrauen zu ihm, daß er auf meine Einladung kommen wird, und wir wollen dann dem gütigen Schicksal das überlassen glücklich zu wenden, was Liebe und Einsicht der Freundschaft für ihn thun kann.

Ich weiß was ein Sohn einer so zärtlichen Mutter ist, als Sie sind, weil auch ich noch das Glück habe meine Mutter zu besizen: ich habe also wohl überlegt, was ich Ihnen zumuthe indem ich Sie ersuche mir Ihren lieben Sohn anzuvertrauen, und welche Pflichten ich dabei übernehme: ich rechne aber auf das Zutrauen, das Ihre Briefe gegen mich verrathen, und das ich zu erwiedern mich bestrebe.

Ihrem zweiten Herrn Sohn, dessen Andenken mir sehr schäzzbar ist, und unbekannterweise Ihrer Frau Tochter bitte

---

Umstände ereignen: Woran Sinclair hier dachte, läßt sich nicht genau bestimmen, vielleicht an politische Veränderungen in Württemberg.

meine Mutter: Frau von Proeck.

Sohn ... Tochter: Carl Gock und Heinrike Breunlin.

mich gehorsamst zu empfehlen, und unter Anhoffung baldiger Nachricht habe mit vollkommenster Hochachtung die Ehre zu sein

Ew. Wohlgebohren
geh. Dr.
Sinclair

HÖLDERLINS MUTTER AN SINCLAIR

Hochwohlgeborner Herr Justiz Rath.
Ihnen die Empfindungen bey Lesung Ihres mir so schäzbaren, u. unvergeslichen Briefs, und auch wieder Ihre edle Absicht, doch dieses erlauben Sie mir doch, daß meine Dankbarkeit, die mir so unzählbare Thränen über den Ihnhalt Ihres schäzbaren Briefs fließend macht noch oft vor so viele von uns unverdiente Beweise von Liebe, u. Gewogenheit, die Sie vor Ihren Freund meinen unglücklichen Sohn haben vor Ihr Wohl zu dem reichen Vergelder in Himel fliesen. Laider werden Euer Wohlgeboren aus dem Schreiben meines l. Sohns seinen Traurigen Gemüths Zustand sehen, und wolte der l. Gott es wäre noch nicht so weit mit ihm gekomen, u. so wie Sie es vermuthen oder vielmehr aus Liebe vor Ihren unglücklichen Freund es wünschen. Bloß die Hoffnung daß es noch möglich wäre, daß er wieder mit der Hülfe des Herrn noch genesen könnte, erhält mich aufrecht.

Euer Wohlgeboren können also denken, daß ich als Mutter gewiß alles anwende, was zu seiner Rettung etwas beytragen könnte, auch die Beruhigung den l. unglücklichen selbst zu verpflegen verläugnen würde, besonders da ich überzeugt bin, daß Euer Wohlgeboren allein vermögend wären als der einzige Edle Freund von ihm ihn noch nebst dem Beystand Gottes zu retten. aber ich würde imer besorgen, Ihre Großmuth u. Freundschaft die nicht ihresgleichen hat, würde von uns mißbraucht, u. es müßte Ihnen lästig werden bey Ihren Amtsgeschäften, bey allen Ihren liebevollen Absichten auch so viele Liebes Dienste zu übernehmen, der l. unglückliche muß sich auch selbst so geschwächt fühlen, seine körperliche Verpflegung zu besorgen,

---

geh. Dr.: gehorsamer Diener.
Schreiben: nicht überliefert.

weil er seit dem Frühjahr nicht mehr davon spricht uns zu verlassen, da er den Winter über imer mit den angenehmen Gedanken sich beschäftigte, bald in dem angenehmen umgang seines Edlen Freundes in Homburg sich zu befinden, würde ich ihn also jetzt zureden, so könnte er leicht denken, er wäre uns lästig, weil er Gott seye auch vor dieses gedankt, noch imer soviel Besinnungskraft hat u. auch gute Tage u. Stunden hat. Vieleicht besern sich seine umstände auch in etwas, daß er wan sich eine schickliche gelegenheit zeigte, oder H. Handelsmann Landauer wan er in die Herbstmess nach Frankfort reist, ihn als Freund mitnehmt, da er ihn kennt, würde er aus Liebe vor ihn uns schon die Freundschaft erweisen, weil ich besorgt wäre den guten die Reise allein machen zu lassen. weiter kan ich vorjezt nichts Bestimtes schreiben, da ich nicht glauben kan daß Euer Wohlgeboren ihn unter solchen umständen gern aufnehmen würden. oder mein l. Sohn geneigt wäre, von Euer Wohlgeboren großmüthigen Einladung in seiner traurigen Lage gebrauch zu machen.

Von Ihrem weitern, mehr als Brüderlichen, u. Freundschaftlichen Anerbieten, u. großes Geschenk, muß ich vor Beschämung u. Bewunderung schweigen, weil solches gewiß nicht ihres gleichen hat. ich vermuthete es gleich daß Sie der große Wohltäter wären, bey übersendung des reichlichen Reisegeldes, u. der äußerung meines l. Sohns von einem so schönen zu hoffenden Gehalts. u. da Euer Wohlgeboren aus schonung vor ihn nicht erlauben Ihnen großmüthiger Freund seinen schuldigen Dank abzustatten so nehmen sie solchen doch von mir an, u. glauben Sie daß der Himel auf meine heiße wünsche vor Ihr Wohl es reichlich ersetzen wird.

Daß mein erster Brief den ich mir die Freiheit nahm vor der Abreise meines l. Sohns nach Regenspurg an Euer wohlgeboren zu schreiben Ihnen nicht zukam ist mir sehr leid weil ich damals viel von seiner traurigen Lage schrieb, u. die absicht hatte ihn dyswegen, wegen seinem seltenen schreiben zu entschuldigen wahrscheinlich wurde der Brief vergesen in Ihrer abwesenheit Ihnen zu zustellen. Verzeihen Sie mir daß ich nicht gleich nach dem Empfang Ihrer schäzbaren zuschrift solche beantwortete. Durch den l. Hölderlin der auch einige Bottengänge sich vornahm an Euer Wohlgeboren zu schreiben wurde ich gehindert.

---

einige Bottengänge: Gemeint sind die Posttage.

ich empfehle mich u. die l. Meinigen noch ferner in ihre Gewogenheit, u. habe die Ehre mit vollkommener Hochachtung zu verharren *Euer Wohlgeboren*
unterthänigste Dienerin
Nürtingen d. 4. Juli 1803. J. C. Gockin

SCHELLING AN HEGEL Cannstatt, 11. Juli 1803

Der traurigste Anblick, den ich während meines hiesigen Aufenthalts gehabt habe, war der von Hölderlin. Seit einer Reise nach Frankreich, wohin er auf eine Empfehlung von Professor Ströhlin mit ganz falschen Vorstellungen von dem, was er bei seiner Stelle zu thun hätte, gegangen war und woher er sogleich wieder zurückkehrte, da man Forderungen an ihn gemacht zu haben scheint, die er zu erfüllen theils unfähig war, theils mit seiner Empfindlichkeit nicht vereinen konnte – seit dieser fatalen Reise ist er am Geist ganz zerrüttet, und obgleich noch einiger Arbeiten, z. B. des Übersetzens aus dem Griechischen bis zu einem gewissen Puncte fähig, doch übrigens in einer vollkommenen Geistesabwesenheit. Sein Anblick war für mich erschütternd: er vernachlässigt sein Äußeres bis zum Ekelhaften und hat, da seine Reden weniger auf Verrückung hindeuten, ganz die äußeren Manieren solcher, die in diesem Zustande sind, angenommen. – Hier zu Lande ist keine Hoffnung ihn herzustellen. Ich dachte Dich zu fragen, ob Du Dich seiner annehmen wolltest, wenn er etwa nach Jena käme, wozu er Lust hatte. Er bedarf ruhige Umgebung und wäre durch eine suivirte Behandlung wahrscheinlich zurecht zu bringen. Wer sich seiner annehmen wollte, müßte durchaus seinen Hofmeister machen und ihn von

---

Forderungen: nicht genau bestimmbar; es könnte sein, daß man von Hölderlin – wie ursprünglich wohl geplant, dann aber zurückgestellt – doch verlangt hatte, auch zu predigen (vgl. Brief von Landauer vom 22. Oktober 1801, II 910), oder es bezieht sich dies auf den Elementarunterricht, den Hölderlin den vier Mädchen des Konsul Meyer in Bordeaux zu geben hatte.
Übersetzens: Hölderlin hatte bei der Begegnung in Murrhardt im Juni 1803 sicher von seiner Sophokles-Übersetzung gesprochen und Schelling gebeten, sie ans Weimarer Theater zu empfehlen, vgl. Brief an Wilmans vom 28. September 1803, II 924 f.
suivirte Behandlung: fortgesetzte Behandlung.

Grund aus wieder aufbauen. Hätte man erst über sein Äußeres gesiegt, so wäre er nicht weiter zur Last, da er still und in sich gekehrt ist.

HEGEL AN SCHELLING   Jena, 16. August 1803

Ich danke Dir für die mancherley Erinnerung an Schwaben, die Du mir gegeben hast; unerwartet waren mir die mancherley Kunstmerkwürdigkeiten, die Du in Stuttgard aufgefunden hast; doch ist es wohl immer wenig, um gegen das sonstige platte und interesselose Wesen, das dort zu Hause ist, ein Gegengewicht zu erhalten. Noch unerwarteter die Erscheinung Hölderlins in Schwaben, und zwar in welcher Gestalt! Du hast freylich recht, daß er dort nicht wird genesen können; aber sonst ist er überhaupt über die Periode hinaus, in welcher Jena eine positive Wirkung auf einen Menschen haben kann; und es ist izt die Frage, ob für seinen Zustand die Ruhe hinreichend ist, um aus sich selbst genesen zu können. Ich hoffe, daß er noch immer ein gewisses Zutrauen in mich setzt, das er sonst zu mir hatte, und vielleicht ist dieses fähig, etwas bey ihm zu vermögen, wenn er hieher kommt.

Sömmering hat nicht angenommen; seine erste Bedingung war, daß keine Studenten zu ihm kommen dürften; er hat Ebel, der über die Gebirgsvölker der Schweitz geschrieben, und sich gegenwärtig in Frankfurt aufhält, an seine Stelle vorgeschlagen. (Solltest Du Hölderlin noch sehen, so bitte ich dieß ihm mitzutheilen.)

Erinnerung: Schelling hatte in seinem Brief über einheimische Bekannte und Verhältnisse geschrieben, sowie über eine Aufführung von Schillers ›Maria Stuart‹ und einen Besuch bei dem Bildhauer Dannecker, der eine Büste Schillers angefertigt hatte.

nicht angenommen: einen Ruf nach Jena als Anatom. 1803/04 verließen viele Professoren und Studenten die Universität, die ihr Ansehen seit dem Atheismusstreit 1799 langsam einbüßte.

HÖLDERLINS MUTTER AN SINCLAIR   Nürtingen, im August 1803

Hochwohlgeborner Herr!
Durch die gütigste, und freundschaftliche Verwendung vor die Arbeit meines l. Sohns haben Euer Hochwohlgeborn uns abermahl einen so großen Beweiß von Ihrer Großmuth, u. liebreichen Antheil, an dem traurigen Schicksal meines l. Sohns gegeben, daß es höchst undankbar von uns wäre, wan wir solches nicht ganz schäzen, u. Ihnen unsern gehorsamsten, u. innigsten Dank davor bezeugen wolten. Der gute erfolg von der gnädigen Vorsorge Euer Hochwohlgeborn ist besonders aus dem Grund wohltätig vor meinen l. unglücklichen Sohn, weil es schon seit geraumer Zeit das erste Werk ist, das das Glück hatte, zum Drucken angenommen zu werden, welches auf seine traur. Gemüths Stimmung sehr wirkte, theils liede sein Ehrgefühl darunter, u. dan will er auch, so äußerst schonend, u. gewiß gut er auch behandelt wird, um seiner Geschwister willen, nur mit Widerspruch das annehmen, was ich ihm gewiß aus treuem Herzen thue u. gebe. schon aus dieser Rücksicht ist der gute äußerst zu bedauern. Er war über das schöne offert vor das Werk vergnügt, weil es noch sehr ungewiß wäre ob, u. wie H. Professor Schelling es hätte anbringen können. Seine Umstände haben sich laider nicht viel gebessert, seit meinem und meines l. Sohns leztem Schreiben vor 6 od. 8 Wochen, welche Euer Hochwohlgeborn werden erhalten haben. Aber doch auch nicht verschlimert, wofür der l. Gott 1000 mahl gepriesen seye. ich hoffe imer wan der gute nicht mehr so angestrengt arbeiten würde, wovon ihn all unser Bitten seit einem Jahr nicht abbringen konnte, (weil er nach seiner Aeußerung doch nicht viel aufweisen könne wegen seinen geschwächten Sinnen) seine Gemüthsstimmung würde sich auch bessern aber leider wurde ich in meiner Hoffnung getäuscht. seit 4 Wochen arbeitet er sehr wenig u. geht beynahe den ganzen Tag aufs Feld, wo er aber eben so ermüdet nach Hauß komt, als ihn vorher das Arbeiten anstrengte. u. eben diese Ermüdung muß aber auch seine Sinnen schwächen, weil keine Besserung darauf erfolgt.

Verwendung: Inwiefern Sinclair den Verlag der Sophokles-Übersetzung an Wilmans vermittelte, ist nicht bekannt.
  anbringen: vgl. Brief an Wilmans vom 28. September 1803, II 924.
  Schreiben: Wahrscheinlich ist der Brief vom 4. Juli 1803 gemeint, III 617 ff.

ich hoffe Euer Hochwohlgeboren werden von mir überzeugt seyn daß es nicht meine Absicht ist, Ihre edle u. großmüthige Theilnahme zu vermehren, ich hielt es bloß vor meine Schuldigkeit mit dem zurückgehenden Werk auß Frankfort zugleich meinen unterthänigsten Dank zu bezeugen. da ich ohnehin noch nicht weiß ob der l. Hölderlin seinen Vorsaz auch an Euer Hochwohlgeborn zu schreiben getreu bleibt u. dan auch Ihnen Nachricht von Ihrem bedauerungswürdigen Freund zu geben.

Der l. Gott erhalte Sie u. dero verehrungswürdige Frau Mutter in ununterbrochenem Wohlsein und ich habe die Ehre in der volkomensten Hochachtung, u. unterthänigsten Respekt u. Empfehlung der l. Meinigen zu verharren

Euer Hochwohlgeborn
unterthänigste Dienerin
J. C. Gockin.

HÖLDERLINS MUTTER AN SINCLAIR

Hochwohlgeborner Herr
Gnädiger Herr!
Die dankbare Empfindungen auszudrücken, als mein l. Sohn das große Geschenck nebst Euer gnaden verehrungswehrtes Schreiben erhielt, ist meine Feder viel zu schwach, solche zu beschreiben, noch nie hatte ich Trähnen vergossen, welche so häufig aus wahrer fröhlicher Dankbarkeit aber auch eben so sehr vor Bewunderung über Euer Gnaden Großmuth u. von unsrerseite so unverdiente Großmuth flossen, mein Drang ist auch noch eben so stark, u. schon vor 8 Tagen gleich nach dem Empfang würde ich nach meiner Schuldigkeit in meinem u. meines l. unglücklichen Sohns Nahmen meinen unterthänigsten u. innigsten Dank bezeugt haben, aber der gute sagte jeden Tag daß er nach seiner Schuldigkeit Euer Wohlgeborn seinen gehorsamsten Dank bezeugen wolle. aber jeden Tag fühlte er sich auch wieder zu

---

zurückgehenden Werk: nicht bestimmbar; es könnte jedoch erwogen werden, daß es sich dabei um die Druckfahnen des *Ödipus* gehandelt hat, dann wäre der Brief erst im April des folgenden Jahres geschrieben.

Geschenck: wahrscheinlich die im Brief Sinclairs an die Mutter vom 17. Juni 1803 erwähnten 200 Gulden, die er schon vor Hölderlins Aufenthalt in Homburg an diesen sandte.

schwach hierzu. Undankbarkeit u. Nachlässigkeit war es nicht daß er solches nicht gleich beobachtete u. so unterblieb es bis heute. empfangen Sie demnach von mir u. meinem l. Sohn (ob er schon nicht weiß daß Sie sein großmüthiger Wohltäter seyn) unsern devotesten u. innigsten Dank. Der reiche Vergelter im Himel ersetze es Euer Wohlgeborn u. lasse es Ihnen imer wohl davor gehen.

Euer Wohlgeborn werden von mir überzeugt seyn, daß ich als treue Mutter an meinem l. Sohn handle, u. dem guten auß Liebe, Pflicht u. Gewissen nichts abgehen lasse. aber auß gleich stark. Liebe vor mich, u. seine l. Geschwister war es ihm schon oft drang so lange mein Kostgänger zu seyn, wie auch ein noch unberichtigter Posten vor seine Rückreise aus Bourdo welchen er auch nicht auß eben der Liebe gestatten wolte, daß ich solchen vor ihn bezahlte. dieses erschwerte ihm seine traurige Laage noch mehr, so sehr wir uns imer Mühe geben ihn aufzuheitern.

Euer Hochwohlgeborn können sich also denken, welche große Erleichterung u. Freude vor den l. guten es war, auch einmahl durch Ihre Großmuth in so eine gute u. veränderte Laage zu komen.

Laider haben sich seine Gemüthsumstände noch nicht gebessert aber etwas geändert. Die Heftigkeit die ihm so oft befallen, hat sich Gott seye Dank beynahe ganz verlohren.

Nach meiner Beurtheilung ist sein trauriger zustand mehr Schwachmuth zu nenen, wo es aber auch abwechselnd ist, aber laider hat er jezt weniger ganz freie Stunden, wie ehemals.

Das Traurigste vor mich ist, daß die Arzte mir so wenig Hoffnung machen für Wiedergenesung, da ihn seine Arbeiten so gemach es auch mit seinen Arbeiten geht ihn doch so sehr anstrengen u. er sich auch nicht dazu entschließen kan Arzeney Mittel zu gebrauchen u. sich oft sehr lange aller Gesellschaft enthielt.

Den guten so traurig zu sehen ist vor eine treue Mutter u. l. Geschwister sehr schwehr wan nicht noch einige Hoffnung zu seiner Wiedergenesung mich erheiterte so wäre ich schon lange erlegen.

Euer Hochwohlgeborn werden meinen l. unglücklichen Sohn

Schwachmuth: Um diese Zeit arbeitete Hölderlin wahrscheinlich die Ode ›Dichtermuth‹ zu ›Blödigkeit‹ (I 443f.) um.

verzeihen wan er seinen Dank gegen Sie nicht so bezeugt wie das
große Geschenk es verdiente. Er weiß ja nicht daß Euer Gnaden
der Wohlthätige geber waren.
Nehmen Sie solchen nochmals von mir an u. sein Euer Wohlgeboren versichert daß ich nie aufhören werde vor Ihr Wohl zu
dem reichen Vergelder im Himel zu betten u. empfehle mich u.
die l. Meinige noch ferner in dero Gewogenheit u. habe die Ehre
in unterthänigstem Respekt zu verharren Euer Hochwohlgeborn
gehorsamste u. dankbare Dienerin
J. C. Gockin
Nürtingen d. 22. Jan. 1804.   Verwittibte Camerräthin.

N. S. Schon vor 8 Tage war mein Brief geschrieben, u. hoffte der
l. Hölderlin werde sein Schreiben an Euer Wohlgeborn absenden
aber der gute war u. ist auf dero Befehl daß ichs dem unglücklichen nicht melden solle daß Sie der großmüthige Wohltäter vor
ihn seyn noch imer der Meinung er habe das Geschenk dem H.
Landgrafen zu danken, u. zum Beweis seiner Dankbarkeit will er
der Prinzessin von der er imer mit vieler Achtung spricht zugleich ein Gedicht übersenden, u. quält sich schon 3 Wochen so
sehr daß er gegenwärtig ganz geschwächt ist und beynahe seine
Besinnungskraft verlohren hat. ich weiß Sie haben Mitleiden mit
dem guten unglücklichen u. verzeihen ihm seine anscheinende
Nachlässigkeit u. nehmen einstweilen von mir nochmals den
unterthänigsten gehorsamsten Dank an. Lange wird er es wie ich
hoffe nicht anstehn lassen.

HÖLDERLINS MUTTER AN WILMANS

Nürtingen d. 28 Merz 1804
Mein Herr
Verzeihen Sie mir, daß ich Sie als Mutter vom M. Hölderlin auch
mit diesen Zeilen *incomodiere* Die HE. Buchführer F. u W. in
Franckfort haben vor Bücher an meinen Sohn eine Forderung

Landgrafen ... Prinzessin: Friedrich und Auguste von Hessen-Homburg.
Gedicht: nicht vollendet; Entwürfe dazu sind nicht überliefert. Hölderlin
widmete dann der Prinzessin die Sophokles-Übersetzung.
Buchführer F. u W.: wahrscheinlich die Verlagsbuchhandlung Varrentrapp
Sohn und Wenner.

von 32.fl. u ich bin deswegen so frei wan mein l. Sohn Ihnen auf das was Er bey Ihnen zu erheben hat, nicht selbst eine Anweisung sendet, die gewogenheit zu haben die Herren zu befriedigen warum mein l. Sohn es so lange stehen ließ, kan ich mir nicht erklären bitte Sie deswegen auch recht herzlich in dem Brief an meinen l. Sohn nicht gerade zu melden daß ich Sie darum gebethen habe.

Vor das meinem l. Sohn erwiesene Zutrauen, bezeuge ich Ihnen meinen gehorsamsten Danck, u. empfehle Ihn noch ferner in Ihre Gewogenheit. u habe die Ehre mit der vollkomensten Hochschäzung zu seyn.

Euer Wohlgeborn
gehorsamste Dienerin
J. C. Gockin
verwittibte Cammerräthin.

N. S.
Da die Sume durch die daraufgelegte Zinse so erhöht worden ist. welches doch bey Bücher oder Kauffmans Conti ungewöhnlich ist, so bitte ich Sie gehorsamst die Herren zu disponiren daß Sie auch etwas von Ihrer Forderung abgehen.

Verzeihen Sie mir daß ich Sie mit diesem unangenehmen Auftrag belästige, u. nehmen Sie zum voraus meinen gehorsamsten Danck hievor an.

HÖLDERLINS MUTTER AN SINCLAIR

Hochwohlgeborner Herr
Gnädiger Herr!
Verzeihen Sie mir daß auch ich so frei bin Sie mit diesen Zeilen zu incomodiren, ich kan aber dem Wunsch nicht wiederstehen, Ihnen vor die herablassende Gewogenheit mit welcher Sie wiederholt meinen l. unglücklichen Sohn beehrten, meinen unterthänigsten Dank abzustatten. Der Reiche Vergelder im Himel

---

zu erheben: das Honorar für die Sophokles-Übersetzung, 222 Gulden, die Wilmans am 27. Mai überschickte, s. I 931. Die offene Bücherrechnung hatte er nicht davon abgezogen und den Grund dafür vielleicht in einem verlorenen Brief an Hölderlins Mutter vom 26. Mai genannt.

wolle es Ihnen ersetzen. besonders fordert dieses mich zu dem devotesten Dank gegen Sie auf daß Euer Hochwohlgeborn auch auf diese Art sich vor ihn verwenden wollen. (nach der äußerung meines l. Sohns) daß Sie ihm eine Bibleotheecariat Stelle vorgeschlagen, u. seine Arbeiten ihm verschliesen wolten. so groß hieriber meine Dankbarkeit ist, so muß ich laider besorgen, wan Euer Hochwohlgeborn durch Ihre vielvermögende Empfehlung die Stelle vor den guten unglücklichen erhielten, die so ganz nach dem Wunsch meines l. Sohn wäre, u. wan er im Stand wäre solche anzunehmen, also auch nach meinem Wunsch, aber laider muß ich als Mutter mit den bittersten Empfindung. der Wehrmuth meine Besorgnisse mitteilen, daß er vorjetzt nicht im Stand wäre, diese Stelle anzunehmen, nach meiner geringen Einsicht erfortert solche doch einen geortneten Verstand, u. laider ist mein l. Sohn so unglücklich daß seine Verstandes Kräften sehr geschwächt sind, welche mich besorgen liese Euer Hochwohlgeborn dan unannehmlichkeit ziehen, wan er sein Amt nicht mit gehöriger Aufmerksamkeit versehen könnte, u. eine baldige Entlassung zu befürchten wäre, würde seinem zu grosem Ehrgefühl, welches ich als Mutter gestehen muß seine Schwache Seite ist, auf neue wieder einen zu harten Stoß geben, u. ich bey der weiten Entfernung in der grösten Sorge seyn, auf welche Art er in solchen unglücklichen Umständen wieder die Reise zurück machen könnte; Wahrscheinlich hat der bedauerungswürdige aus Freude über Euer Wohlgeborn Gegenwart, u. die ihm erwiesene Ehre all seiner Besinnungs Kraft aufgebothen, daß Ihnen sein zerrütteter Verstand Ihnen nicht so sehr auffiel, ich kan es mir freilich nicht erklären wie es möglich ist in diesem Fall noch zu arbeiten. Doch sehe ich mit Betrübnis daß es ihn außerordentlich viel anstrengung kostet, welches ihn dan imer mehr schwächt, u. deswegen sagen auch die Aerzte, daß bey ihm alle Curart u. Arzneymittel nicht anschlagen könnten weil er sich nicht dahin bringen läßt, sein Lieblings Studium aufzugeben oder mit maaß zu behandeln.

ich überlasse es aber Ihren besern Einsichten, vieleicht ist der l. Gott so gnädig ihm doch auch wieder seine traurige umstände bald zu besern, u. er dan eher fähig ist von Ihrer gnädigen Vorsorge gebrauch zu machen.

Lieblings Studium: Gemeint ist die Dichtung.

erlauben Sie daß ich es ganz zu schäzen weiß ob ich schon nicht im Stand bin so wie ich wünschte mich gegen Sie auszudrücken. auch gereicht es mir zum Trost, daß mein l. unglücklicher Sohn noch so Edle Freunde hat, die ihm mit Rath und Tath beystehen. Der Herr wird es Euer Hochwohlgeborn gewiß zum Segen anschreiben. Darf ich aber bitten daß Sie von dem was ich genöthigt war Ihnen zu melden, gegen meinen l. Sohn nicht zu berühren, ich hielt es auf diese Art vor besser, als ihm als Mutter sagen zu müssen, daß es in seinen umständen nicht angehe, u. der gute glaubt daß es nicht fehlen werde, u. spricht von seiner Equibirung als ob es schon richtig wäre. wie gern u. mit Vergnügen würde ich ihm auch hierin seine Wünsche erfüllen, u. ist traurig genug vor mich daß ich mir so wenig Hoffnung machen kan, daß er ein Amt anzunehmen im stande ist.

Euer Hochwohlgeboren empfehle ich mich nebst meinem l. Sohn in dero fernere Gewogenheit u. habe die Ehre in der vollkomendsten Hochachtung zu verharren

Euer Hochwohlgeborn
Nürtingen d. 24. Mai 1804.   unterthanig D. Gock.

HÖLDERLINS MUTTER AN SINCLAIR

Hochwohlgeborner Herr!
Allerverehrungswürdigster Herr Regierungs-Rath!
Sie werden mir verzeihen, daß ich schon jezt gebrauch von Ihrer Gewogenheit mache, u. beschwerlich fallen muß. ich wolte so frei sein, Sie unterthänig zu bitten, ob ich wohl die anbey mitfolgende kleine Summe von 50 fl. nicht Ihnen mitgeben, u. zur Pflege des l. Hölderlins in Ihre Hände übergeben darf, ich weiß wohl daß es lästig ist unterwegs Geld bey sich zu haben u. zu   ich gestehe aber aufrichtig daß wan ich gegenwärtig eine größere Suma vorräthig gehabt hätte, solche absichtlich jezt da ich allein bin es gern gethan hätte, den guten auf einige Zeit zu berathen. meine l. Tochter hat zwar alle Liebe vor ihren unglücklichen Bruder. Da aber der l. Hölderlin vor ihr schon so viel

---

Equibirung: Ausstattung (équipage); hier ist die Bibliothekarsstelle in Homburg gemeint, die Sinclair für Hölderlin in Aussicht stellte.
u. zu: danach fehlt ein Wort.

empfing, u. sie Wittwe ist u. Kinder hat, glaubt sie aber auch vor ihre Kinder sorgen zu müssen. ich wolte gern mehr mit Ihnen gesprochen haben, da aber der l. Hölderlin imer gegenwärtig war, muß ich es jezt schriftlich thun. ich berge nicht, daß die unterhaltung vor dem guten auch mit Ursache war, daß mich wegen seinem weggehen sorglich machte, weil er so mancherley Bedürfnisse hat. Er ist kein Verschwender, aber hat es auch auf alle meine Bitten u. Vorstellungen nicht so weit gebracht, an Kleinigkeiten die unterbleiben könnten zu spahren, an Zins auß seinem Vermögen, wo ihm aber von dem vielen das er schon gebraucht, nicht abgerechnet werden därfte, hat er jährlich 125 fl. einzunehmen, ich kan ihm also ohne seinen Geschwister zu schaden weiter nicht als 150 fl. jährlich geben, sein Erbguth müßte bey stärkerer Gabe angegriffen werden, welches ich freilich als Mutter aus Pflicht vor sein Bestes nicht gerne thue, da ich nicht weiß wie lange er nach mir lebt, u. seine beyde Geschwister nicht im Stand sind, viel vor ihn zu thun, mein l. jung. Sohn hat wenig Vermögen von seinem l. s. Vater, u. auch von seiner Frau, die er nur ihres vorzüglich guten Caracthers willen, vorgezogen. sehr wenig Vermögen bekomen. Dieses melde ich Euer Wohlgeborn aus dem grund daß Sie die Gewogenheit vor den unglücklichen haben, ihn manchmahl zu erinnern, unnöthige ausgaben zu erstehn. Mangel soll er keinen leiden, aber ich besorge mir, er werde wie schon mehrmahlen der Fall war, aus Nachläßigkeit, da er alles als kleinigkeit ansieht, um vieles komen, da er kein Geld, u. noch viel weniger Kleidungsstücke und Wäschzeug einschließt. ich bin deswegen so frei nochmahls die unterthänige Bitte zu wiederholen. Darauf besonders Rücksicht zu nehmen, das er zu treuen Leuten in das Haus u. wo möglich auch in die Kost kome die ihm auch frühstück Abendthee und seine Wasch besorgten daß er so wenig als möglich ist, Veranlassung bekomt Zahlungen zu leisten, weil er nichts berechnen kan u. da bey unehrlich Gesind oder Handwerks Leuten, um vieles käme. sein vorräthig Geld an 170 fl. wird er ganz mit bekomen, u. wan ich ihn dahin bringen kan, das bitten, daß er den grösern theil in das Fehleisen thut, solte er auf der Reise weiter brauchen so haben Euer Gnaden von den 50 fl. welches mir aber lieber wäre, wan er es nicht wüßte, daß ich solche Ihnen zu gestellt. Er würde sich weniger einschränken, wan er glaubt einen so großen Vorrath von geld zu haben. wan das Fehleisen wie ich selbst glaube auf der Reise lästig wäre, so könnte solches auch geradenwegs nach

Homburg geschickt werden. ich hoffe es werde sicher laufen. wan er auch einen gut geschlosenen Comod u. in dem Comod ein kleines geschlosenes trühle oder Catul zu seinem Geld zur Miehte bekomen könnte, vor jezt schon einige Möbel anzuschaffen, hielte ich nicht vor räthlich, da ich laider besorge seine umstände werden sich nicht bessern u. auf diese Art würde u. müßte er Ihnen in die Länge lästig werden. Könnten Sie ihm nur von seinem Geld zum aufheben u. dan zur Berichtigung seines Kostgeldes etwas abnehmen, eine Vorstellung daß es ihm könnte gestohlen werden, würde vielleicht ihn leicht bewegen. auf meine Bitten, in derley nöthig sachen in der Wart u. pflege seines leibes die Reinlichkeit u. ordnung betreffend, wird laider nicht viel befolgt werden weil er in seinen beständigen Gedanken, nicht darauf achtet. ich muß also auch es wagen, in diesem Punkt die unterthänig Bitte an Sie Edler Menschen Freund zu thun, auch hierin Mutter u. Bruderstelle zu vertreten. ich kann es Ihnen nicht genug ausdrücken wie sehr ich es bedaure daß ich so viel auf Sie hinlegen muß. auch das wird mir viel Kumer machen, daß er bey seinen Spaciergängen sich so vergißt u. so gern erst in der nacht nach Hause komt. u. auch dieses beunruhigt mich daß ich sorge, er könne Ihnen u. Ihrem H. Reise Gefährden die Erholungsreise erschweren u. unangenehm machen, ich als eine sehr gebeugte unglückliche Mutter laß mich Ihren Freunden empfehlen u. um gnädig nachsicht u. Liebe vor meinen l. Sohn bitte. wan Sie die Gnade vor mich haben nach vollbrachter Reise durch jemand von dem unglücklichen mir nur eine kleine nachricht geben zu lassen, so bin ich so frei unterthänig zu bitten mir nur in 2 Worten melden zu lassen, ob Sie dieses schreiben u. die 50 fl. empfang. haben, weil der Brief in Ihrer Abwesenheit in andre Hände komen könnte, u. ich dann noch eher wegen dem geld nachfragen könnte. Nun will ich Euer Hochwohlgeborn nicht länger mit Lesung dieser trauer Zeilen ermüden. empfangen Sie auf meinen Knien nochmals meinen gehorsamsten Dank vor alle die viele viele Beweise von Großmuth u. Gewogenheit, die Sie mir, u. dem l. unglücklich. bewiesen haben, u. auf sich zu nehmen die Gnade hatten, der Reiche Vergelder im Himel wird es Ihnen in der Ewigkeit belohnen u. empfehle mich, besonders aber den l. unglücklichen, der l. Gott unterstüze Sie, mit seiner

---

Comod ... trühle ... Catul: Kommode, kleine Truhe, Schatulle.

Schwachh. Geduld zu tragen. aus eignen Kräften könnten Sie nicht vor einem vor den Sie ganz keine Verbündlichkeit haben nicht so viel thun.

Auch dero verehrungswürdigste Fr. Mutter empfehle ich mich u. den l. Hölderlin unterthänig, u. habe die Ehre mit der vollkomensten Hochachtung zu verharren

Euer Hochwohlgeborn
unterthänige u. gehorsamste
Nürtingen d. 14. Juni 1804.   Dienerin J. C. Gockin.

LANDAUER AN HÖLDERLINS MUTTER   Stuttgart, 16. Juni 1804

Auf ihren Brief antwortet er, er sei mit H.'s Freunden sämmtlich der Meinung, daß seine Abreise von Nürtingen u. seine Anstellung in Homburg für seinen Gemüthszustand, wo nicht eine sehr glückliche, doch wenigstens keine nachtheiligen Folgen haben werde, besonders da er an Hrn v. Sinclair einen Freund habe, der ihm immer zur Seite sei, Bekannte, die ihn schätzen, u. daß er mit einem Wort in einen Cirkel von Menschen komme, wo er im Gegentheil in Nürtingen nur immer in sich verschlossen gewesen u. nur immer seinen litterarischen Arbeiten nachhing, während er in Homburg doch in einem Amt stehe, das ihm wenigstens eine Beschäftigung außer seinen Privatarbeiten gebe. – Zudem komme nächstens die Reihe an ihn, ein Amt im Lande bekommen zu sollen. Das Consistorium könne ihm aber bei seinem Zustande doch ganz unmöglich eine Predigerstelle geben, u. sobald er dies merke, was ihm ja nicht entgehen könne, müsse dies auf ihn äußerst nachtheilig wirken. – Er glaube, daß gerade jetzt noch der glücklichste Augenblick für ihn sei, u. daß er jetzt noch weiter hergestellt werden könne, als später hin. – HE. v. Sinclair, der diesen Morgen bei ihm war, läßt sich ihr empfehlen.

Landauer an Hölderlins Mutter: Regest Gustav Schlesiers (h46).
Brief: nicht überliefert.
Amt im Lande: feste Anstellung in einem geistlichen oder Lehr-Amt, die das Konsistorium verteilte; die Begabteren aus Hölderlins Promotion wurden um diese Zeit mit solchen Ämtern bestallt.

SCHELLING AN HEGEL   Würzburg, 14. Juli 1804

Vor ohngefähr 4 Wochen überraschte mich Sinclair, es kam mir vor, daß mit den schnell zusammengerafften noch Fichtischen Ideen er sich dann übrigens so ziemlich in die Plattheit begeben hat. Er war auf dem Wege nach Schwaben, Hölderlin dort abzuholen, mit dem er dann auch hieher zurückkam. Dieser ist in einem besseren Zustand als im vorigen Jahr, doch noch immer in merklicher Zerrüttung. Seinen verkommenen geistigen Zustand drückt die Übersetzung des Sophocles ganz aus. Er sagte mir, daß er Bibliothekar des Landgrafen zu Homburg geworden sei, und ging mit S. dahin.

HÖLDERLINS MUTTER AN SINCLAIR
                            Nürtingen, zweite Hälfte Juli 1804

Hochwohlgeborner Herr.
Gnädiger Herr.
Verzeihen Sie mir, daß ich so frei bin das erste schreiben an meinen l. Sohn an Sie zu adressieren. da ich aber nicht weiß, ob er schon in Homburg bekannt ist, u. in welchem Haus er wohnt so mache ich eben schon gebrauch von dero gnädige Erlaubnis u. Gewogenheit auch nehme ich mir zugleich die Freiheit Euer Gnaden gehorsamst zu bitten meinen l. Sohn bey übersendung meines Briefs, an ihn die Erinerung gehen zu lassen, daß er mir wan noch kein schreiben von ihm unterwegs seyn solte, mir doch recht bald zu schreiben, ich berge nicht, daß mir die Verzögerung eines Briefs, auf den ich mit Sehnsucht schon mehrere Wochen warte, das schlimste befürchten liese. u. Euer Gnaden beruhigende Nachricht, die sie uns durch die 3te Hand mittheilen liesen »daß mein l. Sohn glücklich in Homburg angekommen, u. seine Gemüthsstimung erträglich seye« habe ich es allein zu danken daß ich vor Kumer nicht ganz erlegen.

Nehmen Sie also vor diesen Brief von Gewogenheit, u. Andenken meinen unterthänigsten herzlichsten Dank wie auch

---

durch die 3te Hand: Gemeint ist wohl Landauer.

vor alle die Freundschaft, Liebe u. Vorsorge die Euer Hochwohlgeboren, meinen l. Sohn während der weiten Reise, u. seinem Aufenthalt in Homburg schon erwiesen haben. Worte sind unvermögend Ihnen meinen inigen Dank auszudrücken.

Laider beförchte ich, daß sein langes Stillschweigen ein trauriger Beweis ist, daß seine Gemüths Stimung sich noch nicht gebesert hat, u. bedaure es um so mehr, weil solche Ihre unendlich viel Bemühung, u. gütig Vorsorge vermehren würde. welches mir meinen Kumer vergrösert, daß Sie so auserordentlich viel auf sich genommen, und ich u. die meinigen nichts im Stande seyn als vor ihre Gewogenheit, u. mehr als Bruderliebe unsern inigsten Dank zu bezeugen. Ich empfehle den Lieben unglücklichen, in Ihre Gewogenheit u. gnädige Vorsorge. ohne Ihren Beystand wäre er ja ganz verloren, u. ich könnte seinetwegen keine ruhige Stunde mehr haben, seinen Coffer kan ich ihm so lange nicht senden biß ich nachricht habe, ob mein l. Sohn durch seinen Aufenthalt in Homburg Euer Hochwohlgeborn nicht lästig wird. u. weiß ja auch nicht, ob er seine Bücher u. alle seine Kleider, u. weißzeug nöthig hat, haben Sie die Gnade meinem Sohn zu sagen was er deswegen mir zu schreiben hat, wan ich nur so glücklich wäre recht bald eine beruhigende Nachricht zu erhalten. Der l. Gott wird doch auch so gnädig sein meine Gebethe, vor Ihr u. meines l. Sohns wohl zu erhören. in dieser hoffnung habe ich die Ehre nebst meinem unterthänigsten Respekt in der vollkomensten Hochachtung zu verharren

Euer Hochwohlgeborn.
unterthänigste Dienerin
J. C. Gockin
Verwittibte Camerräthin.

SINCLAIR AN HÖLDERLINS MUTTER

Wohlgebohrne! Insonders
Hochzuverehrende Frau Kammer Räthin!
Zum Glück war das Stillschweigen, das ich gegen Ew. Wohlgebohren beobachten mußte, weil Ihr Herr Sohn es von mir verlangt hat, daß ich nicht eher schreiben sollte, als bis daß er schrieb, nicht durch einen üblen Zustand desselben veranlaßt. Vielmehr befindet sich derselbe vollkommen wohl u. zufrieden,

und nicht nur ich, sondern außer mir 6–8 Personen, die seine Bekanntschaft gemacht haben, sind überzeugt, daß das was Gemüths Verwirrung bei ihm scheint, nichts weniger, als das, sondern eine aus wohl überdachten Gründen angenommene Äußerungs Art ist, und freuen sich sehr darüber seines Umgangs profitiren zu können. Den Herrn Land Grafen, der aus dem Bad noch nicht zurück ist, hat er noch nicht gesprochen. Die kleine Besoldung die ihm hat verwilligt werden können, wird mit dem, was er nach Dero vorleztem geehrtesten Schreiben von Ihnen erhalten soll, zur Bestreitung seiner Bedürfnisse hinreichen. Er wohnt im Hause eines französischen Uhrmachers, Namens Calame, gerade in der Gegend, wo er es wünschte. Es sind sehr brave Leute, die alles für ihn besorgen und wo er sehr gut aufgehoben ist. Sie können daher ganz außer Sorgen sein, u. würden Sich gewißlich selbst davon überzeugen, wenn Sie anhero kommen sollten. Ich weiß nicht, was Ihr Herr Sohn in Ansehung seines Coffers und seiner Bücher wünscht, und Ihnen schreiben wird. Ich glaube übrigens nicht, daß die Bücher die er hat, in des HE. LandGrafen Bibliothek dahier sein werden, der nur meistens französische Werke und teutsche über andere Gegenstände hat. Wenn er den Coffer erhalten sollte, müste er nach Frankfurt in die Stadt Ulm, wo die hiesige Post ihre *expedition* hat, *addressirt* werden.

Mit vollkommenster Hochachtung habe die Ehre zu sein

Homburg vor der Höhe
d. 6ten Aug. 1804

Ew. Wohlgebohren
gehorsamster Dr.
I. v. Sinclair

6–8 Personen: nicht genau zu bestimmen; darunter aber sicher Sinclairs Mutter und der Hofprediger Zwilling.

Besoldung: Sinclair hatte vom Landgrafen die Erlaubnis bekommen, 200 Gulden aus seiner Besoldung an Hölderlin für dessen Bibliothekarsstelle weiterzugeben.

wo er es wünschte: Das Haus in der Dorotheenstraße 34 hatte seinerzeit einen freien Blick bis Frankfurt.

andere Gegenstände: Die Bibliothek ist nicht erhalten; es ist aber überliefert, daß sie neben Erbauungsbüchern und Militaria zahlreiche Reisebeschreibungen enthielt.

HÖLDERLINS MUTTER AN SINCLAIR

Hochwohlgeborner Herr!
Gnädiger Herr!

Nehmen Sie meinen unterthänigsten devotesten Dank vor die beruhigende Nachricht, die Euer Wohlgeborn die Gnade hatten mir von meinem l. Sohn zu geben. Das lange Stillschweigen meines l. Sohns machte mir bange Besorgnisse, um so mehr habe ich die Ursache dem l. Gott und Euer Hochwohlgeborn vor die beseren Nachrichten zu danken. imer noch läßt der l. Hölderlin mich auf einen Brief von ihm warten, welches ich mir kaum erklären kan, da er mich mit so zärtlichen Gesinnungen verließ, u. gewiß versprach mir bald zu schreiben. ich glaubte gewiß, da er seinen Coffer mit Kleid. u. Bücher nicht verlangt, er werde nicht lange in Homburg zu bleiben gesonnen seyn, welches aber nach Euer Gnaden schreiben nicht die Ursache seyn muß. ich kan ihm aber doch den Coffer nicht senden, da alle Bücher die transportkosten sehr vermehren würden u. er solche, je nachdem sein Aufenthalt in Homburg dauert auch nicht alle nötig haben würde. u. doch kan ich nicht wisen, was er entbehren kan, oder nöthig hat, ich bath ihn mir solches noch vor seinem Weggehen zu bemerken. Er sagte aber er wolte mir solches schreiben u. da es schon so kühl ist u. er bloß leichte Kleidungsstücke bey sich hat so besorge ich er möchte sich eine Krankheit zuziehen u. warte deswegen mit Sehnsucht auf einen Brief von ihm.

Euer Hochwohlgeborn Gewogenheit und Vorsorge hat mein l. Sohn u. ich es bloß zu danken, daß sich auch noch auser Ihnen noch mehrere Edle u. gutdenkende Männer meines l. Sohnes sich annehmen, haben Sie die Gnade diesen meinen gehorsamsten Dank zu versichern, der Himel seye reicher Vergelder vor so viel unverdiente Gnade. auch gereicht dieses mir zu einem großen Trost, in meinen Bekümernisen, über meinen l. unglücklichen Sohn daß ihn gute Menschen aufgenomen, u. wie ich mir selbst erklären kan aus Achtung vor Euer Hochwohlgeborn so vor sein Bestes besorgt seyn, könnte ich doch diesen Leuten auch so dafür danken wie mein Herz es wünscht. Der l. Gott wird Sie dafür segnen.

sollte ich in einiger Zeit wieder mit einigen Linien von Euer Gnaden gewürdigt werden, so erwarte ich darin Ihren Befehl bis wan sie es vor nötig, oder gut finden, meinen l. Sohn das ihm zugedachte geld zu senden u. würde es mit gehorsamsten Dank erkenen wan Euer Wohlgeborn es erlauben die Summe Ihnen zustellen zu dörfen, weil ich laider die erfahrung bey dem l. Hölderlin machte, daß er, ich weiß nicht was vor Gründen auch wan er geld hat nicht gern, oder doch lange nicht, es an den gehörigen Ort übergiebt. Verzeihen Sie mir aber, daß ich dero Gewogenheit, u. Gnade so misbrauche. Der l. Gott unterstüze Sie, daß Sie dem l. unglücklichen noch ferner in Ihre Vorsorge aufnehmen u. sein Sie versichert, daß ich nie aufhören werde vor Ihr Wohl den Himel hiervor anzuflehen.

Nebst vollkomenster Hochachtung habe ich die Ehre zu seyn
Euer Hochwohlgeborn
unterthänigste Dienerin
Nürtingen d. 27. Augst. 1804.   J. C. Gockin.

HÖLDERLINS MUTTER AN NIETHAMMER   Oktober 1804

Die Mutter sagt zunächst: »*Ich schreibe Ihnen, da mein Fritz nicht schreiben will und auch nicht schreiben kann.*« *Sie fährt dann fort, Hölderlin sei in schlechtem Gemütszustand gewesen, und Sinclair habe ihn nach Homburg geholt.* »*Mein Fritz hat in den letzten Jahren oft von Ihnen gesprochen und gehofft, daß er Sie einmal wiedersehen könne. Er war sehr betrübt, daß dies nicht geschehen konnte. Die Zuneigung meines Fritz zu Ihnen ist Ihnen ja bekannt. Er wird sie auch weiter bewahren, wie ich sicher bin. Ich bitte Sie, lieber (verehrter?) Herr Professor, ihn nicht zu vergessen und mit freundlichen Gedanken seinen Weg weiter zu begleiten. Ich weiß allerdings nicht, wohin ihn dieser Weg noch führen wird.*«

Hölderlins Mutter an Niethammer: Regest J. L. Döderleins. Erstdruck: Dieter Henrich, *Konstellationen. Probleme und Debatten am Ursprung der idealistischen Philosophie*, Stuttgart 1991. S. 168f. Zweifellos hat Hölderlin seine Mutter nicht aufgefordert, einen solchen Brief zu schreiben. Er hatte jedoch seinen Koffer mit Kleidung und Büchern, der sicher auch Briefe und Notizen enthielt, bei seiner Abreise nach Homburg in Nürtingen zurückgelassen; die Mutter schickte den Koffer erst Anfang Oktober.

HÖLDERLINS MUTTER AN SINCLAIR

Nürting. d. 25. Novemb. ⟨1804⟩

Hochwohlgeborner Herr
Allerverehrungswürdigster Herr Justizrath!

überzeugt daß Euer Gnaden es mir verzeihen, nehme ich mir die Freiheit, das eingeschlossene Schreiben an meinen l. Sohn, Ihnen zuzuwenden, mit der unterthänigen Bitte, bey Uebersendung dessen, ihm zu melden lassen, daß er mir solches auch bald beantworten möchte. schon vor 7 Wochen sande ich ihm seinen Coffer, u. bath ihn dringend mir doch so bald er solchen erhalten, nachricht davon zu geben, daß ich wegen seinen Efecten ruhig seyn könne, u. solche in seinen Händen wisse. aber laider läßt er mich wie das vorige mahl sehr lange warten, ich verspreche mir von einer gütigen erinnerung Euer Wohlgeborn gute Wirkung, sonst würde ich es mir nicht erlaubt haben, Sie so oft zu incomodieren, was thut aber eine, vor ein Kind besorgte Mutter nicht. wäre ich nur auch im Stand, Euer Wohlgeboren die größe meines Danks auszudrücken vor die auserordentliche Freundschaft u. Vorsorge vor meinen l. unglücklichen Sohn. Laider bin ich durch seinen erhaltenen Brief wegen sein traurigen Gemüthszustand um nichts beruhigter worden, vielmehr habe ich ursache zu beförchten, daß sich solches verschlimmert haben möchten, ich habe mich oft gewundert daß in seinen Briefen so wenig von der Zerütthung seines Verstandes zu bemerken war, aber laider ach laider waren in dem erhaltenen Schreiben genug Spuhren hiervon. ich mußte so lange harren, auch etwas von ihm, u. seinem Befinden zu erfahren, u. dan wurde meine Sehnsucht so wenig befriedigt, der ganze Brief war beynahe von unserm l. Frizle, seinem Befinden, desen Lehrer, u. Lehrart angefüllt, aber so daß man oft rathen mußte, ob er den Lehrer oder Lernenden meinte. auch war mir dis kein gutes Zeichen, daß er schrieb er würde mir bald geantwortet haben, habe aber nur eine ruhige Stunde abwarten wollen, auch diß er habe seinen Coffer schon

---

Efecten: hier »Sachen«.

Brief: Der verlorene Brief Hölderlins an die Mutter, der wohl die Bitte um Übersendung des Koffers enthielt, wurde wahrscheinlich Ende September geschrieben.

Frizle: Fritz Breunlin, Hölderlins Neffe und Patenkind, zu dieser Zeit sieben Jahre alt.

lange erwartet, da er mir doch hier sagte, er wolle mir schreiben was er vor Bücher nöthig habe, u. ich ihm deswegen einigemahl geschrieben u. in seinem Brief doch keine Belehrung bekam.

Dan schrieb er kurz seine Geschwister werden sich freuen, daß er jezt auch eine Bestimmung habe. Er sende uns das von H. Landgraf gnadigst erhaltene Diplom, ich möchte es ihm aber wieder zurücksenden, aber es kam keins mit. Wahrscheinlich wird es die Bibliotekar Stelle betreffen, welche er ganz Ihnen zu danken hat.

Ich kan Ihnen gnädiger Herr Justiz Rath die größe meines Kumers nicht beschreiben, besonders auch aus der ursache, weil durch die traurige umstände, Ihre bewunderungswürdige Vorsorge, u. Mühe, noch vermehrt wird. wie viel viel haben wir Ihnen zu danken, ungeachtet mein l. Sohn nicht im Stande seyn wird mit al seinem guten Willen sein Ehrenvolles Amt nach ordnung zu verwalten, war er durch Ihre vielvermögende Verwendung doch so glücklich es zu erhalten. u. wahrscheinlich durch dieses eine nicht geringe unterstüzung. auch vor dieses nehmen Sie meinen innigsten untherthänigsten Dank an. ich schrieb ihm er solle mir melden ob und wie viel ich ihm mit der gelegenheit des Coffers geld senden solle. auf dieses meldete er mir, daß er vor dieses Jahr keins nöthig habe, welches ich mir kaum erklären kan, da der bedürfnisse doch so mancherley seyn, die befriedigt werden müsen. u. ich es nicht verlange daß ihm am nöthigsten etwas abgehe. ich wiederhohle denn meine unthertänige Bitte, daß Sie die Gewogenheit haben, es mir nach gelegenheit zu melden, wan u. was er nöthig hat u. dan auch wan es nicht zu viel Mühe vor Sie macht auch von dem Befinden meines l. unglücklichen Sohns.

Meine l. Tochter wurde vor einigen Wochen aus Zwiefalten abgerufen weil meine l. Söhnerin sehr krank war. auch unser l. Frizle befindet sich an seinem kranken Fuß noch nicht viel beser. Euer Gnaden kan also denken daß dis in meiner Einsamkeit meinen Kumer vermehrt.

Der gute Gott erhalte Sie in vollkomenem Wohlsein u. ersetze Ihnen die Liebe die Sie meinem Sohn erweisen. Euer Hochwohlgeborn u. dero Fr. Mutter empfehle ich mich unterthanig u. hab die Ehre zu seyn Ihre
unterthig. J. C. Gockin.

Diplom: nicht überliefert.
Zwiefalten: dort lebte Carl Gock mit seiner Frau (»Söhnerin«).

HÖLDERLINS MUTTER AN SINCLAIRS MUTTER

Nürtingen d. 26. Decemb. ⟨1804⟩

Hochwohl gebohrne Frau
Gnädigste Frau!

Wie werde ich im stande seyn, vor den großen Beweiß von Ihrer Gewogenheit Euer Hochwohlgeborn meinen unterthänigsten gehorsamsten Danck abzustatten, da Sie die Gnade vor mich hatten, Sich selbst so viel zu bemühen, mir von meinem bedauerenswürdigen l. Sohn Nachricht zu geben. Ob laider wohl die Nachricht von seinem Gemüths Zustand mich um nichts beruhigte, u. imer noch gleich traurig ist, welches vor mich äusserst schmerzlich ist, so ist doch so viel in Ihrerem sehr wehrtgeschäzten schreiben enthalten, welches mich beruhiget, u. zum Danck gegen dem l. Gott, dem H. Landgraffen, der die Gnade vor meinen l. Sohn hatte die Bibleodecar stelle, u. den schönen Gehalt zu schencken. Besonders aber weis ich wohl, daß es auf die viel anforderte vermögende Vorsorge Euer Hochwohlgeborn des H. Sohns wir es zu dancken haben, auch dieses, daß Er bey rechtschaffenen Leuten im Haus, u. diese Ihn seinem Zustand ongeachtet, doch bey behalten, u. ein Ehrlicher Man Ihn auch bedient u. auch die Tägliche Vorsorge, wie viel viel Erleichterung vor meine Bekümmernißen vor meinen l. Sohn habe ich alles Dero Gnaden H. Sohn zu dancken.

Ich kan nichts thun als imer nur die nie erhörte Großmuth, u. Herzens Güte Dero H. Sohns bewundern, u. davor stündlich u. Täglich zu dancken, u. vor das Zeitliche u. Ewige Wohl Euer Hochwohlgeborn u. Ihres H. Sohns zu bethen. Wären Sie Gnädige Frau nicht eben so Edel denckend, so könnten Sie leicht auf mich zürnen, u. vermuthen, ich hätte bey dem großmüthigen Offert Ihres H. Sohns Hochwohl geborn bey Ihren hierseyn die Trauerige umstände verschwiegen, oder meinen l. Sohn nicht von mir entlasen sollen. Da aber die hier gebrauchte Ärtzte imer sagten, daß Sie hofften, Er könnte eher genesen, wan er jergend in einem andern ort wäre, wo Er mehr Zerstreuung hätte, oder durch einen Freund, vor dem Er achtung u. Liebe hätte, vor dem,

---

Nachricht: nicht überliefert.
schreiben: nicht überliefert.
Ehrlicher Man: unbekannt.

was Ihm schadet, gewarnt würde, so gab ich dem Großmüthigen Wunsch u. Offert, meinen Sohn mit zu nehmen nach, in der Hoffnung, meinen l. unglücklichen Sohn wieder gerettet zu sehen. Ich bedaure aber gewis imer die viele Mühe u. Sorge, die Sie Gnädige Frau u. Dero H. Sohn täglich haben werden.

Könnte ich Ihnen doch auf meinen Knieen den Danck bezeugen, den ich u. mein l. Sohn Ihnen schuldig sind. Aber gewiß wird der reiche Vergelder im Himel diese Edle Handlungen auf mein Gebeth nicht unbelohnt lasen u. die gnädige Hülffe vor meinen l. Sohn nicht so lange verschieben, da es dem l. Gott so leicht wäre, seine Barmherzigkeit zu zeigen.

Auch vor dieses nehmen Sie Gnädige Frau meinen unterthänigsten Danck, daß Sie die Gewogenheit vor mich hatten, mir auch von dem Nachricht zu geben, um was ich meinen Sohn schon mehrere mahle vergebens gebethen habe.

Daß Er bey guten Persohnen im Hauß ist, beruhiget mich um vieles. Ich hoffe, Sie meinen es ehrlich mit Ihm u. lasen Ihme nichts abgehen, nur dieses hatte ich gewünscht, daß Ihme im Haus gewaschen worden wäre, weil mein l. Sohn nicht so viel Besinnungs Krafft hat zu bemerken, ob u. was Er der Wascherin gegeben hat. Er ist bey seinen besern Zeiten durch sein Zutrauen in jederman um so vieles gekomen. Vieleicht ist aber die Frau, oder sein Bedienter, der ja Gott seye Danck auch ein Ehrlicher Man seye, davor besorgt. Gerne hätte ich Ihme einige Bettziechen und mehr Weis Zeug gesand, da ich aber nicht wisen kan, ob mein l. Sohn, wan der trauerige Zustand länger anhalten solte, Dero H. Sohn lästig werden müßte, auch würde ich mit dem Coffer auser dem vor den tranzport Kosten bestimten etwas geld zu seiner Verpflegung bey gelegt haben. Er schrieb mir aber auf meine bisher gemachte Frage, wie viel ich Ihm senden solle, daß Er vor dieses Jahr keins nöthig habe, welches ich aber freilich kaum begreifen kan. Ich nehme mir deswegen die Freiheit, Euer Gnaden H. Sohn unterthänigst zu bitten, da ich ja nicht wisen kan, was indesen seine Einnahme vom Buchführer ist, die Gewogenheit zu haben, mir zu melden (solte es auch durch seinen Bedienten sein.) wieviel u. wan ich meinem l. Sohn geld senden

---

Bettziechen ... Weis Zeug: Bettbezüge und Wäsche.
Buchführer: Gemeint ist wohl Wilmans, der die »Nachtgesänge« (D25) verlegt hatte; über ein Honorar dafür ist nichts bekannt.

solle, u. da mein l. Sohn zu schwach ist, seine Bedürffnise zu berechnen oder offt auch nicht gern gleich auszahlt, auch diese Bemühung zu übernehmen, die grösern Bezahlungen selbst zu übernehmen. Verzeihen Sie mir aber meine grose Freiheit u. nehmen Sie u. Ihr Gnaden H. Sohn nochmahls meinen gehorsamsten Danck vor alles u. empfehle meinen l. Sohn u. verharre in unterthänigstem Respect

Euer Hochwohlgeborn
unterthänigste Dienerin J. C. Gockin

ÜBER SINCLAIRS VERHAFTUNG

Frankfurt, Homburg und Stuttgart,
25. Februar bis 9. März 1805

Am Abend des 25. Februar erteilte in Frankfurt der Landgraf von Hessen-Homburg auf Antrag und Drängen Württembergs Ordre zur Verhaftung und Auslieferung Sinclairs. Am 26. nachts um 2 Uhr erschien Wucherer – mit einem Korporal und zwei Grenadieren – bei Sinclair in Homburg. Dieser protestierte heftig, prangerte den Hofkommissar Blankenstein als Denunzianten an und erreichte Aufschub; doch wurde die Ordre um 10 Uhr vom Landgrafen bestätigt.

Über Sinclairs Verhaftung: Anfang 1804 hatte sich Sinclair mit einem einundzwanzigjährigen Frankfurter Abenteurer namens Wetzlar, einem auf den Namen Alexander Blankenstein getauften Juden, eingelassen, der bald darauf in Homburgische Dienste trat und mit dem Plan einer Lotterie zur Sanierung der Finanzen der Landgrafschaft beizutragen versprach. Dieses und ein weiteres Finanzierungsprojekt scheiterten. Im Herbst 1804 ging Sinclair auf, daß Blankensteins Finanzierungspläne ein Schwindel waren und forderte von ihm 100000 Gulden vorgestrecktes Kapital zurück. Als er im Januar 1805 die Forderung wiederholte, zeigte ihn Blankenstein im Gegenzug als revolutionären Umstürzler beim württembergischen Kurfürsten an und benutzte dazu unter anderem Aussagen über in Stuttgart im Juni 1804 mitgehörte Gespräche, bei denen neben Seckendorf und Baz auch Hölderlin anwesend war. Sinclair wurde daraufhin am 26. Februar 1805 vom württembergischen Oberlandesgerichtsrat Wucherer in Homburg verhaftet, die Untersuchungen, in deren Verlauf auch Erkundigungen über Hölderlin eingezogen wurden, blieben aber ergebnislos und Sinclair wurde am 9. Juli aus der Haft entlassen und abgeschoben. (Zu dem gesamten Verfahren vgl. Werner Kirchner, Der Hochverratsprozeß gegen Sinclair, Marburg 1949 u. ö.)

Das kluge und liebreiche Betragen der Mutter des *v. Sinclair* erschütterte ihren Sohn so sehr, daß dieser einmal laut und mit Thränen im Auge rief:
»O ich bin einer so guten Mutter nicht würdig!«
Sie antwortete:
»Warum nicht, mein Sohn, du bist gewiß unschuldig in diese traurige Lage gekommen«
worauf *v. Sinclair* erwiederte:
»unschuldig bin ich zwar, aber ich war doch sehr leichtsinnig«.
Bei Sinclairs Abtransport im Wagen sammelte sich vor seinem Haus eine Menge von etlichen 100 Menschen, teils aus Neugier, teils in einer stillen Freude über die Abführung des in Homburg eben nicht sehr beliebten v. Sinclair. – Am 2. März beschlagnahmte Wucherer die bei der Verhaftung schon versiegelten Privatpapiere Sinclairs, die in 111 Stükken bestanden. Einen Brief von Hölderlins Schwester und Mutter hatte Sinclair in der Tasche gehabt und Wucherer nach Versieglung seiner Papiere zugestellt.

Am 6. März hatte Wucherer die Papiere Blankensteins in dessen Wohnung zu durchsuchen. Dabei gab ihm der anwesende homburgische Regierungsrat Schleußner im Namen des Landgrafen das Folgende auf, um es officiell zu berichten:
»Der Freund des *v. Sinclair* M. Hölderlin aus Nürtingen befinde sich zu Homburg seit dem Monat July vorigen Jahrs. Seit einigen Monaten seye derselbe in einen höchsttraurigen GemüthsZustand verfallen, so daß er als wirklich Rasender behandelt werden müsse. Er rufe beinahe unausgesezt:
›Ich will kein Jacobiner seyn, fort mit allen Jacobinern. Ich kann meinem gnädigsten Churfürsten mit gutem Gewißen unter die Augen tretten‹
Der Herr Landgraf wünschen, daß die Auslieferung dieses Menschen, wenn bei der Untersuchung die Sprache von ihm werden sollte, umgangen werden könnte. Wenn man solche aber

---

in 111 Stükken: darunter acht Schreiben Hölderlins an Sinclair, die verloren sind: Briefe vom 11. Dezember 1801, 2. August 1802, 22. November 1802 und 13. Januar 1803, sowie ein Brief und drei Billets ohne Datum.

Brief von Hölderlins Schwester und Mutter: ebenfalls verloren.

Ich will kein Jacobiner seyn ...: von Blankenstein später noch in einer anderen Fassung zu Protokoll gegeben: »Ich will kein Jacobiner seyn, Vive le Roi!« Vgl. hierzu Schlesiers Bericht von 1844, III 653.

nöthig finden sollte, so müsse der Unglükliche ganz u auf imer
übernommen u versorgt werden, weil demselben in diesem Fall
die Rükkehr nach Homburg nicht mehr gestattet werden könne«.

DR. MÜLLERS GUTACHTEN 9. April 1805

Hochfürstliche,
   Preiswürdige Regierung!
Den mir gegebenen Auftrag, den *Magister Hoelderlin* betreffend,
kann ich nur einseitig befolgen, denn ich war und bin nicht sein
Arzt, kenne also auch seine Umstände nicht genau und alles was
ich davon sagen kann ist das –

Daß genanter *Magister Holderlin* im Jahre 1799 schon, als er
sich hier aufhielte, stark an *hypochondrie* litte (*NB* damalen fragte
er mich seines Übels wegen um Rath) die aber keinen Mitteln
wiche, und mit welcher er auch wieder von hier weg zoge. Von der
Zeit an hörte ich nichts mehr von ihm bis im vergangenen Sommer
wo er wieder hierher kam, und mir gesagt wurde »*Hoelderlin* ist
wieder hier allein wahnsinnig« Seiner alten *hypochondrie* einge-
denk fande ich die Saage nicht sehr auffallend, wolte mich aber
doch von der Wirklichkeit derselben überzeugen und suchte ihn
zu sprechen. Wie erschrake ich aber als ich den armen Menschen
so sehr zerrüttet fande, kein vernünftiges Wort war mit ihm zu
sprechen, und er ohnausgesetzt in der heftigsten Bewegung.
Meine Besuche wiederholte ich einigemal fande den Kranken aber
jedesmal schlimmer, und seine Reden unverständlicher, Und nun
ist er, so weit daß sein Wahnsinn in Raserey übergegangen ist, und
daß man seine Reden, das halb deutsch, halb griechisch und halb
Lateinisch zu lauten scheinet, schlechterdings nicht mehr versteht.

Homburg vor der Höhe
d. 9t. *April* 1805   *Dr Müller*

Dr. Müllers Gutachten: Diese Beurteilung von Hölderlins Gesundheitszu-
stand war aufgrund eines Auslieferungsantrages der württembergischen Lan-
desregierung im Zusammenhang mit dem Prozeß gegen Sinclair vom Homburgischen Landgrafen angefordert worden. Zu den früheren Konsultationen
des Dr. Müller vgl. Hölderlins Briefe an die Mutter vom März 1799 und
29. Januar 1800, II 760 und 854.

SINCLAIR AN HÖLDERLINS MUTTER

Homburg d. 3ten August. 1806.
Hochzuverehrende Frau Kammer Räthinn!
Die Veränderungen, die sich leider! mit den Verhältnissen des Herrn LandGrafen zugetragen haben, die Ihnen auch schon bekannt sein werden nöthigen den Herrn LandGrafen zu Einschränkungen, und werden auch meine hiesige Anwesenheit wenigstens zum Theil aufheben. Es ist daher nicht mehr möglich, daß mein unglücklicher Freund, dessen Wahnsinn eine sehr hohe Stufe erreicht hat, länger eine Besoldung beziehe und hier in Homburg bleibe, und ich bin beauftragt Sie zu ersuchen, ihn dahier abhohlen zu lassen. Seine Irrungen haben den Pöbel dahier so sehr gegen ihn aufgebracht, daß bei meiner Abwesenheit die ärgsten Mishandlungen seiner Person zu befürchten stünden, und daß seine längere Freiheit selbst dem Publikum gefährlich werden könnte, und, da keine solchen Anstalten im hiesigen Land sind, es die öffentliche Vorsorge erfodert, ihn von hier zu entfernen.

Wie sehr mich es schmerzt, können Sie glauben, aber der Nothwendigkeit muß ein jedes Gefühl weichen, und in unsern Tagen erfährt man nur zu oft diesen Zwang. Ich werde mir es auch für die Zukunft zur Pflicht machen, für Hölderlin möglichste Sorgfalt zu tragen, die Umstände aber erlauben mir izt nicht, mich hierüber bestimmt zu äußern.

Empfangen Sie von meiner Mutter und mir nebst den Ihrigen

Sinclair an Hölderlins Mutter: Der Brief ist unmittelbar nach der Bekanntgabe der Auflösung des Heiligen Römischen Reiches auf dem Reichstag zu Regensburg geschrieben.

Veränderungen: Im Zusammenhang mit der Gründung des Rheinbundes am 12. Juli 1806 ging Hessen-Homburg an das Großherzogtum Hessen-Darmstadt über.

Anwesenheit: Sinclair zog sich, um der Huldigung an den neuen Landesfürsten auszuweichen, gemeinsam mit dem Landgrafen Ende September nach Hötensleben zurück, eines der Homburgischen Ämter bei Magdeburg.

Seine Irrungen: Sie machten vermutlich seit Frühjahr 1806 seine Unterbringung außerhalb der Stadt in der Sinclairs Mutter gehörenden, südlich von Homburg gelegenen ›Proecken-Mühle‹ nötig, die später auch von Siegfried Schmid bewohnt wurde.

die Versicherung unserer hochachtungsvollen Freundschaft, mit welcher ich zu verharren die Ehre habe

> Euer Wohlgebohren
> geh. Dr.
> I. v. Sinclair.

CAROLINE VON HESSEN-HOMBURG
AN MARIANNE VON PREUSSEN   Homburg, 11. September 1806

Le pauvre Holterling a été transporté ce matin pour être remis à ses parens. Il a fait tous ses efforts pour se jetter hors de la Voiture, mais l'homme qui devoit avoir soin de lui le repoussa en Arrière. Holterling crioit que des Harschierer l'amenes, et faisoit de nouveaux efforts et grata cet homme, au point, avec ses Ongles d'une longueur énorme qu'il étoit tout en sang.

SINCLAIR AN MARIANNE VON PREUSSEN
                                 Kassel, 26. September 1806

Ew. Hoheit sind so gütig gewesen sich Hölderlins zu erinnern. Die Änderungen in Homburg haben seinen längeren Aufenthalt dort unmöglich gemacht. Er ist noch vor meinem Abgang dort abgereist nach Tübingen, wo ihn ein geschickter Arzt in die Kur nehmen wird. Übrigens hat es mich sehr gefreut, daß seine litterarische Celebritet so zunimmt, daß im Fall der Wiederher-

---

Le pauvre Holterling ...: »Der arme Hölderlin ist diesen Morgen abtransportiert worden, um zu seinen Verwandten zurückgeschickt zu werden. Er hat alle Anstrengungen gemacht, sich aus dem Wagen zu werfen, aber der Mann, der ihn beaufsichtigen sollte, stieß ihn zurück. Hölderlin schrie, daß Hartschierer ihn abführten, und machte neue Anstrengungen und kratzte diesen Mann so sehr mit seinen Nägeln von enormer Länge, daß er ganz blutüberströmt war.« Die genauen Umstände der Verbringung Hölderlins nach Tübingen sind nicht mehr zu ermitteln. Sinclair hatte anscheinend mit Einverständnis der Mutter die Überführung ins Autenriethsche Klinikum vorbereitet, war aber selbst nicht zugegen. Es ist auch nicht mehr festzustellen, wo sich die beschriebene Szene abgespielt hat und wer sie der Landgräfin übermittelt hat.

stellung es sehr zu seinem Fortkommen beitragen wird, und es gewiß auch bei der Nachwelt einen Ruhm für des Herrn Landgrafen HFD sein wird, sich sein im Unglück angenommen zu haben. Ich habe kürzlich die Bekanntschaft von Friedrich Schlegel, Ludwig Tieck und Clemens Brentano gemacht. Alle diese Männer, die Ew. Hoheit gewiß dem Ruf nach als ausgezeichnete Köpfe bekannt sein werden, sind die größten Bewunderer Hölderlins und weisen ihm eine der ersten Stellen unter den Dichtern Teutschlands zu. Vielleicht wird dies I. D. die Prinzeß Auguste freuen zu erfahren, die immer viel Gnade für Hölderlin hatte und die ich in langer Zeit nicht mehr das Glück hatte zu sprechen.

SECKENDORF AN JUSTINUS KERNER   Regensburg, 7. Februar 1807

Hölderlins Schiksal geht mir sehr nahe, aber wie in aller Welt soll er ohne Umgang, ohne Aufsicht, ohne Befriedigung für sein gequältes Herz durch Erquickungen der Freundschaft zurecht kommen? Das ist sehr traurig – gerade die tödende Einsamkeit, das ewige Brüten hat ihn so zerstört! Grüßen Sie ihn doch recht herzlich von mir, wenn er der Erinnerung empfänglich ist – kan er vernehmen und Antheil nehmen? Er weiß nichts, daß von seinen Gedichten etwas im Almanach gedruckt ist, denn als ich *Sinclairn* davon schrieb, war er unzugänglich. Ich habe sie, mit äußerster Schonung, aber doch hie und da verändern müssen, um nur Sinn hineinzubringen.

HFD: Höchst Fürstliche Durchlaucht.
Bekanntschaft: in Homburg, wo Schlegel Anfang September zu Besuch war, bzw. in Frankfurt, wo Sinclair sich noch acht Tage vor seiner Abreise nach Hötensleben aufhielt und die beiden Dichter im Brentano'schen Hause (Zum goldenen Kopf) kennenlernte.
I.D.: Ihre Durchlaucht.
Almanach: Gemeint ist der *Musenalmanach für 1807* (D27).
verändern: s. die Lesarten zur zweiten Fassung von ›Stutgard‹, III 218.

SINCLAIR AN HEGEL   Hötensleben bei Helmstedt, 23. Mai 1807

Siegfried Schmidt, den du als meinen u. *Hölderlins* Freund kennen wirst, u. den ich würklich für eines der ersten poetischen Talente halte, lebt jezt dort in großer Dürftigkeit. ...
Von *Hölderlin* weiß ich auch nichts, als daß ihn *Dr. Autenried* zu *Tübingen* in der Kur hat. Mit welchem Erfolg weiß ich nicht. In *Seckendorfs* Taschenbuch stehen aber einige Sachen von ihm, in seinem izzigen Zustand verfertigt, die ich aber für unvergleichlich ansehe, u. die *Fr. Schlegel* u. *Tieck*, die ich voriges Jahr darüber sprach, für das höchste in ihrer Art in der ganzen *modernen Poesie* erklärten. Wollte Gott, alle diese abscheulichen Schicksale wären einmahl vorüber.

SECKENDORF AN JUSTINUS KERNER   Regensburg, 13. August 1807

Sinclair sandte mir neulich ein paar ältere Gedichte von *Hölderlin*, und fragt theilnehmend nach ihm. Ich fürchte er ist unheilbar! Der sonderbare Mensch! also hatte er doch die *Aurora* nicht vergessen. Es ist wahr, vor mehr als 4 Jahren empfing ich Gedichte von ihm für diese Zeitschrift, statt prosaischer Aufsäze, die ich verlangt hatte. Mein Arrest folgte darauf, u. die *Aurora* ging ein. Von *Honorar* war nie die Rede, ich wollte ihn nur zur Arbeit vorbereiten. Trüge der Almanach *Honorar*, ich würde es ihm wahrlich am ersten ganz überlassen – und redlich soll alles geschehn, was ich für ihn zu bewirken vermag – aber erst muß ich meine Kräfte wieder brauchen können.

---

dort: in der Proecken-Mühle bei Homburg.
Taschenbuch: Gemeint ist der *Musenalmanach für 1807* (D27).
voriges Jahr: vgl. die zweite Anmerkung zu S. 645.
ältere Gedichte: vermutlich die in D28 veröffentlichten.
empfing ich Gedichte: vermutlich die in D27 veröffentlichten.
Arrest: im Zusammenhang mit Sinclairs Hochverratsprozeß.
Aurora: ›Eine Zeitschrift aus dem südlichen Deutschland‹, hg. von J. Chr. Freiherr von Aretin und J. M. von Babo, Jg. 1.2, München 1804/06.

ZIMMER AN HÖLDERLINS MUTTER

Tübingen d 14 October 1811.
Hochgeehriste Frau Kammerräthe!
Hir folgt der Faden von dem Bleicher, und auch 7 Himder und eine Bettdeke von Ihrem Sohn, Daß Geld vor die Flöte habe ich auch erhalten, Gestern bin ich zum erstenmahl mit Ihrem Lieben Sohn wieder ausgegangen, derselbe ist seitdem mein Vater seine Zweschen herunter gethan hat nicht mehr aus dem Hauß gekommen, damahls war Er auch mit drausen und Lachte recht, wenn mann schüttelte und die zweschten Ihm auf den Kopf fielen. Im heim gehen begegnete uns Professor Konz und grüßte Ihren Sohn, nante Ihn Herr Magister, sogleich erwiederte Ihr Sohn, Sie sagen Herr Magister, Konz bat Ihren Sohn um Verzeihung und sagte bey uns alte Bekante kommt es nicht darauf an wie mir uns Titulliren bey diesen Worten zog Konz den Hommer aus der Tasche und sagte, sehen Sie ich habe auch unsern alten Freund bey mir, Hölderlin suchte eine Stelle darin auf, und gab Sie Konz zum leßen, Konz laß die Seite Ihrem Sohn ganz Begeister vor, dadurch wurde Ihr Sohn ganz enzükt, mir gehnen dann auseinander, und Konz sagte, leben Sie recht wohl Herr Biebledekarius das machte Ihren Sohn ganz zufrieden. Aber 3 Tage nachher brach Er aus, und sagte in der heftigkeit. Ich bin kein Magister ich bin Fürstlicher Biebledekarius schimfte und fluchte auf daß Consistorium und war lange unzufrieden, darüber, jetzt ist Er aber wieder ganz ruhig. Trauben bekam Er alle Tage zum Essen, ich weiß wohl daß sie Seinem zustandt zuträglich sind. Mir sind gottlob alle gesund und sind auch daß ganze Jahr von

---

Zimmer an Hölderlins Mutter: Hölderlin wurde nach seinem Aufenthalt im Tübinger Autenriethschen Klinikum im Sommer 1807 zur Familie des Schreiners Ernst Zimmer in die Pflege gegeben. Im Turmzimmer des Hauses am Neckar wohnte er die letzten 36 Jahre seines Lebens.
drausen: im Garten vor dem Hirschauer Tor, wo auch der Garten von Conz lag.
Hommer: Homer.
Biebledekarius: Hölderlin legte schon in Homburg Wert auf den Titel des Bibliothekars, wahrscheinlich weniger aus Ehrempfindlichkeit, wie Adolf Beck (StA 7.2, 420) vermutet, als aus der Überzeugung, daß ihn dieser vor dem Zugriff des Konsistoriums bewahrte.

Krankheiten frey geblieben. Ich Empfehle mich Ihnen u der Frau Professorin und Verbleibe

Ihr gehorsamer Dinner
Ernst Zimmer.

ZIMMER AN HÖLDERLINS MUTTER

Tübingen d 19ten April 1812.

Hochgeehriste Frau Kammerrathe!
Bey Ihren lieben Hölderle, ist eine sehr wichtige veränderung eingetretten, mir bemerkten seit geraumer Zeit eine abnahme seines Köprers ohngeachtet Er einen mehr als gewöhnlichen Apeditt hatte, auch ist Er leztes Virtel Jahr ruhiger wie sonst geweßen, war Er auch im Paroxismus so Tobte Er nicht sehr, und gewöhnlich wars bald vorüber.

Vor ohngefehr 10 Tagen war Er aber des Nachts sehr unruhig lief in meiner Werkstadt umher, und sprach in der grösten heftigkeit mit Sich selbst, ich stund auf und fragte Ihn was Ihm fehle, Er bat mich aber wieder ins Bett zu gehen und Ihn allein zu laßen, sagte dabey ganz vernünftig Ich kann im Bett nicht bleiben und muß herum laufen, Sie alle können ruhig seyn, ich thue nimand nichts, schlafen sie wohl bester Zimmer, dabei brach Er das gespräch ab, ich konnte auch nichts weiter thun als wieder ins Bett zu gehen wenn ich Ihn nicht erzöhrnen wolte, that es auch und liß In thun was Er wolte.

Morgens wurde Er dann ruhig, bekam aber große innerliche Hize und Durst, wie einer im starken Fieber nur haben kann, und einen Durchlauf dazu, Er wurde dadurch so schwach das Er im Bett bleiben mußte, Nachmittags einen sehr starken Schweiß.

Den 2ten Tag noch stärkere Hize und Durst, nachher einen so starken Schweiß das das Bett und alles was Er anhatte ganz durchnäßt wurde, diß dauerte noch einige Tage so fort, denn bekam Er einen Ausschlag am Mund, Durst Hize und Schweiß blieben nach und nach weg, aber Leider der Durchlauf nicht, diesen hat Er noch immer fort, doch nicht so stark mehr.

Jezt ist Er wieder den ganzen Tag auser dem Bette und äuserst

---

Frau Professorin: Heinrike Breunlin.

höflich, der Blik seines Augs ist freundlich und Liebreich auch spielt und singt Er, und ist übrigens sehr vernünftig.

Das merkwürdigste dabey ist, das Er seit jener Nacht keine spur von Unruhe mehr hatte sonst hatte Er doch wenigstens alleander Tag eine Uhnruhige Stunde. Und auch der eigene Geruch der besonders des Morgens in seinem Zimmer so auffallend war hat sich verlohren.

Ich habe den Professor Gmelin, als Arzt zu Ihrem Lieben Sohn hohlen laßen, dieser sagte mann könne über Ihres Sohnes würklichen Zustandt noch nichts bestimtes sagen es scheine Ihm aber ein Nachlaß der Natur zu seyn, und Leider gute Frau bin ich in die traurige Nothwindigkeit versetz es Ihnen zu schreiben das ich es selbst glaube.

Ihre schönne Hoffnung, den lieben Sohn noch disseits glüklich zu sehen würde den freylich leider ach leider verschwünden, doch komme es wie es komme so wird Er gewißt, doch jenseits beglükt werden. In 8 biß 14 Tage kan ich Ihnen vieleicht bestimtere Nachricht geben.

Sein dichterischer Geist zeigt Sich noch immer thätig, so sah Er bey mir eine Zeichnung von einem Tempel Er sagte mir ich solte einen von Holz so machen, ich versetze Ihm drauf daß ich um Brod arbeiten müßte, ich sey nicht so glüklich so in Philosofischer ruhe zu leben wie Er, gleich versetze Er, Ach ich bin doch ein armer Mensch, und in der nehmlichen Minute schrieb Er mir folgenden Vers mit Bleistift auf ein Brett

> Die Linien des Lebens sind Verschieden
> Wie Wege sind, und wie der Berge Gränzen.
> Was Hir wir sind, kan dort ein Gott ergänzen
> Mit Harmonien und ewigem Lohn und Frieden.

In ansehung seiner verpflegung dürfen Sie ganz beruhig sein. Meiner Frau lezten Tage ihrer Schwangerschaft wahren ganz gut, Sie konte Ihren Sohn noch alles selbst thun. Vorgestern ist Sie Enbunden worten doch starb leider das Kind nach einigen Stunden wieder, Sie hingegen befindet Sich gottlob recht wohl, und ist auser aller Gefahr.

---

spielt: die im vorigen Dokument erwähnte Flöte oder das im übernächsten erwähnte Klavier.

Nachlaß der Natur: Schon Autenrieth sagte bei der Entlassung aus dem Klinikum voraus, Hölderlin werde höchstens noch drei Jahre leben.

Hir schüke ich Ihnen zugleich die Rechnung vor Ihren Sohn wir haben Ihm noch mehr Holz Kaufen müßen, gegenwärtig muß mann Ihm noch immer einheizen, Er friert sehr leicht, auch bekomt er wider Kaffe zum Frühstück, und nachdem mir eine Speiße haben Kocht mann Ihm besonders.

Vor Kost 81 Tag	32 fl. 24 cr.
69 Schopen Wein	6 fl. 54 cr.
Schnupftabak	1 21
Holz	3 fl. 18
Vor Wäsche	3 fl.
Vor Lichter den ganzen Winter biß jezt	1 fl. 36
	48 fl. 33 cr.
davon gehen ab	6 fl
	42 fl. 33 cr.

Ihr gehorsamer Dinner
Ernst Zimmer

ZIMMER AN HÖLDERLINS MUTTER

Tübingen d 2ten März 1813.
Hochgeehriste Frau Kammerräthe!
Verzeihen Sie daß ich Ihnen Ihr leztes Schreiben erst jezt beantworte, wir haben das Geld und Weißzeig alles richtig erhalten, und vor die Geschenke die Sie uns zugleich mit überschükt haben danken wir Ihnen Herzlich, ohnerachtet es Uns gewiß Herzlich leid Thut, das Sie Sich immer noch gröserer kosten machen als nöthig ist, mir sind auch ohne sie gewiß zufrieden.

Hölderlin ist recht Braf und immer sehr Lustig Die Pfeifenköpfe haben Ihn gefreudt die Sie die güte hatten mit zu schüken. Er kante sie gleich und sagte Ich habe sie in Frankfurt gekauft. Auch sezte Er hinzu in Frankfurt habe ich viel Geld gebraucht, auf meinen Reisen aber habe ich nicht viel gebraucht. Die Zeitumstände mögen auch werden wie sie wollen, so können Sie von uns versichert seyn, daß wir in jedem Fall uns Ihres Lieben Sohnes annehmen. Seine Strimpfe sind noch nicht so weit zerrißen das es nöthig wäre daran zu striken. Ich wüßte auch sonst nichts das Er nothwindig brauchte.

Kost: 24 Kreuzer war auch der Tagessatz des Klinikums.

Empfehlen Sie mich der Frau Professorin.
Ich verbleibe Ihr gehorsamer Dinner
Ernst Zimmer.

Ich habe Hölderlin gefragt ob Er nicht auch schreiben wolle, Es scheint aber das Er würklich keine Lust dazu hat.

ZIMMER AN HÖLDERLINS MUTTER

Tübingen, d. 22ten Feb: 1814
Hochgeehriste Frau Kammerräthe!
Ihr leztes Schreiben samt dem Geld vor die Virteljahres Rechnung, habe ich erhalten. Sie haben mich wieder sehr in verlegenheit gesezt, das Sie uns und unsere Kinder in einer so harten Zeit noch beschenkten worüber ich Ihnen zwar meine gehorsamste danksagung mache, bitte Ihnen aber ins künftige solche große unkosten zu ersparen. Ihr Lieber Hölderle ist so braf das mann Ihn nicht beßer wünschen kan. Er hat viel Freude an seinem Christgeschenk gehabt das Wämesle ist Ihm auch nicht zu weit eher etwas zu kurz Uber den Brief den der Herr Pfarrer in Löschgau geschrieben hat, hatte Er viele Freude bezeigt. Er sagte zu mir, der Mann hat mir viele wohlthaten in meiner Jugend erzeigt, auch das Kleine Büchle von Böhlendorf hat Ihn Sehr gefreudt, Er sagte, ach der gute ist früh gestorben, es war ein Kurländer Ich habe Ihn in Homburg gekandt es war ein rechter guter Freund von mir. Wie sehr ist es Ihrem Lieben Guten Hölderle zu gönnen das Er keine wilde anfälle mehr hat, und das Er so heiter und zufrieden lebt. Mein Büble hat das Clavirspille angefangen, und da thut Sich Ihr lieber Sohn meistens mit Clavirspilen unterhalten, Er kann noch nach Noten spilen wenn Er will Er spilt aber lieber nach eigener Fantasie. Meine Frau wird Ihnen nächstens etwas weißzeig schüken. Die Kleider wo

---

würklich: (schwäbisch) gegenwärtig; vgl. aber Hölderlins Nachschrift, II 934.
Pfarrer in Löschgau: Pfarrer Majer aus Löchgau, den Hölderlin in seiner Jugend häufiger besucht hatte.
Büchle: nicht zu bestimmen. Böhlendorff hatte seit 1803 nichts mehr veröffentlicht, lebte aber noch bis 1825.
Büble: Christian Zimmer.
Die Kleider: nichts Näheres bekannt.

ich nach Reuttlingen geschükt habe werden doch dort angekomen seyn, ich habe noch den Postschein davor den Grosen Sak habe ich auch noch hir wo die beyden Päke darein waren, Ich bin so frey und schüke Ihnen ein Kästigen. hir braucht mann Sie gewöhnlich zu zukerdosen, ich habe neulich 6 stük machen müßen. Ich empfehle mich Ihnen und der Frau Professorin, und verbleibe Ihr gehorsamer Dinner

Ernst Zimmer.

VERTRAG ZWISCHEN COTTA UND GOCK

Verlags Contract

Der Herr Hof-Domainen Rath *Gok* in *Stuttgart* hat im Nahmen seines Bruders, des Bibliothekars *M. Hoelderlins* mit der J. G. Cotta'schen Buchhandlung dahier, wegen der zweiten Auflage des früher in ihrem Verlag herausgekommenen »*Hyperion*« und der Herausgabe einer vollständigen Sammlung der Gedichte *Hoelderlins* folgende Übereinkunft abgeschloßen:

1) Für die neue Ausgabe von *Hoelderlins* »*Hyperion*« welche, da das *M.S.* durch Herrn *Lieutenant von Diest* in *Berlin* bereits eingesandt worden ist, in einigen Wochen dem Druk übergeben werden wird, zahlt die Cotta'sche Buchhandlung dasselbe Honorar von *Einhundert Gulden*, welches der Verfaßer für die erste Auflage bezog.

2) Für die erste Ausgabe sämtlicher Gedichte *Hoelderlins*, wovon das *M.S.* sogleich nach der Vervollständigung und Durchsicht durch die Herrn *Dr Kerner* und *D. Uhland* übergeben werden wird, ist das Honorar auf *Drey Dukaten* oder deren Werth für den gedrukten Bogen bestimmt.

3) Das gleiche Honorar für die Gedichte, nämlich *Drey* Dukaten für den gedrukten Bogen, wird von der Verlags-Handlung zugesichert, wenn von dem 1. *May* 1822 an, in *Vier* Jahren *Fünfhundert* Exemplare verkauft werden.

4) Herr Hof Domainen Rath *Gok* macht sich verbindlich, das *ad* 1 u. 2 bestimmte Honorar, als ausschließliches Eigen-

---

neue Ausgabe: Sie erschien zur Michaelis-Messe 1822.
M. S.: Manuskript.
erste Ausgabe: Sie erschien 1826, herausgegeben von Ludwig Uhland und Gustav Schwab.

thum *Hoelderlins* einzig zu seiner Unterstützung in seiner gegenwärtigen Lage zu verwenden.

5) Außerdem werden *Dreyßig* Freyexemplare von der schönsten Ausgabe an den Herrn Hof Domainen Rath *Gok* – sowohl von Hyperion als den Gedichten – abgegeben, um solche *Hoelderlins* Freunden im Innlande, und Herrn *Lieutenant von Diest* in *Berlin*, so wie an die Fürstl. *Heßen-Homburg*sche Familie, übersenden zu können.

Stuttgart 14 *May* 1822.

Hof Domainen Rath *JGCottasche* Buchhdlg.
Gok J. J. Wagner.

SCHLESIERS BERICHT ungefähr 1844

In den Papieren aus spätrer Zeit findet sich noch ein kurzes Briefchen Hölderlin's an den Bruder, vom März 1823. Diesen sendete *Ernst Zimmer*, in dessen Hause *H*. lebte, an die Kammerräthin *Gock* nach Nürtingen, u. schrieb dazu (23. März): seit Kurzem scheine *H*. wie aus einem langen Traum erwacht. Er sei den ganzen Tag bei ihnen. Als man ihm sagte, daß sein Bruder in Stuttgart Hofrath wäre, rief er: Was Hofrath? Hofrath? ich habe ihn, so lange ich hier bin, nicht mehr gesehen, ich muß an ihn schreiben. Er schrieb auch nachher wirklich an ihn. Diesen Brief legt Z. der Mutter H.'s bei, damit sie ihn nach Stuttgart befördere. Dann sagt er: »Er lies't jetzt auch die Zeitung u. fragte mich, ob denn Würtemberg ein Königreich sei. Er staunte ebenso, als ich es bejahte. An den Griechen nimmt er Antheil u. lies't mit Aufmerksamkeit ihre Siege. Letzhin sagte ich ihm, daß der ganze Peloponesus von den Türken befreit sei. Das ist erstaunlich, rief er, es freut mich! Mit meinem Christian spricht er französisch, u. er spricht es noch ziemlich gut. Er sagte meinem Christian letzthin auf französisch: wenn das Wetter gut sei, so wolle er

---

Briefchen: vgl. I 959f.; Zimmers Brief an die Mutter ist nicht erhalten.

Königreich: bereits am 1. Januar 1806 hatte Kurfürst Friedrich die Königswürde angenommen. Unter Wilhelm I. wurde Württemberg 1819 konstitutionelle Monarchie.

Griechen: 1821 brach eine revolutionäre Erhebung gegen die türkische Herrschaft aus, aber erst 1829 wurde Griechenland unabhängig.

öfters auf den Österberg spazieren gehen. Den Hyperion kann ich Ihnen nicht mehr zurückschicken. Er liest täglich darin, auch Übersetzungen aus griechischen Dichtern von Conz lies't er. Öfters holt er auch von meinem Christian alte Klassiker u. lies't darin.«

Im Briefchen an den Bruder sagt Höld. nach kurzer Anrede: »Ich merke, daß ich schließen muß.«

WAIBLINGERS TAGEBUCH   30. Mai 1822 bis 3. August 1823

30. Mai 1822

Ich war bey Uhland. ... Er sprach viel von Hölterlen, den er mit Schwab herausgibt, vom Wesen des Drama's, vom Stoff und der Form, auch vom Theater!

3. Juli 1822

Schon in Urach hatte ich bey dem OberamtsRichter ein Gedicht bekommen von jenem genialischen Hölderlin, den Uhland und Schwab nun herausgibt, und dessen schreckliche Schicksale mir längst schon durch Haugs Schilderungen merkwürdig geworden waren. Heut besucht' ich ihn mit Wurm. Wir stiegen enge Steintreppen zum Neckar hinab und trafen da einen beschränkten Straßenwinkel an, zu dem ein ordentlich-gebautes Haus den Hintergrund bildete. Die vor der Thüre aufgestellten Tischlergeräthschaften zeigten uns an, daß wir an unsrer Stelle seyen. Wir stiegen eine Treppe hinauf, als uns gleich ein wunderhübsches Mädchen entgegentrat. Ich weiß nicht ob mich ein großes lebendiges Auge, oder einige Züge, die sie von Philippine zu haben schien, oder der allerliebste, zarte Hals und der junge so liebliche Busen, oder das Verhältnißmäßige der kleinen Gestalt mehr

---

Österberg: in Tübingen; vgl. die dritte Anmerkung zu S. 573.
Waiblingers Tagebuch: Auszüge aus Band 7–10 der Tagebuchhandschriften. Ausgewählt wurden nur solche Stellen über Hölderlin, die etwas über den Dichter und seine Lebensumstände aussagen, die zahlreichen schwärmerischen Huldigungen sind zumeist ausgelassen.
OberamtsRichter: außer seinem Namen Märklin ist nichts näheres bekannt.
wunderhübsches Mädchen: Christiane Zimmer, die ältere Tochter der Zimmers.
Philippine: P. Heim, Freundin Waiblingers.

entzückte, genug meine Blicke hiengen trunken auf ihr, als sie uns fragte, zu wem wir wollten. Die Antwort ward uns erspart, denn eine offene Thüre zeigte uns ein kleines, geweißnetes Amphitheatralisches Zimmer, ohne allen gewöhnlichen Schmuck, worin ein Mann stand, der seine Hände in den nur bis zu den Hüften reichenden Hosen stecken hatte und unaufhörlich vor uns Complimente machte. Das Mädchen flüsterte, der ists! Die schreckliche Gestalt brachte mich in Verwirrung, ich trat auf ihn zu, und richtete eine Empfehlung von Hofrath Haug und OberfinanzRath Weißer aus. Hölderlin lehnte seine rechte Hand auf einen an der Thüre stehenden Kasten, die linke ließ er in den Hosentaschen stecken, ein verschwitztes Hemd hieng ihm über den Leib und mit seinem geistvollen Auge sah er mich so mitleids- und jammerwürdig an, daß mirs eiskalt durch Mark und Bein lief. Er redete mich nun Eure Königliche Majestät an und seine übrigen Töne waren theils unartikulirt, theils unverständlich und mit Francösisch durchworfen. Ich stand da, wie ein Gerichteter, die Zunge starrte, der Blick dunkelte, und mein Inneres durchzuckte ein furchtbares Gefühl. O vor sich den genialischsten, geistreichsten Mann, die größeste reichste Natur in ihrem gräßlichsten Falle zu sehen – einen Geist, der vor zwanzig Jahren die Fülle seiner Gedanken so unaussprechlich zauberartig hinhauchte, und alles anfüllte mit der Tiefe seines dichterischen Strudels, und der jetzt keine einzige klare Vorstellung, auch nicht von den unbedeutendsten Dingen hat – o sollte man da nicht Gott anklagen? Wurm war gefaßter, als ich, und fragte ihn, ob er den Hofrath Haug kenne. Er war genau mit ihm bekannt. Hölderlin neigte sich und aus dem unvernehmlichen Tonmeer klangen die Worte: Eure Majestät – hier sprach er wieder französisch, sah einen an, und machte Complimente – Eure königliche Hoheit – das kann, das darf ich ihnen nicht beantworten. Wir verstummten, das Mädchen rief uns zu, nur mit ihm zu sprechen, wir blieben unter der offenen Thüre stehen. Nun murmelte er wieder, ich bin eben im Begriff katholisch zu werden, Eure königliche Majestät. Wurm fragte, ob er sich an den griechischen Angelegenheiten erfreue – Hölderlin umfaßte einst die Welt der Griechen mit dem trunksten Enthusiasmus –

---

katholisch: Clemens Brentano war 1819 zum katholischen Glauben konvertiert, Friedrich Schlegel schon 1808.

Er machte Komplimente und sagte unter einem Strohm von unverständlichen Worten: Eure königliche Majestät, das darf, das kann ich nicht beantworten. Das Einzig-Verständige, was er sprach, war eine Antwort auf Wurms Worte, er habe in seinem Zimmer eine gar angenehme Aussicht ins freye, worauf er antwortete, Ja, ja, Eure Majestät, schön, schön! Nun aber stellte er sich mitten in sein Zimmer und neigte sich unabläßlich fast bis zum Boden ohne etwas anderes zu sagen, das man hätte verstehen können, als: Eure königliche Majestät, die königlichen Herrschaften – Wir konnten nicht länger bleiben, und eilten nach einem Aufenthalt von 5 Minuten in die Stube des Tischlers. Da ließen wir uns nun von dem schönen, freundlichen Mädchen und ihrer Mutter seine ganze Geschichte, solang er bey ihnen ist, erzählen. Er ist schon gegen 16 Jahre wahnsinnig, und ist nun gegen 50 Jahre alt. Manchmal kommt er wohl wieder etwas zu Verstand, auch läßt er jetzt von seinem Schreyen und Toben nach, aber es ist doch nie etwas Rechtes. Seit 6 Jahren geht er den ganzen Tag in seinem Zimmer auf und ab und murmelt mit sich selbst, ohne irgend etwas zu treiben. Bey Nacht steht er oft auf und wandelt im Haus umher, geht auch oft zur Thüre hinaus; sonst machte er mit seinem Tischler Ausgänge oder schrieb alles Papier, das er zur Hand bekommen konnte, voll mit einem schaudervollen Unsinn, der aber dann und wann einen unendlich sonderbaren Scheinsinn hat. Ich bekam eine Rolle solcher Papiere und traf hier ganz metrisch-richtige Alcäen ohne allen Sinn an. Ich erbat mir auch einen solchen Bogen. Merkwürdig ist das nach Pindarischer Weise, oft wiederkehrende: nehmlich – er spricht immer von Leiden, wenn er verständlich ist, von Oedipus, von Griechenland. Wir schieden, wie wir die Treppe hinabgiengen, sahen wir ihn durch die offene Thüre noch einmal, wie er auf und ablief. Ein Grausen durchschauerte mich; mir fielen die Bestien ein, die in ihrem Käficht auf und ab rennen, wir liefen betäubt zum Haus hinaus.

---

nicht länger bleiben: Hölderlins Angewohnheit, jedermann mit hohen Titeln zu versehen, hatte anscheinend den Zweck, ihm die Leute vom Leibe zu halten.

Alcäen: Alle von Hölderlin nach 1806 geschriebenen Oden haben alkäisches Versmaß.

Merkwürdig: Das Folgende bezieht sich anscheinend auf das Gedicht, aus dem Waiblinger später für seinen Roman den Text ›*In lieblicher Bläue* ...‹ (I 908f.) formte.

Den ganzen Tag bracht' ich den schrecklichen Besuch von heute Früh nicht aus dem Gedächtniß. Ich phantasierte unaufhörlich von diesem Hölderlin. Auch das liebe Mädchen kam mir nicht aus dem Sinne, und es war mir ein gar süßer Gedanke, wenn ich mir dachte, wie ich sie wiedersehe, und dann recht oft meinen Besuch wiederhohle.

Den Mittag gieng ich nach Stuttgart ab in beständigen Fantasien an Hölderlin und das Mädchen. Sie begegnete mir, wie ich gieng, mit einem Krug in der Hand eine Staffel hinaufsteigend.

4. Juli 1822

Ich bin unendlich begierig, Hölderlins Gedichte zu lesen.

6. August 1822

Was Uhland spricht, ist gedacht . . . . . Es ist mir oft eine Verlegenheit, wenn ich so viel spreche, ich erschrek' dann und werde schüchterner, denn Uhland wirft die Worte nur selten und halb convulsivisch wie die Pythia auf dem Dreyfuß heraus. Er gab mir Hölterlins Hyperion mit.

9. August 1822

Der Hyperion verdient die Unsterblichkeit so gut als Werther, und besser als die Messiade. Es klingt dieser Gesang wie das Wellengewoge des unendlichen Ozeans, der unergründbar ist in seiner Tiefe. Hölderlin ist einer der trunkenen, gottbeseelten Menschen, wie wenig die Erde hervorbringt, der geweihte heilige Priester der heiligen Natur! – Hyperion ist Ein Guß der grösten reinsten Seele. – O Gott – dieser Hyperion ist . . . . . fürchterlich schön.

Es drängt mich furchtbar, einen Roman in Briefen zu schreiben und eine recht glühende Seele auszuhauchen – ich schreibe den Trenk vorher. Vier Stunden lang brannte heut mein Gehirn und verlor sich schaudernd in dieser unendlichen Welt. Ich muß ihn bald schreiben, ich muß ihn bald schreiben.

Ich wollt' etwas herausschreiben aus diesem Hyperion, aber ich konnt' es nicht: Ach wer kann den heiligen Aether trennen?

Trenk: von Waiblinger geplantes Drama.

Ich muß nun genaue Nachrichten von Wahnsinnigen haben. Der Uebergang ist das merkwürdigste. In Uhlbach war's eine Verwandte vor vielen Jahren. Zu ihrer Mutter will ich gehen.

11. August 1822

Ich schreibe einen Roman! Ich hatte heute früh im Euripides angefangen, aber ich legt' ihn weg, und brachte den ganzen Morgen mit Nachdenken über seinen Stoff zu. Bis Mittag war ich im Reinen. Ich rang schrecklich. Aber es gewann den Sieg über den Trenk. Er wird in Briefen geschrieben. Sein Geist ist der Geist der Griechen, seine Elemente Kunst, Philosophie, Leben und Liebe. Die Griechen erhalten ihre Apotheose. Der Held ist ein Bildhauer. Der Ton ist tieffantastisch – nicht der weitläufige Werthersche – etwas Eigenes, ganz Eigenes – und Fantasien! Wenn ich nicht selbst ein Narr werde, wie mein Künstler, so erschaff ich etwas Großes. Hölderlins Geschichte benüz' ich am Ende.

24. Oktober 1822

Ich war wieder bey Hölderlin. Ich richtete viele Fragen an ihn, die ersten Worte, die er dann sprach, waren vernünftig, die andern fürchterlicher Unsinn. Wie ich ging und zum Schreiner hinübertrat, sagte Hölderlin jenem Mädchen, er kenne mich noch, ich sey bey ihm gewesen, ich sey ein- ... artiger Mensch. Ich habe im Sinn, ihm zu schreiben.

Den ganzen Tag lief ich umher.

16. November 1822

Pfizer hat meinen Ph. gelesen. Sein Urtheil gab er mir weitläuftig. Er glaubt die Fabel gar zu sehr vernachlässigt und hält den Wahnsinn Phaëthons nicht für motivirt genug. Ich möchte beydes ablehnen. Das erste wollt' ich selbst so, und das Zweyte ist vielleicht nicht wahr. Sein hellsichtiges Auge, sein tiefer Sinn, sein klarer Geist zeigte sich in vielen andern Bemerkungen. Im Grund hat er mich doch verstanden, wenn er das Streben nach Jugend darinn erkennt in einer gealterten Zeit. Eine immer unterhaltene Gluth erkennt er wohl darinn, wenn er gleich das

---

Ph.: ›Phaëton‹, Waiblingers Roman, in dem er Hölderlins Schicksal dichterisch zu bearbeiten suchte, vgl. den Kommentar zu I 908 f.

Ganze in Rücksicht auf poetische Kraft dem Hyperion nachsetzt.

26. November 1822

Ich unterhielt mich heut eine ganze Stunde mit Conz. Er erzählte mir von Schiller und Hölderlin.

22. Februar 1823

Schaudernd stand ich wieder neben dem wahnsinnigen Hölderlin. Er spielte Klavier. Das kann er nun 8 Tage fortsetzen. er ließ sich durch mich nicht stören.

23. Februar 1823

Εν και παν! Das will ich aufhängen an der Wand meines Gartenhäuschens.

2. Februar 1823

Der Nachahmungstrieb ist einer der Unverschämtesten und Gewaltsamsten. Unvermerkt, ohne es nur zu wollen, hat man gewisse Eigenthümlichkeiten, gewisse originelle Züge eines geschätzten Individuums angenommen. So geht mir's im Style mit Jacobischen Construkzionen, mit Hölderlin'schen Wortfügungen, wie mir's ehmals mit Göthes Werther und Wahrheit und Dichtung, mit Wieland begegnete.

22. April 1823

Göthe ist in einigen Gedichten seines neuesten »Kunst und Alterthum« so originell-verworren, so manierirt-dunkel, daß man seine Sprache kaum versteht. Einzelnes ist so schwer zu construiren, als ein Chor des Aeschylos. Anderes gränzt an die absurde Abstumpfung Hölderlins.

Εν και παν: (gr.) ein und alles. – Waiblinger kannte, wie Hölderlin, das Symbolon aus Jacobis *Über die Lehre des Spinoza* ...; vgl. die Erläuterung zu I 558,15 f.
Jacobischen Construkzionen: in seinen Romanen *Woldemar* und *Allwill*.
in einigen Gedichten: möglicherweise ›Tischbeins Idyllen‹ und ›Zu meinen Handzeichnungen‹ aus Dritten Bandes drittes Heft, 1822.

8. Juni 1823

Ich besuchte Hölderlin, lud ihn auf morgen zu einem Spaziergang ein. Er liegt seit einigen Tagen immer im Bett, und wandelt nur des Morgens im Zwinger auf und ab. Er liest viel in seinem Hyperion. Eine schreckliche Eigenheit an ihm ists auch, daß er, sobald er gegessen, das Geschirr vor die Thüre stellt. Er sprach lauter Wahnsinn an mich hin.

9. Juni 1823

Hölderlin weigerte sich heute noch im Bett liegend, mit den schrecklichsten Entschuldigungen mit meiner königl. Majestet zu gehen. Der Tischler gab mir neue Nachrichten von seinem Leben.

Auch Onanie trug zu seiner Versunkenheit bey. Sein Leben aber ist unendlich reich. Hölderlin hätte können der erste deutsche Lyriker werden. Des Morgens lauft er in diesen Tagen von ½4 Uhr bis beynahe Mittag im Zwinger auf und ab. Der junge Zimmer bracht' ihn endlich zum Aufstehen. Ich folgte nach: Hölderlin kannte mich gleich, und entschuldigte sich in lauter Unsinn. Es ist schrecklich, wie sich dieser einst so große Geist nun in leeren Wortformeln umdreht. Man hört ewig nur: Eure Majestät, Eure Heiligkeit, Euer Gnaden, Euer Excellenz, der Herr Pater! Sehr gnädig, bezeuge meine Unterthänigkeit! Ich bracht' ihn dazu, daß er in mein Pantheon gieng. Die Aussicht, der herrliche Frühlingsmorgen, schienen doch auf ihn zu wirken. Ich fragt' ihn tausenderley bekam meistens unverständliche oder unsinnige Antworten. Als ich ihn fragte: wie alt sind sie, Herr Bibliothekar? antwortete er unter einem Schwall französischer Worte: bin mir nicht mehr bewußt, Euer Gnaden. Ich erinnert' ihn vergeblich an vieles. Zimmer wunderte sich schon, daß er das Häuschen betrat, aber unbegreiflich sey's ihm, als Hölderlin gar eine Pfeife rauchte, die ich ihm füllte und anzündete, und die ihm recht gut zu schmecken schien: Und vollends – Auf mein Vor-

---

Zwinger: die Reste der alten Stadtmauer entlang dem Neckar, die bis zu Zimmers Haus führten.

Auch Onanie ...: wie Waiblinger auf diese These kommt, ist nicht auszumachen.

Pantheon: scherzhaft für das »Presselsche« Gartenhaus auf dem Österberg, das Waiblinger für den Sommer 1823 mietete und in dem er das als pantheistisch angesehene Symbolon Εν και παν anbrachte.

bringen setzt' er sich an meinen Pult, fieng an ein Gedicht zu schreiben: der Frühling, schrieb aber nur 5 gereimte Zeilen und übergab sie mir mit einer tiefen Verbeugung. Vorher hatt' er nie aufgehört, mit sich zu sprechen und immer: Schon recht: Nun Nein! Wahrheit! Bin Euer Gnaden sehr ergeben, bezeuge tief meine Unterthänigkeit für Ihre Gnaden – ja, ja, mehr als ich reden kann – Euer Gnaden sind allzu gnädig – Als ich ihm sagte, auch ich habe das Bestreben eines Dichters, und ihm mein Manuscript zeigte, sah' er's starr an und neigte sich und sagte: So! So? Euer Majestät schreiben? Schon recht – Mit wirklicher Theilname rief er, als ich ihm von Haugs Unglücksfällen erzählte – O! Er fragte mich auch, wie alt ich sey? Aber sobald er von dem Schreiben aufstand, ward er stiller, sah viel zum Fenster hinaus, sagte nicht mehr, wie vorher: Erstaunlich schön, was Euer Gnaden da haben – senkte dann wieder das Auge gedankenvoll in sich hinein, schwieg, bewegte nur äußerst selten den Mund zu einem krampfhaften Laut – nahm endlich den Hut, ohne jene Complimente, gieng mit uns fort, still, ohne zu sprechen, ohne den Leuten ein Compliment zu machen – ohne hinter uns zu gehen – was er immer aus Höflichkeit thut – bewegte sogar eine Melodie im Munde und machte mir endlich beym Abschied ein ziemlich verständiges Compliment. Es ist schwerlich möglich, daß er ganz zum Verstand kommt: Das ließe schon seine physische Schwäche nicht zu: aber lindern, etwas aufhellen, beruhigen könnte man ihn doch vielleicht, und wenn auch nur für einige Stunden, und ich glaube, ich wär' es im Stande. Er scheint ein großes Zutrauen zu mir zu haben; sein heutiges Betragen zeugt davon. Ich will ihn öfter auf meinen Berg nehmen, und auf alle Weise ihm beyzukommen suchen.

Zwischen 15. Juni und 1. Juli 1823

Hölderlin war in meinem Gartenhaus, las mir vor aus seinem Hyperion O auch ich bin noch ein Kind in der Freude. Hölderlin ist mein liebster Freund! Er ist ja nur wahnsinnig. O ich möchte sie küssen, diese abgehärmten, zuckenden Lippen.

---

der Frühling: Das Gedicht ist verschollen.
Manuscript: der verschollene Roman ›Feodor‹.
Unglücksfällen: Tod der Frau und zweier Töchter Haugs.
Kind in der Freude: im ›Hyperion‹ heißt es »o ich bin ein Laie in der Freude« (I 655).

1. Juli 1823

Hölderlin ist viel bey mir –

3. August 1823

Für meine Poesie ist eine bestimmte Richtung gewonnen. Alle die Schwab's und Haug's, die soviele Aehnlichkeit zwischen Phaethon und Hyperion finden, verstehen weder diesen noch jenen. Ich könnte beweisen, daß ich nicht Etwas mit Hölderlin gemein habe, nämlich in jenem Jugendwerke. Dort episch-dramatisch, malerisch-anschaulich, Hoffnung, Heiterkeit, Freyheit, hier durchaus lyrisch, schwüle erdrückende Atmosphäre, ganz unanschaulich, Wahnsinn, Dumpfheit, Nothwendigkeit.

ZIMMER AN HÖLDERLINS SCHWESTER   Tübingen, 19. Juli 1828

Hochgeehrteste Frau Profeßorin!
In der Hofnung daß Sie Gesund wieder zurük von Eslingen gekommen sind, schreibe ich an Ihnen: Ihr Herr Bruder befindet sich ganz Wohl, steht so wie der Tag graut auf, und spazirt den Öhrn auf, u. ab. biß Abens 7 Uhr, wo Er dann zur Nacht speißt, und gleich nach Tisch zu bette geht. Seine körperliche Kräften sind noch immer gut auch hat er noch imer einen starken Apedit, in seinem Gesicht Ältert Er etwas, weil Er die vodere Zähne verlohren hat, stehen die Lippen einwärz und daß Kenn hervor, jezt ist Er nicht mehr unklüklich, sein Gemüth ist ganz ruhig, auch im Umgang ist er sehr gefällig, und zuvorkommet. Doch hat Er nicht gern, wenn Fremde mit im reden wollen, und Er in Seiner Gewohnheit gestöhrt wird. Von Ihrer u Seiner Theuren Verstorbennen Mutter, habe ich seit ich den Trauerbrief erhilt, nichts mehr dieser wegen mit Ihm gesprochen, aus Furcht Er möchte aufs neue wieder beunruhigt werden. Und auch Er sagte in dieser Sache nichts mehr zu mir.

Eslingen: Dort lebte Heinrike Breunlins Tochter.
Öhrn: der Gang vor Hölderlins Zimmer.
Verstorbennen Mutter: Sie war am 17. Februar 1828 gestorben.

ZIMMER AN HÖLDERLINS SCHWESTER

Tübingen, 1. November 1828

Ihr Herr Bruder u. wir alle befinden uns ganz wohl. Er hat diesen Sommer viele Besuche von Fremden und auch von hiesigen Studenten erhalten, unter andern hat Ihn auch ein Frauenzimmer, Rosine Stäudlin besucht Sie war schon Ältlich hatte aber ein lebhaftes glänzendes Auge und ein überaus munteres Weßen Auch ein alter Universidets Freund Nast, hat Ihn besucht, Hölderlin wolte Ihn aber nicht können Er spielte gerade auf dem Forto-Piano, Nast weinte wie ein Kind, von Liebe und Wehmut ergriefen fiel Er Hölderlin um den Halss mit dem Ausruf Lieber Hölderle kenst du mich den nicht mehr, Hölderlin war aber Seelig in Seinen Harmonien, und nikte Herr Nast auf seine Fragen nur mit dem Kopf. Mit den Studenten verträgt Er Sich gut, Sie begegnen Ihm auch mit aller Achtung Es geschieht zu weillen das Sie Ihn zu Ihrer Gesellschaft einladen wo Er dann Ihre Commers Lieder mitsingt wie ein Junger Bursch, es versteht sich aber nur im Hauße.

Durch daß Neue Bauweßen hat er jezt einen Gang von 42 Schuh Länge bekommen, den Er auch alle Tage mit gewaltigen Schritten durchschreitet.

Besuche: Außer den beiden genannten ist nichts näheres bekannt.
Rosine Stäudlin: Verwechslung; es handelte sich um ihre Schwester Lotte; Rosine war 1795 gestorben.
Nast: Der Jugendfreund Immanuel Nast besuchte seinem Bericht zufolge Hölderlin am 25. August 1828 im Auftrag Carl Gocks wegen der drohenden Erbstreitigkeiten nach dem Tod der Mutter.
Bauweßen: Um- und Ausbau im Hause der Zimmers.
mit gewaltigen Schritten: vgl. Magenaus Epistel an Neuffer vom 15. November 1790, in der er von »Holzens Centaurähnlichem Poeten Schritt« spricht, s. III 408.

ZIMMER AN HÖLDERLINS SCHWESTER Tübingen, 18. Juli 1829

Bei Gelegenheit der Jacobi Rechnung schreib ich Ihnen mit Vergnügen das Ihr Herr Bruder recht wohl ist. Diesen Sommer ist Er aber nicht mehr so früh wie sonst aufgestanden, gewöhnlich wird es ½ 5. Uhr wo Er erst aufsteht, Er geht aber schon um halb 8 Uhr zu bette, auser der Essenszeit, und Nachmitags wenn Er Kafe Trink, sizt Er gar nicht, sondern geht den ganzen Tag auf und ab, wärend Er wein Trenkt lauft Er herum, an heißen Tagen geht Er im Hauß Öhrn auf und ab, sonst gewöhnlich auser dem Hauße.

Er wird jezt beinahe 60 Jahr alt Sein, ist aber noch immer ein Kräftiger Mann, auch lebt Er jezt ruhig und vergnügt, höchst selten zeigt Er unzufriedenheit und diese komt nur wenn Er in Seiner Einbildung mit Gelehrten streittet.

ZIMMER AN HÖLDERLINS SCHWESTER Tübingen, 30. Oktober 1829

Das geschükte vor den Lieben Hölderlin haben wir richtig erhalten. Wir wißen für würklich nichts nöthiges vor Ihn, neue Winterschuh muß er haben die sind aber schon beim Schuhmacher bestellt. Gegen winter Strümpfe hat Er immer einen wieder Willen, ich will es doch würklich ernstlich versuchen in dahin zu bringen, wollene Strümpfe zu tragen, und werde Ihnen von dem Erfolg wieder Nachricht geben. Thut er sie tragen, so können Sie Ihm zum Cristgeschenk 1 Paar neue schüken. Sonst ist Er noch mit allem nöthigem versehen. Ich überschüke hir zugleich etwas früher vor den Herrn OberAmtsPfleger die Rechnung mit der Bitte, solche mir zum unterschreiben wieder hieher zu schüken. Daß Geld aber zurük zu behalten, ich werde Ihm dann das fehlende ergänzen biß die 100 u 5 f voll sind die ich schuldig bin.

Jacobi: Beginn der Erntezeit, zu der eine der vierteljährlichen Kostenaufstellungen Zimmers fällig war. Nach dem Tod der Mutter wurde zur Verwaltung von Hölderlins Vermögen der Oberamtspfleger Burk bestellt, der ihn auch in den Erbstreitigkeiten der Geschwister vertreten hatte und die Rechnungen Zimmers bezahlte.

würklich: (schwäbisch) gegenwärtig.

die ich schuldig bin: Anscheinend hatte Zimmer 105 Gulden aus Hölderlins Vermögen entliehen.

Der Herbst ist hir so wie überal schlecht ausgefallen, doch haben wir dieses jahr zimlich Obst bekommen. Meine Zimmer im Hauße sind alle besezt und werden mir gut bezahlt. In 2 Jahre werde ich mit den Kosten, hofe ich, fertig sein.

Ihr Herr Bruder ist recht Wohl, und auch recht Brav, wir haben im geringsten nichts unannehmliches mehr von Ihm, auch gegen die überigen Haußbewohner ist Er sehr Artig und freundschaftlich, Er wird auch von allen Bedaurt und geachtet. Meine Fammilie ist auch recht wohl.

ZIMMER AN HÖLDERLINS SCHWESTER   Tübingen, 30. Januar 1830

Bei überschükung der Rechnung freudt es mich Ihnen zu schreiben daß Ihr HE. Bruder recht wohl ist. Er hat schon 2 mahl versucht, im freien seine Gänge zu machen, kam aber jedes mahl bald wieder herauf weil es Ihm draußen zu kalt war. Es wohnt ein Herr Lebrett bei uns im Hauß der viel Antheil an Ihrem Herr Bruder nimt. Er hat mir gesagt Hölderlin sei in seines Vatters Schwester verliebt geweßen, er bedaure Hölderlin unendlich, daß Er so unglüklich geworden sei, Er sei früher ein Treflicher kopf geweßen. u.d.g.. überigens ist Ihrem HE Bruder zu seiner erheiterung noch vieles geblieben, Seine liebe zur Musik, Sein Sinn vor Nartur schönheiten, und Gefühl für Zeichnete Künste.

C. T. SCHWABS TAGEBUCH   14. Januar bis 25. Februar 1841

D. 14. Jan. 1841.

Zu den Waffen! Komm altes verrostetes Werkzeug – ärmlicher Kiel, mir wieder einmal einen schönen Tag festzuschmieden, die Erinnerung hinzufesseln auf diese Blätter, nicht zur Freude für die Gegenwart, nur zum Ersatz der schönen Gegenwart für die Zukunft.

Heut gelang es mir endlich nach einigen vergeblichen Versuchen, mit Hölderlin zusammenzukommen. Ich hatte mir darum

---

besezt: Zimmer vermietete Räume an Studenten.
Lebrett: J. P. F. Le Bret; vgl. die Gedichte ›Dem gnädigsten Herrn von Le Bret‹ und ›Aussicht‹, I 923.

keine sehr große Mühe gegeben, weil es immer noch in mir kämpfte, ob ich das schöne Bild, das meine Phantasie nach Erzählungen aus seiner Jugend sich von ihm gemacht, zerstören sollte. Doch hab' ich jetzt gefunden, daß der Unterschied so groß ist, daß die beiden Eindrücke ungehindert fortbestehen können. Ich gieng zu einem bekannten Studenten, der in seinem Haus wohnt, hin, dieser ließ seine Philisterin, die Tochter des Schreiners Zimmer, die H. pflegt, kommen und sagte ihr mein Anliegen. Sie versprach, H. in ihr Zimmer an's Klavier zu führen und mich, wenn er sich gesetzt, zu rufen. Dieß geschah. Ich trat ein, er saß am Klavier und spielte, nun stand er auf und machte ein anständiges Compliment; ich that dasselbe. Obgleich die Jungfer gesagt hatte, er werde gleich hinaus gehen wollen, wie ich komme, that er dieß zu meiner Freude nicht, sondern setzte sich gleich wieder und spielte fort. Sein Spiel war sehr fertig und voll Melodie, ohne Noten. Er sprach kein Wort und eine halbe Stunde stand ich neben dem Instrument, ohne ihn anzureden. Ich faßte seine Physiognomie recht scharf in's Auge, es war mir anfangs schwer, mich darein zu finden, weil ich mir das jugendlich schöne Bild nicht gleich verscheuchen konnte, doch überwand ich mich und beachtete die tiefen Runzeln seines Gesichtes nicht mehr. Die Stirn ist hoch und ganz senkrecht, die Nase sehr regelmäßig, ziemlich stark, aber in ganz gerader Linie vorgehend, der Mund klein und fein und wie das Kinn und die untern Theile des Gesichts überhaupt sehr zart. Einigemal, besonders, wenn er einen recht melodischen Passus ausgeführt hatte, sah er mich an; seine Augen, die von grauer Farbe sind, haben einen matten Glanz, aber ohne Energie, und das Weiße daran sieht so wächsern aus, daß mich schauerte. Thränen traten mir in's Auge vor Wehmuth und ich vermochte kaum das Weinen zurückzuhalten, es schien ihm zu gefallen, daß ich so gerührt war, was er von der Musik ableiten mochte, und mit kindischer Einfalt ruhte ein paarmal sein Auge auf mir. Ich suchte so viel als möglich in meinen Blicken die Herrschaft des Verstandes walten zu lassen, wenn ich ihn ansah, und gab mich in meinem Benehmen mit

---

Philisterin: Gemeint ist die Hauswirtin. »Philister« ist ein studentischer Ausdruck für bürgerliche Nicht-Akademiker.

Tochter: Charlotte Zimmer; Ernst Zimmer war 1838 gestorben.

Runzeln seines Gesichtes: vgl. das in der Zeittafel wiedergegebene Wachsrelief Neuberts.

ungezwungenem freien Anstand; was vielleicht beitrug, ihn mir freundlich zu machen. Endlich wagt' ich, ihn zu bitten, daß er mich auf sein Zimmer führe, wozu er sich gleich bereit zeigte, er machte die Thüren auf: »Spazieren euer königliche Majestät nur zu«; ich trat hinein und lobte die Aussicht, womit er einverstanden schien. Nun musterte er mich und sagte leis ein paarmal vor sich hin: »Es ist ein General«; dann wieder: »Er ist so schön angezogen« (ich hatte zufällig eine seidene Weste an). Dann fragt' ich ihn Einiges z. B. ob er dann und wann einige Strophen schreibe, worauf er in unsinnigen Worten antwortete; meine Bitte, mir einmal ein paar zu schenken schien er zu bejahen. Ich fragte ihn, ob er schon als Student am Hyperion geschrieben hätte, was er, nachdem er einigen Unsinn gestammelt, bejahte. Ich fragte ihn, ob er mit Hegel umgegangen sey, auch dieß bejahte er und setzte einige unverständliche Worte hinzu, worunter »das Absolute« vorkam. Ich fragte ihn nach Bilfinger, jetzigem Legationsrath od. dgl., mit dem er auf der Universität viel umgegangen seyn, später aber sich überworfen haben soll, der vielleicht das Original zu Alabanda war, da antwortete er in scharfem Tone: er ist ein Advokat. Ich fragte ihn noch nach einigen aus seiner Promotion, deren er sich aber kaum erinnerte; in meine Bemerkung, daß es schon so lang sey, daß er es sich kaum noch werde denken können, stimmte er ein. Ich fragt' ihn auch nach Schiller, von dem er aber nichts mehr zu wissen schien. Die 2te Ausgabe seines Hyperion lag auf dem Simsen, ich wies ihm die Stellen, die mich am meisten anziehen, womit er sich einverstanden zeigte, um so mehr da ihm meine Bewunderung überhaupt auffallend wohl that. Ich bat ihn, eine Stelle vorzulesen, er sprach aber nur unsinnige Worte, das Wort *pallaksch* scheint bei ihm ja zu bedeuten. Nach einer der schönsten Stellen suchte ich ziemlich lang; als ich blätterte, neigte er einmal sein Haupt ganz nah zu mir und auf seinem gebrochenen Auge glänzte ein sanfter Schimmer, der mich an die idealischen, verliebten Freundschaften im Stift und mit ihnen an den Dichter des Hyperion, der dieselben auf eine so himmlische Weise verklärt hat, erinnerte. Bald gieng er wieder weg und auf und ab; während ich weiter suchte, sagte er: »sie sind eben auch Menschen, wie Andere«, was auf mein vergebliches Blättern gieng. Ich stöberte

---

Bilfinger: Christian Ludwig Bilfinger.

seine Bücher durch und fand Kampe's Seelenlehre, Klopstock's, Zachariä's und Hagedorn's Gedichte. Ich fragte ihn nach seinem Befinden, er versicherte mich seines Wohlseyns und auf meine Bemerkung, daß man in einer so reizenden Umgebung nie krank seyn könne, antwortete er: »ich verstehe Sie, ich verstehe Sie«. Nun schied ich, von ihm mit den tiefsten Verbeugungen bis unter die Thür geleitet, indem er mir als General, Hoheit und dgl. guten Tag wünschte. Des Schreiners Tochter sagte mir, daß H. heute besonders gut gelaunt gewesen sey, aber die Eitelkeit, die in ihrer Art mir so gut, wie noch jetzt dem armen Wahnsinnigen, anklebt, will mich glauben machen, daß meine Liebe und die Verwandtschaft mit dem obgleich zerfallenen Geiste, mir die freundliche Aufnahme bewirkt habe.

D. 21 Jan.

D. 16. Jan. war ich bei Hölderlin. Er hatte in der Nacht und Vormittags stark getobt. Doch war er Nachmittags um 2, wo ich ihn bei etwas aufgeheitertem Wetter besuchte, verhältnißmäßig beruhigt. Er sah mich einigemal recht freundlich an, war aber oft gleich wieder verstimmt, ich sagte ihm lächelnd, daß er so launig, so eigensinnig sey und daß er oft laut denke, was er ohne Widerrede annahm. Ich sprach von dem so schön männlich unter ihm hinrauschenden Fluß und den schönen Abenden, worauf er leis vor sich hinsagte: »Du verstehst mich doch auch«. Er redet einen aber nie mit Du an, sondern spricht blos vor sich hin, was er denkt. Als ich in seinem Hyperion las, sagte er vor sich hin: »Guck' nicht so viel hinein, es ist kannibalisch«. Als ich ihn bat, mit mir auf den Sopha zu sitzen, sagte er: »Bei Leib nicht, es ist gefährlich« und that's durchaus nicht. Als ich seine Gedichte aufschlug, litt er's nicht und bat mich, es bei Leibe nicht zu thun, als ich ihn fragte, ob ich ihm nicht Wieland's Oberon leihen dürfte, wollte er es durchaus nicht. Im Auf- und Abgehen sagte er mich ansehend ein paarmal: »Er hat ein ganz slavoyakisches Gesicht«, dann wieder: »Der Baron ist schön« (was beiläufig gesagt von einem guten Rest Phantasie zeugt) Endlich als er mich

---

seine Gedichte: Anscheinend hatte Schwab sowohl ein Exemplar des ›Hyperion‹ (2. Auflage), als auch ein Exemplar der von seinem Vater Gustav Schwab und von Ludwig Uhland herausgegebenen Gedichte Hölderlins (D1826) mitgebracht.

durchaus forthaben wollte, sagte er sich als gemeinen Narren verstellend: »Ich bin unser Herrgott«, worauf ich endlich, als er noch die Thür aufmachte, unter Verbeugungen schied. Einmal erschreckte er mich ganz mit seiner durchdringenden, konzentrirten Heftigkeit, als er mit einem einfachen Ja! antwortete. Zimmers Tochter versicherte, daß er mir gewogen seyn müsse, da er mich so glimpflich behandelt habe.

Heute war ich wieder bei ihm, um einige Gedichte, die er gemacht hatte, abzuholen. Es waren zwei, unter denen keine Unterschrift war. Zimmer's Tochter sagte mir, ich solle ihn bitten, den Namen H. drunter zu schreiben. Ich gieng zu ihm hinein und that es, da wurde er ganz rasend, rannte in der Stube herum, nahm den Sessel und setzte ihn ungestüm bald da, bald dorthin, schrie unverständliche Worte, worunter: »Ich heiße Skardanelli« deutlich ausgesprochen war, endlich setzte er sich doch und schrieb in seiner Wuth den Namen Skardanelli darunter. Ich gieng nun gleich wieder und obgleich er mich mit den Händen heftig fortwinkte und dazu fluchte, machte ich, ohne mich aus der Fassung bringen zu lassen, anständige Verbeugungen. Was mir hauptsächlich auffiel, war, daß man ihn mit Blicken gar nicht recht fassen konnte, weil sein Auge gar keinen fixen Stern hat, wie es auch seiner Seele ganz an Sammlung und Concentration fehlt.

D. 26. Jan.

Heute war ich wieder bei Hölderlin. Er gieng, als ich kam, ziemlich aufgeregt im Oehrn auf und ab. Ich wartete bei Zimmers, bis er auf seine Stube gegangen war und trat nun zu ihm ein. Ich bot ihm eine Cigarre an, die er annahm und so giengen wir beide rauchend auf und ab. Er war ziemlich still, sprach aber sonst fast immer in verständlichen Worten. Auf das, was ich sprach, antwortete er gewöhnlich: »Sie können Recht haben«,

---

einige Gedichte: ›Höheres Leben‹ und ›Höhere Menschheit‹, s. I 926.

Skardanelli: Von einer früheren Verleugnung des Namens berichtet schon Waiblinger aus den zwanziger Jahren in *Hölderlin's Leben...*: »Ich, mein Herr, bin nicht mehr von demselben Namen, ich heiße nun Killalusimeno. Oui, Eure Majestät: Sie sagen so, Sie behaupten so! es geschieht mir nichts!« Vgl. auch die letzten drei Stammbucheinträge, II 974f. Der Name Scardanelli wird von Schwabs Besuch an als Signatur der meisten Gedichte verwendet, s. I 927-938.

»Sie haben Recht« einmal »Das ist eine gewisse Wahrheit«. Ich erzählte ihm, daß ich heute einen Brief aus Athen gelesen, da war er sehr aufmerksam und hörte meiner Erzählung zu; in meine Behauptungen stimmte er ein. Ich fragte ihn nach Matthison, ob er ihn liebe, was er bejahte, ich hatte als Kind Matthison gesehen und fragte H. nach ihm, er gab aber verkehrte Antworten und bald merkte ich, daß er von mir sprach, den er heute Pater nannte, da sagte er denn einmal »Das ist ein ganz vorzüglicher Mensch«. Er war überhaupt gut aufgelegt, wozu die Cigarre nicht wenig beigetragen haben mag, die er aber, als sie ihm nach einiger Zeit ausgegangen war, nicht weiter rauchte. Als ihm einmal sein Sacktuch hinunter gefallen war und ich es ihm aufhob, war er ganz verblüfft über meine Gefälligkeit und rief: O gnädiger Herr! Das beste ist, wenn man seine Fragen recht ruhig und ganz in ordinärem Ton an ihn richtet, dann erhascht man hie und da eine Antwort, die Sinn hat. Er nannte mich außer »gnädigster Pater« natürlich auch Majestät, Heiligkeit usw. Unter beiderseitigen, höflichen Verbeugungen schied ich nach einer halben Stunde.

D. 25. Febr.
Ich war am 12. Febr. Nachmittags einige Minuten bei Hölderlin, um ihm ein Exemplar seiner Gedichte, da ihm das seinige, in welchem einige angebundene Blätter mit neueren Gedichten beschrieben waren, gestohlen worden ist, zum Geschenk zu bringen. Als ich es sehen ließ, gefiel ihm der Einband sehr gut, aber annehmen wollte er es durchaus nicht, doch gieng ich so schnell fort, daß er mir es nicht mehr zurückgeben konnte. Kaum war ich aber fort, so gieng er aus seinem Zimmer heraus und was er sonst Nachmittags nie thut, in das der Schreinersfrau. Doch kam ihm ihre Tochter unter der Thüre entgegen, da gab er ihr das Buch und bat sie, es dem Herrn Baron zurückzugeben, sie sagte, sie wolle es ihm geben, wenn er wieder komme, womit er sich zufrieden gab und antwortete: Ich meine. Er hatte, eh' ich kam, lang im Oehrn herumgetobt und sprach fast nichts vernünftiges, nur auf die Frage, ob er schon lange nicht mehr ausgegangen sey, antwortete er: Ich war schon eine gute Weile nicht mehr draußen.

Heute gieng ich wieder hin und erfuhr, daß H. das Buch nicht

---

ein Exemplar seiner Gedichte: gemeint ist die Uland-Schwabsche Ausgabe (D1826).

wieder angenommen. Nun gieng ich zu ihm und bat ihn, mir auf eines der leeren Blätter, die darin sind, einige Zeilen zu schreiben, was er versprach. Er erinnerte sich, daß er mir schon einmal ein paar Gedichte gegeben hatte und fühlte sich sehr geschmeichelt, als ich ihm darauf sagte, diese hätten in mir den Wunsch erregt, mehreres von seiner Hand zu besitzen.

Er ist gegenwärtig, wie immer um diese Jahreszeit, sehr wild, läuft im Oehrn herum, spricht sehr heftig und schnell vor sich hin; ich warte, wenn ich in solchen Augenblicken (die stoßweise kommen und vergehen) zu ihm komme, bis er wieder in sein Zimmer hineingeht und gehe dann erst zu ihm. So that ich auch heute, er war freundlich und sprach ziemlich viel und deutlich. Ich zeigte ihm Waiblingers Bild im ersten Band von dessen Werken und fragte ihn, ob er es kenne, was er bejahte. Ich fragte ihn, ob Waiblinger »vor seinem Tode« viel zu ihm gekommen sey, da sagte er: So, lebt er nimmer? (man hatte ihm zur Zeit von Waiblingers Tod denselben erzählt). Ich fragte ihn, ob Waiblinger ihm von seinen litterarischen Compositionen mitgetheilt habe, darauf antwortete er »nein«, aber er habe mit ihm von Litteratur gesprochen. – Zimmers Tochter erzählte mir, daß er an den neu herausgekommenen Stahlstichen von Kaulbach zu Schillers Werken in Einem Band, die man ihm zeigte, eine große Freude gehabt habe, besonders habe ihm die Scene aus Wallenstein (nach meiner Ansicht auch die beste) gefallen, er habe gesagt: »Der Mann steht erstaunlich da«. Überhaupt hat er für Kunst noch viel Sinn und Urtheil. – Gleich nachdem ich aus seinem Zimmer war, brachte man ihm Feder und Tinte und er setzte sich, um Verse in das Buch zu schreiben.

Waiblingers Tod: Er war 1830 in Rom gestorben.
Scene aus Wallenstein: ›Stahlstiche zu Schiller's Werken in Einem Bande nach Zeichnungen von Wilhelm Kaulbach‹, Stuttgart und Tübingen 1840, 8. Blatt: Wallensteins Tod; abgebildet in FHA 9, 337.
Verse: In Schwabs Biographie des Dichters (D1846) stellt er die Szene genauer dar: Hölderlin trug zunächst hinten in das Buch eine Widmung ein; auf Schwabs Bitte dann auch noch vorne das Gedicht ›Überzeugung‹, s. den Kommentar zu I 926.

JOHANN GEORG FISCHERS BERICHT 1881

Es war in den Jahren 1841, 42 und 43, daß ich während meiner Tübinger Studienzeit mit meinen Freunden Karl Auberlen, Wilh. Brandauer, Christof Schwab, bald mit dem einen, bald mit dem andern, öfters auch allein, den kranken Dichter zeitweilig besuchte. Immer war er entgegenkommend, das einemal mit etwas mehr, das anderemal mit weniger Resignation. Die Hände über dem Schlafrock auf dem Rücken gekreuzt, saß oder ging er mit den Besuchern in seinem Zimmer auf und ab. Zwei Besuche sind mir in besonders bedeutsamer Erinnerung. Seine Gedichte waren bei Cotta in Miniaturausgabe erschienen und Christ. Schwab überreichte ihm ein Exemplar. In demselben hin und her blätternd sagte er: »Ja, die Gedichte sind echt, die sind von mir; aber der Name ist gefälscht, ich habe nie Hölderlin geheißen, sondern Scardanelli oder Scarivari oder Salvator Rosa oder so was.« Auberlen brachte die Rede auf den Oedipus. »Ja,« sagte H., »den hab' ich zu übersezen versucht; aber der Buchhändler –«. Sodann erinnerte ich ihn an seine Diotima. »Ach,« sprach er, »reden Sie mir nicht von Diotima, das war ein Wesen! und wissen Sie: dreizehn Söhne hat sie mir geboren, der eine ist Kaiser von Rußland, der andere König von Spanien, der dritte Sultan, der vierte Papst u.s.w. Und wissen Sie was dann?« Nun sprach er folgendes schwäbisch: »wisset se, wie d' Schwoba saget: Närret ist se worda, närret, närret, närret.« Das sprach er so erregt, daß wir gingen, indem er uns mit tiefer Verbeugung an die Thür

---

Johann Georg Fischers Bericht: aus: ›Hölderlin's letzte Verse‹ in *Schwäbische Kronik 1881* 8. Juli, Nr. 159, S. 1256.

Miniaturausgabe: im November 1842 erschienen (mit der Jahresangabe 1843); Hölderlin erhielt ein Exemplar ohne das biographische Vorwort.

oder so was: Weitere überlieferte Namen sind »Rosetti« und »Scaliger Rosa«, s. auch oben die Erläuterung zu *Skardanelli*, III 669. Auffällig ist der italienische Klang der Namen (C. T. Schwab berichtet, daß Hölderlin auch Italienisch sprach) und bei einigen der Bezug auf Persönlichkeiten der Renaissance (Buonarotti, Scaliger, Cardanus).

der Buchhändler: Wilmans; in einer anderen Fassung seines Berichtes gibt Fischer an, daß diesen Worten noch folgte »war ein« und ein mehrfach wiederholtes Scheltwort.

begleitete. Mein lezter Besuch geschah im April 43. Weil ich im Mai Tübingen verließ, bat ich ihn um ein paar Zeilen zum Andenken. »Wie Ew. Heiligkeit befehlen«, sagte er, »soll ich Strophen über Griechenland, über den Frühling, über den Zeitgeist?« Ich bat um »den Zeitgeist«. Nun trat er, und mit einem Auge voll jugendlichen Feuers, an seinen Stehpult, nahm einen Foliobogen und eine mit der ganzen Fahne versehene Feder heraus und schrieb, mit den Fingern der linken Hand die Verse auf dem Pult skandirend, und nach Vollendung jeder Zeile mit Kopfnicken ein zufriedenes deutliches »Hm« ausdrückend, folgende Verse:

⟨es folgt das Gedicht, s. I 934⟩

Nach dem fast weinenden Danke, den ich ihm unter Händereichung ausdrückte, sah ich ihn nicht wieder. Zwei Monate darauf wurde er begraben.

MÖRIKE AN HARTLAUB Cleversulzbach, 6. Februar 1843

Von der Nürtinger Reise ist grade nicht viel zu erzählen ... An einem Abend führte ich den längst gehegten Vorsatz aus, die Schwester Hölderlins, eine verwitwete Professor Bräunlin, zu besuchen. Sie hat die ehmalige Wohnung meiner Mutter inn u. ganz dieselben Zimmer. Es ist eine sehr redselige Frau. Sie hat mit ihrem Bruder in der Art zu sprechen, sofern von Natur etwas Hastiges, doch nicht Unangenehmes dabei ist, einige Ähnlichkeit. Sie zeigte mir verschiedene Portraits von ihm, darunter auch ein großes Pastellbild, das er ihr zur Hochzeit schenkte. Es ist nicht ganz getroffen, doch sieht man wohl, daß er von außerordentlicher Schönheit gewesen seyn muß. Auf meine, durch die dritte Hand an sie gestellte, Bitte, bekam ich einen großen Korb mit Manuskripten Hölderlins ins Haus geschickt. Die Frau

---

mein lezter Besuch: Das Gedicht ›Der Zeitgeist‹ entstand nicht bei dieser Gelegenheit, es handelte sich auch nicht um Hölderlins letzte Verse; vgl. den Kommentar zu I 934.

Portraits: darunter der von der Schwester »F. Hölderlin als Magister« unterschriebene Schattenriß von 1790 und das Pastellbild Hiemers von 1792, Abb. s. Zeittafel.

Stadtschreiberin ließ mir zu ungestörter Musterung derselben ein oberes Stübchen heizen, wo sich ihre ältesten Möbel, u. Familienbilder befinden. Da saß ich ganz allein, nur hie u. da kam eins der Mädchen auf eine Viertelstunde mit dem Strickzeug herauf. So eine Ableitung war nöthig, sonst könnte man vor solchen Trümmern beinahe den Kopf verlieren. Ich fand merkwürdige Concepte seiner (zumeist gedruckten) Gedichte mit vielen Korrekturen; mehrfach variirende reinliche Um- u. Abschriften der gleichen Stücke. (Schwab hat, wie ich aus Zeichen seiner Hand bemerkte, die Redaction nach eben diesen Papieren besorgt, und zwar, so viel ich nur verglich, mit feinem Sinn) dann: Übersetzungen des Sophokles (zum Theil gedruckt) Euripides und Pindar; dramaturgische Aufsätze; Briefe von unbedeutenderen Freunden (Sigfr. Schmid, Neuffer *etc.*) auch einige von ihm, und eine Spur, wie ich vermuthe, von der Hand derjenigen die wir als Diotima kennen; Aushängebogen der ersten Ausgabe des Hyperion, wie frisch aus der Presse. Besonders rührend waren mir so kleine verlorene Wische aus seiner Homburger u. Jenaer Zeit, die mich unmittelbar in sein trauriges Leben und dessen Anfänge versezten.

CHARLOTTE ZIMMER AN GOCK

Hochzuverehrender Herr Hofrath
Ich nehme mir die Ehre Ihnen die sehr traurige Botschaft zu ertheilen von dem sanften Hinscheiden Ihres geliebten Herrn Bruders. seit einige Tage hatte er einen Chartharr u wir bemerkten eine besondre Schwäche an Ihm wo ich dann zu Profeßor

---

Stadtschreiberin: die Schwester von Mörikes Mutter.
seiner (zumeist gedruckten) Gedichte: Die Handschriften sind wohl größtenteils erhalten.
Übersetzungen: Mörike sah anscheinend noch Entwürfe zur Sophoklesübersetzung.
Briefe von unbedeutenderen Freunden: zumeist nur noch in Regesten Gustav Schlesiers überliefert.
Diotima: Susette Gontards Briefe sind wohl weitgehend erhalten.
Hyperion: ungebundene Aushängebögen des ›Hyperion‹ haben sich nicht erhalten.
Wische: nicht näher bestimmbar.

Gmelin ging u Er eine Arznei bekam spielte diesen Abend noch u aß in unserem Zimmer zu Nacht nun ging Er ins Bett mußte aber wieder aufstehen u sagte zu mir Er könne vor Bangigkeit nicht im Bett bleiben nun sprach ich ihm doch zu u ging nicht von der Seite Er nahm kurz einige Minuten noch Arznei es wurde Ihm aber immer banger ein Haußherr war auch bey Ihm u ein anderer Herr welcher Ihm gewacht hätte mit mir nun verschied Er aber so sanft ohne noch einen besondern Todeskampf zu bekommen meine Mutter war auch bey Ihm an das Sterben dachte freilich kein Mensch von uns Die Bestürzung ist nun so groß daß mirs übers Weinen hinaus ist, u denoch dem Lieben Vater im Himmel taußendmal danken muß daß Er kein Lager hatte, u unter taußend Menschen wenige so sanft sterben wie Ihr geliebter Herr Bruder starb.

Ihn Erwartung Sie zu sehen oder wen es Ihre Gesundheit nicht erlauben würde mir nähere Mitheilung über das Begräbniß zu geben indeßen Empfehle ich mich Ihnen u Frau Hofräthin mit Aller Hochachtung   Ihre ergebenste
Tübingen d. 7ten Juni 1843   Lotte Zimmer
Nachts 12 Uhr.
Nach Nürtingen habe ich auch geschrieben.

---

spielte: auf dem Klavier.
Bangigkeit: Hölderlin hatte wahrscheinlich ein Lungenödem und daher starke Atemnot.
Haußherr: wohl ein Mieter im Zimmerschen Hause.
nun verschied Er: kurz vor 11 Uhr nachts.
Erwartung: Gock kam nicht zur Beerdigung am 10. Juni auf dem Tübinger Friedhof; im folgenden Jahr ließ er einen Grabstein setzen mit der Inschrift »Im heiligsten der Stürme falle / Zusammen meine Kerkerwand, / Und herrlicher und freier walle / Mein Geist ins unbekannte Land!« ›Das Schiksaal‹ v. 81–84, I 148.
nach Nürtingen: an Hölderlins Schwester.

KOMMENTIERTES NAMENVERZEICHNIS

Hinweise zur Benutzung

Verzeichnet werden Personen- und Ortsnamen sowie mythologische Begriffe aus den drei Bänden der Ausgabe. Da Hölderlin eine von der heutigen Schreibweise oft abweichende Orthographie verwendet, die in sich nicht einheitlich ist, werden verschiedene Schreibweisen unter einem Stichwort zusammengefaßt und wo nötig ergänzend auf dieses Stichwort verwiesen. Hölderlin verwendet z. B. für die griechischen Namen meist eine latinisierte Form, die oft nochmals einer deutschen Schreibweise angepaßt ist. So heißt etwa der griechische Dichter Alkaios, dessen lateinische Schreibweise *Alcaeus* lautet, bei Hölderlin »Alzäus«. Dies ist bei der Auffindung eines Stichwortes zu beachten, da nicht in jedem Fall für jede Schreibweise ein eigenes Stichwort gesetzt werden konnte. Dies gilt auch für Querverweise. Ebenso verwendet Hölderlin für griechische Namen oft deren römische Entsprechungen, so Jupiter für Zeus oder Agrigent für Akragas; wo beide Formen auftreten, ist der Hinweis auf die jeweils andere zu beachten, da die Stellenangabe nur auf *ein* Stichwort bezogen ist. Zeitgenössische Namen werden dagegen grundsätzlich in der heutigen Schreibweise wiedergegeben.

Die Erläuterungen zu den Stichworten beziehen sich weitgehend auf den Kontext, in dem sie bei Hölderlin auftreten und geben keine erschöpfende Auskunft über den Gegenstand.

Auf von Hölderlin geschriebene Namen wird mit geraden Ziffern verwiesen (z. B. II 345), *kursive* Ziffern beziehen sich auf Texte Dritter (Briefe an Hölderlin, Dokumente), Ziffern in spitzen Klammern ⟨...⟩ beziehen sich auf Herausgebertexte. Aufgenommen wurden alle in Hölderlins Texten und den Texten Dritter auftretenden Namen mit folgenden Ausnahmen: Die Absenderorte der Briefe und die Namen der Verwandten Hölderlins, die er in fast allen Briefen an einen der Verwandten jeweils grüßen läßt, werden nicht verzeichnet. Auf den Herausgebertext wird nur verwiesen, wenn sich dort eine Erweiterung der Erläuterung zum Stichwort findet.

Tritt ein Stichwort innerhalb eines Textes mehrfach auf, so wird nur die erste und letzte Stelle angegeben (z. B. I 642–703). Bei Anspielungen auf in Hölderlins Texten nicht genannte Namen wird hinter der Stellenangabe in Klammern die Textstelle zitiert, z. B. Empedokles: I 735 (Sizilianer). Tritt ein Stichwort im Text als Kompositum (z. B. »Römerkopf«) auf, so steht die Stellenangabe in runden Klammern (...). Namen in

Textvarianten werden nur verzeichnet, wenn sie im Lesetext nicht auftreten.

Namen deutscher Ortschaften werden in der Regel nicht erläutert. Unter dem Stichwort »Tübingen« findet sich ein Glossar zu Begriffen aus dem Ausbildungsgang im Tübinger Stift.

A

Abä: Abai, Stadt in Phokis, mit Apollon-Orakel.   II 284

Abas: König von Argos (→Danaer).   II 232

Abel, Jakob Friedrich (1751–1829): ab 1772 Professor an der Karlsschule in Stuttgart, Lehrer und Freund Schillers, wurde Anfang Oktober 1790 auf den Tübinger Lehrstuhl für Logik und Metaphysik berufen; begann seine Lehrtätigkeit aber erst im Wintersemester 1791/92. Hauptwerk: ›Einleitung in die Seelenlehre‹ (1786).   II 461 570   III ⟨373⟩

Abydos: Stadt am Hellespont.   II 182

Acestes: Aigestes, Gründer von Acesta (Segesta) in Sizilien.   II 172 174

Achaier, Achäer, Achäier, Achäisch: Griechischer Stamm, im Norden des Peloponnes ansässig; bei Homer Sammelname für die vor Troja kämpfenden Griechen.   II 68 120 181 388   III 406

Acheron: der Totenfluß in der Unterwelt, deren Grenze er ausmacht.   I 118 623 752 814   II 242 348

Achilleus, Achill, Achilles: Sohn des Peleus (daher sein Beiname →Pelide) aus Phthia, wird nach seiner Geburt von seiner Mutter →Thetis im Unterweltfluß →Styx gebadet, damit er unverwundbar werde; die Ferse, an der sie ihn hält, ist die Stelle, an der ihn später der von Apollon geführte Pfeil des Paris trifft. Er wählt ein kurzes ruhmreiches anstatt eines ewigen, aber ruhmlosen Lebens; vor Troja ist er der Hauptheld der Griechen, zieht sich aber aufgrund eines Streites mit →Agamemnon aus dem Kampf zurück. Als Achilleus' Freund →Patroklos in dessen Rüstung kämpft, wird er von Hektor getötet, Achilleus greift daraufhin wieder in die Schlacht ein und tötet Hektor. Seine Leiche schleift er aus Rache mehrfach um die Mauern Trojas. Nach dem Tode wird Achilleus' Asche mit der des Patroklos vermischt am Sigeion (→Sigäisches Vorgebirge) zusammen mit der des Antilochos begraben; vgl. Odyssee 24,76–84. Das Ende des trojanischen Krieges erlebt er nicht.   I 198 200 243 286 435 437 438   495 506 528 542 621 641   821   II 21 64–71 112 119 165 191 198 234 765

Adam: im Alten Testament der erste Mensch.   I 27 58   III 592

Adamas: (gr.) »der Unbezwingliche, Stahl, Diamant«. Im ›Fragment von Hyperion‹ der Name des jugendlichen Freundes aus Tina; in der vorletzten Fassung der des gleichaltrigen Freundes; in der endgültigen Fassung der des väterlichen Freundes aus der Fremde.   I 502–506 559f. 591 597 618–717

Admatos: Sohn des →Pheres; Gatte der →Alkestis. II 223

Adon: Adonis, sterbender Vegetationsgott; ein schöner Jüngling, in den sich Aphrodite verliebt und um den sie trauert, nachdem er von einem Eber getötet wurde; vgl. Ovid, Metamorphosen 10,502–738. I 752 II 526

Adramelech: Ein Geist, der am Schluß des zweiten Gesangs von Klopstocks ›Messias‹ den Tod auch über die Welt des Geistes und der Seele bringen will und sich im Triumph über Satan, der nur den Leib des Messias verderben kann, zum Obermonarchen der Götter zu erheben trachtet. I 13 f.

Adrastiden: Nachkommen des Adrastos. II 189

Adrastos: Heros aus aiolischem Geschlecht in Argos; gibt seine Töchter Argeia und Deipyle zwei Fremden, →Tydeus und →Polyneikes, zur Frau. Anführer des Zuges der Sieben gegen Theben. Die Stiftung der nemeischen Spiele soll schlechte Omen (der Tod eines Königskindes durch Schlangenbiß in Nemea) außer Kraft setzen. Der Feldzug mißlingt trotzdem. Zehn Jahre später führt Adrastos die Söhne der Gefallenen, die Epigonen, noch einmal gegen Theben, diesmal erfolgreich. II 232

Adriatisches Meer: die Adria. I 735

Aeakiden: Nachkommen des Aiakos. II 216 231 388

Aeakos: Aiakos, Sohn des Zeus und der Aigina, wirkte zusammen mit Apollon und Zeus an der Erbauung von Troja mit. Dorischer König auf der Insel Aigina, von wo er seine Söhne Telamon und →Peleus verbannte. Stammvater des Aeakaiden-Geschlechts. II 195 234

Aediopier: Äthiopier, Volksstamm am Roten Meer; Apollon, Zeus oder Helios ist oft dort. II 130

Äetas, Aeetes: Aietes, König von Aia bzw. Kolchis; stellte Jason, der das goldene Vlies forderte, drei unlösbar scheinende Aufgaben, die dieser mit der Hilfe von Aietes' Tochter →Medea erfüllte. II 218 225

Aegäer: Beiname des Theseus, nach seinem Vater Aigeus. II 126

Aegaeum: das Ägäische Meer, das vom Ionischen Meer durch den Isthmus von Korinth getrennt ist. II 151

Aegäon: Beiname des Riesen →Briareus. II 129

Aegide: Aigis, die schildartige Waffe des Zeus, mit der er das seine Blitze begleitende Sturmgewölk erzeugt. Sie ist von Hephaistos geschmiedet und mit dem Bild des →Medusenhauptes versehen. In der bildenden Kunst wird sie zum typischen Attribut →Athenes. I 107 543 II 724 861

Aegiden: Aigeiden, Nachfahren des Aigeus, Königs von Athen; weitverzweigtes griechisches Adelsgeschlecht. II 230

Aegimios: Aigimios, Sohn des Doros, des Stammvaters der Dorier. Herakles half ihm beim Kampf gegen die Lapithen, wofür ihm Aigimios ein Drittel seines Landes anbot. Da Herakles darauf verzichtete, nahm Aigimios dessen Sohn Hyllos als dritten Erben an. II 204 229

Aegina: Geliebte des Zeus, Mutter des Aiakos. II 234

Aegina, Aeginer, Aegineten: Insel zwischen Attika und Peloponnes. II 12 23 194 230 234

Aegisthos: Aigisthos, Sohn des Thyestes; verführte Klytaimnestra und ermordete Agamemnon; wurde von →Orestes erschlagen. II 243

Aegypten, Aegyptos, Aegyptier, Egypter, Aegypterin, ägyptisch: Bewohner des Landes am Nil, galten als ältestes Kulturvolk. I 297 415 ⟨495⟩ 684 827 884 895 II 11f. 21 726 III 93 ⟨327⟩ ⟨372⟩

Aeneade: Nachkomme des Aeneas. II 170–174

Aeneas, Äneas: aus Troja, Sohn des Anchises und der Aphrodite, Vater des →Iulus; führt nach dem Untergang seiner Heimatstadt einen Zug über Nordafrika nach Italien. I 426 II 170–174

Aeoliden: Nachkommen des Aiolos und der Enarea. II 220

Aeolisch: Aiolis, Landschaft im Nordwesten Kleinasiens. I 502 II 181

Aeolisch: eine der dorischen Tonarten. II 210

Aeolos: Aiolos, Stammvater der Aioler (aiolisch sprechenden Griechen). Zu seinen sieben Söhnen, den Aioliden, gehören Kretheus und Salmoneus, die Großväter von Jason und von Pelias. II 222

Aeschylus, Aeschyl: Aischylos (525–456 v. Chr.), attischer Tragödiendichter aus Eleusis bei Athen, von dem sieben Tragödien vollständig erhalten sind: ›Agamemnon‹, ›Die Weihgußträgerinnen‹, ›Die Eumeniden‹, ›Die Perser‹, ›Die Sieben gegen Theben‹, ›Der gefesselte Prometheus‹ und ›Die Schutzflehenden‹. In Hölderlins Nachlaß befand sich eine von Christian Gottfried →Schütz kommentierte Ausgabe des ›Gefesselten Prometheus‹, Halle 1782. I 146 II 22ff. 25f. 370 765 III ⟨74⟩ 659

Aeson: Aison, Sohn von Kretheus und Tyro; Halbbruder des Pelias, der ihn entmachtete; Vater von Jason. II 222

Aesop (ca. 5. Jh. v. Chr.): Griechischer Fabeldichter. II 20

Aethiopide: Sagenstoff des nachhomerischen epischen Zyklus um die Nachgeschichte der Ilias am Roten Meer. II 15

Aethiops: bei Pindar Sohn der Eos; nach ihm ist Äthiopien benannt. II 191

Aetna, Ätna, aetnäisch: Aitne, Vulkan im Osten von Sizilien. Im Mythos befindet sich darunter die Werkstatt des →Hephaistos; unter ihm wurde Typhon begraben. Am Südhang des Vulkans liegt die

Stadt Aitne. I 185 251 298 451 458 623 753 763–878 II 149 164 202 204 215 389f.

Aetolisch: nach der Landschaft Aitolia im Westen von Mittelgriechenland benannt. II 193

Afrika, Afrikaner, afrikanisch. I 59 178 305 459 II 180 406

Agamemnon: König von Mykene, Heerführer der Griechen vor Troja; Sohn des Atreus (daher sein Beiname → Atride), Bruder des Menelaos, Gatte der → Klytaimnestra, die ihn nach seiner Rückkehr von Troja ermordet, Vater von Iphigenie, Elektra und → Orestes; Herrscher über Argos und viele Inseln der Ägäis. II 24 65 119 138 175–178 242 III 406

Aganippe: Quellnymphe vom → Helikon. III 65

Agave: Agaue, Tochter des Kadmos und der Harmonia, Mutter des Königs Pentheus von Theben. Als sie Dionysos' Mutter Semele beleidigt, läßt der Gott sie wahnsinnig werden; sie zerreißt ihren Sohn Pentheus. II 165

Ageladas: Hageladas (ca. 520–450 v. Chr.), Bildhauer aus Argos, Lehrer des Polyklet und Myron; sein gleichnamiger Enkel soll Lehrer des Phidias gewesen sein. II 22f. 27

Agenor:
1. Vater des Kadmos. III ⟨437⟩
2. Antenor (Ende d. 6. Jh.s v. Chr.), athenischer Bildhauer und Erzgießer; falsche Angabe bei Winckelmann. II 23

Agesidamos, Agesidamus: Hegesidamos, Fechter aus Lokroi Zephyrioi (vgl. auch die Erläuterung zu Pindar O 2,84). II 197ff.

Agesides: Nach später Überlieferung (Suda) der Hausvater, bei dem Alkman Sklave gewesen sein soll. II 17

Agis IV. (gest. 241 v. Chr.): 244 bis 241 v. Chr. König von Sparta. Er versuchte eine Reform der sozialen Zustände im Geist der Verfassung des → Lykurg, nachdem die Zahl der Spartiaten auf 700 gesunken war und 100 Grundbesitzer fast das ganze Land besaßen. Er scheiterte und wurde von seinem Mitkönig Leonidas hingerichtet; vgl. Plutarch, Agis. Hölderlin hat möglicherweise ein Drama über ihn geplant (vgl. III 329). I 586 703 II 740 908 III ⟨329⟩ ⟨344⟩

Aglaja: eine der drei → Charitinnen. II 200

Agora: Volks-, Gerichts- oder Heeresversammlung der männlichen wehrfähigen Bürger bei den Griechen, danach wird auch der feste Platz benannt, an dem sie stattfindet, in Athen war er nördlich der Akropolis gelegen. Hölderlin betont das Wort nicht auf der letzten, sondern auf der zweiten Silbe. I 688 752 844 II 221 256 III 346

KOMMENTIERTES NAMENVERZEICHNIS 685

Agoracritus (5. Jh. v. Chr.): Parischer Bildhauer, Schüler des Phidias.
II 27

Agrigent, Agragent, Akragas, Agragas, Agrigentiner: griechische Stadt und Fluß im Südwesten Siziliens. Unter anderem von den Tyrannen →Phalaris und →Theron beherrscht. Heimat des →Empedokles.
I 793–903 II 187 192 244

Agur: Sohn des Jake aus dem arabischen Stamm Massa, dessen Weisheitslehre in den Sprüchen Salomos, Kap. 30, gesammelt ist.   II 36

Ainesidamos: Vater von Theron (vgl. III 127 zu O 2,84).   II 193

Ajax: Aias

1. Sohn des Telamon, König von Salamis; nach Achilles der stärkste der griechischen Helden vor Troja; er rettet die Leiche des Achill, unterliegt aber in den Wettspielen um dessen Rüstung, die von den Heerführern der Griechen dem Odysseus zugesprochen wird; in seinem Zorn auf die Atriden will er diese töten, wird aber von Athene mit Wahnsinn geschlagen und metzelt stattdessen eine Viehherde nieder; vom Anfall genesen, stürzt er sich in sein Schwert. In Sophokles' Tragödie hat er den Beinamen Mastigophoros (Geißelträger), da er das Vieh geißelt.   I 435 437 438 498 561 606 652 II 64 109 122 145 373 375f. 386–389

2. Sohn des Oileus, aus dem phokischen Lokroi, der »Kleine Aias« genannt.   II 145

Akademus: attischer Ortsheros. In dem nach ihm benannten, nordöstlich von Athen gelegenen Hain am Kephisos (→Cephissus) richtete Platon seine Schule, die Akademie, ein.   I 688 732

Akragas →Agrigent

Alabanda: Hyperions gleichaltriger griechischer Freund im ›Hyperion‹; →Chandler erwähnt öfters die gleichnamige karische Stadt.
I 572–600 630–752 III 310

Alba: Alba Longa, Ort im Albanergebirge, von →Iulus gegründet.
II 153

Albaner: Balkanvolk, seit dem 15. Jh. unter türkischer Herrschaft; im Gegensatz zu den Griechen, nahmen die meisten von ihnen den islamischen Glauben an, standen daher im russisch-türkischen Krieg auf Seiten der Türken.   I 597 692 717 720

Albion: alter Name für Britannien.   I 71 f.

Alcäus, Alzäus: Alkaios (ca. 620–560 v. Chr.), griechischer Dichter aus Lesbos; nach ihm ist das alkäische Odenversmaß benannt.   I 150 494   II 18 f. 165   III ⟨417⟩ ⟨69⟩

Alcamenes (Ende des 5. Jh.s v. Chr.): Athenischer Bildhauer, jüngerer Zeitgenosse des →Phidias.   II 27

Alcibiades (um 450–404 v. Chr.): athenischer Staatsmann und Feldherr, Schüler des Sokrates.   I 196

Alcinous: Alkinoos, König der Phaiaken, der den schiffbrüchigen Odysseus gastfreundlich aufnimmt.   I 159

Alencastro: Herzogsfamilie von Aveiro.   I 480

Aletes: Gefährte des Aeneas aus Troja.   II 172 174

Aleva: Aleuas, Ahnherr der Aleuaden, des thessalischen Königsgeschlechts.   II 238

Alexander der Große (356–323 v. Chr.): Makedonischer König, besiegte schon als Heerführer seines Vaters Philipp 338 v. Chr. die verbündeten Athener und Thebaner bei Chaironeia, erlangte nach dem Tod seines Vaters die Königswürde und die Hegemonie über Griechenland; begann 335 v. Chr. seinen Eroberungsfeldzug durch Asien und gelangte nach Siegen über die Perser bis an die Grenzen Indiens; starb im Juni 323 v. Chr. in Babylon.   I 14   681   II 24 27

Alexibiade: Vatername des Karrhotos.   II 228

Alis: dorische Form von →Elis.

Alkimedon: hier ein Knabe aus Aigina, 460 v. Chr. Olympiasieger im Ringkampf.   II 194 196

Alkman, Alkmäon: Alkmaion, argivischer Heros, Sohn des Amphiaraos; Teilnehmer am Zug der Sieben gegen Theben.   II 232

Alkman: auch Alkmaon (Mitte 7. Jh. v. Chr.), lakedämonischer Lyriker, der erste im alexandrinischen Dichterkanon, nach einigen alten Quellen von lydischer Abstammung.   II 17

Alkmene: Tochter von Elektryon, Gattin des Amphitryon, Mutter des Herakles.   I 170 (Mutter)   II 225

Alpen.   I 177 272 304 319 336 340 342 344 350f. 368f. 396 401 406 421 423 (426) 435–438 447 453 460 463 472 478 735   II 154 892 894 899   III (152)

Alpheus: Alpheios, der größte Fluß auf dem Peloponnes, entspringt in Arkadien, verläuft durch Olympia und die Landschaft Elis nach Westen, wo er ins Ionische Meer mündet; wurde in Olympia auch als Flußgott verehrt. Im Mythos verfolgt er durchs Mittelmeer die Nymphe Arethusa, die als Quelle auf Ortygia entspringt, vgl. Ovid, Metamorphosen 5,487–641.   I 475   590 671 707   II 13 187 194   III 182

Altona: welche Beziehung Hölderlin dorthin hatte, ist nicht bekannt.
  II 395   III 440

Alzäus →Alcäus.

Alzide: So heißt Herakles nach Alkeus, dem Vater →Amphitryons.
  II 165

Amalasuntha (gest. 535): Tochter Theoderichs des Großen, Regentin der
  Goten. I 480
Amalia: Figur aus Schillers ›Die Räuber‹. I 44 II 396
Amann: Kammerfräulein der Prinzessin Auguste von Hesssen-Homburg. III 604
Amazonen: Sagenhaftes Volk kriegerischer Frauen in Kleinasien.
  II 195
Amberg: Stadt in Bayern. I 421
Ambrosia: Nahrung der Unsterblichkeit, Götterspeise. II 136 (ambrosisch)
Amenes: Amenas, Fluß bei der Stadt Aitne (→Aetna). II 204
Amerika: (→Philadelphier). II 517 551 839
Ammon: ägyptischer Beiname des Zeus. II 218
Ammon, Christoph Friedrich (1766–1850): ab 1789 Professor für Philosophie in Erlangen und ab 1792 der Theologie, später in Göttingen und wieder in Erlangen, ab 1813 Oberhofprediger in Dresden. Als Philosoph Kantianer. II 514 516
Amor: römische Entsprechung des →Eros; meist geflügelt dargestellt.
  II 169 782
Amphares: Name eines Agrigentiners im zweiten Entwurf zum ›Empedokles‹. I 840
Amphiaraos: Seher aus Böotien aus dem Geschlecht von Melampos, Sohn des →Oikles. Seine Frau Euriphyle nötigte ihn zur Teilnahme am Zug der Sieben gegen Theben. II 232
Amphiktyonen: (gr.) »Umwohnende«, hier Kultverband um Delphi.
  II 238
Amphion: Gatte von Niobe; erbaute zusammen mit seinem Zwillingsbruder Zethos die Mauer Thebens. II 361
Amphitrite: Gattin des Poseidon; allegorischer Name für das Meer.
  II 257
Amphitryon: thebanischer Heros, Gatte der Alkmene, die von Zeus, der während dessen Abwesenheit die Gestalt des Amphitryon annimmt, den Herakles empfängt. Ziehvater von Herakles. Er wird an Stelle seines Bruders Elektryon König. II 170
Amphitryonide: Vatername des →Herakles.
Amyklä: bei Sparta gelegenes Heiligtum des Hyakinthos; berühmter Thron des Apollon. I 480 II 204 243
Amythan: Amythaon, Sohn des Kretheus und der Tyro; gründete zusammen mit seinem Halbbruder Neleus die Stadt →Pylos. II 223
Anacharsis: Vornehmer Skythe, der nach Herodot (4,46) Griechenland bereiste. Seinen Namen benutzte Abbé Barthelemy, der selbst nie in

Griechenland war, für seine ausführliche und antiquarisch genaue Beschreibung einer (fiktiven) Reise durch das Griechenland des 4. Jh. v. Chr. (Reise des jüngeren Anacharsis durch Griechenland, viertehalbhundert Jahr vor der gewöhnlichen Zeitrechnung. Aus dem Französischen des Hrn. Abt Barthelemy. Nach der zweiten Ausgabe des Originals. Theile 1–7, Berlin 1790). II 16 20

Anakreon (5. Jh. v. Chr.): Ionischer Lyriker aus Teos am Hof des Polykrates von Samos und des Hipparch in Athen; Meister der nach ihm benannten Gattung der geselligen Trink- und Liebeslieder. I 150 494 II 20

Angele: Angelekipos, östlich von Athen gelegener Ort mit Sommerhäusern, von dem →Chandler berichtet. I 690 725

Anhalt-Dessau, Amalie von (1774–1846): Schwester Augustes von Hessen-Homburg. III ⟨137⟩ 604 (Amelie)

Anhalt-Dessau, Fürst Leopold von (1740–1817). II 580 (Fürst)

Anio: Nebenfluß des Tibers. I 155 II 165

Anson, George Anson, Baron (1697–1762): englischer Admiral (»father of the navy«), umsegelte 1740–1744 die Welt, wobei er sich nach verlustreicher Umschiffung des Kap Horn bei Überquerung des Pazifik mit wenigen Überlebenden auf →Tinian retten konnte. I 426

Antegon: unbekannt I 480

Anthermus: Bei Winckelmann falsch überlieferter Name für Archermos von Chios, Bildhauer (1. Hälfte des 6. Jh.s v. Chr.); auch die Erwähnung eines Sohnes gleichen Namens geht über Winckelmann auf ein Mißverständnis des Plinius zurück. II 22

Antigonä: Antigone, Titelheldin einer Tragödie des Sophokles; Tochter des Ödipus und der Jokaste, Schwester des Eteokles, des Polyneikes und der Ismene; führte ihren blinden Vater nach seiner Verbannung aus Theben durch Griechenland. I 772 II 25 54 107 109 186 317–377 765

Antilochus: Held vor Troja, mit →Achilleus und Patroklos zusammen begraben. I 506

Antimachus (7. Jh. v. Chr.): Griechischer Epiker aus Teos, bei Corsinus als »Lyriker« bezeichnet, daher vermutlich seine Bezeichnung als »Syrier« (Übermittlungsfehler). II 15

Antiphile: (gr.) »Wiederliebe«. I 125

Antonius: ›Antonius und Kleopatra‹, Tragödie von Shakespeare. II 765

Aos: dorische Form von →Eos.

Apelles (ca. 360–320 v. Chr.): Griechischer Maler, am Hof Alexanders des Großen geehrt. II 27

KOMMENTIERTES NAMENVERZEICHNIS 689

Aphroditä, Aphrodita: Aphrodite (röm.: →Venus), Göttin der Liebe und der Schönheit. Bei Homer Tochter des Zeus und der Dione; vgl. Homer, Ilias 5,312 und 370 f. Bei Hesiod, Theogonie v. 188–193, wird beschrieben, daß sie aus dem Schaum entsteigt, der sich von dem abgeschnittenen Zeugungsglied des →Uranos (daher ihr Beiname →Urania) erhebt, als es ins Meer fällt; die »Schaumgeborene« wendet sich zuerst zur Insel Kythera (daher ihr Beiname →Cytherea), danach kommt sie nach Zypern (daher ihr Beiname →Cypria). Ihren Gemahl Hephaistos betrügt sie mit →Ares; aus der Verbindung entsteht →Harmonia. Ihr Zaubergürtel wird bei Homer, Ilias 14,214–221 beschrieben. Ihr Begleiter ist →Eros, sie verliebt sich in →Adonis. (→Pitho). I 118 416 (Lieblingin) 513 518 752 (schöne Gottheit) II 179 207 221 228 235 III ⟨439⟩

Apisches Land: eigentlich »entlegenes Land«, Apis wurde aber auch der Peloponnes genannt. II 126

Apollo, Apoll: Apollon (Beinamen: →Phöbus, →lycischer König, →Pythios, →Smintheus), Gott der Weissagung und des Gesangs; mit seiner Schwester Artemis auf Delos geboren als Sohn der Leto und des Zeus; im kleinasiatischen Lykien beheimatet, weshalb er auch nach lokaler Sage an der Erbauung der Burg von Troja mitwirkt; in Delphi als »pythischer« Gott verehrt; als Orakelgeber auch →Loxias genannt; bei den Römern zunehmend gleichgesetzt mit Helios (Hyperion), bzw. Sol, dem Sonnengott. I 185 194 (Sonnengott) 200 235 226 (Sonnenjüngling) 284 (Sonnengott) 294 387 414 421 433 467 (543) 593 692 842 II 22 24 119 120 149 193 195 200 201 207 212 214 218 221 225 227 229 231 236 238 f. 253 264 268 278 284 302 389 408 461 (912) 921 III ⟨66⟩ ⟨113⟩ 133 ⟨143⟩ ⟨184⟩ ⟨214⟩ ⟨437⟩ ⟨441⟩

Appenzell: Kanton der Schweiz. II *881*

Arabien, Arabia. I 67 352 II 185

Arar: Nebenfluß der Rhone. II 161

Araxes: Fluß in Armenien. II 148

Archestratos: Vater des Agesidamos. II 197 199

Archilochos, Archilochus (ca. 650–600 v. Chr.): Griechischer Lyriker aus Paros, Erfinder der Jamben, im Krieg gegen die Naxier gefallen. II 15 17 197 209

Archipelagus: Inselgruppe, zumeist die Inseln des Ägäischen Meeres. Der Name ist nicht antik und von unsicherer Herkunft, möglicherweise aus dem Italienischen abgeleitet und bedeutet soviel wie »Hauptmeer«. Hölderlin verwendet den Begriff für die gesamte Inselwelt Griechenlands und in seinem hexametrischen Hymnus wie den Namen eines Genius. I 295 485 557 698

Arcole: Arcola, Dorf südöstlich von Verona, bei dem am 17. November 1796 Bonaparte eine Wende im Revolutionskrieg gegen die Österreicher herbeiführte, indem er nach der Erschöpfung beider Armeen einige Trompeter hinter die Stellungen der Gegner schickte und zum Angriff blasen ließ, was die Österreicher zum Rückzug bewegte. Die Schlacht gilt als hervorragendes Beispiel für die Abhängigkeit eines Sieges von der Entscheidung des Helden. I 272

Arctur: Hauptstern im Sternbild des Bootes (Schützen); zeigt den Beginn der kalten Jahreszeit an. II 294

Arctus, Arctos: Sternbild des Großen Bären; der Norden. II 149 159 162

Ardinghello, Ardinghellus: Roman von →Heinse. I 111 480

Ares: (röm.: →Mars) Gott des Krieges und der Schlachten, Sohn des Zeus und der Hera, Erzeuger des Drachens von Theben; sandte den Bruderzwist und die Pest; auch bei Göttern unbeliebt. I 130f. II 197 201 206 238 243 257 324 (Schlachtgeist) 353f. (Schlachtgeist) 387 (Kriegsgeist) 389   III ⟨439⟩

Arethusa: Quellnymphe und Quelle auf Ortygia bei Syrakus, flüchtete vor →Alpheios nach Sizilien. I 671   II 215

Argiver: Bewohner von Argos. II 121 144 180 387

Argonautenzug: Sagenhafter Kriegszug griechischer Helden in dem Schiff ›Argo‹ zur Wiedererlangung des Goldenen Vlieses. Teilnehmer waren neben dem Anführer →Jason die Väter der später bei Troja kämpfenden griechischen Helden (Peleus, Telamon, Laërtes), auch Theseus, Orpheus und zu Beginn noch Herakles. II 12

Argos:
1. Hauptstadt der Landschaft Argolis, im Nordosten des Peloponnes; von hier aus begannen die sieben Fürsten den Zug gegen Theben (→Adrastos). Bei Vergil metonym für die Griechen. II 119 142 171 219 226 229 232 319 323
2. der Hund des Odysseus. III ⟨313⟩

Argus: Argos, ein hundertäugiger Riese; bewachte die von Hera in eine weiße Kuh verwandelte Io und wurde von Hermes getötet. II 138

Ariminum: die heutige Stadt Rimini in Italien. II 155

Arion von Methymna (ca. 600 v. Chr.): Griechischer Lyriker aus Lesbos, am Hof des Tyrannen Periandros von Korinth, Erfinder der Dithyramben; legendär ist seine Errettung durch Delphine auf der Rückreise von Sizilien. II 16   III ⟨69⟩

Arisba: Stadt in der Troas. II 173

Aristides: griechischer Stratege in den Schlachten bei →Marathon, →Salamis und →Plataä. I 531

Aristogiton: Aristogeiton; er ermordete 514 v. Chr. an den Panathenäen wahrscheinlich weniger aus politischen Motiven, als aus Eifersucht den Bruder des athenischen Tyrannen Hippias, →Hipparchos, der um Harmodios, den Liebling des Aristogeiton, gebuhlt hatte. Harmodios wurde dabei erschlagen, Aristogeiton später gefoltert und hingerichtet. Wegen der wenig ruhmreichen Rolle der Athener beim Sturz ihrer Tyrannis durch spartanische Intervention wurde diese Tat später zum Tyrannenmord aus demokratischer Gesinnung verklärt. I 582 667   II 22f. 165f.

Aristokles aus Creta (Ende des 6. Jh.s v. Chr.): Erzgießer aus Kydonia auf Kreta. II 16

Aristomachos: (gr.) »der edelste Kämpfer«, von Hölderlin verkanntes Beiwort zu Herakles. II 238

Aristomenes: Ringer aus Aigina, Sohn des Xenarkes. II 230 233

Aristophanes (ca. 445–385 v. Chr.): athenischer Komödiendichter, tritt in Platons ›Symposion‹ mit der These hervor, die Liebe sei die Sehnsucht der ursprünglich doppelgestaltigen Menschen nach ihrer anderen Hälfte. II 499   III ⟨321⟩

Aristoteles (384-322 v. Chr.): griechischer Philosoph, Schüler Platons, Lehrer Alexanders des Großen. Unter anderem Verfasser einer Poetik. I 67   III ⟨438⟩ ⟨517⟩ ⟨546⟩

Arkadien, Arkadia, arkadisch: Gebirgslandschaft in der Mitte des Peloponnes, Schauplatz idyllischer Hirtenpoesie. I 124 132 135 144 147 158 493 497 636   II 213   549

Arkesilas: Arkesilaos, König von Kyrene; ein Battide. II 218 227

Arktinus von Milet (7. Jh. v. Chr.): Griechischer Epiker aus Milet, der zu den Verfassern des die homerische Ilias ergänzenden epischen Zyklus gehörte. II 15

Armenion: gräzisierte Form von Arminius, Name des Bräutigams der Emilie. I 217

Arminius (ca. 17 v. Chr. – 19 n. Chr.): Cheruskerfürst, der 9 n. Chr. im Teutoburger Wald die Legionen des Publius Quintilius →Varus besiegte. In Deutschland fälschlich →Hermann genannt. Hölderlin erwägt die Verwendung dieses Namens in der Vorstufe zu ›An Eduard‹. III ⟨112⟩ 159

Arnim, Ludwig Joachim von (1781-1831): Dichter, Gatte der Bettina, geb. Brentano. III ⟨329⟩

Arsaciden: Nachkommen des Arsakes; Königsgeschlecht der Parther. II 151

Arsinoe: Amme des Orestes, den sie zu Strophios in Sicherheit brachte. II 242

Artemis: (röm.: →Diana) Göttin der Jungfräulichkeit und daher auch
  Geburtshelferin, zugleich Herrin der Jagd und der wilden Tiere, auch
  als Mondgöttin (→Phoebe) und Todesgöttin gedeutet; Tochter des
  Zeus und der Leto (→Latona), Schwester des Apollon und wie dieser
  auf Delos geboren. Hatte einen kreisrunden Tempel an der Agora von
  Theben. Berühmt ist ihr Tempel in Ephesus, dessen Kultbild vom
  Himmel gefallen sein soll; vgl. Apostelgeschichte 19,35.   I 217
  II 207 212 221 256 258   III ⟨232⟩
Arun: Arruns aus Luca, Seher in Etrurien, das eine besondere Tradition
  der Mantik hatte.   II 165
Arverner: Die Arverner rühmten sich, ebenso wie die Römer von den
  Trojanern abzustammen. Sie lebten etwa in der heutigen Auvergne.
  II 160
Ascanius, Askanius: auch →Iulus genannt, Sohn des Aeneas und der
  Kreusa.   II 173
Asch: Dorf auf der Hochfläche der Rauhen Alb bei Blaubeuren.   II 667
Aschaffenburg.   III 555
Asien, Asia, asiatisch: bei Hölderlin ist meist die römische Provinz Asia
  gemeint, also der Westteil des heutigen →Kleinasien.   I 147 296
  343 350 351 353 448 454 455 461 464 597 622 717 776   II 185
  726   III 275
Asklepios: (lat.: Aesculapius) Gott der Heilkunde, Sohn des Apollon
  und der Koronis, wurde vom Kentauren Chiron erzogen.   II 212
Asopichus: Sohn des Kleodamos, Olympiasieger aus Orchomenos.
  II 200
Aspasia (5. Jh. v. Chr.): aus Milet, zweite Frau des →Perikles. Als Hetäre
  verschrieen, von den Sokratikern jedoch geschätzt.   I 149
Assaracus: Ahnherr des Aeneas.   II 173
Assyrisch: Das alte Assyrien lag im nördlichen Teil des heutigen Irak;
  wichtigste Städte waren Assur und Ninive.   II 151   492
Asturia: Landschaft im Nordwesten Spaniens.   II 180
Atalanta: Tochter des Schoineus, deren Freier sich mit ihr im Wettlauf
  messen mußten.   II 17
Atax: Küstenfluß in Südfrankreich.   II 160
Athana: dorische Form von →Athene.
Athen, Athener, Athen(iens)isch: Hauptstadt der griechischen Land-
  schaft Attika.   I 14 149 189 ⟨229⟩ 247 ⟨254⟩ 290 294 297–304 317
  378 f.   532 ⟨584⟩ 632 681–693 ⟨701⟩ 731 754   772   II 16 19 22–25 180
  183 378
Athenäa: poetischer Name für Susette Gontard.   III 84
Athenaios (um 200 n. Chr.): Schriftsteller.   III ⟨411⟩

Athene, Athana: (röm.: →Minerva) mutterlose und jungfräuliche Göttin der Kunstfertigkeit und Weisheit, die vollgewaffnet aus dem Haupt des Zeus entsprang. Schutzgöttin Athens und griechischer Städte überhaupt; aber auch nicht-griechische Städte, wie das sagenhafte Troja oder später Rom, verehrten häufig ein hölzernes Idol der mit Lanze und Schild bewaffneten Schutzgöttin der Stadt, das nach dem Beinamen der Pallas Athene →Palladium (vgl. I 655) genannt wurde; von ihrem Vater Zeus leiht sie sich häufig den Aigis-Schild (→Aegide); ihr heiliger Baum ist der Ölbaum, ihr heiliges Tier die Eule, nach der sie auch eulenäugig heißt; vor Troja besonders auf Seiten des Achill, aber auch des Odysseus. Ihr berühmtestes Heiligtum ist das Parthenon auf der athenischen Akropolis, sie hatte u. a. auch einen Tempel auf der Agora von Theben. (→Pallas, →Parthenon). I 298 299 300 301 485 II 124 166 240 245 256 III 〈129〉 〈441〉

Athos: 2033 m hoher Berg auf der östlichen Landzunge der Halbinsel Chalkidike. I 470 620

Atlas: Sohn des Titanen Iapetos, Bruder des Prometheus. Er trug das Himmelsgewölbe; vgl. Hesiod, Theogonie v. 507–520. Name einer Bergkette in Nordafrika. I 583 700 II 164 169 III 〈194〉

Atreus: Sohn des →Pelops; König von Argos und Mykene, Bruder des Thyestes, Vater von Agamemnon und Menelaos. II 125 138

Atriden: Nachkommen des Atreus; seine Söhne Agamemnon und Menelaos, vor Troja die Führer des griechischen Heeres. II 119 129 243 387 389

Attika, attisch: Halbinsel des griechischen Festlands, ins ägäische Meer hineinragend, Hauptstadt Athen. I 150 247 557 584 652 687–697 701 II 11 20 23 627 III 88 169 614

Atur: Fluß in der Gegend von Aquitanien (Südwestfrankreich); heute Audur. Dort lebten die Tarbeller. II 160

Auberlen, Karl August (1824–64): 1841–45 im Tübinger Stift, später Theologieprofessor in Basel. III 672

Augeisch: von Augias, dem König der Epeier, der Herakles den Lohn für die Reinigung seines sprichwörtlich schmutzigen Stalles vorenthielt. II 198

August: Augustus (lat.) »der Erhabene«, Ehrentitel des Octavianus (62 v. Chr. – 14 n. Chr.), des ersten römischen Kaisers; während seiner Regierungszeit förderte er Wissenschaft und Künste und zog u. a. Vergil, Horaz und Ovid an seinen Hof. II 20

Auguste von Homburg →Hessen-Homburg, Auguste von

Augustinus, Aurelius (354–430 n. Chr.): in Numidien geboren und in

Nordafrika gestorben; christlicher Theologe und Philosoph, einer der Kirchenväter. I 459 (Afrikaner)

Aulis: Hafenstadt der böotischen Küste, gegenüber Euboia. Hier sammelte sich die griechische Flotte auf dem Weg nach Troja. II 143

Aulon: weinreicher Berg in Kalabrien. II 180

Aurora: römische Entsprechung der →Eos. I 179 II 131 136 184

Ausonien, Ausonisch: Ausoner heißen die Römer nach Ureinwohnern Italiens. II 148 154 III 94

Auster: Südwind; der Süden. II 149 162

Autenrieth, Christian Friedrich (gest. 14. September 1792): Kompromotionale Hölderlins. II 492 III ⟨455⟩ ⟨579⟩

Autenrieth, Johann Heinrich Ferdinand (1772–1835): Bruder des Kompromotionalen Hölderlins, Leiter des Tübinger Klinikums und Universitätskanzler. III ⟨353⟩ 646 ⟨647⟩ ⟨649⟩

Auvergne: gebirgige Landschaft in Südfrankreich. II 916

Aveiro: Küstenstadt in Portugal, südlich von Porto. I 480

Avignon: Stadt in Südfrankreich. I 477

Axonen: »Axones« ist eine Textkorruptel einiger Lucan-Ausgaben; gemeint sind die Suessonen, ein keltischer Stamm aus der Gegend des heutigen Soissons. II 160

B

Babylon: Mesopotamische Metropole am Euphrat; in der römischen Kaiserzeit eine der Hauptstädte des Partherreichs. II 148

Bacchantinnen, Bacchantisch: Bakchai, enthusiasmierte Anhängerinnen des Dionysos Bakchos, deren orgiastische Tänze und Chöre sich zur Raserei steigern konnten (→Mänaden). II 185 323 360

Bacchus, bacchisch, bacchantisch: lateinisch für Bakchos (→Dionysos). I 197 241 263 269 312 319 ⟨324⟩ 329 368 385 423 469 481 (689) II 150 179f. 258 293

Bactra: Hauptstadt des antiken Reiches Bactria, im Gebiet des heutigen Afghanistan. I 15

Baden, Karl Ludwig, Erbprinz von (gest. 1801). II 924

Baggesen, Jens (1764–1826): dänisch-deutscher Dichter, Verehrer Kants und Schillers, Anhänger der Französischen Revolution. Die Beziehung zu Hölderlin ist ungeklärt. II 541

Bahnmaier, Johann Friedrich (1774–1841): aus Oberstenfeld im Bottwartal, 1792–97 im Tübinger Stift, von daher wohl mit Hölderlin bekannt, nach dem Vikariat 1802 Repetent im Stift, 1806 Diakon in

Marbach, später Professor in Tübingen und Dekan in Kirchheim/ Teck. 1794 veröffentlichte er einen Gedichtband bei Steinkopf, mit einer möglicherweise an Hölderlin gerichteten Elegie ›Menschenleben. An H.‹ Welche Beziehung zwischen beiden bestand, ist nicht zu ermitteln, Hölderlin sieht aber ein Exemplar seiner Sophokles-Übersetzung für ihn vor. III 555

bairische Ebne: das Alpenvorland. I 421

Balearisch: Die Bewohner der Baleareninseln (östlich von Spanien) waren als Schleuderer so berühmt wie die Parther als Bogenschützen. II 154

Bamberg. II 514 548 556

Barbarossa: (lat.) »Rotbart«, Beiname des römisch-deutschen Kaisers Friedrich I. (ca. 1125–90) aus dem schwäbischen Stauferstaufergeschlecht. Nachfolger seines Oheims Konrad III. (→Conrad) als deutscher König, 1155 zum Kaiser gekrönt; ertrank auf dem dritten Kreuzug beim Baden in einem Fluß. Großvater Konradins →(Conradin). Er verkörperte das ritterliche Ideal seiner Zeit; die Sagen aus dem »Volksbuch von Barbarossa«, von dem im 16. Jh. mehrere Fassungen erschienen, beziehen sich allerdings hauptsächlich auf seinen Enkel, Kaiser Friedrich II., der als »freier Geist« gelten kann. I 312 385 419 425

Bardili, Christoph Gottfried (1761–1808), Vetter Schellings; 1778 Eintritt ins Stift und die Universität Tübingen, dort befreundet mit Karl Friedrich Reinhardt, Carl Philipp Conz und den Brüdern Carl Friedrich und Gotthold Stäudlin, zu dessen ersten schwäbischen Musen-Almanachen er Gedichte beisteuerte; wurde 1787 Hauslehrer in Rolle am Genfersee, wo er den Griechenland-Reisenden Richard →Chandler kennenlernte, mit dem er im folgenden Jahr auch korrespondierte; seit Anfang 1789 im Tübinger Stift Repetent, von wo aus er Ende 1790 als Nachfolger Abels zum Professor der Philosophie an der Karlsschule berufen wurde. Hauptwerke: ›Die ursprüngliche Bedeutung des Wortes PROPHETES ...‹ (1786; im Original lat.); ›Epochen der vorzüglichsten Philosophischen Begriffe ... Erster ⟨und einziger⟩ Theil. Epochen der Ideen von einem Geist, von Gott und der menschlichen Seele. System und Aechtheit der beiden Pythagoreer, Ocellus und Timaeus‹ (1788). III ⟨372⟩ 574

Bardili, Christiane Luise: Jugendbekannte Hölderlins aus Markgröningen. II 494

Bartz, Christian Jakob: Advokat aus Zweibrücken, lebte 1801 in Friedberg. Er hatte durch sein Studium Verbindungen nach Jena. II 908

Basel. II 669 750

Bataver: Volk an der Rheinmündung. II 161

batavisch: niederländisch.   II *791*
Battiden: Die Nachkommen des Battos, zugleich Titel der Herrscher von Kyrene.   II 228
Battos (640 v. Chr.): Gründer von Kyrene in Nordafrika.   II 218 229
Bauer, Georg Friedrich: Freund Sinclairs.   III ⟨588⟩
Baz, Christian Friedrich (geb. 1764): Bürgermeister von Ludwigsburg, Landschaftsassessor.   III ⟨502⟩ ⟨512⟩
Bebenhausen.   III *575*
Belger: Keltischer Volksstamm, zwischen Marne, Rhein und Nordsee siedelnd.   II 160
Bellarmin: »der Schöngewaffnete«, Name des Briefempfängers im ›Hyperion‹. Daß mit der Wahl dieses Namens eine Anspielung auf Kardinal Bellarmin (1542–1621) beabsichtigt war, wie StA angibt, ist unwahrscheinlich. Eher handelt es sich um eine Anlehnung an → Arminius, die in der Vorstufe zu ›An Eduard‹ neben »Bellarmin« als Anrede für Isaak von Sinclair erwogen wird, wofür einerseits Hölderlins frühe Begeisterung für Klopstocks ›Hermanns Schlacht‹ spricht, andererseits die Beziehung zu Sinclair, der als Vorbild für den angesprochenen deutschen Idealleser des Romans in dessen Konstruktion eingegangen sein mag.   I 474   490–509 563–758   III 159 312
Bellona: römische Kriegsgöttin, Schwester des → Mars.   II 164
Bergstraße.   II 653
Berlepsch, Emilie von (1757–1830): Schweizer Lyrikerin und Reiseschriftstellerin.   II 541
Berlin.   II *431* 612 685 *750* 784 888 923 960
Bern.   II (463) 541 634f. *835* *881*   III 577
Bielersee: Auf der Petersinsel des im Schweizer Kanton Bern gelegenen Sees hielt sich Rousseau 1765 auf.   I 346
Bilfinger, Carl Friedrich (1744–1796): Hofrat in Nürtingen. Pate Hölderlins.   II 494 516 (Hofrath)
Bilfinger, Christian Ludwig (1770–1850): Kompromotionale Hölderlins in Denkendorf, Maulbronn und Tübingen, aus Kirchheim unter Teck stammend, der Nachbarstadt Nürtingens. Mit Hölderlin wahrscheinlich seit der Kindheit bekannt. Ende 1789 verließ er das Stift und wandte sich der Jurisprudenz zu. Hölderlin widmete ihm das Gedicht ›An meinen B.‹, I 44 und möglicherweise ›An M.B.‹, I 11. I 37 (Herzensfreund)   II 397 400–407 410–414 417 419 422 432 433 440 *444f.* 452 456 802   III 667
Bilfinger, Rudolf Ferdinand Friedrich (1769–1816): älterer Sohn des Hofrats Carl Friedrich Bilfinger. Er hatte sich am 4. August 1785 in Hölderlins Stammbuch eingetragen.   II 395

Birkenfeld: Ort bei Königshofen   II 519
Bissingen.   III 576
Bituriger: Volk im Südwesten Frankreichs.   II 160
Blankenstein, Alexander von.   III ⟨640⟩
Blau: Fluß, der durch Blaubeuren fließt.   II (651) 667
Blaubeuren.   II 503 505f. 507 512 516 519 521 531f. 534 558 587 607 627 629 651 659f. 683f. 698 708 721 808 854 862   III 608
Bleibel, Georg Friedrich (geb. 1766): Substitut im Klosteramt in Maulbronn, zu dem auch der sog. Pfleghof in Illingen gehörte.   II 449
Blepsiaden: Eine Familie auf der Insel →Aegina.   II 196
Blöst, Johann Adam (gest. 19. November 1798): verheiratet mit einer Schwester von Hölderlins Großmutter Heyn, Vater von Carl Gocks Frau Marie Eberhardine.   II (718)
Blum, Sophie Margarethe (geb. 1738): Mutter von Johann Friedrich Blum, wohnte in Speyer bei ihrer Tochter, die mit Johann Adam →Mayer verheiratet war.   II 425
Blum, Johann Friedrich (1759–1843): Schreiber, mit Hölderlin seit 1788 bekannt, Verlobter seiner Kusine Ernestine Friederike Volmar, ab 1793 Oberamtmann in Markgröningen, stellte nach Ostern 1797 Carl Gock als Schreiber ein.   II 423–430 644 (B.) 662 692 709
Stammbucheintrag Hölderlins: II 965
Bodensee.   I 321 (See) 337 (See) 369 (See)
Böck, August Friedrich (1739–1815): ab 1775 ordentlicher Professor für Philosophie, Beredsamkeit und Dichtkunst in Tübingen. Seine Dissertation über die Grenze der menschlichen Pflichten in Absehung von der Unsterblichkeit der Seele wurde im August 1790 von Hölderlin, Hegel, Fink und Autenrieth verteidigt.   II 457 459   III 574
Böbias: der Boibias-See in Thessalien.   II 213
Böhlendorff, Casimir Ulrich (1775–1825): aus Mitau in Kurland, seit Herbst 1794 Student der Rechte in Jena, dort Mitglied der Gesellschaft der freien Männer. 1797 reiste er mit Muhrbeck und Herbart in die Schweiz, wo er 1798 in Bern den politischen Umsturz miterlebte. Seit April 1799 in Homburg, nach kürzeren Aufenthalten in Jena und Dresden versuchte er zunächst in Bremen, seit 1802 in Berlin als Sekretär Karl Ludwig →Woltmanns Fuß zu fassen, 1803 kehrte er verstört nach Kurland zurück und begann ein unstetes Wanderleben in Rußland; 1825 nahm er sich das Leben. Schriften: ›Fernando oder die Kunstweihe. Eine dramatische Idylle‹ (1801; datiert auf 1802), ›Geschichte der helvetischen Revolution‹ (1802); Mitherausgeber eines Poetischen Taschenbuches (1803).   II 783 791 802 823 923   III ⟨517⟩ 651

Briefe an Böhlendorff: II *912 920*
Briefe von Böhlendorff: II *829 922*
Dokumente: III *599 600*
Böhm: nicht bekannt.   II *440*
Böhmen.   II *545*
Böotien: Boiotia (gr.) »Rinderland«, Landschaft in Mittelgriechenland mit der Hauptstadt Theben, galt in klassischer Zeit als rückständig.   I 15   II 11   *628*
Boihingen: heute Oberboihingen.   II *419*
Bonaparte, Napoleon (1769–1821): aus Korsika, aufgrund seiner militärischen Leistungen während des ersten Koalitionskrieges ab 1794 Brigadegeneral der französischen Revolutionsarmee, 1796/97 Oberbefehlshaber der französischen Armee in Italien und 1798/99 des Expeditionskorps in Ägypten; durch einen Staatsstreich am 8. November 1799 (18. Brumaire) stürzte er das fünfköpfige Direktorium, das die inneren Probleme Frankreichs nicht zu lösen verstand, und setzte sich aufgrund einer neuerarbeiteten Konsularverfassung selbst als ersten Konsul ein. Beendete den zweiten Koalitionkrieg mit den Friedensschlüssen von Lunéville (1801) und Amiens (1802). Am 2. Dezember 1804 krönte er sich selbst zum Kaiser Napoleon I. Den dritten Koalitionskrieg beendete er durch den Sieg bei Austerlitz (1805), den vierten durch den Sieg bei Jena und Auerstedt (1806).   I 185 272 (Allbekannter)   II 654   III ⟨88⟩ 119 148 ⟨528⟩ ⟨535⟩ ⟨551⟩ ⟨605⟩
Bonn.   II 653
Bordeaux, Bourdeaux.   I 473   II *910 913 915 919f.*   III ⟨370⟩ ⟨430f.⟩ ⟨546⟩ *605 606 613 623*
Boreade: in Pindars P 3 ist Kleopatra gemeint; roßgestaltige Tochter des →Boreas und der aus dem athenischen Geschlecht des Erechtheus stammenden Oreithyia, und Gattin des Phineus, die dieser, als er sich eine zweite Frau nahm, einkerkern ließ.   II 354
Boreas: Der Gott der nördlichen Winde, seit Homer (Ilias 20,223f.) als Roß dargestellt, seine Gattin, die »Windsbraut« Oreithyia, gebiert ihm die Zwillinge →Kalais und Zetes, sowie Kleopatra und die Chione (»Schneejungfrau«).   I 137 442   II 183 226 895
Borkenstein, Susanne (1741–1793): Mutter Susette →Gontards, aus Hamburg, lebte seit 1791 in Frankfurt.   II *752* (Mutter)   III *590* (Mutter)
Borkenstein, Henry (1773–1828): Bruder Susette Gontards.   II *740 743 755f. 758 786 818 839 856f.*   III ⟨500⟩ *591f.* (Bruder)
Borkenstein, Eugenie Elisabeth, geb. Radde (gest. 1819): Ehefrau von Henry Borkenstein. Schwägerin Susette Gontards.   II *815 839 857*

Bosphoros: Bosporus, die Meerenge zwischen dem Schwarzen Meer und der Ägäis. II 354

Boßler, Heinrich Philipp Karl (gest. 1812): Musikverleger. II 429

Botnang. III 607

Bougainville, Louis Antoine de (1729–1811): Seefahrer; unternahm 1766–69 die erste französische Weltumseglung, die er in seinem Buch ›Voyage autour du monde‹ (1771; dt. ²1763) beschrieb. Seine Persönlichkeit wird beschrieben als von Mut, Umsicht und einem scharfen Verstand bestimmt. I 426

Bouillon, Gottfried, Herzog von Niederlothringen (ca. 1060–1100): einer der Anführer des ersten Kreuzzuges (1096–99), der über Ungarn, den Balkan und Konstantinopel nach Jerusalem ging; setzte seine Rechte und Besitzungen als Pfand für die Finanzierung des Kreuzzuges ein und wurde der erste der westlichen Herrscher in Jerusalem, lehnte aber noch die Königswürde ab. Er ist Hauptfigur von →Tassos ›Gerusalemme liberata‹. I 426

Bouterwek, Friedrich (1766–1828): Professor der Philosophie und Ästhetik in Göttingen; Verfasser des Romans ›Graf Donamar‹ (1791/93), der für die Konzeption des ›Hyperion‹ wichtig war. II 765 III ⟨577⟩

Braga: einer der Asen (nordische Götter), Sohn Odins und der Frigga, Gatte der →Iduna; Odin übergab jedem der Asen eine Eigenschaft, die dieser wieder an seine Lieblinge weitergab, so dem Braga das Dichtermeth, woher er der Gott der Beredsamkeit und Dichtkunst ist; er verteilt seine Gabe nur sparsam, wem er sie aber gibt, dem schenkt seine Gattin, die die Äpfel der Unsterblichkeit bewahrt, ewiges Leben im Andenken des Volkes. I 209

Brandauer, Friedrich Wilhelm (1820–56): um 1840 am Tübinger Stift, später Pfarrer. III 672

Brecht, Heinrike Friederike (geb. 1770): Tochter des Klosterwirts in Maulbronn und Freundin Immanuel →Nasts. II 401 409 (Freundin) 410 (Mädchen) 421 (Freundin) *448* (B.) III ⟨448⟩

Breier →Breyer

Breierin: möglicherweise Auguste Breyer (1770–1806). II 492

Breitschwerdt, Johann Friedrich (1768–1834): Kompromotionale Neuffers, später Rektor des Ludwigsburger Gymnasiums. II 461

Brentano, Sophie (1776–1800): ältere Schwester Clemens Brentanos. II *816f. 839*

Brentano, Clemens (1778–1842): Dichter. III *645* ⟨655⟩

Brentano, Maria Kunigunde (1780–1863): zweitjüngste Schwester von Clemens Brentano. II *815*

Bretheim: Bretten.   II 423

Breunlin, Christoph Matthäus Theodor (7. September 1752 – 2. März 1800): seit 1785 Klosterprofessor in Blaubeuren, in zweiter Ehe mit Hölderlins Schwester Heinrike verheiratet. Hölderlins Schwager.
II 489 535 491 509 518 651 675 686 688 693 f. 698 761 798 808 f. 828 f. 844 853 862 ff.

Briefe an Breunlin: II 533 678

Breunlin, Christian: Breunlins Sohn aus erster Ehe.   II 535 618 652 688 844

Breunlin, Maria Eleonora Heinrike »Rike«, geb. Hölderlin (1772–1850): Schwester Hölderlins, seit dem 9. Oktober 1792 mit Breunlin verheiratet; nach dem Tode ihres Mannes zog sie zu ihrer Mutter. Zusammen mit der Mutter und dem Bruder ist ihr die Elegie ›Heimkunft‹ (I 319 368) gewidmet.   I 24 (Schwester)   II *449*   III *611* (Tochter) *616* (Tochter) *621* (Schwester) *623* (Geschwister) *627* (Tochter) *637* (Schwester) *641* (Schwester H.) *648* (Professorin) *651* f. (Professorin)

Briefe an die Schwester: II 462 463 464 465 469 470 477 479 488 489 517 580 651 653 666 687 692 747 797 843 862 874 875 876 877 879 879 881 886 891 957

Briefe von der Schwester: II 574 587 696

Brief an die Geschwister: II 416

Briefe an die Mutter und die Geschwister: II 884 887 910

Stammbucheintrag Hölderlins: II 970

Dokumente: III 662–665

Breunlin, Heinrike Sibylle Christiane (geb. 1793): Nichte Hölderlins.
II 532 574 652 (Puppenkönigin) 688 694 (Braut) 863

Breunlin, Karl Heinrich Friedrich »Fritz« (22. Dezember 1797 – 1880): Sohn der Schwester Hölderlins und dessen Patenkind.   II 677 f. (Kind) 696 748 844 863   III ⟨209⟩ *636* f. (Neffe)

Breyer: Karl Wilhelm Friedrich (1771–1818): Vetter Schellings; der nachmalige Historiker war seit 1789 im Tübinger Stift; 1800 habilitierte er sich in Jena.   II 462

Briareus: Briareon, einer der drei hundertarmigen Riesen; stand Zeus bei, als dieser von den anderen olympischen Göttern bedroht wurde; sein Name unter Menschen ist Aigaion (→ Aegäon), er repräsentiert also das Ägäische Meer.   II 129

Briseïs: Die ›Tochter des Briseus‹ wurde Achill vom griechischen Heer vor Troja als Ehrengabe (aus der Kriegsbeute) geschenkt und diesem von Agamemnon wieder weggenommen.   I 199 f. (Geliebte) II 124 127 ff.

Brissot, Jacques Pierre (1754 – 31. Oktober 1793): einer der Führer der Girondisten, auf Veranlassung der Jakobiner hingerichtet. II 501 511

britisch. I 690

Bruchsal: dort befand sich die Residenz der Fürstbischöfe von Speyer. II 422f.

Brun, Constantin: Direktor der Kgl. Ostindischen Compagnie zu Kopenhagen, verheiratet mit Friederike Brun. II 572

Brun, Friederike (1765–1835): Lyrikerin und Reiseschriftstellerin; hielt sich im Sommer 1795 auf der Durchreise nach Italien in Jena auf. II 670

Brutus, Marcus Iunius (85–42 v. Chr.): römischer Politiker und Feldherr, Anführer der Verschwörung gegen →Caesar; 42 v. Chr. eroberte er die Stadt →Xanthos in Lykien; Freitod im gleichen Jahr nach einer verlorenenen Schlacht gegen Antonius und Octavianus bei Philippi; vgl. Plutarch, Brutus. I 333 748

Brutus: Figur aus Shakespeares Tragödie ›Julius Caesar‹. II 765

Bryaxis (4. Jh. v. Chr.): Athenischer Bildhauer, zusammen mit Skopas, Timotheos und Leochares am Mausoleum, dem Grabmahl des karischen Königs, in Halikarnassos tätig. II 27

Buarotti: von Hölderlin 1840 als Unterschrift verwendeter Name. II 975

Buonarotti: Nachname Michelangelos, von Hölderlin 1837 und 1840 als Unterschrift verwendet. II 974

Bularchus (Ende des 8. Jh.s v. Chr.): Griechischer Maler, dessen berühmtestes Bild den Untergang der Bewohner von Magnesia darstellte und vom lydischen König Kandaules in Gold aufgewogen wurde. II 15f.

Buonaparte →Bonaparte

Bupalus (6. Jh. v. Chr.): Griechischer Bildhauer aus Chios, Sohn des Archermus. II 22

Bürger, Gottfried August (1747–1794): Dichter, Herausgeber des ›Göttinger Musenalmanachs‹. II 454 (461) 503 510 526 566 III 109

Burckh, Israel Gottfried: Amtspfleger in Nürtingen 1812–30. III 664 (Oberamtspfleger)

Burk, Eberhardt Wilhelm Gottfried (1769–1850): aus Leonberg, 1787–1792 im Tübinger Stift. II 449

Burke, Edmund (1729–97): englischer Philosoph, der sich mit ästhetischen und politischen Abhandlungen einen Namen machte. III ⟨378⟩

C

s. auch unter K

Cadix: Cadiz, Hauptstadt der gleichnamigen spanischen Provinz.
II 180

Cäcilia (Anfang 3. Jh.): christliche Märtyrerin aus Rom, seit dem 15. Jh. Schutzheilige der Kirchenmusik.   I 434

Cäneas: Kaineus, ein →Lapithe.   II 126

Caesar, C. Iulius (100–44 v. Chr.): Römischer Staatsmann und Feldherr; nach der Rückendeckung durch das sogenannte Triumvirat mit Pompeius und Crassus (60 v. Chr., erneuert 56 v. Chr.) Eroberung Galliens (58–51 v. Chr.), überschritt 49 v. Chr. mit seinem kampferprobten Heer den Rubicon, der das entmilitarisierte Kerngebiet Italiens begrenzte, und marschierte auf Rom und gegen seinen verbliebenen ehemaligen Bündnispartner Pompeius; in dem nun folgenden Bürgerkrieg (49–45 v. Chr.) besiegte er die Streitkräfte des Pompeius entscheidend bei →Pharsalos (48 v. Chr.) und die von dessen Söhnen endgültig bei Munda (45 v. Chr.); von da an war er Alleinherrscher (dictator perpetuus) in Rom, der sich am Lupercalienfest des Jahres 44 auf dem Capitol in altrömischer Königstracht und mit einer goldenen Krone huldigen ließ; einen Monat später wurde er, an den Iden des März, von einer Gruppe von Republikanern, darunter Brutus und Cassius, ermordet.   I 432 (Julius)   II 149

Caesar: Titelfigur von Shakespeares Tragödie ›Julius Caesar‹.   II 765

Caffro, Gioseffo (geb. um 1766): Oboenvirtuose aus Neapel.   II 483

Calabrien: Landschaft in Süditalien.   II 180

Calame, Charles Frédéric: ein in Homburg ansässiger Uhrmacher; Hölderlins Hausherr von Juni 1804 bis Frühsommer 1805.   III ⟨557⟩ 633 638f.

Calpe: der Fels von Gibraltar.   II 164

Camerer, Clemens Christoph (1766–1826): aus Reutlingen, studierte ab 1785 Jura in Tübingen und wurde später Bürgermeister in Reutlingen. Hölderlins Schwester hätte ihn gerne zum Ehemann gehabt.   II 458 464 470 479 491

Stammbucheintrag Hölderlins: II 968

Camerer, Gottlieb Friedrich (1766–1807): aus Dußlingen bei Tübingen, mit der Schwester des Pfarrers Moser verheiratet.   II 405

Camerer, Johann Caspar (1772–1847): aus Sondelfingen bei Reutlingen, Student der Medizin in Tübingen und Jena, ab 1796 Oberamtsarzt in Blaubeuren, wo er Katharina Sibyllla →Fehleisen heiratete.   II 557 573 651 748

Stammbucheintrag Hölderlins: II 972

Camillus, Marcus Furius (ca. 400–370 v. Chr.): legendenumrankter römischer Feldherr; er soll einmal vom Pflug weg in die Schlacht geeilt sein. II 153

Camöne: Römische Quellnymphe(n), seit dem 3. Jh. v. Chr. mit den Musen gleichgesetzt. II 24

Campanien: Landschaft in Unteritalien. II 180

Campe, Joachim Heinrich (1746–1818): Sprachenforscher und Pädagoge. Schriften: ›Die Empfindungs- und Erkenntniskraft der menschlichen Seele‹ (1776), ›Kleine Seelenlehre für Kinder‹ (1780). III 668

Cana: Kana, eine Stadt in Galiläa, in der Jesus auf einer Hochzeit sein erstes Wunder, die Verwandlung von Wasser in Wein, vollbrachte; von dort aus zog er nach Kapernaum; vgl. Johannes 2, 1–12. I 461 464

Canal: der Ärmelkanal. I 478

Canossa: norditalienische Burg. I 462 465

Cantabrier: nordspanisches Volk, im 2. Jahrzehnt v. Chr. von den Römern unterworfen. II 180

Capernaum: Stadt am See Genezareth; einer der Hauptorte des Wirkens Jesu, in Matthäus 9,1 als »seine Stadt« apostrophiert. I 461 464

Capitol, Kapitol: Mons Capitolinus, Burghügel Roms, auf dem der Tempel der Juno Moneta, das Staatsarchiv und der Haupttempel Roms (dem Jupiter, der Juno und der Minerva geweiht) lagen; religiöser und politischer Mittelpunkt des Römerreiches. I 350f. 481   II 156

Cappadocien: historische Landschaft im östlichen Kleinasien, zwischen Taurus und Schwarzem Meer. I 480

Carl: Figur aus Schillers ›Die Räuber‹. II 396

Carrae: Karrhai, das biblische Haran, Stadt im mesopotamischen Syrien, bei der im Jahre 53 v. Chr. das römische Heer unter Marcus Licinius →Crassus eine vernichtende Niederlage gegen die Parther erlitt. II 151

Cato: Marcus Porcius Cato Uticensis »der Jüngere« (95–46 v. Chr.), Urenkel Catos des Älteren; Stoiker, als Vertreter der Senatsaristokratie, die sich um die Erhaltung der Republik bemühte, Gegner Caesars, nahm sich bei Utica das Leben, nachdem sein Kampf gegen Caesar aussichtslos geworden war. II 151

Catone: Die Träger des Beinamens »Cato« aus der Familie der Porzier, der ältere Cato Censorius (234–149 v. Chr.) und der jüngere→Cato, die als sittenstrenge und republikanisch gesinnte Vorbilder galten. I 140   II 157

Catull: Gaius Valerius Catullus (84–47 v. Chr.), römischer Dichter. II 487

Caycer: Chauker, Germanischer Stamm zwischen Ems und Elbe.
II 161

Cayster → Kaystrus

Cecilia: vierte Frau → Sullas, die nach einem verschwenderischen Gelage starb. I 81

Cekrops: Kekrops, sagenhafter König von Athen und Schutzgeist der Akropolis. II 11

Ceos: Keos, griechische Insel im ägäischen Meer vor Attika. II 21

Cephalae Anthol. graeca a Reiskio edita. Lips. 1754: ›Die Griechische Anthologie des Kephalas‹; von dem byzantinischen Protopapas Konstantinos Kephalas Ende des 9. Jh.s n. Chr. zusammengestellte Sammlung griechischer Epigramme, die den Grundbestand der etwas späteren Sammlung in der ›Anthologia Palatina‹ bildete, dem Hauptcodex für die heutige ›Anthologia Graeca‹; die von Lessings Leipziger Freund Johann Jakob Reiske besorgte Ausgabe (›Anthologiae Graecae a Constantino Cephalae conditae libri tres‹, Leipzig 1754) enthielt die Edition einer unvollständigen Abschrift der ›Anthologia Palatina‹.
II 18

Cephalus: Kephalos (gest. vor 404 v. Chr.), Vater des Redners Lysias aus Syrakus, Angehöriger des Kreises um Perikles in Athen; er tritt im ersten Buch der ›Politeia‹ Platons als Gesprächspartner auf und galt seit dem Altertum als der zu Anfang des ›Timaios‹ genannte abwesende Vierte, der neben Hermokrates, Kritias und Timaios an dem Gespräch teilnehmen sollte. II 50

Cephissus, Cephyß: Kephisos, Hauptfluß der attischen Ebene, der an Kolonos vorbei nach Süden fließt; an ihm lag Platons Akademie (nicht zu verwechseln mit dem gleichnamigen Fluß in Boiotien; → Kephisisch, → Ilissus). I 156 352 II 179 III 75

Cerberus: dreiköpfiger Wachhund am Tor zur Unterwelt, der niemanden hinausläßt; von Dionysos eingeschläfert, als der seine Mutter aus der Unterwelt befreit; vgl. auch Horaz, Ode II/19. I 319 382

Ceres: römische Entsprechung der → Demeter. I 140

Ceyx: Keyx, Gatte der Alkyone (→ Halcyonen). II 184

Chäronea: Chaironeia, hier siegten die Makedonier 338 v. Chr. über das Griechenheer, an dessen Spitze die Athener standen, und errangen damit die Oberherrschaft in Griechenland. I 15 (bezwang) 303

Chalkis: Große Handelsstadt auf der Insel Euboia. II 14

Chalondas: ein Naxier, den den Archilochos tötete. II 15

Chandler, Richard (1738–1810): englischer Altertumswissenschaftler, der 1764/65 im Auftrag der Londoner Gesellschaft der Dilettanti, einem Kreis vermögender Kunstfreunde, Kleinasien und Griechenland bereiste, um antike Inschriften zu sammeln und zu beschreiben; seine Reisebeschreibungen erschienen 1775 und 1776 in Oxford und wurden 1776/77 ins Deutsche übersetzt; er korrespondierte 1788 mit →Bardili. III ⟨297⟩

Charente: westfranzösischer Fluß und gleichnamiges Departement. I 420

Charikloe, Charikli: Chariklo, Gattin des Chiron   II 222 379

Charis: Göttin der Anmut. I 805

Charitinnen: (röm.: →Grazien) »die Holden, Freundlichen«, Töchter des Zeus und der Meergöttin Eurynome; Trias segenspendender Göttinnen, deren Namen seit Hesiod angegeben werden als: Aglaia (Glanz), Euphrosyne (Frohsinn) und Thalia (Glücksblüte), meist mit den →Horen gleichgesetzt. I 339   II 189 200 209 234 246

Charon: Fährmann, der die Toten über die Flüsse der Unterwelt bringt. I 654

Charybdis: Meeresschlund, gegenüber der Skylla und ihren »bellenden Hunden« gelegen; allgemein lokalisiert an der Sizilischen Meerenge. II 164

Cherubim: Wächter am Eingang zum biblischen Garten Eden. I 63

Chimären: In der griechischen Mythologie dreigestaltige Fabelwesen, aus Löwe, Schlange und Ziege gemischt; im übertragenen Sinn ›Hirngespinste‹. II 60

Chios, Chier: die nördlichste der Ionischen Inseln vor der kleinasiatischen Küste, beanspruchte für sich, die Heimat Homers gewesen zu sein. Sie hieß im 18. Jh. Scio; berühmt für ihren Wein und die aus dem Mastixstrauch gewonnenen Produkte. I 149 295 429 573 635 726 II 14 22

Chiron: Sohn des Kronos und der Okeanide Philyra, weiser und heilkundiger Kentaur, der mit seiner Gattin Chariklo in den Klüften des Peliongebirges wohnt und dort Erzieher des Asklepios, Jason, Peleus und Achilles wird. Nach einer im ›Gefesseltem Prometheus‹ des Aischylos verarbeiteten Sagenvariante wird er versehentlich von einem vergifteten Pfeil des Herakles schmerzhaft verwundet, und tauscht, da er nicht sterben kann, seine Unsterblichkeit mit dem an den Kaukasus geschmiedeten Prometheus, so daß der von seinen Leiden erlöst werden kann und Chiron an seiner Stelle in den Hades aufgenommen wird. I 426 439   II 212–215 222 236 379

Choiseul-Gouffier, Marie Gabriel Florente Auguste, Graf von (1752–1817): französischer Diplomat und Politiker, der im Auftrag des französischen Königs eine Reise nach Griechenland und in die Levante unternahm. III ⟨297⟩ ⟨307⟩

Christlieb, Wilhelm Christian Gottfried (geb. 1772): von 1790 bis 1792 im Tübinger Stift.   II 479
Christophorus: Märtyrer, Christusträger.   I 416
Christus →Jesus Christus
Chronos: Personifikation der Zeit, schon in der Antike mit →Kronos gleichgesetzt.   I 87   II 188
Chryseis: Die ›Tochter des Chryses‹ wurde vom griechischen Heer vor Troja dem Agamemnon als Ehrengabe (aus der Kriegsbeute) geschenkt; nachdem Apollon den Griechen jedoch eine Seuche geschickt hat, soll der Gott dadurch versöhnt werden, daß die Tochter des Apollonpriesters Chryses ihrem Vater zurückgegeben wird; da Agamemnon nach dem Verzicht auf die Chryseis nun die Ehrengabe des Achill, nämlich die Briseis, beansprucht, zieht sich Achill grollend aus dem griechischen Heer zurück.   II 123f. 127f. 130
Chryses: Apollonpriester des Heiligtums Chryse auf der Insel Tenedos vor Troja. Hölderlin verwechselt an einigen Stellen den Ort mit dem Mann.   II 119f. 121 129 130f.
Cicero, Marcus Tullius (106–43 v. Chr.): Redner und Philosoph der klassischen Epoche der lateinischen Literatur; seine philosophischen Dialoge (darunter ›Tusculanae disputationes‹, ›De natura deorum‹, ›De finibus bonorum et malorum‹) verschmolzen eklektisch die griechische Philosophie Platons, des Aristoteles und der Stoa und hatten großen Einfluß auf den neuzeitlichen Humanismus; seine Rhetorik ›De oratore‹ wurde neben Quintilians ›Institutio oratoria‹ zum Muster in Stilfragen. Hölderlin besaß eine alte Gesamtausgabe der Werke Ciceros (Lyon 1588) und eine Einzelausgabe des Dialogs ›De finibus bonorum et malorum‹.   II 14 20 24   462   III 574
Cilicia, Cilicisch, Cilizisch, Kilikisch: Kilikien, Landschaft im Südosten von Kleinasien; Herkunftsland des Ungeheuers →Typhos; im ersten Jahrhundert v. Chr. war es Rückzugsort der Seeräuber des östlichen Mittelmeers, die Pompeius 67 v. Chr. besiegte.   II 158 201 230 389
Cimbrer: die Kimbern, die um 120–101 v. Chr. zusammen mit den →Teutonen als erste Germanen Rom bedrohten und von →Marius zurückgeschlagen wurden.   II 15
Cinga: Fluß in Gallien.   II 161
Circius: Nordnordwestwind.   II 160
Cisalpinische Republik.   III ⟨605⟩
Cisrhenaner: die Bewohner der von Frankreich seit November 1797 besetzten linksrheinischen Gebiete, die im September 1797 die Cisrhenanische Republik ausgerufen hatten.   II 682
Cleophantus von Korinth: Ältere Konjektur für den bei Plinius in

korrupter Form überlieferten Namen eines der ältesten Maler Griechenlands.   II 17

Cleosthenes: Olympiasieger im Wagenrennen 516 v. Chr.   II 23

Clericus, Joannes (1657–1736): Jean Leclerc, niederländischer Philologe, aus Genf stammend; schrieb u. a. eine einflußreiche philologische Hermeneutik (›Ars critica‹ 1696) und einen Kommentar zu Hesiod: ›Hesiodi Ascraei quae extant, ex recensione Joannis Georgii Graevii, cum eiusdem animadversionibus et notis auctioribus. Accedit commentarius nunc primum editus Joannis Clerici, et nota variorum ...‹, Amsterdam 1701.   II 29   III ⟨375⟩

Clymene: eine →Okeanide, Mutter des →Phaëton.   II 166

Coburg.   II 514 516f.

Cocytus: Übersetzungsfehler Hölderlins; bei Sophokles ist von den »korykischen Nymphen« die Rede, die in einer Tropfsteinhöhle des Parnassos oberhalb von Delphi wohnen; Hölderlin verwechselt ihren Beinamen »korykisch« mit dem Namen des Unterweltsgewässers Kokytos.   II 360

Cölestin III. (1106–1198): Papst.   I 480

Comerell: nicht bekannt.   II *438*

Condé, Louis-Josephe von Bourbon, Prinz von (1736–1818): als fanatischer Gegner der Französischen Revolution stellte er ein Emigranten-Korps auf, das auf seiten der Österreicher kämpfte und wegen seiner Untaten beim Volk verhaßt war.   II (627)

Conrad: Konrad III. (1093–1152), Sohn Friedrichs I., des ersten schwäbischen Herzogs aus dem Staufergeschlecht; Oheim des Kaisers Friedrich I. (→Barbárossa); ab 1138 deutscher König, einer der Führer des zweiten Kreuzzuges.   II 481

Conradin: Konradin (1252–68), Herzog von Schwaben, Enkel →Babarossas, der letzte der Staufer, in Neapel hingerichtet.   I 312 385 419 426

Conz, Karl Philipp (1762–1827): Jugendfreund Schillers, der schon im Stift (1781-1786) Gedichte, ein Drama (›Conradin von Schwaben‹) und Übersetzungen (›Kriegslieder des Tyrtaios‹) veröffentlichte und zu dem dichterisch ambitionierten Freundeskreis um Karl Friedrich Reinhardt, die beiden Stäudlins und Bardili gehörte; nach drei Vikariatsjahren kehrte er 1789 als Repetent ins Stift zurück, wo er im Sommer 1790 ein Kolleg über Euripides hielt; er blieb dort bis Mai 1792; nach einer Bildungsreise durch Deutschland Prediger an der Karlsschule, Diakon in Vaihingen und Ludwigsburg; 1804 wurde er nach Tübingen berufen als Professor der Poesie und Beredsamkeit; seine wichtigsten Werke: ›Schildereyen aus Griechenland‹ (1785),

›Beyträge für Philosophie, Geschmack und Litteratur‹ (1786), ›Moses Mendelssohn, der Weise und der Mensch. Ein Lyrisch-didaktisches Gedicht in vier Gesängen‹ (1787); ›Schicksale der Seelenwanderungshypothese unter verschiedenen Völkern und verschiedenen Zeiten‹ (1791), ›Gedichte‹ (1792), ›Seneka an Helvia und Marzia, übersezt und mit Anmerkungen und einer eigenen Abhandlung über Senekas Leben und sittlichen Karakter begleitet‹ (1792), ›Analekten oder Blumen Phantasien und Gemählde aus Griechenland‹ (1793), ›Abhandlungen für die Geschichte und das Eigenthümliche der späteren Stoischen Philosophie, nebst einem Versuche über Christliche, Kantische und Stoische Moral‹ (1794); Herausgeber der Zeitschrift ›Museum für die griechische und römische Litteratur‹ (1.–3. Stück 1794–1795); übersetzte nacheinander die Tragödien des Aischylos (6 Bände 1811–1820). Er rezensierte einige von Hölderlins Almanachveröffentlichungen sowie den ›Hyperion‹ wohlwollend und ermunternd. Nach 1807 kümmerte er sich auch um den Turmbewohner Hölderlin und versuchte Teile des Hölderlinschen Nachlasses zu Lebzeiten zu veröffentlichen; leider gingen bei diesem Versuch einige Manuskripte Hölderlins verloren (vgl. III 329). – Hölderlin widmete ihm den Gesang ›Am Quell der Donau‹ (s. I 353). II *431* 465 533 550f. 566 669 717 765 803   III ⟨51⟩ ⟨63⟩ ⟨100⟩ ⟨170⟩ ⟨178⟩ ⟨190⟩ ⟨263⟩ ⟨329⟩ ⟨369⟩ ⟨408⟩ ⟨415⟩ ⟨461⟩ 574 647 654 659

Briefe von Conz: II *801 875 881*   Conz an Neuffer: III 600

Corsinus: Eduardo Corsini (1702–1765), italienischer Philosophiehistoriker an der Universität in Pisa, Autor des Werkes ›Fasti Attici‹, in dem, wie die Übersetzung des Untertitels ausweist, »die chronologische Reihenfolge der Athenischen Archonten und die Lebenszeit der Philosophen und anderer berühmter Männer, sowie besonders wichtige Kapitel der attischen Geschichte nach den Olympischen Jahren angeordnet beschrieben und durch neue Beobachtungen erläutert werden«.   II 15 17   III ⟨371⟩

Corus: Caurus, Westnordwestwind   II 160

Cotieum: Kotiaeion, Stadt in der phrygischen Landschaft vor Troja.   II 20

Cotta, Christoph Friedrich (1758–1838): älterer Bruder des Verlegers, Dr. jur., seit 1788 Lehrbeauftragter für deutsches Staatsrecht an der Karlsschule in Stuttgart, ging 1791 als begeisterter Anhänger der Französischen Revolution nach Straßburg, wo er das ›Strasburger politische Journal für Aufklärung und Freiheit‹ herausgab.   II 496

Cotta von Cottendorf, Johann Friedrich (1764–1832): Verlagsbuchhändler in Tübingen, zu dessen Autoren Schiller, Goethe, Jean Paul, Fichte

und Schelling gehörten; Verleger des ›Hyperion‹. II 575 579 583 588 622 654 750 909 960 III ⟨100⟩ ⟨174⟩ ⟨176⟩ ⟨299f.⟩ ⟨308⟩ ⟨318⟩ ⟨521⟩ ⟨545⟩ 672
Brief an Cotta: II 618 Dokumente: III 588 652 587
Cotta, Lucius Aurunculeius: Offizier Caesars im Gallischen Krieg, fiel im Kampf gegen die Nervier. II 161
Couthon, Georges Auguste (1755–1794): Jakobiner. III ⟨72⟩
Crassus: Marcus Licinius Crassus Dives (115–53 v. Chr.), führender Großkapitalist der späten römischen Republik; Triumvirat mit Pompeius und Caesar. Als Proconsul von →Syria zog er gegen die Parther und wurde nach der vernichtenden Niederlage von Karrhai (→Carrae) auf dem Rückzug ermordet. II 148 150 486
Cudworth, Ralph (1617–1688), englischer Platonist, Professor am Christ's College in Cambridge, Verfasser von ›The True Intellectual System of the Universe‹ (1678), einem monumentalen Werk, das gegen die Lehren des neuzeitlichen Atheismus, Materialismus und Fatalismus (Gassendi, Hobbes) die antike Geistesphilosophie Platons (und des Aristoteles) in Anspruch nimmt und dabei auch die vorplatonischen Philosophen ausgiebig heranzieht; gerade wegen des letzteren wurde das Werk auch noch später gern als Quellensammlung für die Vorsokratiker benutzt, zumal es (z. B. für Empedokles) Fragmente nachwies, die nicht einmal in der einschlägigen Sammlung des Henricus Stephanus (›Poesis philosophica ...‹) enthalten waren; das Werk wurde international verbreitet durch die lateinische Übersetzung von Lorenz Mosheim (1. Auflage Jena 1733; 2., um einige Abhandlungen Mosheims vermehrte Auflage Leyden 1773). III ⟨328⟩ ⟨380⟩
Curio, Gaius Scribonius, der Jüngere (um 84–49 v. Chr.): im Jahre 50 Volkstribun, zunächst Gegner, dann Anhänger Caesars, der ihm seine Schulden bezahlte. II 156
Curtius Rufus (2. Jh. n. Chr oder später): Verfasser der einzig erhaltenen lateinischen Alexandermonographie (›Historiae Alexandri Magni Macedonis‹), die sehr farbenprächtig gestaltet ist und zahlreiche Reden enthält. III ⟨39⟩
Cyklops: Polyphemos, der von Odysseus geblendete einäugige Kyklop, ist ein Sohn des Poseidon, lebt in einer Höhle und treibt Schafzucht. II 384
Cybele: kleinasiatische Muttergottheit. Ein Tempel dieser Göttin stand in der Nähe von →Sardeis. I 626 II 216 (Mutter)
Cynthus: Kynthos, Berg auf →Delos. I 543 551 621
Cypern, Cypros, Cyprier, Kyprier: Zypern, im Altertum als quellenreich angesehen. I (296) 297 448 455 II 207 III 150 354

Cypria: Beiname der →Aphrodite. I 147   III 80
Cyrrha →Kirrha
Cyrus: Kyros der Große (559–529 v. Chr.): Persischer Großkönig, Begründer des persischen Weltreichs. II 17
Cytherea, Zythera: Beinamen der →Aphrodite, nach der Insel Kythera. I 131 f.   II 169 183

D

Dädalus, Dädal, Dedalus: Daidalos, sagenhafter attischer Baumeister, Künstler und Erfinder, vom kretischen König Minos in Dienst genommen; er entflieht mit Hilfe künstlicher Flügel, zusammen mit seinem Sohn Ikaros (→Icarus), der aber unterwegs der Sonne zu nahe kommt und infolgedessen ins Meer stürzt. I 915   II 12   178   183
Dalberg, Karl Theodor, Reichsfreiherr von (1744–1817): seit 1772 kurmainzischer Statthalter in Erfurt, seit 1787 nächster Mitarbeiter und designierter Nachfolger (Koadjutor) des Kurfürsten, 1802–1810 Kurfürst und Erzbischof von Mainz und als solcher ab 1806 Fürstprimas des Rheinbundes. →Heinse war bei ihm Vorleser. II 555   III 192
Dalisch →Delos
Dalmatien: Küstengebiet zwischen Bosnien und Monte Negro, im 18. Jh. Teil des Osmanischen Reiches. I 740
Danaë: Tochter des Königs von Argos, Akrisios, der sie aus Furcht vor einem Orakelspruch, der ihm den Tod von der Hand des Enkels prophezeit, in ein unterirdisches Gefängnis einschließt; Zeus besucht Danaë in Gestalt eines goldenen Regens und sie gebiert ihm →Perseus; Akrisios aber setzt sie mitsamt ihrem Kind auf dem Meer aus; sie gelangt zur Insel Seriphos, wo sie von dem Herrscher Polydektes zur Ehe gezwungen werden soll, was der herangewachsene Perseus jedoch verhindert, indem er Polydektes durch das erbeutete Haupt der →Medusa zu Stein werden läßt. II 240 245 353
Danaer: die Nachkommen des Danaos, dessen Töchter die Söhne des Aigyptos töteten; nur Hypermnestra verschonte Lynkeus, ihr gemeinsamer Sohn Abas wurde nach Danaos König von Argos. Beiname der Griechen vor Troja. II 120 138 147 204 217 232
Danaiden: die fünfzig Töchter des Danaos, die in der Unterwelt Wasser in das sprichwörtliche Faß ohne Boden schöpfen müssen, um den an ihren Ehemännern in der erzwungenen Hochzeitsnacht verübten Mord zu sühnen. I 647

KOMMENTIERTES NAMENVERZEICHNIS 711

Danton, Georges Jacques (1759–94): Jakobiner, einer der Führer der Französischen Revolution.   III ⟨76⟩

Daphne: Nymphe, die, vor Apollons Liebe flüchtend, in einen Lorbeerstrauch verwandelt wird; vgl. Ovid, Met. 1,452–566.   II 239

Dardaniden: ›Söhne des Dardanos‹, des Gründers von Troja; Beiname der Trojaner.   II 174 242

Dareios III. (um 380–330 v. Chr.): Perserkönig, Gegner Alexanders des Großen.   I 15 (Tyrann)

Darmstadt.   II 635

Daulia: Stadt in der mittelgriechischen Landschaft Phokis.   II 278

Dedalus → Dädalus

Deidelsheim.   II 423

Dejanira: Deïaneira, Mutter des Hyllos. Die tragische Geschichte der Ehefrau des → Herakles, dessen Tod sie zu verantworten hat, ist Gegenstand von Sophokles' ›Trachinerinnen‹.   II 169 f.

Delia: Athenerin im ersten und zweiten Entwurf zum ›Empedokles‹.   I 768–863   III 344

Delos, delisch, dalisch: Zentralinsel der Kykladen (Ringinseln) im ägäischen Meer; dem Mythos nach gebar hier die von Zeus schwangere Leto Apollon und Artemis, von daher kultisches Zentrum mit jährlicher Feier der Geburt des Apollon und der Artemis. Auf ihr erhebt sich der Berg Kynthos (→ Cynthus).   I 248 295   543 551 621   795   II 15   181 203 235 256 389f.   III ⟨307⟩

Delphi, Delphier, delphisch: phokische Stadt am Südabhang des → Parnassos und ihre Bewohner; dort befindet sich das Heiligtum des Apollon, der der Sage nach hier den Drachen Python erschlagen haben soll. Im Tempel befanden sich das Adyton, in dem die → Pythia weissagte, und der Omphalos, der »Nabel der Erde«. Wichtigste Orakelstätte Griechenlands.   I 302 315 f. 374–377 390 746 (779)   II 16 20 24   267 278   III ⟨146⟩

Demeter: (röm.: → Ceres) Göttin der Fruchtbarkeit und des Ackerbaus; in Eleusis zusammen mit ihrer Tochter → Persephone als ›die beiden Göttinnen‹ verehrt.   II 32   III ⟨440⟩

Demetrius Poliorcetes (387–283 v. Chr.): Sohn des Antigonos, mit dem zusammen er an den Kämpfen um das Erbe Alexanders des Großen mit wechselndem Glück teilnahm; im Jahr 307 eroberten die beiden Athen, wo sie als göttliche Retter gefeiert wurden, später wurde Demetrios Poliorketes König von Makedonien, wurde aber wieder vertrieben.   I 425

Demokles: Name eines Agrigentiners im zweiten Entwurf zum ›Empedokles‹.   I 840

Demosthenes (384–322 v. Chr.): athenischer Redner, Sohn des gleichnamigen Feldherrn im Peloponnesischen Krieg, Anführer der sich gegen die makedonische Vorherrschaft auflehnenden und für die griechische Autonomie streitenden Partei in Athen; erhielt 340 und 339 zweimal einen goldenen Kranz als »Führer des Demos«; die vereinten Truppen der Athener und Thebaner unterlagen jedoch 338 bei Chaironeia den Truppen des makedonischen Königs Philipp II. Berühmt sind vor allem seine sprichwörtlich gewordenen Reden (Philippika) gegen Philipp II.; dessen Sohn Alexander der Große verzichtete zwar auf seine Auslieferung, aber nach Alexanders Tod wurde sie bei der Niederlage Athens im Lamischen Krieg vom makedonischen Heerführer Antipatros erneut gefordert; man ermöglichte ihm noch die Flucht nach Kalaureia, dort nahm er sich jedoch im Poseidontempel das Leben, um der Festnahme zu entgehen; vgl. Plutarch, Demosthenes 29 f.   I 680   II 27 462   III ⟨566⟩

Denis, Michael (1729–1800): Jesuit, Ossianübersetzer mit dem Pseudonym Sined.   I 21   III ⟨41⟩

Denkendorf.   III ⟨283⟩

Dessau.   II 580   III ⟨137⟩

Deukalion: Heros der griechischen Sintflut, Sohn des Prometheus und der Klymene; mit seiner Frau Pyrrha baut er eine Arche, mit der er neun Tage auf den von Zeus gesandten Wassern umhertreibt. III 118

Deutschland.   I 266 344 418 421 423 693 758   II 486 493 517 543 566 623 627 634 643 685 689 724 761 878   III 575 586

Deutsche(r).   I 184 187f. 193 209 246 265 272 424 611 613 754–757 II 643 724ff. 729 815 859   III 110 228

deutsch.   I 18 50 54 85 87 92 111 184 248 337 348f. 423 434 453 756 II 523 553 641 681 724f. 738 809 815 830 878 884 913f.

Diagoras: Athlet aus Rhodos, Olympiasieger im Faustkampf 464 v. Chr., dem Pindar die siebte Olympische Ode widmete.   II 103

Diana: römische Jagdgöttin, der griechischen →Artemis gleichgesetzt, jungfräuliche Mondgöttin, zugleich Herrin der wilden Tiere.   I 394 675   II 22 161

Dido: aus der phönizischen Stadt Sidon stammend, Gründerin und Königin von Karthago, die sich in Aeneas verliebt, der sie jedoch verläßt.   II 173

Diest, Heinrich (1791–1824): preußischer Leutnant, der sich um die Sammlung von Materialien zur ersten Gedichtausgabe Hölderlins (D 1826) bemühte.   II 960   III ⟨329⟩ ⟨435⟩ 652

Diez, Carl Immanuel (1766–1796): Repetent im Stift von Oktober 1790 bis April 1792, wo er vor dem Erscheinen von Kants Religionsschrift eine radikale Religionskritik vertrat, um dann der Theologie den Rücken zu kehren und in Jena das Studium der Medizin zu beginnen; hatte in Jena Einfluß auf Reinholds Revision seiner philosophischen Position; 1794 ging er studienhalber nach Wien, wo er 1796 an der Cholera starb; s. Zeittafel 1790.

Dike: Göttin des Rechts, eine der →Horen.   I 430   II 31 230 (Gerechtigkeit) 233 (Regel)   III ⟨439⟩

Dillenius, David Immanuel (geb. 1735): aus Knittlingen, seit 1781 Salineninspektor in Mannheim.   II 427

Dinomenes: Deinomenes, Vater von Gelon und Hieron, den Tyrannen von Akragas und von Syrakus.   II 204f. 207

Diogenes Laertios (vermutlich Ende 3. Jh. n. Chr.): Verfasser einer Geschichte der antiken Philosophie.   II 722   III ⟨327⟩

Diomedes, Diomed: aus Argos, Sohn des →Tydeus, Held vor Troja.   I 485   II 64 165

Dion: enger Freund →Platons aus →Syrakus, 409–345 v. Chr., stand anfänglich in Diensten seines Schwagers, des Tyrannen Dionysios I., und konspirierte gegen dessen Nachfolger Dionysios II., um auf Sizilien die Staatsideen Platons zu verwirklichen; er beabsichtigte ein gesetzlich beschränktes Königtum einzurichten und bekämpfte demokratische Tendenzen; durch den Widerstand aller politischen Richtungen entwickelte er sich selbst zunehmend zum Tyrannen und wurde schließlich ermordet; vgl. Plutarch, Dion.   I 542

Dionys: Die Erwähnung dieses (nicht identifizierbaren) Zeitgenossen des Archilochos geht über eine Bemerkung des →Corsinus zur XV. Olympiade (ca. 716 v Chr.) auf das chronologische Werk des jüngeren →Scaliger zurück. Auch die Synchronisierung mit dem Romgründer Romulus führt auf die zweite Hälfte des 8. Jh.s, ein Jahrhundert früher als die tatsächliche Lebenszeit des Archilochos. II 15

Dionysius von Halikarnaß: Griechischer Redner und Geschichtsschreiber, lehrte 30–8 v. Chr. in Rom; bedeutend sind seine stilkritischen Abhandlungen, darunter das lateinisch ›De compositione verborum‹ genannte Werk über die Wortwahl und Satzfügung; seine ›Römische Archäologie‹ (›Antiquitates Romanorum‹) umfaßt die Zeit von der Gründung Roms bis zum 1. Punischen Krieg.   II 15

Dionysos: (röm.: Bacchus) Sohn des Zeus und der →Semele (nach andern Quellen der Thyone), Gott des Weines und des Rausches; auf seinem von Tigern geleiteten Eroberungszug, der die fortschreitende Verbreitung des Weins symbolisiert und bis nach Indien reicht, begleiten ihn seine Anhängerinnen, die ›Bakchen‹ oder ›Mänaden‹, die, wie er, in Rehfelle gekleidet sind und den Thyrsosstab schwingen; in dem ihm geweihten Theater in Athen wurden jährlich Tragödien und Satyrspiele aufgeführt. Beinamen: Iakchos (→Jachus), Bakchos (→Bacchus), →Evier, →Lysäus. (→Thyone, →Thyaden, →Mänaden, →Bacchantinnen). I 151 (Rebengott) 197 (Freudengott) 314 (Weingott) 318 (Weingott) 329 346 (Weingott) 374 f. (Gott) 380 (Weingott) 381 (Herbstgeist) 416 (Weingott) 689 (776) II 179 185 353 III ⟨216⟩ ⟨249⟩ ⟨281⟩ ⟨345⟩ ⟨440 f.⟩ ⟨277⟩

Dioskuren: »Zeusknaben«, die Zwillinge →Kastor und Polydeukes (lat.: →Pollux), nach ihrem sterblichen Vater, dem spartanischen König Tyndareos, auch →Tyndariden genannt; zusammen mit ihren Schwestern →Klytaimnestra und →Helena stammen sie von Leda aus deren Verbindung mit Zeus in Gestalt eines Schwanes ab. Beide nehmen an der Argonautenfahrt teil. Kastor war sterblich, Polydeukes unsterblich. Nach Kastors Tod, der ihre Trennung bedeutet hätte, bittet Polydeukes Zeus darum, seine Unsterblichkeit mit dem Bruder teilen zu dürfen, so daß beide gemeinsam je einen Tag im Hades und auf dem Olymp verbringen dürfen. Als Symbol brüderlicher Liebe und ritterlicher Freundschaft werden sie von Zeus als das Bild der »Zwillinge« unter die Sterne versetzt und sind damit vor allem den Seeleuten hilfreich. Kastor wird als Wagenlenker, sein Bruder als Faustkämpfer dargestellt. I 147 401 495 535 567 640 668 821 909 II (*919*) III 161 ⟨549⟩

Diotima:

1. Name der Mantineerin, von der Sokrates die Lehre der von sinnlicher Begierde freien Liebe zum Schönen übernahm; vgl. Platon, Symposion 201d–212c. III ⟨302⟩

2. weibliche Hauptfigur in Hölderlins Roman ab ›Hyperions Jugend‹. I 540–556 570 f.(Einzige) 574–607 657–759 911 II 833 III 310

3. poetischer Name für Susette Gontard in Hölderlins Gedichten, vielleicht auch als direkte Anrede verwendet (vgl. die Unterstreichung im Exemplar Susette Gontards I 754,12). Der Name wird auf der dritten langen Silbe, also auf dem i, betont. I 161 162 168 169 172 173 183 188 223 240 245 256 291 292 326 327 III 162 672

Dipoenus (vermutlich vor 600 v. Chr.): Kretischer Bildhauer, Bruder des Scyllis. II 21

Dirce, Dirze, Dirzäisch: Dirke, durch Theben fließender Bach; nach lokaler Sage sollen die Nymphen, die den Dionysosknaben zur Pflege erhielten, ihn dort gebadet haben. I 315 II 185 322 349

Dis: Römischer Unterweltsgott. II 161

Dodona: Orakelstätte des Zeus in Epeiros, der Landschaft im Nordwesten Griechenlands, neben →Delphi das bedeutendste Orakel der Antike, in dem von Priesterinnen das Rauschen der heiligen Eiche, bzw. der Flug und Ruf der heiligen Tauben gedeutet wurde, vgl. Herodot 2,54–57.   I 302   505 591 708   III ⟨237⟩

Dominik.   I 33 76   III ⟨44⟩

Donaken: Übersetzungsfehler Hölderlins: »donakes« sind Schilfrohre; Hölderlin interpretiert das Wort als Eigennamen.   II 246

Donau (→Ister).   I 337 350 351 396

Dordogne: Fluß in Südwest-Frankreich, fließt nördlich von Bordeaux mit der Garonne zur Gironde zusammen.   I 474

Doria, Andrea (1468–1560): Doge von Genua; kämpfte als Admiral Kaiser Karls V. gegen die Franzosen und Türken; schlug 1547 die gegen ihn gerichtete Verschwörung des Fiesco (von Schiller dramatisiert) nieder.   I 426

Doris: Landschaft in Mittelgriechenland, der Sage nach Heimat der Dorier.   II 280

Dorisch: Die Dorier sind einer der großen griechischen Stämme. Später als die übrigen griechischsprachigen Völkerschaften nach Hellas eingewandert, schufen sie sich Zentren auf dem Peloponnes (Sparta) und dem Dodekanes (Rhodos, Kos).   II 195 204 231

Drako: athenischer Gesetzgeber, der um 624 v. Chr. beauftragt wurde, die ersten schriftlich fixierten Gesetze auszuarbeiten; sprichwörtlich geworden sind die darin vorgesehenen harten Strafen, die gegen das zuvor übliche Blutrecht gerichtet waren.   I 684

Dresden.   II 566 685

Driburg: heute Bad Driburg.   II 628 650 (Bad)

Dryas:

1. der Vater des thrakischen Königs Lykurgos (→Lycurgus), der sich Dionysos widersetzte.   II 353

2. thessalischer Lapithe, mit Peirithoos befreundet.   II 126.

Düsseldorf.   II 717

Duttenhoferin: nicht bekannt.   II 440

E

Ebel, Johann Gottfried (1764–1830): Arzt, Naturforscher und Schriftsteller. Er war seit 1788 mit Margarete →Gontard befreundet und lebte seit 1792 in Frankfurt. Hölderlin lernte ihn – wahrscheinlich auf

Vermittlung von Sinclair – Mitte Juni 1795 bei seiner Reise von Jena nach Nürtingen in Heidelberg kennen und bekam von ihm das Angebot der Hofmeisterstelle bei den Gontards. Als Anhänger der Revolutionsideen ging Ebel im September 1796 (offiziell als Attaché der Frankfurter Gesandtschaft) nach Paris und kehrte erst im Januar 1802 nach Frankfurt zurück, wo er sich im Juni während ihrer zum Tode führenden Krankheit bei Susette Gontard aufhielt. Schriften: ›Schilderung der Gebirgsvölker der Schweitz‹ (2 Bde. 1798/1802). II 611f. 804 *919* III ⟨134⟩ ⟨486⟩ ⟨549⟩ 620

Briefe an Ebel: II 591 598 602 642 845

Brief von Ebel: II *837*

Jung an Ebel: III 600

Eberhard, Johann August (1739–1809): ab 1778 Professor für Philosophie in Halle. ›Über das Melodram‹ (1788). Herausgeber der Zeitschrift ›Philosophisches Magazin‹, deren erstes Stück (1788) sich ebenso in Hölderlins Nachlaß befand, wie seine zweibändige ›Neue Apologie des Sokrates‹ (1787). II *432*

Ebingen.   II 887

Ebräer: Hebräer, das Volk Israel.   II 9

Echion: Sohn des Hermes, Teilnehmer an der Argonautenfahrt.   II 226

Echo: Nymphe, Botin.   II 200

Eden: der biblische Paradiesgarten.   I 30 57

Edonen: Thrakischer Stamm.   II 353

Eduard:

1. →Emilies Bruder.   I 204 210
2. Poetischer Name für →Sinclair.   I 286

Eetion: König im kilikischen Theben.   II 128

Efferenn, Johann Jakob (1770–1824): aus Höfingen, Kompromotionale Hölderlins.   II 397 401f. 417

Egypter →Aegypten

Eichhorn, Johann Gottfried (1752–1827): Schüler →Heynes, Professor der orientalischen Sprachen zuerst in Jena, seit 1788 in Göttingen; Werke: ›Einleitung in das Alte Testament‹, 3 Bde. 1780–1783 u. ö.; Herausgeber und hauptsächlicher Beiträger zweier bedeutender Fachjournale: ›Repertorium für biblische und morgenländische Litteratur‹ (1777–1786), darin 1779: ›Urgeschichte‹; ›Allgemeine Bibliothek der biblischen Litteratur‹ (von 1787 an).   III ⟨372f.⟩ ⟨375⟩ ⟨531⟩

Eirene: (gr.) »Friede«, eine der →Horen.   II 430

Eisenach.   I 419   II 608

Ekbatana: Sommerresidenz der persischen Könige südlich des Kaspischen Meeres, heute Hamadan.   I 298

KOMMENTIERTES NAMENVERZEICHNIS 717

Eladas: Schon bei Winckelmann falsche Namensform für Hageladas (→Ageladas), den Lehrer des Phidias. II 22 26

Elben, Christian Gottfried (1754–1829): Herausgeber des ›Schwäbischen Merkur‹. II 488 (Elbische Zeitung)

Elchingen: Reichsabtei mit Rokokokirche bei Ulm. II 667

Elevsis: Eleusis, Stadt nordwestlich von Athen, in der jährlich im Herbst die Einweihung in die Mysterien der »beiden Göttinnen« (→Demeter und →Persephone) stattfand; der in einer Prozession von Athen nach Eleusis gebrachte Freudengott Iakchos wurde identifiziert mit Bakchos (→Dionysos). Seit dem 7. Jh. zum Staatsgebiet von Athen gehörend; Geburtsort des Aischylos. II 23 360 III ⟨493⟩

Elevtherä: Eleutherai, böotisch-attische Grenzstadt am Abhang des Kithairon-Gebirges; nach Hesiod der Mnemosyne geheiligt und Ausgangspunkt des Einzugs des Dionysos nach Athen; Heimatstadt des Myron. Pausanias (2.) berichtet, daß von der Stadt schon zu seiner Zeit nur mehr Trümmer übrig waren. I 437 438 II 27

Elia: in den Himmel entrückter Prophet des Alten Testamentes. III ⟨199⟩

Elis, Alis, elisch: die nordwestliche Küstenlandschaft des Peloponnes, in der das Heiligtum Olympia lag, und die gleichnamige Hauptstadt. I 388 467 598 620 795 II 13 16 23 156 198

Elisa: wahrscheinlich ist Elizabeth, die Tochter →Youngs gemeint. III 56

Elisabeth: Mutter Johannes des Täufers. I 409 (Freundin)

Elithya: Eileithyia, Göttin der Geburtshilfe. II 212

Eloah: Seraph in Klopstocks ›Messias‹. I 26 30

Elsässer, Wilhelm Friedrich (1771–1855): aus Ludwigsburg, 1789–94 im Tübinger Stift, dann Helfer oder Vikar in Ludwigsburg und Umgebung, ab 1807 Diakon, später Pfarrer.
Brief von Elsässer: II 908

Elsaß. II 653

Elsner, Johann Christoph Friedrich (1770–1806): Kompromotionale Hölderlins. II 433 449

Elysium, Elisium, Elisen: nach Homer, Odyssee 4,560 ff. der Ort, an dem auserwählte Heroen ein ewiges und unbeschwertes Leben nach dem Tode genießen; allgemein gleichgesetzt mit der (den) Insel(n) der Seligen, die in Hesiod, Werke und Tage v. 70 und in Pindar O 2 auf gleiche Weise beschrieben werden (→Vorelysium). I 48 87 101 105 114 119 ff. 125 127 137 140 143 147 148 152 240 290 (Inseln) 295 (Insel) 319 414 416 565 570 604 645 647 655 663 (Inseln) 673 720 728

Emathien, Ematisch: Teil Makedoniens, auch Bezeichnung für Makedonien selbst. Bei Lucan umgreift der Name auch das benachbarte Thessalien, in dem Pharsalos liegt. II 148

Embs: heute Bad Ems. II 786 818

Emerich, Friedrich Joseph (1773–1802): Jurist aus Wetzlar, trat 1796 nach Besetzung der Stadt durch die Franzosen in die Armee ein, seit 1798 Munizipalbeamter im französisch regierten Mainz. 1801 legte er sein Amt nieder und übte als Journalist scharfe Kritik an den französischen Verhältnissen, wurde daraufhin über den Rhein abgeschoben und starb etwa ein Jahr später körperlich und seelisch zerrüttet in Würzburg. Mit Hölderlin, der einige seiner Gedichte bearbeitete, war er wohl über Jung 1799 bekannt geworden. II 802 III ⟨516⟩

Brief an Emerich: II 860

Brief von Emerich: II 859

Emilie: Titelfigur von Hölderlins Idylle. I 203–219 II 774 779f. 783 791

Empedokles (483–423 v. Chr.): griechischer Dichter, Naturphilosoph und Arzt; errang große Popularität durch sein einfaches Leben, seine Fähigkeiten als Arzt und seine staatsmännische Tätigkeit. Nach →Diogenes Laertius ist Empedokles nach einem Opferschmause des Nachts verschwunden. Einer der nach ihm Suchenden behauptete, er hätte seine Stimme vernommen, worauf er aufgestanden sei und ein himmlisches Licht und Fackelschein gesehen habe. Darauf verbreitete sich die Ansicht, er sei in den Ätna gesprungen (vgl. den ersten Entwurf v. 169). Das Zusammentreffen des Empedokles mit Platon (vgl. den dritten Entwurf v. 292f.) ist anachronistisch, da Platon erst 427 v. Chr. geboren wurde. Hölderlin betont den Namen auf der vorletzten Silbe. I 185 251 753 (der große Sicilianer) 761–903 III ⟨120⟩ 162 344

Enarea: Gemahlin des Aiolos. II 224 (Kuh)

Endoeus (Mitte 6. Jh. v. Chr.): Athenischer Bildhauer. II 12

Endymion: schöner Jüngling der griechischen Sage, der von Zeus ewige Jugend und ewigen Schlaf gewährt bekommt. Allnächtlich besucht ihn die Mondgöttin Selene (→Luna). I 142 (Liebling) 167 853 II 183 771

Engelsberg: die schroffe Warte über →Leonberg. II 402

Englisch. II 518 664 675

Enoside: Ennosidaos (»Erderschütterer«), Beiname des →Poseidon. II 219 225

Enodia: Beiname der Hekate, Hüterin der Tore und Dreiwege. II 362

Enslin, Johann Karl (1773–1826): studierte 1794–96 Medizin in Jena; wahrscheinlich von dort her mit Sinclair und Hölderlin bekannt. II 923

Enzweihingen: Dorf an der Enz in der Nähe von Markgröningen. II 676

Eos: (röm.: →Aurora) die Morgenröte, der Osten; ihr Sohn ist Memnon, König der Aithiopen.   I 130   II 155 236

Epaphus: Sohn des Zeus und der Io; mythischer König von Ägypten, Gründer vieler Städte, die als seine Töchter gelten.   II 218

Epejer: Volk in der peloponnesischen Landschaft Elis.   II 198

Epharmostos: Olympiasieger (468 v. Chr.) aus der Stadt Opus.   II 197

Ephesus: Ephesos, Stadt an der Ionischen Küste Kleinasiens bei der Mündung des Kaystros. Heraklit legte dort im Artemistempel (einem der sieben Weltwunder) seine Schrift nieder.   I 379 388 467   643 724

Ephyräer: Alter Name für die Korinther.   II 240

Epialtas: Ephialtes (→Otos).   II 221

Epidauros: Stadt an der Nordostküste des Peleponnes. Hölderlin benennt danach die sich von dort südlich erstreckenden, bewaldeten Berge.   I 590 707 718 f.

Epigonier: die Söhne der ›Sieben gegen Theben‹, denen es, anders als ihren Vätern, gelang, Theben zu zerstören (→Adrastos).   II 232

Epikur (341–270 v. Chr.): Griechischer Philosoph; lehrte, daß das einzige Wahrheitskriterium für unser Wissen und Erkennen in der Sinneswahrnehmung, und das einzig anzustrebende Gut im Sinnlich-Angenehmen liege.   II 75

Epimetheus: Bruder des Prometheus.   II 228

Epizephyrisch: →Lokrier.   II 197

Erebos, Erebus: die Finsternis der Unterwelt.   II 161   386

Erechtheiden: ›Söhne des Erechtheus‹, des Ur-Königs von Athen. II 354

Erfurt.   II 555

Eriden: Göttinnen der Zwietracht, Hesiod nennt verschiedene Aspekte der ›Eris‹, des personifizierten Streits, sie wird als Schwester des →Ares eingeführt.   II 30

Erinnis, Erinnys, Erinnyen: Erinys, Erinyen (röm.: Furien) Rachegöttin(nen).   I 394   II 165 189   III ⟨345⟩ ⟨439⟩

Erlangen.   II 512 514 516   III 555

Ermenonville: Ort im französischen Departement Oise.   I 77 (Insel)

Erms.   I 44

Eros: (röm.: →Amor) jugendlicher Gott der Liebe.   III 93 (Liebesgott) ⟨439⟩

Erytos: Sohn des Hermes, Teilnehmer der Argonautenfahrt. II 226

Eßlingen (→ Scheelhaß). II 465 III 662

Eteokles: Sohn des Ödipus und der Iokaste, der sich nach der Verbannung seines Vaters Ödipus zunächst mit seinem Bruder Polyneikes die Herrschaft teilt, dann aber in Streit mit ihm gerät; Polyneikes flieht nach Argos und kommt mit einem großen Heer zurück (→ Adrastos); beim Kampf der beiden Brüder an einem der sieben Tore Thebens kommen beide zu Tode; nach dem Gebot des Regenten Kreon darf aber nur Eteokles, der die Vaterstadt verteidigt hat, begraben werden. II 320 325

Eugen, Prinz von Savoyen-Carignan (1663–1736): aus Frankreich gebürtiger österreichischer Feldherr und Staatsmann; sicherte die Großmachtstellung Österreichs im Krieg gegen die Türken und im Spanischen Erbfolgekrieg gegen Frankreich. I 53 (Eugenius) 56 (Eugenius) 419

Eukles: Falsche Namensform bei Winckelmann für Eukleides, den Vater des Bildhauers Smilis. II 12

Eumelus von Korinth (8./7. Jh. v. Chr.): Epiker, der die mythische Geschichte seiner Heimatstadt besang. II 15

Eumenide(n): »die Wohlgesinnte(n)«, euphemistischer Name für die → Erinyen. II 24 165 377

Euphrat: Fluß, der in den persischen Golf mündet; in der Bibel als einer der Paradiesflüsse erwähnt. An ihm lagen unter anderem die Städte Babylon und Ur. Im 18. Jh. bildete er die Ostgrenze des Osmanischen Reiches. I 446 698

Euripides (484–406 v. Chr.): attischer Tragödiendichter, von dem siebzehn Tragödien vollständig erhalten sind, darunter: ›Die Bakchen‹ (Bacchantinnen), ›Medea‹, ›Hekabe‹ (Hekuba), ›Die Troerinnen‹, ›Helena‹, ›Hippolytos‹. Hölderlin besaß eine zweibändige Gesamtausgabe und eine Einzelausgabe des Satyrspiels ›Rhesos‹. II 27 175 185 370 801 III ⟨143⟩ 574 658

Euripos: Meerenge zwischen Böotien und Euböa, an der die Hafenstadt Aulis liegt, in der Iphigenie geopfert werden sollte. II 242

Europa: Kontinent. II 623 634 644

Eurotas: Hauptfluß in Lakonien. I 590–602 620 707 717–722

Eurus: Ostwind. II 154

Euryale: eine der drei → Gorgonen. II 245

Euryalus: junger Tojer, Sohn des Opheltes. II 170

Eurybates: Herold Agamemnons und des Odysseus. II 127 140

Eurydice: Gattin des Kreon, Mutter des Haimon; nicht zu verwechseln mit der gleichnamigen Gattin des Orpheus. II 318–364

KOMMENTIERTES NAMENVERZEICHNIS 721

Eurypylos: Sohn Poseidons und der Kelaino, Bruder Tritons, bzw. mit ihm gleichgesetzt. II 219

Eurystheus: König von Mykene, für den →Herakles die zwölf Arbeiten verrichtet. II 170

Eurytos: einer der →Molionen. II 198

Eusthatius: Eustathios (12. Jh. n. Chr.), byzantinischer Gelehrter und Bischof von Thessalonike, bedeutend vor allem durch seine Kommentare zur homerischen Ilias und Odyssee. II 13

Evier, Evan, evisch: Beiname des →Dionysos, nach dem kultischen Ausruf εὐοῖ (lat. *evoe*). I 137 389 468 II 353

Evphemos: Euphemos, Sohn des Poseidon, Teilnehmer an der Argonautenfahrt; Hölderlin läßt bei der Übersetzung seines Namens in P 4,311 dessen wörtliche Bedeutung (›von guter Bedeutung‹) anklingen. II 225

Ewald, Johann Ludwig (1747–1822): Schriftsteller und Pädagoge, Herausgeber der ›Urania‹ (D6). II 532 534 III ⟨76⟩

Exadius: ein Lapithe. II 126

Eyphrosyna: Euphrosyne (gr.) »Frohsinn«, eine der drei →Charitinnen. II 200

F

Falk, Johann Daniel (1768–1826): Schriftsteller und Philanthrop in Weimar. II 784

Fama: (lat.) »Gerede«, Tochter der Terra. II 162

Fehleisen, Carl Friedrich (1773–1797): Bruder Katharinas, ertrank im Juli 1797. II 663

Fehleisen, Katharina Sibylla: Freundin von Hölderlins Schwester, verheiratet mit J. C. →Camerer. II 582 651 (Freundin)

Feldberg, der Große: höchster Berg des Taunus. I 170 (Berg) II 700

Fellenberg, Philipp Emanuel von (1771–1844): aus Bern, von November 1790 bis 1791 in Tübingen für Jura immatrikuliert. Nachmals Gründer der Erziehungsanstalt Hofwil bei Bern, die Anregung zur »Pädagogischen Provinz« in Goethes ›Wilhelm Meisters Wanderjahre‹ gab. II 463 III 599

Fichte, Johann Gottlieb (1762–1814): Philosoph; wurde bekannt durch seinen ›Versuch einer Kritik aller Offenbarung‹, der, 1791 anonym erschienen, zunächst für ein Werk Kants gehalten wurde; 1793 erschienen – ebenfalls anonym – zwei politische Denkschriften von ihm: ›Zurückforderung der Denkfreiheit von den Fürsten Europens, die sie bisher unterdrückten‹ und ›Beitrag zur Berichtigung der Urteile des Publikums über die französische Revolution‹; Anfang 1794 wurde er als Nachfolger des Kantianers Reinhold auf den philosophischen Lehrstuhl nach Jena berufen; als Einladungsschrift für seine Jenaer Vorlesungen erschien im Mai 1794 ›Über den Begriff der Wissenschaftslehre‹; in Jena arbeitete Fichte dann sein erstes Hauptwerk aus, die ›Grundlage der gesammten Wissenschaftslehre‹ (als Ganzes erschienen im August 1795); im Sommersemester 1795 mußte Fichte, von den Ordensstudenten tätlich angegriffen und vertrieben, seine Vorlesungen ausfallen lassen, schrieb aber währenddessen an seiner ›Grundlage des Naturrechts nach Prinzipien der Wissenschaftslehre‹, die dann im Frühsommer 1796 erschien; seit 1797 gab er mit Niethammer das ›Philosophische Journal‹ heraus und wurde wegen eines in dieser Zeitschrift im Oktober 1798 erschienenen Artikels seines Schülers K. F. Forberg, den Fichte versucht hatte zu verteidigen, mit einem Verweis der Weimarer Regierung bestraft, worauf er seine Demission einreichte. Fichte siedelte 1800 nach Berlin über und wurde nach der Gründung der dortigen Universität im Jahr 1810 Dekan der philosophischen Fakultät und 1811 ihr erster gewählter Rektor. Schriften: ›Einige Vorlesungen über die Bestimmung des Gelehrten‹ (1794), ›Grundlage der gesamten Wissenschaftslehre‹ (1795), ›Grundlage des Naturrechts nach Prinzipien der Wissenschaftslehre‹ (1796); die letztgenannte Schrift fand sich auch in Hölderlins Nachlaß. II 553 555 565 568f. 578 601 621 640 773   III ⟨370⟩ ⟨382–386⟩ ⟨402⟩ ⟨477⟩ ⟨487⟩ 575 584 ⟨588⟩ 589 597 630

Fichtelgebirge.   II 545

Fink, Johann Christoph Friedrich (1770–1844), Kompromotionale Hölderlins und Hegels, mit dem letzteren eng befreundet; später Pfarrer in der Nähe von Heidenheim.   III 575

Fischer, Benjamin Theodor (1769–1846): aus Nürtingen, seit 1787 im Tübinger Stift, 1790 bereits Magister.   II 456f. 472

Fischer, Johann Georg (1816–1897): Lehrer, 1841–43 in Tübingen Fortbildung am Reallehrer-Seminar; in dieser Zeit mehrere Besuche bei Hölderlin.   III ⟨362f.⟩ 672

Fischer, Marie Friederike (1770–1810): Kusine von Hölderlins Mutter, aus Bronnweiler bei Reutlingen.   II 464

Flatt, Johann Friedrich (1759–1821): in Tübingen seit 1785 außerordentlicher Professor der Philosophie, der Theologie seit dem Sommersemester 1792; las als erster Professor in Tübingen über Kant. Philosophische Werke: ›Fragmentarische Beyträge zur Bestimmung und Deduktion des Begriffs und Grundsatzes der Caussalität, und zur

Grundlegung der natürlichen Theologie, in Beziehung auf die Kantische Philosophie‹ (1788), ›Briefe über den moralischen Erkenntnisgrund der Religion überhaupt, und besonders in Beziehung auf die Kantische Philosophie‹ (1789); von 1796 an Herausgeber einer theologischen Zeitschrift (›Magazin für christliche Dogmatik und Moral‹), in der er neben Storr, F. G. Süskind und seinem jüngeren Bruder Karl Christian Aufsätze veröffentlichte, die den biblischen Wunderbegriff gegen seine rationalistischen Gegner verteidigen sollten und einen gewissermaßen »aufgeklärten Supranaturalismus« verfochten.   II 489   III ⟨373⟩ ⟨377f.⟩ 574

Flibustier(s): französischer Name der Bukanier; das sind Abenteurer, die in der zweiten Hälfte des 17. Jahrhunderts vor allem in der Karibik, an der südamerikanischen Küste und im Pazifik als Freibeuter auftraten und die Gewässer beherrschten; sie bahnten durch Entdeckungen von Inseln und Seewegen späteren Forschungsreisenden den Weg. Beschreibungen der eigenen Abenteuer liegen z. B. von William Dampier vor (›A New Voyage Round the World‹, 1697), die großen Einfluß auf Schriftsteller wie Jonathan Swift, Daniel Defoe und Robert Louis Stevenson hatten.   I 426   III 251

Forst.   II 424

Fortuna: römische Entsprechung der →Tyche.   II 155

Fouga: Fluß in Portugal.   I 480

Franken, Frankenland, Fränkisch.   I 418 421   II 514 534 545 554f. 635 653 902

Frankenthal.   II 422 428

Frankfurt, Frankfurter.   I 423   II 588 596 601 604f. 608 612 623 626 629 631 633 640 652 654 667 705 716 739 773 783 798ff. 803 807 *818* 855 896 *919* 960   III *590* 595ff. *618 620 622 624 633 640 650*

Frankreich, Franzosen, französisch.   I 422 480 693 739   II 426 477 488f. 494 496 517ff. 542 594 623 627 631 634 654 663 716 746 779 843 913   III ⟨48⟩ ⟨465f.⟩ ⟨481⟩ ⟨492f.⟩ ⟨503⟩ ⟨512⟩ ⟨534⟩ ⟨551⟩ 578 *653 655 660*

Frankreich, König von: Ludwig XVI. (1774-92).   II 426

Franzisca →Hohenheim

Friedberg.   III *595f.*

Friedrich II., König von Preußen (1712-86): Waiblinger berichtet in Hölderlin's Leben..., er habe bei seinen Besuchen im Turm ein Portrait Friedrich des Großen an der Wand hängen sehen.   I 408

Friedrich mit der gebißnen Wange (1257-1324): so genannt wegen einer Narbe auf seiner Wange, die ihm der Sage nach als Säugling von seiner Mutter beigebracht wurde, als sie, von ihrem Gemahl verstoßen, sich von ihren Kindern trennen mußte; Markgraf von Meißen und Landgraf von Thüringen, forderte 1318 während einer Pest und Hungersnot seine Grafen und Ritter auf, das Volk aus ihren Vorräten zu versorgen. 1322 sah er in Eisenach ein Evangelienspiel von den fünf weisen und den fünf törichten Jungfrauen und verlor darüber den Glauben, den Verstand und die Sprache.   I 419

Friemar: Ort bei Gotha, in dem Hölderlins Großvater Heyn geboren wurde.   II 520 554 556

Fripon: (frz.) »Schelm«; wahrscheinlich ist ein Hund gemeint.   II 613

Frisch, Johann Georg (1763–1836): Buchhalter (nicht Registrator) beim Kirchenrat in Stuttgart von 1798 bis 1803. Er wohnte bis zu seiner Heirat am 29. November 1800 bei Landauer im Haus; in dieser Zeit bemühte er sich erfolgreich darum, Carl Gock einen besseren Posten zu verschaffen.   II 871 873

Fröhlich, Heinrich (gest. 1808): Verleger und Buchhändler in Berlin.   II *773 923*

Frommann, Carl Friedrich Ernst (1765–1837): Verleger in Leipzig.   II 922

Fürst, Walther: Schweizer Freiheitskämpfer.   I 136 144

Fulda, Fulderland.   II 534 536 541 543 627 *818*

Furien: römische Entsprechung der →Erinyen.   I 302 788–792 (Rachegötter) 792 816   II 23 315

G

Gaden: Gades; für die Griechen »das Ende der Welt«.   II 180

Gaia: die göttliche Mutter Erde.   I 193 (Erde)

Galesus.   II 180

Galiläa: Gebirgslandschaft im nördlichen Palästina, in der die biblischen Orte Kana und Nazareth liegen.   I 461 464

Galler: die Priester der Kybele; zu ihrem Kult gehörte die rituelle Selbstverstümmelung.   II 164

Gallien, Gallia, Gallisch: Lebensgebiet der Keltischen Völker, von der Kanalküste bis nach Norditalien; von den Römern nach und nach zu Provinzen ihres Reichs gemacht.   II 151 154 155 159 *486*

Gama, Vasco da (1469–1524): portugisischer Seefahrer, Entdecker des Seewegs nach Indien um das Kap der Guten Hoffnung.   I 426

Ganges: Strom in Indien.   I 15 197 269 329

Ganymed: Sohn des Königs Tros von Troja, der wegen seiner außergewöhnlichen Schönheit von Zeus mithilfe eines Adlers geraubt und zum Mundschenk der Götter erkoren wurde, vgl. Homer, Ilias 20,232–235 und Ovid, Metamorphosen 10,148–161. Auch Stromdämon an den Quellen des Nils.   I 177 (Knabe) 406 (Beute) 444 659 (796)   III ⟨232⟩ ⟨345⟩

Garonne: Fluß in Südwest-Frankreich, der durch Bordeaux fließt. I 473 475

Gasgogne, Gasgognisch: Gascogne, Landschaft in Südwest-Frankreich zwischen den Pyrennäen und der Garonne.   I 420 423

Gebennen: die heutigen Cevennen, Gebirge in Südfrankreich.   II 161

Gegel, Ludwig Bernhard Friedrich (gest. 1788): Buchdrucker.   (II 428)

Gellert, Christian Fürchtegott (1715–1769): populärer Fabel- und Liederdichter, Professor für Moraltheologie in Leipzig.   II 737

Gelon (um 530–478 v. Chr.): Tyrann von Syrakus, den Deinomeniden entstammend, einem Adelsgeschlecht aus der sizilischen Stadt Gela; schlug im Jahr 480 bei Himera zusammen mit →Theron von Akragas die karthagische Flotte.   II 23

Gemming: einer der Angehörigen des weitverzweigten Geschlechtes der Freiherrn von Gemmingen, der 1798 eine Hofmeisterstelle anbot. II (*717*) 721

Genf.   II 663

Gentner, Karl Christian Friedrich (1767–1824): seit 1785 im Stift, ab 1799 Pfarrer.   II 456 494 721

Genua: Hafenstadt an der italienischen Riviera, Geburtsort des Columbus.   I 426 428f. 481

Georgii, Eberhardt Friedrich (1757–1830): weltlicher Konsistorialrat, Vertreter der Landstände, als solcher Teilnehmer am Rastatter Kongreß.   II 480

Gerenisch: Beiname des Nestor, der bei den Gereniern im Süden des Peloponnes aufwuchs.   II 143 146

Germanien, Germania, germanisch.   I 49 404–407   III 244

Geßner, Salomon (1730–1788): Maler und Idyllendichter.   II *881*

Gießen.   II *815*

Giganten: nach der Verbannung der →Titanen von Uranos und Gaia gezeugtes Geschlecht von sterblichen Riesen. In der Gigantomachia (Gigantenschlacht) von Zeus mit Hilfe des Herakles besiegt. Die Aloiden, Hekatoncheiren und Typheus werden schon in der Antike öfters zu ihnen gezählt, auch werden sie oft mit den Titanen gleichgesetzt. (I 650)   II 149 231

Gironde.   III ⟨290⟩ ⟨467⟩

Glaucias (Anfang des 5. Jh.s v. Chr.): Erzgießer aus Aegina.   II 23

Gleichberg: Berg bei Waltershausen.   II 545

Glycera: »die Süße«, in Barthelemy's ›Reise des jüngeren → Anacharsis...‹ Bd. 5, hat einer der Begleiter des Erzählers eine Angebetete mit Namen Glycere, vielleicht stammt der Name aber auch aus Wielands ›Agathon‹.   I 485

Gmelin, Ferdinand Gottlieb (1782–1848): Professor der Medizin und Naturgeschichte in Tübingen; Arzt Hölderlins.   III 649

Gnosisch: von Knossos auf Kreta.   II 174

Go(c)k, Johann Cristoph (30. Oktober 1745 – 8. März 1779): Stiefvater Hölderlins. Ab 1769 Amtsschreiber in Lauffen, ab 1772 als Weinhändler Kammerrat in Nürtingen, dort von 1777 bis zu seinem Tode Bürgermeister.   I 22 (Vater) 78 (Vater)   II 775 (zweiter Vater)   III 628 (Vater)

Go(c)k, Johanna Christiana, verw. Hölderlin, geb. Heyn (8. Juli 1748 – 17. Feburar 1828): Mutter Hölderlins. Über ihre Eltern Johann Andreas Heyn (1712–72) und Johanna Rosina geb. Sutor (1725–1802) verwandt mit der württembergischen Pfarr-Aristokratie, über ihre Großmutter Juditha Sutor, geb. Bardili (1702–71), führt ihre Abstammung auf Regina Bardili-Burckhardt (1599–1669) zurück; vgl. Hans-Wolfgang Rath, ›Regina die schwäbische Geistesmutter‹, Ludwigsburg und Leipzig 1927. Seiner Mutter, sowie seinen Geschwistern widmete Hölderlin die Elegie ›Heimkunft‹ (I 319 und 368).   I 21 ff. (Mutter) 72 (Mutter)   II 445 449 527 863 f.   III ⟨445⟩ 574 607 (Mutter) 613 (Mutter) 628 (Frau) 641 (Mutter) 653 (Kammerräthin)

Briefe an die Mutter: II 394 404 405 417 418 419 422 449 451 452 455 456 457 459 466 467 472 473 474 490 493 504 505 509 512 515 518 527 530 535 542 554 556 559 571 574 587 606 637 646 659 662 672 676 683 685 688 691 697 704 708 713 718 733 746 759 774 789 805 807 809 827 840 852 867 869 871 872 883 889 915 916 917 933

Brief von der Mutter: II 931

Briefe an die Mutter und die Geschwister: II 884 887 910

Widmung in den Stäudlinschen Musenalmanach 1792:   III 63

Briefe der Mutter an Dritte: III 609 617 621 622 624 625 627 631 634 635 636 638

Briefe Dritter an die Mutter: III 579 585 607 614 632 643 647 648 650 651 630

Go(c)k, Carl Christoph Friedrich (29. Oktober 1776 – 27. Oktober 1849): Stiefbruder Hölderlins. Seit 1797 bei Johann Friedrich Blum in Markgröningen als Schreiber angestellt, seit Herbst 1800 Rechnungsprobator in Lichtenstern bei Heilbronn. Anfang 1802 ans Nürtinger Oberamt versetzt. Seit 1803 Amtsschreiber und Amtspfleger in Zwiefalten an der Donau, seit 1804 vermählt mit Marie Eberhardine Blöst (1777–1853), mit der er zwei Kinder hatte, Carl und Ida. Seit 1817 Hof- und Domänenrat in Stuttgart, 1831 geadelt. Zu seiner Zeit bester Kenner des württembergischen Weinbaus (›Die Wein-Rebe und ihre Früchte‹, 1836). Ihm, seiner Mutter und seiner Stiefschwester ist die Elegie ›Heimkunft‹ (I 319 und 368) gewidmet.   I 25   II 652 653 III 608 (Sohn) 616 (Sohn) 621 (Bruder) 623 (Geschwister) 637 (Bruder) 653 (Bruder)

Briefe an den Bruder: II 496 496 501 502 507 531 544 576 609 612 617 619 622 626 628 639 644 648 661 665 668 675 679 694 715 723 767 873 883 897 911 959   III ⟨74⟩ ⟨308⟩ ⟨369⟩ 607 (Bruder)

Briefe von dem Bruder: II 570 676 717 862 960

Brief an die Geschwister: II 416

Briefe an die Mutter und die Geschwister: II 884 887 910

Stammbucheintrag Hölderlins: II 969

Dokumente: III 607 652 674

Göschen, Georg Joachim (1752–1828): Verleger in Leipzig, zu dessen Autoren Klopstock und Wieland gehörten, zeitweise auch Goethe und Schiller.   II 581 583 922

Goethe, Johann Wolfgang (1749–1832): Dichter, Minister am Weimarer Hof, Direktor des dortigen Theaters. Hölderlin begegnete ihm zuerst im Herbst 1794 im Hause Schillers in Jena und zuletzt am 22. August 1797 in Frankfurt. Schriften: ›Die Leiden des jungen Werthers‹ (1774), ›Iphigenie auf Tauris‹ (1787), ›Torquato Tasso‹ (1789), ›Wilhelm Meisters Lehrjahre‹ (1794/96), ›Hermann und Dorothea‹ (1797), ›Achilleis‹ (1799); Herausgeber der Zeitschriften ›Propyläen‹ und ›Über Kunst und Altertum‹.   II 483 528 553f. 561 564 568 583 619 670 773f. 784 791 801 816 829 878 926 929 969   III ⟨47⟩ ⟨92⟩ ⟨94⟩ ⟨268⟩ ⟨432⟩ ⟨521⟩ 555 575 614 659

Brief an Goethe: II 795

Briefwechsel Goethe/Schiller: III 593–598

Göttingen, Göttinger.   II 566 585 923

Gogel, Johann Noë III. (1758–1825): Frankfurter Weinhändler, der eine ansehnliche Kunstsammlung besaß, verheiratet mit Margaretha Sibylla Koch. Gogel hatte mit ihr eine Tochter, daneben lebten die drei Kinder seines verstorbenen Bruders im Haus; Hegel war bei ihm von Januar 1797 bis Ende 1800 Hofmeister.   II 630–635 644

Golgatha: (aramäisch) »Schädelstätte«, Ort der Kreuzigung Christi. I 21 457 (Zornhügel)   III 278 (Todeshügel)

Gontard, Familie.   II 591 602 609ff. 626 665 695 700f. 706 744 754 837   III ⟨134⟩ ⟨498⟩

Gontard, Susanna Maria (1735–14. März 1800): Mutter Jakob Gontards.   II *862*
Gontard, Jakob Friedrich »Cobus« (1764–1843): Frankfurter Kaufmann und Bankier. Miteigentümer des Besitzes der reichverzweigten Familie Gontard. Seinerzeit einer der reichsten Männer in Frankfurt; das Firmenkapital betrug 1795 500 000 Gulden. Sein Wahlspruch war: »Les affaires avant tout« (die Geschäfte gehen allem vor). Ein energetischer bis nervöser Mann, der schon als Knabe sein rechtes Auge verloren hatte. Seit dem 9. Juli 1786 mit Susette Borkenstein verheiratet. Die Familie wohnte wahrscheinlich in dem großen Haus des Onkels Johann Heinrich Gontard, dem ›Weißen Hirsch‹ am Großen Hirschgraben (ungefähr an der heutigen Berliner Straße / Ecke Bethmannstraße).   II 605 623 644 647 654 699 707   III *590ff.*
Gontard, Margarete (1769–1814): jüngere Schwester Jakobs, befreundet mit →Ebel; ihre Familie widersetzte sich allerdings einer nicht standesgemäßen dauerhaften Verbindung.   II 644 (Mädchen) *745*
Gontard-Borkenstein, Susette (9. Februar 1769 – 22. Juni 1802): aus Hamburg, Ehefrau Jakob Gontards, Mutter von Henry, Henriette, Helene und Amalie. In Gedichten spricht Hölderlin sie mit →»Diotima« (3.) an.

I 200f. (die/du) 242 (Angesicht) 245 (Herz)   II 624 (Wesen) 627 644 647 649f. (Wesen) 699 846 (Freundin) *918f.*   III ⟨122⟩ ⟨125⟩ ⟨134⟩ ⟨138⟩ ⟨304⟩ ⟨315⟩ ⟨491⟩ ⟨495⟩ ⟨506⟩ ⟨551⟩ *590ff.* ⟨607⟩

Briefe an Susette Gontard: II 758 779 824 833
Briefe von Susette Gontard: II 700 730 732 739 741 750 758 786 811 *826 830 834 838 855 859 862 864*
Widmungen in den ›Hyperion‹:   III 316
Carl Jügel über Susette Gontard: III *590*

Gontard, Henry (13. Juni 1787 – 20. Oktober 1816): Sohn von Susette und Jakob Gontard, Hölderlins Zögling von Januar 1796 bis September 1798. Von 1799 bis 1802 besuchte er das Gymnasium in Hanau.
II 611 637 644 (658) 660 663 665 683–687 697 701 706f. *745 752 755 855*
Brief von Henry Gontard: II 699
Gontard, Amalie »Male« (geb. 1792): Schwester Henrys.   II *704* (M) *745 756*
Gontard, Henriette »Jette« (geb. 1791): Schwester Henrys.   II 699
Gonzenbach, Anton von (1748–1819): der aus alteingesessener Familie in Hauptwil stammende Fabrikant und Kaufherr im Leinengewerbe war mit seiner Verwandten Ursula (1751–1805) verheiratet und hatte 1801 neun Kinder, von denen Hölderlin die beiden jüngsten Töchter (geb. 1786/87) unterrichtete. 889f. 892 (Hausvater)

Brief an Gonzenbach: II 885
Briefe von Gonzenbach: II *882 900*
Gonzenbach, Emanuel von (geb. 1778): ältester Sohn Antons von Gonzenbach. II 879f.(Sohn, Gast, Fremder) *882 889 900* III *604*
Gorgias (ca. 480–400 v. Chr.): Griechischer Redner und Philosoph, aus dem sizilischen Leontinoi stammend. II 24
Gorgonen: Töchter des Phorkys und der Keto: Sthenno, Euryale und →Medusa; drei Ungeheuer, deren Anblick versteinert. II 240 245
Gotha. II 554f. *575 816*
Gothen: Goten, germanischer Volkstamm, der zwischen dem 1. und 3. Jh. n. Chr. von Südschweden bis zum Schwarzen Meer zog. I 684
Gotthard: der St. Gotthardt. I 432 470 477
Gracchen: die beiden Volkstribunen Tiberius Sempronius Gracchus (162–133 v. Chr.) und Gaius Gracchus (153–121 v .Chr.), die zahlreiche soziale Reformen in die Wege leiteten; gegen beide spielte der Senat jeweils den anderen Volkstribunen aus. II 156
Grazien, Gratien: römische Entsprechung der →Charitinnen. I 125 144 339 677 754 II 228 231 *497* III 163
Greifswald. II 749
Griechenland: Für Hölderlin spielt Griechenland in mehrfacher Hinsicht eine bedeutende Rolle. Einmal als Land der Götter und Heroen des Mythos, dann als Land des historischen Ursprungs demokratischer Politik, geistiger Freiheit und europäischer Kultur. Im Kontrast dazu erscheint das Griechenland seiner Zeit als Symbol des Verlustes all dessen, was in der Antike an »Vortrefflichkeit« zu finden war, und damit als Metapher seiner eigenen Heimat. I 15 117 148 150 229 272 298 303 316 339 350 354 374 374f. 404 (Land) 416 430 477ff. 502 506 532 557 584f. 602 616 619 621 627 633 652 701f. 712 714 718 721 723 726 729 735 790 909 935 II 11ff. 17 19 21f. 186 387 726 729 III *656 673*
Griechen. I 193 (270) (304) (330) 494f. 542 599 602 604 613f. 671 682 684ff. 692 698 720ff. 732f. 754 *815 896* II 11–17 21–26 65 119 122f. 125–144 178 185 (373) 483 496 534 541 671 *815* 850 912f. 921f. III ⟨*558*⟩ ⟨*574*⟩ *577 658*
Griechisch. I 332 495 (508) 542 587 590 593 600 604 620f. 671 682 703 707 710f. 713 717 720 733 739 749 II 11–15 22ff. 30 38 71 309 371 374f. 380 385 441 463 499 502 550 626 (*671*) 729 905 907 912 921 925 928 930 *791* III ⟨*370*⟩ ⟨*558*⟩ 619 654
Gries, Johann Dietrich (1775–1842): aus Hamburg, kam 1795 nach Jena, wo er der Gesellschaft der freien Männer beitrat. Der erste Teil seiner Tasso-Übersetzung erschien 1800. II *830*

Griesinger, Georg Friedrich (1734–1828): Konsitorialrat, Prälat.
II 570

Gröningen → Markgröningen

Grützmann, Christian Philipp (1770–1848): aus Nürtingen, seit 1789 im Stift. II 474

Guadet: Führer der Girondinsten, 1794 hingerichtet. II 511

Gundelsheim. II 423

Gustav Adolf II., König von Schweden (1594–1632): aus Sorge um die schwedische Vorherrschaft an der Ostsee und zur Rettung des Protestantismus griff er in den 30jährigen Krieg ein, wobei ihn siegreiche Schlachten gegen → Tilly bis nach Süddeutschland führten. Er fiel am 16. November 1632 bei Lützen in der Schlacht gegen Wallenstein.
I 53 56 68 ff. 73 f. II 454 580

Gutscher, Jakob Friedrich (1760–1834): als Registrator im großen Ausschuß der württembergischen Landschaft gehörte er der Abordnung der Landstände beim Rastatter Kongreß an. Er veröffentlichte zahlreiche Schriften zur Württembergischen Verfassung. II 713 717 871 III ⟨502⟩

H

Hackländer, Friedrich Wilhelm (1816–77): Kaufmann, Mitarbeiter des Verlegers → Cotta. III ⟨361⟩

Hadermann, Johann Leonard: Herausgeber des ›Brittischen Damenkalenders‹ (D16), wahrscheinlich in Frankfurt wohnhaft und von daher mit Hölderlin bekannt. III ⟨115⟩

Hadermann, Konrad Ludwig (1770–1846): reformierter Kandidat der Theologie, seit 1794 Hauslehrer. Er war vor und nach Hölderlin der Erzieher Henry Gontards; später gründete er im Weißen Hirsch ein Erziehungsinstitut. II 745

Hades: (röm.: → Pluto) einer der drei Söhne des Kronos, Bruder des Zeus und des Poseidon, Gatte der → Persephone; erhält als seinen Herrschaftsbereich die Unterwelt, die nach ihm ebenfalls ›Hades‹ heißt. In späterer Zeit bezeichnete der Name nur mehr den Ort. I 91 174 (stummes Reich) II 119 212 252 (Hölle) 286 313 387 388 (Hölle) III ⟨439⟩

Hadrianus, Publius Aelius (76–138 n. Chr.): römischer Kaiser, Verehrer und Förderer der griechischen Kultur, ließ unter anderem den Bau des Olympieion in Athen in der sog. Hadriansstadt vollenden.
III ⟨321⟩

Hämon, Hämo:
1. Haimos, alter Beiname Thessaliens. »Hämonisch« wird bei Ovid in der Beschreibung des Sternbilds des Schützen der Bogen des →Chiron genannt. I 470   II 168
2. Haimon, Sohn des Kreon und der Eurydike, Verlobter der Antigone. II 316 341–347 361 363

Hänisch: seit 1797 Hofmeister bei Franz Gontard, einem Bruder Jakob Gontards. II 699

Hafner, Christine Eleonore (geb. 1772): Freundin Neuffers bis November 1792. II 495

Hagedorn, Friedrich von (1708–1754): Dichter.   III 668

Haken: der Haggenpaß.   I 135

Hahrdt →Hardt

Halcyonen: Alkyon(id)es, Eisvögel, deren klagender Ruf und deren Paarverhalten zu mythologischen Erklärungen reizten. Alkyone, die Tochter des Aiolos, wird wegen ihrer unmäßigen Klagen um Keyx in einen Eisvogel verwandelt; eine Variante, in der beide zu Eisvögeln werden, erzählt Ovid, Metamorphosen 11,410–748.   II 184

Halikarnassos: Griechische Pflanzstadt an der karischen Küste Kleinasiens. II 15

Halle.   II 580

Hamberger, Georg Christoph (1726–1773): Autor von ›Zuverlässige Nachrichten von den vornehmsten Schriftstellern vom Anfange der Welt bis 1500‹ (Erster Theil, Lemgo 1756). Das Standardwerk des Göttinger Literarhistorikers orientierte in chronologischer Reihenfolge über die wichtigsten Schriftsteller der Antike und des byzantinischen Mittelalters, sowie über die zur Verfügung stehenden Ausgaben derselben. II 20   III ⟨327⟩ ⟨371⟩

Hambrücken.   II 424

Hamburg, Hamburger.   II 623 625 627 755 835 839 865

Hamlet: Titelfigur einer Tragödie Shakespeares.   II 663

Hanau.   II 627 855   III 192

Hannibal (247–183 v. Chr.): Feldherr aus Karthago in Libyen, dessen wagemutiger Alpenübergang und Feldzug durch Italien die Römer im 2. Punischen Krieg (218–201 v. Chr.) an den Rand der Niederlage brachte.   II 155 (Lybias Mars) 157   III ⟨409⟩

Hannoveraner.   II 716

Hardt: Dorf bei Nürtingen, in einem nahegelegenen Wald befindet sich der sog. Winkel, eine Felsengruppe.   I 446   II 628   III 241 (Winkel)

Harmodios, Harmodius: Liebling des →Aristogeiton.   I 582 591 667 699   II 22f. 165f.

Harmonia: Tochter des Ares und der Aphrodite, Gattin des →Kadmos; zu ihrer Hochzeit erscheinen die Götter als Gäste. II 216 242

Harpprecht, Valentin Christian Heinrich (1762–1840): Sohn des Kameralverwalters Johann Heinrich Harpprecht; alte Freunde der Familie Hölderlin. II 395

Harpyen: gefräßige Todesdämonen. I 792

Harter, Johann Heinrich Samuel (1766–1823): wurde nach dem Besuch des Tübinger Stifts Vikar in Vaihingen an der Enz; im Sommer 1798 kam er unter dem Verdacht schweren Betrugs (mit Fälschung des herzoglichen Namenszugs und Siegels) für 18 Monate ins Gefängnis; der zunächst demokratisch Gesinnte wurde später unter anderem Spion in württembergischen Diensten. II 698.

Hartlaub, Johannes Wilhelm (1804–85): Pfarrer, Freund Mörikes. III 673

Hartmann, Ferdinand (1774–1842): Maler aus einer in Stuttgart als Mittelpunkt gesellig-geistigen Lebens bekannten Familie, mit Hölderlin vielleicht über Neuffer oder Landauer bekannt. Nähere Beziehungen sind nicht bestimmbar, Hölderlin sah ein Exemplar seiner Sophokles-Übersetzung für ihn oder ein Mitglied seiner Familie vor. III 555

Harz. II 555

Haselmeier: nicht bekannt. II 441

Haug, Friedrich (1761–1829): Schüler der Stuttgarter Karlsschule und Jugendfreund Schillers. Als satirischer Epigrammatiker vor allem als Beiträger zu Zeitschriften begehrt. Hölderlin sah für ihn ein Exemplar seiner Sophokles-Übersetzung vor. II 804 822 881 III ⟨132⟩ ⟨179⟩ 555 654f. 661f.

Hauptwil. II 883 886ff. III ⟨172⟩

Hausen ob Verena: Ort bei Tuttlingen. II 418

Hebe: Personifikation der Jugend. Tochter des Zeus und der Hera, Gemahlin des vergöttlichten Herakles, sie schenkt den Göttern Nektar ein und tanzt im Reigen mit den →Horen und →Chariten. I 132

Hebräer →Ebräer

Hegel, Georg Wilhelm Friedrich (1770–1831): 1788–1793 zusammen mit Hölderlin im Tübinger Stift, ab Herbst 1793 Hofmeister bei einem Hauptmann von Steiger in Bern und Tschugg bei Erlach; im August 1796 schreibt Hegel das Gedicht ›Eleusis. An Hölderlin‹; Anfang 1797 bis Ende 1800 Hofmeister bei Familie →Gogel in Frankfurt. Ging im Herbst 1800 nach Jena, um sich dort zu habilitieren; philosophische Zusammenarbeit mit Schelling 1801–1803; 1805 außerordentlicher Professor der Philosophie; 1807 als Zeitungsredakteur nach Bamberg,

1809 Gymnasialprofessor in Nürnberg, dort Heirat mit Maria von Tucher; 1816 Professor der Philosophie in Heidelberg, 1818 in Berlin. Frühe Werke: Übersetzung von Jean Jacques Carts ›Vertrauliche Briefe über das vormalige staatsrechtliche Verhältnis des Waadtlandes (Pays de Vaud) zur Stadt Bern‹ (1798); ›Differenz des Fichteschen und Schellingschen Systems der Philosophie‹ (1801), ›De orbitis Planetarum‹ (1801; lat. Habilitationsschrift über die Planetenbahnen); Zeitschriftenaufsätze in dem zusammen mit Schelling herausgebenen ›Kritischen Journal der Philosophie‹; ›Phänomenologie des Geistes‹ (1806). Hölderlin sah für ihn ein Exemplar seiner Sophokles-Übersetzung vor. II 451 462 539f. 551 595 (Gelehrter) 639 644 650 652 699f. *740* III ⟨329⟩ ⟨381⟩ ⟨393⟩ ⟨411⟩ ⟨435⟩ ⟨461⟩ ⟨467⟩ ⟨486⟩ ⟨493⟩ 555 ⟨565⟩ *574–577* 646 667
Briefe an Hegel: II 540 567 600 630 634
Brief von Hegel: II *632*
Stammbucheintrag Hölderlins: II 969
Briefwechsel Hegel/Schelling: III *583f. 587 589f. 619f. 631*
Hegel, Christiane: Schwester des Philosophen.   II 539f. 551
Heidelberg.   I 252   II 424–429 807 902   III 555
Heidelsheim.   II 423
Heidenheim.   II *923*   III *190*
Heidenreich →Heydenreich
Heigelin, Johann Christian Hermann (1773–1833): aus Stuttgart, ließ sich Anfang 1798 als Kaufmann in Frankfurt nieder, Schwager Landauers.   II 689
Heilbronn.   II *485* 502 604 717 902
Heim, Philippine (1801–46): Angebetete Waiblingers.   III *654*
Heinrich IV. (1050–1106): Salier, römisch-deutscher Kaiser, wegen des Investiturstreites mit Papst Gregor VII. im Jahr 1076 exkommuniziert, überquerte er wegen des drohenden Machtverlustes heimlich und unter großer Gefahr die Alpen und bat am 25. Januar 1077 in Canossa, wo sich der Papst aufhielt, um Aufhebung des Kirchenbanns. 1079 überträgt er die schwäbische Herzogswürde an Friedrich von Staufen, den Vater Konrads III. (→Conrad), und gibt ihm seine Tochter Agnes zur Frau; Heinrichs ältester Sohn →Konrad wird 1087 deutscher König. Seine Mildtätigkeit wird in mittelalterlichen Chroniken hervorgehoben und im Iselinschen Historisch- und Geographischen Allgemeinen Lexicon (1744) mit den Worten gewürdigt, daß er »arme Leute ... zum öfftern selbsten gespeiset und getränket« habe.   I 425f. 462 465
Heinse, Johann Jacob Wilhelm (1746–1803): Dichter und Übersetzer,

von Wieland und Gleim gefördert, mit Jacobi befreundet; 1780–83 unternimmt er eine Italienreise mit zweijährigem Aufenthalt in Rom, die er aus Geldmangel abbricht, 1786 nimmt er eine Stellung als Vorleser und Bibliothekar beim Kurfürsten von Mainz an, in der er – nach Beförderung zum Hofbibliothekar und Hofrat im folgenden Jahr – bis zu seinem Tode bleibt, wobei er 1794 seinem Erzbischof (→Dalberg) nach Aschaffenburg in dessen neue Residenz folgt. Schriften: ›Briefe aus der Düsseldorfer Gemäldegalerie‹ (1776/77 in Wielands Teutschem Merkur), ›Ardinghello oder die glückseligen Inseln‹ (1787) ›Hildegard von Hohenthal‹ (1796). Übersetzungen: ›Roland der Wüthende, ein Heldengedicht von Ludwig Ariost dem Göttlichen‹ (1782), ›Torquato Tasso: Das befreyte Jerusalem‹ (1781). Hölderlin widmet ihm die Elegie ›Brod und Wein‹ (I 314 372/373), sowie anfangs den Gesang ›Der Rhein‹ (vgl. III 192) und sieht ein Exemplar seiner Sophokles-Übersetzung für ihn vor.   I 111 (Ardinghellozitat)   II 627 f. 650 670 765 803   III ⟨64⟩ ⟨189⟩ 192 f. ⟨215⟩ ⟨231⟩ ⟨390⟩ 555   Dokumente: III 589 f.

Hekla: Vulkan im südlichen Island.   I 72

Hektor, Hector: Sohn des Priamos und der Hekabe, Gemahl der Andromache, Heerführer der Trojaner, stirbt im Kampf mit Achill. Berühmt ist die Stelle in der Ilias (6,466–474), die beschreibt, wie er beim Abschied den Helm abnimmt, um seinen kleinen Sohn nicht zu erschrecken.   I 529   II 65   125 145 191   III ⟨261⟩

Hekuba: (gr.: Hekabe) Gattin des Priamos, Königs von Troja, mit dem sie 50 Kinder hatte (darunter Paris, dessen Raub der Helena den Anlaß zum Trojanischen Krieg gab, und →Hektor), die bis auf zwei alle während des Krieges umkamen. Die ›Hekabe‹ des Euripides handelt von dem Verlust der letzten beiden Kinder →Polyxena und →Polydoros. Letzterer wurde von dem Thrakerkönig Polymestor um Goldes willen ermordet, obwohl er in seine Obhut gegeben war. Hekabe bittet →Agamemnon, diesen Mord zu rächen. Er kann ihr nicht helfen, gibt ihr aber freie Hand. Sie blendet daraufhin Polymestor und tötet seine Kinder.   II 175–178

Helena: Tochter des Zeus und der Leda, Schwester der →Dioskuren, Gemahlin des spartanischen Königs Menelaos; von dem trojanischen Prinzen Paris geraubt, wird sie der Anlaß des Heerzugs der Griechen gegen Troja.   I 724 (Mutter)   II 17   139 192 243

Helikon: Gebirgszug im westlichen Böotien.   I 266 613   II 14

Helikoniaden: Nymphen des Helikon; da an dessen Hängen dem Hesiod die Musen erschienen waren, auch Ausdruck für ›Musen‹.   II 293

Helios: der griechische Sonnengott, Sohn des →Hyperion (1.) und

seiner Schwester Theia, gelegentlich mit diesem und →Apollon gleichgesetzt. I 95 138 143 167 186 193 195 233 252 733 II 275
Hellas, hellenisch: allgemeiner Name für Griechenland in historischer Zeit. I 149 303 795 827 901 II 205 210 239 243 245
Hellespont: Meerenge zwischen Thrakien und Kleinasien vor Troja, Verbindung zwischen Schwarzem Meer und Ägäis. I 15 620 II 22 627
Helvetia: lateinischer Name der →Schweiz. I 144
Helvétius, Claude Adrien (1715–1771): französischer materialistischer Philosoph, Hauptwerke ›De l'esprit‹ und ›De l'homme‹. II 460 461
Hemsterhuis, Frans (1721–1790): holländischer Platoniker; von ihm sind 1782 ›Vermischte philosophische Schriften‹ erschienen, die Hölderlin wohl besaß. II 502
Hephaistos, Hephästos: (röm.: →Vulkan) Gott des Feuers und der Schmiedekunst, Sohn des Zeus und der Hera; aus seiner unterirdischen Esse stammt das flüssige Gestein der Vulkane; vgl. Homer, Ilias 1,571–611. II 202 214 323 355
Hera, Here: (röm. →Juno) Tochter des Kronos und der Rheia, Schwester und Gattin des Zeus, dessen außereheliche Liebschaften und Kinder sie mit ihrem Zorn verfolgt. II 185 208 226 233
Herakles: (röm.: →Herkules) Sohn des Zeus und der Alkmene, Gatte der Deïaneira, Vater des Hyllos u. a.; gewaltigster Held der griechischen Sage, der schon in der Wiege seine Kraft im Kampf mit zwei von der eifersüchtigen Zeusgattin Hera geschickten Schlangen bewiesen hatte; berühmt für seine zwölf »Arbeiten«, die er im Dienste des mykenischen Königs Eurystheus zu verrichten hatte (darunter die Tötung des nemeischen Löwen, dessen Kopf sein Helm und dessen Fell sein Mantel wurde, die Ausmistung des Augiasstalles und der Raub der Äpfel der →Hesperiden); ihm wird auch die Gründung der olympischen und anderer Festspiele zugeschrieben; bei Hesiod (Theogonie v. 523 ff.) wird er zum Retter des an den Kaukasus geschmiedeten Prometheus; er erleidet am Ende den Tod durch ein von dem Kentauren Nessos in Gift getränktes Hemd, das ihm seine Gattin Deïaneira nichtsahnend schenkt: von rasenden Schmerzen geplagt besteigt er auf dem Berg Oite (→Oeta) einen Scheiterhaufen, den →Philoktetes auf seine Bitten hin entzündet, und wird von Zeus zu den Unsterblichen erhöht. Auf den Sophisten Prodikos geht die Geschichte von Herakles am Scheidewege zurück: vor die Wahl gestellt zwischen zwei das Laster und die Tugend repräsentierenden Frauengestalten, wählt Herakles die Tugend. Sein Name wird von Hölderlin auf der zweiten Silbe betont. (→Amphitryonide).

I 151 (Arm) 389   439 (Halbgott) 440 468   892   II 187 193 197 198 229 238 241   III ⟨75⟩ ⟨77⟩ ⟨194⟩

Herakliden: Söhne des Herakles; aus des Peloponnes vertrieben, versuchten einige von ihnen mit Hilfe des athenischen Königs Theseus ihre früheren Wohnsitze wiederzugewinnen; verschiedene griechische Königshäuser des 9.–7. Jh.s, aber auch die lydischen Könige führten ihre Abstammung auf die Herakliden zurück.   II 13   204

Heraklit: Herakleitos (um 500 v. Chr.), Denker aus Ephesos; von seiner Schrift ›Über die Natur‹ sind nur Fragmente erhalten (zitiert nach: Hermann Diels, Die Fragmente der Vorsokratiker, hg. Walther Kranz, Berlin 1951 u. ö.)   I 685   III ⟨146⟩ ⟨175⟩ ⟨181⟩ ⟨321⟩

Herder, Johann Gottfried (1744–1803): Schriftsteller, Theologe, Philosoph. Schriften: ›Ideen zur Philosophie der Geschichte der Menschheit‹ (1784/91), ›Tithon und Aurora‹ (1792), ›Iduna oder der Apfel der Verjüngung‹ (1796), Herausgeber der ›Briefe zur Beförderung der Humanität‹ (Riga, 1793–1797).   II 35 f.   528 534 538 561 564 568 773 784 803 816   III ⟨86⟩ ⟨372⟩ ⟨375⟩ ⟨387⟩ 440 ⟨519⟩ 581 585

Herder, Emil Ernst Gottfried (1783–1855): Sohn Herders.   II 528

Here → Hera

Herkules: römische Entsprechung des → Herakles.   I 143 160 297 398 401 462 465 469 476 636 909   II 12 14 22 160 169 f. III ⟨435⟩

Hermann: eingedeutschter Name des Cheruskerfürsten → Arminius; Titelfigur von Klopstocks ›Hermanns Schlacht‹.   I 33   II 486 628 ⟨650⟩

Hermes: (röm.: → Merkur) Sohn des Zeus und der arkadischen Nymphe Maia, Götterbote und Gott der Wege und des Handels; seine Attribute sind Heroldstab (Kerykeion, Caduceus), sowie geflügelter Helm und Schuhe. Hermessäulen sind Grenzsteine.   II ⟨20⟩ 207 225   III ⟨265⟩

Hermokrates:

1. Staatsmann und Feldherr aus Syrakus (gest. 407 v. Chr.); in Platons Dialogen ›Timaios‹ und ›Kritias‹ Teilnehmer am Gespräch mit Sokrates, Timaios und Kritias; nach den Eingangsworten des Sokrates zu den beiden Dialogen wäre auch von ihm noch eine Rede zu erwarten gewesen, die von Platon jedoch nicht mehr geschrieben wurde. Hölderlin benutzt diesen Namen für einen fiktiven Briefautor.   II 50

2. der greise Priester im ersten und zweiten Entwurf zum ›Empedokles‹.   I 768–850

Hero: Geliebte des Leander. I 45–48 II 182–184
Hertha: die Mutter Erde; die »Nerthus« in Tacitus ›Germania‹, eine germanische Göttin des Wachstums und der Fruchtbarkeit. I 209 476
Hesiod (um 700 v. Chr.): epischer Dichter aus Askra in Böotien, seine Hauptwerke sind die ›Theogonie‹, in der die Geschichte der Götter und der Welt nach einem genealogischem Prinzip dargestellt wird, und die ›Werke und Tage‹, ein stark von der Weisheit bäuerlichen Lebens geprägtes Lehrgedicht. Das epische Fragment ›Schild des Herakles‹ wird heute für unecht gehalten. Hölderlin besaß die zweibändige, kommentierte Ausgabe von Christian Friedrich Loesner, Leipzig 1778. II 14 17 f. 28 32 35 ff. 498 501
Hesler, Ernst Friedrich (1771–1822): Kompromotionale Hölderlins in Denkendorf, Maulbronn und Tübingen. Er verließ das Stift vorzeitig 1791 und studierte Jura in Jena. Dort traf er 1795 wieder mit Hölderlin zusammen. Herausgeber der achtbändigen Sitzungsprotokolle ›Die Verhandlungen auf dem Würtembergischen Landtag vom Jahr 1797–1799‹. II 396 417 539 541 f. 556 f. III ⟨455⟩ ⟨502⟩ ⟨579⟩
Hesperia, Hesperien, hesperisch: das »Abendland«, Land im Westen, bei Lucan Italien. II 159 160 164 371 374 III 251
Hesperiden: Die letzte der zwölf Arbeiten des Herakles besteht darin, daß er die von den Hesperiden (bei Hesiod, Theogonie v. 215 als Töchter der Nacht, später als Töchter des Hesperos oder des Atlas dargestellt) im Garten der Götter bewachten goldenen, Unsterblichkeit verleihenden Äpfel in seinen Besitz bringt (→ Iduna); der Ort, an dem sich der Garten mit den Hesperiden befindet, wird im äußersten Westen vorgestellt; Herakles, der von Prometheus den Weg dahin erfährt, muß dazu die Straße von Gibraltar (Säulen des Herakles) durchfahren. Hölderlin verbindet diesen Mythos schon früh (vgl. I 152) mit der Vorstellung des → Elysiums, d. h. der »Inseln der Seligen«, die ebenfalls im äußersten Westen gelegen sein sollen. Erleichtert wird diese Verbindung durch die gleichfalls schon antike Vorstellung von den Inseln der Hesperiden im atlantischen Ozean (vgl. Plinius, Hist. nat. 6, 31), die freilich vor der Westküste von Afrika lokalisiert wurden. I 120 126 149 152 165 (Hesperiens beglükter Garten) 181 380 f. (Frucht von Hesperien) III ⟨215⟩ ⟨409⟩
Hessen, hessisch. I 425 II 545 555
Hessen-Homburg, Familie III ⟨589⟩ 653
Hessen-Homburg, Friedrich V., Landgraf von (1748–1820): ein milder, hochgebildeter, menschenscheuer Mann, in besonderem Maße christ-

lich gesinnt. Mit seiner tatkräftigeren Frau Caroline hatte er elf
(lebende) Kinder. Hölderlin widmete ihm ›Patmos‹.   I 447 453 460
463   II 706 708 923   III ⟨295⟩ ⟨550⟩ 609f. 624 631 633 638 640
642f. 645

Hessen-Homburg, Caroline, Landgräfin von (1746–1821): Gemahlin
Friedrichs.   III 602 (Mutter) 644

Hessen-Homburg, Prinzessin Auguste von (1776–1871): Erbgroßherzogin von Mecklenburg-Schwerin; Tochter Friedrichs V., Schwester Amalies von Anhalt-Dessau, Mariannes von →Preußen, sowie Carolines und Louises von →Schwarzburg-Rudolstadt. Hölderlin lernte sie wohl anläßlich seiner Vorstellung am Homburger Hof durch Sinclair im Oktober 1798 kennen. Er schenkte ihr die Oden ›Gesang des Deutschen‹ und ›Der Prinzessin Auguste von Homburg‹ (I 246–249) zum 23. Geburtstag; möglicherweise war auch die Ode ›Ermunterung‹ (I 277ff.) für sie bestimmt.   II 930   III ⟨154⟩ 624 645

Brief an Auguste von Hessen-Homburg: II 931

Brief von Auguste von Hessen-Homburg: II 847

Widmung in den zweiten Band des ›Hyperion‹:   III 317

Dedikation in ›Die Trauerspiele des Sophokles‹:   II 248

Briefwechsel Auguste/Marianne: III 601–604

Hessen-Kassel, Wilhelm IX., Landgraf von.   II 627

Hesus: Gallischer Totengott, dem Menschen geopfert wurden.   II 161

Hesychia: Tochter der →Dike, Göttin der Ruhe.   II 230 (Ruhe)

Hetruria: Etrurien, heute das Gebiet der Toscana.   I 470

Heydenreich, Karl Heinrich (1764–1801): Professor der Philosophie in Leipzig.   II 581 583 765

Heyn, Johanna Rosina, geb. Sutor (1725–1802): Großmutter Hölderlins mütterlicherseits. Seit 1744 mit dem Pfarrer Johann Andreas Heyn (1712–1772) verheiratet. Lebte seit 1779 bei ihrer Tochter. Hölderlin widmete ihr ein Geburtstagsgedicht (I 197).   I 26 (sie)   II 917

Brief an die Großmutter: II 520

Heyn: Familie des Vaters von Hölderlins Mutter in Friemar.   II 554ff.

Heyne, Christian Gottlob (1729–1812): Professor der klassischen Philologie in Göttingen, Begründer der modernen Altertumswissenschaft. Professor der Poesie und Beredsamkeit in Göttingen, bedeutender Editor klassischer Schriftsteller (u. a. Vergil 1757–75; Pindar 1773 und 1798; Apollodor 1783), Begründer einer neuen Hermeneutik der antiken Mythologie (mythische Schule), in der die »mythische Rede« (sermo mythicus) als eine genuine sprachliche Ausdrucksform verstanden wurde; Einfluß u. a. auf →Herder und →Eichhorn.   II 583
III ⟨131⟩ ⟨372⟩ ⟨421⟩ ⟨403⟩

Hiemer, Franz Karl (1768–1822): aus Oberboihingen bei Nürtingen. Bis 1791 an der Karlsschule in Stuttgart, Schriftsteller, Schauspieler und Maler. Er fertigte 1792 Hölderlins Portrait an; die Beziehung schlief aber schon 1793 ein.   II 401 402 (Academicus) 411 f. 419 433 533 III ⟨447⟩ ⟨481⟩

Hieron, Hiero: Sohn des Deinomenes, Tyrann von Syrakus, besiegte 474 v. Chr. die Etrusker bei Kyme (→Cuma); mehrfacher Pytho- und Olympiasieger.   II 202 204 206 207 216

Hildburghausen.   II 542

Hiller, Christian Friedrich (1769–1817): früh verwaist, studierte zunächst Medizin, dann Theologie. Ihm sind Hölderlins Gedichte ›Kanton Schweiz‹ und ›An Hiller‹ gewidmet (I 134 und 143). 1793 wollte Hiller nach Amerika auswandern, war dann aber als Hofmeister und Lehrer in Schwaben und der Schweiz tätig.   I 134 143   II 472 551 Stammbucheintrag Hölderlins: II 966

Hillmar: von Hölderlin verwendetes Pseudonym.   III 101–104

Himera: Griechische Pflanzstadt an der Nordküste von Sizilien, bei der im Jahr 480 v. Chr. die Karthager in einer Seeschlacht durch →Theron von Akragas und Gelon von Syrakus vernichtend geschlagen wurden.   II 205

Himettos →Hymettos

Hipparch: Sohn des Peisistratos, jüngerer Bruder des Hippias, des athenischen Tyrannen bis 510 v. Chr., mit dem er schon in der Antike verwechselt wurde. Er wurde 514 von →Aristogeiton ermordet. I 682   II 20 166

Hippel, Theodor Gottlieb von (1741–96): Schriftsteller; ›Lebensläufe nach aufsteigender Linie‹ (1778–81).   III 575

Hippokles: Thessalischer Pythosieger.   II 238 240

Hippotades: Vatername des Windbeherrschers Aiolos.   II 183

Hoche, Lazare (1768–1797): französischer General.   II 654

Höfingen: Ort bei Leonberg.   II 433

Hölderlin, Heinrich Friedrich (25. Januar 1736 – 5. Juli 1772): Vater Hölderlins. Nach dem Studium der Rechte in Tübingen, als Nachfolger seines Vaters Friedrich Jakob (1703–1762) »Klosterhofmeister und geistlicher Verwalter« des ehemaligen Klosterguts in Lauffen am Neckar.   I 72 (Vater)   II 420 452 775   III ⟨217⟩ ⟨561⟩ 574

Hölderlin, Heinrike →Breunlin

Hölderlin, Johann Friedrich (1736–1807): Pate Hölderlins, Pfarrer in Poppenweiler von 1781 bis 1805.

Hoffmann, Carl Theophil (geb. 1768): im Stift seit 1787, über die Beziehung zu Hölderlin ist nichts bekannt.   II 454

Hohenheim: Schloß der Franziska. II 424
Hohenheim, Franziska, Herzogin von (1748–1811): seit 1786 Gattin Karl Eugens von →Württemberg. Ihr widmete Hölderlin ein Gedicht. I 18f. III ⟨452⟩
Holländisch. II 588
Hom: von Hölderlin verwendeter Bardenname. I 334f.
Homburg: heute Bad Homburg vor der Höhe. II 599 601 609 612 629 635 653 705 714–717 740 753 757 872 897 907 932 III ⟨506⟩ 630 632 641ff. 647 651
Homer (2. Hälfte des 8. Jh.s v. Chr.): »Bürge«, griechischer Dichter, Verfasser der ›Ilias‹ und der ›Odyssee‹; ihm wurden auch die ein Jahrhundert später entstandenen homerischen Hymnen zugeschrieben. Sein Geburtsort soll das Ufer des Meles bei →Smyrna in →Mäonia gewesen sein, weshalb sein eigentlicher Name Melesigenes sei. Gestorben ist er auf Ios (→Nio). Hölderlin besaß eine zweibändige Gesamtausgabe der Ilias und Odyssee mit lateinischer Übersetzung (Basel 1779) und eine weitere griechisch-lateinische Ausgabe der Ilias (Kopenhagen und Leipzig 1786). I 118 338 485 494–505 511 523 587 622 625 703 II 13ff. 16ff.19f. 31 37 64f. 68 70 (112) 119 402 497 764 815 912 III ⟨66⟩ ⟨143⟩ ⟨215⟩ ⟨302⟩ 647
Horaz: Quintus Horatius Flaccus (65–8 v. Chr.), römischer Lyriker, durch Vergil bei →Maecenas eingeführt; →Augustus forderte ihn auf, für die Säkularfeier des Jahres 17 v. Chr., als nach römischem Kalender ein Jahrhundert zu Ende ging, das Festgedicht (carmen saeculare) zu schreiben; veröffentlichte Oden (›carmina‹) in vier Büchern, außerdem Episteln (darunter die ›ars poetica‹). Hölderlin besaß eine Werk-Ausgabe »in usum delphini«. I 12 155(Dichter) 202 (Römer) 206 (Römer) 246 753 (Spötter) II 18 75 180f. 765 III ⟨38⟩ ⟨46⟩ ⟨146⟩ ⟨268⟩ ⟨422⟩ ⟨434⟩ ⟨536⟩
Horen: Töchter von Zeus und →Themis; Verkörperungen des Wachstums, Blühens und Reifens in der Natur, sie haben aber schon bei Hesiod auch sittliche Funktion, wie ihre Namen →Eunomie, →Dike und →Eirene zeigen. I 125 176 III 397
Horn, Fritz (1772–1844): aus Braunschweig, Jurist; in Jena trat er dem Bund der freien Männer bei. Gehörte der preußischen Delegation beim Rastatter Kongreß an. Nach 1800 wurde er Senator in Bremen und war 1802 in Regensburg auf dem Reichstag Bevollmächtigter der Hansestadt. II 716 920 III 609
Huber, Ludwig Ferdinand (1764–1804): seit 1798 in Cottas Diensten Redakteur der *Allgemeinen Zeitung* in Stuttgart und Mitherausgeber des *Taschenbuchs für Damen*; mit Hölderlin wohl seit Sommer 1800

bekannt. Herausgeber der Zeitschrift ›Vierteljährliche Unterhaltungen‹ (D24).   II *888* 909   III ⟨174⟩ ⟨536⟩

Brief von Huber: II 909

Humboldt, Friedrich Wilhelm von (1767–1835): Gelehrter, Staatsmann. Von November 1797 bis September 1799 hielt er sich in Paris auf. II *773 784* 804 837   III ⟨81 f.⟩ ⟨519⟩

Hundrücken: der Hunsrück.   II 653

Hylas: Name eines Agrigentiners im zweiten Entwurf zum ›Empedokles‹.   I 840

Hyllos, Hyllus: Sohn des Herakles und der Deïaneira; er galt als Stammvater einer dorischen Stammesunterteilung, zu der sich auch die Bewohner der Stadt Syrakus zugehörig fühlten.   II 170 204

Hymenäen: nach dem Hochzeitsgott Hymen benannte Brautlieder, die am Vorabend der Hochzeit gesungen werden.   II 348

Hymettos, Hymettus, Himettos: ein durch seine Marmorbrüche bekanntes Gebirge östlich von Athen.   I 338 688   II 180

Hyperboreer: Sagenumwobenes Volk im Norden Europas, bei dem Apollon den Winter verbringt.   II 193 239

Hypereide: die Quelle Hypereia bei Pherai in Thessalien.   II 223

Hyperion: (gr.) der »oben Gehende«

1. Einer der →Titanen, der Vater des Sonnengottes →Helios, mit diesem aber schon bei Homer (Ilias 19,398) gleichgesetzt.   I 139 621 (Titan) 677

2. Titelfigur von Hölderlins Roman, wahrscheinlich auf der zweiten Silbe zu betonen.   I 483–760 911

Hypseus: König der →Lapithen, Sohn des Flußgottes Peneios und der Kreusa, Vater der Nymphe Kyrene.   II 235

Hyrkanien: Landschaft südöstlich des Kaspischen Meeres.   II 158

Hyrtacus: Vater des →Nisus, des »Hyrtaciden«.   II 170 f.

I

s. auch unter J

Icarus: Ikaros, der Sohn des Daidalos (→Dädalus).   II 183   III 147

Ida:

1. Gebirge bei Troja, heute Kazdagi genannt.   I 339 505 640   II 387
2. Ide, phrygische Bergnymphe, Mutter des →Nisus.   II 170

Idaia: eine der →Dardaniden.   II 354(Weib)

Idomeneus, Idomenevs: König in Kreta, Verbündeter der Griechen vor Troja.   II 123 145

Iduna: altnordische ungeborene Göttin der ewigen Jugend und Unsterblichkeit, Gemahlin →Bragas, des Gottes der Sprache und der Dichtkunst; sie verwahrt die goldenen Äpfel der Verjüngung; ähnlich den Früchten der →Hesperiden in der griechischen Mythologie werden auch sie geraubt und erst nach langen Kämpfen wiedererlangt (→Herder). Hölderlin wollte den Namen ›Iduna‹ für sein Journal verwenden. II 778 784

Ikarisch: Bezeichnung des östlichen Teils des Ägäischen Meeres zwischen den Inseln Samos und Kos, in das dem Mythos nach Ikaros (→Icarus) stürzte. II 139 388 III ⟨422⟩

Ilas: Lehrer des Hegesidamos (→Agesidamos). II 197

Ilatide: Sohn des Elatos, eines arkadischen Königs. II 213

Iliade: lat. Bezeichnung für Homers ›Ilias‹. II 119 374

Ilion, Ilium, ilisch: Burg von Troja, auch Name für die ganze Stadt. I 118 254 422 506 II 15 121 138 147 160 171 195

Ilissus: Ilissos, ein Fluß in Attika, der am →Hymettos entspringt, südlich von Athen nach Südwesten fließt und im Altertum noch in den Kephisos (→Cephissus) mündete. Das Gespräch zwischen Sokrates und Phaidros findet unter einem πλάτανος (Platane, Ahorn) am Ilissos statt; vgl. Platon, Phaidros 229a,b. Hölderlin setzt ihn dem attischen Kephisos gleich. I 148 150 300 732 895 II 499 III 80

Illingen. II 449

Illyrien: im Altertum das Gebiet vom Balkan bis zur Adria. I 15

Imperiali, Julia, Gräfin: Figur aus Schillers ›Fiesko‹. I 481

Inbat: milder Westwind. I 507

Indien, Indier. I 15 474 II 356 III 91 288

Indus: Der Fluß bildete die östliche Grenze des Alexanderreiches; im Mythos zieht Dionysos dorthin oder kommt dorther. I 197 269 329 389 405 470 475

Ino: Tochter des Kadmos und der Harmonia, Schwester der Semele, Agaue und Autonoë; da sie den kleinen Dionysosknaben aus dem Leichnam seiner Mutter Semele birgt, wird sie von der eifersüchtigen Hera mit Wahnsinn geschlagen und stürzt sich ins Meer; Zeus erhebt sie zur Meeresgöttin Leukothea. II 188 241

Inozentius: Papst Innozenz III. (1161–1216). I 480

Iole: Eine von Herakles erbeutete Prinzessin, Anlaß für Deïaneiras Eifersucht. II 169

Ionien, Ionia, Jonien, Ionisch (mit langem o gesprochen): Küstengebiet im Westen Kleinasiens, wo die Ioner während ihrer Wanderung im 12.–10. Jh. v. Chr. vom Peloponnes und von Attika aus zwölf Städte gründeten, vgl. Herodot 1,141 ff. Hölderlin verwendet die Bezeichnung auch für das übrige südliche Griechenland, insbesondere für den westlichen Teil des Peloponnes, möglicherweise wegen des vorgelagerten →Ionischen Meeres.   I 229 254 295 303 338 f. 352 487 494 541 557 565 593 f. 647 711 713 724   II 13 f. 18   III 190

Ionisches Meer (mit kurzem *o* gesprochen): das Meer zwischen Griechenland und Italien.   II 151 215

Iphigenia: Tochter des Agamemnon und der Klytaimnestra; um günstigen Wind für die griechische Flotte gegen Troja zu erwirken, wurde sie in Aulis an der Meerenge Euripos geopfert.   II 242

Iphikliden: Söhne des Iphikles, eines Halbbruders des Herakles.   II 244

Iphimedia: Geliebte des Poseidon, Mutter der Riesen Otos und Ephialtes.   II 221

Iris: Götterbotin, als Spur hinterläßt sie den Regenbogen.   I 834 894   III 342

Isara: die heutige Isère, die in die Rhone mündet.   II 160

Ischys: Sohn des arkadischen Königs Elatos, Geliebter der von Apollon schwangeren Koronis.   II 213

Iselin in Basel: nicht näher bestimmte Adresse Siegfried Schmids.   II 668

Isis: (ägypt.) »Thron«, als Mutter des Herrschers, den sie auf dem Schoß hält; teils als Unterweltherrscherin, teils als Himmelskönigin bezeichnet; ihr Kult verbreitete sich auch in Griechenland.   I 686

Ismene: Schwester Antigones.   II 318–340

Ismenos, Ismenisch: Ein durch Theben fließender Bach, dessen Gottheit ein Heiligtum, das Ismenion, besitzt, in dem Orakel erteilt werden.   I 315 374 375   II 185 242 251 360

Israël.   I 14

Issus: Stadt in Kilikien, berühmt durch den Sieg Alexanders über Dareios III. im Jahr 333 v. Chr.   I 14

Ister: die →Donau.   I 475 f.   II 193 195 298

Isthmos, Isthmus, Isthmisch: Die Meerenge von Korinth, in der Antike Festspielort.   I 181 315 352 374 375 388 467 476   II 151 231 285

Italien, Italia, italisch.   I 136 171 250 232 256 272 312 340 342 406 431 493 693 894   II 148 161 173 360 572 779 815   III 334

Ithaka: Heimatinsel des Odysseus, westlich vom griechischen Festland.   I 159 910

Ithiel: Aufgrund eines im 18. Jh. geläufigen Übersetzungsfehlers angenommener Name eines Adressaten der Weisheitsrede in Sprüche 30. Herder übersetzte an der in Hölderlins Text angegebenen Stelle den ersten Vers: »Worte Agurs, des Sohnes Jakeh, / Machtreden sprach der Mann zu Ithiel, / Zu Ithiel und Uchal.«   II 36

Iulis: Stadt auf der Insel Keos. II 21

Iulus: Sohn des Aeneas und der Kreusa, auch →Ascanius genannt; bei Vergil Götterliebling und Ahnherr der Gens Iulia, der auch Caesar entstammte; gründete Alba Longa, die Mutterstadt Roms. II 172 174

Iustinus, Marcus Iunianus (2. Jh. n. Chr.): Herausgeber eines Auszugs (›Epitome‹) aus dem Geschichtswerk des Pompeius Trogus (ca. 1. Jh. v. Chr.), in dem vor allem Anekdoten und exemplarische Begebenheiten wörtlich wiedergegeben sind, darunter auffallend viele Bezugnahmen auf die politische Weisheit und Lebensweisheit der unteritalienischen Pythagoreer. Der Auszug des Iustin war im Mittelalter und bis in die Neuzeit als Schulbuch beliebt; Hölderlin besaß zwei verschiedene Ausgaben des Werkes. II 16

Ixion: König der Lapithen, Sohn des Phlegyas. Er tötete seinen Schwiegervater durch eine List; Zeus entsühnt ihn für den Mord. Als Zeus ihn sogar an den Tisch der Götter bittet, erfaßt ihn Begierde zu →Hera; Zeus täuscht ihn aber mit einem wolkenhaften Trugbild der Hera (Nephele, die den Kentauros gebar), und als Ixion mit seinem Erfolg prahlt, wird er zur Strafe auf ein feuriges Rad gebunden, auf dem er seither durch die Lüfte wirbelt und ausruft: »Seid dankbar euren Wohltätern!«. I (490) II 207

Ize: die Itz, Nebenfluß des Mains. II 514

J

s. auch unter I

Jacca: Jaca, spanische Stadt am Rand der Pyrenäen. I 481

Jachus: Iakchos, dem →Dionysos gleichgesetzter Dämon. I 125

Jacob: Bediensteter der Gontards. II 815

Jacobi, Friedrich Heinrich (1743–1819): Dichter und Philosoph; übernahm 1762 die Tuchhandlung seines Vaters in Düsseldorf; 1774 Freundschaft mit Goethe und gemeinsame Spinoza-Lektüre; 1807 durch Vermittlung seines Freundes, des bayerischen Ministers Heinrich Schenk, Präsident der Akademie der Wissenschaften in München; Schriften: ›Allwill‹ (1. Fassung 1775–76, ²1781; 2. Fassung 1792), ›Woldemar‹ (1. Fassung 1777, 2. Fassung 1781; ²1792), ›Über die Lehre des Spinoza‹ (1785, ²1789), ›David Hume über den Glauben‹ (1787); ›Zufällige Ergießungen eines einsamen Denkers‹ (1795 in Schillers ›Horen‹), ›Von den göttlichen Dingen und ihrer Offenbarung‹ (1811). In Hölderlins Nachlaß befand sich die zweite Auflage der ›Lehre des Spinoza‹.   II 39–43 717   III ⟨70⟩ ⟨370⟩ ⟨383⟩ ⟨460⟩ ⟨566⟩ 575 659

Jacobiner: Mitglieder des wichtigsten und radikalsten politischen Klubs der Französischen Revolution.   III *641*

Jäger, Christian Friedrich (1739–1808): Leibarzt des Herzogs von Württemberg, sein Sohn Karl Christoph Friedrich (1773–1828) war ebenfalls Mediziner und ab 1795 Hofmedicus in Wien.   II 516

Jäger, Karl Christian: Expeditionsrat, mit Hölderlins Familie freundlich verbunden.   II 494

Janus: römischer Gott des Eingangs und der Tore; die Pforte seines Tempels in Rom bleibt in Friedenszeiten geschlossen.   II 149

Jason: Sohn des Aison und der Alkimede; aus Furcht vor den Nachstellungen seines Onkels Pelias wird das Kind für tot erklärt und heimlich dem Chiron im Peliongebirge zur Erziehung gegeben; volljährig geworden kehrt er nach Jolkos zurück und wird von Pelias aufgrund eines Orakels, er möge sich vor dem »Einschuhigen« vorsehen, an dem unterwegs verlorenen Schuh erkannt; auf Wunsch des Pelias rüstet er zu einer Fahrt vieler Helden in dem Schiff ›Argo‹ (→ Argonauten), um das goldene Widderfell des Phrixos aus Kolchis wieder heimzubringen.   I 426   II 12   218   222f.   225f.   379

Jean Paul: Johann Paul Friedrich Richter (1763–1825), Dichter; Goethes abfällige Bemerkung bezieht sich wohl auf ›Leben des Quintus Fixlein‹ (1796), in dessen Vorwort gegen die Kunstauffassung der Weimarer Klassik polemisiert wird.   III *597* (Richter)

Jehova: Jahwe, jüdischer Gottesname, auch zu →Jova verkürzt.   I 10 14 27 30 74

Jena.   II 505f. 509 514f. 519 532 551 553f. 556 561 605 614 623 629 634 651 685 689 (760) 784 802 817 822f. *839* *903* *905* *923*   III ⟨382⟩ ⟨525f⟩ ⟨369⟩ 575 577 582–586 589 614 *619f.*

Jerusalem.   I 404 426 462 465

Jesaja: Prophet des alten Testamentes.   III ⟨207⟩

Jesus Christus (gest. um 30 n. Chr.): aus Nazareth; nach dem christlichen Glauben der einzige Sohn Gottes und das Heil der Welt, dessen Tod, Auferstehung und bevorstehende Wiederkunft zunächst den Inhalt der christlichen Verkündigung ausmachen; bis zum Ende des 3. Jh.s n. Chr. erwächst aus diesem Glauben unter den Einwirkungen neuplatonischen Denkens eine trinitarische Dogmatik, die in den Bekenntnissen von Nicaea (325 n. Chr.) und Chalcedon (451 n .Chr.) endgültig formuliert wird.   I 24   45   63   197 (Freund, Mann) 317f. (er, Genius)   362ff. (du, Jüngling)   378–381 (er, Genius) 382 (Syrier)   389   392   408f. (Sohn, Knabe)   411 (Sohn)   449 (Sohn)

451–466 468f. II 9f. (Sohn) 43ff. 468f. (678) 734f. III ⟨50⟩ ⟨143⟩ 276

Johannes der Täufer. I 409 432 (Jüngling) 461f. 464f.

Johannes: ein Apostel Jesu, zumeist mit dem ungenannten Jünger gleichgesetzt, den Jesus »lieb hatte« (vgl. Johannes 19,26); ihm wurde die Verfasserschaft des vierten Evangeliums und dreier Briefe, sowie der ›Offenbarung‹ im Neuen Testament zugeschrieben. I 449 (Seher) 455 (Seher) II 43 III 279

Jokasta: Mutter und Gattin des Ödipus, von dem sie die Kinder Polyneikes, Eteokles, Antigone und Ismene empfängt. II 250–314

Jolaos: böotischer Held, Freund des Herakles, nach andern Quellen sein Neffe; sagenhafter erster Olympionike. II 244

Jolkos, Jaolkos: Hafenstadt in Ostthessalien, Heimatstadt des Jason und Ausgangspunkt der Argonautenfahrt. II 220 226

Jordan: Fluß in Palästina. I 461,464

Joseph: einer der zwölf Söhne Jakobs. Vgl. 1. Mose 37–42. II 471

Joseph II. (1741–1790): römisch-deutscher Kaiser, Sohn Maria Theresias; versuchte Reformen im Geiste des aufgeklärten Absolutismus durchzusetzen, die jedoch alle auf den Widerstand der Stände hin noch zu seinen Lebzeiten rückgängig gemacht wurden. I 408

Jova: verkürzte Form von Jehova, vgl. Klopstock, ›Der Messias‹, 20. Gesang »Dich wog Jova!« I 278

Jovis: →Jupiter. I 772 803 841 II 185

Jovis: Genitiv von →Jupiter. II 208

Juden. II 734

Jügel, Carl (1783–1869): Buchhändler aus Düren. III ⟨590⟩

Julia: Tochter Caesars, seit 59 v. Chr. Gattin des Pompeius; starb 54 v. Chr. bei der Geburt eines Sohnes und wurde auf dem Marsfeld begraben. II 151

Julisch: Als Ahnherr Caesars und des julischen Kaiserhauses galt der Trojaner Aeneas, Vater des →Iulus. II 153

Jung, Franz Wilhelm (1757–1833): seit 1786 im Dienst des Homburger Landgrafen, Mentor Sinclairs; nachdem er sich 1794 wegen seiner radikaldemokratischen Gesinnung mit dem Landgrafen überworfen hatte, ging er 1798 nach Mainz in französische Dienste, zog sich 1802 jedoch enttäuscht aus seinem Amt als Polizeikommissar zurück und ging 1806 als Privatmann nach Frankfurt. 1808 erschien seine dreibändige Ossian-Übersetzung, an der er seit Mitte der neunziger Jahre mit großem Zuspruch Hölderlins gearbeitet hatte. Hölderlin kannte ihn wohl seit Anfang 1796. II 609 (Mensch) 612 780 803 825 852 III ⟨300⟩ ⟨489⟩ ⟨532⟩

Brief an Jung: II 827
Widmung in den ersten Band des ›Hyperion‹: III 317
Dokumente: III 588 600
Juno, Junonisch: römische Entsprechung der →Hera. I 490 II 169 912 II 120 124 165
Juntina: spanische Bezeichnung der von der italienischen Philologen- und Druckerfamilie Giunta besorgten Frühdrucke. III ⟨415⟩ ⟨420⟩ ⟨431⟩ ⟨439f.⟩ ⟨442⟩
Jupiter (→Jovis): Iuppiter, römische Entsprechung des →Zeus (als Jupiter Tonans: der Donnerer). I 285 593 620 685 692 711 787 832f. 852 II 14 (Tempel) 20 (Tempel) 23 26 51 112 119 153 167 180 187 190 191 201 208 217 218 237 258 III 83 386

K

s. auch unter C

Kadmier: Beiname der Thebaner als Nachfahren des Stadtgründers Kadmos. II 258 336

Kadmos, Kadmus: Sohn des Agenor und der Telephassa, Bruder der Europe; auf der Suche nach seiner von Zeus geraubten Schwester kommt er aus dem heimischen Phönizien nach →Böotien und gründet dort die Burg der Stadt Theben, nachdem er den Drachen des →Ares getötet und auf Rat der Athene dessen Zähne ausgesät hatte; aus den Zähnen waren bewaffnete Männer entsprossen, die sich gegenseitig bekämpften, bis fünf von ihnen übrig blieben – die Stammväter der Thebanischen Adelsfamilien. Kadmos muß wegen der Tötung des Drachens dem Ares acht Jahre dienen, erhält aber dann dessen Tochter →Harmonia zur Ehefrau, mit der er fünf Kinder hat: →Polydoros, →Ino, →Semele, →Agaue und Autonoë. I 374 375 II 11 185 188 191 216 241 251f. 256 260 359 361 III ⟨283⟩

Käufelin, Friederike oder Regina: Töchter eines Pfarrers aus Maulbronn. II 437

Kaister →Kaystrus

Kalais und Zetas: Geflügelte Zwillingssöhne des Boreas; Teilnehmer an der Argonautenfahrt. II 226

Kalaurea, Kalauria: Insel im Saronischen Golf, heute Poros genannt. I 296 580–605 653–753

Kalb, Heinrich von (1752–1806): Offizier in französischen Diensten, Vater von Fritz. Nachdem sein Bruder Johann August von Kalb, der zugleich sein Schwager war, das Familienvermögen seiner Frau und

deren Schwester ruiniert hatte, erschoß er sich.   II 514–519 528 556f.
560f. 568   III 579 (Mann) 582 (Mann)

Kalb, Charlotte von, geb. Marschalk von Ostheim (1761–1843): seit 1783 mit dem Major Heinrich von Kalb vermählt. Außer Hölderlins Zögling Fritz hatte sie noch drei jüngere Kinder. Nach 1800 führte sie ein sehr unstetes Leben und war viel auf Reisen; im Winter 1802/03 hielt sie sich in Homburg bei Sinclairs Mutter auf.   II 514–519 525 528 530 536 541f. 545 551 553 556f. 560f. 564f. 567f. 571 574 922f.   III ⟨303⟩ ⟨471⟩ ⟨529⟩

Brief von Charlotte von Kalb: II 902

Dokumente: III 578f. 580 581 582 582 584 585

Kalb, Fritz von (1784–1852): Hölderlins Zögling im Jahre 1794; er wurde später preußischer Offizier.   II 514 516 (Kleiner) 515 (Junge) 519 521 524 528–533 539 543 549 557 560f. 563 (Kind) 567f. 609 (ehemaliger)   III 580–586 (Knabe, Sohn, Fritz)

Kalb, Edda von (1790–1874): Tochter Charlottes.   II 534

Kalchas: Seher und Vogelschauer der Griechen vor Troja.   II 121 122 142

Kallias: (gr.) »der Schöne«, vielleicht aus Wielands ›Agathon‹ übernommener Name; auf der zweiten Silbe betont.   I 485f.

Kalliope: Tochter des Zeus und der Mnemosyne, die älteste und vornehmste der Musen. Von Apollon oder Oiagros Mutter des Linus und des →Orpheus.   II 197 443

Kam(m)erer →Camerer.

Kant, Immanuel (1724–1804): Philosoph, dessen drei *Kritiken* eine neue Epoche in der Philosophiegeschichte begründeten; schon seine vorkritischen Schriften hatten großen Einfluß, vor allem: ›Beobachtungen über das Gefühl des Schönen und Erhabenen‹ (1763) und ›Der einzig mögliche Beweisgrund zu einer Demonstration des Daseins Gottes‹; seine Hauptwerke sind: ›Kritik der reinen Vernunft‹ (1781 ⟨A⟩, ²1787 ⟨B⟩, ³1790), ›Kritik der praktischen Vernunft‹ (1787) und ›Kritik der Urteilskraft‹ (1790 ⟨A⟩, ²1792 ⟨B⟩).   I 123   II 496 518 532 534 (539) 541 (551) 569 579 602 614 669 726   III ⟨384ff.⟩ ⟨370⟩ ⟨378⟩ ⟨382f.⟩ ⟨460⟩ ⟨479⟩ ⟨481⟩ 575 589 599

Kaphiside: dorische Form des Beinamens des Kopais-Sees, nach dem Fluß →Kephisos, der auf der phokischen, d.h. der nordwestlichen Seite des Sees in diesen mündete.   II 246

karabornisch: nach Karabornu, einem Ort am Vorgebirge des →Mimas; seine Einwohner waren im 18. Jh. als Räuber berüchtigt.   I 630

Karien: Landschaft im südwestlichen Kleinasien.   II 27

Karrhotos: Sohn des Alexibias, Wagenlenker des Arkesilaos, des Königs von Kyrene, der mit seinem Viergespann bei den Pythischen Spielen des Jahres 462 v. Chr. gewann. II 228

Kassandra: Tochter des Priamos und der Hekabe, dem Apollon geweihte Seherin der Trojaner; Kriegsbeute des Agamemnon, mit dem sie von Klytaimnestra und Aigisthos ermordet wird. II 177f. 242

Kassel. II 627f. 630 650 815 856 III ⟨90⟩ ⟨491⟩

Kassius: Cassius, Figur in Shakespeares ›Julius Caesar‹. II 765

Kastalia, kastalisch: Quelle im heiligen Bezirk von Delphi. I 301 II 203 225 360 390 III 573

Kastor, Castor: der sterbliche der beiden →Dioskuren. I 475 640 693 II 12 227 244

Kastoreion: Lied zu Ehren des Kastor. II 210

Kastri: über den Ruinen von →Delphi gebautes Dorf. I 506

Katilina: Lucius Sergius Catilina (um 108–62 v. Chr.): plante in Rom einen Staatsstreich; seine Verschwörung wurde von Cicero aufgedeckt. II 538

Katten: Chatten, Germanenstamm an Fulda und Lahn, aus denen die Hessen hervorgegangen sind. III 240

Kaukasos: Hochgebirge zwischen dem Schwarzen und dem Kaspischen Meer; galt im Altertum als Grenze von Europa und Asien. I 337 352

Kaystrus, Kaister, Cayster: Kaystros, Fluß im westlichen Kleinasien, entspringt bei Sardeis auf dem →Tmolos, mündet bei Ephesos. Hölderlin betont den dreisilbig gesprochenen Namen auf der zweiten Silbe. I 338 626 II 147

Kehl. III 606

Keller, Heinrich (1771–1832): aus Zürich, Bildhauer und Dichter in Rom. II 670 (K.)

Keller, Louise (1809–50): Bekannte C. T. Schwabs, die das letzte Bildnis Hölderlins anfertigte. III ⟨360⟩

Kentauren, Centauren: in der Wildnis der Wälder lebende Mischwesen, halb Mensch, halb Pferd. Bei Pindar stammen sie von Kentauros ab, dem Sohn des →Ixion und der Nephele. Bei der Hochzeit des Lapithen Peirithoos mit Hippodameia trinken sie zum erstenmal Wein und vergreifen sich im Rausch an der Braut und den Gästen. II 209 214 222 384

Kephisische Gewässer: die Wasser des Flusses Kephisos (nicht zu verwechseln mit dem gleichnamigen attischen Fluß; →Cephissus), der in der Landschaft Phokis entspringt und bei Orchomenos in den böotischen Kopais-See mündet. II 199

Kepler, Johannes (1571–1630): Astronom, im Stift und an der Tübinger Universität ausgebildet, Professor der Mathematik in Graz, dann kaiserlicher Hof-Mathematiker in Prag, wo er mit Tycho Brahe zusammenarbeitet, und Linz; die von ihm gefundenen Gesetze der Planetenbewegung beweisen u. a., daß die Planetenbahnen nicht kreisförmig, sondern, in »exzentrischer« Abweichung davon, elliptisch verlaufen.   I 71

Kerner, Georg (1770–1812): Sekretär Karl Reinhards.   II 881

Kerner, Justinus (1786–1862): Arzt und Dichter, der Hölderlin im →Autenriethschen Klinikum betreute und sich später an der Sammlung seiner Dichtungen beteiligte.   II 960   III ⟨329⟩ 645f. 652

Kilikisch →Cilicia

Kind, Bernhard Friedrich (1768–1845): Kompromotionale Neuffers, später Pfarrer.   II 461

Kinyra: Kinyras, Priesterkönig der Aphrodite auf Zypern.   II 207

Kirms, Wilhelmine Marianne (1772–1840): Gesellschafterin Charlottes von Kalb, in deren Dienste sie 1792 trat, nachdem sie sich von ihrem ersten Mann getrennt hatte. 1795 gebar sie eine uneheliche Tochter, Louise Agnese, die schon im folgenden Jahr starb. Gerüchteweise wurde dieses Kind mit Hölderlin in Verbindung gebracht.   II 514 (Freundin) 518 (Gesellschafterin) 566 (Wittwe)

Kirrha, Kirra, Cyrrha, Krisäisch: Hafenort für Delphi am Golf von Korinth; auch Krisa genannt.   II 149 215 228 238 242

Kithäron, Cithäron: Kithairon, unwegsames Grenzgebirge zwischen Attika und Böotien. Im Mythos wird hier Ödipus ausgesetzt; unterhalb des Kithairon fand die Schlacht von Plataiai statt, in der die Griechen 479 v. Chr. das persische Heer vernichtend schlugen. I 315 350 351 374 375 437 438   509   II 265 289 292 294 303 305

Klapp: Figur aus Siegfried Schmids Drama ›Die Heroine‹.   II 113

Klara: Empfängerin der Briefe Emilies.   I 203–219

Kleinasien: (→Asien).   I 502 626 726

Kleinmann, Samuel Christoph (1771–1854): Hofmeister, ab 1800 Diakon, später Pfarrer.   II 519

Kleist, Ewald Christian von (1715–59): preußischer Offizier und patriotischer Lyriker.   III 163

Klemm, Jeremias Friedrich (1766–1848): Sohn des Nürtinger Dekans. Er trug sich am 4. August 1785 in Hölderlins Stammbuch ein. II 395 472 (Spezial)

Kleodamus: Vater des Olympiasiegers Asopichos aus Orchomenos. II 200

Kleomenes IV. (um 260–219 v. Chr.): König von Sparta, Fortsetzer der Reformpläne des →Agis nach 227. Die Reformen wurden jedoch nach einer Niederlage Spartas gegen Antigonos von Makedonien 222 wieder aufgehoben, vgl. Plutarch, Kleomenes. I 586 703

Kleone: Kleonai, Stadt südlich von Korinth, in der die Nemeischen Spiele stattfanden; in ihrer Nähe tötete Herakles die Molionen, die zuvor sein gegen den Augeias aufgestelltes Heer vernichtet hatten. II 198

Kleopatra (69–30 v. Chr.): letzte Königin der Ptolemäer in Ägypten; Plinius berichtet in seiner Naturgeschichte (9,35,58), sie habe mit Antonius gewettet, daß sie bei einer Mahlzeit zehn Millionen Sesterzen verzehren könne. Sie gewann die Wette, indem sie Perlen in Weinessig auflösen ließ und dann trank. I 186 (Königin) 251 (Königin) 690

Kleopatra: Figur in Shakespeares ›Antonius und Kleopatra‹. II 765

Kling: Tuchhändler, Geschäftsfreund Landauers und Kommis Gontards. II 868

Klinkhardt, Johann Friedrich (1765–1803): Hofprediger in Rudolstadt, wo Auguste von Hessen-Homburg ihn bei einem Besuch kennenlernte. III 601 603f.

Klitomachos: Kleitomachos, Onkel des →Aristomenes. II 231

Klopstock, Friedrich Gottlieb (1724–1803): Dichter; führte griechische Versmaße in die deutsche Literatur ein. Neben Schiller das wichtigste Vorbild Hölderlins. Schriften: ›Hermanns Schlacht‹ (1767), ›Der Messias‹ (1748–1773), ›Oden‹ (1771), ›Die Deutsche Gelehrtenrepublik‹ (1774). I 31 36 44 53 354   II 400 (Messiassänger) *431 (440) (628) 670 685 801 878 (927) (966ff.)* III ⟨40⟩ ⟨43⟩ ⟨52⟩ ⟨54⟩ ⟨58f.⟩ ⟨277⟩ 440 (526) ⟨562f.⟩ ⟨572⟩ 573 (657) 660

Klüpfel, August Friedrich (1769–1841): Sohn des Stuttgarter Stadtschreibers, Kompromotionale Hölderlins. II 464

Klytämnestra, Klytemnestra: Klytaimnestra, Tochter des Tyndareos und der Leda, Schwester der →Dioskuren und der Helena; Gattin des Agamemnon, den sie zusammen mit Aigisthos ermordet; Mutter von →Iphigenia, Elektra und →Orestes. II 122 242

Knitlingen. II 423

Knochenberg: der Knochen in Westfalen. I 411

Knossisch: nach Knossos auf Kreta, wo zu Ehren Ariadnes, der Geliebten des Dionysos, Tänze aufgeführt wurden. II 388

Koblenz: während der Französischen Revolution Zufluchtsort der emigrierten Adligen. II 488 *786 818*

Königshofen. II 519

Köppen, Johann Friedrich Justus (1755–1791): klassischer Philologe, Schüler →Heynes, Gymnasialdirektor in Hildesheim; seinen insgesamt fünf Bändchen ›Erklärende Anmerkungen zum Homer‹ schickte er eine Einleitung voraus: ›Über Homers Leben und Gesänge‹ (1787). II 14

Köstlin, Nathanael (1744–1826): seit 1775 als Diakonus »Helfer« des Stadtpfarrers in Nürtingen, Vertreter des schwäbischen Pietismus. Hölderlin hatte bei ihm neben der Schule bis zu seinem Eintritt in Denkendorf etwa drei Jahre lang Privatunterricht zur Vorbereitung auf das Landexamen. II 395 (Helffer) 472 (Helffer) III ⟨337⟩ 574 Brief an Köstlin: II 393

Kolchis, Kolcher: Landschaft am östlichen Ufer des Schwarzen Meeres; ihre Hauptstadt Aia war das Ziel der Argonautenfahrt. I 297 II 218 III ⟨189⟩

Kolomb, Kolombus, Kolumbus: Christoph Kolumbus (span.: Cristóbal Colón, 1451–1506), in Genua geboren; kam 1476 durch einen Schiffbruch nach Portugal und hielt sich bis 1485 in Lissabon auf, wo er der Legende nach durch intensives Studium von Landkarten und der Schriften von Strabo und Aristoteles sowie durch Gespräche mit Seefahrern zu der Überzeugung kam, Indien sei auf dem Seeweg nach Westen zu erreichen. Er versuchte zunächst König Alfons V. als Financier zu gewinnen. Später fand er dann bei der spanischen Königin Isabella von Kastilien Unterstützung und brach mit drei Karavellen am 3. April 1492 nach Westen auf. Kurz vor Erreichung des vermeintlichen Zieles kam es zu einer Verschwörung gegen Kolumbus, die durch den Vorschlag eines Kurswechsels von seiten Pinzóns, des Kapitäns des zweiten Schiffes, den Kolumbus nach einigem Zögern annahm, abgewendet wurde. Die Flotte erreichte am 12. Oktober die Bahamas, später Kuba und Haiti. I 69 425–429 II 454

Kolonos: »Hügel«, Kolonos Hippios, ein Hügel und Wohnbezirk nordwestlich von Athen; Ort der Entrückung des Ödipus im Hain der Eumeniden und Geburtsort des Sophokles, der dort die Handlung seiner letzten Tragödie ›Ödipus auf Kolonos‹ ansiedelt. I 300 II 179 377

Kolophon: ionische Pflanzstadt an der kleinasiatischen Küste. II 17

Komo: Como in Norditalien; von Augsburg führte im Mittelalter eine berühmte Handelsstraße über Lindau, Chur, den Julierpaß und Como nach Mailand. I 321 370

Kona: Lieblingstal →Ossians, der sich öfters »die Stimme von Kona« nennt. II 402

Konrad (1074–1101): Salier, deutscher König von 1087–1098, Sohn Kaiser →Heinrichs IV. Laut dem von Hölderlin gelegentlich benutzten Iselinschen Historisch- und Geographischen Allgemeinen Lexi-

con (1744) hat Konrad »anno 1101 an gifft sein Leben beschlossen«.
Nicht zu verwechseln mit Konrad III. (→Conrad).   I 426

Konstanz.   II 887–890

Konz →Conz

Kopenhagen.   II 572

Korax: Gebirge südlich von Smyrna (bei →Chandler erwähnt).   I 498

Korinth: Stadt an der Landenge zwischen Attika und Peloponnes, bzw. zwischen Golf von Korinth und Saronischem Golf. In der Antike zweitgrößte Stadt Griechenlands und bedeutender Handelsplatz.
I 317 378 379   585 (598) 613   II 15   195 280 285 303 313

Korion: versuchweise gebrauchter Name im ›Empedokles‹.   III 337

Koron, Coron: Stadt am Messenischen Golf im Südwesten des Peloponnes, vor der die russische Flotte am 28. Februar 1770 zuerst aufkreuzte. Der russische Kommandant Graf Theodor Orlow traf am 10. März von der Ostsee her in Maina ein, der mittleren Halbinsel des Peloponnes, rekrutierte dort griechische Einwohner und belagerte die Stadt vergeblich bis zum 16. April.   I 591 597 698 708 715

Koronis: Tochter des Lapithen Phlegyas in Lakereia am Boibias-See; gibt sich erst dem Apollon und in dessen Abwesenheit auch dem zu Besuch weilenden Ischys hin; Artemis tötet sie und viele ihrer Nachbarn; als sie verbrennt, rettet Apollon sein Kind, den Asklepios, der von Chiron zum Arzt erzogen wird.   II 213

Korsika.   I 205 207 272

Kos: Insel an der Südwestküste Kleinasiens.   I 462 (Insel) 465 (Insel)
III ⟨283⟩

Kosegarten, Ludwig Gotthard Theobul (1758–1818): Pfarrer auf Rügen, ab 1808 Professor in Greifswald; modischer Lyriker.   II 878

Kraus, Christoph Friedrich (1773–1806): Stiftler, Pfarrer; Literat.
III ⟨73⟩

Kraz: Nürtinger Präzeptor.   II 574

Kreon: Sohn des Menoikeus, Bruder der Iokaste, Vater des Haimon; Regent in Theben nach dem Tod des Laios und wieder nach der Verbannung des Ödipus.   II 250–376

Kreta, Creta, Kreter.   I 295   II 16 21   228

Kreteide: Kretheide, Vatername des Aison (→Kretes).   II 224

Kretes: Kretheus, Sohn des Aiolos und der Enarete; Gatte der Tyro, der Tochter seines Bruders Salmoneus, die dem Poseidon zuvor den Neleus und den Pelias geboren hatte; sein ältester Sohn ist Aison, der Vater des Jason.   II 224

Kreusa:
1. eine Naiade, Tochter des Okeanos und der Gaia; vom Flußgott

Peneios empfing sie im Pindosgebirge den Hypseus, den späteren
König der Lapithen.   II 174 235
2. Frau des Aeneas, Mutter des Iulus.   II 174

Krisäisch → Kirrha

Kristoph → Württemberg, Christoph

Kritias: Archon im ersten Entwurf zum ›Empedokles‹, Vater der Panthea.   I 768–829

Krösus: Kroisos (1. Hälfte des 6. Jh.s v. Chr), Lydischer König, wegen seines Reichtums berühmt.   II 206

Kronide: Bei Pindar (P 4) wird auch Chiron als Sohn des Kronos bezeichnet.   II 222

Kroniden: Die Kinder des Kronos, in erster Linie Zeus, Poseidon, Hades, Hestia, Hera und Demeter.   II 208

Kronion, Kronides, Kronidas: Kronides, Patronym des →Zeus, nach seinem Vater →Kronos.   I 160 161 285   II 30 129 195 204 215 219   III 65

Kronos: (röm.: →Saturnus) Sohn des Uranos und der Gaia; Gatte der Rheia, Vater des Zeus, Poseidon, Hades, der Hestia, Hera und Demeter; vorweltlicher König der Titanen und Herrscher der »goldenen« Urzeit; bei der Geburt seiner Kinder will er diese verschlingen, sie entkommen jedoch mit Hilfe der Mutter, um ihn und seine Titanenbrüder später in gemeinsamem Kampf zu besiegen; der heilige Bezirk von Olympia liegt zu den Füßen des nach ihm benannten Hügels (»Kronion«, Kronoshügel): vgl. Pindar, O 8 (II 194); die »Burg« des Kronos befindet sich (nach Pindar, O 2; vgl. II 191) auf den »Inseln der Seligen«. Schon in der Antike mit →Chronos identifiziert, vgl. Pindar, O 2 (II 188).   I 117   II 187 190 191 194 208 212 216   III ⟨352⟩

Kteatos: einer der Molionen.   II 198

Künzel, Carl (1808–1877): Direktor einer Heilbronner Papierfabrik und Handschriftensammler.
Stammbucheintrag Hölderlins: II 974

Kuma, Cuma: (gr. Kyme, lat. Cumae) die älteste griechische Kolonie auf italischem Boden, in der Nähe von Neapel, genannt nach der Heimatstadt der ersten Kolonisten, dem kleinasiatischen Kyme; vor Kyme fand 474 v. Chr. eine Seeschlacht statt, in der Hieron die Tyrrhener (Etrusker) schlug. In der Nähe der Stadt befand sich das Heiligtum der prophetischen Sibylle.   II 164 201 205 389

Kurie, Curier: Curia, eine Gliederung des römischen Volkes, die auf alte Kult- und Ackergemeinschaften zurückgeht und für die Aufgliederung des Heerbannes bestimmend bleibt. Jede Kurie stellt eine Hundertschaft von Fußsoldaten; die Kurienversammlung (sie ist bei Lucan v. 484 gemeint) war von den patrizischen Familien beherrscht; in der Homerübersetzung benutzt Hölderlin den Ausdruck für die Gliederungen des griechischen Heeres.   II 144 153 162

Kurland: ehemaliges Herzogtum im Süden des heutigen Lettland. II 802 *923*

Kyknos: Sohn des Ares und der Pelopia, wird von Herakles im Kampf bezwungen; da das griechische Wort ›kyknos‹ »Schwan« heißt, übersetzt Hölderlin in Pindars zehnter Olympischer Hymne »der Schwäne / Schlacht« anstelle von »die Kyknische Schlacht« (vgl. II 197).   II 191

Kyllene, Kyllana: Gebirge im Nordosten →Arkadiens; Geburtsort des Hermes.   II 293 388

Kypreßner Pallast: der aus Zypressenholz gefertigte Schrein der Kreter im heiligen Bezirk von Delphi, in dem das Geschirr der Pferde von Pythosiegern ausgestellt wurde.   II 228

Kyprier →Cypern

Kyrene, Kyrana:
1. Von der Insel Thera aus gegründete griechische Stadt und Landschaft in Nordafrika, an der dem Apollon heiligen Quelle Kyre. II 218 227 229 234
2. bei Pindar auch Name einer amazonischen Nymphe aus dem Geschlecht der Lapithen im Gebirge Pelion, die Apollon raubt und zur Herrscherin der libyschen Oase macht, in der die Stadt Kyrene liegt.   II 235

L

Laban: Vater der Rahel, der Lieblingsfrau Jakobs; vgl. 1. Mose 29. I 135

Labdakiden: Dynastie des thebanischen Königshauses, die Nachkommen des →Labdakos.   II 268

Labdakos: thebanischer König; Sohn des →Polydoros, Vater des Laios, Großvater des Ödipus.   II 258 260 298 312 340

Lächelin, Friedrich Ludwig (1759–1820): Pfarrer in Botnang, möglicherweise mit Hölderlin 1788 in Maulbronn zusammengetroffen. III 607 (Pfarrer)

Lälius: Hauptmann in der Armee Caesars.   II 158

Laertiade: Vatername des Odysseus, nach seinem Vater Laertes. I 485   II 139

Lafayette, Marie-Joseph de Motier, Marquis de (1757–1834): Freiwilliger und General im nordamerikanischen Unabhängigkeitskrieg. In Frankreich 1789 Mitglied der Nationalversammlung. Bei Beginn des ersten Koalitionskrieges Befehlshaber der Ardennenarmee. Ging später zu den Österreichern über.   II 488 514 516

Lafontaine, August Heinrich Julius (1758–1831): Verfasser modischer Trivialromane.   II 754 784 804

Lahr.   III 589

Laios, Lajos: Sohn des → Labdakos, (erster) Gatte der Iokaste, Vater des Ödipus, den er zu töten befiehlt, da er von dem delphischen Orakel den Spruch erhalten hat, er solle kinderlos bleiben oder er werde von der Hand seines Sohnes sterben.   I 909   II 189 250 254 261 267 271 277f. 284 293 299 325

Lakedämon, Lacedämmon, Lazedämon, Lacedämonier: in der Amtssprache Bezeichnung für die Stadt und den Staat → Sparta.   I 598 682 719 722 733   II 16f. 229 238

Lakeria: Heimatstadt der → Koronis in der Landschaft Magnesia am Boibias-See.   II 213

Lakone: Name der freien Bewohner von Lakonien, dem Staatsgebiet von Sparta.   II 242

Landauer, Georg Friedrich (1734–1800): Tuchhändler, Vater Christian Landauers.   III ⟨156⟩ 164 ⟨183⟩

Landauer, Georg Christian (11. Dezember 1769 – 1845): Tuchhändler aus Stuttgart, über Neuffer seit November 1795 mit Hölderlin bekannt. In Frankfurt mit den Gontards bekannt und in Geschäftsverbindung. Seit 1793 verheiratet mit Johanna Margarete Louise, geb. Heigelin, mit der er vier Kinder hatte. Landauer war Demokrat und wird als warmherziger, gebildeter Mann beschrieben, sein Haus war Treffpunkt unter anderm für Conz, Neuffer, Steinkopf, Scheffauer, Haug und Huber. Hölderlin lebte in seinem Haus von Juni 1800 bis Januar 1801; er widmete ihm die Gedichte ›Das Gasthaus‹ und ›An Landauer‹, außerdem sind das Epitaph ›*Einen vergänglichen Tag …*‹ und die Ode ›Das Ahnenbild‹ auf seine Familie bezogen.
I 280 (Mann) 308 328   II 602 604 652 802 852 860 868ff. 872f. 875f. 881ff. 885 914 920   III 162 ⟨183⟩ ⟨532⟩ ⟨538⟩ ⟨549⟩ 607 618 630 ⟨631⟩

Briefe an Landauer: II 893 896

Briefe von Landauer: II 910 924

Landauer, Christoph Friedrich (1771–1800): Bruder Christian Landauers.   III ⟨164⟩ ⟨183⟩

Landauer, Gustav (geb. 1796): Sohn Christian Landauers.   III ⟨156⟩

Landbek, Johann Jonathan Christian (geb. 1763): Karlsschüler in Stuttgart; wie sein Freund →Hiemer versuchte er sich in der Malerei.
II 433

Landgraf von Homburg →Hessen-Homburg, Friedrich

Lang, Carl: seit 1796 Herausgeber des *Taschenbuchs für gesellschaftliche Freuden* (D8). II 652

Lanuvium: Stadt in Campanien (Campagna Romana). II 17

Laokoon: trojanischer Seher und Poseidonpriester, dessen Warnungen vor dem »trojanischen Pferd«, das die Griechen bei ihrer angeblichen Abreise zurückgelassen haben, nichts fruchten; mit seinen beiden Söhnen wurde er von zwei Schlangen erwürgt, die der den Griechen freundlich gesinnte Apollon geschickt hatte; sein und seiner Söhne Tod wurde in einer berühmten hellenistischen Plastik dargestellt, die Lessing Anlaß zu seinem bedeutenden Aufsatz über die Kunst der Griechen gab. II 27

Lapithen: Riesenhaftes Geschlecht in Thessalien; →Kaineus, →Hypseus, Peirithoos (→Perithous), →Elatos, →Ischys, u. a.; berühmt ist ihr Kampf gegen die Kentauren, der auf der Hochzeit des Peirithoos beginnt. II 235

Laren: Schutzgeister des Herdes und der Familie bei den Römern.
I 151   II 156 163

Larissa: Hauptstadt der griechischen Provinz Larisa in Thessalien. In Syrien gibt es keine Stadt dieses Namens. I 481

La Roche, Marie Sophie von (1731–1807): Schriftstellerin, Freundin Wielands. II *816f. 839*

Latialisches Haupt: Übersetzung von *caput latiale*, Hauptstadt von Latium, d. i. Rom. II 163

Latinus: König von Latium. II 173

Latium, Latisch: Mittelitalienische Landschaft, in der Rom liegt.
II 148–165

Latoide: Sohn der Leto; Beiname des →Apollon. II 201 215 235

Latona: Lateinischer Name der Leto. II 119 120 195

Lattner: Sattlermeister, Hölderlins Hausherr in Homburg vom Frühsommer 1805 an. II *932* (Hausherr)

Lauffen: Geburtsort Hölderlins. I 311 (Geburtsort) 385 (Geburtsort) III ⟨253⟩ 608

Lausitz. II 518

Lavater, Johann Kaspar (1741–1801): aus Zürich, Pfarrer und Schriftsteller, Verfasser der ›Physiognomischen Fragmente zur Beförderung der Menschenkenntnis und Menschenliebe‹ (1780–78); s. Zeittafel 1791.

Leander: Geliebter der Hero. I 46   II 182

Lebret, Johann Friedrich (1732–1807): Tübinger Universitätskanzler seit 1786. Reisebegleiter des Herzogs Karl Eugen auf mehreren Reisen nach Italien; schrieb eine ›Geschichte Italiens‹ (9 Bde., 1778–1787). Im Wintersemester 1791/92 las er Kirchengeschichte vom 11.Jh. an. Vater von Elise Lebret. II 464 (Kanzler) 472 (Kanzler)

Lebret, Marie Elisabeth »Elise« (1774–1839): Tochter des Johann Friedrich Lebret. In an sie gerichteten Gedichten nennt Hölderlin sie →»Lyda« (s. I 102, 115 und 119). Die Beziehung, obwohl bis zum Plan einer dauerhaften Verbindung gediehen, zerbrach wohl weniger wegen des sozialen Unterschieds, als wegen der unterschiedlichen Charaktere der beiden. Der Briefwechsel ist nicht erhalten. Im Oktober 1799 heiratete sie Wilhelm Ostertag. II 461 (Ihr) 494 503 536 (543) 557 (Freundin) 566 (Kind) 584 597 (Verhältniß) 600 (Thorheiten) 617 810   III ⟨486⟩ ⟨502⟩ ⟨573⟩

Le Bret, Johann Paul Friedrich: aus Augsburg, Neffe der Elise Lebret, Student der Rechte in Tübingen, er wohnte 1829/30 bei dem Schreiner Zimmer. I 923   III 665

Lechus: der Lech, Nebenfluß der Donau I 70

Leda: Gattin des lakedämonischen Königs Tyndareos, Geliebte des Zeus; Mutter der →Dioskuren, →Helenas und →Klytaimnestras. II 225

Le Févre, Tanneguy (1615–1672): französischer Humanist (lat. Name: Tanaquil Faber). II 17   III ⟨371⟩

Lego: bei →Ossian häufig erwähnter See. I 135

Leibniz, Gottfried Wilhelm (1646–1716): Philosoph, Mathematiker und Historiker; neben einer umfangreichen Korrespondenz, die erst postum nach und nach veröffentlicht wurde, sind seine Hauptwerke: ›Essais de Théodicée‹ (1710), ›Principes des la nature et de la grace‹ (postum 1718), ›Nouveaux essais sur l'entendement humain‹ (postum 1765). II 42f. 461   III ⟨381⟩ ⟨460⟩

Leipzig, Lipsia: I 70   II 580f. 583 737 822 930

Lemannus: (lacus Lemannus), der Genfer See. II 160

Lemnos: Insel vulkanischen Ursprungs in der nördlichen Ägäis, gegenüber von Troja; dem Hephaistos heilig (→Philoktetes). I 470 910   II 134 203

Leochares (ca. 380–320 v. Chr.): Athenischer Bildhauer. II 27

Leonberg: Kleinstadt bei Stuttgart. II 415 433 435 436f.

Leonidas: spartanischer König, unter seiner Führung verteidigten die Spartaner 480 v. Chr. erfolglos die →Thermopylen, wobei er ums Leben kam. I 598

Leonore d'Este: Schwester Alfonsos II., in dessen Dienste Torquato

Tasso 1572 trat, und sich der Legende nach in sie verliebte; →Heinse hatte 1774 in der Zeitschrift ›Iris‹ einen Aufsatz über das Leben Tassos veröffentlicht, der diese Legende betont. III 163

Leontini: Leontinoi, Stadt im Osten Siziliens. II 27

Le Pique, Johann Philipp (1776–1815): aus Alzey in der Kurpfalz, 1792–96 Student der Theologie in Jena, wo er Anfang 1795 die Konstitutionsakte der Gesellschaft der freien Männer unterschrieb, aus dieser Zeit vielleicht mit Hölderlin bekannt, bis 1803 in Heidelberg Leiter eines Studentenheims, seit 1. Juni 1803 Pfarrer in Erlangen, ab 1806 in Mannheim. Hölderlin sieht ein Exemplar seiner Sophokles-Übersetzung für ihn vor. III 555

Lesbos, Lesbisch: Insel im aiolischen Meer; Heimat des Arion, des Alkaios (→Alcäus) und der Sappho. I 121 129 507 II 17

Lesches von Lesbos (7. Jh. v. Chr.): Epischer Dichter. II 17

Lessing, Gotthold Ephraim (1729–81): Dichter und Kritiker; unter dem Einfluß Spinozas (und Leibnizens) steht vor allem seine Abhandlung ›Die Erziehung des Menschengeschlechts‹ (1780). II 39 41f. III ⟨73⟩

Lethe: (gr.) »Vergessen«; Fluß in der Unterwelt. I 105 301 (326) 578 673 707

Leucas: In einer Seeschlacht zwischen der Insel Leukas (südöstlich von Korfu) und dem Vorgebirge Aktion (Actium) besiegte Octavian 31 v. Chr. Antonius und Kleopatra. II 149

Leukothea: Beiname der →Ino, als Schutzgöttin der Seeleute. II 241

Leutwein, Philipp Jakob (1764–1800): seit 1786 zweiter lutherischer Pfarrer in Homburg. Hölderlin kannte ihn wohl seit Anfang 1796. II 609 (Mensch) III ⟨489⟩ 588

Leviathan: biblisches Meerungeheuer; eigentlich ein Wal. I (64)

Levker: Leuci oder Levaci, am Oberlauf der Mosel beheimateter Volksstamm in der römischen Provinz Gallia Belgica. II 160

Libya, Libyen, Lybia: im Altertum oft für ganz Nordafrika gebrauchter Name. II 154 155 159 162 218 220 229 237

Lida →Lyda

Ligurier: Bewohner der römischen Provinz Gallia cisalpina, vom Golf von Genua bis in die heutige Provence. II 161

Limnes: Übersetzungsfehler Hölderlins; Tritonidos ⟨...⟩ Limnes (des tritonischen Sees); das Wort *Limnes* steht in der Übersetzungsvorlage am Versanfang; Hölderlin mißversteht es als Eigennamen. II 219

Lindau. I 321 369

Lingoner: Ostgallischer Volksstamm. II 160

Linus: Linos, Sagenhafter Dichter, Erfinder der Kithara. II 12 36

Lipsia: latinisierte Form von →Leipzig.

Lissabon: Hauptstadt Portugals, hierhin kam Kolumbus nach einem Schiffbruch 1476.   I 429

Livius, Titus (59 v. Chr. – 17 n. Chr.): römischer Geschichtsschreiber. Verfasser des fragmentarisch überlieferten Werks ›ab urbe condita libri‹ (»Bücher über die Zeit seit der Gründung Roms«).   II 593

Lodie: Lodi, Stadt in Norditalien, bei der Bonaparte am 10. Mai 1796 einen Sieg über die Österreicher errang; die Schlacht gilt als hervorragendes Beispiel für Bonapartes Wagemut und sein taktisches Geschick.   I 272

Löchgau: II 512 516 519 521 558 605 629 659f. 841   III 576 651

Lokrier, Lokrisch: die Bewohner der griechischen Stadt Lokroi (Locri) an der Südspitze Italiens, die von phokischen Lokriern gegründet wurde und den Beinamen »epizephyrisch« oder »zephyrisch« trägt, weil sie sich in dem Land befindet, aus dem der Westwind Zephyr (nach Griechenland) kommt.   II 197 207

Lombarda: Lombardei, oberitalienische Landschaft   I 336 415 432

London: I 478   II 664

Longin: Pseudo-Longinus, unbekannter Verfasser einer bis ins 18. Jh. fälschlich dem Rhetor Dionysius Longinus zugeschriebenen stilkritischen Schrift περὶ ὕψους (Vom Erhabenen), die selbst ein stilistisches Meisterwerk, anhand zahlreicher, gut gewählter Beispiele aus der Antike das Erhabene als Ziel der Bemühungen um Rede und Dichtung behauptet.   II 432   III ⟨268⟩ ⟨377⟩

Loretto: Loreto, italienischer Wallfahrtsort südlich von Ancona; der Legende nach wurde das Haus der Eltern Jesu 1291 von Engeln aus Nazareth nach Dalmatien geflogen und vier Jahre später hierher gebracht.   I 432

Loxias: (gr.) »der Krumme«, Beiname des Apollon als des Herrn des delphischen Orakels.   II 213 241 265 282 288 293

Loyola: Ignatius von (1491–1556): Gründer der Gesellschaft Jesu (Jesuiten).   I 489

Luca: Lucca, Stadt im nördlichen Etrurien, in der Nähe von Pisa, in der Caesar sein Hauptquartier hatte und in der das Triumvirat (60 und 56 v. Chr.) geschlossen wurde.   II 165

Lucan: Marcus Annaeus Lucanus (39 v. Chr. – 65 n. Chr.), Neffe des Philosophen Seneca, anfangs mit Nero befreundet, der ihm nach Veröffentlichung der ersten drei Bücher der ›Pharsalia‹ die Dichtkunst untersagte, – trotz der Eloge für den Kaiser in v. 33–45. Später an der Verschwörung des C. Piso beteiligt, wurde er, ebenso wie sein Onkel Seneca, von Nero zum Selbstmord gezwungen. Der Titel seines

Werkes wird allgemein mit *bellum civile* wiedergegeben, vom Autor wird es aber in Buch 9,985 nach der in Buch 7 beschriebenen Schlacht bei Pharsalos in Thessalien (48 v. Chr.) auch ›Pharsalia‹ genannt. Die 10 Bücher des unvollendet gebliebenen Epos beschreiben den von Caesar gegen Pompeius geführten Bürgerkrieg um Rom (49–45 v. Chr.), die eigentliche Gegenfigur zu Caesar ist aber darin der jüngere → Cato als Vertreter des stoischen und republikanischen Ideals. II 148

Lucas: Verfasser des dritten Evangeliums und der Apostelgeschichte im Neuen Testament. II 9

Lucifer, Luzifer: lateinischer Name des Morgensterns, Sohn der Aurora; das Bild seines Sturzes in Jesaja 14,12 wurde später auf den Lukas 10,18 erwähnten Sturz Satans übertragen, daher im Christentum als dessen Name verwendet. II 184 402

Luckner, Nikolaus Graf von (1722–1794): Offizier zunächst in preußischen, dann in französischen Diensten, seit 1791 Marschall von Frankreich, Oberkommandierender im Elsaß. II 488

Ludwigsburg. II 717 III ⟨578⟩

Lützen. I 68 (Thal) 70 (Todesthal) II 580

Luisium: Gartenanlage des Fürsten Leopold Friedrich Franz von → Anhalt-Dessau für seine Frau Louise. I 255 II 580f.

Luna: römische Mondgöttin. I 142 167 II 154 183f.

Lunéville: Stadt in Ost-Frankreich. III ⟨205⟩ ⟨537⟩ ⟨539⟩ ⟨541⟩

Lusitania: antiker Name des Gebietes von Portugal. I 69

Lußheim. II 424

Luther, Martin (1483–1546): Begründer der Reformation. I 21 74 430 III ⟨45⟩ ⟨375⟩

Luzia: fiktiver Name. I 40f.

Lyäus: Lyaios (gr. »Löser«), Beiname des → Dionysos. I 87

Lybia → Libya

Lycaon: von Vergil erfundener kretischer Künstler. II 174

Lycien, Lykien, lycisch: (»Wolfsland«) wilde Berglandschaft an der Südwestküste Kleinasiens; von hier wurde die von Zeus schwangere Leto durch Hera vertrieben, bis sie auf der Insel Delos einen Platz fand für die Geburt ihrer Kinder Apollon und Artemis; wegen dieser Herkunft heißt Apollon »lykischer«, wie er nach seinem Geburtsort »delischer« heißt. II 203 217 258 285 390

Lycurgus: Lykurgos, König der thrakischen Edoner, widersetzte sich der Einführung des Dionysos-Kultes. Dionysos strafte ihn mit Wahnsinn; in dem Glauben, Weinstöcke umzuhauen, tötete Lykurgus seine eigenen Kinder. II 165

Lyda, Lida: poetischer Name für Elise →Lebret. I 102 104 115 f.
119 f.

Lydier, Lyder: Volk im mittleren Kleinasien mit der Hauptstadt Sardeis. II 17 185

Lydisch: eine der Tonarten der griechischen Musik, genannt nach der Landschaft Lydien. II 200

Lykabettus: Bergkegel nordöstlich der Akropolis von Athen. I 687

Lykurg, Lycurg: Lykurgos, sagenhafter Begründer der spartanischen Verfassung, 11.–8. Jh. v. Chr. Nachdem er nicht nur die staatliche Ordnung neu organisiert hatte, sondern auch eine Bodenreform durchgeführt und die spartanische Lebensform und Jugenderziehung bestimmt hatte, nahm er den Spartanern das Versprechen ab, sich an die – nicht schriftlich niedergelegten Gesetze zu halten und ging ins Ausland, wo er auch starb. I 598 682   II 14

Lyon: Stadt im Südosten Frankreichs. II 915 f.   III 605

Lysippus (4. Jh. v. Chr.): griechischer Bildhauer und Erzgießer aus Sikyon; der Legende nach wollte Alexander der Große nur von ihm porträtiert werden. II 27

M

Macbeth: Titelfigur einer Tragödie Shakespeares. II 765

Macedonien, Macedonier: Landschaft im Norden Griechenlands; erstarkte unter Philipp II., der mit der Unterwerfung Griechenlands begann, die von seinem Sohn Alexander dem Großen fortgeführt wurde. Auf Philipp soll auch die dichtgedrängte Phalanx der Macedonier zurückgehen. I 14 15 598 680 716 910

Machiavelli, Niccolò (1469–1527): Verfasser von ›Il Principe‹ (Der Fürst), einem Traktat, das die Notwendigkeit auch skrupelloser Machtpolitik darlegt; Friedrich der Große schrieb einen ›Antimachiavell‹. II 502

Mäander: Fluß in Lydien mit stark gewundenem Lauf (heute: Menderes). I 296

Mäcenas, Mäzenas: Caius Maecenas (um 70–8 v. Chr.), reicher römischer Ritter etruskischer Abstammung mit literarischen Neigungen, von Octavianus →Augustus mit politischen Aufgaben betraut; scharte nach dem Ende der Republik einen Kreis jüngerer Dichter um sich (Vergil, Horaz, Properz u. a.), die er förderte. I 9   II 36

Mänaden, mänadisch: »die Rasenden«, weibliches Gefolge des Dionysos (→Bacchantinnen). I 151   II 258   III 124

KOMMENTIERTES NAMENVERZEICHNIS 763

Mäonia: alter Name Lydiens, wo unter anderem →Smyrna lag, der Geburtsort Homers.   I *485*

Mäonide, Mäons Sohn: Homer, nach dem alten Namen Lydiens.   I *118 151 502 515*

Märklin, Jakob Friedrich (1771–1841): aus Stuttgart, Kompromotionale Hölderlins im Tübinger Stift, seit 1797 Repetent, seit 1801 Professor.   II *791*

Märklin, Jeremias Wilhelm (1770–1820): aus Freudenstadt, Kompromotionale Hölderlins, später Pfarrer.   II *403 417 427 451 458*

Magenau, Rudolf (1767–1846): aus Markgröningen, Kompromotionale Hölderlins in Denkendorf, Maulbronn und Tübingen, seit 1786 im Stift, seit 1792 Vikar in Vaihingen an der Enz, später Pfarrer in Niederstozingen und Hermaringen. Er veröffentlichte 1795 und 1805 je ein Lyrikbändchen. Die Freundschaft mit Hölderlin schlief bald nach Verlassen des Stifts ein. Zusammen mit Neuffer ist ihm die ›Hymne an die Freundschaft‹ (I 131) gewidmet.   I *131*   II *430 456 475*f. *524*   III ⟨*58*ff.⟩ ⟨*74*⟩ ⟨*76*⟩ ⟨*301*⟩ ⟨*408*⟩ *526 589*

Briefe von Magenau: II *430 454 480 484*   Dokument: III *571*

Magnes, Magnesier: Magnesia, thessalische Landschaft nördlich des Peliongebirges.   II *209 214 220*

Mahomed →Mohammed

Main.   I *208 229*f.   II *653*

Mainz.   II *494 653 682 818 825 903*

Majer, Johann Friedrich Ludwig (1742–1817): am 22. Februar 1791 vom Diakon zum Pfarrer in Löchgau befördert, als Ehemann der Schwester von Hölderlins Mutter dessen Onkel. Er hatte drei Töchter und einen Sohn, Ludwig (Louis).   II *469* (Oncle) *491* (Oncle) *506* (Oncle) *521* (Oncle) *607* (Oncle) *660* (Oncle)   III *651* (Pfarrer)

Brief an Pfarrer Majer: II *608*

Majer, Christian Benjamin (1755–1801): Bruder des Pfarrers aus Löchgau. Geriet in finazielle Notlage und wurde 1793 seines Amtes als Keller (Kameralverwalter) enthoben.   II *505* (Keller)

Majer, Johann Friedrich Ludwig (geb. 1776), Sohn des Pfarrers in Löchgau, im Herbst 1790 ins Kloster Denkendorf aufgenommen, ab 1794 im Tübinger Stift, ging im Dezember 1795 nach Jena und war später in preußischen Militärdiensten. Vetter Hölderlins.   II *466 605*f. *608* (Freund) *660*

Majer →Mayer, J.A. und →Meyer, J.H.

Malas: Melas, Stammvater einer Bildhauerfamilie auf Chios, Urgroßvater des Bupalus; die Namensform »Malas« geht über Winckelmann auf Plinius zurück.   II *22*

Mamre: Aufenthaltsort Abrahams (vgl. 1. Mose 13; 18 u. ö.).   I 135
Mana: Mannus, der Sohn des Tuisto (→Thuiskon).   I 76 78 84
Manen: bei den Römern die Geister der Vorfahren.   I 140 155 620
II 24
Manes: der Greis aus Ägypten im dritten Entwurf zum ›Empedokles‹.
I 884–903
Manilius, Marcus: späterer Verfassername für die ›Astronomica‹, ein ursprünglich anonym überliefertes astronomisches und astrologisches Lehrgedicht in kunstvoller lateinischer Sprache das dem Kaiser Tiberius (9–22 n. Chr.) gewidmet war. Ob Hölderlin dieses Werk selbst gelesen hat, ist fraglich; die zitierten Verse werden nämlich auch in der von Hölderlin nachweislich benutzten Hesiod-Ausgabe (Chr. Fr. Loesner, Leipzig 1778) in einer vorangeschickten Hesiod-Vita ausführlich wiedergegeben.   II 14
Mannheim: Das dortige 1779 gegründete Nationaltheater, hatte 1782 Schillers ›Räuber‹ uraufgeführt, am 3. Juli 1788 gab man dort ›Der Fähndrich‹ von F. L. Schröder.   II 422 426f. 673 902
Manskopf, Daniel Andreas (geb. ca. 1779): Neffe Jakob Gontards. Stammbucheintrag Hölderlins: II 972
Marat, Jean Paul (1743 – 13. Juli 1793): Jakobiner, von Charlotte Corday ermordet.   II 501
Marathon, marathonisch: Austragungsort einer siegreichen Schlacht der Griechen gegen die Perser (490 v. Chr.) an der Ostküste Attikas, vgl. Herodot 6,111–117. Nach der Schlacht soll ein Bote die 42 Kilometer nach Athen im Laufschritt zurückgelegt haben, um dort die Siegesnachricht zu überbringen. Zum Gedenken an die Schlacht fanden dort auch Wettspiele statt.   I 149 150 303   584 602 701   II 23 233 971
Maria: Mutter Jesu (→Panagia).   I (32) 197 (Mutter) 408 (Madonna) 411 (Madonna)
Mariane: Figur aus Goethes Roman ›Wilhelm Meisters Lehrjahre‹.
II 565
Marien-Einsiedel.   I 135
Marius, Gaius (158–86 v. Chr.): vielfacher römischer Konsul, Sieger über die Teutonen bei Aquae Sextiae (102 v. Chr.) und die Kimbern bei Vercellae (101 v. Chr.); Gegner →Sullas.   II 165
Markgröningen.   II 425 521 528 675 691 965 III ⟨589⟩
Mars: römische Entsprechung des →Ares.   II 138 155 323
Marsfeld: Platz im alten Rom mit einer Kultstätte des Mars; hier fanden Volks- und Heeresversammlungen statt.   II 165
Marzell: Marcus Claudius Marcellus, 51 v. Chr. Konsul, Gegner Caesars.   II 157

Matthisson, Friedrich (1761–1831): Lyriker; Hölderlin sah ein Exemplar seiner Sophokles-Übersetzung für ihn vor. II *498* 501 f. *508* 765 784 802 804 *878*   III ⟨58⟩ ⟨549⟩ 555 572

Maulbronn.   II *435 449 478* 965   III 575 *589 614*

Maurisch: nach der römischen Bezeichnung »Mauri« für die Berber. II 180

Mausolus: Maussollos (377–353 v. Chr.), König von Karien im südwestlichen Kleinasien; seine von ihm selbst geplante monumentale Grabstätte hieß ›Mausoleum‹.   II 27

Mayer, Johann Adam (geb. 1756): Pfarrer aus Speyer, bei dem Blums Mutter wohnte; seine Frau hieß Maria Margarethe.   II 425

Mayer, August (1792–1812): Jurastudent in Tübingen.   III ⟨356⟩

Medea: Tochter des Aietes, des Königs der Kolcher; hilft Jason, das Goldene Vlies zu gewinnen, und flieht mit ihm nach Jolkos.   II 218

Meder: Persisches Volk, dessen Name auch oft für die Perser überhaupt gebraucht wird.   II 185 205

Meduse: bei Hesiod (Theog. 274 ff.) Name einer der drei →Gorgonen, sonst auch Gattungsbezeichnung für alle drei Gorgonen.   II 245

Megära: eine →Erinys. Von einem Kampf mit Herkules ist nichts bekannt, in der Lucan-Stelle wird Juno nur mit einer Megäre verglichen.   I 565 636   II 165

Megara: Stadt zwischen Athen und Korinth, in der auch Wettspiele stattfanden.   II 233 426 (Verwechslung mit →Magnesia)

Megareus: Sohn des Kreon und der Eurydike, der seine Vaterstadt Theben durch das Opfer seines Lebens rettete.   II 366

Mehmel, Gottlieb Ernst August (1761–1840): Professor in Erlangen, 1800–1802 Redakteur der Erlanger Literatur-Zeitung.   II 922

Meiningen.   II 515–520 542 566 573

Meinungen, Herzog von →Sachsen-Meiningen

Meisner, August Gottlieb (1753–1807): Novellist.   II 784

Mekades: der weltliche Herrscher im zweiten Entwurf zum ›Empedokles‹.   I 840–850

Melampos: Melampus, Sohn des Amythaon, Enkel des Kretheus; Stammvater eines Wahrsagergeschlechts, das mit seinem Urenkel →Amphiaraos den Höhepunkt erreichte.   II 223

Meles: Fluß bei →Smyrna.   I 494 504 508 625

Melia: Thebanische Nymphe und Okeanide, von Apollon Mutter des →Ismenios, der im Tempel des Apollon zu Theben verehrt wird. II 241

Melite: der Name der weiblichen Hauptfigur im ›Fragment von Hyperion‹ ist wahrscheinlich von $\mu\grave{\epsilon}\lambda\iota$ (Honig) abgeleitet.   I 493–508

Melpomene: eine der →Musen.   II 181

Memminger, Friedrich August (geb. 1770): studierte seit 1788 Medizin in Tübingen und war später Arzt in seiner Vaterstadt Reutlingen.
II 472   III ⟨71⟩

Menander (342–292 v. Chr.): griechischer Komödiendichter.   II 27

Mendelssohn, Moses (1729 - 1786): jüdischer Kaufmann und Gelehrter in Berlin, Freund Lessings, Mitarbeiter an Nicolais ›Bibliothek der schönen Wissenschaften und der freyen Künste‹; ›Über die Empfindungen‹ (1755), ›Philosophische Schriften‹ (1761), ›Phädon oder über die Unsterblichkeit der Seele‹ (1767), ›Morgenstunden oder über das Dasein Gottes‹ (1785).   II 42

Menelaus: Menelaos, König von Sparta, Sohn des Atreus, Bruder des Agamemnon, Gatte der →Helena.   II 123 145   III ⟨215⟩

Menökeus: Vater des →Kreon und der →Iokaste.   II 253 324 326 359

Menoetiades: ›Sohn des Menoitios‹, Vatername des →Patroklos.
II 127

Menon: (gr.) »der Ausharrende«; auch Titelfigur eines Dialoges von Platon.   I 291   III 162

Mereau, Sophie (1770–1806): vorwiegend lyrische Dichterin. Seit 1793 mit dem Professor der Rechte Karl Ernst Mereau verheiratet, 1801 geschieden, ab 1803 verheiratet mit Clemens Brentano.   II 670 689 *784 803 803 817 878*

Merkur, mercurialisch: Mercurius, römische Entsprechung des →Hermes.   II 114 138

Merope: Gemahlin des Korinthischen Königs →Polybos.   II 280 288 312

Messana, Messenier: Messene, Landschaft im Südwesten des Peloponnes, deren Einwohner von den Spartanern unterworfen wurden.
II 16 223

Messoates: Der Dichter Alkman stammte aus dem spartanischen Flecken Messoa; die von Plinius gebrauchte Herkunftsbezeichnung »messoates« (der aus Messoa stammende) hat Hölderlin als einen Ortsnamen mißverstanden.   II 17

Messogis: Gebirgszug südwestlich des →Tmolos.   I 448 454 461 464 627

Methymna: Stadt an der Nordküste der Insel Lesbos.   II 16

Mevania: Stadt in Umbrien, heute Bevagna.   II 162

Meyer, Daniel Christoph (1751–1818): Weinhändler aus Hamburg, ließ sich um 1775 in Bordeaux nieder, wo er 1797 Konsul wurde. Sein Haus stand in den Allées de Tourny am gleichnamigen Platz, sein Weingut (heute Fongravey) lag in Blanquefort unweit vom Ufer der Garonne im südlichen Médoc. Er war verheiratet mit Henriette Andrieu de St. André, die zwei Töchter mit in die Ehe brachte. Hölderlin unterrichtete während seines Aufenthaltes in diesem Haus von Januar bis Mai 1802 allerdings die vier jüngeren Töchter des Ehepaars, deren älteste 1793 geboren war.   II 917 (Konsul)   III ⟨619⟩

Meyer, Johann Heinrich (1760–1832): der von Goethe 1792 ans Weimarische Zeicheninstitut geholte Maler und Kunsthistoriker.   II 554 564

Meyr, Melchior (1810–71): Schriftsteller und Journalist.   III *613*

Micciades (8. Jh. v. Chr.): Bildhauer aus Chios, Sohn des Melas (→ Malas), Vater des Archermos (→ Anthermus), Großvater des Bupalus. II 22

Michaelis, Johann David (1717–1791): seit 1745 Professor in Göttingen, bedeutender Orientalist; Vater von Caroline Schlegel-Schelling. III ⟨372⟩ ⟨375⟩

Midas: Flötenspieler aus → Agrigent, der im Pythischen Wettspiel gewann.   II 244f.

Midyliden: Meidylidai, Familie des aiginetischen Ringkämpfers Aristomenes.   II 231

Milesias: athenischer Wettkampflehrer, dessen Schüler → Alkimedon 30mal Sieger in Wettkämpfen wurde.   II 195

Milet: mächtige ionische Stadt an der Küste Kleinasiens, von Athen im 10. Jh. v. Chr. gegründet.   I 643 724   II 15 20

Milo: Römischer Volkstribun (57 v. Chr.), der im Jahre 51 wegen Mordes vor Gericht stand. Pompeius umstellte das Forum mit Bewaffneten, um seine Verurteilung zu verhindern.   II 157

Miltiades: griechischer Feldherr der siegreichen Schlacht bei → Marathon.   I 531

Mimas: Gebirgszug auf der westlich von → Smyrna gelegenen Halbinsel.   I 630

Mimnermus (ca. 650–580 v. Chr.): Griechischer Elegiker.   II 17

Minerva: römische Entsprechung der → Athene.   I 149 247 543 685 II 26 125

Minos: halbmythischer König von Kreta, Sohn des Zeus und der Europe. Er gilt als Gründer der nach ihm benannten frühgriechischen Kultur und erster Gesetzgeber der Menschheit. Nach seinem Tode erhält er das Amt des Totenrichters in der Unterwelt zusammen mit seinem Bruder → Rhadamanthys.   I 133 140 244 (Todtenrichter) 286 (Todtenrichter) 667 886 (Todtenrichter)

Minyä: Hölderlin hält »minyai« für einen Städtenamen (viele griechische Städte haben einen pluralischen Feminin-Namen, wie Thebai, Athenai

u. s. w.), gewissermaßen für einen zweiten Namen der Stadt →Orchomenos; bei Pindar ist (O 14,4) von den Minyern die Rede, wie die Bewohner von Orchomenos nach dem Gründerkönig ihrer Stadt, Minyas, seit alters heißen, bzw. (O 14,27) von der »minyischen« Stadt Orchomenos.   II 200

Misistra: Festung und Stadt in der Nähe des alten Sparta, die im April 1770 vor den unter russischer Führung stehenden Griechen kapitulierte, die Griechen ermordeten nicht nur die türkische Besatzung, sondern verübten auch Greueltaten an den Einheimischen. I 597–607 698 717–720 730

Mnemosyne: (gr.) »Gedächtnis«, Tochter von →Uranos und →Gaia, von Zeus Mutter der →Musen.   I 436 ff.

Mnesteus: Trojaner, Vorfahre der Gens Memmia.   II 174

Modon: Stadt an der Südwestküste des Peloponnes, Ende April bis Anfang Mai 1770 vergeblich von den Russen mit Unterstützung der Griechen belagert.   I 596 715

Mögling, Friedrich Heinrich Wolfgang (1771–1813): aus Stuttgart, Kompromotionale Hölderlins, nach dem Studium Hofmeister in Bern, später machte er Karriere am württembergischen Hofe.   II 541 601 664   III 590

Mömpelgard: Montbéliard.   III ⟨462⟩ ⟨565⟩

Mören: Moirai (röm.: →Parzen), Schicksalsgöttinnen; nach Hesiod, Theogonie v. 905 f. Klotho, die den Lebensfaden spinnt, Lachesis, die ihn erhält und Atropos, die ihn durchschneidet.   II 189 (Fügung) 224

Mörike, Eduard (1804–75): Dichter und Pfarrer.   III ⟨355⟩ ⟨369⟩ 673

Mohammed (um 570–632): Prophet des Islams; mit der Kaufmannswitwe Chadidscha verheiratet.   I 425   692 (arabischer Kaufmann)

Mohr, Eberhardt Heinrich (1769–1831): Kompromotionale Hölderlins.   II 432

Molionen: Beiname der in der Landschaft Elis beheimateten Zwillinge Kteatos und Eurytos, nach ihrer Mutter Molione; ihr Vater Aktor ist ein Bruder des Königs in Elis, Augeias; sie gelten aber als Söhne des Poseidon. Um Rache dafür zu nehmen, daß sie im Auftrag des Augeias eine Abteilung seines Heers erschlagen hatten, tötet Herakles sie in der Nähe von Kleonai (→Kleone), als sie zu den Isthmischen Spielen unterwegs sind.   II 198

Moneta: Beiname der Juno; im Tempel der Juno Moneta wurden die römischen Münzen geprägt (→Capitol).   II 159

Mons: Ort in Belgien   II 494

Monte: Der von Hölderlin im Anschluß an die Nennung dargestellten

Linie Tirol, Lombardei, Loreto folgend, könnte es sich um das von Kaiser Friedrich II. 1240 erbaute und zu seinem bevorzugten Wohnsitz erkorene Jagdschloß Castel del Monte in Apulien handeln oder um Montecassino, das von Benedikt von Nursia 529 gegründete Mutterkloster des Benediktinerordens auf dem gleichnamigen Hügel.   I 432

Mopsos: Lapithischer Seher, Teilnehmer der Argonautenfahrt.   II 226

Morbek → Muhrbeck

Morea: Der Name ist slawischer Herkunft und bedeutet »Küstenland«; seit dem Mittelalter Volksname für den Peloponnes.   I 342 433 496 720 722   II 458   III ⟨558⟩

Morgarten: Ort der Schlacht, bei der die Schweizer 1315 siegreich gegen den Herzog Leopold von Österreich blieben.   I 136

Moria: Der Tempelhügel in Jerusalem (vgl. 2. Chronik 3,1), der bei Christi Tod und Auferstehung bebte (vgl. Matthäus 27,52 und 28,2).   I 457

Morven: Name für Schottland bei →Ossian.   II 402

Moser, Wilhelm Friedrich (1752–1801): seit 1785 Pfarrer in Diefenbach.   II 405

Mose: führte im 13. Jh. v. Chr. das Volk Israel aus Ägypten.   II *641* 726   III ⟨197⟩ ⟨252⟩

Mosheim, Johann Lorenz (1694–1755): deutscher Kirchen- und Dogmenhistoriker, 1723 Professor in Helmstedt und seit 1747 Kanzler der Universität Göttingen, übersetzte Cudworths ›Intellectual System‹ ins Lateinische: ›Radulphi Cudworthi Systema Intellectuale Hujus Universi, seu De veris naturae rerum originibus commentarii …‹ (Jena 1733, Leyden 1773).   III ⟨380⟩ ⟨328⟩

Müller, Georg Friedrich Karl, Dr. (1761–1811): Landgräflicher Hofrat und Leibarzt, sowie Stadt- und Landphysikus aus Homburg.   II 760 854   III *642*

Münch: Hofmeister bei der Familie →Kalb.   III ⟨580⟩

Muhrbeck, Friedrich (1775–1827): aus Greifswald, nach dem Philosophiestudium begab er sich auf Reisen, in Jena trat er dem Bund der freien Männer bei, reiste 1797 mit Böhlendorff und Herbart in die Schweiz, kam im November nach Rastatt, wo er durch Fritz Horn Sinclair kennlernte, der ihn im Februar 1799 mit nach Homburg nahm, wohin ihm im April Böhlendorff folgte. Seit August 1799 in Jena, seit Dezember in Berlin, 1801 wieder in Greifswald.   II *713 716 740 749 762 779*f. *829 914*

Briefe von Muhrbeck: II *823 824*

Munda: Stadt in Südspanien, in der Nähe des heutigen Cordoba, bei der

45 v. Chr. die letzte Schlacht Caesars gegen die Pompejaner stattfand. II 149

Murrhardt. III *612*

Musäus: Sagenhafter Dichter, Schüler des Orpheus. II 12 36

Musen: Neun Töchter der →Mnemosyne und des Zeus, von denen die Begeisterung zu Werken der Musik und Kunst, der Dichtung oder Wissenschaft ausgeht, und die deshalb vor allem zum Beginn eines Werks angerufen werden; Hesiod nennt in ›Theogonie‹ v. 76 und 917 Kleio, Euterpe, Thaleia, Melpomene, Terpsichore, Erato, Polymnia, Urania, und die der Würde nach erste: Kalliope (→Calliope); später wurden den neun Musen feste »Fachgebiete« zugeordnet, so etwa der Kleio die Geschichtsschreibung, der Euterpe die Flötenmusik, der →Thaleia die Komödie, der →Melpomene die Tragödie, der Terpsichore die Lyrik, der Erato Gesang und Tanz, der Polymnia oder Polyhymnia Pantomime und Geometrie, der →Urania die Astronomie und der Hauptmuse Kalliope die heroische (epische) Dichtung. Nach der Landschaft Pieria am Olymp, wo sie heimisch sind, heißen sie auch Pieriden (→Pierion). I 104ff. 110 123 132 217 224 233 248 250 266 290 294f. 392 398 653 (*756*) II 14 119 135 147 179 192 201 216 218 239 *484 496 497* 711 *791* 801 *838* 850 878 (Schwestern) III 68 *397 571*

Mutina: heute Modena, dort belagerte 44 v. Chr. Mark Anton den Decius Junius Brutus, der sich an der Verschwörung gegen Caesar beteiligt hatte. II 149

Mycenae: Stadt und Burg in der peloponnesischen Landschaft Argolis, Sitz des Atreus, der seinem Bruder Thyestes dessen eigene Kinder zum Mahl vorsetzt; als Thyestes am nächsten Morgen den Frevel erkennt, verflucht er Atreus und die Sonne wendet sich rückwärts. II 164

Myrmidonen: Thessalische Gefährten des Achill vor Troja. II 124 127

Myron (ca. 480–420 v. Chr.): Griechischer Erzgießer aus Eleutherai. II 27

Mythen: zwei Gipfel in den Schwyzer Voralpen; großer und kleiner Mythen. I 135f.

Mythilene: größte Stadt auf →Lesbos. I 910

N

Nahum (um 612 v. Chr.): alttestamentarischer Prophet. II 492

Najade, Nais: Die Naiaden waren Nymphen des Meeres, Töchter des Okeanos und der Ge (Erde); statt des gebräuchlichen Singulars

Naiade gebraucht Hölderlin den pindarischen Ausdruck »Nais« in der Art eines Titels. I 182 II 235

Nar: Umbrischer Fluß, in den Tiber mündend. II 162

Narzissa: (eigentlich Elizabeth) Stieftochter →Youngs, der in seinen *Nachtgedanken* ihren Tod beklagt und sich zugleich Weisheit aus der ihm so geschlagenen Wunde erhofft. I 80

Nast, Christian Ludwig (1763–1847): Bruder Louises, seit 1786 Vikar im Kloster Maulbronn. II 402

Nast, Marie Gottliebin (1765–1836): Schwester Louises. II 437

Nast, Wilhelmine (geb. 1766): Schwester Louises, Freundin →Bilfingers. II 422 437 444f. (Mene, Mine) *448*

Nast, Louise Philippine (1768–1839): Tochter von Johann Conrad Nast (1724–93), des Klosterverwalters von Maulbronn; Freundin Hölderlins in der Maulbronner Zeit, die →Stella der Gedichte. Ihr widmete Hölderlin die Gedichte ›Klagen‹, ›An Stella‹ und ›Laß sie drohen...‹. I 36 (Mädchen) 57 (Freundin) II 400 410 (lieber Mund) 413–416 420 *447f.* (L.) 473 (Kind) 478 III ⟨49⟩ ⟨561⟩

Briefe an Louise Nast: II 421 435 439 446

Briefe von Louise Nast: II *416 434 434 437 444*

Nast, Immanuel Gottlieb (1769–1820): Neffe des Maulbronner Klosterverwalters, seit dessen Einzug ins Kloster mit Hölderlin bekannt. Er trug sich am 6. Dezember 1786, wahrscheinlich aus Anlaß seiner Abreise von Maulbronn in Hölderlins Stammbuch ein. Aus bescheidenen Verhältnissen stammend war er Schreiber (Verwaltungsbeamter) in Leonberg. III *663*

Briefe an Immanuel Nast: II 396 397 398 400 401 402 403 404 407 408 410 411 420 433

Brief von Immanuel Nast: II *447*

Nast, Heinrike (geb. 1767): aus Leonberg, Cousine Immanuels und Louises. Sie war in Hölderlins Verhältnis zu letzterer schon früh eingeweiht. Zu ihrer Hochzeit mit dem Klosterwerkmeister Groß am 24. Februar 1789 verfaßte Hölderlin wohl sein erstes gedrucktes Gedicht, das jedoch verschollen ist. II 401 *435* 436 *438* 440 III ⟨296⟩

Nast, Christian Reinhard (geb. 1765): Sohn des Klosterfamulus in Maulbronn. II 413 (Vetter)

Navarin: Stadt an der Südwestküste des Peloponnes, im Altertum und heute →Pylos genannt. Im April 1770 wurde die Stadt unter Graf Alexej Orlow von den Russen und Mainoten (Bewohnern der mittleren Halbinsel des Peloponnes) nach einer Belagerung eingenommen und zerstört. I 597 717

Naxos: größte Insel der Kykladen, in deren Innerem sich riesige Gebirge türmen.   II 221 361

Nazareth: Heimatort Jesu an der Südgrenze von Galiläa, in dem seine öffentliche Wirksamkeit beginnt.   I 461 464

Neckar.   I 25 84 208 253f. 309 312 321 337 370 386 396   II 424ff. (515) 583 801 902   III 163 572 654

Neckarshausen.   II 558

Neckarsulm.   III 190

Neeb, Johannes (1767–1843): Professor der Philosophie in Mainz, mit Hölderlin wahrscheinlich 1799 über Jung bekannt geworden. Er hatte 1795 in Niethammers Philosophischem Journal einen Aufsatz mit dem Titel ›Unmöglichkeit eines speculativen Beweises für das Dasein der Dinge‹ und 1797 eine Jacobis Denken verwandte Schrift ›Vernunft gegen Vernunft, oder Rechtfertigung des Glaubens‹ veröffentlicht. II 803

Nektar: Getränk der Götter.   II 134

Neleus: Sohn des Poseidon und der Tyro, zieht nach einem Zwist mit seinem Bruder →Pelias auf den Peloponnes und gründet →Pylos, dessen berühmtester Herr sein Sohn →Nestor wird.   II 135

Nellingen: Ort bei Denkendorf.   II 395

Nemea: Landschaft und Tal im Norden des Peloponnes, in der Nähe von Kleonai (→Kleone), berühmt für seine Wettkampfspiele, die von den ›Sieben gegen Theben‹ gegründet worden sein sollen.   I 593 598 620 711   II 196

Nemesis: Göttin der Vergeltung, Tochter der Nacht (vgl. Hesiod, Theogonie 223f.), nach ihr benennt sich der Geheimbund im ›Hyperion‹. I 152 232   604 631 700 720 740f.   847   II 27 47 240   501.

Nemeter: Volksstamm in der Gegend von Speyer.   II 160

Nenninger, Johann Friedrich (1760–1828): Pfarrer in Waltershausen. II 515–521 561 (Pfarrer, Prediger).

Neptun: römische Entsprechung des →Poseidon.   I 688

Nereiden: Meernymphen, Töchter des Nereus.   II 241

Nereus: Weiser und weissagender Meergott, der mit seinen fünfzig Töchtern in der Tiefe des Meers wohnt; seine berühmteste Tochter ist Thetis, die Mutter des Achill.   II 188 216

Nero (37–68 n. Chr.): römischer Kaiser ab 54 n. Chr.   II 149

Nervisch: Die Nervier, ein gallischer Volksstamm, lebten in der Region des heutigen Belgien.   II 161

Nestor: Sohn des →Neleus, König von →Pylos an der Westküste des Peloponnes; vor Troja der älteste und daher im Rat geachtetste der Griechen, für seine Rednergabe bekannt, vgl. Homer, Ilias 1,247ff.

und Odyssee 3,97ff. (→Gerenisch, →Apisch)   I 621   II 64 125
135 136 137 145 217
Neuenbürg: je einen Tagesmarsch von Rastatt und Markgröningen
entfernter Ort.   II 709f. 716
Neuffer, Christian Ludwig (26. Januar 1769 – 29. Juli 1839): Sohn eines
Stuttgarter Konsistorialrats. Nach dem Gymnasium 1786 ins Tübinger Stift aufgenommen, ab 1791 Vikar am Stuttgarter Waisenhaus, ab 1799 eben dort Pfarrer, ab 1803 Diakon in Weilheim unter Teck, ab 1808 Pfarrer in Zell am Aichelberg, ab 1819 zweiter Stadtpfarrer in Ulm, wo er auch starb. Bis etwa 1800 einer der wichtigsten Freunde Hölderlins. Ihm sind die Gedichte ›Dein Morgen, Bruder...‹, ›Hymne an die Freundschaft‹ und zwei Gedichte, die ›An Neuffer‹ betitelt sind, gewidmet.   I 73 83f. (Bruder) 131 153 169   II *454 456 466 482 486 507 590 666 669 673 761 773 784*   III ⟨58ff.⟩ ⟨61⟩ ⟨74⟩ ⟨78⟩ ⟨90⟩ ⟨100⟩ ⟨102⟩ 109 ⟨110⟩ ⟨301⟩ ⟨414⟩ ⟨418⟩ ⟨458⟩ *571ff.* 607
Briefe an Neuffer: II 453 461 475 483 491 494 495 498 510 511 513 521 526 537 546 548 552 563 582 585 596 601 604 610 615 624 649 657 685 689 695 710 764 780 801 848
Briefe von Neuffer: II *440 460 497 502 533 544 570 570 652 791*
Dokumente: III *526 571 589 600*
Neuffer, Maria Magdalena, geb. Pelargus (gest. 13. Januar 1799): die aus Griechenland stammende Mutter Neuffers.   II 848
Neustadt an der Saale.   II 548
Newton, Sir Isaac (1643–1727): englischer Physiker und Astronom.
I 71 (Denker)
Niagara: Fluß mit berühmten Wasserfällen zwischen Kanada und den Vereinigten Staaten von Amerika.   III 68
Nicolai, Friedrich (1733–1811): Berliner Schriftsteller und Verleger, polemisierte gegen den Irrationalismus in der deutschen Literatur.
III ⟨452⟩
Nied: wahrscheinlich die Nidda, die vom Norden Frankfurts kommend westlich der Stadt in den Main mündet.   II 654
Niethammer, Friedrich Philipp Immanuel (1766–1848): im Tübinger Stift zum evangelischen Theologen ausgebildet, ging 1790 nach Jena, um bei Reinhold seine philosophischen Studien fortzusetzen; wurde 1792 Adjunct (Privatdozent) und 1793 Professor der Philosophie in Jena, wechselte aber 1797 in die Theologie; 1804 wurde er nach Würzburg, 1807 nach München berufen, wo er das bayerische Bildungswesen nach neuhumanistischen Grundsätzen reformierte. Seine Hauptwerke der frühen Periode: ›Über den Versuch einer Kritik aller Offenbarung‹ (1792), ›Das Gastmahl von Plato oder das Gespräch

über die Liebe‹ (Teilübersetzung von Platons ›Symposion‹, erschienen in Schillers ›Thalia‹, 5. und 6. Heft 1792), ›Über Religion als Wissenschaft‹ (1795), sowie ›Vorbericht‹ und mehrere Aufsätze in dem von ihm herausgegebenen ›Philosophischen Journal einer Gesellschaft Teutscher Gelehrten‹ Bd. 1–4, 1795/96 (Bd. 5–10, 1797/98 gemeinsam mit Fichte). II 554 557 566 575 579 613   III ⟨369⟩ ⟨386⟩ 635
Briefe an Niethammer: II 604 614 906
Stammbucheintrag Hölderlins: II 968

Nil: Bei Hesiod, Theogonie v. 338 wird er als erster der Flüsse genannt, die Tethys dem Okeanos gebar. Bei Ovid, Metamorphosen 2,254 ff. wird erzählt, die Mündungsarme hätten bei Phaëtons Sturz ihr Wasser verloren und er habe in die Ferne fliehend sein Haupt verborgen, so daß seine Quellen (caput Nili) den Menschen unbekannt geblieben seien.   I 297   895   II 148

Nio: Kykladeninsel, in der Antike und heute Ios genannt, hier ist Homer gestorben und begraben.   I 494 622

Niobe: Tochter des →Tantalos und der Dione, Gattin des →Amphion; sie rühmt sich ihres Kinderreichtums und verbietet den Thebanerinnen, der Leto Opfer zu bringen, da diese nur zwei Kinder habe; daraufhin werden von Apollon und Artemis, den Kindern der Leto, die Niobiden getötet; aus Trauer darüber versteinert Niobe zu einem weinenden Felsen auf dem Berg Sipylos in ihrer Heimat Phrygien.
I 823   II 348 (Phrygische) 372

Nisus: Sohn des Hyrtacus, Gefährte des Aeneas, Freund des Euryalus; findet am von Hölderlin nicht mehr übersetzten Schluß der Episode bei der Rache für seinen Freund den Tod.   II 170–174

Nonna: ein Markgröninger Mädchen, dem Magenau Gedichte widmete.   II *481*

Notara, Gorgonda: von Hölderlin aus →Chandlers Buch übernommener Name für die Figur des mit praktischem Sinn versehenen Bekannten Hyperions. In der vorletzten Fassung des Romans Sohn von Hyperions Pflegevater aus Paros.   I 492–508   534–550   582–600 658–751

Nürnberg.   II 512ff. 516 528 557 559 572

Nürtingen.   I 370 (Stadt)   II 393 402 419 437 450 459 463 466 468 471ff. 504 506 534 573 613 619 638 659f. 709 808 *855* (Vaterstadt) 872 880 883 915 921 (Vaterstadt) 961   967 971   III 44 *575* (Neislingen) *590* (Neidlingen) 608f. *612f.* 630 653

Numa: sagenhafter zweiter König Roms, galt als weiser Gesetzgeber und milder Herrscher, der das römische Volk einte und zivilisierte; vgl. Plutarch, Numa.   I 818

Nymphen: Mädchenhafte Geister von Quellen, Flüssen, Bergen oder Bäumen. II 237 293

Nysa, Nysisch, Nyssäisch: nach der Amme des Dionysos benannter halbmythischer Ort in Indien an dem zu seinen Ehren Festtänze aufgeführt wurden. II 150 360 388

O

Oberhausen. II 424

Ocean, Ozean: Okeanos, Sohn des Uranos und der Gaia, Gemahl der Tethys (→Thetis), Vater der →Okeaniden; in der griechischen Vorstellung umfloß er den Weltkreis außerhalb der Säulen des Herkules. I 279   II 235   III ⟨215⟩

Odyssäisch: (→Ulyß). II 384

Oedipus: Οἰδίπους »Schwellfuß«, Herrscher in Theben, Sohn des Laios und der Jokaste. Da sein Vater das Orakel erhält, sein Sohn werde ihn dereinst töten, wird Ödipus als Kind mit vernähten Füßen am Kithäron ausgesetzt, jedoch von einem Hirten gefunden und nach Korinth gebracht, wo der König Polybos und seine Frau Merope ihn an Kindes statt aufnehmen; aus Zweifel an seiner Herkunft besucht er das Orakel von Delphi und erfährt dort, daß er den Vater töten und die Mutter ehelichen werde, und kehrt daraufhin nicht nach Korinth zurück. An einem Dreiweg trifft er auf den ihm nicht bekannten Laios und erschlägt ihn über einem Streit darum, wer dem anderen Platz machen müsse. Er kommt nach Theben, wo er das Rätsel der →Sphinx löst und die Stadt von dem Ungeheuer befreit. Er heiratet die Königswitwe Jokaste und gelangt so zur Herrschaft. Aus der Ehe entspringen die Kinder Eteokles, Polyneikes, Antigone und Ismene. Die beiden Ödipus-Tragödien des Sophokles setzen diese Vorgeschichte voraus; die erste stellt den Prozeß der Selbsterkenntnis des Ödipus dar, der damit endet, daß sich Ödipus, als er die wahren Verhältnisse erkennen muß, selbst blendet und Theben verläßt; die zweite läßt den von seiner Tochter Antigone geführten blinden Ödipus nach Kolonos vor die Tore von Athen kommen, wo er im Hain der Eumeniden entrückt wird. I 302 (Mann) 754   II 107 179 249–316 374 377f. 765   III 656

Oeffinger, Friedrich: im Stift 1787–1789, später Rentbeamter. Stammbucheintrag Hölderlins: II 966

Oelbronn: Dorf bei Maulbronn. II 415

Österberg: Hügel in Tübingen. III ⟨573⟩ 654 ⟨660⟩

Oesterreich, Oesterreicher. II 488 627 716
Österreich, Erzherzog Karl (1771–1847): Reichsfeldmarschall. II 773
Oeta: Oite, Gebirge in Mittelgriechenland. I 304
Offenbach. II 588 902
Oikles: Seher aus Argos, Enkel des →Melampus, Vater des →Amphiaraos. II 231
Okeaniden, Oceaniden: die Flüsse, Töchter des Okeanos (→Ocean) und der Tethys (→Thetis), bei Hesiod, Theogonie v. 364 »dreimal tausend« an der Zahl; in der ›Zweiten Olympischen Hymne‹ spricht Pindar von »okeanischen Lüften«, welche die »Insel der Seligen« umwehen, was von Hölderlin zu einem Bezug auf die Okeaniden umgedeutet wird. II 191 III 162 ⟨215⟩
Okkersheim: Oggersheim. II 248
Olnhausen, Caroline (geb. 1771): Freundin Magenaus aus Weinsberg. II 481 (Margot) 485 487 III 576 (Margot)
Olympia, Olympisch: griechisches Heiligtum in →Elis im Tal des →Alpheios bei dem das Stadion liegt, in dem alle vier Jahre zu Ehren ihres Gründers Herakles die Olympischen Spiele stattfanden. I 248 316 378 f. 388 467 620 769 II 185 193 231 III 182
Olympiade: der Zeitraum zwischen zwei Olympischen Spielen (vier Jahre), meist aber Bezeichnung für diese selbst. I 533 624
Olympias, Olympiaden: Festspiel(e) von →Olympia; am Beginn der ›Elften Pythischen Ode‹ Pindars gibt Hölderlin das vom Göttersitz ›Olymp‹ sich ableitende Adjektiv durch »Olympiaden« wieder. II 187 197 241
Olympion, Jupiter Olympius: Olympieion, südöstlich der Akropolis von Athen außerhalb des Hadriantores gelegener Tempelbezirk des Zeus Olympios, von den Peisistratiden begonnen, erst vom römischen Kaiser Hadrian vollendet; der größte Zeustempel der Antike, von dem bis 1852 noch sechzehn Säulen aufrecht standen (heute: fünfzehn). I 254 301 681 689 731 II 14 20
Olympischer Sieger, Olympiasieger: An den fünftägigen Festspielen fanden Wettkämpfe statt in verschiedenen Disziplinen: Lauf, Ringen, Boxen, Wagenrennen, Waffenlauf, Pankration (›Allkampf‹, dem Judo ähnlich), Fünfkampf (für die Knaben Vierkampf), und schließlich auch für Trompeter und Herolde. II 197 238
Olympos, Olympus, Olymp, Olympier, Olympisch: Berg in Thessalien, Sitz der griechischen Götter. I 14 109 131 161 170 178 229 305 f. 315 374 f. 437 470 476 481 528 583 650 700 748 f. 782 823 842 855 910 II 119 125 167 183 200 292 341 383 III 65 f. ⟨439⟩

Onan: biblische Gestalt, die sich weigert, die Schwagerehe zu vollziehen, und nach der fälschlich die Selbstbefriedigung benannt ist. I 60

Onatas (ca. 500–450 v. Chr.): Erzgießer aus Aegina. II 23

Opheltes: Trojaner, Vater des Euryalus. II 171

Opuntium: Opus, Hauptstadt der mittelgriechischen (Ost-)Lokrer; die Herkunftsbezeichnung *opuntios* (aus Opus stammend) nimmt Hölderlin versehentlich für den Namen der Stadt. II 197

Orchomenos: Alte und sprichwörtlich reiche Stadt nordwestlich des Kopais-Sees, Böotien benachbart; ihre Bewohner nennen sich Minyer (→Minyä). II 200

Oreithyia: Tochter des Erechtheus, von Boreas entführt und von ihm Mutter des Kalais und des Zetas. II 183 (Atheniensisches Mädchen)

Orellana: der Amazonas, der von Johannes Orellana entdeckt wurde. I 121

Orestes: Sohn des →Agamemnon und der →Klytaimnestra; bei Pindar wird das Kind, nachdem sein Vater ermordet wurde, zu Strophios, dem Schwager und Gastfreund des Agamemnon, im phokischen Kirrha gebracht, wo er zusammen mit dessen Sohn Pylades aufwächst. II 242 III 571

Orient, Orientalisch: Das Morgenland, Gebiet der aufgehenden Sonne, d. h. die Länder im Osten von Griechenland: Syrien, Phönizien, Palästina, Mesopotamien und Ägypten. I 15 159 262 272 296 330 349f. 405 686 820 ⟨Morgenland: 183 270⟩ II 11 28 34 *901 925*

Orion: mythischer Riese und Jäger, in Böotien beheimatet; bei Hesiod, ›Werke und Tage‹ 619f. verfolgt er die →Plejaden; er trägt eine Keule oder ein Schwert und eine Löwenhaut, sein Hund heißt →Sirius; eines der leicht zu erkennenden Sternbilder; Hölderlin gebraucht den Namen oft im Plural für »Sonnen«. I 58f. 91 95 98 115 123 138 141 II 475 III 68

Orkus: römische Entsprechung des →Tartaros. I 47 48 123 132 137 188 290 302 319 325

Orpheus: sagenhafter griechischer Sänger thrakischen Ursprungs, Teilnehmer am Argonautenzug; auch Sohn Apollos, der ihn lehrte, mit seiner Musik nicht nur die Menschen und Götter, sondern Tiere, Pflanzen und Steine zu bezaubern. Berühmt ist seine Hadesfahrt, die später, wohl erst in römischer Dichtung (Vergil, Georgica 454–503), um das Eurydike-Motiv ergänzt wird, nach dem der Sänger seine gestorbene Gattin im Hades durch seinen Gesang auslöst und wieder ins Leben zurückführen darf, unter der Bedingung, daß er sich auf dem Rückweg nicht umblickt, wogegen er freilich verstößt und allein wieder zur Erde kommt; in einer nur sekundär überlieferten, bzw.

referierten Version in den ›Bassariden‹ des Aischylos wurde berichtet,
daß Orpheus nach seiner Rückkehr aus dem Hades nicht mehr wie
früher den Dionysos, sondern den Helios (die Sonne) verehrt habe,
worauf ihn die erzürnten Dienerinnen des Dionysos, die Bakchen,
zerrissen und ins Meer geworfen hätten; sein Haupt sei, zusammen
mit der Lyra, an der Insel Lesbos gelandet. Unter dem Namen des
Orpheus werden seit hellenistischer Zeit verschiedene Dichtungen
überliefert, darunter die ›Argonautika‹ und eine Sammlung von Hymnen
(darunter der Hymnos an die Sonne), die in Renaissance und
Humanismus Aufmerksamkeit erregten und häufig zusammen mit
dem spätantiken Versepos ›Hero und Leander‹, das dem Orpheus-
Schüler Musaios zugeschrieben wurde, und den Hymnen des Proklos
ediert wurden (Aldina 1517), gelegentlich auch, so etwa in einer
Juntina von 1540, zusammen mit den Werken des Hesiod.   I 118
644   II 12 36   225   III 68 152

Ortygia: Das sagenhafte Geburtsland der Artemis, das von den Syrakusern
mit einer Insel gleichen Namens vor ihrer Stadt identifiziert
wurde; auch →Delos nannte sich als Geburtsort der Artemis Ortygia.   I 151   II 207

Ossa: Berg in Thessalien, dem Olympos benachbart, den Ephialtes und
→Otos zusammen mit dem Pelion auf den Olymp türmen wollten,
um in den Himmel zu gelangen, vgl. Homer, Odyssee 9,315 f.   I 411
650   II 159

Ossian: legendärer gälischer Dichter, dessen angebliche Werke James
Mac Pherson (1736–1796) unter dem Titel ›The Works of Ossian‹ 1765
auf englisch veröffentlichte. Die Texte sind zum Teil an irische und
schottische Sagenstoffe angelehnt und wurden als Übersetzungen
ausgegeben. Sie hatten vor allem in Deutschland zur Zeit des Sturm
und Drang große Wirkung. Hölderlin kannte die deutsche Übertragung
von Michael →Denis, die ergänzt durch eigene Dichtungen 1784
unter dem Titel ›Ossians und Sineds Lieder‹ erschien. Franz Wilhelm
→Jung fertigte eine eigene Übersetzung an, die er Hölderlin zur
Beurteilung gab und die 1808 erschien.   I 21 36   II 12   385 402 420
431 f. 497 780   III 600

Ostertag, Wilhelm Friedrich (1768–1845): Pfarrer, Hölderlin vom Stift
her bekannt, heiratete im Oktober 1799 Elise Lebret.   II 810

Otahiti, Otaheiti: Tahiti, größte der Gesellschaftsinseln im Südpazifik;
Hölderlin kannte sie wohl aus der Reisebeschreibung Georg Forsters
›A voyage round the world‹ (dt. 1778–80).   I 180   II 914

Otos: einer der Aloiden, riesenhafte Söhne oder Enkel des Poseidon;
Bruder des Ephialtes (→Epialtas), mit dem zusammen er den Olymp

stürmen will, indem er die thessalischen Gebirge →Ossa und Pelion aufeinandertürmt; von Apollon zusammen mit seinem Bruder getötet, wird sein Grab auf Naxos verehrt.   II 221

Ottmar: von Hölderlin verwendeter Bardenname.   I 334

Ovid: Publius Ovidius Naso (43 v. Chr. – 18 n. Chr.), römischer Elegiker, auf dem Höhepunkt seines Erfolgs im Jahr 8 n. Chr. durch kaiserliches Edikt in die Verbannung nach Tomis am Schwarzen Meer geschickt, wo er auch starb; schrieb erotische Elegien (›Amores‹), das Lehrgedicht ›Ars amatoria‹, eine Tragödie ›Medea‹, die fiktiven Briefwechsel mythischer Heroen und Heroinen (›Heroides‹), die Verwandlungsmythen der ›Metamorphosen‹ und (im Exil) die ›Fasti‹, die den römischen Festkalender ätiologisch erläutern.
I 274   II 17 36 166ff. 169f.   431 583   III ⟨47⟩ ⟨74⟩ ⟨143⟩ ⟨458⟩

P

Pactol: Paktolos, Fluß in Kleinasien, der auf dem Tmolos entspringt und in den Hermos mündet. Aus seinem Wasser wurde das Elektron, ein Mischmetall aus Gold und Silber gewonnen.   I 254 448 454 461 464 494 541 626

Paderborn.   II 628

Päan: Paian, Heilgott, oft mit Apollon identifiziert und der Bittgesang an ihn.   II 251 256

Palion →Pelion

Pallas:

1. (gr.) »Mädchen«, Beiname der →Athene.   II 124 188 245 251 361

2. Sohn des Euandros, Gründers von Pallanteum, an dessen Stelle später Rom entstand.   II 171 f.

Palmyra: ehemals prächtige orientalische Stadt und Oase in der syrischen Steppe, die 273 n. Chr. von den Römern zerstört wurde und deren Ruinen 1691 entdeckt wurden, darunter die Reste einer Säulenstraße.   I 446

Pamphilus (Mitte des 4. Jh.s v. Chr.): aus Makedonien stammender Maler, lebte in Sikyon am korinthischen Golf.   II 27

Pamphylos: ältester Sohn des Dorerkönigs Aigimios (→Aegimios).
II 204

Pan: arkadischer Hirtengott und Mehrer der Herden; Pindar richtete ihm und der Göttermutter in der Nähe seines Wohnhauses ein Heiligtum ein.   II 24 216 293 388

Panagia: »die Allheilige«, neugriechischer Name der heiligen Jungfrau und Mutter Gottes →Maria.   I 521 541

Pandora: nach Hesiod, Werke und Tage v. 70–105 die auf Geheiß des Zeus von Hephaistos aus Erde geschaffene Frau, die Epimetheus, der Bruder des Prometheus aufnimmt. Sie öffnet den Krug, der alle Übel enthält, die seither die Menschen heimsuchen.   II 30 35

Pangäos: Pangaion, Erzreiches Gebirge in Thrakien.   II 226

Panthea: Tochter des →Kritias bzw. des →Mekades im ersten und zweiten Entwurf zum ›Empedokles‹. Im dritten Entwurf Schwester des Empedokles und des Strato. Nach Diogenes Laertius wurde die »Atemlose«, von den Ärzten aufgegebene Panthea durch Empedokles geheilt.   I 768–903

Paoli, Pasquale (1725–1807): kämpfte 1755–69 an der Spitze der korsischen Patrioten gegen Genua und Frankreich; eroberte 1793/94 mit englischer Hilfe die Insel und wurde 1796 von den Franzosen vertrieben.   I 205

Paris.   II 644 846 913 915 928   III ⟨495⟩ ⟨549⟩ ⟨551⟩

Parnassos, Parnaß: zweigipfliger Berg in Phokis oberhalb von Delphi; erst in römischer Zeit zum Berg der →Musen geworden.   I 266 (Berge) 301 315 338 350 351 374 375 388 406 467 506 613 746   II 203 228 231 238 243 268 360 390

Paros: Kykladeninsel südlich von Delos, berühmt für ihren Marmor.   I 563 565 727 751 910   II 27   III 167

Parthenon: der nach dem Beinamen »Parthenos« (Jungfrau) der →Athene benannte Haupttempel der Akropolis von Athen.   I 688 f.

Parther: Iranisches Volk südöstlich des Kaspischen Meers, dessen Herrschaftsbereich unter der Dynastie der Arsakiden bis nach Syrien reichte; seit der Errichtung der römischen Provinz Syria durch Pompeius (64 v. Chr.) lang anhaltende kriegerische Auseinandersetzungen mit Rom.   II 151 154

Parzen: römische Entsprechung der Moirai (→Mören).   I 150 165 188 201 (Schiksaalsgötter) 216 238 240 275 284 289 653 665 (Schwestern des Schiksaals)   II 143 151 180 267   III 110

Pascal, Blaise (1623–1662): französischer Mathematiker und Philosoph, hinterließ umfangreiche philosophisch-theologische Notizen, die postum unter dem Titel ›Pensées sur la Religion‹ veröffentlicht wurden (1670 und 1687).   II 972

Patmos: griechische Insel vor der Südwestküste Kleinasiens, auf der →Johannes nach seiner Angabe (Off. 9,1) die ›Offenbarung‹ geschrieben hat.   I 433 447 f. 453 455 460 463

Patroklos, Patroklus, Patroclus: Sohn des Menoitios, griechischer Held vor Troja, Freund des Achill, mit dem er sich zunächst aus dem Kampf zurückzieht, dann aber doch wieder eingreift, und der in der Rüstung des Achill fällt, was wiederum Achill in die Reihen der griechischen Kämpfer zurückbringt (→Menoetiades).   I 435 436 438 495 542 641 (Geliebter)   II 65 70f. 128 198

Paulus: Apostel Christi; Verfasser mehrerer Briefe des neuen Testamentes.   II 599(Apostel) 600

Paulus, Heinrich Eberhard Gottlob (1761–1851): aus Leonberg, wurde nach Absolvierung des theologischen Studiums in Tübingen, wo er →Schnurrers Musterschüler war, und einer ausgedehnten Bildungsreise durch Europa 1789 Professor der orientalischen Sprachen in Jena (als Nachfolger →Eichhorns); seit 1793 Professor der Exegetik in Jena; neben seiner umfangreichen orientalistischen Publikationstätigkeit (u. a. als Herausgeber mehrerer theologisch-exegetischer Fachjournale) gab er von 1800 bis 1803 die erste deutsche Edition der Werke Spinozas heraus; im Atheismusstreit um Fichte (1798/99) setzte er sich als Vertreter des theologischen Rationalismus für Fichte ein; später (nach 1803) im bayerischen Bildungswesen tätig und seit 1810 Professor in Heidelberg.   II 555 558

Pausanias:

1. Nach Diogenes Laertius der Lieblingsschüler des Empedokles. I 764–903

2. (2. Jh. n. Chr.) Verfasser einer recht genauen Reisebeschreibung Griechenlands in zehn Büchern, in der vor allem die großen Werke der Kunst und Kultur geschildert werden; über die Bilder des Daidalos vgl. 2,4,5.   I 494   II 12 22 26f.

Pelasger: halbmythischer Stamm aus Thessalien. Bei Ovid als Name für die Griechen der Vorzeit überhaupt verwendet.   II 169

Peleus: Sohn des Aiakos (→Aeakos), Bruder des Telamon, mit dem zusammen er nach einem Totschlag seine Heimat Aigina verlassen und nach Phthia fliehen muß. Dort heiratet er die Göttin Thetis, mit der er Achilles zeugt. Berühmt ist seine Hochzeit, zu der – wie bei derjenigen des Kadmos – die Götter als Gäste erscheinen; bei Pindar wird er, neben Kadmos, auf die »Insel der Seligen« entrückt (O 2).   I 462 465   II 12 21 191 216 234

Pelias: Sohn Poseidons und der Tyro, Halbbruder des Aison, dem er die Herrschaft in Jolkos entreißt.   II 220 221 222 223 379

Pelide: »Sohn des Peleus«, Vatername des →Achill.   I 522   II 119

Pelinnäisch: nach Pellinaion, einer Stadt in Thessalien, die von Aleuas (→Aleva) gegründet worden sein soll; aus ihr stammte der Phythische Sieger Hippokles.   II 238

Pelion, Palion: Thessalisches Gebirge, nördlich von Jolkos; Heimat der Kentauren. I 650 II 212 235

Pelopidas (gest. 364 v. Chr.): Thebanischer Feldherr, Freund des Epameinondas, nach der Besetzung seiner Heimat durch die Spartaner floh er nach Athen und betrieb von dort aus die Wiederbefreiung 379 v. Chr.; vgl. Plutarch, Pelopidas. I 708

Pelopones: Peloponnes, die südliche Halbinsel Griechenlands (→Morea). I 585–598 620 702–718 III 653

Pelops: Sohn des →Tantalos, namengebender Heros des Peloponnes, Vater des →Atreus und Thyestes; Herrscher in der Landschaft Elis, wo die olympischen Spiele an seinem Grabmahl, dem »Zeichen Pelops«, stattfinden. II 138 198 III 282

Pelusium: irrtümlich für Perusia (das heutige Perugia). II 149

Penaten: Schutzgötter der römischen Familie. II 155 173

Peneus, Penios: Peneios, Fluß bzw. Flußgott bei der thessalischen Stadt Pelinnaion. II 235 240

Penia: (gr.) »Armut«, bei Platon Mutter des Eros. III ⟨306⟩

Penios →Peneus

Pentele: Pentelikon, ein durch seine Marmorbrüche bekanntes Gebirge nordöstlich von Athen, über das der Bote aus Marathon kam. I 301 584 688 701

Pepromene: (gr.) »Schicksal«; von Hölderlin personifiziert. I 145 148

Pergamos: die Burg von Troja, die nach Pindar von dem Heroen Aiakos und den Göttern Apollon und Poseidon zusammen erbaut wurde. II 195

Perikles (um 490–429 v. Chr.): Athenischer Staatsmann; unter seiner Regierung kam es zur größten Blüte der Künste in Athen; zum Kreis um ihn und →Aspasia gehören Herodot, Sophokles, Phidias und der Philosoph Anaxagoras. I 470 II 9 25 ff.

Periklymenos: Ältester Sohn des Neleus und der Chloris; Teilnehmer an der Argonautenfahrt. II 225

Perithous: Peirithoos, König der Lapithen in Thessalien, bei dessen Hochzeit mit Hippodameia ein Streit zwischen den Lapithen und den Kentauren entsteht; der attische Heros Theseus kämpft dabei auf Seiten der Lapithen. II 126

Persephone: Tochter der →Demeter und des Zeus, von Hades geraubt, wird sie zur Herrscherin des Totenreichs; besonders berühmt ist – neben dem von Eleusis – ihr Kult in Syrakus. II 179 (Göttinnen) 200 244 III ⟨439⟩

Perses: Bruder des Hesiod, den dieser in den ›Werken und Tagen‹ anredet. II 30 32 36

Perseus: Sohn des Zeus und der Danaë, tötet mit Athenes Hilfe die Medusa, eine der drei – bei Pindar im Land der →Hyperboreer lebenden – Gorgonen. I 143 II 239 245

Persien, Perser, persisch: Land in Mittelasien; seit Kyros dem Großen den vorderen Orient dominierend; Angriffskriege auf Griechenland seit 500 v. Chr.; die Niederlage bei →Marathon (490 v. Chr.) führte zu einem von Dareios I. vorbereiteten und unter Xerxes I. ausgeführten Rachefeldzug; von der Niederlage bei →Plataia an (479 v. Chr.) wurden die Perser endgültig aus Griechenland vertrieben (449 v. Chr.). I 298 333 416 (532) II 23 31 185 627

Peru. III 577

Peter I., der Große (1672–1725): russischer Zar; erzwang den Anschluß Rußlands an den Westen, mehrere Auslandsreisen brachten Anregung für die spätere Reformtätigkeit, die jedoch zum Teil in den Anfängen stecken blieb; sein militärisches Glück war wechselhaft, siegreich im Nordischen Krieg (→Pultawa), jedoch unterlegen gegen die Türken. I 425

Peträos: Petraios, (gr.) »der Felsige«, Beiname des →Poseidon. II 223

Pfalz. II 428 631

Pfalz, Karl Theodor, Kurfürst von der (1724–1799). II 428

Pfeffel, Gottlieb Konrad (1736–1809): aufklärerisch-pädagogischer Fabel- und Epigrammdichter; ›Fabeln‹ (1783). II 411 421 784

Pfister, Johann Christian (1772–1835): seit 1795 Hofmeister in Stuttgart, seit 1800 Repetent im Tübinger Stift. II 791 III 590

Pfizer, Paul (1801–67): Student der Rechte in Tübingen. III 658

Pforzheim. II 716

Phaëton: Sohn des Sonnengottes und der →Clymene. Weil er an seiner göttlichen Abstammung zweifelt, schickt ihn seine Mutter zur Burg des Sonnengottes hinauf. Dort bittet er den Vater, einmal den Sonnenwagen lenken zu dürfen. Trotz der Einwände des Vaters, setzt er seine Bitte durch. Seine Unerfahrenheit macht jedoch die Rosse des Sonnenwagens scheu und es kommt zur Katastrophe. Die Sonne gerät zu nahe an die Erde und richtet schreckliche Verwüstungen an, schließlich schleudert Jupiters Blitz Phaëton vom Wagen und er stürzt zurück auf die Erde. II 166–169 II 583 617 III 147

Phalantus (um 700 v. Chr.): Spartaner; gründete Tarent. II 180

Phalaris (570–554 v. Chr.): grausamer Tyrann von →Agrigent. II 206

Phantasus: Traumgott, Sohn des Hypnos (Schlaf). III 266

Phaon: Angeblicher Geliebter der Sappho, tatsächlich eine Sagengestalt auf Lesbos. II 18

Pharsalus: Thessalische Stadt, bei der 48 v. Chr. die Entscheidungsschlacht zwischen Caesar und Pompeius stattfand. II 149

Pherenikos: Name des Rennpferdes des Hieron, mit dem er bei den Pythischen Spielen mehrfach gewann. II 215

Pheres: Sohn des Kretheus, jüngerer Bruder des Aison; aus dem Ort Pherai an der Hypereischen Quelle. II 223

Phidias: Pheidias (ca. 500–430 v. Chr.), bedeutendster bildender Künstler der perikleischen Zeit; Hauptwerke sind seine Plastiken ›Zeus‹ in Olympia und ›Athene‹ im Parthenon-Tempel auf der athenischen Akropolis. I 189 II 22 26 III 386

Philadelphier: Amerikaner; nach Philadelphia, der früheren Hauptstadt der Vereinigten Staaten. I 145

Philipp II. (382–336): König von Makedonien, Vater Alexanders des Großen. I 15

Phillyride: Beiname des →Chiron, nach dem Namen seiner Mutter →Philyra. II 212 236 379

Philokles: Name mehrerer Strategen; von Hölderlin als poetische Anrede für Isaak von Sinclair verwendet. III 159

Philoktetes: Sohn des Argonauten Poias und der Demonassa; er zündet den Holzstoß an, in dessen Flammen Herakles am Ende seines Erdenlebens zu den Göttern auffährt, und erhält zum Dank von Herakles den unfehlbaren Bogen. Vor Troja auf der Insel Tenedos wird er von einer Schlange gebissen und wegen des Gestanks seiner Wunde von den Griechen auf der Insel →Lemnos ausgesetzt; als durch eine Weissagung des troischen Sehers Helenos offenbar wird, daß nur sein Bogenschuß den Untergang Trojas verbeiführen kann, wird er von einer Gesandtschaft der Griechen ins Lager zurückgeholt. Titelfigur einer Tragödie des Sophokles. I 401 II 203

Philyra: Mutter des Chiron. II 222

Phineiden: Die Söhne des im thrakischen Salmydessos herrschenden Phineus und der aus dem athenischen Geschlecht des Erechtheus stammenden Kleopatra (→Boreade), die auf Betreiben Idaias, der zweiten Frau ihres Vaters, geblendet wurden. II 354

Phlegias: Phlegyas, Sohn des Ares, Vater des Ixion und der Koronis. II 212

Phocis: Landschaft in Mittelgriechenland, Böotien benachbart. II 278

Phocylides (Mitte des 6. Jh.s v. Chr.): Ionischer Dichter von Spruchweisheiten. II 20

Phoebe: Beiname der →Diana, die mit der Mondgöttin Selene identifi-

ziert wurde, nach dem Beinamen Phoibos ihres Bruders Apollon.
II 150 164

Phoebus, Phöbus, Phöbos: Phoibos, Beiname des →Apollon. Von der Zeit an, da Apollon auch als Sonnengott angesehen wird, auch als Synonym für diesen. Die Rosse, die dessen Wagen ziehen, leben nach Ovid, Metamorphosen 2,120 von der Götterspeise Ambrosia.   I 130 217 585 (594) 702   II 120 (177) 203 236 253 256 256 277 280 289 292 390

Phönix: in der Ilias Erzieher des Achilles, der die Bittgesandtschaft der Griechen an den grollenden Helden anführt und dessen Rede den Sinneswandel des Achilles mit herbeiführt.   II 68

Phönizier, Phönizisch: Handel treibendes Volk an der syrisch-palästinischen Küste; von den Hauptstädten Byblos, Tyros und Sidon geht eine Kolonisierungsbewegung vor allem nach Nordafrika aus, die im 8. Jh. v. Chr. zur Gründung Karthagos führt.   II 11 204 210

Phorkisch: von Phorkys abgeleitet, dem Namen des Vaters der →Gorgonen, der sie mit seiner Schwester Keto zeugte.   II 245

Phrikisch: abgeleitet von Phrikias, dem Namen des Vaters des Pythosiegers Hippokles.   II 238

Phrixos: Sohn des Athamas und der Nephele, flieht mit seiner Schwester Helle vor den Nachstellungen seiner Stiefmutter Ino auf einem goldenen Widder nach Osten; während seine Schwester abstürzt und in dem nach ihr benannten Hellespont versinkt, gelangt er nach Kolchos, wo er den Widder dem Zeus opfert und dessen Fell, das Goldene Vlies, im Hain des Ares aufhängt.   II 225

Phrygerpenaten: die Schutzgötter der – angeblich von Phrygiern, nämlich von Aeneas und seinem Sohn Iulus, abstammenden – römischen Familie der Julier.   II 153

Phrygien, Phryger, Phrygier, Phrygisch: Landschaft im nordwestlichen Kleinasien; in der Ilias Herrschaftsbereich der Trojaner.   II 20 176f. 185 348 372

Phthia: Thessalische Landschaft, Heimat des Achilles.   II 123 217

Pierion, Pieride, Pierinnen: Pieria, Landschaft am Olymp, in der die nach ihr bezeichneten Musen beheimatet sind; Hölderlin nimmt wohl an, daß es sich um einen Berg wie den →Parnassos handelt.   I 104 105 107   II 181 201 241 389

Pindaros (522–445 v. Chr.): griechischer Lyriker, aus Böotien stammend. Von seinem umfangreichen Werk sind nur die Hymnen oder Oden genannten Gesänge auf die Sieger der olympischen, pythischen, nemeischen und isthmischen Festspiele vollständig erhalten; daneben aber auch viele Fragmente aus anderen Dichtungen, die durch die reichlichen Zitate in der antiken Literatur überliefert sind. Hölderlin besaß die berühmte Ausgabe des Henricus →Stephanus von 1560, benutzte bei seinen Übersetzungen aber auch andere Ausgaben, darunter die von C. G. →Heyne.　I 44　II 24 103 185 379 389　III ⟨49⟩ ⟨83⟩ ⟨143⟩ ⟨405⟩ ⟨415⟩ ⟨544⟩ 656

Pindos: Gebirge in Nord- und Mittelgriechenland.　I 266　II 204 235

Pirmonth.　II 786

Pisa: die Gegend, in der Olympia liegt.　II 187 193 194 198 200

Pisistrat, Pisistratus: Peisistratos (um 600–527 v. Chr.), athenischer Tyrann, Stifter der Panathenäen und der großen Dionysien; rege Bautätigkeit und Förderung der Künste, Gründung einer Bibliothek. Vater des Hippias und des →Hipparchos.　I 682　II 20 25

Pitho: Peitho »die Überredende«, Beiname der →Aphrodite.　II 236

Pithon →Pythios

Planck, Emanuel Christian, Dr. (1759–1814): Oberamtsphysikus in Nürtingen, Arzt Hölderlins.　III 611

Platäa, Platea: Plataiai, Küstenstadt im südlichen Böotien, Austragungsort einer siegreichen Schlacht der Griechen gegen die Perser (479 v. Chr.); vgl. Herodot 9,25–65.　I 602 718

Platner, Ernst (1744–1818): Professor der Medizin und der Philosophie in Leipzig; seine ›Philosophischen Aphorismen‹, die in mehreren Auflagen erschienen (1776, 1784, 1793), waren eines der meistgebrauchten Lehrbücher der Zeit.　III ⟨373⟩ ⟨383⟩

Platon (ca. 428–347 v. Chr.): griechischer Philosoph aus Athen, Schüler des Sokrates; nach dessen Tod (399 v. Chr.) Aufenthalt in Megara bei dem Logiker Eukleides, Reisen nach Nordafrika zur Bildung in Mathematik bei Theodoros von Kyrene, nach Sizilien und Unteritalien, wo er Kontakt hatte mit dem pythagoreischen Zirkel um den Mathematiker Archytas von Tarent und Freundschaft schloß mit Dion, dem Schwiegersohn des Tyrannen von Syrakus, Dionysios I.; nach der Rückkehr aus Sizilien gründete er 385 vor den Toren von Athen seine Schule, die Akademie (→Akademus); sein berühmtester Schüler war →Aristoteles. Von Dion nach dem Amtsantritt des Dionysios II. (366 v. Chr.) erneut nach Sizilien gerufen, versucht er dort gemeinsam mit Dion, die Tyrannis in ein gesetzlich begrenztes Königtum umzuwandeln, was – auch nach einer dritten Reise nach Sizilien im Jahr 360 v. Chr. – mißlingt; während Dion 357 v. Chr. durch eine militärische Invasion für einige Jahre Sizilien gewinnt, bevor er 354 v. Chr. ermordet wird, zieht sich Platon in die Akademie zurück; schon als junger Mann hatte er begonnen, seine philosophischen Einsichten in Dialogen zu veröffentlichen und so entstanden bis in sein hohes Alter neben seiner mündlichen Lehre in der Akademie insgesamt 27 Dialoge, u. a. ›Phaidros‹ (Phädrus), ›Politeia‹ (Staat) ›Symposion‹ (Gastmahl), ›Timaios‹; daneben sind sieben Briefe von ihm überliefert, deren Authentizität jedoch immer wieder umstritten war. Hölderlin besaß die sog. Zweibrücker Gesamtausgabe der Werke Platons, die in dreizehn Bänden 1781–87 erschienen war und auch die lateinische Übersetzung Ficinos enthielt. I 149 156 247 485 513 542 559 618 633 894 II 24 499 551 (696) 766 III ⟨59⟩ 80 ⟨84⟩ ⟨187⟩ ⟨214⟩ ⟨370⟩ ⟨327⟩ ⟨391⟩ 575

Plejaden: das Siebengestirn, Töchter des Atlas. I 95 98

Plinius: Gaius Plinius Secundus (23–79 n. Chr.), römischer Staatsbeamter und Historiograph; sein Hauptwerk, die ›Naturalis Historia‹ (Naturgeschichte), entfaltet in 37 Büchern das gesamte Wissen der Antike zur Kosmologie, Geographie, Anthropologie, Biologie und Heilmittelkunde, sowie am Ende zur Metallurgie und Malerei. II 15 17 21 f. 26 f.

Plutarchos (45–um 125 n. Chr.): griechischer popularphilosophischer Schriftsteller unter platonischem Einfluß; sein umfangreiches Werk teilt sich auf in die 24 vergleichenden Parallelbiographien je eines Griechen und Römers, und die sogenannten ›Moralia‹, unter denen sich kürzere Abhandlungen über naturkundliche Themen ebenso finden wie eine umfangreiche Abhandlung über die ägyptische Religion (›Über Isis und Osiris‹); in der Neuzeit wurde er – besonders seit der klassischen Übersetzung ins Französische von Amyot (1559–1572) – zu einem der meistgelesenen antiken Autoren. Hölderlin war Subskribent der in Tübingen von 1791 an erscheinenden Gesamtausgabe der Werke Plutarchs, die sich in seinem Nürtinger Nachlaß fand. Vgl. auch bei Schiller, ›Die Räuber‹ 1,2 die ersten Worte Karls von Moor: »Mir ekelt vor diesem Tintengleksenden Sekulum, wenn ich in meinem Plutarch lese von grossen Menschen.« I 533 620 II 15 593 618

Pluton, Pluto: Unterweltsgott, oft mit Plutos (Reichtum) gleichgesetzt. I 129 151 II 165 185 362

Pöas: Poias, Vater des →Philoktetes und Teilnehmer der Argonautenfahrt. II 204

Pöner: Punier, lateinische Bezeichnung der Phönizier, insbesondere der Karthager. II 149 157

Polaken. I 422

Pollux: lateinischer Name des Polydeukes, des unsterblichen der beiden →Dioskuren. I 693 II 244 475

Polybos: König in Korinth, Pflegevater des Ödipus, Gemahl der Merope. II 268 280 281 286 ff. 303 312 313

Polydektes: der Herrscher der Insel Seriphos, an welche Danaë mit ihrem

Sohn Perseus gespült wird; da er Danaë zur Hochzeit zwingen will, versteinert Perseus ihn mit dem Haupt der Gorgo Medusa.   II 245

Polydoros:
1. Sohn des →Kadmos, Vater des →Labdakos.   II 260
2. Sohn der Hekabe (→Hekuba).   II 175 (der)

Polygnot (Mitte des 5.Jh.s v. Chr.): Maler und Erzgießer aus Thasos. II 27

Polyklet (Mitte des 5. Jh.s v. Chr.): Erzgießer aus Argos; sein ›Lanzenträger‹ galt als Richtschnur (Kanon) menschlicher Proportionen. II 22 f. 27

Polykrates (um 540–522 v. Chr.): Tyrann auf Samos.   II 20

Polymestor: trakischer König, dem Polydoros, der letzte lebende Sohn der →Hekabe, in Obhut gegeben wird, den er aber um Goldes willen tötet.   II 176

Polynikes: Polyneikes, Sohn des →Ödipus und der Iokaste. Wurde von seinem Bruder Eteokles aus Theben vertrieben, kehrt aber mit Bundesgenossen aus Argos zurück, um die Stadt zu erobern (→Adrastos). Die beiden Brüder töten sich gegenseitig im Zweikampf; Kreon verbietet, Polyneikes zu beerdigen; als seine Schwester Antigone es dennoch versucht, wird sie zum Tode verurteilt.   II 189 320 323 325 351 362

Polyphemus: Lapithischer Heros.   II 126

Polyxena: Tochter des →Priamos und der Hekabe (→Hekuba), Odysseus soll sie nach dem trojanischen Krieg zum Opfer für den gefallenen Achilleus holen, worein sie einwilligt, die Mutter aber dagegen einwendet: »Und ich, im Lichte weilend, Kind, muß Sklavin sein!« (Euripides, Hekabe v. 415). Hölderlin hatte den Zusammenhang bei der Wiedergabe im ›Hyperion‹ demnach falsch in Erinnerung. I 724   II 176

Pommer-Esche, Johann Arnold Joachim von (1774–1814): Dr. jur., Sekretär in der schwedisch-vorpommerschen Gesandtschaft beim Rastatter Kongreß, später Regierungsrat; sein Vater war Kammerrat in Stralsund.   II 716 722 737

Pommern, Pommeraner.   II 716 737

Pompeius: Gnaeus Pompeius Magnus (106–48 v. Chr.), erzwang 79 v. Chr. nach dem Sieg über den Numiderkönig Hiarbas die Ehre eines Triumphzuges, obwohl er, erst sechsundzwanzigjährig, kein Amt innehatte, das ihn berechtigte, eine solche Auszeichnung zu verlangen. Er bekämpfte in den sechziger Jahren mit Erfolg die Seeräuber vor allem im östlichen Mittelmeer und gründete die römische Provinz Syria.   II 151 157 f. 163   III ⟨409⟩

Pontos, pontisch: (gr.) »Meer«. II 195 241 331 340 379
Pontus: das →Schwarze Meer   II 148
Poppenweiler: Dorf am Neckar oberhalb von Maulbronn, hier war Johann Friedrich →Hölderlin Pfarrer. II 405
Porcia: Tochter des römischen Republikaners Cato Uticensis, Gattin des →Brutus, die sich nach dessen Freitod ebenfalls umbringen wollte und als sie von Freunden daran gehindert wurde, glühende Kohlen verschluckte, vgl. Plutarch, Brutus 35. I 748 (Römerin)
Poros: (gr.) »Ausweg«, zeugt mit →Penia den →Eros.   III ⟨306⟩
Porphyrion: der Anführer der →Giganten im Kampf gegen Zeus. II 230
Posa, Marquis: Figur in Schillers ›Don Carlos‹.   II 508
Poseidon, Posidaon, Posidanisch: (röm.: →Neptun) Sohn des Kronos und der Rheia, Bruder des Zeus, dem bei der Aufteilung der Welt unter den Kronossöhnen das Meer zufiel; im Kampf um Troja steht er meistens auf Seiten der Griechen. Häufige Beinamen sind »Erderschütterer« (→Enoside), weil er Urheber von Seebeben ist, und »Petraios« (→Peträos). Von →Tyro ist er Vater des →Pelias und des →Neleus. Mit seinem Dreizack (Trident) regt er die Wellen des Meeres auf und beruhigt sie.   (Meergott: I 177 193 298 300 302 644)   I 45 46 788   II 129 147 195 198 223 378
Posselt, Ernst Ludwig (1763–1804): Historiker und Publizist, Amtmann zu Gernsbach in Baden; Herausgeber von ›Europäische Annalen‹, einer politischen Monatsschrift, die seit 1795 bei Cotta erschien. II 700
Prag: II 784
Praxiteles: athenischer Bildhauer (ca. 400 - 340 v. Chr.).   II 27
Preußen: II 514 746
Preußen, Friedrich der Große, König von (→Friedrich II.)
Preußen, Friedrich Wilhelm II., König von (1744–97): Sohn Friedrichs des Großen. II 627
Preußen, Marianne von (1785–1846): Schwester Augustes von →Hessen-Homburg.   III 601 604 644
Priamos, Priamus, Priam: Sohn des Zeussohnes Dardanos, nach dem die Trojaner »Dardaner« heißen; letzter König von Troja, Gemahl der Hekabe (→Hekuba), Vater u. a. des Hektor, des Paris und der Kassandra.   II 65 70   119 125 136 143 173 204 242
Proeck, Auguste Wilhelmine von, geb. von Ende, verw. von Sinclair (gest. 1815): Mutter →Sinclairs. Ihren ersten Mann verlor sie 1778, den zweiten 1796.   II (705)   709   932   III 604   616 (Mutter) 622 (Mutter) ⟨633⟩ 638 641 (Mutter)

Prokrustes: »Strecker«, in der Nähe Athens wegelagernder Unhold, von Theseus getötet, weil er Vorbeikommende solange mit seinem Hammer bearbeitete, bis sie in sein Riesenbett paßten. Der römische Mythograph Hyginus erweitert die Geschichte (fabula 38) um die von Hölderlin wiedergebene Variante. I 752

Prometheus: Ursprünglich Gott des Feuers und des Handwerks. Nach Hesiod Sohn des Titanen Iapetos und der Klymene, stiehlt den Göttern das Feuer und bringt es den Menschen, die er auch das Opfern von Tieren lehrt, wobei er den Göttern nur minderwertige Teile zukommen läßt. Nach späteren Sagen, auf die Aischylos in seinen beiden ›Prometheus‹-Tragödien zurückgreift, hat er überhaupt erst die Menschen erschaffen; für seinen doppelten Betrug an den Göttern wird er zur Strafe an die Felsen des Kaukasus geschmiedet, wo ihm ein Adler des Zeus täglich von neuem die nachwachsende Leber wegfrißt. Nachdem Herakles den Adler erlegt hat, wird Prometheus durch den stellvertretenden Tod des Chiron von seinen Leiden erlöst (›Der gefesselte Prometheus‹, v. 1026–29). I 354 587 (842) II 23 378 765 III ⟨265⟩

Prophasis: (gr.) »Ausrede«, Tochter des Epimetheus, des Bruders des Prometheus. II 228

Proteus: Meergreis, der wie viele Wassergottheiten, die Kunst beherrschte, sich in beliebige Gestalten zu verwandeln; vgl. Homer, Odyssee 4,450–458. I 757 III ⟨215⟩

Provence: Landschaft in Südost-Frankreich. I 423 II 913

Prytane: Vorsteher einer Stadtverwaltung. II 209

Pseudo-Longinus → Longin

Psyche: (gr.) »Seele«, Märchengestalt aus den ›Metamophosen‹ des Apuleius; sie verliebt sich in Amor und feiert Hochzeit mit ihm; beide werden meist geflügelt dargestellt. II 782

Ptolomäer: Dynastie der Nachfolger Alexanders d. Gr. in Ägypten. II 27

Pultawa: Stadt in der Ukraine, bei der Karl XII. von Schweden 1709 im Nordischen Krieg gegen → Peter den Großen unterlag. I 52

Punisch → Pöner

Pygmalion: in Ovid, Metamorphosen 10,243–298 ein Künstler, der sich in die von ihm geschaffene Statue einer Idealfrau verliebt und Aphrodite bittet, ihm eine ähnlich Gattin zu schenken; als er die Statue zuende formen will, wird sie lebendig. I 179 306 III 193

Pylades: Sohn des phokischen Königs Strophius, mit dem zusammen Orestes in Kirrha aufwächst. II 242 III 571

Pylos, Pylus: Messenische Stadt an der Westküste des Peloponnes

(→ Navarin), die Heimat des Nestor, von dessen Vater Neleus gegründet; sie soll der Ursprungsort der Ioner sein. In Hölderlins Übersetzung von Pindars zweiter Pythischen Hymne v. 85 irrtümlich für »Pelion«.   II 125 125 126 136 137 209 225 229

Pyrenäen: Gebirge zwischen Frankreich und Spanien.   I 735

Pyrgo: Stadt an der Westküste des Peloponnes.   I 496

Pyrrhon (ca. 360–270 v. Chr.): griechischer Philosoph der älteren skeptischen Schule; lehrte die Unerkennbarkeit aller Dinge.   II (972)

Pyrrhus: König von Epirus, der unter größten Verlusten die Römer 280 und 279 v. Chr. in Unteritalien schlug (daher die sprichwörtlichen Pyrrhus-Siege); er konnte erst 275 von dort vertrieben werden. II 149

Pythagoras (zweite Hälfte des 6. Jh.s v. Chr.): griechischer Philosoph und Mathematiker aus Samos; ließ sich, nach ausgiebigen Reisen in den Orient, in Kroton in Unteritalien nieder und gründete dort eine Lebensgemeinschaft seiner Schüler. Gemeinschaftlicher Besitz und vegetarische Lebensweise waren für seine Anhänger charakteristisch; der starke politische Einfluß pythagoreischer Kreise auf die Griechenstädte in Unteritalien fand in einer Verfolgung und Vertreibung um 500 v. Chr. zunächst sein Ende.   I 401   II 24

Pythagoras von Leontini (erste Hälfte des 5. Jh.s v. Chr.): aus Samos stammender Bildhauer. Der ihn betreffende Passus bei Hölderlin beruht auf einem Mißverständnis des Plinius-Textes; nicht er, sondern Pythagoras von Rhegium besiegte den Myron im Wettstreit.   II 27

Pythagoras von Rhegium (zweite Hälfte des 5. Jh.s v. Chr.): Bildhauer. II 27

Pythia: die prophetische Priesterin des → Apollon Pythios in → Delphi, die auf einem Dreifuß über einer Erdspalte saß, aus der Dämpfe aufstiegen. In der Mantik (durch außernatürliche Kräfte hervorgerufene Begeisterung) vermittelt sie zwischen dem fragenden Menschen und dem offenbarenden Gott.   I 746 826   III 657

Pythiade, Pythias, Pythisch: die Pythischen Spiele in Delphi.   II 202 215 227 233 239

Pythioniken, Pythosiegende: Sieger bei den Pythischen Wettspielen. II 230 234

Pythios, Python, Pithon: »der Pythische«, Beiname des Apollon, der den in Delphi zuvor herrschenden Python-Drachen getötet hat.   II 200 218 242

Pythisch: Das Orakel des Apollon in Delphi wurde das ›Pythische‹ genannt, die Orakelpriesterin die ›Pythia‹.   II 215 239 253 259 312

Pytho, Python: Beiname des Heiligen Bezirks von Delphi und des

Austragungsorts der Pythischen Spiele.   II 189 213 233 238 243 245 256 273 280

Q

Quirinus: Römischer Gott, der mit dem zu den Göttern entrückten Romulus gleichgesetzt wurde.   II 153

R

Rabener, Gottlieb Wilhelm (1714–71): satirischer Schriftsteller. Daß Rabener keine Vorurteile gegen Friedrich den Großen hatte, zeigt sein Brief an Gellert vom 18. Januar 1757; in: Sämmtliche Schriften, Leipzig 1777, Bd. 6, S. 244–249.   I 408

Radamanthos: Rhadamanthys, Sohn des Zeus und der Europe, Bruder des →Minos unter dessen Regierung er Gesetzgeber auf Kreta war; nach seinem Tod auf die Insel der Seligen entrückt, später (seit Platon) Totenrichter in der Unterwelt.   II 191 210   III ⟨215⟩

Rätzer, Marie (1772–1849): von 1792 bis zu ihrer Heirat mit Wilhelm Ludwig Freiherr Rüdt von Collenberg am 10. Juli 1797 Gouvernante der drei Gontardschen Töchter.   II 739 (Besuch)   III ⟨130⟩ ⟨302⟩ ⟨491⟩

Ramler, Karl Wilhelm (1725–1798): formstrenger Odendichter und Kritiker, Bearbeiter fremder Dichtungen.   III 571

Rapp, Gottlob Heinrich (1761–1832): ein als Kunstfreund bekannter Stuttgarter Kaufmann.   II 491

Rastatt: Der Rastatter Kongreß, am 9. Dezember 1797 eröffnet, beschloß am 11. März 1798 die Abtretung der linksrheinischen Gebiete an Frankreich. Uneinigkeit zwischen Frankreich und den deutschen Ländern, die ihrerseits entgegengesetzte Interessen hatten, blieb bestehen über die Entschädigung der betroffenen deutschen Fürsten. Württemberg war durch eine Gesandtschaft, aber auch durch eine Abordnung der Landstände vertreten. Letztere tendierte zu einer politischen Umwälzung im Süden Deutschlands. Im April 1799 wurde der Kongreß vom ausgebrochenen zweiten Koalitionskrieg gesprengt.   II 686 708–715 718 721 737 739 844 871

Regensburg: 1663–1806 Sitz des »immerwährenden Reichstags«; aufgrund des Friedens von →Lunéville sollte hier die Entschädigung für die Gebietsabtretungen der linksrheinischen Fürsten geregelt werden;

am 25. Februar 1803 kommt es zum »Reichsdeputationshauptschluß«, in dessen Folge die Aufhebung zahlreicher Kleinstaaten im deutschen Reich, sowie die Gründung von vier neuen Kurfürstentümern stand, darunter Hessen-Kassel und Württemberg. II 920 III 608 ⟨609⟩ *610 614f. 618* ⟨643⟩

Regina: Aegina (Druckfehler aus Winckelmann). II 23

Rehabeam (932–916 v. Chr.): König von Juda, Sohn des Salomo. II 31

Reinhard, Karl Friedrich (1761–1837): aus Schwaben, Stiftler, schloß sich 1787 in Bordeaux den Girondisten an, seit 1795 Gesandter der Französischen Republik in Hamburg, seit 1798 in Italien und um 1800 in Bern, ab 1806 in Kassel am Hofe König Jérômes. Befreundet mit Conz, Bardili und Stäudlin. II 761 *881* III 110

Reinhard, Karl (1769–1840): Privatdozent, setzte den ›Göttinger Musenalmanach‹ Bürgers nach dessen Tode fort. II 550

Reinhold, Karl Leonhard (1758–1823): 1774 Mitglied des Barbiten-Kollegiums in Wien, 1782 Anschluß an die Loge ›Zur Wahren Eintracht im Orient‹, 1783 Flucht aus Wien nach Leipzig, dann Übersiedlung nach Weimar, wo er 1785 Mitherausgeber des von Wieland gegründeten ›Teutschen Merkur‹ und dessen Schwiegersohn wurde; 1787 als Professor der Philosophie nach Jena berufen, folgt 1794 aus ökonomischen Gründen einem Ruf nach Kiel; später nacheinander Anhänger Fichtes, Jacobis und Bardilis. Frühe Schriften: ›Briefe über die Kantische Philosophie‹ (1786–87 im ›Teutschen Merkur‹; 2., auf zwei Bände erweiterte Ausgabe 1790 und 1792), ›Versuch einer neuen Theorie des menschlichen Vorstellungsvermögens‹ (1789), ›Beyträge zur Berichtigung bisheriger Mißverständnisse der Philosophen‹ (2 Bde. 1790/94), ›Über das Fundament des philosophischen Wissens‹ (1791). II 614 III ⟨385⟩ ⟨479⟩ ⟨490⟩ 597

Remus: Bruder des →Romulus. Als Romulus bei der mythischen Stadtgründung Roms die erste Mauer baut, springt Remus aus Spott darüber. Dafür wird er von Romulus erschlagen. II ⟨150⟩ III ⟨288⟩ ⟨321⟩

Renz, Karl Christoph (1770–1829): aus Owen, Kompromotionale Hölderlins in Denkendorf, Maulbronn und Tübingen, stets der Beste der Promotion. Er verweigerte sich dem vom Herzog mit Prämien bedachten Abschlußexamen mit folgender, sich auf Kant berufenden nachträglichen Begründung: »es war mir bei der Veranstaltung des gestrigen Examens nach meinem individuellen Gefühl auch nur der Gedanke beengend, daß es Möglichkeit wäre, den Schein zu erregen, als ob mich kleinlichte äußere Vortheile zu desto besserer Ausübung meiner Pflichten bestimmen könnten«. Renz wurde 1797 Repetent, schlug jedoch das schon 1799 ausgesprochene Angebot auf einen Lehrstuhl in Tübingen aus und wurde 1803 Diakon in Lauffen, 1819 Pfarrer in Weilheim unter Teck.   II 419 600   III ⟨379⟩ 575 583 589

Reuß, Johann August (1751–1829): Staatsrechtler.   II 461

Reutlingen.   II 457 464 627 872   III 651

Revett, Nicolas (um 1720–1804): englischer Architekt, der mit James →Stuart Griechenland und 1765 mit Richard →Chandler Kleinasien bereiste.   III ⟨297⟩ ⟨321⟩

Rhamnusium: Rhamnos, Ort im nördlichen Attika, in dem sich ein Tempel der Nemesis befand.   II 27

Rhea:
1. Titanin, Tochter des Uranos und der Gaia, Mutter des Zeus, Göttermutter, Gemahlin des Kronos, rettet ihre Kinder vor der Gefräßigkeit ihres Gatten.   II 33 187 191
2. ursprünglicher Name der Delia-Figur im ersten Entwurf zum ›Empedokles‹   III 331

Rhegium: Stadt an der Meerenge zwischen Italien und Sizilien.   II 27

Rhein, Rhenus.   I 144 171 179 208 230 254 272 306 308 321 337 339 340 342 343 344 370 476   II 159 161 424 429f. 519 (627) (631) 786 902 928   III 118 190

Rheinhart →Reinhard, Karl

Rheinhausen.   II 422 424

Rheinwald: ein nicht genau zu ermittelnder Bekannter Hölderlins aus Urach, entweder Karl Friedrich (1763–1837) oder sein Bruder Heinrich Friedrich (geb. 1769).   II 451

Rhemer: Die Rhemer waren in der Gegend von Reims beheimatet.   II 160

Rhodanus: die Rhone.   I 343   II 161

Rhodus: Rhodos.   I 620

Rhön.   II 534 536 539 541 653

Richter →Jean Paul

Rinaldo, Rinald: Figur einer Episode aus →Tassos ›Befreitem Jerusalem‹, die auf den aufsässigen Vasallen und Helden mehrerer Volksepen Rinaldo Montalbano (Renaud de Montauban) zurückgeht und dessen Jugend Tasso schon in seinem Frühwerk ›Rinaldo‹ behandelte; in der genannten Episode erscheint er als Begleiter Gottfrieds von Boullion auf dem ersten Kreuzzug, wo er sich nach unterschiedlichen Anfechtungen dazu entschließt, an der entscheidenden Schlacht um Jerusalem teilzunehmen.   I 425f.

Robespierre, Maximilien (1758–94): Jakobiner, am 28. Juli 1794 hingerichtet.   II 546

Römhild: Ort bei Waltershausen. II 545
Rößler, Christian Friedrich (1755–1821): Professor der Geschichte in Tübingen; Werke zur altkirchlichen Dogmengeschichte und mehrere Dissertationen über den Quellenwert mittelalterlicher Chroniken.
 III 574
Rößlin, Christoph Heinrich (1767–1831): Kompromotionale Neuffers, nachmals Ehemann der Eleonore Hafner. II 495
Roma, Rom, Römer, Römling, Römisch: Hauptstadt des römischen Weltreichs, der Sage nach von Romulus gegründet. I 80 81 206 209 274 397 432f. *491 632 894* II 20 *148–165* 181 III 171 *589*
Romulus: Sagenhafter Gründer und erster König von Rom (angeblich 753 v. Chr.), mit seinem Bruder →Remus von einer Wölfin aufgezogen. II 15 *486* III ⟨288⟩ ⟨321⟩ ⟨409⟩
Rosenkranz, Karl (1805–79): Professor der Philosophie, Biograph Hegels. III ⟨379⟩ *574*
Roßbach: Am 5. November 1757 siegten hier im Siebenjährigen Krieg die Peußen unter Friedrich dem Großen über französische Truppen und die Reichsarmee. II 580
Rothacker, Ferdinand Wilhelm Friedrich (1770–1830): Pfarrerssohn, Kompromotionale Hölderlins, der stets an letzter Stelle der Promotion stand. II 418 477 484
Rousseau, Jean Jacques (1712–1778): aus Genf stammender Philosoph und Schriftsteller, berühmt geworden durch seine Akademischen Preisschriften ›Über Kunst und Wissenschaft‹ (1750) und ›Über den Ursprung der Ungleichheit unter den Menschen‹ (1755); 1761 erscheint sein Briefroman ›Die Neue Heloise‹, 1762 sein politisches Werk ›Der Gesellschaftsvertrag‹ und ›Emil oder über die Erziehung‹; Rousseau muß daraufhin Frankreich verlassen und findet 1765 auf der Petersinsel im Bieler See ein vorläufiges Asyl; nach einem Aufenthalt in England wieder in Frankreich, schreibt er 1772–1778 an den ›Träumereien eines einsamen Spaziergängers‹; begraben wird er auf der Pappelinsel im See des Parks von Ermenonville, 1794 werden seine Gebeine ins Pariser Pantheon überführt. I 77 (Weiser) 120 267 346 II 475 (Jean Jacque) *593 676 765* III ⟨301⟩ ⟨605⟩
Rubikon, Rubiko: Grenzfluß zwischen der Provinz Gallia Cisalpina und Italien. II 153 154
Rudolstadt. III 602
Rueff, Georg Christoph Friedrich (geb. 1768): 1786–91 im Tübinger Stift, später Pfarrer.
 Stammbucheintrag Hölderlins: II 969
Rümelin, Johann Christian Benjamin (1769–1821): aus Sielmingen bei

Nürtingen. Am 15. Juni 1790 wegen »unordentlichen Betragens« aus dem Stift entlassen, wurde er später zunächst Schreiber und dann Bürgermeister in Herrenberg.   II 456

Stammbucheinträge Hölderlins: II 965 967

Rütli: Grütli »gerodetes Land«, Bergwiese im Schweizer Kanton Uri am Westufer des Urnersees, wo der Überlieferung nach 1291 (1307?) die Vertreter der Kantone Uri, Schwyz und Unterwalden einen Bund gegen die Fremdherrschaft (vornehmlich gegen die Habsburger) schlossen und damit die Eidgenossenschaft begründeten.   I 136

Rußland, Russen, russisch: Im Jahre 1770 wurde die baltische Flotte in die Ägäis entsandt, wo sie im Frühjahr eintraf, um die Kräfte der →türkischen Armee vom Hauptkriegsschauplatz im Donauraum und damit von den polnischen Interessen Rußlands (1772 kam es zur ersten Polnischen Teilung) abzulenken. Unter Katharina II. wurden die Völker des Balkans zwar zur Erhebung aufgerufen, als jedoch die Versuche der Russen, den Peloponnes zu beherrschen scheiterten (→Koron, →Modon, →Navarin) und überdies die Griechen entweder plünderten (→Misistra) oder flohen (→Tripolis), wurden sie dem Einfall der →Albaner überlassen und die Russen verfolgten nurmehr die türkische Flotte, die dann im Juli bei Chesme (→Tschesme) geschlagen wurde.   I 592–607 698 720–727 730

Ruthener: Gallisches Volk.   II 160

Rutuler: Nicht genau lokalisierbares Volk aus →Latium.   II 171f.

S

Saale.   II 583

Sabinerin: Um dem Frauenmangel in Rom abzuhelfen, ließ →Romulus die Frauen eines nahen Bergvolkes, der Sabiner, entführen. Als diese einen Rachefeldzug gegen Rom unternahmen, schlichteten die Sabinerinnen den Konflikt.   II 151

Sachsen, sächsisch.   II 515 520 555 716 827f.

Sachsen-Meiningen, Georg Friedrich Karl, Herzog von (1761–1803): er war ein Jugendgespiele Charlottes von Kalb.   II 528f.

Saint Cloud: Ort westlich von Paris, wohin sich der Rat der Alten am 9. November 1799 unter Einfluß der Anhänger Bonapartes verlegt hatte, am folgenden Tag wurde dort im Rat der Fünfhundert Bonaparte von den Jakobinern als Diktator und Tyrann verwünscht.   II 843

Saint Cyr, Laurent Gouvion (1764–1830): französischer General, später Minister.   II 627

Sainte Antoine: Pariser Arbeitervorstadt, während der Französischen Revolution Hochburg des Radikalismus, ihre Einwohnenr waren maßgeblich am Sturm auf die Bastille beteiligt. II 514

Salamis: Insel im Saronischen Golf, gegenüber von Eleusis. Heimat des Aias (→Ajax). Austragungsort der entscheidenden Seeschlacht der Griechen gegen die Perser 480 v. Chr. Aufenthaltsort Hyperions ab dem zweiten Buch des ersten Bandes des Romans. I 295 298 435 437 438 593–606 652 706 708 II 25 205 387

Salmidessos: Salmydessos, Ort in Thrakien am Schwarzen Meer, in dessen Nähe sich ein Aresheiligtum befindet. II 354

Salmoneus: Sohn des Aiolos (→Aeolos), Vater der Tyro. II 224

Salomo (um 970–930 v. Chr.): König von Juda und Israel, an dessen Hof Weisheit, Wissenschaft und Kunst blühten; nach ihm ist eine Sammlung von Weisheitssprüchen im Alten Testament benannt, die ›Sprüche Salomos‹. II 14 28 31 36 II 969

Salvator Rosa: von Hölderlin für sich benutzter Eigenname. III 672

Samus: Samos, Insel vor der kleinasiatischen Küste im ägäischen Meer. II 20 25

San-nicolo: in ›Hyperions Jugend‹ Hauptort von →Tina. I 538–550

Santoner: Keltischer Volksstamm in Aquitanien, der nördlich von den an der Garonne siedelnden Biturigern lebte. II 160

Sappho (Ende des 7. Jh.s v. Chr.): griechische Lyrikerin aus Mytilene auf →Lesbos. I 274 II 18f. 764 III ⟨69⟩ ⟨417⟩

Sardanapal: legendärer assyrischer König, Sinnbild der Verweichlichung und sexuellen Exzentrik; er soll sich auf einem aus seinen Reichtümern gebildeten Scheiterhaufen selbst verbrannt haben. I 152

Sardes: Sardeis, Stadt am Fuß des →Tmolos am rechten Ufer des →Pactol, im Altertum Sitz der lydischen Könige. Sardes wurde 499 v. Chr. beim ionischen Aufstand von den Milesiern zerstört. I 626 II 356

Sarmaten: Volk nördlich des Schwarzen Meeres. II 161

Sarpedon: Sohn des Zeus und der lykischen Laodameia; fällt durch Patroklos vor Troja. II 217

Satan: in Klopstocks ›Messias‹ König der Hölle. I 14

Sattelberg. I 136

Saturnus, Saturn: römische Entsprechung des →Kronos, bei Ovid Herrscher des ersten, des goldenen Weltalters; sein jährliches Fest, die Saturnalien, wurde mit einer rituellen Umkehrung der gewöhnlichen Ordnung gefeiert. I 207 285 817 (824) 852 (903)

Satyren: ursprünglich Fruchtbarkeitdämonen; lüsterne Begleiter des Dionysos. I 366

Scaliger, Josef Justus Scaliger (1540–1609): frz. Philologe italienischer Herkunft; betätigte sich als Hrsg. antiker Schriften, schrieb textkritische, sprachwissenschaftliche und chronologische Abhandlungen, darunter ›De emendatione temporum‹ (1583); das Zitat aus seinem Kommentar zu den ›Tusculanischen Gesprächen‹ Ciceros hat Hölderlin aus den ›Fasti Attici‹ des Corsinus übernommen, die Bemerkung Scaligers zum Textanfang von Hesiods ›Werken und Tagen‹ aus Loesners Hesiod-Ausgabe. II 15 29 III ⟨375⟩

Scardanelli, Scartanelli: von Hölderlin für sich seit spätestens 1841 gebrauchter Name. I 926–938 III 359 672

Scarivari: von Hölderlin für sich benutzter Eigenname. III 672

Schaffhausen, Rheinfall bei. I 134 (Rheinsturz) II 472 888

Scheffauer, Philipp Jakob (1756–1808): Bildhauer aus Stuttgart, Freund und Schwager Landauers, mit Hölderlin seit Sommer 1800 bekannt. II 924

Schelhas, Ulrich Balthasar von, Edler von Schellersheim (1742–1836): er führte die Stammtafeln zu mehreren vom Eßlinger Rat verwalteten Familienstiftungen für die Universität, auf deren Mitgenuß Hölderlin als Nachkomme des Begründers Anspruch hatte. Hölderlins Mutter hat sich bei ihm anläßlich des Magisteriums wohl erfolgreich um eine finanzielle Unterstützung bemüht. II 459 (Scheelhaß) 465 (Eßlingen)

Schelling, Friedrich Wilhelm Joseph (1775–1854): aus Leonberg, mit Hölderlin schon aus der gemeinsamen Schulzeit in Nürtingen 1783/84 bekannt, kam 1790 – außergewöhnlich früh – ans Tübinger Stift, seit 1791 Primus seiner Promotion; nach dem theologischen Examen im Herbst 1795 ging er Anfang 1796 als Hofmeister zweier Barone von Riedesel nach Leipzig, wo er vor allem naturwissenschaftliche Studien betrieb; 1798 Berufung nach Jena als Professor der Philosophie; am 26. Juli 1803 Heirat mit Caroline Schlegel, geb. Michaelis; 1803 bis 1806 Professor der Philosophie in Würzburg, seit Sommer 1806 an der Akademie der Wissenschaften in München; nach dem Tod Carolines (1809) zweite Heirat mit Pauline Gotter (1812); 1821 Berufung nach Erlangen, 1826 an die neugegründete Universität in München, 1840 nach Berlin. Frühe Werke: lat. verfaßte Philosophische Magisterdissertation über die Sündenfallgeschichte in 1. Mose 3 (1792); ›Über Mythen, historische Sagen und Philosopheme der ältesten Welt‹ (in der Zeitschrift ›Memorabilien‹ hrsg. von H. E. G. Paulus); ›Über die Möglichkeit einer Form der Philosophie‹ (1794); ›Vom Ich als Princip der Philosophie oder über das Unbedingte im menschlichen Wissen‹ (1795); ›Philosophische Briefe über Dogmatismus und Kriticismus‹

(1795–1796 im ›Philosophischen Journal‹ Niethammers); ›Ideen zu einer Philosophie der Natur‹ (1797); ›Von der Weltseele‹ (1798); ›Erster Entwurf eines Systems der Naturphilosophie‹ (1799); ›System des transcendentalen Idealismus‹ (1800); ›Philosophie und Religion‹ (1804). II 462 605 615 698 773 784 803 822*ff.* 829 908 924 926f.
III ⟨101⟩ ⟨385⟩ ⟨402⟩ ⟨460f.⟩ ⟨467⟩ ⟨486⟩ 555 ⟨565⟩ 574*ff.* 621
Brief an Schelling: II 791
Brief von Schelling: II *803*
Dokumente: III *574 583f. 587 589f. 590 612f. 619f. 631*

Schelling, Pauline (1786–1854): Schellings zweite Frau. III *614* (Fr. v. Schell.)

Schenk, Johann Heinrich (1748–1813): ursprünglich Soldat, durch →Jacobi in seiner juristischen Ausbildung gefördert, seit 1793 Militär-Ökonomierat in den Jülisch-Bergischen Landen; als Sekretär von deren Vertreter nahm er am Rastatter Kongreß teil. II 716

Schiller, Johann Christoph Friedrich (1759–1805): Dichter. Hölderlin lernte Schiller Ende September 1793 in Ludwigsburg kennen. Schriften: ›Die Räuber‹ (1781), ›Fiesko‹ (1783), ›Kabale und Liebe‹ (1784), ›Don Carlos‹ (1787), ›Über Anmuth und Würde‹ (1793), ›Über die ästhetische Erziehung des Menschen‹ (1795), ›Wallenstein‹ (1800), ›Wilhelm Tell‹ (1804); Herausgeber der Zeitschriften ›Thalia‹ (1785–91), ›Neue Thalia‹ (1792/93), ›Historischer Calender für Damen‹ (1791–93), ›Die Horen‹ (1795–97) und ›Musen-Almanach‹ (1796–1800). I 236   II 396 400 (404 421) 428 502 (508) 514 527 532 534 550f. 553–557 561 564–568 570f. 573 575 579 583 596 613 617 650 658 661f. 697 773f. 784 803 808 817f. 821f. 827f. 832 840 844 878 896 907 929 965   III ⟨38⟩ ⟨43ff.⟩ ⟨47⟩ ⟨52⟩ ⟨74⟩ ⟨81f.⟩ ⟨84⟩ ⟨90⟩ ⟨92–95⟩ ⟨105⟩ 110 ⟨303⟩ ⟨349⟩ ⟨369⟩ ⟨382⟩ ⟨412⟩ ⟨432⟩ ⟨447⟩ ⟨521⟩ *573 581 613f. 659*
Briefe an Schiller: II 524 589 595 625 636 655 663 690 784 819 903
Briefe von Schiller: II *559 641 804*
Dokumente: III *577f. 580 582 584 587f. 593–598*

Schiller, Charlotte (1766–1826): Gemahlin Schillers.   II 626 (Hofräthin) *817f.*   III *581 582*

Schinz, Wilhelm (1776–1836): Sohn eines Pfarrers aus Seengen im Aargau, war mit Lavater und Goethes Freundin Barbara Schultheß verwandt. II 685

Schlegel (Brüder). III ⟨516⟩

Schlegel, August Wilhelm von (1767–1845): Kritiker, Schriftsteller und Sprachforscher; seit dem Wintersemester 1798/99 außerordentlicher Professor in Jena; zusammen mit seinem Bruder Friedrich Herausgeber der Zeitschrift ›Athenäum‹ (1798–1800). II *670* (seine) (*761*) *784 803 803 830 888* III ⟨100⟩ ⟨109⟩

Schlegel, Friedrich von (1772–1829): Schriftsteller, Kulturphilosoph; Bruder A. W. Schlegels. II *901* III ⟨402⟩ *645* ⟨655⟩

Schlegel, Caroline von, geb. Michaelis (1763–1809): in zweiter Ehe verheiratet mit A. W. Schlegel; ab 1803 mit →Schelling verheiratet. III ⟨553⟩ ⟨612⟩

Schlesier, Gustav (geb. 1810): Publizist; legte mit der Absicht, eine Hölderlin-Biographie zu schreiben, eine umfangreiche Sammlung von Dokumentenabschriften an, die heute vor allem für viele Briefe von und an Hölderlin die einzige Textquelle ist. III ⟨164⟩ ⟨183⟩ ⟨362⟩

Schlesiers Bericht: III *653*

Schleußner: Homburgischer Regierungsrat. III *641*

Schmalkalden. II *555*

Schmid: Vater Siegfried Schmids. Hölderlin hat ihn Anfang 1799 besucht. II *750*

Schmid, Siegfried (1774–1859): aus Friedberg, wurde mit Sinclair während seines Theologiestudiums in Jena 1792–95 bekannt, über Sinclair kam es wohl auch im Oktober 1797 zur ersten und einzigen Begegnung mit Hölderlin, als Schmid unterwegs nach Basel war. Dort wurde er 1798 Hofmeister und trat im Juni 1799 als Kadett bei den Coburg-Dragonern ins österreichische Heer ein, das damals unter Erzherzog Karl in Schwaben und in der Schweiz stand. Erhielt aber schon am 15. April 1800 seinen Abschied und kehrte über Wien heim. Ging 1801/02 als Hofmeister nach Erlangen, kehrte aber 1804 wieder nach Hause zurück, wo ihn familiäre Zerwürfnisse und Zerrüttungen ins Hospital Haina brachten. Sinclair gab ihm Asyl in der →Proecken-Mühle bei Homburg und vermittelte seinen Wiedereintritt ins Heer. Später lebte er in Ungarn und Wien. Versuchte sich erfolglos als Dichter; Verfasser des Dramas ›Die Heroine, oder zarter Sinn und Heldenstärke‹ (1801), zu dem Hölderlin eine Rezension schrieb. Siegfried Schmid ist die Elegie ›Stutgard‹ gewidmet; Hölderlin sah für ihn ein Exemplar seiner Sophokles-Übersetzung vor. I *310 313 384 387*   II *111 765 804* (Dichter) *822 852*   III ⟨130⟩ *163* ⟨516⟩ ⟨532⟩ *555 595ff. 646*

Briefe von Schmid: II *667 670 697 699 749 763 773 821 850 888 890 891 901 908 909*

Schmid, Ludwig: Bruder Siegfrieds. II *891*

Schnurrer, Christian Friedrich (1742–1822): seit 1777 Professor der orientalischen Sprachen in Tübingen und Ephorus des Stifts; 1806 wechselte er über in die theologische Fakultät und wurde Kanzler der

KOMMENTIERTES NAMENVERZEICHNIS 801

Universität; 1817 wurde er, aus politischen Gründen seiner Universitätsämter enthoben, Prälat in Tübingen; bedeutender Orientalist, der auf seinen gelehrten Reisen durch Deutschland und nach Leyden, Oxford, und Paris sich den Respekt der führenden Orientalisten Europas erworben hatte und mit vielen von ihnen in ständiger Korrespondenz stand; als Ephorus leitete er das Stift in distanzierter Weltläufigkeit und trotz widriger Umstände im Geist einer Liberalität, die sich aus der Tradition der gelehrten Republik des Renaissance-Humanismus verstand. Seine zahlreichen Veröffentlichungen sind fast ausnahmslos exegetischer, textkritischer oder handschriftenkundlicher Art, bis auf seine ›Erläuterungen der Wirtembergischen Kirchen-Reformations- und Gelehrten-Geschichte‹ (1798). III ⟨370⟩ ⟨372⟩ 374 ⟨375⟩

Schoell: bislang nicht identifizierter Freund Hölderlins und Süskinds. II *888*

Schönberg: nicht bestimmbar, Name mehrerer Städte und Dörfer. I 480

Schott, Andreas Heinrich (1758–1831): seit 1784 Unterbibliothekar an der Universität Tübingen, wurde im August 1798 in Konkurrenz mit Schelling auf den Lehrstuhl für Logik und Metaphysik berufen. II 698

Schott, Wilhelmine: Haushälterin bei den →Gontards. II *704 757* III *591f.* (Haushälterin)

Schottland. I 415

Schubart, Christian Friedrich Daniel (1739–1791): Herausgeber der ›Deutschen Chronik‹, wegen seiner darin geübten scharfen Gesellschaftskritik von Herzog Karl Eugen in den Jahren 1777–1787 auf dem Hohenasperg eingekerkert, anschließend Theaterdirektor in Stuttgart. Über seinen Tod ging das Gerücht, er sei versehentlich lebendig begraben worden. ›Der ewige Jude. Eine lyrische Rhapsodie‹ erschien 1783. II 400 (406) 421 *431* 440*f.* 450 461 III ⟨51⟩ ⟨63⟩

Schubart, Ludwig Albrecht (1765–1811): Sohn C.F.D. Schubarts, seit 1789 Sekretär der preußischen Gesandtschaft in Nürnberg und Herausgeber der von 1793–1801 in Erlangen erschienenen ›Englischen Blätter‹. II 513 516

Schütz, Christian Gottfried (1747–1832): Altphilologe und Herausgeber der Jenaischen Allgemeinen Literatur-Zeitung, dessen Aischylos-Ausgabe sich in Hölderlins Nachlaß befand. II 907 *908* (Redakteur) III ⟨530⟩

Schwab, Johann Christoph (1743–1821): Professor für Logik und Metaphysik an der Karlsschule in Stuttgart und dort Lehrer Schillers, seit

1785 geheimer Hofrat und Sekretär des Herzogs. Vater von Gustav Schwab.   II 472 (Geheimrath)

Schwab, Gustav (1792–1850): Konsistorialrat, Dichter; Vater C. T. Schwabs; zusammen mit Uhland gibt er die erste Gedichtsammlung Hölderlins heraus (D1826).   II 960   III ⟨329⟩ 612

Schwab, Christoph Theodor (1821–1883): Sohn Gustav Schwabs, seit 1839 im Tübinger Stift; in den Jahren vor Hölderlins Tod häufige Besuche im Turm, wobei die Gedichte ›Höhere Menschheit‹, ›Höheres Leben‹ und ›Überzeugung‹ (I 926) auf seine Bitte hin entstehen; seit 1844 Hofmeister in Triest und Wien, von wo aus er in ständigem Kontakt mit seinem Vater die erste Ausgabe der gesammelten Werke Hölderlins besorgte, die 1846 erschien.   III ⟨89⟩ ⟨108⟩ 164 ⟨362⟩ 612 (Sohn) 654 662

Widmung in die Gedichtausgabe von 1826:   III 359

Schwabs Tagebuch: III 665

Schwabin »Frau Baas«: Frau des Tübinger Apothekers Johann Heinrich Schwab, des Bruders von J. C. Schwab.   II 456

Schwabin »Jungfer«: Tochter des Tübinger Apothekers.   II 890

Schwaben, schwäbisch: (→Suevien).   I 33f. 66f.   II 519 529–532 546 566 600 713 716 854 855 (Landsleute) 861 872(Landsleute) 920   III 575 620 630

Schwäbische Alb.   III ⟨48⟩

Schwarzburg-Rudolstadt, Caroline (1771–1854) und Louise (1772–1854): Schwestern Augustes von →Hessen-Homburg.   III ⟨602⟩

Schwarzes Meer: (→Pontus).   I 337

Schwarzwald.   I 396   II 555

Schweden, schwedisch: (→Suezia).   II 716 737

Schweinfurt.   II 520

Schweiz, Schweizer: (→Helvetia).   I 134 336   II 505 509 541 562 564 572 595 600 635 683 685 (736) 750 875 907   III 118 ⟨503⟩

Schwetzingen.   II 425 f.

Schwieberdingen: Ort bei Ludwigsburg.   II 419

Schwyz: Kanton der Schweiz.   III 71

Scipionen: römische Patrizierfamilie, aus der im 3. und 2. Jh. v. Chr. bedeutende Staatsmänner und Heerführer hervorgingen, die die Weltmacht Roms begründeten.   I 649

Scopas (Mitte des 4. Jh.s v. Chr.): Bildhauer und Architekt von der Insel Paros.   II 27

Scotus: entweder Johannes Scotus Eriugena (810–877), der aus Irland stammende, am Hof Karls des Kahlen lehrende, lateinische Übersetzer der einflußreichen neuplatonischen Schriften des Pseudo-Dionysius Areopagita; oder Johannes Duns Scotus (1265–1308), der in Köln gestorbene *doctor subtilis*, dessen philosophische und theologische Kommentare als Glanzpunkte der Hochscholastik angesehen wurden.   I 480

Scyllis (7. Jh. v. Chr.): Bildhauer, Bruder des Dipoenus.   II 21

Scythia, Scythen, scytisch: Das Land der Skythen war nördlich des Schwarzen Meeres. Die skythischen Tauren auf der Krim brachten einer Gottheit, die der römischen Diana entspricht, Menschenopfer dar.   I 274   II 148 159 161

Seckendorf, Franz Karl Leopold (Leo), Freiherr von (1775–1809): Diplomat und Literat, studierte Jura 1792 in Tübingen, wo er Hölderlin in einem Kreis revolutionär Gesinnter begegnete, und ab 1794 in Jena, wo er mit Sinclair verkehrte; nach Beendigung seines Studiums in Göttingen reiste er 1797 nach Italien, wurde 1799 Regierungsassessor in Weimar, trat 1801 als Diplomat beim Reichstag in württembergische Dienste und kam 1803 als Regierungsrat nach Stuttgart. 1805 wurde er in den Hochverratsprozeß um Sinclair verwickelt und nach seiner Entlassung aus der Haft des Landes verwiesen; lebte darauf als Schriftsteller, trat 1809 in die österreichische Landwehr ein und fiel am 6. Mai desselben Jahres bei Ebelsberg an der Traun. Herausgeber zweier Musenalmanache (D27 und D28). Hölderlin sah für ihn ein Exemplar seiner Sophokles-Übersetzung vor.   III ⟨289⟩ ⟨536⟩ 555

Brief an Seckendorf: II 928

Stammbucheintrag Hölderlins: II 971

Briefe Seckendorfs an Kerner: III 645 646

Seiffert: möglicherweise Karl Felix Seyffer (1762–1821) Professor der Mathematik und Astronomie in Göttingen.   II 452

Seiz, Wilhelm Friedrich (1768–1836): bis 1792 im Stift, danach Hofmeister in der Schweiz, ab 1804 Pfarrer in Leonberg.   II 509 601 611 f.

Selma → Stäudlin, Rosine

Semele: Tochter des Kadmos und der Harmonia; Geliebte des Zeus, von dem sie Dionysos empfängt; als sie Zeus in seiner wahren Gestalt sehen will, verbrennt sie durch dessen Blitzstrahl; Zeus rettet jedoch das Kind, indem er es in seinen Schenkel einnäht und gibt es den Nymphen von Nysa zur Aufzucht. Dionysos holt seine Mutter später aus dem Hades auf den Olymp, wo sie den Namen → Thyone erhält.   I 263   II 185 188 241   III ⟨309⟩

Senonen: Gallischer Volksstamm, der seit dem 4. Jh. v. Chr. immer wieder versuchte, in Italien Fuß zu fassen.   II 155

Septimius: Freund des Horaz.   I 180

Sequaner: Gallisches Volk in Ostfrankreich. II 160
Seraphim: nach Jesaja 6,2 sechsflüglige Wesen, die Gott umschweben und preisen. I 11 36 59 63 90 98 115
Serer: »Seidenleute«, wahrscheinlich sind damit die Chinesen gemeint. II 148
Seriphos: Insel in der südlichen Ägäis. II 245
Servius (um 400 n. Chr.): lateinischer Grammatiker, sein Hauptwerk ist ein Kommentar zu Vergils ›Aeneis‹. II 36
Sevilla: Stadt in Südost-Spanien. I 739 f.
Shakespeare, William (1564–1616): englischer Dichter; Hölderlin studiert zur Vorbereitung des ›Empedokles‹ einige seiner Tragödien: ›Antonius und Kleopatra‹, ›Julius Caesar‹, ›Hamlet‹, ›Macbeth‹. II 454 680 765 *801* III ⟨345⟩ ⟨508⟩
Sichar: Ort in Samaria. III ⟨207⟩
Sicilien, Sicilia, Sikelia, Sicilianer, Sizilisch: Sizilien. I 427 753 769 776 808 II 164 187 202 389
Sicyon: Stadt im Norden des Peloponnes am Golf von Korinth. I 613 II 21
Sidonisch: (→Dido). II 173
Sigäisches Vorgebirge: Sigeion, Küstengebirge im Nordwesten der →Troas, an der Mündung des →Skamandros. I 507
Sigea de Velasco, Aloisia (1530–1560): spanische Orientalistin und Dichterin, die mit ihrer Schwester Angela unter Maria von Portugal eine informelle weibliche Akademie gründete und mehrere Tugendschriften verfaßte, darunter *differentia vitae urbanae et rusticae*. I 480
Sigmaringen. II 887 f.
Sikelia →Sicilien
Silanion: Athenischer Erzgießer (zweite Hälfte des 4. Jh.s). II 18
Simonetta: möglicherweise Sicco Simonetta, Verfasser einer Abhandlung über die Entschlüsselung von Geheimschriften (1474). I 480
Simonides (ca. 560–470): Chorlyriker von der Insel Keos. II 20
Sinclair, Isaak Freiherr von (1775–1815): Diplomat und Schriftsteller. Ähnlich wie Hölderlin verlor er früh seinen leiblichen Vater (1778) und später auch seinen Stiefvater August Leberecht Proeck (1796). Mit Hölderlin ist Sinclair während seines Jurastudiums in Tübingen 1792–1794 bekannt geworden, aber erst seit der gemeinsamen Benutzung eines Gartenhauses in Jena 1795 waren die Beiden befreundet. Sinclair trat 1796, nachdem er jahrzuvor wegen Beteiligung an studentischen Unruhen zum Verlassen der Jenaer Universität aufgefordert worden war, in die Dienste des Homburgischen Hofes, an dem sein Vater bereits als Erzieher des nachmaligen Landgrafen Friedrich V.

gewirkt hatte. 1798 erhielt er den Titel eines Regierungsrates. Er war von 1798 bis 1806 Hölderlins engster Freund; die Ode ›An Eduard‹ ist an ihn gerichtet und der Gesang ›Der Rhein‹ ihm gewidmet, auch sah Hölderlin ein Exemplar seiner Sophokles-Übersetzung für ihn vor.
I 242 243 342 348   II 589 (Freund) 599 601 603 609 612 621 629 635 653 671 676 702f. 705f. 708f. 716 718 748 750 764 800 (Freund) 806 808 829 830 838 844 854 902 907 928 932   III ⟨160⟩ ⟨277⟩ ⟨289⟩ ⟨512⟩ ⟨552⟩ 556 599 (Freund) 603 (Freund) 630f. 638–641 645f.

Brief an Sinclair: II 721

Briefe von Sinclair: II 713 740 918 920 920 922 923

Widmung in den ersten Band des ›Hyperion‹:   III 317

Briefwechsel Sinclair/Hölderlins Mutter: III 609 614 617 621–637 643

Dokumente: III 588 632 640 644 646

Sined → Denis, Michael

Sintier: Thrakischer Volksstamm auf der Insel Lemnos.   II 134

Sipylos, Sipylus: Phrygischer Gebirgszug westlich des → Tmolos in Kleinasien.   I 626   II 349

Sirenen: zwei Fabelwesen, die Seeleute durch ihren lieblichen Gesang heranlocken, um sie zu töten; vgl. Homer, Odyssee 12,38.   I 32 529   III ⟨294⟩

Sirius: Fixstern im Bild des Hundes, Begleiter des → Orion.   I 59   II 475

Skamandros, Skamander: Fluß südlich von Troja.   I 435 437 438 505   II 147 386f.

Smilis (Anfang des 6.Jh.s v. Chr.): Bildhauer aus Aegina.   II 12

Smintheus: Beiname des → Apollon.   II 120

Smyrna, Smirna: Stadt an der Küste des Ionischen Kleinasiens, heute Izmir genannt. Eine der sieben Städte, die im Altertum darum stritten, Homers Geburtsort zu sein.   I 254 388 467 492–507 541 560f. 625–740

Sömmerring, Samuel Thomas (1775–1830): Anatom, Physiologe und Chirurg; einer der universellsten Naturforscher seiner Zeit. Promoviert in Göttingen, 1784 an die Universität Mainz berufen, eng mit Georg Forster und Wilhelm Heinse befreundet, seit 1792 in Frankfurt praktischer Arzt. 1805 bekam er einen Ruf an die Münchener Akademie der Wissenschaften, kehrte jedoch 1820 nach Frankfurt zurück. ›Über das Organ der Seele‹ (1796).   I 188   II 670 812 (S....) III 598f. 620

Sömmerring, Magaretha Elisabeth, geb. Grunelius (gest. 1802): Frau des Anatomen, beste Freundin Susette Gonrtards.   II 788 (S....) 812 835

Sokrates (470–399 v. Chr.): griechischer Philosoph in Athen, der eine Reihe von Schülern um sich scharte, darunter auch den späteren Politiker →Alkibiades; Lehrer des →Platon; er wurde angeklagt, neue Götter einzuführen und die Jugend zu verderben, und zum Tod durch Trinken des Schirlingsbechers verurteilt. Hölderlin plante ein Drama über seinen Tod.   I 148 196 273 348 (Weiser)   II 499 550

Solon (um 634–560 v. Chr.): Athenischer Staatsmann und Dichter, gab den Athenern als Archon im Jahr 593 v. Chr. eine Staatsreform, die eine Entschuldung, eine Neuordnung von Maß, Gewicht und Münze und eine neue Verfassung beinhaltete. Später als einer der Sieben Weisen verehrt, soll er bei seinen Reisen den Thales besucht und mit ihm noch weitere Reisen unternommen haben. In Platons ›Timaios‹, 21e–25d, wird von Solons Begegnung mit einem greisen Priester in Ägypten berichtet, dem er versuchte vorzurechnen, wieviel Zeit seit der großen Flut des Deukalion vergangen sei, worauf dieser antwortete: »O Solon, Solon, ihr Griechen seid immer Kinder, einen griechischen Greis gibt es nicht« (22b), und begründete das mit dem Mangel der Griechen an langer Überlieferung und gefestigtem Wissen. Hölderlin legt diese Worte auch dem Manes im dritten Entwurf zum ›Empedokles‹, v. 326f., in den Mund.   I 495 542   II 19 21 726 766 773   III ⟨352⟩

Sophokles (497–406 v. Chr.): athenischer Tragödiendichter, geboren in Kolonos. Sieben seiner Tragödien sind vollständig erhalten: ›Die Trachinierinnen‹, ›Aias‹, ›Antigone‹, ›Oidipus Tyrannos‹, ›Elektra‹, ›Philoktetes‹ und ›Oedipus Coloneus‹. Hölderlin besaß eine Gesamtausgabe, die 1555 in Frankfurt gedruckte *Juntina*.   I 271 281 561 696 772   II (247–278 286–289)   II 22 25f. 179 186 370 376f. 765 *801 922ff.* 924–931   III ⟨50⟩ ⟨83⟩ ⟨405⟩ 609 631

Sorbonne: Universität in Paris; gegründet 1253 durch den Domherren Robert de Sorbon als Studienkolleg für arme Theologie-Studenten. Seit dem späten Mittelalter ein Zentrum theologischer Studien.   I 480

Spanien, spanisch.   I 739   II 913

Sparta: Hauptstadt der peloponnesischen Landschaft Lakedämonien (→Lakedämon).   I 303 (495) 532 587–602 682 707–718   II 180 205 229

Speyer.   II 422–428

Sperchion: Spercheios, Fluß(gott) in Mittelgriechenland.   II 21

Spessart.   II 653

Sphinx: Mischgestaltiges Ungeheuer, bei Sophokles mit weiblichem Menschenkopf, Hundeleib und Löwenkrallen. Sie belagert Theben

und verlangt von den Bewohnern Menschenopfer; Ödipus löst das
Rätsel, das sie ihm stellt: das erfragte Wesen, das morgens auf vier,
mittags auf zwei und abends auf drei Beinen gehe, sei der Mensch;
daraufhin stürzt sich die Sphinx in einen Abgrund. II 252 (Sängerin)
255
Spinoza, Baruch de (1632–1677): niederländischer Philosoph jüdisch-
portugiesischer Abstammung; sein ›Tractatus theologico-politicus‹
(1673) wurde ein Jahr nach dem anonymen Erscheinen verboten, sein
Hauptwerk erschien postum: ›Ethica ordine geometrica demonstrata‹
(1677). I 39 41 ff. II 468 568 f. III ⟨390⟩ 575
Spitzberg: bei Tübingen; am westlichen Ausläufer des Spitzberges führte
eine alte Römerstraße vorbei, die über →Wurmlingen und Tübingen
die Kastelle Rottenburg und Köngen verband. I 397 III 572
Städele, Christoph (1744–1811): Hutmacher, später Schulmeister und
1795 Kantor in Memmingen, Mitarbeiter an Schubarts ›Chronik‹.
II *431* (Städelin)
Stäudlin, Gotthold (gest. 1794): Regierungsrat, Vater G. F. Stäudlins.
II 533 (537) 547
Stäudlin, Gotthold Friedrich (1758–1796): Kanzeleiadvokat in Stuttgart.
Lyriker und Herausgeber mehrerer schwäbischer Almanache, seit
1789 durch Neuffer mit Hölderlin bekannt, nahm er einige von dessen
Tübinger Hymnen in seine Publikationen auf (s. D1 und 2). Durch
Stäudlins Vermittlung begegnete Hölderlin 1793 Matthisson und
Schiller. Nach dem Tod Schubarts im Oktober 1791 setzte er dessen
›Chronik‹ fort, die er politisch radikalisierte, weshalb er im Herbst
1793 von der Regierung zum Verlassen des Landes aufgefordert
wurde. Er versuchte nochmals in Lahr (Breisgau) eine Existenz als
politischer Journalist aufzubauen, der Plan scheiterte jedoch und er
nahm sich zwischen dem 11. und 14. September 1796 bei Straßburg im
Rhein das Leben. Ihm widmete Hölderlin die Reimhymne ›Griechen-
land‹, I 148. II *441* 454 460 461 472 482 484 (Doktor) 494 f. *498*
498–501 502 f. 510 ff. 527 539 *544* 551 III ⟨62 f.⟩ ⟨67⟩ ⟨74⟩ 577 ⟨578⟩
589
Brief an Stäudlin: II 513
Brief von Stäudlin: II 507
Stäudlin, Rosine (1767 – 25. April 1795): Schwester G. F. Stäudlins,
Freundin Neuffers, der sie »Selma« nannte. Hölderlin widmete ihr die
Gedichte ›An eine Rose‹ und ›Freundes Wunsch‹ (I 143 und 153).
II (495) 522 (etwas liebereres) 523 526 f. 533 537 539 *544* 547 551 (Mäd-
chen) 565 584 ff. III ⟨576⟩
Stäudlin, Lotte (ca. 1770–1830): Schwester G. F. Stäudlins, die sich als

Dichterin versuchte. Sie besuchte 1828 Hölderlin im Turm. II *460
489 498* (Eine) *499* (Person) III ⟨663⟩

Steck, Rudolf (1772–1805): aus Bern, 1796/97 in Jena Mitglied in der Gesellschaft der freien Männer; Freund Böhlendorffs, Herbarts und Muhrbecks; später Politiker in seiner Heimatstadt. III *599f.*

Steigerwald. II *546 548*

Stein, Familie von: unter anderem in Völkershausen ansässig. II *534*

Stein, Charlotte von (1742–1827): Weimarer Hofdame, Freundin Goethes. III *582*

Steinkopf, Johann Friedrich (1771–1852): seit 1792 Verleger, Buchhändler und Antiquar, der unter anderem Neuffers beide *Taschenbücher* (D13, D15) verlegte. II *764ff. 776 783 786 795 801 825 827 849 852 854 871* III ⟨111⟩ ⟨348⟩ ⟨391⟩ ⟨418⟩

Briefe an Steinkopf: II *777 803*

Briefe von Steinkopf: II *773 784 791 822 852*

Stella:
 1. (*mask.*) lateinische Übersetzung von Aster (gr. »Stern«), Schüler Platons, für den er mehrere Epigramme verfaßte. I *618*
 2. (*fem.*) poetischer Name für Louise → Nast. I *19f. 36 38 41ff. 53 77f.*

Steneleisch: nach Sthenelos, dem Vater des → Eurystheus. II *169*

Stephani: Name des Dieners in der vorletzten Fassung des ›Hyperion‹. I *562*

Stephanus, Henricus (1528–1598): eigentlich Henri Estienne, französischer Buchdrucker und Philologe in Genf; veranstaltete Sammlungen der Anakreontiker und anderer griechischer Lyriker (Pindar 1560), überarbeitete endgültig das griechische Lexikon, das schon sein Vater herausgegeben hatte: ›Thesaurus graecae linguae‹ (1572). III ⟨327f.⟩ ⟨441⟩ ⟨444⟩

Stoiker, stoisch: von Stoa, einer in Athen durch Zenon von Kition (ca. 300 v. Chr.) gegründeten Philosophenschule, für die das Ideal des weisen Lebens in der Leidenschaftslosigkeit (apatheia) und in der Seelenruhe lag. In der späteren Stoa (seit Poseidonios) wurde die Geschichte als eine Folge von Weltbränden verstanden, durch die sich die Welt immer wieder erneuert. Stoische Philosophie wurde dann vor allem in der römischen Kaiserzeit vertreten von Seneca, Epiktet und dem Philosophen auf dem Kaiserthron Marc Aurel. I *14* II *461* III ⟨86⟩

Stolberg, Friedrich Leopold, Graf zu (1750–1819): Dichter. III ⟨47⟩

Storr, Gottlob Christian (1746–1805): Professor der Philosophie (1775), dann der Theologie (seit 1777) in Tübingen; schrieb neben einer

KOMMENTIERTES NAMENVERZEICHNIS 809

Vielzahl exegetischer Dissertationen (gesammelt in zwei Bänden unter dem Titel ›Opuscula Academica‹, 1796 und 1797) sein dogmatisches Hauptwerk ›Doctrinae christianae pars theoretica e sacris litteris repetita‹ (1793; dt. 1803, übers. von F. G. Süskind), sowie eine Auseinandersetzung mit Kants Religionsphilosophie, unter dem Titel ›Bemerkungen über Kant's philosophische Religionslehre‹ (1794 ins Deutsche übersetzt von F. G. →Süskind). III ⟨461⟩

Storr, Wilhelm Ludwig (1752–1804): Dr. jur. angesehener Jurist, Bruder von G. C. Storr; in Nürtingen seit 1796. Hölderlin erwog, ihm den Gesang ›Die Wanderung‹ zu widmen. III 188 609

Stoßisches Musäum: Stoschisches Museum, Museum des Barons Philipp von Stosch (1691–1757) in Florenz, dessen geschnittene Steine Winckelmann in einem ausführlichen Katalog beschrieben hat. II 21

Stralsund. II 737

Straßburg. III (488) ⟨549⟩ 606

Strato: der Herr von Agrigent und Bruder des Empedokles im dritten Entwurf zum ›Empedokles‹. I 884–903

Strauß, David Friedrich (1808–1874): Theologe. III ⟨567⟩

Strick van Linschoten: Gesandter der batavischen Republik in Stuttgart. II 791 802 (Freund)

Ströhlin, Friedrich Jakob (1743–1802): seit 1794 Professor für klassische Sprachen am Gymnasium in Stuttgart, zuvor längere Zeit als Hofmeister in Bordeaux tätig. II 598 601 910 III 607 619

Strömfeld: möglicherweise Graf Johann Carl Strömfeld, Generalleutnant Karls XII. von Schweden. I 480

Strophios: phokischer Schwager und Gastfreund des Agamemnon, bei dem Orestes zusammen mit Pylades aufwächst. II 243

Stuart, James (1713–88): englischer Maler, der im Auftrag der Londoner Gesellschaft der »Dilettanti« mit Nicolas →Revett 1751–54 Griechenland bereiste. Nach seinen Aquarellen und Skizzen entstand das monumentale Werk ›The Antiquities of Athens‹ (1762–94, 1816 von Wilkins und Cockerell vervollständigt), das als Vorbild für englische Architekten geplant war, jedoch wegen der zahlreichen Zerstörungen heute noch ein wichtiges Dokument der Archäologie darstellt. III ⟨297⟩ ⟨321⟩

Stuttgart. I 309 310 313 384 386 397 II 428 433 476 491 511 ff. 597 599 601 604 639 673 685 795 804 807 828 848 852 f. 867 883 894 927 f. 967 III ⟨176⟩ ⟨549⟩ 620 652

Styrom: vermutlich Ferdinand Graf zu Limburg-Styrum (1701–1791), diente im Siebenjährigen Krieg als Kapitän im französischen Heer;

nicht Bruder des Bischofs zu Bruchsal, sondern ein Vetter von dessen Vater. II 426 f.
Styx: »Wasser des Grausens«, bei Homer einer der Unterweltsflüsse (→Achill). I 528 621 821 II 166
Suevia, Suevien: latinisierte Form von →Schwaben. I 51 71 72 336
Suezia: latinisierte Form von →Schweden. I 52
Sulaco: nicht ermittelt. I 481
Sulla, Lucius Cornelius (138–78 v. Chr.): römischer Diktator, der Reichtümer durch maßlose Besteuerung und Einzug von Landgütern zusammenraffte und verschwendete; Plutarch beschreibt ihn als Prototyp des Despoten; vgl. Plutarch, Sulla. I 81 (Greis) II 157 165
Sulzbach. III 613
Sulzer, Johann Georg (1720–79): Ästhetiker. III ⟨371 f.⟩
Sondelfingen: II 557 573
Süskind, Friedrich Gottlieb (1767–1829): älterer Bruder von Johann Gottlob; Stiftler, seit 1791 Repetent, seit 1798 Professor der Theologie, ab 1805 Oberhofprediger und Konsistorialrat in Stuttgart. Ihm wurde bisher der Brief an Hölderlin vom 22. Januar 1801 zugeschrieben.
Süskind, Johann Gottlob (1773–1838): seit 1790 am Tübinger Stift, Kompromotionale Schellings; nach dem theologischen Examen 1795 war er Hofmeister (wohl in seiner Heimatstadt Stuttgart) und wurde 1800 Repetent im Tübinger Stift; 1803 zum Vikariat nach Stuttgart versetzt, 1805 Diakon in Sindelfingen, heiratete 1805 eine Schwester von →Steinkopf; bei Steinkopf erschien 1812 sein ›Handbuch der Naturlehre‹. Ab 1817 Pfarrer in Löchgau. II 791   III 590
Brief von Süskind: II 888
Stammbucheintrag Hölderlins: II 971
Sunium: Sunion, Südostkap Attikas. In Barthelemys ›Reise des jüngeren →Anacharsis ...‹ Bd. 5,37–50 findet sich die Beschreibung eines imaginären Aufenthaltes von Platon auf Sunion, während dessen er eine Lehrrede hält; dem Text ist ein Stich beigegeben, der den Philosophen im Kreise der Schüler vor einem Tempel der Athene zeigt. I 229 254 301 (Vorgebirge) 688
Susa: altorientalische Stadt nördlich der Mündung des Euphrat und des Tigris. Winterresidenz der persischen Könige. Hier spielt Aischylos' Tragödie ›Die Perser‹. II 627
Sybille: Sibylle, mythische Seherin(nen) im Altertum; berühmt ist vor allem die Sibylle von Cumae (→Kuma), die Aeneas bei seiner Lan-

dung in Italien weissagte; von ihr stammen angeblich die drei sibyllinischen Bücher, die in Rom während Krisenzeiten befragt wurden.
I 234

Sycion → Sicyon

Syrakus, Syrakusä: im Altertum größte Stadt Siziliens, von dorischen Siedlern an der Ostküste gegründet. I 793 II 23 205 206 215

Syrien, Syria, Syrier, syrisch: das Gebiet des heutigen Syriens, des Libanon und des Südostens der Türkei; seit 63 v. Chr. römische Provinz; vgl. Matth. 4,24. I 58 357 359 362 382 419 461 464f. 481 II 15

Syrthen: Meerbusen an der Küste Libyens. II 159 162

T

Tacitus, Publius Cornelius (ca. 55–120 n. Chr.): römischer Geschichtsschreiber; Schriften: ›Annales‹, ›Historiae‹ und ›Germania‹. II 791 802 III ⟨58⟩

Tänarum, Tänaron: Tainaron, südlichstes Kap des Peloponnes mit einer Höhle, die als Eingang in die Unterwelt galt, und aus der Herakles den Höllenhund holte. I 620 II 225

Talthybius: Herold in Diensten des Agamemnon. II 127

Tantalos, Tantalus: Sohn des Zeus, Vater des Pelops und der Niobe, herrscht vom → Sipylos aus über das goldreiche Lydien; nachdem er von den Göttern zu Tisch geladen wurde, setzt er ihnen bei einer Gegeneinladung Fleischstücke seines Sohnes Pelops vor, wofür er in der Unterwelt mit den sprichwörtlichen Tantalusqualen büßen muß, die darin bestehen, daß ihm Speisen vorgesetzt werden, die er nicht erreichen kann. I 667 (776) 779 II 349 914 III ⟨166⟩ ⟨345⟩

Taranes: Taranis, keltischer Gott, dem Menschenopfer dargebracht wurden. II 161

Tarbellisch: Mit dem Tarbellischen Meer ist der heutige Golf von Biskaya gemeint. II 160

Tarent: Stadt im unteritalienischen Kalabrien nahe der Mündung des → Galesus, von spartanischen Griechen unter Führung des → Phalantos gegründet, Heimat des pythagoreischen Philosophen und Politikers Archytas (erste Hälfte des 4. Jh.s), den Platon auf seinen Reisen nach Sizilien besuchte und zum Freund und Lehrer gewann. I 894 II 180

Tarpejischer Fels: Südabhang des → Capitols. II 153

Tarquinius Priskus (6. Jh. v. Chr.): römischer König etruskischer Abstammung, brachte griechische Künstler nach Italien. II 17

Tartarus: Tartaros (röm.: →Orkus), tiefster Ort der Unterwelt, in den die →Titanen verbannt sind, vgl. Hesiod, Theogonie 717–868.
I 327 779 791 817 851

Tasso, Torquato (1544–1595): italienischer Dichter. Schrieb 1562 das Ritterepos →›Rinaldo‹; ab 1572 am Hofe Alfonsos II. von Ferrara, wo er von dessen Schwestern Lucrezia und →Leonore d'Este gefördert wurde. 1575 schloß er das 1580 ohne sein Wissen veröffentlichte Versepos über den ersten Kreuzzug ›Gerusalemme liberata‹ (Das Befreite Jerusalem, dt. 1781 von →Heinse) ab, das er selbst – nach seiner Hauptfigur Gottfried von →Boullion – ›Goffredo‹ nannte. Sein reizbares Wesen und Intrigen am Hof trieben ihn in Wahnvorstellungen und er wurde vom Herzog schließlich für sieben Jahre eingekerkert; anschließend irrte er völlig verarmt durch Italien; kurz bevor Papst Clemens VIII. seine Absicht, ihn auf dem Kapitol mit einem Lorbeerkranz zu krönen, verwirklichen konnte, starb Tasso in Rom. Goethe verwandte den Stoff zu einer Tragödie. (→Gries). I 481
II *830* III 163

Taunus. I 306 II 653 (Gebirge)

Taurus: rund 1500 km langer Gebirgszug am Südrand Anatoliens, der sich von Westen nach Osten erstreckt. I 448 454 461 464

Taygetos, Tayget: in nord-südlicher Richtung verlaufendes Gebirge auf dem Peloponnes. I 338 352 II 204

Teck: langgestreckter Berg vor der Schwäbischen Alb mit Resten des Stammschlosses der (Titular-)Herzöge von Teck (1187–1381/1439).
I 49 51

Tekmessa: Frau des Aias. II 386

Telamon: Sohn des Aiakos, Vater des Aias; aus Aigina stammend, wird er Herrscher von Salamis. II 234

Telemachus: Sohn des Odysseus. II 142

Telesikrates: Pythosieger aus Kyrene. II 234

Tell, Wilhelm: Schweizer Sagengestalt aus Bürgeln im Kanton Uri (Tellenlied von 1477). Der berühmte Apfelschuß soll das Signal zum Aufstand der drei Waldstätten gegen die Habsburger gewesen sein. Schiller dramatisierte den Stoff. I 136 144

Tello: von Hölderlin verwendeter Bardenname. I 334 336

Tellus: römische Entsprechung der →Gaia. I 128

Tempe: »Einschnitt«, 12 km langes Engtal zwischen Olymp und Ossa, vom Peneios durchflossen. I 302 III 188

Tende: Ort in der italienischen Landschaft Piemont. I 480

Tenedos, Tenedus: Insel vor der kleinasiatischen Küste, gegenüber von Troja. I 507 II 120 131 III 190

Teneriffa: größte der Kanarischen Inseln. I 480

Tennemann, Wilhelm Gottlieb (1761–1819): seit 1788 außerordentlicher Professor für Philosophie in Jena, der hauptsächlich über griechische Philosophie las. II 907

Tenos, Tina: Kykladeninsel, Delos benachbart. Im ›Hyperion‹ Geburtsort Hyperions. Im ›Fragment von Hyperion‹ Herkunftsort des jungen Tinioten Adamas. Die Schreibweise »Tina« entnahm Hölderlin den Bildunterschriften in Reichards Ausgabe des Buches von → Choiseul. I 295 (502) 532–760

Teos, Teer: ionische Hafenstadt südwestlich von → Smyrna. I 643 724 II 20

Terenz: Publius Terentius Afer (um 185–160 v. Chr.), aus Karthago stammender römischer Komödiendichter. II 113 (729)

Terpander (7. Jh. v. Chr.): Griechischer Sänger und Kitharode, u. a. Erfinder der siebensaitigen Lyra. II 16

Tessin: Fluß der im Gottardmassiv entspringt, durch den Lago Maggiore fließt und in den Po mündet. I 343

Tetens, Johann Nicolaus (1736–1807): Professor der Philosophie in Kiel, seit 1789 in dänischen Staatsdiensten; Hauptwerk: ›Philosophische Versuche über die menschliche Natur und ihre Entwicklung‹ (1777). III ⟨373⟩

Tethys → Thetis

Teufen: Ort bei St. Gallen in der Schweiz. I 480

Teut, Teuton: nach dem germanischen Stamm der Teutonen benannter pseudomythischer Stammvater der Deutschen, seit dem 18. Jh. eingeführt (→ Thuiskon). I 55 68f.

Teutates: Keltischer Gott, dem Menschenopfer dargebracht wurden. II 161

Teutoburg. I 411

Teutonisch: Der Ausdruck »teutonische Wut« (furor teutonicus) erinnert an den Einfall der germanischen Stämme der Cimbern und Teutonen in Italien (um 110 v. Chr.). II 155

Thales (ca. 624–547 v. Chr.): Griechischer Philosoph in Milet, einer der sieben Weisen. II 67 726 766

Thalia: Thaleia, eine der drei → Charitinnen und eine der neun → Musen. Sie wurde zur Muse des Lustspiels und der leichten Dichtung. II 200 *485*

Thasus: Insel in der nördlichen Ägäis. II 23

Theagenes: aus Thasos stammender Olympiasieger. II 23

Thebe:

1. Quellnymphe; vgl. Ovid, Amores 3,6,333. I 315

2. Herrschersitz des kilikischen König Eetion. II 128

3. →Theben

Theben, Thebä, Thebe, Thebanisch: Hauptstadt Böotiens, von Kadmos gegründet, Sitz der Labdakiden-Dynastie (Labdakos, Laios, Ödipus) 335 v. Chr. wegen einer Erhebung gegen die makedonische Herrschaft von Alexander dem Großen zerstört; der Legende nach ließ er einzig Pindars Haus verschonen. I 317 374 375 378 379 393 f. (542) 910 II 24 164 185 f. 206 216 232 241 f. 250–368   III ⟨39⟩ ⟨440⟩

Themis: Göttin der sittlichen Ordnung; Tochter des Uranos und der Gaia, gebiert dem Zeus die →Horen. I 430   II 194 242 383

Themistokles, Themistocles (um 524–459 v. Chr.): athenischer Feldherr und demokratischer Politiker, baute die Seemacht Athens aus und führte die Griechen bei der Schlacht von →Salamis gegen die Perser unter →Xerxes zum Sieg.   I 297 (Jüngling) 649

Themse. I 71

Theognis (Mitte des 6. Jh.s v. Chr.): Dichter von Spruchweisheiten in elegischem Versmaß, aus Megara stammend. II 20

Theognitos: Theognetos, aus Aigina, Olympiasieger und Onkel des Pythosiegers Aristomenes. II 231

Thera: Insel vulkanischen Ursprungs in der südlichen Ägäis; von hier aus wurde Nordafrika durch griechische Kolonisten besiedelt und die Stadt Kyrene gegründet. II 218 f. 230   III ⟨170⟩

Therapnä: Kultort in der Nähe von Sparta. II 244

Theresienstraß': nicht bekannt. III 242

Thermodon: Name mehrerer Flüsse. I 480

Thermopylen, Thermopylä: »Tor der warmen Quellen«, Küstenpaß am Golf von Malia in Nordgriechenland, Austragungsort einer verlorenen Schlacht gegen die Perser (480 v. Chr.), vgl. Herodot 7,175–233. I 304 (Schlachtthal) 602 718 752

Theron, Thyron (530–472 v. Chr.): Herrscher von Akragas, besiegte mit Gelon von Syrakus bei Himera die Karthager; nahm häufig an den Olympischen Wagenrennen teil; sein Bruder hieß Xenokrates. II 187 192

Thersandros: Sohn des Polyneikes und der Argeia; zog mit den Epigonen, den Söhnen der »Sieben gegen Theben« (→Adrastos). II 189

Thersites: Ein für seine Prahlsucht berüchtigter Teilnehmer des Feldzugs gegen Troja. II 140 f.

Thesbier: Bewohner der böotischen Stadt Thespeia am Helikon. II 14

Theseus: Sohn des Aigeus (daher: →Aegäer) und der Aithra; sagenhafter König und Staatsheros der Athener, bei denen er als Begründer der Demokratie galt, da er auf seine Königswürde freiwillig verzichtet hatte. Im Kampf der Lapithen gegen die Kentauren steht er den Lapithen bei. Im 18. Jh. nahm man noch an, der heute als Hephaistosheiligtum angesehene Tempel in Athen, sei dem Theseus geweiht gewesen. I 470 587 682 689 703 II 126

Thespis: ältester Tragödiendichter Athens, Sieg bei den Dionysos-Festspielen des Jahres 535 v. Chr. II 23 f.

Thessalien, Thessalier: Mittelgriechische Landschaft. II 21 238 241

Thestoride: Vatername des griechischen Sehers Kalchas. II 121

Thetis:
1. Hölderlin verwechselt mehrfach Thetis (2.) mit ihrer Großmutter Tethys, der Tochter von Uranos und Gaia, Schwester und Gemahlin des Okeanos, Mutter der Flüsse Nil, Alpheus, Eridanos und der → Okeaniden. I 339 II 160 164 167
2. Tochter des Nereus und der Doris, von Peleus Mutter des Achilles. Bei ihrer Hochzeit mit Peleus waren die Götter Gäste. I 198 200 II 130 132 216 217

Thill, Johann Jakob (1747 – 31. März 1772): Dichter aus Stuttgart; Stiftler, später Vikar in Großheppach im Remstal. Zu seinen Lebzeiten ist kein Werk gedruckt worden, einige Gedichte aus dem Nachlaß erschienen im ›Taschenbuch für Dichterfreunde‹, Leipzig 1774, in den ersten Jahrgängen des Stäudlinschen Musenalmanachs (1782/83) und in Matthissons Lyrischer Anthologie (1803–09, Bd. 9). I 72 f. 397 III 190 572

Thithon → Tithon

Thorax: Thessalischer Herrscher aus dem Geschlecht der Aleuaden, Auftraggeber von Pindars 10. Pythischer Ode. II 241

Thrace, Thrakien, Thracien, Thrazien, Thrazier: Thrake, Landschaft zwischen der Nordküste der Ägäis und der Westküste des Schwarzen Meers. Geburtsland des Orpheus. I 15 f. 485 II 159 176 258 340 354 III 68

Thrasydäos: Thebanischer Pythosieger unter den Knaben. II 241 ff.

Threnos: Klagelied. II 245

Thümmel, Moritz August von (1738–1817): Verfasser der ›Reisen in die mittäglichen Provinzen von Frankreich‹ (1791–1805), in dem der Erzähler sich in eine Margot verliebt, die Nichte seines Wirtes in dem Dorfe Caverac. II *481 773 784*

Thüringen. II 520 545 555

Thuiskon: Vater des Mannus (→ Mana), mit dem im 2. Kapitel von Tacitus' ›Germania‹ genanten Tuisto gleichgesetzt (→ Teut). I 86

Thur: Nebenfluß des Rheins, durchfließt das Toggenburg und Thurgau. II *821*

Thyaden: Thyiaden, die weibliche Gefolgschaft des Dionysos.   II 361
Thyest: Thyestes, Sohn des →Pelops, Bruder des Atreus.   II 138 164
Thyone: Name der vergöttlichten Mutter des Dionysos.   II 192 217
Tibur, Tivoli: hochgelegene Stadt östlich von Rom, von Horaz besungen.   I 155   II 180f.
Tieck, Johann Ludwig (1773–1853): Dichter, gab 1800 ein Poetisches Journal heraus.   II 900   III ⟨170⟩ 645
Tiefenbach: Diefenbach, Nachbardorf von Maulbronn.   II 405
Till →Thill
Tilly, Johann Tserclaes, Graf von (1559–1632): Feldherr der katholischen Liga im Dreißigjährigen Krieg; 1631 im Gefecht bei Rain am Lech tödlich verwundet.   I 70
Timosthenes: Bruder des Alkimedon, des aiginetischen Olympiasiegers im Ringkampf der Knaben.   II 194
Timotheus (Mitte des 4. Jh.s v. Chr.): griechischer Bildhauer und Architekt.   II 27
Timotheus (ca. 450–360 v. Chr.): Dichter und Musiker aus Milet.   II 16f.
Tina →Tenos
Tinian: eine der Marianen-Inseln im westlichen Pazifik (→Anson).   I 180 275 471
Tiresias: Teiresias, blinder Seher aus Theben, der über mehrere Generationen hinweg die Herrscher in Theben prophetisch berät.   I 393 f.   II 250 260–267 310 312 318 354–358
Tirrhenier: Tyrrhener, Griechischer Name für die Etrusker.   II 205
Tirynthisch: In der Burg Tiryns residierte der König Eurystheus, bei dem Herakles mit seinen Kampfgefährten eine Zeit lang im Dienst stand.   II 198
Tischbein, Johann Heinrich Wilhelm (1751–1829): Portraitmaler, hielt sich 1778 und 1799 hauptsächlich in Italien auf, Freund Goethes in Rom. Sein Werk ›Homer nach Antiken gezeichnet‹ erschien 1801 in Göttingen.   II *815 f.*
Tithon, Titon, Thithon: Tithonos, Gatte der →Eos.   I 130 179   II 184
Titan: Bei Lucan Name für den Sonnengott, der ein Sohn des Titanen Hyperion ist.   II 148 150 160 164
Titanen: Söhne und Töchter des Uranos und der Gaia, u. a. Koios, →Hyperion, Kronos, Okeanos, Rhea, Themis und Mnemosyne. Zeus bekämpft sie in der Titanomachia und verbannt sie in den →Tartaros, vgl. Hesiod, Theogonie 629–735. Hölderlin faßt unter diesen Begriff, wie es schon in der Antike üblich war, auch andere

mythische Figuren, wie den →Typhon, die →Giganten, die hundertarmigen Hekatoncheiren, die Zeus gegen die Titanen beistehen (vgl. Hesiod, Theogonie 148–159) oder die Aloiden, die den →Ossa und Pelion auf den Olymp türmen, vgl. I 650.   I 155 157 181 279 319 382 390 ⟨413⟩ 892   III ⟨159⟩

Tityos: riesenhafter Sohn des Zeus und der Gaia, der sich frevlerisch an Leto vergreifen will, als sie sich mit ihren Kindern auf dem Weg nach Delphi befindet; Artemis und Apollon erschießen ihn.   II 221

Tmolos, Tmolus: Berg in Kleinasien; in den ›Bakchen‹ des Euripides sagt Dionysos, er käme dorther.   I 338 448 454 461 464 494 508 541 626 643 ⟨757⟩

Tobia: Titelfigur einer Erzählung des Alten Testaments.   I 78

Toggenburger Land: Tallandschaft der oberen Thur im Kanton St. Gallen.   II *891*

Trenck, Franz Freiherr von (1711–1749): berüchtigter österreichischer Pandurenoberst, dessen Biographie (1788–1790) von E. F. Hübner, einem Lehrer an der Karlsschule in Stuttgart verfaßt wurde.   III 657

Treviger: Keltisch-germanisches Volk in der Gegend des heutigen Trier (Augusta Treverorum).   II 161

Triest: Stadt an der Adria, im 18. Jh. zu Österreich gehörig.   I 739f.

Tripolissa: Stadt im Zentrum des Peloponnes, im April 1770 erlitten die Griechen hier eine Niederlage, wobei die Angreifer in die Berge flüchteten und die Einheimischen anschließend niedergemetzelt wurden.   I 720f.

Tritonen: Ursprünglich gab es nur einen Triton, Sohn des Poseidon und der Amphitrite, später gab es als männliches Pendant zu den →Nereiden eine ganze Schar dieser Seedämonen. Meist werden sie mit menschlichem Oberkörper und fischförmigem Unterleib dargestellt; sie blasen auf leeren Schneckengehäusen (Tritonshörnern) und haben so Einfluß auf den Seegang.   II 381

Tritonide: der Tritonische See in Nordafrika.   II 219

Troas: Landschaft in Kleinasien nördlich von Lesbos.   I 502 643

Trogen: Ort südöstlich von St. Gallen.   II *881*

Troja, Trojaner, Trojer, Trojisch: alte mächtige Stadt am Hellespont, unter anderm von Apoll gebaut.   I ⟨505⟩ 682 842   II 21 65 68 122f. 126 144 170–174 191 243 386f. *482*   III ⟨261⟩ 406

Trojanischer Krieg: Krieg zwischen den Griechen und den (phrygischen) Bewohnern der Stadt Troja, der wegen des Raubs der Helena aus Sparta ausgebrochen war und zehn Jahre dauerte.   II 13f. 16 ⟨119–147⟩

Troll: unbekannt.   II 519

Tschesme: Chesme, Stadt an der kleinasiatischen Küste gegenüber von →Chios, Austragungsort einer Seeschlacht zwischen Russen und Türken. Am 5. Juli 1770 kam es zu einem ersten Treffen, bei dem das Schiff St. Estafi des russischen Admirals Spiridow Feuer fing und aufflog. Am 7. Juli führte ein nächtlicher Angriff der Russen zur Vernichtung der türkischen Flotte.   I 596 726 745
Tübingen: I 84 397   II 421 449 453f. 566 570 575 583 597 600 605 627 631 682 810 885 887   III ⟨371⟩ 571–579 590 599 613f. 644
Dokumente: III 574 579
Glossar zu Begriffen aus dem Ausbildungsgang im Tübinger Stift:
Alumnus: Titel der Schüler auf den (niederen und höheren) Klosterschulen Württembergs.
Candidatus: Titel der Angehörigen der beiden sich auf das philosophische Magisterium vorbereitenden Jahrgänge.
Ephorus: Der Studienleiter des Stifts (magister domus).
Kompromotionale: (Mit-)Angehöriger einer jeweiligen Promotion.
Konsistorium: Die Verwaltungsbehörde der Landeskirche, dem Fürsten direkt unterstehend.
Location: Die Rangfolge innerhalb eines Schüler- oder Studentenjahrgangs, die sich nach den Leistungen richtete.
Promotion: Ein studentischer Jahrgang. Dem Stift gehörten immer fünf Promotionen an: zwei der jungen »Candidaten«, die Philosophie und Philologie zu studieren hatten, und drei der »Magister«, die das Studium der Philosophie mit dem Magister beendet hatten und sich nun der Theologie widmeten.
Repetent: lehrender Assistent, immer ein ehemaliger Stiftler, der in der Location seiner Promotion unter den ersten fünf oder sechs gewesen war. Die Repetenten teilten sich die Aufsicht über die einzelnen Schlafsäle der Studenten. Ihre Lehrveranstaltungen – die sogenannten Repetitionen – galten vor allem dem Stoff der ersten beiden (philosophisch-philologisch-historischen) Studienjahre.
Stift: Das ehemalige Augustinerkloster in Tübingen, das nach der Reformation in Württemberg als Ausbildungsstätte für den theologischen Nachwuchs diente; die Stipendiaten hatten im Hause Kost und Logis, sowie eigene Lehrveranstaltungen und Andachten.
Superattendenten: Die eigentlichen Oberaufseher des Stifts, zur Zeit des Ephorats von Schnurrer jedoch eher untergeordnet.
Visitation: Als Oberhaupt der Landeskirche hatte der Herzog das Recht, auch kirchliche Einrichtungen zu inspizieren.
Türken, türkisch: Kernland des Osmanischen Reiches (1299–1918).
   I 433 598 715 717 726f.   II 425   III 653

Turnus: König der Rutuler, zum Gemahl der Lavina bestimmt und daher Hauptgegner des Aeneas. II 173

Tuskisch, Tuscisch: Etruskisch, toskanisch. I 379 II 159 165

Tyber: Tiber, der Fluß, an dem Rom liegt. I 171 II 159 162

Tyche: Personifikation des Glücks. III ⟨437⟩

Tydeus: Sohn des Oineus, Vater des Diomedes. II 145 165

Tyndariden: die Söhne des spartanischen Königs Tyndareos: Kastor und Polydeukes; auch →Dioskuren genannt. I 122 131 133 138 176 II 192 204

Typhon, Typhos: Urweltlicher Drache, nach Hesiod, Theogonie v. 820ff. Sohn des Tartaros und der Gaia, den seine Mutter nach dem Sturz des Kronos und der Titanen durch Zeus dem neuen Weltherrscher entgegensetzt; Zeus besiegt das Ungeheuer jedoch mit Hilfe von Blitz und Donner und wirft es in den Tartaros hinab, zu den dort gefangen gehaltenen Titanen. I 623 (Titan) II 201 230 III ⟨216⟩

Tyro: Tochter des Salmoneus, gebar dem Poseidon den Pelias und Neleus, dem Kretheus Aison, Pheres und Amythaon. II 223

Tyrol: Tirol. I 432

Tyron →Theron

Tyros: Phönizische Handelsstadt auf einer gleichnamigen Insel. I 297

Tyrtäus (Mitte des 7. Jh.s v. Chr.): Spartanischer Elegiendichter II 16f.

U

Uchal (→Ithiel)

Ugolino: Graf Ugolino della Gherardesca (um 1220–1289), Herr von Pisa, durch den Erzbischof Ruggierro degli Ubaldini gestürzt und mit seinen Söhnen und Enkeln zum Verhungern verurteilt. Berühmt wurde er durch eine Passage aus Dantes Göttlicher Komödie (Inferno 32,124–33,78), in der er Dante die Geschichte seines Leidens erzählt, die in der zweideutigen Bemerkung gipfelt, daß nach dem Tod der Kinder der Hunger stärker war als der Schmerz (v. 75). Dramatisiert wurde die Geschichte 1768 von Heinrich Wilhelm von Gerstenberg. I 419

Uhland, Ludwig Joseph (1722–1803): Superattendent im Tübinger Stift und Verwalter einer Familienstiftung. II 476

Uhland, Ludwig (1787–1862): Dichter; zusammen mit Gustav Schwab Herausgeber der ersten Gedichtsammlung Hölderlins (D1826).
II 960 III ⟨329⟩ 652 654 657

Ulm. II 667 III 608

Ulrich → Württemberg, Ulrich

Ulyß, Ulysses (nach der lateinischen Form »Ulixes«): Odysseus, König von Ithaka, durch seine Kriegslist berühmter Held vor Troja. Seine zehn Jahre lang dauernde Heimreise ist Thema der Homerischen ›Odyssee‹; als er bei der Heimkehr seine Frau Penelope von Freiern bedrängt findet, verkleidet er sich als Bettler und wird nur von seinem Hund Argos erkannt.   I 59 (Dulder) 485 756   II 64 122 140 143 145 373   III 313 〈322〉

Unger, Friedrich Gottlob (1753-1804): Verleger in Berlin, der unter anderem Schriften von Goethe und Schiller, sowie Schlegels Shakespeare-Übersetzung verlegte.   II 923   III 609

Unterboihingen.   II 419

Urach.   II 451

Urania: »die Himmlische«; einerseits Beiname der →Aphrodite nach ihrer Abkunft von →Uranos und als Göttin der Liebe zu den Jünglingen (Platon, Symposion 180d-182a), andererseits eine der →Musen (187c). Hölderlin setzt beide in eins und nennt sie die erste und letzte der Musen, s. ›Gesang des Deutschen‹ v. 51 f.   I 111 113 ff. 125 139 174 248 578 615 663 830 895   II 497

Uranide: »Sohn des Uranos«, Vatername des Kronos; Chiron ist bei Pindar (P 3) ein Sohn des Uraniden Kronos, in Hölderlins Übersetzung wird der Name auf den Enkel Chiron übertragen; in P 4 ruft Jason am Beginn der Argonautenfahrt Zeus als den »Vater der Uraniden« an, d. h. Zeus als den Vater aller »himmlischen« Götter.   II 212 226

Uranisch: »himmlisch«.   II 208 216

Uranus: Uranos, »Himmel«, vaterloser Sohn der Gaia und von ihr Vater der Titanen.   I 58 59 71

Urban II. (1035-1099): kluniazensischer Mönch, der als Nachfolger Gregors VII. im Jahr 1088 zum römischen Papst gewählt wurde; er rief am 27. November. 1095 in einer gewaltigen Rede zum ersten Kreuzzug auf, der vier Jahre später mit der Eroberung Jerusalems durch Gottfried von →Bouillon endete.   II 34

V

Vaihingen:
  1. Ort südlich von Stuttgart.   II 448 971
  2. Städtchen an der Enz bei Maulbronn.   II 669 717

Valtelino: Veltlin, Tallandschaft in den italienischen Alpen.   I 480

Vangionen: Germanischer Stamm im Gebiet um das heutige Worms.
II 161
Vanini, Lucilio (1585–1619): italienischer Freidenker, der wegen seines in Dialogform abgefaßten und 1616 in Paris veröffentlichten Werkes ›De admirandis naturae reginae deaeque mortalium arcanis‹ (Von den wunderbaren Geheimnissen der Königin und Göttin der Sterblichen, der Natur) mit der Inquisition in Konflikt geriet und trotz seines Bekenntnisses zum Christentum als Atheist verurteilt und auf dem Scheiterhaufen verbrannt wurde.   I 196
Varus, Publius Quinctilius (um 46 v. Chr. – 9 n. Chr.): römischer Feldherr und Statthalter in Germanien, der sich nach der gegen →Arminius verlorenen Schlacht im Teutoburger Wald das Leben nahm. I ⟨209⟩   II 628
Varus: bei Nizza mündender Fluß.   II 160
Vatikan: der päpstliche Palast in Rom.   I 432
Veiel, Johann Gottlob (geb. 1772): Bruder von Breunlins erster Frau, aus Blaubeuren, 1798 verlobt mit Caroline Lang, die er am 3. Oktober 1799 heiratet; nach dem juristischen Studium Nachfolger seines Vaters im Bürgermeisteramt.   II 694 748 844
Vellenberg →Fellenberg
Venafro, Venafrum: Stadt in einer Berglandschaft zwischen Rom und Neapel.   I 481   II 180
Vendée: französische Landschaft an der Atlantikküste südlich der Loiremündung; hier brachen im Frühjahr 1793 während der Revolution Aufstände gegen die jakobinische Politik der Hauptstadt aus, die grausam niedergeschlagen wurden.   II 921   III ⟨467⟩ ⟨551⟩
Venus: römische Entsprechung der →Aphrodite. Mutter des Aeneas, von daher Stamm-Mutter des Iulischen Geschlechts in Rom.   II 27 177
Vergil →Virgil
Vergniaud: Führer der Girondisten, am 31. Oktober 1793 hingerichtet.   II 511
Vermehren, Johann Bernhard (1774–1803): aus Lübeck, Dozent in Jena, Gefolgsmann Friedrich Schlegels, der ihn bei der Herausgabe seiner beiden ›Musen-Almanache‹ (D20 und D22) unterstützte; starb früh an Schwindsucht.
Briefe von Vermehren: II *878 896 900*
Vesta: Römische Göttin des Herdfeuers, in deren Tempel ein ewiges Feuer brannte.   I 149   II 153 164 173   III ⟨137⟩ 331
Virgil, Virgilius: Publius Vergilius Maro (70–19 v. Chr.), römischer Lyriker und Epiker; Werke: ›Catalepton‹, ›Bucolica‹ (später auch

›Eclogae‹ genannte Hirtengedichte), ›Georgica‹ (Landbau, vom Dichter selbst ein *ascraeum carmen* genannt, ein Lied im Sinne Hesiods); sein Hauptwerk ist die ›Aeneis‹, das Nationalepos des römischen Volkes.   I 477   II 36 170 461 (Maro) 523 (612)   III ⟨223⟩ ⟨458⟩ ⟨542⟩

Vischer → Fischer, B. J.

Vischer, Friedrich Theodor (1807–87): Philosoph und Theologe; Hauptwerk: ›Ästhetik oder Wissenschaft des Schönen‹ (1846–57). III ⟨362⟩ ⟨567⟩

Vogesus: die Vogesen, linksrheinischer Gebirgszug.   II 160

Vogt, Nikolaus (1756–1836): seit 1784 Professor der Universalgeschichte in Mainz, befreundet mit Forster, Heinse und Sömmering. Ende 1792 ohne Wissen und Wollen auf die Liste des Klubs gesetzt floh er noch vor der französischen Belagerung in die Schweiz und kehrte erst nach entbehrungsreichen Jahren 1796 zurück auf sein Amt. 1803 übernahm er nach Heinses Tod die Stelle des kurfürstlichen Bibliothekars und Galerieinspektors. Herausgeber der ›Ansichten des Rheins‹.   II 653 924 (Voigt)

Vogt, Justine R. Gottliebin (geb. Nicolai, um 1755): Frau des Waisenhausverwalters in Bruchsal, Verwandte von Hölderlins Mutter. II 430

Voigt, Johann Gottfried: Nach einem Theologiestudium gründete er 1788 in Jena ein akademisches Leseinstitut und versuchte sich später als Verleger. Hölderlins Hausherr im November und Dezember 1794.   II 554 ff. (Vogt)

Vollbeding, J. C.: Herausgeber eines Griechisch-deutschen Handwörterbuchs zum Schulgebrauch (Leipzig 1784), das sich in Hölderlins Nachlaß befand.   III ⟨426 f.⟩ ⟨438⟩

Volmar, Ernestine Friederike: Tochter von Friederike Juliane, Verlobte von J. F. → Blum.   II 425 (Rike) 430 (Rike)

Volmar, Friederike Juliane (1741 – 18. April 1788): Schwester von Hölderlins Vater, lebte in Markgröningen.   II 420 (Tante)   III ⟨561⟩

Vorelysium: dieser Ausdruck ist wahrscheinlich von → Conz geprägt (›Schicksale der Seelenwanderungshypothese…‹, Königsberg 1791) und spielt auf die Wiedergeburtslehre, sowie auf die Beschreibung der Unterwelt an, die Sokrates vor seinem Tode gibt, vgl. Platon, Phaidon 69e–70d und 110b–114c. Ebenso könnte die Erzählung vom Bericht des Er ($^{\tilde{\nu}}H\varrho$) als Vorbild gedient haben, der sich während eines zwölftägigen todähnlichen Schlafs in dem Bereich der Unterwelt aufgehalten hat, in dem die Seelen ihr künftiges Schicksal erlosen, vgl. Platon, Politeia 614b–621b.   I 485 674

Voß, Johann Heinrich d. Ä. (1751–1826): Dichter (›Louise‹, 1783) und Übersetzer der ›Odyssee‹ (1781), der ›Ilias‹ (1793) und der ›Aeneis‹ (1799); Herausgeber eines Musenalmanachs. II 69 *503 510* 566 *791 878 896*
Voß, Johann Heinrich d. J. (1779–1822): Philologe, Lehrer für alte Sprachen; Sohn von J. H. Voß d. Ä. III ⟨432⟩
Vulkan: Volcanus, römische Entsprechung des →Hephaistos. I 442 671 II 134 138

W

Waghäusel: ein Lustschloß. II 424
Wagner: Hofglasermeister in Homburg, sein Haus stand in der am Brunnenplatz von der Louisenstraße abgehenden Haingasse. Hölderlin wohnte hier von Oktober 1798 bis Juni 1800. II 708 717 738 (Hausleute) *786 795 798* (Hausherr)
Waiblinger, Wilhelm (1804–1830): Dichter; seit 1819 Schreiber am Oberamtsgericht in Urach, seit 1820 Schüler am Oberen Gymnasium in Stuttgart, wo er mit Uhland, Haug und Schwab bekannt wurde, von 1822–1826 in Tübingen, wo er anfangs häufig Hölderlin besuchte, danach in Rom, wo er auch starb. Schriften: ›Phaeton‹ (1823), ›Friedrich Hölderlins Leben, Dichtung und Wahnsinn‹ (1831, postum). III ⟨354f.⟩ ⟨567⟩ *671*
Stammbucheintrag Hölderlins: II 973
Waiblingers Tagebuch: III *654*
Waldstättersee: der Vierwaldstättersee in der Zentralschweiz zwischen den namengebenden vier Waldstätten Uri, Schwyz, Unterwalden und Luzern. I 135
Walhalla: in der nordischen Mythologie eine prächtige aus Schilden und Speeren erbaute Halle, in der die gefallenen Kämpfer als Gäste Odins von den Walküren bedient werden. I 71 86 209 III 54
Waltershausen: etwa 25 km südlich von Meiningen. Nicht zu verwechseln mit dem gleichnamigen Ort bei Gotha. II 512f. *535 554 556 563 566 569 572*
Wankheim. III *572*
Wartburg: Burg südwestlich von Eisenach; um 1200 soll hier ein sagenhafter Minnesängerwettstreit stattgefunden haben; 1521/22 Zufluchtstätte Luthers, der hier das Neue Testament übersetzte. I 418
Weber, Christian Friedrich (1764–1831): ab 1788 Bibliothekar des Tü-

binger Stifts, im Oktober 1788 zum Repetenten befördert. II *460*
462 (mein Repetent)
Weberin: nicht bekannt. II *440*
Weigelin, Johann Philipp (1769–1830): im Tübinger Stift 1784–1791, später Pfarrer.
Stammbucheintrag Hölderlins: II *970*
Weimar.   II *528 553–558 561f. 564 567f. 572f. 784 816ff. 839f. (925f.)*   III ⟨*430*⟩ ⟨*526*⟩ *585f.*
Weinland, Johann Christoph (1729–1788): seit 1785 Klostervorstand in Maulbronn.   II *405* (Prälat) *406*
Weinsberg.   II *485*
Weinstaig: Straße in Stuttgart (heute: Neue Weinsteige), die anfangs stark gebogen schließlich in südlicher Richtung nach Degerloch führt.   I *397*
Weißbrun in Niederungarn: heute Veszprem, alter Bischofssitz in Westungarn nördlich des Plattensees gelegen.   I *481*
Weisser, Friedrich Christoph (1761–1836): Landschaftssekretär, Dichter.   III *655*
Wergo, Panagiot (1767–1843): Grieche aus Konstantinopel, Baumwollgroßhändler in Stuttgart, zu dem Hölderlin mit Neuffer Ostern 1791 geladen war. In seinem Haus in Cannstadt verkehrten nach 1800 unter anderem Haug, Kerner, Uhland und Gustav Schwab.   II *483*   III ⟨*301*⟩
Werther: Titelfigur eines Romans von Goethe.   III *657*
Weser.   II *628*
Westphalen, Westphälisch.   I *432*   II *628 630 650*
Wetzlar.   II *618 623*
Wiblingen: Ort mit Nonnenkloster südlich von Ulm.   II *667*
Wieland, Christoph Martin (1733–1813): Dichter, Herausgeber der Zeitschrift ›Der Deutsche Merkur/Neuer Teutscher Merkur‹ (1773–1810); Werke: ›Der Neue Amadis. Ein komisches Gedicht in 18 Gesängen‹ (1771), ›Oberon‹ (1780).   I *53*   II *400 404 528 552f. 816*   III ⟨*45*⟩ *440* ⟨*448*⟩ ⟨*486*⟩ *659*
Wieland, Johann Heinrich (1768–1818): Kompromotionale Neuffers, später Pfarrer.   II *461*
Wien, Wiener.   II *515 823*   III *242*
Wiesbaden.   II *902*
Wilmans, Friedrich (1764–1830): aus Bremen, wo er 1792 einen Buchhandel und Verlag gründete, in dem Werke von Jean Paul, Ludwig Tieck und Clemens Brentano erschienen; im Sommer 1802 verlegte er sein Geschäft nach Frankfurt und weitete es auf Kunsthandel aus;

seit 1800 Herausgeber eines jährlichen Taschenbuchs (vgl. D25), Verleger von Friedrich Schlegels Zeitschrift ›Europa‹, Hölderlins ›Die Trauerspiele des Sophokles‹ und der ›Mahlerischen Ansichten des Rheins‹ (1806). II 928 III ⟨206⟩ ⟨209⟩ ⟨263⟩ ⟨430⟩ ⟨435⟩ ⟨621⟩ 624 672 (Buchhändler)

Briefe an Wilmans: II 924 925 926 929

Briefe von Wilmans: II *924 927 930 931*

Wimpfen. II 902

Winckelmann, Johann Joachim (1717–1768): Begründer der neueren Kunst- und Altertumswissenschaft; 1754 zum Katholizismus übergetreten, reiste er mit einem Stipendium des sächsischen Königs nach Rom zum Studium der antiken Kunst; dort zuerst Bibliothekar des Grafen Archinto, des römischen Nuntius in Dresden, dann Kustos der Antikensammlung des Kardinals Albani, schließlich Präsident der Altertümer und Scriptor der Vatikanischen Bibliothek. Seine wichtigsten Werke: ›Gedanken über die Nachahmung der griechischen Werke in der Malerei und Bildhauerkunst‹ (1755); ›Geschichte der Kunst des Altertums‹ (1767). II 13 15 21 ff. III ⟨50⟩ ⟨371 f.⟩

Windsor: südenglische Stadt, mit der Sommerresidenz der englischen Königsfamilie. I 478

Winterthur: Stadt im Kanton Zürich. II 472

Wirtemberg → Württemberg

Wismar. II 737

Wöllwarth: Familie in Birkenfeld. II 519

Wörlitz: Gartenanlage des Fürsten Leopold Friedrich Franz von →Anhalt-Dessau. II 581 III ⟨137⟩ ⟨482⟩

Wohlhaupter: Nürtinger Instrumentenbauer. II 419

Wolff, Christian, Freiherr von (1679–1754): Hauptvertreter des an Leibniz geschulten deutschen Rationalismus des 18. Jh.s, der sogenannten Schulphilosophie; er schuf durch seine deutschen Schriften im wesentlichen die deutsche philosophische Terminologie; sein bestimmender Einfluß nahm gegen Ende des 18. Jh.s ab, als Kant und seine Anhänger Wolff als den Prototyp einer Philosophie des Dogmatismus bekämpften. II 38 III ⟨378⟩

Woltmann, Carl Ludwig (1770–1817): nach Studium in Göttingen 1794 auf den Lehrstuhl für Geschichte in Jena berufen, Mitarbeiter an Schillers Horen und Musen-Almanachen, ging 1798 nach Berlin in den diplomatischen Dienst, dort 1805 Heirat mit Karoline geb. Stosch, die am 30. August 1843 an Alexander Jung schrieb: »Hölderlin wird aufsteigen am literarischen Himmel Deutschlands wie ein Stern, wenn Deutschland Dichter von seiner Großartigkeit der Begriffe und Einfachheit des Ausdrucks vertragen kann«.   II 566 773

Wucherer: württembergischer Regierungsrat.   III 640

Württemberg: Hölderlins Vaterland.   I 396   II 424 543 572 575 598 623 629 631 645(Land) 663f. 686 710 713f. 746 748 763 810f. 868 889 (Land) 907 911 932   III ⟨44⟩ 240 ⟨492⟩ ⟨503⟩ ⟨512⟩ 653

Württemberg, Ulrich, Herzog von (1487–1550).   I 446   III ⟨269⟩

Württemberg, Christoph, Herzog von (1515–68): schuf das württembergische Landrecht, gründete Schulen und erweiterte das Tübinger Stift.   I 312 385

Württemberg, Karl Eugen, Herzog von (1728–1793).   I 19 (Carl)   II 417f. 480 (Herzog)   III ⟨44⟩ ⟨379⟩ ⟨447⟩ ⟨464⟩

Württemberg, Ludwig Eugen, Herzog von (1731–1795).   III ⟨473⟩

Württemberg, Friedrich Wilhelm Karl, von (1754–1816), Neffe Karl Eugens, heiratete am 18. Mai 1797 in London; ab 1797 Herzog Friedrich II., ab 1803 Kurfürst. Beseitigte nach jahrelangen Kämpfen 1804 die altwürttembergische Verfassung und nahm am 27. Dezember 1805 zum 1. Januar 1806 von Napoleon als Friedrich I. die Königswürde an.   I 403f. (Fürst, Churfürst)   II 664 (Prinz) 928   III ⟨294⟩ 641 (Kurfürst) ⟨653⟩

Brief an den Herzog von Württemberg: II 873

Württemberg, Friedrich Wilhelm Karl (1781–1864): Sohn Friedrichs, Kurprinz, später König Wilhelm I.   III ⟨512⟩ ⟨653⟩

Würzburg, Würzburgisch.   II 519f. 548

Wurm, Christian Friedrich (1803–59): Stiftler, später Professor der Geschichte.   III 654 656

Wurmlingen: Der Weg zur Kapelle dieses Ortes bei Tübingen führt über den →Spitzberg.   II 462

X

Xanthos: Stadt (und Fluß) im kleinasiatischen Lykien; ihre Bewohner haben zweimal in der Geschichte der Stadt, von einem äußeren Feind belagert, kollektiven Selbstmord begangen: einmal, in der Mitte des 6. Jh.s v. Chr., als sie von dem persischen Feldherrn Harpagos belagert wurden, zündeten sie ihre Stadt selbst an und fanden alle darin den Tod (nach Herodot 1,176); zum andern, im Jahr 42 v. Chr., während einer Belagerung durch den römischen Feldherrn →Brutus, als ihr Versuch, dessen Belagerungsmaschinen unterhalb der Stadtmauer zu verbrennen, fehlschlug, die Flammen auf die Häuser der Stadt übergriffen, und sie die angebotene Hilfe des Brutus zum Löschen des Brandes nicht nur ausschlugen, sondern dem Feuer weitere Nahrung zuführten und schließlich alle in den Flammen umkamen (nach Plutarch, Brutus 30f., wo auch die frühere Selbstvernichtung erwähnt ist).   I 332   II 195

Xenophanes von Kolophon (580 – ca. 475 v. Chr.): griechischer Dichter, der, aus seiner Heimat vertrieben, mit den Bewohnern der Stadt Phokaia nach Elea in Unteritalien auswanderte und als Rhapsode durch ganz Griechenland wanderte.   II 17   III ⟨309⟩

Xerxes I. (486–465 v. Chr.): persischer Großkönig, Sohn des Dareios und der Atossa, unternahm im Jahr 480 mit einem riesigen Heer einen Feldzug gegen die griechischen Städte, indem er über den Hellespont übersetzte, durch Thrakien und Thessalien zog und bei den Thermopylen das eilig aufgebotene Heer der Griechen (hauptsächlich der Spartaner) schlug; zerstörte das verlassene Athen und plünderte seine Akropolis, um den Widerstand der Athener gegen seinen Vater zu rächen; ließ sich mit seiner zahlenmäßig überlegenen Flotte in einen Hinterhalt bei der Insel Salamis locken, wo er vernichtend geschlagen wurde; sein Heer stellte sich bei Plataiai einer neuen Streitmacht der Griechen und unterlag endgültig. Herodot berichtet (7,35), er habe, als ein Sturm die von ihm über den Hellespont geschlagenen Brücken zerstörte, dem Meer dreihundert Peitschenhiebe versetzen lassen.
I 15 298 (König) 532 (Perser)   II 22

Y

Young, Edward (1683–1765): englischer Dichter. In Deutschland wirkte, in der ab 1751 erschienenen Übersetzung des mit Lessing und Klopstock befreundeten Johann Arnold Ebert, vor allem ›The Complaint; or Night Thoughts on Life, Death, and Immortality‹ (1742–45).   I 31

Z

Zachariae, Just Friedrich Wilhelm (1726–77): Dichter, Professor der Literatur.   III 668

Zamorra: Ort und Fluß in Spanien.   I 481

Zante: italienischer Name der griechischen Insel Zakynthos westlich des Peloponnes.   I 490

Zeerleder, Ludwig (1772–1840): Bankierssohn aus Bern; auf Reisen kam

er 1793/94 dreimal nach Frankfurt, wo ihn sein Freund Moritz
Bethmann unter anderem bei den Gontards einführte. Beim letzten
Besuch ergriff ihn eine wertherische Neigung zu Susette Gontard,
der er das ›Fragment von Hyperion‹ abschrieb. Mit seinem jüngeren
Bruder war er in der Folge Leiter eines großen Handelshauses in
Bern. 1798 beim Angriff französischer Truppen auf Bern tat er sich
als Major im Dienste seiner Vaterstadt hervor. Nach Gründung der
Helvetischen Republik löste sich aber sein Geschäft auf. Ende 1799
besuchte er anläßlich einer Reise nach Hamburg nochmals Frankfurt.   II *835 858 865*   III ⟨300⟩

Zephyr, Zephir: Zephyros, Westwind, Sohn der →Eos.   I 173 177 223 291   II 160 197 207

Zeta: (→Kalaïs).   II 226

Zeus, Zevs: (röm.: →Jupiter) Herrscher der olympischen Götter der Griechen; Sohn des Kronos (→Kronion), den er unterwirft und gefangenlegt, und der Rheia; Bruder des Poseidon und des Hades, der Hera, die zugleich seine Gattin ist, und der Demeter; Vater der aus seinem Haupt entsprungenen Athene, sowie des Hephaistos, des Hermes, des Apollon und der Artemis; zeugte mit anderen Göttinnen die Horen, Charitinnen und Musen, mit sterblichen Frauen Dionysos, Herakles und viele Heroen. Seine Waffen sind Blitz und Donner, nach denen auch seine Beinamen (»Donnerer«, »Wolkenlenker« usw.) gebildet sind; das ihm heilige Tier ist der Adler (vgl. I 653). Seit den Perserkriegen wurde er als »Befreier« (vgl. Ἐλευθέριος, Pindar O 12,1) und »Retter« (soter) verehrt; sein größter Tempel war das athenische Olympieion, als Muster klassischer Bildhauerkunst galt die Zeus-Statue des Phidias, die in Olympia aufgestellt und als eines der sieben Weltwunder betrachtet wurde. Hölderlin schreibt seinen Namen öfter in neugriechischer Weise: Zevs.

(Donnergott, Donnerer, donnernder Gott: I 118 130 152 193 270 282 302 318 330 340 342 362 380 399 440 469)

I 129 177 387 394 439 467 780 788   II 31 106f. 132 188 193ff. 198 201 212 219 222 225 234 251 256 268 276 278 284 297 323ff. 360 372f. 383 386 389   III 171 (Höchste) ⟨352⟩

Zevxis: Zeuxis (ca. 435–390 v. Chr.), griechischer Maler.   II 27   III ⟨320⟩

Zieglerin: wohl die im Hause der Mutter Hölderlins wohnende Witwe des Nürtinger Spitalmeisters Hieronymus Ziegler.   II 472

Zilla: Killa, Stadt mit einem Apollonheiligtum, südlich von Troja in der Nähe von Chryse.   II 120 131

Ziller, Karl Christian Friedrich (1801–38): Student der Theologie, Verwandter Fritz →Breunlins.   III ⟨369⟩

Zimmer, Ernst Friedrich (1772–1838): Schreinermeister aus Tübingen, seit Anfang 1807 Eigentümer des Hauses in der Bursagasse 6, das im Erdgeschoß seine Werkstatt aufnahm. Das Haus, in das ein ehemaliger Stadtturm integriert ist, baute er im Laufe der Jahre aus. Im Sommer 1807 nahm der für seinen Stand ungewöhnlich gebildete Handwerker den Dichter, dessen ›Hyperion‹ er mit Bewunderung gelesen hatte, zur Pflege in sein Haus auf.   I 915   II 933 f. 936 942 957   III ⟨317⟩ ⟨353⟩ ⟨355⟩ ⟨357⟩ 656 (Tischler) 660 (Tischler)

Briefe Zimmers an Dritte: III 647 648 650 651 662 663 664 664 665

Zimmer, Marie Elisabetha, geb. Gfrörer (1774–1849): Ehefrau Ernst Zimmers, mit dem sie fünf Kinder hatte, von denen zwei sehr früh verstarben.   II 944   III 649 656 (Mutter)

Zimmer, Christiane Dorothea (geb. 1803): Tochter Ernst Zimmers.   III 654 ff. (Mädchen) 658 (Mädchen)

Zimmer, Christian Friedrich (geb. 1806): Sohn Ernst Zimmers.   III 651 (Büble) 653 f.

Zimmer, Charlotte »Lotte« (1813–1879): jüngstes Kind der Zimmers. Sie übernahm nach dem Tode des Vaters die Pflege Hölderlins, der sie einer mündlichen Überlieferung zufolge »Heilige Jungfrau« nannte.   III ⟨568⟩ 666 (Tochter)

Brief Charlottes an Hölderlins Bruder: III 674

Zürich.   I 134   II 472

Zwiefalten.   II 932   III 637

Zwilling: Oberhofprediger in Homburg, Vater Jakob Zwillings.   III ⟨633⟩

Zwilling, Jacob (1776–1809): Sohn des Oberhofpredigers in Homburg, seit 1796 Offizier, mit Sinclair befreundet und mit Hölderlin und Hegel seit 1797 bekannt.   II 713 821 854 (Freund)

Zythera →Cytherea

Unbekannte
Briefe an Unbekannte: II 850 873
Stammbucheinträge für Unbekannte: II 966 f. 973 ff.

ZEITTAFEL

1770 Lauffen

20. März Geburt Hölderlins in Lauffen am Neckar als erstes Kind seiner Eltern Heinrich Friedrich Hölderlin und Johanna Christiana geb. Heyn. Taufe am folgenden Tag auf den Namen Johann Christian Friedrich.

1771

7. April Geburt der Schwester Johanna Christiana Friederike.

3. November Tod der Urgroßmutter Sutor.

1772

5. Juli Tod des Vaters nach Schlaganfall. Die ältere Schwester des Vaters, Elisabeth von Lohenschiold (geb. 1732) – ebenfalls verwitwet – zieht zu ihrer Schwägerin.

15. August Geburt der Schwester Maria Eleonora Heinrike.

25. September Tod des Großvaters Heyn.

1774

10. Oktober Heirat der Mutter mit Johann Christoph Gock. Umzug der Familie nach Nürtingen, wo ein Hof mit zweistöckigem Haus für 4500 Gulden erworben wird.

1775 Nürtingen

18. April Konfirmation.

18. August Geburt der Stiefschwester Anastasia Carolina Dorothea.

16. November Tod der Schwester Johanna Christiana Friederike.

19. Dezember Tod der Stiefschwester Anastasia Carolina Dorothea.

1776

Beginn des Besuchs der Nürtinger Lateinschule, ergänzt durch Privatunterricht zur Vorbereitung auf das Landexamen für die Aufnahme in eine der niederen evangelischen Klosterschulen Württembergs in Denkendorf oder Blaubeuren.

29. Oktober Geburt des Stiefbruders Carl Christoph Friedrich.

1777

11. Mai Tod der Tante Elisabeth von Lohenschiold. Hölderlin erbt ein Viertel ihres Vermögens; zusammen mit dem Erbe vom Vater und dem der zwei Jahre zuvor gestorbenen Schwester beläuft sich damit Hölderlins eigenes Vermögen auf 4400 Gulden, das von der Mutter bis zu ihrem Tod – in Pfandbriefen und Darlehen angelegt – verwaltet wird, und aus dessen Zinsen (5%) sie die Unterhaltszuschüsse für Hölderlin finanziert.

16. November Geburt und Tod eines Stiefbruders (Anonymus).

1778

12. November Geburt der Stiefschwester Friederike Rosina Christiana.

1779

8. März Tod des Stiefvaters nach einer Lungenentzündung. Die Großmutter Heyn zieht zu ihrer Tochter.

1780

Beginn des Klavierunterrichts, später ergänzt durch Flötenunterricht.

September Erstes Landexamen in Stuttgart.

1782

Diakonus (»Helfer«) Nathanel Köstlin und Präzeptor Kraz erteilen täglich eine Stunde Privatunterricht.

1783

September Viertes und letztes Landexamen. Erste Bekanntschaft mit Schelling, der bei seinem Onkel Köstlin wohnt und ebenfalls die Lateinschule besucht.

20. Dezember Tod der Stiefschwester Friederike Rosina Christiana.

1784 Denkendorf

20. Oktober Eintritt in die niedere Klosterschule Denkendorf. Unterzeichnung einer Urkunde, womit der Alumne (d. i. Heimzögling) insbesondere verpflichtet wird, sich »auf keine andere Profession, dann die Theologiam zu legen«. Die Mutter legt eine Liste an, der »Ausgaben vor den L. Fritz. welche aber wan Er im gehorsam Bleibt nicht sollen abgezogen werden«, in die zunächst die Ausgaben seit 1776 eingetragen werden und die sie bis 1824 fortführt (s. 17. Februar 1828).

1785

21. März Lokation aufgrund der Zeugnisse des »Examen solenne« (d. i. feierliches Examen); Hölderlin erreicht den sechsten Platz, auf dem er mit einer Ausnahme bis zum Ende des Studiums bleibt.

November Erster erhaltener Brief. Wohl um diese Zeit auch Anlage der ersten erhaltenen handschriftlichen Sammlung von Gedichten.

1786 Maulbronn

18./19. Oktober Einzug von Hölderlins Promotion in die höhere Klosterschule Maulbronn. Bald darauf erste Bekanntschaft mit Louise Nast, der jüngsten Tochter des Klosterverwalters.

7./8. November Anläßlich eines Empfangs für den durchreisenden Herzog Karl Eugen von Württemberg trägt Hölderlin sein Huldigungsgedicht an dessen Gattin Franziska vor.

18. Dezember Erster erhaltener Stammbucheintrag.

Maulbronn 1786

1787

Januar Besuch von Louises Vetter Immanuel Nast in Maulbronn. Hölderlin beginnt nach seiner Abreise einen freundschaftlichen Briefverkehr mit ihm. Um diese Zeit auch Freundschaft mit Hiemer.

März Begeisterte Lektüre Ossians; des weiteren Klopstocks, Schillers, Schubarts, Youngs und Wielands.

Sommer Hölderlin ist mehrfach krank, wirft Blut aus. Besuch Immanuel Nasts.

Aus Hillers Stammbuch
September 1788

1788 Tübingen

März In Wielands ›Teutschem Merkur‹ erscheint Schillers Gedicht ›Die Götter Griechenlandes‹, Vorbild für Hölderlins hymnische Dichtung.

18. März Hölderlin reist nach Markgröningen zu seiner todkranken Tante Volmar und bleibt nach Ankunft der Mutter und der Schwester bis zum 7. April, die Tante stirbt am 18. April.

April Lektüre des ›Don Carlos‹.

2.–6. Juni Reise in die Pfalz.

Sommer Vermutlich Anlage des *Marbacher Quartheftes*.

21. Oktober   Einzug von Hölderlins Promotion ins Tübinger Stift, gleichzeitig ziehen dort vom Stuttgarter Gymnasium Hegel und drei weitere Schüler ein. Die beiden ersten Jahre des Studiums sind der Philosophie gewidmet, die drei folgenden der Theologie. Professoren: Schnurrer (Ephorus), L. J. Uhland, Storr (Superattendenten); unter den Repetenten ab 1789: Bardili und Conz.

10. November   Erste Erteilung der Quartalszeugnisse mit Lokation. Hölderlin ist noch der sechste.

3. Dezember   Baccalaureat.

Ende des Jahres   Beginn der Freundschaft mit Neuffer und Magenau, die bereits seit zwei Jahren im Stift sind.

1789

24. Februar   Erster Druck eines (verlorenen) Gedichts Hölderlins anläßlich der Hochzeit von Heinrike Nast.

März/April   Lösung von Louise Nast. Auch die Freundschaft mit Immanuel Nast schläft ein.

20./21. April   Zu Ostern Besuch bei Neuffer in Stuttgart, dort auch bei Schubart und vielleicht bei Stäudlin.

14. Juli   In Paris Sturm auf die Bastille, Beginn der Französischen Revolution.

Sommer   Flötenunterricht bei Friedrich Ludwig Dulon.

5. November   Herzog Karl Eugen mahnt bei einem Besuch im Stift die zum Teil republikanisch gesinnten Stiftler zu »strenger Ordnung und Gesetzlichkeit«.

November   Hölderlin faßt den mit Rücksicht auf die Mutter jedoch bald wieder fallengelassenen Plan, wegen des »Druks« im Stift dort auszuscheiden, um Jura zu studieren. Ende des Monats fährt er für den Rest des Jahres nach Nürtingen.

1790

Anfang des Jahres   Unter dem Einfluß des nach dem Konsistorialexamen im Stift hospitierenden Niethammer erste Beschäftigung mit der

Hölderlin als Magister
1790

Philosophie Kants und Reinholds. Im Stift vertrat der Professor Flatt einen gemäßigten, der Repetent Diez einen radikalen Kantianismus.

9. März   Wahrscheinlich erster ›Aldermannstag‹ der Freunde Hölderlin, Magenau und Neuffer.

April   Ankunft einer Deputation des Konsistoriums im Stift zur Ausarbeitung neuer Statuten. Von Seiten der Stiftler und Repetenten wird befürchtet, man werde ihnen »widersinnische, zwecklose Gesetze« aufzwingen.

Sommer   Erste Bekanntschaft mit Elise Lebret, der Tochter des Kanzlers der Universität. Vorbereitung auf das Magisterium.

17. September Magisterexamen, damit Abschluß der ersten beiden, der Philosophie und Philologie gewidmeten Studienjahre im Stift. Lektüre: Winckelmann, Leibniz, Platon, Herder, Heinse, Bürger und Jacobi.

Oktober In Stuttgart Gespräch mit Stäudlin über Beteiligung an dessen künftigem ›Musenalmanach fürs Jahr 1792‹.

20. Oktober Schelling tritt schon mit 15 Jahren ins Tübinger Stift ein.

Ende des Jahres Beginn des schwierigen Liebesverhältnisses mit Elise Lebret.

1791

März In einem Brief an die Schwester Äußerung des Wunsches einmal »Bücher schreiben zu können, ohne dabei zu hungern«.

19. April Anläßlich einer Reise mit Hiller und Memminger in die Schweiz Besuch bei Johann Kaspar Lavater in Zürich. Neben Hölderlins Eintrag in sein Fremdenbuch notiert Lavater: »NB.« Auf Hin- und Rückweg durchquert Hölderlin das Gebiet der oberen Donau.

September Stäudlins ›Musenalmanach fürs Jahr 1792‹ erscheint mit vier Gedichten Hölderlins. Nachdem Magenau bereits im Juli aus dem Stift ausgeschieden war, beendet auch Neuffer seine Studien.

Ende des Jahres Lektüre Rousseaus und Beschäftigung mit Astronomie. Subskription der Plutarch-Ausgabe von Hutten, die bei Cotta erscheint.

1792

März/April Neigung zu einer Unbekannten bei einem Besuch in Stuttgart. Bald darauf entsteht der erste Entwurf zum ›Hyperion‹.

20. April Frankreich erklärt Österreich den Krieg. Durch den Kriegseintritt Preußens im Juli kommt es zum ersten Koalitionskrieg gegen Frankreich, der bis 1797 dauert.

Sommer Bekanntschaft mit Seckendorf. Hegel gilt in dieser Zeit als derber Jakobiner, Hölderlin neigt wohl eher den Girondisten zu.

September Auf Anstiftung Marats finden in Paris die Septembermorde statt.

20. September Kanonade von Valmy.

Pastellbild von Franz Karl Hiemer
1792

21. September   Abschaffung des Königtums in Frankreich, Einführung der republikanischen Zeitrechnung (bis 1806).

9. Oktober   Hölderlin nimmt an der Hochzeit der Schwester mit Breunlin in Nürtingen teil, er überreicht das von Hiemer angefertigte Pastellbild.

21. Oktober   Besetzung von Mainz durch die Franzosen. Gefährdung Süddeutschlands.

19. November   Dekret des Konvents: Frankreich bietet allen Völkern, die frei sein wollen, Brüderschaft und Hilfe.

1793

21. Januar   Ludwig XVI. wird in Paris hingerichtet.

13. Mai   Verkündung der neuen Statuten für das Stift in Gegenwart des Herzogs und der Herzogin.

23. Mai   Charlotte von Kalb wendet sich an Schiller mit der Bitte um Hilfe bei der Suche nach einem neuen Hofmeister für ihren Sohn Fritz.

Juni   Abschlußexamen von Hölderlins Promotion.

27. Juni   Hölderlin trägt Friedrich Matthisson, der zusammen mit Neuffer und Stäudlin zu Besuch kommt, im Tübinger Stift die Hymne ›Dem Genius der Kühnheit‹ vor.

13. Juli   Ermordung Marats durch Charlotte Corday.

14. Juli   Einem Gerücht zufolge Errichtung eines Freiheitsbaums auf einer Wiese vor Tübingen durch Stiftler, darunter Hölderlin, Hegel und Schelling.

September   Bekanntschaft mit Isaac von Sinclair.

19. September   Vorzeitiges Konsistorialexamen Hegels, der als Hofmeister nach Bern geht. Abschied von Hölderlin mit der Losung: ›Reich Gottes!‹.

20. September   Stäudlin empfiehlt in einem Brief an Schiller Hölderlin als Hofmeister bei der Familie von Kalb. Nach kurzem Besuch Hölderlins bei Schiller in Ludwigsburg am 1. Oktober leitet dieser die Empfehlung weiter. Am 23. Oktober stimmt Frau von Kalb zu.

31. Oktober   Hinrichtung der Führer der Gironde.

21./23. November   Abschied von Magenau.

6. Dezember   Konsistorialexamen in Stuttgart zum Abschluß der theologischen Studien als Vorraussetzung für die geistliche Laufbahn. Probepredigt über Römer 5,10.

28. Dezember   Ankunft in Waltershausen.

1794 Waltershausen

Januar   Antritt der Hofmeisterstelle im Hause von Kalb in Waltershausen. Bekanntschaft mit dem Pfarrer des Ortes Johann Friedrich Nenninger und der Gesellschafterin Charlottes von Kalb, Wilhelmine Marianne Kirms. Der Unterricht für seinen Zögling Fritz wird von 9 bis 11 und von 15 bis 17 Uhr abgehalten.

20. März   Bericht an Schiller über Hölderlins pädagogische Grundsätze; bald jedoch gestaltet sich das Verhältnis zu seinem Zögling schwierig. Vertiefte Kant-Lektüre, vor allem der ›Kritik der Urteilskraft‹.

8./9. Juni   Reise mit der Familie von Kalb nach Völkershausen. Anschließend zu Fuß allein durch die Rhön bis Fulda.

Sommer   Arbeit am ›Fragment von Hyperion‹.

28. Juli   Hinrichtung Robespierres.

August   Lektüre Fichtes; Charlotte von Kalb läßt sich die wöchentlich erscheinenden Vorlesungen zur Wissenschaftslehre zusenden.

November   Reise mit Fritz von Kalb nach Jena. Besuche bei Schiller, wo Hölderlins erste Begegnung mit Goethe stattfindet. Bekanntschaft mit Sophie Mereau und häufiger Umgang mit Niethammer. Täglicher Besuch der Vorlesungen Fichtes, sicher auch Gespräche mit ihm.

Ende Dezember   Mit Charlotte und Fritz von Kalb Übersiedlung nach Weimar. Besuch bei Herder, Zusammentreffen mit Goethe.

1795 Jena

Anfang Januar   Nach Trennung im beiderseitigen Einvernehmen vom Hause von Kalb Rückkehr nach Jena. Erster Band von Goethes ›Wilhelm Meisters Lehrjahre‹ erscheinen.

9. März   Schiller empfiehlt Cotta, den Verlag des ›Hyperion‹ zu übernehmen. ›Hyperions Jugend‹ entsteht seit Anfang des Jahres.

März Beginn der intensiven Freundschaft zu Isaac von Sinclair, in dessen Gartenhaus Hölderlin Anfang April einzieht. Bekanntschaft mit Böhlendorff, der dem Fichte nahestehenden Bund der freien Männer angehört.

27. März Hölderlins Mutter verkauft das Haus in Nürtingen, in dem sie aber noch bis zum Frühjahr 1798 einige Zimmer bewohnt.

25. April Tod Rosine Stäudlins, der Braut Neuffers.

15. Mai Eintrag Hölderlins in die Matrikel der Universität Jena. Um diese Zeit in Niethammers Haus Zusammentreffen mit Fichte und Friedrich von Hardenberg (Novalis), wobei aus philosophischer Sicht über Religion und Offenbarung gesprochen wird.

27. Mai Studententumult in Jena.

Juni Plötzlicher Aufbruch Hölderlins aus Jena. Auf der Reise nach Nürtingen trifft er in Heidelberg Ebel, der ihm vielleicht durch die Vermittlung Sinclairs eine Hofmeisterstelle im Hause Gontard in Frankfurt am Main in Aussicht stellt.

Nürtingen

Sommer Besuch bei Schelling in Tübingen. Wohl Beginn eines intensiven philosophischen Gesprächs. In der zweiten Jahreshälfte entsteht die vorletzte Fassung des ›Hyperion‹.

September Wiedersehen mit Neuffer und Magenau in Stuttgart. Zu dieser Zeit wohl erste Bekanntschaft mit Landauer.

Dezember Erneutes Treffen mit Schelling. Nach Bestätigung der Hofmeisterstelle Aufbruch nach Frankfurt, wo Hölderlin am 28. Dezember eintrifft.

1796 Frankfurt

Januar Antritt der Hofmeisterstelle im Hause Gontard in Frankfurt. Zuvor erster Besuch bei Sinclair in Homburg, dort auch Bekanntschaft mit Hofrat Jung. Hölderlins Jahresgehalt beträgt bei freier Kost und Logis 400 Gulden, das Verhältnis zu seinem neuen Zögling Henry ist von gegenseitiger Sympathie getragen.

April Schelling besucht auf dem Weg nach Leipzig Hölderlin in Frankfurt.

10. April Beginn des Italienfeldzuges unter General Bonaparte, in dessen Folge neue Republiken gegründet werden.

Mai Übersiedlung der Familie Gontard in ein gemietetes Haus auf der Pfingstweide im Osten der Stadt (heute in etwa das Gebiet um den Zoo). Wohl bald keimt die Liebe zwischen Hölderlin und Susette Gontard auf. Die Reimhymne ›Diotima‹ entsteht.

10. Juli Flucht der Gontards (ohne den Hausherrn) mit Hölderlin und Susettes Gesellschafterin Marie Rätzer vor den anrückenden Franzosen nach Kassel, wo man am 13. oder 14. ankommt. Dort Bekanntschaft mit dem am 25. eintreffenden Wilhelm Heinse. Besuch der Gemäldegalerie und des Fridericianums.

9. August Weiterreise nach Driburg, wo die ursprünglich nach Hamburg zur Familie Susettes geplante Flucht unterbrochen wird. Aufenthalt bis Mitte September. (Hegels ›Eleusis. An Hölderlin‹ entsteht).

8. September Sieg des Erzherzogs Karl Eugen von Württemberg über die französischen Truppen.

13. September Wahrscheinlich Rückreise nach Kassel, dort Aufenthalt bis Ende des Monats.

11./14. September Selbstmord Stäudlins im Rhein bei Kehl. Um diese Zeit geht Ebel nach Paris.

20. September Tod der Tochter (geb. Juli 1795) von Wilhelmine Kirms in Meiningen.

Herbst Die endgültige Fassung des ersten Bandes von ›Hyperion‹ entsteht.

21. November Bitte an den Bruder um Übersendung der zwei »schwäbischen Almanache« (D1 und D2).

1797

Januar Hegel trifft in Frankfurt ein, um eine von Hölderlin bei der Familie Gogel im Jahr zuvor vermittelte Hofmeisterstelle anzutreten.

April Der erste Band des ›Hyperion‹ erscheint. Carl Gock besucht Hölderlin über Ostern (16.) in Frankfurt.

22. April Ein Handstreich der französischen Kavallerie der Sambre-Maas Armee auf die Bockenheimer Warte vor Frankfurt wird durch einen Kurier Bonapartes aufgehalten.

Mai Für den Sommer Umzug der Familie Gontard auf den Adlerflychtschen Hof im Norden der Stadt.

20. Juni Hölderlin sendet mit den Gedichten ›An den Aether‹ und ›Der Wanderer‹ den ersten Band des ›Hyperion‹ an Schiller.

27. Juni Beginn eines brieflichen Austauschs zwischen Schiller und Goethe über Hölderlin.

August Erster Plan zum ›Empedokles‹. Die Elegie ›Der Wanderer‹ erscheint in Schillers ›Horen‹.

22. August Letztes Zusammentreffen mit Goethe, der vor seiner dritten Reise in die Schweiz Station in Frankfurt macht.

Herbst Besuch Neuffers und Landauers in Frankfurt, bei dem Hölderlin Neuffer über Susette Gontard zugeflüstert haben soll: »Nicht wahr, eine Griechin?«

Oktober Bekanntschaft mit Siegfried Schmid aus Friedberg. Wohl um diese Zeit gibt Jung seine Ossian-Übersetzung zur Beurteilung an Hölderlin, der ihn zur Publikation ermuntert.

17. Oktober Friede von Campo Formio, der den ersten Koalitionskrieg beendet. Österreich stimmt der Abtretung des linken Rheinufers zu. Auf dem Rastatter Kongreß (bis 1799) soll die Entschädigung der betroffenen Fürsten geregelt werden; er verläuft ergebnislos.

22. Dezember Geburt des zweiten Kindes der Schwester, Fritz; Hölderlin wird Pate in absentia.

1798

März Hölderlin denkt daran, von Frankfurt fortzugehen.

Sommer Hölderlin sendet epigrammatische Oden an Neuffer.

Getuschter Schattenriß aus einem Exemplar des ›Hyperion‹
1797

Juli Gedichtsendung an Schiller (›Dem Sonnengott‹ bis ›An unsre großen Dichter‹).

September Nach einem Streit verläßt Hölderlin das Haus Gontard. Sinclair verschafft ihm eine Unterkunft in Homburg.

Homburg

4./5. Oktober Erstes Wiedersehen mit Susette Gontard. Bis zum Weggang Hölderlins von Frankfurt im Juni 1800 treffen sich die beiden öfters heimlich und tauschen Briefe aus.

Oktober Hölderlin wird am Homburger Hof vorgestellt. Prinzessin Auguste faßt eine schwärmerische Neigung zu ihm.

November Wahrscheinlich Abschluß der Arbeit am zweiten Band von ›Hyperion‹. Auf Einladung Sinclairs reist Hölderlin zum Rastatter Kongreß, dort Bekanntschaft mit Fritz Horn, Muhrbeck, von Pommer-Esche und Schenk. Auf dem Kongreß wird deutlich, daß Frankreich nicht die Absicht hat, Republiken auf deutschem Boden zu fördern.

6. Dezember Treffen mit Susette Gontard.

30. Dezember 73. Geburtstag der Großmutter Heyn, zu dem Hölderlin ein Gedicht verfaßt.

1799

Januar Arbeit am ersten Entwurf zum ›Empedokles‹.

Februar Rückkehr Sinclairs mit Muhrbeck, den Hölderlin in Rastatt kennengelernt hatte. Rege Gespräche unter den dreien, wohl um aktuelle politische Fragen. Ausbruch des zweiten Koalitionskrieges (bis 1802).

2. März A. W. Schlegels Rezension von Neuffers Taschenbuch auf 1799 erscheint, Hölderlins Gedichte werden lobend hervorgehoben.

11. März Treffen mit Susette Gontard.

5. April Treffen mit Susette Gontard.

April Aufenthalt Böhlendorffs in Homburg, der über Hölderlin schreibt, er sei »Republikaner im Geist und in der Wahrheit«.

9. Mai Treffen mit Susette Gontard.

Mai/Juni Arbeit am zweiten Entwurf zum ›Empedokles‹.

4. Juni Mitteilung des Plans zur ›Iduna‹, der in Jahresfrist wegen der mangelnden Teilnahmebereitschaft der »Männer mit Namen«, die der Verleger Steinkopf als Mitarbeiter fordert, aufgegeben wird.

Juni ›Emilie vor ihrem Brauttag‹ entsteht.

5. September Treffen mit Susette Gontard.

Oktober Der zweite Band des ›Hyperion‹ erscheint.

31. Oktober Treffen mit Susette Gontard.

7. November Treffen mit Susette Gontard, dabei Übergabe des zweiten Bandes von ›Hyperion‹.

9. November Bonaparte wird durch Staatsstreich erster Konsul.

28. November 23. Geburtstag der Prinzessin Auguste von Homburg. Hölderlin widmet ihr aus diesem Anlaß ein Gedicht.

Dezember Arbeit am dritten Entwurf zum ›Empedokles‹, mit dem das *Stuttgarter Foliobuch* eröffnet wird.

1800

Januar Landauer, der sich aus geschäftlichen Gründen in Frankfurt aufhält, besucht Hölderlin in Homburg. Nach Aufgabe des ›Empedokles‹ und des Journalplans wahrscheinlich Arbeit an den poetologischen Entwürfen.

6. Februar Treffen mit Susette Gontard

2. März Tod des Schwagers Breunlin. Die Schwester zieht mit den Kindern zur Mutter nach Nürtingen.

Ostern Besuch in Nürtingen.

25. April Feldzug der Franzosen unter General Moreau nach Schwaben.

8. Mai Letztes Wiedersehen mit Susette Gontard in Frankfurt.

20. Juni Nach einem zehntägigen Aufenthalt in Nürtingen Übersiedlung nach Stuttgart in Landauers Haus.

Stuttgart

Juli Bei Landauer Bekanntschaft mit dessen Freunden Haug und Huber. Privatlektionen für Gutscher und Frisch. In der Folge Ausarbeitung zahlreicher Odenentwürfe und der Elegien, sowie hexametrischer Entwürfe.

Dezember Emanuel von Gonzenbach bietet Hölderlin im Auftrag seiner Eltern eine Hofmeisterstelle in Hauptwil in der Schweiz zur Erziehung seiner jüngeren Schwestern an. Hölderlin sagt zu.

11. Dezember Landauers 31. Geburtstag.

25. Dezember Waffenstillstand von Steyr mit Aussicht auf baldigen Frieden, nachdem Österreich am 3. Dezember bei Hohenlinden unterlag.

Winter Wahrscheinlich die Übertragung von ›Pindars Siegesgesängen‹.

1801

11. Januar Nach einem Weihnachtsaufenthalt in Nürtingen Aufbruch nach Hauptwil von Stuttgart aus.

Hauptwil

15. Januar Antritt der Hofmeisterstelle im Hause Gonzenbach in Hauptwil.

9. Februar Friede von Lunéville, Bestätigung der Vereinbarungen von Campo Formio.

11./13. April Trennung vom Hause Gonzenbach und Abreise nach Nürtingen.

Nürtingen

2. Juni In Briefen an Schiller und bald darauf an Niethammer äußert Hölderlin den Wunsch, in Jena Vorlesungen über griechische Literatur zu halten; die Briefe bleiben unbeantwortet, der Plan wird aufgegeben. Um diese Zeit entstehen die ersten Gesänge.

6. August Huber teilt Hölderlin mit, daß Cotta bereit ist, seine Gedichte zu Ostern 1802 zu verlegen. Hölderlin legt dafür Reinschriften der Oden, Elegien und Gesänge an, die Ausgabe kommt aber nicht zustande.

Herbst Durch Jakob Friedrich Ströhlin Vermittlung einer neuen Hofmeisterstelle in Bordeaux.

Dezember Nachdem Hölderlin es sicher nicht versäumt hat, an Landauers 32. Geburtstag (11.) in Stuttgart zu sein, bricht er wohl am folgenden Tag nach Bordeaux auf. Die Reise führt über Straßburg (15.–30.) und Lyon (9. Januar 1802).

1802 Bordeaux

28. Januar   Antritt der Hofmeisterstelle im Hause des Konsul Meyer in Bordeaux, vielleicht hier schon Beginn der Arbeit an der Übersetzung der ›Trauerspiele des Sophokles‹.

14. Februar   Tod der Großmutter Heyn in Nürtingen.

10. Mai   Ausstellung eines Passes von Bordeaux nach Straßburg. Trennung vom Hause Meyer im beiderseitigen Einvernehmen. Auf dem Rückweg nach Deutschland Aufenthalt in Paris, dort wahrscheinlich Besichtigung der »Antiquen« im Musée Napoléon.

7. Juni   Erteilung des Ausreisevisums in Straßburg.

Stuttgart / Nürtingen

Mitte Juni   Rückkehr zunächst nach Stuttgart, dann nach Nürtingen. Kurze Zeit darauf wieder nach Stuttgart.

22. Juni   Tod Susette Gontards. Erneuter Aufbruch nach Nürtingen, wo Hölderlin für die nächsten zwei Jahre wohnt.

Sommer   Behandlung bei Oberamtsphysikus Dr. Planck.

29. September   Hölderlin reist auf Einladung Sinclairs zum Reichstag in Regensburg, dort Begegnung mit dem Landgrafen von Homburg und Wiedersehen mit Fritz Horn. Rückkkunft in Nürtingen etwa Mitte Oktober. Um diese Zeit wahrscheinlich Anlage des *Homburger Folioheftes*.

20. Dezember   Erster erhaltener Brief der Mutter an Sinclair.

1803

13. Januar   Brief an Sinclair mit der Widmungshandschrift von ›Patmos‹, der das Gedicht am 30. des Monats dem Landgrafen zu dessen 55. Geburtstag überreicht.

25. Februar   Reichsdeputationshauptschluß. In der Folge wird Württemberg Kurfürstentum.

14. März   Tod Klopstocks.

3. Juni   Friedrich Wilmans teilt Hölderlin mit, daß er den Verlag der Übersetzung der ›Trauerspiele des Sophokles‹ übernehmen wolle. Hölderlin antwortet erst am 28. September.

Juni   Wiedersehen mit Schelling in Murrhardt.

22. Juni   Tod Heinses in Aschaffenburg.

Ende des Jahres   Durchsicht einiger »Nachtgesänge« für Wilmans ›Taschenbuch für das Jahr 1805‹.

1804

14. April   Wilmans übersendet Freiexemplare von ›Die Trauerspiele des Sophokles‹.

27. Mai   Wilmans sendet 222 Gulden als Honorar.

11. Juni   Sinclair reist über Würzburg, wo er Schelling aufsucht, nach Stuttgart, wo er mit dem Homburgischen Hofkommisar Blankenstein, mit Baz, Weishaar und Seckendorf politische Gespräche führt.

19. Juni   Teilnahme Hölderlins an einem Abendessen in diesem Kreis, in dem Sinclair wohl geäußert hat, die Auseinandersetzung der Landstände mit dem Kurfürsten müßten eine gewaltsame Lösung finden, was später zur Grundlage seiner Denunziation durch Blankenstein wird.

22. Juni   Aufbruch Sinclairs mit Blankenstein und Hölderlin nach Homburg. In Würzburg am 24. letztes Zusammentreffen Hölderlins mit Schelling.

Homburg

7. Juli   Sinclair bittet den Landgrafen, eine ihm seit 1802 zustehende Gehaltszulage für eine Stelle als Hofbibliothekar verwenden zu dürfen, die Hölderlin übernehmen soll. Die Regelung wird sofort getroffen, Hölderlin übt aber in der 16 000 Bände umfassenden Bibliothek keine dienstliche Tätigkeit aus.

2. Dezember   Sinclair nimmt in Paris an der Krönung Napoleons zum Kaiser teil. Seine Mutter, Frau von Proeck, betreut währenddessen Hölderlin.

1805

Januar Nach Sinclairs Rückkehr aus Paris überwirft sich dieser mit Blankenstein, der daraufhin in einem Brief an den Kurfürsten von Württemberg Sinclair der Verschwörung bezichtigt.

26. Februar Sinclair wird von württembergischen Beamten unter der Anschuldigung eines geplanten Anschlags auf den Kurfürsten abtransportiert.

27. Februar Beginn des Hochverratsprozesses in Ludwigsburg gegen Sinclair, Baz, Weishaar, Seckendorf und Blankenstein. Auch über Hölderlin werden Auskünfte eingeholt.

9. Mai Tod Schillers.

10. Juli Nach Entlassung aus der Untersuchungshaft kehrt Sinclair nach Homburg zurück.

29. Oktober Einzig erhaltener Brief der Mutter an Hölderlin.

24. November Besuch Seckendorfs, der nach seiner Haft des Landes Württemberg verwiesen wurde.

1806

1. Januar Kurfürst Friedrich von Württemberg nimmt die Königswürde an.

14. Januar Die Mutter beantragt beim Konsistorium eine Unterstützung für Hölderlin, die nach weiteren Anträgen schließlich am 4. November in einer Höhe von 150 Gulden bewilligt wird.

3. August Nachdem aufgrund der Rheinbundakte Hessen-Homburg dem zum Großherzogtum gewordenen Hessen-Darmstadt zugesprochen wird, sieht Sinclair keine Möglichkeit, Hölderlin weiter in Homburg zu behalten.

6. August Auf ein Ultimatum Napoleons hin legt Franz II. die Kaiserwürde nieder; dies bedeutet das Ende des Heiligen Römischen Reiches Deutscher Nation.

11. September Hölderlin wird nach Tübingen in das Autenriethsche Klinikum verbracht, wo er am 15. aufgenommen wird.

Tübingen

9. Oktober   Der König gewährt auf Eingaben der Mutter hin eine Unterstützung von 150 Gulden jährlich. Im Klinikum führt Justinus Kerner Hölderlins Krankenbuch bis zum 21. Oktober.

November   Seckendorfs Musenalmanach für 1807 (D27) erscheint ohne Wissen Hölderlins mit drei Gedichten von ihm.

1807

3. Mai   Hölderlin wird als unheilbar aus dem Klinikum entlassen und dem Schreinermeister Ernst Zimmer zur Pflege übergeben, in dessen Haus Hölderlin bis zu seinem Tode das »Turmzimmer« bewohnt. Nachdem er dort anfangs anscheinend sehr viel geschrieben hat, von dem nur weniges überliefert ist, schreibt er in späteren Jahren nurmehr auf Bitte von Besuchern Gedichte.

1815

29. April   Tod Sinclairs in Wien.

1820

Beginn der hauptsächlich von dem preußischen Leutnant Diest getragenen Bemühungen um eine Sammlung von Hölderlins Gedichten.

1821

Diest bittet Kerner um Mithilfe, der die Bitte an Carl Gock weiterleitet. An der Auffindung und Sammlung der Handschriften, Abschriften und Drucke der Gedichte Hölderlins beteiligen sich in der Folge Achim von Arnim, Fouqué, Hegel, Varnhagen von Ense, Haug, Kerner, Conz; Prinzessin Marianne von Preußen unterstützt die Arbeit. Ludwig Uhland und Gustav Schwab übernehmen die Herausgeberschaft.

Zeichnung von Johann Georg Schreiner und Rudolf Lohbauer
27. Juli 1823

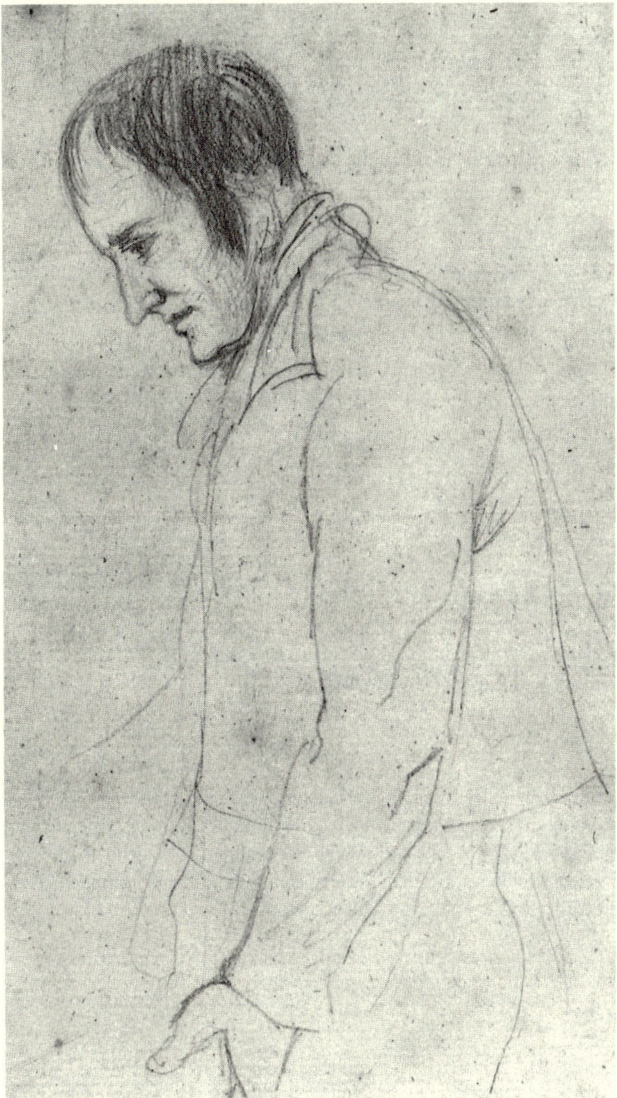

1822

14. Mai Vertrag zwischen Carl Gock und Cotta über die zweite Auflage des ›Hyperion‹, die noch im selben Jahr erscheint, und über die Herausgabe der Gedichtsammlung.

3. Juli Erster Besuch Waiblingers bei Hölderlin.

1823

9. Juni Waiblinger nimmt Hölderlin erstmals mit auf sein gemietetes Gartenhaus am Österberg, was er den Sommer über wöchentlich wiederholt.

27. Juli Besuch Mörikes zusammen mit Lohbauer und Schreiner, die anschließend ein Portrait Hölderlins anfertigen.

1825

Bei einem weiteren Besuch Mörikes mit Schreiner entsteht angeblich ein zweites Portrait.

1826

7. Juni Erscheinen der ›Gedichte‹, herausgegeben von Ludwig Uhland und Gustav Schwab (D1826).

1828

17. Februar Tod der Mutter. Die Ausgabenliste der Mutter (s. 20. Oktober 1784) wird von Fritz Breunlin ergänzt; die Summe beläuft sich auf 10371 Gulden und 1 Kreuzer. Bei dem einsetzenden Erbstreit werden Hölderlin aus dem verbleibenden Erbe vom Nürtinger Oberamtspfleger Burckh 9000 Gulden zugesprochen.

Portrait von Johann Georg Schreiner
1825/26

1829

2. Juni   Von Oberamtsarzt Dr. Uhland wird attestiert, daß Hölderlin »auch jetzt noch geisteskrank« sei; die von der Mutter 1806 beantragte Unterstützung wird daraufhin weiterhin ausgezahlt.

September   Neuffer veröffentlicht in der Zeitung für die elegante Welt (D1829) fünfzehn Gedichte, die in der Sammlung von 1826 fehlen.

1830

17. Januar   Waiblinger stirbt in Rom. Postum erscheint im folgenden Jahr seine Biographie ›Friedrich Hölderlins Leben, Dichtung und Wahnsinn‹.

1838

Juni   Mörike erhält »einen Rummel Hölderlinscher Papiere«, der jedoch nicht überliefert ist.

18. November   Tod Ernst Zimmers; seine Tochter Charlotte setzt die Betreuung fort.

1841

16. Januar   Zweiter Besuch C. T. Schwabs, bei dem sich Hölderlin wohl zum ersten Mal »Scardanelli« nennt und ein Gedicht mit diesem Namen unterschreibt. In den letzten Jahren seines Lebens häufen sich die Besuche Anteilnehmender und Neugieriger, die um Erinnerungsstücke von der Hand des Dichters bitten. Dabei entstehen die zahlreichen Jahreszeitengedichte, meist mit einem fingierten Datum versehen und mit dem neuen Namen unterschrieben.

16. Februar   Vertrag zwischen Gock und Cotta über eine zweite Auflage der ›Gedichte‹ im Taschenformat.

Wilhelm Paul Neubert, Wachsrelief
um 1840

1842

Frühjahr Besuch Louise Kellers, die Hölderlin für das Frontispiz der zweiten Ausgabe der ›Gedichte‹ zeichnet.

November Die zweite Ausgabe der ›Gedichte‹ erscheint – mit der Jahresangabe 1843.

1843

24. Januar Besuch Ludwig Uhlands, Adelbert Kellers und C.T. Schwabs; Schwab gibt nach Hölderlins Tod die erste Werkausgabe des Dichters (D1846) heraus.

Anfang Juni Hölderlins letztes Gedicht ›Die Aussicht‹ entsteht.

7. Juni Tod Hölderlins um 11 Uhr nachts. Beerdigung am 10. Juni.

Bleistiftzeichnung von Louise Keller
1842

AUSWAHL-BIBLIOGRAPHIE

Verzeichnisse

Katalog der Hölderlin-Handschriften. Auf Grund der Vorarbeiten von Irene Koschlig-Wiem bearbeitet von Johanne Autenrieth und Alfred Kelletat, Stuttgart 1961
  Enthält die Geschichte der Überlieferung und den Katalog der Hölderlin-Handschriften
  (1–267: Stuttgart, Württembergische Landesbibliothek
  267–340: Bad Homburg v. d. H., Stadtbibliothek
  341–383a: Marbach am Neckar, Deutsches Literaturarchiv
  384–488: Verschiedene öffentliche und private Eigentümer),
  ein Verzeichnis der zeitgenössischen Abschriften von Werken Hölderlins (a1–a96), ein Verzeichnis der verschollenen Handschriften, sowie eine Liste der Wasserzeichen.

Wörterbuch zu Friedrich Hölderlin. I. Teil: Die Gedichte. Auf der Textgrundlage der Großen Stuttgarter Ausgabe. Bearbeitet von H.-M. Dannhauer u. a., Tübingen 1983

Verzeichnis der Drucke, die von Hölderlin selbst besorgt wurden; s. in diesem Band S. 26–32.

Internationale Hölderlin-Bibliographie (IHB). Herausgegeben vom Hölderlin-Archiv der Württembergischen Landesbibliothek Stuttgart. Erste Ausgabe 1804–1983, bearbeitet von Maria Kohler, Stuttgart 1985
– dasselbe: 1984–1988. Bearbeitet von Werner Paul Sohnle und Marianne Schütz, Stuttgart 1991
– dasselbe: 1989–1990. Bearbeitet von Werner Paul Sohnle und Marianne Schütz, Stuttgart

Historisch-kritische Ausgaben

Hölderlin. Sämtliche Werke. Historisch-kritische Ausgabe. Unter Mitarbeit von Friedrich Seebaß besorgt durch Norbert v. Hellingrath. (6 Bände) München und Leipzig 1913–1923

Friedrich Hölderlins Sämtliche Werke und Briefe in fünf Bänden. Kritisch-historische Ausgabe von Franz Zinkernagel, Leipzig 1914–1926 (Apparatbände nicht erschienen.)

Hölderlin. Sämtliche Werke. Große Stuttgarter Ausgabe ⟨StA⟩. Herausgegeben von Friedrich Beißner, Stuttgart 1943–1985 (Acht Bände in 14 Teilbänden): 1. Gedichte bis 1800, 2. Gedichte nach 1800, 3. Hyperion, 4. Empedokles und Aufsätze, 5. Übertragungen, 6. Briefe, 7. Briefe an Hölderlin, Dokumente, Würdigungen und Rezensionen (6 und 7 herausgegeben von Adolf Beck), 8. Nachträge und Register (herausgegeben von Adolf Beck und Ute Oelmann).

Umfassender Kommentar, größte Sammlung von Dokumenten zu Hölderlin.

Friedrich Hölderlin. Sämtliche Werke. Frankfurter Ausgabe ⟨FHA⟩. Herausgegeben von D. E. Sattler, Frankfurt am Main 1975 ff. Einleitung, 1. Gedichte 1784–1789, 2. Lieder und Hymnen, 3. Jambische und hexametrische Formen, 4./5. Oden, 6. Elegien und Epigramme, 7/8. Gesänge, 9. Dichtungen nach 1806 und Mündliches, 10/11. Hyperion, 12/13. Empedokles, 14. Entwürfe zur Poetik, 15. Pindar, 16. Sophokles, 17. Frühe Aufsätze und Übertragungen, 18/19. Briefwechsel, 20. Turmbriefe, Quellenverzeichnis und Register; Supplement I. Frankfurter Quarthefte, Supplement II. Stuttgarter Foliobuch, Supplement III. Homburger Folioheft. (1, 7/8, 18–20 und Supplement I noch nicht erschienen.)

Nahezu alle Handschriften Hölderlins im Faksimile mit Umschrift, in den Supplementen ausgewählte Konvolute im Vierfarbdruck.

Faksimiles

Die umfangreichste Faksimilesammlung bietet die FHA, daneben finden sich in verschiedenen Ausgaben, einzelne Blätter, meist als Schmuckbeilage.

Hölderlin. Patmos. Dem Landgrafen von Homburg überreichte Handschrift. Mit einem Nachwort von Werner Kirchner, Tübingen 1949

Hölderlin. Friedensfeier. Lichtdrucke der Reinschrift und ihrer Vorstufen. Herausgegeben von Wolfgang Binder und Alfred Kelletat, Tübingen MCMLIX

Hölderlin. Stutgard. Originalgetreue Wiedergabe der Londoner Handschrift. Erläuterungen von Cyrus Hamlin, Stuttgart 1970

Friedrich Hölderlin. Die Maulbronner Gedichte 1786–1788. Faksimile des »Marbacher Quartheftes«, herausgegeben von Werner Volke, Marbach am Neckar 1977

Hyperion oder der Eremit in Griechenland von Friedrich Hölderlin. Photomechanischer Nachdruck der Originalausgabe, Frankfurt am Main 1979

Die Trauerspiele des Sophokles. Übersetzt von Friedrich Hölderlin. Photomechanischer Nachdruck der Originalausgabe, Frankfurt am Main 1986

Zeitschriften

Hölderlin-Jahrbuch. Begründet von Friedrich Beißner und Paul Kluckhohn. (Bisher 27 Bände, Bd. 1: »Iduna«) Stuttgart/Tübingen 1944 ff.

Le pauvre Holterling. Blätter zur Frankfurter Ausgabe. (Bisher 8 Hefte) Frankfurt am Main 1976 ff.

Gesamtdarstellungen

Günter Mieth, Friedrich Hölderlin. Dichter der bürgerlich-demokratischen Revolution, Berlin 1978

Stephan Wackwitz, Friedrich Hölderlin, Stuttgart 1985 (Sammlung Metzler)

Wolfgang Heise, Hölderlin. Schönheit und Geschichte, Berlin/Weimar 1988

David Constantine, Friedrich Hölderlin, München 1992

Biographisches

Die umfangreichste Sammlung von Dokumenten ist in den Bänden 7.1–7.4 der StA enthalten

Wilhelm Michel, Das Leben Friedrich Hölderlins, Bremen 1940

Erich Hock, Dort drüben in Westfalen. Hölderlins Reise nach Bad Driburg mit Wilhelm Heinse und Diotima, Münster 1949

Werner Kirchner, Der Hochverratsprozeß gegen Sinclair. Ein Beitrag zum Leben Hölderlins, Marburg 1949

Hölderlin. Eine Chronik in Text und Bild. Herausgegeben von Adolf Beck und Paul Raabe, Frankfurt am Main 1970

Peter Härtling, Hölderlin. Ein Roman, Darmstadt/Neuwied 1976

Pierre Bertaux, Friedrich Hölderlin, Frankfurt am Main 1978

Aufsatzsammlungen einzelner Autoren

Norbert von Hellingrath, Hölderlin-Vermächtnis, herausgegeben Ludwig von Pigenot, München 1936 (1944)

Friedrich Beißner, Hölderlin. Reden und Aufsätze, Weimar 1961 und Köln 1969

Werner Kirchner, Hölderlin. Aufsätze zu seiner Homburger Zeit, herausgegeben von Alfred Kelletat, Göttingen 1967

Wolfgang Binder, Hölderlin-Aufsätze, Frankfurt am Main 1970

Peter Szondi, Hölderlin-Studien, Frankfurt am Main 1970

Dietrich Eberhardt Sattler, 144 fliegende Briefe, Darmstadt/Neuwied 1981

Pierre Bertaux, Hölderlin-Variationen, Frankfurt am Main 1984

Wolfgang Binder, Friedrich Hölderlin. Studien. Herausgegeben von E. Binder und K. Weimar, Frankfurt am Main 1987

Bernhard Böschenstein, Frucht des Gewitters. Zu Hölderlins Dionysos als Gott der Revolution, Frankfurt am Main 1989

Zu einzelnen Werkbereichen

Gedichte:

Martin Heidegger, Erläuterungen zu Hölderlin, Frankfurt am Main 1944

Dieter Henrich, Der Gang des Andenkens, Stuttgart 1986

Jochen Schmidt, Hölderlins geschichtsphilosophische Hymnen. Friedensfeier – Der Einzige – Patmos, Darmstadt 1990

Hyperion:

Lawrence Ryan, Hölderlins »Hyperion«. Exzentrische Bahn und Dichterberuf, Stuttgart 1965

Empedokles:

Walther Kranz, Empedokles. Antike Gestalt und romantische Neuschöpfung, Zürich 1949

Uvo Hölscher, Empedokles und Hölderlin, Frankfurt am Main, 1965

Dichtungen nach 1806:

Jakobson, Hölderlin-Klee-Brecht. Zur Wortkunst dreier Gedichte, Frankfurt am Main 1976

Aufsätze:

Lawrence Ryan, Hölderlins Lehre vom Wechsel der Töne, Stuttgart 1960

Michael Konrad, Hölderlins Philosophie im Grundriß, Bonn 1967

Fred Lönker, Welt in der Welt. Eine Untersuchung zu Hölderlins Verfahrungsweise des poetischen Geistes, Göttingen 1989

Dieter Henrich, Konstellationen. Probleme und Debatten am Ursprung der idealistischen Philosophie (1789-1795), Stuttgart 1991

Übersetzungen:

Friedrich Beißner, Hölderlins Übersetzungen aus dem Griechischen. Stuttgart 1933 (1961)

Albrecht Seifert, Untersuchungen zu Hölderlins Pindar-Rezeption, München 1982

Briefe:

Paul Raabe, Die Briefe Hölderlins, Stuttgart 1963

Zu einzelnen Themenbereichen

Monographien:

Pierre Bertaux, Hölderlin und die französische Revolution, Frankfurt am Main 1968

Gerhard Kurz, Mittelbarkeit und Vereinigung. Zum Verhältnis von Poesie, Reflexion und Revolution bei Hölderlin, Stuttgart 1975

Sammlungen:

Hölderlin. Beiträge zu seinem Verständnis in unserem Jahrhundert, herausgegeben von Alfred Kelletat, Tübingen 1961

Über Hölderlin. Herausgegeben von Jochen Schmidt, Frankfurt am Main 1970

Homburg vor der Höhe in der deutschen Geistesgeschichte. Herausgegeben von Christoph Jamme und Otto Pöggeler, Stuttgart 1981

Jenseits des Idealismus. Hölderlins letzte Homburger Jahre, herausgegeben von Christoph Jamme und Otto Pöggeler, Bonn 1988

ALPHABETISCHES VERZEICHNIS DER WERKE

Verzeichnet sind alle Werktitel und Gedichtanfänge; editorische Titel früherer Ausgaben werden in eckigen Klammern mit einem Verweis auf den Titel in der vorliegenden Ausgabe wiedergegeben. Die Stellenangaben bestehen aus Bandnummer (römische Ziffer) und Seitenzahl (arabische Ziffer).

Abbitte I 189
Abendphantasie I 230
[Aber die Sprache –] → Die Sprache – I 235
aber es haben I 434
Aber ich will nimmer leben II 431
Aber in Hütten I 265
[Aber nun ruhet er eine Weile] I 272
Abschied I 245
[Abschied von Lyda] → An Lyda I 119
Achill I 200
Achill ⟨Prosaentwurf⟩ I 198
Adramelechs Grim... I 13
Advocatus Diaboli I 184
Ähnlich dem Manne I 395
Ah! so hab' ich noch I 49
[Albumblatt für Rosine Stäudlin] → An eine Rose I 143
Alexanders Rede an seine Soldaten, bei Issus I 14
Alles ist innig I 235
Allmacht des Schaffenden II 431
Als von des Friedens I 146
Als wie der Tag I 926
Alter Vater! I 280
Am Fuße der Alpen III 172

Am Herbsttag III 122
Am meisten aber lieb' ich... II 64
Am Quell der Donau ⟨Prosaentwurf⟩ I 350
Am Quell der Donau I 351
[am stürzenden Strom] I 239
Am Tage der Freundschaftsfeier I 52
An I 240
An den Aether I 176
An der... stehn II 507
An den Früling I 142
An die Deutschen
  ⟨Erste Fassung⟩ I 193
  ⟨Zweite Fassung⟩ I 265
An die Ehre I 77
An die Hoffnung I 441
An die jungen Dichter I 193
An die klugen Rathgeber I 165
[An die Madonna] → Viel hab ich dein I 408
An die Nachtigall I 42
An die Natur I 156
An die Parzen I 188
An die Ruhe I 76
An die Stille I 90
[An die Unerkannte] → Die Unerkannte I 158

[An die Vollendung] → Vollendung ... I 64
An Diotima. Komm und siehe ... I 183
An Diotima. Schönes Leben ... I 168
An Eduard I 286
[An eine Fürstin von Dessau] → Aus stillem Hauße ... I 255
An eine Rose I 143
[An eine Verlobte] → Des Wiedersehens Thränen ... I 249
[An einen Baum] → ... und die ewigen Bahnen ... I 172
An Herkules I 160
An Hiller I 143
An Ihren Genius I 189
[An Kallias] → Ich schlummerte, mein Kallias ... I 485
An Landauer I 328
[An Louise Nast] → Laß sie drohen ... I 57
An Lyda I 119
An M. B. I 11
An meine Freundinnen I 43
An meine Schwester I 274
An meinen B. I 44
An Neuffer. Brüderlich Herz! I 169
An Neuffer. Im Merz. 1794. I 153
[An Rosine Stäudlin] → Freundes Wunsch I 153
An Siegfried Schmidt (Plan) III 163
An Sinklair I 243
An Stella I 41
An Thills Grab I 72
An unsre großen Dichter I 197
An Zimmern I 915

[An Zimmern] → Die Linien des Lebens ... I 922
Andenken I 473
Anmerkungen zum Oedipus II 309
Anmerkungen zur Antigonä II 369
Antigonae II 317
 Anmerkungen zur Antigonä II 369
[Arm und Bein] III 248
Athenäa III 84
Auf den Tod eines Kindes I 917
Auf die Geburt eines Kindes I 918
Auf einer Haide geschrieben I 48
Auf falbem Laube ruhet I 433
[Aus dem Entwurf zu dem Programm der Iduna] → Aus einem Entwurf zum Journalplan II 62
Aus den Gärten komm' ich I 180
Aus einem Entwurf zum Journalplan II 62
Aus Euripides' Hekuba II 175
Aus Lucans Pharsalia II 148
Aus Ovids Phaëton II 166
Aus Pindars erster Pythischer Ode II 389
Aus Sophokles' Ajax II 386
Aus stillem Hauße senden ... I 255
Aussicht. Der offne Tag ist Menschen ... I 931
Aussicht. Wenn Menschen fröhlich sind ... I 923

Bauen möcht ... I 470
Bei Thebe und Tiresias! / Mir will I 393
Bei Thebe und Tiresias / Zu kahl I 394
[Bemerkung über Homer] → Notiz zum Plan von Briefen über Homer II 64
Bin ich nicht ferne von dir III 162
Bitte I 283
Bleibender Werth (verschollen) III 365
Blödigkeit I 443
[Brieffragmente über den Karakter Achills] → Mich freut es ... / Am meisten aber lieb' ich ... II 64
Brod und Wein
 ⟨Erste Fassung⟩ I 372
 ⟨Zweite Fassung⟩ I 373
Brüderlich Herz! I 169
Bundestreue I 242
Buonaparte. Hexameter III 148
Buonaparte (Ode) I 185
Burg Tübingen I 84

Cäcilia I 434
Carrieres de greve ... I 481
Chiron I 439
Chor aus der Antigonä II 186
Chor aus Sophokles' Ödipus auf Kolonos II 179

Da ich ein Kind I 234
Da ich ein Knabe war ... I 167
Da ich noch in Kinderträumen III 84
Da ich noch um deinen Schleier I 156
Da soll er alles I 418
Da steh' ich auf dem Hügel I 27
Dank dir! I 31
[Dankgedicht an die Lehrer] → ... Uns würdigte einst ... I 9
Das Ahnenbild I 280
Das Alter II 382
Das Angenehme dieser Welt I 919
Das Belebende II 384
Das Erinnern I 13
Das Erndtefeld erscheint I 924
Das Feld ist kahl I 929
Das fröhliche Leben I 916
Das Gasthaus I 308
Das Glänzen der Natur I 928
Das Gute I 920
Das Höchste II 381
Das Leben (verschollen) III 365
Das Leben suchst du I 251
Das lyrische dem Schein nach idealische Gedicht ... II 102
Das menschliche Leben I 16
Das Nächste Beste I 420
das Saitenspiel I 417
Das Schiksaal I 146
Das Sonnenlicht wekt III 513
Das Unendliche II 382
Das untergehende Vaterland ... II 72
Das Unverzeihliche I 192
[Das Werden im Vergehen] → Das untergehende Vaterland ... II 72
Das Zeichen III 257
Daß der Mensch in der Welt III 366
Dein Morgen, Bruder ... I 83

Deine Freundin, Natur! I 192
Dejanira an Herkules II 169
Dem Allbekannten I 272
Dem Allgenannten III 149
dem dunklen Blatte I 419
Dem Fürsten I 403
Dem Genius der Kühnheit I 150
Dem gnädigsten Herrn von Le Bret I 923
Dem Sonnengott I 194
Den Gottverächter I 196
Den Menschen ist der Sinn I 926
Denn gute Dinge sind drei I 431
Denn nirgend bleibt er I 396
Denn, wie wenn hoch I 351
Der Abschied I 325
Der Adler I 470
Der Archipelagus I 295
Der Ausdruk, das karakteristische ... II 102
Der Baum I 234
Der blinde Sänger I 281
Der Cyprier III 150
Der du mich auferzogst III 91
Der Einzige
⟨Erste Fassung⟩ I 387
⟨Schluß einer zweiten Fassung⟩ I 458
⟨Dritte Fassung⟩ I 467
Der Eisgang III 155
Der Empfindsame ... I 14
Der freundlichste von allen III 106
Der Frieden I 232
Der Frühling (zwei verschollene Gedichte) III 365 f.
Der Frühling. Der Mensch vergißt ... I 927
Der Frühling. Der Tag erwacht ... I 936
Der Frühling. Die Sonne glänzt ... I 937
Der Frühling. Die Sonne kehrt ... I 938
Der Frühling. Es kommt der neue Tag ... I 935
Der Frühling. Wenn auf Gefilden ... I 915
Der Frühling. Wenn aus der Tiefe I 936
Der Frühling. Wenn neu das Licht ... I 930
Der Frühling. Wie seelig ists ... I 922
Der Gang aufs Land III 162
[Der Gang aufs Land] → Das Gasthaus I 308
Der Geburtstag des Menschen I 186
Der gefesselte Strom I 279
Der Gesichtspunct aus dem wir das Altertum anzusehen haben II 62
Der Gott der Jugend I 155
Der Gotthardt III 287
Der gute Glaube I 192
Der Herbst (verschollen) III 365
Der Herbst. Das Glänzen der Natur ... I 928
Der Herbst. Die Sagen, die der Erde sich ... I 924
Der himmlischen I 361
Der Hirsch III 144
Der Ister I 475
Der Jüngling an die klugen Rathgeber I 181
Der Kampf der Leidenschaft I 40
Der Kirchhof I 919
Der Leichenreihen wandelte I 72
Der Lorbeer I 31
Der Main I 229
Der Mensch. Kaum sproßten ... I 194

Der Mensch. Wenn aus sich
    lebt... I 932
Der Mensch. Wer Gutes ehrt...
    I 920
Der Mensch erwählt sein Leben
    I 926
Der Mensch vergißt die Sorgen
    I 927
Der Mutter Erde I 334
Der nächtliche Wanderer I 13
Der Nekar I 253
Der Nordost wehet I 473
Der offne Tag ist Menschen
    I 931
[Der Prinzessin Amalie von Des-
    sau] → Aus stillem
    Haußse... I 255
Der Prinzessin Auguste von
    Homburg I 248
Der Rhein ⟨Entwürfe⟩ I 340
Der Rhein I 342
Der Ruhm I 918
Der Sommer. Das Erndtefeld er-
    scheint... I 924
Der Sommer. Die Tage gehn vor-
    bei... I 932
Der Sommer. Im Thale rinnt...
    I 931
Der Sommer. Noch ist die
    Zeit... I 930
Der Sommer. Wenn dann vor-
    bei... I 927
Der Spaziergang I 915
Der Strom (verschollen) III 366
Der Sturm I 234
Der Sturm am Vorgebirge I 275
Der Tag erwacht, und prächtig
    I 936
Der Tod des Empedokles I 839
Der Tod fürs Vaterland I 225
Der Todtengräber I 354

Der tragische Dichter... II 110
Der Unzufriedne I 12
der Vatikan I 432
Der Wanderer
    ⟨Erste Fassung⟩ I 178
    ⟨Zweite Fassung⟩ I 305
Der Weingott I 314
Der Winkel von Hahrdt I 446
Der Winkel von Hahrdt (Titel)
    III 270
Der Winter. Das Feld ist
    kahl... I 929
Der Winter. Jezt komm und
    hülle... III 267
Der Winter. Wenn blaicher
    Schnee... I 925
Der Winter. Wenn sich das
    Jahr... I 933
Der Winter. Wenn sich der
    Tag... I 934
Der Winter. Wenn ungesehn...
    I 933
Der Zeitgeist. Die Menschen fin-
    den sich... I 934
Der Zeitgeist. Zu lang schon...
    I 228
[Der zürnende Dichter]
    → Fürchtet den Dichter
    nicht... I 271
Des Ganges Ufer I 197, 269, 329
Des Geistes Werden I 928
Des Morgens I 231
Des Wiedersehens Thränen...
    I 249
Deutscher Gesang I 348
Dich Mutter Asia! I 350
Dichterberuf
    ⟨Erste Fassung⟩ I 269
    ⟨Zweite Fassung⟩ I 329
Dichtermuth
    ⟨Erste Fassung⟩ I 275

Dichtermuth
  ⟨Zweite Fassung⟩ I 284
Die *apriorität* des Individuellen
  I 422
Die Asyle II 383
Die Aussicht I 938
Die Bacchantinnen des Euripides II 185
Die Bedeutung der Tragödien ... II 114
Die beschreibende Poësie I 185
Die Bücher der Zeiten I 59
Die Demuth I 33
Die Dioskuren III 161
Die du schon mein Knabenherz
  I 34
Die Ehrsucht I 32
Die Eichbäume I 180
Die Empfindung spricht ...
  II 101
Die Entscheidung I 402
[Die Entschlafenen] → Einen
  vergänglichen Tag ... I 287
Die ernste Stunde I 120
Die Götter I 252
Die Größe der Seele III 42
Die heilige Bahn I 67
Die Heimath
  ⟨Erste Fassung⟩ I 191
  ⟨Zweite Fassung⟩ I 323
Die Helden könt' ich nennen
  III 101
Die Herbstfeier III 218
Die Instincte der Menschen
  I 392
Die Kürze I 190
Die Launischen I 227
Die lezte Stunde I 264
Die Liebe I 324
Die Liebenden I 191
Die Linien des Lebens I 922

Die Meinige I 21
Die Menschen finden sich I 934
Die Muße I 169
Die Nacht. Ringsum ruhet die
  Stadt III 216
Die Nacht. Seyd gegrüßt I 10
Die Nymphe I 434
Die Purpurwolke ... I 423
Die Rose I 264
Die Sagen, die der Erde sich
  I 924
Die scheinheiligen Dichter I 193
[Die Scherzhaften] → Immer
  spielt ihr ... I 271
Die Schlacht ⟨Entwurf⟩ I 184
Die Schlacht I 187
Die Schlange III 256
Die Schönheit ist den Kindern
  I 917
Die Schwäne (Titel) III 144
Die Sonne glänzt, es blühen
  I 937
Die Sonne kehrt zu neuen Freuden I 938
Die Sprache – I 235
Die Stille I 34
Die Tage gehn vorbei I 932
Die Tek I 49
Die Titanen I 390
Die Todeslust der Völker I 458
Die tragische Ode ... (Empedokles) I 865
Die Trauerspiele des Sophokles
  II 247
Die Unerkannte I 158
Die Unsterblichkeit der Seele
  I 27
Die Verjüngung III 513
Die Völker schweigen ... I 171
[Die Vortrefflichen] → Lieben
  Brüder ... I 184

Die Wanderung I 336
Die Weisheit des Traurers ⟨Entwurf⟩ I 79
Die Weisheit des Traurers I 81
Die Weisen aber ... II 61
Die Zufriedenheit I 920
Diesesmal III 235
Diotima (Lied)
  ⟨Ältere Fassung⟩ I 161
  ⟨Mittlere Fassung⟩ I 172
  ⟨Jüngere Fassung⟩ I 223
Diotima (Ode)
  ⟨Erste Fassung⟩ I 189
  ⟨Zweite Fassung⟩ I 256
  ⟨Dritte Fassung⟩ I 327
Diotima. Komm und besänftige mir ... I 168
Dir flüstert's leise I 42
doch am meisten dem Pöbel exponirt III 555
Dort im waldumkränzten I 90
Drinn in den Alpen I 319, 368
[Du edles Wild] → Der Hirsch III 144
Du gute Stella! I 41
Du kömmst, o Schlacht! I 225
Du lebtest, Freund! I 143
Du schweigst und duldest I 189, 256, 327
Du seiest Gottes Stimme I 226, 257, 331
Du stiller Aether! I 252
Du stiller Ort I 919
Du waltest hoch am Tag' I 285

Echo des Himmels! I 277, 278
Ehmals und jezt I 190
Eil, o zaudernde Zeit I 169
Ein anderes freilich ists I 410
Ein Chor nun sind wir I 355

Ein Wort über die Iliade II 66
Ein Zeichen sind wir I 436
Eine beständige Vision I 414
Einen vergänglichen Tag I 287
Einig zu seyn I 271
[Einladung an Neuffer] → Dein Morgen, Bruder ... I 83
[Einladung. Seinem Freunde Neuffer] → Dein Morgen, Bruder ... III 56
Einsam stand ich I 178, 305
Einst hab ich die Muse gefragt I 398
Einst, tränend Auge! I 78
Einst und jezt I 78
Einst war ich ruhig I 77
Elegie I 287
Elysium I 240
Emilie vor ihrem Brauttag I 203
Empedokles (Ode) ⟨Entwurf⟩ I 185
Empedokles (Ode) I 251
Empedokles (Trauerspiel)
  ⟨Erster Entwurf⟩ I 767
  ⟨Zweiter Entwurf⟩ I 839
  ⟨Dritter Entwurf⟩ I 883
  [Plan der dritten Fassung] I 878
  [Entwurf zur Fortsetzung der dritten Fassung] I 902
Empedokles auf dem Ätna (Titel) III 162
Ende einer Gedichtfolge auf Gustav Adolf I 73
Endlich, endlich I 98
Engelfreuden ahndend I 89
entiere personne I 428
Entwürfe zur endgültigen Fassung des Hyperion I 572
Erhaben glänzend sieht I 14
Erhabne Tochter Gottes! I 57

Ermunterung
  ⟨Erste Fassung⟩ I 277
  ⟨Zweite Fassung⟩ I 278
Erscholl von jeder Haide
  I 73
Es giebt einen Naturzustand ...
  II 46
Es hat aber I 354
Es ist eine Behauptung III 359
Es knüpft an Gott I 918
Es kommen Stunden (Stammbucheintrag) II 967
Es kommt der neue Tag I 935
[Es will uns aber geschehen]
  I 424
Euch alten Freunde droben
  I 286
Euripides: Die Bacchantinnen
  II 185
Euripides: Hekuba II 175
Ewig trägt im Mutterschoose
  I 143
Εὐνομία I 430

Falsche Popularität I 185
Fragment philosophischer Briefe
  II 51
Fragment von Hyperion I 489
Frankfurter Aphorismen II 57
Frankfurter Plan (Empedokles)
  I 763
Frei wie die Schwalben I 272
Frei, wie Götter I 86
Freund! wo über das Thal I 44
Freunde! Freunde! I 38
Freundes Wunsch. An Rosine
  St.- I 153
Freundschafft I 937
Freundschaft, Liebe, Kirch ...
  I 914

Friedensfeier
  ⟨Prosaentwurf⟩ I 355
  ⟨Erster Versentwurf⟩ I 356
  ⟨Zweiter Versentwurf⟩ I 359
  Friedensfeier I 361
Froh, als könnt' ich I 95, 111
Froh der süßen Augenwaide
  I 141
Froh kehrt der Schiffer heim
  I 191, 323
Frühlingsahndung III 153
Frühlingsanfang I 276
Fürchtet den Dichter nicht ...
  I 271

Ganymed I 444
Gebet für die Unheilbaren I 169
Gedicht an die Herzogin Franzisca I 18
Gehn dir im Dämmerlichte I 155
Geh unter, schöne Sonne ...
  I 245
Geist der Natur III 64
Germanien I 404
Gerne durchschaun sie I 188
Gerne weilt um die III 148
Gesang der Horen am Mittag
  III 397
Gesang der Musen am Mittag
  III 397
Gesang des Deutschen I 246
Geschichte der schönen Künste
  unter den Griechen II 11
Gestalt und Geist I 235
Glükseelig Suevien I 336
Götterrecht I 236
Götter wandelten einst ...
  I 200
Götter zogen dich auf I 236
Goldne Träume III 153

Griechenland
 ⟨Erster Entwurf⟩ I 477
 ⟨Zweiter Entwurf⟩ I 478
 ⟨Dritter Entwurf⟩ I 479
Griechenland. An Gotthold Stäudlin I 148
Griechenland. Wie Menschen sind I 935
Groser Nahme! I 32
Größers wolltest auch du I 325
[Grund zum Empedokles]
 → Die tragische Ode ... I 865
Gustav Adolf I 68
Guter Rath I 184

Hab ich vor der Götter Ohren III 69
Hälfte des Lebens I 445
Hast du Verstand I 184
Hat vor aller Götter Ohren I 123
Hätt' ich dich im Schatten I 148
Heidelberg I 252
Heidnisches I 424
Heil! das schlummernde Gefieder I 127
Heilige Gefäße I 185
Heilige Unschuld I 304
Heilig Wesen! I 189
Heimath I 395
Heimkunft
 ⟨Erste Fassung⟩ I 319
 ⟨Zweite Fassung⟩ I 368
Hermokrates an Cephalus II 50
Hero I 45
Herr der Welten! I 21
Herr! Herr! Unterwunden I 59
Herr! was bist du I 10
Herrlicher Göttersohn I 198, 200

Hervorgeblüht aus den Wassern I 186
Hier, im einsamen Schoos III 71
Hier, in ermüdender Ruh' I 134
Hier sind wir in der Einsamkeit I 432
Himmlische Liebe! I 274, 441, III 149
Hinunter sinket der Wald I 446
Hinweg, ihr Wünsche! I 79, 81
Hoch auf strebte mein Geist I 190
Hochzeitsgedicht für Heinrike Nast (verschollen) III 296
Höhe des Menschen (verschollen) III 365
Höhere Menschheit I 926
Höheres Leben I 926
Hör' ich ferne I 227
Hört, größre, edlere I 33
Hört' ich die Warnenden izt ... I 201
Hohem nahte sein Geist III 180
holde Schwester! I 264
Homers Iliade II 119
Horaz: Ode II/6 II 180
Horaz: Ode III/21 III 417
Horaz: Ode IV/3 II 181
Hu! der Kauz! I 13
Hymne an den Genius der Jugend I 127
Hymne an den Genius Griechenlands I 117
Hymne an die Freiheit. Wie den Aar ... I 108
Hymne an die Freiheit. Wonne säng' ich ... I 137
Hymne an die Freundschaft I 131
Hymne an die Liebe I 141
Hymne an die Menschheit I 120
Hymne an die Muse I 104

Hymne an die Schönheit I 123
Hymne an die Unsterblichkeit
  I 95
Hymne an die Warheit I 98
Hymnus an die Göttin der Harmonie I 111
Hyperion an Diotima. Diotima an Hyperion I 911
Hyperion oder der Eremit in Griechenland I 609
[Hyperion-Fragmente] → Ich kann dir das wohl sagen ... / Hyperion an Diotima / Wenn aus der Ferne ... I 910
Hyperions Jugend I 523
[Hyperions Schiksaalslied] I 744

Ich bin im Walde mit dem Vater
  I 203
Ich duld' es nimmer ... I 75
Ich hasse mich ... I 78
Ich kann dir das wohl sagen ...
  I 910
Ich schlummerte, mein Kallias ... (Hyperion) I 485
Ich sollte das Vergangne ... (Hyperion) I 487
Ich sollte nicht i'm Lebensfelde
  I 165
Ich sollte ruhn? I 181
Ihr edeln Brüder droben III 161
Ihre Genesung
  ⟨Erste Fassung⟩ I 192
  ⟨Zweite Fassung⟩ I 257
Ihr Freunde droben I 243
Ihr Freunde! mein Wunsch ist
  I 52
Ihr kalten Heuchler I 193
Ihr milden Lüfte I 250
Ihr sichergebaueten Alpen! I 396

Ihr Städte des Euphrats! I 446
Ihr Wälder schön I 915
Ihr wandelt droben I 744
ils crient rapport I 427
Im dunkeln Epheu I 340, 342
Im Gewitter spricht I 235
Im Thale rinnt der Bach I 931
Im Walde I 265
Immer, Liebes I 414
Immer spielt ihr I 271
In deinen Thälern I 253
In den Flammen suchst du I 185
In der Kindheit Schlaf I 160
In jüngern Tagen I 190
In lieblicher Bläue ... I 908
In seiner Fülle I 237
[Inschrift] → Einen vergänglichen Tag ... I 287
Ist also diß die heilige Bahn?
  I 67
Ist nicht heilig mein Herz I 191

Jaunerloch I 418
Jede Blüthe war gefallen I 115
Jeden Tag geh ich III 125
Jezt komme, Feuer! I 475
Jezt komm mit deinem Zauber
  III 266
Jezt komm und hülle I 442
Joseph / Weltlauf und Gelehrtensentimental I 408
Jubel! Jubel / Dir auf der Wolke
  I 117
Jupiter und Saturn III 158

Kanton Schweiz I 134
Katastrophe Phaeton III 147
Kaum sproßten aus den Wassern
  I 194

Kehren die Kraniche wieder
I 295
[keine Polaken sind wir] I 422
Kennst du sie, die seelig I 158
Keppler I 71
Klagen. An Stella I 19
Kleists Tod III 163
Klima I 274
Kolomb I 425
Kolomb (verschollen) II 454
Komm! ins Offene, Freund!
I 308
Kommt, ihr Kinder von Teut!
I 68
Komm und besänftige mir I 168
Komm und siehe die Freude
I 183

Lange lieb ich dich schon I 252
Lange schlummern ruhig I 45
Lange todt I 161, 172
Lang wars der heiße I 18
Laß in der Wahrheit I 403
Laß sie drohen ... I 57
[Last der Freude] → Singen wollt
ich I 310
Leander an Hero. Aus dem
Ovid II 182
Lebensalter I 446
Lebenslauf
⟨Erste Fassung⟩ I 190
⟨Zweite Fassung⟩ I 325
Lern im Leben die Kunst I 236
Leuchtest du wie vormals I 223
Lida, siehe! I 102
Lieben Brüder ... I 184
Lieben Brüder! es reift I 193
Lieber. I 242
Lied der Freundschaft. Frei, wie
Götter ... I 86

Lied der Freundschaft. Wie der
Held ... I 92
Lied der Liebe I 89
Lied des Schweden (verschollen)
II 431
Löst sich nicht ... II 108
Lucans Pharsalia II 148
Luther I 430

Mädchen! die ihr mein Herz
I 43
Männerjubel I 57
Meine Genesung an Lyda I 115
Mein Eigentum I 237
Meiner Verehrungswürdigen
Grosmutter zu Ihrem 72sten
Geburtstag I 197
meinest du I 430
Mein Vater ist gewandert I 470
Mein Vorsaz I 43
Melodie an Lida I 102
Menons Klagen um Diotima
I 291
Menschen, Menschen! I 16
Menschenbeifall I 191
Metrische Fassung (Hyperion)
I 515
M. G. I 10
Mich freut es ... II 64
[Mischung der Dichtarten]
→ Der tragische Dichter ...
II 110
Mit der Sonne I 166
Mit gelben Birnen I 445
Mnemosyne I 437
Mnemosyne ⟨Entwurf⟩ I 436
moments tirees I 429
Morgenphantasie III 115
Mühelose III 322
Muth des Dichters I 240

Nährt zum Dienste I 240
Nah ist / Und schwer zu fassen
 I 447
Narcyssen Ranunklen ... I 416
Natur und Kunst oder Saturn
 und Jupiter I 285
Nicht alle Tage nennt I 922
Nicht ist es aber / Die Zeit I 390
Nicht sie, die Seeligen ... I 404
Nisus und Euryalus II 170
Noch freundlichzögernd I 248
Noch ist die Zeit des Jahrs I 930
Noch kehrt in mich I 153
Notate:
  Das Gesez dieses Gesanges
  (Der Rhein) III 191
  Zu Altona hat ein Unbekannter III 440
  A. W. Schlegels Rezension
  III 109
Notiz zum Plan von Briefen über
 Homer II 64
Nun versteh' ich den Menschen
 erst III 355
Nur Einen Sommer gönnt I 189

O der Menschenkenner! I 185
O Freunde! Freunde! I 43
O Gustav! Gustav! I 74
O heilig Herz der Völker I 246
O Hoffnung! holde! I 283, 441
O ihr Stimmen des Geschiks
 I 479
O Insel des Lichts (Strophe für
 Patmos) III 279
O lächle fröhlich I 11
O Morgenroth der Deutschen
 I 187
O Schlacht fürs Vaterland I 184
Oceaniden III 162

Ode an Buonaparte III 119
Oedipus der Tyrann II 249
  Anmerkungen zum Oedipus
  II 309
offen die Fenster des Himmels
 I 420
Omnes homines (Stammbucheintrag) II 973
orbis ecclesiæ I 431
Ovid: Dejanira an Herkules
 II 169
Ovid: Leander an Hero II 182
Ovids Phaëton II 166
Ovids Rükkehr nach Rom I 274

Palingenesie I 166
Palinodie I 239
Patmos
  ⟨Erste Fassung⟩ I 447
  ⟨Zweite Fassung⟩ I 453
  ⟨Dritte Fassung⟩ I 460
  ⟨Vierte Fassung⟩ I 463
Pest Hungersnoth I 417
[Phaëton-Fragment] → Aus
 Ovids Phaëton II 166
Pindar: aus der ersten Olympischen Ode II 185
Pindar: aus der ersten Pythischen
 Ode II 389
Pindars Siegesgesänge ⟨O2, O3,
 O8–11, O14; P1–5, 8–12⟩
 II 187
Pindar-Fragmente II 379
[Pindar-Kommentare] → Pindar-Fragmente II 379
Pläne zu Elegien III 162
Poetologische Tafeln II 109
Predigten durch das Fenster
 I 403
Predigtentwurf II 43

prince / grand homme I 403
Prooemium habendum II 9
Prosaentwurf zur metrischen
 Fassung des Hyperion I 511
Προσ εαυτον I 236

Ras' ich ewig? I 40
[Reflexion] → Frankfurter
 Aphorismen II 57
Reif sind I 437
Reliquie von Alzäus II 165
Rezension zu Siegfried Schmids
 Heroine II 111
Rings in schwesterlicher Stille
 I 131
Rings um ruhet die Stadt I 314,
 372, 373
Rosse, scheu und feucht I 415
Rousseau I 267
Rükkehr in die Heimath I 250

Sapphos Schwanengesang I 274
Schiksaal! unglüksvolle Leiden
 I 12
Schiller I 236
Schlechthin, oft aber I 413
Schönes Leben! I 168, 192
Schon I 276
Schwabens Mägdelein I 66
Schwach zu königlichem I 104
Schwärmerei I 38
[Schwerdt und heimlich Messer]
 I 424
[Segment aus Hekuba] → Aus
 Euripides' Hekuba II 175
Sei froh! I 328
Seines jedem und ein Ende I 392
[Selbstquälerei] → Ich hasse
 mich ... I 78

Send' ihr Blumen und Frücht'
 I 189
Seufzer um Sieg III 75
Seyd gegrüßt I 10
Seyn, Urtheil, Modalität II 49
Shakespear (Plan) II 454
Sie, Edler! sind der Mensch
 I 923
[Sieben Maximen] → Frankfurter
 Aphorismen II 57
Sieh! dein Liebstes I 257
Sind denn dir nicht bekannt
 I 443
Sind denn dir nicht verwandt
 I 275, 284
Singen wollt ich I 310
So lieb, wie Schwabens Mägdelein I 66
So Mahomed, Rinald I 425
Sokrates und Alcibiades I 196
Sömmerings Seelenorgan und das
 Publikum I 188
Sömmerings Seelenorgan und die
 Deutschen I 188
Sonnenuntergang I 226
Sonst nemlich, Vater Zevs I 394
Sophokles (Epigramm) I 271
Sophokles: Aus dem Ajax II 386
Sophokles: Antigonae II 317
Sophokles: Chor aus der Antigonä II 186
Sophokles: Oedipus der Tyrann
 II 249
Sophokles: Aus Ödipus auf Kolonos II 377
Sophokles: Chor aus Ödipus auf
 Kolonos II 179
Sorglos schlummert die Brust
 I 169
spizbübisch schnakisch / Lächeln I 419

Spottet ja nicht des Kinds I 193
Spottet nimmer des Kinds I 265
Statt offner Gemeine I 334
Stella! ach! I 19
Still und öde I 84
Stimme des Volks
 ⟨Erste Fassung⟩ I 226
 ⟨Zweite Fassung⟩ I 257
 ⟨Dritte Fassung⟩ I 331
Streifen blauer Lilien I 414
Stutgard
 ⟨Erste Fassung⟩ I 310
 ⟨Zweite Fassung⟩ I 384
Süß ists I 414
Süß ists, zu irren I 471
Sybille I 234

Täglich Gebet III 156
Täglich geh' ich heraus I 287, 291
Tasso an Leonoren III 162
Tende Strömfeld Simonetta I 480
Thränen I 441
Tief im Herzen I 184
Tinian. Der Schiffer I 275
Tinian I 471
Trennen wollten wir uns I 191, 325
Treu und freundlich I 176
Trunken, wie im hellen Morgenstrale I 119

[Über Achill] → Mich freut es ... / Am meisten aber lieb' ich ... II 64
[Über das Gesez der Freiheit] → Es giebt einen Naturzustand ... II 46

Über den Begriff der Straffe II 47
[Über den Unterschied der Dichtarten] → Das lyrische, dem Schein nach idealische Gedicht ... II 102
[Über die Parthien des Gedichts] → Der Ausdruk, das karakteristische ... II 102
[Über die Verfahrungsweise des poëtischen Geistes] → Wenn der Dichter einmal des Geistes mächtig ... II 77
Über die verschiednen Arten, zu dichten II 67
[Über Religion] → Fragment philosophischer Briefe II 51
Übernacht' ich I 274
Überzeugung I 926
und alle Schlüssel I 432
und an der / Den Besten III 256
Und der Himmel wird I 395
und das Horn I 418
und die ewigen Bahnen ... I 172
[Und gehet beim Hochzeitreigen] I 424
und kehr' in Hahnenschrei I 422
[Und mitzufühlen das Leben] I 415
Und niemand weiß I 395
und trunken von Küssen I 264
und verlorne Liebe I 415
[Und wenig Wissen] I 244
und wie der Rathsherr / Saktuch I 414
Uns würdigte einst ... I 9
Unter den Alpen gesungen I 304
Unter den Sternen ergeht I 71
Untreue der Weisheit II 379

Ursprung der Loyoté I 430
[Urtheil und Seyn] → Seyn, Urtheil, Modalität II 49

Vanini I 196
Versöhnender, der du nimmer geglaubt I 356, I 359
Versuch einer Parallele zwischen Salomons Sprüchwörtern und Hesiods Werken und Tagen II 28
Viel hab' ich dein I 408
Viel sind Erinnerungen I 478
Viel thuet die gute Stunde III 240
Viel Unbefangenheit I 418
Viel, viel sind meiner Tage I 13
Viele gesellten sich ihm I 188
Viele versuchten umsonst I 271
Vieles hast du erlebt I 197
Virgil: Nisus und Euryalus II 170
Voll Güt' ist I 453, 460, 463
Vollendung ... I 64
Vom Abgrund nemlich III 243
Vom Delphin II 381
Vom Gruß des Hahns I 76
Vom Thaue glänzt I 231
Vomers Landgut (Titel) III 296
Von den Dörfern komm ich III 95
Von der Fabel der Alten II 115
Von der Realität des Lebens (Stammbucheintrag) II 975
Von der Ruhe II 380
Von der Wahrheit II 380
Von einem Menschen sag ich I 915
Von Gott aus gehet mein Werk III 285

Vor seiner Hütte ruhig I 230
Vorletzte Fassung (Hyperion) I 557
Vormals richtete Gott I 273
Vortrefliche Menschen (Stammbucheintrag) II 972
Vulkan I 442

Waldstatt Schwyz III 71
[Waltershäuser Paralipomenon] → Ich sollte das Vergangne ... I 487
Wangen sah' ich verblühn I 142
Warheit, Freiheit, Schönheit (Stammbucheintrag) II 970
Warum bist du so kurz? I 190
Warum huldigest du I 196
Warum, o schöne Sonne ... I 244
Was dämmert um mich Erde I 236, 239 III 122
Was ist der Menschen Leben ... I 907
Was ist es, das I 387, 467
Was ist Gott ... I 907
Was schläfst du, Bergsohn I 444
Was schläfst und träumst du I 279
[Wechsel der Töne] → Löst sich nicht ... II 108
Wege des Wanderers! I 477
Wenn aber die Himmlischen I 399
Wenn auf Gefilden I 915
Wenn aus dem Himmel ... I 913
Wenn aus dem Leben I 920
Wenn aus der Ferne ... I 911
Wenn aus der Tiefe kommt I 936

Wenn aus sich lebt der Mensch
    I 932
Wenn blaicher Schnee I 925
Wenn dann vorbei I 927
Wenn der Dichter einmal des
    Geistes mächtig ... II 77
Wenn der Morgen trunken
    I 348
Wenn die Menschen sich dem
    Guten (Stammbucheintrag)
    II 974
Wenn die Menschen sich fragen
    (Stammbucheintrag) II 974
Wenn ich auf die Wiese komme
    I 916
Wenn ich sterbe mit Schmach
    I 245
Wenn ihr Freunde vergeßt I 192,
    324
Wenn in die Ferne I 938
Wenn Inneres sich bewährt
    I 920
Wenn Menschen fröhlich sind
    (Aussicht) I 923
Wenn Menschen fröhlich sind
    (Stammbucheintrag) II 973
Wenn Menschen sich I 937
Wenn nemlich der Rebe Saft
    I 417
Wenn neu das Licht der Erde
    I 930
Wenn sich das Jahr geändert
    I 933
Wenn sich das Laub auf Ebnen
    I 929
Wenn sich der Tag des Jahrs
    I 934
[Wenn über dem Weinberg es
    flammt] I 354
Wenn ungesehn und nun vor-
    über I 933
Wenn vom Früling rund um-
    schlungen I 153
Wer bist du? wie zur Beute
    I 150
Wer Gutes ehrt I 920
Widmungen:
    in die Handschrift des Ge-
        dichtes an Herzogin Fran-
        zisca III 40
    in die Abschrift des Magister-
        spezimens ›Versuch einer
        Parallele ...‹ III 78
    in den Stäudlinschen Musenal-
        manach 1792 III 63
    in den Hyperion III 316f.
    in Die Trauerspiele des So-
        phokles II 248
    in die Gedichtausgabe von
        1826 III 359
    [in eine handschriftliche
        Sammlung seiner Ge-
        dichte] → ⟨Motto im
        Marbacher Quartheft⟩ I 21
[Wie aber jetzt] I 416
Wie bald ists ausgeronnen
    (Stammbucheintrag) II 965
Wie den Aar I 108
Wie der Held am Siegesmahle
    I 92
Wie eng begränzt I 267
Wie Meeresküsten I 416
Wie Menschen sind I 935
Wie schnell ists ausgeronnen
    (Stammbucheintrag) I 965
Wie seelig ists, zu sehn I 922
Wie Vögel langsam ziehn I 402
Wie wenn am Feiertage ...
    I 262
Wie wenn der Landmann ...
    I 259
Wie wenn die alten Wasser I 232

Wie wird des Himmels Vater
 I 918
wie Wolken um die Zeiten
 III 365
Wieder ein Glük ist erlebt I 310,
 384
Willkom nach dem Kriege
 III 163
Winter I 929
Wir singen aber I 419
Wißt! Apoll ist der Gott I 185
Wo bist du, Jugendliches! I 281
Wo bist du, Nachdenkliches!
 I 439
Wo bist du? trunken dämmert
 I 194, 226
Wohl blik ich, schöne Sonne ...
 I 244
Wohl geh' ich täglich I 242
Wohl manches Land I 229

Wohl mir! daß ich den Schwarm
 I 48
[Wohl muß / Umsonst nicht eh-
 ren] I 425
Wonne säng' ich I 137
wo? wo seyd ihr III 253
Wünscht' ich der Helden einer
 I 425
Wurzel alles Übels I 271

[Zornige Sehnsucht] → Ich
 duld' es nimmer ... I 75
Zu Jakobis Briefen über die
 Lehre des Spinoza II 39
Zu lang schon waltest I 228
Zu Rossen, ewige Lust I 392
Zu Sokrates Zeiten I 273
Zu theuerst I 409
Zwei Bretter I 421

VERZEICHNIS DER ABBILDUNGEN

Handschriften
H38, S. 9   121
H6, S. 34   143
H6, S. 103   151
H307, S. 57/58   229/230
H307, S. 75/76   245/246
(Hölderlin-Archiv in der Württembergischen
Landesbibliothek, Stuttgart)

Karte zu ›Hyperion‹   324/325

Zeichung Maulbronn 1786   836
(Hölderlin-Archiv in der Württembergischen
Landesbibliothek, Stuttgart)

Schattenriß aus Hillers Stammbuch 1788   837
(Hölderlin-Archiv in der Württembergischen
Landesbibliothek, Stuttgart)

Hölderlin als Magister 1790   839
(Hölderlin-Archiv in der Württembergischen
Landesbibliothek, Stuttgart)

Franz Karl Hiemer:
Friedrich Hölderlin. Pastellbild 1792   841
(Schiller-Nationalmuseum, Marbach am Neckar)

Getuschter Schattenriß aus einem Exemplar des ›Hyperion‹ 1797   847
(Schiller-Nationalmuseum, Marbach am Neckar)

Johann Gerog Schreiner und Rudolf Lohbauer:
Friedrich Hölderlin. Bleistiftskizze 27. Juli 1823   855
(Schiller-Nationalmuseum, Marbach am Neckar)

Johann Georg Schreiner:
Friedrich Hölderlin. Bleistiftzeichnung 1826   857
(Freies Deutsches Hochstift, Frankfurt am Main)

Wilhelm Paul Neubert:
Johann Christian Friedrich Hölderlin. Wachsrelief, um 1840   859
(Schiller-Nationalmuseum, Marbach am Neckar)

Louise Keller:
Friedrich Hölderlin. Bleistiftzeichnung 1842   861
Schiller-Nationalmuseum, Marbach am Neckar)

CORRIGENDA

Der Leser wird gebeten, folgende Verbesserungen in den Textbänden vorzunehmen:

Band I

S. 32 ›Die Ehrsucht‹, in v. 6: Erobrer
S. 358: Verszähler 90 und 95 je eine Zeile tiefer
S. 375: Verszähler 45 eine Zeile tiefer
S. 390: Verszähler 5 und 10 je eine Zeile tiefer
S. 403: Seitenzähler 57 eine Zeile höher (neben: Dem Fürsten)
S. 409 in v. 42: Geringer
S. 425 ›Kolomb‹ v. 1: Wünscht' ich der Helden einer zu seyn
S. 438 in v. 31: Gesezt
S. 475 ›Der Ister‹ in v. 27: Mich
S. 947 nach »Heimath«: *Und der Himmel wird ...* 395

Band II

S. 149, in v. 42: Pelusiums
S. 168, in v. 76: »Mit
S. 209, in v. 102 Das Reichseyn
S. 230, Widmung: Dem Aristomenes
S. 374, in Z. 16: vaterländischen
S. 379: alle Zeilenzähler jeweils eine Zeile höher
S. 388: mit der ersten Zeile beginnt eine neue Strophe
S. 472, in Z. 23: Zürch
S. 478, in Z. 28: Jfr. Nastin
S. 504, in Z. 27: eignes
S. 583, in Z. 32: weggegangen
S. 623: Z. 24 muß in Grundschrift stehen
S. 725, in Z. 7: Aufsaz
S. 823, in Z. 18: da Schelling
S. 888, in Z. 18: Johann Gottlob (ebenso im Inhaltsverzeichnis)

INHALTSVERZEICHNIS

ZU DIESER AUSGABE
7

QUELLENVERZEICHNISSE

Verzeichnis der Handschriften	17
Verzeichnis der Drucke	26

KOMMENTAR ZU BAND I

Gedichte	35
Verschollene Gedichte	296
Hyperion	297
Empedokles	327
Dichtungen nach 1806	353
Verschollene Texte	365

KOMMENTAR ZU BAND II

Aufsätze	369
Übersetzungen	405
Briefwechsel	445
Stammbucheinträge	561

DOKUMENTE

1788–1793

Rudolf Magenau: Über Neuffer und Hölderlin 1793	571
Einladung zum Magisterium in Tübingen September 1790	574
Karl Rosenkranz über Hegel, Hölderlin und Schelling 1844	574
Magenau an Neuffer November 1792	576

Städlin an Schiller   September 1793 … 577
Schiller an Charlotte von Kalb   Oktober 1793 … 578
Abgangszeugnis von Tübingen   Dezember 1793 … 579

1794–1795

Charlotte von Kalb an Hölderlins Mutter   20. August 1794 … 579
Charlotte von Kalb an Schiller   August oder September 1794 … 580
Charlotte von Kalb an Charlotte Schiller   Anfang September 1794 … 581
Charlotte von Kalb an Schiller   25. Oktober 1794 … 582
Charlotte von Stein an Charlotte Schiller   7. November 1794 … 582
Charlotte von Kalb an Schiller   9. Dezember 1794 … 582
Schelling an Hegel   6. Januar 1795 … 583
Hegel an Schelling   Januar 1795 … 584
Charlotte von Kalb an Schiller   14. Januar 1795 … 584
Charlotte von Kalb an Hölderlins Mutter   17. Januar 1795 … 585
Schelling an Hegel   Tübingen, 4. Februar 1795 … 587
Schiller an Cotta   9. März 1795 … 587
Cotta an Schiller   20. März 1795 … 588
Sinclair an Jung   26. März 1795 … 588
Hegel an Schelling   16. April 1795 … 589
Magenau an Neuffer   24. November 1796 … 589
Schelling an Hegel   21. Juli 1795 … 589
Hegel an Schelling   30. August 1795 … 590

1796–1798

Schelling an Hegel   Januar 1796 … 590
Carl Jügel über Susette Gontard   1857 … 590
Schiller an Goethe   27. Juni 1797 … 593
Goethe an Schiller   28. Juni 1797 … 593
Schiller an Goethe   30. Juni 1797 … 594
Goethe an Schiller   1. Juli 1797 … 595
Schiller an Goethe   24. Juli 1797 … 595
Schiller an Goethe   28. Juli 1797 … 596
Goethe an Schiller   9. August 1797 … 596
Schiller an Goethe   17. August 1797 … 597
Goethe an Schiller   23. August 1797 … 598
Schiller an Goethe   8. September 1797 … 598
Heinse an Sömmerring   24. Oktober 1797 … 598
Heinse an Sömmerring   Ende Oktober 1797 … 599

1799–1800

Böhlendorff an Fellenberg 10. Mai 1799	599
Böhlendorff an Steck 12. Mai 1799	600
Conz an Neuffer wohl Anfang Juli 1799	600
Jung an Ebel 15. Juli 1799	600
Marianne von Preußen an Auguste von Homburg 20. Dezember 1816	601
Auguste von Homburg an Marianne von Preußen Ende Dezember 1816	601
Marianne von Preußen an Auguste von Homburg 2.–4. März 1817	604

1801–1803

Zeugnis Gonzenbachs 13. April 1801	604
Eintrag im Paßkontrollbuch Lyon 9. Januar 1802	605
Paß für die Rückreise von Bordeaux 7. Juni 1802	606
Landauer an Hölderlins Bruder 3. Juli 1802	607
Landauer an Hölderlins Mutter 31. Juli 1802	607
Reisepaß nach Regensburg 28. September 1802	608
Horn an Sinclair wohl im November 1802	609
Hölderlins Mutter an Sinclair 20. Dezember 1802	609
Schelling an Gustav Schwab 11. Februar 1847	612
Schelling im Gespräch mit Melchior Meyr 17. Februar und 9. April 1847	613
Sinclair an Hölderlins Mutter 17. Juni 1803	614
Hölderlins Mutter an Sinclair 4. Juli 1803	617
Schelling an Hegel 11. Juli 1803	619
Hegel an Schelling 16. August 1803	620
Hölderlins Mutter an Sinclair August 1803	621
Hölderlins Mutter an Sinclair 22. Januar 1804	622
Hölderlins Mutter an Wilmans 28. März 1804	624
Hölderlins Mutter an Sinclair 24. Mai 1804	625
Hölderlins Mutter an Sinclair 14. Juni 1804	627
Landauer an Hölderlins Mutter 16. Juni 1804	630
Schelling an Hegel 14. Juli 1804	631
Hölderlins Mutter an Sinclair zweite Hälfte Juli 1804	631
Sinclair an Hölderlins Mutter 6. August 1804	632
Hölderlins Mutter an Sinclair 27. August 1804	634
Hölderlins Mutter an Niethammer Oktober 1804	635
Hölderlins Mutter an Sinclair 25. November 1804	636
Hölderlins Mutter an Sinclairs Mutter 26. Dezember 1804	638

1805–1806

Über Sinclairs Verhaftung 25. Februar bis 9. März 1805	640
Dr. Müllers Gutachten 9. April 1805	642
Sinclair an Hölderlins Mutter 3. August 1806	643
Landgräfin Caroline von Hessen-Homburg an ihre Tochter Marianne von Preußen 11. September 1806	644
Sinclair an Prinzessin Marianne von Preußen 26. September 1806	644
Seckendorf an Justinus Kerner 7. Februar 1807	645
Sinclair an Hegel 23. Mai 1807	646
Seckendorf an Justinus Kerner 13. August 1807	646

1811–1814

Zimmer an Hölderlins Mutter 14. Oktober 1811	647
Zimmer an Hölderlins Mutter 19. April 1812	648
Zimmer an Hölderlins Mutter 2. März 1813	650
Zimmer an Hölderlins Mutter 22. Feburar 1814	651

1822–1823

Vertrag zwischen Cotta und Gock 14. Mai 1822	652
Schlesiers Bericht ungefähr 1844	653
Waiblingers Tagebuch 30. Mai 1822 bis 3. August 1823	654

1828–1830

Zimmer an Hölderlins Schwester 19. Juli 1828	662
Zimmer an Hölderlins Schwester 1. November 1828	663
Zimmer an Hölderlins Schwester 18. Juli 1829	664
Zimmer an Hölderlins Schwester 30. Oktober 1829	664
Zimmer an Hölderlins Schwester 30. Januar 1830	665

1841–1843

C. T. Schwabs Tagebuch 14. Januar bis 25. Februar 1841	665
Johann Georg Fischers Bericht 1881	672
Mörike an Hartlaub 6. Februar 1843	673
Charlotte Zimmer an Gock über Hölderlins Tod 7. Juni 1843	674

KOMMENTIERTES NAMENVERZEICHNIS
677

ZEITTAFEL
831

AUSWAHL-BIBLIOGRAPHIE
863

Alphabetisches Verzeichnis der Werke   871
Verzeichnis der Abbildungen   888
Corrigenda in den Textbänden   890